周建波
主 编

张亚光　李军
胡竹清　张跃
副主编

周建波
校 注

李春利
监 译

东亚同文书院

经济调查资料选译

金融货币卷

①

李军　胡竹清　译

社会科学文献出版社
SOCIAL SCIENCES ACADEMIC PRESS (CHINA)

主编和译者简介

周建波

北京大学经济学博士，1965年生，山东莱阳人。现为北京大学经济学院教授、经济史学系主任、中国经济思想史学会会长。主要研究中国经济思想史。在《中国社会科学》《经济研究》等发表学术论文百余篇。出版著作《洋务运动与中国早期现代化思想》（中、英文版）、《成败晋商》、《金融的边界与创新》等。担任国家社科基金重大项目"东亚同文书院经济调查资料的整理与研究"首席专家。获高等学校科学研究优秀成果奖（人文社会科学）二等奖等。

张亚光

北京大学经济学博士，1978年生，山东青州人。现为北京大学长聘副教授，副院长，博士生导师。在国内外核心期刊发表数十篇文章。出版《千年金融史》《美国商业简史》《被扭曲的经济学》《中国民营企业启示录》等多部译著作。主持国家社科基金重点项目，参与国家社科基金重大项目多项。

李军

南开大学历史学博士，1974年生，山东海阳人。2013—2014年在日本爱知大学中国研究科攻读联合培养博士课程。现为鲁东大学历史文化学院副教授，主持和参与国家社科基金项目多项。

胡竹清

日本爱知大学经营学博士，1986年生，陕西咸阳人。现为西北大学外国语学院日语系讲师，主持西安市社会科学规划基金项目。

张跃

上海财经大学经济学博士，1979年生，安徽宿州人。宁波大学人文与传媒学院副教授，主持国家社科基金项目和省部级课题多项。

序言一

李伯重（北京大学人文讲席教授）

在近代中国，曾有许多外国人建立的以招收中国学生为目的的大学，而日本东亚同文会辖属的教育机构东亚同文书院则不同。这是日本人在中国办的一所以商科为中心的日本大学，对象是日本学生，虽然也招收了一些中国学生，但为数很少①，其上级主管机构是日本外务省和文部省。

在历史上，一个国家的人把学校办到其他国家去，并不罕见，但所办学校多为基础教育机构，而办大学则不多见。当然也不是没有办大学的，如二战后的新加坡南洋大学就是历史上第一所海外华人大学，也曾是东南亚乃至海外唯一的一所中文大学。到了当代，各国大学在海外办分校的更屡见于报端，如中国境内就有纽约大学上海校区、南洋理工大学深圳校区等，而国内大学也有在国外办分校的，如北京大学的英国校区等。这正是经济全球化的反映，是经济全球化要求高素质人力资源的反映。

东亚同文书院的创办是近代中日关系发生重大变化的反映。明治维新以后，日本沐浴欧风美雨，迅速崛起，甲午一役，清朝一败涂地。面临甲午战后日益严重的被瓜分的民族危机，清政府内部产生了较洋务运动更加强烈的自强革新要求，而在此时，日本以东亚同文会领袖、贵族院议长近卫笃磨为首的一批人物出于对抗欧美列强的考虑，有意扩大在中国的势力范围，瓜分利益，遂打着扶持中国自强的幌子，与张之洞、刘坤一等清廷洋务派领袖达成一致意见，雇请日籍教师和专家来华，推动清廷内部的洋务派在军事、矿务及工业等方面发展的计划。一方面，中国往日本大量派

---

① 东亚同文书院在1920~1931年设立中华学生部，十多年间招收中国学生约400名，后由于中日关系紧张，中国学生中途退学者多，正式毕业者仅48名。参见郭晶《东亚同文书院研究》，中国社会科学出版社，2016，第121页。

遣留学生（张之洞之孙张厚琨亦在其中），而东亚同文会则"为清国留学日本学生设立同文学堂，教授日语、普通学，作为升入高等学校的平台"；"资金由亚细亚协会的捐款中支出"。另一方面，东亚同文会也受委托大量聘请警务、军事、教育等各方面的专家帮助清朝进行改革。正是在这种情况下，才有了由日本政府派遣学生来中国学习的东亚同文书院的建立。因此，东亚同文书院在20世纪上半叶的中国具有较大影响力，有能力组织大量人力、物力对中国进行详尽调查研究也不足为奇。

日本明治维新后举国奋斗的目标是实现工业化，直追欧美，具体来说就是富强，而"强"的前提是"富"，基于此，东亚同文书院办学的宗旨是培养"中国通"，亦即"培养不通过买办也能跟中国人直接做交易的商业人才"。明治维新后迅速发展的日本为了对抗欧美在华势力，出于把中国变成日本的原料产地和商品销售市场的考虑，非常重视对中国的工业生产、交通、贸易、商业习惯、商业势力、金融机构、度量衡以及民众生活水平、风俗人情等的研究，再加上深受德国兰克史学重视原始资料的影响，书院要求每名学生毕业前都要深入中国各地进行为期3~6个月的"卷地毯式"调查，最终提交调查报告5份，分别送交外务省、军部、农商工省、东亚同文会和东亚同文书院，这就是东亚同文书院最具特色的大旅行调查。

这个大旅行调查持续40多年，先后总计4700余名学生[1]，分成约700余个小组，调查范围几乎遍及中国所有省份，并进一步延伸到与中国贸易有关的越南、缅甸、南洋（主要是菲律宾、马来西亚、印度尼西亚、新加坡）以及西伯利亚和远东地区，被称为20世纪涉及内容最多、游历地域最广、持续时间最长、参与者最多的空前的调查活动。爱知大学地理专业文学部教授藤田佳久是研究东亚同文书院大旅行调查的专家，他说："东亚同文书院学生在中国国内这样有组织、大规模的调查旅行，不仅在当时的世界上没有先例，即使在今天，由日本人着手进行的海外调查活动中，

---

[1] 东亚同文书院在华办学45年（1900~1945），培养学生4700余人。这些学生能讲汉语，熟悉中国事务，在学业终了时都要到中国各地做一次大旅行，旅行结束后要写报告。这些报告本身在当时被包括军方、工商界、外务省在内的日本各界看中，认为是非常有用的宝贵资料。

也仍然可以说是最大规模的。"①

这些调查使用了现代社会学、人类学的调查方法，持续时间、调查地域都超过"满铁调查"。这些资料为后来日本侵华提供了大量有价值的情报，导致日本的侵略行为给中国造成了巨大危害，其行为应该遭到不断谴责；同时，这些资料中也包括中国近代工业化过程这一时期各地经济、政治、文化变迁等多方面的细节，可以作为研究20世纪上半叶中国以工业化为中心的现代化历史进程，以及研究民国史、中国经济史、经济思想史、社会史、民族史等方面的资料之一。

关于东亚同文书院调查有这样一个耳熟能详的故事。民国初年有一个来自湖南偏远山村的聪慧少年资耀华留学日本，在日本帝国大学看到了东亚同文书院编撰的《支那省别全志》，翻开书一看，竟然找到了自己出生的那个偏远的小山村——湖南省耒阳县田心铺村，村庄旁边有一座无烟煤矿，标明了路线和位置图，并标明村里有几口井、井的具体位置等，由此可见书院调查之细致、日本对中国了解之深。为了确定东亚同文书院学生撰写的调查报告的质量，藤田佳久教授于20世纪90年代多次来中国进行实地调查，结果再次确信报告书历史价值相当高。藤田佳久教授认为，当时中国农村地区的村落景观与调查时期相比还没有产生太大变化，所以调查报告书仍是了解中国农村以地区性定期市场为中心的小经济圈，以及各地语言、通货差异、土地利用的重要材料。

东亚同文书院的资料散落在日本、中国大陆和中国台湾等不同的地方，查找、使用非常不便，幸好在已故武汉大学历史学院冯天瑜教授的推动下，国家图书馆出版社于2015~2017年先后影印出版了《中国省别全志》（全50册）、《东亚同文书院中国调查手稿丛刊》（全200册）和《东亚同文书院中国调查手稿丛刊续编》（全250册）。再加上作为东亚同文书院余脉的日本爱知大学赠送北京大学图书馆的《东亚同文书院大旅行志》（全33册），以及此前出版的《清国商业习惯与金融事情》《中国经济全书》等，东亚同文书院对华调查资料90%的主体在中国已均可看到，这就为进行东亚同文书院经济资料的整理与研究奠定了坚实的基础。

---

① 藤田佳久：《东亚同文书院中国大调查旅行の研究》，株式会社大明堂，2000，第284页。

不过，对东亚同文书院调查资料进行整理并不容易。一是东亚同文书院调查资料涉及的地域广大、内容繁杂，对商业、金融、物产、贸易等诸多行业和领域的调查具有很强的专业性，学者必须要具有相当的水平方能理解；二是这些资料是手写的，与印刷体日文有一定的差别，辨识起来颇不容易，就连研究东亚同文书院大旅行调查的日本专家薄井由都说："这些原文因为是手稿，阅读起来有一定的困难。"① 加上书院学生在一个地方的调查时间不长，因地方方言的关系，地名、人名、街道名、马路名等写错的情况在所难免，由此导致资料整理具有极大的难度，需要由有志于东亚同文书院调查资料研究，而且懂日语、经济学、经济史的多栖人才搭建好一个强有力的团队后，才能够做好这项工作。比如，对书院调查的中药材贸易调查资料的整理，涉及中医药专业术语等，因此需要具备相关素养；而对金融资料的整理，则涉及五花八门的计量单位、名称繁多的金融机构，非得懂这段时间的金融货币历史，才能够做好这项工作。

建波教授早在 10 多年前就开始关注这项工作，之后于 2016 年、2020 年先后以"日本东亚同文书院对华经济调查研究"和"东亚同文书院经济资料的整理与研究"为题，获批国家社科基金重点项目和重大项目。此次出版的 3 卷本《东亚同文书院经济调查资料选译》，就是基于 20 世纪上半叶中国工业化进程视角而开展研究的阶段性成果，不久还要再出版 7 卷，最终构成 10 卷本的《东亚同文书院经济调查资料选译》，以此推动中国近代经济史、社会史的研究发展工作，尤其是 20 世纪上半叶中国工业化进程和真实发展水平的研究发展工作。为了完成这一艰巨的工作，建波教授组成了强大的翻译团队，由爱知大学研究生院院长、国际中国学研究中心主任李春利教授亲任监译。翻译团队的主力是从爱知大学国际中国学研究中心毕业的或在那里工作过的青年博士和研究员，包括胡竹清、李军、鲍丽达、侯宏伟、王广涛、李博、王长汶，以及在日本明治大学取得硕士学位的刘燕妮等。译文校对团队的主力是长期从事经济史学研究的周建波、李军（鲁东大学历史文化学院）、张跃（宁波大学宁波帮研究中心）、张百顺（山西师范大学经济与管理学院）、王羽坚（北京大学经济学院博士后）、

---

① 薄井由：《东亚同文书院大旅行研究》，上海书店出版社，2001，第 67 页。

张亚光（北京大学经济学院）和在河北师范大学工作的日本籍专家椎名一雄等。至于顾问团队则包括我和北京大学经济学院叶坦讲席教授、山西社会科学院张正明研究员、复旦大学历史系朱荫贵教授、南开大学经济研究所龚关教授、西南大学历史文化学院刘志英教授与赵国壮教授、香港树仁大学历史系罗永生教授、中国农业大学经济管理学院李军教授、南京农业大学《中国农史》常务副主编卢勇教授、北京大学国际关系学院主攻法国经济史的博士后研究员王玮先生以及北京中医药大学主任医师周丽珍博士等。

　　正如建波教授所说，东亚同文书院调查是围绕产品的流通来进行的。产品通过地方集市（今天的许多乡镇由此而来）汇总到地区市场、区域市场，进而通过上海、广州、天津、青岛等销售到日本和世界各国。这些地方集市，大多数不太起眼，一般书中根本不会提及它们。再加上书院调查报告中引用的原始文献存在一些问题，如中国人最初就写错了，于是书院学生也跟着一错到底；或者中国人写得对，但书院学生没认清或者粗心，给抄错了；或者书院学生写得对，但由于字体比较草，译者无法认清。凡此种种，在手抄本的时代很难避免。但这毕竟给研究者带来了大麻烦，作为本丛书的总编，建波教授为此下了很大力气，首先对所有翻译资料进行"水经注"式的校对，亦即尽量寻找书院学生写作时参考的中文文献，并依据这些中文文献和利用读秀、近代报刊索引等搜索工具，力求对所有数字，所有地名，所有银行、钱庄、商号等，所有轮船名等一一核对。实在弄不懂的，再请教椎名一雄、李春利、张正明、龚关、刘志英等中外专家。

　　当然，由于书院学生的调查很具体，如介绍某个煤矿的区域范围时，就说从某县的某村到另一县的某村，再加上连体日语写作和笔误的因素，有的地名实在难以查找，为此译者在注释中尽量做了说明。至于钱庄、商号、当铺等，也存在同样的问题。上海、天津、广州、北京等大城市的商号、钱庄、当铺的资料还比较多、比较全，因而能够依据调查报告参考的原始文献做到一一核对。至于太原、济南、大同、石家庄、周村，也包括青岛等口岸城市的资料就不那么齐全，译者虽耗尽心力，仍难以完全做到，只能寄希望于读者多参考其他文献，做更细致的鉴别。

其次，对书院调查资料进行历史和地理的结合，力求做到时间与空间的统一。毕竟各类产品是通过地方集市汇总到地区市场、区域市场，进而通过上海、广州、天津、青岛等销售到日本和世界各国的，而要更好地明白商品的生产和流通情况，势必要对照地图一一查对，由此对20世纪上半叶中国各地产品的生产和流通状况有了更深的理解。尽管这很费时间，很花精力，但也乐在其中，为撰写《20世纪上半叶中国工业化进程研究——基于东亚同文书院经济调查的视角》打下了基础，建波教授戏称为"科研式翻译""科研式校对"，倒也不无几分道理。

当然，尽管付出了巨大的精力，花费了多年的时间，这部译本肯定还会有一些错讹和不够完美的地方，但是正如建波教授所言，做这项工作，只求问心无愧，不断修正而已。我认为这是一个学者应有的科研态度。

在《东亚同文书院经济调查资料选译》前3卷出版之际，建波教授邀请我作序。我虽然在这方面没有专门的研究，但认为这是一项很有意义的工作，可以与20世纪五六十年代中国老一代经济史学家编辑、中国社会科学院专家编撰的《中国近代工业史资料》《中国近代农业史资料》《中国近代手工业史资料》等相媲美，也是老一代经济史学家工作的继续，体现了中国经济史学者对经济史资料的高度重视。因此欣然同意作此序，希望建波教授及其领导的团队再接再励，把这一艰巨的工作做好，造福史林。

2024年8月20日于燕园

序言二

李春利（日本爱知大学国际中国学研究中心主任）

一

中国经济思想史学会会长、北京大学经济学院经济史学系主任周建波教授主编的《东亚同文书院经济调查资料选译》前3卷本即将出版，不久还要再出版7卷，最终构成10卷本的《东亚同文书院经济调查资料选译》。无疑，这是一项非常宏大的文化工程，实在可喜可贺。

十一年前，我应邀参加北京大学主办的"北京论坛"，经现任北京大学副校长董志勇教授介绍，有缘结识了周建波教授。

之后的十多年里，我现在任职的日本爱知大学多次邀请周建波教授和他的同事来日本进行学术交流，并聘请他作为访问教授，为我校和中国人民大学/南开大学联合培养博士双学位课程的博士生授课讲学，还同赴东京大学、外务省外交史料馆等机构调查相关史料。周建波教授也多次邀请我本人和我校学者赴北大参加学术研讨会。正是在这样密切的学术交流过程中，双方萌发了合作推进"日本东亚同文书院经济调查研究"丛书的想法。实际上，这套系列丛书研究和翻译团队的骨干，大部分是周教授和我本人指导过的、爱知大学培养的青年学者。2015年，爱知大学国际中国学研究中心和北京大学经济学院之间还正式签署了"学术·教育交流协议"。

十年磨一剑。在周教授炽烈的学术情怀和卓越的组织能力的引领下，"日本东亚同文书院对华经济调查研究"获批国家社会科学基金重点项目；之后"东亚同文书院经济调查资料的整理与研究"又获批国家社会科学基金重大项目。这套丛书的出版，正是十多年来周建波教授和他的团队付出努力和心血的结晶。作为历史的见证人和两大项目的策划参与人，我可以

东亚同文书院经济调查资料选译·金融货币卷

负责任地做出这样的评价。

爱知大学曾于2012年赠送给北京大学图书馆一套《东亚同文书院大旅行志》，为33卷精装本。这是仅流传于日本之外两套丛书中的一套，另一套赠送给了美国芝加哥大学图书馆。中国国家图书馆先后于2015~2017年影印出版了《中国省别全志》（全50册）、《东亚同文书院中国调查手稿丛刊》（全200册）、《东亚同文书院中国调查手稿丛刊续编》（全250册）。这些基础文献的整理和出版，奠定了东亚同文书院对华调查研究的基础。这一套沉睡百年、卷帙浩繁的中国踏查第一手史料，终于回到了催生它的土地。

关于东亚同文书院的历史影响及其政治定位，武汉大学的冯天瑜教授在《东亚同文书院中国调查的历史警示与当下启迪》（《文化软实力研究》2018年第6期）中指出，"明治（1868~1912）以后，学习西方有成的日本逐渐形成以侵略中国为目标的大陆政策，对中国的调查规模张大，而目的则由学习中国转成窥探以为侵略中国作准备。其调查采用西方经营殖民地、半殖民地的方法，如统计学、文化人类学方法等等。由于地缘、文化、人种的相近，此期日本对于中国的调查比欧美更便利也更细致深入。"对此观点，本人表示赞同。在《东亚同文书院中国调查手稿丛刊》第一卷篇头，爱知大学刘柏林教授以"爱知大学图书馆的'霞山文库'"为题，详细介绍了东亚同文书院和爱知大学的传承关系，并具体介绍了东亚同文书院大量的中国调研成果和丛书、期刊等出版物，在此我也不再赘述。以下主要根据本人的直接经历介绍一些东亚同文书院的背景资料，以期为丛书的正文做一些补充说明。

二

2019年11月，爱知大学邀请哈佛大学名誉教授傅高义（Ezra F. Vogel）先生来校演讲，他以"永远的邻居：从日中历史中探索亚洲的未来"为题做了精彩的演讲。这是傅先生最后一次日本旅行，目的是参加他的最后一部专著 China and Japan: Facing History 的日文版首发式。没想到一年后，傅先生不幸仙逝了。[①] 在爱知大学的演讲，竟成了傅先生生前在日本的最后一次演讲。

---

① 傅高义先生去世后，夫人艾秀慈（Charlotte Ikels）教授及其家属将傅先生生前的藏书及相关资料3600余册全部捐赠给了爱知大学，书籍于2023年运抵日本。

为了纪念他，爱知大学国际中国学研究中心特别出版了《傅高义的最后一课：永远的邻居》（*The Last Lecture：Ezra Vogel on China and Japan*，傅高义、李春利著）。在这本书中，我收录了傅先生颇为关注的东亚同文书院一些鲜为人知的史料，现摘录其中部分历史资料。

傅高义先生在长达500多页的《中国与日本：1500年的交流史》的第5章里，用十多页篇幅介绍了爱知大学的前身——上海东亚同文书院，其经营主体东亚同文会及其创建的经过，尤其聚焦两个机构的创始人近卫笃磨。据傅先生介绍，贵族出身的近卫公爵在日本第一任首相伊藤博文的推荐下，早年赴德国波恩大学和莱比锡大学留学并获得法学学位。他回国后任贵族院公爵议员，后出任贵族院议长。1898年出任东亚同文会首任会长，倡导"大亚细亚主义"，主张联清抗俄。东亚同文会会员中有孙中山的盟友宫崎滔天，还有中国学大家、京都学派领军人物内藤湖南等各界名流。近卫笃磨与戊戌变法失败后逃亡日本的康有为和梁启超亦有交流，并且邀请两人列席旁听贵族院全体会议。

1899年近卫笃磨访问中国，拜访了湖广总督张之洞和两江总督刘坤一，并取得刘的支持，协助创办东亚同文书院。近卫笃磨委派东亚同文书院首任院长根津一面见刘坤一总督，落实创办同文书院的具体事宜。根津一呈上他起草的中文版"东亚同文书院兴学要旨"（明治34年、1901年），得到了刘坤一的赞同和支持。

东亚同文书院是在晚清实力派总督的支持下建立的，建校后之所以能够展开如此规模宏大的实地踏查，也与晚清和民国高层的支持密不可分。在张之洞的建议下，访华后的近卫笃磨当年就创办了东亚同文书院，首先接受了张推荐的13名清朝留学生，其中包括张之洞的长孙张厚琨，他后来进入近卫笃磨任院长的皇家贵族学校"学习院"学习。这也可以说是张之洞在《劝学篇》中力主留日学说最早收获的果实之一。

1901年5月，在上海举办的东亚同文书院开校庆典上，代表中方出席的嘉宾是洋务运动的代表性人物之一、南洋公学（后来的上海交通大学）创始人盛宣怀。建校后，东亚同文书院经常邀请中日两国的知名人士来校讲学或访问。

1927年12月12日，胡适应邀来东亚同文书院讲学，专题讲义的题目是："中国近三百年来四大思想家"。讲学前后分为4次，每次讲一位思想家。胡适的演讲录后来翻译成日文，刊登在东亚同文书院中国研究部发行的杂志《中国研究》（16号和17号）上。1931年4月17日，鲁迅应邀来书院讲学，专题讲义的题目是："流氓与文学"。关于这次演讲，在当天的《鲁迅日记》中有记载："赴同文书院，讲演一小时。"与鲁迅同行的人有他的日本学生增田涉，还有上海内山书店的职员田寿（东亚同文书院第18期生）。演讲录由当时听讲的日本学生用中文速记下来，后来刊登在东亚同文书院校友会会刊《沪友》（第50号）上。

据邀请鲁迅演讲的东亚同文书院铃木择郎教授（后来任爱知大学教授）回忆，当时鲁迅说，这是他第一次对日本人演讲（《沪友》第45号）。实际上，这也是鲁迅一生中唯一一次对日本学生的演讲。胡适来书院讲学时，也是铃木择郎教授做的口译和笔译。铃木择郎中文流畅，当时是东亚同文书院负责教中文课程的教授。他于1933年组织了东亚同文书院华语研究会，开始编纂以现代汉语为中心的《华日辞典》。这项浩大的工程因日本战败、1945年东亚同文书院关闭而一度中断。后来，在东亚同文书院的最后一任校长，也是爱知大学的创始人本间喜一校长和铃木教授的推动下，终于在1968年出版了《中日大辞典》，铃木择郎教授担任主编。大辞典的出版受到了日本各界的欢迎，十分畅销，产生了广泛的社会影响。从东亚同文书院在上海成立华语研究会时算起，《中日大辞典》的编纂前后历时35年，这也是爱知大学为中日交流和日本的中国研究做出的一大贡献。

大辞典编纂过程中还有一段插曲。为了归还日本战败时留存于中国的《华日辞典》14万张单词卡片，中国科学院院长郭沫若、文化部副部长郑振铎、国际新闻局局长乔冠华，以及鲁迅的老朋友、日中友好协会理事长内山完造等中日两国重量级人物给予了大力支持。1954年，这些单词卡片全部回到了爱知大学。《中日大辞典》出版后，为了感谢中方的帮助和支持，爱知大学向中日友好协会赠送了1200册大辞典，这些辞典在中国得到了广泛的利用。之后，每次改版都持续赠阅，累计赠送给中国5000余册。

三

大约 20 年前，我受爱知大学国际中国学研究中心的派遣，分两次走访了 9 所美国大学，一方面强化与美国大学的国际合作和学术交流，另一方面重点调查东亚同文书院的资料和爱知大学编纂的《中日大辞典》在美国的收藏情况。2003 年 3 月，我访问了加州大学伯克利分校、洛杉矶分校、斯坦福大学、华盛顿大学和夏威夷大学；同年 9 月访问了密歇根大学、芝加哥大学、普林斯顿大学和哈佛大学。

在密歇根大学亚洲图书馆里，首先发现了《东亚同文书院大旅行志》《东亚同文书院中国调查旅行报告书》《支那省别全志》的缩微胶片版。1996 年，爱知大学作为建校 50 周年的重要纪念活动，以爱知大学丰桥图书馆收藏的《东亚同文书院中国调查旅行报告书》手抄本为原本，制作成 132 卷缩微胶片版，由日本雄松堂出版发行。东亚同文书院历届学生在旅行踏查后，皆需撰写两种文字作为毕业论文，一种是专题调查报告，称为"大旅行报告书"；另一种是见闻性旅行日志，称为"大旅行记"。

2006 年，作为爱知大学建校 60 周年的纪念活动，爱知大学将图书馆收藏的《东亚同文书院大旅行志》33 卷复制成精装大开版，同样由雄松堂出版限量发行。大旅行志的时间跨度是 33 年，从 1910 年到 1943 年（明治 43 年至昭和 18 年），每年 1 卷，总 33 卷长达 15000 多页。与本丛书依据的主要资料《东亚同文书院中国调查手稿丛刊》有所不同，《东亚同文书院大旅行志》是从学生调查小组在各地踏查时的旅行日志中精选汇编而成的，更直观地反映当时中国社会的实际情况。调查小组的调研题目总体来说以经济社会领域居多，分别包括主要产业、货币、流通、交通、地理、城市、农村、人口、民族、教育、社会组织等方面，其史料价值颇高。其中收录的清末到民国时期的原始记录，在一定程度上折射出外国青年眼中 20 世纪上半叶中国社会的实况。

《东亚同文书院大旅行志》中收录了许多书院学生在中国各地拍摄的照片和手绘地图等，尤为珍贵。每卷篇头还收录了民国著名人士为大旅行志写下的亲笔题辞，其中包括孙中山、康有为、爱新觉罗·善耆、黎元洪、段祺瑞、吴佩孚、郑孝胥、章炳麟、吴昌硕、戴季陶等重量级人物。

这些细节可以一定程度上反映出东亚同文书院重视走高端办学路线的方针。

美国 UMI 公司早在 20 世纪 60 年代，就把《支那省别全志》18 卷制作成缩微胶片版出版发行了，比爱知大学还早 30 年。《支那省别全志》的缩微胶片版分别收藏在美国国会图书馆、密歇根大学和加拿大不列颠哥伦比亚大学等处。斯坦福大学东亚图书馆也收藏了《东亚同文书院中国调查旅行报告书》的缩微胶片版。还有爱知大学名誉教授藤田佳久撰写的《东亚同文书院·中国调查旅行记录》丛书 5 卷本等。此外，哈佛燕京图书馆、普林斯顿大学东亚图书馆等许多图书馆都收藏了爱知大学编纂的《中日大辞典》，在此不一一列举。

《支那省别全志》（18 卷）是以学生调查报告为基础资料，由东亚同文书院中国政治地理和中国商业地理课程主讲教授大村欣一担任编辑主任，系统整理编纂后，于 1917 年至 1920 年陆续出版发行。东亚同文书院首任院长根津一在任长达 20 余年，他在丛书的序言中写道，这套丛书是在 1000 多名学生撰写的 20 多万页调查报告的基础上完成的。《支那省别全志》18 卷按省别顺序排列，分别为广东、广西、云南、山东、四川、甘肃（附新疆）、陕西、河南、湖北、湖南、江西、安徽、浙江、福建、江苏、贵州、山西、直隶 18 省。此前，东亚同文书院经济和商业课程主讲教授根岸佶（后来成为一桥大学名誉教授）主编的另一套丛书《中国经济全书》12 卷（1907~1909 年出版），也是以调查报告为基础的。加上后来出版的《新修支那省别全志》9 卷（1941~1946 年出版），这三套丛书成为东亚同文书院中国研究的奠基之作，从而奠定了该书院在日本中国研究领域的历史地位，其共同特点都是以中国调查报告为基础提炼加工而成。

综上所述，自明治维新以来的现代化进程中，日本在社会科学领域形成了一套以实地考察、社会调研为基础的独特的实证研究方法，而且这一传统一直延续到 21 世纪的今天。东亚同文书院长达 40 余年的中国调查旅行可以说是这个进程中的突出代表。

这一套沉睡百年，由东亚同文书院的学生撰写的旨在了解中国的第一手踏查资料，从多种角度记录了 20 世纪前半叶中国现代化进程中各地区的经济、政治、社会、文化变迁等诸多细节，由此可看出当时日本对中国研究之深、了解之切，这些资料在今天成为学者研究中国民国史、经济史、社会史、民族史等方面的一份重要的历史资料。

2024 年 8 月 18 日于
日本爱知大学

前　言

周建波

近代以来，市场经济是世界经济的主流。市场经济从本质上讲就是一种发达的货币信用经济或金融经济，它的运行表现为价值流导向实物流，货币资金运动导向物质资源运动。自1999年博士毕业到北大经济学院工作以来，我始终关注中国历史上的商人群体和传统金融的发展问题，在中世纪寺院经济、寺院金融，尤其是佛教信仰与中国金融业发展，以及明清以晋商为代表的商帮发展方面取得了一定的研究成果。然而中国古代经济如何向近代经济转型一直是我关心的问题。尤其是近代史上的中国，面临着三千年未有之大变局，中国的社会经济发展究竟受哪些因素影响和制约？其中究竟哪些因素占据了主导地位？中国的经济发展是内生性的还是外生性的？这些问题虽然都是一些宏大叙事，但是通过对某些经济领域具体问题的深入研究还是可以得出一些结论的。

明清以来，尤其是进入晚清时期，随着西方国家东来，中国日渐卷入世界经济的大潮。白银资本对中国经济的影响力日增，东亚的贸易网络也随之增加了更多的内容。尤其是日本原本是东亚贸易体系中的配角，随着国际政治经济的变迁，其对中国的影响力越来越大。明治维新以后，日本通过快速工业化实现了国力的增强，试图改变东亚的国际秩序。为了达到这一目的，以及为本国迅速开展的工业化寻找充足的原料基地和商品销售市场，日本看到了地大物博、资源丰富但国力衰弱，正沿着半殖民地半封建的路径进一步沉沦的中国的价值，于是希望更全方位地了解中国各方面的情况，为此对华展开大规模调查，企图全方位利用中国的资源，与中国人直接进行多方面交易，从而提高自身的竞争优势，削弱欧美在中国的影响力，扩大其在华势力，从而获得更多更大的利益。

基于上述目的，日本分别以官方调查和民间调查的形式对中国展开调查。其中，官方调查主要是以外务省、农商工省和军部为代表，三者的调查受各自部门目的和关注重点的影响而有所不同。外务省主要利用驻华各地领事了解本地的社会政治经济发展状况；农商工省对华调查在大正年以后较少，内容主要与经济、贸易相关；军部则利用军队自己的网络和委托调查的方式，调查与战争相关的军事部署、军需供应等。民间调查主体比较复杂，有日本国内的工商机构及其派驻中国的各类调查机构、调查员，还有在华的日本团体等，但其毫无例外地都围绕中国近代的经济发展、商品生产和流通状况、对外贸易状况以及中央和地方政治、各地风俗民情等开展，其调查同样受到日本国家战略和官方强有力的影响。在日本众多对华调查机构中，以设在北部大连的满铁调查部和南部的上海东亚同文书院最具代表性。东亚同文书院作为日本在上海设立的一所以商科为中心的海外大学，由于其成立的目的是培养"不通过买办也能跟中国人直接做交易的商业人才"，所以其对华调查持续时间之长、调查内容之深、调查报告数量之多，堪称日本对华调查之最。虽然其调查表面上是他们所谓的"促进中日贸易"，但综括其40多年的表现，实际上是站在占有中国资源（前期），进而侵占中国领土、奴役中国人民（后期）的立场上进行的调查，给日本侵华提供了资料和便利，该行为无论到何时都应该受到全世界人民的谴责。同时，其调查报告中的语言表述也是站在上述立场上，用了诸多对中国及中国人民等表示蔑视的不当表述，在20世纪30年代日本侵略中国领土后，参与调查的学生中也有很大一部分在其调查报告中使用了为侵略行为歌功颂德的文字。鉴于这些文字属于历史资料，为了使读者更明确地了解这段历史，本丛书保留了历史文献原貌未做改动，以便作为当时日本侵华行为的历史铁证，并引导读者以批判的眼光来看待这些资料，这些资料中也保留一些地名的历史称谓，这类也未改动。当然，这些来自"他者"的调查报告，我们在对其立场进行大力批评的同时，也可以利用其中的历史数据等有用信息，作为历史学术研究的资料，而东亚同文书院的调查报告中包含了比较全面的中国近代经济社会发展史料，这是我组建团队对其进行整理翻译的主要目的。

一 东亚同文会与东亚同文书院的建立

东亚同文书院（1900~1945年）是日本东亚同文会（1896~1946年）在中国创办的一所以商科为中心的海外大学。当时的欧美各国基于中国市场人口众多但语言、度量衡、货币制度不统一的情势，普遍采用间接管理的买办制度来进行采购、销售和融资管理。尽管这有利于扩大对中国的贸易，但无疑提高了运营成本。日本希望利用中日两国相距不远，且文字容易相通的优势，绕开买办制度，通过发展高等商业教育培养直接能够与中国人做贸易的人才，以此提高对欧美的竞争优势，扩大中日两国间的贸易。

虽然东亚同文会的身份是日本国内自发研究东亚问题的民间机构，但其有浓厚的官方背景，是在政府的斡旋下，于1898年由东亚会和同文会合并而成的[①]，首任会长是曾担任同文会会长的日本贵族院议长近卫笃麿。1900年，随着亚细亚协会的并入，东亚同文会成为二战前日本最大的东亚问题智囊库。在经历了世纪之交是否允许流亡在日的康有为、梁启超入会，以及如何处理中日政府关系的争论后，东亚同文会逐步确定了避免参与政治活动，采取以文化教育活动为主，着力经营东亚同文书院的稳健方针。1922年该会改组了财团法人组织，成为从事发展中日两国文化的教育文化组织[②]。1926年以后东亚同文书院毕业生占据了该会的运营中枢。

1900年5月，东亚同文书院在南京创办，始称南京同文书院，这与甲午战争后中国国内产生了强烈的向日本学习、维新变法的社会思潮分不开。1899年9月，日本贵族院议长近卫笃麿在出访欧美15国后返日途中，

[①] 其时，东亚会和同文会都向政府申请资助，而政府财政不足，只能让东亚会和同文会"和衷共济"，共同使用一笔政府补贴，于是才有了上述的合并。

[②] 东亚同文会兴办的教育事业除了东亚同文书院外，还有5家教育机构。①东京同文书院（1901~1922年）：为中国人学习日语、留学日本而开办的学校。开设的主要课程有日语、英语、算术、地理、历史、物理、化学，修业年限为2年，先后共有864名毕业生。②天津中日学院（1921~1945年）：招收中日两国学生。主要课程有中文、英语、日语、数学、博物、地理、历史，修业年限为4年，先后共培养537名毕业生。③江汉中学校：1922年在汉口建立，毕业生有300名左右。④北京工业专门学校：1943年在北京设立，修业年限为3年，设置了采矿、冶金、电气三个专业，因日本战败而没有学生毕业。⑤上海东亚工业学院：1942年在上海设立，招生对象是中国人。参见薄井由《东亚同文书院大旅行研究》，上海书店出版社，2001，第9~10页。

先抵达上海、南京、武汉，与中国实力派人物两江总督刘坤一、湖广总督张之洞进行会谈，在推动中日教育文化交流方面达成了一致。一方面，中国大量雇请日籍教师和专家来华，推动中国在军事、矿务及工业方面实现现代化的计划；另一方面，中国往日本大量派遣留学生（张之洞之孙张厚琨也在留学之列），同时也欢迎日本派遣学生来中国学习。

刘坤一大力邀请东亚同文会来南京兴办现代学校。他在光绪二十五年（1899）十月二十二日（农历）致伊藤博文的信中指出："前闻雅教，敝国宜办工艺学堂，切中肯要。第念广东、湖北相距颇远，联合为难，因就所属江宁、江苏、江西、安徽四省首先举行，以为之倡。幸各院司均以为然，有成议，尚待派员前来贵国察看规模，并拟于尊处延请总分教习，购买各项机器，以图地近费省，届期奉恳大力关垂。"①

南京同文书院创办不久，即于同年8月迁往上海，这主要是因为书院师生中有人参与了孙中山领导的惠州起义②，刘坤一怕受牵连，遂以义和团运动波及南京有碍书院师生安全为由，劝其迁往口岸城市上海。正好上海开放的环境，以及与日本更加便利的交通，还有其在日本人心目中的高知名度——"上海正好是一个寄托'浪漫'的对象，是一块实现'冒险'梦想的绝好土地"，恰为学院的招生创造了更好的条件。而上海通商口岸的环境使其在清末民初的动荡中相对要安定得多，这能为学院的发展提供了有力的保障。

东亚同文书院的主管单位是日本外务省和文部省，学生主要来自日本各县以及外务省、农商工省、日据朝鲜总督府等推荐的公费生，以及日本各地教育会、工商企业公司、新闻媒体和其他机构资助的公费生，也有少量的自费生。东亚同文书院宣称其办学宗旨是"教授中外实学，培育中日英才，一

---

① 《刘坤一遗集》第5册，中华书局，1959，第2258页。
② 1900年孙中山决定于义和团运动之际发动惠州起义。南京同文书院的监督佐佐木四方志、教师山田良政积极参与了起义的谋划，书院的不少学生也跃跃欲试，安永、柴田、平冈等更在校内宣传起义。书院代理院长田锅安之助基于东亚同文会稳健处理中日政府关系的立场，宣布对试图参加革命的学生处以1个月禁闭的处罚，为此学院监督佐佐木四方志愤然辞职，师生中各有一人离开学校参加起义，老师即山田良政，同年牺牲于惠州三洲田。学生即楜引武四郎。楜引武四郎是山田良政的同乡，此后继续参与孙中山领导的中国革命，1913年在"二次革命"中战死于南京。

则有利于巩固中国的国基,一则有利于加强中日的友好关系"①。尽管其招生对象主要是日本学生,但也招收了一些中国学生,只是由于财政和政治环境的原因为数很少,而且中日关系紧张后中国学生大部分中途退学。

1899年12月,近卫笃磨曾致信日本各府县行政长官,指出设立在南京的同文书院除在日本招收中学学历和同等及以上学历的青年外,还同时在中国招生,向华人开设日语。但戊戌变法后清政府对改良派压迫日深的环境,使得刚刚开办的现代新式学校——东亚同文书院根本不能招收到中国学生。1903年,根津一院长鉴于学校硬件设施的进步,再次设想"在中国苏、皖、赣三省招收600名学生"②,但因财政匮乏而搁浅。进入民国后,东亚同文会鉴于欧美对华教育、卫生事业的诸多发展,而上海东亚同文书院一直只是单方面培养日本学生,感到需要通过招收中国学生以扩大影响。1918年5月,日本外务省向东亚同文会发函,要求东亚同文会对下属的东亚同文书院进行扩充,开设专门招收中国学生的学部,外务省对此予以资助。东亚同文会得到政府支持以后,开始新修校舍,成立了中华学生部,并于1920年开始招收中国学生。与此同时,以1915年日本逼迫中国签订"二十一条"卖国条约为导火索,中日关系逐年趋于紧张,这不仅使东亚同文书院的中华学生部招生不易,好不容易招来的入学者中途又纷纷退学,因此在东亚同文书院1920~1931年设立中华学生部期间,招收中国学生约400名,但正式毕业者仅有48名③,为此不得不撤销中华学生部,使得标榜"培育中日英才"的东亚同文书院,变成了只招收日本学生的高等学校。

---

① 〔日〕根津一:《东亚同文书院创立要领·兴学要旨》,载大学史编纂委员会《东亚同文书院大学史——创立八十周年纪念志》,东京:社团法人沪友会,1982,第715页。
② 〔美〕任达: 《新政革命与日本——中国,1898—1912》,雷颐译,江苏人民出版社,1998,第100页。
③ 郭晶:《东亚同文书院研究》,中国社会科学出版社,2016,第121页。一说是毕业的中国学生60余名,参见林琳《东亚同文会及其教育研究事业探析》,《咸宁师范学院学报》2011年第2期。此处采用了郭晶的数字。他在东亚同文书院的后身——爱知大学学习过一年,是通过仔细研究《东亚同文书院大学史——创立八十周年纪念志》《东亚同文书院大学40周年纪念志》,以及《东亚同文书院毕业生的轨迹——东亚同文书院毕业生问卷调查》等得出的结论,并且对这48名毕业生的籍贯和毕业去向有详细说明(参见该书第135~136页)。

二　东亚同文书院的大旅行调查

为了培养"中国通",东亚同文书院办学最具特色的举措,是历届学生毕业前要做中国社会状况的实地踏访,为此,书院设调查部、调查编纂部、中国研究部、东亚研究部,具体组织踏访实践和相关研究的开展。书院获得清政府及后来的民国政府的允许,并领有中国当局颁发的通行许可证(民国要人孙中山、黎元洪、段祺瑞、汤化龙等曾为东亚同文书院的中国踏查题词),畅行无阻地到各地进行访查(九一八事变后中日关系紧张,书院学生的调查受到越来越严格的限制)。学院日本学生通过长期的汉语及中国文化学习,又接受严格的社会调查训练,在各地活动较少语言障碍和习俗扞格。大旅行调查,一方面锻炼了日本学生熟练应用汉语的能力,另一方面又让学生实地了解了中国商品生产和交易的情况,方便对相关文献进行验证,一举两得,因而受到学生的热烈欢迎,成为书院最有特征的标志。

大旅行调查始于1901年。该年11月,第1期学生分为两班,赴苏州、杭州实习旅行,虽无特定调查目的,却拉开了此后大旅行调查的序幕。1902年8月,第1期学生前往烟台、威海卫进行修学旅行,参观了当地的柞蚕工场和葡萄酒工场,这是书院第一次有意识地开展对中国社会经济的调查。1904年根据第1期学生在汉口和上海的调查报告资料编撰的《清国商业习惯及金融事情》出版。

1904年10月,第2期学生在京津地区进行了为期40天的旅行调查,此后学生以向书院提交调查报告书代替了撰写毕业论文。1907年,外务省发给同文书院"清国调查旅行补助费"3万日元,这也是出于对林出贤次郎、波多野养作、三浦稔等五位书院学生调查中国西北部的工作表示嘉奖[①]。学校把这些钱分作三部分使用,其中一部分用于中国内陆的调查旅行费。从此东亚同文书院从制度建设上正式开始了中国内陆调查的大旅行。

关于大旅行调查之于日本,尤其是日本工业化的价值,担任《中国经

---

① 1905年,受日本外务省指派,书院派出刚毕业的第2期学生林出贤次郎、波多野养作、三浦稔、草政吉、肥田好孝赴新疆、蒙古进行调查,其中新疆派遣员林出贤次郎的调查旅行时间最长、规模最大,受到外务省的表扬。

济全书》编撰，同时也是大旅行调查的筹划者和总设计师的根岸佶教授①自豪地说："当时日本人对中国所知甚少，尤其是对商业、经济方面缺乏了解，在中国做买卖的日本人，都要通过所谓'买办'即经纪人，书院要培养不通过买办也能跟中国人直接做交易的人才，培养这些人才是书院最重要的使命之一。幸亏学生们都很热情地学习中国知识，去旅行，实施实地调查，并撰写了毕业报告书，结果毕业生不通过买办也能跟中国人做买卖了。"

要做调查，第一步是大量搜集、阅读相关文献，从中了解社会对该问题研究的水平以及存在的不足等。第二步是通过实地调查，一方面验证所读文献正确与否，另一方面对文献记载不甚正确、未涉及或研究不深入的问题进行进一步了解。就东亚同文书院调查报告书的资料来源来看，大部分调查资料源自公开的出版物（二手资料），只有小部分资料源自实地调查（一手资料），而这些来自实地调查的一手资料也无非用来验证二手资料所说的是否正确、有无变化、什么原因造成了变化等问题。然而日本人将这些信息进行了深入分析，从而形成对己方有价值的信息，即有利于为日本迅速开展的工业化提供充足的原料和商品销售市场（前期），有利于服务军方占有中国领土的军需需求（后期），这表明其具有强大的分析信息和利用信息的能力，同时也昭示了其调查的本质。武汉大学历史学院陈锋教授指出，书院学生调查报告书中所汇集的资料"有的来源于实地调查，有的是文牍档案典章的直接移录，有的是从相关资料中采摘综合。就三种资料的来源形式来看，实地调查和采摘综合的资料最具价值"②。

随着包括中日关系在内的国际时局的变化，以及日本工业化发展对原

---

① 根岸佶是东亚同文书院早期一位重要的教授，1901～1907年在书院工作。1901年，刚从东京高等商业学校（即今天的日本一桥大学）毕业的根岸佶加入东亚同文会，协助根津一院长进行有关东亚同文书院立校的筹划。根岸佶主要研究中国经济开发、中日贸易，对于中日经济合作以及相关人员培养最为关心，对于书院早期的课程设置、与经济相关学科的扩充贡献尤为突出。尤其值得一提的是，"大旅行调查"就是根岸佶筹划并施行的。他整理的《中国经济全书》，是当时规模最大的有关中国经济的百科全书，该书也为后来在大旅行调查报告书的基础上整理《中国省别全志》奠定了基础。
② 陈锋：《清末民国年间日本对华调查报告中的财政与经济资料》，《近代史研究》2004年第3期。

材料、能源需求的改变，大旅行的调查方法、内容也在改变。初期（1915年之前），住在中国的日本人很少，书院的毕业生也不多，学生做调查时根本不能指望日本企业或日本人，主要以对中国有关企业、学校及中国商人等直接调查为主，是"真正的中国旅行"。中期（1915年至1931年九一八事变前）和后期（1931年九一八事变后）日本的侵华行径不断升级，使中国民众对他们的行为警惕起来，在这种情况下，对中国有关组织、商人及行政者进行直接调查已相当困难。但这时中国主要城市的领事馆都有东亚同文书院的毕业生，同时在各个城市的日本企业中也有不少东亚同文书院的毕业生，于是东亚同文书院学生把日本领事馆当作联络点。在这种情况下，在中国各地开展调查的对象遂改为以日本商社为中心，对从日本企业收集的材料进行调查，并采访有关人士，"这就缺少了学生本身直接观察、收集材料"①的过程。

另外，大旅行调查的时空分布也不均衡。1931年九一八事变前，书院学生的调查区域几乎遍布整个中国，旁及与中国贸易相关的法属印度支那、南洋群岛等地，且得到中国朝野上下的大力支持，这是书院调查最兴盛的时期。自1931年九一八事变到1937年七七事变，书院学生虽仍可在中国境内的华东、华中、华北、华南、西北、西南等地区调查，但由于中日关系紧张，东亚同文书院的学生受到的约束增多，调查规模、质量不比以前。七七事变后，东亚同文书院调查几乎只在日占区进行，且越来越与军部纠集在一起，成为日军侵华的马前卒，给中国人民带来了巨大的伤害。

随着大旅行调查开展次数的增多和对中国了解程度的加深，东亚同文书院一方面加强了在调查地点、内容、方法等方面的规范性要求，另一方面产生了进一步深入研究的要求，这主要指在第5期至第13期学生调查报告的基础上，开始编撰18卷本的《支那省别全志》。马场锹太郎正是在这个时间节点担任大旅行调查的指导老师②，并对大旅行调查的研究内容和方法进行了积极的改革。他不仅更明确地让各个班调查不同的研究项目，

---

① 参见薄井由《东亚同文书院大旅行研究》，上海书店出版社，2001，第49页。
② 马场锹太郎是东亚同文书院第5期学生，自1916年到1945年一直在书院任教，讲授中国经济地理和商品学课程，主要著作有《中国经济地理志》《中国重要商品志》《中国资源和日本》等。

更要求书院学生除提交调查报告书外,还要再提交旅行日记记录(这之前只要求学生写,并无要求一定提交),并作为毕业成绩论处。显然这有助于调查报告书质量的提高。在为第21~22期学生的大旅行志所写的序文中,马场锹太郎指出:"为了研究中国,要知道中国的风俗、习惯、物情、民意,要理解人心。中国国土广大,各地习俗不同,仅探访一半已经外国化的沿海商埠地区后即讨论中国整体的情况,这样的态度很不正确。"为此,他要求学生在充实商业调查以外,要更重视对中国社会文化的调查研究,学生们真正把握中国总体情况。

大旅行调查从1901年开始到1945年结束,坚持了40多年[①],获得了大量调查资料。这主要体现在三部大部头的丛书上。一是依据第1期至第4期学生的调查报告书编撰出版的12卷《中国经济全书》(1906年出版),根岸佶教授任总编。二是依据第5期至第13期学生的调查报告书编撰出版的18卷《支那省别全志》(1916~1920年出版),大村欣一教授和山崎长吉教授任编辑主任。这是日本人最早撰写的,主要基于实地调查的中国志书。三是《新修支那省别全志》(1941~1946年出版),马场锹太郎任总编。1939年,东亚同文书院制定了编撰出版22卷《新修中国省别全志》的计划,但出版到第9卷时日本战败,东亚同文书院随之闭校,东亚同文会于次年解散,因此这套书并未写完即停止出版。《新修支那省别全志》在内容上更加细致,这与后期的地区调查内容更加充实分不开。

除出版大型资料丛书外,东亚同文书院还从第7期学生起将每届学生旅行时写的日记汇集为一本旅行志,一直到第40期学生。2006年,东亚同文书院的余脉——爱知大学将其收藏的《东亚同文书院大旅行志》33卷复制成精装大开版,作为建校60周年的纪念活动,该书由雄松堂限量发行(总共10套),爱知大学赠送北京大学图书馆一套。

三 东亚同文书院大旅行调查的独特价值

较之学界非常重视的满铁调查,东亚同文书院调查对研究20世纪上半叶的中国经济史、经济思想史、民族史、社会史等具有独特价值。

---

① 其中,因1919年五四运动爆发,延期一年进行。

一般来说，满铁调查（1908~1945年）广博——服从于日本占领当局掠夺中国资源的需要，在东北、华北、华东等地区开展"包括政治、法律、经济交通、文化等一切方面"的调查；书院调查（1901~1945年）精细——基于培养能绕开买办的合格的"中国通"的目标，围绕商贸中心，着眼都市和交通要道，在中国各地开展调查。书院调查或围绕某一主题在不同地区，或在同一地区围绕不同主题，反复拉网式调查。其调查地域几乎遍及除西藏之外的中国各省的若干市、县、乡、镇、村乃至关隘、码头，还涉足与中国贸易有联系的西伯利亚及远东地区、法属印度支那半岛、南洋群岛等，这是满铁调查没有的，由此使得书院调查报告具有相当高的学术利用价值。如《山东省石炭调查》（1927）、《上海附近食料品市场》（1927）、《南洋华侨之现状》（1927）、《北满间岛金融》（1927）、《佛领印度中国东京华侨调查》（1928）、《比律宾教育调查》（1928）、《武汉英人企业大势》（1930）、《青岛港之调查》（1929）、《广东地区的丝绸调查》（1929）、《北京书业调查》（1930）等，有一定的深度。显然，无论调查覆盖广度，还是内容精细程度等方面，书院调查都更有助于以20世纪上半叶中国工业化进程为核心的经济现代化研究。

而且，从渊源上讲，东亚同文书院调查与满铁调查有很深的关系。书院的毕业生，从第1期一直到第40期学生（1939年入学，1943年毕业），差不多每年都有在满铁就业的，而且大部分毕业生都在调查部门工作，留下了显著成就的人也不在少数。如《中国旧惯调查》作者龟渊龙长，东亚同文书院第1期学生；《满洲经营调查》作者井坂秀雄，东亚同文书院第2期学生；《中国民俗志》作者永尾龙造，东亚同文书院第2期学生；《蒙古调查》作者星武雄，东亚同文书院第5期学生；《金融问题研究》作者南乡龙音，东亚同文书院第19期学生；《中国家族制度之研究》作者水谷国一，东亚同文书院第21期学生，其中永尾龙造写的《中国民俗志》在美国学术界评价很高。另外，鉴于书院学生在调查方面受过严格的训练，在社会上声誉很高，为确保书院学生进入满铁工作，自1920年开始满铁还制定了东亚同文书院派遣生制度。这一提议由后来担任庶务课长的野村正（第1期学生）提出，一直执行到日本战败，委托培养的总数达到130人。由此可以看出东亚同文书院在日本近代对华调查方面的重要性。

也就是说，其他调查微观性强，侧重中国现代经济发展的某一侧面；东亚同文书院调查内容全面、细致深入，从中可以观察到中国卷入经济全球化大潮后国民经济各部门的嬗变历程，对新经济的成长、旧经济向新经济的转型具有深刻的揭示，更能反映以工业化为核心的中国经济现代化发展进程和规律。显然，对东亚同文书院调查资料进行研究，可以揭露日本军国主义的侵华罪行，还历史以真面目，同时可以发掘一些可供当前经济建设借鉴的信息资料。对历史工作者来讲，整理研究一批反映中国当时社会经济实况的历史资料，尤其是数字资料，加强对中国近代政治史、经济史、经济思想史、社会史等的深入研究，从而了解近代中国工业化，尤其是20世纪上半叶中国工业化发展的进程和真实的发展水平，为中国特色的现代化和工业化道路考察奠定基础。

关于20世纪上半叶的中国工业化水平，国内外学界分歧较大。国内学界除了有保留地对一战期间的工业发展予以部分肯定外，更多地强调与发达国家的绝对差距。与国内形成鲜明对比的是，一些海外学者如久保亨（Kubo Toru）、章长基（J. K. Chang）和罗斯基（Thomas G. Rawski）等则认为这一时期的中国现代工业的增幅高于英美。章长基估计1912~1936年中国工业年增长率高达9.4%，费正清和费维恺则估计每年大约为7%或8%，罗斯基甚至认为该时期中国工业增长几乎接近"起飞"阶段。

这一时期中国工业化水平到底如何？增长机制是什么？需要学术界做认真的研究。除了新方法、新理论外，更需要新史料的提供。毫无疑问，东亚同文书院以"他者"视角对中国进行的长达40余年的经济调查，将拓展和深化该时期中国工业化、经济现代化研究资料的范围和考察幅度，有助于学者探索国家能力对工业化和现代化的影响，从而将研究推进到一个新阶段。另外，通过比较同期开展的几类大型调查的调查方法与目的及其对调查报告的直接影响，可以在一定程度上深化社会调查方法论。

四 目前学术界对东亚同文书院调查资料的利用和研究情况

国内外学界根据满铁资料陆续推出了一系列研究成果，其中包括知名学者杜赞奇的《文化、权力与国家》、马若孟的《中国农民经济》以及黄宗智的《华北的小农经济与社会变迁》等，对揭示日本对华侵略和研究当时中国华北、东北的经济社会状况有重要的作用。相形之下，对东亚同文书院的研究就要少得多。目前国内对东亚同文书院的研究仅限于北京、上海、武汉的少数学者。幸运的是，在已故武汉大学历史学院冯天瑜教授（曾担任爱知大学外籍教授）的推动下，国家图书馆出版社先后于 2015～2017 年影印出版了《中国省别全志》（全 50 册）、《东亚同文书院中国调查手稿丛刊》（全 200 册）和《东亚同文书院中国调查手稿丛刊续编》（全 250 册）；再加上日本爱知大学赠送给北京大学图书馆的《东亚同文书院大旅行志》（全 33 册），以及晚清出版的《中国经济全书》等，东亚同文书院对华调查资料主体的 90% 在国内均可以找到，这就为东亚同文书院经济调查资料的整理与研究奠定了坚实的基础。

但是东亚同文书院经济调查资料多用连体手写日文完成，且多为草书体，读懂颇为困难。冯天瑜教授曾与爱知大学刘柏林教授于 1998～2001 年多次前往爱知大学丰桥校区图书馆霞山文库阅览，冯教授认为其"因存放多年，纸张色变、草书字迹模糊，包括日文水准甚高的刘柏林君和日本学者也极难识读。"[①] 要方便中国学者使用，有必要将其翻译成中文。然而，做好这项工作并不容易：第一，这些日文资料形成于日本明治后期、大正和昭和前期，该时期的日文与现代日文在用词与文法等方面颇有些差别，不能用通常日文对待之；第二，这些日文资料普遍是连体手写，辨认不易。尽管随着科技水平的提高使用电脑有助于增强辨认度，但某些情况下难度仍然很大。倘再加上笔误的因素，翻译难度大大提升；第三，这些日文资料的专业性强，涉及大量的金融、货币、财政、贸易、保险等问题，翻译难度大。没有娴熟地掌握日语，并具有经济学或经营学背景，且后面有一个强大的经济史学团队作为支援，为其校对史实、润色文稿等，学者个人断断无法承担起这一艰巨的工作。

由于上述原因，此前东亚同文书院资料整理翻译的工作开展得并不顺利，目前仅有日本沪友会编、杨华等译的《上海东亚同文书院大旅行记录》（商务印书馆，2000 年），冯天瑜、刘柏林、李少军编译的 3 卷本

[①] 《东亚同文书院中国调查手稿丛刊》第 1 卷《解说》，国家图书馆出版社，2016，第 15 页。

《东亚同文书院中国调查资料选译》（社会科学文献出版社，2012年）等。就选译的内容而言，从东亚同文书院调查主体的调查报告书中选译的并不多，多来自表达强烈个人情感的大旅行志。例如，《上海东亚同文书院大旅行记录》完全选材于作为书院调查副产品的具有日记色彩的大旅行志，《东亚同文书院中国调查资料选译》则好得多，差不多1/3来自大旅行志，2/3来自调查报告书。如丛书的第1卷大部分选编于大旅行志；第2卷选编于作为调查主体的调查报告书，但以抗战时期的长江中下游地区为主，旁及华北、华南地区；第3卷则完全取自运河流域的调查报告书。其弱点是不易看清东亚同文书院经济调查在空间和时间上的全貌。

资料整理已不易，开展研究的难度可想而知。目前有关东亚同文书院研究的著作比较少。郭晶的《东亚同文书院研究》（中国社会科学出版社，2016年），侧重于研究书院的办学历程和对院长、教师、学生等的分析，并不涉及对调查资料的研讨。日本学者薄井由硕士和博士均就学于复旦大学历史地理研究所，其用中文写作的硕士学位论文《东亚同文书院大旅行研究》（上海书店出版社，2001年），侧重于研究书院学生的旅行调查过程和调查成果，并对部分调查报告的内容做了简单分析，如四川省的鸦片，福建的海外移民，中国南方边境地区民俗习惯，中国西北地区伊斯兰教发展情况，抗日战争时期中国香港、印度的中国民众对日本人的态度等。其博士论文《清末民初云南商业地理初探：以东亚同文书院大旅行调查为中心的研究》，是改革开放以来国内少有的利用书院调查资料研究20世纪上半叶区域工业化建设的论文，有较高的成就。它以滇越铁路的修建为中心，探讨了由此带来的云南经济地理及商业社会的一系列变化，对了解由世界市场带动、交通先行的20世纪上半叶云南工业化的发展历程很有帮助。如论文指出，1910年滇越铁路通车后，铁路沿线城镇开始发展起来，但红河水运衰落下去。蒙自、河口失去了最大外贸货物集散地中心的地位，在蒙自开设的洋行和领事馆纷纷迁往省城昆明，使得东亚同文书院多期在云南调查的学生都用"停滞、商业寥寥"的字眼描述铁路通车后蒙自法租界商业萧条的状况。

然而从整体来看，国内外学界对东亚同文书院的研究还是呈碎片化的状态，研究还不够深入，尤其是对东亚同文书院最为看重、价值最高的经济调查报告书部分涉及甚少。例如，多卷本的哈佛和剑桥中国史中，没有对东亚同文书院的介绍，但在参考文献中出现多本东亚同文书院撰写的著作。费正清（John King Fairbank）、坂野正高（Masataka Banno）和山本须美子（Sumiko Yamamoto）在《日本学者的现代中国研究》（Harvard University Press，1971）一书所列的参考文献中，由东亚同文书院撰写的著作更多达 20 多部。可见，欧美学者尽管研究东亚同文书院调查报告的不多，但普遍了解其价值。美国佐治亚州立大学历史系教授任达（Douglas R. Reynolds）是研究东亚同文书院的知名学者，著有《新政革命与日本：中国，1898—1912》（江苏人民出版社，1998 年），论文《中外教育交流》被收录在《20 世纪中国的教育、文化和身份认同》（Peterson，2001），以及《战前中国的区域研究：东亚同文书院在上海 1900~1945》（Reynolds，1986）等。已故哈佛大学教授傅高义（Ezra Feivel Vogel）在《中国和日本：1500 年的交流史》（香港中文大学出版社，2019 年）中也用 10 页的篇幅谈论 19 世纪末东亚国际形势的风云变幻与东亚同文书院的成立。

日本关于东亚同文书院的相关研究成果主要出自与其有历史渊源的机构和研究者，作为东亚同文书院余脉的爱知大学有多位学者专门对东亚同文书院及其大旅行调查进行长期研究。其中，藤田佳久的《东亚同文书院·中国调查旅行记录》（五卷本）、《东亚同文书院中国大调查旅行的研究》等，对东亚同文书院大旅行调查过程做了详尽的介绍。但对于大旅行调查报告书的内容则研讨不多，遑论探讨旅行调查报告书对中国 20 世纪上半叶工业化研究的意义。还有部分学者利用这些调查资料开展专题研究，如谷光隆的《东亚同文书院大运河调查报告书》《东亚同文书院阿片调查报告书》，但对于这些调查资料反映了中国工业化进程中有哪些方面的变化，导致这些变化的因素是什么等问题，则缺乏分析。另外，这些日本学者更多地强调旅行调查作为东亚同文书院的办学特色，强调书院作为一个学校的独立性和专业性，避而不谈旅行调查形成的原因及对中国造成的巨大伤害。

总体上讲，国内外对东亚同文书院对华经济调查的研究比较薄弱。已出版的著作、发表的论文，只是反映了东亚同文书院旅行调查的一鳞半爪，研究深度远远不足。至于利用这些调查资料研究中国 20 世纪上半叶工业化进程，以及开展对东亚同文书院社会调查方法论的研究，则更加薄弱。

五　我和东亚同文书院调查资料的结缘

　　日本已故著名中国学家、爱知大学名誉教授加加美光行先生曾经指出："东亚同文书院最大的局限，就是没有把调查研究的成果反馈给中国。"我非常认同这一判断。东亚同文书院对华经济调查 40 多年，其形成的调查成果均用日文写成，除提交书院外，还要抄送 4 份，分别送给外务省、农商工省、军部和东亚同文会。这些成果在日本各界对华决策，包括对华侵略中发挥了重要作用，盟军据此判定其为间谍机构，并不冤枉它。这些调查资料前期更多地在日本各界对华经济贸易决策中发挥作用，后期则更多地被运用于参与日本的军事决策，尤其是在军需供给中发挥作用。这些用日文写成的在中国土地上进行的调查成果，并未给当时的中国社会经济发展带来什么促进作用，反而为军国主义者所利用，给中国人民带来了巨大的伤害，这是不争的事实，因此中国人民称它是公开活动在中国的间谍学校，竭力排斥它，并不是无原因的。日本在中国国内办的这样一个教育文化组织，并不如它表面宣扬的那样是为了促进中国社会发展，促进中日贸易发展，而是完全服务母国的。其侵略性质和间谍本质已被当时的人民看透，我们现在更要有清醒的认识，而在翻译和整理这些资料的过程中，从字里行间都能看出他们的上述立场。

　　冯天瑜教授在《东亚同文书院中国调查手稿丛刊·解说》中指出，近代以来，"日本的官方与民间，在一个长时段运用近代实证科学方法开展周详细密的中国社会调查，有些是对当时中国官方及民间零散资料的集中与整理，有些是运用社会学的实证调查方法采集第一手材料。经数十年积累，日本人掌握了关于中国经济、政治、社会、文化方面的翔实信息，留下卷帙浩繁的见闻录、考察报告，以及在此基础上编纂的志书、类书、研究专著等文献，为从事晚清、民国政治史、经济史、文化史、社会史研究提供了直接或间接的资料，其调查方法的精密、系统，也足堪借鉴"。我和研究团队就是抱着这样的态度对东亚同文书院调查资料进行整理、翻译和研究的。

　　我和东亚同文书院调查资料的结缘源于 2013 年召开的北京论坛。正是在这次论坛上，我认识了作为演讲嘉宾的日本爱知大学国际中国学研究中心主任高桥五郎教授和李春利教授，并于第二年应两位教授之邀到爱知大学参加学术会议。利用这次在爱知大学参加学术会议的机会，李春利教授陪我参观了爱知大学丰桥校区图书馆霞山文库，我看到了东亚同文书院调查报告书的原件，并初步了解了东亚同文书院的发展历史，以及其与爱知大学的渊源。2015年夏天，我应邀到爱知大学做1个月的短期讲学，其间多次去丰桥校区图书馆霞山文库借阅大调查报告书，广泛查阅相关原始材料，并和李春利、刘柏林等学者进行了深入交流，进一步加深了对东亚同文书院调查报告学术和社会价值的理解。

2016年，我牵头申报的"日本东亚同文书院对华经济调查"获批国家社科基金重点项目，2020年申报的"东亚同文书院经济资料的整理与研究"获批国家社科基金重大项目。近年来，我和研究团队围绕20世纪上半叶中国工业化进程这一中心议题对东亚同文书院调查资料进行了系统的整理、翻译和研究，拟出版金融货币卷、商贸流通卷、物产资源卷、人力资源卷、工商企业卷、交通运输卷、矿产资源卷、保险保障卷、社会风潮卷、边疆开发卷共10卷本《东亚同文书院经济调查资料选译》，并在此基础上，出版专著《20世纪上半叶中国工业化进程研究：基于东亚同文书院经济调查的视角》。

为了完成这一宏伟规划，目前担任爱知大学研究生院院长和国际中国学研究中心主任的李春利教授给予了大力支持，从项目规划到翻译团队人选的确定，再到译文校对中各种大大小小问题的处理，无不浸透着春利教授的心血。例如，翻译团队的主力，绝大部分是在爱知大学国际中国学研究中心学习和工作过，与春利教授和我都非常熟悉的青年博士和研究员，包括胡竹清、李军、鲍丽达、侯宏伟、王广涛、李博、王长汶，以及在日本明治大学取得硕士学位的刘燕妮等。至于校对过程中最棘手的问题，则留给熟悉日文文献、精于考证，目前正在河北师范大学历史学院任教的日本籍专家椎名一雄教授，而他也是春利教授隆重推介给我的。为了高质量地完成工作，春利教授还亲任监译一职。总之，没有春利教授的大力支持、热心帮助，我是无论如何也完成不了这一工作的，在此向春利教授表示最诚挚的感谢。

在翻译图书过程中，校对必不可少。我们的校对团队由两部分组成。

一部分是日语文字的校对，这部分工作主要由承担翻译任务的胡竹清、李军（鲁东大学）、鲍丽达、王长汶、王广涛等学者负责，其中聊城大学的王长汶教授为之倾注大量心血，贡献最多。另一部分是史学专业方面的校对，这部分工作主要由长期从事经济史、金融史、贸易史、货币史、企业史等研究的周建波、李军（鲁东大学）、张跃、张百顺、张亚光和日本学者椎名一雄等学者负责。为了完成高质量的精确翻译和史料校对，我们专门建了一个微信群，随时讨论、深入交流意见，尽力做到集思广益。此外，我们还组建了一个经常请教的顾问团队，成员多是在当今经济史学界享有盛誉的专家学者，如北京大学历史系人文讲席教授李伯重先生、北大经济学院讲席教授叶坦先生、山西社会科学院研究员张正明先生、复旦大学历史系朱荫贵教授、南开大学经济研究所龚关教授、西南大学历史文化学院刘志英教授和赵国壮教授、香港树仁大学历史系罗永生教授、中国农业大学经济管理学院李军教授、南京农业大学《中国农史》常务副主编卢勇教授、北京大学国际关系学院主攻法国经济史的博士后研究员王玮先生，以及北京中医药大学医学博士、主任医师周丽珍女士等。在这里，要特别感谢椎名一雄教授和张跃副教授的贡献。椎名一雄教授擅用日文文献校对，这是一般中国学者难以具备的，他的付出使我们的翻译和研究质量提高了一大步。张跃副教授师从著名经济史学家杜恂诚先生，长期从事近代外贸史、金融史、企业史和宁波帮研究，史料功底扎实，同时具有良好的经济学和金融学专业背景，做事认真、勤奋，学术态度严谨，译编中遇到诸多难题，如金融史、货币史、贸易史、保险史中的史料考证、理论分析、数据折算，用草书体英文写作的难以辨认的轮船名、公司名等大都是他不辞辛苦、认真求证逐一解决的。应该说，我们几乎调动了整个国内经济史学界，乃至国际经济史学界部分专家的力量来完成这项非常不易的工作。谨在此，向为项目开展做出重要贡献的诸位专家表示最诚挚的谢意。

社会科学文献出版社的陈凤玲女士、宋淑洁女士为本套书的出版付出了大量的劳动，她们从各个方面提出高要求，对原书的数字核对等就是她们最先指出的，我才注意到原文存在多方面的问题，于是寻找相关史料对数字、公司名、船舶名、地名等进行核对，从而保证了本套书的质量。北京大学经济学院经济史学系秘书张娟老师做了大量的事务性工作，非常辛苦，在此一并表示感谢。

  文责自负。尽管我们在翻译、校对、考证方面花费了很大的气力，但受限于能力、精力，译稿中仍可能存在一些失误，欢迎广大同行学友多批评指正，多提宝贵意见。

2024 年 8 月 20 日

编辑说明

一 选译标准

东亚同文书院于1901~1945年对华做过大量经济调查,在不同时期形成了以下调查成果。一是在1901~1915年调查资料基础上形成的两部公开出版物,即日文版《中国经济丛书》(12卷)和《支那省别全志》(18卷)。二是于1916~1926年形成的《东亚同文书院中国调查手稿丛刊续编》(250册)。三是于1927~1943年形成的《东亚同文书院中国调查手稿丛刊》(200册)。四是1941~1946年出版的《新修支那省别全志》(9卷)。

关于1901~1915年调查资料基础上形成的多卷本丛书《中国经济丛书》《支那省别全志》,以及1941~1946年出版的《新修支那省别全志》,东亚同文书院已做了较为系统的整理和研究,有清晰的电子版,翻译起来难度不大,而且四川、福建和宁夏等省区已翻译出版了本省的省志。至于1916~1943年的调查资料,虽保存完整,但由于调查者手写体连写潦草,加上岁月日久、资料保存不善等各种原因,尚未被学界系统地整理、翻译与运用。为了使这一时期的调查资料为学界所用,我们从国家图书馆2016年、2017年影印出版的《东亚同文书院中国调查手稿丛刊》(200册)和《东亚同文书院中国调查手稿丛刊续编》(250册)中挑选出部分文章进行翻译,最终形成以20世纪上半叶中国工业化进程研究为视角的10卷本《东亚同文书院经济调查资料选译》。本丛书每卷有10~13篇调查报告,每篇调查报告2~4万字。

我们挑选具有代表性的100余篇重要报告,主要基于以下三个标准:第一,能够充分反映20世纪上半叶中国工业化的历史进程;第二,内容充实,字迹比较清楚,同时便于翻译;第三,努力做到时间、地域和重要城市的均衡，即不仅使选译资料的时序是连续的，而且做到对华北、华南、西北、西南、华东、华中等多地区的覆盖，特别是各地区重要城市的调查资料是我们选译的重要对象。

需要特别做些说明的是，翻译前三卷时，《东亚同文书院中国调查手稿续编》（250册）还没有面市，我们只能从业已出版的《东亚同文书院调查手稿丛刊》（200册）中挑选部分文章翻译。从第4卷开始，我们则努力兼顾，分别从两套丛书中选取有代表性的文章进行翻译。当然，时间越靠前，字迹越模糊，写作时更带有编撰《中国省别全志》的特点，即以省为单位，考虑农业、商业、运输业、金融业等多方面的情况，单篇调查报告书的特点不明显，因此《东亚同文书院调查报告丛刊》中的文章被挑选得更多一些。尽管这样，由于每一篇调查报告都要追溯历史起源，从中足可以了解20世纪上半叶中国工业化进程及其真实发展水平。

二　则例

在选译中，我们力求对数字、人物、地点、钱庄、银行、商号、公司和其他众多商业机构的名称（名字），以及轮船名称与历史脉络等逐一进行考证，对中国、日本和其他国家的货币单位、度量衡单位逐一换算，同时还对药材、桐油、鸦片、大豆等众多产品在生产和流通中的情况进行了深入研究。在处理这些工作中，一些数字、地名、人名、机构名、轮船名等仍存有疑问，一些重要事件和专业术语等需要给予注释和说明，方可明了其意和逻辑。有鉴于此，我们做以下几点说明。

第一，凡涉及数字、地名，经反复比对仍有疑问的，加注释；

第二，原文中地名与现在地名不同的，加注释写出现在的地名；

第三，凡需要对某些事件加以说明的，加注释；

第四，凡需要对某些专业术语或直译的词语做说明的，加注释；

第五，凡需要对某些计量单位，不论重量单位，如勺、瓩、普特、磅、俄磅、布度等，还是土地面积单位，如坰、反、坪、町步等，还是货币单位，如勺、两、钱、分、厘等，还是长度单位，如哩、浬、日里、俄里等，均加注释。

第六，其他。在翻译的过程中，我们基本上保留了原文的内容和行文格式，只对个别文字表述、数据呈现形式进行了调整。文中多种纪年方式混用，时而采用日本纪年，时而采用中国纪年，译文中均保持原文，但为方便读者，文中的日本纪年括注公历纪年。

目　录

太原、大同、张家口、石家庄的金融状况 …………………… 001

胶济、津浦北段金融调查 …………………………………… 063

天津的钱庄 …………………………………………………… 109

上海钱庄调查 ………………………………………………… 137

以上海为中心的最近的白银问题 …………………………… 182

以上海为中心的中国财阀的研究 …………………………… 203

华兴商业银行 ………………………………………………… 231

广东的货币金融 ……………………………………………… 271

香港的货币金融调查 ………………………………………… 307

山东货币金融状况 …………………………………………… 343

太原、大同、张家口、石家庄的金融状况*

第 26 期学生

二川薰

序

昭和 4 年①，我作为山西北部纵贯经济调查班的一名成员，调查了山西北部。本文是在此次旅行中获得的资料的基础上完成的有关金融状况的报告。

我原想在调查各地静态的金融状况的同时，也调查一下各地动态的金融状况，结果以失败告终。取而代之的只是在每章的最后设置了"汇兑及金融概况"一节，就物资的流动和金融做了简单的介绍，算是我做的一点点努力吧。

本报告的完成，在很多地方借鉴了前辈们的著作及报告，参照部分都一一标明了出处。

本次所进行的旅行调查，得到了很多人的帮助，特别是以下各位所给予的指导与本调查报告有直接的关系。在此表示衷心的感谢！

太原　清华洋行高武保藏、兴业钱局张昌炽

大同　金子信贯氏、德兴永钱庄

口泉　同成煤矿周瑞厚氏、鸿发炭栈、广德荣当

张家口　荣清华行②藤井清氏

---

*　该文系东亚同文书院第 26 期学生二川薰和调查组成员于 1929 年进行的调查，原文见国家图书馆编《东亚同文书院中国调查手稿丛刊》第 115 册，国家图书馆出版社，2016。

①　1929 年。本书中所有页下注如无特别说明，均为译者和主编所加，后不赘述。

②　原文有误。根据张家口部分讲的荣喜洋行出张员藤井清氏加以修正，应为荣喜洋行。同时说明该文作者粗心。

东亚同文书院经济调查资料选译·金融货币卷

石家庄　　总商会张延元氏

昭和4年12月31日

目　录

第一章　太原的金融状况

第一节　市场概述

第二节　金融机构

第三节　通货

第四节　汇兑及金融概况

第二章　大同的金融状况（附口泉的金融状况）

第一节　市场概述

第二节　金融机构

第三节　通货

第四节　汇兑和金融概况

第五节　口泉的金融状况

第三章　张家口的金融情况

第一节　市场概况

第二节　金融机构

第三节　通货

第四节　汇兑及金融概况

第四章　石家庄的金融情况

第一节　市场概述

第二节　金融机构

第三节　通货

第四节　汇兑以及金融概况

第一章　太原的金融状况

第一节　市场概述

太原又称"阳曲"①，是清王朝的太原府城，现为山西省省会。位于山西省的中央，西邻汾河，是正太铁路（现石太铁路）的终点。人口近20万[1]，是山西第一大城市，也是山西省政治、军事、教育、交通中心。

其实太原只是政治中心，并不是商业中心。以前，作为太原附近农产品集散地的主要是祁县、太谷、平遥等地，外省市进来的农产品也主要集中在这些地区，然后再向其他地方流通。当地有名的山西票庄也在这些地方开设了总号，在太原只是设立了分号。从这里可以看出，山西的政治和经济中心是分布在不同的地方的，因此，从前太原金融市场没什么值得提及的地方。1907年正太铁路的开通，从石家庄可以直通天津②，反过来由太原到石家庄的往来也渐渐增多了。加之公路的建成，物资可以运到省内大同、运城、碛口镇等各个地方，太原也渐渐变成了省内屈指可数的商业中心。民国革命后，曾经一时独占太原金融市场的票庄渐渐衰败，取而代之的是钱庄及新式银行。钱庄及新式银行都在太原建立了重要的金融机构，再加上交通的日益发达，让太原的金融市场改头换面，获得了迅速的发展。然而，太原目前在商业上还是有输给榆次的地方，太原要想占据山西省中心市场的地位，还是很遥远的事。

总之，太原是省政府所在地，又有机构银行——山西省银行在此设立，还承揽着省金库的事务，所以说太原具有其他地方所不具备的特色。

注：

[1] 太原的人口资料来源于太原民政厅科员刘世兴。北平大仓组的报告中认为是15万人。

---

① 清朝时，山西省会太原府城在阳曲县。
② 原文有误，应为太原。有了正太铁路，山西的物品可以通过石家庄，或沿平汉铁路北上北京再经京奉铁路中转到天津出口，或者沿平汉铁路南下抵达河南、湖北等省，这显示出了石家庄和河北对于山西省的极端重要性。正因为此，以阎锡山为代表的山西省政府极力对河北施加影响。

第二节　金融机构

当地的金融机构可大致分为新式金融机构和旧式金融机构，属于前者的只有银行，属于后者的有钱庄、票庄、当铺、钱铺等。

一　新式金融机构

以前在太原，以山西省银行为首，还有中国银行分行、晋胜银行、裕丰银行，共四家银行。晋胜银行在民国 2 年[1] 由阎锡山发起，总行设在太原，注册资本 100 万元，其中 20 万已汇入银行（实收资本数），并在大同、忻县等设立分行，承揽军饷及军中各种费用。该银行给予军人特殊待遇，承诺与军人有关的存款付 1 厘的高息。据民国 8 年《银行周报》报道，军队的存款达到 70 余万元，放贷约 20 万元，另外还发行了约 20 万元的纸币，法定公积金也达到了 50 万元，业务达到了最高峰，民国 16 年受战争的影响停业。[2] 裕丰银行是一家私人银行，创办于 1913 年，原来将总行设在了朔县，随后改为股份制并将总行迁移到太原，在朔县、忻县、大同、代县、石家庄、天津等地设有分行，资本达 200 万元，从事一般银行业务。[3] 该行由于放贷过多，经营不景气，在晋胜银行倒闭前后，它也经改组成为一家银号。[4] 这样，当时的四家银行就只剩下山西省银行和中国银行分行两家了。这两家银行太原总部的办公地点都设在鼓楼街且相邻，建筑样式气派讲究，而鼓楼街恰好是太原的金融中心。下面我们介绍一下这两家银行。

1. 山西省银行

该银行前身是山西官钱局，民国 7 年开始经营普通银行业务，以处理全省的金融业务为目的，后改名为山西省银行股份有限公司，于民国 8 年 1 月正式开业。山西官钱局成立时，正值辛亥革命，当时票庄相继倒闭，金融界没落。为振兴金融界，省长①下令成立了山西官钱局。注册资本为 100 万元，可发行纸币（最多时达 30 万元），并处理其他省金库业务。民国 7 年末，损失达 20 多万元。于是财政当局废除山西官钱局，重新成立了

---

① 指阎锡山。

山西省银行。[5]

该行资本金总额为300万元，一百元一股，在民间广泛融资，但是认购者甚少。于是政府以过去发行的善后公债（总额300万元）及军用票（总额十五六万元）来充当银行的资本金，不久募集到了银行资本金的四分之一。之后，到账额逐渐增加，民国10年实收资本125万元，民国16年达到176万元。民国18年，根据政府公布的数据，达到700万元。[6]

该行现在在太原楼儿底街①设置了总管理处，总行设在鼓楼街，并在以下地方设置分行或者办事处。当下，该银行的总经理是徐一清。

山西省银行分行所在地：

天津、北平、汉口、张家口、石家庄、归绥②、榆次、大同、平遥、汾阳、洪洞、新绛、运城、长治、忻县、太谷。

山西省银行办事处所在地：

阳泉、太原县、范村③、沁县、介休、碛口、临汾、曲沃、晋城、代县、朔县、石家庄、保定。

此外在各繁华地带设有代理店。

由此可见，该行不仅在省内，还在省外，诸如石家庄、张家口等设立了多个分行、办事处。作为一个省级的银行机构，为了让其更加繁荣，在银行章程中规定其营业范围为：①存款；②贷款；③汇兑；④生金银的买卖；⑤期票及汇票的贴现；⑥代替一直以来有交易关系的银行、公司、商店及个人征收的各种证券代金；⑦贵重物品的代理保管；⑧储蓄业务等一般银行业务。在此之外，还管理该省的公款，其金额每年达一千几百万元之多，其次还发行兑换券，民国10年发行金额为150万元，最近据说达到近7000万元。

中国银行于民国2年在太原设立分行，一直执太原金融界的牛耳。如

---

① 原文是"儿底路"，而民国时期的太原根本无此路。经向山西省著名学者张正明先生请教，方知应是楼儿底街。楼儿底街因唱经楼而名，与鼓楼街相接，中华人民共和国成立后与唱经街、估衣街、鼓楼街合并统称鼓楼街。此应是书院学生笔误或搞混，故特作说明。

② 今呼和浩特市。

③ 指山西省太谷县范村古镇，有名的贸易集散地，乾隆时设主簿驻此，民国时设县佐。

今，中国银行的发展远不如山西省银行。裕丰、晋胜两大银行改组停业后，太原就形成了省行完全独占金融市场的局面。最近有200万元的入账，获利100万元。民国16年的营业报告显示，除天津、绥远等较远地区的报告未发过来以外，1年内所获得的总利润为1008000元，其中除去兑换券印刷费、营业用土地建筑物、日用品杂费、一般营业经费等241000元，以及年内绥远分行的损失费185000元，剩余纯利润为182000元①。在中国这就算是很好的经营业绩了。[7]

另外，山西省至今还没有一家储蓄银行，鉴于民众在储蓄上有诸多不便，最近该行特新设了储蓄部，在这方面发展得越来越好。

关于该银行的组织结构以及经营详细情况的说明我们将放在附录里面的山西省银行章程中进行详述（后记：请参考以往记载此情况的报告，此处省略）。

2. 中国银行太原分行

中国银行太原分行于民国2年在太原鼓楼街开业。直到民国7年一直掌管着省金库业务，另外，税金、行政费用、军饷、盐款等都由中国银行太原分行代理，中国银行太原分行实际操纵着山西省的金融。然而，山西省银行开设后，省政府转而开始庇护山西省银行，中国银行太原分行渐渐失去了以往的特权。加之近年来，该行在经营上采取保守态度缩小了业务的范围，将分行重新改为支行等，最终其金融地位一落千丈。

尽管如此，中国银行太原分行长期以来经营方针坚实可靠，已获得了相当多的本地存款，而且分行遍及全国，偏远地区的汇兑交易额也不少，依然与山西省银行并驾齐驱，在当地金融界占据重要的位置。

该行以往发行兑换券多的时候可达40万元，之后渐渐回收，最近据说已经缩小到10万元左右。[8] 比起山西省银行的纸币，中国银行太原分行的信用更高，这点我们在后面详述。

二 旧式金融机构

当地的旧式金融机构有钱局、钱庄、银号、票庄、当铺、换钱铺子等。

---

① 原文数字如此。疑有误，应还有其他费用未标示。

1. 钱庄

广义的钱庄，还包含钱局和银号以及狭义的钱庄。现在这些机构只有名义的不同，实际上对顾客来说没有任何不同。只是当地的钱局比起一般的金融机构，其资本金更多一些，铺面规模更大一些，仅此而已。

在当地，属于广义上的钱庄的店铺大约有40家以上[9]，其中比较重要的有以下各家：

兴业钱局	按司街
生记钱局	按司街
隆生镒	东校尉营
瑞兴银号	麻市街
晋泰银号	南市街
华诚银号	柴市巷
和合生	帽儿巷
蔚锦恒	麻市街
晋生源	通顺巷
锦元懋	通顺巷
锦泉和	南市街
复盛泰	南市街
德兴昌	南市街
正心诚	南市街
桐生豫	南市街
庆恒昌	活牛市街
义顺成	东羊市街
世兴钱庄	大中寺街
晋信钱庄	南市街
豫慎茂	南市街①

---

① 原文未注明地理位置。而根据《晋商史料全览·金融卷》（山西人民出版社，2007），豫慎茂在南市街。

其中，兴业钱局①总号设在运城，太原只是分号。其次，还在平遥、洪洞、新绛、天津等地设立了分号，汇兑业务并不局限在省内金融机构，省外如天津、北平、济南等地金融机构也予以受理。省支店的经理是一个名叫王镛的人，他还兼着太原总商会副会长的职务，可见兴业钱局在当时拥有的强大势力，它是当地最大的旧式金融机构。

据说，这些钱局的经营者几乎全部都是晋人，股东一般为三四人，资本金一般在三四千元以上，多的高达五六万元[10]。

2. 票庄

票庄起源于清朝前期中叶，首先在平遥、祁县、太谷兴起，主要经营汇兑业务。作为华北一带的金融机构，票庄的势力很强大，垄断着金融市场。其中，山西票庄最为有名。然而辛亥革命之后，每一次的兵荒马乱都会使得票庄遭遇挤兑和掠夺，导致其不断倒闭。再加上新式金融机构银行的兴起，票庄的衰败与日俱增，局面正一步一步走向衰败，已无力挽回。曾经在太原拥有总号、垄断着太原当地金融界的票庄，最终只剩下了以下三家：

乔家之大德通
渠氏之三晋源②
大德恒

这三家票庄的营业内容与普通的钱庄没有什么不同，其势力已不足为道。

---

① 1913年创办，原系河东兴业银行运城营业门市部，其资本为辛亥革命时地方知名人士向蒲、解、绛3州17县殷实商民的捐输，共计银14.5万两，折合银元22.2万元，以此作为河东兴业银行的股本，股权一半归捐输者所有，一半归各县政府作为公股。1914年袁世凯称帝，逮捕革命党人，银行领导为避祸，改称兴业钱局支撑门面。1916年地方各界人士申请改为商办，撤销兴业银行，正式宣布为兴业钱局，资本30万元，为山西全省钱庄中资本最多、影响最大的一家。抗战爆发后，迁至西安继续营业。1951年12月30日停业。

② 原文为"梁氏之三晋源"，此处应为书院学生搞错或笔误。大德恒、大德通属于祁县乔家，三晋源是属于祁县渠家，而非梁家。

3. 换钱铺子

换钱铺子作为一种金融机构，没有特别值得提及的地方。但是在币制混乱的中国，它是消费经济上不可或缺的金融机构。本地换钱铺子的规模大都比较小，很多时候都是路边开的小店，还兼营香烟等，一般是应客人的要求换点钱而已，在大同等其他地方不多见。正如后文要详述的那样，本地的货币特点一是比较统一，二是钱庄的数量多。

4. 当铺

当铺为一般老百姓常用的金融机构，重要的是它与其他地方的当铺没有什么区别。本地的当铺从外观规模看上去很大，在金融上拥有很大的势力。但是据说其数量少，大的仅有五六家，目前弄清字号的有以下几家：

广益当　晋安当　聚积堂　乾恒当　晋兴当

其中，广益当规模最大，在附近各地设有 4 家分号。据说抵押期限为 6 个月，利息为 2 分半[11]。

三　金融机构综合观察

前面已经说过，过去本地的金融主要靠票庄来进行，票庄衰败后，主要的金融机构变为钱庄与银行并存的形态。目前，我们对本地钱庄与银行间的营业关系的考察结果如下。

在一个金融市场，有银行和钱庄新旧两种金融机构同时并存的现象只发生在中国，这在其他国家是没有听说过的。

钱庄产生于中国币制混乱时期，起初的目的只是兑换，而在幅员辽阔的中国，用运送现银来进行交易结算非常的不便，而且负担很大，所以票庄应运而生了。钱庄和票庄两者的业务都包含了银行业务的一部分，即大量吸收存款、放贷以及银行的其他一些业务，用来牟取利益。最终两者发展到现在，实际上与银行间的业务并没有什么太大的区别。因此，银行与钱庄之间的差异在于到底是按照各自以往的习惯来展开业务呢，还是在现代的统一管理秩序下进行，或是凭资本、形式、方法、外观维持生存？两种金融机构并存，是以不同的经营方式经营同样的业务，其结果必然是催生出各自最擅长的业务领域。当前两者主要的业务是存款及贷款、票据的开具及贴现、国内汇兑、货币的买卖、兑换券的发行等。

存款及贷款业务从起源上看，并不是钱庄最根本的业务，现在却成了它最主要的业务。这就是钱庄自称其特色是"对各行往来存款"的理由。首先，钱庄与各商户建立起短期交易关系，钱庄吸收各商户的存款，需要付1厘至4厘的利息。钱庄原则上允许短期透支，但要收取1分左右的利息。此等贷款一般都是基于与商户经营者之间的信任，由于不要求用实物做担保，所以这一点对于商户很方便。而银行在短期交易方面，几乎不提供特别的好处，且在担保物上有要求。因此针对此业务，银行与钱庄相比处于不利的地位。再者，银行的经营时间比较固定，休息日又多，对于不习惯西方生活习惯的晋商来说非常不便，无法奢望实现快捷方便的交易。在活期存款及贷款方面远不及钱庄的银行开始着力于经营长期存款和贷款业务。比如山西省银行，为了吸收长期的存款，还专门设立了储蓄部。由于其特殊的地位，很方便地就吸纳到了养老、婚嫁、学校、医院及其他一般慈善事业的基金，将之长期贷出，用于工业、商业的发展。另外，山西省银行最近又推出了特别往来存款（特别活期存款），月息6厘，试图以此来对抗钱庄的活期及短期贷款。然而，钱庄不经营长期贷款，而且还无法开具证明书。[12] 在吸纳长期存款方面最有实力的当属中国银行分行，据在中国的日本商人[13] 说，对于那些以追求可靠为宗旨的一般老百姓来说，比起山西省银行，这些人更愿意把钱存到中国银行太原分行。

票据及贴现作为金融机构的主要业务得到了人们的普遍认可。据说在本地基本看不到银行发行的票据的流通，而钱庄发行的庄票在省内流通，钱庄普遍以每千元付三十元左右的贴息来进行贴现。不论哪一种情况，钱庄在发行票据方面都发挥着一定的作用。一般情况下钱庄除了自发地发行庄票外，还采用贴票的方法。支票等一般商人开出的票据信用不高且流通不便，因此持有者委托钱庄换成庄票以增加信用。贴票一般每千元征收三元的手续费（票贴）。这种借用钱庄的信用收取的手续费成了钱庄的纯收入，这种手续费不加算利息，与普通的贴现完全不同。

银行在这方面则施展不开。

货币的买卖,特别在上海等地的货币买卖主要是银元的买卖,也是以银两为对象来进行的。在各地货币的买卖倒不如说是指省银券、中行券及现银这三者之间的买卖和交换。两个银行券之间有差额,与外边市场的交易要求是现银,有关这一点我们将在货币这一章节中详述。这种交易在性质上仅限于钱庄。虽然用银两来进行银元的买卖不仅仅限于钱庄,但是我们认为钱庄的交易量还是比较大的。

银行在以上各种业务方面虽然处于劣势,但是在汇兑及发行兑换券方面占有优势,甚至是处于垄断地位。国内的汇兑起源于山西票庄的创立,而且是票庄的主业。票庄衰败后,银庄①和银行同时经营汇兑业务,特别是中国银行由于在各地拥有分行,所以在各地均可兑换,在这方面的业务最多。山西省银行紧跟其后,山西省银行主要在省内各地及平津地区经营汇兑业务。然而钱庄很少在各地拥有分号,只能利用客户的介绍,也只是在本钱庄附近一带及天津方向展开汇兑的一部分业务。本地钱庄最大的是兴业钱局,每日标出的汇率只送往天津。加之钱庄经营汇兑业务,主要经营汇款业务,特别是票汇,而当地两家银行也多少经营这两种业务,所以能给商人提供极大的方便。因此,将来银行的汇兑业务也会日趋繁荣吧!

与兑换券发行有关的问题我们将在后面详述。以前当地的钱庄都发行钱票,而当今纸币的发行只限于银行,而且中国银行发行的银行券的数额最近剧减,这样就形成了省行独自发行银行券的局面。由于政府强力推行省行的纸币,为其流通起到了推波助澜的作用,这让省行获利颇丰。

总之,钱庄和银行共同分担着金融业务,钱庄主要是经营短期的存放款业务,而银行则主要是经营长期的存放款及汇兑、兑换券的发行业务。一个地方有新旧两种金融机构并存的现象看似有些奇怪,但是,我们必须把它看作在历史的过渡时期迫不得已而产生的一种现象。今天太原的金融机构中,钱庄和银行如果有哪一方退出的话,很难想象另一方能挑起大梁,继续维持金融市场的正常运转,所以这两者目前都有共存于市场的必要性。虽然两者

---

① 原文疑有误,应为钱庄。

在势力上有高低之别，但是因为两者的营业范围不同，所以很难下定论。再者，太原是省会城市，一是省财政的中心地，二是拥有省行的总行，拥有这两点就比后面介绍的大同、张家口的实力要大得多。

注：

[1] 晋胜银行创设于民国2年的资料来源于农商部总务厅统计科编纂的《第九次农商统计表》及上海银行周报社发行的《银行周报》（第3卷第12号）。

[2] 参照了北京银行月刊社发行的《银行月刊》（第8卷第3号）。

[3] 参照了加纳吉松的调查——《山西省金融机构调查报告》。

[4] 参照了《银行月刊》（第8卷第3号）。

[5] 参照了《银行周报》（第3卷第12号），《太原的金融机构的货币》。

[6] 引《银行月刊》（第8卷第3号）、《农商统计》、《晋阳日报》（民国18年6月4日）。

[7] 数字来源于《银行月刊》（第8卷第3号），《山西省银行的过去与现在》。

另外，前引《农商统计》中，民国10年的营业业绩如下：

资本总额为3000000元，实缴总额1248200元，存款总额3479199元。纸币发行额1485758元，准备金64117元。

[8] 中国银行太原分行纸币发行额的资料来源于《银行周报》（第3卷第12号）及昭和2年的调查报告《山西省金融机构》中所载内容。

[9] 太原钱庄的数量为40家的资料来源于兴业钱局的张昌炽所述。前引昭和2年的报告中提到旧式金融机构全部加起来达80家以上。

[10] 前述《农商统计》中就太原的钱庄有如下记载：

资本金平均一家1万元（民国10年）。

太原钱业户数28家，资本总额278150元，各户存款额188220元，准备金11857元。

[11] 前引张昌炽所述。

[12] [14] 钱庄的各利率资料来源于当地的兴业钱局记录，民国18年6月11日。"山西省银行的特别往来存款的利率及其他"资料来源于《晋阳日报》（太原红市街）所载内容。

[13] 指的是清华洋行的高武保藏。

第三节　通货

太原的通货分为以下四种：①银两；②银元；③铜元；④纸币。

1. 银两[①]

银两这一抽象的货币名称分为两种，一是库宝，二是周行足银。[②]

（1）库宝，也叫镜宝银，成色100的库平银重量为1两的，就等于货币1两，主要用作纳税等的计量单位。

（2）周行足银，市场上一般流通的银两，其成色不及库宝，每千两差5两。一般称为足银。[1]

当地通用的平砝[③]中，除库平外，还有红封平、省大平、街市平、司库平、老湘平、新湘平等。它们对于库平的价格如下（单位：两）。

库平1000.00＝红封平1000.00

库平1000.00＝省大平1000.00

库平990.00＝街市平1000.00

库平1008.00＝司库平1000.00

库平960.00＝老湘平1000.00

库平940.00＝新湘平1000.00

当地的标准钱平即库平，与中央政府的库平等量，为便于参考，与其他地方的通用平比较如下[2]。

库平1000.00＝行平（天津）1034.00

库平1000.00＝京公砝平（北京）1036.00

库平1000.00＝申公砝平（上海）1020.70

库平1000.00＝估平（汉口）1038.00

库平992.00＝同平（大同）1000.00

---

① 银两是以银锭为主要形式的一种称量货币单位。起于汉代盛于明代。其作为法定货币单位，止于1933年的"废两改元"。

② 山西的白银名称。

③ 旧时称量银两的单位。无统一规定，因地区和使用单位而异，种类繁多，全国各地的平砝有170多种。

库平 1000.00＝公公平①（太谷）1027.50

库平 984.50＝祁公平（祁县）1000.00

银两间的对比也是非常重要的。当地的库平银与天津化宝银相比，每千两多 8 两，库宝 1000 两相当于上海规元 1096 两。另外，通行足银与太谷镜宝相比，每千两多 8 两，与祁县镜宝相比同样多 8 两。不过这与太原的市场金价变动相关，会有波动。这里显示的是平常时期的行情。

马蹄银②：上述的银两是一个抽象的货币单位，实际上通用的是马蹄银。马蹄银成色为二四宝，即与纹银成色相比，每重量 50 两被加上了 2 两 4 钱的溢价。一个的重量大约相当于太原库平的 50 两。因此，马蹄银流通价格用库平银表示的话，必须按照以下方法计算：

一个马蹄银的重量（库平 50 两）	50.00 两
加上申（升）水（二四宝）	2.40 两
等于 纹银	52.40 两
每 50 两有 3 两的溢价	3.144 两③
等于 足银	47.256 两④

即库平 50 两二四宝的马蹄银，等于库平银 47.256 两。用通行足银来表示的话，就是 47.4934 两。[3]

足银	47.256 两
九九五兑	47.4934 两

---

① 原文有误，应为谷公平。
② 民间称为"元宝"。
③ 每 50 两有 3% 的溢价，每 100 两有 6% 的溢价，这样 52.4 两的溢价为 52.4×3%×2＝3.144。
④ 原文如此，不知如何算出的。宁波大学张跃博士指出，纹银、二四宝银、足银、通行足银的含银量依次为千分之九三五点三七四、千分之九八零、千分之千、千分之九九五。这里的库平 50 两的二四宝马蹄银是已经升水后的马蹄银，此时是折合纹银后的马蹄银 50 两，等于库平 46.769 两。1000/935.374＝1.069091，50/1.069091＝46.769，46.769/0.995＝47.004（九九五折现）。他认为，这是比较接近该处数字的。数字之所以有些许出入，主要是人们对各种银的含银量的范围有些许不同所致。

这些马蹄银实际上以前是在市场上流通的，现在已停止使用，残存的为数不多的一些都存在了钱庄、银行等处。用银两决算一直维持到民国七八年，现在银两仅用于大宗的交易，先按照现银的行情来换算，然后再用银元来结算。

2. 银元①

太原的铸币有银元和铜元②两种。铜元在消费经济上是非常重要的，但在金融市场上几乎没有什么价值，银元占据最重要的地位。

现在流通的银元中，最主要的是袁世凯银元③、北洋银元和"站人"银元④等。最近上海等地排挤掉了袁世凯银元，取而代之的是孙中山银元，但是数量很少。袁世凯银元和孙中山银元都是遵照民国3年国币条例的规定铸造的，本应是一样的，但是实际上难免多少有些差别。条例规定如下：

总量	库平7钱2分
成色	89%
纯银两	库平6钱4分8毫
重量误差	千分之三
成色误差	千分之三

根据以上，一元银元中所含纯银量为库平6钱4分8毫，其行情（周行足银6钱4分8毫的九九五兑）为6钱4分4厘，其之上再加法定的铸造费6厘，合计不会超过6钱5分。银元的质量事实上比上述差，因此实

---

① 银元俗称"大洋"，是银本位制国家的主要流通货币。中国近代的银元铸造受到西方国家的影响。1890年清政府正式铸造银元"光绪天宝"（龙洋），民国时期以银元为主要流通货币。
② 铜元俗称铜板，是清末以来所铸各种新式铜币的通称。我国铜元诞生于1889年，作为一种辅币，用来替代使用了两千年的铜钱。最早的铜元100枚等于一枚银元，相当于现代的分币。
③ 民间称之为袁大头。
④ "站人"银元是指明末清初在中国流行的一款英国货币，也叫"杖洋"或"站洋"银元。"站人"银元由英国政府先后在伦敦、孟买、加尔各答和香港等地铸造，币面上集英文、中文、马来文等三国文字于一身，这在世界铸币史上是罕见的，反映了英国及其殖民地在一个特殊历史时期的政治、经济、文化、书法的发展变化。

际行情应该更低，但据说也不会低于 6 钱 6 分。民国 6 年 10 月达到 6 钱 6 分 8 厘 3 毫，民国 18 年 6 月达到 6 钱 7 厘。[4] 这是因为钱币一般是不允许擅自铸造以及现银不足造成的。现银不足问题将在后面介绍。

北洋银元是北洋机器局铸造的光绪元宝。"站人"银元是港元，因货币上的花纹而得名，也称作人洋、杖洋，是 1895 年以来，印度造币局专为与东洋的贸易而造的，上面特别刻有汉字"壹圆"，作为英国贸易银（English Trade Dollar），主要用于南方各地，庚子年①以后北方也渐渐开始使用，天津地区流通使用的最多，其价格比南方高。北洋银元早已退出上海地区，但是北方很多地区仍在使用。为便于参考，根据天津造币厂的报告，现列出北洋、"站人"两种银元的重量及成色（见表1②）。[5]

表 1

名称	年代	每千分 纯银	每千分 铜及杂质	每元重量 库平	库平 每枚含银	库平 每枚含铜	备注
北洋	光绪三十三年（1907）	890.000	110.000	0.7396	0.6582	0.0814	微含量
"站人"		901.697	98.303	0.7215	0.6506	0.0709	
		899.406	100.594	0.7220	0.6494	0.0764	

银角③：以前在当地银角的流通中，物价及资本金等是用小洋④来结账的［来源：大正 5 年（1916 年）[6] 及大正 11 年（1922 年）[7] 的报告］，现在市场上已经不流通了。因此可以说，市场几乎没有使用过小洋来进行交易。太原兴业钱局 1 元兑换 12 角。

3. 铜元

目前市场上使用的铜元有 20 文铜币和 10 文铜币两种面额。以前一直使用的制钱只限于 10 文铜币，之后因其品质低劣，渐渐退出市场，取而代之使用的是 20 文制钱。当地的 10 文钱比其他省铸造的轻 2 分，民国 8 年其行情是 1 元兑换 140 枚左右，现在 1 元可以兑换 440 枚之多[8]。

---

① 指 1900 年。
② 原文中无表格编号等要素，为了阅读方便，对表格添加了编号及其他要素，全书三卷同改。
③ 银质辅币的俗称，也称为"银角子"。
④ 指旧时货币"银角"，大洋的对称。银角初发行时，原系十进辅币，银角十角等于 1 元。后因铸造过滥，成色降低而贬值，需十一二角才能兑银元一元。此后，贬值的银角就成为小洋。小洋一角一二分合大洋一角。

当地的日用品、粮食等的零售，用铜元核算。因此从一般消费经济上看，铜元占有相当重要的地位。

实际上，铜元纸币的流通比较多，而铜元本身更多只不过是被当作零钱来使用。铜元与铜元纸币的关系详见后述。

制钱：据民国5年的调查报告，日常的小额买卖多使用制钱。民国11年发生金融恐慌时，政府回收所有铜元并改铸，之后从流通市场退出。

4. 纸币

当地流通的纸币有银元纸币、辅助小额纸币及铜元纸币三种，由山西省银行和中国银行发行。

（1）银元纸币

现在，当地流通的银元纸币，一种是由中国银行分行发行的，还有一种是由山西省银行发行的，面值分别是1元、5元、10元、50元、100元的兑换券。其中，中国银行发行券的券面上印有"山西"两字，其发行目的是要在全省流通。而山西省银行发行券的兑换券上印有"太原"两字，分别于民国8年、17年、18年发行了三种。而且，山西省银行还在各地分行发行了当地的兑换券，这些兑换券虽说能在省内流通，但实际上只能在附近地区流通，在太原只使用当地券和榆次券。省政府也让各市县发行银行券，并让在全省流通，还发布公告禁止拒绝接受，但目前好像还未见实施。

从前，中国银行券曾一度达到40万元，现在减少到了约10万元。另一方面，在民国10年时发行额仅为150万元的山西省银行发行券在北伐时期超过两千万元。由于军费的需求，据说最近发行量又攀升至六千万之多。因此，通常在太原市场上我们几乎看不到中国银行券。笔者在太原逗留期间也没有看到过中国银行券，最终在太原往北大约三百华里的阳明堡首次看到了它。这就是作为劣币的山西省银行券将作为良币的中国银行券驱逐出去的结果。也就是说，原来山西省银行券经常比中国银行券的价格要低一些，但是由于上述的发行量增大的缘故，造成山西省银行券跌了15%，差额的话每千元达到了400元以上[①]。因此，不用说在山西省以外

---

① 指山西省银行券1400元才能兑换中国银行券1000元。亦即，1400元山西银行券只值正常流通价值的1000元。

的平津地区，即使在省内如大同等地进行大宗交易的时候，也要支付这些差额。至于在山西军控制下的张家口邮电局，则拒绝接受山西省银行券，说明民间市场等价交换习惯的牢固性。即便在省政府庇护下的太原，平常交易时也是要缴付差价的。因此，在价格上占优势的中国银行券都落入了钱庄、商人之手，他们把它拿到外市倒卖（用于买卖）。有些人利用山西省银行券的差额购买物资。他们不会傻到用高价的中国银行券去买物资，结果自然形成了单一的山西省银行券的纸币制度。我们这些旅行者，也甚感惊讶。我们看到的只是表面，事实上这件事情表明的是纸币价格的下跌。纸币间的格雷沙姆法则①当然也适用于银元之间，事实上在太原市场上，几乎看不到现银的使用。上述纸币价格的跌落，给从天津进货的商人以及普通消费者带来了极大负担，省政府既是为了维护省财政的对外信用，同时也是为了救济市场，开始采取对策。造成这种状况的根本原因当然是纸币的乱发行导致的准备金不足。我在太原逗留期间，政府对外宣传纸币的发行额为六七千万元，准备金为 3500 万元，但按在留的日本商人[11]推算也就 1000 万元左右。然而据最近的《银行周报》（第 13 卷 43 号）报道，太原某当局者暗示，甚至连 1000 万元的准备金都没有，最终造成兑换停止、奸商将现银运往省外的结果。对此，政府采取了以下两个良策。

良策之一是允许兑换、整理银行券。接受此良策的银行当局者经过商议，认为整顿银行券大概需要 2000 万元的基金。为了筹措这笔基金，不得已以晋北盐税、全省烟酒税、印花税、卷烟特别税为担保，发行了 2400 万元的金融整理公债，11 月 7 日得到国民政府的许可，定为明年（1930 年）1 月 1 日发行[13]。规定本公债的利率为年利 8 厘，从民国 19 年至 24 年还清[13]。

力图通过实施兑换来达到整顿日益上涨的通货、谋求物价的回落、让金融市场平稳运行的目的，这一政策还有不足之处。弥补不足之处就必须减少纸币数量并增加银元市场，为此要采取的第二个良策就是禁止现银带出山西省。近来，发现不法太原奸商将现银拿到石家庄以有利的汇率套换

---

① 即劣币驱逐良币的格雷欣法则。

山西省银行券，以牟取巨额利润。其实民国16年的法令就已经明确地规定了禁止现银外流，为达到这一目的，这次政府采取了更加严厉的限制现银外流的政策。然而只依靠这种手段，无法指望填补现银严重不足的状况，要想继续取得全面的、更加有效的效果，就必须重新往市场上投放银两。为此所能采取的手段只能是谋求振兴产业和出口物资，以前省银行总经理徐一清曾这样说过。

省政府和银行当事者如果早想办法让纸币价格上涨的话，应该多少能够得到一些改善，现在看来很快成功是无法奢望了。

（2）小额辅助货币

前面提到中国银行分行及山西省银行发行了1角、2角、5角大洋的辅助货币，在太原市内看到的几乎都是山西省银行券，与银元票子的情况不同。当地没有流通银角是为了让小额纸币畅通无阻地流通。但这也只是表面上的情况，小额纸币作为辅助货币，因是强制实行流通的货币以及基于前面介绍的理由，事实上1000元被附加上了50元的差额[14]，公然建立起了相对银元的行情。

（3）铜元纸币

在太原流通的铜元票子是山西省银行发行的，只有10枚、20枚、50枚、100枚四种，而钱庄不发行这种票子。当地市面上，由于铜元极少，故铜元票子很盛行。其作为纸币的特别贴现法定行情如何，我们未曾听说，但实际上有差额也是在所难免的。这种只限于山西省银行券的情况只在太原存在，整个山西省到处都是钱庄发行的铜元票子，铜元票子价低，民众遭受了不少损失。

从前在山西，由于为了弥补铜元的不足废除了以前的私贴（制钱），将其统一到铜元上来的缘故，民国8年允许各钱庄、当铺、商家在一定的条件下可以发行铜元兑换券，之后，铜元兑换券渐渐增多。但是在民国11年，山西省全省发生金融危机，大量被要求兑现。到了民国12年，有200多家钱庄停业。在这个时候，原来的制钱全部被回收，改铸成铜元。同时大量铜元被运往省外，造成铜元更加紧缺。这时山西流通的小额货币变成了铜元兑换券，钱庄的发行额日益增多，陷入滥发局面，发行机构出现倒闭，而且情况非常严重。因此最近政府做出努力，提高商店、有限公司的发行条件，规定发行额须与资本等额、须有两家有实力的保证人担保、须有4成的准备金，另外还规定钱庄的发行额不得超过资本金的1.5倍。除此之外，山西省银行企图用自己发行的铜元票来统一市场。

当前，除了太原，其他地方都在滥发铜元兑换券，其种类繁多，有1枚、2枚、3枚、4枚、5枚、10枚、20枚、30枚、50枚、100枚（铜元面值）10种。有些地方市场混乱，据说现银1元对铜元的行情是400枚，对纸币达到700枚以上，山西整个铜元纸币的暴涨着实让人吃惊。

正如上文所述的那样，太原被山西省银行券统一了市场，行情稳定，深受老百姓喜爱。

注：

[1] 前引《中华币制史》第40页。《银行周报》（第1卷第21号）有以下内容：周行足银系市面通用的银，原定名足宝，实较库宝每千两低色5两。不过，《银行周报》（第3卷第40号）及洁子①著《山西的金融及商业》、井村薰雄著《中国的货币和度量衡》中为997成色比例。

[2]《银行周报》（第1卷第21号）及田中忠夫著《中国的汇兑》。

[3] 用于马蹄银的计算数字资料来源于前述《中华币制史》第49页所载如下内容。二四宝：每百两中水成色4.80，加成色988.00，外加成色988.14，最近银炉所定成色980.00，印度造币厂试验的结果为980.272。

[4] 民国6年（1917）的银元行情来源于《银行周报》（第1卷第31号），民国18年（1929）的银元行情来源于当地兴业钱局6月11日消息。

[5] 前述《中华币制史》中的内容。

[6] 据住田肇调查《直隶山西班金融货币度量衡调查报告》，以下指大正5年（1916）的报告。

[7] 中村定雄调查《河南山西金融调查报告》，以下指大正11年（1922）的报告。

[8] 民国8年（1919）太原铜元行情资料来源于《银行周报》（第3卷第40号）。

[9] 前引《晋阳日报》的公告。

---

① 原文如此，待考。

[10]《银行周报》(第13卷第13号、46号)。

[11]前记高武保藏的介绍。

[12][13]《银行周报》(第13卷第25号及11月6日发行的内容)。

[14]小额纸币的行情：当地兴业钱局6月11日的内容。

[15]参考了《银行周报》(第3卷第33号)，山西创行铜元兑换券；《银行月刊》(第7卷第2号)及《银行周报》(第13卷第33号)；耿友德著《中国之钱票》(原文中未标出)。

第四节　汇兑及金融概况

太原处于三晋的中枢，汾河大平原的中央。自古以来就是政治的中心，但它非商业城市，附近的物产多集散到祁县、太谷、平遥等地。正太铁路的开通，使平津地区的交通发达了，但是到今天也未给太原商业上带来发展，进出口商品也很少。当时，商品先是集中到太原，然后再转运到平津地区。一般只是谷物，主要有小麦、高粱、核桃等，年总额达到160余车（1车装112石），共18000石，金额达十五六万元。其他运往天津的货物，仅硫磺就有12万元。

当地的进出品中，杂货达30万元，由太谷运来的棉布每年达二十五六万元，由直隶所属的南宫①、行唐②等地运来的棉布，每年金额达20余万元，英美烟草公司供给的卷烟草每年达30万元之多，仅这些合计就达百万元。除此之外，还有棉纱、石油、洋纸、玻璃、电灯用具等商品。近些年受持续干旱的影响，农作物减产严重，由外地运进来的产品增多，汇兑出现了极端的单方外汇差。

这些运入运出货物的结算都采用汇兑的方式，其中与天津的交易最多，汇钱的金额也是最多的。再加上每年的军费，总计汇往天津的不下一百五六十万，其他如汇往北平的有二三十万，汇往上海的有一二十万元，汇往河南的有40万元，每年大致推算有总计200万元左右的金额被汇往上述地区。除此之外，各商店之间的借贷互抵达数十万，汇给南京中央政府的数量也相当巨大。加之，支付给天津、上海、汉口等地的天主教堂的钱

---

① 今属河北省邢台市。

② 今属河北省石家庄市。

每年有 30 万元，仅仅就这一项钱就相当于当地晋商每年应收金额 16 万元的 2 倍。不过，由于这笔钱（即天主教堂的钱）不需双方支付手续费，所以商人很乐意用它进行汇兑结算①。[1] 换言之，当地要结算超过 200 万的单方外汇差，汇款的费用非常高。据说民国 18 年 6 月，兴业钱庄寄给天津的汇款手续费，每千元要支付 45 元，晋信钱庄寄给上海的汇款，每千元支付 67 元，行情都是民国 6 年前后的 5 倍左右，最近也暴涨了 15%。[2] 据当地一个在留的日本人[3]说，当地的汇费大体比天津贵一倍。

如上所述，当地的汇兑主要以天津为主，除此之外也与北平、上海、汉口、开封等地直接建立起了汇兑行情市场，这些都是以银元每千元征收汇款费（汇水、加水）来表示，皆为应收账款，而前面提到的兴业钱局只公示了寄往天津的汇兑。寄钱汇兑一般有两种，一种是根据银元的情况，一种是根据银两的情况。前者只是支付汇费即可，计算简单。而后者需要加上两地间银两的差额，但是现在据说根据银两的汇兑已不多见。

当地的交易一般以相当于标期的决算期为单位来进行。所谓的标期，就是指像以前山西这样的，边境地区人少地广，交通不便，商人规定一定的期限来进行大量的采购。另一方面由于商人的交易对象是地方上购买力弱小的农民，所以自然而然地造成了资金的停滞。因此，商人从大的批发商那里以赊账的形式采购商品。由于并未规定好赊账的时长和结算的日期，所以标期这种方式在省内及附近的金融上被广泛使用。标期各个地区有所不同，1 年有分 3 期的也有分 4 期的。在太原当地以三个月为 1 期，将 1 年分为 4 月、7 月、10 月、12 月四个标期。金融上以借贷为主，一个标期为一个期间。所谓的"满加利"指一个标期即三个月的利息，"满加利"在本年（民国 18 年 6 月）是每千元付息 41 元，月息 1 分 3 厘，这是利息的标准。以标期来进行借贷成为一般现象。各地每到标期的最后一个月，利息上涨。但是在每年的秋季到冬季这段时间，农产品上市，贷款需求增加，利息处于强势，除此以外，不像其他市资金需求起伏大，太原不存在特别需要资金的时候，平时都很平稳。

---

① 据在河北师范大学工作的日本专家椎名一雄教授对照其他日文文献的考证，尽管太原每年往天津、上海、汉口等地的天主教堂支付 30 万元，但被当地消费山西商品的应收货款相互抵消了，所以商人非常乐意使用这种形式进行汇兑结算。

总之，经过以上分析可以得出以下结论：在山西的金融市场上，太原并不是经济意义上的中心，如果排除政治上的金融事项，无论是从质还是从量来看，太原都不具有非常重要的地位。

注：

［1］进出进入的数字，依照前引《中国的货币与度量衡》中所载。

［2］《银行周报》（第 13 卷第 43 号）。

［3］前述高武保藏的介绍。

［4］参考了前书《中国的货币和度量衡》第 230 页。

第二章　大同的金融状况（附口泉的金融状况）

第一节　市场概述

大同的人口约 7 万，[1] 在山西省是仅次于太原的第二大城市。附近的农产品都集中在此频繁地进行交易。市内有通向东西南北四个方向的大街，各种商店鳞次栉比，其中以钱庄最多，据说有 340 余家。[2] 京绥铁路开通后，货物被运到包头、丰镇，这个地区的繁荣感觉被它们夺去了似的。南关开着多家皮货商，北关开着多家谷物批发商，虽然不能断定当地的毛皮、谷物等交易已经完全衰败，但是已经明显大不如前。因此说大同的金融市场，作为普通地区的中心城市具有一定的意义，除此之外不值得做特别的论述。

注：

［1］"大同的人口约 7 万人"依据张家口领事馆的报告："当地商人户数 1 万余，人口七八万。"

［2］参照东亚同文会编《支那省别全志·山西省》。

第二节　金融机构

与中国其他地方一样，大同也有两种金融机构并存。即新式银行属于前者，钱庄、钱铺、当铺属于后者。

一　新式金融机构

此处的新式金融机构专指银行。

在大同拥有总行的银行还没有一家。以前只有以下四家银行在此成立了支行：中国银行（民国4年成立了支行）、交通银行（民国元年成立了支行）、晋胜银行（民国2年10月成立了支行）、裕丰银行（民国5年11月成立了支行）。[1] 后来山西银行也成立了支行。然而晋胜银行受民国16年兵乱的影响，不得已而停业。裕丰银行也差不多在同一时期倒闭，交通银行的支行也被撤销。现在，大同的银行只有山西银行和中国银行两家银行的支行存在。

1. 山西省银行大同分行

位于东大街，虽然外观较小，但是洋式建筑，外形漂亮。内部不大，除了出纳口以外，与普通的钱庄没有什么两样。现在的支店长是许艺圃，另有10名职工，店内比较冷清。但是到了民国11年之后，该行渐渐排挤了其他银行的势力。目前，已取代了中国银行成为大同的主要金融机构，在金融上占据着重要的地位。

根据山西省银行章程规定，该支行的营业范围有7项内容。以存款、贷款、汇兑为主，其他还有公款业务、发行纸币等。现在市面上流通的有1元、5元、10元三种面额纸币，总额达数万元。

2. 中国银行大同分行

位于南大街。中国银行于民国2年首先在太原设立了支行，两年以后又在大同这里开设了支行。之后七年，成为大同最有实力的银行，在当时的金融界具有举足轻重的地位。特别是汇兑业务，该行利用全国各地拥有的支行开展业务，逐渐壮大。民国11年，山西省银行在此开业，中国银行势力渐渐失去往日风采，现在没有什么业务，几乎处于停业状态。

二　旧式金融机构

在当地，属于旧式金融机构的有钱庄、当铺、换钱铺子三种。其中，最重要的金融机构当属钱庄。

1. 钱庄

当地的钱庄几乎都由晋商掌控，与其他地方一样，多采用合伙制度。据说，资本少的有五六千元，一般的为一两万元。[2] 钱庄的营业内容主要是存款、贷款及汇兑。据说，存款的利息平时为月息 6 厘至 8 厘，贷款利息为 7 厘至 2 分。

当地钱庄的数量最多的时候达 300 家以上，后来逐渐减少。根据大正 5 年（1916）的报告[3]记载有 25 家，大正 11 年的报告[4]记载只剩下 19 家。现在，名字听起来熟悉，能知道字号的只有以下 11 家①：

字号	所在地
义生祥	大南街
德与永	大南街
德恒馨	大南街
宝源成	大南街
福和义	大南街
福义生	大北街
万聚源	大北街
德裕兴	鼓楼西街
元盛祥	鼓楼西街
天德永	鼓楼西街
庆德恒	牌楼东街

根据《支那省别全志》记载，中兴永、晋元盛、庆和成、广生栈、万巨源、德盛荣、源盛厚、天元荣、芝兰盛等各个钱庄中，有转行去做洋货铺或首饰铺什么的，大多数都已倒闭不存在了。

2. 换钱铺子

大同与上海等地一样，有兼营糕点、烟草等买卖的铺子，但没有一个专门兑换货币的店铺。换钱一般是在路边的所谓的露天商店里进行，在一个 2 尺见方的方形金属丝网笼子里，摆着现银、铜元和纸币，简直就像是

---

① 根据《晋商史料全览·金融卷》、《中国实业志：山西省》和《全国银行年鉴》（1934-1935），此处的 11 家字号中只有少数的还在，说明大部分倒闭了，同时也说明书院学生的调查确实能弥补现有史料的不足。

在一个理想的实物展示中进行交易一样。在这里一般不只换钱，还兼卖烟草。这种换钱的铺子随处可见，其数量之多是别处所看不到的。

换钱铺子只不过是一个换钱的地方，不值得作为一个金融机构去论述。但是，正如后面叙述的那样，像大同等地，在币制上非常混乱的状况下，不得不说换钱铺子在货币的流通上作为一个机构或者设施，有着不可或缺的地位，在消费经济上具有相当大的存在意义。

3. 当铺

当铺在金融上的势力虽远不及钱庄，但是，它作为一个中产阶级以下的穷人的金融机构，具有重要的地位。这一点不仅限于大同，在整个中国也是一样。大同的当铺店铺数量多、规模大。可以看出，在这里当铺的地位比其他地区重要。那些被做成黑底，漆上金字"当"的引人招牌足以让旅行者止步欣赏。主要的当铺有：

三元当　　福美当
三和当　　元庆当
同和当　　元贞当
聚德当　　元成当
万瑞当　　宏盛当
源盛当　　天德当

这些当铺的资本金少则 3000 元，据说一般大约 1 万元左右。抵押期限为 1 年，过了期限就可以变为流质。利率为月 3 分 5 厘，据说一般以抵押物品的半价作为贷出金额。

三　金融机构综合观察

作为旧式金融机构的钱庄在以前就是大同唯一的金融机构。钱庄在无数次的困难和混乱中胜出，趁着革命时票庄破产，最终取代票庄而控制了大同金融市场。但是，之后由于频繁的兵乱和变革，每次都遭遇挤兑和掠夺。再加上民国元年交通银行在此地设立了分行，让新式银行业在此地得到了发展。而山西省银行的出现则让铜元和铜元兑换券得到统一。因此，这使得钱庄的盈利受到很大的影响，其势力渐不如以前。但是在大同，人们固守旧的习惯根深蒂固，加之以新式银行的形式在当地展开活动的也仅有山西省银行支行一家，所以来自银行的压力比较小。基于这两个原因，当地钱庄的现有势力仍然很强，超出人们的预料。不管表面怎样，在实际的商人间的金融往来中，钱庄比新式银行更有地位。这就是大同与太原有相似之处，而又有不同之处的原因所在。正如我们在太原一节中叙述过的那样，新旧两种机构的并存造成了营业范围的不同，银行将重心放在了汇兑、存款等方面，而钱庄则将重心放在放贷及其他业务方面，在那期间并没有什么根本的改变。

注：

［1］大同各银行支行的成立年月来源于前引《第九次农商统计表》。

［2］钱庄的资本金，根据本地商人及在留日本人金子所说为一两万元，前引《第九次农商统计表》有以下记载，平均一家 7000 至 1 万元。

钱庄数：8（实际调查数：11），资本金：56450 元。

各户存款额：50000 元，公债金额：20000 元（民国 10 年）。

［3］前引《直隶山西班金融货币度量衡调查报告》，以下指大正 5 年的报告。

［4］前引《河南山西金融调查报告》，以下指大正 11 年的报告。

第三节　通货

大同现行的通货可分为以下四种：①银两；②银元；③铜元；④纸币。

1. 银两

大同两指的是同平两，作为两的决定要素有成色和重量，如下。

成色：被称为足色银的东西实际上为九九八成色。[1]

重量：比称为同市平的库平轻八两。

因此，大同的一两指的是重为同平一两的足色银（实际上是成色为九九八的白银）的价格单位。现在，如果把大同两的成色按名义上的足色银来计算的话，大同两 1000 两分别相当于库平两（太原）992 两、曹（漕）平两（上海两）1088 两。

为了便于参考，我们把大同通用的两和各地通用的两做了一个比较，结果如下[2]：

同平 1000.00 = 库平（太原）992.00

同平 1010.00 = 口钱平（张家口）1000.00

同平 972.00 = 京公砝平（北平）1000.00

同平 1000.00 = 中公砝平（上海）1014.00

在当地流通的马蹄银的重量为 50 两，被称为足色宝或者大同宝。它是在当地的银炉里制造的，现在已经看不到银号的存在了。在以银元为主要通货的今天，大宗交易使用的结算单位仍然是两，日常交易中使用的是银元，马蹄银的用途大大减少，几乎可以说再没有被重新铸造过。特别对企图将货币形式统一的山西来说，以元为核算单位的交易相对流行一些。除了一些大宗交易，一般都不使用两这个结算单位。这个趋势将来会越来越明显，可以想象到，最终通货都会被统一到银元上来。

2. 银元

当地流通的银元有袁世凯银元、北洋银元、"站人"银元等，这些银元都以其名义金额在通用。特别是袁世凯银元最为流行。在上海等地流通的已经把袁世凯银元驱除出去的孙中山银元，在大同当地市场上几乎看不到。如果想要用的话，应该是等额通用吧！

银角：大正 5 年的报告里提到有 1 银角、2 银角的使用，其金额不是很大。然而，在如今的大同完全看不见银角。试想一下也是，银角在约 11 年前就开始不流通了。银角的不流通实际上就意味着没有小洋即零头结算，因此在交易上非常的方便。

3. 铜元

当地流通的铜元主要以形状较大的 20 文铜元为主，10 文铜元的数量极少。在过去，跟制钱一起流通，铜元 10 文币仅限于民国 12、13 年之前流通，而 20 文币往往也只能在大街上见到。[3] 几年前，其在流通上的地位发生了逆转，变成了一提到铜元就意味着是 20 文币。如前述的那样，一方面是由于人民生活水平的提高，另一方面是由于 20 文铜元的品质不佳，即作为劣币的 20 文铜元驱除了作为良币的 10 文铜元。

在当地市场上，蔬菜和食品等都以铜元来结算。因此，在消费经济上，铜元的流通范围是很广的。然而，在当地由于总商会发行的铜元票子很流行，所以铜元在实际上流通得并不多，充其量只不过是作为零钱被使用。这应该可以看做是格雷沙姆法则①再次应验了吧！

而且，铜元对银元的行情也从以前（民国 5 年左右）的 130 个[4] 左右逐渐下跌，如今，现银 1 元可兑换多达 420 个铜元，而且这个行情也是经常在变动。由于钱庄和一般个人经常蒙受损失，最近钱庄之间约定 1 元兑换 400 个铜元，在兑换山西省银行兑换券的时候，也是按照这个行情。

制钱在四五年前还和铜钱一起流通。制钱[5] 现在在市场上几乎看不到踪影。听说，即使是位于北部边境的本地区的农村地带，也未被使用。

4. 纸币

流通的有银元纸币、小额辅助纸币和铜元纸币三种。发行者除了山西省银行以外，还有总商会。由于它们的实力不同，因此纸币的价值也不相同。太原等地的纸币呈现出了未曾有过的复杂局面。

（1）银元纸币

从前，在当地流通的银元兑换券由中国、交通、山西三家银行的当地分行发行，其中，据说中国银行券最为盛行。可是现在，中国、交通两家银行在当地停止发行纸币，流通的是两家银行在京津地区发行的纸币、山西省银行各地发行的纸币和当地总商会发行的纸币共计四种，面额为 1 元（分为银行发行和总商会发行两种）、5 元和 10 元。其中，最具有信用的是中国银行和交通银行两家银行发行的纸币，而山西省银行的兑换券以政府赋予它的强制通用权力，等额通用。然而，在换钱的时候，根据各个纸币实力的不同呈现出以下的差异：

1. 中国银行和交通银行两家银行在京津发行的兑换券和现银是等额交换，兑换铜元 420 个。

---

① 亦译作格雷欣法则。

2. 山西省银行在各地发行的兑换券，与中国、交通两行在京津地区发行的兑换券相比，每1元有3分到4分的差额，兑换铜元400个。

3. 总商会发行银元兑换券对省银行券有20分的减价，兑换铜元320个。

[本年（昭和4年）6月的行情]

实际上，总商会发行兑换券对山西省银行券会产生若干的减价，是张作霖的山东军①从当地撤退以后的事。东北军在驻留时禁止山西省银行券流通，这反而造成了总商会兑换券持续的高价。然而，在这之后，总商会兑换券价格逐渐下跌，到了今年春天两者的差价一下子达到了20分。造成这种情况的原因，一是商会没有兑换准备；二是在除了大同府以外的地方完全没有用。

在当地市场，事实上劣价的纸币和现银以等价流通，由此造成现银基本上没有流通。纸币——特别是以山西省银行兑换券和总商会兑换券为主——比较盛行。现银慢慢地从市内流向了农村，这是因为在农村中，人们一般不喜欢纸币，喜欢用现银。特别是在购买杂货、毛皮等东西时需要使用现银。

（2）小额辅助纸币

山西省银行、总商会发行的1角、2角（大洋）的两种纸币广泛流行。在没有银角的本地区，这种兑换券的流通相对比较顺利，对银元票子保持着十进制，在小额买卖中非常的便利。其中，虽然总商会发行的比较多，但也不像银元和铜元票子那么多，而且在使用的时候不会被打折扣。至于在兑换的时候其比率相对较低的情况，这从其性质上来说也是没有办法的事情。

---

① 疑有误。经向山西省著名学者张正明先生请教，方知是东北军。旧时山西人把太行山以东的地区均称为山东。1926年阎锡山联合张作霖、吴佩孚进攻冯玉祥的国民军，战事在大同的怀仁、应县等地展开，其结果是国民军胜利，进驻怀仁、应县一带。1927年阎锡山改旗易帜，投身国民革命军，引起张作霖不满，遂于秋季进攻大同，晋绥军作战不利，屡屡后撤，这就是东北军占领大同时期。1928年4月奉军撤离山西。

（3）铜元纸币

在当地流通的铜元纸币有山西省银行各地发行的以及总商会发行的铜元票 10 枚、20 枚、50 枚三种。特别是与后者发行相关的东西很多。在山西省，如前所述，民国 8 年法令规定，在以山西省银行的铜元票来统一货币之前，允许各钱庄、当铺和商家发行铜元票，尝试代替以前的钱贴。之后，制钱的钱贴再也没有看到过。[6] 现在，各钱铺和当铺不直接发行，统一由总商会进行发行，但是在票面金额上不通用，打八折，也就是 10 枚票子只能换铜元 8 枚。这都是由于乱发纸币导致的准备金（法定为 4 成[7]）不足造成的，再加上铜元被大量地运到了省外，其数量显著减少，提高了对价①。因此，在大同市内，票子广泛地流通，铜元被藏在钱庄里，物价自然也就上去了。

注：

[1] 参照了前引书《中华币制史》第 40 页。大同：足色银，系本埠倾化之大同宝每锭 50 两名为足色，实得纯银九九八之谱。

[2] 参照了前引书《中国的货币和度量衡》第 231 页，参考了前引书《中国国内汇兑》。

[3]、[5] 参照了前引书"大正 11 年度调查报告"。

[4] 参照了前引书"大正 5 年度调查报告"。

[6][7] 参照了《银行周报》第 115 号中的《山西银行铜元兑换券》。

第四节　汇兑和金融概况

京绥铁路开通以后，大同作为货物集散地的地位明显下降。但是，由于附近的物产首先在这里集中，然后被运往平津，此外，从平津方向运到山西北部一带的物资也在这里进行分配，所以大同和外边的城市，特别是跟北平、天津之间在金融上有着密切的关系。

从平津方向运来的东西，当地非常薄弱的工业根本无法生产。这也不难理解为什么大同从外地输入的东西主要以工业制品为主，最近两年的统计如下[1]（见表 2）。

---

① 交换价格，在日本语语境中，对价指等价报酬。而在合同法中，对价指当事人一方在获取某种利益时，必须给付对方相应的代价。

表 2　在大同车站装卸载的重要货物

单位：吨

年份 种类　　来货地	1927 年		1928 年	
	北平	天津	北平	天津
杂货	196	77	205	50
土布	116	240	105	216
火柴	120	20	140	30
铁器	2	149	3	118
纸	3	20	2	31
面粉	—	420	—	530
煤油	—	500	—	620
大米	70	360	56	320
白糖	—	482	—	512
棉纱	—	20	—	34

与此相对，从大同运出去的东西主要以天然物产为主，大体情况如下[2]（见表3）。

表 3　从大同车站发运的重要货物

单位：吨

年份 种类　　收货地	1927 年		1928 年	
	北平	天津	北平	天津
粮食	6067	390	2327	140
羊毛	14	1042	15	1572
甘草	—	112	—	98
山羊皮	—	2	—	15
水烟	—	10	—	88

这些运入运出货物的货款结算，总的来说以汇兑的方式进行。因此，和平津之间的汇兑成为当地金融方面最重大的事件，这是很明了的。但是，也不仅限于此，和太原、榆次、张家口、上海等地之间也有直接汇兑关系[3]。而且，汇兑的话，银元和银两两者都有。在当地，由于各地都有规定好的银

元结算的行情，所以，仅存在于山西省银行券和中国、交通两家银行券之间的差额就必须支付高昂的汇款手续费。因此，在省内，比方说和太原等地的汇兑比率之间有一个高于普通汇兑的巨大差额，看了后面这个表就明白了。

汇费表示的是汇一千银元所需的手续费（汇水、加水），本年①6月的行情如下：

汇往天津	每1000元	15元
汇往太原	每1000元	5元
汇往榆次	每1000元	5元
汇往张家口	每1000元	10元

按照这个比率，如果往天津汇款1000银元的话，需要15元的汇费，如果从我们这里汇出相同金额的银元，在天津能收到的银元，根据以下的计算为985元22分。

$$天津银元 \$ x = 大同银元 \$ 1000$$
$$\$ 1000 + 15 = 天津银元 \$ 1000$$
$$\therefore x = \frac{1000 \times 1000}{1000 + 15} = 985.22$$

而且，当银元行情达到同平足色银6钱7分3厘时，如果汇平足色银1000两，在天津的收款人能收到的金额是1455元87分。

$$天津银元 \$ x = 同平足色银 1000$$
$$\$ 0.673 = 大同银元 \$ 1$$
$$\$ 1000 + 15 = 天津银元 \$ 1000$$
$$\therefore x = \frac{1000 \times 1000}{0.673 \times (1000 + 15)} = 1455.87$$

这个汇兑行情虽然根据货物运入运出的时期以及山西省银行票子的行情经常变动，但是，进出大同的货物除了农产品和羊毛等，如果除掉那些被特别称为上市季节以外的东西的话，我们可以认为其在费用上没有大的

---

① 指1929年。

变动。在秋季农产品的收获期，由于商人收购农产品对资金的需求增加，所以，市场中银元的价格也会上涨，此外，到了票期[4]① 的四期结算时间，由于利息收紧，汇兑手续费也经常会上涨3分到4分。这是因为在当地，小额买卖通常用现金交易，大的交易通常采用赊销的形式，批发商在天津进货的时候也多采取赊账的方式。而且，各商店间的交易结算总的来说以账簿上的划款为主，如果以现银来结算的话，必须要等到金融畅通的时候，在金融梗塞的情况下，现银的收受是不可能的。[5]

总之，大同的金融市场以钱庄为中心来运转，纸币流通得比较多而现银较少，存款利率为6厘到7厘，贷款利率为7厘到2分，市场随着各个票期的到来呈现出活跃的态势，在此以外，总的来说是平凡的。

注：

[1][2] 大同运入运出品总额的统计来自于张家口领事馆。

[3] 作为从大同开始的直接汇兑汇款人，前书《中华币制史》中有"京津申三处日开直接行市"一节。

[4] 关于大同的票期，参考了《中国省别全志·大同的金融机关及通货》。前篇参考了太原的金融情况，后篇参考了张家口的金融情况。

[5] 参考了《中国的货币和度量衡》中第一章第六节《物资的配给和流通货币的实体》。

第五节　口泉的金融状况

第一款　市场概述

口泉位于大同西南36华里[1] 的口泉支线的终点，人口约有3000人，[2] 作为山西北部的煤矿而出名。煤炭的埋藏量大约有50亿吨，[3] 目前每天的开采量只不过700吨，新发现的煤矿还有不少，因此将来跟充足的货车结合在一起，其产量还将会增加。口泉是一个天然煤矿产地，但开矿的时间并不长，在商业上没有值得研究的贡献。因此在金融方面特别值得研究的只有出售煤炭的货款结算法。

---

① 亦称标期。

注：

［1］来自张家口领事馆的报告，表示的是口泉支线的长度。

［2］口泉的人口是在询问了当地的商人后得知的，并不一定是一个准确的数字。

［3］根据口泉同成煤矿的技师长旷异玝氏所言。张家口领事馆的山崎说有60亿吨。

第二款　金融机构

金融机构只有钱铺和当铺，既没有大的钱庄，也没有经营汇兑业务的邮局。

（1）钱铺：稍微大一点的钱铺只有同宝庄过房一家。

（2）换钱铺子：这里几乎看不到像大同那样的专门从事换钱的摊点，换钱主要在卖烟的商店等地方进行。

（3）当铺：在这个小城里，当铺有广德荣、永盛魁和盛双和三家。在这个没有其他金融机构的地方，当铺作为庶民的金融机构，其作用应该非常大吧。

第三款　通货

距离大同很近的此处，在大同流行的通货在这里也通用。具体如下。

1. 银两

同平两指足色银（九九八成色）同平一两。除了煤炭，在其他大宗交易比较少的本地区，以银两为结算单位的交易比起大同更加不流行。

2. 银元

袁世凯银元居多，"站人"银元也使用，但孙中山银元还没有流通。

3. 铜元

有20文铜币和10文铜币两种。其中，前者占了大部分，制钱不通用。

4. 纸币

像大同那样，流通的有中国银行和交通银行两家银行在北平、天津发行的纸币，省银行票子，总商会（大同）票子，面额有1元、5元、10元。行情也跟大同没有什么不同。

小额辅助纸币、铜元纸币也跟大同一样。但是，总商会发行的铜元10枚券，在大同可以兑换8枚铜元在当地却只能兑换7枚铜元。

第四款　汇兑和金融概况

从当地运出的煤炭每天有 700 吨，按每吨 3 元 5 角[1]计算，合计 2450 元。每年可达 90 万到 100 万元。与此相对，从外地运入本地的东西主要有棉纱、棉布、杂货，且都是从大同运来的，没有从天津方向直接运来的货物。由于其金额也不是很大，因此，自然而然地就形成了资金汇入差。如前所述，由于当地没有经营大额汇兑的金融机构，且卖出的煤炭的货款都以汇兑的形式汇向大同的钱庄，所以，大同的借方汇兑被调整，这对于双方来说都很方便。此外，煤炭货款的结算还可以使用大商店的票据。比如，在天津的一个持有大同债权（准确的讲是口泉的债权）的杂货批发商和一个在口泉负有债务的煤炭批发商（采购天津的杂货），他们在协商以后，作为债务人的口泉煤炭商给作为债权人的天津杂货商支付既定的货款。同时，大同的债务人（使用口泉的煤炭）作为付款人开出等额的汇兑支票，然后将其呈送给口泉的债权人，而后者则以此又从大同的商人那里不断催收，以便交给天津的杂货商。这样，天津和大同、大同和口泉、口泉和天津几者间的债权债务就能够完全终结。这种方法最终还发展成为大同和口泉之间使用票据托收的方式，用于处理与大同来的杂货贸易的买卖。这对于双方的汇费都是有利的。除此之外，这个方法对于像口泉这样没有汇兑机构存在的地方是一个简便且必要的方法。以上内容是当地通久转运栈的掌柜说的，虽然不能判明有多少人在利用他们的钱庄，但是，在天津大同之间，利用这种方法的应该不会太多吧。毕竟债权人和债务人两个当事人之间的匹配是一件困难的事情，而它是属于钱庄的业务范围。总之，卖出的煤炭的货款结算有现银结算和上述介绍的两种方法，这是确定的。

口泉的金融中，与煤炭相关的占了其业务的主要部分。因此，在金融上不存在一些特别的缓急时期。而且，煤价总的来说冬天高夏天低，而且产量也是从秋天到冬天的这段时间里比较多，同一个季节的应收汇兑不是太多，而且给煤矿工人的工资支付期和作为一般结算期的标期时间相对紧迫，共同构成了其例外情况。

注：

[1] 口泉煤炭的行情来源于前述旷异坊的谈话。参考了另外一册日记。

第三章　张家口的金融情况

第一节　市场概况

张家口位于京绥铁路沿线，人口约87000，[1]是塞北①唯一的重要商埠地。道路交通情况良好，西北连接库伦（乌兰巴托）、恰克图，东北经多伦可到内蒙古，西面有铁路与绥远、包头相通，是羊毛、皮革、药材等集散地，享有对蒙贸易枢纽的美名。

单看皮革、绒毛的话，每年在当地集散货物的金额就多达一千万两以上，[2]其他各种进出货物的金额也不小，外国商会往来交易的很多东西实际上都位居西北各地商业的第一位，而这方面的商业盛衰也受张家口涨落的影响。

然而，最近几年来张家口的市场情况的确呈现出了衰落的迹象，其中主要原因有以下几点[3]。

一　卢布的惨跌

由于张家口是一个俄蒙贸易的地点，在欧洲战前，其物价和汇兑等总的来说以卢布为标准，华俄道胜银行主要承担了这个职责。因此，一旦俄国货币暴跌，它受的影响也就最大。进一步说，这是导致其市场衰落的一个原因。

二　外蒙的独立

由于与库伦的贸易和当地市场的关系最为紧密，当地商人在库伦、恰克图等地开分店的也不少，且投资金额也是巨大的。往年，由于外蒙的独立，这些商店的财产全部被没收，其赊销账款到现在也没有收回的办法，结果对张家口市场造成的影响也不小。再加上之后苏联政府的国家贸易政策的祸害，华商的出入贸易被课以重税，交易也变得不如往年那样活跃。

---

①　指长城以北的地区，包括绥远、热河、察哈尔和宁夏等地。

三 水灾兵乱

张家口四面环山，由于城市在山沟的中间，所以在遇到水灾的时候，居民会蒙受巨大的损失。再加上此处是塞北的重镇，所以一有战事，必然受其影响，进而给市场带来恐慌，成为阻碍贸易发展的一大障碍。

四 交通障碍

京绥线在包头段开通以后，甘肃方面的货物可直接运往天津，当地跟西方①之间的贸易明显减少，而且由于近年来的兵乱，货车的配给不如意，货物堆积在沿线，无人看管。因此，蒙古毛皮之类的东西可以通过中东铁路从符拉迪沃斯托克（海参崴）销往海外。

五 外商活动的减少

民国16年在当地开设分店的天津、汉口、上海的外商有60家，其交易额根据商会的报告据说大约有三四千万两以上。然而，最近受到排外思想的影响，上海、汉口等地的外商在张家口的积极投资活动也在减少，当地外商数量的减少情况如下。

外商	民国16年	民国18年
英国商家	21	10
美国商家	23	19
日本商家	6	2
德国商家	2	2
法国商家	2	2
苏联商家	4	2
意大利商家	2	—

除此以外，还有外蒙所属的2家以及旧俄国的10家。[4] 这样看来，张家口没有往年繁荣就是明摆的事实，但是不能说它已经完全的衰落，因为张家口作为附近货物的集散地、贸易地，货物的流动之多，在西北地区还

---

① 西亚方向，主要是俄罗斯。

没有其他城市可与之相比。因此，张家口的金融市场比本报告中叙述的其他的各地方都要大而且活跃。

注：

［1］人口来源于张家口领事馆的报告。民国18年的人口为86897人。

［2］来源于《银行月刊》（民国16年9月号），徐啸严著《我之张家口商业观》。指张家口商业衰退前的数字。另也参考别的旅行日记。

［3］［4］参考了前述的《我之张家口商业观》。民国16年的数字来源于此。

第二节　金融机构

当地的金融机构有银行以及作为旧式金融机构的票庄、钱庄和当铺等。其中，当铺以面对普通中产以下的庶民开展小额资金的融通为营业目的，跟商业上的交易金融关系很少。

一　新式金融机构

1. 银行

在张家口，自从中国银行在宣统元年开始设立分行以来，各银行开始纷纷进驻此地。截至今日，在此地设有分行的银行有以下11家，但现存的仅有4家。[1]

现存的银行：

中国银行　　　　　交通银行

山西省银行　　　　远东银行①

停业的银行：

边业银行②　　　　西北银行

---

① 1923年创办于俄罗斯赤塔，为苏联开设的股份制银行。1924年总行迁至中国黑龙江省哈尔滨市，在满洲里、海拉尔、库伦、北京、天津、张家口、上海等地设分行，并取代华俄道胜银行在中东铁路的权益。

② 1919年由时任北京政府西北筹边使徐树铮筹办，以"调剂边疆金融，发展沿边实业"为宗旨，总行设在北京，在库伦、天津、张家口等地设分行。1924年第二次直奉战争爆发，奉军占领北京，张作霖控制该行，并将总行迁至天津。1937年10月停业清理。

财政部平市官钱局　　察哈尔兴业银行
　　怀远银行①　　　　　华威银行②
　　金城银行

　　造成这样大多数银行倒闭或者关闭分店的诸多原因中，已经明确的有以下两个。第一，银行在经营上的失误。第二，以上银行中不乏军阀的机关银行，这些银行的经营都与其所属军阀的衰落和命运紧密相关，这是第二个原因。关于第一个原因，我们将另做说明。此处仅就第二个原因，以察哈尔兴业银行的倒闭为例，简单叙述一下事情的经过。

　　察哈尔兴业银行在民国6年8月由察哈尔都统田中玉以官督商办的形式从商界募集100万元资金而设立。之后，张景惠③都统收购了其股份，察哈尔兴业银行变成了官营，成为都统署的机关银行，其资金被挪用到军事上。另外，由于其以前有过滥发兑换券并强制在市场流通的事情，所以，导致其在市场上信用的极度丧失。接着，进入国民军时代④后西北银行⑤成了察哈尔特别区的机关银行。之后，随着国民军的撤退，西北银行关闭，察哈尔地区成了奉天军的势力范围，察哈尔兴业银行又一次经营起了察哈尔地区的金库事务。然而，在去年（民国17年）随着奉军撤往关

---

① 成立于1921年，总行在天津法租界，北京设办事处。该行与直系军阀有密切关系。1924年第二次直奉战争爆发，直系失败，该行大受影响，1925年倒闭。

② 成立于1922年，是丹麦、挪威和中国商界合资成立的银行，英文名字是Sino-Scandinavian Bank，在上海、香港、天津、广州、张家口、绥远、奉天等设分行，1928年因经营不善而倒闭。

③ 张景惠（1871~1959），今辽宁台安县人、奉系军阀首领，后沦为汉奸，曾任伪满洲国国务总理。1920年被任命为察哈尔都统兼陆军16师师长。其时，直皖战争刚结束，张作霖因支持直系取得直皖战争胜利有功，为奉系赢得了察哈尔都统和陆军第16师师长的职位。而张景惠以察哈尔都统身份接管察哈尔兴业银行，亦使该行由直系控制转向奉系控制。

④ 1924年，第二次直奉战争爆发，冯玉祥阵前倒戈，导致直系失败。冯玉祥将所属军队改名为国民军，自任总司令兼第一军军长。1925年，冯玉祥任西北边防督办，其部下张之江任察哈尔都统，从此开始了张家口的国民军时代。1926年，直奉联合进攻国民军，国民军在南口大战失败后撤回至绥远，这就是国民军自张家口的撤退。

⑤ 西北银行是冯玉祥主政西北时，于1925年3月成立的银行机构，总行先设在张家口，后随着国民军的失败而先后迁至西安、兰州。1929年中原大战中冯玉祥失败，西北银行亦于1929年停业。

外，察哈尔兴业银行也走上了倒闭之路。山西省银行开设了分店，① 作为察哈尔兴业银行之后的机关银行，直至今日。[2]

现在，就现存四家银行的概要做如下叙述。

1. 中国银行张家口分行

宣统元年九月设立。最初的 50 万元资本金来自总行。据说后来交通银行也在此地开设了分行，中国银行为了跟交通银行抗衡又追加了 25 万元的资本金，总计资本金为 75 万元。其营业主要以利用各地分店的汇兑为主，汇款手续费也相对比较低廉。虽然也从事贷款业务，但总的来说以稳健经营为宗旨，没有经营跟投机有关联的业务，所以在当地商民中最有信用。以前，中国银行张家口分行还发行过兑换券，其金额据说在民国 15 年约有 20 万元，现在分行不再直接发行兑换券。

2. 交通银行张家口分行

设立于宣统二年四月。其运转资金据称有 300 万元，实际上据说大约有七八十万元。

交通银行张家口分行在从事一般的银行业务以外，还经营京绥铁路及其支线的往来账目业务，而且从前也发行了兑换券，据说在民国 15 年（1926）其金额达到了五六十万元。现在和中国银行一样，不再发行兑换券，平津地方的票子流行起来。[4]

跟中国银行相比，交通银行在商民中的信用感觉稍微低了一些，但其仍作为一家稳健的银行为人所熟知。

3. 山西省银行张家口分行

由于当地处在山西军的势力范围内，因此很自然在察哈尔兴业银行倒闭以后过了一段时间，于民国 17 年 10 月成立山西省银行张家口分行，作为一家机关银行一直到今天。该分行的特色不必说就是经营金库业务。其在商民中的信用多少受军阀机关银行倒闭的影响，好像不如中国银行和交通银行两家银行。

---

① 1928 年，蒋介石联合冯玉祥、阎锡山、李宗仁等发动了对奉系军阀张作霖的战争，亦称二次北伐。随着张作霖军队败退出关，张家口成了阎锡山控制的势力范围，于是山西省银行在这里开设了分店，而察哈尔银行则走上倒闭之路。

4. 远东银行张家口分行

该行作为苏联政府的机关银行，除经营一般的银行业务以外，还有一个特色，即库伦贸易产生的汇兑不经过钱铺而全部由该行来经营。

二 旧式金融机构

在当地，属于旧式金融机构的有银号、票庄、钱铺和当铺四种。其中，在金融上占据最重要地位的是银号。

1. 银号

当地的钱庄有银号和钱铺之分，银号一般用于称呼比较大的店，主要经营汇兑、存款、贷款、贴现等一般银行业务，在资本和组织方面比银行弱一些。所谓钱铺，其主营业务以兑换为主，在资金上有富余，单就与其他地方有联络交易所这一点来看，钱铺和银号处理的业务一样。但是，比起银号，钱铺的汇兑经营范围要狭窄一些，主要以平津和京绥铁路沿线，比如像山西省各地那样的近距离的汇兑业务为主。这个区别在数年前还有，到了今天，有报道称当地的金融机构总的来说都变成了银号。[5] 然而，事实上银号和钱铺之间的这种区别并不是很大，严格来讲，"银号"这种单一的称呼也没有被使用。也就是说，银号和钱铺之间，不存在什么根本上的区别，而且，最近在这里钱庄一般也被称为银号。

当地的银号都采用组合（合伙）这种组织形式，独资的银号很少，经营者主要是山西商人，其次是京兆商人①。

现存的银号有以下②：

商号	设立年月	控制人	资本
丰裕	光绪十年	赵秉温	15万两
永瑞	光绪二十年	王芝	8万两
恒裕	不详	高润山	5万两
宏盛	光绪十五年	王明甫	10万两

---

① 文中的京兆商人指北平、天津地区的商人。
② 根据其重要参考资料《我之张家口商业观》（《银行月刊》，1927年9月号）仔细核对，错误处加以修正。

广益	民国 2 年	田世基	3 万两
福信成	不详	赵瑜	5 万两
长盛久	不详	杨广极	12 万两
恒①义德	光绪三十年	韩子寿	3 万两
恒北	宣统二年	任德恒	2 万两
锦泉兴	不详	史春甫	4 万两
万隆昌	光绪元年	李光耀	5 万两
兴隆运②	光绪二十年	杨润亭	3 万两
复元庆	不详	韩邦复	2 万两
世介③德	光绪十年	王心齐	2 万两
兴泰宏	不详	高广	1 万两
义聚德	不详	单在仁	2 万两
万裕兴	不详	赵维新	8000 两
宝丰裕	不详	年段寿	不详
永利	不详	不详	7 万两
永大	民国 16 年	不详	不详

民国 15 年末以后倒闭的银号和钱铺如下：

大隆	大业
兴记	久益
敦义	瑞牲
群北	裕源永
永吉	会丰盛
裕通	裕源生
玉泉	

---

① 原文有误，应为"慎"。
② 原文有误，应为"达"。
③ 原文有误，应为"合"。

导致这么多钱庄倒闭的原因，前面也提到过，据说是因时局所造成的商业不振和因俄国经济政策导致与外蒙的交易不如意，而银行贷给与此有关商人的贷款资金也陷入了不能收回的境地。

另外，前文中所述现存的银号中的资本额来源于当地领事馆15年（1926）的调查，另据一个日本商人[6]所言，最近总的来说，银号拥有比这个还要多的资本金已经成了一种普遍的情况。这些钱庄的运转资金主要从自己所有的资本金和满加（后述，为一种票期）中借来，或者来源于存款的一部分。需要借款的是普通人和银行，其中以后者为主，利率据说在一分左右。

2. 票庄

以前，票庄作为当地商业上独一无二的金融机构最有势力，数量也多达十几家。近来，随着银行业务的发达以及每次革命变乱各家都遭到挤兑而相继破产，现在，只有大盛川一家还在继续营业。

3. 换钱铺子

我们将会在下一节中讲到，在当地由于流通的货币种类繁多，且纸币之间的行情不同，所以换钱铺子比较多，它们多半像在大同能够看到的那样，由露天商人在前面摆设一个铁丝网的东西。但是，这里的换钱铺子没有大同的多，也有在外面开设店铺的那种普通的换钱铺子。

4. 当铺

当铺作为主要服务中产阶级以下的金融机构，其作用不可或缺，在这一点上和其他地方没有差别。因此，从前有同济当、同和当、合成当三家当铺，其资本金都为2万~4万元，信用可靠，利率是10元以下每月3分，质押期限为大质两年，小质一年。据说，民国14年12月的兵变发生以后，这三家当铺由于害怕遭受掠夺而关门，民国15年处于停业中，直到现在。

日本商人在西北洋行的拍卖业的名义之下，经营典当业，由于遭遇到中国方面的掠夺，现在关门停业，只留下了其建筑物。

这样，作为下层民众金融机构的当铺，全部关闭了，由于非常的不便利，据说，最终只剩下由10人用商务总会的资本金经营着的一家当铺，给老百姓提供金融上的方便。

三　金融机构综合观察

张家口由于紧邻山西，其各个行业依附山西省商人的情况比较多。其金融机构在以前也出现过仅限于有山西票庄的情况，但是，由于新兴银行的进入和革命兵乱时的挤兑，票庄在金融上的地位被银号所取代。从前当地的银号有将近40家，[7] 相当的繁荣。跟票庄一样，由于兵乱造成的挤兑、遭受的掠夺，再加上银行业的发达，兑换券的发行也仅限于银行，钱贴也不能通用，其盈利的大部分通道都被堵死，因此，那些基础薄弱的银号逐渐开始倒闭，民国17年有33家，[8] 到了现在其数量减少到了上述的22①家。

然而，这些存活下来的银号如果能克服困难，想办法渡过难关，巩固其根基的话，它们能够成为支配当今金融界的一股力量。经过无数次困苦得到的教训和经验是：即使是处在时局动荡的状态，因为受利害关系的影响非常之大，故应时刻观察地方的恐慌以及变动情况，尽早地采取应对措施，最终才能避免大的失误。

另外，银行在民国革命以后，顺应时代的潮流逐渐兴起，仰仗其发行兑换券的特权，银行逐渐在张家口设立了分行。紧接着，商号被禁止发行私贴②，其被银行券所取代，因此，银行逐渐得势。对于商业习惯还不熟悉的银行业者来说，他们以发券额的多少来衡量其业绩，这使得银行陷入了胡乱发券的怪圈。此外，得益于可以自由发券，很多银行开始胡乱放贷，一时间，当地的银行业呈现出了一派快速发展的景象。然而，这并不是一种稳定的发展，不关心准备金一味发行兑换券，一旦时局有了一点点的变动，就会立即影响市场，让市场出现恐慌。银行知道自己的错误后突然改变方针，对贷款实行严格的审查，以此来维持自身的安全，金融界从缓慢发展一下子进入紧缩状态，商业也萎缩了。这完全是由银行经营者的经营方针错误所引起的。在此期间，除了几家银行倒闭以外，一般商业界对银行的信用信任程度一落千丈，实际上的发展处于一个不利的局面。

以上有着历史变迁的当地的两个新旧金融机构，都有着相同的势力，

---

① 原文如此，经上下文核算可能为20家。
② 私贴是旧时私人商铺、钱庄、银号所出之钱票，以代表笨重的白银、铜钱流通。有钱贴和银贴两类。

到底谁更具有决定性的信用,很难说。也就是说,银号依照自古以来就有的习惯,对于商家实行完全的信用贷款,而银行在这点上非常欠缺,加之由于这种交易的金额比其他市场要多,所以,银号、钱庄等传统金融机构跟商人之间的关系和瓜葛要比银行密切得多。[9] 另一方面,钱庄在资本方面不如银行,在大宗交易、面向偏远地区的汇兑等方面也不能跟银行相比。他们会接受资金的融通,把其贷给商家等,这样一来,新旧两种金融机构处于一个互补的关系。这是中国一般商业的通用原则,在这里由于商业交易额比较大,两者尤其给人以紧密的感觉。[10]

注:

[1] 参考了前面的《我之张家口商业观》。

[2][3][4] 数字引用自《张家口事情》。

[5] 参考了前面的《我之张家口商业观》和《张家口事情》。

[6] 指的是荣喜洋行张家口出张员藤井清氏。但是,银号一览表则是根据藤井清的发言改正了前面的《张家口事情》中所刊载的内容。

[7] 数字来源于《张家口事情》。

[8] 数字来源于前面的《我之张家口商业观》。

[9] 参照了《银行月刊》(民国16年9月)有关张家口市场情况。

金融流通法:本埠素以银码为本位,间用钱码。近来交割货价,亦渐变为洋厘。各行拨付款项,大概不用现金,而用谱拨。所谓拨者,即如天津之拨码,故非经钱铺之手,不能拨通,是以在市面上钱铺之势力尚优于银行。

[10] 然而,关于新旧两种金融机构之间的关系,《我之张家口商业观》中有如下的记载:"钱铺通用款项方法:(1)向各银行调汇外埠款项;(2)就市上吸收标银。故商行之安全与否,在表面影响,似重在钱铺。其实际牵运者尤重在各银行也。"

第三节　通货

张家口的通货可分成以下四种:一,银两;二,银元;三,铜元;四,纸币。

1. 银两

当地的银两被称为镜宝银。成色:被称为纹银者,其纯度一般为九九九。重量:口钱平。

跟天津行平相比，口钱平1000两相当于天津行平1037.4两。由于天津白银品质优良，当地的1000两对天津行平应有五钱的加色，即五钱的升水。之后，天津行平1036.9两成了公定比价。当地口钱平两和各地两比较的结果如下（受百著《银两概述》[1]）：

口钱平1000两＝上海九八规元1100.34两

口钱平1000两＝北京公砝平1041.76两

口钱平1000两＝天津行平1037.40两

口钱平1003.59两＝库平成色1000.00两

为了便于参考，我们把当地的口钱平和他处通用平做了一个比较，结果如下[2]：

口钱平1000.00＝库平（北京）1004.00

口钱平960.00＝京公砝平（北京）1000.00

口钱平962.00＝行平（天津）1000.00

口钱平1000.00＝申公砝平（上海）1025.00

口钱平1000.00＝同平（大同）1010.00

马蹄银：当地的马蹄银以蔚州①宝银为主，在当地的炉房铸造，每锭重50两，据说是当地流通元宝中品质最好的。[3]

2. 银元

当地流通的白银通货有银元和五毛、二毛、一毛的银角。我们在当地停留期间，没有见到过银角。银角好像最近不太流行了。每当政变的时候，不仅有银行停止兑换纸币的传言，而且这个传言往往也变成了事实。一般商民总的来说还是希望接受银币。最近的时局由于恢复平静，所以此番风潮到现在也不是很厉害，据我所见，这里好像比上海那边的兑换券还要多。市场上以袁世凯银元和光绪元宝最多，孙中山银元尚未

---

① 今属张家口市。

曾看到。银元和银两的兑换行情为 66 两到 68 两。① 在我们调查的时候（民国 18 年 6 月 19 日），行情上涨至 68.6 两。这是因为当时正值端午前，平津方面对银元的需求增加，供应不足导致价格上升，一般据说行情不超过 66.5 两。

银两和银元在流通上的关系如下。

第一，在当地，一般的零售物价以元为结算单位。因此，市面上日常的买卖交易都使用银元。

第二，杂粮从前以银两为结算单位进行交易，后来因为银两对银元行情的变动使得商人经常处于一种不安的立场，所以最近改成了使用银元结算。

第三，除了杂粮，其他的一般重要物产，特别是皮毛类东西总的来说使用银两为结算单位进行交易，先把银元换成银两，然后再支付。

第四，两者行情的变动是由于当地的供需关系以及天津地区的结算期所导致的。

3. 铜元

铜元有 10 文币和 20 文币两种。虽然流通的有当地造币厂和各省铸造的铜元，但大清 20 文面额的铜币占了大多数。往年，由于 10 文币很多都被改铸为质量较差的 20 文币，最终 10 文币就这样从市场上被清理出去了。

市场上的食品、谷物和其他零售大都使用铜钱结算，铜钱的流通范围很广。然而，在当地（后文中也会提到），由于铜元票流通的很多，所以实际上铜元的流通额不是很大。

铜元对银元的换算行情根据其供需关系有时会变动。往年，一个银元兑换 160 文乃至 185 文的情况都很少见。[4] 之后，国民军进入城市以后在当地的造币厂开始生产质量低劣的 20 文币，跟其他城市相比，这里的 20 文币不仅在成色重量上严重不如别家，而且还增加其数量，以致铜元对银元的行情下降到 420 个前后。但是，铜元行情的频繁变动使得钱庄和一般民众都蒙受了损失，因此，在这次银号发行铜元票子的时候，规定其兑换行市价为 400 个，即使到了现在，铜元票子还是按照这个行情。

---

① 以百元计算。

制钱①：在普通的买卖中完全看不到制钱的使用。据说在民国15年以前，交易时有零钱产生的时候才使用制钱。[5] 现在，没有听到这样的事情。唯一听说的就是从下花园往南一百二三十华里，在一个叫蔚州的地方现在在零售时仍然全部使用制钱。

4. 纸币

当地流通的纸币有银元纸币、小额辅助纸币和铜元纸币三种。

（1）银元纸币

外国银行的纸币平常在市面上使用的情况完全没有。根据民国15年的调查，当地的银元兑换券由当地的中国银行、交通银行和察哈尔兴业银行三家银行发行，在同年5月的时候有中国银行券10万元，交通银行券60余万元。[6] 现在，上述几家银行的分店在当地已经不再发行纸币。在当地流通的有天津地区的中国银行、交通银行、中南银行三家银行的纸币以及山西省银行在各地发行的纸币共计四种，有1元、5元和10元券。以上纸币中最有信用的是中国银行和交通银行两家银行发行的兑换券，它们通常与现银等价使用。而且，山西省银行钞子由于山西军的势力在当地也开始流通。平日，山西省银行钞子和中国银行、交通银行两家银行的兑换券在价额上一样，其流通量也是最多的，在市面上看见的就是这个。

但是，即使山西省银行的信用很好，充其量也不过是一个省的机关银行，而且在该行当地的分行只能兑换现银，所以实际上从当地到太原的汇款的手续费（大体上以汇费为标准）一般为1000元支付40元到50元。笔者在兑换中国银行券的时候，1000元支付了53元的手续费。

如上所述，即使在实际价格上有差异，只要省银行券被赋予强制通用力且当地还在山西军的势力范围内，各个商店就不能拒绝接受它。因此，各个零售商在制定物价的时候加上上述的比率，是为了自己的安全。虽然金额很小，但是跟居高不下的铁路运费相结合，成了一个导致当地日用品物价高的原因。

日常的买卖几乎全部使用纸币，现银几乎看不到。这是由于上述的作为"良货"的现银被驱逐以及实际上现银的不足所导致的。现银不足的一个原

---

① 明清官局监制铸造的铜钱。因形式、分量、成色皆有定制，故名。

因是出口货物的搬运费需要使用现银支付。第二个原因是农民把农产品拿到市场上换成现银再拿回去，而这些现银不会那么容易地再回到市场上来。[7]

而且，当地大宗交易使用银两来进行结算，这些被换算成现银然后被支付，这种情况，特别是在农村收购货物的时候，不用纸币。由于以上的原因，银元在日常生活中不太被见到，其和纸币的流通范围都被固定了。

（2）小额辅助纸币

前面已经叙述过，各个银行都有大洋1角、2角、5角的三种纸币在流通。其中，山西省银行的最多。即便是小额纸币，省银行的小额纸币和中国银行、交通银行两家银行发行的纸币之间也有三四成的差额。在换钱的时候，免不了便宜吧！

（3）铜元纸币

从前，察哈尔兴业银行规定一吊文为制钱一百枚，并发行10文、20文、50文、100文、500文的吊文钞子，在市面上按其面值流通。去年该行倒闭以后，暂时没有铜元钞子，而且铜元的行情每天都在变动，银号蒙受的损失也不小，一般商业也感到不方便。于是上述的十家银号联名向察哈尔区政府申请许可发行铜元票子。结果在本年（民国18年）旧正月开始，规定大洋1元等于铜元100枚，开始发行10枚、20枚、50枚、100枚的铜元票子。

现在，根据请求，由于各发行银行按照官方行情规定的来兑换，所以在流通中没有任何贴现。

铜元兑换券发行银号有以下几家：

恒裕　　福信成　　长盛久
恒北　　锦泉兴　　兴隆达
复元庆　世合德　　永利
裕源生（民国18年5月末破产）

注：

[1] 参考了《银行周报》（民国17年4月10日）。

[2] 引用自前面的《中国国内汇兑》。参考了《中华币制史》第80页，《中国的

货币和度量衡》第 166 页。

［3］参考了《中华币制史》第 38 页。

［4］［5］［6］参考了前面的《张家口事情》一书。

［7］参考了前面的《银行月刊》（民国 16 年 9 月）有关张家口市场情况。

第四节　汇兑及金融概况

张家口作为中蒙贸易的枢纽地为人所熟知，货物的出入很多。从蒙俄方面进口皮革、驼绒、羊毛等东西，从天津方面输入烟茶、绸缎、布匹等，同时向天津输出从蒙古进口来的东西。因此，张家口跟蒙古和天津在金融方面的关系非常紧密。汇兑也主要在这两个地方进行，被这两者所大致区分。而且，它们又可以根据汇款和托收、银元、银两等各种情况被区分开。

1. 与平津方面间的汇兑

以中国银行和交通银行等银行为首，各银号都经营此业务。它是金融业者的最大业务，像中国银行那样，往年也有只从事汇兑的情况。

（1）汇票（汇款单）

①使用银元的情况

往平津方向的汇费平时 1000 元收取 2 元到 10 元。如果汇款费率是 4 元，那么汇 2000 元需要支付 8 元的汇费，其计算非常简单。

②使用银两的情况

除了汇费，还需要把两地间两的差额加起来。通常按照如下的方法计算。[1]

津票：即往天津汇款，行平化宝 1000 两折合口钱平的平价是 962 两。但考虑到折扣或贴现的因素，如果折扣是 4 两的话，那么只能在口钱平 962 两的基础上再减去 4 两。这意味着口钱平拨兑银 958 两只能兑换行平化宝 1000 两。汇费一般据说为 4 两。

举个例子，往天津汇款折扣为 4 两，洋厘（张家口的）为 665 两的时候，往天津汇款行平化宝 500 两，根据以下的计算公式，需要在张家口支付银元 718.8① 元。

---

① 原文有误，经计算应为 720.301。

（1） 口钱平银 $\$x=$ 行平化宝 $\$500$

行平化宝 $\$1000=\$962-4$（折扣）

$$\therefore x=\frac{500\times(962-4)}{1000}=\$479$$

（2） 张家口银元 $\$x=$ 口钱平银 $\$478$①

张家口银元 $\$665=$ 口钱平银 $\$1000$

$$\therefore x=\frac{478\times1000}{665}=718.797②$$

京票：即往北京汇款京公砝足银1000两对应的口钱平银的平价是960两，但考虑到折扣或贴现的因素，如果折扣是3两的话，那么在口钱平960两的基础上再减去3两，这意味着只能得到口钱平拨兑银957两。举个例子，往北平汇款行情，折扣为3两，洋厘为665两的时候，往北平汇京公砝平足银500两的时候，根据下面的计算公式，在张家口需要支付银元719.55元。

① 口钱平两 $\$x=$ 京公砝足银 $\$500$

京公砝足银 $1000=$ 口钱平银 $\$960-3$（折扣）

$$\therefore x=\frac{500\times(960-3)}{1000}=\$478.50$$

② 张家口银元 $\$x=$ 口钱平银 $\$478.50$

口钱平银 $\$665=$ 银元 $\$1000$

$$\therefore x=\frac{478.50\times1000}{665}=\$719.549$$

（2）托收

把托收费和满加利息合在一起的金额进行折价。上文中所说的各种行情都是平常情况下的，然而汇费像后文中提到的那样经常变动，在一个月内有从2元、3元变到8元、9元、10元的情况发生。但是，以银两为结算单位的汇兑，实际上在收受的时候如果用银元的话，洋厘的变动会给汇兑带来很大的影响。也就是说，在我们调查的时候（民国18年6月）洋

---

① 原文有误，经计算为479。

② 原文有误，据上下文此处列式应为 $x=\dfrac{479\times1000}{665}=720.301$。

厘由于受标期临近和现银不足的影响价格走高，达到86两。从天津来的汇票成了托收，除去汇费，还有约14两的获利，这是一个显著的例子。

2. 对蒙汇兑

与蒙古之间的汇兑关系主要是与库伦之间的关系，因为它是一个被远东银行独占的领域。其汇费为：洋1000元收取30余元手续费。不管是汇票还是托收，获利的都是该行，总的来说，在这方面的汇兑不允许外商的介入。如果被发现是汇往私人的，将会被处以重罚。除了上面介绍的，能够直接汇兑的有以下几个地方[2]：上海、汉口、多伦、恰克图、归化城①、包头镇、丰镇、大同、太原、宁夏。

这些地方的金融根据商业的情况而变动，当地的商业主要以进出口贸易为主。为了说明当地为何是塞北一个重要的商埠地，我们把最近两年由京绥铁路运进运出当地货物的吨数做了一个统计，结果如下表[3]（见表4、表5）。而且，最近几年，外蒙贸易不太如人意，加之京绥铁路的货车不足，造成货物的运输有问题，因此，不能把它看成是一般年份的情况。也就是说，从前一年间的进出口额约达3000万两，而最近减少至1000万两左右。[4]

表4 张家口火车站运出的重要货物

单位：吨

年份 种类	发送地	1927年		1928年	
		北平	天津	北平	天津
羊皮		106	66	50	35
生皮		39	229	46	205
山羊皮		4	371	5	252
细皮		15	74	10	66
羊毛		36	8693	50	6837
鬃毛		—	96	—	87
牲肠、牲骨		47	387	50	362

① 今呼和浩特市。

续表

种类 \ 发送地	北平	天津	北平	天津
粮食	12686	2783	7872	1512
大豆	466	2423	212	1671
胡麻	—	1620	75	20
蘑菇	48	92	54	84
甘草	—	160	—	125
土城①	485	852	376	432

表 5　张家口火车站卸载的重要货物

单位：吨

年份	1927 年		1928 年	
品名 \ 收货地	北平	天津	北平	天津
土布	56	2927	52	2729
杂货	1192	1144	1583	1436
玻璃器	57	35	42	35
中外纸	11	111	14	125
煤油	—	1910	—	1530
茶叶茶砖	29	8563	37	4635
红白糖	6	2385	9	2074
鲜菜	1172	174	1074	131
大米	444	60	337	42

　　这些运进运出的货物，有一个特别的时期，比如土货的上市有一定的时期。具体来说，阳春三月，等待冰雪融化后，把运往蒙古的货物装在牛马和骆驼上，然后朝着多伦出发。在途中，以物物交换的形式获得皮革、毛绒和药材然后返回。到了 7 月、8 月、9 月的夏季，由于该地区降水较多，交易停滞，市面萧条，在金融上也没有什么值得提起的。进入冬季以后，市场上渐渐繁忙了起来。首先，10 月份左右，农夫把杂粮等用大车运

---

① 原文有误。经在河北师范大学工作的日本专家椎名一雄教授对照其他日文文献考证，此处应为土城，而城＝碱，因此亦可写作土碱，即粗苏打。

到当地市场换成现银或者日用杂货品然后回农村去。而11月到12月的这段时间，各种的土特产特别是蒙古的皮革、羊毛类的东西会陆续进入到当地，到了12月，进入当地的洋品杂货又会被运到蒙古。这样的话，当地的贸易在这个时期最为繁忙，金融也是，一到这个时间就很繁忙。而且，虽然金融的闲散期和繁忙期各自都被定在夏季和秋冬季，但在当地，交易上采用标期这一习惯很流行。所谓的标期，在前篇中提到过，它是一个表示决算期的时间，但是各个地方又不一样。在当地，把一年分为四期，4月、7月（闰年的话是6月）、10月（闰年的话是9月）、12月。这些日期在每年年初由钱业组合和商务总会商议决定后再通知一般从业者。一般的交易在此期间进行，到了标期的话，开始决算。钱庄在贷款的时候原则上也是以一标（90天）为上限，贷款1000两在一个标期内获得的利息叫作"满加利"①，利率为1分5厘到1分七八厘之间，而银行对钱庄的贷款利率为1分左右。这样的话，决定标期的目的是使资金的融通更加便利。因此，到了标期以后，欠款被催收回来，贷款也被收回来。因此，到了上面的各个月末，平常每1000元44元、45元的利息上升到了50元乃至55元，金融开始紧张。标期这一制度也在与当地有商业交易的天津地区被沿用，因此，到了那个时候，就需要对运进运出的货物货款进行结算，金融也就更加紧张了。汇费通常为保持在4分5厘到6分左右的高利率，这已经是一种常态了。然而，据说一旦过了标期利率就开始下降，回到了45元以下，汇费也降低至2分到2分5厘。[5]

  本来，当地商业兴盛而且外部资金进出频繁，一般商人借此获得了丰厚的利润。此地的利息跟其他地方相比要高一些。而且，经常是资金的需求多而供给少。银行业者看到了当地的这个机会，把这里当成一个资金运用的地方。[6]因此，在标期间，没钱来结算的话，欠款被附上利息往后延期。除此以外，债务人在市场上的信用也随着这种情况的接连发生，难免一落千丈。在当地，商贾的标期决算被视为最重要的一件事情。因此，和一般商人一样，钱庄也恪守信誉，资金的融通等全部以信用贷款的形式进行。没有使用抵押、担保的情况，而且，像收据那样的

---

① 孔祥毅的《山西票号的标期标利制度》（《金融研究》，2022年专刊）对此有详细的研究。

东西也没有使用。关于这一点，根据一个在中国滞留的日本商人[7]所讲，该商如果从天津等地购买货物把资金汇入钱庄的话，就这样存入：随时发行凭条，即使是支付给顾客的钱，在很多情况下也只是在口头上命令支付，没有使用任何文件，而且也没有什么不方便的事情。让人感觉到比其他地方更重视信用。

注：

[1] 参照了前书《中国国内汇兑》第 43 页、《中国的货币和度量衡》第 166 页。

[2] 张家口的汇兑交易方，前面的《中华币制史》第 80 页中有如下的记载："京津申库有直接行市，归化汇款不多，行市随时定。恰克图需听库伦行市转合。"

[3] 统计来自于张家口领事馆的报告。

[4] 来源于北平大仓组①的报告。

[5] 数字主要来自荣喜洋行藤井清氏的发言。

[6] 参照了《我之张家口商业观》《银行业者张家口运用资金之研究》。

[7] 指前面的藤井清氏。

第四章　石家庄的金融情况

第一节　市场概述

石家庄别名枕头②，位于直隶省获鹿县③以东 30 华里的乡下。在几年前，它只不过是一个只有区区三四十人的荒凉的小村庄。1905 年初京汉铁路开通，紧接着 1907 年连接正定府的正太铁路从这里通过后情况发生了巨变，石家庄成了通往山西、河南、平津的交通要塞。受惠于直隶大平原和山西的煤矿发掘，货物的集散年年增加，终于有了正定府④的繁荣和今天的兴盛。石家庄的户数约有 3000 户，人口据说有三万几千人。[1] 各种商

---

① 大仓组，日本财阀大仓喜八郎建立的公司，全称合股公司大仓组。
② 1902 年，京汉铁路修到石家庄，因为石家庄太不知名，于是用附近有名的振头大集的名字命名为"振头站"，也写作"枕头站"，直到 1918 年才改为石家庄车站。
③ 即今鹿泉市。
④ 清代正定府下辖区域跟今石家庄市差不多，包括正定、获鹿、井陉、阜平、栾城、行唐、灵寿、平山、元氏、赞皇、无极、藁城、新乐、晋州等地。

贾也不少，特别是批发商运输业者较多，听说其数量达 50 多家。[2]

随着商业的繁荣，石家庄的金融业也慢慢地活跃起来。由于当地是一个新兴的都邑，各金融相关的事项不相同的地方还不少。以下我们分成几节来简单地叙述一下。

注：

［1］石家庄的人口有三万几千人，这是从当地代理公安局长李宗懿那里听来的。前面大仓组的报告中说其户数有三千，人口有四万。

［2］根据大仓组的报告。

第二节　金融机构

如果把当地金融机构分类的话，有银行、银号、当铺和换钱铺子。银行属于所谓的新式金融机构，而其余三者都属于旧式金融机构。

一　新式金融机构

当地有中国银行、交通银行和山西省银行的分行。

1. 中国银行石家庄分行

直到民国 4 年，在货币兑换所的名目下，专门做银元票的兑换业务，这对纸币的流通也起到了一定的推动作用。同年改名为中国银行石家庄分行，除了国库金库事务以外，主要经营汇兑业务。

2. 交通银行石家庄分行

为了经营铁道往来账目而设立的，不以其他一般银行的业务为主，主要从事货运运费收纳。

3. 山西省银行石家庄分行

主要经营山西省各地间的汇兑。且我们在当地看到了山西省银行发行的纸币很多①，很受欢迎。

二　旧式金融机构

在当地有银号、当铺和换钱铺子。

---

① 说明石家庄的发展与山西煤炭和其他物产的外运息息相关。

1. 银号

通常把当地的钱庄叫作银号，但并不是严格意义上的银号。从当地商会接受的报告显示，有以下 32 家。

（1）石家庄的银号：

新懋隆	永增裕
宏馨源	全记号
德丰隆	聚义银号
亨丰号	阜元银号
永和谦	益泰银号
豫丰号	义记钱庄
亿中银号	和记钱庄
元盛德	德亨号
宏馨银号	裕生号
裕庆彰	协成玉

（2）在石家庄有分店的银号：

锦元懋	本立源
晋泉源	复升泰①
华蚨昌	义昌银号
义成信	积庆恒
义成永	豫慎茂
大德通	晋丰吉

在《支那省别全志》中记载的德祥号、德长永、五善长、义昌号、清和源这些银号中，除了义昌号以外其他四家现在都不在了。

2. 换钱铺子

换钱铺子作为消费经济上的一个重要机构，这一点即使在当地也没有发

---

① 在本文太原钱庄部分，有复盛泰，疑为同一家。

生变化。而且在当地，跟上述的一样，几乎看不见开设店铺的换钱铺子。都是在路上，那些卖香烟的把铜元摆成一排来换钱。只是在有没有用铁丝网笼这一点上有点不同，数量上依然很多。询问了当地的商人后得知日常小额的兑换在那里进行。

3. 当铺

当铺当然还是有的，但是没有弄清楚它的字号，所以只有等以后的调查了。

三 金融机构综合观察

如前所述，由于当地是新兴的都邑，所以在旧式的金融机构面前，银行给人以很发达的感觉。根据大正5年的报告，跟银行中的中国银行和交通银行两家分行相比，银号只有小规模的五家。而且在营业方面，汇兑业被前者所独占，后者据说以从事银的买卖为主。然而，10余年过去了，银行的数量只增加了山西省银行分行一家，与此相对，银号已经有32家，旧式金融机构的进入速度惊人。

关于以上两种金融机构的营业范围，各银行在最初仅从事汇兑业务。这样很明显，在大体上可以这样区分，即大宗的汇兑由银行办理，信用贷款由银号办理。之后，由于石家庄成了货物的集散地，银行和银号营业范围的区分也就不那么明显了。以上的区分也只不过是表示一般性的趋势。不管怎么说，银号的势力比从前大大增强了，这是不言而喻的。

第三节 通货

当地的通货可以分成以下四种：一，银两；二，银元；三，铜元；四，纸币。

1. 银两

当地没有固有的银两，从前使用的是获鹿平的山西元宝，据说，同平的一千两与天津行平相比多29两①。在银元流通以后，过了一段时间，就看不到银两的收受了。据说，银两的流通额也很小了。[1]

---

① 简单讲，大同平的1000两相当于天津行平的1029两。

2. 银元

当地流通的银元有袁世凯银元、北洋银元和"站人"银元等，其中袁世凯银元最多，孙中山银元还不是很多。总的来说，这个地方与南方各地相比，现银的流通很少，这大概是由于前述的原因造成的吧！

在当地也没有看到银角的流通，这点跟前述的各地没有什么不一样。根据大正5年的报告，12角等于1元，现在小洋结算几乎没有。

3. 铜元

铜元20文币和铜元10文币两者在流通，但后者很少。关于铜元的行情，根据大正5年的报告，大正15年出版的《中国的货币和度量衡》中记载，一百三十六七个铜元等于1元。现在平均142个铜元换一个1元。

制钱：以前在当地流行的制钱是九六钱，现在不流行了。只在小额买卖中表示价格的时候才使用，这一点在任何地方都一样。

4. 纸币

流行的有银元纸币和小额辅助纸币两种。

（1）银元纸币

当地的纸币有中国银行和交通银行两家银行发行的纸币，还有山西省银行太原、榆次分行发行的，共三种纸币。前两种是以前就流行的，后者是最近才出现的（出现在北平的时间是民国17年山西军入京以后①）。然而，现在市面上流通的纸币大部分是山西省银行的省银行券。据说中国银行券仅有3万元。由于省银行券通常都是以平价来流通的，所以，驱除了从前的良币。在正太线石家庄车站，这三种纸币等价收用。实际上，即使在山西省内的大同，也被赋予差额，因此不难想象在当地多少也有点差额。详细情况不得而知。

上面的各银行券使用的主要有1元、5元、10元三种。

（2）小额辅助纸币

上面各银行的小额纸币有1角、2角、5角兑换券在流通，其中以山西省银行的最多。

---

① 1928年，国民革命军打败张作霖，取得了二次北伐的重要胜利，阎锡山率军进入北京，担任京津卫戍司令，这就是民国17年山西军人入北京的事情。

注：

[1] 参照了前引书《中国的货币和度量衡》第171页。另外，前引书《中华币制史》第38页有如下的记载："石家庄：山西宝——此地通行山西运来之大宝。"

第四节　汇兑以及金融概况

石家庄位于广大的直隶大平原上，且处于平汉、正太两条铁路的交叉处，附近的农产品和山西省的煤炭集中在此，商业繁盛。特别是前面也已经叙述了，即运输业者兼批发商很多。当地的特产以铁、棉花、煤炭和落花生等为主。铁主要销往山东省、东北三省等地，一年的交易额有百余万元。棉花以前就以山西棉最多，加上从附近运来的，棉花一年的交易额也有百余万元。最近在榆次、新绛等地，纺织工厂已经建成。主要把当地以东的晋县、藁城县的产出物运往天津、上海等地。煤炭虽然以正太沿线各地的为主，但据说此地运往天津、北平、汉口、上海等地的煤炭交易额一年约为80余万元。[1]

仅仅是上面这三者加起来就有约300余万元的特产商品上市，由于主要是运往天津方向，所以本地跟天津在汇兑上的关系也最为紧密。具体来说，到了秋冬棉花的上市期，从天津来到此地收购棉花的外地商人很多，在筹措资金方面，有使用一种汇票的习惯。这个汇票在石家庄收到现银，在天津验过以后5日、6日或者10日再支付。委托给批发商和钱铺，代替他们卖给银行，或者说委托代理收受的情况也是有的。这些商人都是天津的出口商人，出差到石家庄来，采购土货。如果是买办的话，把货物送到天津，在天津再卖给外国商人。因此，其实质不过是买办个人的事。这种汇票的缺点是到了承兑或者付款日的时候，往往出现被拒绝或拒付的情况，这种情况在中国人之间存在。而且，在汇票上盖上购买货物的批发商的印章的这种情况，被区别开来，称为"借书"。[2]

然而，由于我们在石家庄停留的时间只有一天，再加上这个地方不是我们预定要经过的地方，所以说调查的准备也不是很充分。因此，我们深感遗憾没有把这些事情弄清楚，只有等待新的调查。但是，不难想象这个地方的汇兑最终主要依靠银行，尤其是在天津、汉口、上海方向之间的汇兑。因此，钱庄的主要业务就是资金的融通，这个地方的利息，根据商会的说法，各钱庄的短期贷款为 1 分乃至 1 分 2 厘，存款利息短期为 3 厘 5 毛到 5 厘，定期利息为 9 厘乃至 1 分。而且，在上述的特产上市期的 10 月、11 月、12 月各月，金融市场很繁忙，利率也难免会上涨。

注：

［1］石家庄特产物上市金额来源于《中国的货币和度量衡》（大正 15 年）。

［2］参照了前引书《中国的汇兑和通货》。

胶济、津浦北段金融调查[*]

第 26 期生

松井幸人

目 录

绪 论

第一章 青岛的金融

  第一节 金融机构

  第二节 通货

  第三节 金融时事问题

第二章 周村的金融

  第一节 金融机构

  第二节 通货

第三章 济南的金融

  第一节 金融机构

  第二节 通货

  第三节 金融时事问题

第四章 德州的金融

第五章 天津的金融

  第一节 金融机构

  第二节 通货

  第三节 金融时事问题

---

[*] 该文系东亚同文书院第 26 期学生松井幸人和调查组成员于 1929 年进行的调查，原文见国家图书馆编《东亚同文书院中国调查手稿丛刊》第 122 册，国家图书馆出版社，2016。

第六章　北京的金融
　　第一节　金融机构
　　第二节　通货
　　第三节　金融时事问题

绪　论

现在，说到金融的话，其范围非常广，可以从很多方面来对其进行观察。对于我们这些年轻人来说，对金融做一个全面的调查是遥不可期的事情。而且，金融界又有短期的季节性变动的特征。因此，我试图从金融机构和流通货币这两方面来对金融做一个观察，最后，把从各地金融业者那里听到的金融时事问题列举出来，以此来结束我的调查报告。

另外，有关京奉沿线到满洲方向的金融情况，满铁已经做了详细的调查。所以，我决定主要针对胶济线以及津浦北段沿线各地的金融情况做一个调查。

第一章　青岛的金融

第一节　金融机构

现在，青岛的银行，包括国内外的合计有13家。其中，日本人经营的有4家，其他外国人经营的有3家，中国人经营的有6家。此外，如果把和银行业一样从事地方金融的十多家钱庄业也算在内的话，实际上从事金融业的主要机构达二十几家。现在，如果我们把新式银行的名称列举一下的话，如下表（见表1）。

表1

名称	所在地	国籍	设立年月	代表者	名义资本	备注
横滨正金银行支店	堂邑路	日本	大正2年（1913）11月	武内和吉	1亿元	发行银票
朝鲜银行支店	堂邑路	日本	大正6年（1917）11月	平尾信通	4000万元	

续表

名称	所在地	国籍	设立年月	代表者	名义资本	备注
正隆银行[①]支店	堂邑路	日本	大正9年（1920）9月	国分壮介	1200万元	
济南银行[②]支店	堂邑路	日本	大正12年（1923）4月	塚田王世	50万元	
中国银行支店	山东路	中国	大正2年3月	邬志和	20万元	发行银票
交通银行支店	山东路	中国	大正12年7月	丁乐年	2000万元	
东莱银行[③]	天津路	中国	大正7年（1918）3月	吕月塘	300万元	
山左银行[④]	胶州路	中国	大正11年（1922）9月	刘鸣卿	100万元	
大陆银行支店	天津路	中国	大正12年9月	刘润诚	200万元	
明华银行支店[⑤]	河南路	中国	大正11年10月	张绸柏	150万元	
汇丰银行支店	馆陶路	英国	大正4年（1915）3月	ミーアール・ライス[⑥]	5000美元	
麦加利银行[⑦]支店	馆陶路	英国	—	エム・ヂー・ホウイマー[⑧]	300万英镑	
德华银行[⑨]支店	山东路	德国	—	ヴオスカンプ[⑩]	—	

① 英文名字为 The Seiru Bank，1906 年创办于辽宁营口，初期为日资银行，1908 年改为中日合资。1910 年进行改组，总部迁至大连。除经办一般银行业务外，兼办关东都督府国库业务，实力仅次于横滨正金银行和朝鲜银行。1936 年与东北地区的朝鲜银行（大连除外）、满洲银行合并为满洲兴业银行。
② 1920 年由山东的日侨设立，总行设在济南，1945 年被中国银行接收。
③ 东莱银行 1918 年成立于青岛，由掖县绅商刘子山、成兰圃集资成立，是青岛著名的民族资本银行，1952 年底加入公私合营银行。
④ 山左银行 1922 年成立于青岛，由黄县绅商傅炳昭等发起成立，是青岛著名的民族资本银行，1950 年停业。
⑤ 全称"明华商业银行"，开办于 1920 年。1935 年停业。
⑥ 音译 C. R. Rice，米阿鲁·赖斯。
⑦ 又称"渣打银行"，成立于 1858 年，总行在伦敦，是英国皇家特许银行。1858 年在上海设分行，因第一任总经理叫麦加利，于是又被称为麦加利银行。
⑧ 音译 W. G. Hollyer，W. G. 霍利尔。
⑨ 德资银行，1889 年成立于上海，主要服务于德国与亚洲地区的贸易。
⑩ 音译 J. H. Voskamp，J. H. 沃斯坎布。

但是，关于上表（表1）中的这些银行在从事对内对外汇兑中到底占了多大的比例的问题，由于这些银行严守信息，所以，要从源头上知晓这方面的信息很困难。但是，在青岛的汇兑交易额中，银行汇兑为21900万日元，钱庄汇票为3600万日元，一年的总额约达25500万日元。现在综合考虑贸易额和其他的事情，对各国的份额做一个推算的话，大约如下：

日本　130000000元
外国　73000000元
中国　52000000元
合计　255000000元

第二节　流通货币

在世界上还没有见过哪一个国家像中国这样，有这么多种类的流通货币。这导致各种商业交易非常的繁杂，这种情况远远不是在文章中就可以写完的。青岛是中国的一个地区，所以这种事情也难免发生。现在，我们看一下当地流通的纸币。除了日本的金纸币外，还有正金、中国、交通三家银行发行的银纸币。另外，再看一下硬币，有胶州两和袁世凯银元（也就是大头银元）和铜元三种。其中，大头银元就是大洋，币值就是一元。银币小洋有50分、20分以及10分的区别。此外，海关使用的是海关两。在当地流通的货币的种类可达十几种。现在我们来看一下这些货币的流通状态。

（一）银元

在当地流通的银元只有上述的大头银元[①]。其中，作为大洋的一元银币以普通面额来流通，作为小洋的50分、20分、10分的各小银币不以其面额价格流通。一般，10分面额大约以一分半的折扣来流通，即10分面额以8.5分的价值流通。大头银元对胶州两的比率是100银元兑换67.85

---

① 即袁世凯银元。

两左右，而且，其成色约为 373.13 格令①。

（二）胶州两

在青岛使用的标准银是胶州平，在成色方面，使用的是二八宝，因此，以它为标准的青岛两比起以上海漕平作为标准的上海两（二七宝）要稍微高一些。

上海两 1000 两 = 942 胶州两

这是它们之间的比率。中国各地汇兑的裁决都是在上海进行的。也就是说，上海对外国汇兑的最后的裁决变成了现银的授受。因此，在青岛建立的对外汇兑行情又以上海的外汇行情为基础而建立。这使得在中国各地的汇兑行情差异很大，我们下面来看一下。上海的外汇市场又是以上海对伦敦的外汇的对价，即交换价格为基础的。现在我们来看一下其对价的计算方法。

X = 1 上海两
上海两 111.20 = 100 广东两
广东两 82.7814 = 100 特洛伊盎司②
特洛伊盎司 100 = 100.90 加上上海汇向伦敦的费用
上海进口银特洛伊盎司 100 = 107.8829 特洛伊盎司伦敦本位银
伦敦本位银 1 = 1 伦敦银块行情

$$\therefore \frac{1\times100\times100.9\times107.8829}{111.20\times82.7814\times100\times1} = 11.182③$$

根据上面的计算，我们可以知道，一两上海银的实价相当于 1.182 盎司的伦敦本位银。因此，假设现在伦敦银块行情是 31 便士，上海的 T./T.④ 行情是：

---

① 英国旧时重量单位，1 格令 = 0.0648 克。
② "特洛伊盎司"亦称金衡盎司，是国际上计算黄金、白银等贵金属重量的基本单位。1 金衡盎司 = 1.0971428 倍常衡盎司（欧美国家日常使用的度量衡单位）= 31.1034768 克。亦即，1 金衡盎司相当于中国过去 16 两制的 1 两。
③ 原文有误，数据应为 1.182。
④ 近代汇款有三种技术方式：电汇、信汇和票汇。这里的 T./T. 是电汇的意思，即 Telegraphic Transfer 的简写。

$$1\text{ 上海两} = 31 \times 1.182 = 将近 37 \text{ 便士} = 3/1①$$

所以，青岛以这个37便士为基础作为汇率。当然了，上海两跟青岛胶州两之间的比率1000＝942，如果用上述的公式计算的话，也能够计算出来。但是，这还不是一个从外国直接进口白银的大市场，对于当地来说是没有用处的，而且实际上也没有进行。实际上，青岛元（100）兑上海两为七十二两二分之一的时候：

上海对英为3/1的时候——青岛对英　$3/1 \times 72\frac{1}{2}/100 = 2/2$ 又八二五②

上海对日为70的时候——青岛对日 $72\frac{1}{2}/100 \times 70 = 50.75$③

上海对美为60的时候——青岛对美为 $60 \times 72\frac{1}{2}/100 = 43.5$④

是按以上这样计算出来的⑤。

另外，袁世凯银元与胶州两和海关两之间的比率为：

银元 $ 1000＝678.509 胶州两

胶州两 100＝105 海关两

海关两 100＝154.60 袁世凯银元

也就是说，在青岛进行的各种交易中，由于知道胶州两和上海两以及海关两，胶州两和首银⑥之间的比例，所以才能使这种复杂的换算变得容易。

（一）日本货币（硬币）

青岛在日德战争中被日本占领以后，日本的势力得到了很大的扩展。

---

① 指1上海两兑换3先令1便士。1先令等于12便士。
② 1青岛元合2先令2便士又八二五，即26.825便士。
③ 100青岛元合日元50.75。
④ 100青岛元合美元43.5。
⑤ 关于上述的推算逻辑：当1上海两兑换英镑3先令1便士，即37便士时，100青岛元可兑换上海两 $72\frac{1}{2}$，即1青岛元可兑换上海两 $72\frac{1}{2} \div 100 = 0.725$，如此1青岛元可兑换英镑 37×0.725 等于26.825便士，亦即2先令2便士又八二五。以下道理皆同。当100上海两兑换70日元时，100青岛元可兑换日元 $70 \times 0.725 = 50.75$，当100上海两兑换60美元时，100青岛元可兑换美元 $60 \times 0.725 = 43.5$。
⑥ 原文有误。考察上下文，这里指的是袁世凯银元。

在货币方面，日本货币也成了地方经济的中心单位。现在，其势力已经不可轻视。并且，金和银的比率不是固定的。其行情如前所述，基于上海对日元的行情以及按照当地齐燕公所的行情。

（二）纸币

当地流通的纸币如前所述，其中，按照面额价值流通的有正金银行的银票以及带有青岛印章的中国银行、交通银行两家银行发行的银票，山东省银行①发行的银票等。没有青岛印章的每一百元有一元的折扣。

（三）铜元

除以上列举的这些货币外，青岛在跟内地商人交易的时候，使用铜元来交易的情况非常多。而且，青岛铜元和袁世凯银元之间不存在固定比率，根据每日的行情而变化。

（四）铜子儿

在当地，作为小买卖中使用的辅助货币铜子儿，质地粗糙，目前的比率是十枚也就是10分。作为货币按照其面额的二分之一价值流通着。

第三节　金融时事问题

根据我从三菱商事会社村上先生那里听到的，关于低利资金的问题，虽然被有效地使用，但也存在着不良使用的情况，从而慢慢地出现了弊端。接下来是纸币，本地正金银行发行100元、10元以及1元的纸币，其发行额现在可达200万元左右。但是，值得注意的是，中国银行的20分纸币和有上海印章的纸币在青岛是等价流通的，而且，青岛的钱庄不发行庄票这种东西。

与钱庄相关的，在青岛有一个叫齐燕公馆②的地方。山东以及直隶的主要钱庄汇集在那里，每天决定和公布胶州两对一百大洋，一块大洋

---

① 山东省银行成立于1925年，1928年停止。1924年直奉战争奉系军阀大胜后，张宗昌主政山东。为筹措军饷，他以山东向无官办银行，以致金融停滞，百业遂无进步为由，于1925年成立山东省银行，在青岛、烟台、济南、北京、上海、天津等地设分行。该行成立后大量发行钞票，信用一再贬值。1928年4月，张宗昌败退，山东省银行遂告终止，各地分行也逐渐停业。
② 也称齐燕公所。由山左银行的发起人、出身黄县的傅炳昭联合直隶商人朱子兴于1902年所建，青岛最大的银钱交易市场就设于此。

对铜钱以及胶州两对上海两的行情。正金银行和汇丰银行也发布对外国货币的行情。两三个月以前，大洋出现了异常增加的情况，一时间也出现了银行拒绝接受大洋的奇特现象。正金银行在接受存款的时候，暂时以保管的形式接收，在经过两三天精密的检查以后才正式转入存款。现在很多的现洋被运往上海。

第二章　周村的金融

第一节　金融机构

周村作为一个纯粹的商业城市，从明朝末年到清朝初期开始出了很多的官吏，后来一个大官把这三十几个村子进行统一和合并，开始称之为周村镇。在周村镇主要交易的货物如下：

1. 茧：一年约有100万斤左右。
2. 羊毛：在50万斤~70万斤之间上下浮动。
3. 棉纱棉布
4. 杂粮类

接下来，我们看一下周村的人口。

中国人	10200 户	45000 人
日本人		83 人
英国人	5 户	13 人
美国人	1 户	1 人

日本人主要从事蚕茧的收购以及药品贸易等，英国人主要是传教士，而美国人则是英美烟草公司的出张员，即外派员工。

以上我们大概对周村的情况有了一个了解，接下来我们来看一下该地的金融机构。

银行

山东省银行　　　发行纸币

豫丰银行①　　　发行纸币

周村商业银行②　 从事汇兑业务

钱庄

恒昌福	推断的投资额	16 万元
德源永	推断的投资额	3 万元
义泰瑞	推断的投资额	3 万元
福泰瑞	推断的投资额	3 万元
长聚泰	推断的投资额	2 万元
存厚堂	推断的投资额	2 万元
协昌恒	推断的投资额	2 万元
庆来东	推断的投资额	2 万元
德聚东	推断的投资额	2 万元
庆元正	推断的投资额	2 万元
滋厚福	推断的投资额	3 万元
惠元昌	推断的投资额	3 万元
三合泰	推断的投资额	3 万元
三义泰	推断的投资额	3 万元
德兴源	推断的投资额	3 万元
德成	推断的投资额	3 万元
德庆	推断的投资额	3 万元
庆利成	推断的投资额	3 万元
庆成	推断的投资额	2 万元
庆泰永	推断的投资额	2 万元
义聚	推断的投资额	5 万元

---

① 民国时的一家小银行，成立时间不详，1924 年倒闭。
② 1913 年成立于周村，1916 年因避战乱迁至济南，1920 年停业。

会祥	推断的投资额	不明
祥盛	推断的投资额	不明
天锡瑞	推断的投资额	不明
德兴楼	推断的投资额	不明

当铺

阜祥当	推断的资本	12万元
永余当	推断的资本	10万元

（注：周村当铺的利息为每月2分3厘，10个月为满期）

第二节　通货

一　银两

在周村，元宝银有50两和10两两种，市场中银的存量约为6万两左右。现在，如果把一个银元换算成周村两的话，如下。

钱平	主要是洋布店在使用	0.6630（两）
库平	主要是银行在使用	0.6645（两）
市平	主要在普通商店使用	0.6745（两）
花店	主要在棉花店使用	0.6740（两）

二　银元

银元主要有袁世凯银元、香港银元，最近主要使用的是孙中山银元等。

三　铜元

所有的物价都是以铜元作为单位来决定行情的，我去的时候行情如下：

49枚铜元——京钱一吊文

5枚铜元——100文

四　纸币

流通的纸币主要以中国银行和交通银行两家发行的为主，正金银行的纸币虽然也在流通，但是每一元都被扣除5枚铜元。

兑换券根据发行者信用程度多少有些变动。每天早上六点或者七点的时候，大家都集中到城内万须街①的钱业公所，决定当日的换算标准。现在如果要把其行情列举一下的话，如下所示：

元宝银一两	3吊950文
站人银元一元	2吊620文
杂牌（各种银元）一元	2吊500文
中国银行纸币一元	2吊620文
正金银行纸币一元	2吊560文

但是，以上的行情是我们在三年前调查时的行情，现在大约上涨了一倍。

注：周村的调查全部是我们根据对周村的日本人会长下田的调查和谈话记录整理而来的。

第三章　济南的金融

第一节　金融机构

关于济南现在的金融机构，银行有7家，钱庄有11家。特别是由于济南处于内地市场的原因，钱庄作为一种旧式金融机构，在金融上有着相当的势力。而且，现在根据我所看到的，长期在济南生活的日本商人比起使用新式银行，反而使用旧式钱庄的人更多。根据这些人所言，如果你有了信用的话，这些钱庄比日本的银行还能给你更多的融资，因此很方便。

现在如果我们把济南的新式银行名称列举一下的话，如下：

---

① 原文写作万须街，这可能与当地人的发言有关，书院学生听得不清，有误，应为万顺街。

银行名	国籍
横滨正金银行	日本
济南银行	日本
交通银行	中国
中国银行	中国
中国实业银行①	中国
大陆银行	中国
中华懋业银行（停业中）②	美中合办

以上各银行中，横滨正金银行是中外各国人所熟悉的银行，对于外国人或者中国人来说，使用横滨正金银行的也不少。

接下来，我们来列举一下钱庄的名字（我们从使用正金银行的中国人那里听来的）。③

锦丰庆	德盛昶
义聚隆	庆聚昌
元丰成	晋丰祥
德聚号	义聚盛
津济银号	鸿记号
惠昌号	

钱庄就是以上这些，其资本金非常少，最多的也就是5万元到10万元左右。钱庄的业务是针对济南的商人在向青岛运输棉花和落花生等时需要的汇兑业务。而且，由于事变④，钱庄几乎都倒闭了，现在存留下来的都是一些顽强的钱庄。其次，济南的汇兑交易额中，银行汇兑为4500万元，

---

① 1919年成立于天津，发起者为周学熙、熊希龄、钱能训等北洋政府官员和国内知名实业家，1932年总部迁至上海。
② 1919年成立于北京，中美合办银行，1923年总行迁至上海，1929年停业。
③ 参考《济南金融志1840—1985》和《中国实业志之三：山东省》等，对下述钱庄一一核对，错误处加以修正。
④ 1928年济南惨案。

钱庄汇票为 2000 万元，达到了约 6500 万元，现在我们看一下按国别来划分的交易额情况。

    日本人   30000000 元
    外国人   5000000 元
    中国人   30000000 元
    合　计   65000000 元

除了以上这些，还有一个钱业公会，每天早上决定铜钱的行情。

第二节　通货

一　银两

济南两从七八年前开始，就被确定为每百元银币兑 70 两，成为一种固定不变的兑换比例。

二　银币

在济南，流通的银币如下：

    袁世凯银元
    龙洋①
    香港银元
    孙中山银元

但是，孙中山银元是在南军②入城以后才开始流通的。

三　铜钱

有一文和二文。

四　纸币

在济南各发行银行以及发行额大体如下：

---

① 指清朝末年铸造的机制银币，因银元上采用龙纹图案而得名。
② 指北伐军。

中国银行　　　　　　100 万元

交通银行　　　　　　100 万元

中华懋业银行　　　　5 万元

但是，中华懋业银行自昭和 4 年 3 月以来就一直处于停业状态，而且中国银行和交通银行两家银行也都是每年在不停地回收纸币。

以上都是一些大额的纸币，此外 10 分、20 分的小额纸币实际上是多种多样的，现在流通的纸币种类可多达 23 种。在这个地方特别值得注意的是，非金融机构的电气公司也在发行小额纸币。而且，由于其很有信用，所以市民都很乐意使用它。

第三节　金融时事问题

根据正金银行分店的岛田所言，自去年济南事件以来，济南市场受到了非常大的打击。就像纯粹的日本金融机构——济南银行那样，自去年以来就处于没有交易、无利润的状态。而且在济南的夏季，一般 6 月、7 月、8 月处于淡季时节，几乎没有交易，只有从秋收后到春天的这段时间才有交易。

去年有一个时期，济南市场变得只有银元和银钱，让人感觉到非常不方便。这个时候，由中国人经营的电气公司开始发行纸币，作为补充。虽然在以前也有过中国银行从天津带来辅助货币的情况，但是一般的中国人并不接受它，所以最后不得已又退出市场。

关于最新出来的孙中山银元，最初中国人是不接受的。但是，随着国民革命军占领了济南以后强制推行使用，中国人也慢慢地接受了。

现在，最大的问题是，济南从以前开始就有把制钱进行回炉制作成铜块然后运到日本去的现象。现在变成了购买铜钱①进行回炉然后制成铜块出口到日本。在出兵山东时，这种情况尤为显著。这种被出口到日本的铜块的金额非常大，主要的目的地有神户和大阪。

---

①　铜钱，古代铜制辅币，指秦汉以后的各类方孔圆钱，一直到清末民初才逐步被机制铜元取代。

从事铜钱回炉工作的主要是日本人，他们花费几千日元购买回炉用的炉子，阵势很大。我直接从从事铜钱回炉的人那里打听到，获利最高的时候可达三成。据说如果从青岛送走一车的话，就或能得近一千日元的利润。

最盛行的时间是去年的 11 月、12 月到今年 1 月这段时间。据说在撤兵以后，青岛的海关变得非常严格。而且，在我去济南的时候也亲眼见到过不完整的用于铜钱回炉的炉子的原形。据说也发生了被海关发现变成非常严重的问题的事件。回炉货币这种事情，不仅在日本，在中国也是触犯国法的。然而，日本人却公然在做这样的事情，这对于我们来说是一件不得不考虑的事情。如果这一点被中国人指出来的话，那么我们作为日本人将无法辩解。

第四章　德州的金融

德州曾经有中国银行和交通银行两家银行，但在民国 4 年撤销了。钱铺虽然在以前有十五六家，但是，随着商业的衰退每年关门的都很多，特别是在安直两派①政治斗争的时候，德州成了一个交战地，所以金融业受到了明显的打击，现在只有德祥、钱行②、泰和、福昌四家。它们都位于城内的南北大街。前面所提到的几个钱铺都发行一、二、三、五吊文的钱。当铺仅德恒当一家，但由于受到兵乱的影响而倒闭了。通货的情况如下所示。

一　银元票

中央银行　一块　五块　十块

中国银行　一块　五块　十块

中南银行　一块　五块　十块③

二　洋元

袁世凯银元、孙中山银元

三　铜元

如果把一铜元换算成元的话，如下：

---

① 指安福系的皖系军阀与直系军阀之间的战争，即 1920 年的直皖战争。
② 这不像一个钱庄的名字，似有误，待考。
③ 地方土话，就是一元、五元、十元的意思。

一元——12 毛（中央银行小洋票）

一毛——35 个铜板

另外，市场上的大额交易都以大洋来结算，小额交易以铜元来结算。

第五章　天津的金融

第一节　金融机构

第一款　旧式银行

天津作为华北地区的金融中心，旧式银行的种类非常多，有：

1. 炉房
2. 票庄
3. 银号或者钱铺
4. 当铺

此外，还有被称为烟钱铺，从事烟草买卖、铜子儿和小洋兑换的机构，它们的数量也很多。以上这些旧式银行作为在中国独立发展起来的机构，可以说是中国金融界的一大特色。以前，它们在天津金融界的势力非常大。作为中国传统的金融机构，炉房①和票庄独占着这个舞台。北清事变②以后，炉房的势力逐渐衰退，紧接着，票庄在辛亥革命的时候遭遇了掠夺，倒闭和停业接连不断。其结果是，新式的银行在近期不断成立，其数量在增加，旧式银行最终失去了往日的势力。

第一项　炉房

以前在天津市场上通用的白银的成色为 992，作为化宝银，从其他省

---

① 以铸造元宝银为主的坊铺，又称银炉，在北方也称炉房。业务以受当地银钱业委托代铸宝银为主，亦间有兼营银钱业务者，甚至发行流通票据。

② 1900 年义和团运动及八国联军侵华战争。

份进口的银两全部让炉房改铸成化宝银，法律上对炉房没有任何的规定，银两的铸造完全是自由的。

在以前还没有把银元、银两作为市面主要流通货币的时候，炉房的势力非常大。天津的炉房由于受到民间的依赖，除铸造化宝银或者改铸化宝银以外，或者根据自己的计算，把其他省份的银两改铸成化宝银，或者收纳从民间来的其他省份的银两。银炉则对其发行一种见票即付的支票（即具有一种发行纸币的权限）。炉房作为民间盈利事业，在法律上没有任何的规定，在很长时间里，自然而然地陷入了一种不正当的、滥铸的境地。炉房铸造成色为992的化宝银的商业规定也逐渐遭到破坏，这种趋势在北清事变的时候尤为明显。炉房的流通票全部遭遇了挤兑，破产者源源不断。从那以后，其数量有所减少，生意也不如以前那么兴盛了。而且，自从以银元为本位的命令发布以后，委托炉房从事银两改铸，其必要性也没有了。到了现在，完全成为钱铺的一个副业，比如买入银块改铸成化宝银，经过钱铺鉴定以后进入市场流通。

明治42年（1909），虽然本市的海关发布命令将炉房的数量限定在19家，但是，随着辛亥革命的爆发，炉房受到了致命的伤害，最终从根基上被颠覆了。这两起事件使得炉房沦落到了一个悲惨的境地。因此，被限定为19家的炉房，到现在，从事铸造的只有3家。

第二项　票庄

票庄以汇兑为主营业务，同时还经营贷款存款。作为旧式银行的票庄在以前的天津势力很大，但是，由于天津占据着陕西、河南等华北各省商业中心的地位，开放市场后①，也有外国银行在这里开设，这个地方的票庄不像内地那样受到丝毫影响，依然保持着执金融界牛耳的地位。但是，自从受到第一次革命②战乱的影响，票庄逐渐变得凋落，失去了往日的繁荣。

以前，都说票庄资本富裕、基础牢固，但是，实际上其基础非常薄弱，它只是利用信用从事着危险的业务。革命以来，金融界变得一片恐慌，票庄的缺点也暴露了出来，一夜间失去了信用，以前的汇兑业务也一

---

① 指1860年英法俄强迫清政府签订了《北京条约》，天津为通商口岸。
② 指1911年爆发的辛亥革命。

下子跑到新式银行和外国银行那里去了，不再有往日的繁荣。

票庄在全盛时期有二十七八家，现在已经完全看不见其踪影。原来的票庄全部都改成了银号这种组织。

第三项　银号

银号在天津金融界占有非常重要的地位。随着最近中国经济的发展，很多银号改组为新式银行①，比如裕津②、华比③两家银行。

由于天津钱庄都集中在东街或者西街，被划分在城市的东西两面。所以，在旧城东面的被称为东街钱庄，在西面的被称为西街钱庄。由于传统的关系，这两条大街钱庄业务具有截然相反的性质。东街钱庄的经营项目以生金银的买卖以及外国货币、国内公债的买卖为主。在外国货币中，按日计息的贷款以及卢布的买卖占了大部分，公债的买卖几乎都仅限于九六公债④，其经营全部是投机性的业务。

与此相反，西街钱庄的营业项目主要以存款以及贷款或者汇兑等实质性的业务为主，绝对不沾染投机性质的买卖。虽然偶尔也会有一些公债的买卖，但都是受到顾客的委托，绝不是自己的意愿。而且，东街钱庄和本地商家之间的关系非常浅，西街钱庄和本地商人之间的关系却非常密切。从经营业绩来看，东街钱庄的损益变动非常激烈，而西街钱庄的业绩虽然每年都不是很多，但是也没有特别的减少，处于一个平稳的状态。

近年来，东街钱庄也逐渐意识到了不能仅仅埋头于投机，很多钱庄都开始把营业模式改成像西街那样。受时局的影响，东、西两街的钱庄都出现了往法、日租借地转移的现象。传统的天津金融市场的中心正在

---

① 原文这样写的，但不恰当。应该说随着中国经济和新式银行业的发展，许多传统金融机构转向新式银行，或投入资金，或投入人力成为其雇员，为其跑业务。
② 裕津银行创建于1921年，总行在天津。文安县胜芳镇（今属霸州市）蔡家是该行大股东。蔡家在投资银行前，曾设立立昌永、立丰号银号。蔡家对银行的投资，反映了传统金融向现代金融的转变。
③ 华比银行属于比利时银行系统，于1902年在比利时布鲁塞尔设立。同年12月登陆中国，首先在上海设立分行，1906年在天津设立分行，除经营存款、贷款、汇兑等一般银行业务外，还发行钞票，并着重在中国投资铁路。
④ 九六公债是1922年北洋政府对盐余抵押借款的一次全面整理，其名称为"偿还内外短债八厘债券"。由于发行定额为9600万元，又称九六公债。

向外国租界内转移。

天津的银钱号有一个共同的组织叫钱业公会,它是一个处理银钱业者共同的问题、决定银钱行情的机构。

接下来我们来列举一下天津的钱庄。如下表（见表2）①。

表 2

商号	资本金	代表者	所在地	成立
益盛源	5 万元	卞荣清、杨玉文	针市街	民国元年
洽源银号	7 万元	合股，张云峰	竹竿巷	宣统四年②
宝隆合	1 万元	居雨清	针市街	民国 2 年
鸿记银号	10 万元	张凤慧、曹小原	北门内	民国 6 年
晋丰银号	7 万两	合股，朱余齐	竹竿巷	民国 2 年
盛德银号	8 万元	卞淑诚、陈毅然	针市街	民国 11 年
志成银号	7 万元	周宅、王慧泉	北马路	民国 11 年
永丰银号	7 万两	合股，刘泽泉	针市街	民国 9 年
泰昌银号	10 万元	合股，高俊明	针市街	民国 11 年
震华银号	1 万元	北京分号③ 李茂生	针市街	民国 9 年
聚盛源	5 万元	北京分号 崔鹤年	针市街	民国元年
聚义银号	5 万元	北京分号 高霞轩	针市街	民国 5 年
聚泰祥	5 万元	北京分号 刘盈芝	针市街	民国元年
利和银号	4 万元	彭砥安、李致堂	针市街	民国元年
全记银号	5 万元	北京分号 韩志齐	针市街	民国 5 年
永昌银号	5 万元	吉少奄、王小舟	北门外	民国元年
天兴恒	2 万元	沈致、王小舟	河北大街	光绪二十年
永增合	5 万元	合股、王甲山	针市街	民国 8 年
兴业钱局	5 万元	山西运城县 李子厚	针市街	民国 10 年
汇号④	2 万元	周竹清	河北大街	民国 6 年
余火昌	20 万元	王鸿丽、王筱岩	北门外	民国 8 年
瑞牲银号	2 万元	李宅、田子周	针市街	民国 8 年

---

① 此处根据《天津钱业之调查》（《工商半月刊》，1929年）和《天津之银号》（《银行周报》，1935年）加以核对，对失误处加以修正。
② 原文如此，指1912年。
③ 指北平银号的天津分号，后皆同。
④ 原文如此，似有误，待考。

续表

商号	资本金	代表者	所在地	成立
义昌银号	3万元	石鹤齐、杨静波	针市街	民国8年
义兴银号	5万元	李纯、郭志香	针市街	民国8年
义胜银号	3万元	阎锡立、王晋齐	估依街[①]	民国8年
森源益	2万元	左小泉	河北大街	民国8年
隆盛银号	8万两	杨小泉、张济生	针市街	民国8年
敦庆长	6万元	乔亦香、王子青	北门东	宣统元年
裕通银号	8万元	山西合股，卢建周	针市街	民国8年
敦昌银号	5万元	冯宅、卢子林	宫北[②]	民国8年
裕生银号	2万元	郭捷三	宫北	民国8年
益兴珍	1万元	王齐、徐升庵	东新街	民国8年
恒大银号	10万元	山东分号[③] 高绪齐	六合里	民国8年
宏源银号	5万元	陈秉章	信成里	民国8年
日成号	3万元	北京分号 头芹舫	信成里	民国8年
世和公	25万元	奉天分号[④] 胡少泉	六吉里	民国8年
世和银号	5万元	门杰臣、姚桐圃	宫北	民国8年
华盛昌银号	6万元	北京分号 郑鼎臣	信成里	民国8年
桐盛银号	4万元	李华亭、李墨林	宫北	民国8年
信富银号	10万元	刘冠雄、孙鹤臣	宫北	民国8年
永孚银号	10万元	阮寿岩、王华甫	宫北	民国8年
元利	4万元	邓震禹、李子华	宫北	民国8年
天昌银号	5000元	高鹤州	宫北	民国8年
久昌	5000元	张钱三、佐依街	宫北	民国8年
大通	10万元	北京分号 王心田	宫北	民国8年
庆隆号	2万元	胡树屏、龚幼亭	宫南[⑤]	民国8年
义成银号	5万元	陈子和、李云章	宫北	民国8年

① 原文有误，应为估衣街。
② 指天津天后宫北大街，后皆同。
③ 指山东银号的天津分号。
④ 指奉天银号的天津分号。
⑤ 指天津天后宫宫南大街，后皆同。

续表

商号	资本金	代表者	所在地	成立
义成裕	5000元	义成蔡厂　王子卿	乐壶洞	民国8年
义恒号	5万元	阮子楚、桑蔡卿	东新街	民国8年
义聚合	2万元	宁星圃、马子良		
义丰永	2万元	王仲贤、崔兰亭		民国6年
时利和	1万元	萧耀廷		民国3年
恩庆永	5000元	赵品臣	英租界	光绪三十二年
同丰号	2000元	李华廷	英租界	民国10年
中实银号	1.5万元	刘鼎卿、张锡九	日租界	民国10年
天源义	2万元	盛致齐、吴少圃	日租界	民国2年
大利银号	4万元	利中公司　宋云圃	日租界	民国10年
大康	2万元	郑志臣	日租界	民国6年
永信号	5000元	王小亭、安子修	法租界	光绪三十一年
吉通号	8万元	许国香、张家新	法租界	民国11年
振记	5000元	何振卿、刘文乡	英租界	宣统元年
福生厚	5000元	刘炳	英租界	宣统三年
德元厚	2000元	许土厚、刘文乡	英租界	光绪二十八年
恒兴茂	2000元	兰少廷	英租界	民国7年
恒义号	4万元	瑞焕章、李树屏	法租界	民国7年
蚨生祥	1万元	马国璋	法租界	民国10年
宏昌银号	3万元	方泽泉、郑小轩	日租界	民国11年
谦益	2万元	罗治庵、刘兰亭	日租界	民国9年

第四项　当铺

当铺实际上也可以称为中国老百姓的银行。它以金银衣物和其他的动产为担保进行贷款，相当于我国[①]的"质屋"。当铺在开业的时候需要官方的许可，没有得到官方许可的当铺只能面向穷人从事一些零碎的贷款业务。

在我国，质屋不是一个那么有价值的金融机构，但是在天津就不能这

---

① 此处指日本。

样说了。在中国各地，当铺对于一般的老百姓来说是一个重要的金融机构。在天津，当铺行业有一个同业组合，所有的当铺都加入了这个组合，共同结成了在营业上的一些规定，而且，当铺的贷款利息也是固定的。

- 对于金银工艺品和其他的装饰品，利息为每月3分。
- 对于衣服之类的，利息为每月2分。

另外，随着当铺贷款金额的增大，有时也会减少与当事者之间特别约定的利息。当铺有当、典、质、押四种，当是最多的，押是最少的，而且，其贷款的期限是：

- 当和典，3年
- 质和押，18个月

在支付了利息后，还可以续贷。现在一般当、典、质、押等全部都以18个月为期限。接下来，我们把主要的当铺列举如下：

店名	所在地
天顺当	日租界
天聚当	特别第二区
元顺当	日租界
元亨当	西开
同义当	英租界
桐昌当	日租界
裕丰当	日租界
聚顺当	日租界

第二款　新式银行

关于银行，我们把它分为中国的、外国的以及中外合办的银行来论述。

第一项　中国的银行

在天津的中国的银行，如果把其总店和分店加在一起的话，有 40 余家。其中，除了中国银行、交通银行以及其他两三家银行以外，其余的银行很多都是在民国以后，特别是在民国 6 年、8 年成立的。也就是说，作为在"一战"时经济景气时期成立的银行，还没做几单生意就被战后袭来的经济不景气所影响。再加上华北不同于华中，政变内乱接踵而至，所以资本很薄弱但生意坚实的银行又立即招来亏损，从而陷入了经营困难。现在，基础稳固生意兴盛的银行非常少。

接下来，我们列举一下天津的银行，如下（见表 3、表 4）：

表 3　在天津设有总店的银行

银行名称	资本金	业务	设立	总店
直隶省银行[①]	200 万两	作为一般银行业务主要是面向官厅贷款	光绪二十七年	天津
中国实业银行	2000 万元	存款贷款、汇兑、保险、仓库、发行兑换券	民国 8 年	天津
金城银行	1000 万元	以存款、贷款和汇兑为主	民国 6 年	天津
大陆银行	500 万元	存款、贷款、汇兑	民国 8 年	天津
大生银行[②]	200 万元	存款、贷款、汇兑	民国 8 年	天津
中孚银行	200 万元	存款贷款、代理发行中国银行兑换券	民国 5 年	天津
天津兴业银行[③]	200 万元	一般银行业务	民国 10 年	天津
裕津银行	100 万元	除了一般银行业务以外，从事外国货币的买卖，天津造币局的银元铸造的合约	民国 10 年	天津

[①] 原为 1902 年成立的天津官银号，由直隶总督袁世凯主持筹办。1910 年改组为直隶省银行，在北京、保定、张家口、上海、汉口等地设立分行，主要业务为代理省库、发行纸币、应对政治经费支出等。1929 年改为河北省银行。
[②] 1919 年创办于天津，由时任北洋政府财政部次长的苏慕东联合银行界人士创办，1949 年停业。
[③] 1922 年创办于天津，其股东多是北洋政商界的高层人物，如曾担任江西督军的陈光远、曾担任内阁总理的龚心湛、曾担任长江巡阅副使的王廷桢等，1927 年停业。

续表

银行名称	资本金	业务	设立	总店
蒙藏银行①	1000万元	边境开垦业务	民国12年	天津
怀远银行	500万元		民国12年②	天津
天津大业银行③	100万元	国内汇兑、其他一般业务	民国12年	天津
北京中国丝茶银行④	500万元		民国15年	天津
边业银行	2000万元	经营与内外蒙古矿山相关的库伦、绥远等各票据	民国9年	天津
华新银行⑤	100万元		民国13年	天津
东莱银行	300万元		民国7年	天津

表4 在天津设有分店的银行

银行名称	资本金	业务	设立	总店
中国银行	6000万元	发行纸币、代理国库、募集公债、关税收入	民国元年	北京
交通银行	2000万元	代理政府金库、募集公债、关税、盐务	光绪三十三年	北京
中南银行	2000万元	一般银行业务、经营政府借款	民国10年	上海
浙江实业银行	2000万元	代理政库金库、募集公债	光绪三十四年	上海
盐业银行	1000万元	政府借款	民国4年	北京
劝业银行	500万元	一般银行业务	民国9年	北京
新华储蓄银行⑥	500万元	一般银行业务	民国3年	北京

① 蒙藏银行创办于1923年,由时任中华民国蒙藏院总裁的贡桑诺尔布发起创办,以辅助政府调剂蒙藏金融并发展实业为宗旨。总行设在天津,1929年停业。
② 原文有误,应为民国10年。
③ 1923年成立于天津,由北洋政商界的高层人物发起,1928年歇业。
④ 1926年成立于天津,由天津巨商张子青等联合上海、汉口等地的商人发起筹办,是一家以发展茶叶、丝绸为宗旨的专业性银行,在北京、天津设立分行,在上海、汉口、郑州、开封、安阳、许昌等地设办事处。1928年停业。
⑤ 1926年成立于天津,由周学熙等发起创办,1929年歇业。
⑥ 1914年成立于北京,由中国银行、交通银行出资成立,在天津、上海设立分行。1926年经财政部批准,正式改称新华商业储蓄银行。1930年该行发生金融危机,1931年改称新华信托储蓄银行,总行迁至上海,王志莘任总经理,先后在厦门、南京、广州等地增设分行三处,办事处20多处,成为全国性银行。与上海商业储蓄银行、浙江兴业银行、浙江实业银行合称"南四行"。1952年加入公私合营银行。

续表

银行名称	资本金	业务	设立	总店
北洋保商银行	1500万元	一般银行业务	宣统二年	北京
北京商业银行①	1000万元	退役军人的资金融通	民国7年	北京
五族商业银行②	100万元	蒙古、新疆、青海等的汇兑	民国7年	北京
山东工商银行③	500万元	买卖股票证券、承包铁路煤矿工程	民国7年	济南
农商银行④	500万元	经营国库券、募集债券	民国10年	北京
聚兴诚银行	200万元	汇兑及证券业务	民国3年	重庆
华北银行⑤	100万元	办理各地开垦事业	民国8年	北京
明华银行	200万元	汇兑及贸易证券等业务	民国9年	浙江⑥
察哈尔兴业银行	200万元	从事一切军需品的承包业务	民国7年	张家口
上海储蓄银行	100万元	投资业务、买卖汇兑、火车汽船运输	民国10年	上海
中华储蓄银行	100万元	一般银行业业务	民国9年	北京
山东银行	500万元	买卖山东省公债	民国2年	济南
山西省银行	200万元	一般银行业业务	民国2年	太原
热河兴业银行⑦	1200万元	与蒙古的交易、汇兑	民国10年	热河
工商银行⑧	500万元	国际汇兑及南洋各地的投资业务		香港

第二项　外国银行

天津的外国银行以正金、汇丰为代表，都是分店且设在租界内。其

---

① 1918年创立于北京，董事长李木斋，董事邓君翔、陈吉斋、陶星如等。1937年"七七事变"后，京津沦陷，该行暂停营业。1946年复业，改名为北平商业银行。1949年停业。
② 1918年创办于北京，董事长梁士诒，董事周自齐、刘冠雄、邓文藻等。1925年停业。
③ 1918年成立于山东济南，由济南绅商萧绍庭联合山东政商知名人士发起。1925年停业。
④ 1921年北洋政府农商部创办于北京，为官商合办银行，在天津、上海、汉口等地设立分行。1929年停业整顿，1934年复业。1948年停业。
⑤ 1919年成立于北京，由华北银号改组而成。资本金100万元，在上海、汉口、济南等地设立分行。
⑥ 原文有误，这一行此处应为民国7年，北京。
⑦ 1917年成立于河北承德，由热河官银钱号与承德公益钱局合并而成，发起人是热河财政厅长刘凤镳、承德公益钱局经理马文元等。1923年后，受政局变化影响，逐渐变为筹措政府经费和军费的机构。1933年日本关东军占领热河后关闭。
⑧ 1917年创办于香港，在上海、天津、广州、江门、汉口、九龙等设立分支机构。1930年停业。

业务主要以外汇为主,从事天津的贸易金融。这些外国银行在金融市场中作为资金供给者来开展活动。汇丰银行根据从上海支店的来电,规定每天的外汇行情,发表天津的标准行情。

关于外国银行各分店的内容,由于其各自保守秘密,无从窥探。另外,受到战后不景气、天津地方内乱的影响,特别是作为日本人受到排日的影响很大,处于一个非常困难的状态。

表5 天津的外国银行

名称	国籍	资本总额	总店所在地	设立时间
美丰银行	美国		上海	1917年
华比银行	比利时	100000000法郎	布鲁塞尔	1902年
东方汇理银行	法国	72000000法郎	巴黎	1875年
麦加利银行	英国	3000000英镑	伦敦	1853年
德华银行	德国			
远东银行	俄国			
汇丰银行	英国	50000000美元	香港	1883年
花旗银行	美国	10000000美元	纽约	1901年
中法工商银行	法国			
华俄道胜银行	俄国	55000000卢布	巴黎	1912年
横滨正金银行	日本	100000000日元	横滨	1880年
正隆银行	日本	20000000日元	大连	1908年
朝鲜银行	日本	80000000日元	京城[①]	1909年
天津银行[②]	日本	5000000日元	天津	1920年

[①] 今韩国首尔。

[②] 英文名字为Bank of Tientsia,1920年成立于天津,由天津日商组织发起成立,1945年被国民政府没收。

第三项　中外合办银行

几年以前，成立合办银行的计划非常多。在设立合办银行的时候，双方都认为，对于中方可以缓和其由于现金不足所导致的资本金募集困难问题，而外国一方则得以轻易地进入中国内地发展，并且能够借助中国人的力量轻松地招揽中国顾客。所以，对合办银行都很期待。但是，最近由于收回国权运动的盛行，这种期望也变成了绝望。营业的合办银行有很多都关门了。如果把合办银行列举一下的话，如下：

中华汇业银行（日中合办）（停业中）

华义银行（中意合办）

中华懋业银行（美中合资）（停业中）

中德银行（德中合资）

大东银行（日中合资）（解散）

各分店：

华法银行（法中合办）

华威银行（挪威与中国合资）（本年4月13日停业）……

第二节　通货

第一款　硬币

第一项　银元

目前，在天津流通的银元大体可以分为北洋银元、袁世凯大洋以及外国银元三种。而且，在这三种之中，代表性银元像青岛或者济南一样，为袁世凯大洋。其次是"北洋造光绪元宝""造币总厂造光绪元宝"以及"北洋机器局造光绪"这三种北洋银元。作为外国货币的站人大洋以及墨银（墨西哥银元）的流通不是很多。三种北洋银元以及"站人"银元跟袁世凯大洋是以同等的价格来流通的，没有任何的折扣。而墨银在当地则往往需要被打折。

关于银元的流通额，天津跟上海一样，虽然各银行在周末不发布其货币的余额，但是，各银行的银元总额，预计大概在 1500 万元左右浮动，其中外国银行占 60%，中国银行占 40%。虽说在当地使用银两来进行各种交易的核算，但是，其主要的结算货币是银元。最近用银元来核算的交易在市场上也不断出现。如果是这样的话，那么其流通额恐怕就是元宝银的几倍了。虽然说天津市场现在还是以银元汇兑来进行交易，但是实际上银元①应该被称为是最有势力的货币。

这是因为：第一，天津跟上海有密切的关系；第二，海关现在收受银两；第三，外汇的结算货币是银两，而银两是一种价格的标准。因此能看见相当多的元宝银在流通。

第二项　元宝银

天津的标准元宝银是成色为 992 的化宝银。由于炉房连年滥铸元宝银，导致其品质低下。特别是北清事变以来，以前成色为 992 的元宝银的交易减少，反倒出现了用其他地方的元宝银来交易的情况。最终，天津市场上成色为 992 的元宝银由以前的独占局面变成了数种成色下降的宝银混杂在一起流通的局面。

在此期间，作为从事中国海关税收业务的汇丰银行适应社会经济形势的变化对化宝银进行了重新熔铸，发行了成色为 955 的化宝银②，一般作为一种旧有的习惯，虽然交纳的是成色为 955 的化宝银，但在计算上仍按 992 来进行交易，这样政府在税收上便蒙受了巨大损失。之后由于清朝政府将关税征收的单位统一为银元，在这种情况下，对于成色为 955 的元宝银的收购价格，如果还按照以前的 992 来计算的话，由于其损失巨大，所以在光绪三十四年海关最终以下的理由发布了一个布告。

从前，尽管规定海关两 100 两兑换成色为 992 重量为 105 两的化宝

---

① 原文有误，此处词语应为银两。
② 较之成色为 992 的化宝银，成色为 955 的化宝银，显然在成色上下降了 37 个点。

银并以此来作为标准率，但是根据附属银行的报告，化宝银的纯度仅仅只有955左右，这明显的造成了海关收入的损失。而且，按照标准率来纳税的话，作为商人的义务，今后应按照 $\frac{992 \times 105}{965} = 107.04$ ①，也就是说应该按照100海关两兑换107两9钱4分化宝银这个比率来支付。②

由于以上原因，劣质的化宝银虽以政府为背书人，但贸易从事者从一开始就拒绝接受劣质的化宝银，外国银行就更不用说了。同时，持有劣质化宝银的人又争相地去换其他优质的元宝，所以化宝银终于暴跌，市场出现了恐慌，倒闭的钱庄业者也达到了十几家。在此前后进入市场流通的元宝银有很多，其中：

①东海关白宝银，作为山东省税务署的标准银，纯银。
②烟台花银，被称为烟台白宝银，亦称"芝罘银"，成色为998。
③河南省高足银，成色为996。

使用最顺畅又最广泛的天津原有的元宝银已经绝迹。在以上三种元宝银中，高足银的流通不是很广，一般使用的是东海关白宝银和烟台花银。其中，烟台花银经常从上海大量涌入，而白宝银在今天则是急剧减少，同时由于天津炉房的铸造能力非常小，所以，实际上在天津流通的元宝成了烟台花银。元宝银的流通价格跟上海一样，由天津公估局决定。其方法如下：如果把重量为50两的元宝银跟与其同重量的天津标准银化宝银的纯度（成色）进行对比，对超出的纯度按照重量进行鉴定，在前面提到的重量为50两的元宝银之上再加上其超过的部分，即为流通价格。

虽然天津的元宝银的流通额在不断增减变化，但是据说约有500万两。

---

① 原文有误，结果据计算应为107.94。
② 张国刚主编《中国社会历史评论》第2卷（天津古籍出版社，2000，第277页）讲到，为了减少劣质化宝银带来的损失，光绪三十四年（1908）1月13日，津海关道发布了"行平化宝银低潮，各商纳税必补足992色方准兑收"的告示。规定每海关两一百两，折992色行平银105两，自3月1日后需补色2%，按照105+105×2%=107.1两缴纳。这和本文讲的意思是一致的。

其在金融界的势力就像上海的银库，还没有达到可以直接控制金融的缓急的程度，但由于其收受的计算方式非常复杂，所以使用范围主要被限定在金融业者之间。由于其是使用票据来进行交易结算的，所以实际上在市面流通的范围非常小。因此，综合来看，元宝银作为货币的地位很早就过了鼎盛期，并逐渐被银元所驱逐。

第三项　银角（小洋）

天津的银角可以分成旧银角和新银角。旧银角跟北洋银元是同时期铸造的。除了2角和1角两种以外，还有各省发行的，但是其流通额都很小。目前，比较盛行的是新银角，也就是按照"国币条令"而发行流通的5角、2角以及1角三种新银角。

按照十进一，10角银角就相当于1银元。但是由于其纯度不固定、品质低劣的原因，即便有中国银行和交通银行两家银行的面额交换保证，最终还是逐渐出现了贬值。特别是由于旧银角比新银角的流通价格低，一般情况下，1银元可以兑换银角11角五六十文乃至12角。

银角的流通区域虽然还不如银元那么广泛，但是在天津经济势力所能影响到的小范围内，还是能够看见其在很好地流通着。

第四项　铜元

天津市场上流通的铜元有当十、当二十[①]两种。其中在光绪、宣统年间制造的占比最多，接下来是开国纪念币和各省的铜元。铜元的名义价格虽然是用新钱来表示的，但是其流通价格根本不按照生铜的价格来算，每天公布其行情。

天津的铜元存货据说大约有100万元。

第二款　纸币

天津流通的纸币有：

---

① 可以理解成1角、2角的硬币。

1. 中国银行纸币
2. 外国银行纸币
3. 铜票
4. 其他

第一项　中国银行纸币

现在，在天津从事纸币发行的银行有中国、交通、中南、中国实业、山西省银行、保商银行、中华懋业各银行。其中，流通额最多的是中南、中国和交通三家银行的银行券。中南银行由于受财政部的许可与盐业、金城和大陆三家银行设立了联合准备库，其以充足的资金为基础，兑换能力不断上升，发行的中南银行券，其流通额远远超过和凌驾于中国银行和交通银行两家银行之上，信用很坚实。

以上各个银行券的流通范围是天津和北京。虽然不能知晓其准确的发行额，但是据某位权威人士所言，中南银行发行额约为七八百万元，中国银行发行额为二三百万元，交通银行发行额为一百二三十万元左右，其他的为六七十万元，少的为五六万元。银行券都是作为银元的兑换券，其面额有1元、5元、10元和100元。在天津和北京，银行券没有任何的打折，都是按照其面额价值来流通的。

第二项　外国银行纸币

天津的外国银行中，发行兑换券的银行有：

1. 汇丰银行（英国）
2. 麦加利银行（英国）
3. 横滨正金银行（日本）
4. 东方汇理银行（法国）
5. 华比银行（比利时）
6. 花旗银行（美国）

7. 友华银行（美国）①

8. 华俄道胜银行（俄国）

这些银行都发行银行兑换券。从前，正金、道胜和麦加利三家银行发行过银两兑换券，但是在最近没有发行，有的只是回收。正金银行的发行额为银元三四十万元，银两五六万。外国银行中没有一家像中国银行那样为了冲抵营业资金来发行，它们必须持有等于或者高于发行额的准备金，这点大家都没有疑问。因此，纸币流通状态与硬通货是一样的，信用很坚实。海关把外国银行的货币兑换券一律当作银币来收受。但是，这种兑换券仅限于天津各发行银行。

银行券的面额一般有 1 元、5 元、10 元和 100 元，极少情况下也会有 3 元、20 元、25 元和 50 元。

第三项　铜票

铜票是指在民国 3 年，以钱庄和大商店，或者由以统一铜票为目的成立的平市官钱局发行的不兑换纸币。有铜元 10 枚（即 100 文）和铜元 20 枚（即 200 文）两种。铜票主要在一些苦力和体力劳动者之间流通。

第四项　其他的纸币

日本银行和朝鲜银行兑换券②合计约有四五万日元在流通，在天津交易所和中国钱业公所上市流通。

第三节　金融时事问题

关于天津的金融时事问题，根据正金银行的铁林氏所言，首先关于孙中山银元的问题，根据省政府的劝告，中国方面的银行决议从本年的 1 月 12 日开始无条件收受孙中山银元。中国也通知了外国银行组织，但是外国

---

① 英文名字为：Asia Banking Corpoation，1918 年成立于美国纽约，1919 年设分行于上海，1924 年被花旗银行收购。

② 简称为日银券、鲜银券。

银行组织没有任何回应。同时，中国方面的银行在表面上宣布无条件收受，但是实际上效果却不太理想。最近，从上海进来了200万孙中山银元，其中有150万被送了回去。然而，大体上还是时间长短的问题。像袁世凯银元，一开始也是这样，到现在却成了主要的货币。

接下来是铜元回炉的问题，这种情况在天津也有发生。6月12日的行情为一元兑换390文（195个大铜板），利益最高可以达到三成，普通的也为二成半。最近对于把铜元回炉后制成的铜块的检查也非常的严格。4月18日，海关官吏对长安丸轮船进行了检查，由于回炉的方法不当，还带有铜元的痕迹，最后这些东西全部被没收了。

现在，天津市场上银元在持续暴跌，银两又在快速减少。在造币局，如果银元的行情是100银元兑换68.475两的话，铸造银元会有很大的利益，但是，现在行情却如下所示：

　　　　5月23日　　　100银元——67.05两
　　　　5月24日　　　100银元——66.8625两
　　　　5月31日　　　100银元——66.925两
　　　　6月3日　　　　100银元——66.525两
　　　　6月12日　　　100银元——66.7625两

天津市场上的现银一般在700万两左右，而银元约为2300万元。最近，银两对银元的关系为500万两银两兑2600万元银元。不仅如此，最近银元从天津市场上大量流到别的市场。比如说，4月18日以后，中国银行向"满洲"移出的银元约有300万元，中国银行和交通银行面向上海出口的银元约有300万。不仅是这些大额的出口，正如前面所叙述的那样，银元价格下跌的原因是由于去年农产品没有丰收，导致出口不振，因此，银元向内地流入的数量也就比较少。对银元需求的减少再加上时局的关系，面粉的购买资金使用的是银元，这使银元大量地涌入到天津。另外，进口结算使用的却是银两，这必然又导致银两的需求增大。而银两减少、银元过多必然导致银元的暴跌。

第六章　北京的金融

第一节　金融机构

第一款　旧式银行

第一项　银炉

在北京，银炉被称为炉房，而炉房又分为官炉房和小炉房两种。前者主要是经营元宝银的熔解和铸造，后者仅仅是从事首饰以及其他装饰品的制作，跟金融方面没有很大的关系。在以前，官炉房的数量被限制在18户，不得随意开业。除了前述的业务以外，还经营存款和代缴官金[①]等业务。由于民国以来银元盛行、元宝银使用减少，官炉房的主业也渐渐萎缩，副业也没有了往日的兴盛，看不见其作为一个金融机构的样子。如果把现存主要的官炉房列举一下的话，如下。

　　同元祥

　　德顺

　　聚义

　　义泰源

　　复聚

　　万丰

　　祥瑞兴

　　恒盛

第二项　钱庄[②]

以前，票号和钱庄作为经营汇兑、贷款和存款的机构，其势力很大。

[①] 指官款。

[②] 本章有关钱庄的资料，参考《北京金融史料：典当、钱庄、票号、证券篇》——加以核对，个别错误处加以纠正。

但是，在经历过数次的兵乱之后，其弱小难以抵制风险的不足也逐渐暴露了出来，有很多都倒闭了。现在钱庄的业务还处在一个尚未恢复的状态。在革命动乱的时候，钱庄的很多贷款资金不能回收，而且遭遇到滥发货币的票庄的挤兑，再加上革命以后外国银行的增设以及中国银行、交通银行两家银行增发纸币等，钱票失去了流通力，而且由于其经营官金的特权也被剥夺，所以生意变得非常的冷清，还有一些倒闭的，最终被各种银行的势力所压迫，没有能够实现复活。也有个别一些钱庄从前资金就很丰富，也很有信用，而且交易的范围也很广，它们把自己的组织改组成新式银行或者跟其他有影响力的机构合作设立新式银行。但是钱庄大体上都没落了，现在只有一些在资金、信用和联络等方面优良的钱庄还在维持经营。

北京的钱庄根据资金大小和营业范围有银号、钱铺、汇兑铺、兑换铺等形式。前三者的主要业务都是对内汇兑、货币的买卖、小额的高利息贷款、存款和换钱等。有影响力的钱庄在交易市场上从事大额（虽说是大额，也就是10万元到20万元）汇兑，或者是从外国银行或者中国的一流银行那里获得相当大额的面向上海、天津的汇兑订单。资金进行计算处理，对于银行方面来说是非常便利的。可以将这些钱庄看成是银行的汇兑承包机构。这些有影响力的银号和钱铺大多都属于天津帮，它们在天津都有总店或者分店，而且跟上海也有联系，以此来应对各方面的订单。在固定的时间去银行，把买入和卖出进行平账。为了实现这个目的，它们会每天跟天津通几次电话，利用天津对上海的供求关系，处理面向上海的业务。但是，小钱铺从以前开始就有银钱铺、烟钱铺、酒钱铺等之分。银钱铺主要从事银钱的买卖，烟钱铺兼营烟草的贩卖，而酒钱铺则兼营各种酒水的销售。钱庄在革命以前发行了很多的钱票，有时候发行两三倍于其资本金的钱票，这导致了其信用扫地，最终遭遇挤兑，出现了跑路的现象。政府最终也禁止其发行钱票。到现在，钱庄主要以汇兑为主要业务，而且靠经营小额买卖来获取微薄的利润。在前清时代，这些银号和钱铺的开业需要向衙门申请并得到许可，而现在变成了只需要向警察厅申请且有一个保证人即可。如果把主要的银号和钱铺列举一下的话，如下：

名称	控制人
恒兴号	罗 翔
恒利号	吴阴之
义顺号	吕文荣
会源号	王玉臣
隆兴顺	赵焕章
三聚号	杨士杰
裕泰厚	仪茂林
天盛号	杨小琴
公盛号	梁蓉章
庆丰号	李凤全
久成公	崔金锭
乾盛永	郝保之
德成号	王瑞巷
东和合	吉福谦
西和合	韩信臣
乾瑞生	张清海
恒裕号	王益堂
德成号	何星圆
同成号	顾成林
峰源号	孙济川
丽丰号	吴子珍
五昌号	韩勋臣
镒聚恒	王岐峰
益大号	扈永康
同康号	李振庭
振大号	王鹤庚
傅①益号	韩勋臣

---

① 原文有误，应为溥。

三合号	张俊德
裕丰号	葛月川
隆茂源	刘栋臣
源和号	张文麟
春华茂	陈及三
天聚丰	罗德奎
义兴合	史秀峰
天豫号	王瑞泉
德泰号	王佑庭
泰亨号	张锡庭
平易号	王云生
乾丰号	郭鸿儒
万义长	刘云科
裕通号	刘振声
宝成号	王钧山
亨记号	于滨
永增合通记	李常主
同顺号	张博渊
中源号	李振庭

（以上来源于北京总商会名单）

第二款　新式银行

北京的银行之所以发达，很多是由于政治或者财政方面的原因，而不是像其他地方那样，伴随着通商贸易而发展起来的。外国银行首先成立，之后才有中国的银行成立。在中国的银行中，虽然有根据政府"特种银行条令"而成立的以服务政府为目的的特种银行，但是，其大半都是民间经营的普通银行，而且业务主要都是与政府相关的贷款，其宗旨与其他地方性的银行完全不一样。因此，近年来受到几次政变的影响，出现了很多因发生贷款未回收而导致亏损的银行，现在已经没有几家银行有活动的能力了。特别是像中国银行和交通银行两家银行那样，一家是从事政府的收支业务，另一家是经营铁路收入。虽然它们在以前信用深厚，势力非常庞大，但是，在近年来由于跟政府关系密切，都产生了巨额的损失，发生了好几起停止支付的事件。其发行的北京兑换券不能按照规定兑换，被称为所谓的停止兑换，也完全看不见其流通的身影。但是，在最近又复活了。

外国的银行也跟其他地方不一样，在北京主要以政治借款为主要业务，一般的存款、贷款、贴现等业务非常少。另外，合办银行是各国为了其在中国投资的方便而设立的。像华俄道胜银行那样，虽然它在以前的势力非常大，但是现在凋落了。近年来新设立的中华汇业银行和中华懋业银行等银行的势力正在快速扩张，但是在最近又开始没落了。

第一项　中国的银行

北京的中资银行以中国银行和交通银行两家银行的成立为开端，接下来是特种银行和普通银行的成立。它们都因为革命以及之后政变的影响发生了贷款不能回收的情况。由于受到挤兑以及停止兑换等影响，出现了破产，一时间信用一落千丈。之后，随着政府政权的稳定，业务逐渐恢复。特别是在欧洲战争之后，虽然其业务得到了扩张，稍微有点整顿，但是在资金方面，还不充裕。因此，像为政府贷款或者是认购公债那样，即使现在银行方面想要给政府的信用代言，但是银行自身已经没有从事认购的实力了。

中国的银行制定了章程，组织了银行公会，而且银行公会经常在做拥护政府债权的事情。但是，时局也有不利于银行业者的时候。现在我们把北京的中国银行的名称列举一下的话，如下（表6）。

表6

银行名称	资本金	业务	设立	总店
中国银行	6000万元	兑换券以及新货币的发行	光绪三十一年	北京
交通银行	2000万元	外国货币的交换，生金银的买卖	光绪三十四年	北京
盐业银行	1000万元	管理政府委托金库和在外资金的管理	民国4年	北京
边业银行	1000万元	发行兑换券，从事国库事务	民国9年	北京
新华储蓄银行	500万元	一般银行业务	民国3年	北京

续表

银行名称	资本金	业务	设立	总店
金城银行	1000万元	一般银行业务	民国7年	天津
中孚银行①	200万元	一般银行业务	民国5年	天津
中国实业银行	2000万元	兼营运输和保险业务	民国8年	天津
劝业银行	500万元	发行劝业债券	民国9年	北京
农商银行	500万元	以培养农商经济为目的	民国10年	北京
浙江兴业银行	2500万元	代理发行中国银行兑换券	光绪三十三年	上海
北洋保商银行②	1500万元	一般银行业务	宣统二年	天津
北京商业银行	1000万元	退役军人的资金融通	民国7年	北京
大陆银行	500万元	存款、贷款、汇兑	民国8年	天津
大宛农工银行③	100万元	一般银行业务	民国8年	北京
五族商业银行	200万元	同上	民国7年	北京
明华银行④	200万元	汇兑以及贸易证券等业务	民国7年	北京
新亨银行⑤	100万元	一般银行业务	民国9年	北京
聚兴诚银行⑥	200万元	汇兑以及证券交换业务	民国8年	重庆
东陆银行⑦	1500万元	—	民国5年	北京
中华储蓄银行⑧	100万元	储蓄银行业	民国8年	北京
蔚丰商业银行⑨	—	—		

---

① 1916年设立，创办人是孙多鑫、孙多森兄弟。设总行于天津，在上海、北平、汉口等设立分行。1952年加入公私合营银行。

② 中外合资银行。1910年成立于天津，为清理天津商人积欠洋商款项，维持天津华洋事业的开展而建立。原定由中、德、俄三国商人合办，但实际是中德合办。1920年改组为华资商业银行。

③ 1916年12月4日，北洋政府财政部成立大宛商业银行（先在京畿大兴、宛平两县试点，再推向全国），以融通资财，辅助农工业为宗旨。1927年改组为中国农工银行。

④ 全称明华商业储蓄银行。1920年成立于北京，1925年总行迁至上海，在北平、天津、青岛、济南等地设立分行。1935年停业。

⑤ 1919年成立于北京，董事长施肇曾，董事曹汝霖等。

⑥ 原为绅商杨文光经营的聚兴诚商号，经营匹纱兼汇兑。1914年改组为聚兴诚银行，总行设在重庆。1921年总行迁至汉口，并改总行制为总管理处，在成都、万县、宜昌、上海、汉口、天津、北京设立分行。1930年总管理处迁回重庆，以西南为中心开展运营。抗战时期该行在重庆协助国民政府推行金融政策，辅助大后方工业建设。及至1948年底，该行有分行8个，支行4个，办事处20个，另在纽约、伦敦、旧金山等地设有代理处。1952年底加入公私合营银行。

⑦ 1919年成立于北京，1925年停业，主要发起人有吴鼎昌等。

⑧ 1919年成立于北京，总董刘文揆。在上海、天津设分行。1925年停业。

⑨ 1916年由晋商蔚丰厚票号北京分号改组而来，总部设在北京，总经理郝登五。1920年倒闭。

除了上述银行外，还有以下银行：

致中银行①	泉通银行②
大成银行③	华北银行
中国女子商业储蓄银行④	华商银行⑤
北京慈善银行⑥	日新农工银行⑦
裕民银行⑧	裕大银行⑨
裕华商业储蓄银行⑩	北京商业实业银行⑪
新民商业实业银行⑫	京兆道生银行⑬
大华商业银行⑭	北京大有银行⑮
民业银行⑯	蒙藏银行
大生银行	察哈尔商业银行
大中商业银行⑰	四川浚川源银行⑱

---

① 总行设在天津，成立日期不详，1923年倒闭。
② 1920年成立于北京，一直营业到20世纪50年代初。
③ 1921年由北京大成银号改组而成，在上海、天津设立分行。1928年将总行迁至天津。
④ 1922年成立于天津，由护法军援闽浙军总司令、兼任护法军参谋总长的吕公望和时任北洋政府陆军总长的张绍曾合伙创办。1923年吕公望提议解散该行，同年9月停业。
⑤ 1918年成立于香港，由香港米商刘小焯、刘季焯和安南华侨刘希能等合资创办。1924年倒闭。
⑥ 1921年春天成立，旨在帮助贫民开展生产、生活活动，开展无息贷款。该行积极开展储蓄活动，满一角即可储存。
⑦ 全称宛平日新农工银行，总部设在北京，1922年开业。
⑧ 成立于1920年，总行在北京。1923年媒体揭露其黑幕。
⑨ 没有查到裕大银行，但是查到大裕银行1925年倒闭的信息。应为书院学生搞错，故特别指出。
⑩ 1922年成立于北京，1923年在上海设分行，1925年停业。
⑪ 没有这家银行，应是书院学生搞错。
⑫ 1922年成立于北京，1926年停业。
⑬ 1923年设立于陕西西安，1925年停业。
⑭ 1923年成立于北京，停业时间不详。
⑮ 1923年成立于北京，发起人为李兆珍、刘竹君等，在天津设有分行，1927年倒闭。
⑯ 成立于1923年，总行设在北京。吴景濂任董事长，邹日烺为总经理，1926年停业清理。
⑰ 1919年创办于重庆，发起人为当地绅商汪云松、孙仲山等。在北京、上海、天津、哈尔滨、徐州设立分行，1929年设总管理处于天津，1934年总管理处迁往上海。1949年停业。
⑱ 1905年成立于四川重庆，旨在"浚通川省利源"，内部定名为"四川官银行"，是清末明初四川最大的地方银行。1910年总行迁成都，在上海、汉口、北京、天津、宜昌、涪陵、自流井、沙市等地设置分行或分支机构，主事者多为旧票号人员。1926年停业。

杭州华孚商业银行①	浙江地方实业银行
直隶省银行	中原实业银行②
天津商业银行③	东三省银行④
吉林永衡官银号⑤	中南银行
热河商业银行	蒙古实业银行⑥
怀远银行	河南省银行⑦
上海商业储蓄银行	

（来源于北京总商会会员名单）

第二项 外国银行

在中国，国外银行的势力是非常大的，各国专心于利用银行的资本势力来扶植它们在政治和经济方面的霸权。实际上，从各个外国银行在中国的地位也可以窥测出这个国家在中国的势力。可以说，银行已经成了一个测试仪。中国新式银行的势力跟外国银行相比，不管是在资本方面还是信用方面，前者都不到后者的十分之一。如前所述，由于北京是政治中心的缘故，所以，各国都在这里设立了作为其投资机构的银行的分店。但是，自从银行向准首都南京转移以来，上海逐渐在各个方面都成了中心。现

---

① 1917年成立于浙江杭州，发起人有吴厚卿、张衡甫、厉树雄等。在宁波、上海、北京、湖州、苏州等地设立分行。1921年总行迁至上海，1922年受"信交风潮"影响而倒闭。
② 1922年创立于湖北汉口，总董黄镜人。在北京设立分行。
③ 1929年创立于天津，资本银100万元，负责人陈祝龄。
④ 1920年成立于黑龙江省哈尔滨市，由东三省巡阅使、奉天督军、省长张作霖发起。1923年12月，哈尔滨发生挤兑风潮，该行发行的哈大洋券首当其冲，总行迁至沈阳。1924年与奉天兴业银行合并于东三省官银号。
⑤ 1909年，由原吉林永衡官帖局与附设在该局的官银钱局合并成立，总号设在吉林市。发起筹办人是东三省总督徐世昌、吉林巡抚陈昭常。资本金1000万元银元，准备金400万元银元，在营口、长春、榆树、密山、滨江、延吉、天津、上海、珲春等地设立分支机构，1932年7月，由伪满洲国政府强制接收，并入伪满洲中央银行。
⑥ 由北洋政府蒙藏院总裁贡桑诺尔布于1923年发起筹办，但没有多久即因筹资不力而停止。
⑦ 1923年成立于河南开封，由时任直鲁豫巡阅使的吴佩孚发起筹办，先后在汉口、北京、天津、徐州、郑州、南阳、周口、青岛、焦作、上海、济南等设立分支机构。1926年因钞票发行过多遭挤兑而被查封，对债权债务进行清理。

在，北京的外国银行有以下这些（见表7）：

表7

名称	国籍	资本金总额	实付资本金	总部	设立
汇丰银行	英国	50000000 美元	20000000 美元	香港	1864 年
渣打银行	英国	3000000 英镑	3000000 英镑	伦敦	1853 年
花旗银行	美国	10000000 美元	10000000 美元	纽约	1901 年
东方汇理银行	法国	72000000 法郎	68400000 法郎	巴黎	1875 年
华比银行	比利时	100000000 法郎	75000000 法郎	布鲁塞尔	1902 年
横滨正金银行	日本	100000000 日元	100000000 日元	横滨	1880 年
天津银行	日本	5000000 日元	1250000 日元	天津	1920 年
远东银行	俄国	—	—	—	—
德华银行	德国	—	—	—	—

第三项　中外合办银行

　　由于北京是政治中心，很多外国银行在中国财政救济、中国的实业以及汇兑业的发展等各种名义下，与在官场的中国人合作成立中外合作银行。但是，现在所有的中外合办银行都关门了。如果我们把过去的中外合办银行的名字列举一下的话，主要有：中华懋业①、华义②、中华汇业③、大东④等银行。

第二节　通货

第一款　硬币

第一项　银元

　　北京的通行银元有新银元、旧银元和外国货币三种。但是，现在流通

---

① 中美合作银行，1919 年成立于北京。1929 年停业。
② 中国和意大利合资创办的银行，1920 年成立于天津，1924 年华义银行改组，中国董事撤出资本，由意大利独资经营，总部迁往上海。1940 年停业。
③ 中日合作银行。1917 年成立于北京，1928 年停业。
④ 中日合资银行。1920 年成立于北京，1927 年停业。

的大部分都是新银元，也就是袁世凯银元，它是一种代表性的银元。其他银元在跟袁大头银元兑换的时候，每一元或者一银元有四个或者五个铜元的溢价。旧银元以北洋银元最多。此外，在吉林、奉天以及湖北有龙洋。外国的银元有墨银（墨西哥银元）和"站人"银元。

墨西哥银元和其他的龙洋，不仅比新银元品质好，而且比新银元的价格还低，所以，政府就发布了一个货币政策，收购原有的元宝银，将其改铸为新银元在市面上慢慢流通。另外，龙洋的铸造随着革命被停止了，由此造成旧银元流通额减少的趋势，由于旧银元的流通额减少，新银元最终会获得代表性银元的地位。特别是北京作为中国的首都，不仅是一个商业和工业城市，如果政府所有的收支都用银元的话，银元自然而然也就占据了流通货币的大部分。银元作为本位货币，其交易额到底有多少不太明确。但是，人们普遍认为在市场中有1000万元左右。

而且，最近孙中山银元的流通很盛行，将来其有可能取代袁世凯银元成为主要的通货吧！但是，在货币的交易者中间，钱业公所的银两兑换银元的行情跟各地都一样，几乎看不见在流通的元宝银。

第二项　银角

当地流通的银角为旧银角，也就是民国3年《国币条令》规定的5角、2角以及1角银币。在民国12年以前，10角相当于新银元1元，作为辅币发挥着重要作用。之后，由于造币局的滥铸导致其品质低下，流通价格递减，现在到了12角左右兑换1元的程度。银角是由中国银行和交通银行两家银行受政府的委托而发行的，虽然随时保证以10角兑换1元，但是在事实上，由于受中国银行和交通银行两家银行的信用状态和银角品质低下的影响，这一价格已经不允许其流通了。在一个国家的首都出现这种事情，真可以说是奇怪至极。

此外，市面上还有在东三省和江南铸造的小洋，但是流通额非常的小。

第三项　铜元

铜元以光绪元宝、大清铜币以及民国开国纪念币三种最多，都有当十和当二十两种。现在，一元铜元的兑换行情在 380 文至 420 文之间上下浮动。

第四项　制钱

制钱的流通范围逐渐向内地转移，现在在北京已经看不到其踪影了。

第二款　纸币

第一项　银行兑换券

银行兑换券可以分为中国银行券和外国银行券。

1. 中国银行券

北京的发券银行如下：

中国银行

交通银行

中南银行

中国实业银行

中国农工银行①

山西省银行

券面面值有 1 元、5 元、10 元、50 元以及 100 元五种。中国的银行兑换券在北京和天津是通用的。所以倒不如说，把兑换地点局限在北京来看的话，比起外国银行券，中国的银行券势力很大。流通额最大的是中南银行，接下来是中国银行和交通银行两家银行。中南银行券的流通额之所以大是因为：第一，相关的人有影响力，信用深厚；第二，中南银行拥有和盐业、金城、大陆三家银行共同的兑换准备金库，在各个银行都可以随时兑换，有跟现银一样的保证；第三，作为具有代表性的兑换券发行银行，

---

① 1927 年由大宛农工银行改组而成，在上海、天津、汉口、杭州、南京等地设分行或分支机构。1952 年加入公私合营银行。

中南银行从以前开始就占据了优越的地位。而中国银行和交通银行两家银行则由于近几年跟政府之间关系太紧密，先后发生过两次停止兑换的事情，所以其兑换券自然而然也就失去了信用。以上就是中国、交通两家银行排在中南银行后面的原因。中南、交通、中国三家银行的发券额正如我们在"天津的通货"这一章节中叙述的那样，其他各银行的发行流通额大概最少六七万元，最多七八十万元。

如上所述，虽然中国银行券能够按照券面面额顺利地流通，但是，如果从其兑换基础方面来考虑的话，则是十分的薄弱。第一，北京虽然是政治中心却不是工商业城市，因此其经济状况和其他经济型城市不一样，易受到政治的影响，挤兑频发。第二，中国的银行以募集营业资金为目的发行纸币，或者在给其他银行贷款的时候，有许多的特例。比如，无担保无利息，或者现金贷款的话每年是一分五六厘左右。而纸币贷款的话仅仅只需要五六厘的低息等，通过各种手段，推销纸币，容易陷入滥发纸币的圈子。第三，虽然法定准备金规定占各发券金额的60%，但是各银行几乎都在其决算书上不发布这一信息。也就是说，几乎没有按这一条去做的。实际上，以现金存款和其他的公积金为基础来发行纸币，势必造成存款支付的缺乏。也就是说，如果把兑换的基础放在各种存款上面的话，是非常危险的。由于以上种种事情，我们不能说纸币已经有了一个稳固的基础。

2. 外国银行券

在北京的外国发券银行如下：

花旗银行	200万元
华比银行	50万元
正金银行	30万元
汇丰银行	10万元
麦加利银行	10万元

券面面额跟中国的银行一样，有1元、5元、10元、50元、100元，都没有任何的贴现在流通。但是，其流通区域仅限于兑换地北京。此外，

还有天津发行的外国银行券，有少额的溢价。

以前，外国银行券由于随时都可以兑换，所以信用度高，可以看得见其跟硬币一样流通额度很大。但是，由于现在受中国银行券多发的影响，其发行的必要性在减少，再加上近年来的排外运动或者坊间谣言等的影响，不时遭受挤兑，各个银行都变得很消极，其发行额也在锐减，因此，流通额也不是很大。

第二项　铜元券

铜元券作为铜元纸币是由财政部管辖的平市官钱局发行的。面额有铜元10枚（1吊）、20枚（2吊）、40枚（4吊）、50枚（5吊）以及100枚（10吊）五种。一般铜元券在日用品的买卖中使用，其流通非常良好。但是从四五年前开始，由于受长期滥发、当局者不正当行为的暴露以及兑换停止等影响，铜元券的市价暴跌，铜元券和铜元之间的交换产生了巨大的价差。最终几乎看不见其在流通，但是，最近又复活了。

第三节　金融时事问题

根据正金银行的田中氏所言，自从首都搬迁到南京以后，北京日渐凋零，中国银行和交通银行由于政府不在北京，把总部设在北京的重要性也在减弱，最近它们把总部搬到了上海。

一般的交易额也处于逐渐减少的状态。接下来是关于孙中山银元的问题，去年10月王正廷向各国的公使馆下达了通知，说孙中山银元是正币，强制命令其使用。与此相对，外国银行经过开会，决定如果中国的银行无条件让它①流通的话，就应该发布通知或者发布中国的银行应该无限制接受的通知。

但是，问题在于在天津，如前所述的那样是受到限制的。如果在农作物的出货期，农村方面接受的话，那么就能够立即流通，但是如果农村方面不接受的话，就会成为问题。但是，不论怎样，只要孙中山银元的品质得不到改善，它就不是一种可被信任的流通的货币。

---

①　指孙中山银元。

天津的钱庄[*]

昭和 5 年第 27 期生

岩尾正利

目 录

第一章 绪论

第二章 钱业的起源

第三章 钱庄（银号）

　第一节 钱庄的组织和资本

　第二节 钱庄的设立

　第三节 钱庄的业务

　第四节 钱业的账簿

第四章 天津市场上流通的各种票据

　第一节 票据的种类及说明

　第二节 本地市场中国银行（钱庄及银行）的信用调查

第五章 钱商公会

　第一节 天津钱商公会暂行章程

　第二节 天津钱商公会办事细则

　第三节 天津钱商公会认可会员及钱商公会之外会员

关于本地钱庄及其交易习惯的讯息，主要来自正金银行的调查，此外还参考了以下资料：

---

[*] 该文是东亚同文学院第 27 期学生岩尾正利和调查组成员于 1930 年进行的调查，原文见国家图书馆编《东亚同文书院中国调查手稿丛刊》第 127 册，国家图书馆出版社，2016。

《中国经济地理志》，马场锹太郎著
《中国省别全志》，东亚同文会发行
《天津案内》，不详
《中国金融机关》，东亚同文会发行
《北京的银行》，酒井忠道著
《中国经济全书》，东亚同文会发行
《外国汇兑及金融》，吉刚政治著
其他各种报纸。

第一章 绪论

现在的中国，新旧金融机构相互交错，与其他文明国家相比，中国的金融机构系统非常的杂乱。中国金融机构的业务也难令人产生信用。特别是其多数杂乱分布在各地方，而且金融票据因地方的不同在名称和习惯上也不一样，没有一种方法使其统一起来。

在中国的金融机构里，除了所谓的新式银行以外，还有如钱庄、票号、银炉、公估局[①]等各种机构。这些金融机构虽然从前就一直霸占着中国的经济界，但是，随着中国经济机构逐渐走向近代化，最终被新式银行超越了。现在，这些金融机构已经逐渐失去了往日的势力。但是，由于新式银行尚未在各地普及，而且其信用情况也不是那么的可靠，所以这些旧式的金融机构还没有到完全不被需要的地步，还占有重要的地位，有着经济性的功能。

从理论上来说，正如现存这些旧式金融机构那样，西洋文明在入侵中国的同时，也在被排斥着。尽管如此，在中国新旧势力相互对立，而且还在竞争，这一点很有意思。

---

① 公估局是清中叶后鉴定银炉所制宝银重量、成色的专门机构，分官办、商办两种。清末设银币铸造厂后，采用化验方法鉴定宝银，公估局业务渐衰。1933年废两改元，公估局遂被淘汰。

第二章　钱业的起源

天津钱庄的起源，是清朝初期的事情，也就是距今约百年以前的事情。当时的银号①规模小且经营的人非常少。银号只不过是从事兑换制钱和银子的一种机构，之后直到清末，其在组织上也没有什么大的变化。当时，天津逐渐成为北方的重镇，在商业上是一个枢纽地。内地来的货物都汇集在此，天津开埠以后，其年出口额可达二亿元以上。

当时还没有现在的银行这种组织。银号由于适应了环境的需要，所以逐渐发展，在组织上也变得完善起来。这些银号广泛散布于天津宫南、宫北、针市街、竹竿巷、河北大街以及北门外乐胡同②一带，资本平均为3万至4万元，最多的也不超过10万元。但是，跟其他的商业买卖相比，银号的利润比较高，很多银号都在各处开设分店，谋求各自的发展。

银号最初的业务主要是代替商人（转账），用银号发行的汇兑票来代替现金的交易。除了汇兑业务以外，银号还有炉房从事宝银的铸造。大大小小的银号都发行钱贴（庄票的一种），在天津流通钱贴的很多。由于钱贴种类也很多，此处简略对其说明。银号一开始运转时，就出现钱贴发行过多的现象。现银准备出现了不足，因此运转困难。听说也有很多银号因此而倒闭了，最后钱贴也被废止。接下来是洋元③钞票的发行。各个大小银号都有发行这种钞票的权力。钞票的种类有1元、5元、10元三种。但是，也发行过50元、100元的钞票。在钞票发行的初期，银号的信用还是良好的。随着时间的推移，又开始重蹈钱贴的覆辙。因此，在宣统年间，恐慌迭起，发生了我们今天称为银行挤兑的事件。鉴于此风潮，天津总商会召集了钱商，对此事的善后对策做了一个商讨，结果是决议了以下的办法。

（1）各银号倒闭以后，应该以自家的全部财产来回收自家发行的钞票。

（2）在回收钞票和整理同业者的账簿之后，才可以开始其他债务的处理。

---

① 钱庄的别称。

② 原文有误，疑与谐音有关，应为乐壶洞，今北门外大街中段的泛称。

③ 银元。

自从制定了这个规定以后，挤兑风潮稍微减少。但是，随着银行开始发行钞票，钱庄发行的钞票就慢慢地自然减少，最终被淘汰了。

当时，银号不相信团结的力量，仅仅只是设立了公估局一个场所来进行银色的鉴定。进入民国以后，银号业务被银行超越，同业者感到有必要商量出一个对策，于是就在民国2年，在袜子胡同成立了钱商公会。民国8年、9年之间，在公会内开设会场，进行洋元、金票①、羌贴②的交易。之后又在民国12年，开始了公债的交易。金票和羌贴因为某种原因停止了交易。

总之，钱庄在组织上慢慢地具体化，虽说今年的市场情况不是很好，但是同业者之间的团结不断强化。在发生事故的时候，相互合作，努力促进本行业的发展。

很多银号都与官府、海关、道台衙门互相有联系，势力也颇为雄厚。著名的同达、兴泰等先后倒闭了。现在尚存的有位于宫北的益振兴、位于宫南的敦昌、位于竹竿巷的洽源。

现在，加入钱商公会的约有百数十家。
（1）在宫北一带约有四五十家钱庄从事汇兑业务，一般被称为东街。
（2）在针市街一带约有五六十家钱庄从事折交③业务，被称为西街。
（3）在租界一带约有五六十家钱庄，其业务包括分为汇兑和折交两种。
（4）小钱铺约有一百余家，未加入钱业公会的很多，分布在津市各处。

第三章　钱庄（银号）

第一节　钱庄的组织和资本

钱庄有个人出资的单独经营形式，另外，二三人或者五六人共同出资的也很多，出资者承担无限责任。例如有一个银号，其资本为10万元，由

---

① 第一次世界大战爆发后，日本乘机把在朝鲜发行的纸币，即朝鲜银行券，输入天津。因日本1929年前实行金本位制，故称其纸币为金票，俗称老头票。
② 俄国人发行的，是钱票的一种。
③ 折即存折之意。折交就是在钱庄中通过存折中的款项进行结算的划账交易，在上海这样的钱庄叫作"汇划庄"。

于经营失败产生了 50 万元的损失，这个时候该银号倒闭自然不用说。同时，向该银号出资的人负有偿还资本金以外的 40 万元债务的义务。主持店里业务的人叫经理，经理由股东聘请的情况很多，股东自己做经理的不多。当然，被聘请的经理是有年限的。

经理根据其经营业绩有连任的条件。经理有统辖以下业务的义务。

（1）会计：管理一切账簿和一切琐碎事务。

（2）营业：经营存款、贷款、汇兑业务、证券交易和代客买卖等。

（3）交际：从事对外所有的折交买卖和生金银的买卖。

（4）外庄：管理汇兑业务，调整现金。

（5）出纳：主要管理现金的出入。

各个部门的职责根据该店的业务性质及其轻重有所区分。比如，以经营折交业务为主业的钱庄，会计和交际两个部门特别重要，而营业部门则起辅助作用。一般来说，在会计部门工作的人数多数为二十余人，交际部门大多为十余人。至于像晋丰号、洽源号等以营业部门为主体的银号，营业部门和外庄发挥着尤为重要的作用，会计部门、交际部门起辅助作用。有的银号的营业部门人员多的有 20 余人，外庄人员多的有 40 余人。永济、敦昌等这些钱庄即属于此类。

除上述以外，钱庄内还有数名学徒，即学生。他们一般花三年的时间在店里实习，之后就能够拿到津贴。在实习期间，衣服和住宿由钱庄负责。年末的时候还发买鞋和买袜子的钱，这笔钱根据实习年限递增。

第二节 钱庄的设立

钱庄的组织跟在中国的一般企业组织一样，即一般由几个人共同经营。在成立钱庄的时候，要制作一个被称为"议单"的类似公司章程的合同书。它记载着各股东的住址、姓名、出资的种类和控制人的住址、姓名、权限、其他利润分红以及损失分担的方法和其他必需事项。相关的责任者在署名盖章之后，出资人和控制人各拿一份，以备往后发生纠纷时所需。

钱庄在开始营业之前要加入钱业公会。同业者在找到几名连带保证人之后，需要带着"议单"向钱业公会缴纳一定的入会金。这个时候，钱业公会召开总会决定是否允许其开业。在天津，入会金必须支付200元（仅限于一等银号）。

这样，钱庄不需要获得政府的许可，而是需要获得钱业公会的许可才可以开业。

第三节　钱庄的业务

第一款　折交

从事折交业务的银号的营业范围中，存款和贷款尤为重要。春秋两季是这种业务最为兴盛的时候。夏季由于业务不振，因此钱庄一般也兼营其他业务。春季存款最多，秋季贷款最多。

存款的种类如下：定期存款、短期存款、活期存款、交易存款、个人存款（暂记）。

贷款的种类如下：交易贷款①、担保贷款和无担保贷款。

当然，贷款根据该银号存款金额的多少来进行。一般各个银号都以存款总额的5/10或者6/10作为贷款的基准。去年在时局稳定的时候，东西两街的贷款总额达到了七八千万元以上。银号的贷款额，有的可多达百万元以上。贷款的对象尤其以棉纱商最多，其他商人次之。

第一项　存款

1. 定期存款

定期存款有一个月、六个月、一年、三年、五年、十年等期限，一般以在年末时取出为约定的随时存入和以一个月为期限的定期存款最多。

利息根据市场情况来定，一般在一个月八厘至一分之间。

2. 小额活期存款（浮存）

小额活期存款个人可以自由地存入，没有期限，无利息。

---

① 交易贷款是指企业为满足特定交易，向银行借入的一次性贷款。这种贷款必须用企业进行该项交易活动获得的收入立即归还。

3. 活期存款（往来存款）

这个属于同业者（银号）之间为了相互融通资金而设立的一种存款，不计利息。融通根据银号的名称、控制人，或者交易个人在社会上的信用来进行。如果发生不测，出现借款人发生倒闭的情况，首先必须清偿这种账户。这是一种不成文的规定。

4. 交易存款

由于各个商店在春季将货物出脱，对现金的需求比较少，因此，在这个季节存款的人很多。期限为无定期，官方利息为三厘。

5. 个人存款（暂记）

这种存款是为个人而设立的。所谓的个人，包含银号内的使用人或者银号外的人。这种存款是一个暂时保管个人零碎金钱的办法，很多都是无利息无期限的。

第二项　贷款

1. 交易贷款

以折交为主的银号对于其他银号和商家也进行这种放贷，利息平均为一分二厘左右，很多时候都是根据其他银号和商家的信用来进行放贷。期限多数为无定期，根据借贷人不同，有的时候需要提交保证书。

2. 抵押贷款

这种贷款主要指个人或者商号在一时手头不方便而急需现金的时候，他们以自己拥有的财产，如住房、土地、金属制品及各种贵重物品等作为抵押向银号贷款。一般情况下，银号会用抵押品价值的一半来进行放贷，利息为一分五厘左右。当然，还要制作借款证书作为证据。期限由银号和贷款人协商决定。

3. 信用贷款

这种贷款完全是以对方的（个人或者商号）信用作为担保。信用指的是借款人的财产、名望，以及社会上的一切信用。但是，贷款的金额一般不超过一万元。

第二款 营业

作为以营业为主体的银号，从事证券的买卖、汇兑业务等带有投机性业务的很多。前述的所谓羌贴这个东西就是现在的证券。以前，羌贴盛行的时候，全市的业务几乎都是以羌贴来交易，其总额据说每年可达 6 亿元以上。羌贴被废除以后①，证券交易变得盛行起来，往年时局暂时稳定的时候，银号每年的营业总额可达 2000 万元以上，获得了很多的利润。由于这个原因，各个银号立即就把资本增加了数倍。但是，由于银号把手伸得太宽，终于遭遇了像去年②恐慌时如棋子般一个个倒下的情况。以下，我们分几个项目来进行说明。

（一）证券

经营证券买卖的银号一般在上海、天津、北平这三个地方相互有联络。曾经，天津的钱商公会从事过期货交易，每月分为 10 日、25 日两期进行，非常危险。以下我们举例来补充以上说明的不足。

甲银号承诺在月内的 10 日购买乙银号一万元的九六公债③。当然了，定价以时价来计算。甲开出批买票（购买合同），乙交付批卖票（卖出合同）。到了当月 25 日，甲向乙支付 10 日约定好的金额的钱，乙把九六公债交还给甲。双方必须对公债价格的变化都没有异议，才能按照约定的价格进行交易。

在这里，我们必须考虑的是，甲在 10 日约定的价格跟 25 日现金兑换时的价格相比，如果市价变高的话，甲就会获得很大的利益，而乙就不得不蒙受巨大的损失。反之，如果价格在交货的时候下跌的话，甲由于获得的是比市价低的公债，就会蒙受损失，而乙则获得利益。投机性很强的中国人往往因此在经营方面变得困难，倒闭现象层出不穷。诸如此类的交易弊端特别大，钱商公会鉴于此严禁从事此种交易。但是，在租界内的银号仍然公然从事这种交易。现在，钱商公会从事的只有现货交易，商议时价，用现金来交

---

① 1914 年一战爆发后，沙俄宣布羌贴停止兑现，羌贴开始贬值。1917 年十月革命后羌贴贬值更甚，直到 1920 年变成废纸，给我国商民带来极大伤害。
② 1929 年。
③ 1922 年 2 月 11 日，北洋政府发行用于偿还内外债的八厘公债 9600 元，俗称九六公债，以盐税剩余和关税余额为担保。

易，这是为了避免上述弊端，另外，也可以减少手续上的烦琐。各银号为了自家的利益，在从事证券买卖以外，还代替外商从事买卖交易，从中收取每一万元35元的手续费。以下是期货合同。

> 今代客（或本号）批〇定
>
> 公债名
>
> 〇〇宝号〇〇〇〇元，每万价合行平银〇〇〇〇，期限至〇历〇年〇月〇日兑交，无论客家收否（或交否）全由敝号全数收清（或交清）。此证。
>
>
> 〇〇〇〇批单
> 中华民国〇年〇月〇日

（二）银元

银元为外行家[①]在采购货物时使用，这种交易很多以折子来进行。虽然在钱商公会每日都进行交易，但是合同平均可达10万元以上。银号的利润在冬季尤其多。一到冬季，银元的需求增加，因此市场一定变得紧张起来，银元的价格也会升高。于是，银号就开始买入生银委托造币厂进行铸造。夏季由于交易闲散，因此，银价也会走低。这种生意虽然说是常规性的生意，但是还是带有一些投机性。因此，也有不少银号因此陷入了危机而倒闭。

1. 国内汇兑

从天津的银号向国内汇兑可以到达的地方有上海、北平、包头、张家口、哈尔滨、营口、奉天、大连等地。其中交易最多的是上海和天津之间。现在，我们看一下天津和上海之间的电信汇兑，每日可以达到五六千万元以上。这个金额根据市场的变动上下浮动。比如，据说当上海金融市场繁忙的时候，电信汇兑一般会增至1000两上海规元兑换天津行化银1070两左右，而当上海金融市场不忙的时候，则会下降至1000两上海规元兑换天津行化银一千零三四十两左右。其他的都是信汇，支付时间为一到二日或者五到七

---

① 行商、流动商人，与坐贾对应。

日。如果期限到了的话，不计利息进行支付。

2. 国外汇兑（外汇）

又被称为对外汇兑。在天津所谓的国外汇兑业仅仅是指面向日本的。很多银号都在日本有分店或者支店。其中，大阪最多，其次是神户。当地的棉纱商在排日运动以前，面向大阪的汇兑可达三四百万元以上。再者，由于海产品的进口向神户汇兑的也不少。

金镑业务：这种交易是指英美两国货币的买卖。

在欧洲大战结束的时候，两国都受到战争的影响，货币的市价涨跌不停。钱商（银号）趁着这个空隙获得巨大利益的相当多。但是近年来，从事此种交易的人很少。

金沙①业务：金沙是俄国人带来的东西，在天津不能通用，所以很多人都把它卖给银号换成本地通用的银元。

羌贴业务：羌贴原本是俄国币制的一种。当俄国国力强盛的时候，其在很多国家都是通用的。民国 3 年，羌贴价格高涨的时候，一百元兑换中国货币一百三四十元。本埠的钱业者从客商手里买入羌贴，转卖给道胜、汇丰、麦加利、德华等银行，获取中间的利益。钱商虽然也有人开设市场从事交易，但是随着俄国革命的爆发，羌贴最终一落千丈，瞬间就变成了废纸。由此很多钱商蒙受了损失。

杂洋②业务：此种交易主要是收购各省的杂洋，然后在和本地通用的银元之间赚取利润。

小钱铺（门市）业务：门市经营的主要业务有杂票的买卖、铜元的兑换、有价证券的中介业等。各种杂票在门市都被折价收购。

第四节　钱业的账簿

钱业的账簿一般分为以下几种。

---

① 金沙，就是从金矿中淘出的散碎的、砂砾状或粉末状的金子。搜集一定量后，放在一起进行熔炼，可以铸成块状、条状或其他形状的金子。
② 中国近代货币紊乱，各省普遍形成了以某一种或几种货币（或银两，或纸币，或银洋）作为主要的流通与结算货币，但当地市场会有来自全国各地、中外不同的银洋在市面流通。相对于当地市场广受欢迎的主要银洋，这些来自全国各地、中外不同的银洋被人们称为"杂洋"。

第一，交易账。这个账簿记录各商人的账目。但凡是商人，只要在钱商办理存款的时候，全部计入此账簿或者说到了某个规定日期的话，此账簿就被截止了。

第二，往来账。作为同业者之间进行资金融通交易使用的账簿，每天晚上截止。截止后的第二天，各钱商用华账房或者银行支票来进行裁决。例如，假设本日甲银号向乙银号发生了银四千元的负债，乙银号向甲银号发生了银 3000 元的负债，这样一来，今晚甲乙两家银号在账簿截止以后，第二天早上甲银号通过华账房或者银号支票向乙银号支付四千元，乙银号又通过华账房或者银号支票向甲银号支付三千元，双方相互裁决。

第三，浮存账。一种商人的存款账簿，利息为三厘。

第四，浮欠账。作为商家来说，记录透支的账簿。

第五，银行账簿。作为银号和银行以及华账房之间的交易账簿，利息为每月三厘。

第六，水牌账。银号内的使用人在操作存款时候的账簿。

以上这些都是钱业中普通账簿的种类。

注：所谓的华账房就是作为交易银行的买办的意思来使用，指的是付款银行。钱商有时需要向外国银行买办开出票据。这时，买办承担责任进行支付。

第四章　天津市场上流通的各种票据

以往钱商同业者之间的买卖裁决使用的是现金，后来由于现金携带不方便而且危险，所以出现了各种票据，开始取代现金。

第一节　票据的种类及说明

在天津，票据的种类有以下几种：①拨条；②拨码；③取条。

有关拨条及取条的说明，第十七期学生片山和河村两位前辈已经在《以天津为中心的金融调查书》中做过论述。因此在这里我们予以省略，仅就拨码做一个说明。

所谓的拨码，可以看成中国的银号之间用于账尾结算时使用的交易约定票，开票人和付款人都是银号，在实际交易中起拨条的作用。但是，外国银行因其在形式上过于简单，伴有危险，所以绝对不接受。而且，拨码也存在跟拨条一样不规范的地方，即在支付从其他地方来的汇款支票的时候，付款银号必须换成其汇给其他银号的拨码。在开出拨码时，要具备如下要素。

第一，取得拨码承认的语言。也就是像"拨"或者"某某银号照交"等之类的话。但是，如果把它就看成拨码的话还为时过早，还需要具备其他写有以下文字的纸片，才能称之为拨码。

第二，一定的金额。由于天津的通货为银洋（银元）和银两（马蹄银），所以，必须记载一定的金额。在以银元结算时，可以写成洋或者大洋或者龙洋几百几十元几毛几分等。以前，也有写成天津通用银、洋元的。洋几元说的就是大洋几元的意思。在天津市场上，看不到票据面上的金额用小洋来书写的。一般写成行平化宝银一千元等的也是无效的。用银两核算的时候，必须把元宝银的种类和称重的衡器分别写明白。比如说，写成行平化宝银一千两百两七钱两分等，这样的话，行平表示衡器的种类，化宝银表示的是元宝银（马蹄银的一种）。如果写成银一千两或者行平一千两等之类的，由于没有明确衡器的种类或者何种类型的银两，会造成所指不明，因此此类记法是无效的。对于记载的金额，则没有限制。

日文的支票用文字和数字两种形式来表示金额，而天津固有的支票则只使用汉字。但是，拨码也有只用中国的数字来表示的。

第三，付款人的签字。付款人的签字也只有付款人能知道，如何写没有关系。比如把"永康银号"写成"永康行"，把"信记"写成"正金账房"等。汉语中使用"宝号照付""宝号验付""台照""照"等词，相当于日语中使用的"御中"或者"殿"等。

第四，开票人的盖章。在拨码里，不以开票人的署名为要素，如果有其盖章的话就可以了。这个盖章真伪很难识别，很多时候都伴有危险。

第五，开票的日期。开票的日期指的是发行票据交付给对方的日期，记载方法有几种。

根据阳历，写成中华民国某月某日；根据阴历，写成戊午某月某日；

根据西历，写成为一千九百三十一年某月某日①，以上的任何一种都可以，一般使用的是阴历。在此日期之前的为无效，而在此日期之后，即便过了三十几天也没有关系。但是，这种情况下一般都要询问开票人。根据票据法的规定，支票的有限期为十天，即使没有任何规定，根据实际交易的状态来推测其有效期在一个月。

第六，拨码的常备要素如下。

①用纸

用纸根据开票人，很随意。一般使用的是粗糙的中国纸，大小为横一寸竖三寸左右。

②用语

使用汉语，但是在支票上用外语来写的话也可以。

③编号

由开票人随意书写票据的编号，在票据的左上位置用中国数字在左侧或者右侧中央位置，写上编号。

④骑缝印

在用汉字写编号的地方盖上骑缝印。

⑤格式

一般是竖着分三行来写。第一行为票据内容的文字，第二行写收取人和金额，第三行写付款人、开票日期和开票人，按这种格式写的人比较多。

前面已经说过拨码起源于钱庄同业者之间的账尾结算。其便利性逐渐被世人所知晓，在天津，其他商人之间也开始产生了与此很像的结算方法。因此，最近在河北省，由于不知道钱商拨码的真相，出现了以拨码作为支票，要求在一张拨码上贴上二分的印花的事情。鉴于此，钱商公会发表了反对此种事情的声明。一方面，向河北省印花税局天津分局呈上了取消的请求，另一方面决定拒绝收用除同业者以外的人发行的拨码，并且还在报纸上登出了启事，向广大群众告知事情真相。作为参考，以下我们翻译了其中一篇文章，以此为例来弄清楚拨码的性质。

---

① 此处仅是举例说明，并非专指 1931 年。

敬启：以前，本地的钱商同业者用以往的拨码来进行相互之间的尾账结算，但是最近听说其他同业者也开始仿照我们的拨码，且层出不穷。本公会的拨码仅限于在账尾结算中才能使用，跟其他商人所谓的拨码完全不一样。他们所谓的拨码，我们其实可以称之为支票或者拨条。今后，除了我们同业者以外，其他商人在发行与我们使用的相类似的拨码的时候，本同业者各个商号均有权拒绝其流通。故此，我们发表以上声明。

敬上

钱商公会

作为支付用具，在本市场中流通的除了前述三种以外，还有以下几种。
（1）支票
①寄给外国银行的支票（番纸）
②寄给中国银行的支票
（2）银条、洋钱条
（3）Comprador Order[①]
（4）存条等

我们按照以上的顺序来说明。
（1）支票
①寄给外国银行的支票（番纸）
②寄给中国银行的支票（支票）

所谓的支票是指寄给中国银行的支票。所谓的新式银行是指中国银行、交通银行、直隶省银行[②]、北洋保商银行、山东银行、浙江兴业银行、盐业银行、金城银行、新华储蓄银行等。这些银行采用支票，其样式和条件跟我们的支票完全一样。

（2）银条、洋钱条以及钱条

作为中国固有的银行（钱庄），其发行的 Cashiers Order，银条在面额

---

① 买办付款令票。
② 其前身是1902年成立的官银号。1913年改名为直隶省银行，总部设在天津。

上是银两。所谓的洋钱条，指的是金额是洋银的东西。钱条指的是制钱（我们国家的一厘钱），标注票据面金额。在 30 年以前，钱条作为代替兑换券使用的东西很盛行。钱条在现在已经看不到其踪影了，银条、洋钱条也慢慢地被废止了。现在我们来看一下它的雏形。

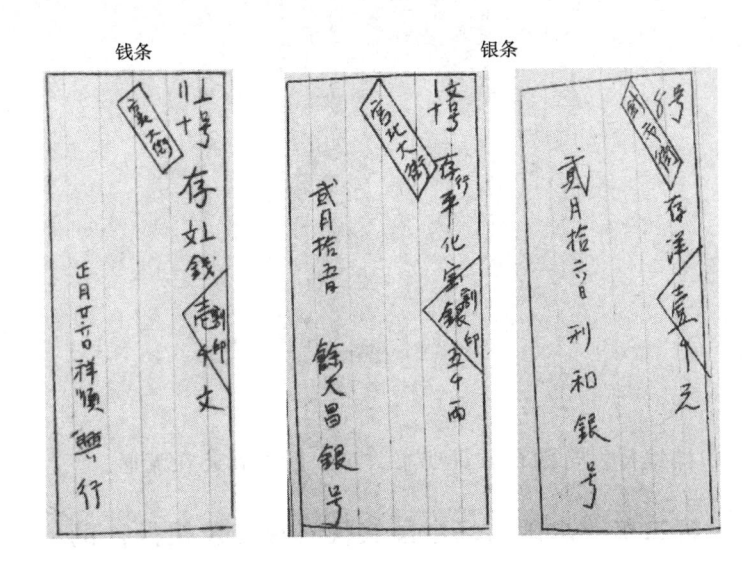

    钱条   银条

图上部分文字解说：

存：指的是预存的意思。

行平化宝银：行平指的是一种衡器，化宝银为马蹄银的一种。

五千两：指票据面额。

洋一千元：指洋银一千元的意思。

割印：即发行银行的骑缝印，它是证明票据真伪的唯一证据。

利和银号、余大昌银号、祥顺兴行：指开票银号的名称。

正月廿六日、贰月拾五日、贰月拾六日：指开票日期。

宫北大街、针市街：表示支付地，即银号的所在地。

文号一十、8 号①：表示票据的号码。

（3）Comprador order

  指的是外商或其买办，命令把一定金额的钱支付给固定的人的票据。以下是当地 William Forbs 公司采用的一种样式。

---

① 采用的是苏州码子，1~10 的数为 一、刂、川、乂、8、亠、亠、亖、夂、十。

（4）存条

作为中国银行发行的存款证明书，可以看见其还在流通。

第二节　本地市场中国银行（钱庄及银行）的信用调查

以下这个表列举的仅仅是外国银行买办的客户，并非本地全部的银行。在这个调查中，关于经营者和资本金是以中国的银行的调查为基础，关于信用，我们参考了中国银行间的意见，将其分为头等、一等、二等、三等、四等。按照这个顺序排序，如下表[①]（见表1）。

表 1

名称	出资者	控制人	资本金	信用
信记（正金）	魏信臣		（身元[②]保证金）7万两	头等
镰记（汇丰）	郭炬卿		（身元保证金）10万元	头等

[①] 表中所列出资者中仅标明姓氏者甚多。原文如此。
[②] 在日语语境中，身元有身份的意思。

续表

名称	出资者	控制人	资本金	信用
伯记（道胜）	张仍龙		（身元保证金）3万两	头等
恒记（汇理）	訾质甫		（身元保证金）5万两	头等
致记（华比）	李致堂		（身元保证金）5万两	一等
守记（花旗）	金亮臣		（身元保证金）2万元	一等
乃记（中法实业）	陈及山		（身元保证金）5万元	一等
义记（麦加利）	延年堂		（身元保证金）2万两	一等
北丰	左	李雅泉	2万两	一等
直隶银行			120万两	头等
中兴	范	王兰舫	2万元	一等
益盛源	卞	张少舫 杨郁文	4万两	一等
永亨	集股	刘泽泉	10万元	一等
永昌	吉	王筱舟	2万两	一等
永成	吉（跟永昌为同一人）	王筱舟	10万两	一等
永康	魏信臣（该行买办）、杜	雨香 王聘之	2万两	头等
永信	集股	张吉林	1万元	三等
盐业银行		与在天津的资本额一样	50万元	头等
复大	王仲奇	任墨林	2万两	二等
义成	集股	李云章	2万元	二等
义兴	江苏督军（李秀山）	赵益齐	4万两	一等
义胜	翁	王古清 焦	1万元	三等

续表

名称	出资者	控制人	资本金	信用
义聚永	盛 邱	杜善卿	1万元	二等
交通银行			1000万两	头等
金城银行			50万元	头等
华充银行	冯大总统	孟慎吾	10万元	头等
华通	胡 张	赵敬齐	2万元	三等
华胜	冯国璋	杨稚卿	2万元	一等
华信	集股	姚桐甫	1万元	四等
协兴厚	肃	沈琴轩	1万元	四等
洽源	合股	张云峰	10万元	一等
谦益丰	王兆祥	穆锦臣	1万两	四等
蔚丰商业银行	合股	马聘臣	20万元	二等
思庆永	赵	赵聘臣	1万元	三等
宝隆合	居、冈	居雨卿	1万两	二等
隆华	杨少泉	长吉生	4万元	一等
利和	彭	李致堂	4万元	头等
慎昌	黄	黄子林	1万两	一等
晋丰	合股	朱余齐 马杜山	10万两	头等
正大	王景杭	毛敏斋	4万元	二等
震源	集股	薰越桥 徐子谦	4万两	二等
信富	（海军大臣） 刘冠雄	韩玉堂 孙鹤臣	10万元	头等
祥顺兴	张敬尧	杜冠山 王少舟	10万元	一等
振记	宁	何振春	1万元	三等
志通	合股	杜幼足 刘文卿	10万元	头等

续表

名称	出资者	控制人	资本金	信用
新华储蓄银行		跟在天津的资本金一样	20万元	头等
时利和	钟芹初	于益之	2万元	四等
敦昌	冯	范钟轩 卢子林	10万元	头等
德庆恒	郑卢裳	周吉林	2万元	一等
天源义	盛	郭成麟	1万元	二等
敦庆长	乔吉亭	高越村 王子青	3万两	一等
裕生号	敦捷之	纪瑞生	1万元	一等
余大昌	集股	王筱岩 张善卿	8万元	二等
豫泰厚	袁少明	姜慎清 李芝坡	6万元	二等

注：合股指的是股份组织，集股指的是合资组织。除了写有外国银行买办和某某银行之外，其余统称为银号。比如说，永成指的就是永成银号。

第五章　钱商公会

钱商在各地大都设立了同业组合，可称为会馆、公所或者钱行。而且，在天津，钱业者的组合被称为钱商公会。

天津的钱商公会现有理事八人，其中从事会务整理的有一人，管理文书的有一人，整理会场的有一人。每天在公会里，当开市了以后，银号都会派一个负责人去（但是，仅限于被公会认可的人）。以前交易的羌贴、期货买卖、公债期货买卖、老头票[①]等全部被取消了。现在能够交易的只有银元和九六公债现货两种。而且，钱商公会还另设有公估局。公估局主要是鉴定银号买入的生银，然后这个银子才能进入市场流通。民国15年10月，钱商公会拟

---

① 朝鲜银行券俗称老头票。一战爆发后，日本将其输入到天津等地，也称金票或日金票，有一定的行市。

定了暂行章程和办事细则，使其内容更加充实。下面我们分节来说一下。

第一节　天津钱商公会暂行章程

天津钱商公会之暂行章程

天津钱商公会，以前在军阀压迫时代，受种种之束缚与苛求，办事诸多棘手，会务因之不振，一切建设计划更无具体表现，现在国民政府统治之下，民众意见，均可随时表现。一般有志改造钱商公会之董事，对会务颇有振作之意，爰于日前开会，通过钱商公会暂行章程及办事细则，内容颇称完备，兹照录其原文如下：

暂行章程

第一章　名称

（第一条）本公会系在天津本埠钱商各字号组合而成，定名曰天津钱商公会。

第二章　地址

（第二条）本公会事务所设在天津旧城北门内大街警察南五区门牌一百一十五号。

第三章　宗旨

（第三条）本公会以维持同业利益剔除同业积弊为宗旨，联络感情，固结团体，俾营业有发展之希望。

第四章　职务

（第四条）本公会有维护同业之义务，凡同业因商事行为有必要之请求时，得函商会陈请官府或转函各埠商会，充分维持，但营业范围以外之行为，本公会不负维护之责。

（第五条）本公会以谋金融之流通，及交易之安全，并巩固公共之信用为目的，就最小值范围言，凡同业商号每日收交电汇及买卖银元并有价证券等等。各行市均在公会内附设市场办理，以期画一，而免分歧。

（第六条）凡他业或客帮向我同业收交电汇及买卖银元并有价证券等等，均应照交手续费，及票贴转账费。若有破坏规章者，由董事召集全体会员，切实劝导，服从规章。如仍不服从，请其出会，以维会务。（此条

俟查看街市情形再为实行）

（第七条）本公会附设市场，依照本公会章程第五条规定之各项生意，由会友居中说合定章，以在公会之字号为限制。至于会外同业各字号，会友不得在会内市场代为办理，倘会友有私自代办者，一经查出，将该会友逐出市场以外，永不许在会内办事。

（第八条）同业商号因商事行为有争执时，得由本公会董事调解之。

第五章 职员

（第九条）本公会应设之职员及其推举任期与执行之权限，依左列各款办理。

（一）采用董事制，设董事九人，皆名誉职（以附属于总商会，故不设会长、副会长）

（二）董事由会员中推举，推定后不得借词推却。

（三）董事以二年为一任期，如有中途补充者，按前任者之任期接算。

（四）董事任期满后，续被举者亦得连任。

（五）董事对内有表决事理之权，外有代表全体之权。

（六）董事表决执行之事项，全体会员均须服从办理，不得借故有所争执，如果表决的事项与会员的利益有冲突，会员应该向理事会说明缘由，另行讨论。

（七）会内同业各字号，对于业务遇有周转不灵时，该号得向本公会报告，由本公会调查该号账目，如无亏累，实系一时周转不灵，经全体会员开会表决，取有确实保证后，由全体会员各字号按照等级，分别担任，暂行垫款，以资维持，事后应偿本息若干，由该号如数照还勿误。此项办法，全体董事均须担负责任。

（八）董事遇有事故不能到会时，得委托人执行代办之权，但所委托之人需完全负责，与董事本人无异。

（九）每届开会时，董事或所委托之代理人，不得连续三次缺席，有违职责。

（十）遇有交涉事件，全体董事临时当场推定几人办理，以专责成。

第六章 会议

（第十条）本公会会议分三种

（一）年会　每年于夏历正月二十日召集，会员全体举行之。

（二）常会　董事会议，每月二次，以夏历每月初二、十六日为定期。

（三）特会　无定期，由董事认为必要时，或开董事会或开全体会员会。

（第十一条）本公会会议需列席者过半数，并得列席者过半数之同意方可决议。

（第十二条）本公会会员如有提议之事，皆得函请董事开会讨论，董事会议有未能解决时，由董事召集全体会员开会议决之。

第七章　入会

（第十三条）凡属同业殷实之商号，愿入本公会者，须开写资本总额，股东姓名住址及所占股份，并经理人姓名住址，有会员三人以上之介绍，写具志愿书，声明能确守本公会规定之章程，并认定某等级，日后无论有何应尽之义务，均按照某等级办理。经本公会全体董事审查合格，方得入本公会为会员，享受权利。

（第十四条）同业商号，凡已入本公会者，其经理人即为会员，皆有推举及被推举权，均须担负维持本公会全部之责任。

第八章　出会

（第十五条）会员有犯下列各项者，应行出会。

（一）妨碍本公会名誉信用，及不服从本公会规章者。

（二）干犯国家法律及破坏公益事项者。

（第十六条）会员出会，其入会时缴纳之会费及经常费，概不退还。

第九章　经费

（第十七条）本公会经费由会员全体担任之。

入会费　甲等二百元，乙等一百五十元，丙等一百元。

经常费　甲等每月四元，乙等每月两元。

（第十八条）本公会经常开支由全体董事列为预算，就会内各项进款，酌为开销，于每年开年会时，将收支各项账目报告全体会员，以昭大信。

（第十九条）会中用款，由全体董事管理，不得超过预算表之数目，倘有特别需要，会中款项不敷支用者，得召集全体会员共商担任办法。

第十章　附则

（第二十条）本章由全体会员议决，呈请天津总商会立案实行，嗣后如有需修改之处，仍需召集全体会员会议，依本章程第十一条程序决议修改之。

第二节　天津钱商公会办事细则

办事细则

（第一款）本公会推举董事九人，共同负责。依据本公会章程第九条第五、六、七、八、九、十各项之规定办理之。

（第二款）本公会约聘秘书一员，辅佐董事办公。撰拟文稿及管理案卷。关于发出之函牍文件，经全体董事核准签字后，由秘书负责盖章缮发。

（第三款）本公会收支各款，有会计员经理一切。每月底缮具月报账簿，于开常会时，交全体董事查阅。

（第四款）本公会设书记一员，专司缮写文字事宜，事繁增设。

（第五款）本公会会议不举主席，议决事件依据本公会章程第十一条办理之。

（第六款）年会应议之事如左

（一）报告上年账略

（二）酌定本年预算

（三）筹划一切进行。

（第七款）年会之后，有合于前款第三项之事项者，得于常会或特会提出讨论，付诸公决。

（第八款）会议事件，应于开会前一日，摘要知照与议之人（如开董事会，则知照全体董事。开会员全体会，则知照全体会员），以便有所筹备。但遇有事关重要，未便预为宣布者，不在此限。

（第九款）会议事件，有一时未易解决者，得公推审查员先付审查竣事再行会议。

（第十款）议决各事，由书记备载于议事录，经列席之董事全体签字，秘书盖章，保存备查。

（第十一款）议决各事于未实行以前，会内人均不得有所泄漏，以昭慎重。

（第十二款）本公会董事，轮流值年，凡公会重要物件应存在保管箱者，由值年董事督同本公会人员存放或取还之。至本细则第三款所载之月报账簿，由全体董事查阅后，送值年董事处保存。

（第十三款）本公会附设市场，依据本公会章程第五条至第七条办理。由管理员负责维持，全体董事监理之。

（第十四款）本公会市场经费，由在会各字号共同分担。该市场管理员，用量出为入之法，于每月底清结之，不得亏欠，亦不得盈余。至详细出项，每月缮具清单，在市场内公布周知，如有名实不符者，准在会各字号据情质问，以昭核实。

（第十五款）会内人员，均不得借用本会图章或名义，自办私事。

（第十六款）本细则如有须修改之处，仍依本公会章程第十一条程序决议修改之。

第三节　天津钱商公会认可会员及钱商公会之外会员

我们在第四章第二节已经做过叙述了，钱庄的资本以及控制人在这节中不再叙述。

表 2　天津钱商公会注册会员[①]

字号	资本	经理	地址
洽源号	合资无限公司，资本 10 万元	张云峰	竹竿巷
晋丰号	合资无限公司，股本 8 万两	朱余斋、马桂山	竹竿巷
敦庆长	成本 3 万元　护本 3 万两	高越村、王子清	北马路
利和号	4 万元	李致堂	针市街
余大昌	合资无限公司股本 10 万元，护本 10 万元	王晓岩	法租界
鸿记	8 万元	曹趾厚	北门内
恩庆永	5 万元	赵品臣	英租界
德源号	5 万元	毛敏斋 倪岐山	竹竿巷
义恒号	2 万元	张锦堂 桑奎卿	东新街

---

① 该表格的材料来源于《天津钱业之调查》（《工商半月刊》，1929 年），但书院学生在抄写时粗心，将义恒号抄成了德源号（前面已经有一个德源号），于是一错全错。译者根据《天津钱业之调查》重新整理。

续表

字号	资本	经理	地址
义兴号	3万元	郭穉香	法租界
永丰号	合资无限公司股本10万元，护本10万元	刘泽泉、张泽湘	针市街
永济号	合资无限公司 股本12万元	尚采臣	宫北街
隆盛号	成本5万元 副本3万元	张济生 张子壬	针市街
中兴号	3万元	王兰舫	针市街
天兴恒	2万元	沈治	河北大街
森源益	2万元	郭秀岩	河北大街
义成裕	15000元	王廷栋	北门外
和济号	5万元	王景西	竹竿巷
义胜号	2万元	闫锡三、王普斋 彭贞甫、焦世卿	估衣街
兴泰号	1万元	陶捷卿	法租界
宏康号	1万元	唐振山	宫北街
瑞茂号	1万元	翟铁珊	日租界
信益	1万元	陈伯夫	日租界
敦昌号	1万元	范毓秀、卢文荃	宫北街
春华茂	2万元	孟吉甫	法租界
裕生号	1万元	郭少三	法租界
庆隆号	1万元	不明	宫南街
益兴珍	1万元	范雅林 邢毓卿 孙升庵	东新街
时利和	5000元	竺兆稔、马宝臣	英租界
恩庆厚	2万元	赵致中	英租界
信孚号	2万元	王竹生 程德隣	法租界
祥发号	合资5000元	张耀庭	老车站
永信号	1万元	胡翰卿	法租界

续表

字号	资本	经理	地址
聚丰永	3万元	崔兰亭 王仲贤	法租界
恒兴茂	1万元	陈振声 兰士元	日租界
中实号	合资2万元	刘鼎卿 张锡九	日租界
大康号	合资2万元	郑志臣 翟铁珊 曹秉甫	日租界
民兴号	2万元	滑文辅	日租界
宝大号	10万元	毕声斋 穆轩卿	法租界
永源号	10万元	王松臣 魏绍梁 张鲁溪	针市街
宝成号	5万元	纪瑞生	宫北街
庆亿号	10万元	胡桐轩	法租界
祥茂号	合资10万元	张兰舫 王桐林	法租界
同孚号	合资10万元	王墨林	法租界
泰昌号	8万元	高俊明 刘镜波	针市街
天瑞号	合资7万元	顾育华、杨桂霖	针市街
永增合	合资4万元	李瀛州	针市街
裕庆长	2万元	赵聘卿 孙献臣	日租界
肇华号	合资10万元	何巨川、王少洲	宫北街
庆丰号	合资2万元	曹雨林	法租界
宏利号	5万元	任良丞	竹竿巷
益善号	合股6万元 债本4万元	邓楚卿 顾益三	针市街

天津的钱庄

续表

字号	资本	经理	地址
宝生号	合股2万元	张蕴白 王铸生、齐少棠	日租界
集成号	4万元	孟焕章、于松乔 魏郎卿	法租界
永昌号	6万元	孙蔼庭、桑镜涵	北马路
永达号	8万元	段竹严、王宝藏	法租界
敦成号	8万元	赵子珍 王寿岑	法租界
永谦号	5万元	杜幼芝	针市街
裕津行	30万元	沈雨香	宫北街
同裕厚	合股无限公司 股本10万元	张奎卿	法租界

表3 天津钱商公会之外的会员

字号	资本	经理	地址
义信昌	3万元	翟文藻	日租界
兴达号	1万元	冠健成	日租界
顺兴号	1万元	于捷三	法租界
中和号	25万元	王士珍	北马路
颐和号	20万元	倪松生	法租界
和济号[①]	10万元	王景西	竹竿街
瑞茂号[②]	2万元	萧汉成	日租界
义生号	10万元	王松樵	法租界
诚明号	4万元	不明	竹竿巷
裕源号	10万元	张汉南	针市街
福东号	10万元	杨景波	法租界
保信号	2万元	阎雅卿	日租界

① 前面讲过和济号是钱商公会会员,这里又讲其不是钱商公会会员,不知何故,故特此说明。材料来源于《天津钱业之调查》(《工商半月刊》,1929年)。
② 前面讲过瑞茂号是钱商公会会员,这里又讲不是,似前后矛盾,故特别指出。材料来源于《天津钱业之调查》(《工商半月刊》,1929年)。

续表

字号	资本	经理	地址
谦生号	20万元	王介石	针市街
德源号①	5万元	王敏斋	竹竿巷
恒通号	2万元	张原伯	法租界
聚成号	2万元	张纯一	法租界
桐丰号	1万元	孙俊卿	日租界
宝兴号	2万元	孙仲和	法租界
协记	10万元	果杰	法租界
瑞大号	2万元	戴熙雍	宫北街
蚨生祥	4万元	门捷臣	法租界

① 前面讲过其是钱商公会会员，这里又讲不是，似前后矛盾，故特别指出。材料来源于《天津钱业之调查》(《工商半月刊》，1929年)。

上海钱庄调查[*]

昭和 8 年第 30 期生

岛田幸吉

前　言

　　最初我们想写一篇有关上海金融的文章,后来觉得尽管这是一个非常重要的题目,但这个题目太大,完全超出了我等的能力,所以就想将题目改为钱庄的历史研究。但在研究的过程中,发现资料很难搜集,而且中国人关于这方面的研究也很少,所以我们这次的目的是,将中国人写的有关中国钱庄的相关书籍内容进行总结,然后形成一篇文章。换言之,我们想看一下中国人关于这一题目的研究到底进行到了何种程度。由于是中途突然改题目,没有时间进行充分的准备,所以我们打算对马场锹太郎老师的书中没有提到的一些内容进行调查。另外,由于中国钱庄有很多术语,这些术语都很难,所以我们的文章中肯定免不了有一些错误和不足之处。下面就是我们写的内容。

目　录

第一章　钱庄的起源
第二章　钱庄的意义和作用
　第一节　钱庄的意义
　第二节　钱庄的作用

---

[*]　该文系东亚同文书院第 30 期学生岛田幸吉和调查组成员于 1933 年进行的调查。原文见国家图书馆编《东亚同文书院中国调查手稿丛刊》第 148 册,国家图书馆出版社,2016。

第三章　钱庄的组织

第一节　钱庄成立的动机

第二节　钱庄成立的要素

第三节　钱庄成立的手续

第四节　钱庄的管理

第四章　钱业公共机构

第一节　钱业公会

第二节　钱业会馆

第三节　钱行

第四节　汇划总会

第五章　钱庄的优劣点及其补救

第一节　优点

第二节　缺点

第三节　补救（改良）

第六章　钱庄将来应该采取的方针

第一节　合股

第二节　合并

第三节　联络

第四节　设立

第一章　钱庄的起源

中国钱业的起源非常久远，在中国各种书籍中，有如神话那样的记载，在一些专业书中也提到过，故追究其起源是一件非常困难的事情。

作为一个金融机构，钱庄的起源可以看做是从物物交换时代进入金融货币交换时代后产生了对钱银兑换的需要而出现的。以下通过列举几个例子，来对钱庄的起源做一个考证。

①宁波商人创设的借贷起源说

一个城市发达的话，交易也就随之发达，这就对货币产生了需求。作为一种必然的趋势，资金借贷关系自然也就产生了。稍微有点资金富余的人就开始将其用于投资，谋求增值。

当上海还仅仅是一个渔村的那个时代，石福昌和冯承两位宁波商人即开创了借贷业。随后，从事薪炭业的商人某氏在南市开设了煤栈，当时他把自己的富余财产贷给他人。从此以后贷款这个事业产生了并最终成了一个专业，以至于形成了钱庄这种组织。

②富裕商人的外库发展说

个人或者少数的商人产生了剩余货币，在运用这个剩余货币的时候感到不便，于是便直接贷给他人。其中有几个人按照契约创立了钱庄，并把其作为外库。在他们需要资金的时候充当资金供给的角色，然后这个外库就变成了钱庄。

③山西票庄起源说

在前清乾嘉年间，有一个叫雷履泰的山西平遥人。他携达蒲村李某氏的资本在天津创立了一家名叫日升昌①的颜料店。由于颜料中的铜绿产自四川，所以雷氏就去了四川。他在采购的时候对现银的移送感到特别的不方便。当他知道川商在向天津方面移送现银的时候也会跟他面临同样的困难，为此发明了汇兑这一方法。首先是在四川开设分店，四川和天津的商人都到日升昌来交易现银。就这样，日升昌获得了利益。在四川和天津之间进行商业交易的人也得到了极大的便利。而后，日升昌在各地开设分店，经营汇兑业务，这就是山西票庄的起源。此外，我认为没有必要对其他各种起源说一一列举，故省略之。

第二章　钱庄的意义和作用

第一节　钱庄的意义

在中国银行通行则例（前清光绪三十四年一月度支部发行）中没有关于钱庄的规定，在该则例中第一条（银行通行通则总共有十六条）有关于银行业务的详细规定，现在我们来看一下其大概内容。

---

① 有误。颜料店的名字叫西裕成，待改组为票号后，才改名日升昌。

【开设店铺，经营如下业务的，不管其名称如何，都被视为银行，都有遵守本通行则例的义务。】

1. 各种日期票据和汇兑票据的贴现
2. 短期拆息
3. 从事存款业务
4. 从事贷款业务
5. 生金、生银的买卖
6. 银钱的兑换
7. 代理接受公司、银行、商店发行的票据
8. 各种期票、汇兑票据的发行
9. 发行市场通用的金钱票

这种对银行业的规定也适用于钱庄。但是，不能将其看做是对钱庄的定义。那么，钱庄是一个什么样的东西呢？在这里我想综合我所知道的，对钱庄下一个定义。

一方面，钱庄是中国固有的一种金融机构，在其他国家见不到。另一方面，它把社会剩余的银元聚集起来（供给者），然后把它贷给资金缺乏者（需求者），调节需求和供给两者，把信用视为最重要的东西，其性质是无限的。这里，我们来详细地看一下。

（一）钱庄是中国固有的金融机构

关于钱庄的起源年代，在历史上没有人对其做过明确的记载。但是，其起源非常悠久，关于这一点毫无怀疑的余地。但是，通常在讨论钱庄起源的时候，都认为钱庄起源于兑换，兑换起源于币制。换言之，币制产生了货币，而货币又产生了理财，由理财产生了票据的发行，而且钱庄的兑换每年都有大的发展。

但是，中国的币制起源于周朝，而票据的发行则在唐代就出现了。从这个我们可以知道钱庄历史的悠久。

银行是最近数十年间发展起来的，从前没有这样的名称。清光绪二十

三年（1897）有一个叫盛宣怀的人从度支部①借了百万两白银，创立了中国通商银行，它是中国的银行业的鼻祖。而后在光绪三十年（1904）创立了户部银行。在民国成立之前，它被称为大清银行，民国成立之后，它被称为中国银行。从这里就可以知道中国银行历史之短暂。但是，中国银行条例是学习了日本的制度，而日本又是从欧洲学来的。总之，银行不是中国固有的金融机构，这点很明确，钱庄和银行的不同也就在这里。因此，虽然说钱庄和银行是中国现在主要的金融机构，但是银行是银行，钱庄是钱庄，绝不可将其混淆，这两者有着不同的性质。

（二）钱庄一方面把社会中的剩余资金集中起来，另一方面将其贷款给缺乏资金的人，发挥着调剂金融需求和供给的作用

钱庄一方面把普通民众的盈余和不用的资金集中起来，另一方面，将这些集中起来的资金贷款给缺乏资金的人。前者称为资金供给者，在钱庄业务上称其为存款；后者称为资金需求者，在钱庄业务上称为放款（贷款）。因此，人们有了剩余资金的话，就会把它存到钱庄里，获得相应的利息。而缺乏资金的人在接受钱庄贷款的同时向其支付相应的利息。钱庄处于这两者之间，起媒介的作用。而资金的需求方和供给方都能获得同等的公平。这样，钱庄起的是将剩余资金集中起来供给不足的地方的一个作用。钱庄在这个过程中获得一些小的利益。因此，"钱庄"是一个调剂金融的机构，其跟当铺、高利贷、放债等仅仅依靠自有资本来放贷而不接受外部其他人的存款的金融机构不同。其次，钱庄跟储蓄银行、邮政储蓄以及储蓄会等只接收公众的存款发放大额贷款的机构也不同。后两者只是从事单一业务（吸收储蓄为主）的金融机构，不能称为钱庄。

（三）钱庄对资金需求者和供给者只有信用二字

钱庄在接收存款的时候必须以信用为主，同时在放贷的时候也必须将信用视为最重要的东西。前者是存款者相信钱庄的信用，后者是钱庄相信借方的信用。因此，前者是钱庄自身的信用，后者是借方自身的信用。有剩余资金的人着急将其资金存入钱庄这点自不必说，存款人在这之前必须

---

① 当时称户部。1906年改为度支部。

对其资金所存入钱庄的信用情况做一个详细的考察。如果钱庄的资本家、股东或者控制人①值得相信的话,那么这个钱庄必然有信用,即便是初次存款的人也能放心存款。如果不是这样的话,那么宁可把银子存放在自家柜子里,也不挣那点利息。所以,钱庄在吸收存款的时候,首先需要的还是信用。而且钱庄在放贷的时候也是一样。钱庄吸收一般人的剩余资金,在接收了存款以后,就要尽快将该资金贷出去获取利益。但是,钱庄在放贷以前,必须对借方商人的信用做一个最详尽的调查。这就跟存款人在存款的时候考虑钱庄的信用如何一样。如果借方商人的资本雄厚,生意很大并且其借款的用途正当,也就是说值得信任的话,钱庄则贷给其相应的资金。反之则不对其贷款,缩小营业,减少存款。因此,商人在向钱庄要求贷款的时候,首先自己必须要有信用。这样我们就可以知道钱庄是以信用二字来做生意的。

(四)钱庄负有无限责任

钱庄的性质是无限责任。所谓的无限责任是什么意思呢?也就是说,钱庄的股东对于钱庄内的债务负有无限的责任。换言之就是以其所有财产为担保。例如,钱庄在出现了赤字的情况下,各钱庄的股东按其持股的多少对其进行填补,不论多少都免不了。而且,有时遇到了市场紧急恐慌情况,钱庄的资金运转出现故障,股东按照持股的数量来分担资金的供给压力,等待市场恢复正常再进行回收。这也是钱庄不同于银行的一点。

银行是有限责任的组织,股东的责任以出资额为限度。比如银行出现了亏损,各股东不承担其出资额以上的责任。但是,钱庄的股东却不同,一方面钱庄的股东负有无限责任,确实很危险,而且一旦钱庄破产,产生大的亏损的时候各个股东有可能因此而遭遇破产。但是从其他方面看的话,因为钱庄的股东要承担无限责任,所以才能获得像现在这样非常高的信用。

钱庄依据此信用得以吸收存款,发行票据。所以并不能批评说无限责任是危险的。而且,钱庄之所以胜过银行也是由于这个原因。虽说如此,钱庄的股东必须认识到自己责任重大,且从事的是一个危险行业,在营业

---

① 指钱庄经理等经营者。

方面，以稳健为主，在支配人的招聘方面应慎重选择，防止危险，这些都是钱庄业者应该注意的事情。

第二节 钱庄的作用

钱庄在经济社会里作为一种主要机构，对社会的作用很大，这里我们列举其几个显著的作用。

（一）增加资金的运用

世界上的企业家并不一定都是资本家，资本家也不一定都是企业家。因此，往往拥有巨资的人苦于资金的运用，放到金库的话，不仅不会获得相应的利息，还会有水、火、盗贼的危险。但是，有一个人，有经营企业的才能，能够运用这笔资金。这时，钱庄出现了。它以其信用来吸收社会上的剩余资金，然后把它贷给各个企业家。如此一来，资本家获得了利息，同时又弄出了一个企业，真可谓是一个一举两得的事情。资本以及运用资本的才能只有相互作用，农工商业才能繁荣。同时，社会也因此而进步。还不仅仅是这样，钱庄通过运营接收的存款，使一元钱发挥几元钱的价值，因此可以说钱庄增加了资本的运用，这是钱庄的一个作用。

（二）减少货币的使用

现今，由于工业发达、商业兴盛，交易也自然的多了起来，借贷关系也变得比以前复杂。但是，依然跟以前一样，在手续上必须以货币来进行债权债务的结算，其不便和不划算可想而知。现在，由于钱庄的出现，一切债权债务按照存款转账、支票转让、票据交换以及汇兑等方法可以结算。如此一来，就可以彻底地排除运输现银的危险和麻烦。而且货币的使用也可以随之得到节约，对于国家和社会均有裨益。这是钱庄的第二个作用。

（三）开拓投资渠道

钱庄在贷款或者贴现的时候，一定不能犹豫。要在事前派人秘密对借款人以及接受贴现人的信用程度做一个调查。对其是否将资金使用到有用的生产事业上做一个详细的调查。防止资金使用到不正当的地方，这是钱庄的第三个作用。

（四）防止投机的发生

所谓投机，一般指的是以买空卖空为事业的商人。这些人都借着充裕的资金想要获取投机的利益，无论如何，钱庄对于资金的融通一定要慎重，不能抱着希冀万分之一的侥幸的态度。钱庄在放贷的时候，必须以稳健为宗旨。而且，钱庄非常害怕滞贷和倒账①的危害，所以，钱庄对此种投机商人敬而远之。钱庄对此种投机事业者不予放贷的话，投机者自然而然也就减少了，对于社会的好处也是非常大的。这是钱庄的第四个作用。

（五）减少物价的变动

物价的暴涨、暴跌对社会的影响是不言而喻的。但是，在市场中资金的供给超过需求的时候，就会发生货币膨胀的现象，物价因此而升高。另外，在市场中资金的需求超过供给的话，就会压迫金融，物价因此而低落。调节物价，使其得到一个平均值。钱庄在资金的需求超过供给的时候，将之前吸收回笼作为存款的资金，投资于长期的贷款。如此一来，社会上的资金需求和资金的供给分别达到需要它们的地方。资金需求和供给得到平衡的话，物价的暴涨和暴跌也就减少了。这是钱庄的第五个作用。

（六）使工商业的事务变得简单

如果没有钱庄的话，工商业者就不得不每天靠自己的力量去吸收货币票据的地方来处理这些东西。如果是自己处理的话，其劳作、费用真的是非常之大。在这里，钱庄通过接收存款，代理这些人处理货币票据，不但使其劳作减少，而且也能大大地节约其费用。一般情况下还能获得一些利益。不得不说它很方便。这是钱庄的第六个作用。

（七）培养诚实的美德

在各国的经济社会里，往往存在在契约期间却不能遵守契约，采取延期支付或者拒绝债务履行，因此在社会上逐渐形成了不顾道德的不良风气。但是钱庄业者重视契约的履行，也严守支付期限。因此，慢慢就成了一种习惯，矫正社会上过期违约这种不良做法，培养善良的风气，诚实守信这种美德也就慢慢形成了。而且，钱庄本来就重视信用，不管是对自己

---

① 指收不回来的款项。

还是对他人。现在据我的观察，虽然还没有看见钱庄设有信用调查部等机构，但他们都能对各个商家的信用了如指掌。因此，各商家都争先恐后地采取诚信的行为。从这点来看，不得不说钱庄确实在促进社会道德进步上发挥很大的作用。这是钱庄的第七个作用。

票庄曾是山西人的专业。庄内的店员也都是山西人，也有过绝对不聘用别的省份店员的店铺。绍兴人开设钱庄并不都是被绍兴人所独占，在庄员的任用上不排除外省的人。这是票庄和钱庄的不同点。

票庄的主要业务是汇兑，而钱庄的主要业务是贷款、存款。这是两者第二个不同点。票庄主要是接收官吏的存款，另外，给官吏贷放金钱也经常通过票庄来进行。但是，钱庄的交易对象直至今日大部分都是商人。这是两者的第三个不同点。

票庄的资本大体上比钱庄要多，这是第四个不同点。此外，在组织方面，两者的不同点也有很多。山西票庄在清代达到鼎盛，但在今天没有任何的力量，仅仅是作为历史上的一件事实被留了下来，不足一提。并且，如果从资本的大小和经营范围的大小对钱庄分类的话，可以分为以下三个。

1. 汇划庄

钱庄中级别最高的，资本多，营业范围广。因为加入了汇划总会，所以被称为汇划庄。

2. 挑打

钱庄中级别属于中等的钱庄，也称元字号钱庄。没有加入汇划总会，票据结算依赖汇划庄来进行。比起前者虽然稍微有点逊色，但是比后述的零兑庄要好一些。

3. 零兑庄

钱庄中级别属于最低的钱庄、也称元字号钱庄。有元、亨、利、贞字号钱庄之分。主要在门前进行小额货币的兑换，同时一般还从事烟草的买卖。

在店前放置的黑板上用白字写着本日的行情，一元能换几个角子，多少角能换多少个铜元，几个铜元能换几百几十文，这个东西被称为标牌。这种钱庄通常位于电车站、公共汽车站，数量很多。而且，详细情况如下所述，为了说明元、亨、利、贞字号的钱庄，我们从其沿革来对其做一个分类。

1. 大同行

是钱业公会的会员,因资本多、信用好和拥有汇划之权而得其名。是否拥有汇划或过账之权,是区分大小同行的关键。

2. 小同行①

在其沿革上有元、亨、利、贞之分。

(1) 元字号钱庄

俗称"挑打钱庄"。在中国数十年前(1850 年左右),制钱的价值暴跌,因其在社会上的需求非常大(制钱数量增多),所以一般商人在搬运它的时候感觉到了困难。所以,被命名为"挑打(钱庄)"。现在的"挑打钱庄",一般据推测是从"打"和"担"的讹音产生的,即挑担钱庄,指从事制钱的搬运。从前,这种钱庄主要是从事贷款存款业务,现在这类钱庄虽然也从事汇划庄的业务,但是数量非常的少。

(2) 亨字号钱庄

又名"关门挑打",营业范围狭窄,没有运送现金和经营存款的能力。这种业务经常委托给汇划庄或者上一级的"挑打钱庄",自己只是坐在家里。

(3) 利字号钱庄

又称"拆兑钱庄",一律不从事借贷业务,主要经营银元纸币的买卖。现在,在店前也从事兑换。

(4) 贞字号钱庄

贞字号钱庄被授予现兑钱庄的名称,也称为门市钱庄,俗称烟纸钱庄。虽然我认为有必要对现兑门市、另兑、烟纸等名称的起源做一个说明,但是,中国人的这些所谓的称呼实际上是马马虎虎的一个东西,故此处省略。

接下来,我们看一下在上海调查的汇划庄元字号、亨字号、利字号、贞字号钱庄的情况(虽然错误之处在所难免,但是,作为掌握其大概情况还是可信的)(见表 1)。

---

① 小同行,可以加入公会也可以不加入公会,没有汇划或过账之权。相对大同行而言,资本相对较少(也不完全绝对),业务主要是吸收存款、发放贷款、开展汇兑等,经营规模也小一些。

表1 民国21年加入上海钱业公会同行业者表（汇划庄）①

牌号	地址	股东	股份	资本	经协理	备注
大德益记庄	北市天津路祥康里	王驾六 李清如	七股 三股	16万两	经理：曹根仙 　　　王秉澄 协理：汪仲仁	
大赉庄	北市天津路福绥里	李仲斌 王伯瀛 江裕生 匡仲谋 朱凤池 蒋泉茂 楼怀珍	二股 二股 一股半 一股半 一股 一股 一股	20万两	经理：楼怀珍 协理：沈久余 　　　李景霞	
元大庄	北市天津路景行里	薛宝润 叶鸿英 王伯元 张组英②	三股 三股 二股 二股	20万两	经理：王文治 副经理：陈恂如	
元盛庄	北市天津路集益里	陈彦清 周晋甫 孙廷焕 田永祥	四股 四股 一股 一股	4万两 附本10万两	经理：胡炎生 协理：陈玉堂 襄理：吴幼玉	
五丰信记庄	北市宁波路冠宁坊	陈青峰 毛商如 陆文澜 冯仲卿 陈松林 张文波	二股半 二股半 二股 一股 一股 一股	20万两	经理：张梦周 协理：金载庭	
仁亨晋记庄	北市宁波路兴仁里	方潘年 杜启记 丁仁德 傅全贵 姚桂生 陈壁淋 戚锡锋祀	一股半 一股半 一股半 一股半 一股半 一股半 一股	20万两	经理：戚子泉	

① 根据《上海钱业同业公会入会同业录》（1929年）和《上海钱庄史料》仔细核对，对错误处加以修正。
② 也写作张咀英。

续表

牌号	地址	股东	股份	资本	经协理	备注
生昶庄	北市天津路长鑫里	邱彭年 荣宗敬 程笏六 黄静泉	六股 二股 一股 一股	20万两	监理：邱彭年 经理：王卓瀛 　　　王调甫 　　　薛金权	
永聚庄	北市宁波路同和里	严康梣 徐承勋 陈星记 秦珍荪	二股半 二股半 二股半 二股半	10万两 附本14万两	经理：吴廷范 协理：朱耆乡	
永兴庄	北市宁波路兴仁里	陈荻洲 郭若雨 陈仲篪 郁震东 陈子芳 单卓人 陈梅伯	二股半 二股 一股半 一股 一股 一股 一股	20万两	经理：陈静涛 协理：王汉卿 襄理：陈荻洲	
永丰庄	北市宁波路同和里	陈春澜 王磐泉	七股 三股	20万两	经理：田祈原	
安康昌记庄	北市宁波路兴仁里	方式记 方季记 方潘记 方选记 方兴记	五股 四股 二股 一股 一股	19.5万两 附本6.5万两	经理：赵文焕 协理：范秉成	
安裕资记庄	北市宁波路兴仁里	方记扬 黄伯惠	七股 三股	24万两 附本26万两	经理：王鞠如 协理：凌伯康 　　　徐长椿 襄理：田子松 　　　冯哲轩	
存德和记庄	北市宁波路同和里	江同德堂启记	六股半	6万两	经理：张文波 协理：宜新甫	
		江鹤琴 冯瑞东	半股 半股			
		江逢源堂祝记	半股			
		谢检庭 谢联珏 张蓉洲 张文波	半股 半股 半股 半股			

续表

牌号	地址	股东	股份	资本	经协理	备注
同安庄	北市天津路福绥里	吴锦澄 陈梓宸 周瑞庭 赵殿臣 丁厚卿	三股 二股 二股 一股半 一股半	16万两	经理：严仲渔 　　　张子慧 协理：金赞臣 襄理：严水鑫	
同春正记庄	北市天津路集益里四七四号	吴锦澄 李木公 陈青峰 黄德潜 周瑞庭	四股 二股 一股半 一股半 一股	20万两	经理：裴云卿 协理：袁滋青 襄理：吴有香	
同泰庄	北市宁沈路山东路口	谭步韶 乐振葆 谭子临 黄振荣	六股 二股 一股 一股	20万两	经理：傅玉斋 协理：傅玉经	
同余永记庄	北市河南路济阳里	陈济美堂 黄敦厚堂 姚惇厚堂 蔡一隅 谢光甫 邵燕山	二股半 二股半 一股半 一股半 一股 一股	20万两 附本5万两	经理：邵燕山	
志裕庄	北市河南路如意里	刘星耀 徐樑卿 王养安 陈嗣生 严如龄 张兰坪	二股 二股 二股 二股 一股 一股	20万两	经理：刘午桥 协理：曹炳臣	
志诚信记庄	北市河南路济阳里	徐承勋 徐乐卿 周廉甫 牛衍庆 冯仲卿 盛筱珊	二股半 二股 二股 一股半 一股 一股	12万两	经理：秦贞甫 协理：盛梦鲤 襄理：冯鸿甫	

续表

牌号	地址	股东	股份	资本	经协理	备注
均昌安记庄	南市豆市街吉祥弄	瞿鹤鸣 董羡青 吴润身 周瑞庭 祝伊才 王烈武 周楚琴	二股半 二股半 一股 一股 一股 一股 一股	10万两	经理：周楚琴 协理：姚善孚	
均泰庄	北市天津路福绥里	汪海楼 汪屡年 薛景荀	七股 二股 一股	20万两 附本10万两	经理：钱远声 协理：方善瑛 襄理：王仰苏 施熙堂	
长盛兴记庄	北市天津路福绥里	徐眉泉 张右方 孙吉孚 张青卿	六股 二股 一股 一股	12万两 附本3万两	经理：张青卿 协理：周斐青	
承裕牲记庄	北市宁波路兴仁里三号	方稼孙 黄伯惠 陈友斋 方选青	七股 二股 二股 一股	18万两 附本18万两	经理：谢毁甫	
怡大永记庄	北市天津路集益里	孙直斋 胡耀廷 吴瑞元 胡莼艻	四股 二股半 二股半 一股	18万两	经理：胡熙生	
和丰庄	北市宁波路兴仁里	陈秋山 田祈原 李济生	八股 一股 一股	10万两	经理：王经畲 陈济城	
信孚庄	北市河南路如意里	陈青峰 郑淇亭 郑建明 郑友松 胡莼艻	三股 三股 一股半 一股半 一股	8万两	经理：胡涤生 协理：沈宽夫	

续表

牌号	地址	股东	股份	资本	经协理	备注
信康昌记庄	北市河南路如意里	叶遂记 余葆记 尤连记 朱掌记	三股 三股 三股 一股	20万两	经理：朱掌衡	
信裕庄	北市宁波路兴仁里	陈青峰 郭子彬 郑建明 傅松年	五股 三股 二股 一股	22万两	经理：傅松年 协理：王桂馥 襄理：姚德余 　　　傅廷绪	
恒祥永记庄	北市宁波路兴仁里	严康楸 徐庆云 黄伯惠 谢楞辉 苏经田	二股半 二股 二股 二股 一股半	20万两 附本10万两	经理：邵兼三	
恒巽庄	北市宁波路兴仁里	秦余庆堂 徐庆云 李咏裳 恒丰昌 俞佐庭	三股 二股半 二股半 二股 一股	22万两	经理：俞佐庭 协理：夏圭初 　　　李伯顺 襄理：陈馀庆	
恒隆泰记庄	北市河南路济阳里	秦余庆堂 孙衡甫 徐庆馀堂 张咀英	五股 二股 二股 一股	20万两	经理：秦绥如 协理：林友三 　　　杨艺生	
恒贲元记庄	北市宁波路兴仁里	徐庆云 秦涵琛 孙衡甫 秦余庆堂	三股半 三股 二股半 一股	20万两	经理：陈绳武 协理：范寿臣	
恒兴庄	北市宁波路同和里	秦君安 恒丰昌 李瑞湖	五股 三股 二股	10万两	经理：沈翌笙 协理：赵槐林 　　　陈和琴	

续表

牌号	地址	股东	股份	资本	经协理	备注
春元庄	北市山西路179号	匡仲谋 李仲斌 朱葆元 陈芝生 黄振荣 罗元炽	三股 二股 二股 一股 一股 一股	20万两	经理：沈晋镛 协理：陈光照 陈家泰	
益大昶记庄	北市宁波路兴仁里12号	郑友松 郑淇亭 郑建明 郑佐之	三股半 二股 二股 一股半	12万两 附本8万两	督理：何深甫 经理：何晋元 协理：石翰卿	
益昌慎记庄	北市天津路阜昌里三号	严如龄 徐承勋 俞福谦 徐蔼堂 戴畊莘 孙衡甫	三股 二股 二股 一股 一股 一股	10万两	经理：徐伯熊 协理：林瑞庭	
益康丰记庄	北市宁波路兴仁里	严如令 吴锦澄 彭桂年 徐宝源 尤连增 陈嗣生	二股半 二股半 一股半 一股半 一股 一股	12万两	总经理：陶善梓 经理：徐敏才 协理：徐镜明	
益丰德记庄	北市河南路吉祥里	周敏之 林照亭	七股 三股	26万两	经理：朱勤甫 协理：朱正科	
致祥庄	南市豆市街吉祥弄	严味莲	独资	3万两 附本3万两	经理：王伯理 协理：汪介眉	
振泰崇记庄	北市天津路福绥里	吴燿庭 荣宗敬 戚翼谋 赵竹林 梁振葆	二股半 二股 二股 一股半 一股	16万两	经理：金少筠 协理：姚承昌 潘荫甫	

续表

牌号	地址	股东	股份	资本	经协理	备注
乾元福记庄	南市花衣街施家弄	郑鉴之 郭光裕堂 陈子芳 姚紫若 王李谋 郑淇亭	二股半 二股 一股半 一股半 一股半 一股	16万两	经理：沈履康 协理：朱萼生	
寅泰庄	北市宁波路兴仁里	徐蔼堂 徐庆云 王养安 沈辅卿 冯受之 冯斯仓	二股 二股 二股 二股 二股 一股	22万两	经理：冯斯仓 协理：张润夫	
顺康庄	北市天津路祥康里475号	程觐岳	独资	50万两	经理：李寿山 应芝庭 协理：陆书臣 襄理：应信森	
敦余泰记庄	北市宁波路271号	李咏芬堂 徐乐卿 徐庆余堂 俞勤条堂 宋季生 陈鲁孙	四股半 一股半 一股 一股 一股 一股	20万两	经理：楼恂如 协理：赵松源 陈鲁孙 襄理：袁礼文	
惠丰庄	北市天津路集益里	孙直斋	独资	12万两 附本10万两	经理：席季明 协理：王毅斋	
义生庄	北市河南路济阳里	张颜山	独资	20万两	经理：田子馨	
义昌联记庄	南市豆市街业盛里	王养安 翟鹤鸣 张绍连 陈宗根 刘翰卿 谢永昌	二股 二股 二股 二股 一股 一股	12万两	经理：沈景周 徐寿昌	

续表

牌号	地址	股东	股份	资本	经协理	备注
瑞昶盛记庄	北市天津路惟庆里	具润生 邱杨琳 邱长荫 邱彭年	六股 一股半 一股半 一股	20万两	经理：郑伯壬 协理：董子仪	
源昇庄	南市花衣街吉安弄	叶聘侯 叶理君 汪介眉 周子文	六股 三股 半股 半股	10万两	经理：周子文 周佩璋	
福泰庄	北市北京路庆顺里	叶鸿英 吴耀庭 潘壁臣	四股 三股半 二股半	20万两	经理：周介繁 张步洲	
福康庄	北市宁波路兴仁里口	程观岳 程笏庭	七股半 二股半	50万两	经理：陶王笙 协理：张达甫 田子伟	
福源庄	北市宁波路136号	程观岳 程笏庭	五股 五股	30万两	经理：秦润卿 协理：朱葆卿 襄理：徐文卿 顾雪芗	
汇昶德记庄	北市宁波路兴仁里	邱省三 邱彭年 邱长荫 周肇甫 荣宗敬	三股 三股 一股半 一股半 一股	24万两	经理：朱鸿昌	
庚裕明记庄	北市宁波路兴仁里	方季杨 黄伯惠 方式如 方傅潜 方选青	四股 三股 二股 二股 一股	18万两 附本18万两	经理：盛筱珊 协理：盛一甫 郑美棠	
聚康源记庄	北市天津路源远里	陈青峰 陈恒钦 谢光甫 王怀廉	四股半 二股半 一股半 一股半	22万两	经理：王怀廉 协理：严大有	

续表

牌号	地址	股东	股份	资本	经协理	备注
荣康庄	北市天津路同吉里	王宪臣 颜联承 孙直斋 宋春舫	四股半 三股半 一股 一股	20万两	经理：席启孙 协理：朱吕生 襄理：秦光昭 钱纯夫	
德昶庄	北市天津路长鑫里	郭柏香 郭润卿 郭柏如	四股 四股 二股	12万两 附本 4万两	经理：刘程三 协理：刘钟孚 童显庭	
滋康庄	北市宁波路277号	贝润生 薛醴泉	七股 五股	12万两 附本48万两	经理：何衷筱 协理：傅佐臣	
滋丰庄	北市宁波路同和里13号	赵殿臣 薛淦生 陈西园 李济生 乐振葆 徐宝源	二股 二股 二股 二股 一股 一股	20万两	督理：李济生 经理：李仲选	
庆大庄	北市天津里景行里	王驾六 万振声	五股 五股	10万两 附本8万两	督理：叶继高 经理：叶秀纯 协理：周勉秋	
鼎康庄源记	北市天津路惟庆里	王驾六 叶输甫	八股 二股	20万两	经理：诸增椿 吴子麟 协理：周子生 李仲梓	
庆成庄	北市天津路福绥里	万振声	独资	20万两 附本10万两	督理：叶载青 经理：刘湘涛 席润身	
鼎盛庄	北市天津路福绥里	陈玉记 陈日记	六股 四股	10万两 附本10万两	经理：胡楚卿	

155

续表

牌号	地址	股东	股份	资本	经协理	备注
徵祥庄 恒记	南市南豆街吉祥弄	瞿鹤鸣 王逸民 胡义儒 郭振鸣 丁仁德 方文年	二股半 二股 一股半 一股半 一股半 一股	10万两	经理：徐凤鸣 协理：沈荻庄	
衡九庄	北市宁波路福绥里	梅丹若 杨淞生 周叔唐	六股 三股 一股	4万两 附本8万两	经理：周叔唐 协理：赵子锋 襄理：何逸云 奚锦蓉	
衡通庄 钧记	北市宁波路兴仁里	姚颂南 徐敏臣 沈和甫 包寿伯	三股半 三股半 二股 一股	12万两 附本5万两	经理：陈焕傅	
鸿祥庄 德记	北市天津路长鑫里	郭子彬 郑培之 秦润卿 郑秉权 冯受之	六股 三股 一股 一股 一股	30万两	经理：钱瀛官 金俊瑜 协理：冯作舟	
鸿胜庄	北市天津路源远里	郭子彬 郑培之 涞浩然 郑秉权	五股 四股 二股 一股	7.2万两 附本16.8万两	经理：郑秉权	
鸿丰庄	北市宁波路兴仁里	郑培之 郭振鸣 郭辅庭 祝善宝	三股 三股 三股 一股	20万两	经理：祝善宝 协理：祝鼎臣 襄理：俞伯初 葛逢时	
宝昶庄	北市宁波路冠宁坊	郑佐之 郑鉴之 郑伯蓬 郑淇亭	三股 三股 二股 二股	10万两 附本10万两	经理：陈笠珊 协理：高子和	

续表

牌号	地址	股东	股份	资本	经协理	备注
宝大裕	北市宁波路仁美里	徐晓霞 沈惺叔 席又渔	五股半 二股半 二股	20万两	经理：葛丽齐 协理：席惠生 陈伯琴	
宝丰馨记庄	北市天津路长鑫里	陈秋山 薛宝润 贝润生 赵殿臣	四股 三股 二股 一股	10万两 附本10万两	经理：赵漱芗 协理：沈景樑	

从上表（见表1）中我们可以发现几个事实。第一，中国的钱庄和现代的银行不同，只是重视信用，负有无限责任，这点我们从前述的内容就可以得知。而且，上表中的股东一般为三四家，投入资本，关于这点没有太被研究，由于我们想避开回答这个问题，故此处省略。第二，所有的钱庄分为南北，而且存在于天津路和宁波路一带。如果把其列表的话如下（见表2）：

表2

南市 6家	北市 66家	合计 72家	天津路 24家	宁波路 31家	河南路 8家	其他 3家	合计 72家
兴仁里 18家	福绥里 8	同和里 5	长鑫里 4	济阳里 4	如意里 3	集益里 3	其他 27

接下来我们看一下钱庄的资本。构成中国金融中心的钱庄的资本额真的很少，跟现在资本在一亿日元、五千万日元[①]以上的各个外国银行相比，钱庄只有它们的二百分之一。在这种情况下，钱庄作为中国的金融机构为什么还能存在着呢？其原因如前所述的那样，现在我们提出两三点。第一，中国的钱庄只是对人的信用，而银行是对物的信用。那么，与钱庄股东是无限责任不同，银行的股东是有限责任。第二，跟现在各外国银行相

[①] 该调查作于昭和8年（1933）。按该年的汇率，100日元可兑换11.125美元，100银元可兑换23.347美元。所以，1银元与1日元的兑换率为23.347/11.125＝2.099，即1银元约合2.1日元，银元更值钱。

比，中国从经济方面来看，发展滞后，自然不太需要拥有大资本的金融机构。下表（表3）是民国21年度汇划庄的资本额构成情况。

表3

（注意：把附本也计算在内）

50万以上	30万以上	25万以上	20万以上	15万以上	10万以上	6万以上
4（家）	7（家）	3（家）	35（家）	9（家）	10（家）	2（家）

上表（见表3）中资本金在20万两的钱庄有27家①，钱庄的资本金普遍在这个水平。此外，在上海，虽说钱庄发布营业报告的例子很少，但是我们得到了一个，刊登在此处（见表4）。

表4　上海福源庄民国21年度营业报告资产、负债表

（民国22年1月25日止）

单位：元

负债			
资本	300000.00	生财器具	500.00
公债	420000.00	信用放款	609748.30
甲种存款	1389872.30	抵押放款	4357346.80
乙种存款	440260.00	存放银行同业	596400.50
定期存款	88830.00	中央银券准备	87600.00
庄友存款	56321.50	同业票现基金	24600.00
往来存款	2319895.60	房地产购置	603027.10
外埠同业存款	331957.60	证券购置	72082.50
本埠同业存款	987481.30	应收未收利息	41545.10
领用中央兑换券	146000.00	库存现金	1787890.70
同业合作抵款	1603000.00	合计	8180741.00
票存	12577.80		
应付未付利息	22065.40		
上年纯利润	12215.00		
纯利润	50265.00		
合计	8180741.00		

---

① 按表格中统计，资本金在20万两（包括附本）以上者达49家。抛却附本，也有38家。似有误，故特别指出。

利润表

损失		利益	
股东官利	12000.00	信用放款利息	21494.64
定期存款利息	4997.32	抵押放款利息	211182.15
特别存款利息	68769.28	往来透支利息	94883.03
往来存款利息	91488.14	同业拆票利息	614.63
各项开支	34479.61	票账回收	5127.50
银利	4074.60	杂项利益	126987.81
证券虚亏	1353.10	兑换利益	6794.39
呆账撇除	209675.41	合计	10018.31
纯收益	50265.00		477102.46
合计	477102.46		

接下来是上海钱庄中汇划庄中的元、亨、利、贞字号钱庄，如下所示。这些钱庄的股东、股份、资本和督经协理等由于没有明确的书籍记载，以下仅把其名称罗列出来。

民国21年"元字"各同业牌号（7家）

元顺、鼎蚨、永盛、隆昌、隆泰、晋泰、协和

民国21年"亨字"各同业牌号（25家）

益祥、同德、聚盛、恒裕、富丰、同孚、元丰、润丰、存益、永庆、元成、永孚、泰和、德泰新、慎康、裕康、立昶、宝隆、镒康、萃康、庆和、德茂、生大、春茂、久丰

民国18年"利字"各同业牌号（18家）

鸿盛、长丰、泰源、九如、同庆、盛丰、晋如、公泰、谦泰、萃源、顺余、乾丰、同顺、源余、大昌、鼎昌、广信、晋康

民国 18 年度"贞字"各同业牌号（40 家）

义康、成茂、厚吉、通泰、怡和康、阜康、萃馨、镒大、庆康、宝庆、福和祥、连益、鸿利、正昶、镇兴、恒康丰、鸿大、聚兴、元昌、鸿康、恒大、乾康、元大、纯康、万生、万利、鼎余、晋源、鼎元、运大、新源、安祥、福泰、永康、义余、泰丰、法兴、和兴、永大、鼎鑫

第三章　钱庄的组织

第一节　钱庄成立的动机

关于此问题，已经有很多的论述了，其道理是不言自明的。简而言之，钱庄成立的动机是资本家的意志及其意志的表示。但是，如果要对其进行详细考察的话可以分为以下两种。

（一）根据自己的意志

所谓自动的，绝不是他人的劝诱，自己有资本的自发的行动。这种自发性质成立的钱庄我们称为"独资"。不消说资本金是笔巨大的财富，只是有谁能够冒着危险、随意把资金投入到河里呢？因此，在现在的金融界里，独资的钱庄非常的少，在汇划庄中有 2 家。

（二）受他人的劝诱

他人的意见，也就受第三者的劝诱，然后自己对此表示赞同，共同设立钱庄。这种钱庄称为合资钱庄。现今，大部分的钱庄都是这种合资组织，通过排除独资的危险这种方法来获取利益。

第二节　钱庄成立的要素

钱庄成立的要素有四个，即股东、经理、资本、牌号。下面对其进行详细说明。

（一）股东

相当于日本的"株主"。钱庄的成立以股东（俗称老板）为主体，没有股东的话就没有资本，没有资本的话钱庄也就不可能成立，因此之所以说股东是钱庄的主体就是这个原因。

钱庄是一个无限责任的组织，股东在经营上负有无限责任。合资组织的股东负有连带责任，如果不是财力雄厚，有绝对信用的话就没有股东的资格。这是钱庄成立的第一要素。

（二）经理

相当于日本的"支配人"和"マネージャー"①。股东在开设钱庄的时候，首先必须选择一个适当的人，让这个人来主持。这个主持人也就是所谓的经理。经理对内代表股东，拥有管理权，谋求生意兴隆。对外代表本庄，吸收资金将其用于贷款。经理的职权很大，责任重大。因此，如果有一个好的经理的话，商业就会兴隆，股东也可以获利。但是，如果没有好的经理的话，就会产生营业亏损，股东也免不了受其所害。

（三）资本

资本实际上是经营钱庄的利器。拥有资本，也就是说能够开始营业，可以扩大。因此生意的大小和盛衰等几乎都可以从资本的大小来加以论述。

但是有一点值得注意，钱庄因为是无限责任，因此，股东的总资产也就是钱庄的资本。除了资本以外，还有护本（也被称为"附本"。伴随着事业的扩大，为了补充资本的不足，在资本以外出资的东西，以存款的形式来存置），又名副本。资本在钱庄开设以前，根据各自的股份向钱庄认缴，称为钱庄的基本金，在运营资本时，通常可以得到7%乃至8%的官息。护本是各股东向庄内存入的长期不动的存款。钱庄拥有自由使用它的权力。这是钱庄成立的第三个要素。

（四）牌号

牌号俗称招牌，在商法上称为商号，代表各股东。钱庄在和各方面进

---

① 即英文 manager，经理。

行商业交易的时候,以商号为主体,写股东或者经理名字的情况绝对没有。这是第四个要素。

第三节　钱庄成立的手续

钱庄成立的手续大致如下：

(1) 制作草案。这时,商量并决定商号。

(2) 定期划本（在后面第二章中说明）

(3) 公证人,即鉴定人。在我国是推举保证人。

(4) 制作合同,这时草案就要被废除,合同正式的出来了。

(5) 向董事（钱业公会理事）申请结交,讨好他们方便加入公会。

(6) 联系同业者。形式上是去他们那里打招呼,实质上是寻求赞同。

(7) 通知入会（钱业公会）的意愿。在开业的一个月前向会员通知资本总额、股东、姓名、住所,以及负担的股票数、支配人的姓名、保证人的姓名等。首先在理事会（公会）上审查,然后在全员会议上表决。这时,使用黑白字,如果白字占三分之二以上,也就意味着通过。但是,一般情况下,如果提前给理事放一些御使物[①]的话,就没有通不过的。

(8) 缴纳会费。也就是钱业公会的会费（想详细说明,但是篇幅有限）。

(9) 选择设立钱庄的场所。

(10) 雇用庄员。钱庄的店员一般是股东、理事、支配人以及其他友人推荐的,这些人再决定好入庄时间,这件事俗称"聚人"。

(11) 制作印章。一般是庄内雇员到来以后制作。

(12) 准备开店,其程序如下：

①决定日期。

②挂牌子。

③发出邀请函。

④招待顾客。

⑤陈列所有东西。

⑥接受推花。

---

① 御使物,在日本语环境中,指好处、礼物。

关于推花有个故事。推花是老钱庄向新钱庄赠送的，被称为推花银子。如果调查一下赠送推花银子的习惯的话，好像是从庚子年①以后开始的。当时，上海的新钱庄向老钱庄租借了相当多的银子，目的是在第一天开业时盛大卖出，以此来炫耀自己的资金是如何的充足。从这以后，在这些钱庄新开的时候，老钱庄都开始赠送银子，这已经成为钱庄业者之间的一个习惯。

⑦开店，招呼客人。

⑧招待客人，举办宴会。

⑨重新举办答谢宴。

⑩决定庄员各自的分工。

如果不是钱业公会，在地方的话（5）（7）（8）这三个手续会出现被省略的情况。如此一来，才能开始营业。上海的元、亨、利、贞字号钱庄等手续不像汇划庄那样，非常的简单。

第四节　钱庄的管理

股东提供资本，把庄内的一切事务委托给经理。股东要达到自己想要达到的目的以及能不能达成目的，就看选择的这个经理的能力怎样了。因此，股东一旦委任经理以后，一般不会干涉。但是，在今天，受股东的委任派遣，有一个督理的职位。督理主要是视察经理的行为，将其大致的行为汇报给股东。但是，大多数的钱庄普遍都没有督理一职。庄内一般的职员都在经理的支配下，如下图。

关于各职员的职务虽然想说一下，但是鉴于我们考察中国经济情况的时间，此处省略。

作为必然的顺序，下面应该写关于钱庄的业务，但是由于远离我的研究范围，马场老师②和久重老师③写的书里没有。但是，钱庄公共机构及其附属机构，特别与汇划总会有关的不是太详细，因此我想写一下。

---

① 指 1900 年。

② 指马场锹太郎，时任东亚同文书院教授。

③ 指久重福三郎，时任东亚同文书院教授。

```
                    （1）
                    经
                    理
                    ｜
                    （2）
                    协
                    理
                    （3）
                    清
                    账
                    ｜
                    帮
                    清
  （11）（9）（7）（5）（4）（6）（8）（10）（12）
   学  信  洋  跑  钱  汇  银  客   栈
   徒  房  房  街  行  划  行  堂   司
   ｜  ｜  ｜  ｜  ｜  ｜
   帮  帮  帮  跟  副  副
   信  洋  洋  跑  钱  汇
   房  房  房     行  划
                    ｜
                    帮
                    汇
                    划
                    ｜
                    票
                    现
                    ｜
                    进
                    出
                    水①
```

第四章　钱业公共机构

第一节　钱业公会

近年，从上海开始，在宁波、苏州、杭州、南京、天津、汉口等地都可以看到钱业公会的成立。虽然都制定了各自的章程，但是其宗旨、职务组织没有什么区别。这里，我们来粗略看一下上海钱业公会章程里有关钱业公会的目的和职务组织等的论述。

（一）目的

以追求金融的流通和交易的安全为目的。

---

① 在汉语语境中，"水"经常被比喻为财源，所以有"财如潮涌"的成语，而元宝也被称为"水"，比喻其如水一样流通。在钱庄，收元宝的账簿被称为"进水"，支付元宝的账簿被称为"出水"。

（二）职务

（1）为了推进业务及经济事项，并对其进行研究。

（2）促进同业者的发展。

（3）矫正营业的弊害。

（4）提倡团结和信义。

（5）批判同业者（入会的）之间的争执，对其进行和解。

（6）有关同业者的商事，钱业公会代替其向商会转送通知，向官厅陈述，向各城市商会转送通知。但是，与商业行为无关的东西不在此列。

（7）其他，处理同业的事件。但是，该事件也必须在钱业公会能处理的范围内。

（三）组织

公会的组织非常简单，设理事长（总董）一人，理事（董事）十人。董事由会员（会员以每一个钱庄为单位，钱庄在入会时需要全体会员的许可）选出。总董、副总董和理事都是会员推选出来的（但是为无记名投票），一旦选定就不允许将其辞退。关于这些人的职权，总董总揽会务，对外是全体的代表，公会的文件都需要总董的签字盖章。

副总董及董事辅佐总董处理会务，如果总董缺勤或者没有能力处理事务的话，副总董有权代表总董。如果两个人都去世的话，通过举行选举来补充名额。这些补充的人的任期截止到他们的前任的任期末（职员的任期为两年）。公会的会议分为三种：（一）年会，（二）常会，（三）特会。前面二者在一定的日期召开（年会在旧历正月十三内园举行，常会每月召开两回，定期在旧历的初二、十六两天召开），后者不定期，在总董认为必要的日期可以随时召开。公会的会费由北市钱业会馆负担十分之八，南市钱业会馆负担十分之二。

第二节　钱业会馆

钱业除了钱业公会以外还有钱业会馆。虽然上海、杭州都有钱业会馆，但是其性质不一样。比如，杭州钱业会馆是每日上午（八点至十点之间）把各同业者的场头（所谓的场头，就是指专门主管同业者的划账商议行情，同时从事汇兑，在交易中拥有一切权力的职员）叫出来，交换票据，评议市价，商议日息的一个聚集的地方。但是，在上海南北两市各自有一个钱业会馆（又名钱业公所），它的作用是讨论与同业者相关的公共事项，像上海汇划总会那样进行票据的交换、评议市价。由于这些活动都是在钱行内进行的，所以，这也就是上海的钱业公共机构比其他地方要多一些的原因。

至于上海钱业会馆的职务性质等，上海北市钱业会馆的碑上有详细的记载，我们来看一下。①

上海当华裔北要会，廛市骈阗，货别隧分。侨商客估，四至而集，废箸鬻财者，率趋重于是，就时赴机。归于富厚、羡靡所贮，陷靡所弥，均之失也。备豫不虞，而钱肆之效乃著。钱肆者，与诸商为钱通，合会钱币称贷而征其息。其利比于唐之飞钱，其利盖始于汉人所谓子钱家者。导源清初，至光绪间而流益大。委输挹注，实秉一切货殖之枢。扬雄氏有言，一哄之市，必立之平；钱业之所以立市平者，要非苟而已也。先是乾隆间，钱商就上海城隍庙内园立钱市总公所。互市以还，业稍稍北渐，初与南对峙，继轶南而上之。栉比鳞次，无虑数十百家。发征期会，不能无所取准，于是复造北市会馆统焉。楹桷焕赫，首妥神灵，昭其敬也。西为所事，群萃州处，整齐利导之议出焉，致其慎也。其后先董祠祀耆旧巨子之有成劳于斯业者，以报功也。后养疴院，徒旅疾疢瘁无所归，医于斯，药于斯，以惠众也。他若职司所居，庖湢所在，簿籍器物之所庋阁，房宜寀庋，毕合毕完。馆之外营构列屋，用给赁户，岁赋其赁所入，凡同业之倦休者，与其孤嫠之穷无告者，得沾被焉。缭垣为巷，署曰"怀安"，资出有经而缓亟借以不匮，何其蓄念之绵邈顾至欤！自商政失修，市师贾师之职，旷绝无闻，阛阓之地，散无友纪。而钱业诸君子，独恩恩务尚同，群谋众力，以集斯举，大而征贵征贱，展成奠贾之则，小而相通相

---

① 根据《上海碑刻资料选辑》（上海人民出版社，1980）第401~402页认真核对，对原文的错误之处加以修正。

助，讲信修睦之为胥赖是以要其成，既均既安，百涣咸附，迄于今日，修葺有常，启闭有时，张皇周浃，亘三十余年而轮奂之美犹昔，高明悠久，有基弗拔。然则斯业之日新而广大，其气象可睹也。秦君祖泽，属余属记，遂揭其概于石。馆占地十六亩强，经始光绪十五年己丑，迄功十七年辛卯，自券地至落成，都费金十二万版有奇。并事者，余姚陈淦、董役者，上虞屠成杰，余姚王尧阶、谢纶辉，慈溪罗秉衡、袁鎏，鄞县李汉绶，例得附书。越三十有四年乙丑　慈溪冯并记。

第三节　钱行

钱行作为上海南北两市公共组织的机构，所有同业者之间的所有事情都在此处决议。每天银洋的行情也在此处公决。钱业公会是一个对外的机构，而钱行是一个对内的机构，这是两者的不同。钱行有一个市场委员会，从委员中选出一个委员长、一个副委员长和五个委员。委员长和副委员长从当选的委员中选出。市场开业时间分为上午和下午两回。上午在8点、9点之前开市，下午在12点前后开始交易。能够在市场上交易的只限于同业者，但是，实际上银行、信托公司和银炉业也加入了进来。

第四节　汇划总会

汇划总会相当于上海银钱业的票据交易所。[①] 各钱庄开出的票据流转到了别的钱庄，因此，产生了相互之间抵消的必要。为了消除运送现金的烦恼，各个钱庄在每天下午的两点把当天收到的票据中有汇划文字的东西向开票的钱庄出示，和从其他钱庄被提出的自己的开票额一起分开计入账簿，另外做成一张表。在下午四点的时候拿到钱行去，交给公会老师（也就是监事），公会老师（行会老师）对照各庄的计算表，把借贷进行抵扣。关于交换差额，由汇划总会开出划条，让交换差额变得明了。而且，交换差额的结算原则是以现金来进行，这点也非常的少，很多时候通常都是账

[①] 银钱业，指银行和钱庄的统称。1931年1月之前，上海银行业的票据也交给汇划总会清算。1931年1月，上海银行业同业公会联合准备委员会开始举办上海华商银行范围内的票据交换后，银行的汇划票据，不再通过汇划总会进行清算。

簿上的借贷（称之为转账）。在第二天交换的时候，跟收支额算在一起，而且其利息每天在钱业公会决定，通过银拆来计算。通常在月末结算。

第五章　钱庄的优劣点及其补救

第一节　优点

总的来说，钱庄这种组织远不如现代银行这么完备，而且，其在资本金方面也远不及银行，营业范围也一样。那么，钱庄之所以在如今的上海金融界有这么大的势力，毫无疑问肯定有优于其他金融机构的地方。现在，我们将钱庄之所以有今天这样地位的主要原因罗列如下。

（一）比银行更加接近商人

一般商人为何喜欢与钱庄进行交易，是因为钱庄比银行更加接近他们。为什么钱庄接近商人？是因为钱庄的职员都是一些身份不高的人，一点也没有强势的样子，商人相对能够比较轻松地来钱庄（办理业务）。正是因为钱庄接近市场人口，所以，它们比银行更通晓市场的习惯。这是钱庄的第一个优点。

（二）从事信用贷款

作为商人，在向银行贷款的时候，提供抵押品自然不必说，而且还要保证人的签字盖章，以此作为担保。与此相反，向钱庄借钱的时候，并不一定需要担保，钱庄对于做生意的商人的信用情况了解得最熟悉、最切实。所以，当那种信用昭著、值得信任的人向钱庄申请贷款的时候，不需要抵押品。这是钱庄的第二个优点。

（三）不论金额的多少

中国的工商业实际上可以说尚处在幼小期，这样的结果就是这些企业需要的资金以中小额度占多数。钱庄的业务虽然是小额的贷款，但是钱庄着眼于这一点，经营这项业务。所谓的钱庄这种东西，现在的世界上只有中国才有。我想这是因为钱庄适应了中国的经济状态。现在的银行，大体上只从事大额的贷款，对于一般的小工商业者来说（特别是在中国）很不方便。因此，一般人必然要向钱庄贷款。这是钱庄的第三个优点。

（四）时间上有富余

银行业务经营有一定的时间，在其他时间绝对不会从事业务。这对于有需要的人来说，没能给他们提供十足的便利。与此相反，钱庄一年中除了节日、休息日，几乎没有星期天，也完全没有其他的休息日。而且，在一天当中，从早上到晚上，和其他的商人一样，开始买卖，能够随时应对顾客的需要。也就是说，正是因为钱庄适应了中国的商业习惯，所以这是它在中国存在的理由。而且，我认为中国的商业习惯的改变（也就是欧美化），实际上和希望中国国家统一一样，在现实的经济组织中完全难以指望。因此，在有这样商业习惯的中国，为了适应这种情况，钱庄按中国商业习惯开展业务，这是钱庄的第四个优点。

第二节　缺点

钱庄的优点如前所述的那样，其缺点如下。

（一）资本薄弱

现在，钱庄的资本有个人（即独资）与合伙组织的人（即合资）两种。独资钱庄在资本额上较小，与合伙组织的钱庄相比一定是小的。虽然合伙组织钱庄的资本额较大，但是，60万两就算是高额的，资本在20万两左右的占大部分。这跟现在的银行资本额相比，完全没有可比性。比如，上海全部钱庄的资本总额合计还不如外国一流银行一个行的资本额多。总之，在经济界，资本的大小对于一个行业的发展和衰退，有着决定性的力量。如果从这个观点来看的话，我认为钱庄可以继续发展，其兴旺繁盛却是指望不上的。这是钱庄的第一个缺点。

（二）组织粗放

现在钱庄的组织往往是粗糙和杂乱的，而且，房屋也很狭窄，作为雇用店员并同时照顾他们衣食住行的场所，确实很不合适。另外，钱庄中还存在着一个人兼任好几项工作的这种习惯。由于人的精力是有限的，所以，没有人能担负起这个重任，犯错误的时候也比较多，能力也不能得到提升。这是钱庄的第二个缺点。

（三）营业范围狭小

钱庄由于其资本额小的原因，其营业范围也很小，开设分店的极其稀少。而且，跟别的省份和别国同业者之间的交易业务实际上很少，对其国际化发展难以寄予希望。这是它的第三个缺点。

（四）缺乏经营钱庄的知识

虽然不能断言在经营钱庄的人中间没有学识高、经验丰富的，但是，通常钱庄在招聘店员的时候，从经理、协理开始，因为人情关系，对钱庄业务一知半解的人进入钱庄的占了多数。虽说是入了庄，但是因为没有经过像样的训练，也没有相应的规定，所以，往往店员写的东西不成文章，用算盘也不一定算的准确，这是一个混乱的集体。实际上，能够给钱庄的前途带来一点希望的，可以称为专家的人在钱庄完全看不到。这是钱庄的第四个缺点。

（五）账簿组织无能

钱庄一般用的记账在学术上属于单式记账，统计不明确，难免会产生错误。而且，即使庄员有错误，也难以被发现。一年最后的计算也是马马虎虎，绝对没有精确的计算。远远比不上银行记账的精确和明了，这是它的第五个缺点。

（六）学徒制度的不良

如果把钱庄学徒制度中不好的地方列举一下的话，有以下五个：

①把学生或者学徒像奴隶一样对待。

②没有对学习到一定时间做规定。

③完全忽视学徒的卫生方面。

④不教授学徒有关钱庄整体的事务。

学徒在钱庄内学习的时候，只让他们做一部分工作，其他像学习内账房和外账房等知识的人极少。因此，会珠算的人不会写通信文，只知道一件事情而不知道其他事情，培养创造性人才非常的少见。

⑤不支付月工资

钱庄的小学徒们每个月有一定的报酬，但也只不过是四五十分。这是让小学徒在工作上产生倦怠的一个有说服力的原因。

（七）买卖公债，且经营各种投机事业

现今，在各种银行的营业种类中，从事公债买卖这一项以及其他的担保贷款和准备金都是一般性、常规性的。而且毫不夸张地说，没有银行不把公债的买卖作为最重要的业务。近年来，钱庄业开始模仿银行的工作，在经营钱庄业务的同时，兼营公债买卖的钱庄也很多。但是，我认为银行从事公债的买卖是一种正当的活动，而钱庄在从事这项业务的时候应该最为谨慎。为什么这么说呢？因为钱庄和银行在其精神和规模方面完全不同。首先，钱庄的资本少，而且在向一般商人进行活期贷款的时候往往会出现资金不足的情况，如果进行大额公债买卖的话，一定不能收到一举两得的效果，这是不言自明的。但是，银行的资本额较大，即使从事公债的买卖也几乎不会对其贷款业务造成影响。这就是为何钱庄不能模仿银行从事买卖公债的理由之一。

银行的业务种类非常复杂，然而，钱庄的业务主要以贷款和存款两项为主。由于存款少，定期放款又是在年末结算，所以，买卖公债必然会对资金的运转造成影响。我们看一下银行，银行一方面拥有纸币的发行权，另一方面兼营储蓄业务，所以如果公债价格低的话，银行可以用它作为准备金等待价格涨上去，再将其卖出换取现金。因此，不能把银行和钱庄放在一起来讨论，这就是钱庄应该满足于钱庄业务的理由。

因为公债的买卖是一个投机事业，银行一方面见识广大，这点就不必说了，另一方面，银行的消息灵通，如果需要买卖公债的话，会和政府联系。由于受到政府的保护，所以能够相对确保实现盈利。可是，钱庄以一般的商人为客户，难以和政府沟通。因此，消息不灵便蒙受损失的情况就比较多。这是钱庄不能学习银行从事买卖公债的第三个理由。

在中国，公债买卖的两大市场是北平和上海这两大城市。而且，这两个地方的公债价格往往不一样。银行一般瞅准了这一点，在北平卖出的同时在上海买入，以此来获利。银行因为一般在平沪两地都有分行，所以从事这种买卖的话颇为便利。而钱庄在这点上就不太方便了。北平的钱庄在上海没有分庄，上海的钱庄同样在北平也没有分庄。因此，由于缺乏灵通的消息，所以感到买卖的不便。因此，钱庄的公债买卖必然以失败结束。

这是钱庄不能学银行从事买卖公债的第四个理由。

银行都是股份有限公司，因此，即使投机买卖失败了，其损失也仅仅止于股东自己的那部分。然而，钱庄是一个无限责任的组织，一旦投机失败，放出的资金全部损失的话，一般都是殃及股东的家产。这是钱庄不能学银行从事买卖公债的第五个理由。

从这些观点来看的话，总之，钱庄如果从事买卖公债的话，有害无利。钱庄或者经理如果以万分之一的侥幸作为唯一的希望，不反省自己本来的地位，铤而走险的话，虽然还没有听说哪个钱庄因为买卖公债而倒闭的，但是，在未来多数钱庄都会因此招来巨大的损失。而且，钱庄在买卖公债之外，还从事大量的外汇买卖期货业务，或者进行标金①股券等的买卖，此外还有外国货币的投机。如果这些业务一旦面临危险的话，整个钱庄就会立即倾覆。因此，钱庄的投机事业真的应该谨慎。现在，各钱庄的业务有一半都是这种投机。我想，这确实对钱庄的发展投下了一个阴影，这是钱庄的缺点。

第三节　补救（改良）

钱庄的缺点如前所述，其对策如果把我们所知道的罗列出来的话，大概有以下几个项目。

（一）应该谋求资本的扩大

针对钱庄的第一个缺点——资本薄弱，其对策很明显就是成立大资本股份。所谓的成立大资本股份就是增加股东人数，形成巨大的资本。现在，对中国合资钱庄的资本额做一个调查的话就会发现，一般十股或者十二股的最多。由此导致在资本额方面六十万两或四五十万两的就被称为大额，普通的在二十万两开外。如果把股票数量增加到四五十股，或者一百股左右的话，那么其资本额也将增加至二百万两到三四百万两之间。

（二）职员决定其分担的工作，进行管理

钱庄的第二个缺点就是组织的粗放，作为其善后对策，应该是各职员

---

① 印有成色、重量、熔制年份等内容的标准金条，俗称金砖，旧中国标准金条的简称。

决定其工作分担，对其所负责的工作承担责任。如果从事工作的庄员能够分担部门，各司其职的话，就能够专心于工作，秩序也会变得井然，账簿的错误也会自动的减少，非常有益。

（三）各地的同业者必须联合起来

针对钱庄的第三个缺点——营业范围小，应该通过把各地的同业者联合起来进行补救。钱庄大多数没有分行、支店，因此，如果各地的同业者不相互联合起来的话，钱庄的经营发展难有希望。

（四）设立补习夜校

针对钱庄的第四个缺点——学识浅薄、缺乏商业知识，关于其矫正方法是，如果能够设立钱业夜校，弥补这一缺点的话，将是最好的方法。如果夜校成立，钱庄里那些中途辍学的庄员就可以学习商业上的法律问题、商业上的道德问题、商业上的计算问题、其他一切商业上的普通知识和英文。而且，一般学徒都能珍惜光阴，努力学习吸收实业的知识，学识和经验能够共同进步。从这点来看，设立补习夜校确实是处于刻不容缓的情况。在上海最早设立钱业夜校的是上海钱业公会。其他省份这种情况极少。外省应该学习上海，设立钱业夜校。同时，上海现在的夜校也有必要进一步充实。

（五）改用复式簿记

为了矫正钱庄的第五个缺点——账簿非常之粗陋，其对策应该是有必要采用复式簿记。所谓的复式簿记，据说是中国固有的，并非是现在银行所采用的那一种。有关此类的研究请参考东亚同文书院前教授有本邦造老师的论文。中国人所谓的复式簿记，一般被称为宁波簿记。其每日的支出和收入两者必须平均，一月结算一回。不管是多么小的金额，都要计入日记账（流水账），进行转记放置。因此，一天完了以后，本日的损失是多少一目了然。一个月完了以后，本月的损失是多少一目了然。到了年末结算的时候，只需要制作一个资产负债表调查一下，利润和损失都会一目了然，没有丝毫的错误。而且，调查记账人员的错误和结算的遗漏的手续也大为减少，非常简单。

全部都采用欧美式簿记的话，对中国的钱庄是不适合的。但是，很方便的一点是，西洋式簿记和中国的宁波簿记在原理上一样，所以没有必要突然改变。如果突然改变的话，由于西洋式账簿的高价纸笔有浪费之疑，因此可以洞察，一般现在的钱庄人不会全部表示赞同。

（六）应该改良学徒制度（小僧制度①）

有关改良钱庄学徒制度的条款，概括地说如下。

（1）采用考试制度

凡进入钱庄从事业务的人，不论是否是依靠亲戚朋友的人情关系，全部都得参加考试。而且，如果招聘学识优秀的庄员的话，他的学问水平也得提高。

（2）应该分部门让学徒学习

比如在内账房学习几天，外账房学习几天，珠算学习几天，商业文件学习几天。三年以后，举行一个简单的考试来毕业。通过这种方法可以培养一般的钱庄人才。

（3）应该改善待遇

经理应温和的对待学徒，关心学徒，绝对不能像对待奴仆那样对待学徒。

（4）应该支付薪资

现在的钱庄仍然和以前一样，不给学徒发工资。但是，想一下的话，如果在学徒从入庄开始一年左右的时候对他们的学业进步及对待业务的勤奋程度进行检查，并根据结果适当给予薪资，先行扣除百分之几将其储蓄下来的话，就能促进学徒的求学心，鼓励其勤奋学习，培养节约的风气。

（5）应该注意学徒的卫生。

（七）应该禁止投机买卖

关于钱庄不能效仿银行从事公债的买卖以及经营其他一切投机业务，我们在前面已经做了说明。作为其对策，现在能想到的是，一方面钱业公会要警告各钱庄而且对经理也要注意。另一方面，股东应该对自己担负的责任有一个心理准备，绝对不能让经理兼营各种投机业务，对其进行监督。如果发现庄内店员有秘密买卖的行为，对其严惩。而且，还要防止他

---

① 日文小僧即学徒。

们携带金钱外逃。这些都是钱庄的所有者应该注意的。

以上的七项大体是针对前述钱庄的缺点所列举的一些对策。同时，也应该根据现在银行所采取的一些方法来纠正钱庄的缺点。对其中一些著名的东西摘录一下的话，有如下几点。

（1）应该在星期日休业半天

中国商店的习惯是，除了新年以及农历节日以外，一般没有休息日。其主要原因就是存在"休息一天就是一天的损失"这种思想。这种意见我们是完全不能认同的。即使是店员，其在精力上也是有限的，如果不休息的话，肯定会产生懈怠，效率也得不到提升。把星期日的半天用来休息的话，从现在的情况来看，不会给营业带来任何影响。店员也会因此身心百倍清爽，工作勤勉。我认为星期日的后半天休息真的是一件非常有益的事情。

（2）应该增加工资

当今，生活水平向上之时，店主给店员的工资应该相应的酌情增加。如果店员没有了内忧，他们自然而然就会专心于业务。反之，店员就会嫌弃店里的工作。如果有其他好的去处，就会想要离去。店内经常充满一种懒惰的氛围，生意就不能发达。

（3）扩大店铺

钱庄的店铺虽然没有必要像银行那样大而且华丽，但是过于小的话，就不能够保持钱庄经营的威严，也让人在办理业务时感到不便。因此，保持店内的清洁自然不必说，完善庄内的器具，让人在办理业务时感到方便很重要。

（4）公布经营业绩

现在，银行虽然只是表面上在一年的结尾公布其资产负债表和利润表，以此来获得信用。而钱庄作为一种金融机构，如果也能够在大众面前公布其一年的业绩的话，着实能够获得社会的信任，进而促进钱庄的发展。我想，钱庄绝不应该像以前那样秘密地从事业务。但是，在中国钱庄业由钱业公会管理，钱业公会和其他与金融相关的公共团体之间，由于没有国家的统一管理，两者不能方便沟通的情况还有很多。因此，即使是这样的小事情，也让人感到国家有必要统一管理。

（5）应该注意信用贷款

信用贷款作为中国钱庄的一大特色，非常重要。但是，近来新式银行的对担保物的信用贷款十分的盛行。中国的一般商人，其贸易活动已经大不如从前，如果对其进行信用贷款的话，往往是以失败告终。如果失败的话，除了提起诉讼要求偿还贷款以外，别无他法。在需要人气的商业活动中，采取这种行动，我想不是一个令人高兴的现象。因此，为了防患于未然，在进行信用贷款的时候，钱庄应对借款人的信用程度、资产、营业道德以及是否有正当的资金使用途径做详细的调查，然后认真考虑是否应该给予贷款。如果觉得有贷款风险的话，就应该中止，不能贪图一时之利。虽然钱庄本来就是以营利为目的而设立的，但是，如果只顾逐利而不考虑风险进行贷款的话，其利润也终将付之东流。因此，对于信用薄弱的顾客，必须要求提供担保物，才能进行放款。

（6）应该跟职员签订合同，交保险

钱庄职员虽说比一般普通劳动者要富裕一些，但是处在这个乱世中，谁也不知道什么时候就会失业。如果出现这种情况，其痛苦绝对不亚于一般的劳动者。为了防止这种危险，除了加入保险，几乎没有别的良策。加入保险的方法是，由钱业公会发起，和有影响力的保险公司签订合约（这种保险公司如果是加入钱业公会的钱业同行业者组织的话，我想是非常好的），每月从钱庄的工资中提取出百分之几，或是从年末的奖金中提取出百分之几作为保险费。如果发生不幸，店员不得已失业的话，或者说遭受伤害及其死亡等情况发生时，可以向保险公司要求赔偿，这样的话就能获得救济。

以上六项大概就是应该执行的补救改良措施，除此以外可能还有别的。

第六章　钱庄将来应该采取的方针

钱庄为何能在中国金融上占据有影响力的位置，我想通过前面叙述的一些事实我们已经可以了解了。但是，以后它们能否像现在这样有一定的势力或者说为了以后获得更大的势力应该怎么做，这确实是一个重要的问题。现在，钱庄虽然也在学习新式金融机构的一些长处，并进行改良和发展。但是，新式银行林立，在这两种金融机构开始猛烈斗争的时候，作为钱庄如果要构建自卫之路的话，或者说想要保持其固有势力的话，简单应付还说得过去。

比如，如果仅仅只考虑贷款的话，现在中国的工商实业还处在幼小时期，其所需要的金融额度还是小额的，大多数都只不过是数万元，所以钱庄尚能应付得过来。但是在将来，随着工商实业的扩大，需要的资金也会从数万元增加到数十万元、数百万元。与此同时，钱庄的资本只有区区的四五十万、五六十万元，这显然应付不过来。钱庄向银行要求贷款的这种方法既不能说一定好，但也不能断言其就是不好。但是，永远的寄人篱下绝不是一个办法。如果钱庄要想发展的话，就必须从银行完全独立开来，不能依靠银行。

如果要靠自己增加资本应对需要的话，就不得不采取以下的措施。

第一节　合资

所谓合资，就是召集多数股东开设钱庄。如果股东人数增加的话，其募集到的资金额也必然增加。想象一下，钱业公会一方面极力避免开设独资钱庄，另一方面如果决定开设钱庄的最低资本额并实施的话，钱庄的资本一定会增大吧！

第二节　合并

所谓的合并就是把小资本的钱庄进行合并变成大资本的钱庄。我们对现在的小资本钱庄的资本额做一个调查就会发现，由于资本额都在一两万至数万元之间，非常的小，其营业范围也很小。如果营业范围小的话，钱庄的扩大发展也就很难有希望。这种钱庄分布在乡下的街道上，由于这些地方需要的资金量少，所以暂时还能发挥它的作用。但是，在通商口岸和大城市省会等这些地方，其就不能发挥作用了。这些大城市由于是工商业的中心，所以所需的资金数目很大，可达数万到数十百万元。这样的话，那些资本金只有一两万元的钱庄是不能够应对的。因此，我想，小钱庄应该尽可能变成大资本的钱庄。通过合并，一方面资本额增加了，另一方面，小钱庄之间的竞争自然也没有了。我们非常希望能够出现大资本的钱庄。

第三节　联络

合资和合并虽然是钱庄发展的一个重要的因素，但是，各省各地的钱庄同业者之间的相续联络是另一个不可缺少的条件。我们看一下银行，银行在其他省份设有分店和支店，在联络方面没有什么不方便的。中国的银行间的联络和外国银行间的联络，正如在《中国经济事情》讲义所讲的那样。但是作为钱业者，拥有分支店，和同业者有联系的非常少。由于这个原因，钱庄的营业范围得不到扩大，钱庄商业业务得不到发展，这就是一个证明吧！为了将来做打算，我想，全国的钱庄应该共同联络、相互交易、互补不足、共同扩大营业范围，这是钱庄必然不得不采取的方针。

第四节 设立

第一项 设立补习夜校

关于钱庄应该设立与商业相关的补习夜校，前面已经叙述过了，此处不再赘述。

第二项 设立信用调查部

中国的银行和外国银行一样，都以担保贷款为主，都尽量回避信用贷款。中国的银行在进行担保贷款的时候尚且设立一个信用调查机构，负责调查顾客的信用，更何况是钱庄。钱庄的贷款主要是信用贷款，没有担保做基础。因此，对于信用调查需要特别留意。在钱庄中，跑街（日语中译为外交员）就是钱庄的侦探员。平时，他们调查各个顾客的营业情况，以此来作为贷款的标准。但是，钱庄中从事跑街业务的人很少具备信用调查所需知识。而且，由于他们不以信用调查为专职，所以也就仅仅知道某个顾客的过去和现在，对于这些顾客将来怎么样，毫不知晓。特别是他们不知道为什么信用调查这么重要。仅仅以已经知道的过去和现在的情况为根据，对于将来如何发展，没有一点洞察力。也就是说，对于钱庄的顾客仅对他们的营业情况以及财产在未来如何变化来进行贷款，并不管将来回收的可能性有还是没有，这被忽视了。但是，生意的变化绝不能从一方面来推测，而是要综合大势来看，而且还要参考与他们行业盛衰有关的资料，这样下推断，才能得到一个相对准确的结果。如果跑街这个人仅仅是以一种事业或者一人的营业情况以及营业范围的状态来作为信用调查的根据，就必然会产生一个偏颇的结果，这会阻碍钱庄的发展。这是我们认为设立钱庄信用调查部是当务之急的原因。如果，信用调查部的职员具备专门的知识，而且熟悉调查方法，且专门以此为专业的话，那么从调查部得到的调查结果就一定是值得信赖的，这个跑街的人也是优秀的。信用调查部成立以后，无论怎样，必须招聘到有专门知识的人才，只是由于向他们委托了与信用调查相关的业务，钱庄其他方面的业务就不能开拓了。因为招聘具有专门知识的人会使费用增加较多，基于此，各钱庄将会提出异议，不会同意。但是如果这个问题按照以下的办法办，就会得到解决。也就是说，如今，中国各地的钱业者大都有钱业公会这么一个组织，由钱业公会发起成立信用调查部，费用由各钱庄来分摊的话就没有问题了。钱庄配有信用调查部的话，就能从跑街那里得到对商人的信用程度做出的比较正确且详细的报告。如果判明了商人的信用程度，并以此为依据来进行贷款，那么滞贷以及倒账等情况也就没有了。因此，我们认为设立钱庄信用调查部是必要且是最重要的。

第三项　设立储蓄部

金融业以调节资金富余者和资金短缺者相互流动为宗旨，贷款与存款都是重要的。储蓄作为另一种存款用来吸收资金，因此，商业银行都有储蓄存款的机构。钱庄作为金融机构的一种，必须兼营储蓄存款业务，而且应该专门成立一个部门来管理。钱庄很适合兼营储蓄业务的原因有三点。第一点，储蓄机构增加的话，有助于培养一般人的储蓄美德观念。第二点，钱庄每天的营业时间比其他金融机构要长，对储蓄者来说非常的便利。第三，钱庄平时总是最看重信用，如果储蓄人对钱庄的信用增加，会往里面存钱。因此，我希望钱庄为了自己的利益和社会的便利能够尽早设立储蓄部。

第四项　设立保管部

探究国外银行业的起源的话，就会发现它们在成立初期的业务都是以保管为主。自从开始经营金银的存款以后，保管的情况也发生了变化，从主要业务变成了附属业务。但是，现在欧美各国的银行界对于保管事业，比起附属业务，更把它看成了一个重要的业务。因此，这方面的业务非常的发达。我们日本银行的保管业务也可以跟欧美比肩。中国现今由于国事动荡，军事不停，有价值的财宝遭遇厄运，所以，人民为了自己的安全考虑，需要把贵重的物品寄存到银行，产生了委托代理保管的这种需求。因此，我们可以知道中国的这些业务是在跟国外完全不一样的情况中发展起来的。不得不说，这是中国保管事业中兴的一个大趋势。

回顾过去，保管业往往只是钱庄业务的一小部分。时至今日，很多都处于荒废的状态。我们在探索其原因的时候也很困惑。但是，我们认为，在现在的金融界，钱庄如果想要保住其重要地位的话，扩大钱庄的营业范围不可避免。虽然扩大其营业范围有很多的方法，但是发展保管事业也是一个重要的因素。这里，我们说一下钱庄应该经营保管业务的理由。

①今天在中国，钱庄营业之所以胜过银行是因为银行很难接近一般商人，相反钱庄很容易接近一般商人。那么，为什么一般商人希望接近钱庄呢，是因为钱庄的一举一动很明显是为了一般商人的便利服务。保管也是一项确实能给一般商人提供便利的业务。如果这是一项对商人有利的业务的话，钱庄为了笼络顾客必须经营保管业务。这是钱庄应该经营保管业务的第一个理由。

②近来的中国，由于国家形势不安定，商业衰退和国家缺乏统一，钱庄业务在事实上也很困难，如果滥发贷款的话，其利益也可能会受损。为了将来做打算，钱庄应该适当地选择经营一些安全的业务，一方面防止资本的亏损，另一方面增加收入，维持生意。在这些安全且确定的业务中，一定得知道经营保管业务的便利性。经营保管业务对资本毫无亏损，相反还能从寄存者那里获得酬金。这是钱庄应该经营保管业务的第二个理由。

第五项　设立联合准备公库

在调查银行公会会员银行的时候发现它们已经早早地设立了联合准备公库，防患于未然。我们认为，钱庄为了确保其固有的地位，也应该成立联合准备公库。其组织应该采用会员制，以上海钱庄为单位，凡会员钱庄应该将其资本的一部分出资作为准备基金，在金融状态良好的时候，存放在准备库里，当金融吃紧的时候，向准备库要求贷款。

因此，公库也可以称为钱庄的钱庄。其业务主要是经营面向各钱庄的存款贷款，其权限是监视钱庄的一切事务。钱庄在经营业务中如果有不合理的地方，公库应该立即指正。而且随着这种公库组织的扩大，也可以从事票据交换所的业务，余额可以通过公库转账转记，这样现金运送的不便也消除了，危险也没了，信用也变得越来越确定。这是公库在钱庄中的利益。

第六项　设立同业者俱乐部

钱业的业务是非常繁琐的，容易让人觉得精神疲劳。作为其对策，在公事以外的闲暇时间，用娱乐活动来休养精神。这种娱乐不但没有害处，还是高尚的。这种娱乐能够使我们有无限的精神。现在的中国钱业者，如前所述的那样，没有娱乐活动，往往总是赌博，这对于金融界的危害很深。因此，我们认为在钱业界应该设立俱乐部，不仅能够安慰同业者，其利益也是很大的。

以上海为中心的最近的白银问题[*]

东亚同文书院第 31 期学生

林　茂

（昭和 9 年第 31 期学生第 28 回调查报告书）

目　录

第一章　银块市价的历史
第二章　白银收购法的主要内容
第三章　最近几年中国的通货状态
第四章　白银收购法案对中国的影响
第五章　中国针对美国白银政策所采取的对策
第六章　中国通货问题的前途

由 1929 年美国大恐慌所引起的世界性经济不景气依旧在持续，全世界经济正在陷入一个未知的、黑暗的、看不见底的深渊里面。在这个混乱的当口，英国、美国和日本等少数的几个金本位国家相继脱离了金本位，这导致了人们对以前几乎可以说被忽略的白银有了一个重新的认识，在这条苦闷的道路上呻吟，发现某个活路，就会变得更加的焦躁。面临着世界经济的发展趋势，白银又一次出现在了世人的面前。具体来说，自美国政府实施白银收购法案以来，银块的市价不断走高，一度高达 25 便士①八分之三的水平。如此下去的话，银价急速增长所带来的必然结果就是：作为世界上唯一将白银作为货币的中国，将遭遇前所未有的通货危机。如何摆脱

---

*　该文系东亚同文书院第 31 期学生林茂和调查组成员于 1934 年进行的调查。原稿见国家图书馆编《东亚同文书院中国调查手稿丛刊》第 152 册，国家图书馆出版社，2016。

①　原文写作"片"，这是（Penny），一般汉译为"便士"。

这个危机将是一个十分困难的事情。

在本文中，我们首先对导致现今银价暴涨的直接原因——"白银收购法"做一个说明。然后对以上海为中心的白银的变动问题做一个考察，最后再研究一下当今白银问题产生的经过。

第一章　银块市价的历史

在进入正文之前，我们有必要对迄今为止的银块交易的历史做一个回顾。伦敦的银块市价从 1835 年开始就有了准确的记录。在截至 1872 年的前半段时间里，银块的市价几乎都是处在一个稳定的状态，即在最高值 62 便士四分之三（1859 年）至最低值 58 便士半（1848 年）之间来回徘徊。然而从 1873 年开始，白银的市价进入到一个动荡的时代。继德国在 1873 年确立了金本位制以后，美国也转向了金本位制。不仅如此，在 1876 年，从挪威和瑞典开始，法国、意大利、比利时、瑞士等拉丁货币联盟诸国也相继成为金本位制国家，还有一些国家把采用复本位制作为一种过渡性措施。从此，银价跌破 60 便士，开始明显走低。

然而，在这之后截止到欧洲大战以前，银市价走低已成为一个大趋势。在此期间，美国虽然受《布兰蒂埃里森法案 1876》（*Bland Allison Act in* 1876）和《谢尔曼法案 1890》（*Sherman Act in* 1890）等影响，采取了一些防止银价下跌的措施，但并没有达到良好的效果。随着欧洲大战的开始，银市价逐步迈上了上涨之路，在大战后的 1920 年创下了 89 便士半的最高纪录。从战时一直到战后，银价猛涨的原因有：①辅助货币的铸造；②印度对白银的需求的激增；③墨西哥、加拿大、澳大利亚等国家白银供给的猛降，等等。而在这之前的 1918 年，美国根据"英美协商"颁布了《皮特曼法案》（*Pit-man Act*），将之前根据《布兰蒂埃里森法案 1876》和《谢尔曼法案 1898》将收购来的银块出售给英国[①]，并且在 1919 年的 5 月抛售完毕。与此同时，英国和美国放弃了银块政策，转而采取货币贬值政

[①] 一战爆发以后，白银价格攀升，对只储备黄金的英国银行来说非常不利，因为其从亚洲进口货物都要支付白银。直到 1919 年开始转向货币贬值时，英国购买白银的政策才停止。

策，造成物价的高涨，白银价格也随之高涨。到了1920年2月11日，于是就出现了前述的银价冲破89便士的最高纪录的情况。

然而，银价的高位并没有持续下去，随着供给的增加逐步走向低落，特别是在印度宣告采用金本位制以后，银价以更加迅猛的速度开始下跌。从欧洲战后开始到最近，银价下跌的原因有很多，主要原因有以下几个。

（一）欧洲各国的银块抛售和通货的恶化

伴随着白银市价的走高，法国、德国、意大利等通过采取把银块回炉融化后再次抛售，或者改铸银钱减少白银含有量等措施，导致对作为辅助货币的白银的需求降低，而供给还在增加。

（二）各国币制改革所造成的对白银需求的锐减

受1926年印度决定采用金本位制和1930年法属印度支那①采用金本位制等的影响，出现了不要银币，卖出和处理多余银币的现象，白银需求大国变成了白银供给国家。

（三）世界性的不景气带来的银价下跌

白银由于其自身的特殊属性，在其呈现总体下跌趋势的时候，也有随着物价的涨跌而波动的情况。也就是说，在战时，随着通货膨胀和物价上涨，白银的价格也在上涨。而在战后，随着通货紧缩，白银也跟一般物价一样，一起下跌。如此一来，导致白银价格跌落的原因除了几个特殊情况以外，我们不得不承认白银作为一种商品，它有追随一般物价涨跌的特点。

（四）产量的增加和调控的困难

导致白银价格下跌的另一个原因是银产量的增加。战后，白银的产量之所以急速增加，是因为电气分铜法的发明。这产生的结果就是，以前只能通过银矿采掘而来的白银现在也可以从铜矿或者其他矿山中作为一种副产品被生产出来。现在，作为副产品的白银的生产量已经占到白银总生产量的约七成左右。所以，以前作为决定白银价格的第一主要因素的生产费用也就失去了往日的重要性。这样一来，银价急速下跌，产能过剩的调控也不好掌控了。

---

① 原法属东南亚殖民地，包括越南、老挝、柬埔寨以及从大清强迫租借的广州湾（今湛江市），面积达747391平方公里。

（五）印度和中国对白银需求的锐减

印度因为币制改革，而中国则受持续内乱的影响，腹地的产品市场价格不振，这造成了农民购买力的下跌，特别是在上海，白银库存停滞不动。因此印度和中国两国对白银的吸收额最近正在明显地减少。

以上就是银价暴跌的大体情况。可是，最近的世界经济以1929年美国大恐慌为开端，遭受了非常严重的创伤。在这个背景下，英国于1931年突然放弃了金本位制，接着日本也效仿英国，最后，美国也在1933年3月的时候放弃了金本位制。这样，世界各国在脱离金本位的同时为了防止物价暴跌，尽量地降低自己国家货币的价值。能够反映这一情况的一个例子就是，截至1930年前，已经跌到最低位的银价开始表现出反弹的迹象。然而在1933年夏季，银价还没有达到一个太高的水平时，在伦敦经济会议上，为了防止白银价格暴跌维持银价稳定，八国协定诞生了。自同年12月美国的白银收购法颁布以来，银价开始走高，加之1934年6月19日"1934年白银收购法案"的颁布更使得银价向着高涨的趋势发展。

第二章　白银收购法的主要内容

最近让白银问题沸腾起来的美国白银收购法案是一个什么样的东西呢？在说明这个问题之前，我们先来简单看一下美国的白银问题。美国的白银问题，从1870年代的"自由银币运动"（Free Silver Movement）[1]以来，在每次的议会中几乎都成了一个必被提及的话题。提出白银问题是一些代表白银生产者利益的，被称为"silver man"的人。这种倾向在去年的世界通货经济会议前后变得更加的明显。美国政府先是提出了金银复本位的方案，到了最近又有了白银收购法和白银国有法。这些法案的实质都是试图将现今低落的银价提升起来。

那么，美国为什么要如此重视白银问题呢？对于现如今的美国来说，白银问题对美国经济直接意味着什么，大体可以归结为以下两点，即①美

---

[1] "自由银币运动"是19世纪下半叶美国历史上倡导无限铸造和使用银币的运动，主要支持者为美国的银矿主、农民和债务人等。

国作为白银生产国的立场；②美国对外贸易的立场。

①美国作为仅次于墨西哥的世界第二大白银生产国，其生产率占全世界生产量的20%。此外，据说墨西哥与白银相关投资的80%都是来源于美国的资本。从这点来看，美国的白银生产者为了自己的利益，叫嚣着要提高白银价格。这样的话，美国重视白银问题也不是一件令人难以理解的事情。

表1　世界白银生产量

单位：千克

产地	1929年	1930年	1931年	1932年
墨西哥	3381.0	3272.3	2677.0	2155.5
美国	1893.0	1484.4	958.7	755.2
加拿大	719.8	822.5	639.6	570.9
秘鲁	666.8	482.1	*343.6	196.5
英属印度	227.0	220.0	179.5	186.7
玻利维亚	193.3	220.6	178.3	128①
其他	1144.2	1202.1	1147.4	1009.2②
合计	8225.0③	7704.0	8030.0④	5000.0

注：*表示推定。原文数据如此，似有误。根据《近十年来世界各国的银产量统计》（《工商半月刊》1935年第7卷第15期），1931年秘鲁的银产量为273.5千克。该文对秘鲁1929年、1930年、1932年的白银产量的记录与本文一致，唯独1931年的银产量相差较大。

②在采用了银本位制的国家，因为它们货币的对外价值被银价变动所左右，所以从经济方面来看这个问题的话，银价的上涨使得银本位国家的进口增加，而银价的下跌则导致进口的减少。出口的话刚好相反。因此，对于跟银本位国家进行贸易的金本位国家来说，银块市价的变动会使其在贸易上受到影响。然而在今天，以白银作为货币的只有中国一个国家。因

---

① 原文为空白，根据《近十年来世界各国白银产量统计》补上的，见《工商半月刊》1935年第7卷第15期。
② 原文为空白，根据《近十年来世界各国白银产量统计》补上的，见《工商半月刊》1935年第7卷第15期。
③ 更准确的数字应为8225.1。
④ 该数字错误，即使按文中所列数字，也应为6124.1千克。这与全球银产量下降、白银价格上升的趋势相一致。

此，在看待与美国对外贸易相关的白银问题时，最终的落脚点不得不放在美国对中国贸易和银价的关系这一问题上。而且，美国的对华贸易还有增长的趋势，特别是在出口方面显示出强劲的增长率。这也预示着今后美国将把中国作为一个出口的市场来加以开拓。果不其然，美国当局在兼顾解决国内白银问题的同时，实施了大胆的政策，这是导致银价一下子猛涨起来的原因。

以下我们做了一个表，来看一下美国对中国贸易的大体情况（见表2、表3）。

表2　美国对中国进出口总额表

单位：千美元

年份	出口额	进口额	差额
1912	19800	14147[①]	-14347
1913	25300	40121	-14821
1914	20368	36314	-15946
1915	19748	52838	-33090
1916	31516	80042	-48526
1917	40292	125106	-84814
1918	52571	110971	-58400
1919	105540	154685	-49145
1920	145737	192708	-46971
1921	108290	101136	7154
1922	100357	134609	-34252
1923	108595	187602	-79007
1924	109189	117888	-8699
1925	94442	168939	-74497
1926	110205	143204	-32999
1927	83471	151680	-68209
1928	137671	139951	-2280
1929	124163	166293	-42070
1930	89605	101464	-11859

① 原文有误，据表中出口额和差额来推算为34147。

表 3 美国对中国进出口指数 (1880 年 = 100)

年份	出口	进口
1880	100	100
1885	581	75
1890	268	75
1895	327	94
1900	1386	124
1905	4865	128
1910	1482	138
1915	1490	184
1920	13219	885
1925	8578	776
1930	8139	466

资料来源：美国商务部下属的《美国统计摘要》。

美国白银收购法的出台也是为了适合这个形势，是美国白银政策的一个体现。此法案的主要内容可概括为一句话，那就是把白银纳入和黄金一样的货币圈内，把白银作为一种基准货币，即把白银作为兑换准备的四分之一。换言之，对于黄金来说，在没有到其三分之一的时候，白银作为一种兑换准备。这样做，第一，可以弥补金本位制的缺点；第二，为了防止通货膨胀对收购的白银发行银券，以此来达到恢复经济的目的。特别是在 8 月 9 日美国发布了白银国有法。这是从白银收购法颁布以来，银价急速走高，导致政府不得不采取的收购措施，最后决定将国内的白银全部国有化。

继续回到白银收购法，看看美国能够收购多少白银。美国白银的存量截至去年 5 月有 2 亿盎司，在这之后收购了约 1.8 亿盎司的白银。加上进口的两三千万盎司的白银，现在民间的白银存量只不过五六千万盎司。针对上述这个情况，即使全部发行白银证券，按 1 盎司白银 1 美元 30 美分计算的话，将会产生不到 1 亿美元的通货膨胀。而现在美国的货币流通总额算上纸币和其他一切货币总共加起来有 70 亿美元。对于美国来说，1 亿美元的纸币膨胀应该不会带来多大的通胀效果吧。

第二，这次的法案允许白银成为黄金储备的25%。按这个计算的话，77.57亿美元的黄金储备所应该收购的白银的金额为25.8亿美元。换算成盎司的话，美国应该购买的白银约为20亿盎司。但是美国手头已经持有7亿盎司的白银，还可以购买13亿盎司。但是美国国内的白银存量，如前所述，怎么也不能满足这个需要。这导致美国不得不到海外市场去发展。

再来看一下在世界市场这个范围内，美国到底有可能购到多少白银。我们先看一下世界上白银供需关系的大致情况。每年新产出的白银产量为1.6亿盎司，再加上废弃的银币按4000万盎司计算的话，白银的供给量约为2亿盎司。与此相对，白银的消费主要有：①印度、中国的储藏用银。②货币用银。③美术工艺品用银。其中，印度和中国的白银储藏量受其经济形势和银价高低的影响而变动，与其说这是左右白银市场的原因，倒不如把它看成是一个结果。也就是说，这些国家的出口增加，白银流入或银价走低，在使用白银不划算的情况下，还不如将其储藏起来。这并不是说白银有多么大的需求量。④用于制造货币的白银最近有稍微增加的势头。像去年那样，增加到5000万盎司。美术工艺品用银3000万~5000万盎司。其他的需求都是一些不太稳定的东西，比方说，银块市价降低了需求就增加，市价变高需求就减少。

紧接着在1933年召开的世界经济会议上，以白银相关国家为中心，形成了一个有关白银的决议。根据这个决议，①印度政府从1934年开始的4年时间里，每年向世界市场出售不超过3500万盎司的白银。②澳大利亚、加拿大、墨西哥、秘鲁和美国五个国家每年购买本国产白银358万盎司，或者从市场上回收。③以上这些白银要么用于制造货币，要么用于储备货币，不得流入市场。④中国不得让铸造碎银流入市场。⑤西班牙政府不得向市场投放超过2000万盎司以上的白银。

根据以上这些决议，印度每年卖掉3500万盎司的白银，而美国则把这些白银全部收购。

由于以上原因，我们可以得知美国政府从世界市场上可能收购来的白银的数量。当然了，就储备来说，孟买有1000万盎司，上海有3亿多盎司。随着储备的逐渐降低，价格开始走高。或者说只要美国不再购买，可以稳定在50美分左右。今后这些储藏的白银也不可能全部流向美国。先不说白银收购法的坏处,像美国这样先行制定大规模收购的方针,而由此造成了世界白银市场逐渐走高的趋势。

第三章　最近几年中国的通货状态

在讨论白银收购法给中国造成了什么影响之前,我们前面也说到了,银价从一个暴跌的时代转入一个缓慢增长的时代,然后又进入一个暴涨的时代。最近几年中国的通货状态是一个什么情况,以下就此问题进行研究。

中国的通货状态最正常、最健全的时期是从海外来的白银入超,每年有大约5000万~8000万盎司的入超。这是由白银的国际贸易特点决定的。也就是说,中国在进出口贸易方面,即使成为债务方,然而由于有华侨的汇款和其他贸易外收支的关系,最终还是成为白银的债权方。那样的话,中国国内的正常状态应该是从海外汇集到上海的白银,在生丝、棉花和米等农产品的出货时期从上海向内地移动。也就是说,白银首先从世界各国被出口到上海,然后这些白银又流向汉口、九江、天津等中国国内的各个主要城市,这才是一个健全的中国通货状态。

然而,这样的一个健全的状态在最近的数年里,不管是对内还是对外,都发生了显著的变化。第一就是前述的银价暴跌时代发生的现象。即1927年到1930年,白银的进口显著增加,1927年是9000万元,第二年是1.29亿元,第三年达到了1.3亿元。

就这样,巨额的白银从世界各地流入上海。其原因前面也提到过,一方面是由于白银投资的兴起,另一方面是由于华侨看见白银价格跌落以后更加积极地向国内汇款。那么,应该如何处理这些陆陆续续流入上海的白银?这些白银大部分作为存货留在了上海。如果国内的通货关系还能继续保持正常健全状态的话,这些白银应该是流向了内地。然而事实却是完全相反。

为什么会这样呢?这里有第二个异常状态。即在1931年发生了长江洪水大灾,中国经济受到重创。除此以外,共产党革命、土匪和满洲事变等问题也在此时相继发生。这些因素导致中国各地经济陷入了极度凋敝的状态。经济的凋敝最终导致内地失去持有金钱的能力,或者意味着内地农产品失去了流向城市或者国外的能力。同时,不管从政治上还是军事上来说，内地都处于一个非常不安的状态。而财富总是寻求安全的地方，自然地向城市集中，最终集结在了上海。另外，贫苦的农民由于根本没有什么可以变卖的农产品，同时他们又为了获得一些生活必需品，不得不拿出所有的积蓄往城市里汇款。这样的异常状态从1932年、1933年到1934年一直在持续。仅去年一年时间，流入上海的白银就有2亿元。今年截至6月，流入上海的白银就已达7700万元。这就是所谓的第二个异常状况。

接下来，从1932年左右开始到1933年，第三个异常情况出现了。在1932年以前的十多年里，中国的白银一直保持入超的状态，从去年开始有了2600万的出超。特别是到了今年，又有了1.9亿元的巨额流出。这是什么原因呢？中国没有从海外来的应收的账款（账目）、移民汇款的中断、外国人对中国投资停止等。所以中国要想购买各种必需品，就必须往国外送银子。这就是第三个异常状况。以上的三个异常状况就是前述的美国白银收购法制定以前的中国的实际情况。接下来我们做了一张表来反映这段时间的趋势（见表4、表5）。

表4 上海白银移动表（一）

单位：千元

年份	输入（+）	输出（-）	差额
1926	73034	23419	49615
1927	111116	19239	91877
1928	148695	8904	139791
1929	138778	8489	130289
1930	75544	11571	14557[①]
1931	29802	15245	11286[②]
1932[③]	92307	21027	63973
1933	36880	63296	-26416
1934	1477	209503	-208086
合计	647573	368088	279485

① 原文疑有误，据表中输入、输出的数字计算为63973。
② 原文疑有误，据表中输入、输出的数字计算为14557。
③ 该行数字有误。即使输入、输出的数字都正确，最终的差额也应该是71280，而非63973。由于该行错误，最后的统计一定有问题，故特别指出。

表5 上海白银移动表（二）

单位：千元

年份	流向内地（-）	从内地流出（+）	差额
1926	108565	61453	-47122
1927	205682	98574	-107108
1928	197046	94542	-102504
1929	159192	107124	-52068
1930[①]	87854	72015	-43805
1931	85538	39733	-15839[②]
1932	99147	141288	+42141
1933	31247	247421	+216147[③]
1934	136934	175286	+38352
合计	1057524	1025247	-32277

第四章　白银收购法案对中国的影响

　　最近，上海市场的白银库存在不断增加，至1934年6月末，已达到空前的5.82亿元。与6年前相比，增加了3倍半。上海市场持有过多的银储量，据说这也让各银行的消息人士感到很苦恼。可是，仅仅一天，在白银收购法案颁布以后，据说美国政府不仅在国内市场，还在国外的印度、伦敦、上海市场购买了大量的白银，仅在上海一个月就购买了2000万~3000万元。于是，银价开始暴涨。然而，如前所述，在上海有5.82亿元的不知道怎么花的白银，这使得上海的银价涨幅常常跟随着英美之后，出现虽有时间的滞后但最终上涨的现象。自然而然地，上海的白银便以便宜的价格流向海外，流出的势头在7月更加明显。从去年开始就有了流出的迹象，白银收购法案的实施加速了白银的流出。仅8月份一个月，就有一亿数千

[①] 该行数字有误。即使流向内地，且从内地流入的数字是正确的，最终的差额也是15569，而非43805。由于该行错误，最后的统计一定有问题，故特别指出。

[②] 原文有误。应是书院学生将该数字误写到1930年那里了，应为-43085。

[③] 原文有误。应是书院学生粗心而写错，应为+216174。

万的白银流向国外。7月初有5.82亿元流出，11月末变为3.6亿元，减少了2亿元，其中有来自内地的白银。但是不管怎样，有大约2亿元的白银主要是在8月和9月这两个月流出的。即在仅仅不到6亿元中，有占三分之一的2亿元的出超。由此可见，不得不说白银其实是非常缺的。

如此一来，白银出口的第一个原因自不必说就是银价的暴涨。而第二个不可忽视的原因是各个方面对白银储备的期望。也就是说，中国政府可能会增发纸币，或者征收银输出税，或者禁止白银出口。不管你如何去揣测，只是一味担心白银货币价值的下跌，势必推动国内的白银所有者向海外市场投资，或者转移资产，以期达到保值增值的目的，这样自然更加刺激了中国的资本流出。如果大量白银流出的话，迟早会造成中国的白银短缺，而且只要美国的白银政策不改变，银价就一定会持续上涨。如果那样的话，其结果必将导致中国通货不足、物价暴跌，最终可能会让经济濒临破灭。对于整个中国而言，虽然2亿元左右的流出并不算什么，况且一般认为白银流出已经出现减少倾向，在10月中旬已经渡过了难关。但是据爱德华·凯恩（Edward Kane）推测，中国的白银储备量为20亿两，按中国银行公布的数据，市场资金应是其四分之一。根据中国银行的换算率1元等于0.715两，20亿两约等于28亿元，其四分之一约为7亿元。7亿元中的2亿元其实是一个相当大的数字。中国政府到了必须采取一定措施的时候了。

仅看上海的话，进入本年下半期之后，估计大约有2亿元的白银流出，市场中的银库存只有3.8亿元，即日方的银行1700万元，日本以外的外方的银行5000万元，中方的银行3.13亿元。然而1934年9月末中方银行的兑换券发行额为3.8亿元，对此法律要求准备金应占到六成，即达到约2.2亿元。3.8亿元减去2.2亿元，仅剩下1.6亿元。中方银行的存款无论往多么小的估算，据推测也有5亿元到10亿元的存款。而事实上，对于这些存款，相对应的支付准备金却只有1.6亿元，这种不安的金融状况在别的国家是闻所未闻的。因此，最近市场的利息上升了一成六分即16%左右。眼下上海市场呈现白银短缺状况，而中国腹地的银行更是遭遇了挤兑。汉口突然出现金融恐慌，发行了兑换券，拥有存款的银行遭遇了强烈的挤兑。由于由上海向外地运输白银是有必要性的，所以国民政府规定，国内白银的运输必须持有通行证，以此来进行管制。即使是这样，每天仍有200万~300万元的白银被运向腹地，上海的金融每况愈下，处于不安和梗塞的状态。

至今为止，国民政府并不是对此袖手旁观，虽然期间也采取了外交手段、金融应急手段，为摆脱本国的货币危机也做出了极大的努力，但是最终未能扭转大局，以致到了今天这个局面。关于这一点，我们接下来会叙述。现在我们列举两三个表格来看一下大的趋势（见表6至表9）。

表6 上海白银储备额：1934年7月和12月的比较表

单位：千元

	10月1日	11月24日	+ -
三菱银行	1556	1110	-446
三井银行	5926	3221	-2625①
横滨正金银行	18392	3700	-14692
台湾银行	7512	6134	-1378
朝鲜银行	2129	2700	+641②
住友银行	970	840	-370③
日资银行合计	36485	17705	-18880④
汇丰银行	58170	11962	-45608⑤
花旗银行	24964	14443	-9169⑥
渣打银行	67264	6904	-59460⑦
其他外国银行	55356	11959	-41022⑧
外国银行合计	205754	45268	-155259⑨

① 原文有误，据表中数据核算为-2705。
② 原文有误，据表中数据核算为+571。
③ 原文有误，据表中数据核算为-130。
④ 原文有误，据表中数据核算为-18780。
⑤ 原文有误，据表中数据核算为-46208。
⑥ 原文有误，据表中数据核算为-10521。
⑦ 原文有误，据表中数据核算为-60360。
⑧ 原文有误，据表中数据核算为-43391。
⑨ 原文有误，据表中数据核算为-160486。

续表

	10月1日	11月24日	+ -
中央银行	119601	113147	+4031①
中国银行	96020	84800	-10578②
交通银行	43200	45532	+4352③
其他中方银行	81102	61886	-23920④
中国方面银行合计	339923	305365	-26115⑤
总计	582162	368338	-200244⑥

表7 上海白银储备额

单位：千元

月末	数额	+ -
1926年6月	187267	
1926年12月	175614	-11653
1927年6月	186672	+11058
1927年12月	160384	-26288
1928年6月	159195	-1189
1928年12月	197668	+38473
1929年6月	251242	+53574
1929年12月	275893	+24651
1930年6月	319429	+43536
1930年12月	324027	+4598
1931年6月	313068	-10959
1931年12月	294779	-18289
1932年6月	333151	+38372
1932年12月	348097	+14946
1933年6月	444867	+96770
1933年12月	537855	+92988
1934年6月	582162	+44307
1934年12月	368338	-213824

① 原文有误，据表中数据核算为-6454。
② 原文有误，据表中数据核算为-11220。
③ 原文有误，据表中数据核算为+2332。
④ 原文有误，据表中数据核算为-19216。
⑤ 原文有误，据表中数据核算为-34558。
⑥ 原文有误，据表中数据核算为-213824。

表 8　中国银行兑换券发行额一览表

单位：银元

	中央银行	中国银行	交通银行	其他	合计
1931 年末	24773439	123493968	38000769	56056555	242324731
1932 年末	39140360	112872274	38453060	78259704	268725398
1933 年 6 月末	45533179	104737183	33459269	73296614	257026245
1933 年末	70271542	121878855	42702869	93295244	328148510
1934 年 7 月末	74440206	117871801	43684731	113632250	349628988
1934 年 8 月末	77841337	121556006	45543231	118962100	363902674
1934 年 9 月末	80216875	125954349	46464131	123491300	376126655

表 9　上海银行白银出口额一览表（从 1934 年 1 月 1 日至同年 11 月 26 日）

单位：千元

银行	$	——	——	Total
横滨正金银行			$ 5936	5936
三井银行	$ 1150		3150	4300
朝鲜银行	755		1680	2435
住友银行	500			500
三菱银行			336	336
台湾银行			294	294
	2405		11396	13801
汇丰银行	28300		25340	53640
渣打银行	14280		12600	26880
大英银行	20202		4270	24472
大通银行	17393	556	3738	21687
花旗银行	8200	444	4536	8052[①]
安达银行[②]	7660		392	6922[③]

① 原文有误，应为 13180。
② 安达银行的英文名称是 Netherlands India Commtrcial Bank。它是荷兰商人发展海外贸易的金融机构，成立于 1896 年，总行在阿姆斯特丹，东方总行在巴达维亚（今雅加达），以荷属东印度、英属东方殖民地的贸易金融为主要业务。1920 年在上海设分行。
③ 原文有误，此处应为 8052，疑将下行数字误写入，这导致下面的数字全部错误。

以上海为中心的最近的白银问题

续表

银行	$	——	——	Total
中法工商银行①	2120		4802	6902②
华比银行	4900		2002	6194③
法国东方汇理银行	4500		1694	5772④
美国运通银行	1117	231	4424	4000⑤
美丰银行⑥	4000			2956⑦
有利银行	730		2226	1915⑧
德华银行	1355		560	1440⑨
本地银行⑩	1440			7640⑪
荷兰银行⑫	5960		1680	13180⑬
	$ 122157	$ 1231	$ 68264	$ 191652
Total	$ 124562	$ 1231	$ 79660	$ 205453

① 中法工商银行的前身是中外首家合办银行——中法实业银行。1912年，中华民国政府财政拮据，遂向英、法等六国银行借款，财政总长熊希龄认为条件苛刻而拒绝接受。法国东方汇理银行趁机提出中法两国可合资组建银行，以实业为前提，借此输入外资，以缓解中国财政之困。熊希龄赞成该提议，遂于1913年7月1日成立中法实业银行，总行设在巴黎。周自齐、王克敏出任中方股东代表。1922年，法国将退还中国的庚子赔款余额用于该行运营，并于1923年改组为中法工商银行。总行仍设在巴黎，资本总额5000万法郎，法方认股三分之二，中行认股三分之一。在中国上海、天津、北京和香港等地设立分行，与英国、瑞士等国建立了通汇关系。1949年初停业清理。
② 原文有误，应为6992。
③ 原文有误，应为6902。
④ 原文有误，应为6194。
⑤ 原文有误，应为5772。
⑥ 美丰银行是由在沪美国商人雷文等发起的旨在便利美商在华贸易的金融机构，1918年成立于上海。1934年因发生地产风潮，资金周转不灵，于1935年倒闭。
⑦ 原文有误，应为4000。
⑧ 原文有误，应为2956。
⑨ 原文有误，应为1915。
⑩ Native Bank，近代外国人对中国人开办的银行或钱庄的称号。本表反指中国人开办的本地银行。
⑪ 原文有误，应为1440。
⑫ 英文名Netherlands Trading Society，1824年成立，总行在阿姆斯特丹，东方总行在巴达维亚（今雅加达）。1858~1941年，先后在新加坡、槟榔屿、香港、上海、孟买、加尔各答、纽约等地设分支机构，以发展在南洋群岛和荷属殖民地的金融业务为主要目的。
⑬ 原文有误，应为7640。

第五章　中国针对美国白银政策
　　　　所采取的对策

　　国民政府为上述迫在眉睫的金融危机苦思焦虑，抓紧时间研究对策。当时他们考虑了种种措施。比如，果断禁止白银出口、征收出口税、降低官方定的外汇平价、请求外国特别是让美国采取某种对策等。然而到了8月9日，美国白银国有法的颁布，更加刺激了白银价格的暴涨，这使中国不得不立即考虑对策。于是财政部部长孔祥熙于8月中旬将在上海的几位银行家召集到庐山研究对策，会议的结果虽然是决定请求美国采取一定的对策（来缓解中国国内白银暴涨的状况）。但是（国民政府）表面既没有禁止白银的出口，也没有征收出口税，只是依靠贸易的自然调节来矫正白银的外流。他们是这样进行说明的，并为此发布了数次声明。而事实上，从8月到10月中旬的两个月间，他们进行了文书交换，这个既没有请愿也没有抗议意思的文书的大致内容是：美国政府白银收购政策导致了银价的高涨，外国人在购买中国商品的时候，中国商品变贵了。与此同时，由于伦敦和美国的白银价格较高，所以中国的白银流出很明显。其结果导致中国的白银保有量锐减。总之，中国因为美国的白银收购政策而蒙受了以上巨大的损失，如果银价还继续上涨的话，那么我们认为中国就会废除银本位采用金本位。美国政府是否会在中国拿出白银的时候，用黄金与之进行交换呢？

　　以上内容虽然以信件和电报的形式数次发给了美国，但是美国政府在8月、9月间对此一直置之不理，不予回复。终于在10月8日，美国政府发表了大概意思如下的声明：按照自由市场的设定，虽然任何国家都可以自由地买卖金银，但是政府间直接进行金银交换的事情还没有实际发生过。至于这件事情能否实施，美国政府做好了进行友好磋商的准备。同时，美国政府期待通过白银收购计划带来整体性的利益，让银价稳定下来。在世界市场，我们每月购买大约5000万盎司的白银，今后将努力做到不影响和不扰乱中国经济，我们将在调整白银收购时间和地点的同时，不遗余力与中国政府进行友好磋商。

总之,这个回答给人一种非常冷漠的态度,即美国想说,很遗憾,由于白银收购法案是经过议会通过的法律,所以在今后如果是可以商量的问题我们接受,但是关于这个问题,我们无法做出改变。这封冷淡回复的电报于 10 月 13 日到达南京政府,南京政府立即研究对策,终于在第二天决定开始征收白银出口税。

白银出口税虽然是从 10 月 15 日开始实施,但实际上是由一成即 10% 的基本税和平衡税两部分组成的。前者是针对银货币征收 2.25% 的铸造费,对于银块的话是征收 10%;后者是对伦敦银块市场和上海白银汇兑的差价进行征税。因为上海和伦敦每天有 8 小时的时差,所以采用的是一天前的伦敦银块市价。假定现在是 23.875 便士,乘以对英国的法定比例 0.8165744,得到 19.49573 便士。这个数字再减去当天上海上午 2 点半的对英汇率 16 便士,等于 3.49573 便士。这个数字再除以前面的 16 便士,等于 21.75%。然后再从中减去 7.75%,就得出了 14% 的平衡税。结果,在同一天,对银货币课以 21.75% 的税,对于银块再加上了 2.25% 的税率,即被课以 24% 的税。因此,无论汇率如何变动,如果想要出口白银,都会比海外高出 10%。没有相当的看涨,不会贸然出口白银的。从结果上来看这就与禁止白银出口政策产生了同样的效果。

在实施出口税之际,中国、交通、中央这三家银行各选派一个委员组成了一个叫平市委员会的机构,即平衡委员会。他们每天上午 10 点召开会议,确定当天的平衡税。平衡税实施之后的一段时间,确实如孔祥熙所预料的那样,白银出口得到了完全杜绝。究其原因是继续出口不划算:比如出口商 15 日在银行支付了一成的出口税和当日的平衡税,办理完了通关手续,于 16 日出航。而如果 16 日的平衡税比前一天高的话,船在领海内还需要再支付追加税,这样的话,对于出口商来说就很不划算了。由于都说这样做太过分了,从 10 月 26 日开始,规定只要办理完通关手续就可以了。于是,白银又开始少量的出口。

以上是平衡税实施后的表面状况,而平衡税实施的实际意义怎样呢?其实是中国从事实上脱离了银本位。即在中国,作为流通货币的白银,在出口的时候要被征收约两成即 20% 的税收,变成了一个便宜的白银。虽然只有真正按照银价,才能算作银本位。但是像中国那样,作为通货的白银比世界上的白银还要便宜，这就是中国脱离了银本位最明了不过的证据。

先不说这个，依照白银出口税，混乱的状况看似暂时得到了稳定。而事实上正相反，白银的走私悄然开始了。受惠于白银出口税，如果走私白银的话，多少能赚点钱。对于精于谋利的中国人来说，是不会无动于衷的。他们从厦门、福州、汕头经由香港，或从华北经由大连进行走私活动，而且走私的现银数量绝不在少数，日本的造币工厂似乎也因此忙碌了起来。在天津、青岛等地，由于白银储量急速减少，结果是从前在上海与华北之间的内地汇率中，华北要比上海的白银便宜，但是到了现在反而是上海的白银变得便宜。

以前，大量白银的出口是为了贸易结算，而到了现在由于走私盛行，出口税起不到任何作用，感觉反而刺激了白银的向外流出。除此之外，国内白银囤积情况也非常严重。之所以会这样，是因为对于白银的持有者来说，在将来是一个赚钱的机会。而且，如果是存款的话，损失的概率也比较大，因此，白银大量的由上海向腹地流入。对此，南京政府解释说因为这是农产品进入了上市季节，但事实上并不是这样的，即使进入11月份，仍有约4000万元的白银流到了汉口、天津、香港、满洲等地。根据法律条令规定，从11月27日起，禁止对满洲出口白银。这些白银都是银行为了应对走私或者囤积白银需要，防止银行发生挤兑而准备的，所以前景不容乐观。

这个出口税有什么缺点呢？以下做一个简单的说明。

（一）刺激了白银的走私和囤积

如前所述，如果没有出口税的话，除非是有利可图，否则白银是不会被出口到国外的。正是因为征收了出口税，反而刺激了白银的走私（这让原本就不充足的白银变得更少，更加刺激了白银的囤积，从汉口到内地的银行频繁遭遇挤兑，使得金融状况逐渐变得更加混乱）。

（二）没有平衡准备金

没有平衡资金却想要调节汇率，简直就是缘木求鱼，最终是无法达到目的。中国连一分钱的平衡资金都没有。有趣的是他们却决定：今后要以应该征收的平衡税来作为平衡资金。也就是说，平衡税是出口时征收的钱，如果没有出口，就得不到平衡资金。做没有希望的事情，以此来获得资金，这简直是毫无道理、自相矛盾。

（三）市场控制的不当

如果市场上正常的你买我卖、你卖我买不能实现的话，那么就无法实现统一。以下的事情虽然无法肯定，但是据说，由于通过所谓的御用经纪人即使没有外汇也可以实现黄金的交易，政府为了让他们有利，几乎都是像赌博市场一样，只专心于金块的交易。

这样的话，通货的稳定就不能轻易实现。

（四）其他缺点

决定平衡税的仅有三个人①，而且由汇兑的从业者随意的决定这件事情实在是有失得当。

平衡制度的实施，还有一个目的是要扩大中央银行的权益。当局者利用这一点从事外汇和白银的装运。民间谣传，当局者想要利用这一制度来装运（运送）白银，这里面包含了很多暧昧的地方。中国方面想要利用输出税，收回外国银行的实权。像中国这样的公私不分，任何的政策都无法达到其目的。总之，出口税作为当下通货危机的对策是失败的。

第六章　中国通货问题的前途

像这样，白银出口税与其说是在挽救通货危机，倒不如说是刺激了白银的走私和囤积，使得事态变得更加恶化，作为一种对策完全是失败的。然而，今后采取什么样的政策，是降低官方定的外汇平价还是采用金本位，这两者对于目前的中国来说最终都是不可能实施的。

且在那两个政策失败之后，美国总统现在正处于想要采取某种对策来实行经济改革的当口中，而且总统选举也如人们所料的那样，以执政党的大胜而结束。所以，白银收购法案在相当一个时期内会继续持续下去这件

---

① 1934年10月17日，中华民国财政部为安定汇市，成立外汇平市委员会，委员共有3人，由中央银行、中国银行、交通银行各指派一人组成，中国银行上海分行经理兼总行国外部经理贝祖贻被推举为委员会主席。

事情是很明显的。因此，白银的行情即使在表面上有一些波动，但可以预测的是，银价实际上会以相当稳健的步伐上涨。

在这样的大势下，对于开始通过出口税来管理货币的中国来说，将面临极大的危险。打个比方说，中国要走的路就像一条很窄的断崖的山脊，右边的山谷将会引导纸币，走向恶性通货膨胀，最终将陷入往年德国马克的那种惨状①。而左边的山谷则是保护白银通货免于流出，结果导致白银被大量的出口和囤积，以致市场缺乏现银，最终引起通货的匮乏，物价暴跌，经济破产。

然而，今后国民政府将采取什么样的政策，这不好轻易预测。特别是如美国的 sliver man 说的那样，银价的高涨并没有让中国的购买力增加，反而减弱了其购买力，这是一个事实，美国白银政策的一半目的落空了。同时，面对前所未有的通货危机，中国今后将不得不继续努力应对。

（完）

昭和 9 年（1934）12 月 24 日

---

① 一战结束后德国马克恶性贬值。

以上海为中心的中国财阀的研究[*]

上海调查班

森次勳

目 录

第一章　绪论
第二章　上海的金融机构发展概况
　　——浙江财阀发展小史
第三章　上海的主要企业与财阀
　　——企业结合发展过程概说
第四章　上海的中国钱庄业和银行业的构成
　　——浙江金融财阀的中枢体制
第五章　上海各企业间的结合及金融资本
第六章　上海财界各财阀的势力分布网
第七章　在上海的浙江财阀的金融支配体制
第八章　结语

第一章　绪论

中国财阀不同于日本的财阀，或者说有着不同于日本财阀的一些特点。

概括起来说，日本的诸如三井、三菱等财阀，作为一种高度的由金融资本支配的体制，具有一种作为中枢性的支配机构的强化、独占的结合和

---

[*] 该文系东亚同文书院学生森次勳和调查组成员于1934年进行的调查，原文参见国家图书馆编《东亚同文书院中国调查手稿丛刊》第152册，国家图书馆出版社，2016。

集中化过程。

与之相对，由于中国资本主义发展过程的不成熟，其必然带有一些跛行的不均衡性和脆弱性的特征。

首先，不得不承认中国财阀的总体势力还不像先进资本主义国家财阀那般的强大。众所周知，在中国的主要城市，特别是在上海等地，最近存在关于中国的金融资本过于集中这一事实，受制于某个特定条件的制约，中国资本这种畸形的、跛行的、不均衡的集中的趋势，正当或者更极端地再次朝着畸形的方向发展，这对于中国本土企业来说，推动其向产业资本转化几乎是不可能的。甚至在极端情况下还会变成一种畸形的东西。因此，很难认为中国在整体上是逐渐朝着资本起支配地位的市场经济方向发展。

在最近的一些关于金融行业调查的报告书中，至少有关这件事情是愈加的明显。中国的财阀之所以被关注，是因为他们拥有相当大的势力，这点不言自明。关于这一点，没有任何的疑问。

可是，在这个时节，立马就能想到与之有关的在中国的外国资本问题。如果考虑到跟强大的外资之间的本质性的诸多关系——和世界经济关联的话，很容易让人想到，问题的本质就是：中国财团的这种势力和发展，仅仅就是一个比较的、相对的势力和发展。

就像前面所说的，中国资本主义发展的障碍，指的就是，跟这种国际资本关系以及国内各种情况——特别是指各种残存的封建关系。也就是说，这一点如前所述的那样，中国的财阀不像发达资本主义国家那样，是一种高度金融资本支配的教条式的发展形态，其受制于本国资本主义发展这个根本特征，所以形成了一种非常畸形的、不均衡的、朴素的东西。那么，首先，我们先将这些作为条件，然后再进入对中国财阀的研究，这点要特别的指出来。

接下来，有关中国财阀的几个特质，有必要在此处交代清楚。

（1）被人们称为或者被人认为的中国财阀，如浙江财阀和广东财阀等，都是一些由同乡（地域）的结合所形成的财阀，这点很好理解。关于中国同乡团体的发展，此处不予详述，中国财阀也是在其发生和发展的过程中发展起来的，虽然说这种同乡的即地域的结合、集中、发展是一个明显的事实，但是这一点却很重要。

（2）所谓浙江财阀，就是指那些出身于浙江的人之间结合的组织，实际上是一些以上海为据点的、浙江出身的以金融业者为主的一股势力，应该把其看作是严格意义上的浙江财阀。可是在今天，也有一种广义上的浙江财阀的看法。比如，像江苏财阀那样，在今天已经全部或者几乎全部跟浙江财阀原来的势力包含和融合在一起，在上海的资本家（中国本土的）都把这些看作是广义上的浙江财阀。

这一事实的原因在于中国的财阀本来就是一种地域性的、笼统的结合形态。在本研究中，我们把各个财阀严格的加以区分，原则上以地域（同乡）财阀为标准来进行研究。为什么要这么做？因为这样一来，在研究的时候最清楚，也能使各个要素变得最明显。但是我们也不能忘了，原来的同乡性的结合从以上海市场为中心逐步扩大转换为地域性的结合这一事实。而且，其中枢性的支配体制，依然被旧有的同乡性的结合给推在了前面。

（3）前文中提到浙江财阀是一个以金融资本为中心的财阀，此外，还有一些以工商业资本家为主体的财阀，这些特质渐渐变得明了起来。特别是，其结合是一种横向的连接，是一种利益合作的链接，这应该算得上是其一个特质吧！这个事实又证实了中国财阀不可能是一个中枢性的统治组织、完整发展的支配体制这一事实。以上列举的就是中国财阀的三个主要特质。

众所周知，上海现在是中国经济界最重要和最强大的市场。本研究只对上海做了调查，并不是对中国的展望。虽然只对上海财阀的研究并不可能代表对中国财阀的研究，但是可以预测未来，这样就可以知晓全中国的大势。

虽然不能得出一个绝对的结果，但是可以得到一个大致的判断。另外，说到中国财阀，首先第一个被列举出来的就是浙江财阀。事实上，在上海，浙江财阀的势力也确实处于支配地位。因此，研究也多倾向于以浙江财阀为主。本研究致力于在前人研究的基础上尽量地揭示各个财阀的全貌。

浙江财阀是一个以金融资本为中心的财阀。而且，它还是当今中国当地资本的王者。我们先从中国，特别是上海的金融发展史来看一下。

第二章　上海的金融机构发展概况
——浙江财阀发展小史

在1842年的《南京条约》中，上海被指定为开放港口中的其中一个，在英国租界设立之初，能够看到的金融机构或者财阀只有山西票号。

然而，随着外国银行的设立、银号以及钱庄业的兴起、国内新式银行的发展等，山西票号的势力逐渐消失了。

首先，钱庄业的飞速发展值得一提。据统计，在光绪初年最鼎盛的时候，南市和北市合计有400家以上的钱庄业者。而且，自不必说这些钱庄业者都形成了一股支配上海金融界的势力。另外，这些经营钱庄的人从地域性关系来看，出身于宁波、绍兴、苏州、镇江等浙江以及江苏省中这四个地方的人占了大部分。

然而，以光绪七年（1881）[①]爆发的中法战争为契机，财经界发生了非常严重的动摇和混乱，钱庄从业家数一时间仅剩20多家。之后，随着和解条约的签订，钱庄的数量再次恢复到百余家。

如果把这个动摇期看成是一个转折时期，那么钱庄业中值得注意的变化就是在今天所谓的浙江财阀的基础在那个时期就形成了。

以这个动摇期为界限，从前处于对立的浙江和江苏两地出身的钱庄业者之间的势力相对平衡的局面被打破，苏州、镇江等地江苏系财阀被绍兴、宁波等地的浙江系财阀慢慢地超过。有关江苏系势力淘汰的原因，有以下几点值得注意。

①其一，宁波、绍兴系的金融从业者的绝对数量要多于江苏系财阀。

②其二，也是更重要的，浙江财阀随着上海港的开放，跟外商之间的贸易使得其能够积累巨额的资本。

之后，上海的钱庄业界遭遇了几个事件，每次都受到其严重影响，这个行业也发生了很多的变化。主要有以下几个事件。

---

① 原文有误，应更正为光绪九年（1883）。

①光绪二十年（1894）营口市场恐慌的影响——也就是受甲午战争的影响，旅顺、大连、营口的天字号钱庄相继倒闭①，对上海的金融界也产生了影响。

②从光绪二十四年（1898）到宣统元年（1909），橡皮股票投机的反弹。

③辛亥革命的影响——辛亥革命的爆发对全国产生了影响，上海北市的钱庄业者数量也锐减至不到50家。

④自此以后，上海的金融市场进入到一个相对的稳定期。无论是欧洲大战还是之后发生的世界经济危机，上海都能得以保持一个相对安静的状态。但是，这也仅仅是一个比较的、相对的状态。随着世界经济危机的发展和国内经济陷入绝望的崩溃之中，钱庄业的危机也是不可避免。在本研究中，对于这些时时刻刻显现出的转变，我们最终没有能够对其做出详细的调查。

然而，我们也不能忽视这一点，即在此期间宁波、绍兴（浙江省）系的钱庄业者逐渐确立了其独占的地位。

至于和钱庄业者处于对立地位的国内新式银行，首先，作为国营银行的大清银行（中国银行的前身）和交通银行两家银行，从成立之初就被以焦乐山、倪思久②等几乎全部是镇江出身的人所支配。四明银行是一个纯粹的民营银行，由上海、宁波出身的朱葆三、孙衡甫③等巨商经营，从前，其作为一个金融机构，也是被人当成一个宁波、绍兴系的根据地来看待。

---

① 本文认为营口天字号钱庄受甲午战争影响倒闭，有误。查营口天字号钱庄包括天合锦、天合益、天合瀛、天合深、天合达系山东黄县单家财东所设。1904年日俄战争爆发后，营口天字号老板认为战争会导致经济萧条，百业不振，经营钱币不如经营实物，于是大量购进洋线。可事与愿违，战争的爆发并未对当地经济产生多大的消极影响，以至大量囤积洋线的天字号亏折甚巨，不得不于1905年宣布倒闭，此乃营口近代银炉界第一次倒闭风潮。

② 焦乐山，镇江人，辛亥革命爆发时任上海大清银行经理。倪思久，也是镇江人。1908年交通银行设立后，即任上海分行经理，原文写作倪锡崎，有误。

③ 孙衡甫（1875~1945），中国近代著名银行家。他先在上海久源钱庄入职，并在多家钱庄拥有股份。1908年投资四明银行，后担任经理，使该行成为民国时代全国著名的商办银行。与此同时，他还投资上海浙江银行、明华银行、统原银行、苏州信贷银行，是20世纪30年代上海著名富豪之一。

浙江兴业银行的成立虽说与浙江铁路（现在的沪杭甬铁路）的建设有关，但其实权却被宁波系的盛竹书①、叶揆初②所控制。浙江实业银行在民国元年（1912）成立时采取的是官商合办的形式，后来变成了民营，以李馥荪③为中心成了所谓的浙江系的主要金融机构。

众所周知，这些国内新式银行的势力从清末到民国初年，不像浙江系钱庄那样拥有巨大的实力，进入民国以后，其势力逐渐增强，以至于形成了今天的样子。浙江系已经把在上海的本土新式银行的大半收入其麾下。

关于这些浙江金融财阀发展的原因，可以列举出以下几点。

①自民国初年以来，上海财阀圈中有影响力的人以浙江系居多，或者由其把持政治势力。比如，民国初期上海的都督陈其美（浙江吴兴人）为浙江革命党的首领，曾在一时间把持了上海的权利。蒋介石在当时也只不过是他的一个参谋而已。被视作浙江财阀中心人物的张静江（浙江省吴兴人），现在是国民党的元老。作为财政部长的宋子文也是出生在广东，祖籍为浙江④。还有上海财界的耆宿，民国16年（1927）任国民政府署理财政部长的钱永铭（祖籍为浙江的上海人）以及王正廷（浙江省奉化人）、陈其采⑤（浙江省吴兴人）等人，不胜枚举。这些人对浙江财阀形成今天这样的势力有着很大的贡献。而且，上海财界的中心是相当于浙江财阀干城的上海总商会，其他还有闸北商会、上海县商会、上海银行公会、上海钱业公会等，这些机构的实权都掌握在浙江系的人手里。比如代表性的人物有：严筱芳⑥、周金箴、朱葆三、宋汉章、傅筱庵、虞洽

---

① 盛竹书（1860~1927），清末民初著名银行家，曾担任浙江兴业银行行长，上海交通银行行长，上海银行同业公会会长。
② 叶揆初（1874~1949），光绪末年进士，长期担任浙江兴业银行董事长。
③ 李铭（1887~1966），字馥荪。曾留学日本，并到横滨正金银行实习，积累了丰富的现代银行经营管理经验。长期担任浙江实业银行总经理、董事长。与张嘉璈、陈先甫、徐新六、钱永铭、叶揆初等，形成了以江浙籍银行家为中心的塔尖关系网。
④ 该处有误。关于宋子文的祖籍，公认的是广东省文昌县，即今天的海南省文昌县。
⑤ 陈其采（1880~1954），字蔼士，近代革命先驱陈其美（英士）之弟，光绪末年秀才，1918年入日本士官学校，积极支持孙中山的革命事业。1928年后在南京国民政府任职，兼任中央银行常务理事，中国银行董事等。
⑥ 原文有误，应为严筱舫。严信厚（1838~1906），字筱舫，清末实业家，中国近代企业的开拓者，长期跟随李鸿章从事洋务运动。1902年担任上海商业会议公所首届总理。

卿、方椒伯、沈联芳、王晓籁、王一亭、钱永铭、张公权、卢文溥①、秦润卿等。

也就是说，我们可以认为，浙江系资本家从很早就开始作为中国的国家资产阶级的前锋，积极地开展活动。

②浙江金融界的这些有影响力的人，从共存共荣的立场出发，致力于协作和合作，通过横向的结合，确保其享有独占性的支配势力，这一点更加值得被指出。因此，他们跟历代军阀进行联盟，努力获得政治方面的权利。比如，上海都督陈其美出事以后，浙江系资本家和北京的政府要人结合起来，尤其是和梁士诒②一派合作。当孙传芳当上了五省联军总司令后，他们又与其结盟。国民党北伐以后，浙江金融系已经完全把其控制在自己的手里，承接国民政府的公债，接受发行贷款，最终浙江财阀和国民政府之间的资产阶级政治体制大体上形成了。

进入民国以后，中国银行和交通银行当初的实权者开始由镇江系的资本家势力逐步向浙江系转换，以宋子文、钱永铭、盛竹书等为中心，从事管理的都是浙江系的人③。事实上，已经形成了浙江财阀的一个根据地。

另外，在民国17年，财政部长宋子文设立了作为国家银行的中央银行。不用说，这个银行也是完全被浙江人所控制。

正是这些重要的银行，即所谓的浙江财阀在今日的重要中枢机构，造就了其支配性、独占性的地位。通过以上对上海金融界发展做的一个概述，我们能够一瞥浙江财阀的发展小史。但是，这也仅仅只能知晓作为金融财阀的浙江财阀的冰山一角。接下来，我们对上海各企业的发展做一个概述，简单的追寻一下财阀角逐的历史。

---

① 原文有误，应为卢学溥。卢学溥（1877~1956），浙江桐乡乌镇人，沈雁冰（茅盾）为其表侄。1912年后，出任奉天教育厅和北洋政府财政部秘书。1921年出任北洋政府财政部次长，兼任北京新华银行常务董事，中国银行监察人等职，在银行界深孚众望。1927年后主持浙江实业银行，使之成为实力雄厚的私人银行，"南四行"之一。
② 梁士诒（1869~1933），广东三水人，1894年中进士，旧交通系首领。
③ 前面讲过，宋子文是广东省文昌县人（今海南省文昌县），但其事业和浙江财阀紧密联系在一起，因此视其为浙江财阀系统，并不为过。

第三章　上海的主要企业与财阀
——企业结合发展过程概说

近代产业革命从国际上来看都是发端于轻工业部门，某国生产技术的发展首先从轻工业部门开始，然后向重工业部门转移。也就是说，不发达资本主义的中心产业是轻工业，发达资本主义的中心产业是重工业。

关于民族资本主义在中国的发展，如前面第一节已经提到过的那样，受制于外国和国内的阻碍，发展受到明显的约束，因所谓的半殖民地的各种矛盾关系，发展中更是充满巨大的烦恼。但是不得不承认，以各个城市为中心民族资本主义已经形成了相当的发展，上海是其中最重要、面积最大的区域。

关于中国民族企业在上海的现状，不必说，仍然呈现出不发达资本主义的特征。在此节中，我们把有关这个问题的所有分析都放在后面，先简单叙述一下上海民族企业的发展过程。

公元1842年上海开港以来，很快就成了对外贸易的中心地。我们先从商业部门或者原始产业部门来看一下。

作为出口贸易的重要组成部分，生丝和茶叶为第一线，其他还有皮毛、药材和杂粮等。

在上海，最初控制生丝海外出口的是依存于外商的广东买办。然而，由于地理等方面的关系，其控制权逐渐转移到了浙江系。在今天，浙江湖州人夺取了生丝的控制权。

茶叶的经营也是由广东人主宰。今天在这方面，广东系仍然保持着优势，其次是安徽系，浙江系和江苏系虽然近年来也逐渐崛起，但其势力仍不及广东系。

皮毛和药材等是浙江系占有的领地。杂粮和油类是江苏系和浙江系角逐的领域，其中江苏系稍占优势。

接下来是进口贸易。国外进口货物中的金属、染料、棉布、棉纱、砂糖、机械、杂货等的经营，数十年来一直处于宁波人的绝对控制之下，表现出强大的势力。我个人认为，虽说存在一些相当有实力的竞争者，但是还没有达到与宁波商人相抗衡的程度。

再下来是工业方面,当然我并非说轻工业就是中国工业的全部。中国的本土重工业几乎谈不上。在轻工业方面,面粉和纺织是其主体。

中国的面粉业最初诞生于三十几年前的山东巡抚孙家鼐在上海开办的阜丰面粉厂①,这是面粉业的原型。之后,中兴②和华兴③两家面粉厂也成立了。今天,阜丰面粉厂依旧相当的兴盛,但是中兴、华兴两家被福新面粉厂合并了。福新面粉厂由无锡人荣宗敬经营,它除了在上海拥有七家工厂以外,在汉口等地还有分厂,是中国面粉界的统治者。

纺织业最早是盛宣怀于光绪十四年(1888)开办的三新纱厂④。该工厂在民国元年(1912)以后被革命政府没收,后来又被更改为英国籍。众所周知,在欧洲大战的时候,纺织业迎来了前所未有的发展期,振华、申新、永安、大中华、华丰、溥益、纬通、厚生、统益、恒大等工厂增加到约70万锭。在今天发展较好的有:从属于广东系的由郭乐、郭标⑤等经营的永安纺织工厂(永安纺织公司),由面粉界的统治者荣宗敬控制的申新纱厂等,宁波系、江苏系、湖南系等也保持着相当的势力。

制丝业在约40年以前的苏州河畔一带就已创立。它最初由潮州系所控制,最近十几年来,其霸权渐渐转移到无锡系手里,最近当地制丝业者处于绝望的烦恼之中,特别是无锡系成了控制者之后。

机械钢铁工业为宁波系所控制,虽然很微小,当初仅仅只不过是一个小规模的旧式工厂,到了最近七八年前,由于大隆机器铁厂的成立,钢铁业也走出了新式化的第一步。大隆机器铁厂的主人是严裕棠,控制人和其他的人都是宁波系的人物。

---

① 阜丰面粉厂系孙家鼐的侄子孙多森、孙多鑫兄弟于1897年创办。孙家鼐没做过山东巡抚,特此说明。
② 1906年由朱葆三、贝润生、顾松泉等人在上海创办。1911年工厂陷入困境,1912年出租给福新面粉公司,1916年正式出售给福新面粉公司,称为福新四厂。
③ 1904年,英商怡和洋行买办祝兰舫(祝大椿)等人合资兴建华兴面粉厂,地点在上海苏州桥附近。
④ 三新纱厂的前身是上海机器织布局,1913年改名为三新纱厂。1931年因长期经营不善,负债累累,以80万两抵押给了英商汇丰银行。后被荣氏集团收购,命名为"申新纺织第九厂"。
⑤ 郭标系郭乐的堂兄。

至于造船业，在南市有一个求新船坞厂，由上海系的朱志尧在二十几年以前创立，现在为中法合办企业。①

烟草业公司有中国南洋兄弟烟草公司、中国兴业烟草公司、华商烟公司等。其中中国南洋兄弟烟草、中国兴业烟草和华商烟公司都属于广东系。其余各个小烟草公司多是由浙江系的人投资经营。

本节我们仅讨论了以上问题的概况。另外，在后面的第五节，我们还会就上海的企业结合来进行研究。

但是，针对以上的概述，我们有必要把握住以下几点。

①浙江财阀是一个以金融资本为中心的财阀。

②在上海的各个企业，特别是在纺织业中，浙江财阀的力量相对较弱。

③中国民族产业的贫弱性、脆弱性和不均衡性以及作为上海企业其中的各财阀系统的分布相当复杂，要把它弄清楚，必须在下面的章节中进行论述。

④但是，各个财阀从整体来看，都被"资金难"问题所困扰着，其所经营的各个产业在现在或者将来，都仰仗以金融为中心的浙江财阀的援助，这将是一个非常迫切的问题。金融资本控制企业的现象将会出现。有关这一点我们在下一个章节进行详细叙述。

第四章　上海的中国钱庄业和银行业的构成
　　——浙江金融财阀的中枢体制

本章在跟第二章的关联上，在让我们进行考察的时候能够得到一个最明白的理解。它直接就是第二节的具体调查材料。

1. 钱庄业

民国17年，上海的主要钱庄（加上汇划庄）在北市的有60余家，在

---

① 求新造船厂的前身是求新机器制造轮船厂，创办于光绪二十八年（1902），初期主要承接机器修配以及桥梁、车厢等公用事业方面的工程业务，后集中到船舶制造领域。一战爆发后，钢铁原料奇缺，价格暴涨，造船厂亏损累累，不得不将大部分股份售与法商。1919年改组为中法合营，易名为"中法求新机器制造轮船厂"。

南市的有十余家，合计有 70 余家。其中，主要的有以下 44 家。下文这个表（见表 1）在现在虽然有更改和修正的必要，但是作为一个能够从大体上知晓现状的材料，总的来说还是可以的。[①]

表 1

钱庄名称	资本金	经营者	经营者的出生地	备注
元牲庄	4 万两　附本*6 万两	沈景芳	绍兴	
元盛庄	4 万两　附本 8 万两	蒋福昌	绍兴	
五丰庄	16 万两	张梦周	宁波	
永聚庄	10 万两　附本 6 万两	吴廷范	甬江	
永余庄	10 万两	李菊亭	绍兴	*对于普通的特定的利息是官利，利益分配的追加是红利。附本就是不要官利的资本。因此，有附本的钱庄很多经营都是良好的。
永丰庄	20 万两	田祈原	绍兴	
安裕庄	10 万两　附本 14 万两	王鞠如	甬江	
永康庄[②]	30 万两　附本 6.5 万两	赵文焕	甬江	
同春庄	12 万两	裴云卿	宁波	
同泰庄	12 万两	傅裕斋	宁波	
同余庄	6 万两　附本 4 万两	邵燕山	甬江	
志裕庄	12 万两	刘午桥	宁波	
志诚庄	10 万两	盛眉仙	宁波	
均泰庄	12 万两	沈荣文	甬江	副经理—钱远声
承裕庄	12 万两　附本 6 万两	谢殁甫	甬江	
和丰庄	10 万两	王经畬	绍兴	副经理—陈济城
信成庄	6 万两　附本 10 万两	陈梅伯	宁波	
信孚庄	8 万两　附本 2 万两	胡涤生	绍兴	
信康庄	16 万两	朱掌衡	绍兴	
信裕庄	22 万两	傅松年	宁波	
恒大庄	22 万两	周雪舲	宁波	
恒祥庄	22 万两	邵兼三	宁波	

---

① 依据《上海钱业同业公会入会同业录》（1932）和《上海钱庄史料》（上海人民出版社，1960）认真核对，并对个别错误之处加以修正。
② 原文有误，应为安康庄。

续表

钱庄名称	资本金	经营者	经营者的出生地	备注
恒隆庄	22万两	陈子墭	宁波	
恒兴庄	10万两	沈翌笙	绍兴	
春元庄	10万两	沈晋绣①	绍兴	
益昌庄	10万两	徐伯熊	宁波	
寅泰庄	11万两	冯斯苍	宁波	
顺康庄	36万两	李泰山②	宁波	副经理—应芝庭
敦余庄	20万两	楼恂如	宁波	
义昌庄	12万两	沈景周	宁波	副经理—徐寿昌
义兴庄	20万两	夏圭方	绍兴	
瑞昶庄	4万两 附本4万两	罗似莲	绍兴	
福泰庄	10万两	周介繁	宁波	
福康庄	36万两	陶玉笙	宁波	
福源庄	30万两	秦润卿	宁波	
汇昶庄	24万两	诸增煊	绍兴	
赓裕庄	12万两 附本6万两	盛筱珊	宁波	
聚康庄	6万两 附本4万两	王蔼生	宁波	
滋康庄	12万两 附本18万两	傅洪水	甬江	
滋丰庄	10万两	陈东山	宁波	
鼎盛庄	20万两	胡楚卿	宁波	
衡余庄	10万两 附本2万两	沈采三③	绍兴	
鸿祥庄	24万两 附本6万两	冯受元	宁波	
宝丰庄	4万两 附本16万两	赵漱芗	绍兴	

也就是说，在现状下，如果注意到有必要再次变更这一点的话，这个表在本质上能够较好地体现今日的状态。

---

① 原文有误，应为沈晋镛。
② 原文有误，应为李寿山。
③ 原文有误。该钱庄的经理是沈采生、魏晋三，有可能混在一起了。

这完全是浙江财阀的经营，从资本家到其管理上的重要职员全部都被浙江系所独占。上海钱庄业也是被浙江财阀独占。而且，在那里盛行结合和合作，形成了浙江财阀的中枢体制。钱庄业在面临今天的危机的时候，其盛衰的变动很激烈，虽然不能得到准确的报告，但是暂时依靠此资料，能够得以继续进行基础性的研究。

以上（见表1）列举的都是第一流的钱庄，称为汇划庄，但几乎都为宁波、绍兴系的浙江财阀所有，这一点很明确。其他很多第二流、第三流的支票钱庄也都几乎是浙江系。

汇划庄的资本，如上表所示（见表1）不是太大，存款也是从二三百万元到四五百万元之间，虽说单个钱庄的力量不是很大，但是作为一个整体其势力依然根深蒂固。就连上海的新式银行也都需要跟他们协商。这样，两者间的两位一体制就形成了。

2. 银行业

浙江财阀所属的主要银行有：

中国银行

交通银行

浙江兴业银行

浙江实业银行

中国通商银行

四明银行

中华商业储蓄银行①

中华劝工银行②

正大商业银行③

---

① 原名中华银行，1911年由陈其美、沈缦云等发起成立。总董孙中山，董事有黄兴、薛仙舟、沈缦云、朱葆三等。除经营一般商业银行业务外，兼理上海军政府发行的军用钞票。
② 1921年成立，总部设在上海，发起人有王正廷、穆藕初、楼恂如等。
③ 1925年成立于上海，发起人有叶鸿英、王一亭、王文治等。1935年停业。

道一银行①

中央信托公司②

通易信托公司③

此外,"中央银行"虽然在形式上是国民政府设立的国家银行,但事实上从属于浙江财阀。

而且,由中南银行、盐业银行、金城银行和大陆银行组成的四行联合储蓄会和准备库,以及从钱永铭等的人际关系方面来看,都可以称得上是浙江系的旁系。以上各银行(包含信托业)占了上海和全中国各最主要银行的大半以上。

除了上面的银行以外,加入银行公会的银行有:

江苏系——江苏银行④、上海商业储蓄银行、金城银行⑤、盐业银行⑥

---

① 也称杭州道一银行,1916年创立于杭州,1922年在上海设分行,1932年受淞沪抗战影响而歇业。
② 1921年成立,由浙江绍兴商人田祁原、田时霖、宋汉章等发起,业务分信托、银行、储蓄、保险四部分。1944年改称中一信托公司。
③ 1921年成立,由通易公司改组而来,发起人有黄溯初、张嘉璈等。
④ 江苏银行,1912年1月成立于苏州,同月设总行于上海,为江苏省省立银行。总理陈光甫,董事王宪臣、朱子尧、席立功、叶223斋、虞洽卿等。在南京、镇江、苏州、无锡、常州等地设立分支机构。1914年陈光甫辞职,由潘睦先继任。抗战时期总行迁往重庆,总经理为许葆英。抗战胜利后,江苏银行上海总行复业,1946年10月16日改名为江苏省银行。
⑤ 金城银行,1917年5月成立于天津,由皖系军阀、官僚及交通银行当权人物发起。总经理周作民。与盐业、大陆、中南三银行组织"四行联合营业事务所""四行准备库""四行储蓄会",实行同业联合经营。1936年1月,总行及总经理处迁至上海,天津改为分行,经营存款、放款及投资业务,以辅助国内重要工商业及交通运输事业发展为主,如制碱、精盐、硫酸、麦粉、纱布各厂,以及煤矿等重要实业。1952年底加入公私合营银行。
⑥ 盐业银行,1914年10月由北洋政府参政院参政张镇芳主持筹办,以"辅助盐商、维护盐民生计、上裕国税、下便民食"为宗旨,1915年3月26日开业,总管理处设在北京西河沿。原定为官商合办,董事长兼总经理张镇芳。1916年改为完全商办,1917年吴鼎昌继任总经理,与金城银行、中南银行、大陆银行共同组建"四行联合营业事务所""四行准备库""四行储蓄会",共同发行中南银行钞票。1928年8月总管理处迁至天津,1935年12月1日总管理处迁至上海,在各大商埠均设有分支行及通汇机关。1952年底加入公私合营银行。

广东系——广东银行①、东亚银行②、新华商业储蓄银行、工商银行

福建系——中南银行③、和丰银行④

安徽系——中孚银行⑤

山东系——东莱银行、中国实业银行⑥

以上这些银行怎么也达不到由浙江财阀构成的金融势力。因为只需要看一眼各个银行的资本金,这件事情就再明白不过了。

然而,正是因为这一点是众所周知的事实,所以我才不打算尝试进入这个领域进行研究(《中国研究》第18号久重教授⑦论文第416页有一个一览表)。比如,研究上海的发券银行就会发现这么一个事实,那就是较之中国银行、交通银行、浙江兴业银行、四明银行和通商银行等浙江系银行的压倒性势力,仅有中南银行(福建系)和中国实业银行(山东系)勉强能够挤进去。

另外,浙江系银行除了上述主要各银行以外,还包含很多的小银行,我们将在后面的章节里对其进行概述。另外,关于这些银行持有的公债和国库券等的调查,我们将其省略掉了。

---

① 广东银行,1911年在香港注册成立,总行设在香港德辅道中6号,为当地首创之华资银行。由陆蓬山集合美洲华侨资本及香港商人李煜堂共同筹建。在上海、广州、汉口、台山、泰国、旧金山等地设立分行。1949年中华人民共和国成立后,该行的内地分行由人民政府接管。

② 东亚银行成立于1918年,由简东浦、周寿臣等港澳及越南的侨商合资创办,在西贡、广州、上海等地设分行。

③ 中南银行,1921年成立于上海,发起人有黄奕住、胡笔江、徐静仁、史量才等。与盐业、金城、大陆银行组成联营事务所,成为北四行成员之一。

④ 和丰银行,成立于1917年,总行在新加坡,为华侨合资创办。

⑤ 中孚银行,成立于1916年,是由创办阜丰面粉厂的孙多森、孙多钰等创办的。因孙家掌握绝大部分股权,因而可称其为孙家的家族银行。总部最初设在天津,1929年迁往上海。初创时孙多森自任总经理,聂其炜(曾国藩的外孙)任协理。1952年改为公私合营银行。

⑥ 中国实业银行,1919年成立,总行在天津法租界(1932年迁至上海),发起人有前中国银行总裁李士伟,前财政总长周学熙,前国务总理熊希龄、钱能训等一些国内著名实业家等。

⑦ 指久重福三郎,时任东亚同文书院教授。

第五章　上海各企业间的结合及金融资本

1. 海运业

关于海运业，在中国最早和最大的企业是现在国民政府管理的招商轮船总局（实际上是浙江系，今后其色彩将会更加明显吧），此外，要说最有影响力的，还有三北轮船公司和宁绍轮船公司这两家公司。而且这两家公司都属于浙江系——宁波、绍兴系。

（1）三北轮船公司——创立者是浙江财阀的泰斗虞洽卿，其所拥有的汽船有凤浦、伏龙、宁兴等合计20余艘。最大的是2700吨，最小的是1700吨，平均两千二三百吨。

（2）宁绍轮船公司——由在上海的宁波和绍兴人为了对抗当时独占上海宁波航路的英商太古轮船公司而创立的。该公司现在经营的宁波长江航路的船舶有新宁绍（2200吨）、宁绍（1900吨）、甬兴（1400吨）等。经营者是上海著名的实业家袁履登（宁波人）。

2. 粮食产业

（1）制糖业——上海的制糖业公司大小约有五六十家。规模较大的有厦门的黄炳记、祯祥、日兴行、黄日兴、聚德隆等18家。它们都是由华侨来经营，从爪哇直接进口。

与厦门帮相抗衡的是宁波人方氏经营的元益、元裕、方惠和、方本和、元泰恒、裕大恒等十几家企业。它们不仅跟爪哇系做生意，与日本系的贸易也很多。方椒伯、方稼荪作为方氏一族的代表，是上海财经界著名的人物。此外，镇江系的元和、仁和、广源等也是一流的公司，但是还是赶不上厦门系和宁波系。

（2）海产品业——海味行大小有50家以上，大部分是宁波人在经营，资本在10万两左右的就算大的了。设立在新开河的东盛公、东源、源记、震新等很有名。

（3）米、杂粮、油业——被称为"行"或者"号"的一般是规模最大的，约有20家。主要集中在南市豆市街。规模较小的在南北市有无数个。规模大的资本在 10 万两左右。一般由上海人经营。其中,宁波甬江出身的李氏所经营的新丰行最有名。但是,在其经营中,由于与金融方面的关系非常重要,因此今天这些企业和浙江财阀有着不可分割的关系。"行""号"的经营者虽然上海系比较多,但是控制人和职员则以宁波和绍兴出身的比较多。

(4) 酿造(酱油)业——在上海南北市,规模较大的有百余家,规模较小的有无数家。主要的有位于福建路的张崇新酱园和位于新闸路的张振新酱园,两者都持有百万两以上的资本。这是由浙江系张逸云家族(上一辈①)开办的,在其控制下,有 70 余家店号。凡店号上有"张"字的,表示由张家直接经营的,店号上带"万"字的,表示由张家间接和共同经营的。张家完全独占了酱油业。

(5) 调味料制造业——张崇新酱园的主人张逸云(浙江人)在 13 年前,用 20 万元资本金在法租界菜市路开设了天厨味精厂,这是中国的"味之源"制造的开端。在此前后,程龄荪(安徽系富豪)投资 50 万元在法国租界谨记桥开设了中国根泰公司。接着,天厨味精发起人之一的宁波人方液仙(砂糖主方椒伯的侄子)在小沙渡创办了中国化学工业社。

民国 15 年,叶墨君(杭州人)和孙春荣(宁波人)共同出资在韬朋路集贤里创立了天一味母厂。

3. 药材、颜料业

(1) 药材行及药店合计有二百几十家,大部分为浙江系。药材行主要分布于南市咸瓜街,有元丰润、元大、元升、日新盛、裕大等(最大的药店资本为四五万两)。作为大药店,蔡同德、胡庆余、王大吉、奚良济等资本为二三十万两。

(2) 人参业——上海的参行大小有 40 余家,以南市咸瓜街为中心,几乎全部是宁波系。阜昌、元昌、阜大、德昌等最有名(资产约五六十万两)。

(3) 颜料系——约有 80 余家,大半是浙江系。今天,上海的主要颜料商都在第一次世界大战中获得了巨额的利益。瑞康盛(宁波系,贝润生经营)、咸康润(宁波系,薛宝润经营)、恒丰昌(苏州系,秦涵琛经

---

① 主要指张逸云的祖父张梓林和父亲张梅仙。

营)、德昶润(镇江系,邱省三经营)等资本有四五百万两。

即使是二三流的企业,其资本也有二三十万两,生意很兴隆。

4. 纤维产业

(1) 棉花业——在上海从事棉花业的有花行和花号合计 60 家左右,轧花厂有十余家。花行以上海系最大,花号汉口系占优势,宁波、余姚、南通花号等次之。规模大的有五六十万两左右的财力。在纤维产业中,虽说浙江系一般占劣势,但从金融方面来说,其构成了紧密的控制关系。最大的轧花厂是由薛文泰(浙江系)经营的益泰顺记(厦门路)。

(2) 纺织业——在纺织业上,浙江系表现相对的不是很好,这一点我们在前面的章节中已经提到过。在这里,我们仅看一下与浙江系有直接关系的一些方面。

①大丰庆记染织有限公司

资本金 150 万两,是宁波系布业界的巨头,由徐庆云和上海钱庄业界有影响力的秦润卿共同经营(徐已经死亡)。

②厚生滋记纺织有限公司

资本金 200 万两,由宁波系颜料业主薛宝润和贝润生共同经营(现在已经停业)。

③振华利记纺织有限公司

资本金 30 万两,由宁波系的薛文泰经营。

④振泰纺织有限公司

资本金 80 万两,由宁波系的余葆三[①]经营。

⑤崇信纺织公司

资本金 150 万两,由宁波系邵声涛和苏州系吴麟书[②]经营,有英国资本,与印度棉纱商秦逊斯有关联。

⑥华丰纺织有限公司

资本金 200 万两。发起人是王正廷和钱永铭,但是现在被日华纺织株

---

① 余葆三,浙江宁波人,近代纺织巨擘。创办达丰染织厂,上海振泰纱厂等。
② 原文有误,经查阅应为广东系。吴麟书(1978~1930),广东四会人,一战期间经营印度纱大获其利。他在推销英、美、日、印纱的同时,还投资多家纱厂。

式会社经营。

（3）棉纱业——有大小百余家。浙江系和江苏系处于对立的关系，广东系和四川系次之。势力最强大的是益大号（天津路鸿江里），由广东系的吴麟书经营，资本是500万两。接下来是福泰号（宁波路永青路）和崇德号（天津路集益里），两者都是浙江系。前者由徐庆云①（资本300万两），后者由邵声涛（资本百万两左右）经营。

（4）棉布业——有大小300余家，主要经营日本产品和英国产品。规模较大的资本有百万两左右，一流的企业有五六十万两，二三流的企业有10万两左右。最有名的是杭州系陈、步两家经营的，位于法租界公馆马路的日新盛、日新增（以上两个由陈晋轩、陈吟轩经营）、协祥、小东门的恒丰（以上由步翰承经营）等，资本在百万两。宁波系的万成永、源茂盛（以上位于南京路）、正大（天津路五福街）等则稍微逊色一些，资本在50万两左右。此外，宁波系的徐承勋经营的裕ական、裕春等也很有实力。

而且，兼营棉布业和染织业的有达本染织厂和轮昌染织厂。主要的出资者是万成永号的店主李荣畅，其他稍微重要的棉布商是该工厂的股东。

（5）缫丝业——上海的缫丝业工厂虽说有50余家，但是一般都不是自投资建立的工厂，而是从别人那里租赁来的工厂，自己经营的。规模最大的有约五百几十锅②，最小的有200锅左右。其流动资金都很少，最大的也不过有20万两左右。因此，该行业的现状是经营者最多的是无锡系，其次是浙江系。其中最有名的是来自湖州的沈联方所投资建立的工厂。原料的购入和工厂的经营都不得不依赖金融界的融通。经营者中，最多的是无锡系，其次是浙江系。其中最有名的是来自湖州的沈联方所投资建立的工厂。

接下来我们简单看一下生丝商的情况。特别有影响力的被称为"丝栈"，有20余家，几乎都是湖州系，其他是宁波系。著名的有泰康祥、同康泰（以上都是湖州系）、宝元祥（宁波系）等，资本在三四十万两。

（6）绸缎业——大小有200余家，除了苏州系以外几乎都是浙江系，

---

① 徐庆云（1880~1931），浙江宁波人，出生于纱业世家，在经营纱号的同时投资纱厂，并创建上海纱业公所。
② 缫丝用的蒸汽锅炉。

即湖州、杭州、绍兴、宁波系统。其中，著名的有南京路的老九章、小东门内的何恒昌以及悦文昌等设立的杭庄（杭州绸缎店），资本有四五十万两。现在它们组成了绸缎银行。

5. 煤炭业

上海的煤炭商有大小 200 余家，大都是宁波、绍兴系。主要的煤炭商如下。

（1）义泰兴煤号——开业以来已经有 26 年，最大的股东是绍兴系的杜家坤。由于他已经死了，且其子杜启明年纪尚轻，故由经理沈锦州监督。该企业是上海煤炭业界的巨擘，资本在 300 万两左右。

（2）源泰煤号——由宁波系的刘鸿生经营。刘是开滦矿务局的买办，与开滦煤矿有着紧密的关系。他是上海煤炭业界的第一人，资本有 800 万两左右。

（3）源记煤号——经营者是浙江绍兴系的韩芸根，与刘鸿生齐名，其资本看似有 300 万两左右。

（4）此外，泰记、裕昌、元一、人和新、三和新、升和集等财力也在二三十万两左右。规模更小的煤矿的财力在三万两至五万两之间。

6. 金属业

（1）五金业——也就是金属制造，与此有关的商家大小总计一百六七十余家，大半是浙江系。其中最有名的是宁波叶氏[①]经营的新顺记、老顺记、新顺泰（各 100 万两左右）。最近，慢慢发展强大起来的有瑞昌顺（由宁波系杨氏经营）、顺利（由宁波系徐悉顺经营），快要超过老顺记，资本在百万两左右。第二流企业的资本在二三十万两，三流的在 10 万两。

（2）锡、铜、铁业——大小有百余家，宁波系占了半数。资本在四五万两左右，其实力大都相当。其中，利昌铁号[②]（宁波系戴耕萃经营）、可炽铁行[③]（宁波系陈受昌经营）、宏承铜锡号等比较有名。

（3）银楼——从分类上来看，放在此处可能有些不合适，但为了方便

---

① 指宁波镇海叶澄衷家族。1862 年，叶澄衷在上海开设"顺记五金洋杂货店"，以经营船舶五金和火油为主。后来他又开设了"老顺记""新顺记""新顺泰"等许多商号。
② 1890 年创办，投资人为宁波的戴运来。
③ 1870 年，叶澄衷收购了德国人开设的可炽铁号，由此介入煤铁贸易。

我们先这样做。银楼在南北市有六十余家。有大同行（一流的老店）和新同行（二三流的商店）之分。大都是宁波系。

大同行中尤其著名的是裘天宝、老凤祥、杨庆和、方九霞，费文元（以上在南京路）等，资本在三四十万两。新同行的资本在10万至20万两之间。它们也经营金融方面的业务。

第六章 上海财界各财阀的势力分布网

1. 银行业

浙江系：中央、中国、交通、浙江兴业、四明、浙江实业、中国通商、永亨①、道一、中华劝工、百汇②、绸业③、煤业④、江南⑤、大陆⑥等银行。中央、通易信托公司。

江苏系：江苏、上海商业、盐业、金城、华大等银行。

广东系：广东、香港国民、东亚、新华、工商、中华、国华等银行。

福建系：中南、和丰、厦门商业、正大等银行。

安徽系：中孚银行。

山东系：东莱、中国实业等银行。

2. 钱庄业

浙江系：元牲、元盛、五丰、仁亨、永山、永余、永丰、安康、安裕、同安、同春、同余、同丰、志裕、志诚、均泰、承裕、和丰、恒大、恒祥、恒隆、恒兴、恒贤、春元、厚丰、益

---

① 全称上海永亨银行，1918年成立，发起人施肇曾，朱五楼等。1952年加入公私合营银行。
② 全称百汇银行储蓄银行，1921年成立于上海，负责人孙衡甫，1932年"一二八"事变后歇业。
③ 全称上海绸业商业储蓄银行，由浙江上虞人王延松联合绸缎商业和金融界人士于1931年成立，目的是拯救民族绸缎业，扶持国货。
④ 全称上海煤业银行，成立于1921年，发起人刘鸿生。
⑤ 全称上海江南商业储蓄银行，1922年成立于上海，董事长朱葆三，董事王一亭、卢筱嘉等，1935年停业。
⑥ 大陆银行于1919年成立于天津，含"发展于东亚大陆之意"，创办人有谈荔孙、许汉卿等。1927年南京国民政府成立后，把首都由北京迁到南京，大陆银行也将其重点转向上海，并于1936年将上海分行改成总行。

昌、均昌、益康、益慎、寅泰、裕大、裕成、敦余、义生、义昌、义兴、瑞昶、源升、赓裕、涵丰、宝平、鼎盛、征祥、衡九、衡通、达源、宝大、同泰、信成、信孚、信康、信裕、顺康、福泰、福康、福源、汇昶、圣康、衡余、鸿祥、宝丰。

江苏系：大德、长盛、怡大、致祥、慎益、庆大、庆成、鼎元、鼎盛。

广东系：存德、同泰。

（潮州系）益大、益丰、乾元、德昶、鸿胜、鸿丰、宝昶。

福建系：福泰、信康。

3. 交易所

浙江系：证券物品交易所

（浙江、江苏两省）华商证券交易所、华商纱布交易所、杂粮油饼交易所。

江苏系：金业交易所、面粉交易所。

4. 通关业

浙江系：复和、瑞记、招商渝①、慎裕、大丰永、南满公、新昌源、新昌隆、公益、太古渝恒茂公（还有其他八九十家）。

广东系：太古辉（福泰）、永安长（共10余家）。

山东系：（天津系）益顺恒、益顺盛、东顺记、通聚隆、怡顺昌、天泰昌（共20余家）。

四川浙江系：大川通。

上海浙江系：怡和渝。

镇江、南京系：（共约20余家）。

5. 海运业

浙江系：三北、鸿安、宁绍、恒安、文记、元一。

江苏系：（通州②系）大达、大通。

---

① 招商渝行是招商局于1891年在重庆成立的分支机构，也是重庆最早的报关行。
② 今南通。

（常州系）招商局（已是浙江系）。

山东系：政记、肇兴。

6. 纺织业

浙江系：振华、厚生、大丰、振泰、崇信、华丰。

江苏系：申新、三新、溥益、同昌、统益、民生、经纬。

广东系：永安、鸿裕、鸿章、纬通。

湖南系：恒丰。

7. 棉花业

浙江系：同春、马宝泰、益泰顺记厂、戈祥记、同顺泰等工厂、花号20余家。

上海系：天祥、天丰、天顺记、永益昌、朱友记、江振记等工厂、花号20余家。

江苏系：（南通系）刘王泰、和慎昌隆记、和丰泰等工厂、花号20余家。

8. 棉纱业

浙江系：崇裕、福泰、中兴、宝丰。

江苏系：吴仲记、吴遂记、益元、诸广记。

广东系：明德。

四川系：同德。

9. 棉布业

浙江系：日新盛、日新增、正大、源茂盛、万成永、华丰、元昌祥、裕丰昌、裕康、裕春、谈诚记、鼎昌、陈星记、恒康、恒祥、长丰、牲昌、履泰祥、合昌。

江苏系：协大祥、裕源恒、同盛、同福、德盛祥、德隆祥。

10. 绸缎业

浙江系：老九章、大新、大丰、纬成绸厂、介纶、天生锦、悦昌文、悦昌隆、三晋川、久成、久昌、老咸章。

江苏系：大昌协记、大盛、大纶、老九和、何恒昌、于启泰、王聚兴、吉祥源、老九纶、李东升、陈春记、黄庆泰、魏广兴。

225

广东系：大新、元兴隆、永昌隆、同永泰、同生、经纶、黄美纶、广泰昌、广源盛。

11. 制丝业

浙江、江苏系：恒丰、大来、瑞丰余、绪昌仁、绪昌永、元丰、瑞纶、信昌、大昌、天来、久成、大纶（生丝）、仁记、公兴、正大、同康泰、泰康祥、勤记、葆太和、宝源祥、庞珍记。

12. 面粉工业

浙江系：华丰面粉厂。

江苏系：福新面粉厂、大丰面粉厂。

广东系：（潮州系）中华面粉厂。

安徽系：阜丰面粉厂、裕进面粉厂。

13. 煤炭业

浙江系：义泰兴、源泰、泰记、涌记、升和、裕昌、元一、三和新、人和新等150余家。

江苏系：（常州系）上海煤业公司。

广东系：（新会系）来成煤号、荣泰煤号。

安徽系：华北煤业公司。

14. 铁制品业

浙江系：可炽、和昌、仁昌、恒昌祥、衍康。

江苏系：（无锡系）恒康、永昌仁、兆昌、怡大、怡昌、恒源、唐晋记、晋益、培昌。

15. 铜锡制品业

浙江系：宏承、涌兴裕、鸿裕、震裕、永丰义、宏顺、乐源昌、乐源大。

湖北系：泰顺合。

16. 制罐业

浙江系：项康元、惠昌、高德记、黄三泰等10余家。

17. 百货公司

广东系：永安、先施、新新、丽华。

第七章　在上海的浙江财阀的金融支配体制

通过以上几章的分析，我们所期待的各种资料大体上凑齐了。但是，这样的分析也有一个缺陷，那就是在分析各个企业的时候，将商业和工业部门混在一起，没有区分开。另外，在企业的控制结构方面的分析也存在不足。

关于前者，由于中国现在经济的普遍不成熟、民族工业发展的不均衡，以及新旧生产方式的转折之交，所以出现这样一个商工不分的结果是必然的。纯粹的自由成长的资本家式的经营必然还不发达。有关其详细的研究，只有通过对企业内部的生产过程、经营形态的研究，才有可能搞清楚。

关于后者，我们完全没有去做。这个在今后将作为一个研究课题遗留下来。

如果全面地研究中国本土企业的话，从全体来看，我们可以立即发现其资本家式的经营依然很脆弱、不自由，甚至是萎缩的。

即使在中国资本家式经营最显著、发达和展开的地方，这个国家的民族产业的真正实力就如我们第六章中所看到的那样，是非常的不发达。

而且，可以发现，这种极为不发达的民族企业几乎全部分布在幼小的轻工业部门，稍微雄厚的资本都偏向于买办性的商业部门。

本来，轻工业部门最早开始发展，这是一个国际性的现象。可是，在中国，种种因素的作用之下，却成为不可避免的选择。

为了对抗外国商品的流入，在当时的商业资本家和货币资本家的身上，渐渐看到了成功的希望——特别是从辛亥革命到欧洲大战这一时期，必须在资本家式的经营下生产。而且，外国的发达资本主义国家很早就控制了中国的重工业资源，再加上由于国内生产力的不发达，必然导致即使消费部门的商品生产力量也很弱小，但也不得不去尝试，现在，这种制约像一把钢铁做成的枷锁，成为这个国家很难避免但不得不尝试的命运。中国产业资本的产生和发展过程的特质，即所谓的半殖民地制度的制约，这是决定性的因素。

中国民族资产阶级的一个基本命题就是：不能彻底地对抗国内封建势力和帝国主义的压迫，这是导致其不幸命运的根本因素。放眼中国民族资产阶级的发展史，会发现其有一个兴盛的成长期，时间是在欧洲大战期间，列强对中国的侵略有所减缓这一时期。而且非常清楚的是，确实有这一个时期。

除此以外，中国民族资产阶级，特别是其工商业者的衰败和衰退是一个不可避免的命运。中国财阀也是在欧洲大战前后才基本形成其体制的。而且，与此同时，在各个财阀内部，也可以看出有相当明显的倾向，这就是浙江财阀的金融支配之路。

如前所述的那样，中国财阀不论在其构造上的形态还是真正的实力方面，一点也没有显现出完全资本主义式的形态和成熟的色彩。它仅仅只是表现出了一个初级资本主义的发展形态。

但是，在一定的情况下，这个早期资本主义的经营，正在一点点地被一个浙江的金融财阀所慢慢控制。也就是说，中国被包围在世界经济危机和国内经济崩溃之中，列强资本的重压和封建性各种关系的阻碍要素相互纠缠，中国被推到了一个危机的状态。而且，这种危机状态，对于大金融资本来说，是一个能够使其不断增加其控制地位的重要机会。也就是说，大金融资本在危机、不振、衰败和脆弱状态之中，一边凌驾于国家权力之上，另一边打击、并购和控制中小资本。

脆弱的不自由的中国民族资产阶级的成长过程大约是朝着这个方向前进的。我们的分析表明，浙江财阀作为一个压倒性的金融财阀统治者，其自身的工商业资产阶级属性相对的缺乏。与之相反，其他各财阀，是以工商业资产阶级为中心的。而且，它们在目前的压倒性的危机状态下，感到绝望和苦恼。这种现象以前就有，它们只不过是一个弱小的资产阶级。

因此，它们当然也必须希望得到作为金融财阀的浙江财阀的援助。之所以这样说是因为，浙江财阀掌握着经济和政治上的主导权，这一点很明确。

这个过程在上海表现得最为明显。我们的研究已经把其中的一些事情弄清楚了吧！

而且，就像巴勒所说的那样，所谓的市场支配，并不是生产某种特定种类商品的企业必须处于独占的位置。所谓的市场支配就是指根据商品的种类和市场情况的变动，只要控制生产额的50%~80%就已经足够了。

中国民族产业的情况，在这方面特别的明显。横跨中国几乎所有部门的民族产业，已经形成了前述的各财阀企业联合（除去外国商品来考虑）的力量，在国内产业中起控制作用这一情况几乎都能看得见。特别是这种卡特尔式的构成、在金融康采恩的控制下，在各部门不免要直接发生企业集中的现象。因此，综合来看它们的力量，形成了一种纵向的独占。当然，这个观察不像日本财阀的控制那样，有几个不自由的歪曲的附加条件。

第八章　结语

我想我们已经尝试着对上海的中国各财阀进行了一定的研究。这种研究，粗略的来说，作为在中国的各财阀的分析材料，可以这样使用。但是，特别需要指出的是，广东财阀和华北财阀这两大财阀是除了浙江财阀以外最大的财阀，非常有必要在广东和华北进行调查。因此，我想把以上的分析就称为中国财阀论的这件事情放在以后来做。虽然可以这样粗略地说，但是粗略的观察，往往会由于对一些细节观察的不足而导致全盘崩溃。不过，对于中国民族资产阶级现阶段的特征性的形式和浙江财阀的支配性体质的发展和以其作为背景的蒋介石政权的发展，我尝试以这些焦点为基准，对现在的政治、经济的映像做了一个初步的分析。

这个报告也可以说是通过对以上焦点的分析，试图弄清楚中国的特征。我希望自己的研究几乎没有错误。

这个国家的民族资产阶级的宿命式的道路以及其今后的发展过程，这些就像文字所描述的那样，是一种中国式的东西，是一条艰难和苦恼的道路。而且在研究作为一个整体的中国资本主义的实际的时候，如果把民族资产阶级的衰败和列强支配的体制也考虑进去的话，我们就会明白，所谓的浙江财阀支配的全部组合只不过是一个相对比较有影响力的东西。浙江财阀对于全中国的直接性的控制权的程度是非常脆弱的。因此，这也是向所谓的蒋介石政权控制的真相抛出了几个疑问，需要去研究。但是，至少本报告并没有涉及这些问题。

　　本报告自身作为一个展望和分析的材料，应该能使观察者进行多种研究变得可能。另外，尽管我们还曾经预先准备了几个问题，由于材料的不足、时间的不足以及健康方面的原因，我们这个报告只能在此做一个终结。虽然有些不尽如人愿，期待他日能够完成。就此搁笔。

华兴商业银行[*]

第四学年甲组

小西末一

序 言

新政权的诞生[①]和扬子江市场的部分开放,这些与我们华中[②]通货工作紧密相关的事情接连发生。而针对以上这些事情,我方并没有一个统一的基本对策。

问题虽然很困难,但是最终我们都不得不采取某种方式去解决它。我认为,对在事变后承载日本对华中永久通货工作使命的唯一机构——华兴商业银行[③]进行一个调查,并不是一件徒劳无益的事情。如果拙稿对此问题能够有所裨益,那将是再荣幸不过的事情了。

昭和 14 年(1939)12 月 23 日

---

[*] 该文系东亚同文书院学生小西末一和调查组成员于 1939 年进行的调查,原文见国家图书馆编《东亚同文书院中国调查手稿丛刊》第 159 册,国家图书馆出版社,2016。

[①] 日本在南京扶植的第一个傀儡政府——伪中华民国维新政府,于 1938 年 3 月 28 日成立。统辖区域包括上海、南京两市,以及江苏、浙江、安徽三省。首脑是梁鸿志。1940 年 3 月并入汪伪政权。维新政府是一个完全听命于日本华中派遣军的傀儡政权,或者说,伪中华民国维新政府的主要支持力量是日本华中派遣军。

[②] 这里指的华中是伪中华民国维新政府统辖下的上海、南京两市和江苏、浙江、安徽三省,相当于今天的长江三角洲,非今天所指的以武汉为中心的华中地区。

[③] 华兴商业银行是伪中华民国维新政府 1939 年 5 月 1 日在上海成立的银行,总裁陈锦涛,后由梁鸿志兼任,日本人鹫尾矶一任副总裁。其发行的钞票"华兴券"以法币为发行准备,名义上不属于日元集团。其用心是企图利用法币在华中的地位,不排斥法币而以法币作准备金并与之等价流通,以便于掠夺物资,套取外汇。

目　录

第一章　华兴商业银行设立的经过

第二章　华兴商业银行的开设及其性质

第三章　华兴券的问题

　　第一节　华兴券的性质（华兴券、华币、记账表示为 HH＄）

　　第二节　华兴券的行情

　　第三节　华兴券的发行额

　　第四节　华兴券的流通范围、用途及其信任程度

　　第五节　华兴券和日系通货以及法币的关系

　　第六节　南北汇兑交流问题和华兴券

第四章　新政权问题和华兴银行

第一章　华兴商业银行设立的经过

　　自去年[①]3月日本在华中设立维新政府，到今年5月华兴银行设立，一年多的时间已经过去了，这证明了日本在华中开展通货工作的困难。比起开始考虑对策，作为新纸币发行银行——华兴商业银行，其成立才刚刚半年多，当然酝酿的时间长达一年多。日本动员了所有的专家，集思广益，冥思苦想，这段时间对于日本来说绝不短暂。

　　法币在华中地区的地位是作为国内货币而且是贸易通货的唯一货币，并已经确立起了完全的币制体系。而且，就其根本来说，法币也处于蒋介石政权的管理下。从蒋政权方面来看，法币对日本占领区的"人"和"物"已经有了某种程度的控制力，由此使得对"物资"和"劳动力"等的控制变得可能，这对于增加他们的抗战力将发挥极大的作用。与此相对，对于我方来说，这不仅会成为我们所谓建设新秩序的障碍，还会使得占领区的物资很容易就流入到法币资金充足的重庆政府或者第三方国家。

---

① 即1938年。

而我方要想获得法币资金的话，首先必须拿外币来换取法币。在这种情况下，如果有朝一日，长江一带成为列国争夺下的自由市场的话，这对于日本对华贸易来说，将不得不成为一个严重的打击。这是要求建立一种新的独立的币制的根本原因。

华中的日系通货，在八一三事变以来，首先由于军方的使用，日银券开始登场，紧接着由于柳川兵团①登陆杭州湾，军票出现了。关于日银券，众所周知，由于日元纸币突然持续的流入，日元流通突破了最高值，造成了日元纸币的泛滥和日元价格下跌，围绕着所谓的"日元对策"，难题接踵而至。军票随着之后其作用的扩大，还兼有回收日元和驱逐法币的特殊使命。从去年末开始，除了上海，在华中一带的日本占领区内，一律要求使用军票，而且在最近的11月底，军票在上海也开始流通，在华中的日银券被禁止使用（军票主要散布在汉口、南京、上海、苏州、镇江等大城市，总额据说有大约1亿日元）。

然而，先于华兴券流通的军票和日银券只不过是一种国内通货，其用途仅限于对日本贸易结算时使用。把弥补这个缺陷作为第一要务，需要开展新的通货工作。也就是说，日本对华南、华中政策的基调，即确保市场。所以，在这个背景下，以把握日本对华中、华南贸易为使命的华兴商业银行应运而生了。而且，前面也提到过，华兴商业银行是在经历了一年多的阵痛以后才成立的。为什么呢？因为在其成立的过程中存在着很多的困难，虽然有点抽象，但可以简单地归纳为以下三点。

（1）华中在蒋政权的控制下，在战前其统治就已经完全形成。在通货领域，相当于管理通货的法币作为国内货币以及唯一的贸易货币，在民众中深深的扎下了根（关于法币和民众的关系，有必要回顾一下国民政府币制确立的十年苦斗史。此处省略，仅仅说明一下我们所看到的状态）。

（2）华中是一个以英国为首的列国对华势力盘踞的地方，其经济情况非常的复杂。

---

① 柳川平助所率领的第十军。1937年8月13日，淞沪会战爆发后，他率领第十军从杭州湾登陆，率先杀向南京，制造了南京大屠杀。

这即便对于和我国摩擦最多的英、美两国来说，情况也没有那么简单。也就是说，英国对华政策的基调在于保持对华贸易，英国对华约40亿的投资主要集中在以贸易为目的的铁路贷款、贸易商社以及作为其辅助机构的金融部门。这些对华投资在1935年11月3日的币制改革以后，随着蒋政权的英美色彩急速变得浓厚，其跟蒋政权下的法币的未来实际上成了一个命运共同体的关系。而且，美国也跟英国大体一样。美中白银协定和航空事业的开拓①，这两个方面相结合，美国也在觊觎中国贸易的霸权。这些列国势力的性质和动向成为日本在制定对华新货币政策和贸易主导政策时的障碍，这一点不言而喻〔最近，有关日英、日美的国际交往调整众说纷纭。归根结底，扬子江市场的开放，即解除长江封锁成为问题的焦点所在。然而，长江被开放后如果设立自由市场的话，这对日本的对华中贸易经济工作来说，极为不利。对于华兴券也会造成致命的伤害（后述）〕。

（3）日本经济实力的不足。

现在的华中如果还采用日本在华北的大包大揽主义政策的话，周围的环境都不太有利，困难重重。不得不承认，日本还没有建立日元圈通货的实力。事变②以来，在我国的贸易政策中，日元圈贸易越来越变成一个沉重的负担。即便如此，在中国大陆，日本的商品还是很稀缺。无论是从对于新通货的普及提供了一个困难的问题这一事实来看，抑或是从日本为了维持华中军票的价值，付出继续支付这样异常的牺牲来看，这都是很明了的事情。我们不得不坦率地承认，立即用日元圈通货来代替高达约三亿日元的华中法币是一件不可能的事情。

以上我们提到的（1）（2）（3），作为一个总的结论，就是华兴商业银行的建立。而且，各种论调最后统一到这个结论上足足花了一年多的时间。在此期间，有很多人都立足于前述三个理由中的某一个，发表各种意见。这里，我们列举其中几个主要的论调。

---

① 20世纪30年代是中国航空事业快速发展的时代。1930年成立了中美合资的中国航空公司，1931年成立了中德合资的欧亚航空公司，这是中国三四十年代两大重要的航空公司。到20世纪30年代中期，中国已经出现了覆盖上海、南京、北平、天津、广州、长沙、汉口、成都等主要城市的航线网。

② 指七七卢沟桥事变。

作为华中新通货论被提倡的各种论调的概要

华中新通货论大体上可以分为两种，一种是所谓的日元圈通货论，即主张把新通货和日元连接起来。另一种则跟前述论调相反。如果从时间轴来看的话，在前半段时间，日元圈论比较多，之后随着华北其他等地的经验或者形势的变化，日元圈论渐渐势衰，在现实中已经和日元没有了关系，并最终演变成了华兴券。

从全局来看，华中也应该包含在日元圈内，这是我方的一个真切的希望。然而，是否应该强行直接地将华中币制也纳入日元圈内，这是一个很大的疑问，存在一些问题。日元圈通货论先于现实从概念论出发，而且以政治论为依据。当然，作为一种理想，要使物资和资本一样能够完全顺利流通的话，确立能够在日本、满洲、中国通用的通货，即建立日元圈是最好不过的事情。然而，一切都必须在仔细考虑维持治安，应对外在诸多敌对势力以及日本是否真的具备这样的力量的基础上出发。在这里，你会发现理论和现实之间有一个差距，即日元圈通货论存在着脆弱性。

随着这些新通货论的变迁，有关新法币的各种问题也被展开了。即认为只有法币对策才是新通货工作的核心，这种对法币认识的不同直接使其发展成了新通货论。在事变当初，由于过于轻视法币，存在随着战局发展法币就会自己消亡，或者可以一举抹杀法币等简单的论调。然而，随着法币的强韧性逐渐明朗，对法币政策的看法也变得复杂起来，分为了很多种。

1. 法币崩溃论

法币崩溃论的主要观点是随着中方持续战败导致法币价值走低，最终会由于通货膨胀而导致崩溃。然而，建立在法币崩溃论基础上的新币制工作可能很容易推行的乐观想法，随着时间的推移被证明仅仅是一个希望而已。果然，法币从去年的 3 月开始，迈出了崩溃的第一步，由事变以前的对英镑一先令两便士①四分之一跌落到八便士左右。而且在这之后也呈现

---

① 按照 1970 年之前英国货币旧制，1 英镑等于 20 先令，1 先令等于 12 便士，亦即 1 英镑等于 240 便士。

出低落的态势。也就是说，法币从去年3月，以中国联合准备银行①的开业为转机，放弃了对英镑一先令两便士四分之一的基准，且跟中央银行的停止外币卖出政策相结合，就呈现出了汹涌的衰退之势。在1938年5月徐州陷落之时，曾出现了八便士多的行情。这就是法币低落的第一次行情，之后由于汇丰银行的支持，总算维持住了八便士四分之一的基准。在已经过去的3月，国民政府设立了1000万英镑的法币稳定资金，法币这才相对稳定下来。

众所周知，进入6月以后，发生了三个大的变故。第一个是7日的汇丰银行外币的卖出限制，第二个是19日的海关担保的外债的拒绝支付决定，第三个是中国方面的银行对支付存款制度的强化，即支付存款条件的增多。当时法币对外行情惨跌到了六便士十六分之九的程度，人们对于其未来充满着很多不安的声音。之后过了一个月到了7月18日，不得不再次停止外币卖出。而且，行情也从五便士、四便士逐日下跌，最终跌到了三便士多（后述）。然而，据此就以为法币要立刻崩溃了还为时过早，比如说在最近，据报道法币的行情又从四便士涨到五便士，继而又涨到快接近六便士，这个事实说明了法币的坚挺。不管怎么说，在华中除了它以外，没有什么能够代替它的这件事情本身，就是法币的一个绝对性的优势所在。只要重庆政府继续坚持其强权紧缩政策（不滥发纸币），只要英国提供的有形无形的援助还在继续，即使法币有一些跌落，但还不至于崩溃，这件事情很容易察觉。八一三事变以来，在有关华中新币制的争论中，特别是在华兴商业银行创立之前的理论斗争中，法币崩溃论只不过是一种理想论。

2. 法币消灭论与银联券延长方案

法币消灭论主张如果法币不自己崩溃瓦解，那么就应该消灭掉它。这种论调受情感论和政治论支配的地方比较多。在他们看来，发行准备严重不足的法币之所以还有流通能力，是因为还没有其他能够代替它的货币。因此，日本应在华中设立维新政府的中央银行，只需规定不允许法币兑换

---

① 1938年成立于北平，是"中华民国临时政府"（后为华北政务委员会）的中央银行。其发行的联银券是日本华北殖民体系中的一个重要金融工具。

中央银行发行的纸币这一条就足够了，所以应该发行新的货币来驱逐法币。与此相关，主张把已经在华北开始流通的联银券也无限制地放在华中来延长流通的急进论一时也被提了出来。

这样的话，这些政策会对我国造成巨大的经济负担。即它要求我们保证能够证明新通货价值的物资充足。而且，保持维新政府统治下的治安也是一个前提条件。再加上前面提到的华中是一个以英国为首的列国在华势力的中心地带，其经济情况跟华北大不相同，自1935年币制改革以来，法币跟这些外国势力紧密地结合在了一起。我认为，如果只是口头上提一下法币消灭论的话，是因为还没有深刻理解国民政府十年的币制建设奋斗史以及随后作为点睛之笔的币制改革和与此相伴的英国势力的关系。

3. 国际通货管理方案

华中不同于华北，在金融方面不允许日本我行我素。在这种情况下，与其跟以英国为首的列强在政治经济方面发生正面冲突，倒不如跟他们合作，为了华中经济的繁荣，新设一个独立的国际通货，同时调整外交关系，将蒋介石政权陷于孤立无援的境地，有利于事变的最终解决。

不过，英国没有立即抛弃与其在中国权益有重要关系的法币的理由，而且，即便对于日本来说，只要还想控制长江市场，那么是否应该满足于仅仅作为通货管理国际委员会的一员的发言权这件事情，还存在商讨的余地。

4. 法币国际管理方案

这个方案的内容是，避开抹杀法币的困难，承认其独立，只是把它的管理、发行的权力和事务从蒋介石政权的手中分离开，转交到国际通货委员会的手上，使其从政治问题中独立出来。民众也不会因此而受到祸害，而且这样做还能切断蒋介石政权的军费来源。

不必说，蒋介石方面也不会承认这个国际通货管理方案。即便是成立了委员会，也会像国际通货管理方案设计的情况那样，即以日中为首，由于各国的利害关系交织，因此日本的发言权有多大依旧是一个疑问。

5. 名义性的货币单位设定论

名义性的货币单位设定论是维新政府之后在发行新通货以前，作为暂定方案被提出来的。根据货币单位设定的不同又分为两种方案。第一种方案是以现行的海关金单位作为通货的标准。所谓的海关金单位，是指昭和6年①银价暴跌之际，为了防止关税收入的巨变，同时也为了方便而采用的一直延续到今天的货币单位。1海关金设想含纯金60.1866厘克②，折合日本旧金币约80钱。海关金不是一个真实存在的货币，只不过是一个名义上的价值单位。

而且，日、英、美三国的通货和现在的法币，根据维新政府下面设立的新中央准备银行发布的外汇行情，在换算的时候，是将其放在关税、盐税、统税③和其他政府收入里面的。关于在民间法币的通用情况，不对其进行干涉，任其自由流通。也就是说，暂时允许法币的流通，避免财经界的混乱，在此期间，把政府收入换成外币，作为正币准备，做好新货币发行的准备工作。

第二种方案，针对法币以一先令两便士为标准设定独立的计算单位，并使日本、满洲、中国的价值单位固定在同一个水平上。而且，符合这个设想的新通货暂时不予发行，仅作为虚置的货币单位。而作为实际的流通工具，仍以法币为首，把国内外的通货跟市价进行对照，换算成新单位下的金额然后使用。这样，华中才能和华北、满洲一样采用跟日本金元相关联的通货，为日本、满洲、中国经济圈提供基础性金融条件。这是第二种方案的主要内容。

这种方案不需要资金，也不会对法币持有者造成打击，而且还不容易跟外国起摩擦，是一个一石三鸟的妙法。但是，这是一个脱离实际的理论，把与政府相关的收入强制的变成新货币单位这件事情或许不是不可能，但是首先要把它扩大到一般的交易中，这恐怕就是一件困难的事情。

---

① 即1931年。

② 一厘克等于$\frac{1}{100}$克。

③ 旧中国征收的一种货物税。所谓的统税是指一物一税，具体地说对国内流通产品按照一物一税的原则，进行一次性征收后，即可通行全国，不再重复征收。该税首见于1904年，为课征特定货品的货物商品税，因其税收方式是视商品类型统一税率征收而得名，清朝灭亡后，民国政府继续实行，到1936年统税基本遍及全国。统税、关税、盐税成为国民政府的三大主要税源。

6. 银本位复归论（民币论）

这个论调的论点是，不仅仅是恢复银本位制，主张使白银作为一种通货能够自由的流通，是一种金银复本位论，把法币（legal tender）命名为民币。在日本和中国都在为资金难而发愁的今天，把两国现在还存在的白银进行互补短缺，在这个意义上，白银作为一种通货也应该并用。这种主张的依据有以下三点。

第一，重庆政府像现在这样之所以能够坚持长期作战的最大理由就是通过币制改革发行纸币，从国民手里吸收了大约10亿元的正币。因此，重庆政府今后也有可能把依旧还在民间残留的18.5亿的白银收集起来用于抗日准备。为了切断这个祸根，必须废除白银国有法令，让白银再次回到国民的手里。

第二，维持法币的价值就是维持中国唯一通货的价值。银币如果突然出现，由于人们都将纸币扔掉去抢白银，这将成为法币崩溃最为有效的手段。

第三，这个白银政策能够唤起美国的共鸣，符合美国的利益。然而，这样的币制是逆时代潮流而行，不得不说这个方案在流通上到底能够套取到多少白银还存有疑问。

7. 外币联合准备库方案

这个方案只不过是一个中国金融业人士提出的意见，而且仅限于上海本地。具体来说，中国方面提供其所有的外币，主要跟英、美、法等外国银行（虽说叫外国银行，但日本方面不参加）进行合作，后者向中国提供相当的外币，设立联合准备库。最初以100%的准备发行外币库券，根据出资比例分配该库券。持此库券可以买进出口票据，然后把它寄到外国去。另外，持此库券也具有了自由卖出外汇的资格，这样中国商人也能做外汇买卖。因为这个方案不是针对日本的，所以如果日本人也参加的话，中国人自然会热烈欢迎。

8. 法币放任论（利用论）和流通禁止论

对于我国来说，如果只是消灭了法币却不能有一个代替它的货币的话，最终只会招致中国大众的怨恨，得不到任何的利益。现在的法币虽然是国民政府培养起来的，但已经几乎全部脱离了国民政府的羁绊。法币在以前虽说还有英国的影子，但也并不是一个任由英国驱使的货币制度。法币是一种为了适应经济的需要而流通的自然的货币，这个性质可以很明显地看到。

如果是这样的话，今天的法币也可以说巧妙地利用了这一货币自然运行规律。我国从感情方面来说即使有敌视它的原因，但在经济方面却缺少一个疏远它的理由。不如放弃一切行动，暂时乘机搭便车也不失为一个好办法。而法币流通禁止论则与之刚好相反。法币流通禁止论认为对法币存在的默许使得蒋政权在政治经济方面的活动变得可能，使蒋获得了抗战的手段，所以不必等到新币制的确立，而是应该迅速地在占领区内禁止法币的流通。

法币放任论和利用论对当地相关人来说是有利的。打倒法币、禁止流通以及其他的对策即使作为一种争论是正确的，但作为一个现实问题，情况却不是那么简单。因此，实际体验了法币的强大流通力后得出的结论是法币利用论（以上的法币对策学说基本上是参考了增田寿郎的文章，根据我调查研究的结果，像增田这样恰当的解说可以说是没有，因此在这里备注一下）。

作为以上论述的各种事情和讨论结果，其在具体实施中迈出的第一步就是华兴商业银行的设立。

第二章 华兴商业银行的开设及其性质

一 组织、内容

根据法：华兴商业银行暂行条例（参照后述条例）
中华民国 28 年 4 月 20 日 附行政院令 今年 5 月 1 日维新政府公报刊登

成立日期：中华民国 28 年 5 月 1 日（昭和 14 年）
（同年 5 月 16 日开业）

名称：华兴商业银行
英文名：The Hua Hsing Commercial Bank

组织：株式会社（股份有限公司）

国籍：中华民国维新政府法人

资本金：（华币）五千万元全额缴纳（以英镑和美元缴纳完毕）

    每股一百元，五十万股

    券面种类：一股、十股、一百股、一千股四种，另有股票登记制度

出资人：中华民国维新政府： 两千五百万元

    株式会社日本兴业银行： 五百万元

    （横滨正金银行依照其条例不允许认购股票，为了方便，日本兴业银行认购股票，股权的行使由横滨正金银行代理）

    朝鲜银行： 四百万元

    株式会社台湾银行： 四百万元

    株式会社三井银行： 四百万元

    株式会社三菱银行： 四百万元

    株式会社住友银行： 四百万元

店铺：总部（总行）上海，百老汇路（原汇丰银行虹口分店旧址），于11月23日从宝乐安路二号转移到现在的场所。

    支店（分行）：南京，建康路朱雀路角（5月26日开业）

    （支行）苏州，观前街（7月1日开业）

    （支行）杭州（10月17日开业）

    蚌埠、芜湖、无锡、安庆等地的分行成立工作正在准备中

    办事处

营业年限：自开业日起满30年

开业日期：中华民国28年（昭和14年）5月16日

经营范围：

（1）商业票据的贴现；

（2）有价证券、债券或者以还债容易的商品为担保的贷款及票据贴现；

（3）国内外外汇及押汇的买卖；

（4）生金银以及外国货币的买卖；

（5）有价证券的代理认购和承保；

（6）接收各种存款；

（7）为客户催收票据；

（8）金银以及其他贵金属类物品、各种证券类的托管；

（9）各种储蓄及信托业；

（10）根据政府的委托，准许从事国库和国债事务。

特权：

被政府赋予了发行兑换券和辅币的特权。其准备金要求至少60%为持有的生金银、外国货币、外币存款、外币证券、外汇。其余的必须为商业票据、其他有价证券。而且，下面的银行券一般情况下有强制通用力。

券面种类：目前有十元、五元、壹元（以上是兑换券）、

贰角、壹角（以上是辅币券）五种。

另外，发行和准备的情况每月或月末公布。

董事：

总裁　　陈锦涛（前维新政府财政部部长）

　　　　中华民国28年6月12日去世，现在缺员

副总裁　鹫尾矶一（原"满洲中央"银行理事）

理事　　沈尔昌（大陆银行董事）

　　　　海老原竹之助（前横滨正金银行检查人）

　　　　戴克谐①（前中国银行大阪市店长②）

　　　　冈崎嘉平太（前日本银行参事）

监事　　陈日平（前维新政府财政部次长）

总裁和副总裁由政府任命，任期四年，理事和监事由股东大会选举产生，接受政府的认可后就任，任期各为三年和一年。

决算期　每年的6月30日和12月31日

　　　　通常股东大会每年召开一次（预定在2月）

---

① 戴克谐，又名戴霭庐，浙江杭县（今杭州市）人，1911年毕业于上海南洋中学，后留学日本，回国后任《银行周刊》总编辑。1932年就任中国银行大阪分行经理。1941年汪伪中央储备银行成立，戴克谐为监事。1941年汪伪中央储备银行成立，戴克谐为监事，1945年日本战败前戴克谐为伪中央储备银行经理。1946年戴克谐以汉奸罪被判无期徒刑。

② 即中国银行大阪分行经理。

二 目的、性质

　　这次事变爆发以来,蒋介石政府采取强制通货紧缩政策的结果就是,华中一带的金融显著的阻塞,给战后的经济复兴戴上了一把沉重的枷锁。另外,旧法币的准备金被蒋介石政府的战费所消耗,其基础变得愈加的不稳定。要想缓和或拯救这样的事态,让中国民众能够安心地从事经济活动,就不能为一时的政治考虑所左右,而是应该迅速地设立一个纯经济的金融机构,给予其发行货币的权限。然而,在华中地区,各国的利害权益错综复杂,尤其是对于货币政策而言,必须要巧妙地考虑国际关系。而且,华中虽然坐拥长江流域富饶的土地,但是从以前开始,就存在着"巨额生活的必需品都得依赖于国外"这么一个实情,通货的价值和民众的生活有着紧密的关联。这样的话,华中受其国际性和贸易性的制约,有很多复杂多变的事情,事变后发生了各种棘手的问题。以维新政府为首,相关人员经过反复慎重考虑和研究,暂时得到了一些成果,而且准备工作现在已经全部完成,所以才成立了本银行。本银行的成立,将给华中的经济,特别是通货制度建立基础,不仅能够使物资的生产和流通走向正轨、国外贸易金融顺利进行,同时还能使一般的民众安心从事各自的生活,避免因为货币的混乱而遭受损失。另外,关于本银行的资本金,虽说我们的方针是尽可能等待相关国家的参加,但是由于没有充足的推销时间,首先是由维新政府和日本方面六家银行进行出资。当然了,如果中国民间或者第三国能够理解本银行设立的真正意义,怀着好意申请加入的话,我们当然是欣然接受的。

　　既然华兴商业银行最初就是在这样的目的下成立的,那么很自然它首先肩负的就是致力于疏通外国贸易金融的使命。因此,出口商和金融业者必须畅通无阻的将他们手头的票据和外币与华兴券等价交换。

　　也就是说,在华北,旧法币作为一种流通货币占据着支配性的地位,据说其流通额约有3亿元左右。而且,相当于我方通货的军票,据说也有约1亿元(或6000万日元左右)。但是有关军票流通额的详细的发布不仅不被允许,实际上也就连当局也不太清楚。旧法币和军票分别构成了以法币核算的物价和以军票核算的物价。再加上,本银行成立之初,市场上还流通有相当数量的日银券(从本年12月开始已经完全消失)。现在如果要迅速地对其做全面调整的话将会非常困难，能做这件事情的诸多条件目前还不具备。在这里，有华北联银的前例，这才是作为一个商业银行——华兴商业银行设立的原因。

而且，华中的通货仅用旧法币的话，其在数量上不仅不充足，而且旧法币将来的价值也会显著的不稳定。所以，从只授予华兴银行一家银行发行银行券的特权这样一种金融状态的缓和开始，往前再走一步，使其确实能够发挥构筑健全通货制度基础的作用。但从东亚新秩序的金融方面来看，华兴商业银行的设立也是一个具有深远意义的事件。本来我认为在理论上，这只是一个被称为贸易通货的东西被概念化，它要发展的话，如果不跟国内通货相结合的话是不可能的，而把这两者作为不同的东西分开，实际上也是不可能的。最初，我被华中的特定情况给束缚住了，只从很细小很狭窄的地方出发看问题。华兴商业银行如果仅满足于其目前地位的话，那就背离了其目前设立的目的，这很明显。将来，银行的基础慢慢牢固了，华兴商业银行的银行券也获得大众的信任开始广泛流通，到了这一步的话，国内产业的金融也能利用此良机发展起来，从而推进实业的发展。

然而，与现在要充实银行的信用的观点相比，拥有充足的外币更为重要，因为华兴券的投放需要尽量跟外币保持关联。

如果单从华兴商业银行保持信用这一点来看问题的话，就像本文后面第三章提到的那样，非常的稳定，首先可以说很多预期的目的都已经达到了。

为了弄清楚华兴商业银行设立的情况，我们在这里备注一下华兴商业银行暂行条例、中华民国维新政府声明书、财政部发布的关于民众使用华兴商业银行券的布告、兴亚院总务长官的讲话和华中联络部长官的声明及鹫尾副总裁的讲话。

1. 华兴商业银行暂行条例（译文）

（中华民国28年4月21日附行政院令，同年5月1日公布）

第一条　华兴商业银行为股份公司，其设立目的是经营外贸金融及其他的银行业务。

第二条　华兴商业银行的资本金为5000万元，本部设在上海，其他地方视需要设立支店。

第三条　华兴商业银行设总裁及副总裁各 1 名，理事 5 名以上，监事 3 名。

第四条　总裁及副总裁由政府任命，任期为 4 年。理事和监事在股东大会上选举产生，得到政府认可后方可就任。理事任期 3 年，监事任期 1 年。

第五条　总裁代表华兴商业银行处理银行的全盘事务，是理事会银行业务会议及股东大会的主席。副总裁协助总裁处理银行业务，总裁有变故时，副总裁代理其职务。总裁空缺时，副总裁任总裁职务。

第六条　华兴商业银行依照命令，可以发行兑换券及辅币券。

第七条　华兴商业银行受政府之托，可以代理国库及国债的全部或一部分业务。

第八条　华兴商业银行欲变更银行条款时，须得到政府准许。

2. 中华民国维新政府声明书（译文）

本政府成立已一年有余，一直以来倾全力致力于华中地区的秩序恢复及经济复兴，取得了显著成效。今秋，在此为华兴商业银行的设立表示衷心的祝贺。

目前，中央、中国、交通、农民等发券银行都被蒋政权的政治性、经济性、军事性的目的所左右，无视银行的经济性职能，可以说是隔断了民众在金融、经济方面的方便性。加之，由于蒋政权实行错误的抗战思想，耗尽了民众的财产，且未见反省之意，令金融机构日渐恶化，现在又极力弥缝粉饰，不过在苟延残喘罢了。蒋政权的没落清晰可见。由此，法币的前途无法预测。一想到因金融危机、机构的崩溃而带来的灾难，实在让人不寒而栗。

因此，应迅速采取适当的手段来拯救金融通货的病态现象，此乃我复兴华中之要谛，可谓燃眉之急。这也正是设立华兴商业银行发行新货币的理由所在。本银行的宗旨是设立完全的以经济为本位的商业银行，主要是在贸易通商中，谋求金融的平稳进行，以期能成为民众的经济伴侣。本政府顾及本银行的重大使命，排除政治干涉，使其独立稳健地发展。

本银行发行的新货币可以随时自由的兑换外币，且本政府负责确保其价值的安定性。在当前不当的政治压力下，法币已失去了信用，用华兴券与法币兑换，来保护不断处于不安的民众的经济利益。

　　本政府期待这一天早日到来，即已成立的金融机构能迅速地恢复到纯粹的作为经济机构所应有的本来的面貌，与本银行一道分担起增进民众的经济福祉的重任。本银行设立的契机也是期待能够为现有的金融机构的觉醒以及复兴给予积极的帮助和指导。

　　本银行殷切期望能与国内外人士、理解本银行设立宗旨及运营方针的人、银行的利用者，成为相互理解的合作者。

　　最后，本银行设立之际，得到了友邦日本帝国朝野的大力协助，在此深表感谢。也期望今后能继续给予指导和鞭策。

　　　　　中华民国28年5月1日　中华民国维新政府

3. 财政部就有关华兴商业银行券的使用对民众的布告

维新政府财政部布告：

　　最近，政府为了华中民众经济生活的安定和商业往来的顺利进行，特设立华兴商业银行，并准许发行银行券，其详细内容政府于本日另行发表声明书，希望大家照此执行，并理解政府的本意，协助本银行券的顺利流通。如果有阻碍本银行券流通的，将其公布于众，并依照非常时期财政经济扰乱取缔条例及其他法令，进行严厉处罚。向政府缴纳款时应使用本银行券，为避免民众的困惑，本银行开业后的相当一段时间，允许使用法币纳款，法币与本银行券同价。民间债务合同的履行、买卖交易等，都可使用本银行券。如有拒收的，依照相关法令处罚。

　　　　　中华民国28年5月1日　代理财政部部长　严家炽①

---

① 严家炽（1885~1952），江苏吴县人，曾任广州知府、粤海关监督、广东省财政厅长、江苏省财政厅长等。抗日战争时期附汪投敌，任财政部次长。抗战胜利后以汉奸罪判处13年徒刑，1949年被特赦，死于1952年。

4. 兴亚院华中联络部长官声明书

今天，华兴商业银行的成立大会圆满结束，银行将于近日开业，并发行新银行券，不胜庆贺之至。

我们确信，本银行能够为复兴华中经济、增进民众的福利以及国内外人士的通商贸易做出贡献。我们祝福它前途无限，并希望中外人士大力协助。

上海事变爆发，国民政府发布了金融安定法，限制存款的提取。至今本限制不仅没有解除，还设置了携运钞票限制办法。由于严格抑制法币被带出被占领地区，所以长江一带的金融完全停滞，民众深受其苦。

众所周知，国民政府的法币于去年春天一下子暴跌了四成，导致民众的财富遭受了极大的损失。之后，由于外国的援助，虽然被维持在了8便士①，但是，支持民国政府和法币的外国人士最能够认识到法币暗藏的这种不安。最近国民政府追随英国，为法币设立了安全资金，以防止跌落，也是因为这个原因。

正如以上所述，我们华中日军当局为了打破维新政府统治下的金融梗阻，防止民众因为持有前途不安的法币而蒙受损失，研究了有效而适当的策略，并全力协助实施。经过努力，渐渐发现了好的办法，也为成立银行做好了充分的准备。因此，日中共同协力，准备创办这个华兴商业银行。

在此，本人再次诚恳地希望国内外人士能理解本银行创建的宗旨并给予最大的支持，特别是在中国的我国人士能给予本银行积极的援助，并且率先使用本行的发行券用于交易，积极参与到维新政府的伟大事业中去。

昭和14年5月1日　兴亚院华中联络部长官　津田静枝

---

① 指一元法币兑换英镑八便士。

5. 兴亚院总务长官柳川①在创立日上的讲话

由维新政府一直以来筹备的华兴商业银行今天顺利成立了，我感到无比欣慰。本行是资本金5000万元且全额缴纳的银行，资本金全部以外币作为准备金，发行的新银行券能够自由地与外币进行兑换。法币由于与蒋政权相结合，除了纯经济业务外，还被军事上乃至政治上的要求所左右，这种现状对于必须依靠这种货币来进行经济生活的民众来说，让他们处于极度的不安。本行以保证民众的利用为目的，以纯经济本位的银行为目的，发行新银行券进行贸易通商。我相信一定能消除不安，为日中经济的复兴做出贡献。当地的日本方面银行已经完全理解上述的宗旨，并欣然给予了帮助，率先出资，取得了一定的成果。我希望本行能尽早开业，以其发行的新银行券的顺利流通来促进华中经济的发展。

6. 鹫尾副总裁在开业当天的讲话

本银行于5月1日顺利地召开了成立大会，终于在今天（16日）开业了。从本行成立前后开始到今天，出现了各种传闻和批评，有一些还被极力渲染。这主要是不了解本行及华兴券的本质，或者是蓄意胡猜乱想而造成的一种恶意宣传。本行设立的主要目的是谋求金融贸易的顺利进行以及经济界的稳定。因此本银行券的作用与法币的关系绝不是针锋相对、势不两立的，它与法币并行流通，在本行及日本银行与法币能够进行等价交换。它是始终站在坚实的经济基础之上的，我坚信各种流言一定能够消除。

新银行的成立，其目的无非是通过发行新银行券，消除华中金融梗塞的状况，增进民众的福祉以及经济的复兴安定，为东亚新秩序做出贡献。因为负有这样的使命和意义，特恳请大家在各个方面给予极大的支援和协力。另外，南京支店于本月16日开业，其他各地支行也准备陆续开业。

---

① 即柳川平助。柳川平助由于制造南京大屠杀受到国际舆论谴责，于1938年3月被日本大本营召回国，同年12月被任命为兴亚院第一代总务长官。

附注：

第一，华兴商业银行于 12 月 23 日终于要在蚌埠开设支行。地址：蚌埠二马路 24 号。

第二，从 11 月 4 日起华兴商业银行接受维新政府的委托开始管理国库。

第三章　华兴券的问题

第一节　华兴券的性质（华兴券、华币、记账表示为 HH＄）

华兴券在发行的时候，法币脱离了兑换英镑一先令两便士二分之一的基准，保持在八便士多，华中的物价基础是以这个八便士为基准构成的。另一方面，事变后通过各种路径流向华中的日银券、军票，即使被大量使用，但是作为一般货币，它发挥作用的范围更多是在华日本人这个极其狭小的领域。在这种情况下，从建设"日满中通货圈"的角度出发，把华兴券与黄金日元关联起来，保持兑换英镑一先令二便士的价值基准，会给民众的生活带来极大的混乱，反而会阻碍产业贸易的复兴发展①。显然，在外汇市场，华兴券和处于八便士基准的低位旧法币相比，是非常不利的，最终也不可能深入到民众中间去吧！

因此，华兴券在当初和旧法币从同一个水准出发，以八便士为基准去应对法币的变动，暂时让其与法币以等价的形式进行流通。也就是说，被赋予了强制流通力的华兴券并不是想要去排挤法币，而是和法币并行流通。华兴券的最大使命是创造有助于贸易开展的金融②。为了避免人们担心其对外价值，必须能够用刚发行的华兴券购买外国的物资。也就是说，华兴券必须要发挥作为一种完全的贸易通货的作用。因此，对于华兴券，要使其能够随时的、无限制的兑换外币。而成为这样一种开放性的货币可以说是华兴券的特色之一吧！

与此伴随的作为外币资金的 5000 万元，全部使用外币来缴纳。另外，

---

① 亦即华兴券的升值，不利于出口创汇，也不利于民生的改善。
② 即既有助于出口创汇，也有助于进口需要的战略物资。

开业以后各种存款中的一部分也让其跟外币相关联，努力去维持其价值。法定的现金准备虽然只要求 60%，但是在目前则是维持全额准备。因此，华兴券针对其发行额，经常持有 100% 以上的外汇储备。

在这样充足发行准备，亦即 100% 的发行准备基础上，华兴券在投放方面，作为等价货币，形成了一种尽可能换回外币或者是避免外币流失的结构。即只限于出口预付金、外汇贷款、外汇或外国货币的买入、外国汇款汇率的控制、华兴券存款的支出等。因此不得不说，即使发行和回收量增大，也很难指望流通额的急速增加。现在，单就华兴券在价值维持这一点来看的话，它已经取得了很大的成功。

但是，如前所述，虽然华兴券最初是从和法币处于同一价格的状态出发的，但那是因为法币比较稳定。如果法币暴跌的话，站在防止民众财产损失和自我防卫的立场上，应该脱离旧法币独自前行（跟旧法币已于 7 月 20 日脱离了关系）。也就是说，与华北的联银券被赋予了从正面对抗和挑战法币的由政治金融支配的使命不同，华兴券的发行说到底是为了避免对民众的生活造成不良影响，从侧面来发挥作用。当法币发生极速崩溃的情况，考虑到会引起的经济混乱，应等待贸易向国内平滑过渡，即从依赖外贸变为发展内贸，为此应培养支撑华中经济的基本金融势力，根据经济本身自然的发展动向来进行。

"由小变大"是我的座右铭。即便是对照蒋介石政权 10 年金融建设苦斗史，我们也应该容易看出那是一条艰难的、充满荆棘的道路。

最后，就华兴券的强制流通力来说，公共税课、海关纳税自不必说，对于民间的各种交易来说也是适用的。如果有人拒绝接受或妨碍华兴券流通，依照非常时期财政经济扰乱取缔法，会受到处罚。但是，上述刑法法规范围之外的人则不在此之列。

华兴券的法币脱离

民国 28 年 7 月 20 日，华兴券终于放弃了与旧法币的等价关系。规定与对英 6 便士作为其基准，今后将以以上的基准进行独立自由的外币兑换。仅开业 2 个月，华兴券就形成了自己独立的态势。

对美元行情依照前一天英美的交叉汇率行情而定。对于旧法币，虽不采取流通禁止的手段，但是与以往的等价交换不同，考虑到旧法币实时的对外汇率，根据决定的比率赋予其差价进行买卖。另外，政府的收入用华兴券来核算。

若详细记录在此期间的事情，由于汇丰银行上海分行在7月18日再次实行了银行之间的外币停卖的政策，法币一下子陷入了难以维持兑5便士的艰难状态，即将丧失作为贸易货币的职能，到了崩溃的最后阶段。日中关系当局（指维新政府）决定停止18日法币的买卖，今后第三方国家为了法币的稳定，只要不允许对中发放信用贷款，法币将很难东山再起。认识到这一点，我方决定放弃华兴券与法币的关联政策，决定在独立的立场下来创建外汇市场。另外，日本大藏省18日召集正金银行行长大久保利贤①及在中国的华兴银行副总裁鹫尾，就法币问题以及上述华兴券的问题，商讨了各种对策。

把华兴券的基准维持在对英镑六便士左右的依据是基于以下见解：即把当时法币大动摇前夕的行情作为对英汇率的基础，对于经济来说是最为妥当的。基于此见解，便决定以六便士十六分之九（法币6月以来的行情）为标准。这种解释应该还是最恰当的。但是，这个外汇基准并不是让它一直固定不变，而是应该根据市场行情的变化做适当的调整。就像最近（10月、11月），法币摆脱了苦难时期②达到五便士左右的时候。法币在汇率上的这一大降大升的变化对于华兴券的发展是很不利的。为了弄清楚当局在与旧法币脱离时的意志和目的，以下附上当时发表的声明书及谈话。另外，关于脱离后旧法币对华兴券的行情，我们将在下一章进行叙述。

维新政府关于华兴券脱离旧法币的声明

现在，我维新政府允许华兴商业银行脱离旧法币，以独立的价值基准进行外汇交易。本政府考虑到旧法币的崩溃，所以设立华兴商业银行，并让其发行华兴券。目前该行已经运营了5个月。果然不出我

---

① 大久保利贤，明治维新三杰之一的大久保利通之子，时任日本横滨正金银行行长。注：另两杰是西乡隆盛、木户孝允。
② 指法币行情在7月18日之后急剧下跌，从对英六便士、五便士、四便士，最后跌到了三便士。但进入十月后，法币开始回升，从三便士、四便士一直涨到五便士，这就是文中所讲的法币摆脱了苦难的时期。

们所料，英国支持的重庆政府外汇安定资金管理委员会继停止了八便士四分之一的外汇卖出后，紧接着又在本月18日停止了六便士多的卖出。所以，旧法币如今跌落到五便士多，转瞬之间一便士化为乌有，还不知道要跌落到什么时候。我们衷心希望那些想要保护自己财产的人加入使用华兴券中来，本政府也会一心一意致力于保护民众的利益。

华兴商业银行关于华兴券脱离旧法币的声明

本银行成立之初，维新政府及日本当局正如声明中所述的那样，本着共同弥补货币不足和打开金融梗塞的局面，代替价值不稳定的旧法币以保护民众的财产，这正是本银行发行华兴券的目的所在。但是旧法币崩溃的到来比我们预料的要快，近两个月再次暴跌，持有旧法币的民众，购买力降低，损失巨大。我们看到无辜的民众由于对旧法币的动摇而威胁到其日常生活，从而深表同情。旧法币不仅不会稳定下来，反而将会越发动荡。本银行一直按旧法币同等价值来操作本银行券。我们也不想给不习惯使用新券的民众添麻烦，但是又没有其他办法，我们不能一直追随下跌的旧法币，让大家像持有旧法币一样蒙受损失。这也是当初维新政府及本银行给大家的承诺。旧法币再次跌落的今天，本银行遵守与民众的誓约，在此，以对英六便士作为本银行券的价值基准，与崩溃的旧法币脱离。因此，出示本银行券的人，任何时候都可以以此基准来自由地兑换外币。当然，想要兑换旧法币的，我们会参考现行汇率随时给大家兑换。

另外，持有旧法币的人希望兑换本银行券的，视外汇情况，我们会尽可能予以满足。希望大家能够理解本银行保护民众福利之用心，尽快脱离旧法币，使用本银行券来进行各种交易活动。强烈建议大家今后在不久的将来，当旧法币暴跌的时候，提前兑换本银行券。

第二节 华兴券的行情

以下列举的表格中的数字是华兴商业银行1939年7月20日至11月25日发布的华兴券兑换旧法币的标准价格，亦即100元华兴券兑换法币的数额（见表1）。

表 1

Date		Selling①	Buying②	Date		Selling	Buying
July	20	110	130	Aug.	10	150	160
	20	118	120		10	155	165
	20	118	125		11	165	175
	20	125	141		12	165	175
	21	125	150		14	165	175
	21	125	140		15	165	175
	22	125	140		16	160	170
	22	125	135		16	165	175
	24	125	142		17	165	175
	24	125	145		18	165	175
July	24	125	135		19	165	175
	25	125	135		21	165	175
	26	125	135	Aug.	22	165	175
	26	125	145		23	165	175
	27	125	145		23	160	175
	27	125	150		24	160	165
	27	125	145		24	155	160
	28	125	145		25	165	170
	29	125	145		26	158	164
	29	125	137		29	150	155
	31	125	137		30	150	155
Aug.	1	125	137		31	150	155
	2	125	137	Sep.	1	150	155
	3	125	137		2	120	130
	4	125	137		4	120	130
	5	125	137		5	125	130
	6	125	140		6	135	140
	7	135	145		6	143	150
	8	140	155		6	150	155
	9	140	155		7	160	170
	10	140	155		8	150	160
					9	150	160
					11	152	157
					11	147	155

① 100元华兴券对法币的出售价。
② 100元华兴券对法币的买入价。

续表

Date		Selling	Buying	Date		Selling	Buying
Sep.	12	147	155	Oct.	11	130	134
	13	147	155		11	128	132
	14	147	155		12	128	132
	15	147	155		13	128	130
	16	147	155		14	129	134
	18	147	152		16	130	134
	19	147	152		17	130	134
	20	140	145		18	130	134
	21	140	145		19	130	134
	22	140	145		20	130	133
	23	141	146		21	130	133
Sep.	23	141	144		23	125	130
	25	141	144		24	120	125
	26	140	145		24	117	112
	26	140	143		25	122	127
	26	136	140		26	123	128
	26	140	143	Oct.	26	120	125
	28	140	145		27	120	125
	28	140	142		28	119	124
	29	139	142		28	118	124
	29	137	140		30	115	120
	30	135	138		30	113	118
Oct.	2	135	139		31	113	118
	2	135	137	Oct.	31	117	122
	3	130	136	Nov.	1	118	123
	4	127	133		2	116	121
	4	127	130		2	117	122
	4	132	137		2	115	120
	5	135	140		3	114	118
	5	133	136		3	112	116
	6	133	136		4	110	114
	7	133	136		4	108	112
	9	131	134		6	106	110
					6	108	112
					8	109	113

续表

Date		Selling	Buying	Date		Selling	Buying
Nov.	8	113	117	Nov.	16	109	113
	8	115	120		17	111	115
	9	121	126		18	112	116
	9	171	122		20	112	116
	10	115	119		21	113	117
	11	115	119		21	111	115
	14	115	119		22	113	117
	15	114	119		23	115	119
	15	113	117		23	114	118
	16	113	117		24	114	118
	16	111	115		25	120	125
					25	122	127
					27	125	131
					28	123	128
					29	123	128
					30	123	128

对英镑的行情正如前一章已经提到过的那样为六便士，以此为价格基准。之后的 12 月 25 日，日本放弃了跟英镑挂钩的政策而转向跟美元挂钩。由于当地的市场处于与英镑挂钩的态势，可以看到，日本采取的与美元挂钩政策对上海几乎没有任何影响。还有，英美货币交叉汇率在当时只要保持在 4 美元，就没有必要立即改变华兴券的挂钩外币，还是跟以前一样，以对英六便士为基准，对美元则以裁定的比率即华兴券 100 元兑换 10 美元来进行。因此，只要交叉汇率没有突然暴涨暴跌的话，就不会有追随日本外汇行情基准的变更与美元挂钩这种情况发生。

然而，在 11 月 11 日，参考上周末的美英货币汇率交叉暴跌的事件，日本决定以对英六便士为基准降低对美汇率，将以前的 10 美元卖出价，降为 9.85 美元卖出价；将以前的 10.83 美元买入价降为 10 美元买入价。之后，日元对美元的汇率处于一个反复的小幅波动的状态。

不用说，华兴券对美元汇率的降低对当地市场没有产生任何影响。

大体上就像上面叙述的那样，华兴券从旧法币脱离以后，坚持六便士的外汇基准，其和法币之间的差价成为人们买卖（套利）的对象。那么，为什么华兴券必须要坚持六便士的基准呢？虽然在 7 月、8 月，法币有明显的跌落，但这绝不是自我瓦解。当局者在混乱中缺乏深思，或者说设想法币会自我瓦解，所以才定了六便士。关于这一点，我非常的遗憾，没有从任何人（当局者）口中得到满意的回答。像最近这样，从苦难中脱离出来的法币在勉强保持五便士的时候，华兴券维持六便士这件事情，就是为了阻碍其进入流通领域，我认为是有害而无益。我更是深信，华兴券应该以与法币等价为武器继续追击。

第三节　华兴券的发行额

华兴券的发行在当下实行全额准备的方针，作为一种贸易货币，要确保其完全的信用。也就是说，在持有足够的外币准备、资本金的基础上，慢慢充实其内容。为了以后的发展，其资金投放也是以等价的外币为依托的，其目标是尽可能获得外币，或者不失去外币。换言之，仅限于出口预付、外汇贷款、外汇或者外国货币的买入、外国汇款外汇的支付、华兴券存款的支付等。因此，即使华兴券的发行额和回收额增大，但其流通余额也不会变大。

而且，进入今年 6 月以后，7 日汇丰银行限制外汇卖出，22 日上海中国方面的银行存款退还受限，重庆政府的财政破绽越来越明显，法币也处于价值必然下跌的状况之中，物价一路高涨。所以，维新政府的对策是找出能够代替法币的货币，促进华兴券的流通，为此于 7 月 11 日发表了相关声明书。兴亚院华中联络部跟维新政府合作，制定了一个关于促进华兴券流通的成熟方案，其宗旨大体接近于后面的叙述内容，但并没有开始具体的活动。也就是说，作为当初设立华兴商业银行的方针，强调将其业务重点放在贸易金融即有助于贸易开展的金融方面，但为了使贸易金融能够顺利地进行下去，首先有必要让华兴券作为国内货币使其流通起来，所以采取了以下的措施。

（一）与维新政府相关

（1）维新政府的经费以前是用法币和华兴券来支出，今后如果可能的话，全部使用华兴券，禁止用法币支出。

（2）统税、盐税等收入使用华兴券，关税由于牵扯外国债券付息金额的计算、海关金单位问题等，用华兴券征收的话会产生问题，暂时先予以保留，另做研究。

（3）政府的各种存款现在用法币核算，以后将其改为华兴券核算。

（二）与华兴商业银行相关

（1）除特别情况外，全部改用华兴券核算。

（2）郑州分行已于11日开业，8月末以前要在杭州、无锡、蚌埠、安庆和芜湖开设分行或者设立出张所，促进华兴券的流通。

（3）制作华兴券的样本海报，大力宣传。

（4）华兴券不能跟法币一起跌落，在适当的时候，要彻底脱离等价关系，保持独立的价值。

（5）现在5000万元以上的华兴券的印刷工作已经结束，但要代替华中的法币还是太少。在加紧印刷的同时，铸造并发行小额的硬币。预计发行1钱、5钱、10钱、20钱四种硬币。

（三）与一般银行相关

（1）现在的法币债务（含银行法币存款）经债权人和债务人的商议，争取在8月末之前，鼓励其将法币债务调换成华兴券债务。

（2）以后的存款出借以华兴券结算。

（3）尽可能采取让华兴券和法币的交换变得容易的措施，增强中国民众对华兴券的好感和信任。

（四）与日本方面官方、民间相关

针对商工会议所、居留民团、在华纺织同业会、各国策会社、各妇人会等，向其说明华兴券的宗旨以寻求他们的合作。另外，终止军队在购买作战物资时一部分用法币结算的行为，全部用华兴券支付。

维新政府发布的有关华兴券流通扩充的声明书如下：

声明书

在蒋介石政府的统治下，重庆政府方面的银行服从于最坏的命令，不顾一切践踏国民福祉的态度使其成为民众的公敌。华兴商业银行考虑到这一情况，强烈希望让华兴券成为大众的货币，以便在旧法币崩溃的时候，依靠独立的外币价值与崩落的旧法币分离开来，维护国民的福利。促进华兴券的流通和扩充，确实能强化国民经济生活的基础，是排除未来法币不安定的独一无二的方案。不管民众是否想要保护自己财产的安全，也不管民众对华兴券流通持什么样的合作态度，本政府为了代替即将走向崩溃的旧法币，促进华兴券稳定的流通，使国民经济生活安定，对此作最大的努力。我们也期待民众能够配合本政府，使我们的这个计划能够顺利实施。

为了发挥华兴商业银行的功能，日本方面的银行一起共同支持。即使在华兴券投放民间的时候，也是通过日本方面的银行来实施的。为此，日本方面的银行设置了法币特别资金，用于华兴券和法币的交换使用（这点有一些错误，在本节末已订正）。

投放到民间的华兴券由于不被人所熟知，很多立刻就又回流到法币或者外币上。现在被称为流通余额的，其大部分在日本方面的银行和钱庄业者的手里，在民间的华兴券几乎看不到。然而，进入10月以后，在华兴银行南京分行里发现了小额的华兴券，这种现象值得关注。当然，南京由于有维新政府，而且占了华兴券发行总额的七成，所以存款者的目的可能是比起法币的不安先保全自己的财产吧！

由于华兴券的主要用途是维新政府的政务费和对贸易从业者的贷款（下节中详述），所以，受出口商品变动的季节性影响，发行额也会产生有高有低的情况。

新银行和日本方面银行之间签订了如下的合约：

• 华兴商业银行不直接向商人提供出口预付金，通过日本方面银行进行贷款；

• 因此，新银行不设商人的大户头核算，由日本方面银行开设；

• 华兴券和法币之间的交换按照华兴银行的要求，在日本方面银行进行自由交换，但是，在华兴券和法币的交换金额方面设定某些限制；

• 华兴银行不从事日元存款业务；

• 华兴券与日银券的交换比率和法币对日银券一样，按照市场上的日元行情，华兴银行也有可能买卖日元纸币。

华兴券对英行情的现状是追随法币，将来如果法币发生异常变动的话，要与其隔绝开来。

另外，关于日本方面银行设定的法币特备资金，双方达成了如下协议：

• 日本银行在收到华兴券兑换法币的请求时，将从法币特别资金里提出法币交付。欲兑换法币的客户或者出示在华兴商业银行账户上存款1000元的证明，或者日交易额达到1万元以上，待日本银行向华兴银行通报，取得其同意后再兑换（但是，之后由于法币的不安定，兑换额度实际上被改为更小的金额）；

• 华兴券和法币的兑换比率在华兴银行发出新的通知以前，实行等价交换（但是，从7月20日开始，兑换比率按照华兴银行对法币的官方定价执行）；

• 兑换手续费免费；

• 各行接收的华兴券作为华兴券存款处理，存入资金没有利息。

接下来看一下华兴商业银行的银行券发行额。

民国28年5月1日

兑换券：218574元

辅币券：2683.40元

合计：221257.40元

6月15日

兑换券：602656元

辅币券：3035.40元

合计：605619.40元

民国28年6月30日

兑换券：601291元

辅币券：6138.20元

合计：607429.20元

7月15日

兑换券：924922元

辅币券：24245.20元

合计：949167.20元

7月31日

兑换券：1455924元

辅币券：24911.60元

合计：1480835.60元

8月15日

兑换券：1394698元

辅币券：18887.50元

合计：1413585.50元

8月31日

兑换券：1233339元

辅币券：15556.30元

合计：1248895.30元

9月15日

兑换券：2828263元

辅币券：14384.40元

合计：2842647.40元

9月30日

兑换券：3270166元

辅币券：20960.60 元

合计：3291126.60 元

10 月 15 日

兑换券：3058458 元

辅币券：19789.90 元

合计：3078247.90 元

10 月 31 日

兑换券：3162632 元

辅币券：20948.90 元

合计：3183580.90 元

11 月 15 日

兑换券：3337636 元

辅币券：22028.40 元

合计：3359664.40 元

11 月 30 日

兑换券：4182808 元

辅币券：17602.30 元

合计：4353500.30 元[①]

以上的这些发行额用外汇资金准备就可以全部覆盖。

另外，为了促进华兴券更加积极的流通，目前正在实施一分铜币的铸造计划，预计在昭和 14 年末以前实现。

在本节的中间部分，我说了华兴券通过日本方面的银行来发行，而且还备注了华兴银行与日本银行之间达成的协议。确实在创立当初，双方之

---

① 此数据疑有误，按原文提供的数字合计，应为 4200410.30。

间有过这样的协定或者方针，根据我们调查的结果，华兴银行并没有依照这个协议，而是自己直接经营放贷业务。故在此处更正一下。

第四节　华兴券的流通范围、用途及其信任程度

流通范围

允许其在安庆以东地区流通（汉口方面有谣传说要另外成立一个新银行，但是也仅仅是一个谣传）。现实中的流通区域在以芜湖、蚌埠、杭州为顶点的长三角地带。

因此，10月下旬，上海、南京、苏州三个分支行的发行额如下：

上海总行：约50万元

南京分行：240万元

苏州支行：30万元

以上的数字虽说还不能代表该地区华兴券的流通量，但也可以反映一个大体的趋势吧！也就是说，南京地区占了华兴券发行额的大部分。

用途

前面已经反复说过，华兴券的理想用途是服务于贸易金融。但在现实中，其用途有点不一样，华兴券现在主要使用在三个方面：①维新政府的政务费；②关税；③给贸易商的贷款。按使用量排名也是政务费第一，关税第二，贷款第三。

政务费是华兴券用途中最多的。华兴券在南京地区流通量之所以很大与此有关系。关税方面，从9月1日起，维新政府管辖区的海关关税收入以华兴券来核算，征税银行为正金银行。自从关税变成用华兴券核算征税以来，关税变成了华兴券的第二大使用用途。原因是使用华兴券的话手续方便，汇率便宜。

9月份和10月份的江海关的关税收入中，华兴券和法币的缴纳金额如下：

进口税	9月	10月
华兴券	179.1万元	180.5万元
法币	631.2万元	626.2万元
总计	810.3万元	806.7万元

出口税	9月	10月
华兴券	0.2万元	4.5万元
法币	79.2万元	64.9万元
总计	79.4万元	69.4万元

转口税	9月	10月
华兴券	——	0.5万元
法币	203.2万元	261.5万元
总计	203.2万元	262.0万元
合计	1393.2万元①	1138.4万元②

除此以外，还有附加税、水灾救济附加税和吨税，全部以法币支付，但以华兴券为结算单位。如果把修订后的华兴券核算税额和旧制做一个比较的话，如下：

1金单位③ = 34便士75（14.5④×2.316⑤）

税率 = 10%

华兴券1元 = 6便士⑥

---

① 原文按提供的数字合计有误，应为1092.9万元。
② 原文按提供的数字合计有误，应为1138.1万元。
③ 指海关金单位。
④ 14.5为当时英汇行市，以法币一元合一先令二便士半为标准，即14.5便士。
⑤ 2.316为海关金单位的挂牌行市。
⑥ 最初华兴券是与对外价值为6便士的法币等价的，也就是二者是一比一的关系，现在法币贬值到了3.75便士，但华兴券依然通过政策保持每一元华兴券对外价值6便士的水平。

1 日元＝法币 1 元＝3.75 便士①

原则（外币核算）

1 金单位＝华兴券×2.396 日元＝2.396 元×$\frac{6}{3.75}$

旧制

1 金单位＝（3.75 便士÷34 便士 75）×0.1×2.396 元＝1.59 元

新制

（3.75 便士÷34 便士 75）×0.1×2.396×$\frac{6}{3.75}$＝4.138 元

旧制（法币核算）

（100 元÷2.396）×0.1×2.395＝10（元）

新制

（100 元÷3.75（便士））÷34.75（便士）×0.1×2.396×$\frac{6}{3.75}$

＝4.138（元）

旧制（日元核算）

（100 日元÷2.473）×0.1×2.473＝10（日元）

新制

（100×3.75）÷34.75×0.1×2.473×$\frac{6}{3.75}$＝4.327（日元）

  对于贸易商的贷款。现在的贷款客户仅限于华中蚕丝②、三井物产和扬子茧业三家公司。其中华中蚕丝是其最大的客户。除此以外，华中盐业③等和华兴券多少好像有点关系，但不是直接的需求者，仅涉及流通过

---

① 日元与法币保持同比例变动，现在两者对外价值都贬值到 3.75 便士，而华兴券依然保持 6 便士的对外价值，结果便出现了华兴券对外价值高于日元的现象，即华兴券 1 元＝$\frac{6}{3.75}$＝1.6 日元。

② 全称华中蚕丝株式会社，1938 年在上海成立，它集中了日本国内 280 多家蚕丝厂商的共同投资。除了对蚕种业实行统制外，力图对机器缫丝厂加以控制和掠夺。

③ 全称华中盐业株式会社，1939 年 4 月成立，是在日本军队侵占的淮北盐场基础上建立的一个旨在控制中国盐业的商业机构。

程的一部分业务。贷款客户的商品截至目前有蚕茧和鸡蛋，蚕茧主要是华中蚕丝和扬子茧业两家公司生产，鸡蛋是三井物产经营。

接下来看一下各个国家的人使用华兴券的用途。

日本人方面：

外国贸易商的关税，出口产品的购买资金。

中国人方面：

主要以官员的俸禄和关税的缴纳二者为主。为了给国外汇款，拿出法币兑换华兴券的情况截至现在12月中旬总共发生了三起。

外国人方面：

缴纳关税，进入12月后呈现逐渐增加的态势。

华兴券的信任程度

如前所述，华兴券的流通范围很狭小，即便根据事实来看的话，其信用还没有渗透到一般民众中。维新政府的政务费也多半回流了。华兴券的流通仅限于钱庄和对法币感到不安的少数华兴券存款人（在南京分行）这里。对于贸易商的贷款虽然是华兴券和法币共用，但华兴券贷款的大部分又立即在日本方面的银行被换成法币，回流到华兴商业银行，流向民间的金额很小。据说有约三成流向了民间。关税方面也仅仅是因为手续简单和有少许的利益所以才被使用，这跟正常的信用普及不一样。总之，现状距离理想还很遥远，的确是惨不忍睹的状态。

被称作流通余额的大部分也都滞留在日本方面的银行和钱庄业者的手里。钱庄业者持有华兴券的目的可以理解为投机吧！

第五节　华兴券和日系通货以及法币的关系

华兴券和日系通货（军票[①]、日银券）

从华兴券的性质来看，外币、日系货币和华兴券之间的自由兑换之所

[①] 军票（military Currency）是指由军事机构发行并主要流通于军队中的小面额钞票，通常是在国家发生或参与战争时发行的。日本军票指近代日本政府发动战争时发行的一种强制性流通货币，主要用于在占领地区的军费用度，最早出现于甲午中日战争时期，后不断在各个占领区广泛推广。它使得日本侵略者通过操控一个地区的货币流通，得以逐渐掌控占领地区的经济和金融市场，但也不可避免地导致了通货膨胀，物价飞涨等恶性影响。

以被限制是一件理所应当的事情。因此，华兴券与日元和军票间不交换，不仅是说明它们之间完全没有关系，而且还说明它们是背靠背的关系，即尽量不发生接触，好像不睦一样。

但是，如果华兴商业方面银行有需要，要兑换华兴券的时候，其兑换比率以市场上的法币对军票（或者对日元）的比率为基准。

前面已经反复的提到，华兴券不是为了企图回收上海虹口的日银券和内地沿线的军票而设立的，而是为了打破华中全境的金融堵塞的状态，促进与外国的贸易，同时以帮助民众消除对旧法币的不信任为使命而设立的。无限制的接收日系货币不是它的主要任务。如果从侧面看，从华中的军票（或者日元）这一方面来看的话，如果把和外币正在激烈斗争的华兴券纳入军票势力范围内的话，就会使已经在很大范围内拥有信用的军票一次性覆灭掉。因此，军票自动地避开跟华兴券接触。

跟不同意华兴券和日系通货兑换的理由一样，华兴券也不在对日元圈的贸易时使用。日本和华中的贸易结算依然用的是日元。即便说因为华兴商业银行的创立使得华中从日元圈中被排除出来，但对日贸易并没有变成第三国贸易，通商关系依然在日元圈内。

而且，在看这每一个关系的时候，华兴券和军票或者日元看上去好像是一种势不两立的关系，但是站在全局来看的话，它们之间有密切的关系。在华中，作为国内货币，今后军票的地位仍会被不断地强化，华兴券则肩负着弥补军票所欠缺的第三国关系的结算功能。因此，这两者合起来，构成了华中地区通货功能顺利运转的机制。

当然，这些日本方面的货币机构的不彻底自不必说，就客观形势来说，也有不得已的地方。

华兴券和法币

华兴券在开始的时候，就和法币实行等价交换。只从这点来说，华兴券并不是要阻击法币。为了华中贸易的复兴，华兴券标榜和法币并存共立。但是，很明显华兴券不可能一直追随法币，或者说法币中心主义不可取，随后华兴券即以独立的价值基准开始前进。

另外，与法币相关的值得注意的是华兴券和法币的兑换。华兴券从无限制接受外币兑换的原则走向华兴券和作为蒋政权的法定货币的法币可以自由兑换,然而,法币要兑换华兴券有一个限制,即必须出示相关证明。这意味着,华兴券在作为一个健全的货币随时接受外币兑换这点上,要远比法币优越。而且最近,法币和外币的兑换逐渐变得不自由,其兑换价值越来越没有一个让人信任的基础。这样的话,就不能匆忙地接受法币。而且,据说法币的发行额高达 20 亿元,如果无限制的接受的话会使华兴券的健全性受到破坏。

对华兴商业银行而言,从谋求市场的安定和便利的宗旨出发,采取尽可能地让法币兑换华兴券的方针。

最近,进入 10 月、11 月、12 月以来,法币有挑战华兴券的迹象,这个问题需要考虑一下。但是作为我来说,不认为法币在将来会保持稳定,如果不采取有效措施,这将会是一件非常棘手的事。

华兴券和第三方国家

华兴商业银行在设立的时候就表示欢迎第三方国家资本参加或者在未来参加的宗旨。然而,国际关系的现状却使我们无论如何不能对其抱有希望。

特别是英国之所以犹豫接受新货币,也有其他的理由。具体来说,跟 1935 年的币制改革时发布的敕令(King's Order)有关。这个敕令共发布了两次,前者禁止白银作为通货使用,而后者则规定中国的强制通货仅限于蒋介石政权承认的通货。后者大致成为英国拒绝新通货的理由。然而,这与港元的使用相矛盾。

不管怎么说,第三方国家也开始抛开政治的角度,充分了解新银行的意义和新通货的性质,而为了华中经济的发展,也要求其对新机构的发展给予支持。华北的联银券从一开始就以赤裸裸的形式,展开了政治斗争,其结果是立刻造成联银券的滥发。华中的华兴券在这里也是一个外交问题,作为一个政治问题,应该牢牢记住这一点。

12 月 18 日突然发布的南京以下长江流域开放的消息,如果利用好的话,华兴券有可能实现一大飞跃,如果利用不好的话,也有可能遭受致命的打击。总之,日本没有明确制定对华中的政策,或者即使制定了也发布了，但没有形成共识。在这种情况下贸然提前采取行动是很危险的（是否要重振华兴券，是否要消灭法币，即便对于前一个问题，最高当局的方针也不明朗）。

第六节　南北汇兑交流问题和华兴券

有关联银券纸币价值的多少，是联银券和日元挂钩的结果（即联银券与日元等价，进而使华北地区加入日元集团），以6便士为基点的华兴券和联银券之间没有任何关联性，完全是两种不同的纸币①。因此，华北的物资很容易就流向了价值基准比较低的华中②，这点不难理解。在实施联银券全种类汇兑集中后（本年7月、8月），像被宣传的"除海问题"③那样，也就是说为其背书。如何调整是华中和华北面临的一个重大问题，现如今，两者之间没有一个兑换协定。但是，这个方案正在研究中。

现在，如果把这个问题的发展经过看一下的话，如下。

在青岛召开的第五次联合委员会上，有关货币问题在决议事项中作为南北汇兑交流问题被提了出来。也就是说，为了使南北汇兑交流能够顺利地进行，华兴商业银行和联合准备银行将加紧研究有关具体的联络事宜。这是南北汇兑问题被第一次正式的提出。在那以后，没有看见大的发展。根据目前的状况来看，华北、华中的汇兑结算余额依靠的是现地裁定。也就是说，华兴商业银行和联合准备银行之间缔结一个汇兑清算协定，在华兴银行开通联银券账目，在联合准备银行开通华兴券账目，结算额以物资来支付是最合适的，而且华中是计划以6便士基点为现地裁定，华北以8便士四分之一基点为现地裁定，根据情况，让日元作为中介。大体上，最有希望的方案就是以上这些内容了。我在想不久这个问题会在这个方案上了结了吧，但在目前，还什么都没有。

---

① 指华兴券是与对外价值为6便士的法币钉住的，而联银券则与对外价值8便士四分之一的日元挂钩，完全是两种不同的纸币。这是本节文字的核心表述。
② 鉴于联银券的对外价值（以8便士四分之一为基准）高于华兴券的对外价值（以6便士为基准），这意味着联银券相对华兴券昂贵，即1个单位的商品在华北卖1元联银券，运到华中，按照联银券与华兴券的比价，至少可以卖到1.33元华兴券。这样华北的产品自然源源不断地流向了华中，这符合商品流通总是从低价区流向高价区的规律。
③ 原文如此，但不知道具体情况，待考。

第四章　新政权问题和华兴银行

以汪精卫为盟主的中国新中央政权①不久将要从东亚新秩序的角度登场了。有关汪政权的成立时间，在巷间已经被传开了，根据日本政府多次声明，或者从结束事变的角度来看，作为早晚都要成立的事情，还是早做打算为好。

那么，关于即将诞生的新政权和华兴商业银行的关系，大体上可以总结为以下三点。

①把华兴商业银行升格为中央银行。

②华兴商业银行仍作为以前的促进贸易的金融机构，让其存续下去。

③重新设立中央银行，把华北的联银券扩大到华中。

总之，从理论上来说，在新政权下承认使用法币于理不通，提倡首先新设一个中央银行。上面最后一个方案，即在华兴商业银行以外另设一家新中央银行的做法，由于缺乏资金，恐难实现。而且，使用联银券的话，反而会使华北陷入混乱，日本也有可能丧失在华北的特殊地位。在这里，如果设立新中央银行的话，华兴银行升格是最好不过的。综合了我询问的各方面意见后的结论是，华兴商业银行升格论占六成，新中央银行成立论占四成。

然而，我认为，问题的根源不在于升格和新设，而在于做这些事情的客观形势，以及日本是否有相应的经济实力。最近的动向是在华中地区，日本在向英美妥协，特别着力调节日美、日英关系，目的是不使事变向着全面恶化的方向发展。像长江开放那样，我就是在这样的观点上来解释问题的。越仔细考虑这些事情的话，越是让人深深地感到，仅凭日本一国的力量来建设新通货机构是不可能的。

在这里，能考虑到的替代方案如下：

---

① 指汪精卫在南京组织的伪中华民国政权。

①法币的利用；

②建立以日本为中心，同时加上英美的新机构。

关于后者，虽然被认为还存在问题，但根据外交处理的方法不同，我认为值得期待。但是，在去说服别人的时候，最终是否反被别人所说服也是个问题。关于前者，在华兴商业银行创立之前就已经被提出来了，最近则更加的具体化，成了最有希望的方案。

也就是说，在新中央政权下，应挑选中国、交通两家银行（中央银行被排除理所应当）来发行新法币。好像陈公博的活跃、宋子文的复出，对浙江财阀的怀柔政策不断反复等也是事实。现在被认为有问题的就是以上叙述的这些东西。

可是，即便新政府成立后立即以华兴银行为中央银行禁止旧法币的流通，这也太微弱了。在现如今资金短缺，不能实施贸易统制的状态下，不能对之抱过大希望。但是如果外资参加的话，问题又另当别论。

当前的最新事态是美国船逆水航行一直到了南京，这反映了日本对英美关系的缓和。如果利用华兴券的话，即便不能带来进一步的质的变化，但可以期待在量的方面流通增大。不知道自己情况光说大话的做法只会让事情陷入纠纷，然而也不可太过于卑躬屈膝。在华中的外国势力中，特别要关注英国、美国的动向以及浙江财阀的动向，并将其作为一个有力的契机，为新通货制度的顺利开展发挥作用，这一点不难料想到。

广东的货币金融[*]

第 36 期学生

高相武彦

目 录

广东的货币金融状况序言
  一　广东的特殊性
    （一）政治方面
    （二）经济方面
  二　币制改革后广东的币制金融状况
    （一）币制改革前的状况
    （二）币制改革后的状况
    （三）从战争爆发到进攻广东这一时期的情况
  三　日本方面货币的种类及其流通状况
  四　日本的法币对策
    （一）港元的地位
    （二）中国方面银行的现状
    （三）日本商品和资本的扩张情况
结　语

广东的货币金融状况序言

日本现在在中国的中部、南部、北部各地开展作战，对于消灭蒋介石

---

[*] 该文系东亚同文书院第 36 期学生高相武彦和调查组成员于 1939 年进行的调查。原文见国家图书馆编《东亚同文书院中国调查手稿丛刊》第 167 册，国家图书馆出版社，2016。

政权，我们采取毫不退让的坚定的态度。同时，基于这次中国事变①的意义，我们正朝着建设"东亚新秩序"的目标迈进。在中国北部，临时政府已经成立，为了建立其金融机构，日本在昭和 13 年② 3 月 10 日成立了华北联合准备银行作为中央银行。同时在蒙疆地区，基于该地区的特殊性，日本在成立蒙疆联合委员会的同时，于昭和 12 年 11 月 23 日成立了蒙疆银行。另外，日本在华中组成了临时政府，再过不久有望诞生中央政权。虽然还没有成立中央银行，但是一个可以被称为中央银行前驱或者母体的机构——"华兴商业银行"已于本年 5 月 16 日开业了。那么在华南，通货建设又是如何推进的呢？在华南的广东，日本进攻广东两个月后也就是昭和 13 年 12 月 20 日，组建了治安维持会，到现在还没有成立政府，当然设立中央银行也无从说起。我在这里想先论述一下广东所拥有的特殊性，然后再提及一下现状。

一　广东的特殊性

（一）政治方面

中国国民党的革命事业首先在广东爆发。革命之父孙文出生于广东省的中山县③。孙文死后，蒋介石掌握了南京政府的实权。因此，蒋和孙文手下那些一起闹革命的所谓"广东派"的人之间的合作并不是很顺利。或者说，广东处于一个半独立的状态。在当时，作为反蒋力量的有广东、广西两省的实力派和国民党元老胡汉民等组成的西南派联合势力存在。虽说都被称为西南派，但实际上广东、广西两省的政治分别由两个不同的实力派人物所把持。具体来说，广东在陈济棠的统治下，已经形成了完全统一的地域；广西则是李宗仁（或李宗仁和白崇禧两人合作）的统治区域。胡汉民虽已失去实力，但靠着国民党元老的名声，还是名义上的西南派最高领导人。也就是说，胡汉民作为比蒋介石资格还要老很多的前辈，使得蒋介石不能简单地诉诸武力来讨伐他。胡的存在可以说使得西南派的主张

---

① 指七七事变。
② 即 1938 年。
③ 原名香山县，因境内诸山之首的五桂山上奇花异卉繁茂，四野飘香而得名。1925 年 4 月 15 日，为纪念伟人孙文而易名为中山县。

对外有了一些分量。

然而，陈济棠不仅在军事上实行独裁，还左右了省政，并实行自由经济政策，拉拢广东财阀。陈济棠和广东财阀结为一体，倾全力跟浙江财阀对抗，实施了广东产业振兴政策。随着蒋介石政权的逐渐强大，陈成为根本无法用武力与蒋相抗衡的军阀。在这个时候，外部看重的胡汉民突然在民国 25 年（1936）5 月 12 日去世，同时加上南京国民政府的武力压迫以及余汉谋的叛变，陈济棠政权不得不走向没落。民国 26 年，陈济棠下野逃亡香港，广东成了中央的地盘。另外，导致陈济棠政权没落的一个原因是广东经济的破产，关于此问题我们在下一章节中论述。

（二）经济方面

1. 对外关系

（1）与香港的关系

广州作为所谓的广东十三洋行的所在地，在清朝一直都占着中国对外贸易港的位置。英国人占领并将香港设为自由港以后，广州自然会遭遇被剥夺繁荣的命运。在广东省的贸易中，香港最高曾占到过 9 成，即 90% 的位置。近年，由于香港贸易的不景气和关税上涨、走私增加，1933 年的贸易总值为 3241 万元（进口 3841000 元，出口 27578000 元）[①]，香港占广东贸易的比重为 24%。而其中最值得注意的是广州作为香港金融的一环，港元的势力延伸到了广州及广东沿岸的各个县。广州对外贸易的大部分以港元为结算单位。有关这个问题，我们将在后面的港元的地位这一部分再次予以论述。

（2）华侨

广东在金融和经济上的两大来源就是蚕丝业和华侨汇款。广东对外贸易入超状态虽然还在持续，但华侨汇款作为一个补充手段，其作用非常重要。下表是最近几年广东的对外贸易总额（见表1）。

[①] 二者的核计为 3141.9 万元，与 3241 万还有近百万的差距，猜测是计算所误，故特别指出。

表1　最近七年广东对外贸易额表①

单位：元

年份	洋货的进口	土货的出口	合计	入超
民国19年	243917570	164653676	408571246	79263894
民国20年	276243435	152034721	428278156	124208714
民国21年	314259054	92538205	406797259	221720849
民国22年	269169191	94456356	363625547	174712835
民国23年	156553123	82025780	238578903	74527343
民国24年	150269234	75267987	225537221	75001247
民国25年	129272130	82829155	212101285	446442975②

来源于广东省银行（昭和11年）民国25年年度营业报告。

近年来，受南洋经济的不景气以及南洋各地政府对华侨的压迫政策等影响，南洋华侨的汇款呈现出逐年减少的态势。而且华侨的出生地大都在华南的福建和广东两省一带，华侨汇款减少的趋势对广东经济的影响也不小。尽管贸易收支呈现出逆差的状态，但贸易之外的收支却一直呈现出良好的态势。下表为广东海关发布的统计数据（见表2、表3）。

表2　最近十年广东金银出入超统计表

单位：海关两

年份	生银出入超金额 （+）入超　（−）出超	黄金出入超金额 （+）入超　（−）出超
民国16年	（+）　1059506	（+）　16120
民国17年	（+）　3191926	（+）　3700
民国18年	（+）　3920326	—
民国19年	（+）　31140378	—
民国20年	（+）　21112871	—
民国21年	（+）　2710612	—
民国22年	（+）　1680907	（+）　156
民国23年	（+）　2075106	—
民国24年	（+）　266599	（+）　5617
民国25年	（+）　143317	—

---

① 从表1至表5，根据本文的重要参考书《广东省银行民国二十五年份营业报告书》——核对，本文错误处加以修正。
② 原文疑笔误，根据表内数据计算为46442975。

表 3 最近五年广东华侨外汇金额合计表

单位：国币元

年份	香港	汕头	海口	合计
民国 20 年	250000000	94200000	1000000	345200000
民国 21 年	200000000	70700000	1000000	271700000
民国 22 年	190000000	62800000	1000000	253800000
民国 23 年	137000000	47000000	1000000	185000000
民国 24 年	212000000	55000000	1000000	268000000

（3）对外出口——生丝

与华侨汇款一样，广东金融界两大支柱之一的生丝业对外出口近年来出现明显衰退。尽管广东省当局再三努力，但广东的金融情况仍然没有看到有全面好转的迹象。生丝作为广东省对外出口物产中唯一的大宗商品，在往年的出口鼎盛时期占到了广州港出口总额的 70%，成为进口国外商品结算时的一个重要资金来源。然而，近年来生丝的对外出口陷入了极度的不景气状态，省政府也为了改善生丝业和振兴出口绞尽脑汁。最近几年的生丝出口情况如下表所示（见表 4）。

表 4 广东生丝出口统计表（民国 19 年至 25 年）

单位：国币元

年份	交易额	指数
民国 19 年	57280807	100.00
民国 20 年	41775916	72.93
民国 21 年	18074409	31.55
民国 22 年	16925024	29.54
民国 23 年	9346899	16.32
民国 24 年	6758453	11.79
民国 25 年	8898711	15.54

2. 对内关系

（1）广东与上海以及其他城市的经济依存关系

资本：广东的财阀以华侨资本为基础，加上当地居民资本为代表的四邑帮①。华侨中的很多成功人士最后都回到了国内定居，而且这些归国华侨中，广东省出身的人最多。这些华侨在回国的时候，把他们的一部分财富带回来，在居住地投资。据说在广东，所有的银行、轮船、汽车公司或各种工业都是依靠华侨资本。此外，华侨还参与购买公债，这又是一种间接的投资。四邑帮曾经营过旧式银行②且有过执金融界牛耳的历史。现在，随着广东币制的中央化，以南京政府为背景的新式银行，也就是浙江财阀的势力在不断扩充。

国内贸易：广东在国内贸易方面保持着入超。根据广东银行民国 26 年的营业报告显示，最近五六年的情况如下（见表 5）：

表 5　广东省国内贸易额表

年份	移入	移出	合计	入超
民国 21 年	145860470	21503271	167363147③	124357205④
民国 22 年	190650385	39380339	230030724	151270046
民国 23 年	164744193	45215021	209959214	119529172
民国 24 年	173061761	51303298	224365059	121758463
民国 25 年	185116472	68749855	253866327	116366617
民国 26 年	182880906	59081126	241962032	123799780

（2）广东与国民政府占领区之间的关系

粤汉铁路的开通使得物资南下的能力大大增强，然而由于其高昂的运费，导致其在经济方面没有被利用，其价值主要体现在军事和政治上。比如说物资从汉口出发，经由上海再被运到欧美国家，其运费比使用粤汉铁路平均要低 39.1%。根据广东省银行经济研究室发布的"粤省对外贸易调查报告"，具体情况如下（见表 6）：

---

① 指今广东省江门市下辖的台山、新会、开平和恩平这四县出身的人。加上鹤山为五邑，再加上赤溪（1867 年成立赤溪厅，1912 年改为赤溪县，1953 年并入台山县，今为台山县赤溪镇）则为六邑。四邑是全国著名的侨乡，华侨华人遍布世界各地，以南北美洲和南洋地区居多。
② 指钱庄、找换店等旧式金融机构。
③ 据表内数据计算为 167363741。
④ 据表内数据计算为 124357199。

表6　汉口主要货运价格

单位：元

一　经粤汉线由广州出发		二　经长江由上海出发	
a. 到美国每吨的运费		b. 到美国每吨的运费	
汉口到广州	$ 22.26	汉口到上海	$ 13.55
广州到香港（轮船运输）	2.06	上海到美国	37.91
香港到美国	46.75		
合计	77.07	合计	51.46
c. 到欧洲每吨的运费		d. 到欧洲每吨的运费	
汉口到广州	$ 22.26	汉口到上海	$ 13.55
广州到香港	2.06	上海到欧洲	64.26
香港到欧洲	63.97		
合计	88.29	合计	77.81

注：随着事变的发展，长江流域的航运变得不通，一时间出现了不得不利用粤汉铁路的情况，但这也只不过是一个短暂的现象。

（3）广东省自身的特殊性

广东省作为一个独立的经济个体，想要努力形成经济有机体，并力图实现自给自足。而且，广东省当局在民国22年1月实施颁布了"省施政三年计划"，且在同年10月制订了"广东省工业五年计划"，努力建立了一些省营工厂，在生产急需的工业原料的同时还生产一些重要商品。这些省营工厂的产品有水泥、纺织、砂糖、硫酸等。据说，这些产品的生产量都没有达到广东省的需求，且盈利的只有水泥和砂糖业。广州作为广东省的中心，虽说正在慢慢向制造业城市转型，但还没有完全从消费城市脱离出来。现在，作为最成功的水泥产业来说，在战前其年生产量只有22万吨半。而且这些水泥厂还使用丹麦和瑞士公司生产的机械，采用湿式制法来生产优秀产品。现在，这些水泥厂虽然由于我军的空炸和对方的自炸遭受了严重的损害，但依靠我国的一流商社，其重建工作正在加紧进行。西村水泥[①]厂作为浅野水泥[②]

[①] 1929年，为满足修建粤汉铁路所需的大量水泥，广东省建设厅于广州西村兴建了广东西村水泥厂（亦称士敏土厂）。1932年正式投产，其生产的"五羊"牌产品可与欧美产品相媲美。

[②] 浅野水泥厂系浅野总一郎所建。一战后取得水泥业霸主地位，逐渐形成浅野财阀。1938年日本占领广州后，西村水泥厂交日本浅野公司经营，大部分产品供给军用。

的三省①委托工厂，正在进行重建工作。

二 币制改革后广东的币制金融状况

(一) 币制改革前的状况

广东省的通货以毫银②为单位，之所以没有像中国其他省份那样以大洋银元③为单位，是因为其在中国和广西省一样，由其本身货币的特殊性所决定。在之后的币制改革中，此特殊性仍然存在着。

币制改革前夕广东省的货币有：

硬币：毫银、铜元、制钱，此外还有香港银元（港币）及辅助银币。

纸币：毫银纸币及辅助纸币，此外还有港币纸币。

省内的贸易大体上用的是毫银及毫银纸币，港币原则上只用于对外贸易决算及沙面租界内。邮局、电信费、关税、其他国库归属单位的诸税捐税均用中央大洋进行核算（只有与进口相关的采用金货币单位核算），之后换算成毫银、毫银纸币及港币缴纳。其流通金额据推测大体如下：

	全省	广州市内及其附近
港元	5000万元	2500万~3000万元
毫银	5000万元	约2000万元
毫银纸币	约3000万元	约2400万元

可以看出，港元流通额的大半在以广州市及其附近为中心的地区，毫银纸币大部分也主要是在以广州市及其附近为中心的大部分地区使用。省内其他各地的货币流通几乎都是毫银。

(二) 币制改革后的状况

昭和10年（1935）11月初，南京中央政府突然开始实施币制改革政策，以往在西南政权下处于半独立立场的广东省当局，并不盲从中央的统

---

① 经在河北师范大学工作的椎名一雄教授考证，三省指日本陆军省、海军省和外务省。意谓广东省的西村水泥厂是浅野水泥公司受日本陆军省、海军省和外务省的委托开展经营的。
② 旧时广东、广西等地区流行的本位货币，亦称毫洋。
③ 指南京国民政府中央银行于1929年发行的一种银元。

制。但是出于自卫，依据本省独立的主张，广东也在 11 月 7 日发布了币制改革，其主要内容如下。

第一，以广东省银行以往发行的毫银券、大洋券及广州市立银行的凭票（支付票据）为法定货币，一切公私相关的货币收受均采用本法定货币，禁止现银的使用，禁止使用银币、私藏隐匿白银、私运出口白银等。

第二，法币准备金的保管及发行事项由政府、人民①共同发起发行准备保管委员会来管理。

第三，本令发布后，毫银、大洋失去货币效用，政府将其回收，保管于委员会。

凡银行、银号、商店、公私机关及个人所有的毫银、大洋于 11 月 7 日开始在广东省银行及广州市立银行兑换新法币。兑换比率为：

    毫银 1 元　　法币　1 元 2 毫②（即增加两成）
    大洋 1 元　　法币　1 元 4 毫 4 分③（即增加四成四分，这也成为民国 26 年 6 月币制中央统一时大洋国币兑换毫币的标准）

大洋流通的区域主要在省内汕头等地。

    大洋 1 元　　大洋券 1 元 20 分

第四，银类，即银条、银砖、银饼等，于 11 月 7 日以后，由省银行按其重量和纯度收购。

第五，11 月 6 日以前签订的以银币为单位的契约，到期限后按照上述比率兑换新法定货币。

第六，人民持有的外国货币（主要指港币）可以自由买卖、自由使用。

---

① 这里指民办商业银行。
② 广东话中，"一毫"即"一毛"之意，称呼二角、一角、五分面值小银币为二毫、一毫、半毫银币。
③ 原文写作仙，是英文 cent 的音译。1 仙等于 0.01 元。

币制改革实施后，经过当局的不懈努力，得到了意想不到的结果。到民国26年1月末，回收了大约1亿元的毫银，其法币发行额如下。

广东省银行	毫子纸币发行额	266180000元
	银币准备	149720000元
	保证准备（公债其他）	116460000元
广州市立银行	毫子纸币发行额	8500000元
	银币准备	4320000元
	保证准备（公债、证券其他）	4180000元
合　计	毫子纸币发行额	274680000元
	银币准备	154040000元
	保证准备	120640000元
	准备合计	274680000元①

可以看出，新法币发行额为2.7亿元，与此相对，银货准备金达到了1.54亿元（56%）。而在此期间，陈济棠政权没落，广东省的实权都回归了中央，金融方面也计划要立即归属中央，同年8月作为暂定的币法内容如下。

第一，广东省银行、广州市立银行这两个银行发行的毫币继续使用。

第二，一切的税收，以中央法币为单位的，继续保持不变；以毫币券缴纳的，参考当日的市价来计算，只是不得超过中央法币1元兑换毫币券1元5角的比率。如此改革的方案在逐步地进行。其后，现银的回收也取得了相当大的成功，民国26年6月19日纸币发行额及纸币准备金额是：

广东省银行	毫币发行额	329189000元
	现银准备	212729000元
	保证准备	116460000元
广州市立银行	毫币发行额	8660000元
	现银准备	4320000元

---

① 银币准备和保证准备的总和。

	保证准备	4340000 元
合　计	毫币发行总额	337849000 元
	准备现银总额	217049000 元（64%）
	保证准备总额	120800000 元（36%）

省内银的回收也大体告一段落，6月18日，全国经济委员会常务委员宋子文来到广州，与广东当局进行了协商，于20日作为与广东省金融改革及币制统一完成达成的财政部命令，发表了市政府公告，其主要内容如下。

第一，自民国27年1月1日起，广东省的公私借贷、一切的买卖贸易、各种契约等都必须以国币为核算单位，凡再以毫币进行买卖或签约的，在法律上均视为无效。

第二，广东省银行及广州市立银行发行的毫币券，于6月21日起，以1.44的法定比率兑换国币，承认毫币流通至民国26年年底。不过，以法定比率交付国币时，不得拒绝接受。

第三，上述两家银行发行的毫券于本日起，由中央、中国、交通及广东省银行，依据法定比率兑换国币，销毁回收券。经过如此的改革，广东币制的中央统一化真正地走上了正轨，在市场上人们开始用中央法币[①]流通，广州商务总会也顺应这一法律，决定在本年中秋节以后，市场上的物价统一使用国币结算，坚决执行国币政策。

在这里，我们据广东省银行民国25年度经营报告，对币制改革前后的广东省纸币对香港纸币的市价做了一个对比，如下表（表中对应的是每1000港元）（见表7）。

表7

民国	最高	最低	平均
24年10月	1486.30	1411.00	1439.42
11月	1614.00	1456.00	1465.25
12月	1554.00	1334.00	1415.83

---

① 指南京国民政府1935年币制改革后发行的货币，统称法币。

续表

民国	最高	最低	平均
25年1月	1426.50	1285.00	1354.84
2月	1486.50	1393.50	1437.03
3月	1531.50	1486.00	1507.04
4月	1537.15	1514.55	1527.91
5月	1616.50	1533.00	1559.64
6月	1870.50	1638.25	1764.60
7月	1960.00	1579.50	1759.77
8月	1596.50	1515.75	1540.93
9月	1560.90	1525.60	1542.66
10月	1564.75	1538.25	1549.18
11月	1546.15	1514.25	1536.59
12月	1560.00	1524.75	1542.64

作为通货曾经流通的有：

纸币：

  广东省银行毫币：一百元、十元、五元、一元；

  广州市立银行凭票（支付票据）：一元、五十分、二十分、十分；

  中央银行大洋币（币制改革前实行）：一百元、十元、五元、一元；

  中央银行法币（币制改革后执行）：一百元、十元、五元、一元；

  其他还有汇丰银行、渣打银行、有利银行发行的港币纸币五百元、一百元、五十元、十元、一元券，流通额据说有5000万元。

硬币：

铜钱：一枚（非十进制，一枚约六厘多），其他的有港币银币十分、五分。

  镍白铜货币（中央银行发行的法币，十进制辅助货币）至今未见流通。

金融机构

1. 新式银行

作为广东省的新式银行有：

  在广东设有总店的6家

在上海设有总店的 9 家

在香港设有总店的 5 家

在厦门设有总店的 1 家

在南宁设有总店的 1 家

在北京设有总店的 1 家

在天津设有总店的 1 家

上海系的银行数量最多。由于陈济棠政权没落、西南政权瓦解，以上海为大本营的浙江财阀突然开始南下。中国、交通两家银行历史悠久，保有潜在势力。广东系银行中，只算总部设在广东的六家银行的话，其资金总额只有 1500 万（毫币），除去省银行的资本 1300 万元的话，所剩甚微。在香港拥有总部的主要是香港、广东的资本家，特别是华侨出资建立的银行，其资本额达到 1400 万港元。

外国银行：

外国银行总共有 8 家，按国籍来分的话日本 3 家、英国 2 家、美国 1 家、法国 1 家、德国 1 家。其中，日本的银行目前已经转移到了市内，都位于广州市英法沙面的租界内。

最近外国银行由于南京政府的中央统一强化和一般商民的觉醒，以及相当于中央机构银行的中央、中国、交通、农民、农工[①]诸银行的进入和中国新式银行的发展壮大，外国银行的存款被明显地侵蚀侵占，和为促进中外贸易而发展起来的外国洋行一样走上了日渐衰微的道路。[②] 外国银行各自都主要以本国的商社进行交易，其次是与中国人特设的商社进行交易。

---

① 全称中国农工银行，前身是 1916 年在北京成立的大宛农工银行，1927 年正式改组为中国农工银行，在上海、天津、杭州、汉口等地设立分行。1931 年总行迁至上海。中国农工银行注重向农工各行业放款，重视储蓄存款，是一个非常稳健的银行，直到 1949 年仍然存在。

② 这符合后发国家工业化的通例。欧美的洋行、银行进入后发国家后，在赚的盆满钵盈的同时，也刺激着后发国家同类商业、金融机构的发展。后者在积极学习西方先进科技、管理制度的同时，充分发挥了熟悉本土的优势，结果大大提高了竞争优势，并逐步超越在华欧美企业、银行。

以下，我们列举各银行的名字，并简单叙述一下各银行的特色。

（英国）Hongkong & Shanghai Banking Corporation
香港汇丰银行

一、总部（成立时间）：香港（1867年）

二、资本金：50000000港元

三、缴纳资本金：20000000港元

四、广州支店设立时间：1909年①

五、特色：该行作为英国政府对中国经济的一个机构而设立，发行港元纸币，发行金额约为1.5亿港元，这些港元在香港、广东和澳门一带被大量使用，其信誉度非常高。

英国渣打（宝源）银行 Chartered Bank of India, Australia & China

一、总部（成立时间）：伦敦（1853年）

二、资本金：3000000英镑（全部缴纳完毕）

三、广州支店设立时间：1911年

四、特色：该行设立的目的是促进东亚贸易。发行的港元纸币约有2000万元，其信誉仅次于香港银行。

美国万国通宝银行（花旗银行）National City Bank of New York

一、总部（成立时间）：纽约（1910年）

二、资本金：157500000美元（全额缴纳完毕）

三、广州支店设立时间：1911年

四、特色：为了服务美国对华经济而设立。

---

① 原文有误，经查应为1880年。

法国东方汇理银行 Bangue de L'Indo-Chine

一、总部（设立时间）：巴黎（1895 年①）

二、资本金：120000000 法郎（资金缴纳完毕）

三、广州支店设立时间：1902 年

四、特色：以开发法属印度中国和中国为目的设立，是广东外国银行中历史最古老的。

德国德华银行 Deutsch-Asiatische Bank

一、总部（设立时间）：上海（1889 年）

二、资本金：大洋 6300000 元

三、缴纳资本金：5670000 元

四、广州分行成立时间：1912 年

五、特色：为促进对华贸易而设立。

日本的银行有台湾银行②、横滨正金银行、华南银行③三家银行。如果把中国的银行列举一下的话，如下表（见表 8）：

表 8

银行名称	总部所在地	资本金（元）	实收资本金（元）
中国银行	上海	大洋 25000000	24711700
交通银行	上海	大洋 10000000	8715650
广西银行	南宁	毫银 13000000	13000000
广东省银行	广州	毫银 13000000	13000000

---

① 原文有误，应为 1875 年。
② 台湾银行是日本官商合办的股份有限公司，1895 年在台湾开设，总行在台北。其目的是开发台湾以及拓展台湾的对外贸易，尤其注重华南和东南亚各国。
③ 1919 年由台湾商人和南洋华侨集资建立，总行设在台北，在华南和南洋各地设有分行，对南洋华侨商业和橡胶业有较多的投资。1927 年经营状况恶化，接受日本政府拨给的援助资金 300 万元，此后逐渐成为日本经略华南和东南亚的金融工具。1947 年改组为官商合办的华南商业银行。

续表

银行名称	总部所在地	资本金（元）	实收资本金（元）
广州市立银行	广州	毫银 1000000	1000000
上海商业储蓄银行	上海	大洋 5000000	5000000
中南银行	厦门	大洋 20000000	7500000
金城银行	天津	大洋 7000000	
国华银行	上海	大洋 4000000	2652000
国泰银行①	——	——	
兴中商业储蓄银行②	广州	毫银 255100	255100
南方实业储蓄银行③	广州	毫银 500000	140000
嘉华储蓄银行	香港	港元 1000000	
中国国货银行	上海	大洋 5000000	5000000
广东实业银行④	广州		
丝业银行⑤	广州	毫银 500000	320000
盐业银行	北京	大洋 10000000	7500000
东亚银行	香港	港元 10000000	5598600
金华实业储蓄银行⑥	香港	港元 400000	
香港国民商业储蓄银行	香港	港元 2574000	
新华信托储蓄银行⑦	上海	大洋 2000000	
中国农工银行	——	大洋 10000000	5000000
中央银行	上海	大洋 20000000	20000000
中国农民银行	上海	——	
广东银行⑧	香港	8666000	

① 全名为国泰商业储蓄银行，于1933年10月成立于上海，发起人王伯元、郑秉权、徐可城等。
② 1923年由孙中山的儿子，曾任广州市市长的孙科联合海外华侨共同创办。基于孙科出任行长的缘故，银行取名应与孙中山创立的兴中会有关。不过银行成立后不久，孙科即去职，而主持行务的多是初返中国的归侨，对社会的吸引力不高，营业未有大的发展。
③ 简称南方银行，1923年成立于广州，董事长梁泽森，经理邓衍荣。1936年停业。
④ 成立于1934年，总行设在广州，董事会主席胡继贤，行长陈仲璧。在上海设立办事处。
⑤ 1930年成立于广州，以扶植广东蚕业和丝业为宗旨，为股份有限公司组织。董事长谭礼庭。1936年并入广东省银行。
⑥ 简称金华银行。1933年创办于香港，以扶助实业为宗旨，董事长张拔超，总经理朱荫桥。
⑦ 原称新华储蓄银行，1914年成立于北京，由中国银行、交通银行拨款成立。1931年改称新华信托储蓄银行，聘近代著名银行家王志莘为总经理，总行由北部迁至上海，与上海商业储蓄银行、浙江兴业银行、浙江实业银行一起合称"南四行"。
⑧ 成立于1911年，由陆蓬山约集美洲华侨和李煜堂等香港殷实商人共同投资创办的银行，总部设于香港，为华资银行总部设在香港之最早者。在上海、广州、汉口、台山、旧金山等地设立。

2. 钱庄和组合（合作社）机构

在省内主要城市里，除了新式银行以外，还有一些自古就存续下来的如钱庄、银号这样的机构。广东的金融中心虽说有广州市和汕头市，但就实力来说，汕头稍逊。广州市的钱庄有顺德帮和四邑帮两大帮派。所谓顺德帮，就是指由出生于广东顺德县的人所经营的银号。顺德帮历史古老，且拥有巨额的资本，信用度很高，经营方针偏向保守，主要做生丝方面的生意。四邑帮指由出身于广东台山、新会、开平、恩平四县的人经营的银行。四邑帮多数为归国华侨，其业务也比较先进，加入了一些新式银行的制度。

这些钱庄的主要业务有存贷款（做架）、国内外汇（汇兑）、金融兑换、证券买卖、投机交易（做仓）。其中投机交易在昭和10年11月的币制改革后，有很多人散布谣言，这使得毫币的涨跌极为悬殊，为此他们从买空卖空中获取了巨额的利益。由于存在上述动机不纯的行为，所以被省政府当局所禁止。特别是在民国25年陈济棠政权没落以后，广东政权重归中央统治。中央开始对投机交易进行严格的管理，每一笔交易都要登记，最终严禁了买空和卖空行为。广州钱庄的合作社机构有：银业公市、忠信堂和银业公会（亦称银业同业公会）等。银业公市作为外汇行情的法定市场，决定港元的行情和面向各国的行情。忠信堂是一个以巩固同业者之间团体、确保业务的振兴、维护其权利为目的的团体。而银业公会则是在新式银行的基础上加入了一些有影响力的钱庄机构，它也是决定钱庄重大问题的一个机构。

广州的一些有影响力的钱庄名称、资本额、资本家和所在地等如下表所示（见表9）。①

表 9

钱庄名称	资本金（元）	出资人	所在地
贞吉	30000	黎炎明、麦孔硕等	广州市富善西街9号
同信	60000	龙君白	广州市富善西街5号
锦兴	30000	梁日初、吕耀云等	广州市富善东街3号
隆盛	30000	刘维羹	广州市拱② 日路29号

① 参照区季鸾《广州之银业》（国立中山大学经济调查处，1932年）和《近代中国银行业机构人名大辞典》等，对本表一一核对，并修正其中的错误。

② 原文写作供日路，有误，已修改。

续表

钱庄名称	资本金（元）	出资人	所在地
均安	25000	麦国权、麦缉明等	广州市拱日路37号
国源	60000	关能创、谭屏等	广州市拱日路20号
敬信	30000	吴政修	广州市拱日路70号
万信	60000	刘维文	广州市拱日路59号
德泰	60000	萧定、梁慎之等	广州市拱日路70号
南盛	30000	刘维羡	广州市拱日路29号
德祥	30000	李忻临	广州市拱日路45号
瑞安	15000	梁永昌	广州市拱日路45号
厚荣	30000	李萧韦	广州市拱日路43号
昭泰	25000	陈华川	广州市拱日路53号
业昌	30000	吕明	广州市拱日路82号
永泰隆	30000	许无如	广州市拱日路88号
同盛	60000	刘维羡	广州市拱日路25号
天祥	30000	叶心铭	广州市十三行67号
新昌	30000	陆殿英	广州市十三行71号
梁乔记	11000	梁伟民	广州市十三行81号
宝丰	60000	陈汉子、胡祥康	广州市浆栏[1]路17号
晋隆	60000	麦棉津、李见如	广州市浆栏路19号
恒济	50000	邹爱孚[2]、赵兰生	广州市浆栏路31[3]号
嘉源	60000	何任衡、黄柏铭	广州市浆栏路52号
建华	60000	谭廖科[4]	广州市浆栏路100号
国兴	10000	余庆	广州市浆栏路102号
东利	30000	陈麟一、陈侣才	广州市浆栏路111号
联盛	30000	吕心虔、吕廉浦	广州市浆栏路122号
民信	60000	郭善蓁、郭灼华	广州市光复路8号
泰恒	30000	廖灏德、廖弼彤	广州市光复路87号
兴记	60000	何文廷、何赞英	广州市光复路4号
宝泉	46800	陆泽波、陈海东	广州市光复路17号
裕国[5]	100000	黄宗儒、杨子美	广州市光复路37号
英华	30000	陈泰	广州市光复路44号
利源	30800	柳纪常	广州市光复路50号

① 今广州市浆栏路。因此地曾是贩卖船桨的集市，即专业船桨市场，故名。
② 原文写作邹爱，有误。
③ 原文写作30号，有误。
④ 据《近代中国银行业机构人名大辞典》"建华银号"篇，没有讲出资人，只说司理谭光璧，协理谭裔璧，司库谭裔滚。
⑤ 1932年创设于广州，资本为银毫10万元，是李宗仁、白崇禧变卖贵州军阀卢焘赠予的鸦片所得。1936年资本为10万元，经理黄宗儒。

续表

钱庄名称	资本金（元）	出资人	所在地
义记	30000	谭濂、潘福寿	广州市西荣巷 9 号
恒元	30000	何德亿	广州市西荣巷 16 号
东安	30000	尤作卿①	广州市西荣巷 13 号
广信	100000	宋伯辉	广州市西荣巷 19 号
顺元	30000	李乐民	广州市西荣巷 6 号
德隆	60000	莫照轩、梁喜	广州市西荣巷 9 号
维信	44000	黄敬缘	广州市余善里 15 号
何合记	8000	何昭②、何迪	广东梯云路 285 号
胜兴	30000	植梓卿、何卓泉	广州市中华南路 16 号
信昌	10000	刘顺	广州市西荣巷 24 号
慎记	30000	何雨芝	广州市十三行
振盛	100000	马锡新	广州市浆栏路 89 号
永生	30000	陈蔚文	广州市浆栏路 95 号
广西③	50000	张兆棠、罗冕旒	广州市浆栏路 96 号
福荣	10000	何赞基、严海文	广州市光复路 27 号
先施	60000	马文兴、马坤酉	广州市光复路 49 号
合成	30000	梁咏唐、梁如玉	广州市光复路 169 号
新源	30000	梁干洲	广州市拱日路 46 号
裕衡	15000	陈容安	广州市拱日路 57 号
裕诚	60000	卢晴初	广州市拱日路 66 号
旋安④	30000	黄志	广州市拱日路 86 号
昆昌	10750	梁桂	广州市东故衣路
德昌	10000	廖炘来	广州市十三行 12 号
泰诚兴	60000	胡宗华	广州市十三行 13 号
宝栈	25833	苏炽廷	广州市富善西街
裕荣⑤	10000	黄荃	广州市光复南路
万祥	60000	冯明	广州市十三行 47 号
德兴	10000	吴纬、何应彬	广州市十三行 53 号
泰生	60000	傅荫焵、张侠生等	广州市十三行 60 号
天生	10000	叶德信、叶少铭等	广州市十三行 66 号

---

① 原文写作尤作，有误。
② 又写作何钊。
③ 1933 年创设于广州。经理张北棠，其背后支持者是李宗仁、白崇禧等桂系军阀。
④ 原文写作施安，有误。
⑤ 原文写作路荣，有误。

续表

钱庄名称	资本金（元）	出资人	所在地
福兴	30000	李畅修	广州市十三行 77 号
联安	13000	潘惠豫、刘植生	广州市十三行 80 号
胜祥	30000	梁澄、冯郎廷	广州市十三行 81 号
谦益	10000	黄秀峰、陈伯能	广州市十三行 92 号
富荣	60000	老贞元、崔剑芝	广州市十三行 88 号
恒隆①	10000	沈耀祥、胡淑元	广州市十三行 94 号
荣益	10000	周彦彬	广州市十三行 100 号
昌记	10000	卢敏	广州市十三行 102 号
汇隆	10000	何贤、何伯爽	广州市上九路 98 号
诚记昌	60000	江柏侣、梁煊	广州市梯云路 108 号
万华	60000	罗建明、罗伟明	广州市一德路 392 号
元盛	10000	梁显深②	广州市一德路 392 号
正大	20000	区亮	广州市浆栏路
南泰	30000	黄炽郁	广州市拱日路 65 号
昌泰	60000	何毓甫	广州市拱日路

3. 平民的金融机构以及各种组合（合作社）

作为平民的金融机构，省内所有地方都有当铺从业者。这些当铺根据放贷时间长短，大体可以分为以下四种：

  当店   满期三年

  按店   满期二年

  押店   满期一年

  小押店   满期半年

然而，上述的这些期限好像也并不是非得严格遵守。广东全省的当铺数量民国 23 年（昭和 9 年）11 月情况如下：

---

① 原文写作恒荣，有误。
② 原文写作梁显明，有误。

当店	213 家	（18.1%）
按店	218 家	（17.1%）
押店	776 家	（60.8%）
小押店	51 家	（4.0%）
合计	1276 家	（100%）

据统计报告，约有1300家，按照上面的统计，在广州市有：

当铺0家，按店4家，押店132家，小押店34家，合计170家。

这些当铺的资本金从1万元到10万元，很难知道其实际的资本金。近年来，由于广州市政府以各个商店的资本金为标准来分摊各种公债，所以各典当业也不得不向政府申报其资本金，取得认可。具体来讲，按店最低1.5万元，押店最低1万元，小押店最低5000元。但在广州市没有设立特别的规定。多数为独自经营，虽然也有合伙的，但股东多数是亲戚。在实际资本以外，特别是在冬季生意红火的时候，为了保持金融的畅通，银行和钱庄还必须借出大量的流转资金。这种借出完全没有抵押，属于一种信用借款，利息每月按惯例是1分。当铺每年的营业额通常在十几万元到二十几万元，少的只有几万元。

接下来是各种组合（合作社）。自从中央政府以扶持农村和社会改良为目的，提倡大力发展并支援合作社以来，广东省也在计划发展合作社，于民国22年（昭和8年）任命以黄麟书[①]为首的14人为筹备组，对农民指导的结果是，到了民国23年（昭和9年）末的时候，已经成立的合作社多达150家，社员人数达到8234人，实际缴纳资金52414元，未缴纳资金25121元，合计77535元。现在正酝酿成立中的合作社也达83家。

而且在合作社里有信用消费、生产、运销、购买、利用[②]等各种合作组织。其中，属于信用、购买和生产合作的比较多。而且，合作事业委员

[①] 黄麟书（1883~1997），广东龙川人。1917年毕业于日本东京中央大学，归国后长期从事教育工作，是中国教育界耆宿。他积极参加国民革命运动，曾任广东龙川县长、黄埔军校第六期政治教官，广东省教育厅长，以及国民党第十、十一、十二、十三、十四、十五届中央评议委员。1949年后旅居香港作寓公，1997年病逝于香港。

[②] 在生产、生活设备方面的合作，即共同购买一些设备，然后以出租、出借的方式供合作社社员使用。

会还在广州市设立合作总社，在各县设立联合会，以达到进行业务联系和控制的目的。

现在，根据实业部、中央农业实验所的调查，广东省在1935年（昭和10年）末，按照事业部来划分的合作社数量为：

信用	53
运销	41
购买	53
利用	13
生产	82
兼营	65
合计	307
社员人数	23315

在昭和9年末总数还只有109家的合作社现在已经快速增加到307家，且社员人数也由昭和9年末的8234人增加到昭和10年末的23315人，大概增加了近2倍。当然，这里面既有当局的奖励政策，也不得不承认与更多的农民感受到了合作社的便利性有关，因而积极要求加入合作社。如果要着眼于中国的农村问题和农村金融的话，就有必要增加与合作社问题相关的研究。

（三）从战争爆发到进攻广东这一时期的情况

根据国民政府的币制改革实施方案，毫币的使用期间截止到民国26年末。到了同年11月上旬的时候，又宣布延长至本年末即1939年末。而且由于对广东省币的特殊需求的增加，法币对广东省币的法定比率突破144，变成为134[①]。推测（判断）省币特殊需求激化的理由如下。

（1）伴随着中日战争事态的发展，长江通道逐渐被封锁，其结果是：以汉口为交叉点的粤汉铁路，使得广东——面向香港的商品输送显著增加。也就是说湖北、湖南、江西、四川、云南、贵州（广西）各省和广东

---

① 即100元法币兑换广东省币由144元变成了134元，这意味着省币的升值。

省的贸易往来突然活跃起来。其结果是广东元的需求增加，相当数量的广东省币开始在南方各地流通。而且，当局还规定，直接或者间接在广州购入国内商品的时候，甚至在广州购买港币，而用外汇购买外国商品的时候，所使用的购买资金必须全部是法币。但是，由于广东省的商人在商业习惯上以广东元为本位，所以，首先用法币在市中心买入广东省币，然后才能购买所需的商品。据说，各省商人每天在广州市购买的商品价格约为50万元法币。这意味着，相当于50万法币的省币（实际上，也可以直接用法币来交易）被需求。因此，国家银行和广东省市银行，针对军政界的需求，抛去给他们的省币，若每天按100元法币兑换144元省币的法定比率提供的话，据推测，政府需每天提供相当于30万元法币的省币。这样，每天平均省币的供给差达到20万元，这个数额对于实际商品流通的需求量而言，陷入了一种供给不足的状态。

（2）根据以上原因，相邻的各省省币流通滞留的额度在增加。

（3）在广东民众中，国币没有完全被普及，民众还未习惯使用国币。再者，政府的兑换银行在地方上的数量不多，国币不受欢迎。

（4）为躲避日本空袭，一些人携带省币逃走。

因此，毫币的信誉度进一步增加了，再加上民众的惯性信用，即对某个东西的留恋，造成了毫币成为主要的流通货币。那么，各种货币的流通额怎么样呢？

（1）毫币的流通额

民国26年的毫币发行额如前述的那样，为337849000元，约3.4亿元。在这以后，随着毫币的增发被禁止以后，在法币替换毫币、毫币逐步被回收的政策下，有关毫币回收额最后发布的数据，即截至同年8月末的回收额为75410370元。8月末现在的毫币流通额为262438699.30元。之后，广东省为了强化战时体制，省财政不断膨胀，据说广东把回收来的毫币的一部分放到市内，结果在日本进攻广东以前，毫币的流通额据推算有3亿元左右。

（2）法币的流通额

根据1937年6月实施的整理法，在毫币回收的时候，广东省政府财政厅在6月末签订了一个从上海往广东船运6000万元法币的合同，但是事实上是不是真的，还存有疑问。在日本进攻广东之前，据说法币流通额顶多也就有4000万元。

（3）港元的流通额

去年9月港元的发行额为2.3亿元，据说其中有约6000万元在广东省尤其是在广州市流通。还有的说是在广东省包括澳门在内港元的流通额约为1亿元。

关于港元在广东流通的原因，第一，广东自身通货混乱。每当政权更替的时候，通货总是陷入混乱，或者价值暴跌，流通禁止，发券银行的挤兑等情况反复发生。然而港元总是很稳定。因此，广东省民众对于港元非常信任，把持有港元作为攒钱的最好的手段。再者，香港是中国南部最大的贸易金融中心地，因此，广东省的对外贸易，如前述的那样，原则上是以港元结算。同时，华侨汇款的大部分也是经由香港的。

日本进攻广东后，我们的军票开始登场。接下来我们看一下有关日本方面货币的一些情况。

三 日本方面货币的种类及其流通状况

去年10月12日，日军登陆大亚湾①以来，广东省内我方的通货工作全部推行"军票一色"制度②，这个方针至今仍不改变。日军进攻广东以前，广东流通的货币有毫币、法币、港元。这时，军票突然出现了，所以就不得不规定一下军票和以上这些货币之间的兑换比率。日本登陆大亚湾初期，军方指定的兑换行情是：

军票100日元=毫币200元

日本进攻广东后，新的兑换比例如下：

军票100日元=港元100元

军票100日元=法币200元

军票100日元=毫币300元

---

① 大亚湾，广东省惠州市中国南海重要海湾，位于广州省东部红海湾与大鹏湾之间。
② 这里指的是"军票一色"制度。日军于1938年占领广东后，为了掠夺当地经济，强行规定军票是当地唯一合法货币，为此日军还规定了带有严重掠夺性质的兑换比率，以回收当地流通的港元、法币、毫币等，给当地人民带来巨大的损失。

可是，以上这些都不是严格意义上的法定比率，仅仅是表现了军票和现存货币之间的一个暂时的基准，表示了军方的希望。

从今年1月1日起，军票和现存货币之间的兑换比率正式被确定下来，如下：

军票 100 日元＝法币 130 元

军票 100 日元＝毫币 180 元

然而这个官方行情也未必被完全遵守。比方说，通过钱庄，在法币、毫币之间也进行着一些黑市交易。根据正金银行的调查，结果如下表（见表10）：

表 10

4月	上海/伦敦	香港/伦敦	上海/日银券	广东/军票	香港/大洋票	香港/小洋票	广东小洋/港元	广东小洋/大洋	广东军票/小洋
1日	N $ 1 8$\frac{1}{4}$d①	H $ 1② ½ $\frac{11}{16}$	N $ 100③ 93$\frac{3}{4}$	N $ 100④ 90.63	H $ 100 180$\frac{1}{8}$	H $ 1000 2488	M $ 100 248.5	M $ 100 135.5	M ¥ 100 149.5
3日	〃	½ $\frac{25}{32}$	94$\frac{1}{4}$	89.19	180$\frac{3}{16}$	2991	248	135.25	151.5
4日	〃	〃	94$\frac{3}{4}$	85.80	180$\frac{5}{16}$	2497	〃	135	158.5
5日	〃	½ $\frac{11}{16}$	〃	86.45	179$\frac{7}{8}$	2484	〃	〃	〃
6日	〃	〃	〃	84.40	179$\frac{3}{16}$	2497	〃	〃	160.5
7日	〃	〃	〃	90.09	—	—	〃	〃	150.5
8日	〃	〃	〃	87.82	—	—	248.5	135.25	154.5

① 指上海的1元可兑换 8$\frac{1}{4}$ 便士。d 是古罗马货币便士 denarius 的缩写，在以前的英国用1d 表示1便士（penny）。

② 指一元港币兑换1先令 2$\frac{11}{16}$ 便士。其中 ½ $\frac{11}{16}$，指1先令 2$\frac{11}{16}$ 便士，这是金融界通用写法，以下形式皆为如此表示。

③ 指上海的100元可兑换 93$\frac{3}{4}$ 元日银券。

④ 广东毫币100元可兑换军票90.63元。以下皆同。

续表

4月	上海/伦敦	香港/伦敦	上海/日银券	广东/军票	香港/大洋票	香港/小洋票	广东小洋/港元	广东小洋/大洋	广东军票/小洋
10日	"	"	"	87.17	—	—	248	134.25	"
11日	"	"	"	86.29	$179\frac{9}{16}$	2497	"	133.75	155.5
12日	"	"	$95\frac{1}{8}$	"	$179\frac{11}{16}$	2494	247	"	"
13日	"	"	$95\frac{3}{4}$	85.57	$179\frac{7}{8}$	2497	247.5	133.5	"
14日	"	"	$95\frac{3}{8}$	"	$180\frac{7}{8}$	2491	248	"	156.0
15日	"	"	"	85.30	$180\frac{3}{8}$	"	"	"	156.5
17日	"	"	"	86.95	"	2494	246.5	133.-	153.5
18日	$8\frac{1}{4}$	$½\frac{11}{16}$	$95\frac{1}{4}$	85.85	$180\frac{1}{2}$	2494	246	133.5	155.5
19日	"	"	"	"	$180\frac{11}{16}$	2494	"	"	"
20日	"	"	"	85.57	$181\frac{1}{8}$	2497	241.	"	156.5
21日	"	"	$95\frac{1}{2}$	84.23	$181\frac{5}{16}$	2494	243.	132.25	157.5
22日	"	"	"	84.18	$182\frac{5}{16}$	2.497	238.	133.25	158.5
24日	"	$½\frac{23}{32}$	"	85.57	$181\frac{1}{2}$	2494	247.5	133.5	156.5
25日	"	"	"	"	$181\frac{13}{16}$	2491	243	"	"
26日	"	$½\frac{3}{4}$	"	85.47	$182\frac{13}{16}$	2494	"	"	"
27日	"	$½\frac{23}{32}$	"	85.74	$181\frac{13}{16}$	2.491	"	133.25	"
28日	"	"	$99\frac{1}{2}$	85.57	"	2.494	"	133.75	158.5
29日	"	$½\frac{3}{4}$	$98\frac{1}{2}$	"	$181\frac{5}{8}$	"	244.5	133.5	156.5

5月	上海/伦敦	香港/伦敦	上海/日银券	广东/军票	香港/大洋票	香港/小洋票	广东小洋/港元	广东小洋/大洋	广东军票/小洋	小银币/小洋
1日	$8\frac{1}{4}$	$½\frac{3}{4}$	99	85.47	182	2497	$245\frac{1}{4}$	$133\frac{3}{4}$	$156\frac{1}{2}$	
2日	〃	$½\frac{25}{32}$	$98\frac{1}{4}$	83.89	$184\frac{3}{16}$	2506	$240\frac{1}{2}$	$131\frac{1}{2}$	$156\frac{3}{4}$	
3日	〃	〃	96	83.86	$183\frac{1}{2}$	2500	$243\frac{1}{4}$	$132\frac{1}{2}$	$158\frac{3}{4}$	
4日	〃	$½\frac{3}{4}$	97	83.44	183	〃	$243\frac{1}{2}$	$131\frac{3}{4}$	157.90	
5日	$8\frac{7}{32}$	〃	$98\frac{1}{4}$	83.21	182	2497	$241\frac{1}{4}$	131.60	158.15	
6日	$8\frac{1}{4}$	〃	〃	83.15	〃	2491	242.	$131\frac{1}{2}$	158.15	
8日	〃	$½\frac{25}{32}$	$98\frac{3}{4}$	83.57	〃	〃	242.10	132.05	158.15	
9日	〃	〃	$98\frac{7}{8}$	83.44	$182\frac{5}{8}$	2484	243.20	$132\frac{1}{4}$	$158\frac{1}{2}$	
10日	$8\frac{1}{4}$	$½\frac{13}{16}$	$99\frac{1}{4}$	83.33	$182\frac{5}{8}$	2491	243.20	$132\frac{1}{2}$	$158\frac{3}{4}$	142
11日	〃	$½\frac{25}{32}$	99	83.29	〃	〃	〃	131.95	$159\frac{3}{4}$	〃
12日	〃	$½\frac{27}{32}$	$99\frac{1}{8}$	82.88	〃	2488	243.90	131.70	158.90	145
13日	〃	〃	$99\frac{7}{8}$	82.71	$182\frac{13}{16}$	2487	244.10	131.60	159.10	〃
15日	〃	〃	$99\frac{3}{8}$	82.91	〃	〃	244.15	$132\frac{1}{4}$	$159\frac{1}{2}$	142
16日	〃	〃	〃	〃	〃	〃	$243\frac{1}{4}$	〃	〃	144
17日	〃	〃	101	83.12	$183\frac{5}{16}$	2491	〃	133	$160\frac{1}{2}$	145
18日	〃	〃	〃	83.22	〃	2494	245	133.15	160.85	〃
19日	〃	$½\frac{7}{8}$	〃	83.50	$183\frac{1}{2}$	2491	250	133.90	160.35	146
20日	〃	$½\frac{29}{32}$	〃	83.61	$183\frac{5}{8}$	〃	$247\frac{1}{2}$	134.20	$160\frac{1}{2}$	147

续表

5月	上海/伦敦	香港/伦敦	上海/日银券	广东/军票	香港/大洋票	香港/小洋票	广东小洋/港元	广东小洋/大洋	广东军票/小洋	小银币/小洋
22日	〃	〃	104	83.43	$183\frac{1}{2}$	〃	〃	134	160.60	145
23日	〃	$½\frac{7}{8}$	110	83.12	$182\frac{1}{2}$	2487	$246\frac{3}{4}$	133.95	160.55	146
24日	〃	$½\frac{29}{32}$	$111\frac{1}{2}$	83.71	$183\frac{1}{8}$	2494	247	133.70	$159\frac{3}{4}$	147
25日	〃	〃	〃	83.91	183	2497	246	133	$158\frac{1}{2}$	〃
26日	〃	〃	$106\frac{1}{2}$	84.38	$183\frac{1}{8}$	2491	245	132.90	$157\frac{1}{2}$	146
27日	〃	〃	104	85.44	〃	2494	$243\frac{1}{2}$	132	$154\frac{1}{2}$	147
30日	〃	〃	$103\frac{3}{4}$	83.99	〃	〃	$243\frac{3}{4}$	$132\frac{1}{2}$	$157\frac{3}{4}$	〃
31日	〃	〃	$105\frac{1}{2}$	84.15	$183\frac{5}{16}$	2500	$244\frac{1}{2}$	$132\frac{3}{4}$	〃	〃

另外，根据台湾银行的调查，6月广州市镇的货币行情如下（见表11）：

表11

6月	香港/大洋票	香港/毫券	军票/毫券（买）	军票/毫券（卖）	军票/大洋（买）	军票/大洋（卖）	沙面的港元/大洋	沙面的港元/毫券	大洋/毫券
1日	H $ 100 183	H. $ 100 $241\frac{1}{2}$	M. ¥ 100 $159\frac{1}{2}$	M. ¥ 100 $157\frac{1}{2}$	M ¥ 100 121	M $ 100 119	H $ 100 184	H $ 100 244	M $ 100 132
2日	182	241	159	157	$120\frac{1}{2}$	119	183	243	132
3日	181	241	157	155	119	$117\frac{1}{2}$	183	242	132
5日	182	$241\frac{1}{2}$	159	157	$120\frac{1}{2}$	119	184	244	132

续表

6月	香港/大洋票	香港/毫券	军票/毫券（买）	军票/毫券（卖）	军票/大洋（买）	军票/大洋（卖）	沙面的港元/大洋	沙面的港元/毫券	大洋/毫券
6日	183	〃	$159\frac{1}{2}$	$156\frac{1}{2}$	120.8	$118\frac{1}{2}$	〃	〃	〃
7日	〃	〃	$158\frac{1}{2}$	156	120	118	〃	〃	〃
8日	189	246	〃	$155\frac{1}{2}$	122	120	190	249	130
9日	194	252	$159\frac{1}{2}$	$156\frac{1}{2}$	〃	〃	195	255	〃
10日	200	260	159	157	122.3	120.7	201	261	〃
12日	205	263	〃	〃	123.7	122.2	205	263	$128\frac{1}{2}$
13日	〃	262	$159\frac{1}{2}$	$157\frac{1}{2}$	124.6	123	206	〃	128
14日	215	275	162	159	$126\frac{1}{2}$	124.2	215	275	〃
15日	220	280	〃	160	$127\frac{1}{2}$	126	220	280	127
16日	〃	〃	$162\frac{1}{2}$	〃	128.5	126.5	〃	〃	$126\frac{1}{2}$
17日	214	268	〃	〃	130	128	215	269	125
19日	219	273	$161\frac{1}{2}$	$158\frac{1}{2}$	129.7	127.3	219	273	$124\frac{1}{2}$
20日	220	271	162.	159	131.7	129.3	221	274	123
22日	230	272	〃	〃	137.3	134.7	230	277	118
23日	228	277	$161\frac{1}{2}$	$158\frac{1}{2}$	134.6	132	228	〃	120
24日	227	〃	161	158	132	〃	〃	278	122
26日	〃	275	$161\frac{1}{2}$	$158\frac{1}{2}$			227	277	121
27日	228	276	161	158	133	$130\frac{1}{2}$	〃	279	〃
28日	227	275	〃	〃	〃	〃	228	278	〃

续表

6月	香港/大洋票	香港/毫券	军票/毫券（买）	军票/毫券（卖）	军票/大洋（买）	军票/大洋（卖）	沙面的港元/大洋	沙面的港元/毫券	大洋/毫券
29日	228	〃	$159\frac{1}{2}$	$156\frac{1}{2}$	132.4	130	229	〃	$120\frac{1}{2}$

根据上表（见表11），我们可以判明的是，由于军票的价值在华中[①]要高一些，所以华中、华北地区的军票纷纷融入广东。为了防止这种情况，现在，对于华南的军票，在其表面上加入"かんとん"[②]的标记，用于和其他地方的军票区分开来。并且，针对那些没有上述标记的巨额军票，不予兑换。截至今年5月末的军票流通额，据推测如下：

广东地区流通的打上特别标记的军票的大概金额：19260000日元

此外，还有一些没有打上特别标记的诸如外地流来的军票，以及军方和银行手上持有的军票，合计约15980000日元。具体来说：

从海南岛方面流出的金额：730000日元
军方手头持有的预想金额：2620000日元
日银保存金额：12310000日元
本部银行手头持有金额（三家银行）：320000日元
合计：15980000日元
军票流通额概算：3280000日元
与上月末相比：减少1270000日元

我国银行的军票交换额如下所示：

---

① 原文有误，应为华南地区，故特别指出。
② 即Canton，广州的旧英文名。

军票交换接收金额（日元支付）：114564.52
军票交换支付金额（日元接收）：68741.17

　　虽然中国人对军票的信赖程度逐渐加深，但还不够充分。虽然军队想一心一意的推行军票政策，但对于法币、毫币却没有采取任何措施。因此，广州市民在广州市内购买时有更乐于选择毫币的倾向。而且，在商店和料理店，除特殊情况外，均以毫币计算。使用军票的话，要遭遇换算比率比市价还要糟糕的经历。

　　我军的占领区域仅限在顺德、三水、花县、增城、石龙①这些非常狭小的区域。而且，在三水这个地方，居民非常少，军票自然也就完全无法流通。我军在各地设立物资交换所，接收大米、蔬菜、土特产等物资。在佛山（南海），比起广州市内，官价竟被严格地维持着，让人感到不可思议。另外，在海南岛海口的黑市上，法币100元兑换军票130日元。理由如下。

　　①军票的通胀。日本为了建设机场，雇用了大量的军夫。用于此项的军票开支达到了120万日元，至于宣抚用品②以及其他能够回收的东西，仅占进口物资60万日元中的20万日元，据说有40万日元流通到了海口市内。

　　②走私。军票不属于对外贸易的通货。而且据说，在海口设立海关，即使实际上并没有什么交易，也能让人产生一种非常庄严的感觉。而且，还据说海口市场之所以没什么交易，是因为日本的物资几乎没有被进口。不过日本占领广东才4个月，我想之后情况会有所改变吧。让人感到奇怪的一件事情就是，在海口市内的法币中，交通银行券不受欢迎。可以说，军票流通的范围，在日本占领区内，只限在以广州市为中心的极小的范围内才可以使用。

　　如果将来要普及军票的话，维持军票的价值将成为一个问题。因此，依照军票的投放资金，有必要补充一些物资。其次，对于钱庄，认可其合法性，为促进中国方面流通的货币和军票之间的交换，防止通过小钱庄进

---

① 今东莞下辖镇。
② 指日本对中国沦陷区内民众采取的宣传安抚之术使用的用品，包括大米、面粉、食盐等。

行金融扰乱的行为，我方采取了通过这样的金融手段，来维持军票价格的方案。亦即，如果用军票来购买广东的物资，把它运到香港卖掉获取港元的话，是最理想的，然而军票是否真的有那样的信誉还很难说。

另外，自 7 月 1 日起，用流通的军票共计卖出了 5 万日元的彩票。军票 1 日元兑换 1 枚彩票，这种彩票是诸多开奖游戏中的一种。据说这是利用了中国人的侥幸心理。

四 日本的法币对策

（一）港元的地位

关于战前的港元流通额等，我们在前面已经叙述过了。日本进攻广东后，珠江也被我军封锁，我们和英国签订了一个协议，协议规定：以我国商船每月在香港停靠四回为条件，允许英国商船每月出入广州港三回。而且，相当于广州租界的沙面仅为一个小岛，在那里虽说有外国的银行和商社存在，但在日本占领广州以后，几乎所有的贸易都停止了。银行也象征性地每天只开门两三个小时，几乎没有业务。港元作为贸易通货的功能虽然没有被发挥，但是，广东省人民对于港元的信任还是非常深厚的。这可能会成为日本以后在管理中国南方时直面的一大难题吧！

（二）中国方面银行的现状

中国所有的银行都已经转移到非占领区和香港了。也就是说，中国、交通两银行转移到了香港，广东省银行、广州市立银行①转移到了广东省银行分店，广东省银行到了韶关。省银行的分店在非占领区仍然没有营业，备着现银，相对于总部来说，有着一定的独立性。因此，有说法认为这是毫币流通的一个证据。而且，位于广州市南堤的广东省银行的大楼被台湾银行所使用，位于太平南路的交通银行的大楼被正金银行所使用，华南银行使用的则是位于惠爱路的国华银行②的大楼。目前，广东省银行正在香港招聘 30 名员工，同时在韶关的总部也在招聘 30 名员工，合计招聘 60 人。

---

① 1938 年 2 月，广州市立银行被广东省银行接收。
② 国华银行，于 1927 年 9 月成立于上海，1928 年 1 月正式营业，董事长邹敏初，总经理饶韬叔，股东除长江各地的人士外，以华南和海外华侨为多。1952 年国华银行加入公私合营银行。

(三) 日本商品和资本的扩张情况

从事日本商品销售的只有进出口商社，由于日本对广东的统治刚刚开始，商品的流动依然经常延迟。进口商品主要是以维持军票价值为目的的宣抚用品为主。资本的使用也被限制，不能带来利益的资本被排除在外。我们看一下正金银行的营业报告，如下。

1. 5月末进口移入支票余额

　　火柴：156676 日元

　　棉纱：99905 日元

　　棉布：119105 日元

　　白米：610400 日元

　　小麦粉：2645 日元

　　大豆：16600 日元

　　大豆油：42123 日元

　　食品：218705 日元

　　罐头类：105960 日元

　　啤酒：18758 日元

　　药品：57440 日元

　　陶漆器类：42114 日元

　　杂货：288077 日元

　　合计：1778508 日元

其中，延期支票余额：

　　杂货：21440 日元

　　火柴：6223 日元

　　棉纱：6775 日元

　　棉布：119105 日元

　　食品：8032 日元

陶器：1164 日元

合计：162739 日元

2.5月中进口移入汇兑交易额

棉纱：10000 日元

火柴：43848 日元

罐头：36069 日元

食品：152405 日元

药品：35864 日元

陶器：21823 日元

啤酒：14533 日元

大豆油：21853 日元

米：36000 日元

杂货：166790

合计：539185 日元

结算额：721539 日元

与上个月相比，进口和移入的支票余额减少了18.2万日元，延期支票增加了1.5万日元，结算额增加了21.2万日元。

3.5月末各种存款余额

军票结算：1661931 日元

港元结算：202707 元

法币结算：393984 元

毫币结算：2300 元

与上个月相比，军票增加了61.6万日元，香港货物增加了7.5万元，法币增加了21.9万元，毫币增加了2300元。

4. 5月中汇出汇款交易额

  汇往日本：292900 日元

  汇往满洲：6900 日元

  汇往华北：11600 日元

  汇往华中：190000 日元

  汇往华中法币：52000 元

  汇往第三国的港元：86000 元

5. 5月中收到汇款交易额

  从日本汇出：69000 日元

  从华北汇出：3700 日元

  从华中汇出：10200 日元

  从第三国汇出的港元：8900 元

6. 5月中买入外汇成交额

  面向日本的买入电信外汇：1550000 日元

  面向日本的买入外汇支票：1300 日元

  面向华北的买入外汇支票：200 日元

  面向华中的买入外汇支票：无

  面向第三国的买入电信外汇港元：50000 元

  面向香港的买入外汇支票：400 元

  面向印度的买入外汇支票印度货币：40800 卢比

结　语

以上我们对广东最近的货币、金融情况做了简单叙述。在这里，我们不得不论述一下中国南方通货建设的未来，同时，军事活动的情况也决定着经济建设。目前，在广东的日本人所开设的银行也只不过是协助维持军票的价值。今后在中国南方，以日元为中心的新币制制度能否建立起来，还存有疑问。还有人说，为了宣抚，不能禁止毫币的流通。另外，港元的势力还很强大，在珠江开放以后，其势力应该会更大。也就是说，作为军方的想法，占领华南的目的是什么，将来是否扩大占领区域，不同地区的统治政策肯定要有所不同的。然而，在潮梅地区①，有人说应该建立起该地区的币制制度。总之，广东地区的币制没有被法币所统一，还有一个单独的地方货币。因此，实施广东一省的自主性货币政策的可能性还是很大的，而且，现在军票的价值正在顺利的发展也是一个事实。

（本报告多参考台湾银行室田前辈的高论）

---

① 指广东东部紧临福建的潮州、梅州地区。

香港的货币金融调查[*]

香港澳门班
大峡一男

目　录

第一章　香港

第二章　香港金融的特点

第三章　香港的币制

　一　沿革

　二　通货的种类和流通情况

第四章　香港的金融机构

　一　发行银行

　二　外国银行及中国新式银行

　三　银号

　四　汇丰银行和香港票据交换所

　五　外汇银行公会和华商银行公会

第五章　香港的外汇

　一　香港外汇行情的趋势

　二　香港外汇行情的决定

　三　1938年的事件和香港金融市场

　四　1939年6月法币的暴跌和港元

第六章　港元在华南的地位

第七章　香港金融的未来

---

[*] 该文是东亚同文书院学生大峡一男和调查组成员于1939年进行的调查，原文见国家图书馆编《东亚同文书院中国调查手稿丛刊》第169册，国家图书馆出版社，2016。

第一章　香港

香港一词有"珊瑚岛中的香泉"的意思，是一个不毛的岩石小岛。香港以前是渔夫或者海盗的巢穴。其在不足一百年的时间里，由一荒凉的孤岛变为远东地区最大的商港之一。经济学的大权威学者马士博士[①]曾用"世界上稀有的完备港湾之一"来形容香港。香港殖民地远离英国本土，构成了大英帝国的一部分，是一个最浪漫、最富有、最多姿多彩的地方，从英国本土来的访问者都充满了感激和自豪的心情。在不到一个世纪的时间里，把香港由一个海盗岛变成一个航运中心，且对于所有的人种来说都是一个很有秩序的地方，这样的巨变，除了英国人以外，换作其他国家的人，应该不可能完成吧！也有人说："中国给了英国一个花岗岩的丘陵，作为回礼，中国收到了一座金山。"

香港现在是东洋地区一个汇集西方文化的精粹，而且风光绝美，具有舒适设施的近代化都市。香港岛具有苏格兰的湖光景色，又有锯齿状的丘陵形成的一个大湖。港内漂浮着插有各国国旗的船舶，有很多戎克船[②]和无数的舢板。

对于那些在国外漂泊的英国人来说，香港是一个舒适的居住地的同时，还有一个重要的存在理由，那就是贸易。香港最大的资产就是港湾和深水。香港是华南唯一能够停泊航海船舶的港湾，对于从事华南贸易的人来说，是一个不可或缺的存在。

加上广东、广西以及通过粤汉铁路连接华中，以华南作为腹地的香港是一个天然的优良港湾。

香港除了从岛内随处可见的圆石斜面开采出的花岗岩以外，几乎没有其他的产出物，只是一个港湾、仓库、商埠、华南外国贸易的票据交换地。香港殖民地作为英国远东贸易的前哨和基地，同时也是在全球不断扩大的大英帝国权力的一种象征。世界贸易的衰落就意味着英国的消亡。诚

[①] 马士（1855~1934年），美国人。1874~1908年曾在大清皇家海关总税务司工作，其最有名的著作是 *The International Relation of the Chinese Empire*（中译本《中华帝国对外关系史》）。

[②] 中国帆船，英文名为 junk。

然，香港与拥护通商贸易的英国相隔甚远，对于悬挂着迎风飘扬的英国国旗的英国来说，香港就是其不朽功绩的一个纪念碑。

第二章　香港金融的特点

香港作为一个通商口岸，自开放以来，在不到百年的时间里，由一个荒凉的孤岛变成了远东地区最大的商港之一，其主要原因有以下几点。

（一）地理上的优越性

香港扼珠江的咽喉，位于通往外国的航路的要道，更重要的是港湾不仅深而且宽广。

（二）英国人的努力和恰当的经营

历经了百年岁月，英国投入了巨额资金，努力发展各种基础设施，而且采用自由贸易政策。

（三）中国人的移居

香港人口97%以上都是中国人，香港的繁荣很大一部分依赖于中国人的移居。

香港的金融状况由于其所处的特殊环境表现出一些与众不同的特点。

一　香港金融的殖民地化

香港是大英帝国的一个殖民地。因此，英国对香港采取的金融政策和对其他殖民地的政策一样。事实上，左右香港金融市场的是与英国政府有关系的几个殖民地金融机构，其中特别是汇丰、有利和渣打三家银行最具优势。这三家银行享有发行纸币和其他的各种特权。其中，汇丰银行在香港金融市场占有特殊地位，处于中央银行的位置。而且，香港的金融主要以促进贸易的金融为主，由于这些特权银行在大英帝国本土和各殖民地有联络机构，因而它们在事实上提供了大部分的贸易所需要的金融服务。

二　香港金融的国际性

香港的工业和农业不值得一提，是依靠贸易来生存的。香港的对外贸易总额以每年约10亿港元的速度在增长。因此，香港的金融从其国际性地位来看非常重要。单看香港纸币流通范围特别广这一点，就可以知道香港金融在国际上，特别是在华南一带有巨大的势力。香港金融市场对国际金融形势的变动是很敏感的。而且，由于香港跟英镑关系密切，因此容易受到英国外交和内政的影响。

表1　附：香港对外贸易总额

单位：千港元

年月	出口总额	进口总额
1934	453584	493999
1935	486993	403774
1936	494680	525079
1937	862549	1003513
1938	700025	627768
1939年1月	40164	40681
1939年2月	36502	36825
1939年3月	93861	46011
1939年4月	49555	57075
1939年5月	49282	59113

三　香港金融的组织化

现代的金融市场必然要成为一个组织化的体系。汇丰银行实际上是香港市场的中央银行，在其下面是外商银行和华商银行，而在外商银行和华商银行的下面还有银号和兑换商。其他的还有票据交换所[①]、证券交易所、票据兑换所[②]和金银交换所等。在这种完备的中央银行制度下，不管是在何种范围的金融波动，都能够让市场保持安定。从1929年美国的证券大恐慌到1931年英国脱离金本位制的这段时间，香港金融市场之所以未受到任何不利的影响，是因为其金融市场的根基始终是稳固的。

上海被攻陷[③]以后，中国相当多的对外贸易都是经由香港进行的。同时，金融和工商业迁往香港的也不少，使香港在一段时间出现了兴盛的景象。广东在被我军占领以后，香港和内地的联系几乎断绝。香港虽然一时有危险，

---

① 票据交换所，集中办理同城或同一区域内银行业同业间应收应付票据的交换和资金清算的机构。
② 票据兑换所，银行业同业间为了解决用不同外币、不同国内货币表示的票据的汇兑、兑现和承兑等问题而设立的一种票据兑换与结算机构。
③ 指1937年八一三淞沪抗战，11月11日，上海沦陷。

但由于其在地理上的优越性和金融上的稳固性，依然持续了繁荣。

第三章　香港的币制

一　沿革

1. 第一期　不统一时代（1842~1863年）

①被占领以来的20年时间里，在市场上流通的有西班牙银元、墨西哥银元、英属东印度公司的卢比银元①、中国银块以及制钱等。

②在此期间虽然有尝试让本国货币②流通，但失败了。

2. 第二期　银本位时代（1863~1935年）

①1863年1月9日，英属香港政府宣布，以与墨西哥银元拥有同等价值的银元为无限制法定货币。

②从1895年2月2日开始，制定了《英国银元条例》（*British Dollar Order*），一是规定用墨西哥白银、美国白银，依据1895年《英国银元条例》铸造香港自己的银元，即港元。二是规定港元（1866~1868年已经在香港铸造，最初被称为 British Dollar③）为无限制法定货币，此外，设定关于辅助货币的规定。

③从1890年开始增加银行发行纸币的流通，除了辅助货币以外，银货的收受变得稀少。香港政府在1895年3月20日发布了 *Bank Note Issue Ordinance*（《银行纸币发行条例》），发行纸币需要政府的许可，接下来在1913年8月1日公布了外国纸币流通禁止规则，把当地发行及流通的纸币限定为汇丰、渣

---

① 从1835年开始，东印度公司发行的卢比银元成为英属印度唯一的法定货币。从此黄金不再作为英属印度的法定货币流通，英属印度币成为了白银本位货币。

② 指英军占领香港后，试图把英国货币制度"复制"到香港，即以英镑金币（1816年英国正式推行金本位制）为法定货币，取代其他各种货币，废除该地原先已实行了数个世纪的银本位。

③ 香港造币厂自1864年开始兴建，1866年投入生产，但在维持了20个月后，于1868年4月被迫关闭。在运行生产期间，该造币厂先后铸造了"香港五仙""香港一毫""香港贰毫""香港五毫""香港壹圆"共五种银币，总计2018054枚，并且还铸造了"香港一文""香港一仙"铜币。每枚铸币上都刻有中文面额和对应的英文面额。其中，"壹圆"对应"one dollar"，"一仙"对应"one cent"，"一毫"对应"ten cent"，"一文"对应"one mil"。兑换关系为：1圆=10毫=100仙=1000文。

打和有利三家银行，直至今日。并且规定构成发行准备的基础为银币和白银。

3. 第三期　管理通货时代（1935年末以后）

1930年末，银价暴跌，到1931年显示出明显的下降趋势的时候，香港金融界一片混乱，要求采取救济措施。英国政府对当地的情况进行了研究，在劝告其采取恰当措施的目的下，任命了由 W. H. Clegg 和 P. H. Ezechiel 组成的委员会，并将他们派往香港。1931年发布报告，认为只要在中国还保持以白银为通货的基础，香港就应该固守白银，如果中国向金本位转换的话，香港应该模仿它。也就是说香港应该和中国在行动上保持一致。1935年11月，香港当局追随南京政府的币制改革行动，实施了禁止白银出口、白银官有、设立汇兑资金等措施，实行管理通货。

①1935年12月6日，英属香港政府发布了 *Currency Ordinance 1935*（《1935年货币条例》），在规定征收市场上大部分的银币和生白银的同时，发行银行纸币成为无限制法定货币。根据新的法令，这三家银行向财政局局长交付银币和生白银，财政局局长则将 *Government Certificate of Indebtedness*（《政府负债证明书》）交给银行。银行用以上的政府负债证明书代替银币和生白银，一方面将其作为发行准备的一部分，另一方面用其回收大部分白银。自1935年新法令实施以来，香港的币制由银本位制变为纸币本位制，货币价值的变动在对外方面受外汇资金（Exchange Fund）储备量的支配。在对内方面，则受发行制度与管理的影响。但是，对于以过境贸易为生命，消费比生产更加为主的香港来说，货币价值的变动原因，特别需要从对内和对外两个方面来进行考察，这一点非常有必要。比起分析其他地方的货币价值变动原因而言，香港的这种情况确是比较罕见的。

②1935年11月9日，英属香港政府发布了 *Dollar Currency Note Ordinance 1935*（《1935年壹圆纸币条例》），授予财政当局 One Dollar（壹圆）纸币发行权，而且规定其为无限制法定货币。1935年6月7日，实施了白银出口限制法令，开始征收银币。在 *Currency Ordinance 1935* 发布以前颁布本法令的原因是从市场上征收银币的同时还有必要建立一个紧急的纸币发行（One Dollar）制度。

③根据 *Currency Ordinance 1935*，市场上的 British Dollar 几乎都会被回

收，被政府发行的 One Dollar Note 所取代。从 1937 年 8 月 1 日起，British Dollar 被剥夺了法定货币的资格（墨西哥银币和港元在 Currency Ordinance 1935 发布以前，事实上没有流通）。

④根据发布的 Currency Ordinance 1935，为了弥补辅助银币的不足，把镍币作为辅助货币的一种可以追溯到 1895 年的 British Dollar Order 中，1935 年 11 月 9 日该宣言发布，立即开始了准备，发行铸币（5 分、10 分），现在在市场上广泛地流通。

二 通货的种类和流通情况

1. 香港通货的种类

（1）无限制法定货币

汇丰银行纸币：1 元、5 元、10 元、50 元、100 元、500 元

渣打银行纸币：5 元、10 元、50 元、100 元、500 元

有利银行纸币：5 元、10 元、50 元、100 元、500 元

香港政府发行纸币：1 元

（2）辅助货币

①根据 1895 年 2 月 2 日发布的 British Dollar Order 规定，质量、重量和法定货币的范围如下。

50 分	银币	0.800①	209.57 格令②	2 元
20 分	银币	0.800	83.81 格令	2 元
10 分	银币	0.800	41.90 格令	2 元
5 分	银币	0.800	20.95 格令	2 元
1 分铜币	—	—	115.75 格令	1 元

（注）根据 1935 年 12 月 6 日的货币法，在市场上流通的大部分辅助货币被财政当

---

① 指含银量。
② 英国历史上的一种重量单位，可计量钻石、珍珠以及贵金属的重量。1 格令 = 0.0648 克。

局给回收了。但是 10 分、5 分等辅助银币到现在仍然还有不少在流通。

②新辅助镍币

1935 年 11 月 9 日的宣言规定，在 1895 年《英国银元条例》(British Dollar Order) 规定的辅币种类的基础上，再追加两种新的辅助货币。

	重量	法定货币的范围
10 分镍币	40 格令	2 元
5 分镍币	20 格令	2 元

2. 银行券发行额

除了政府发行纸币以外，渣打、汇丰和有利三家银行都有纸币发行权，发行额每月由政府予以公布。三家银行的发行额如下表（见表 2～表 17）：

表 2

汇丰银行				
1936	一般账户 HK $[①]	政府债券 HK $	抵押£[②]
1	125051401	118235834：85[③]	3284000
2	126802297	118235834：85	3284000
3	131682724	118235834：85	3284000
4	130185684	118235834：85	3284000
5	128270788	118235834：85	3284000
6	130448636	118235834：85	3284000
7	133536384	118235834：85	3284000
8	133426997	118235834：85	3284000
9	132220934	118235834：85	3190500
10	129017061	118235834：85	3190500
11	125694268	118235834：85	3190500
12	124863771	118235834：85	3190500

注：加上海峡殖民地政府之王室代理人存储的证券存款估值。

① 指港币，下文同。
② 指英镑，下文同。
③ 由于没有文字说明，我们理解应该是按债券市值 85 元（100 元面值的债券的市场价是 85 元）折算的汇丰银行持有的政府债券的市值为 118235834 港币。至于表 18 中的类似数字，亦作如此理解。如有不妥，恳请读者指正。

表 3

	渣打银行		
1936	一般账户 HK $	政府债券 HK $	抵押£
1	24329887	8300000	756000
2	24354031	8300000	763200
3	24594001	8300000	766700
4	24493552	8300000	767600
5	23135113	8300000	758650
6	21872385	8300000	758650
7	23192670	8300000	760447
8	24585167	8300000	840915
9	24306641	8300000	844853
10	24650245	8300000	848802
11	23585442	8300000	837958
12	22756888	8300000	836972

注：加上王室代理人的英镑存款。

表 4

	有利银行		
1936	一般账户 HK $	政府债券 HK $	抵押£
1	2134849	1151200	190000
2	2390267	1151200	190000
3	2550319	1530600	190000
4	3218612	2289500	190000
5	3559070	2289500	190000
6	3569538	2289500	190000
7	3548710	2289500	190000
8	3534838	2289500	190000
9	3602500	2289500	190000
10	3960489	2289500	190000
11	4233762	2769500	190000
12	4091508	2769500	190000

注：加上王室代理人的证券估值。

表 5

总计

1936	一般账户 HK $	政府债券　HK $
1	151516137	127687034：85
2	153546595	127687034：85
3	158827044	128066434：85
4	157897848	128825334：85
5	154964971	128825334：85
6	155890559	128825334：85
7	160277764	128825334：85
8	161547002	128825334：85
9	160130075	128825334：85
10	157627795	128825334：85
11	153513472	129305334：85
12	151712167	129305334：85

表 6

汇丰银行

1937	一般账户 HK $	政府债券 HK $	抵押£
1	128729086	118235834：85	3190500
2	134610543	118235834：85	3190500
3	162498793	141583039：49	3190500
4	162418793	141583039：49	3190500
5	162375793	141583039：49	3258512
6	162321793	141583039：49	3258512
7	162321793	136659962：57	3258512
8	162223793	137009962：57	3040870
9	172023793	Not published	
10	181373793	Not published	
11	181798793	Not published	
12	199689793	Not published	

注：加上海峡殖民地政府之王室代理人的证券存款估值。

表 7

渣打银行

1937	一般账户 HK $	政府债券 HK $	抵押£
1	23124553	8300000	831058
2	23962121	8300000	816550
3	24360070	8300000	812327
4	23673012	8300000	807398
5	22566192	8300000	799511
6	22205952	8300000	800496
7	21129975	8300000	785709
8	21603654	8300000	785709
9	22543959	Not published	
10	24256041	Not published	
11	25133564	Not published	
12	25172604	Not published	

注：加上王室代理人存储的有价证券。

表 8

有利银行

1937	一般账户 HK $	政府债券 HK $	抵押£
1	4059747	2769500	190000
2	4048935	2769500	190000
3	4038321	2769500	190000
4	4022306	2769500	190000
5	3988487	2769500	190000
6	3938620	2769500	190000
7	3977791	2769500	190000
8	3981569	2769500	190000
9	4326282	Not published	190000
10	5392131	Not published	190000
11	5398604	Not published	190000
12	5175570	Not published	190000

注：加上王室代理人的证券估值。

表9

总计

1937	一般账户 HK $	政府债券 HK $
1	155913386	129305334：85
2	162351599	129305334：85
3	190897184	152652539：49
4	190114111	152652539：49
5	188930472	152652539：49
6	188465365	152652539：49
7	187429559	147792462：57
8	191809016	148079462：57
9	198894034	Not published
10	211021965	Not published
11	212321961	Not published
12	230037967	Not published

表10

汇丰银行

1938	一般账户 HK $	政府债券 HK $	抵押£
1	204548793	Not published	
2	209448793	Not published	
3	209348793	Not published	
4	209248793	Not published	
5	209448368	Not published	
6	210298368	Not published	
7	210298368	Not published	
8	210098368	Not published	
9	210047718	Not published	
10	209997718	Not published	
11	209997718	Not published	
12	210197678	Not published	

表 11

渣打银行

1938	一般账户 HK $	政府债券 HK $	抵押£
1	24737193	Not published	
2	24685571	Not published	
3	24387068	Not published	
4	22955541	Not published	
5	22483877	Not published	
6	22436512	Not published	
7	22164820	Not published	
8	22880807	Not published	
9	23688244	Not published	
10	23835158	Not published	
11	25111283	Not published	
12	24852657	Not published	

表 12

有利银行

1938	一般账户 HK $	政府债券 HK $	抵押£
1	5124045	Not published	190000
2	5076122	Not published	190000
3	4655275	Not published	240000
4	4509852	Not published	240000
5	4647647	Not published	240000
6	4620187	Not published	240000
7	4493403	Not published	240000
8	4450595	Not published	240000
9	4398884	Not published	240000
10	4300399	Not published	240000
11	4414009	Not published	240000
12	4441620	Not published	240000

注：存放在王室代理人处的有价证券。

表 13

总计

1938	一般账户 HK $	政府债券 HK $
1	234410031	Not published
2	239210486	Not published
3	238391136	Not published
4	236714186	Not published
5	236579842	Not published
6	236405067	Not published
7	236956591	Not published
8	237429770	Not published
9	238134846	Not published
10	238132275	Not published
11	239523010	Not published
12	239491955	Not published

表 14

汇丰银行

1939	一般账户 HK $	政府债券 HK $	抵押 £
1	210147678	Not published	
2	209847338	Not published	
3	210797338	Not published	
4	211047338	Not published	
5	211342228	Not published	

表 15

渣打银行

1939	一般账户 HK $	政府债券 HK $	抵押 £
1	24189663	Not published	
2	23992472	Not published	
3	22801216	Not published	
4	22525058	Not published	
5	23862378	Not published	

表 16

有利银行

1939	一般账户 HK $	政府债券 HK $	抵押 £
1	4374202	Not published	240000
2	4401605	Not published	240000
3	4242742	Not published	240000
4	4167287	Not published	240000
5	4153498	Not published	240000

注：存放在王室代理人处的有价证券。

表 17

总计

1939	一般账户 HK $	政府债券 HK $
1	238711543	Not published
2	238241415	Not published
3	237841296	Not published
4	237739683	Not published
5	239358104	Not published

注：以上数字摘自香港的政府公报。

这里有以下几点需要注意。

（1）在1937年以前，纸币发行几乎没有增加，中国事变[1]发生以来，随着纸币的急速膨胀，在1938年末，纸币发行增加了约三分之一。在三家发行银行中，信用最好且最具有经济实力的是汇丰银行券，占了约85%的份额，且增长率也很显著。其原因如下。

①人口的激增

事变发生以前，香港的人口据说有100多万，事变发生的第一年即1937年末，据推测人口一下子猛增到了130多万。这些增加的人口是来自内地和上海的避难者。在广州陷落以后，香港人口的增速更是加快了。

②物价上涨

由于对食品和建筑材料等的急需，使物价出现了上涨的趋势，通货膨胀的倾向加大了。

---

[1] 指七七事变。

③港元需求的增加

i. 出于对法币和广东毫币的担心导致持有港元的增加。另外，港元在香港之外的地域流通增加。

ii. 物资在当地交易增加，港元结算的交易倍增。

（2）汇丰银行券的增加尤其多，占了发行总额的一半。应该说纸币的发行额逐渐地走向集中化。

3. 流通区域

香港——在香港（包括九龙），港元以外的任何货币都没有流通。

澳门——在澳门，港元和大西洋国海外汇理银行①券实行完全等额流通。

广州沙面——英法租借的沙面是珠江的一个小岛，面积仅有200町步，外国商船像榕树般排成一列，广东的对外贸易全部在此地进行，货币均为港元。

广州市和广东省——对外交易，即贸易通货和外汇中使用港元。

4. 流通价值

这三家银行发行的银行券不管在任何流通区域，在香港是等价的。

第四章　香港的金融机构

一　发行银行

（1）汇丰银行 Hong kong & Shanghai Banking Corporation

注册资本金：50000000 港元

实缴资本金：20000000 港元

---

① 指葡属澳门大西洋国海外汇理银行。葡文为 Banco Nacional Ultramarino，简称大西洋银行。1864年成立，总行设在葡萄牙首都里斯本。该行是官商合办银行，管理采用私营银行方式，先后在安哥拉、佛得角、圣多美和普林西比以及莫桑比克等地设立分行。1901年，葡属澳门政府与该行达成协议，授以在澳门发行纸币的特权。1902年在澳门设立分行，1906年充当澳门政府的库房和出纳。同年1月11日开始发行纸币，以澳门元（pataca）为单位，所发纸币面值有一元、五元、二十五元、五十元、一百元、五百元六种。1919年再发行五仙、一毫及五毫辅币券。

公　积　金：6500000 英镑

公　积　金：10000000 港元

1867 年成立，总部设在香港，在当地不仅仅是作为中央银行，在远东英国势力范围内，俨然作为一家贸易、金融和投资的最高机构存在着。有关纸币发行，除了前述的 *Government Certificate of Indebtedness*（《政府负债证明书》）以外，还受伦敦的 Crown Agent（皇家事务处）委托为其发行保管了 3284000 英镑的公债，发行额度虽然被规定为 2 亿美元，但在 1938 年以后，已经突破了 2 亿美元。在中国的上海、天津、汉口、广东、北京、青岛、厦门、烟台、福州设有分店。

（2）渣打银行 Chartered Bank of India, Australia, China

注册资本金：3000000 英镑（全额缴纳完毕）

公积金：　　3000000 英镑

1853 年在伦敦设立，又名麦加利银行，其经营主要由英国国内有影响力的实业家负责，以发展远东经济为主要目的。在中国的分店有上海、天津、汉口、香港、广州、北京、青岛。

（3）有利银行 Mercantile Bank of India, Ltd.

注册资本金：3000000 英镑

实缴资本金：1050000 英镑

公积金：　　1075000 英镑

着眼于印度贸易，1858 年在伦敦设立①，营业范围除了印度贸易还涉

---

① 有利银行于 1853 年成立于印度孟买，英文名称为 Mercantile Bank for Bombay，1854 年在上海、广州设办事处，中文名称为有利银行。随后更名为印度、伦敦、中国商业银行（Mercantile Bank of India, London & China）。1857 年与亚细亚特许银行（Chartered Bank of India）合并，英文名称定为 Chartered Mercantile Bank of India, London and China，中文名称仍为有利银行。1858 年总行迁至伦敦，同年设分行于香港，其发行的钞票与汇丰银行、渣打银行发行的钞票一起合称为港币。1892 年，总行因经营不善，在改组中放弃发钞特许，并改名为印度有利银行（Mercantile Bank of India）。1916 年，有利银行恢复发钞，直到 1974 年后才停止。

及其他地区。纸币发行额只有汇丰银行的约 1/40。

二 外国银行及中国新式银行

几个主要的银行如下：

P. & O. Banking Corporation（大英银行）①

国　籍：英国

总　部：伦敦

注册资本金：£ 50000000

实缴资本金：£ 2594600

公　积　金：£ 180000

National City Bank of New York（花旗银行）②

国　籍：美国

总　部：纽约

注册资本金：US $ 125000000

实缴资本金：US $ 125000000

公　积　金：US $ 90000000

Chase Bank（大通银行）③

国　籍：美国

总　部：纽约

注册资本金：US $ 5000000

实缴资本金：US $ 5000000

---

① 1920 年由大英轮船公司发起创办，总部设在伦敦，在世界各大商埠均设有分行，尤以印度全境为多，在中国香港、上海及广州等设立分行。1927 年被麦加利银行并购，仍独立运营。1937 年正式合并于麦加利银行。
② 1812 年成立，正式的中文名称为万国宝通银行，故原文写作"万国银行"也是对的。由于在银行门口高悬美国星条旗，遂被上海人俗称为花旗银行。后来该行正式将其中文名称改为花旗银行。
③ 1920 年成立，大名鼎鼎的大通曼哈顿银行的前身，在天津、上海、香港设立分行。

公　积　金：US＄1000000

American Express Co.（运通银行）①

国籍：美国

总部：纽约

注册资本金：US＄6000000

实缴资本金：US＄6000000

公　积　金：US＄1995384

Banque de L'Indochine（法国东方汇理银行）

国籍：法国

总部：巴黎

注册资本金：Fr's② 120000000

实缴资本金：Fr's 120000000

公　积　金：Fr's 127435384

Netherlands Trading Society（荷兰银行）

国籍：荷兰

总部：阿姆斯特丹

注册资本金：FL③ 35030000

实缴资本金：FL 35030000

公　积　金：FL 5000000

Netherlands India Commercial Bank（安达银行）

国籍：荷兰

---

① 1850年由美国运通转运公司创办，总行在纽约，在世界各国商埠各城均设有分支机构。1918年设分行于上海，其后逐渐在北京、天津、香港等地设立分行。1931年被美国大通银行兼并。业务以银行、运输、旅行为主，首推国际旅行支票业务。
② 法郎符号，France's 的缩写。
③ 荷兰盾符号，Florin 的缩写。

总部：阿姆斯特丹

注册资本金：FL 100000000

实缴资本金：FL 55000000

公　积　金：FL 26692354

The Bank of Taiwan（台湾银行）

Yokohama Specie Bank（横滨正金银行）

Banque Belge pour L'Etranger（华比银行）[①]

国籍：比利时

总部：布鲁塞尔

注册资本金：F[②] 200000000

实缴资本金：F 158424125

公　积　金：F 130000000

Bank of East Asia（东亚银行）[③]

国籍：中国

总部：香港

注册资本金：H＄10000000

实缴资本金：H＄5598600

公　积　金：H＄2100000

Bank of Canton（广州市立银行）[④]

国籍：中国

[①] 1902 年创立，在上海、天津、北京、汉口、香港等地设立分行，除经营存、放款业务外，着重在中国投资铁路，专营铁路借款。

[②] 比利时法郎。

[③] 1920 年成立，由简东浦、周寿臣、李冠春等港澳和越南的侨商合资创办，在西贡、广州、上海等地设立分行。

[④] 亦称广州市银行。1927 年成立，以"谋辅助广州市财政之进行，金融之调剂，实业之发展及赋税完纳之便利"为宗旨。

总　部：广州

注册资本金：$11000000

实缴资本金：$8665000

公　积　金：$32170492

Bank of China（中国银行）

国籍：中国

总　部：上海

注册资本金：$25000000

实缴资本金：$25000000

公　积　金：$3250128

Bank of Communication（交通银行）

国籍：中国

总　部：北平

注册资本金：$10000000

实缴资本金：$8715650

公　积　金：$6446843

Overseas-Chinese Banking Corporation（华侨银行）①

国籍：中国

总　部：新加坡

注册资本金：ST.40000000

实缴资本金：ST.10000000

公　积　金：——

Yien Yieh Commercial Bank（盐业银行）

---

① 1919年成立于新加坡，在马来半岛、苏门答腊、上海、厦门、香港等地设立分支机构。1933年该行与创办于1912年的华商银行及创办于1917年的和丰银行合并改组，定名为华侨银行，英文名字为Overseas-Chinese Banking Corporation, Ltd.。

国籍：中国

总部：天津

注册资本金：＄10000000

实缴资本金：＄7500000

公　积　金：＄3052650

Bank of Kwangxi（广西银行）①

国籍：中国

总部：南宁

注册资本金：＄10000000

实缴资本金：＄10000000

公　积　金：——

China & South Sea Bank（中南银行）②

国籍：中国

总部：上海

注册资本金：＄7500000

实缴资本金：＄7500000

公　积　金：＄1850000

国民商业储蓄银行③

国籍：中国

总部：香港

注册资本金：H＄5000000

---

① 1931年新桂系李宗仁、白崇禧、黄旭初主政广西，1932年5月发布《广西省银行条例》，同年8月1日成立官商合办的广西省银行股份有限公司，总行在南宁，并与南宁分行合址办公。1936年总行迁至桂林，1939年又从桂林迁回南宁。1949年8月，广西省银行结束营业。
② 1921年成立，发起人为著名侨商黄奕住以及胡笔江、史量才、徐静仁等，与盐业、金城、大陆银行组成"北四行"联营事务所。
③ 简称国民银行，1922年成立。由著名侨商马应彪、汤信、王国璇及先施公司联合各股商组织成立。

实缴资本金：H＄2574000

公　积　金：H＄300000

上海商业储蓄银行

国籍：中国

总部：上海

注册资本金：＄5000000

实缴资本金：＄5000000

公　积　金：H＄7300000

永安银行①

国籍：中国

总部：香港

注册资本金：H＄5000000

　　　　　　＄5000000

实缴资本金：H＄2277566

公　积　金：——

金城银行

国籍：中国

总部：上海

注册资本金：＄——

实缴资本金：＄7000000

公　积　金：＄——

（1937年末）

---

① 全称为永安商业储蓄银行，1931年成立，由香港永安公司、上海永安公司、永安保险公司、永安纺织公司、永安人寿保险公司等发起成立。著名侨商郭乐任董事长，郭泉任总经理，在上海、广州等地设立分支机构。

三 银号

银号包括银号、金铺和兑换金银钱台行三种。

（1）银行[1]：在一般工业者和金融机构中具有传统的影响力，现在采取合股的银号达一百多家，其营业范围正逐步被新式银行所侵蚀。

（2）金铺：从事生金和外国金币的买入，金叶的制造、销售。现在个人经营的只有10家。

（3）兑换金银钱台行：作为换钱的商店散落在市中心各个地方。现在个人经营的已达200家（注：现在指的是1938年4月）。

四 汇丰银行和香港票据交换所

汇丰银行不仅仅是一个最主要的发行银行，而且还持有各银行的存款。香港票据交换所于1931年9月在渣打银行大楼的第三层开始设立，现在参与交换的银行有16家，分别为中国银行、交通银行、东亚银行、华侨银行、广州市立银行、台湾银行、正金银行、法国东方汇理银行、渣打银行、大通银行、汇丰银行、有利银行、花旗银行、安达银行、荷兰银行、大英银行。

交换每日进行两回，用汇丰银行存款来结算。这实际上就意味着汇丰银行是香港的中央银行。1937年汇丰银行的报告书显示，其活期存款达87亿美元。这其中包括了政府的存款，如果假定各银行的存款为1000万美元的话，那么另15家银行存款合计高达81.5亿美元，存款集中在汇丰银行里，财政局的纸币等都经过汇丰银行之手，外汇行情的维持也是靠该行，因此汇丰银行不管是从名义上还是实际上都是香港的中央银行。

票据交换额如下表（见表18）：

表18 Hong Kong Bank Clearing House（香港汇丰银行票据清算所），Bank′Cleaning Returns.（银币出清汇报）

年月	1933	1934	1935	1936
1	145359112：11	123128648：78	136126546：53	192728176：53

---

[1] 原文写"银行"，为"银号"之讹。据日本长崎高等商业学校武藤长藏教授的考察，广州原有的"银行"一词是传统的"银号行业"。见陈晓平《近代"银行"应出香港——与复旦大学孙大权商榷》（澎湃新闻网，2020年7月13日）。

续表

月＼年	1933	1934	1935	1936
2	130933025；83	117663410；20	104937505；05	150799899；30
3	130.403003；29	128213953；97	125071605；96	123993529；75
4	111416507；86	117033430；27	120141755；84	113900245；57
5	129840281；81	101420216；13	128371463；75	105920242；34
6	121883234；06	117564604；25	118215901；12	108191286；26
7	123053871；75	103797456；81	135831373；22	115793864；26
8	126345516；31	103531022；01	133487795；30	111738648；76
9	132327225；60	104349872；86	130116226；84	141893730；44
10	146622361；90	118140495；92	137416967；87	166962102；93
11	133393448；90	125270684；21	170020964；51	151575722；18
12	128349581；91	138872073；84	194689277；28	166131292；16

月＼年	1937	1938	1939	
1	147828468；48	128633715；69	179983558；45	
2	128133873；29	122278096；41	155680420；77	
3	154195892；02	182049714；54	189794416；19	
4	155613822；89	172245982；38	177205752；61	
5	129132916；56	162997590；47		
6	165400851；82	148978553；35		
7	170701009；09	142748354；27		
8	181335186；82	142667390；07		
9	140841971；37	177547431；84		
10	123779954；80	168811825；76		
11	124546153；18	151232507；62		
12	156149908；86	165236825；19		

五　外汇银行公会和华商银行公会

香港由于是一个中继港，外汇业务发达，以汇丰银行为首，前述的票据交换银行都是外汇银行。除此以外，国华、金城、上海、国民、广东、广西六家银行虽然不是票据交换所的会员，但是是外汇银行公会的会员。近年来，华商银行在香港开设支店的越来越多，所以才成立了华商银行公会。以上两种公会都没有固定的集会场所，临时选定场所。外汇银行公会的主席是渣打银行，华商银行公会的主席是中国银行。

（附）非票据交换所会员中的华商银行

广西银行	广东省银行
国华银行①	中国国货银行②
中南银行	国民商业储蓄银行
香港汕头银行③	上海银行
康年储蓄银行④	华比银行
嘉华储蓄银行⑤	永安银行
金城银行	大源银业公司⑥
香港信托银行	

第五章　香港的外汇

一　香港外汇行情的趋势

香港由于在经济上是中国的一部分，所以维持香港通货对外价值最英明的办法就是采取让其远离上海的外汇市场，而且让那些中国本土发生的政治以及社会方面的不安定因素不要直接影响香港通货对外汇兑。以前，在看外汇变化行踪的时候，大体上可以发现这样的规律。即香港的外汇市场行情大体上追随上海，但有时不一定和上海是一致的。

上海、广东、香港间的外汇行情如下表（见表19）：

---

① 1927年成立于上海，发起人为邹敏初、邓瑞人、唐寿民、邹醒初等。股东除长江流域各地人士外，以华南和海外华侨股本为多。其中，华侨资本占相当比重。
② 简称国货银行，1929年成立于上海，为官商合办银行，创办人孔祥熙等。与中国通商银行、四明银行、中国实业银行并称为"小四行"。
③ 1934年成立于香港，发起人为马泽民、林北熊、刘荣基、刘镇基等，在广州、上海、新加坡、汕头有分支机构。
④ 1921年成立于香港，创办人为李星衢等，是香港的一家老牌小银行。2022年并入东亚银行。
⑤ 1923年成立于广州，由广州投资房地产的嘉南堂和南华公司以及广西梧州的桂南堂、桂林的西南堂联合投资创办。
⑥ 民国时期香港著名银号，创办时间不详。

表 19　香港与广东、上海之间的汇兑率表
（自 1935 年 10 月始）

月份	100 港币对上海法币	100 港币对广东毫币	上海 100 元对广东毫币
1935.10[①]	$147\frac{1}{2}$	145	$98\frac{1}{4}$
1935.11	$120\frac{1}{2}$	148	123
1935.12	$108\frac{1}{4}$	151	139
1936.1	$109\frac{1}{2}$	$151\frac{1}{2}$	138
1936.2	$109\frac{1}{4}$	152	139
1936.3	109	$152\frac{1}{2}$	140
1936.4	$109\frac{1}{8}$	153	140
1936.5	$107\frac{3}{4}$	$153\frac{1}{4}$	142
1936.6	$107\frac{1}{2}$	$154\frac{1}{2}$	$143\frac{1}{2}$
1936.7	103	187	$181\frac{1}{2}$
1936.8	102	176	$171\frac{1}{2}$
1936.9	103	172	$165\frac{1}{2}$
1936.10	$102\frac{7}{8}$	164	160
1936.11	$102\frac{1}{2}$	158	154
1936.12	$102\frac{7}{8}$	$157\frac{1}{2}$	158
1937.1	$102\frac{3}{8}$	157	$153\frac{3}{8}$
1937.2	$102\frac{1}{8}$	155	$151\frac{3}{4}$
1937.3	$101\frac{3}{4}$	$155\frac{1}{2}$	$152\frac{3}{4}$
1937.4	$102\frac{5}{8}$	$153\frac{1}{4}$	$149\frac{1}{4}$

① 这一行指 1935 年 11 月 4 日法币正式推出之前，100 港币对上海银元和广东毫币的兑换数字，以及上海银元 100 元对广东毫币的兑换数字。

续表

月份	100港币对上海法币	100港币对广东毫币	上海100元对广东毫币
1937.5	$102\frac{1}{8}$	$152\frac{3}{4}$	150
1937.6	$101\frac{3}{4}$	$152\frac{1}{2}$	150
1937.7	104	148	$142\frac{3}{8}$
1937.8	103	150	$145\frac{1}{2}$
1937.9	$103\frac{7}{8}$	148	$142\frac{1}{2}$
1937.10	$105\frac{1}{8}$	$149\frac{1}{2}$	142
1937.11	$105\frac{7}{8}$	154	$145\frac{1}{2}$
1937.12	欠缺	欠缺	欠缺
1938.1	$105\frac{1}{2}$	153	145
1938.2	$105\frac{5}{8}$	$152\frac{1}{2}$	$144\frac{3}{8}$
1938.3	118	158	$134\frac{1}{2}$
1938.4	$114\frac{1}{4}$	166	145
1938.5	140	$195\frac{3}{4}$	140
1938.6	166	$220\frac{1}{2}$	$138\frac{1}{4}$
1938.7	176	$248\frac{1}{2}$	141
1938.8	175	249	142
1938.9	173	238	$137\frac{1}{2}$
1938.10	$183\frac{1}{2}$	246	138
1938.11	183	256	138
1938.12	178	242	137

续表

月份	100 港币对上海法币	100 港币对广东毫币	上海 100 元对广东毫币
1939.1	178.92		
1939.2	182.24		
1939.3	180.52		
1939.4	178.25		

二 香港外汇行情的决定

港元现在已经完全在英镑区内，追随英镑，而且上海银元从 1935 年 11 月以来，实际上在追随英镑行情。由于英属香港政府系列三家银行的统治和外国银行道义上的支持，香港外汇行情保持了罕见的稳定。如果没有什么特殊的情况，决定香港某日外汇行情的因素有伦敦外汇结算、上海外汇、今日开场、汇丰银行的外汇牌价、各汇兑银行手头的中国人炒家等。除此以外，港元行情还受所谓的实际需要市面供需行情等所影响。管理通货制度建立以后，港元行情不受银块市场的影响。如果市场发生动摇的话，汇丰银行会出手管理。

三 1938 年的事件和香港金融市场

1. 中央银行的外汇管理和香港

随着七七事变的发展，作为中国金融中心的上海被我军包围，在上海设有总部的中国银行、中央银行、交通银行，这些政府系列的银行迅速迁往内地。1938 年 3 月 14 日在临时办公地汉口，中国银行、交通银行的外汇卖出权被集中到中央银行。每周四，中央银行按照招标制度接受外汇买入申请，第二天即周五，在香港和汉口从事外汇经营的银行再根据行情一起决定贴现额，然而当局没有公布针对申请额的贴现情况。由于该贴现在金额方面很少，无论如何也满足不了实际需要，而且，由于外汇贴现分配的不公平，也失去了外国银行的道义支持。加上租界的存在有利于人们在此从事外汇买卖与投机，以逃避国民政府的管制，中央银行的管理遂变得困难起来，以致在上海产生了外汇黑市。同时上海对外贸易严重入超的状态导致外汇市场的需求大于供给。这种情况与资本的逃避叠加在一起，导致上海的外汇行情开始下跌而且持续下去。上海外汇的下跌自然而然导致了港元的走低，很容易想到其会朝着跌落的方向发展。汇丰银行为此出动了外汇资金，从而缓和了行情跌落的态势，在上海外汇行情暴跌的过程中，俨然维持了港元的稳定。

接下来看一下香港和上海的对英镑外汇行情（见表20）。

表 20

Month	H $ 1-Sterling X①	Sh $ 1-Sterling X②
Jan. 1937	1/2 31/32③	1/2 5/8
Feb. 1937	1/2 29/32	1/2 5/8
Mar. 1937	1/2 29/32	1/2 19/32
Apr. 1937	1/2 29/32	1/2 17/32
May. 1937	1/2 25/32	1/2 15/32
June 1937	1/2 11/16	1/2 7/16
July 1937	1/2 25/32	1/2 7/32
Aug. 1937	1/3	1/2 9/16
Sep. 1937	1/3	1/2 7/16
Oct. 1937	1/3	1/2 9/32
Nov. 1937	1/3	1/2 5/16
Dec. 1937	欠缺	欠缺
Jan. 1938	1/3	1/2 7/32
Feb. 1938	1/3	1/2 7/32
Mar. 1938	1/2 3/4	1/0 1/2
Apr. 1938	1/2 29/32	1/1 3/32
May 1938	1/2 15/16	0/10 21/32
June 1938	1/3 31/32	0/9 1/32
July. 1938	1/3	0/8 17/32
Aug. 1938	1/3	0/8 9/16
Sep. 1938	1/3	0/8 5/8
Oct. 1938	1/3	0/8 3/32
Nov. 1938	1/3	0/8 5/32
Dec. 1938	1/3	0/8 13/32

① 港币兑换英镑先令的数额。
② 上海法币兑换英镑先令的数额。
③ 1先令2便士又三十二分之三十一之意，或者说1先令 $2\frac{31}{32}$ 便士，下表中此种形式皆为此意。

2. 欧洲政局和香港外汇市场

由于欧洲的政局直接影响大英帝国的安危，所以，香港也受到其影响，外汇市场动摇。（1938 年）3 月中旬的德国合并奥地利和 9 月中旬捷克内政的日益严重化①都对香港的外汇市场产生了威胁。特别是在 9 月 28 日，香港外汇市场陷入混乱，最后不得不禁止定期交易的商品的投机买卖。

3. 我方对广东的进攻

10 月我军②在登陆华南的时候，香港市场也起了一些变化，对英国外汇市场最低跌到了 102.8125。③ 然而，港元由于处在英镑圈内，时常受强势英镑的支持，再加上汇丰银行的完全统制，港元在大体上维持着对英镑 1 先令 3 便士左右的汇率，这个前面的表中已经有所表现。1939 年 2 月 25 日，在汇丰银行的股东大会上，董事长 T. E. 帕斯说："由于广东的陷落和其他南方诸港的封锁，香港实业界遭受了严重的打击，但是这个打击却没能成为香港混乱的原因。今年，无论何种形势我们都将严阵以待，认真准备。幸好港元以及香港的财政都是健全的。我们有信心处于一个能够应对未来的状况。"

四 1939 年 6 月法币的暴跌和港元

作为法币对外价值的维护者，汇丰银行通过买卖外汇来保持法币的稳定。6 月 7 日，汇丰银行突然发表停止外汇卖出的讯息，法币对英镑兑换率一下子从 8 便士左右跌落到了 6 便士左右。这件事情对港元也有剧烈影响，在上海外汇暴跌的前一天，即 6 月 6 日的港元行情是 1 港币兑换英元 1 先令 2 便士又 20/32 和 100 港币兑换美元 29 元又 7/8，暴跌当天的 7 日，行情一下子跌到 1 港币兑换英元 1 先令 2 便士又 7/8 和 100 港币兑换美元 29 元。在 6 月 10 日，更是跌到了 1 港币兑换英元 1 先令 2 便士又 3/4 和 100 港币兑换美元 28 元又 3/16 的低水平。可是在 6 月 12 日以后，行情又返回到了

---

① 1939 年 9 月，英、法、德、意四国签订了《慕尼黑协定》，将捷克斯洛伐克的苏台德地区割给德国。
② 指日军。
③ 搞不清这个数字的具体含义。很可能指英国外汇大盘价格指数下跌到 102.8125 点位。

1港币兑换英元1先令2便士又27/32和100港币兑换美元28元又15/18，之后一直保持着稳定状态。法币的下跌对港元的影响作用就是港币被贬值的流言广泛的流传开来。6月10日，香港政府财政长官金锡仪以谈话的形式对其给予了否定，发表了以下的声明："最近，为了消除由中国法币的外汇行情变动所引起的不安，奉命发表谈话，声明香港政府不会对港元贬值，也没有意图去改变香港外汇基金委员会自1936年以来采取的政策。"

基于此，充斥在香港市场上的港元贬值的流言最终被终结。而这也表明了港元更加稳定的态度。

想来中国发生了事变，上海外汇开始了下跌。可以看出，这些港元贬值说的原因恐怕都是把中国法币作为港元的标准。此政策在1930年的货币评议会、1931年的货币委员会，以及1934年的经济委员会上被提出，在给以上委员会的报告中，强调了应该保持香港货币和中国货币的同一基础。这些委员会的一般性结论可以从其报告书的摘录中获知。如下：

"香港是一个生产的中心、航运的中心。其进出口几乎都是为了中国而进行的。香港贸易的实质就是中国贸易。以香港为中心从事进出口贸易的各国，现在不必拘泥于全部采用金本位制这一事实，香港的货币要尽可能的、密切的以中国的货币为基准，现在最有必要的事情是排除不必要的外汇交易。两者背离的不良影响在香港外汇存在高溢价的情况下，商品交易通过香港被集中到上海这个例子中就能够充分说明。假设这些不良影响使两个货币真的分裂的话，当然可以得出强化这一结论。"

如果香港货币以中国货币为基准，或者说对这一事实进行否定，自事变发生以来，上海外汇走低，基于独立的立场，香港开始维持港元的理由到底在哪里？也就是说，香港的情况和几年以前已经完全不一样。跟上述的委员会的时代相比，情况已经变了。

第一，香港对中贸易在中国事变[①]以后显著的受到了影响。香港虽然现在仍然经营着中国贸易的重要部分，亦即在中国对外贸易中扮演着重要角色。但是香港的贸易并不单单是依靠货币操作就可以改善的。不仅如

---

① 指七七事变。

此，由于中国外汇市场处于一个变动状态中，因此，不必说港元完全的追随于它，即便是有一些追随的话，也会给香港经济带来激烈的混乱吧！

第二，战争爆发的重要结果就是香港现在变成为一个内地资本逃避的避难所。中国的资金为了寻求安全，纷纷将巨额的资本投资在了香港不动产、商业和工业等领域。而港元的贬值不仅会阻止资本的流入，而且还会阻碍香港的发展。

基于以上的理由，随着战局的推移，港元应该将其价值降到法币的水平这一希望完全不存在。和平恢复以后，中国决定将其货币固定在和战前的汇率不同的一个新水平，在那个时候，港元再一次追随中国货币的话是不现实的。然而，现在的情况下，港元在与外汇有关的方面保持独立的立场是最有必要的。

附：外汇资金

1935 年实行了白银国有政策。以前，作为发行银行的纸币发行准备所保有的白银全部被财政局缴收，与此相对，香港政府交付了等额的政府负债证明书（Government Certificate of Indebtedness）。政府以此白银为基础再加上其他规定了的外汇资金，比如英镑、美元等，试图以此来调节香港货币的对外价值。实际上，这个调节事务由财政局局长负责，另外，还设有一个由总督任命的外汇基金咨询委员会（Exchange Fund Adviser Committee），资金经过委员会审查以后才能开始运用。该委员会的委员长由财政局局长担任，委员由汇丰银行和渣打银行两家银行的总裁担任，财政局通过汇丰银行来调动这笔资金，这个委员会是一个承担维持外汇稳定的组织。

第六章　港元在华南的地位

港元本来是一个只有在英属香港和九龙才有法定通用力的货币。然而，在受到通货不安威胁的广东省，港元在英国强大的金融经济实力的支持下，构筑起了其稳固的地位。事变发生以前，港元在广州市的流通额约有五六千万，如果算上广东省和澳门的话，港元的流通额据推算约有 1 亿元。当然，就这个流通额来说不是很大。现在，除了沙面以外，港元在其他地方几乎没有流通。对于饱受币制混乱和通货暴跌之苦的广东人来说，港元是一个最稳定、最值得信任的货币。广东人与其说把港元当成一种外来货币，倒不如说把其当作一个财富积累的手段，上至富豪下至苦力，人们都把港元当成一个最好的货币来使用。而且，香港作为华南贸易的中心，广东对外贸易以港元来结算，港元在事实上发挥了承担广东省贸易货币的作用。

广东省政府当局迄今为止，已经多次企图将港元赶出华南，但是均以失败告终。即便是在1925~1926年广东发生的抵制英国经济运动中，广东罢工委员会决定要把在广东的英国船和英国货全部赶出去，而且禁止用港元交易。但是最终这个决议也只是以一纸空文而告终。即便是反英运动进行到如火如荼的最关键的时候，港元也没有从流通市场中被排除出来。

港元在华南地区有如此的潜力，并不会因为这次事变①而变得衰弱下去。事变以后，由于法币和毫币暴跌、逃亡香港的难民激增，以及中国人的资本逃往香港所引起的对港元的需求不断的增加。连接香港和广东的珠江水路或者广九铁路再次开通，我想，像日本进攻以前那样，在广东贸易恢复的时候，港元在广东经济中的支配力依然是很强大的。

这也是未来我国在管理华南时直面的一大难题。即便是暂时找到了处理法币和毫币问题的方法，接下来也必然和港元产生冲突。

第七章　香港金融的未来

香港在作为一个中继贸易港的同时也是华南的金融中心。由于其政治稳定，又有英国金融的支持，各种游资都集中于此。而且华侨的汇款也先汇到香港，香港在经济上承担着重要的使命。这次事变开始，在我军进攻华南以前，内地的货物都经由此地出口国外，而送往国民政府的各种武器弹药和其他物资也都要在此处卸货。而且香港作为国内资金暂时储藏的一个理想之地，其对于华南和内地各省的重要性一下子增加了，香港的金融业和商业获得了畸形的发展。

我军自进攻华南以来，香港和中国内地之间的贸易停滞，金融业虽然

---

① 日本全面侵华战争。

受到打击，但是香港仍然维持着其自由贸易港的使命，发展中继贸易，穿梭于海防①、上海和其他各个港口，继续挥动着英国国旗。

今后，香港仍然要依靠英国人在金融上的卓越才能，我想其重要性和稳定性将会持续下去。

附：澳门的通货

澳门的通货在华南是最复杂的，其种类实在是太多。

一、大西洋国海外汇理银行券

（Banco Nacional Ultramarino）

5 分券 Cinco Avos

10 分券 Dez Avos

50 分券 Cincoenta Avos

1 元券 Uma Pataca

5 元券 Cinco Pataca

10 元券 Dez Pataca

25 元券 Vinta Pataca

50 元券 Cincoenta Pataca

100 元券 Cen Pataca

在澳门，税金的缴纳和邮政票据收入印纸等与澳门政府有关的支付都必须使用大西洋海外汇理银行券，上面的银行券跟港元是等价的。

二、港元

三、毫币

①广东省银行券

②广州市立银行券

③广东省造银币②

---

① 越南北部港口城市。
② 指广东省铸造的"银毫"毫币。

四、法币

中央银行券

交通银行券

中国银行券

中国农民银行券

五、辅助货币

①香港辅助货币

②中国造铜币[①]

[①] 指中国中央政府和地方政府铸造的铜钱。

山东货币金融状况[*]

昭和 15 年度山东省调查

前山博延

目 录[①]

绪 论

第一章 山东的特殊性

　第一节 历史和地理方面

　第二节 政治方面

　第三节 历史上和日本的关系

　第四节 经济方面

第二章 币制改革后的山东省币制金融状况

　第一节 货币

　第二节 金融机构

第三章 通货和物价

第四章 从法币实际价格看贸易额

绪 论

对于亲眼看到华北现状的我，如果能通过我那从狭窄窗口中获得的一些不太成熟的知识，从自己的思考中找出一些实证性的根据的话，我将不胜高兴。

---

[*] 该文系东亚同文书院学生前山博延和调查组成员于 1940 年进行的调查。原文见国家图书馆编《东亚同文书院中国调查手稿丛刊》第 172 册，国家图书馆出版社，2016。

[①] 原文没有目录，这是校注者根据文章的内容补入的，特此说明。

全世界现在都处于一个混乱的旋涡当中。如果不能克服资本主义、个人主义和自由主义的弊端的话，世界将不能前进。那么，克服这个弊端创造出一个更加高级的社会状态的原理是什么？我认为只有将西方式的政治上的国民主义同东方协同体式的社会原理结合起来，才能翻开世界历史新的一页。这个时候，从日本独自的立场来考虑，必须对日本、"满洲"和中国三者之间，实行一些恰当的产业调整工作，保持相互之间紧密的依存关系。

我认为日本作为东亚的盟主，其最重要的工作是发挥和弘扬其积极的领导作用。在这个时候，最根本的要求不是以巧言令色来纵容和娇惯中国的领导人。最终，中国的复兴和发展还是得靠中国人的双手来实现。日本应该正当地帮助中国。为此，虽然得做好付出相当牺牲的准备，但最终日本必须保持日本的国家立场。人生就像战斗，这是纳粹领导人的名言。对于中国人，我们也必须要求这种严峻的态度，只有这样才是真正的国际合作的前提。

第一章　山东的特殊性

第一节　历史和地理方面

山东作为一个统一的行政区划，像现在这样在济南设立省会进行统治始于元乃至明以后。山东在文化方面非常古老，即使称其为东洋文明的发祥地也不为过。在数千年以前，孔子和孟子都是山东人，且其庙堂在曲阜和邹县，现在仍作为一个圣地保留着。山东省内各地方历史遗迹都很多。

山东作为战国时代齐鲁两国的都邑所在地，有时也被略称为鲁省。

①面积（包含划入青岛特别市的胶县和即墨两县）：全省面积为153711平方公里。

②人口：现在山东的人口据说有3800万人，但根据民国23年（1934年，昭和9年）的调查，男女合计为37197000（含胶县和即墨两县）人。另外，每平方公里的人口为242人（相对于昭和10年度日本内地每平方公里181人的人口密度，山东比日本人口平均密度多了四分之一）。像这样人口过剩的情况，比如在去年接连发生了旱灾、蝗灾、蚜（虫）灾、冰雹

灾害、风灾和水灾的情况下，立即导致了饥荒，民生艰难。这也是山东苦力这一称呼形成的原因，即大多数山东人跑到满洲去打工了。

③民俗：由于山东是孔孟圣贤的发祥地，所以，民众从很久开始就自然而然地受到道德和礼教的熏陶，形成了忠诚豪爽的特质，民风淳朴。居民以汉族为主，满、回族约占一成，即10%。因为毗邻河北省，所以语言几乎都是北京话，发音稍带点浊音。

④地势：西北地区为平原，中部和最东部山岳地带较多，大部分属于准平原地带。海岸线全长约1200公里，加上拥有青岛、烟台、威海卫、龙口等优良港口联系海外，同时基于内地并以济南为中心，沿着纵横的津浦、胶济两条铁路连接着内地。在政治、军事、经济和商业上，是中华民国最重要的地方。

⑤山脉：泰山山脉，主峰是历史上有名的泰山（海拔约1500米），沿着历城、泰安两县的边界，以其雄壮的姿态向东西方向延伸。

蒙山山脉，横贯邹县、泗水、滕县、费县各县之间，主峰蒙山（海拔1000米）周围有尼山、泽山、抱犊崮①等名山。

崂山山脉：主峰位于青岛东北方向的崂山（海拔1100米），和牟平县的昆嵛山（海拔900米）相连，一直延续到山东半岛东部的荣城县。

⑥河川：重要的有以下几个。

黄河，从河南省东部流入本省②，沿着大清河经濮县、范县等十三县从利津县流入渤海。虽然在夏秋的涨水季节屡屡泛滥，但是利用减水时期来运输粮食、木材和其他的东西。事变③当初，在位于上流河南省郑州、开封中间的中牟附近，由于国民党军的使得堤坝决口的原因④，黄河的主流变成了新黄河，流入了江苏省的洪泽湖，这样一来，原本象征山东省的大黄河一下子变得干涸，直到现在的这个样子。⑤

---

① 亦称抱犊山、君山、豹子崮。
② 原文写着黄河从河北省南部流入山东省，有误。不仅今天，即使在民国，黄河也不流经河北省。
③ 指七七事变。
④ 指1938年6月花园口决堤事件。
⑤ 1947年3月，国民政府将花园口堵口合龙，黄河又回归故道，从山东垦利县入海，也就是现在的河道。

小清河，其源流是济南趵突泉以外的七十一名泉，经过历城、章丘、齐东①、青城②、高苑③、博兴、广饶七县，最后在寿光县的羊角口汇入渤海。事变发生以后，利用小清河来扩大交通运输，运送食盐、木材、粮食以及旅客的非常多。

⑦气候：山东省位于中国的北部，且约一半以上延伸进大海形成山东半岛，所以具有大陆性和海洋性两种气候，是华北地区气候最好的地方。省内的气候，南北两地的温差非常的大，冬季济南地区可以达到零下十八度，在北部的海岸线可以见到结冰现象。夏季如果来得早的话，在六月左右济南就已经达到四十多度④。而且，从七月初旬开始到八月中旬的这段时间是本省的雨季，但是在西部雨量相对少一些。

⑧物产：主要农产品除了有小麦、粟、高粱、大豆、甘薯之外，还产有棉花、烟草和落花生等商品作物。还有桃、梨、枣、柿子、葡萄等丰富的水果和牛马羊猪鸡等畜产品。同时还有煤炭、金、铜、铁、萤石⑤等地下资源。此外，还依靠海岸线生产大量的日晒制盐，还有大量的海产品。综合以上，我们可以从山东良好的地势、体健淳朴的居民、丰富的物产等方面来推断，它将来一定是华北建设乃至"新中国"⑥建设的中心地。

第二节 政治方面

从前，山东这个地方从很早开始就跟我国有着密切的往来。1898年德国租借胶州湾，同年7月首先开放青岛成为自由港，之后由于日德战争，青岛从大正5年开始到大正11年（1916~1922），处于军政管制的统治下。

---

① 山东旧县名，元宪宗三年（1253）置，治所最初在今邹平县西北台子村，光绪十九年（1893）迁邹平县西北九户村，1958年并入邹平、博兴两县。
② 山东旧县名。元太宗七年（1235）设，治所在今山东高青县高城镇驻地田镇西12公里。1948年与高苑县合并改称高青县。
③ 山东旧县名。西汉初设高苑县。治所在今邹平市苑城驻地。1948年与青城县合并改称高青县。
④ 原文写作120度，疑为华氏120度，约等于摄氏48度，故改为此。济南的夏天确实很热。晴热天气时，在太阳辐热作用下，地表温度可达50度以上。
⑤ 又称氟石。山东富含萤石矿，主要分布于济南、淄博、烟台、泰安等地。
⑥ 此处的新中国是指所谓"日华合作"名义下的日本扶植的汪伪政权或者华北政务委员等傀儡政权。

华盛顿会议以后的大正12年（1923）3月随着日本军队的撤退，青岛也被返还给中国。这件事情从政治上来看，说明山东是一个通往华北、华中、华南以及关东州①、满洲内地路线的起点，是一个极其重要的地点。特别是在青岛具有显著的特质。我想，现在再看山东的时候，大概得先详细地了解一下作为其代表性的城市青岛。青岛的某位大官说过："我不是中国人，我不是日本人，我是青岛人。"我想这句话最能简单的说明这个问题。这句话的意思是，青岛是真正意义上的中国和日本两个民族的结合点。当然，这次事变的最终目的不仅仅是把青岛变成一个地方性的日中共同体，而且是日本和中国两个国家的结合。换言之，青岛是处在大和民族和汉民族握手这样一个宏大的历史性的百年大计之下。这件事情每个日本人都深信不疑。然而，要把这个战略付之于每一个具体实践的时候，由于每个地方的情况不同也会产生难易快慢的差别。这点想必大家也没有疑问吧！比如说，比起广东、福建这些华南的反日发源地，我们在跟与我国有着长久历史的华北方面打交道时就相对容易一些，也不费工夫，这个是大家都认可的一种常识。那么，现在要说华北地区哪个地方最好，我想应该首推青岛。我认为，在这里应该找出不同于华北其他地方的只属于青岛意义上的特殊性。在青岛肯定有着其他地方没有的，只属于青岛的东西。当然，任何地方都有那一地方的特殊性，这一点当然没有问题。可是我想强调的是，在打造日中联合体的时候，比起华中、华南，华北特别是华北中的青岛，在这个意义上有其特殊性。而且，我之所以想对青岛特别市做一个附加说明，是由于其特殊的存在性。从历史上看，青岛特别市作为世界上屈指可数的大市场，是一个与日本有着重要关系的地方。不管是从中国看还是从日本看，如果不把青岛看成是一个某种程度上独立的个体的话，就不能发现其特殊性。也就是说，青岛是一个具有独立的自由市场或者国防色彩的城市。即便是市长的任免等事项，也不仅仅是省政府就可以做主的。因为在将来市长是要兼任军事权力的。如果看一下这个背景，就会发现完全类似于中世纪欧洲的自由市场。青岛在地理方面作为一个对内对外共同

---

① 1899年，沙俄与清政府签订《旅大租地条约》，将包含旅顺港、大连港在内的3200平方公里作为租借地，称为"关东州"。1904年日俄战争爆发，俄国战败，将旅顺和大连的租借权变为日本殖民地。

的交通要道，在军事上是一个海上作战的基地，而且其在气候、风土、港湾等方面的优势是其他城市所不能比拟的。我想，对于在物资集散（落花生、烟草、棉、食盐）的生产等方面都有重要意义的青岛来说，要求其具有一个强有力的政治体制，这也是一个必然的要求。

第三节 历史上和日本的关系

山东省作为中国和日本之间关系历史最悠久的一个地方，在古代为秦始皇寻找长生药的徐福，就是从青岛附近的崂山乘船去蓬莱仙岛——日本的和歌山①的。在隋朝，从日本过来的僧侣和其他人，或者唐代遣唐使中的很多人都是从山东省登陆，然后再去首都长安的。之后，在山东当地留下了很多日本人的足迹。最近，在日清战役②中，日本军从荣成（城）湾登陆占领了威海卫，最后通过和谈将其返还。之前欧洲大战的时候，日德战争使得日军占领了青岛，一时间胶济铁路也处于日军的管制之下，日军还驻军青岛和济南。接着在民国17年（1928）济南事件的时候，青岛也暂时有日本驻兵。这次事件以后，山东各地的日本居留民现在约达四万，需要政治、经济、文化各部门相互合作，齐心协力努力建设新山东。

第四节 经济方面

一 地下资源及其特点

第一，煤炭资源。

（1）山东煤炭从矿区到出口码头的距离大约为340公里，途中也没有山谷的阻碍，运输很容易。现在，途中所需的天数为一天。

（2）山东煤炭中大汶口、新泰、博山以及内地等有几个未开发矿区，这些矿区比起以前的采矿区域只需要少额的投资即可。

（3）山东的煤矿不仅在对日供给和经济上有利，而且我们也可能控制这些纯中国资本经营的70多家小煤矿，利用地方当地资本来开发和扩大生产。

---

① 目前在和歌山县新宫市，还有徐福墓和徐福神社。每年11月28日是祭祀徐福的日子。
② 即甲午战争。

（4）山东煤炭总体上半数是无烟煤或者全是无烟煤，其发热量粉炭（煤屑）为 6300 大卡，煤块为 7300 大卡乃至 7500 大卡，广泛分布于各个区域。5 米乃至 2.5 米的煤层有四五层乃至十五六层，埋藏量合计 20 亿吨。

第二，铁矿资源。

（1）金岭镇①铁矿一处的埋藏量就有 1200 多万吨乃至 2400 万吨，运输也比较容易。到出口码头的距离只有 390 公里，而且从金岭镇车站到矿口以及露天挖掘点附近之间有专线。

（2）矿质有磁铁矿和赤铁矿，含铁量在 60% 左右。

第三，岩土资源。

（1）蕴藏区域和煤炭资源在同一地方，矿量据推测有 20 吨②，品位在 70% 左右，使用煤炭开采设备的话，很容易得到。

（2）运输也跟煤炭一样比较容易。

第四，石灰岩资源。在煤矿区域的山壁或者煤矿基地有无数的储存。

第五，由于以上各种资源都储存于同一区域，所以将来综合开发的话很便利。

第六，萤石、重晶石、滑石。

以下这些东西在华北都是山东省独特的矿石，采掘的区域距离出口码头很近而且生产价格便宜。

	埋藏量	品质
萤石	400 千吨	80%
重晶石	—	80%
滑石	—	95%

第七，金矿。金矿有十几处，储藏量有 2000 万吨。

二　山东工业和布局条件

第一，上述山东省的工业，根据布局条件、技术方面以及经济方面的

---

① 今淄博市临淄区金岭镇。当地铁山富含铁矿，春秋时代齐国即开采冶炼，近代德国、日本也大量开采，为此胶济铁路设立金岭镇站。

② 原文此处疑有误，待考。

研究适合以下几种。

（1）纤维工业（棉纱布）；

（2）化学工业（火柴、制盐、烧碱、染涂料、橡胶、皮革、肥皂、油脂）；

（3）窑业（烧瓦、玻璃）；

（4）粮食嗜好品①工业（制粉、制蛋、啤酒、酿造、烟草）。

第二，上述工业其投资资本已经确立了牢固的基础，以青岛为中心，在华北占有压倒性的优势。

第三，关于工业布局条件，虽然跟天津、上海、汉口相比，青岛在距离消费地的距离以及内河水运的便利程度上有欠缺的地方，但是因为胶济铁路的改良强化、新线路的建设、汽车道路的普及、近海航运的发展以及青岛港在大洋海运上的位置优势等，可以弥补其在以上方面的欠缺。

第四，其他的条件。

（1）工业用地能够以相对便宜的价格轻易取得。青岛附近的农地购买价一方步②（0.77日元左右），最高5日元，最低0.6日元。

（2）劳动力丰富，工资低。青岛女工每天平均0.6日元。

（3）动力工业用煤炭丰富且价格低廉。在青岛纺织工厂，自家发电的话每千瓦价格为3钱5厘，如果买入电力的话是4钱5厘。如果所有的工作可能自家发电的话，则是每千瓦2钱左右。

（4）工业用水的硬度③稍微高一些，硬水使用在酿造和饮料制造方面没问题。大量用水水费为一千立方米以上12钱2厘。

（5）气候方面，青岛由于受到海洋气象的影响，湿度稍微有点高，跟日本内地没有什么大的差异。

（6）原料的获取相对容易。在山东省及其附近生产的东西很多，比如，棉花、小麦、鸡蛋、落花生、牛皮、牛酒④、盐、烟草、玻璃原料。

---

① 在日本语中，"嗜好品"指为了爱好、乐趣而享用的食品饮料，如茶、咖啡、酒、香烟等。
② 方步中的方是平方，步是日本旧时使用的面积单位。简单理解方步相当于我们现在使用的平方米的概念，1方步大概是3.3平方米的面积。
③ 指水中的钙离子和镁离子的溶解量。
④ 原文疑有误，应为牛骨。

（7）港湾的设备与其他港口相比相对较好，进出口各项费用低廉。

三　山东贸易的重要性

第一，山东是通过向第三国以及华中、华南出口转移货物获取外汇的一个特产物的产地，主要是从青岛港向外出口东西。

第二，

（1）面向第三国家的落花生相关的出口比较。

	事变前 (1936 年 7 月到 1937 年 6 月)	事变后 (1938 年 6 月到 1939 年 5 月)	增减
落花生（果实）	32800 吨	25998 吨	减少 6802 吨
落花生（带壳）	4118 吨	3871 吨	减少 247 吨
落花生油	39219 吨	22885 吨	减少 16334 吨
落花生粕	10362 吨	7675 吨	减少 2687 吨

（2）面向华中、华南的落花生相关的运出比较。

	事变前 (1936 年 7 月到 1937 年 6 月)	事变后 (1938 年 6 月到 1939 年 7 月)	增减
落花生（果实）	76132 吨	4990 吨	减少 71142 吨
落花生（带壳）	87 吨[①]	1216 吨	减少 1039 吨
落花生油	14684 吨	5297 吨	减少 9387 吨
落花生粕	6557 吨	155 吨	减少 6402 吨

第三，青岛港跟天津港相比，不仅对于进出口货物所征收的费用低廉，而且货物损失也少，在核算上是有利的。

---

① 原文数据有误。根据后两个数字，计算得 2255 吨。

	青岛	天津
每吨装货	0.69 日元	2.07 日元（船运的情况）
每吨卸货	0.82 日元	2.46 日元（船运的情况）

以上是昭和 23 年实收的平均价。

第四，山东贸易经常是出口超过进口而且偏向原料品的出口。

第五，关于商品的流通，与华中、华南的联系最为紧密，也就是说，运入主要依靠上海方面，运出主要依靠上海、广东方面。

四　山东省农产资源及其特征

第一，山东省位于北纬 35°~38°的温带地区，土地肥沃，人口密度每平方公里为 242 人。

第二，山东省农耕作物的特征是落花生、棉花和烟草等作为国际性的商品占据了山东特产的重要位置。而且，作为农家副业生产的蚕丝、猪毛、鸡蛋等都是山东省重要的出口物品。这些物品会根据贸易的增减情况立刻影响到华北经济界。

第三，山东省在气候、水土方面不仅仅最适合果树和蔬菜类的栽培，而且擅长于栽培技术。

第四，山东省的耕地面积现在为 679 万町步①，今后土地的增加只能寄希望于水治理和土地改良。

第五，如果不依靠科学知识和技术，仅靠现在的农耕方法所生产的东西不可能满足日益膨胀的人口。也就是说，棉花、烟草、落花生之类的特产品作物以外的杂粮依然不足。

第六，山东省的农家是零碎的，其经营是集约型的。

第七，由于山东省的农家经营面积过小，所以自给作物栽培的比例很大。因此，如果不以农家机构的改变为前提条件的话，那么果树和蔬菜的种植面积将会受限。

五　山东经济上的繁荣和畜产品出口的关系

第一，山东省的牲畜和畜产品的分布相对广泛一些。

---

① 1 町步约为 14.8 亩，679 万町步合 10049.2 万亩，即一亿亩多一点的耕地，这和民国时期山东耕地面积约一亿亩的说法是一致的。

表1　各省家畜的饲养数量

单位：千头、千只

省份	牛	马	骡	驴	羊	猪	鸡	鸭
山东省	2303	358	609	1307	5722	2792	45711	10185
河北省	1128	332	741	887	4168	11070	20043	4214
山西省	489	138	315	423	13578	3536	11884	372
河南省	2184	383	622	145	7685	7244	37792	6271

（昭和8年度中国国民政府统计）

第二，山东省的施肥情况。

多数以家畜的粪尿为主，也就是依靠所谓的土粪。

第三，山东牛在提供农耕最大劳力的同时，因其肉质优良，出口日本的也比较多，对于增强国民身体素质的贡献很大。

第四，山东省畜产品的出口贸易对于山东经济的繁荣发挥了重要的作用。

表2　青岛港畜产品出口[①]额

单位：千元

品名	1934年 出口	1934年 运出	1935年 出口	1935年 运出	1936年 出口	1936年 运出	1937年 出口	1937年 运出	主要出口国家和地区
牛肉	3071	8	2250	6	3416	—	1636	15	日本、满洲
鲜鸡蛋及鸡蛋加工品	3053	100	2969	151	3688	145	7630	436	
猪毛	1140	244	1974	602	1333	1403	3542	1670	美国、英国、德国
牛皮	744	89	683	19	1212	212	925	64	日本

第五，青岛的屠宰场设备完善，其屠宰能力每天通常为牛900头，猪500头，羊80头。

---

① 在日文中出口指输出国外，运出指输出到国内其他地区。

表3　畜产品生产推定额

单位：千张

省份	牛皮	马皮	驴骡皮	羊皮	山羊皮	羊毛
山东省	33	7	25	1262	1009	1514
山西省	205	15	82	641	513	769
河北省	91	24	42	448	359	538

第六，在山东由于养马的管理费比较高，所以马比较少。与此相反，饲养相对容易的驴骡的情况比较多。家禽中最多的是鸡，到处都可以看到农家饲养的鸡。

六　具有重要价值的山东的交通港湾

（一）铁道

（1）山东省的铁路普及度非常低。当前把各个国家的铁路每1公里和领土面积做个比较的话，山东省是每164平方公里有1公里的铁路，全中国是每736平方公里有1公里铁路，英国、德国是每8平方公里有1公里铁路。日本、美国是每18平方公里有1公里铁路，法国是每13平方公里有1公里铁路。

（2）山东唯一的铁路胶济铁路是单线，现在的运输能力不过只有300万吨左右，主要的运输物品是煤炭占60%，农产品占15%，制造品占10%。

（3）今后随着华北开发的进行和胶济线的复线化，运输能力将扩大，需要新建设连接内地的铁路。

（二）汽车道路

汽车的普及程度也是非常低，主要原因是洪水泛滥比较多。

（1）道路非常的粗放而且条件恶劣。

（2）土产品很多为重量货物，由于商民能够迅速地搬运，这方面支出的经费很少。

（3）与铁路分离，连接不充分。

（三）内地河

（1）内地河中值得一看的有黄河、小清河和大运河，特别是在胶东半岛地带由于丘陵地势，船运不发达。

（2）在山东运输物容积大且价格低廉。

(四) 港湾

(1) 山东四港的特征 (见表 4)

表 4

港湾名称	腹地 第一腹地	腹地 第二腹地	铁路汽车公路	水路	特征	发展潜力
龙口	山东北部①		烟潍公路		和"满洲国"之间的交通联系、港湾狭小	附近一带是烟台的商圈,缺乏发展潜力
烟台	山东省北部②		烟潍公路 青烟公路 烟威公路		(1) 作为中间港是一个好地方;(2) 腹地被青岛港所夺取,被局限在山东省半岛北部	随着华北沿岸的发展,作为山东省北岸的港口有发展潜力
威海卫	山东省文登县		烟威公路		北岸的要塞	
青岛	山东全省	河南省北部、黄河流域	青烟公路 胶济铁路 津浦铁路	黄河 大运河 小清河	(1) 作为港湾在自然条件方面有利;(2) 腹地的物资运输能力薄弱	期待随着腹地工作的进展其也有大的发展

(2) 青岛港的特质

①地理上非常的有利

从青岛港在海运上的位置来看,其位于上海和大连之间,是华北各港口中最接近日本的港口。因此,现在青岛作为远洋航路中的中国沿岸航路的海运根据地,而且随着日满中经济同盟的强化,如果其经济进一步发展的话,它和香港、上海一起成为世界交通要道的一环也不是那么困难。

②优良的港湾设施

青岛港不仅防波堤岸停船处、码头、仓库等设施相对完善,而且受

---

① 原文似有误,更准确的说法,应是山东东北部。
② 原文似有误,应为山东东北部。

惠于自然的以及人为的条件，属于华北中第一港。现在停靠泊位总长为4376米，停泊能力为可以同时接纳18艘6000吨级的船舶，1万吨级的船也可以停靠。一年中的货物吞吐能力为400万吨，伴随着延长线①的完成，目前在扩充港湾的时候，可以扩大到超过2000万吨。

③海运经济上的优点

在海运经济上，随着青岛港湾设施的完善，和港口费一样，海运费用的低廉成为船舶经济的利益。

④和天津港的竞争性地位

青岛港作为华北的门户，和天津港是竞争性的关系，把两者比较一下情况如下（见表5）：

表 5

港名	政治上的关系	港湾的自然条件	与腹地的关系	潜力
天津	与政治中心地相接，有利	白河②的泥土不断地增加，疏浚变得艰难，建港计划极为困难	以天津、北京两大消费地为中心，在白河、黄河流域有非常广阔的市场和原料供给	山西地下资源的开发和蒙疆农畜产资源的开发相结合，有发展潜力，但港湾设施没有相应的能力
青岛	不利	受惠于非常良好的条件，将来的扩张也非常容易	被局限在山东一带狭小的范围内，如果铁路延长线完成的话，就能联系到河南、陕西、山西的货物，而与天津抗衡	如果延伸到内地的铁路延长线完成的话，作为华北的门户非常的有利，未来潜力无限

---

① 此处指修建济南通石家庄或郑州的铁路，这对扩大青岛港的腹地经济很有价值，有利于河南、陕西、山西的产品通过青岛港运到世界各国或东南地区。
② 古称沽水、沽河等，海河水系潮白河的一支。河多沙，沙洁白，故称白河。河性悍，迁徙无常，俗称自在河，发源于河北省沽源县，经密云河槽村与潮河汇合后称潮白河，东流汇入海河而注渤海。在民国时期，白河的名声比海河大，海河属于白河的一部分，类似今天黄浦江和长江的关系，当时南开大学的校歌歌词讲，"渤海之滨，白河之津"。查看一些民国时期的天津历史地图，有的地图明确将海河标注为"海河白河"。当时，白河、北运河、海河等河流共同构成白河流域，而今天海河流域取代了白河流域的概念。

第二章　币制改革后的山东省币制金融状况

第一节　货币

（一）币制改革前的状态

在币制改革以前，汇率有急速崩溃的可能。即使在山东，以各种银行券为代表的货币也和华北其他地区一样，流通经济面较为狭小，再加上经济界对汇兑行情等非常的敏感，遂导致购买力显著降低。

（二）币制改革后的状态

在改革前，物价从追随白银行情中脱离，由于汇率的稳定、物价也变得稳定。

（三）本次事变日本军占领前的状态

在日军占领以前，山东省内的通货非常的杂乱。有日系的、外国的[①]、中央系的和地方系的各种杂券。其中日系的有朝鲜银行券，中央南京系（南方系）的有中国银行、中央银行、交通银行、中国实业银行、北洋保商银行、中国垦业银行、浙江兴业银行、大中银行[②]、大中边业银行[③]、中国农工银行、中南银行、中国通商银行、农商银行、四明银行、中国农民银行等发行的银行券，北方（地方）系能见到只有冀东银行券、河北省银行券、山西券等少量在流通。现在要判断上述通货在华北的详细流通数额确实是一件困难的事情，据说有3亿元，或者5亿元，也有说大体有三亿五六千万元。关于这个问题将在别的地方另行说明。

第二节　金融机构

（一）青岛的银行

在青岛的银行名称

---

① 指日本人之外的其他国家的货币。
② 1919年创办于重庆，发起人为汪云松、孙仲山等。1949年停业。
③ 原文有误，应为边业银行。

日本方面：正金银行、朝鲜银行、济南银行（3家）

中国方面：中国联合准备银行①、大阜银行②、中国银行、交通银行、金城银行、大陆银行、中国实业银行、上海银行、国华银行③、东莱银行（10家）

外国方面：The National City Bank of N.Y.（美国花旗银行）

事变前，法币特别是中国银行和交通银行两家银行的银行券流通最多。中央银行券和民生银行券等也能星星点点地看到一些在流通。现在在山东，中国、交通两家银行的银行券带有"山东"地名的发行额如下：

中国银行券　　4988641450元④
交通银行券　　5136900000元⑤
合计　　　　　10125541450元⑥

因此，可以说有一亿元的中国银行和交通银行两家银行券在流通，而且如果中央银行券按1300万元，民生银行券（包含小额纸币）按600万元，山东平市官钱局券按400万元，其他南方券和杂券等按1000万元算的话，山东全省流通的纸币数额据推算足足有1.3亿元。但是，如果把这1.3亿元按照山东全省3800万人来平均的话，人均持有的纸币额为3元40钱左右。从中国全部人均大约持有3元来看的话，山东省人均持有的纸币数额大体上可以认为是正常的。

但是，在中国目前的经济发展阶段，只有大额的纸币还不能顺利的流通，那么小额纸币发挥的作用其实是很大的。看看事变以前的中央银

---

① 伪"中华民国临时政府"的中央银行，于1938年3月成立，银行最高决策由日本人掌管，是日本华北殖民地经济体系中的一个重要金融工具。
② 1939年8月在青岛成立的银行，由日本青岛海军特务部筹组。1945年抗战结束后，由国民政府中央银行青岛分行接收。
③ 民国主要商业银行之一。1928年1月成立于上海，在全国各主要城市设立分行。1952年改组为公私合营银行。
④ 原文数字少了小数点，据前后文推断为49886414.50。
⑤ 原文数字少了小数点，据前后文推断为51369000.00。
⑥ 原文数字少了小数点，据前后文推断为101255414.50。

行几乎独占小额纸币的发行权，应该说这一点不能忽视。

即使在山东，韩复榘主席在获得了山东民生银行①小额纸币的发行权以后，开始顺利地推进山东的建设事业。这更加说明了小额纸币的发行权决不可等闲视之。因此，说得极端一点，对付中国地方军阀的就是小额纸币。关于民生银行，在民国25年3月第一次发行了500万元，这些钱立即就被内地消化掉了。紧接着又在同年第二次印刷和发行了500万元，这是真实存在的事实。但是，山东平市官钱局仅仅是以15万的资本而发行了400万以上的小额纸币（含铜元票），这说明小额纸币真的是和人民生活一样，与经济的发展程度相一致。事变前的山东省民生银行和山东平市官钱局的小额纸币发行大体如下。

	印刷额	流通额
山东省民生银行	10000000元	5834900元
山东省平市官钱局	6760000元	4294050元
合计	16760000元	10128950元
	汇丰银行（英国）	
	德华银行（德国）②	

日本军占领初期，日系通货（主要是鲜银券）和法币共同流通，一时间，形成了以它们两者为主的局面。从昭和13年3月开始，禁止法币流通，新的联银券开始登场并取代之。从那以后，华北逐渐走向联银券独占化，对汇率的控制也逐渐取消。现在我们把中国方面对纸币的适应状况，简单地分成日元系、日系、外国系等几个方面，看一下各自的营业情况。

首先，随着日军的占领，中国方面的银行被命令要挨个汇报其营业情况，贷款也被停止了。虽然存款并没有被停止，但是一般的银行在截至本年6月几乎都处于开店停业的状态。与此相对，日本方面的银行呈现出了

---

① 1930年由时任山东主席的韩复榘筹设成立的官商合办银行。1938年济南沦陷后，该银行成为日本领事馆驻地，1939年成为横滨正金银行出张所，1945年抗战胜利后被中国银行接管。
② 1889年成立于上海，由德国13家大银行联合投资而成，属德国海外银行系统。1945年二战结束后由国民党政府指定银行接受清理。

相当活跃的情形，正金和朝鲜两家银行大约发放了 5000 万日元的贷款，由于中国方面的银行处于开店停业的状态，中国人的交易几乎全部都是通过日本方面的银行来进行的。加之随着战后的开发和复兴，新商店的增多，日中合办企业的扩大，资金几乎都流向了日本方面银行，因此，据说其总额也达到了事变前的五倍。

正金银行在事变以后由于贸易的不振，从以前的专业外汇银行积极向为本地工商业者服务的地方性银行转变（昭和 14 年以后）。朝鲜银行以前主要也是经营外汇和当地银行业务，但在事变后，其外汇与事变前相比减少了三分之一，但是存贷款业务却增加了五倍乃至十倍。正金银行的情况也跟朝鲜银行差不多。由于昭和 13 年 6 月出台了贷款限制（《资金调整法》《外汇管理法》），当地的商社也受到了限制。而且，在昭和 15 年 6 月由于联银券滥发①引起的投机资金贷款管理的强化，华北金融吃紧，有预测说商品价格也会下跌。这样，由于中日双方的限制贷款乃至取缔政策，经济界受到了相当大的影响。华北联银券独占的进展在本年 6 月 15 日，即使在日本方面的银行，不仅仅是联银券以外的日系通货的支付，其接受也变得不被认可。

接下来是外国银行最近的状况。虽然没有办法详细论述，但是从顾客方面来推测的话，当地的商业几乎停滞。我想主要是经营一些外汇业务。但是，从事变前国民政府的公布来看，必须考虑到其手里也持有相当金额的存款。现在，各银行的营业情况如下表所述。但是，由于篇幅所限，这里只看一下大阜银行。该银行在事变以后随着一般都市态势向着利好的转变，由消极的营业逐步向积极的方向变化，作为中国联合准备银行统治下的最初的都市商业银行，其在成立当初的收益（昭和 13 年 9 月到 12 月）只有区区的一万数千元，但是在本年度的上半期（1 月至 5 月末）其纯利益就已经达到了 18 万元，其根基也逐渐地稳固。而且，该银行的实付资本为 150 万元。现在该行的存款金额为 1300 万元，贷款金额为 1100 百万元（含银行存款）。

---

① 指日本人控制下的中国联合准备银行滥发联银券。到日本投降前夕，该行共发行联银券约 1423 亿元，不仅成为日本掠夺华北的重要工具，同时造成通货膨胀，人民苦不堪言。

表6 （1）中国方面银行存款变动情况（按银行分）

单位：万元

	前期末				本月末		与前月末相比增减（△）	
	件数①	金额	收入额	支出额	件数	金额	件数	金额
交通银行	4336②	2710801	346809	418853	4320	2638759	△45	△72044③
中国	1357	4761448	8801043	8900983	1350	4661508	△7	△99940
东莱	148	795903	386017	343765	151	837836	3	42252④
上海	267	450903	906328	700993	259	656239	△8	205336
国华	309	1092005	3047067	3177032	318	962040	9	△129965
金城	196	733028	1255690	1464008	197	524708	1	△208320
大阜	592	1420058	3751054	3284048	618	1887064	26	467006
中国实业	87	180724	264502	290959	98	154267	11	△26457
合计	7321	12144551⑤	18758510	18580641	7311	12322419⑥	△10	177868⑦

表7 （二）贷款资金变动情况（按银行分）

单位：万元

	上月末		贷款额	偿还额	本月末		与上月末相比增减（△）	
	件数	金额			件数	金额	件数	金额
交通银行	176	1318691	15000	260675	175	1073016	△1	△245675
中国	129	8693722	1438538	1278364	127	8853897	△2	160175
东莱	30	440699	29372	38756	28	431315	△2	△9384
上海	28	621459	435193	492902	29	563750	1	△57709
国华	60	895438	673452	832545	52	736345	△8	△159093
金城	86	1335649	888431	1072079	80	1152001	△6	△183648
大陆	161	1179540	1146522	1155176	152	1170886	△9	△8654
中国实业	81	360091	108186	121256	78	348320	△3	△11771
合计	751	14845289	4734694	5251753	721	14329530	△30	△515759

① 指交易次数。
② 原文有误。根据横、纵两次计算的结果，应为4365。
③ 原文有误，据表中数据计算，应为72042。
④ 原文有误，据表格中数字计算为41933。
⑤ 原文有误，据表格中数字计算为12144870。
⑥ 原文有误，据表格中数字计算为12322421。
⑦ 原文有误，据表格中数字计算为177551。

以上（见表6、表7）是昭和15年4月中在青岛的中国方面的银行的存款和贷款的变动情况。

中国联合准备银行　　　　　分行设立年月日　　　办事处

天津（民国27年3月10日　　新乡（28.2.26）　　威海卫（28.2.6）
简写为27.3.10，后面皆同）　临汾（28.2.18）　　龙口（28.6.5）
青岛（27.4.8）　　　　　　运城（28.2.23）　　秦皇岛（28.10.14）
济南（27.4.8）　　　　　　徐州（28.4.20）
石家庄（27.4.15）　　　　　开封（28.4.20）
唐山（27.4.20）　　　　　　海州①（28.6.1）
太原（27.10.1）　　　　　　烟台（27.10.1）
山海关（27.11.28）

交换所

青岛埠头（27.9.29）
塘沽火车站（27.10.1）
山海关火车站（27.10.1）
徐州（28.4.1）
烟台码头（28.7.24）
北京火车站（28.11.1）

外汇局办事处

北京（民国28年3月11日简写为28.3.11，以下皆同）
天津（28.3.11）
青岛（28.3.11）
济南（28.3.11）

---

① 今连云港。

烟台（28.3.11）

威海卫（28.7.15）

（二）中国联合准备银行青岛分行

表 8

（1）存款变动情况

（11 月 15 日调查）

单位：元

科目	上月末 件数	上月末 金额	收入额	支出额	本月末 件数	本月末 金额	与上月末比较增减（△）件数	与上月末比较增减（△）金额
定期存款	50	688349	44300	154000	49	578649	△1	△109700
活期存款	132	1264284	21700571	20285481	140	2679375	8	1415091
特别活期存款	208	159178	259415	245710	223	172883	15	13705
官厅存款	27	1033654	2476250	2273580	27	1236324	—	202670
合计	417	3145465	24480537①	22958771	439	4667231	22	1521766

（2）贷款金额变动情况

单位：元

科目	上月末 件数	上月末 金额	收入额	支出额	本月末 件数	本月末 金额	与上月末比较增减（△）件数	与上月末比较增减（△）金额
有担保的定期贷款	1	910662	—	910602	1	910662	—	—

---

① 原文不准确，据表中数据核算为 24480536。

表 9　中国联合准备银行纸币发行额（昭和 15 年 2 月末至现在）

单位：元

区分	发行额	区分	发行额
北京总行	72439187	威海卫分行	790235
天津分行	126394886	龙口分行	3379834
济南分行	58824863	山海关分行	7062950
青岛分行	54939625	秦皇岛分行	1174466
唐山分行	16662414	新乡分行	7401909
石家庄分行	55205636	运城分行	9023206
太原分行	35581648	临汾分行	8287723
烟台分行	9315459	徐州分行	12128877
开封分行	15642457	海州分行	3152124
		合计	497406538[①]

表 10　中国方面银行的营业状况——存款部分

单位：元

银行名称	各银行存款	一般存款	合计
中国银行青岛分行	719795.42	4649507.77	5369303.19
交通银行青岛分行	237169.97	891729.43	1128899.40
交通实业银行青岛分行	81175.82	109026.31	190202.13
金城银行青岛分行	334550.02	528470.23	863020.25
大陆银行青岛分行	448058.22	1806696.53	2254754.75
青岛大阜银行	2815918.85	7944996.99	10760915.84
国华银行青岛分行	379216.70	962040.07	1341256.77
上海银行青岛分行	98331.62	498918.21	597249.83
东莱银行青岛分行	42893.07	889041.66	931934.73
合计	5157109.67[②]	18280427.20	23437536.89

---

① 原文有误，据表中数据核算为 497407499。
② 原文有误，据表中数据核算为 5157109.69。

表11 贷款部分（昭和15年4月30日）

单位：元

银行名称	各银行放款	一般放款	合计
中国银行青岛分行	1633125.05	8651311.58	10284436.63
交通银行青岛分行	506422.40	1039326.17	1545748.57
中国实业银行青岛分行	206743.06	348320.24	555063.30
金城银行青岛分行	362851.05	1152000.93	1514851.98
大陆银行青岛分行	1425995.30	1170561.00	2596556.30
青岛大阜银行	5323161.68	5654649.39	10977811.07
国华银行青岛分行	596276.02	736345.64	1332621.66
上海银行青岛分行	380853.24	563750.22	944603.46
东莱银行青岛分行	178613.59	431317.85	609931.44
合计	10614041.39	19747583.02	30361624.41

表12 在青岛的中国方面的银行

单位：元

商号	代表者姓名	组织	资本金	民国 ×年×月×日	营业所
中国联合银行青岛分行	刘祖元			27.4.8	山东路82号
国华银行青岛分行	徐勉之	股份有限合资	4000000	23.12.1	山东路91号
交通银行青岛分行	吴兴基	股份有限公司	40000000	12.7.1	山东路93号
中国银行青岛分行	王祖训	股份有限公司	40000000	2.5.15	山东路62号
上海商业储蓄银行青岛分行	王昌林	合资	5000000	20.2.20	山东路68号
中国实业银行青岛分行	李士斓	合资		19.9	河南路13号11号
金城银行青岛分行	周伯英	合资	4000000	20.6.15	河南路17号
山左银行	纪经函	有限公司	500000	11.9	山东路64号

表13 在青岛的著名钱庄调查

单位：元

商号	代表者姓名	组织	资本金	民国×年×月×日	营业所
青岛立诚号协记①	王寿山	合资	100000	20.5.6	北京路34号
福顺德银号②	李砚农	合资	100000	18.6.10	天津路10号
青岛商业银号③	纪毅臣	有限合资	200000	24.5.13	河南路51号
裕昌银号④	高章夫	独资	100000	12.1.16	河南路98号

表14 青岛的中国人典当调查⑤

商号	代表人姓名	组织	资本金（元）	民国×年×月×日	营业所
谦益当东号	华方荃	独资	由谦益当常合记支用	23.8.20	胶州路138号
东顺当	李右臣	合资	50000	25.2.24	保定路12号
德裕当	梁和璞	独资	20000		河南路92号
瑞丰当同记	王龙潭	合资	15000		沧口松柏路70号
晋丰当同记	李少卿	合资	由总柜临时拨用		芝罘路46号⑥
谦益当分号	华方荃	独资	由谦益当合记支用		益都路109号
聚盛当	范经堂	合资	10000		长安路7号
谦益当西号	华方荃	独资	由谦益当合记支用		云南路78号
谦益当合记	华方荃	合资	90000		潍县路6号
晋丰当分号	孙香圃	合资	威海号总号	26.6.10	福寿路18号
成丰当	成眙之	合资	60000	26.4.30	云南路75号
晋丰当	孙香圃	合资	35000	26.4	威海路114号
永兴当	王凤遴	合资	20000	25.8.14	丹阳路9号
谦益当	杨可全	合资	35000	17.2	云门路6号
永兴当分号	李志建	合资		25.8.14	台东西七路4号
亿盛当	陈鸣亭	合资	15000	28.5.14	奉天路115号

---

① 1931年成立于青岛，股东凝紫堂、陈锦三、世荫堂、百忍堂、凝瑞堂等。1945年改组为银行。

② 清光绪十二年（1886）创设于山东烟台，创办人梁善堂，先后在哈尔滨、长春、吉林、大连、青岛、济南、北京、天津等地设分支机构，主要接受胶东籍矿工、农民、商人的汇款，在胶东许多县镇设立分理处。民国三四十年代青岛分社的经理是李砚农。

③ 1935年成立于青岛，1945年改组为银行。

④ 1927年成立于青岛，1945年改组为银行。

⑤ 依据《青岛市志·金融志》《胶澳志》和《中国实业志：山东省》等对本表格仔细核对。该表格所列典当名录中，没查到聚盛当、晋丰当分号、晋丰当、永兴当分号和亿盛当的资料，特此说明。同时也反映了书院学生作调查的细致，能弥补本土史料中的不足。

⑥ 《青岛市志·金融志》（新华出版社，1999）记为威海路114号，似更正确。故此说明。

（三）济南的金融机构

以上主要以青岛为中心进行了叙述。除此之外，济南也有各种金融机构。下面让我们先来看一下济南的金融机构。

在德国经营山东以前，济南只不过是一个完全的封建式货币制度和单纯商业资本维持的城市。其货币交易资本也完全不成熟，除了单纯负责发行银票、钱贴，从事各种货币兑换的旧式钱店和经营外省汇兑的外省票号以外，其他什么都没有。可是，德国经营山东之后，这个城市的金融机构得到了异常迅速的发展。随着德华银行的进入，接下来是中国银行、交通银行两家银行的登场，还有作为山东财系的山东银行①（此后的山东商业银行）等的成立。此外，在这前后，一系列钱庄资本相继进入，首先是山西、章丘、宁津②等地的各帮，随后是潍县、周村帮等大小多达120余家的钱庄呈现出了迅速的发展。但是，以欧洲大战为契机，在进入到所谓的日本军管时代以后，随着日本商人的大量进入，其金融机构也进入了新的飞跃式的发展。也就是我们的正金、朝鲜、济南银行等的出现。加之新的齐鲁③、企业④、工商⑤、通惠⑥、泰东⑦等这些城市本土小银行，还有浙江财阀系的大陆、上海商业储蓄、张家系⑧的边业、河北系的劝业⑨、本省财系的东莱、中国实业等一批华商近代银行

---

① 山东银行成立于1912年8月，总行在济南。额定资本银50万两，实际由山东藩库拨库平银147430余两，总理、协理也由山东都督委任。1912年12月改为商办，另招商股100万元，所有官拨资本如数归还。1913年中国银行山东分行成立后，山东银行并入中国银行山东分行，但保留山东银行名义。1925年改为山东商业银行，1928年因时局动荡而停业。1931年复业。
② 宁津，今德州下辖县，民国时属于河北省，位于山东省西北部冀鲁交界处，东邻乐陵，西与北以漳卫新河为界，与河北省吴桥、东光、南皮等县隔河相望。民国时，这里盛产棉花。
③ 齐鲁银行于1916年设立于济南，1925年停业。
④ 企业银行1918年创立于济南，1924年停业。
⑤ 全称山东工商银行，1918年成立于济南。1925年停业。
⑥ 全称济南通惠银行，1917年创立于济南，1927年停业。
⑦ 1918年成立于山东济南，由学界人士组织，1927年停业。
⑧ 张作霖掌控的银行。1924年第二次直奉战争以后，奉系军阀张作霖战胜了直系军阀，张学良收购原来的边业银行的股份，然后再增资扩建，该行由奉系地方势力控制。边业银行于1925年4月10日经过三个月的筹备再次开业，总行设在天津，张学良为总经理。在北京、上海、张家口、奉天、长春、哈尔滨、黑河设分行。
⑨ 劝业银行于1920年创立于北京，在天津、宁波、上海、济南等设立分行，1931年停业。

的迅速进入。另外,处在下层,与商人密切接触的钱庄在继第一次革命后的第二次革命①的影响下,稍微变得有些凋落。但是之后,随着局势的不断稳定,也走上了发展的上升道路,最终形成跟外商银行、华商近代银行三者鼎立的金融局面。接着,这个城市的金融机构在1923年日本归还山东以后,随着民国13年进入了张宗昌的统治后,逐渐遭到了破坏。也就是说,伴随着张督办的乱政,接连不断的繁重的捐税,乱发公债军用票和山东省银行钞票等,对商民的榨取,现银绝灭、纸币通胀、物价暴涨,以及一般性的经济机构的破坏,银钱业渐渐陷入了困境。仅仅依靠买卖省钞、军用票苟延残喘。但是,在民国17年随着张的逃亡,"五三"事件②的爆发,最终陷入了完全破产的状态。首先是钱庄接二连三的倒闭(其中的巨擘章丘帮就是在这个时候没落的)。即便是华商银行,比如以掌握济南本土金融机构中枢的山东商业银行的倒闭为开端,很多银行都倒闭了,只有中国、交通两家银行存活了下来。另外,我方的正金和朝鲜两家银行也随着日本放弃经营山东而陷入冲击,最终退却。但是,在民国18年随着国民政府统一全国,时局逐渐朝着恢复的方向发展。首先是以潍县帮为中心的钱庄的复活。其次,也能看到大陆、中国实业、东莱、上海商业储蓄等的复兴,还有中央银行、民生银行、平市官钱局等特殊银行的新设。在这里,这个城市和其他有特殊性的海港城市非常不同,因为容易排斥外国银行的进入(现在济南银行仅仅是作为日本居留民的当地银行而存在着),所以,金融机构最终也就形成了只有华商近代银行和钱庄的竞争组合或者竞争构成。

1. 钱庄

这个城市的钱庄,运用较少的商业资本,为众多的商号提供各项金融服务。也就是说,它们以少量的商业资本,向一般的商号进行小规模的贷款、汇兑操作,甚至是为了其运营而进行的货币买卖等。但是,以本次事变为契机,情况完全发生了变化。由于构成这些机构基础的信用被完全破坏,所以它们不能顺利地发挥其功能。事变以后重新开张的银号已经达到

---

① 指1913年孙中山发动的反对袁世凯的二次革命。
② 1928年济南惨案及随后发生的中国人民反抗活动。

三十六七家，可以说事变前52家中的大半①都消失了踪迹。而且，残存下来的银号也只是简单地以开店休业和债务债权的整理为主要业务，顺手暗中进行法币的买卖，这就是现状。随着法币买卖管制的加强和治安的整顿，可以推测，联银券的流通扩大几乎不值得一提。但是，钱庄向商号的放贷按照普通活期透支的方法，其透支额度多以3000元乃至5000元左右的居多，而且只要求有保证人。钱庄和货行对待殷实的商店，不仅不需要保证人而且也不设放贷的上限，随意放贷。据说其金额也有达到5万元到10万元的。除此以外，也经营一两个月的定期贷款，其中的多数每笔都是一两万元的。这些贷款的利率由钱业公会决定，平均水平是活期透支利率月息为一分四五厘、二分四五厘，定期贷款的利率是二分左右。这些贷款虽然在上半年只有寥寥的几笔，但是在下半年，随着土产物出货期的到来，由于要向土产商人供应放贷资金，据说每年的放贷资金可达七八百万元。钱庄的汇兑交易方很多在青岛、上海、天津三地，其在国内汇兑活动中占据着非常重要的地位。也就是说，在这个市场上，土产的买卖比如当地的花生买卖以五天期洋汇票、三天期青岛汇票等为首。各种各样的汇票，其中大多都被卖给了钱庄，而且，钱庄又将其倒卖给了银行或者各洋行，乃至绸缎、五金、洋货店等机构，以此来实现贸易的总结算。行情的决定据说是每天早上钱业者聚集到钱业公会（俗称上关），决定向上海、天津、青岛三地的汇兑行情。

2. 中国方面的银行

在事变以前，在山东经济发展特别是在农产品的出货期发挥过重要作用的中国方面的银行，在事变以后也遭受了极大的损失。由于和总部的资金联系断绝，完全失去了应有的功能，现在也仅仅是靠存款进行有限的小额支付来延续。

	资本金	所在地
济南银行	100万日元	二马路纬三路
正金银行	10000万日元	二马路纬二路
朝鲜银行	4000万日元	二马路纬一路

---

① 原文有误，据上下文应为近半。

中国联合准备银行	5000 万元	二马路纬一路
中国银行	4000 万元	二马路纬二路
交通银行	4000 万元	二马路纬二路
上海商业储蓄银行	500 万元	二马路纬二路
东莱银行	300 万元	二马路纬三路
大陆银行	500 万元	二马路纬二路
鲁兴银行	300 万元	二马路纬三路

但是，最近设立的鲁兴银行①资本金为 300 万元，实际支付一半，联银承担一半资金。存款总额 600 万元，贷款总额 3600 万元。此外，外国银行还有比利时系的，内容不详。

中国、交通、上海、大陆、东莱五家银行已经开始营业了。

3. 日本方面的金融机构

在日德战争②后的所谓日管时代，随着日本商人积极进入山东，其活动变得兴盛，与此相对应的金融机构也开始发展。正金、朝鲜等日本代表性银行也开始开设分支机构。另外，作为当地银行的济南银行虽然也成立了，但是，在日本 1923 年返还山东后的大正 14 年（1926），首先是朝鲜银行的撤退，之后紧接着在昭和 6 年（1931）正金分店也关闭了。在中国事变③以前，作为日本银行只有济南银行一家孤独地在坚持了。以事变为契机，情况发生了转变。首先是朝鲜银行的进入，接着是日本人经济地位的巩固。但是，作为在留日本人的小额金融机构在事变以前有信用组合、金融组合等机构，作为服务中国老百姓的金融机构还有十几家当铺从业者存在，这点值得注意。

（1）济南银行

该行于大正 9 年（1921）6 月由在济南有影响力的日本人设立，作为一家纯粹的为本地商人服务的地方银行有 20 余年的历史。在这期间，虽然由于中国的政治不稳定曾经历过很多的难关，但是经常为了日中人民的金

---

① 1939 年成立于山东济南，由济南商会会长苗兰亭等发起成立，董事长苗兰序，经理张铁林，另有日本顾问常驻监督行务。
② 指 1914 年日本为争夺青岛而发起的对德国的战争。
③ 指 1931 年爆发的"九一八事变"。

融便利而努力。该行于大正12年（1924）在青岛设立支店，于昭和14年1月在张店设立出张所，以此来扩大势力。而且，近年随着中日间商业交易的增长，特别是该行通过附设日本商品陈列室等措施，对中日间的经济发展做贡献，现在作为名副其实的山东省唯一的日本人开设的当地银行，继续开展活动。而且，其创业之初的存款和贷款跟最近相比，如下所示的那样，已经发生了翻天覆地的变化。

	大正9年12月末	昭和13年12月末
存款	158967日元	3197330日元
贷款	282759日元	1529094日元

（2）朝鲜银行

该行于明治44年（1911）由韩国中央银行改组而成，总部设在汉城（首尔）。朝鲜银行首次进入济南是在大正14年（1925），昭和13年（1938）该行撤退以来第二次进入济南。现在该行管理着军队的金库，虽然民间存款的数额我们不得而知，但是存款总额在昭和14年末已经突破了1300万元（包含中国联合银行的存款金970万元）。现在，该行的营业所在二马路纬二路。当我们看以上济南、朝鲜两家银行的存款会发现，自事变①以来日本人存款的激增，但由于受到资金浮动性和贷款限制的影响，济南银行的贷款额为100万日元（仅限济南），朝鲜银行则是200万日元，它们的金融功能没有被发挥，这一点很遗憾。

（3）中国联合准备银行

昭和13年（1938）4月8日该行在济南开设分行。成立当初，由于发行纸币的流通不太顺利，有识之士都对其持悲观态度。然而，8月份随着联银券的半强制使用，再加上鲜银券②的积极回收，此后其发行也逐步地增加，在昭和15年末突破了5800万元。但是，该行在成立之初仅仅是被当作一个发行纸币的机构，并没有发挥为金融提供便利的金融性作用，最多也就是尝

---

① 1937年的"卢沟桥事变"。
② 指朝鲜银行券。

试向盐业相关的人提供一些以盐税为担保的贷款，仅此而已。

（4）其他的信用组合、金融组合、商业组合、储蓄会等虽然都为金融提供便利，但由于篇幅的关系，我们以后再进行论述。

4. 利率

济南的银行以及各银号的利率，大体上比其他地方要稍微高一些，特别是在物产的出货期，从 9 月到 12 月这四个月之间，利率会出现明显的上升。

（1）日本方面

表 15
存款利率（事变后昭和 14 年 2 月调查的数据，下同）

类别	活期存款		特别活期存款		定期存款	
	事变前	事变后	事变前	事变后	事变前	事变后
银行	日息 三厘	日息 二厘至三厘	日息 五厘	日息 五厘	一年 四分八厘	一年 三分二厘至 四分二厘

贷款利率

类别	贴现票据		票据抵押贷款		活期透支	
	事变前	事变后	事变前	事变后	事变前	事变后
银行	日息 二分五厘至 四分	日息 一分六厘至 三分	日息 三分五厘至 五分	日息 一分六厘至 四分	日息 三分五厘至 五分	日息 一分六厘至 五分

（2）中国方面

表 16
存款利率（事变后昭和 14 年 2 月调查的数据，下同）

类别	活期存款		特别活期		定期存款	
	事变前	事变后	事变前	事变后	事变前	事变后
银行	月 三厘	月 一厘二分	月 四厘	月 一厘二分	一年 七分	一年 五分
银号	月 三厘	月 三厘			一年 七分	一年 六分

贷款利率

类别	定期贷款		担保贷款		活期透支	
	事变前	事变后	事变前	事变后	事变前	事变后
银行	月一分三厘	—	月一分二厘	—	一分三厘	—
银号	月一分五厘		月一分		月一分	

5. 当铺

（1）日本方面的当铺

民国17年张宗昌失势前后，由于中国人不能轻易地开当铺，平民金融渠道的缺失往往使一般民众容易陷入一种非常的困境。这时，一些很早就看破时局的在留日本人中的有力者开始经营当铺。一时间，当铺的数量达到了18家，其贷款额达到了40万元。这些当铺在对中国老百姓金融有实际成果的同时，也获得不少的收益，经营情况非常好，在济南呈现出了日本人独占的景象。但是，在民国21年，随着中国方面官营当铺裕鲁当的出现，日本人经营的当铺急转直下，陷入了经营不振的状态，数量减少到16家，放贷额也减少至十五六万元，逐渐没有了往日的名声。但是在事变后，由于日本人的两家店铺开始营业，数量重新增至18家。最近，城内东关设立的裕民福就是一家日中合办的当铺。这里，作为参考，我们将当铺的放贷方法做一说明。

第一，抵押合同期限：四个月。

第二，利息的算法：按月计算，不论日数多寡，只要超过了一天就按一个月算。

第三，利息：

    银 20元以内 6分
    银 50元以内 5分
    银 100元以内 4分
    银 100元以上 3分

表 17 在济南的日本人当铺从业者经营状况①

商号	营业者	资本额（千日元）	抵押件数（一年）	金额（元）	变卖件数（一年）	金额（元）	利息收入（一年）
登茂荣屋	冈村荣忠	18	4938	84932	4309	77577	7542
ます屋	贵岛五一	30	733	14040	289	5022	390
朝日屋	佐藤ヨネ	15	3487	38687	3207	35671	7000
协茂当铺	稻垣松之助	25	33377	54524	31607	51231	7637
庆来当铺	冈本光次郎	20	20529	55436	19253	49002	7182
瑞丰当	佐藤宽吾	20	34789	79368	29865	65058	8950
广益当	竹内广记	20	32033	67358	28191	58596	8424
吉来当店	菅吉郎	30	13655	34737	14697	30366	4897
恒信当铺	浅野三郎	20	9100	41759	14697	30366	4505
仁德当铺	仁木忠治	20	18980	48756	18422	45162	5462
宝来当铺	樋口龙男	23	10998	27669	8313	18599	2753
瑞发当	田边广足	20	12788	20852	10083	15458	2573
共丰当铺	池边嘉三郎	20	12435	24725	10949	21187	2978
福利当铺	安宝孝之辅	25	5231	15696	3732	11663	1807
泰东当铺	贞松龙夫	30	40075	96204	32480	71495	10687
万来当	服部祥男	20	18968	37589	27558	14106	3883
林丰当铺	小林宇一郎	15	23148	49610	45688	24173	6216
鲁华	久富龙六	15	30713	53673	26337	45498	6895

（2）中国方面的当铺

如前所述的那样，中国方面的同业者完全把当铺委托给日本人经营。韩复榘成为山东主席后，特别是从救济百姓的角度出发，于民国 22 年以白银 30 万元为资本金设立了官营当铺山东裕鲁当（总部设在城内东关，支店在商埠七马路），并且在市外还设立了二三十家的代理当铺，为老百姓提供方便。贷款额在当时的济南市内外合计 30 万元左右。事变以来，该当铺虽然停止营业，但是在当时的日本人同行却担心该当铺的停业，故当局权衡以后，最近计划开办一家名为株式会社裕民当（资本金为 50 万日元，实付一半）的日中合办当铺。

---

① 在查过的《济南金融志 1840—1985》、《山东的典业调查》（1934 年）、《济南事情》（济南日本商工会议所编）以及《中国实业志：山东省》中未查到ます屋，特此说明。

（四）青岛的钱庄、当铺

（1）钱庄

大体和济南处于同一状态，如果把其资本和营业情况总结到一张表里的话，如下表（见表18、表19）所示。

表18　在青岛的银号、钱庄营业状况一览（民国29年4月）

单位：元

项目	店名	立诚号协记（钱庄）	天和兴（烟台）	义成钱庄	福兴祥钱庄
存款	定期	62135.33			4000
	往来	53340		13110.64	1500676.19
	特别往来	—	583.58	—	291652.39
	本埠企业	92389.49	126195.05	4468.88	221566.13
	其他各种类	273186.42			
	合计	481051.24	126778.63	17579.52	2017894.71
放款[①]	定期	203786	—	—	—
	定期抵押	80723.43			
	活期抵押	—			
	往来透支	214412.45	36427.39	8422.84	955568.63
	往来抵押透支	6562.99	—	—	—
	合计	509296.93	116199.40	8918.97	1862801.47

---

① 本栏目数字应慎重使用。按表格提供的数字，天和兴放款数字只提供了往来的透支36427.39，但合计却为116199.40。义成钱庄放款数字也只提供了往来透支8422.84，但合计却是8918.97。福兴祥钱庄的放款数字也只提供了往来透支955568.63，但合计却是1862801.47。校注者猜测应是漏记了其他方面的数字所致。例如立诚号协记放款的数字合计应为505484.87，但原文却写作509296.93，可能是没提供活期抵押数字的原因。

375

表 19
昭和 15 年 4 月

单位：元

项目	店名	义聚号	福聚和	福顺德银号	青岛商业银号*	青岛裕昌银号
存款	定期	149943.93	48436.22	28108.84	14209.59	126972.1
	往来	868269.01	1092096.29	1386348.61	1121987.97	833866.4
	特别往来	219170.86	179683.82	58686.17	92147.74	4876.92
	本埠企业	349600.00	30515.41	57840.87	30062.66	152185.1
	其他各种类	104681.55	52660.88	46735.51	5565.05	17123.32
	合计	1689665.39①	1403392.62	157772②	1263973.01	1135024.1③
放款④	定期	23200.72	115022.28	27000.00	194864.84	7190
	定期抵押	787507.65	—	—	11166.11	—
	活期抵押		—	—	2261.32	578888
	往来透支	307502.58	940439.22	291975.49	967166.64	113795.4
	往来抵押透支	—	—	—	—	—
	合计	1686665.38	1444312.39	910996.11	1421488.76	91481.5

* 原文在青岛商业银号处注明：利息 42685.74 日元，开支 11271.27 日元。

注：上表中的青岛裕昌很多相关数据在影印本中不全，特此说明。

---

① 原文有误，根据表中数据计算为 1691665.35。
② 原文有误，根据表中数据计算为 1577720.00。
③ 原影印本略去第二位小数点。即使这样统计的结果也为 1135023.84，与原文数字极为靠近，故特此说明。
④ 本表放款数字与表 18 一样，存在严重失误，应慎重使用。例如，按提供的不同放款项目的数字，义聚号的放款总额应为 132710.95，但原文数字却为 1686665.38，可能与未提供往来抵押透支数字有关。再如，按提供的数字，福原和应为 1055461.5，而原文却写作 1444312.39。福顺德银号应为 318975.49，原文却为 910996.11。青岛商业银号的数字应为 1175458.9，原文却为 1421488.76。所以出现如此大的缺口，可能与未提供相关放款项目的数字有关。

续表

单位：元

项目		立诚号协记（钱庄）	天和兴（烟台）	义成钱庄	福兴祥钱庄
库存现金		6352.64	13252.01	5307.73	3681.95
汇款	汇出	—	73132.85	—	—
	汇入	—	501604.87	—	—
项目		福聚和	福顺德（银号）	青岛商业银号	青岛裕昌银号
库存现金		43080.23	49064.15	66993.20	41152.84
汇款	汇出	—	—	—	—
	汇入	—	应付 143091.61	—	91481.50

（2）当铺

以前，青岛只有中国人的当铺，但是在连年的混乱中很多都遭到了掠夺。昭和元年开始出现了日本人的当铺。虽然是日本人的当铺，但其中很多都是以中国人为对象，针对日本人的只有料理屋町乃至盛场[①]的一两家，仅此而已。之后中国人当铺的复活从昭和7、8年（1932、1933）左右开始，据说在这期间生意非常的好。事变以前的日本人当铺受到排日思想的影响生意不景气。到了事变以后，开始呈现出良好的局面。但是，中国人当铺的质押期限为一年或者延期一个月，利息统一为3分。与此相对，日本人当铺的期限是三个月，利息一般为100元以上为3分，50元以上100元以下为4分，50元以下为5分，这个利息是同业组合制定的。但是，我们看一下其实际营业情况就可以发现，5元以上10元以下利息是5分，10元以上30元以下利息是4分，30元以上是3分。截至去年，经济很景气。进入今年以后由于物价原因，据说只需要以3万元的资本就可以大概获得1000元左右的收益。在日本人当铺中，以中国人为对象的有21家，以日本人为对象的有五六家，以中国人和日本人两者都为顾客的有两三家。此外，中国人的当铺以满一个月来计算，而日本人的当铺以当月计算，从这点就可以看出中国人的经济思想从古代开始就比日本人强，事实也是如此。而且，日本人的当铺主要以日本人为顾客，利率也稍微高一些，由此

---

① 繁华闹市。

显示出了一种矛盾。中国人当铺的资本金大体如下：

5万元	—— 一家		3万元	—— 两三家
2万元	—— 五六家		1万元以下	—— 七八家

此外，中国人的当铺总共有17家，其贷款额平均约为3万元，日本人当铺从业者的总贷款额为50万元左右。特别值得注意的是，这个当铺业者由于最近的物价原因，当品的流入一方从流当品中获利很多。

（五）合作社、主要的金融合作社的营业状况如下表所示（见表20）

表20

存款的部分

单位：元

公司名称	各银行存款	一般存款	合计
青岛金融合作社	—	80655.04	80655.04
青岛船行金融合作社	—	215660.96	215660.96
合计	—	296316.00	296316.00

贷款的部分

单位：元

公司名称	各银行放款	一般放款	合计
青岛金融合作社	58221.55	118989.00	177208.55[1]
青岛船行金融合作社	51883.78	400648.38	452482.16[2]
合计	110105.33	519637.38	629690.71[3]

其他，再来简单看一下农民合作社。

农民合作社以农村建设为根本，在金融销售、买卖利用等各方面能够促进其健全发展。同时农民合作社还有通过增进农民的福利来试图达到强

---

[1] 原文有误，据表中数据计算为177210.55。
[2] 原文有误，据表中数据计算为452453.16。
[3] 原文有误，据表中数据计算为629742.71。

化民众组织的目的，积极鼓励设立农民合作社（山东省公署）。

（1）山东省合作社辅导委员会

为了顺利全面推进全省的合作社事业，中日相关机构及有识之士组织设立合作社辅导委员会，制作设立指导纲要、省县乡镇合作社暂行规程、县交易业务暂行规程，作为各县合作社推进方案的基准。

（2）已经成立的合作社

综合合作社：9 家。

棉花合作社：395 家（与棉产改进会相关）。

（3）合作社指导人员的培养

在地方行政人员训练所附设合作社讲习班，已经送出了第一期毕业生，共计 33 名。目前正在召集第二期学生。

（4）凿井贷款

为了防止旱灾，提倡凿井。今后计划每年从建设费中拿出 20 万日元逐步用于凿井运动，今年首先在 20 个模范县实施。

（5）春耕借款

去年由于旱、水、风、雹、虫灾接连不断，农民遭受了重大损失，导致今年的春季耕作无法进行。为了救济这种现象，华北行政委员会借款 170 万日元在新民会山东总会以及华北棉产改进会山东分会以非常低的利息贷给农民，希望实现农村的复兴。

第三章　通货和物价

对外价值为 1 先令 2 便士的华北通货联银券所表示的华北物价，不知何故涨到了日本的 3 倍乃至 5 倍的地步。这件事情说明了华北通胀所具有的特殊性质。

现在，我们在看华北主要城市物价指数的时候，如果把北京的批发物价指数 1936 年的平均值定为 100 的话，1939 年 5 月是 190，同年 12 月是 262，本年 2 月是 358。如果把 1926 年[①]全年的平均值设定为 100 的话，天

---

① 原文笔误，应为 1936 年。

津批发物价指数1938年1月为144，6月为173，12月是176，1939年1月是184，6月是251，12月是321，本年2月是434。而且，如果把1934年设成100的话，青岛、济南两地的批发物价指数：青岛1938年7月为158，12月是157，1939年1月是161，6月是191，12月是279，本年2月是369；济南1938年全年平均是197，1939年1月是198，6月是260，12月是340，本年2月是466。各项指数无一不在迅猛地上升。

这个物价高涨如上文所示的那样，事变以后特别是从昭和14年年末开始到进入今年，一直在持续快速地增长。

相比1937年东京指数的132，天津、青岛的130，大体上处于同一水平。但是在今天，两者显示出不可同日而语的情况。一边是标榜对外价值统一为1先令2便士，一边却为何产生了这么大的差距。如果联银券的对日汇兑行情跟日元成为组合即捆绑在一起的话，华北的物价水平就必须跟日本是大致一样的。这里，存在着华北物价的特殊性问题。

第一，华北流通经济面的狭小。

第二，构成流通物价面的商品大部分是贸易商品。

第三，物价受汇兑关系的支配。

第四，法币的支配性。

也就是说，像全部人口的九成是农民这件事情那么明了，华北的经济生产大部分由农业构成，工业生产水平极低。这件事情说明华北经济具有非分工或低分工的非社会交换经济的特点。但是，这个狭小的流通经济的大部分却被日本或者其他外国的贸易商品所占据着。因此，商品价格对物价的影响是支配性的。外汇行情的涨跌会立即敏感地影响到华北的物价。而且我想特别指出支配物价的外汇行情是法币的汇率这一点，这件事情具有决定性的影响。

现实中，标价1先令2便士的联银券的对外价值只有4便士，这跟目前法币的对外价值，即每元法币只能兑换4便士左右的比价是等值的。正如法币是8便士的时候，联银券也跟法币大概是同一价值那样，它是随着法币的变动而变动的。目前，联银券的对外价值已经跌到了法币对外价值4便士的低位了。但是，在现实中越是下跌，华北的出口贸易才可能不完全被租界内的外国人贸易商给抢走，对于日本商人来说也是有可能的。

原本在天津租界，法币和联银券原本是一组对抗性的货币组合，当法币以 4 便士或 5 便士的低汇率来进行出口时，对外价值标价为 1 先令 2 便士的联银券，在出口方面是不可能与法币竞争的。换言之，如果要使这件事情变得可能，就必须把出口价格的计算变成像 4 便士或者 5 便士的法币汇率那样，除此以外别无他法。实际上，因为日本商人的汇率是以 1 先令 2 便士来进行的，也就是说，联银券是盯住日元，与日元等值流通的。汇率卖出所得的金额只是少了 4 便士和 1 先令 2 便士之间的差价，不得不在出口上承担这样的汇率差损。但是在进口方面，由于可以以 1 先令 2 便士的汇率来买入进口外汇，这时跟出口的情况刚好相反，可以获得汇率差额的利润。就是由于这个原因，所以，作为这个核算的基础的汇率只要出口和进口一致，不管从哪点来说，都没有什么，它在实际中经常是法币汇率。这样，非公认的即不被华北政务委员会认可的联银券市场汇率的存在使得联银官方的 1 先令 2 便士的规定变成了名义上的东西，直截了当地证明了华北的物价就是法币物价。通常情况下，物价高的原因可以想到的是物资的不足和通货的过剩两种情况。

事变前在华北流通的法币据说有 3.5 亿到 4 亿元左右。昭和 13 年联合银行设立以后，这些法币一部分被回收了，一部分流入到南方，剩下的残留在天津租界和匪区①。这些残留部分据说有 1 亿元或 3 亿元，专家的意见认为区区这么一个东西，如果考虑到相当一部分流入南方的话，那么现在残留在华北的旧法币的数量约在 1 亿元左右，笔者认为这不是一个大的金额。除此以外，"满洲国币"有两千五六百万元，河北省银行券、冀东银行券、鲜银券、日银券等有 7000 万元左右在流通，其中大部分都被回收了。那么，事变以前，把在华北流通的法币以及其他的货币总的看作有大约 5 亿元，应该没有什么大的问题吧！

另外，从联合银行成立到今天的两年间，截至本年 2 月末，其发行的联银券额据说为 5 亿元（参考前面的表格），其大半如前所述，通过货币的回收被发行，剩余的大部分作为军部和日银存款的互换被发行。

这样，旧法币残留额 1 亿元加上联银券 5 亿元，合计 6 亿元。如果这

---

① 这里指共产党控制区或反日武装控制区。

就是现在华北的通货的话，就不能说眼下正在发生着不可想象的严重的通货膨胀。假如通货膨胀像现在这样停止的话，由通货的过剩导致的物价走高的原因不是一个大问题，问题主要在物资一方。但是，5亿联银券只在所谓的点和线的联合地带流通，1亿法币流通范围宽广，能够在广阔的匪区地带流通，所以在今天的华北，联银券多少有些过剩，而法币则显得不足。这种情况从内地法币对联银券的换算率就可以窥测出来。而且，这也造成了一种对联银券的默然的不安的风气。这不是最近才发生的问题，而是由当初控制了民心的日军政治军事占领引发的问题。

但是，强烈刺激了这个问题的是新中央政府成立后的通货工作所导致的联银券贬值的不安。这件事情强烈刺激了中国人的大脑，然后又传到了在留日本人的耳朵里。即日本危险，联银券也危险。趁着还没有贬值，早点向日本汇款。所以相当多的钱被汇到了日本。这件事情又被中国人互相传送，流言产生进一步的流言，印在联银券上一元纸币上的人的手指折二个就会长出三个，那就是变成"三毛钱"的暗示。这样滑稽的流言被信以为真并散布开，联银券和日元被分离了。贬值这种空气的形成使得人心开始朝着"实物"的方向移动。就这样，一股换取实物的风潮发生了。与此相对，物资却是极端的不足。必须说比起通货过剩问题是出在物资不足上。现在造成华北物资不足的原因有这几个。

- 战祸所导致的农村生产力的减退。
- 匪祸以及运输能力的收紧所造成的出货减少。
- 从日本以及海外或者华中方面的物资运入困难。
- 军方的当地协调能力不够。

在这种情况下，如果对华北实行完全的贸易统制的话，从日本进口的东西是能够充分地改善华北的物资不足的，只要联银券与日元比值稳定，在华北就可以实现跟日本同一水平的物价。但是，现状是，要在现在的华北实行完全的贸易统制几乎是不可能的。能够表明联银券价值的物资因为前述的诸多理由现在正处于不足状态的时候，当向日本索求时，却由于日本9月25日发布的出口调整令的影响，而开始限制出口。如果向第三国索求的话，会受到货币价值的降低和外汇管制制约的影响。而且，由于第二次欧洲大战的爆发，此事变得越来越难。另外，如果向华中方面索求的话，由于华北通货的不连续性，亦即价值越来越低不得不采取易货贸易的方式，这将会带来很大的不便。如此一来，跟通货膨胀正好相反，物资不足变得严重起来。而且，进口来的极为少量的物资，在没有任何消费统制的华北，没有被有效利用。被进口到天津的物资一旦石家庄的价格高就立即如潮水一般流向石家庄。反之，如果天津的价格高，物资又像潮水一般涌入天津。

在前面我说过，联银券的膨胀不是什么大的问题。但是，如果和上述种种相对重大的特殊性相结合的话，在截止到今天的这个时间来看的话则是一个大问题。在今天以后，可以说是取决于联银券发行额的增加和新中央政府的政策取向吧。

从昭和13年3月联合银行设立以来到一年后的14年2月末，其发行额达到了2.03亿元，到10月发行额为3.5亿元，截至本年2月末为5亿元（去年10月以后的增发很明显，这是由于"九·二五"出口调整令和第二次欧洲大战的新要素交织，日本军队的现地调办加大，另一方面投机性质显著增加引起的）。也就是说，截至去年10月以前的通货膨胀过程相对表现出缓慢的特征。在那个时间之前，联银券发行额的增加在和法币的角逐中处于优势地位，这是与日军占领所造成的强大的渗透力分不开的。

以9月爆发的欧洲大战为契机，如前所述，我国的"九·二五"调整令加重，对通货的不安和物资进口困难的预测导致投机买卖加剧，联银券的发行呈现出了急速膨胀的态势。物价的上涨进一步导致了军费开支的增大。本年2月末的发行额达到5亿元，比起去年7月的2.7亿元，仅仅在半年的时间里就增加了近一倍。而且，联银券的膨胀在广袤的华北，只是在相当于点和线范围内的都市和铁路沿线发挥作用。在"点"上，联银券今后的膨胀将会有进一步的更大的可能性。

在事变以前占据进出口贸易27%～35%的通货，在事变以后增加到65%～70%，越来越依赖日元圈的支持。而在现如今的情况下，华北需要的物资以日本来填补的话根本不可想象，而且用第三国的商品来填补也是不可能的。也就是说，今后对于日元圈的依赖度只能是越来越强了。

383

华北以前就是一个经常发生饥荒的地区。事变以前 3 元价格的一袋小麦粉现在涨到了十四五元，甚至一度突破了 20 元。一人一个月至少需要一袋。不仅仅是小麦粉，总之粮食已经成为一个严重的问题摆在了我们的面前。

从这个意义上，尤其从日本的意义上讲，如果日本的物资供给能被有效使用的话，那么在考虑其使用方法①的同时即便将来跟日本生产会产生一些贸易上的摩擦，这个时候也应该投入精力进行当地生产，尽快度过危机。

第四章　从法币实际价格看贸易额

去年一年青岛港的贸易总额为 309417000 元。这个数字是仅次于 1931 年的 340073000 元的破纪录的数字。具体来看，对外贸易额 177007000 元，占比 57.21%（其中，进口额为 120997000 元，占比 39.10%，出口额为 56010000 元，占比 18.11%）。对内贸易额 132410000 元，占比 42.79%（其中，运入 55852000 元，占比 18.05%；运出 76558000 元，占比 24.74%）。但是，我们对于这个数字持怀疑的态度。也就是说，上面的数字与海关统计的进口贸易额的银元换算率存在着明显不合理的地方。关于中国的贸易统计，上海总税务司署统计课每月编纂发行的《海关内外贸易统计年报》是唯一的数据来源。

众所周知，海关统计中对外贸易进口使用金单位来表示，出口用银元来表示。但是，这两种不同的货币单位使得进出口的收支比较无法进行。要么将进口换算成银元，要么将出口换算成金单位，除此以外别无他法。而且，金单位表示的进口额之所以成为问题，是因为把金单位表示的进口额换算成银元时的比率。在金单位对法币的比价的计算方面，根据前述的方法得出的一个金单位的便士行情除以上海的对英外汇行情，就是对于金单位的法币行情。去年上海对英外汇行情的平均值为四便士三十二分之九，同月金单位的便士行情为三十九便士四分之一，可以得出一金单位对英的法币行情是 9.168 元②。但是，在海关统计上，法币依然维持对英一

---

① 指加强消费统制。
② 39.25÷4.28125＝9.168。4.28125 即四便士三十二分之九。这里指 1 金单位约为法币 9.168 元。

先令二便士二分之一的水准，以 2.707 元[1]的比率来计算。

本次开战以后，中国在长达一年多的时间里维持一先令二便士二分之一的水平。以昭和 13 年 3 月 10 日联银的开业为契机，法币开始动摇了，6 月已经跌落到 8 便士左右。由于蒋政权拼死维持外汇稳定，这个 8 便士直到第二年的昭和 14 年 6 月 7 日的外汇停售，一直持续着。而且在这之前的 3 月，法币长期处于安定的状态，这意味着只要对其进行积极的支援，将来也能维持这种稳定状态。为了使本国的对华投资能够处于安稳状态，英中共同出资，设立了 1000 万英镑的法币稳定资金。事变以来，英国对法币的援助主要是通过汇丰银行来进行的。虽然英国政府表面上没有直接站出来，但是这笔安定资金确是直接站在明面上开始积极帮助法币的。但是，这却没能够阻止大势。如前所述，6 月 7 日外汇停售，之后蒋政权拼死维护外汇稳定的工作未有成效，法币不断地跌落。在 9 月，出现了 3 便士左右的行情。

也就是说，像这样即使法币跌落，其进口贸易从金单位向法币的换算依然用的是一先令二分之一的汇率，并没有根据实际的法币汇率来进行换算。因此，这个比实际进口额过小的结果，意味着在贸易收支上造成了过小评价。那么，金单位指官方汇率的法币换算的实际的行情之间有多大的差额，下表（见表 21）可以很好地说明这个问题。

表 21　针对金单位的法币官方行情和实际行情的比较[2]

	金单位的法币换算官方行情	金单位的法币换算实际价格	金单位的便士核算实际行情	法币的对英汇率实际行情
1938 年				
1 月平均	2.253	2.253	$32\frac{3}{16}$	$14\frac{1}{4}$
2 月平均	2.255	2.255	$33\frac{1}{8}$	$14\frac{1}{4}$
3 月平均	$32\frac{3}{4}$	2.258	2.341	$13\frac{15}{16}$

[1] 金单位的便士行情除以法币对英便士维持水准 = $39\frac{1}{4} \div 14\frac{1}{2}$（一先令二便士二分之一）= 2.707。1 先令等于 12 便士，1 英镑等于 20 先令。

[2] 该表有误，据实记录原文，供参考。

续表

	金单位的法币换算官方行情	金单位的法币换算实际价格	金单位的便士核算实际行情	法币的对英汇率实际行情
4月平均	$32\frac{23}{32}$	2.256	2.523	$12\frac{31}{32}$
5月平均	$32\frac{25}{32}$	2.260	2.890	$11\frac{11}{32}$
6月平均	$32\frac{29}{32}$	2.270	3.601	9—
7月平均	$33\frac{1}{2}$	2.278	3.735	$8\frac{27}{32}$
8月平均	$33\frac{5}{16}$	2.297	4.171	$7\frac{15}{16}$
9月平均	$33\frac{25}{32}$	2.331	4.174	$8\frac{3}{32}$
10月平均	$34\frac{3}{32}$	2.350	4.212	$8\frac{3}{32}$
11月平均	$34\frac{1}{4}$	2.380	4.313	8—
12月平均	$34\frac{13}{16}$	2.401	4.552	8—
1938年年平均		2.298	3.406	
1939年				
1月平均	$34\frac{27}{32}$	2.403	4.355	8—
2月平均	$34\frac{23}{32}$	2.394	4.340	8—
3月平均	$34\frac{23}{32}$	2.394	4.340	8—
4月平均	$34\frac{3}{4}$	2.396	4.343	8—
5月平均	$34\frac{3}{4}$	2.396	4.343	8—
6月平均	$34\frac{23}{32}$	2.395	5.050	$6\frac{7}{8}$
7月平均	$34\frac{3}{4}$	2.396	6.427	$5\frac{13}{32}$
8月平均	$35\frac{1}{32}$	2.417	10.003	$3\frac{1}{2}$

续表

	金单位的法币换算官方行情	金单位的法币换算实际价格	金单位的便士核算实际行情	法币的对英汇率实际行情
9月平均	$38\frac{31}{32}$	2.687	10.658	$3\frac{21}{32}$
10月平均	$39\frac{1}{4}$	2.707	9.588	$4\frac{3}{32}$
11月平均	$39\frac{1}{4}$	2.707	8.373	$4\frac{11}{16}$
12月平均	$39\frac{1}{4}$	2.707	9.168	$4\frac{9}{32}$
1939年年平均		2.4975	6.749	

通过上表（表21），我们可以看到官方行情和实际行情之间的差距是何等之大。首先，我们来看一下海关的统计数据。在这里提到此问题的原因是，海关月报刊登的金单位换算率是上海的换算率，但是，上海的换算率和地方海关的换算率不一定一致，存在着1~2厘的差异。要说这种差异是因何产生的，本来金单位换算率的决定是上海总税务司署来进行的，然后再用电报通知给各个地方海关。但是，如果金单位的变动在5个点以内（停止）的话，那么当天的比率决定权就交由各个海关自行裁量，这样就出现了行情。因此，青岛港的换算率就是根据本海关（青岛）的比率在本海关内换算和计算出来的。因此，按表中的比率把银元反向换算成金单位的话，由于存在差异，所以结果也就有了差异。

表22 青岛港对外进口额

月份	1938年		1939年	
	金单位	法定外汇价格换算额	金单位	法定外汇价格换算额
1月	70650	159174	3212769	7720284
2月	209408	472215	2311153	5532900
3月	195455	441357	3089427	7396088
4月	493952	1114356	2971803	7120440
5月	798409	1804404	5560971	13324087

续表

月份	1938年 金单位	1938年 法定外汇价格换算额	1939年 金单位	1939年 法定外汇价格换算额
6月	1474084	3346171	4043369	9683869
7月	1617375	3684380	4420656	10591892
8月	2567810	5898260	4897323	11836830
9月	2233690	5206731	5047205	13561840
10月	1870837	4443467	4588935	12422247
11月	4983580	11860920	5064827	13710487
12月	3551438	8527003	2990757	8095979
合计	20066688	46958438	48199195	120996943

表23 青岛港对外出口额

月份	1938年 银元	1938年 金单位换算额	1939年 银元	1939年 金单位换算额
1月	—	—	4020627	1672473
2月	441770	195994	2035112	849379
3月	92070	40820	2949797	1232162
4月	1429656	633431	3813548	1592960
5月	463960	205473	5959995	2489555
6月	5849527	2575479	4702788	1964406
7月	4831134	2122642	7044488	2942559
8月	4041772	1759587	6646660	2759095
9月	3798371	1637228	4831318	1809482
10月	1857150	789604	4494066	1660164
11月	5110919	3149276	5504441	2033410
12月	3529079	1484053	4007247	1480327
合计	31445408	13593587	56010087	22485972

注：金单位换算是根据胶澳海关法定利率来换算的。

表 24　青岛港对内运入运出额

月份	运入额 1938 年	运入额 1939 年	运出额 1938 年	运出额 1939 年
1 月	63737	4028208	23613	6467218
2 月	70874	3771526	1745474	3182042
3 月	194904	3717771	765667	4515963
4 月	1065542	5254542	4998388	8491904
5 月	1465138	6714769	2712816	9282359
6 月	4514735	3307061	3141983	6487043
7 月	3942929	3525092	3794773	7210035
8 月	3419866	5491493	4370512	4693901
9 月	2646749	4527902	3452436	3419192
10 月	2070081	3802963	1910701	6704651
11 月	4609975	6093865	5835998	7349592
12 月	4323684	5617145	3614844	8753989
合计	28388214	55852337	36367205	76557889

根据法定汇率换算的对外贸易以及国内贸易收支，前者在1938年度是6492701金单位（15512950元），1939年是25713223金单位（64986856元），都是入超。后者在1938年是7978991元，1939年是20705552元，各个出超的内容详见下表（见表25）。

表 25　青岛港对外对内贸易收支

年份	对外贸易 进口 金单位	对外贸易 进口 银元换算	对外贸易 出口 银元	对外贸易 出口 金单位换算	进出口超额 金单位	进出口超额 银元
1938 年	20086688[①]	46958418[②]	31445468	13593987	入超 6492701[③]	15512950[④]

① 按照前边核对过的数字，应为20066688。
② 按照前边核对过的数字，应为46958438。
③ 20086688 - 13593987 = 6492701。
④ 46958418 - 31445468 = 15512950。

续表

对外贸易

年份	进口		出口		进出口超额	
	金单位	银元换算	银元	金单位换算	金单位	银元
1939 年	48199195	120996943	56010087	22485972	入超 25713223[①]	64986856[②]

对内贸易

年份	运入	运出	运入运出超额
1938 年	28388214	36367205	出超 7978991
1939 年	55852337	76557889	出超 20705552

在将上述内容换算成法币实际价格之前需要考虑的是，中国的贸易在事变以后变得非常复杂，经济单位在地区上也有所不同。

联银券从设立之初很明显就与日元挂钩，其对外价值被锁定在1先令2便士，但是它却不是以联银券，而是以法币来表示的。这个看上去给人以非常不可理解的印象，主要是因为，关税成了对外债务的担保，并且跟非常复杂的对外关系交织在一起。因此，这才会让人有"海关的接收是否还未完全实行"这样的疑问[③]。

但是，如前所述，华北的联银券和日元是等价的，对英镑的基准是1先令2便士，而旧中国政权（指蒋介石政权）的对英基准是1先令2便士半，所以先不说对外贸易，即使在对内贸易方面，也会产生要把联银券换算成法币这样的疑问。但是像这样麻烦的事情，即联银券1元作为法币1元出现的事情还没有发生。如果标榜对外价值1先令2便士的联银券和1先令2便士半的法币等级相同的话，亦即将联银券和法币捆绑，那么1先令2便士的联银券就会被看作和目前跌落到4便士左右的法币处于同一等级。而如果华北的联银券实际上坚持1先令2便士的话，那么就不可能和4便士左右的法币

---

① 48199195−2248592＝25713223。
② 120996943−56010087＝64986856。
③ 日本军队虽然占领了华北，但在海关事务上仍继承了过去的传统。尤其以海关税收抵押货款这个方面，这才让书院学生产生了海关是否未完全接收的疑问。

是同一个比率。这意味着，法币1元等于联银券1元之所以成为可能，是因为联银券的实际价值和法币相同，只能是这样。

过去的（昭和）14年3月11日，联银针对出口的12种商品按照1先令2便士的基准实施了华北外汇集中政策。而且，在日元区域内允许日元的裁决，实际上需要外汇交易只有面向第三国以及华中和华南地区。再者，同年7月17日，这一外汇集中政策扩大到了所有的货品种类。在外汇集中政策实施的同时，联银开始了以1先令2便士为汇率的外汇买卖，它在出口取得的外汇范围内，或者更加确切的说，从其取得的外汇中扣除一成集中到联银，在其余额的范围内进行外汇的卖出。因为联银的外汇买卖是通过这样的方法进行的，所以联银券的实际行情总是被法币所牵制，由此产生了同一比率甚至是贬值。这样，在第三国贸易中，出口以和法币相同的汇率来进行，再通过和进口相关联就成为可能。这样做的话，华北的贸易就能不被外国的贸易商全部夺走。也就是说，联银的1先令2便士的汇率只不过是一个名义上的东西。

但是，稍微啰嗦一下，从华北六港①出口或者运出到华中、华南的货物，如前所述，把其外汇卖给了联银，然后再把联银出具的确认书向海关出示，海关据此来给其发出口许可。但是，这个外汇金额却不是直接反映到海关的出口额统计上的。联银由于是1先令2便士的基准，因而在致力于外汇的场合其出口价格只能为所谓的1先令2便士的名义价格，这样就使用法币表示的物价也按照1先令2便士的价格来表示。由于这些货物被海关视为课税对象，自然要根据海关的市场价格统计来，这样就反映到统计层面上。

在日元区域，日元和联银券是等价的。而联银券和法币，如前所述也是等价的关系。所以，从日元区域来的进口，没有必要像第三国那样需要考虑。而且，从华中、华南运来的东西由于是用法币来表示的，因而也不需要被考虑。总之，在华北贸易方面，一个应该指出来的大的谬误就是在对外贸易中从第三国进口的东西，这种情况和全中国都是一样的。

以下我们尝试着用法币实际价格来对青岛港的贸易额进行换算（见表26）。

---

① 民国时期的华北六港指秦皇岛、天津、龙口、芝罘、威海卫、青岛。

表 26　对外贸易进口额

1938 年				
	日元范围（元）	第三国		合计
		金单位	根据法币实际价格换算	
全年	38728327	(3233630)	11013744	49742071
1939 年				
1月	6266158	(606214)	2640062	8906220
2月	4479595	(441539)	1916279	6395874
3月	6584304	(339091)	1471655	8055959
4月	5616571	(625700)	2717415	8333986
5月	10198301	(1301029)	5650369	15848670
6月	7254701	(1013001)	5115655	12370356
7月	7709180	(1200447)	7715273	15424453
8月	8572752	(1338688)	13390896	21963648
9月	9644609	(1434992)	15941447	25586056
10月	10263952	(797681)	7648165	17512117
11月	10975797	(1010229)	8458647	19434444
12月	6267788	(675357)	5654764	11922552
合计	93832708	(10783968)	78320627	1721553335[①]

1938 年的日元范围是根据海关发布的金单位的年平均换算得出的，面向第三国的是根据法币实际价格的年平均换算出来的，1939 年的日元范围是根据海关发表的每月平均换算得出的，面向第三国的根据金单位进口额（括号内）加上之前所列的法币实际价格的每月平均来换算出来的。

根据此结果，本港的收支如下表所示（见表 27）。

---

① 原文有误，应为 171754335。

表 27　根据法币实际价格换算的收支

	进口以及运入	出口及运出	合计	入出超额
1938 年				
对外贸易	49742071	31445468	81187539	入超 18296603
对内贸易	28388214	36367205	64755419	出超 7978991
合计	78130285	67812672①	145942958	入超 10317612
1939 年				
对外贸易	172153335	56010087	228163422	入超 116143248
对内贸易	55852337	76557889	132410226	出超 20705552
合计	228005672	132567976	360573648	入超 95437696

根据海关法定汇率换算的对外贸易入超在 1938 年为 15512920 元，根据实际汇率换算的结果为 18296603 元。比起法定汇率换算，入超多出了 2783653② 元。1939 年，根据法定汇率换算，入超为 64986856 元，而根据实际汇率换算的金额为 116143248 元，相比较法定汇率，入超多出了 51156392 元。接下来是日元范围占对外贸易的比例，昭和 10 年为 59.8%，昭和 11 年为 52.7%，昭和 12 年为 50.3%，昭和 13 年为 83.8%，昭和 14 年为 77.6%。事变以后，其比例显著增加。而且，在换算成法币实际价格时，从第三国进口的增加变为日元领域占比降低。这个从下表中的金单位表示金额的百分比和法币实际价格的换算额相比较就会知道（见表 28）。

表 28　青岛港按发货地划分的进出口额
（进出口的"银元"部分表示根据法币实际价格的换算）

国家和地区	进口				出口	
	金单位	百分比	银元	百分比	银元	百分比
日本	28580379	59.3	71765740	41.7	19144871	34.1
朝鲜	1970518	4.1	4921369	2.9	1788919	3.2
台湾	6040611	12.5	15086426	8.8	441070	0.8
满洲	824694	1.7	2059173	1.2	6552043	11.7

---

① 原文有误，据提供的数据核算为 67812673。
② 按提供的数字，据提供的数据核算为 2783683，原文有误。

续表

国家和地区	进口 金单位	进口 百分比	进口 银元	进口 百分比	出口 银元	出口 百分比
英国	215266	0.4	1381661	0.8	9056505	16.2
美国	3185828	6.6	23490989	13.6	4585138	8.2
德国	940506	2	6239668	3.6	6184901	11
法国	16212		124283		661682	1.2
荷兰	11564		51515		2178832	3.9
印度	2573299	5.2	20060952	11.7	51525	0.1
荷属印度尼西亚	486095	1	2932526	1.7	1030	
香港	269551	0.6	1751005	1	10613	
意大利	6250		49853		60	
加拿大	57976	0.2	251894	0.1	2876289	5.1
其他	3020446	6.3	21986281	12.7	2476118	4.4
合计	48199195	100.0	172153335	100.0	56010087①	100.0

表29　青岛港在全中国以及华北的地位

单位：千元

年份	进口 青岛港进口额	进口 占全中国%	进口 占华北%	出口 青岛港出口额	出口 占全中国%	出口 占华北%
1936年	54670	5.79	38.79	51533	7.29	26.69
1937年	49751	5.20	34.12	58038	6.91	26.90
1938年	46159	5.25	14.42	31445	4.12	12.33
1939年	120997	9.07	22.62	56010	5.45	27.88

表30　青岛港按国家划分的贸易额

单位：千元

进口

国家和地区	1936年 金额	1936年 占比（%）	1937年 金额	1937年 占比（%）	1938年 金额	1938年 占比（%）	1939年 金额	1939年 占比（%）
日本	26254	48.0	20450	41.0	37070	80.3	71378	59.3
朝鲜	143	0.2	87	0.2	653	1.4	4921	4.1

---

①　原数字有误，据表中的数据核算为56009596。

续表

进口

国家和地区	1936年 金额	占比(%)	1937年 金额	占比(%)	1938年 金额	占比(%)	1939年 金额	占比(%)
台湾	737	1.3	1708	3.4	335	0.7	15086	12.5
关东州	1669	3.1	1490	3.0	670	1.4	2059	1.7
小计	28803	52.6	23735	47.0	38728	83.8	94444①	77.6
英国	5513	10.1	2595	5.3	845	1.9	537	0.4
美国	4325	7.9	8580	17.3	2932	6.4	7956	6.6
德国	2058	3.8	4875	9.8	2027	4.4	2348	2.0
法国	58	0.1	88	0.2	48	0.1	40	—
荷兰	65	0.1						
印度	1206	2.2	45	0.1	31	—	29	
荷属印度尼西亚	4022	7.4	814	1.28	66	0.2	6426	5.2
香港	280	0.5	4505	9.1	420	0.9	1214	1.0
意大利			631	1.2	233	0.5	675	0.6
其他	26		41	0.1	39	0.1	15	—

出口

国别	1936年 金额	占比(%)	1937年 金额	占比(%)	1938年 金额	占比(%)	1939年 金额	占比(%)
日本	18728	36.3	16196	27.8	12284	39.0	19144	34.1
朝鲜	2670	5.2	1916	3.3	155	0.5	1789	3.2
台湾	1	—	1	—	—	—	441	0.8
关东州	5253	10.4	3727	6.4	5809	18.5	6552	2.7
小计	26652	51.9	21840	37.5	18248	58	27926	40.8
英国	5076	9.8	7348	12.7	3031	9.6	9056	16.1
美国	8839	17.2	7605	13.1	2045	6.6	4585	8.2
德国	2375	4.5	12973	22.4	5067	16.1	6185	11.0
法国	319	0.6	295	0.5	48	0.2	661	1.2
荷兰	2495	4.6	1915	3.3	1455	4.6	2179	3.9
印度	312	0.6	—		—		51	0.1
荷属印度尼西亚	1	—	5				1	
香港	2899	5.6	2023	3.5	173	0.5	10	
意大利	19	—	15		2		—	
其他	2545	5.0	5018	7.0	1374	4.4	5352	9.5

---

① 原文有误,据表中的数据核算为93444。

也许会有一些重复，现在我们再来讨论一下华北外汇集中制度的成绩。也就是说，在华北，去年3月11日以后，除了从海关监督得到无外汇出口的许可外，出口和运出的货物必须以联银的官方汇率，即对英镑1先令2便士来进行全部外汇的计算。这个时候，从事外汇的银行开始选择出口和运出的从业者，如果没有卖给联银的证明，就不能通过海关。联银通过这样来集中出口外汇，把其一成的金额作为正币准备金来积存起来，通过这样来试图强化联银券，这是它采取的方针。与此同时，针对进口从业者，指定希望进口或者运入商品的品种，卖出进口外汇。这件事情从商人一侧来看的话，把8便士物价的商品以1先令2便士出口或者运出，几乎是不可能的。当然也就必须做好蒙受4便士的损失。因为出口的损失用进口可以充分抵消，所以并没有成为什么大的问题。但是，联银的管理商品品类（鸡蛋以及相关产品、胡桃、落花生、落花生油、杏仁、棉籽、烟叶、（意大利）细面条和通心粉（空心面）、煤炭、羊毛地毯、麦秸草编、盐）向全品类的扩大（昭和14年7月17日开始实施），通过紧盯联银指定的进口品类和出口品类来进行对自己有利的贸易已经非常的困难，这方面好像商人的不满有很多。

但是，实施外汇集中制度后的12种重要商品的出口成绩，至少从青岛港来看是良好的（见表31）。

表31 青岛港管理的12种商品出口成绩表

单位：千元

年度 品类	1937年 日本	1937年 第三国	1937年 合计	1938年 日本	1938年 第三国	1938年 合计	1939年 日本	1939年 第三国	1939年 合计
鸡蛋以及相关产品	143	7588	7731	3	5105	5108	77	6860	6937
胡桃	2	4	6	3	—	3	9	8	17
落花生油	3	15805	15808	424	3764	4188	1209	6642	7851
落花生	495	5873	6368	744	2982	3726	1233	9852	11085
杏仁	—	77	77	2	14	16	—	46	46
棉籽	579	—	579	35	—	35	—	20	20
烟叶	4330	243	4573	5022	2	5024	4130	—	4130
（意大利）细面条和通心粉（空心面）	—	1	1	—	1	1	2	—	2

续表

年度 品类	1937年 日本	1937年 第三国	1937年 合计	1938年 日本	1938年 第三国	1938年 合计	1939年 日本	1939年 第三国	1939年 合计
煤炭	2057	266	2323	78	21	99	10592	—	10592
羊毛地毯	—	2	2	—	1	1	—	1	1
麦秸草编	251	85	336	58	47	105	64	7	71
盐	1616	—	1616	1766	—	1766	1759	—	1759
合计	9476	29944	39420	8135	11934	20069	19095	23416	42511
12种商品占总口出的比重	67.9%			63.8%			75.9%		

备注：青岛往日本出口的货物中，包括向满洲、关东州的出口。①

特别是去年的对第三国贸易额，进口为26958000日元，出口为28083000日元，两者相减有114万②日元的出超。与此相对，对日贸易进口为97928000日元，出口为27928000日元，有6561万元的入超③。如果从百分比上看的话，出口中对日贸易占49.9%，与此相对第三国贸易占50.1%，几乎都是对半。进口的对日贸易为77.6%，第三国贸易为22.4%，对日贸易占了压倒性的比例。接下来，如果把昭和14年度青岛港的对日贸易成绩列出来的话，如下表（见表32）：

表32 昭和14年度青岛港的对日贸易成绩

地域	出口 金额（千元）	出口 比例（%）	地域	进口 金额（千元）	进口 比例（%）
日本内地	19126	34.2	日本内地	71451	59.3
朝鲜	1811	3.2	朝鲜	4926	4.1
台湾	441	0.8	台湾	15102	12.5
关东州	6550	11.7	关东州	2062	1.7
合计	27928	49.9	合计	93541	77.6
总出口额	56010	100.0	总进口额	120996	100.0

---

① 日本人控制的伪满洲国在1932年即建立，日本人把它视为自己的一部分，故日本的出口中包括向满洲、关东州的出口。

② 原文有误，应为112.5万。

③ 按文中提供的数字，更精确的数字为7000万元。

但是，不能因此就乐观地认为对日贸易的前途是无障碍的。为什么这样说呢？因为对于现在的日本来说，日元集团贸易的发展对日本自身的经济力产生了非常重的负担乃至压迫。昭和14年度我国对日元集团贸易的成绩如下表所示（见表33），有12.6亿日元的出超，跟上一年相比取得了增加近7亿日元的出超这一非常好的成绩。

表33 我国的日元集团贸易成绩一览表

	出口		进口		出超额 （千日元）
	金额 （千日元）	较去年增 长率（%）	金额 （千日元）	较去年增 长率（%）	
昭和12年	900079	—	547904	—	352175
昭和13年	1355733	50.7	672394	22.6	683439[①]
昭和14年	2078730	53.2	818579	21.7	1260151

备注：来源于政府向议会提交的资料。包含除了南洋的外地。

上述的出口出超额不必说是适应了"满洲国"和华北经济建设与军事上的需要，更是从日本供给的物资。但是，要对其进行具体说明的话，有小麦粉、精糖、罐头、水产品、食品、纸类、木材、铁制品、机械车辆乃至棉纱布、丝绸织物等。其中，上个年度出口减少的有小麦粉和棉织物类，其他的商品都表现出了激增的态势。特别是像机械类和砂糖，最近有90%~100%都是面向日元集团地域的。

与此相对，从大陆方面面向我国的出口商品，或者说我国从大陆方面的进口主要有棉花、羊毛、麻、盐、煤炭、铁等工业原料品。但是由于事变的关系，这些东西的生产额显著降低，现在只能满足进口总额的二成五六分左右。

今后，随着治安的恢复和农产品出货的促进，再加上经济开发的进行，铁矿和煤炭等基本工业原料品的生产额增加的话，日满中之间的依存性会大大增加。作为我国来说，能够确保向大陆市场大量出口食品和工业制品。现在，由于军需物资大部分不得不从第三国进口，所以也就不能一概而论，认为（等同于饥饿出口的）日元集团之间贸易是受欢迎的。

---

① 原文有误，据表中数据计算为683339。

那么，像使用外国原料品的工业制品那样，虽然很早就禁止其向日元集团地区出口，但是随着事变的进展，终于到了有必要强化向日元集团出口限制的时候。从去年9月开始终于实施了面向满、关、中①的出口调整令。这个命令的宗旨不外乎是改变由于大陆物价高所导致的地域出口的异常倾向，同时试图振兴第三国贸易。但是，由于缺乏外币，把第三国贸易从中间打断的满洲和华北由此蒙受的打击非常严重。特别是在青岛，由于面临背后拥有4000万人口的山东市场，在对日贸易依存性急速上涨的今天，如果日本商品的进口被严苛限制的话，那么日本商人的势力将会大大地降低，外商的势力将会浩浩荡荡风靡山东市场吧！

特别是青岛从以前开始，对上海、香港甚至第三国贸易的依存度相当的大。外商要想挽回其势力的话相对的容易，但是日本商人的前途却不容乐观。现在，把去年一年青岛港进口的外国商品的内容列一个表如下，铁矿金属、机械车辆、油脂、木材、肥料、药品、染料类等占了进口总额的94.5%（见表34）。

表34 青岛港对第三国的贸易成绩表

单位：千元

出口品	昭和13年	昭和14年	进口品	昭和13年	昭和14年
猪毛	814	1860	金属钢铁类	437	1410
冷冻鸡蛋	5105	6346	油类	836	2393
落花生	2982	6642	菜品类	230	973
落花生油	3763	9852	木材	1116	2853
烟叶	2	—	机械类	986	673
卷烟	2	—	车辆类	347	323
其他	529	3383	染料	1164	1155
合计	13197	28083	其他	2319	17178
			合计	7435	26958

今后，如果我国面向日元集团的出口限制进一步强化，商品不断地

---

① 即满洲、关东州、中国的简称，满洲和关东州都是当时对中国东北不同地区的称呼。

通过外商进口（运入）的话，会给大陆的经济复兴也带来非常不利的影响。在外国人商社中，已经有人预测将来物价会走高。据说在天津，有人开始大量囤积诸如此类的复兴物资。这对于他们来说是一个获得华北市场的绝佳机会吧！问题是如何防止这一情况发生，但是关于这个问题的对策却在我们的调查范围之外。

图书在版编目（CIP）数据

东亚同文书院经济调查资料选译. 金融货币卷 / 周建波主编；张亚光等副主编；李军，胡竹清译. -- 北京：社会科学文献出版社，2024.12
ISBN 978-7-5228-1727-9

Ⅰ.①东… Ⅱ.①周… ②张… ③李… ④胡… Ⅲ.①经济史-史料-汇编-中国-1927-1943②金融-经济史-史料-汇编-中国-1927-1943 Ⅳ.①F129.6 ②F832.96

中国国家版本馆 CIP 数据核字（2023）第 071516 号

东亚同文书院经济调查资料选译·金融货币卷

主　　编 / 周建波
副 主 编 / 张亚光　李　军　胡竹清　张　跃
监　　译 / 李春利
译　　者 / 李　军　胡竹清
校　　注 / 周建波

出 版 人 / 冀祥德
组稿编辑 / 陈凤玲
责任编辑 / 宋淑洁
责任印制 / 岳　阳

出　　版 / 社会科学文献出版社·经济与管理分社（010）59367226
　　　　　　地址：北京市北三环中路甲29号院华龙大厦　邮编：100029
　　　　　　网址：www.ssap.com.cn
发　　行 / 社会科学文献出版社（010）59367028
印　　装 / 北京联兴盛业印刷股份有限公司
规　　格 / 开　本：787mm×1092mm 1/16
　　　　　　印　张：27.75　字　数：437千字
版　　次 / 2024年12月第1版　2024年12月第1次印刷
书　　号 / ISBN 978-7-5228-1727-9
定　　价 / 398.00元（全三卷）

读者服务电话：4008918866

版权所有 翻印必究

周建波
主　编

张亚光　李军
胡竹清　张跃
副主编

周建波
校　注

李春利
监　译

东亚同文书院经济调查资料选译

物产资源卷

②

胡竹清　李军　译

社会科学文献出版社
SOCIAL SCIENCES ACADEMIC PRESS (CHINA)

目　录

以哈尔滨市场为中心的北满大豆 …………………………… 001

北满的鸦片 …………………………………………………… 056

四川药材 ……………………………………………………… 096

四川省的桐油 ………………………………………………… 137

广东地区的大米 ……………………………………………… 171

天津纺织业的现状 …………………………………………… 191

山东羊毛 ……………………………………………………… 235

济南及天津的牛骨及牛皮 …………………………………… 264

山西省煤炭调查 ……………………………………………… 307

以汉口市场为中心的湖北省棉花情况 ……………………… 335

以哈尔滨市场为中心的北满大豆[*]

驻哈尔滨调查班
第 27 期学生
村井美喜雄

序 言

中东铁路[①]是北满洲的命脉。在该铁道铺设以前,北满洲几乎可以说是一片荒芜之地。这样的一个北满洲之所以能够成为一个文明之地,可以说在很大程度上受惠于中东铁路。北满洲的农业以及工业的发展与中东铁路的发展并行,且主要是在中东铁路的支撑下才得以实现。因此,北满洲,特别是作为其中心的哈尔滨在经济方面的重要性也就成为中东铁路存在的一个必要条件。

基于这一点,如果把中东铁路看成一根血管,把哈尔滨看成一个心脏的话,那么,北满大豆就可以说是流经这两者之间的血液。而且,三者之间并不是相互独立的存在。

如果真要从经济方面来看北满的话,就必须理解这三者之间的相关性。

本调查主要研究了大豆。本调查报告如果能够说明北满情况的一部分,能够对北满研究者有所参考的话,本人将不胜荣幸。

参考书名:

---

[*] 该文系东亚同文书院第 27 期学生村井美喜雄和调查组成员于 1930 年进行的调查。原文见《东亚同文书院中国调查手稿丛刊》第 126 册,国家图书馆出版社,2016。

[①] 原文写作东支铁道,这是日本人对中东铁路的称呼。中东铁路指沙俄修筑的从俄国赤塔经中国满洲里、哈尔滨、绥芬河(隶属牡丹江市),到达海参崴(符拉迪沃斯托克)的铁路中在中国境内的一段铁路,简称"东清路"。此铁路以哈尔滨为中心,往西延伸至满洲里,往东延伸至绥芬河,往南延伸至大连、旅顺,路线呈丁字型,全长约 2400 公里。1905 年日俄战争结束后,按照《朴次茅斯条约》的规定,长春以南至旅顺路段改属日本,被称为南满铁路。

《北满的大豆》（打印资料），池永省三著

《大豆的加工》，满铁庶务部调查课编

《大豆的栽培》，满铁兴业部农务课编

《哈市的概念》，哈尔滨日本商工会议所编

《俄亚时报》，昭和五年（1930）1月，哈尔滨商品陈列馆编

《哈尔滨指南》哈尔滨商品陈列馆编

《支那重要商品志》，马场锹太郎著

其他

目　录

第一章　大豆的概念

　第一节　大豆种植的历史性考察

　第二节　大豆的特质

　第三节　大豆的种类

　第四节　哈尔滨市场上市的大豆

第二章　大豆的商品价值

　第一节　大豆的营养价值

　第二节　大豆的用途

　第三节　大豆的品质及鉴定

第三章　大豆的生产及消费

　第一节　世界大豆的生产

　第二节　世界大豆的消费

第四章　大豆的商业交易

　第一节　北满的大豆交易

第一章　大豆的概念

第一节　大豆种植的历史性考察

一般人们认为大豆的原产地是日本、中国、越南、爪哇和南洋等地。

但是，关于大豆最初的耕作者到底是什么民族这一问题，学者之间有各种各样的争论，给人一种难以弄清真相的感觉。根据各种文献的记载，一个最明了不过的事实是：由于从开国之初就把农业立国作为第一要务的日本以及中国在气候和土质方面适合大豆的栽培，所以，大豆产量也比较多，且成为五谷中的一种。

中国的大豆耕作实际上始于4700年前，也就是说公元前2800年中国人就开始了大豆的种植。在春秋时代，大豆就已经和（稻）米、大麦、粟一起被人们种植，在春季祭祀的时候供奉于神前。《淮南子》中有"汾水（济水）通和而宜麦，河水中浊而宜菽，洛水轻利而宜禾，渭水多力而宜黍……江水肥仁而宜稻"的记载。在"菽"的名字下面，大豆作为五谷中的一种位列其中。另外，《吕氏春秋》中也记载有"得时之菽，长茎而短足，其荚二七以为族，多枝数节，竞叶蕃实，大菽则圆，小菽则抟以芳，称之重，食之息以香"。这是基于植物学观点对大豆的观察。另外，《诗经》有："九月叔苴，采荼薪樗。食我农夫。"孔子又曰："啜菽饮水尽其欢，斯之谓孝。"①从以上诗句可以看出，大豆是一种粗食的替代品。在其他的古书中也能看到不少诸如"饥民有半食菽""军中如无粮，可用菽代替"等句子。

在日本，大豆从神话时代开始好像就已经是仅次于米（稻）粟的一种被人们所重视的东西。《古事记》中有："于头生蚕、于二目生稻种、于二耳生粟、于鼻生小豆、于阴生麦、于尻生大豆。"《日本书纪》②有"天照大神复遣天熊人往看之，是时保食神实已死矣。唯有其神之顶，化为牛马，颅上生粟，眉上生茧，眼中生稗，腹中生稻，阴生麦及大豆、小豆。天熊人悉取持去而奉进之。于时天照大神喜之曰：是物者，则显见苍生可食而活之也！"而且在神话时代就已经有了"マメ"③一词。由《神代下》里就有"粟田、豆田"等词语可以明确看出，大豆从古代开始就已经存在了。另外，第四十二代文武天皇大宝元年发布的《赋役令》命令："诸国

---

① 《礼记·檀弓下》。
② 《日本书纪》是日本流传最早的正史。与《古事记》合称为"记纪"。全书用汉字和万叶假名写成，采用编年体，共三十卷，另有系谱一卷。其中，第一卷为《神代上》，第二卷为《神代下》。
③ 日语中"大豆"一词的读音。

建造义仓，仓里装粟，如无粟，可用大豆代替，粟一斗合大豆两斗。"可以看出，大豆在很早就成为主要食物的一个替代必需品，最终形成在全国种植的局面。在第五十四代明仁天皇时代有如下的文献："承知七年命令五畿七道诸国种植黎、稷、稗、麦、大小豆及胡麻等，意在救民之所急。"之后一千数百年来，大豆都与我国①的民生保持了密切关系。仅就其用途来看，大豆除了作为直接食物供人们食用外，还有据说是淮南王刘安发明的作为大豆制品的豆腐，在中古时期由中国传入。关于味噌，《三代实录》里有"仁和二年六月七日……味噌三合云云"的记载。另外，《延喜式神名贴》还有"味噌一斗二升②云云"的记录。还有人认为，味噌是唐朝僧人鉴真和尚在来日本的时候，他第一次尝试这个东西，由于特别好吃，鉴真发出了"啊啊，未曾有"的感叹，因此得名。此外，大豆还被制作成纳豆③或酱油。

　　有关满洲大豆栽培的历史，虽然没有准确的记录，但是，据说好像是从中国的中部地方移入的。当时，大豆作为农民的一种粮食并没有走出自给自足的范围之外。到了距今八十多年前，即道光二十一年（1841）末期开始，在大豆生产地的铁岭地区，农民为了制造食用油，开始把用于压榨胡麻油和大麻油的方法也应用到大豆上，并取得了成功。从此以后，豆油开始成为一种食用油，或用作点灯的燃料来使用。而其残渣，即豆粕则成为一种副产物，作为家畜的饲料，后来从山东迁入满洲的农民第一次把豆粕当作肥料来使用，并发现其效果非常好。之后，豆粕作为肥料的价值逐渐被人们所认识，这件事情迅速地传回了山东故里。于是，山东人开始来到营口，并开设了一些规模稍大的油坊。另外，在宁波，也有人把豆粕用在水田里。在厦门、汕头，有人尝试将其用于甘蔗地，江苏人将其用做鱼饲料，兴化人④将其用于养猪饲料。不管怎么说，都取得了一定的成绩。这样，大豆豆粕的用途逐渐扩大到食用粮、制油原料、肥料等。

----

① 指日本。
② 古代计量单位。十升为一斗，十斗为一石。
③ 由黄豆通过纳豆菌（枯草杆菌）发酵制成豆制品，具有黏性，气味较臭，味道微甜，不仅保有黄豆的营养价值，富含维生素K2，提高蛋白质的消化吸收率，更重要的是发酵过程产生了多种生理活性物质，具有溶解体内纤维蛋白及其他调节生理机能的保健作用。
④ 福建莆田仙游一带。明清设兴化府。

但是，当时大豆需求的范围主要限于中国内地。在四十多年的时间里，大豆仅仅在两三个市场上交易。以日清战争①为转机，1896年以后，我国和营口之间的贸易急速发展，大豆贸易也乘势增长，大豆的需求不仅被刺激，而且伴随着大豆用途的扩大，豆粕制造业（油坊）突然发展起来了。而且，在明治41年（1908），三井物产公司开始尝试第一次向英国出口大豆。大豆油在欧洲市场上作为一种棉籽、亚麻等植物油的替代品，以其低廉的价格和较高的品质两大特点被人们所认可。而且，大豆油还被使用到很多的地方。据说，大豆油即便是长期保存也不会变质，因此广受好评。第二年，40万吨大豆被运往英国，大豆一跃成为英国进口商品中的一大种类。在欧洲市场已经获得大销路的大豆继续向中国以外的其他市场进军，不断扩大其使用范围，成为一个国际商品。如果把大豆看成满洲的一个出口商品的话，那么绝大部分的大豆都被出口到了日本和其他地方，出口额达5000万日元，其中，销售到英、美、法、德、中国内地等地的大豆油的金额达到了2000万日元。而且，作为农作物肥料而被出口到日本的大豆粕的金额更是达到8000万至1亿日元。在大豆上市的最鼎盛时期，大豆出口甚至达到了可以左右佣船（租船）界行情的程度。

世界上大豆的产量，据说有660万吨（昭和3年，1928）。其中，满洲占55%，日本占17%，中国内地占30%，美国占2%。可以看出，满洲是大豆主要的生产地。在欧美，大豆主要是一种观赏性植物，而不是一种经济作物，大豆在国民经济上的地位是受到限制的。而在满洲，大豆却是非常重要的经济作物。满洲的大豆能供应世界，是一种非常有潜力的出口资源，甚至还可以换成进口贸易资金，抑或成为中东铁路和满铁②等收入的一大来源（满铁为推广东北大豆，积极进行科技研发，改良大豆品种和

---

① 指甲午战争。
② 南满洲铁道株式会社，简称满铁。它是日本经营满洲的核心，南满铁路是其最重要的资产和开展其他业务的基础。1904年日俄战争后，日本根据《朴次茅斯和约》，从俄国手中夺取了满洲中东铁路南段（长春至大连）和经营抚顺煤矿等特权，并于1906年创立总资本2亿日元的南满洲铁道株式会社（即股份公司），以经办铁路、开发煤矿、移民及发展畜牧业等为其经营方针，下设总务部、调查部、运输部、矿业部、地方部等。到1945年日本投降时，总资产达到42亿日元，就业员工也从开办时的1.1万人增加到39.8万人。1947年7月，满铁日籍人员撤离满洲，其在华机构全部为中国政府没收。

种植方法）。即便我们说"满洲经济界是以大豆、豆粕和豆油这三样东西为中心来运转的"也不是言过其实。我们不得不承认大豆在商品价值方面的重要性。

第二节　大豆的特质

　　大豆与小豆、菜豆、落花生等一样，都是豆科植物的种子。与米、麦的主要成分是淀粉不同，大豆的主要成分是蛋白质。且与其他植物相比，大豆的特征是含有大量的脂肪。当然，根据大豆种类不同，其脂肪含量也不一样。一般情况下，蛋白质在大豆中占比为40%左右，在植物的种子中含量是最高的。因此，我们可以将大豆理解成一种优良的植物性蛋白质食品原料。正如很多学者通过实验性化学研究已经证明的那样，大豆蛋白的营养价值在于构成大豆蛋白的物质——不饱和脂肪酸的作用。这种不饱和脂肪酸可以匹敌牛、马肉类和鱼肉类所含的蛋白质。很多实验都证明了大豆的蛋白质营养价值非常高。不饱和脂肪酸在氮素的各种氨基酸中包含精氨酸、组氨酸、赖氨酸三种，这构成了大豆蛋白营养价值中最重要的关系。与之相反，玉蜀黍（玉米）、大麦和小麦等的蛋白质由于所含有不饱和脂肪酸的量非常少，因此，不难推测它们的营养价值与大豆相比非常低。

　　另外，牛、马、鱼肉等动物性蛋白一般含有丰富的赖氨酸，含蛋白质全氮素的10%左右。植物性蛋白一般来讲，赖氨酸的含量比较低，而米的蛋白质含量还不到其一半。如果是大麦、小麦的话，赖氨酸含量就更少了。因此，相对而言，大豆蛋白含有的赖氨酸相对丰富一些，几乎与鱼肉等的含量接近。研究氨基酸的泰斗人物托马斯·伯尔·奥斯本根据大豆蛋白、动物蛋白实验得出了以下结论：虽然大豆蛋白与鱼类蛋白及牛肉蛋白相比营养价值稍低一些，但是在植物性蛋白方面，大豆具有最为优良的营养价值。

　　而且，大豆富含脂肪这一点更加增加了其营养价值。最近的一项研究显示，大豆油中含有少量的维生素A。大豆虽然富含维生素B却不含维生素C，这多少也算是一个缺点吧！

　　从以上这些最新的营养学说来观察的话，大豆所拥有的优良的食料价值，不管在理论上还是在动物实验上都得到了验证。对于自古以来就将米、麦视为主要粮食的我国①人民来说，营养方面一直有所缺乏。特别是我国与欧美各国在饮食习惯上不同，自古以来受佛教教义的影响，少食肉，而将大豆及其加工品作为一种副食，经常将肉和大豆混在一起食用这件事情能够保证人民的营养处于一个适当的水平。因此，大豆在维持我国人民体质方面，其功劳真的非常大。

第三节　大豆的种类

迄今为止，人们所知道的满洲大豆的种类达到了 214 种。关于大豆的种类，根据是否有毛可以将其分为有毛和无毛两种。有毛类大豆可以根据形状分为扁平和丰圆两种。另外，还可以根据外皮以及豆脐的颜色来分类，见图 1。

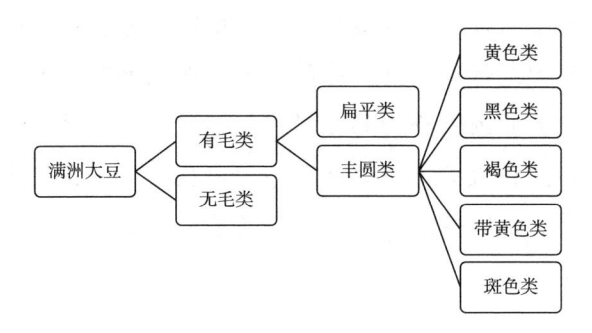

图 1　大豆的分类

满洲大豆 → 有毛类 / 无毛类
有毛类 → 扁平类 / 丰圆类
→ 黄色类、黑色类、褐色类、带黄色类、斑色类

另外，无毛类大豆现在还未被发现。扁平类大豆也被称为"牲食豆"，作为一种家畜的饲料，很少被种植。与此相反，丰圆类大豆则是非常普通的。满洲的商人在商业上一般将丰圆大豆根据成色分为黄豆、黑豆和青豆三种。下面，我们对其进行详细说明。

一　黄豆

①黄豆：在我国一般称之为大豆。颗粒呈大中球形，颜色为黄色，稍微有点光泽，豆脐呈淡褐色。中国人也称黄豆为"元豆"。另外，人们所说的"北满大豆"几乎指的就是这种大豆。

---

① 指日本。

②金元：还有另外一个名字，叫"金黄"。由于大豆色泽呈金黄色，因而得此名称。与黄豆相比，金元的颗粒稍小，且带一点圆形，附着在豆荚上的痕迹呈黄褐色或白色。金元是黄豆中品质最优的，因含油量多所以适合榨油。在满洲，产出金元这一类大豆最多的地方是铁岭的开原地区。

③白眉：还有一个叫"大白眉"的名字。白眉与黄豆相比，颗粒稍大，形状呈椭圆形，外皮呈白黄色，豆脐一般为白色。白眉的含油量与金元相比，稍微有点少，适合做豆腐及点心的原料。白眉产地主要是奉天①附近以及辽阳地区，其他地方则非常少。

④黑脐：有大黑脐和小黑脐两种。大黑脐粒大且形圆，豆脐大多为黑色。由于其形状恰似猫的眼睛，所以俗称"猫眼"。大黑脐的外皮很厚且含油量少，所以其在大豆中是品质最低的劣等品。但是，由于其生长方面比普通大豆对环境要求要低一些，所以，适合在一些土壤贫瘠的山地地带以及潮湿地带种植（在有的地方，据说也会发生"播种的是金元，但是由于地质原因收获的却是黑脐"的所谓"变种"的情况），吉林山麓地区出产这种大豆。小黑脐豆脐为黑色，其形状品质等方面与其他的黄豆没有什么不同的地方，含油量几乎一样。小黑豆在奉天辽阳地区有少量的产出。

二 青豆

青豆的颜色为外青内黄，而大粒青豆则是内外均呈黄色。

①青豆：与黄豆在形状上大体一样，外皮带点青绿色，内部为黄色，豆脐带有白色的痕迹。而且，青豆外皮的颜色会随着时间逐渐褪色，这样人们便很难区分青豆与黄豆。青豆的用途虽然和黄豆一样，但是在品质方面稍逊一些。由于青豆蛋白质多，所以适合于制作豆腐。青豆的产地主要以辽东半岛地区为主，其次是辽阳地区。

②大粒青豆：大粒青豆为上述青豆的一种，其形状与青豆类似，豆脐带有黑褐色的痕迹。一般人们为了将其与青豆区别开来，故称其为大粒青豆。大粒青豆的含油量较少，多用于制作豆芽。

---

① 沈阳市的旧称。

三　黑豆

广义的黑豆又有黑豆、乌豆、扁乌豆等种类。黑豆外黑内青；乌豆：内黄外黑；扁乌豆：外黑内黄。

①黑豆：外皮呈黑色内部为黄色，含油量少，不适合榨油，适合做制作豆粕的原料，其他主要用途有猪饲料。从营口运到华南地区的黑豆也被用于药材中。辽河沿岸出产的黑豆品质良好。

②乌豆：内黄外黑，也被称为"青仕乌豆"。乌豆的主要用途是作为一种粮食和腌制品，是当地农民的一种副食。乌豆主要产自辽河沿岸，比黑豆稍大。与黑豆内部呈青色不同，乌豆内部带有黄色的点，可以据此区分乌豆与黑豆。

③扁乌豆：形状为扁平状的长椭圆形，有光泽，外黑内黄，含油量少，主要做饲料用。

第四节　哈尔滨市场上市的大豆

如果把中东铁路视为北满血管的话，那么，我们就可以说，哈尔滨是控制这些血管的心脏，满洲大豆就像是在血管里流动的血液。哈尔滨市场的历史就是中东铁路的历史，中东铁路的命运关乎哈尔滨市场的命运。而且，即便说"这两者之间的消长关系左右着北满大豆的经济价值"也不为过。

哈尔滨市场在北满是一个独特的存在。如果想要了解真实的满洲大豆的情况，就必须首先考虑哈尔滨市场。接下来，我们稍微看一下哈尔滨市场上的大豆。

一　东北部

（1）庆城地区[①]——距哈尔滨市区340华里。

虽然也会夹杂有白眉和茶脐黄豆，但是豆粒平齐，光泽一般。由于虫咬及其他品种的混杂物较少，所以，80%的大豆能够成为混保（品质评价标准）[②]一等品。

[①]　今庆安县，隶属绥化市。
[②]　满铁于大正8年（1919）12月1日制定了《大豆混合保管制度》，对作为混合保管品被寄存到仓库的大豆按照其品质进行等级评定。

（2）西厂[1]地区——距哈尔滨市区180华里、巴彦地区——距哈尔滨市区50华里。

这里的大豆多为中粒和小粒且略带黄色，有光泽。外皮由于附着土沙，让其外观大打折扣。豆苗的根基混入较多。

二 东部

（1）宾州地区[2]——距哈尔滨市区160华里。

中粒球形茶脐大豆。里面混有约50%的与白花蹉[3]子相似的夹杂物。色泽一般，豆粒整齐。株食豆的混入较少，品质为混保一等品。由于其含油量少，所以不受油坊的欢迎。

（2）阿什河地区[4]——距哈尔滨市区90华里。

中粒大黑脐，豆皮稍带一点青色，混有球形的白眉，豆粒破碎及虫咬的情况比较多。豆粒大小不一，作为一种商品稍稍逊色，品质相当于混保二等品。

三 西南部

大平庄地区[5]——距哈尔滨市区90华里；五家地区[6]——距哈尔滨市区80华里。

小粒的小黑脐，有光泽呈黄金色，去豆皮后含油量高，受油坊欢迎。缺点是夹杂有黑色的豆苗根基，大体上可以算作混保一等、二等品。

四 河东

富锦地区[7]——距哈尔滨市区1000华里；桦州地区[8]——距哈尔滨市区770华里；佳木斯地区——距哈尔滨市区690华里；三姓地区[9]——距

---

① 原文有误，应为西集厂，经河北师范大学教授、日本专家椎名一雄先生对根据日文文献的仔细考证，认为西集厂是巴彦州的市镇之一，具体来说就是巴彦县西集镇。
② 今哈尔滨市宾州区。
③ 原文如此，待考。
④ 今哈尔滨市阿城区。
⑤ 哈尔滨市道里区太平庄镇。
⑥ 哈尔滨市双城区下辖镇。
⑦ 今属佳木斯市。
⑧ 原文有误，应为桦川。
⑨ 三姓，古地名，今黑龙江省依兰县。三姓地区包括今牡丹江流域及松花江下游广袤的地区，是松花江流域重要的水、陆交通要道，也是东北地区的边防重镇、少数民族聚居区。

哈尔滨市区 548 华里。

河豆是对经松花江水运由哈尔滨下游地区逆江运输进来的大豆的总称，也就是从上述地方运来的大豆。一般混入的杂质较少，品质优良。佳木斯地区的大豆 50% 以上都是属于混保特等品。三姓地区上市 40% 的大豆能够进入特等品，其中有一些因为湿气进入而导致出现了一些干燥不良的大豆。

第二章　大豆的商品价值

第一节　大豆的营养价值

大豆作为一种在植物性食物中蛋白质含量最多的东西，也被称为"荳素"，是豆腐和豆乳营养价值的根源。自古以来，以谷物为食的东洋人之所以不摄取大量的肉食也能维持一定的体质从事劳动的原因在于摄取豆类食物。尤其是像"まめで暮らす（依靠大豆生存）""まめまめしい（勤恳的）""まめまき（播种豆子）"等与大豆相关的俗语，它们都表达的是健壮勤勉之意。

1913 年 2 月 12 日发行的日本某报纸刊登了德国郝尔曼博士发表的一篇题为"大豆对病人的效果及其用途"的论文。此处摘录该论文的一节，以期对大豆营养价值的研究做一个参考。

从很早开始，大豆作为一种因营养价值丰富而被人们所熟知的豆科植物，由于其特殊的滋养成分，因而逐渐形成了其作为一种特殊的滋养食品的地位。这一事实不论是从化学分析还是生理学试验以及其他试验的结果中均得到了验证，毫无怀疑的余地。但是，豆科植物平均只含有约 23% 的蛋白质，3%~5% 的脂肪和 5% 左右的发酵性含水碳素。而大豆则含有 39%~43% 的蛋白质，21% 的脂肪和 20% 的淀粉。另外，大豆中还有 1.64% 的含水碳素和大量的石灰、镁，以及最近其效果刚被人们发现的中性脂肪。从以上可以看出，大豆中含有我们所需营养中最需要和最重要的滋养素。特别是大豆富含消化性而缺少发酵性这一点，更增加了其营养价值。

大豆容易消化并且较少含有妨碍人体消化机能的氮素成分这一事实已经被大量的实验所证实。现在，这个依据成为大豆最重要的一个特质。关于大豆的其他特征，我们还必须提到大豆具有的以下性质。即由于大豆对于各种细菌的入侵以及寄生物具有完全排除性，所以，不必担心其腐烂或者受潮。因此，大豆对人体以及动物是完全无害的。大豆的味道虽然跟豌豆相似，但是，在营养成分上远超过豌豆。比如，每100克豌豆中约含有333卡路里的热量，而同等重量的大豆则含有454卡路里的热量（每100克中等体格的壮牛的牛肉中约含243卡路里的热量，肥牛肉约含337卡路里的热量）。从这一点来看的话，我们很容易理解大豆所具有丰富的滋养成分。另外，用大豆制作的面包由于其味道新鲜跟我们国家产的面包一样，由「ステッチン」和「ハンブル」① 出产的大豆油，其颜色和香味与最好的食料商品毫无差别。而且，大豆的优点在于价格非常低廉，品质纯粹无杂，营养价值高等，这些都是大豆的特点。另外，对于患者而言，大豆的效果也是绝不能轻视的。由于大豆缺少含水性发酵碳素以及仅含有微量的盐分，所以，对患有糖尿病、结核病、佝偻病的儿童，患有消化机能损害的婴儿，需要增加营养的孕妇以及需要促进乳汁分泌的哺乳者等人群都具有非常大的疗效。

大豆的化学成分如表1所示。另外，如果把大豆与其他豆类进行比较的话就会发现，在豆类中，大豆所含的营养素是最多的。

表1　各豆类所含营养成分

单位：%

	水分	粗蛋白质	粗脂肪	碳水化合物	纤维	灰分
黄大豆	13.48	36.71	17.43	24.93	2.47	5.55
青大豆	12.28	42.89	13.58	22.68	2.91	4.77

---

① 据在河北师范大学工作的日本专家椎名一雄教授比照日本文献的考证，"ステッチン"和"ハンブル"是两个港口城市名称。其中，"ステッチン"在英文中被写成"Stettin"，指波兰西北部城市什切青。它是波兰第七大城市，位于奥得河（波兰与德国的界河）下游，是捷克、斯洛伐克、匈牙利、德国之间重要的转运港，也是波罗的海沿岸重要港口、波兰最大的海港。"ハンブルグ"在英文中被写成"Hamburg"，指德国港口城市汉堡。它是德国第二大城市，也是德国最重要的海港和最大的外贸中心，被誉为"德国通往世界的大门"，是世界大港。

续表

	水分	粗蛋白质	粗脂肪	碳水化合物	纤维	灰分
豆粕	10.25	25.69	18.83	38.12	2.75	3.55
黑大豆	11.09	42.25	18.26	21.96	3.88	4.36
小豆	17.00	22.97	0.38	51.67	4.44	3.54
豌豆	15.76	28.88	1.29	49.74	1.22	3.11
菜豆	17.51	20.30	1.07	53.19	4.46	3.47
落花生	6.95	27.65	45.80	16.75	2.21	2.68

第二节 大豆的用途

第一项 概说

大豆的用途大致可以分为以下几个。

1. 食品

在日本、朝鲜、中国、南洋各国，人们把大豆煮熟作为一个副食来食用。或者把大豆当成是制作豆腐、纳豆、黄粉、味精、味噌和酱油时不可或缺的一个原料。

2. 肥料

大豆由于含油量比较多，所以，利用这一特性，不仅可以延缓肥料的分解和肥效，还能促进种子发芽和幼小植物的生长。现如今，人们主要是使用大豆粕或者把大豆和豆粕当成一种动物的饲料，进而对这些动物的排泄物进行再利用。

3. 饲料

大豆作为一种营养价值极大的粮食，由于其富含蛋白质及脂肪，所以即便是作为一种家畜饲料来使用，也是非常优良的。但是，一般而言，饲料并不需要很好的脂肪含量。所以，比起把大豆当作一种饲料，倒不如说把去掉脂肪后的大豆粕当成一种饲料，进而对其加以利用才是上策。但是，在中国、朝鲜等地，把大豆当成饲料来使用的情况仍然比较少。另外，在美国南部的各州，也有把青割大豆（生草）当作一种猪的放牧饲料来使用的情况。

4. 榨油原料

随着化学工业的发展，大豆榨油工业开始兴盛。大豆作为榨油原料，其消费量逐渐凌驾于作为一种食品用途的消费量。现在，大豆生产额的五成以上用于榨油方面的消费。这是因为大豆榨油后得到的产品——大豆粕和豆油的用途很广、需求很大的缘故。除以上用途以外，下面我们还附了一张表（见表2），来表示大豆的一般用途。

表 2　大豆用途一览

大豆			豆油		豆粕	
饲料	肥料	食料	直接用途	加工品	直接用途	加工品
		煮豆	食料	精炼油	肥料	硝纤象牙替代品
		纳豆	点灯用	猪油替代品	饲料	蛋白制品
		豆芽	减磨用	奶酪替代品		味精
		豆腐皮		沙拉油		营养素
		豆腐类		肥皂		球蛋白
		豆乳		火药原料		药用
		酱油类	甘油	医药用		水性涂料
		味噌类		化妆用		润化剂
		豆粉	涂料	硬化油		其他
		点心类	油漆	猪油代用品		食料
		面包	清漆	奶酪替代品		豆腐类
		调味汁	亚麻油毡	蜡烛		酱油
			橡胶替代品	肥皂		调料汁
			人造石油替代品	脂肪酸		
			柴油	肥皂		豆粉
			轻柴油	钽		点心
			汽油	防水剂		面包
			瓦斯	钽		

大豆最近在东洋各国①，已经从一种国民自家食料这一用途中脱离开来，大豆不仅仅是一种世界性的食料，而且发展成为一种工业原料。特别是大豆在榨油工业方面将来可能会有更大的发展，这是因为大豆具备以下要素。

①大豆的本质非常适合做食品原料、肥料和榨油等工业原料；

②大豆的栽培比较容易；

③像满洲这样的地方，大豆原料丰富，比较容易积聚，形成大的生产地；

④价格低廉；

⑤便于储藏。

第二项　作为粮食的大豆

大豆的成分会因产地、品种和年份有所不同。此处，我们列举一个适用于满洲大豆的满铁混合保管各等级品大豆的平均成分。

表 3　大豆的平均成分

粗脂肪	18.0%	碳水化合物及纤维	28.0%
粗蛋白质	40.0%	灰分	5.5%
水分	8.5%		

大豆的加工食品如上所述的那样，有①纳豆；②豆腐；③冻豆腐；④油炸豆腐；⑤豆腐皮；⑥酱油；⑦味噌；⑧豆芽等。

一　纳豆

表 4　滨纳豆的组成（远州滨名②的特产）

蛋白氮素	3.57%	碳水化合物	8.40%
脂肪	3.44%	新鲜物的水分	44.72%
纤维	6.78%	灰分	18.54%

---

① 指东亚地区。

② 指日本静冈县滨名湖一带。

二 豆腐

表 5 豆腐的组成

水分	88.79%	88.11%
粗蛋白质	6.55%	6.29%
粗脂肪	2.95%	3.38%
碳水化合物	1.05%	1.64%
灰分	0.64%	0.58%
粗纤维	0.02%	—
	东京卫生试验所	凯尔纳[1]

三 冻豆腐

表 6 冻豆腐的组成[2]（东京卫生试验所）

水分	2.85%	可溶性氮素	16.81%
蛋白质	62.44%	纤维	0.52%
脂肪	6.00%	灰分	2.38%

四 油炸豆腐

表 7 油炸豆腐的组成

水分	57.40%	纤维	0.08%
蛋白质	21.96%	灰分	1.35%
脂肪	18.72%	其他	—
无氮素	0.49%		

五 豆腐皮

表 8 豆腐皮的组成

水分	21.85%	无氮素	6.65%
蛋白质	51.60%	纤维	0.46%
脂肪	15.62%	灰分	2.82%

---

[1] 全名为 Oskar Kellner，1851 年 5 月 13 日生，1911 年 9 月 22 日去世，德国农艺化学家，曾作为明治政府雇佣的外国专家任教于帝国大学农科大学，对日本的土壤学和肥料学发展做出了贡献。

[2] 全部合计为 91%，不知哪个条目出错，有待进一步查实。

六　酱油

表 9　酱油的组成[①]

%	—	—	—
水分	—	—	—
蛋白	—	—	—
脂肪	—	—	—
无氮素	—	—	—
纤维	—	—	—
灰分	—	—	—

七　味噌

表 10　味噌的组成（东京卫生试验所）

	白味噌	红味噌
水分	55.97%	48.35%
蛋白	11.13%	15.42%
脂肪	4.92%	5.94%
无氮素	14.02%	11.38%
纤维	3.83%	4.72%
灰分	10.14%	14.02%

八　大豆芽

表 11　大豆芽的组成及营养成分

水分	93.37%	朊化物	0.86%
灰分	0.38%	单色胺	1.48%
脂肪	0.03%	营养价值	2433 卡路里
碳水化合物	3.88%	每百克对应的可消化营养成分	5.92g
蛋白	2.34%	每百个新鲜豆芽的重量	20.70g

---

① 原文如此。

第三项　作为饲料的大豆

由于大豆的蛋白质和脂肪含量高，所以，在家畜饲料中大豆的可消化养分是比较多的。现在，我们把各种饲料的组成及其占比，按照石琢后藤的研究来进行一个比较，如表12～表13所示。

表12　大豆与其他用作饲料的种子果实成分比较

单位：%

种子果实	水分	灰分	粗蛋白质	粗纤维	可溶性无氮素	纯蛋白
大豆	13.74	4.03	36.22	3.74	25.38	22.34
秕米①	13.74	6.36	2.34	12.16	58.06	—
燕麦	12.36	2.72	4.07	5.00	57.08	10.93
大麦	13.93	2.65	1.33	12.16	64.96	17.36
玉蜀黍	13.66	1.39	5.50	1.67	66.55	7.59

表13　大豆与其他用作饲料的种子果实各成分混合率

单位：%

谷类	固形物	有机物	粗蛋白	粗脂肪	粗纤维	可溶性氮素	纯蛋白
大豆煎	75.97	78.18	87.33	88.40	1.30	70.22	88.34
大豆煮	78.65	78.23	90.30	86.11	—	96.73	92.79
秕米	71.81	76.42	60.36	82.39	38.71	85.61	—
燕麦	67.21	68.76	77.05	91.60	36.58	72.64	—
大麦	—	86.00	70.00	89.00	—	92.00	—
玉蜀黍	83.17	84.60	73.52	85.20	3.13	87.86	—

从上表（表12、表13）可见，虽然燕麦和玉蜀黍等在碳水化合物含量方面比大豆要高，但在蛋白和脂肪含量方面却只有大豆的三分之一到两分之一。另外，由于大豆对以上这些成分的消化率非常高，所以大豆作为一种廉价高效的肥料，占据非常重要的地位。并且，不同于水稻等谷物，由于大豆富含蛋白质和脂肪，是一种非常高效的饲料，所以如果随意将其

---

① 指子实中空或不饱满的稻谷出产的米。

与碳水化合物饲料混合的话，则会造成营养成分的损失。所以说，对于那些从事劳动的动物，以及那些先将其养肥后再宰杀供人们食用的动物而言，大豆是一种最适合它们的饲料。但是，如果动物过度食用大豆的话，由于脂肪会增多，反而会妨碍消化，对肠胃造成损伤。

因此，一般情况下，像大豆这样脂肪含量非常高的肥料，也是有缺点的。这个时候，作为一种上上策，我们可以使用大豆粕作为饲料。因为大豆粕中的脂肪很多都被去除掉了。当我们看一下实际情况会发现，随着大豆榨油业的发展兴旺，作为家畜饲料的大豆粕，其用途也在不断扩大。与此相对，将大豆粒作为饲料使用的情况正在呈现减少的趋势，这是一个事实。

第四项　作为肥料的大豆

将大豆直接作为肥料使用的这种现象，在我们日本的东北地区的水田耕作中也能见到。在满洲海[①]附近，也有将黑豆先进行熏蒸，然后与堆肥混合后作为一种肥料来使用的现象，但是更多的是使用绿肥或者大豆粕。

大豆作为一种肥料使用时，由于大豆中含有的油分很多，这不仅会延缓肥料的分解和肥效，同时由于发酵时还需要大量的氧，所以会严重地阻碍农作物幼苗的成长。因此，先将大豆直接作为一种肥料给动物吃，然后再对动物的排泄物进行利用，这才是一种合理的方法。现在，直接将大豆粒作为肥料使用的情况非常少见。

第三节　大豆的品质及鉴定

第一项　概说

关于大豆的品质，首先，不用说取决于与其化学成分。然而在实际鉴定的时候，对其一一进行分析并等待检测结果显然是不现实的。但我们可以根据与大豆品质相关的一些因素，比如从大豆外表的一些特征来对其品质做出鉴定。另外，大豆品质的好坏还与其用途相关，不能一概而论。比如，用于

---

① 即今日本海。因此片海域原先主要处于中国东北与日本之间，故欧美等国家亦称之为"Sea of Manchuria"。1815 年俄国航海家 A. J. v. 克鲁森斯特恩取名日本海之后，被广泛使用，得到世界各国承认。

榨油的大豆，含油量多就是对它品质的第一要求，而制作豆腐、味噌等时，则要求大豆的蛋白质含量越多越好。因此，大豆鉴定的标准并不是固定的。

　　市场上的大豆，换言之也就是作为商品的大豆的鉴定。除了其本身的品质外，最关键的是要对不完整的大豆颗粒以及夹杂物等进行鉴定。尤其像满洲大豆那样，由于调制得不完善，因此在检查的时候需要格外小心。具体而言，在满洲，由于农民的知识水平很低，所以他们在大豆的种植和调制等方面都非常的粗放，他们所生产的大豆从本质上来讲不是纯粹的大豆。因此，对于那些不完整的大豆颗粒以及夹杂物等不能视而不见。在对作为商品的大豆进行鉴定时，要将重点放在是否有夹杂物上，其次才是大豆本身的质量。而且，在今天，大豆品种的统一以及品质改良等都可以实现，大豆完整粒的多少及好坏完全可以成为一个鉴定的标准。下面我们将鉴定商品大豆时的一些必要条件列举如表14，尝试对其进行简单说明。

表14　大豆鉴定的标准

	鉴定目标	作为榨油原料
1	颗粒的大小	颗粒的大小因品种而异。一般认为大粒比小粒品质优良
2	颗粒的形状	形状为品种的一个特征，仅凭形状来判断品质的话非常困难，球形和扁球形的为优良
3	颗粒的颜色	黑色、褐色的大豆含油量少，黄色的大豆一般含油量多
4	颗粒的光泽	根据有无光泽很难判定大豆的品质，一般认为有光泽的是好的
5	豆脐的颜色	一般而言豆脐带有褐色以及黑色的大豆含油量多
6	子叶的颜色	子叶颜色是青色的大豆油分少，黄色比较浓的一般含油多
7	种皮的多少	就同一品种来看，大粒大豆的种皮量比小粒的要少，大粒大豆较好
8	干燥度	大豆的干燥度与重量有关系，而且与腐烂、虫蛀也有关系
9	容重	决定容重的因素有大小粒的混合比例，不完整颗粒的混合比例及其他因素
10	颗粒的比重	油分的多少可以从大豆粒的比重看出来，轻一点的比较好
11	颗粒的臭气	干燥不充分导致产生微臭，一般情况下是没有臭味的
12	异种的混合状态	如果是多个品种混合在一起的话，就要看其中品质优良的东西的量有多少
13	不完整颗粒的多少	①破碎粒的多少；②未成熟颗粒的多少；③虫蛀颗粒的多少
14	夹杂物	与商品的品质以及造成等级低下有重要的关系

关于上表（表14）中的第9、10、13、14各项，作为参考，我们再看一下下边这些表（见表15、表16、表17）。

表 15　湿分饱和状态下大豆的重量和增加值

按大小区分	区别标准 每千粒重量	风干状态的重量和 饱和状态下的比例	风干状态的容积和 饱和状态下的比例	差值
最小	110 克以下	217.937	266.667	48.73
小	110~140 克	207.087	266.667	55.58[①]
中	140~170 克	204.630	266.667	62.04
大	170~200 克	198.638	246.667	48.03
最大	200 克以上	190.820	240.000	49.17[②]
平均	—	203.824	257.334	53.51

表 16　比重和成分的关系

单位：%

	比重	水分	粗脂肪	粗蛋白质	灰分
风干 物中	1.215 以下	9.705	17.400	39.414	4.740
	1.215 以上	10620	17.077	41.738	4.860
无水 物中	1.215 以下	—	19.270	43.650	5.249
	1.215 以上	—	19.106	46.697	5.437

表 17　完整颗粒与不完整颗粒含油量的比较

			水分（%）	粗脂肪（%）
风干物百分中	完整颗粒		8.926	18.594
	不完整颗粒	完全成熟颗粒虫蛀	9.550	18.400
		未成熟颗粒	9.680	17.590
		未成熟颗粒虫蛀	9.370	17.140
无水分百分中	完整颗粒		—	20.417
	不完整颗粒	完全成熟颗粒虫蛀	—	20.343
		未成熟颗粒	—	19.475
		未成熟颗粒虫蛀	—	18.920

---

① 原文此处似有误，据表格中数值计算为 59.58。
② 原文此处似有误，据表格中数值计算为 49.18。

第二项　满洲大豆的检查及鉴定

满洲的大豆不论是其栽培方法还是施肥方法，都被一种宿命观所支配着。种植大豆的农民缺乏经济知识、愚昧无知，导致的一个结果便是大豆品质粗糙，大小、形状、光泽以及脐色等非常不均匀。至于说到满洲大豆的夹杂物，真可谓是世界市场上的一大壮举。而且，由于人为的不正当行为，越发降低了满洲大豆的品质，这从另外一个侧面也表明了大豆检查及鉴定的特殊性地位。

在朝鲜和日本，作为检查大豆的一个条件，有无其他品种的混入是第二位的。与之相反，在满洲，这个条件却是第一重要的。

另外，满洲的地理条件所造成的一个必然结果就是，大豆的干燥度也成为检查鉴定的一个重要条件。特别是存在一些故意使坏的商人。这一事实也决定了检查鉴定的必要性。

在充分考虑以上满洲特有的情况的基础上，下面我们用图形来对满洲大豆鉴定的标准以及样品做一个说明。

满洲大豆品质鉴定的标准如下：

一，夹杂物：50分。清洁比例每降低10%减2分。

二，干燥度：20分。按照是否良好分4个等级，每个等级5分。

三，品质：30分。按照是否良好分6个等级，每一个等级5分。

表18　满洲大豆鉴定的等级

等级 项目	81~100 特等	61~80 一等	41~60 二等	40分以下 不合格
夹杂物	50分	40分	20分	20分
干燥度	20分	15分	10分	5分
品质	30分	25分	20分	15分

表 19　满洲大豆品质鉴定的标准

1	一舛①的重量	10 分	350 克以上为满分，往下每 5 克减 1 分
2	形状	15 分	每降低 1 个等级减 1.5 分
3	色泽	15 分	每降低 1 个等级减 1.5 分
4	干燥度	25 分	每降低 1 级减 2.5 分
5	调制	35 分	完整颗粒达 90%以上为满分
	合计	100 分	每降低 5%减 3.5 分

表 20　满洲大豆鉴定等级②

项目＼等级	91~100 分	81~90 分	71~80 分	70 分以下
	特等	一等品	二等品	不合格
一舛的重量	10.0 分	9.0 分	8.0 分	7.0 分
形状	15.0 分	13.5 分	12.0 分	10.5 分
色泽	15.0 分	13.5 分	12.0 分	10.5 分
干燥度	25.0 分	22.5 分	20.0 分	17.5 分
调制	35.0 分	31.5 分	28.0 分	24.5 分

在满洲，满铁于大正 8 年（1919）12 月 1 日制定了《大豆混合保管制度》，该制度实施以来，作为混合保管被寄存的大豆都入了仓库，接受检查和鉴定，并且按照其品质对其等级评定。另外，在每个车站都有负责大豆检查的专门的检查人，他们按照标准样本对大豆进行检查，把与样本品质相同或高于样本的东西定义为"合格品"。标准样本现在分为特等品、一等品、二等品三类。按照此标准对大豆进行等级评定。

第三章　大豆的生产及消费

第一节　世界大豆的生产

现在，世界上的大豆生产国有中国、日本、美国。这些国家一年的大豆生产额有 5210 万石，具体如表 21。

---

① 日本旧时的计量单位，1 舛约等于 1.8 升。
② 原文不准确。根据前文所说的满洲大豆品质鉴定的标准，该表应是：满洲大豆品质鉴定等级。

表 21　中日美大豆年产额

地名	生产额（单位：万石）	生产比例（%）
中国内地（不包括满洲）	1500	81.2[①]
全满洲	2746	
日本全国	900	17.2[②]
美国	64	1.6[③]
合计	5210	100.0

也就是说，生产大豆最多的是中国，大约相当于世界生产额的81.5%。而满洲则是中国的一个享有盛名的大豆生产地，占世界大豆生产总额的52.7%。

第一项　满洲的大豆生产

一　大豆种植的目的

在满洲，人们种植大豆的目的是收获其种子的果实，或者是将大豆作为轮作的主要作物。收获大豆第一是为了将其作为一种粮食，另外，还可以将其作为一个榨油的原料。根据满铁中央试验所化学实验的结果显示，一种大豆要想同时实现以上两个目的是不可能的。原因是，大豆中的脂肪和蛋白质的相互关系是一种此消彼长的，呈反比例的关系。脂肪量高的大豆在蛋白质含量方面必存在不足。

接下来，我们对满洲这个地方最有特色的轮作现象来稍微进行一下说明。

大豆有着豆科植物所共有的"能够通过细菌的繁殖作用来吸收空气中氮素"这一功能。这些细菌在大豆的根部形成了一种"肿瘤状"的东西，进而产生氨。其机理是吸收空气中存在的氮素。另外，大豆的茎作为细菌的一种营养物质供应其20%的粉状物质，与此同时获得95%的氮素。如果大豆的茎枯死的话，那么，氮素或者根瘤就会以集结积蓄的状

---

① 原文此处有误，根据提供的数字计算为81.5。
② 原文此处有误，根据提供的数字计算为17.3。
③ 原文此处有误，根据提供的数字计算为1.2。

态在土壤中被腐蚀。这样一来，土壤就自然而然地含有了氮素肥料。因此，如果在土地里种植豆本科植物的话，由于土地会含有氮素的复合成分，所以，人们就会获得比肥料更大的利益。因此，满洲当地的农民经常在收割的时候，将大豆的根茎一起拔起来，或者用镰刀割断，抑或是以获得燃料为目的把大豆的根拔掉，通过人工的方式很自然地利用这一天然的优良肥料。特别是在满洲，400年以来，由于人们都是利用这种轮作的方式来从事农业生产。把氮素留在土壤中，没有了施肥的烦恼。通过这一方法来维持土地的肥力，直至今日。也就是说，大豆吸收并固定空气中的氮素，最终把其留在土壤中，尤其是像满洲这样缺乏腐殖物的土壤，轮作显得尤为必要。以前，人们在种植大豆这种植物时忌讳连作，而需要和其他的作物一起轮作。轮作的对象最普通的就是把大豆、高粱和粟一起进行三年的轮作。也有把大豆和玉蜀黍、陵稻①、黍等放在一起进行四年或五年轮作的。

二 满洲的气象及大豆种植

气温：满洲从10月至第二年3月的这段时间，气温虽然比日本低，但是4月、5月至9月、10月的这段时间，气温反倒比日本高。这种情况不仅对大豆，对所有农作物都是非常有利的。如果在4月播种大豆，4月下旬就会发芽，进入五六月后就会慢慢生长，到了七八月就会达到发育的顶点。九十月如果是连续晴天，由于空气干燥、温度低下的原因，大豆就会完全成熟。因此，满洲的气温对于种植大豆是非常合适的。冬季的严寒不但没有造成任何影响，反而对防止害虫的产生有非常好的效果。

降水量：满洲的降水量在大豆发芽期的五月较少。此时正是一年中最干燥的月份，这对大豆的栽培来讲虽然算一个小缺点。但是，如果土壤中已经吸收了种子发芽所需要的水分的话也没有问题，总比温度不适宜的多雨湿热季节要强。大豆生长最快速的七八月，由于气温比较高，也被称为满洲的雨期。满洲年降水量的一半集中在这两个月。进入九十月后，雨量会急速减少，晴天一直持续。这对于大豆的成熟来讲是一个非常好的条件。

湿度：满洲的湿度非常低，而且水分蒸发量很大，特别是在春季尤为

---

① 陆生稻，也称旱稻。

显著。从大豆栽培方面来看的话，春季发芽期蒸发量大与降水过少相互作用，这对于大豆的发芽成长来讲不是一个好的结果，应该算一个缺点。不过，到了夏季和秋季，蒸发量的活跃也能弥补上述的缺点。也就是说，大量的蒸发不仅能够使得大豆完全成熟，提高其品质，还能够使人们获得易于储藏的优良大豆。

日照度：太阳是宇宙中能量的源泉，这种能量成为光线，或者成为热量，给万物的活动供应能量。植物的叶绿素在日光的作用下，扮演着同化所吸收的养分的作用。如果吸收日光的量变少，不论其他条件如何好，植物都不能很好地生长，直至开花结果。因此，日照时间的多少对植物的收成会产生很大的影响。当然，大豆在生长方面也遵循上述原理。满洲的日照天数比日本各地都要多，因此，这对于大豆的生长也就带来了一个有利条件。

表22 大豆重要产地的农期气象略表

地名		发芽期		生长期		成熟期		
		4月	5月	6月	7月	8月	9月	10月
南日本 熊本	气温（度）	14.6	18.4	22.4	26.1	27.0	23.6	17.3
	雨量（mm）	176.2	172.9	340.9	280.8	170.1	168.6	106.7
中日本 东京	气温（度）	—	16.5	20.6	23.9	25.3	21.8	15.9
	雨量（mm）	—	152.2	163.0	140.9	162.6	221.7	—
北日本 札幌	气温（度）	—	10.4	14.8	18.6	20.6	16.0	9.4
	雨量（mm）	—	62.7	61.2	92.6	96.1	128.9	108.8
南朝鲜 大邱	气温（度）	—	17.5	22.1	25.4	25.8	21.0	14.7
	雨量（mm）	—	74.4	149.9	211.0	154.6	142.1	31.3
北朝鲜 平城（平壤附近）	气温（度）	—	15.0	20.2	23.6	24.0	18.6	12.0
	雨量（mm）	—	54.3	78.2	231.9	194.9	130.1	41.9
中国华北 天津	气温（度）	—	19.4	24.0	26.3	25.8	20.6	13.8
	雨量（mm）	—	27.9	71.0	170.3	144.1	54.3	20.2
南满洲 奉天（沈阳）	气温（度）	—	15.5	21.4	24.4	23.4	16.5	—
	雨量（mm）	—	56.2	84.5	156.3	138.0	84.2	—
北满洲 哈尔滨	气温（度）	—	13.6	18.7	22.3	21.9	13.6	—
	雨量（mm）	—	42.6	97.7	186.6	98.2	15.1	—

表 23　北满洲各地气候的比较（根据最近十年间的统计）

气候		地区	满洲里	海拉尔	免渡河①	齐齐哈尔	安达②	哈尔滨	窑门③	一面坡④	牡丹江	海参崴
温度（度）		平均	2.2	2.1	3.4	2.2	1.7	2.8	3.5	2.5	2.2	4.9
		平均最高	8.6	9.6	10.7	7.5	8.0	8.6	9.3	7.9	6.5	8.6
		平均最低	4.0	3.5	3.5	4.0	1.06	3.9	2.3	3.5	4.5	1.4
	最暖日	平均	20.2	20.3	18.6	22.5	22.7	22.3	22.5	21.4	20.1	21.8
		最高	25.9	26.4	25.2	27.9	28.3	27.5	27.5	26.9	27.1	26.0
	最冷日	平均	-25.7	-28.0	-27.5	-18.9	-23.1	-20.0	-20.0	-18.8	-20.2	-14.3
		最低	-29.8	-34.0	-33.9	-25.9	-27.2	-25.6	-25.9	-26.0	-26.3	-19.0
风位（百分数）		北	6	8	4	17	12	7	7	7	6	25
		东北	5	9	2	8	6	6	5	1	9	8
		东	11	7	10	5	7	7	3	6	2	7
		东南	5	4	8	6	8	7	3	12	2	20
		南	6	8	4	13	15	19	12	1	9	5
		西南	20	11	4	10	14	22	20	22	20	4
		西	18	20	16	13	14	18	15	16	19	3
		西北	13	13	13	20	13	11	10	8	7	7
		无风	16	20	37	8	12	3	25	23	35	21
风速（m/s）			5.6	3.9	4.1	5.1	4.7	6.0	3.5	3.9	4.3	5.9
雨量（mm）		年平均	229	308	372	413	429	580	712	737	542	779
		最大月	71	86	97	142	112	178	214	180	114	184
天数（天）		降水	73	87	117	77	88	111	108	149	115	124
		降雪	23	34	54	19	22	37	30	53	28	26
		降霜	1	1	3	1	1	2	4	2	2	0
		雷雨	6	12	9	10	10	16	16	11	10	1
		晴天	66	66	67	63	73	73	78	53	55	71
		降雾	22	20	21	10	13	17	12	46	29	81
		暴风	10	7	10	13	6	10	6	3	9	49

① 今属呼伦贝尔。
② 今属绥化市。
③ 今吉林省德惠市，1903 年中东铁路设窑门东站。
④ 今属尚志市。

续表

气候\地区		满洲里	海拉尔	免渡河	齐齐哈尔	安达	哈尔滨	窑门	一面坡	牡丹江	海参崴
天数（天）	严寒	226	226	226	189	101	187	178	191	193	162
	降雪	123	137	153	86	103	122	121	148	135	78
降雨量平均最大（cm）		6	16	26	7	19	13	12	34	22	34
最寒日	最后	5.26	5.25	6.01	5.08	5.16	5.04	5.05	5.16	5.19	4.21
	最初	9.12	9.13	9.05	10.02	10.02	10.04	10.09	9.21	9.27	10.22
降雪日	最后	4.27	4.29	5.01	4.03	3.28	4.21	5.01	4.10	4.22	3.31
	最初	9.28	10.1	9.22	10.23	11.04	10.14	10.19	10.20	10.17	10.26
气压（mmhg）		703	706	699	747	747	747	—	—	—	—

三 满洲的土壤及大豆种植

满洲的耕地大部分都是第四纪层或新层，其种类主要是填土或填质土壤。壤土或者沙土只是少量存在于河川沿岸和山麓地方。古生层砾质填土或填质土壤虽然在关东州[①]以及安奉沿线[②]方面也有一些，但是分布非常少。一般来讲，满洲土壤的学理性质大体上是土粒少，土壤空隙量少。所以，这类土壤在空气和水的通透性方面变化非常缓慢。在观察满洲土质的化学以及学理性质的时候，一般认为，满洲的土质严重缺乏有机物质，而且这种情况从北向南程度越来越严重。满洲的土质虽然含一些氮素，或者氮素含量较少，但是富含矿物质，尤其含丰富的磷酸和钾。而且，由于土壤含有碳酸石灰和其他盐基类，所以呈碱性。在春季的干燥期，土壤会喷出一种叫"苏打"的碱性物质的东西。一般来说，这种东西对植物的生长没有坏处。关于满洲的土壤和化学成分，请看表24。

---

① 关东州是金州半岛南部一个存在于1898年至1945年的租借地，包括军事和经济上占有重要地位的旅顺口港和大连港。此地曾先后被迫租借予俄国和日本。

② 安奉铁路是日本在日俄战争期间，借口战时军运的需要，强筑的轻便铁路。它从安东（今辽宁丹东）到奉天（沈阳）苏家屯，长261公里，1904年动工。1905年9月，日本战胜沙俄，于是继续强行修筑安东至奉天间的军用轻便铁道。11月26日，清政府与日本签订《日清满洲善后协约及附属条款》，清政府同意日方所修筑的安奉线轻便窄轨临时军用铁道改建为标准轨距永久性的商业铁路。到12月15日，安奉线全长303.7公里的军用窄轨轻便铁路建成通车。

表 24　满洲土壤的化学成分

单位：%

	安东①	本溪湖	抚顺	金州②	瓦房店	白旗③	大石桥④	营口	汤岗子⑤	辽阳	奉天	铁岭	开原	四平街⑥	公主岭	长春	熊岳城⑦
腐殖物	3.400	1.300	4.400	1.600	1.100	1.900	2.500	0.410	2.000	4.000	2.200	2.300	2.100	3.600	3.600	2.900	1.500
全氮素	0.201	0.204	0.120	0.100	0.114	0.112	0.103	0.100	0.164	0.154	0.139	0.171	0.147	0.159	0.159	0.192	0.108
磷酸	0.351	0.197	0.111	0.074	0.061	0.135	0.069	0.085	0.178	0.607	0.155	0.232	0.102	0.098	0.102	0.157	0.192
钾	0.386	0.234	0.301	0.307	0.156	0.791	0.256	0.279	0.527	0.610	0.385	0.223	0.226	0.268	0.529	0.445	0.419
石灰	0.744	0.228	0.519	0.470	0.661	0.874	0.482	0.543	0.542	0.169	0.907	0.817	0.482	0.395	0.974	0.928	0.736
遭达	0.149	0.125	0.481	0.403	0.268	0.160	0.345	0.844	0.382	0.529	0.156	0.311	0.262	0.151	0.261	0.114	0.097
岩土	6.849	4.501	7.802	4.676	3.578	10.865	9.881	2.255	6.412	4.693	6.144	3.268	5.798	4.822	6.998	6.203	5.581
酸化铁	5.070	5.250	5.150	4.150	2.650	7.450	5.050	2.750	4.130	3.450	4.550	4.150	4.850	4.120	4.250	6.050	4.610
营土	0.524	0.432	0.896	0.720	0.698	1.671	1.326	0.814	0.826	0.377	0.900	0.976	1.000	0.245	0.128	0.274	0.864
满化酸	0.296	0.270	0.150	0.250	0.190	0.264	1.250	0.290	0.140	0.090	0.210	0.130	0.210	0.105	0.170	0.422	0.264
全盐类	0.055	0.356	0.028	0.032	0.094	0.410	0.064	0.283	0.823	0.055	0.060	0.204	0.052	0.061	0.047	0.056	0.032

①今丹东市。②今大连金州区。③今属丹东市。④今属营口市。⑤今属鞍山市。⑥今四平市。⑦今属营口鲅鱼圈。

四 主要产地

满洲大豆的主要生产地有辽河以及松花江两大流域。虽然鸭绿江以及其他河川流域也有大豆的栽培，但量都不是很大。

1. 辽河流域

辽河作为南满洲唯一的大河，其支流有清河、泛河、太子河、柴河、浑河等。由于其流经的地方都是平坦的沃野，所以这些地方从很早开始就被人们开垦，而且该地大豆的种植也非常兴盛，大豆产量居满洲第一位。属于辽河流域且大豆生产额较多的地方有怀德[1]、梨树、沈阳、安城[2]、西丰[3]、西安[4]、东丰[5]等。

2. 松花江流域

与辽河是南满洲大豆的代表产地相呼应，松花江则是北满洲大豆产地的代表。松花江横跨吉林和黑龙江两省，流域面积非常大，两岸的沃土被称为"远东的谷仓"。这一流域自古以来除南部的一部分，由于交通设施不完善，已耕地少，因此农作物的产量不是很大。但是，中东铁路开通以后，土地开垦大幅推进，现在这一地区的生产额不仅大有超越辽河流域之势，而且在将来，满洲大豆主要增加的产量将不得不依赖此地。现在，该流域的主要大豆产地有奉天省的海龙县[6]，吉林省的宁安、德惠、扶余、榆树、双城、宾县、五常[7]、长春、伊通[8]各县。而在黑龙江省则有呼兰、兰西、巴彦、海伦以及绥化各县。

---

[1] 今吉林省公主岭市，1984 年更名。
[2] 此地待查。今吉林省辽源市东辽县辽河源镇有个安城村，可供参考。
[3] 今属辽宁省铁岭市。
[4] 今吉林省辽源市西安区。
[5] 今属吉林辽源市。
[6] 今吉林省梅河口市。
[7] 双城、五常、宾县，今属黑龙江省。
[8] 今属吉林四平市。

五 产量——摘自北满的统计①

1. 收成比例

表 25 北满农作物收成比例②

单位：以 1928 年的北满农作物收成为 100，计算 1929 年的情况

按地区划分	大豆	其他豆类	高粱	粟	玉蜀黍	小麦	水稻	陆稻	其他杂谷	平均
中东铁路南③部线	95	91	100	98	98	87	106	97	96	97
哈尔滨管区	96	91	—	101	99	88	100	—	97	95④
中东铁路东部线	95	97	100	100	97	89	109	100	97	97⑤
松花江下游	100	109	107	102	102	95	102	100	103	101⑥
呼海线地区⑦	95	84	100	98	96	86	102	95	97	95
中东铁路西部线	98	102	95	99	100	89	100	98	96	98
北满其他地区	100	100	100	116	120	97	100	—	111	106
平均	97	97	101	102	102	90	102	98	108	98

---

① 该部分并未指出来自哪本文献，但根据文章序言中提到《北满的大豆》（打印资料）是重要参考资料，估计材料来源于该书。
② 该文调查于 1930 年，既然文献来源于《北满的大豆》（打印资料），应该以 1928 年的农作物收成为 100，计算 1929 年的农业收成状况。计算的平均值有些许误差，据实际情况作了数据改动，不一一列出。
③ 中东铁路以哈尔滨为中心，往东到绥芬河，被称为东部线；往西到满洲里，被称为西部线，往南到大连，被称为南部线。
④ 根据表格中数据此处为 96。
⑤ 根据表格中数据此处为 98。
⑥ 根据表格中数据此处为 102。
⑦ 呼海铁路起自黑龙江哈尔滨市北松浦（旧属呼兰县），向北到达海伦，全长 222.8 公里。由于呼兰到海伦之间土地肥沃、物产丰饶，修建铁路不仅于黑龙江省实业前途大有裨益，其关系于我国东陲边防事务尤为切要，清末民初屡有在此筑路之议。

2. 种植面积

表 26　北满农作物种植面积

单位：反①

按地区划分	1930 年	上一年	增减	增减率（%）
中东铁路南部线	13518910	13468940	49970	100.4
哈尔滨管区	378670	378380	290	100.1
中东铁路东部线②	7743610	7743610	232980	103.1
松花江下游②	12007600	12640620	267980	103.2
呼海线地区	9874900	9707430	167470	101.1
中东铁路西部线	22714160	22328470	385690	101.7
北满其他地区	658300	555600	102700	118.5
合计	66896150	65590190	1350960	102.0

3. 种植比率

表 27　北满农作物种植比率

单位：%

按地区划分	大豆 昭和4年（1929）	大豆 昭和3年（1928）	其他 昭和4年（1929）	其他 昭和3年（1928）	豆类 昭和4年（1929）	豆类 昭和3年（1928）③	高粱 昭和4年（1929）	高粱 昭和3年（1928）	粟 昭和4年（1929）	粟 昭和3年（1928）	玉蜀黍 昭和4年（1929）	玉蜀黍 昭和3年（1928）
中东铁路南部线	29.0	28.0	3.0	5.5	24.5	242	17.5	17.0	4.0	5.0		
哈尔滨管区	27.0	25.0	6.0	1.00	—	50	20.0	20.0	7.0	7.0		
中东铁路东部线	43.0	42.4	1.5	30	11.5	115	16.5	16.0	6.0	6.0		
松花江下游	37.0	36.1	2.0	30	14.7	14.7	16.0	15.6	5.0	5.0		
呼海线地区	34.2	34.0	15	20	11.0	110	19.0	19.5	4.0	4.0		
中东铁路西部线	37.4	37.2	20	2.0	14.5	14.5	17.5	17.1	3.0	4.0		
北满其他地区	14.0	14.0	0.9	0.9	3.5	3.5	12.0	11.0	7.0	9.0		
平均④	35.5	35	2.1	3.0	15.4	15.5	17.3	17.0	4.1	4.9		

---

① 反是日本的土地计量单位。1 反等于 991.337 平方米，而中国的 1 亩等于 667 平方米，这意味着 1 反等于 1.486 亩。而 1 町等于 10 反，相当于 14.86 亩。
② 该两行数字有误，导致后面的合计也有问题，特别指出。
③ 此一列数字原文比率数值明显差异过大，根据表中数据及平均数可知，其中 242 应为 24.2，50 应为 5.0，115 应为 11.5，110 应为 11.0，供参考。
④ 此一行依表中数据计算依次为 31.7，30，6.9，3.0，15.4，15.5，16.9，17，4.1，4.9。

续表

按地区划分	小麦 昭和4年(1929)	小麦 昭和3年(1928)	水稻 昭和4年(1929)	水稻 昭和3年(1928)	陵稻 昭和4年(1929)	陵稻 昭和3年(1928)	其他 昭和4年(1929)	谷类 昭和3年(1928)
中东铁路南部线	115①	14.2	0.1	0.1	0.7	0.2	9.7	5.2
哈尔滨管区	20.0	20.0	0.3	—	—	—	19.7	5.2
中东铁路东部线	13.0	15.0	1.0	1.4	0.3	0.3	6.9	5.0
松花江下游	20.5	20.0	0.6	0.2	0.2	0.1	5.0	4.3
呼海线地区	200②	20.5	0.1	0.2	0.2	0.2	10.6	8.1
中东铁路西部线	16.0	15.9	0.1	0.1	0.1	0.1	9.2	9.1
北满其他地方	33.0	32.0	4.7	0.1	—	—	24.9	29.5
平均③	16.3	17	0.3	0.4	0.3	0.2	8.7	7

4. 大豆产量预想（昭和4年）

表28　1929年大豆产量预想

按地方划分	种植面积（反）	每一反地的平均产量（石）	产量（石）	上一年推定的实际产量（吨）	增减（吨）×表示减少
中东铁路南部线	3920480	0.95	3724460	51850	×6730
哈尔滨管区	102240	0.90	92020	13590	370
中东铁路东部线	3329750	0.95	3136360	457550	3060
松花江下游	4422810	0.95	4220670	574040	32280
呼海线地方	3377220	0.93	3140810	464030	×13460
中东铁路西部线	8495100	0.91	7730540	1110710	830
北满其他地方	92160	0.80	73730	10590	1650
合计④	23759760	—	23145490	3181820	11240

---

① 原文疑为抄写错误，修正为11.5。
② 原文疑为抄写错误，修正为20.0。
③ 此一行原文数据疑有误，据表中数据计算后依次为19.1, 19.6, 0.985, 0.3, 0.3, 0.2, 12.28, 9.05。
④ 此一行原文数据疑有误，据表中数据计算后依次为23739760, —, 22148590, 2682360, 11240。

5. 大豆生产额及剩余额推定表（昭和4年）

表29　1929年大豆生产额及剩余额推定

单位：吨

按地区划分	生产额	消费额	剩余额 （-）表示不足	增减 ×表示减少
中东铁路南部线	535120	109890①	425260	× 25170
哈尔滨管区	13220	20380	（-）7160	× 4080
中东铁路东部线	454490	92710	361780	× 23320
松花江下游	606420	109000	497420	25600
呼海线地区	451270	87200	364070	× 18260
中东铁路西部线	1110710	195760	914950	× 38180
北满洲其他地区	9900②	9900	690	1120
合计	3181820	624810	2557010	× 83290

6. 北满重要产业生产额（1925年）

表30　1925年北满重要产业生产额

种类	年产额 单位：千吨	年产额 单位：百万留③	市场出货 单位：千吨	市场出货 单位：百万留	出口 单位：千吨	出口 单位：百万留
农业	10600	630	2500	150.9	2300	138.0
林业	3300	90	2000	55.0	180	5.0
矿业	250	75	200	30.0	—	4.5
牧业	250	3	100	2.4	10	—
合计④	14400	839	4800	237.4	2495	147.5

---

① 根据纵横两方面数字计算为109860。
② 根据纵横两方面数字计算为10590。
③ 留是日文对卢布的旧称。
④ 此处合计数据表中数据计算，从左至右为14400、798、4800、238.3、2490、147.5。

第四章　大豆的商业交易

第一节　北满的大豆交易

第一项　大豆交易习惯

关于北满的大豆交易，我们以哈尔滨市场为中心进行一个简单说明。现在的大豆交易大致可以分为现货交易和期货交易两种。如果细分的话，又可以分为以下八种。

第一，期货交易
①在交易所内进行的定期交易
②青田物①
③河开物②

第二，现货交易
①马车物
②院内物
③河筋物③
④铁道副状物④
⑤FOB 物⑤

一　在交易所内进行的交易

哈尔滨的中国人交易所被称为"交易所"。最初在民国 4 年 5 月 20 日

---

① 在庄稼未成熟时预订购买。
② 买卖双方约定在冬季松花江开河的同时进行谷物交割的一种交易方式。
③ 经由水路松花江发往哈尔滨市场的农产品，被称为河筋物。
④ 铁道副状物指所谓的"货物兑换证"（运货单）。在托运货物的时候，铁路发送站会给一车货物发行一张兑换证，凭证取货。
⑤ FOB（Free On Board），也称"船上交货价"，国际贸易中常用的贸易术语之一。当货物在指定的装运港越过船舷，卖方即完成交货。这意味着买方必须从该点起承担货物灭失（指物品因自然灾害、被盗、遗失等原因不复存在。）或损坏的一切风险。此外卖方必须办理货物出口相关手续。本术语仅适用于海运或内河运输。

在傅家甸①创立，交易所的名称为"滨江农产交易信托有限公司"，注册资金为5000万卢布，实缴资本为注册资本金的四分之一。之后因卢布的暴跌以及其他原因，导致交易所的业绩一蹶不振。此后，由于张学良一派在民国11年（1922）4月1日发布了新的交易所令，新成立了一家名叫"滨江证券粮食交易所"的公司，注册资本为200万元，实缴金额为注册资本的四分之一，于是两家公司合并为一家，张学良出任新公司的名誉董事长。另外，其在该公司的董事中，还有多名是张学良的幕僚。该交易所的交易物件有大豆、小麦、豆粕、豆油、麦粉、杂粮、木材以及证券八种。而实际上，进行交易的只有大豆和小麦两种东西。交易的单位为一车（一千磅②），期限为三个月，成交价格以大洋核算，规定一磅为几个大洋，标准品为中等品（普通豆子）。以上虽然是商品交割时交易所对物件进行检查计量的规定，但是实际上，在卖家和买家两者之间却没有人执行它。只要买卖双方没有异议，交易所会依照从交易人中选出的三个鉴定员给出的鉴定结果来决定，对此结果买卖双方不能提出异议。

二 青田物

青田物交易在汉语里叫"定豆"或"现钱期豆"。该交易始于大豆逐渐开始生长到即将开花的这一时期。时间方面多少可能会有些不同，大概在农历七八月份。首先，地方商家和农家一起在看完耕地上大豆的长势以后，协定价格并且签订合约。交货期从农历十月一日至十二月十五日。特别是结冰期以后交货的最多，结冰期以前到农历十月一日之间的相对较少。由于此种交易从大体上来讲就是提前预想大豆的收成是否良好然后再签约。所以，多少带有一些投机性的色彩，也伴随着一定的危险。最关键的是首先要知道当年的农时以及农家的真实情况。

农家在合约成立的同时，会制作一个叫"单子"的买卖合约书，并将

---

① 光绪年间，山东德平人傅宝山、傅宝善兄弟及家人迁徙至此，逐渐发展起来，被称为傅家店。光绪末年，清政府为加强对本土的管理，防止俄国人借修建中东铁路之名肆意扩展势力范围，以"傅家店"为中心成立"滨江厅"。滨江厅知事何厚琦认为"店"字含义过于狭小，改"傅家店"为"傅家甸"，并作为行政区划确定下来。

② 原文写作布度，为日本旧时使用的一种重量单位，意为磅。为阅读方便，改为现用法，下文同。一布度就是一磅。一磅等于0.972斤。

此合约书交付给作为买方的粮栈。交易中心的"手附金"① 被称为"定钱",其金额依据买卖双方的需要而定,并不是固定的。一般是成交额的半额,也有支付八成或全额支付的。

关于外商的青田物购买交易习惯,大部分似乎都是依赖地方上有信用的粮栈,趁着农民缺乏资金,以预付金为资金融通的条件来进行交易。交割的责任全部由粮栈承担,交割日期以及其他款项与合约一起决定,粮栈在此交易中获得一定的佣金。粮栈在签订合约的时候,虽然也会派人去地方调查大豆的长势以及农家的信用和资金能力等,但是,粮栈终究还是一个中介者的角色。其主要目的是赚取佣金(手续费),因此,粮栈不直接与农家有任何的交涉。

外商从事青田物交易虽然是出于营业上的细算,但是,由于这种交易方式在价格上比起大豆上市期时的价格大约能低一成,对于他们是有利的,所以才采取这种方法。

根据青田物买卖合约书的一般格式,对于合约的履行,以商总会或一两位华商的保证为条件。

三　河开物

在北满,占交易谷物总额的约1.5成,亦即总交易额的15%是从哈尔滨到富锦县②的松花江下游沿岸地区产出的东西。由于这个地方距离铁道线路非常遥远,所以谷物在冬天的时候几乎完全不能运出去,只有在河川的航行期间才能够被搬运出去。这一地区冬季期间主要使用马车来将谷物集中到埠头(又称码头),到了夏季,则是通过河川将谷物运往哈尔滨市场。

所谓"河开物",指买卖双方约定在冬季松花江开河的同时进行谷物交割的一种交易方式。交货期是从融冰以后第一艘汽船从哈尔滨出发的日子起算,一直到旧历五月五日端午节为止。签订合约的时间通常是从十二月至二月末,在哈尔滨进行。一般在合约签订的同时支付7成或8成的预付金。而且,买家还必须承担从松花江各埠头(码头)到哈尔滨八区(地名)之间的水路运费。以下是东北航务局发布的1927年度的运费(见表31)。

---

① 日语词汇,表示定金的意思。
② 隶属佳木斯市。

表 31　1927 年度运费

埠头	哈尔滨（俄里①）	一吨运费（元）	埠头	哈尔滨（俄里）	一吨运费（元）
大树	57	2.44	林河②	233	4.29
渡打子	75	2.44	伊汉通③	243	5.49
乌乌河④	82	3.05	三姓（依兰）	320	6.10
石头河⑤	115	3.05	佳木斯	422	7.32
䜣甸⑥		3.66	苏苏屯⑦	462	8.54
木兰	160	3.66⑧	富锦	580	6.78
南天门	215	4.27	拉哈苏苏⑨	650	10.00

四　马车物

所谓"马车物"，指在冬季结冰期间，农家把自己收获的谷物搬来，在车站⑩或粮栈的中介下进行交易的东西。中国话称之为"马车俩⑪"或"集市俩"。马车物在哈尔滨傅家甸太古街路旁，冬季每天早上天还未亮以及下午有两次开集。关于其买卖方法，一般是粮栈、大车店、油坊等的店员聚集在一起，查看上市谷物的多少及样品的品质，他们在谈笑之间商定行情，并没有什么固定的形式。这样的市场也被称为集市或粮市。

在北满的冬季，经常能够看见一群农民，牵着六七匹甚至十多匹装满谷物的马车，前往最近的车站或市场的情景，这就是所谓"马车物交易"的场景。这些农民在到达目的地以后，在有交情或同村人的介绍下，或者

---

① 1 俄里等于 1068.8 米，约一公里多一点。
② 原文有误，疑为岔林河，通河县城在岔林河东岸，故此处埠头可能为通河。
③ 隶属哈尔滨市方正县。
④ 乌河，又称乌尔河，今属宾县。原文有误。
⑤ 今木兰县。
⑥ 今宾县。原文有误，应为新甸。
⑦ 隶属桦川县。
⑧ 原文疑有误，据表中数据计算为 2.66。
⑨ 今同江市。
⑩ 车店或马车店的意思，不仅指经营人和马住宿业务的地方，还包括那些接受住宿旅客委托，从各地搬运来的谷物商手中采购谷物的那些经营中介业务的地方。
⑪ "俩"古同"戴"，表示装载的意思。

是偶然在途中被某个人所指点，然后住宿在大车店度过一夜。第二天早上天还未亮，大车店的主人或掌柜就带着自己拿来的样本前往粮市或拜访本地的粮栈向买手询价。根据交涉结果，该农夫把五谷运往指定的地方卸货，然后立即获得现金。有时候粮栈也会在第二天早上直接去各大车店巡回，在住宿客人及掌柜在场的情况下一起决定价格。之后农夫将谷物运往指定的场所并拿到现金。不论以上哪一种交易方式，农民自身都不能不经过大车店而自己直接将东西卖给经纪人（中介人）。尤其是大车店的主人充当中介人进行谷物买卖的这种交易方法，主要在那些土特产交易刚刚开始，且商人和农家的联系不太发达的地方使用。像中东铁路西部线安达以及其他地方，几乎都采用这样的交易方式。与之相反，那些从很早就开始谷物交易的场所，比如像中东铁路南部线方面那样，一般情况下，农民会直接把自己的马车驶往与买家有交情的粮栈。也就是说，农家和粮栈之间需要紧密的关系。

　　马车物的交割有按重量和按容量两种计算方式。按容积计算的话，单位是斗，一斗是十分之一石。斗虽然是容积的基础单位，但是一石容积在北满各个地方都是不一样的，其种类也非常多，大致可以分为大小两种。大石主要是在齐齐哈尔地区、小河子车站附近、海林、牡丹江、穆棱一带及三姓浅滩①下游的松花江沿岸地方使用。大石的重量，大豆的话为十九至二十一磅，小麦为十九至二十二磅。小石除在林甸县②部分地区主要使用外，还在安达大部分地区、哈尔滨地区以及三姓浅滩上游个别埠头（码头）的部分集散地使用。小石的重量，大豆的话为十二半磅至十四半磅，小麦为十二半磅至十五磅。另外，马车物交易的货款支付主要是用相当于地方通货的官帖来进行，所有的货款都必须在从农民那里拿走谷物的时候直接以现金形式支付给他们。

　　五　院内物

　　院内物指那些保管在粮栈（很多都是大量经营北满特产物的粮食商和拥有数万乃至数十万元的巨商）院子里面的特产物。粮食交割通常在粮栈

---

① 地处松花江中游的三姓浅滩是松花江水量最小，航行最困难并闻名于国内外的碍航浅滩群。
② 今属绥化市，后文安达也属此地。

的院子里进行。交割当天，买方首先全额支付粮钱，卖方则把自家在院内的特产物（这里指大豆）提供给对方。买方也会根据情况，将大豆重新装进麻袋中，称重以后再接收。在冬季交易旺盛的时期，苦力和马车等的不足（夏季则是因降雨道路变得泥泞），导致无法卸货的情况时有发生，有时候粮食的发送需要四五天。本交易由各粮栈自己先预估粮食在上市鼎盛期的低价，与卖家签订预售合同并且买入少量的样品进行储藏，然后在价格合适的时候按照与卖家签订的预售合同，将粮食大量卖出。而且，交易主要是直接或根据样品由经纪人（中介者）的手来卖给出口商，以及作为提供给傅家甸交易所进行作为定期交易的交割物件。

如果说满洲的出口贸易完全被粮栈所左右，其实也不为过。但是，作为出口业者的外国商人，由于其与生产者之间没有密切的联系，所以，两者之间的交易变得非常困难且伴随有危险。这些外国商人必须依靠粮栈。如果不依靠粮栈的话，就不能期望实现圆满的交易。因此，粮栈发挥着"从农村的商业地把粮食购入后立即搬往车站或埠头（码头），随后转卖给那些无法将手伸向内地的外国商人"这一十分重要的作用。对于外商而言，虽然比起直接从农家购买粮食，从粮栈购买的话每一磅会高出2钱或3钱。但是，可以一次性买进大量的谷物，而且粮栈还对品质负有责任。从这两点来看的话，反倒便宜。因此，外商一般都选择直接从粮栈购买粮食。虽然也并不是完全没有外商直接从农户手中购买粮食，但由于有各种各样的麻烦，并且费用也很高，最终比起从粮栈购买，反倒更容易受损失。

院内物的交割，总的来说是以重量来计算，使用磅秤称重。而货款交割使用的是哈大洋。

六　河筋物

经由水路松花江发往哈尔滨市场的大豆被称为"江俩"或"河筋物"。其交易在5月、6月、7月份最为兴旺。经河流运输来的谷物聚拢到哈尔滨市场的路线有以下几个。

①在哈尔滨市场上与对方签订谷物买卖合约，买家和船运公司签订运输合约，经由河运运来东西；

②等待返航船只靠港，购买河筋物后让其进行运输；

③在哈尔滨市场上找到买家，然后运输到目的地。

以上①在开航期比较多，②的情况在接近终航期的时候比较多，③在开河期间始终进行着。哈尔滨市场上的出口商以及粮栈会往各埠头派出人员，提前调拨想要签约的货船，然后再面向哈尔滨市场装载粮食。另外，埠头所在地的各个商店有时候也会常年往哈尔滨市场派遣其代表人，主要从事买入工作。河筋物的交割以斤两为单位，使用磅秤称重，交易价格使用大洋或吉黑两省的官帖来结算。

河筋物的搬运方式有汽船装载和使用戎克，即风帆船装载两种。总体上来讲，使用汽船装运的大豆其品质一般都比较好，并不比院内物的大豆差；而使用后者的话，大豆含有的水分较多。由于品质差，所以在买入的时候尤其要加以注意。在搬运大豆的时候，受降水以及其他因素影响，大豆经常会吸收自然水分。但是，据说也有像人为故意洒水之类的情况发生。

七 铁道副状物

铁道副状物指所谓的"货物兑换证"，英语叫"waybill"（运货单）。在托运货物的时候，铁路发送站会给一车货物发行一张兑换证。虽然这个东西是交给发货人的，但是，在到达车站提交这个副状的时候，铁道部门负有将副状上所记载的货物交付给对方的责任。如此一来，人们把买卖铁道副状叫做"铁道副状交易"。这种方法在交易及计算上非常简单，只需要协定好一车是多少，然后通过交换货款和兑换证交易即可完成。而且，发往浦盐（海参崴）的谷物（被称为"出口货"）要支付到浦盐的运费以及中国的关税。发往长春的谷物也要支付到长春车站的运费。大连市场的很多东西也要支付中东铁路的收入额（即运到长春的运费）后再进行销售。在以上这些交易中，使用的铁道副状大体上是运往中东铁路南满线以及中东铁路乌苏里线的一张共通的运送证券。南满的大豆适用于混合保管制度下的混保证券。作为参考，我们对大豆混合保管制度做一个简略的论述。

混合保管制度是在大正 8 年（1919）12 月，由满铁创立。其方法是铁道在承接大豆运输的时候，以"保证运输的东西为同一件东西、数量一致且没有其他东西的混入，在大连的满铁仓库进行货物交割"为附加条件而进行保管的一项制度。

当时，根据满铁的宣传，该制度有以下的功能：

  1. 采用混保制度的话，由于节约了堆货场所，所以仓库的利润能够显著增大，另外由于港内作业时间缩短，所以也能获利。

  2. 混保制度使得运输能力变得更加顺利，进而实现供需的均衡以及市价的公正。

  3. 对于混保的货物，由于满铁负责进行严密的检查，对其品质和等级进行标定，所以这些货物在交易的时候，能够节约像"检查实物、交换样品或者依赖其他的中介者"之类的手续、时间和费用。

  4. 由于混保货物有品质等级的保证，因此，需求者在购买货物的时候就会得到方便。同时，还能够以合适的价格买到东西，并且生产者也能以合适的价格出售自己的东西。

  5. 混保不管发送货物顺序的早与晚，对货物多少也没有限制。不仅如此，从发货车站委托当日算起，如果超过八日（中东铁路沿线的话为十一日），尽管该物品没有到达目的地，但是一定能够在（终点）到达车站见到该物品。

除以上这些东西以外，混保货物还有附加保险，能够弥补全部的损失。另外，混保大豆分为三个等级，三等以下视为不合格品。大豆等级的评定由检查人员根据颗粒的大小、色彩以及夹杂物的分量等进行评定。一般情况下都是根据外观来区分。

满铁中东铁路联络混保是大正10年（1921）在长春召开的南满中东铁路联络会议上，由中东铁路批准和实施，从第二年10月20日开始了联合混保的收发。从前，在北满，大豆交易如果是采用运输副状物的转让方法的话，关于大豆的品质和斤两等没有任何的保障，以至于买家以及金融业者对这一情况经常感到不安。联络混保制度实施以后，这一存在于大豆交易中的不安因素一扫而空。这不仅对于买家和卖家两者，而且对于大豆交易有关的所有机构来说，都是令他们满意的一个结果。总而言之，本制度的实施去除了以前交易中存在的不安和烦杂，而且让运输变得更加顺畅，让交易变得更加地安全和快速，在北满大豆交易史上开创了一个新纪元。

八 浦盐（海参崴）FOB 物

FOB 一词来自英语"Free On Board"，即"过甲板"的意思。在北满大豆交易中使用 FOB 一词，由于是船边交货，所以，严格意义来讲多少是有些问题的。浦盐 FOB 由于是在浦盐的艾给力赛瓦德出口埠头上出示的船上交易价格，所以，其交易完成的标志就是：在汽船船舷一侧，当卷扬机把货物升起来的时候就算交割完成。在此之前的各种费用，比如包装费、装货费、铁道运费、关税、埠头各种费用等都由卖家承担。这些费用会算到大豆的货款里面去。当然，FOB 交易不仅仅限于浦盐，一般在哈尔滨市场上的所谓 FOB 指"在浦盐这一地方进行的船舷一侧的合约"的意思。

这样的一种交易方式主要是进行大宗收购或者出口业者之间需要紧急准备装船时才使用。FOB 价格为，含风袋在内一磅几日元，或一吨几十日元，使用在交割货物证券 B/L 上记载的东西，货款支付以 B/L 为背书，然后进行兑换。兑换场所为浦盐或者哈尔滨市场，并不是固定的。所有东西都在合约中有规定。如果数量是用概数（吨或者磅）来表示的话，买家可以按照合约数量最多不超过 5%，选择过多或过少来自由地接收货物，对此，卖家则不得提出异议。期限一般以附加"几月几日之前由买家随便决定"条件的居多。预付款金额一般情况是提前支付交易总额的一成左右。有时候也会要求提供银行的保证书。卖方对装船后至到达目的地这一期间所发生的重量不足、货物变质等不承担责任。其次是装船重量的决定方法。一般情况下，卖家在申请船运的时候，会写明铁道副状的号码、发货车站、袋磅数等，然后在艾给力赛瓦德埠头事务所调查兑换证上写明货物到达以前是否出现故障记载等信息。然后再对照数量，这才是船运的总斤两。

我国在 CIF[①] 条件下进行买卖的时候，由于存在"货物交割时如果损

[①] CIF 是 Cost Insurance and Freight 的简称，中文意思为成本加保险费加运费。指当货物在装运港越过船舷时（实际为装运船舱内），卖方即完成交货。货物自装运港到目的港的运费保险费等由卖方支付，但货物装船后发生的损坏及灭失的风险由买方承担。

耗在百分之一以上，则由卖家负担，损耗在百分之一以下由买家负担"的习惯，所以，对于货物到达以后的损耗情况，必须提前仔细注意。

第二项　特产物的融资方法

关于北满的内外特产物商人的资金获取方法，下面我们列举两三个使用最多的方法来进行说明。

一　银行融资

通过银行进行融资的方法可以大致分为对人信用的金融，以及对物担保的金融两种。前者称信用融资，后者称担保融资。所谓对人信用的金融指不提供任何担保，由个人或铺保（作为店铺的保证）承担连带保证的、从银行获得融资的一种方法。这种方法虽然不是普遍性的，但是就像银行在商家以将来上市农产品作为担保的条件下面向信用深厚的商店提供大豆等青田贷所需要的资金那样，总的来说，这是一种基于对人信用的融资。另外，通过对物担保的金融方法主要有以下三种最为普遍。

1. 通过"出保管"的融资

所谓"出保管"，指贷款人去借款人的仓库，从事货物的保管工作。虽然它也是属于仓库业务的一种，但是现在有的银行依然会采用这种方法，在商品担保的名义下以期对特产商提供融资上的便利。"出保管"也是货物装船担保的一种。严格来说，虽然属于信用贷款，但是由于银行会不断地监督，并且规定其可以无偿使用保管所需要的场地、建筑物、器具等，所以，与其说"出保管"是一种信用融资，倒不如说它是一种商品担保融资，因为其把重点放在了担保品质上。

2. 仓库商证券融资

这种方法一般是作为满铁、中东铁路以及仓库业的一种兼营业务，他们发行的仓库证券，任何一家银行在担保的时候都不会犹豫。特别是大豆、豆粕等混合保管的仓库，要求这些物资在品质标准检查方面，需要满足一定的规定，而且在库货物的品质包装方面也有一定的标准，所以银行就会放心地以混合保管仓库证券作为担保向借款人贷款。

3. 铁道货物证券融资

铁道货物证券融资指铁道针对委托运输货物发行的货物兑换证，而且对于装船货物的船荷证券①也具有同样的性质。由于这种融资与押汇时使用装船提单是同一个意思，即把铁道发行的货物兑换券作为担保向银行申请贷款，或者是进行押汇。在满洲，铁道货物证券融资作为一种最一般性的贷款担保，广受欢迎。每年，各港口所运出大豆的大部分都是采用这种方法，其也一度成为银行贷款的担保。

二 仓库业者融资

仓库业者由于保管他人的货物，所以能够以保管的货物为抵押，放心地向货物所有者贷款。特别是在北满，除哈尔滨以外的，像那些铁道沿线金融机构欠缺的地方，仓库业者兼营金融业是一个非常自然的结果。

1. 通过粮栈的融资

在满洲，粮栈作为受货主委托从事农作物保管的机构，存在着"提前预支给货物主七至八成的现金，或者在买卖合约终止之前无偿保管"的习惯。粮栈以此为担保，从金融业者那里获得约八成的融资。如果货物主信任粮栈不肯接受预付金的话，那么粮栈就能够从委托货物中自由获得八成的运转资金。另外，粮栈还可以见机行事，如果是委任方式，则可以将货物卖出金额的一成作为手续费占为己有。如果货物主要求支付预付款，那么仓库业者不仅可以完全将利息和仓库费掌握在自己手中，而且还可以根据情况立刻将受委托的商品卖出，使用二成的预付金，或者干脆使用这二成的钱来预先买一个定期，剩下的八成如果能够巧妙利用的话，可以成为一个买卖。也就是说，粮栈虽然手里没有一分钱，但是可以利用他人的东西来从事买卖。粮栈一方面通过委托买卖来获得一成左右的手续费，另一方面，巧妙地使用在定期期间由委托品所产生的资金通过自己的手来做生意。所以，粮栈获得的是双重利润。根据经营方式的不同，一些中国人经营的粮栈能够用比较小规模的资本来从事大量的货物经营。这一点是日本商人无论如何也模仿不来的。

2. 通过运输业的融资

这种东西只有国际运输②和中东铁路商业部在做。国际运输一般会兼营

---

① 船荷证券，即提单，是船运发票。
② 指国际运输株式会社，成立于1926年，是南满铁道株式会社为了掠夺东北资源，推行其北货南运政策及远东运输政策而建立的国际运输组织。

仓库业，在中东铁路哈尔滨支店营业区域内，尤其是在中东铁路沿线主要车站，在自己的场地或粮栈以保管的形式来获得融资，贷款以金票来进行支付。

中东铁路商业部，也就是作为吸收面向浦盐货物的一个对策，对于面向该港口的货物使用哈大洋票，即与国际相同的方法进行资金的融通。华商为了规避大的风险，比起日本金票，他们更愿意使用哈大洋形式的融资。即便是对于国际运输，他们也是希望哈大洋贷款。但是，该公司对于华商的这一期待好像还不能够满足。

通过国际运输的"出保管"来进行融资，虽然主要是在中东铁路沿线的主要车站进行，但是贷款一定是在哈尔滨进行交付的。乍一看，这似乎很不方便，但是从到出保管地的出张员先给借款人发行汇票然后再交割现金这一事实来看的话，也并没有什么不方便的地方。

3. 通过仓库的融资

这种融资方式指借款人把自己的货物搬运到国际运输，或滨江农产交易所的仓库，委托其进行保管的同时，针对保管的货物进行贷款，首先发行仓库的证券，然后以其作为担保物进行放贷的一种融资方式。

三　哈尔滨市场的金融机构

1. 日本人的金融机构

在哈尔滨，日本人金融机构主要有横滨正金银行支店、朝鲜银行支店、正隆银行支店[①]、东洋拓殖株式会社支店[②]、国际运输株式会社支店、东省实业株式会社支店[③]。另外，在当地设有总部的金融机构有哈尔滨银行[④]、北满兴业株式会社、哈尔滨贮金信托株式会社、哈尔滨进口组合或哈尔

[①] 正隆银行系日资银行。1906年成立于辽宁营口，1911年将总行迁至大连。除经营一般业务外，兼办关东都督府国库业务，在天津、青岛、奉天、营口、旅顺、安东、抚顺、哈尔滨、长春等地设分支机构，实力仅次于横滨正金银行和朝鲜银行。1936年12月与东北地区的朝鲜银行（除大连）、满洲银行合并为满洲兴业银行。

[②] 东洋拓殖株式会社成立于1908年，本部在京城（今韩国首尔）最初其事业仅限于在朝鲜进行垦殖，逐渐成为朝鲜最大的地主。1917年转向中国东北进行扩张、大量收购东北、内蒙的土地、矿产资源和农产品、畜产品，其总部也从朝鲜京城迁至日本东京，是满铁之外又一家对东北施行经济侵略的具有"政策会社"地位的综合类公司。

[③] 东省实业株式会社是日本人东洋拓殖株式会社的子公司，成立于1918年，其目的是掠夺中国东北、内蒙的农业、商业和矿产资源。

[④] 即株式会社哈尔滨银行，1921年成立于哈尔滨，1933年并入满洲银行。

滨进口联合会等。

正金银行是一家外汇银行。朝鲜银行则处于全哈尔滨金融机构中的中央银行的位置。正隆银行作为一家地方银行有很多特色。东洋拓殖株式会社则居于不动产金融的头号地位。国际运输除了运输业务外，以南满为基地扮演着促进北满贸易的角色。哈尔滨银行是一家纯粹的地方银行。北满兴业以不动产金融为主。哈尔滨贮金信托是一家以中介商人为目的的平民金融机构。哈尔滨进口联合会作为一个促进进口的机构正在活跃着。

2. 中国的金融机构

在哈尔滨的中国金融机构主要有中国银行、交通银行、浙江兴业银行支店、东三省官银号分行①、边业银行②、广信公司③。哈尔滨中国银行虽然是中国的国立银行，但是独立核算，其利润与总部一起分配。该银行作为本地区的地方金库，收取各种国税业务是其一大特色。交通银行也是一家公立银行，会计和总部是分开的，利润和总部一起分配。该行特点有二：第一，它是一家由与交通系相关的人物所成立的银行；第二，其经营的重点放在了与华南方面的汇兑业务上。浙江兴业银行的特点是主要在华南从事与上海之间的汇兑业务。东三省官号作为奉天政府的机构银行，在会计上是独立的，利润则采取与总部分配的方式。边业银行原本是郭松龄及其一派所创立的④，但是，在张郭战争⑤发生以后，其归奉天政府所有，

---

① 1905年由盛京将军赵尔巽创办，称奉天官银号，资本为沈平银30万两。1908年，东三省总督徐世昌增资30万两，业务扩及吉林、黑龙江两省，改称东三省官银号。1918年改银两本位为银元本位。1924年为统一东三省纸币，奉天兴业银行并入，资本总额达2000万元，有分号80余处。1932年7月1日伪满洲国中央银行成立，该行被撤销，其建筑物成为伪满中央银行分行。

② 成立于1919年，是由北洋政府西北等边使徐树铮以开发边疆、巩固国防为名设立的银行，总行在北京。其后总行多次改组，多次易地。1924年第二次直奉战争奉系胜利后，张作霖接收该银行，张学良长期担任董事长，张家占有95%的股份，边业银行成为张家的私人银行，总行也随之迁到奉天。边业银行以张作霖及其奉系集团为后盾，实力雄厚，一度与东三省官银号齐名，是东北地区最大的银行之一，享有代理国库、发行货币的特权，被业内称为"东北的中央银行"，为稳定和发展东北地区的金融和经济，发挥了重要作用。

③ 亦称广信银行。清末黑龙江地区成立的第一家具有近代银行性质的民族金融机构，于1904年在齐齐哈尔成立，发行以吊为单位的官帖。1930年，广信公司改称广信官银号。

④ 第二次直奉战争后，张作霖接收了皖系军阀创办的边业银行，由张学良长期担任董事长，而郭松龄与张学良交好，所以郭松龄一派在边业银行中有较大的势力。

⑤ 指1925年郭松龄反奉战争。

变成了奉天政府的机关银行。广信银行（即广信公司）作为黑龙江省的机构银行经营企业、金融、商业，而且还承担着黑龙江省金库的职责。

3. 美国人的金融机构

在哈尔滨市场，由美国人经营的金融机构有中华懋业（商业）银行和花旗银行两家。中华懋业银行由于利权方面的原因多少带有投机性的倾向，受业绩不振的影响最终关闭了①。花旗银行为了促进美中之间的贸易，现在正在努力。

4. 英国人的金融机构

在哈尔滨，由英国人经营的金融机构有汇丰银行②。该行以经营欧美和华南之间的汇兑业务为主。该银行在当地由于其主要是给大宗农产品提供贷款资金，所以备受关注。

5. 俄国人的金融机构

在哈尔滨，由俄国人经营的金融机构除了远东银行③，还有犹太银行④、犹太商业银行⑤、远东借款银行⑥等。作为苏联国家系统的银行只

---

① 指1929年中华懋业银行关闭事件。受地方政府和军阀垫款多有去无回，以及内部股东之间、职员之间权力斗争激烈的影响，1929年，中华懋业银行关闭清理。
② 汇丰银行的英文名称是 Hongkong & Shanghai Banking Corporation，故书院学生又称为香港上海银行，特此说明。
③ 1922年苏联远东共和国银行在哈尔滨设立分行。翌年6月29日更名为远东银行，是苏联全资控股的"国家银行"，除在华开展金融业务外，还为共产国际在中国的情报机构提供经费。随着中东铁路局的营业收入全部存入该银行，同时苏联在华的机关、各公司、私人企业也都在该银行开设账户，远东银行发展很快，除哈尔滨之外，又在海拉尔、满洲里、上海、天津、北京、张家口等处设立分行。1932年日本关东军占领哈尔滨后，特别是1935年苏联将中东铁路出售给日伪，远东银行的业务开始萎缩。1936年日本借整顿金融市场为名，强行关闭了远东银行。1945年8月苏联红军出兵东北，远东银行又在哈尔滨道里地段恢复营业。
④ 全称犹太国民银行，成立于1923年，由居住在哈尔滨的犹太人集资创办的银行，创办宗旨是团结在哈尔滨的犹太商人，为他们接济资金，发挥互助合作精神。董事长伊·索斯金。1959年，犹太银行申请歇业。该银行是哈尔滨历史上存在时间较长，结束最晚的银行。
⑤ 全称远东犹太商业银行，于1922年创办于哈尔滨，主要以为犹太商人提供资金融通为目的，董事长伊·索斯金。1936年停业。
⑥ 前身是哈尔滨第二借款公司，是由哈尔滨俄侨公会集资创办的股份制金融公司，于1910年创立，1921年改名为远东借款银行，1933年关闭。至于哈尔滨第一借款公司，于1908年创立，1918年转让给哈尔滨华俄道胜银行。

有远东银行。远东银行在哈尔滨有总行，是一家资本金为 200 万日元的股份有限公司。其资金是由苏联远东共和国银行提供。该银行是中东铁路的机关银行。

表 32　在哈尔滨开设的银行中的存款及贷款

单位：百万日元

国名 年份	日本人方面 存款	日本人方面 贷款	中国人方面 存款	中国人方面 贷款	外国人方面 存款	外国人方面 贷款
大正 13 年末（1924）	25.7	15.4	2.2	20.0	7.5	8.0
大正 14 年末（1925）	10.6	27.9	2.6	20.0	15.0	10.0
大正 15 年末（1926）	8.9	26.5	3.0	22.6	25.0	11.1
昭和 2 年末（1927）	6.3	21.0	3.5	32.0	35.4	25.0
昭和 4 年 1 月（1929）	9.5	20.9	17.6	18.5	31.7	38.8

表 33　在哈尔滨的各国银行利息

种类	国别	日本人方面	中国人方面	外国人方面
存款	活期存款 年利息（分）[①]	1.800~2.190	2.000~3.000	1.095~2.190
存款	定期存款 年利息（分）	5.000~5.500	5.000~6.000	2.920~3.650
贷款	不动产担保 贷款年利息（割）[②]	1.400~1.800	1.800~2.400	1.320~1.620
贷款	商品担保 贷款年利息（割）	1.095~1.278	1.095~1.278	1.620~—
贷款	票据贴现 贷款年利息（割）	1.278~1.643	1.278~1.643	—~—

① 在日语语境中，作为货币利息、计算单位的"分"是 1/100。
② 在日语语境中，一割指一成，即 1/10，1.4 成即是 14%。

第三项 大豆交易和货币

一 概说

北满流通的货币虽然有哈大洋[①]、吉林官帖、黑龙江官帖和金票四种。但是，中东铁路的运费是以金票来核算的。华商一般以哈大洋和官帖作为商业买卖的本位货币，外商则以哈大洋及官帖作为基础。华商粮栈在购买青田物、马车物、河筋物时支付的货币虽然是官帖，但是在面对外商的时候，如果是卖方立场，就会接受哈大洋。如果用哈大洋来筹措官帖，那么这两者之间自然就会产生交换，从而形成市价。另外，外商如果收购谷物的话，由于需要用哈大洋来支付，所以必须把金票和哈大洋进行交换。如此一来，农产品的买卖和货币的买卖之间就形成了一种密切的不可分割的关系。下面我们对各种货币的情况稍加说明。

二 哈大洋

从前，北满一带都以卢布为本位币来进行各种交易。但是在民国7年，由于俄国罗曼诺夫政府的倒台以及苏联政府滥发纸币的缘故，卢布行情一泻千里，此地的商业和人民都遭受了巨大的损失。民国8年5月13日召开了金融整理会议，制定了《国币及国币券流通办法六条》。从此以后，在埠头区以及傅家甸两个商业总会的名义下，向中国和交通两家银行的北京总行申请发行国币券，两家总行也批准了这个申请，并且印刷了纸币，在民国8年秋天发行。但是，由于奉天官厅一直有一个"想把东三省纸币进行统一"的想法，所以拒绝了以上的发行。之后，为了疏通各方面的意见，从民国9年1月开始，中国、交通两家银行的纸币开始被允许在东三省流通。同年3月10日，随着国币券发行无限制兑换政策的宣布，即不论多少都允许兑换，由此增加了信用，所以，此后国币券的流通越来越广泛。最终，俄中两国的商民都开始变得喜欢使用国币券。民国国币指的是，根据1910年的"国币则例"

[①] 也就是"哈大洋券"，是指1919~1931年由交通银行、中国银行、东三省银行、黑龙江广信公司、边业银行和吉林永衡官银钱号在哈尔滨六家官方行号所发行的大银元兑换券，因该纸币上均印有"哈尔滨"地名，且主要流通于哈尔滨及中东铁路沿线，故称"哈大洋券"。"哈大洋券"从1919年开始发行到1937年伪满洲中央银行将其全部收回，共存在了18年时间。

以及1914年的"国币条例",刻有当时的大总统袁世凯头像的大洋银元(每枚银元重量为库平纯银六钱四分零八毫①,一银元相当于日本的九十九日元七十钱②)成为本币,也被称为国币洋。而且,人们又把用国币洋作为兑换准备金发行的纸币称为国币洋票或大洋票。另外,在上述原因下发行的中国、交通两家银行的纸币上面还写有"哈尔滨",目的是将其流通区域限制在吉林以及黑龙江两省。民国10年(1921)末,由于纸币泛滥,当使用者知道了纸币发行额和兑换准备额之间存在巨大差额的时候,他们开始变得不安,纸币价值开始下跌,最终产生了银元和纸币的差额。而发行银行又以种种借口为由,不予兑换,最终逐渐失去了信用,成为一个无法兑换的纸币。另外,它也被附上了"哈大洋"的称呼,不再被人们叫作"大洋票"。因此,我们就知道了哈大洋就是一种无法兑换的纸币,是跟作为兑换纸币的大洋票属于同一种类的一种东西。

民国13年4月,横滨正金银行对大洋票的发行额及准备额做了调查,结果如表34。

表34 1924年横滨正金银行对大洋票发行额及准备额调查

发行银行	大洋票发行额(万元)	现银保有额(万元)	发行额与准备额的比例
横滨正金银行	750	95	0.127
	100	30	0.300
	250	50	0.200
	400	40	0.100
	1500	215	平均0.143

除上述货币外,民国14年5月17日,边业银行支行开业,并发行了200万元的哈大洋。

根据日本商业会议所的调查,昭和3年(1928)2月20日的哈大洋发行额为3800万元。之后据说张行政长官③出于金融维持的目的,分两次回

---

① 自唐初铸开元通宝,我国货币重量计算单位,改为两、钱、分、厘、毫的十进位法,在此特别说明。
② 原文有误,应为一百银元相当于日本的九十九日元七十钱,反映了作者的不细心,缺乏严谨度。按旧时日本货币制度,1元等于100钱,钱相当于分。
③ 指张作霖。

收了约 700 万元。因此，现在的流通额在 3000 万元左右。

哈尔滨的货币买卖交易所是滨江货币交易所股份有限公司（傅家甸）。该货币交易所有一定的组织，而且从场所方面来看也是一个稳固的市场，交易的目的物只有哈尔滨大洋票这样一种特别的纸币，而且买卖这种纸币的货币是金票、官帖和奉天票。另外，最重要的交易哈大洋对金票，买卖以哈大洋 500 元为一单位。唱价是 100 哈大洋对多少元的金票。官帖的话，则是一元哈大洋对几吊吉林官帖。

傅家甸市场从早上的 8 点半开始到下午 3 点半，中午饭也不休息，交易一直进行（傅家甸时间比哈尔滨时间早 15 分钟）。市场上的交易按规定仅限于现物交易。买卖手续费是从买卖双方那里按照每 10000 元扣取 50 元的规定来执行。交易所内的买卖仅限于现物交易，所以货物的交割原则上限于当日，禁止期货交易。

但是，如果像日本特产品商家那样，以两三个月的远期交货方式买入大豆，并且该出口商是真心希望做一个稳健的买卖的话，除了交易成立的同时有必要在定期市场购买三个月大豆期货外，还必须在手头准备好与买入金额相当的哈大洋。这种情况下，由于不能够在货币交易所购买大洋的期货，所以就必须在交易所以外的钱庄或者银行进行大洋买入金票的预约手续。

现在①货币交易所有 118 人，交易人全部是中国人。因此，外国银行和特产商不得不依靠这些交易人来完成哈大洋的买卖。正金银行通过益发钱庄，朝鲜银行通过东泰昌来进行哈大洋的买卖。汇丰银行则是通过该银行专属的汇丰号、花旗银行通过专属的祥泰号来进行买卖。三井、三菱、日清②等日本商家则是通过本国特产商泰曹号来进行哈大洋的买卖。

在看待哈大洋对金票的市价是如何产生这一问题时，不得不说用金票来评价哈大洋行情的决定因素从理论上来讲是银块市场以及日元外汇市场（对美外汇）。而且，如前所述，哈大洋在今天之所以变成了一个不能兑换的、

---

① 即昭和 3 年 9 月，1928 年间。
② 指日清制油株式会社。1907 年日本财阀大仓喜八郎和松下治郎创立日清豆粕制造株式会社，总部在东京，主要业务是大豆油和豆粕的生产与贸易。在营口设办事处，在大连建设了当时最新的蒸汽机驱动的榨油工厂。1918 年更名为日清制油株式会社。1924 年，日本最早的食用植物油"日清色拉油"面世。

与奉天官帖没有任何异样的纸币,是因为官厅的维持政策才能保持这样一个低价的行情。所以,我们必须知道,这是一件掺入了政治方面特殊因素的事情。另外,由于从以前开始就采取的是以现大洋为基础的兑换券,所以其显著地被银价的行情所左右。也就是说,由于直接刺激大洋行情的是大连的白银行情,所以时刻会有从大连打出,经长春向傅家甸汇报大连白银行情的直通电话。决定大连钱钞市场行情的关键因素是,大连面向上海的兑换行情以及上海市场上面向日本的汇兑行情以及标金的行情。这些因素再加上大连特殊的特产关系以及朝鲜银行的信用状态和对其信用的评价等因素也会掺入进来,因此,哈大洋行情不仅受上述大连白银行情的影响,还有受北满哈大洋的供需关系的影响。比如,在特产购买交易旺盛的时候就会走高。

此外,还有一些地方性的特殊关系也会掺杂进来。尤其是在最近,一个惹人注意的现象是哈大洋和奉天票有时会同时跌落。作为对这种现象的一种表面性的解释,据说是奉天官厅出于维持纸币行情的目的,把作为收购对象的大豆和其他东西卖到大连、营口方面,然后再把入手的钞票卖到大连钞票市场上去,买入金票,同时在奉天、开原一带卖出金元,再买入奉天票,然后在傅家甸交易所买入哈大洋。在进行金票卖出的时候会协调步调,让其高涨。或者与之相反,如果特产暴涨,官厅则会重新发行纸币,这样一来,纸币的行情就会跌落。另外,还有一些超越白银行情的因素,如奉天军阀的兴废、战前的胜负等情况也会对货币的涨跌造成显著的影响,这一点也是不能忽视的。

三　吉林官帖

官帖的流通范围比较的广泛,且被用于各种交易中,主要用于中国人之间的交易,外国人几乎不使用官帖。官帖有吉林永衡官帖局发行的吉林官帖和黑龙江省广信官银号①发行的黑龙江官帖两种。两种官帖都有一百吊、五十吊、十吊、五吊和一吊等种类。吉林官帖是由作为省政府机关银行的永衡官银号发行的,以制钱为本位的兑换纸币,货币的名义以吊来表示。吉林官帖的形状是长方形,用的纸为"鳥の子紙"②。尺寸为长四寸六分,宽三寸,印刷面上由两条飞龙组成的轮廓,内侧被更加细小的中国文

---

①　亦称广信银行或广信公司。
②　一种蛋黄色的上等日本纸。

字所包围，上部有"永衡官帖"四个字，下部写有一吊文整的字样，在右方两端有号数和发行年月。虽然以前备注有"表示金额的二成用现金来交付"的字样，但是最近发行的官帖却没有明确记载兑换的文字，官帖俨然已成为一种不能兑换的纸币。吉林永衡官帖局是在光绪二十四年（明治31年，1898）由将军延茂所创立。当时在民间，与发行的票据一样，由于一种叫"凭帖"的兑票滥发，延茂将军为了制止这一弊害，下令禁止凭贴，同时为了取代凭贴就在省政府创建了永衡官银号来发行官帖。最初，他们准备了相当多的发行准备金，而且约定交付二成现金，该省官厅的一切公共款项都必须使用官帖，而且在一般市场也被使用，因此，官帖在吉林一省广泛流通，人民都认为它很方便。到了光绪三十四年（1908），吉林省又成立了附设于官帖局内的吉林官钱局，开始发行银元的兑换券。到了宣统三年（明治44年，1911）两个机构合并，改为吉林永衡官银钱号，直至今日。吉林官银钱号的发行准备银为30万两。

该银号作为一家金融机构实际上充当了省财政根源的角色，伴随着财政困难，由于无法填补空缺，省政府开始滥发官帖，时至今日其准确的发行总额已经无法得知。根据两三年前发布的数据，据说发行总额达到了21.07亿吊。因此，官帖的信用开始跌落，最终导致价格逐渐走向下跌。现在，官帖实际上已经成为一个不能兑换的纸币，实际上已经没有了任何价值，只是因为有省政府的强制命令所以才能流通。显然，官帖的流通已经完全是对应发行当局者的政治信用。因此，政界的变动和社会舆论等都会导致官帖价格的变动。另外，到了每年农特产品的收购时期，官帖的行情就会慢慢走高，与此同时金票、大洋票等开始跌落已经成了一个通用的规则。这是由于官银钱号极力回收官帖，用于充当特产的收购资金，过了季节以后由于官帖的市场流通额增加，所以其价格自然也就要走低。

四　哈尔滨的通货

哈尔滨的通货依照货币发行国家有日本通货、中国通货、俄国通货（但是，中国政府禁止其流通）。

日本通货

哈尔滨市场上的日本人经营的商店在任何地方都接收日本通货。至于外国人①商店，虽然也有接收日本通货的，但是由于很多商店都以中国的通货来核算，所以使用中国通货还是比较方便的。日本通货进入北满是在 1918 年日本军出征西伯利亚的时候。当初他们发行的是军票，后来随着朝鲜银行的进入，军票被鲜银券②代替直至今天。

俄国通货

在俄国货币中有一个叫切尔文银行券③的东西作为通货还在市场中流通，但是也仅仅限于人们进入俄国时携带使用或者在某些特殊的场合使用。在旧俄政府时代的俄国通货作为中东铁路收支金的计算基础货币而存在，但不流通。

中国货币

哈尔滨市场流通的中国货币虽然以哈大洋以及吉林和黑龙江省的官吊④为主，但是其中哈大洋的流通最多。大洋虽然有软币（纸币）和硬币，但是只有日常使用的纸币才被称为大洋票。所谓哈大洋，由于其是在哈尔滨发行的，所以才有这样一个称呼，这跟"奉天发行的大洋被称为奉天大洋"是一个道理。

哈大洋由中国银行、交通银行、东三省官银号分行、边业银行以及广信公司五家公司发行，目前的发行总额据说有 3800 万元。

各货币的流通额

关于在哈尔滨以及附近流通的各国货币的流通额，由于没有准确的统计，所以无法知道其真相。根据金融业者的推算，在昭和 4 年（1929）4 月末，日本通货大约有 700 万日元，中国通货约有 2000 万元，俄国货币约有 50 万卢布。

---

① 指日本人以外的其他国家的国民。
② 指朝鲜银行券，俗称老头票，是日本统治时期在朝鲜半岛和东北三省满铁附属地流通的纸币。
③ 切尔文银行券是苏联国家银行发行的纸币。1922 年 10 月苏俄国家银行发行了切尔文银行券，即金卢布，每个切尔文含金量为 7.742 克，由 25% 的黄金和 75% 的商品保证，含金量与沙俄金卢布相同，在苏联用于外汇贸易结算。
④ 官银号发行的官帖有叁吊、伍吊、拾吊等，故称官吊。

北满的鸦片[*]

第 26 期学生大旅行

中东铁路沿线经济调查班

伊东敏雄

目 录

第一章　绪论

第二章　北满鸦片的沿革

第三章　罂粟的种类及栽培

　第一节　罂粟的种类

　第二节　罂粟的栽培地区

　第三节　北满各省的鸦片栽培情况

第四章　鸦片的制法及吸食

　第一节　鸦片的制法（略）

　第二节　鸦片的吸食

第五章　鸦片的走私

第六章　北满鸦片的贩卖

第七章　鸦片和朝鲜族人

第八章　鸦片的取缔

　第一节　一般性的取缔

　第二节　北满地区的取缔

第九章　结论

---

[*] 本文系东亚同文书院第 26 期学生伊东敏雄和调查组成员于 1929 年进行的调查。原文见《东亚同文书院中国调查手稿丛刊》第 119 册，国家图书馆出版社，2016。

参考书：

《北满地区的鸦片》，哈尔滨商品陈列所

《鸦片问题》，W. H. G. アスプランド①

《中国的鸦片问题》，松本忠雄著

《中国鸦片问题考查》，菊池西松著

《中国的鸦片》，齐藤梧棲著

《北满的鸦片》，和田四郎著

第一章　绪论

鸦片是一种从罂粟果实中提取出来的物质。在中国唐朝初期，罂粟花还曾是一种供观赏的植物。公元726年左右，随着中国与阿拉伯人的交易，鸦片作为麻醉和镇痛的药剂来使用的这种医疗方法由印度传入中国。之后又过了一千年，到了1726年的时候，从事与爪哇②方面贸易的中国人，以及葡萄牙人开始把吸食鸦片的不良风气经由台湾传入厦门，后再经华南以烈火燎原之势迅速传遍了整个中国。最终，中国成为一个举国上下都中了鸦片剧毒的国家。在此期间，虽然中国也认识到了鸦片毒害的威胁并发布了禁烟令试图严格取缔鸦片。但是，由于鸦片能够让吸食者身心都得到极大的满足和享受，有时还有替代女色的作用。因此，人一旦吸食鸦片以后便不能放下。甚至一些赌博和玩乐等场所也添置了用于吸食鸦片的器具。另外，鸦片在药用的时候，也是人们各自凭感觉来估测用量。并且，像我国③烟草那样，鸦片也被当作一种家庭常备品，用于接待家庭来客。这种情况也加重了鸦片吸食的次数。最终，吸食鸦片上瘾的人不断增加。在有的地方，人口的

---

① 据日本专家，河北师范大学教授椎名一雄先生对中、英、日文文献的大量爬梳，认为该文作者是指1919年2月在北京成立的"万国拒土会"（International Anti-opium Association）的书记长韩济京（W. H. Graham Aspland）。韩济京在富有影响的基督教刊物《教务杂志》和《中国基督教年鉴》上发表了《与鸦片作战》《中国鸦片走私》《中国的反鸦片斗争》《鸦片与麻醉品》等许多文章，旨在披露中国鸦片实情，并对向中国走私毒品的生产国表示抗议。

② 印度尼西亚第四大岛，首都雅加达便位于爪哇岛的西北岸。

③ 指日本。

057

三成乃至七成都是鸦片上瘾者。在整个中国，人口的 5%~6% 都是鸦片上瘾者。因此，在鸦片战争后，特别是在禁烟令成为有名无实①之后的 1906 年，中国鸦片进口量达到了 584100 担，不过在 1908 年又锐减至 48397 担。虽然我们认为这是受中英协商之后发布的禁烟令的影响②。但是，实际上，如前所述，由于鸦片吸食的需求很大，再加上鸦片栽培的收益是大豆的 60 倍，是高粱、胡桃的 24 倍，是甜菜的 9 倍，是棉花的 4 倍，所以，也出现一些"只要鸦片栽培者有一个担保人就给他们自由放贷"的金融机构。如此一来，一些一无所有的人也能够从事鸦片栽培业，最终导致了鸦片的栽培盛行，到 1907 年其生产量达到了 366350 担。但是，当时鸦片消费量据推测不低于 60 万担。所以，还有 19 万担左右的空缺。因此，毋庸置疑，这个空缺肯定是以鸦片充当其他麻药类的走私来填补的。

之后，随着鸦片禁令的时紧时松，鸦片消费量也出现了时多时少的波动态势。但是，最近军阀为了筹措军队资金开始对鸦片征税，所以，鸦片的吸食和栽培又开始大肆盛行起来。目前，鸦片上瘾者的人口比例已经达到了两成，鸦片生产量已经超过了 40 万担。

在日本国内鼓励向中国移民的今天，作为对付中国的一个政策，日本政府正在尝试让移民从事鸦片栽培。这样一方面可以增加移民的收入；另一方面也能得到那些以谋私（增加税收）为目的的军阀的保护。所以，在满洲内地以及热河③、绥远④等未开发的地区，鸦片的生产每年都在增加。虽然之前鸦片种植的保护主要是借助土匪的势力，但是，最近如上所述，由于军阀对鸦片的保护，之前那些依靠保护鸦片种植为生的匪徒开始以劫

---

① 19 世纪 60 年代，清政府看到禁止鸦片短期内很难见效，同时为给洋务运动筹集经费，遂实行了替代进口的"寓禁于种"政策，致使鸦片种植短期内遍布中国，越来越多的国人被称为鸦片吸食者。

② 1906 年，英国与清政府签订《中英禁烟条约（十年禁烟协议）》。规定，①从 1908 年起逐年减少从印度输入中国鸦片的数量，10 年内减尽；②中方派员前往印度加尔各答监视执行；③增加洋药（鸦片）进口税；④租界内实行禁烟；⑤禁止香港烟膏输入大陆；⑥禁止吗啡进口。

③ 热河，中国旧行政区划的省份之一，省会承德市。1914 年 2 月划出，1955 年 7 月撤销。位于目前河北省、辽宁省和内蒙古自治区交界地带。包括河北省的承德地区，内蒙的赤峰地区，通辽部分地区，辽宁的朝阳、阜新、葫芦岛市建昌县地区。

④ 绥远，中国旧行政区划的省份之一，省会归绥（今呼和浩特市），包括今内蒙古自治区中部、南部地区。1914 年 1 月划出，1954 年 3 月撤销。

持人质、掠夺乡村等形式来填补其收入的减少，以致最近类似这样的丑事频频发生、不绝于耳。另外，鸦片的贩运之前是依赖由头目、兄弟之间情谊等维系的土匪游民团体等来实施的，军阀介入之后，由于它是最能够安全地从事鸦片贩运的力量，因此这些土匪游民团体渐渐退出了贩运鸦片这一行当。尽管如此，因为这些土匪游民团体与军警匪徒都有联系，所以，他们能够利用相互之间存在的头目、下级、兄弟情义等联系，在那些交通不便的山间僻壤地区继续从事鸦片的贩运。由于这个原因，这些匪徒、游民之辈没有不了解鸦片的质量，不知道鸦片的好坏的，况且他们本身也都吸食鸦片。还有，土匪游民中的一些文化人也开始脱离贩运鸦片这个危险的职业，由此不但不再受到军阀的压迫，而且还能得到军阀的保护。这些人一边叫嚣着排外，一边却在爱国志士的美名之下干着坏事。他们组织起反对帝国主义的反英、反日团体，没收外国货物，然后将其销售用以中饱私囊，中国人把这些人称为"学匪"。

如前所述，那些以为在游民、匪徒中存在着很多鸦片吸食者的有见识的中国人认为，人们之所以吸食鸦片是由于教育缺失，所以，要谋求平民教育的勃兴。然而，一个事实却是在没有受教育的人中，鸦片吸食者反而少；而随着知识的增长，吸食鸦片的人却在增加。在看待鸦片吸食者和教育之间的关系方面，出现了一个根本完全相反的结果。因此，1842年《南京条约》签订以来出现了鸦片吸食盛行的现象。而随着国内的鸦片上瘾者不断增加，银元的对外流失非常严重。为了解决这内外两方面的弊端，中国和英国经过数次协商之后，于1906年终于达成了"相互减少国内鸦片的生产和从印度进口鸦片，从1908年1月1日开始，以十年为期，最终实现禁止鸦片"的协议。同时，中国政府还制定了"十年计划"，发布了以完全禁止鸦片吸食为目标的详细的禁烟令。这个禁烟令声势浩大，它严禁一般官吏吸食鸦片，对老百姓实行许可制，禁止开设烟馆，对鸦片贩卖店实施许可制，在全国设立戒烟会。由于实施了降低罂粟栽培的政策，经过1912年的海牙会议以及1913年、1914年的第二、第三次海牙会议[①]，终于形成了《万国鸦片公约》，各个国家都致力于根治中国的鸦片问题。但

---

① 亦即从1912年到1917年共举行过三次海牙会议。

是中英禁烟令签订之时已到了清朝末期，中央的命令没有被严格执行，鸦片仍然被秘密栽培着。虽然，民国3年也发布了鸦片栽培的禁止条令，但收效甚微。之后，群雄割据导致中央政府权威更加低下，对于财政枯竭的中国来讲，为了筹集军资，除了允许鸦片种植以外，别无选择。所以，才出现了今天"国禁官许"这样一种罕见的现象。

第二章　北满鸦片的沿革

关于北满鸦片栽培的时间，目前还不是很清楚。但是，一个明确的事实是，鸦片是在迄今三十几年前（1900年前）由中国人在俄领区[①]开始栽培的。之后，这些成功栽培鸦片的中国人不断扩展鸦片栽培范围，以致鸦片种植从俄罗斯远东滨海州，经过绥芬河以破竹之势传入了满洲。

公元1888年（光绪十四年）2月11日，根据俄中陆路通商修订章程第15条的规定，鸦片被视为一种禁止进出口的商品。如果违反这一禁令，将对其进行没收，但是收效甚微。另外，1909年在满洲里以及绥芬河[②]两个车站，依据清朝关税事务实施细则的规定，凡是通过以上两个车站的货物，如果被发现有秘密走私鸦片的话将被处以没收。但是，到了1910年，随着中东铁路沿线地区的开发，俄中两国之间签订了新的协议，新协议以"从俄领区[③]内向中国出口"作为交换条件，允许在中国领区[④]内酿造酒类产品并向俄领区出口。那些对于利益敏感的中国人趁着边境防备不完善，开始打着酒类出口的名义进行鸦片走私并获得了巨大的利益。而俄国官厅在违反条约和利益取得之间权衡利弊，最终默许了这一行为。另外，中国也知道要完全禁止鸦片是不可能的，虽然采取了各种政策严禁吸食鸦片，但是完全没有效果。明治44年（1911），山东省、满洲地区的鸦片栽培日益兴盛。政府发布了严格的禁令，该地区的鸦片栽培虽然暂时遭受了毁灭，但是，在俄中国境地区，鸦片的栽培还是非常兴盛，特别是欧洲大战的爆发更加助长了鸦片的流行（俄

---

① 指俄罗斯远东滨海州地区。
② 今属牡丹江市。
③ 指俄国领土。
④ 指中国的领土。

国参战，降低了对边境的管理能力），这种情况一直延续到今天。

在俄中国境附近，即东宁县①、三岔口②、绥芬河地区以及俄领区乌苏里斯克（双城子）附近的鸦片栽培主要是由中国人经营，之后逐渐变为朝鲜族人经营。现在，即便说"在此地的朝鲜族人的三分之二以上都在从事与鸦片栽培有关的工作"也不为过。而且，由于人们看到在国境线上的俄领区附近进行鸦片栽培且取得了良好的成果，所以，他们在跟俄国有着相同地质条件的当地也开始尝试罂粟的种植，没想到竟然取得了一样好的结果。从此以后，这个地区出现了种植罂粟的人。另外，由于罂粟的价格很高，收益很大，令人羡慕。最终，一些人也开始行贿，当局则暗地里允许罂粟的种植。这导致了罂粟的种植在这片属于中国领土的地区开始急速地发展起来，一年比一年兴盛，最终收获了一个"鸦片特产地"的称号。欧洲大战前，鸦片每斤价值只有2~3元，这是因为鸦片从很早以前就大量地栽培，导致产量较高的缘故。欧洲大战爆发后，随着俄国生产额的减少，北京、广东、上海、宁波地区也开始禁止出口。与此同时，印度、土耳其、波斯的鸦片生产都受到了打击，以致印度鸦片年生产额降为650万瓩③，土耳其降为53万瓩，波斯降为18万瓩，所以，鸦片价格一跃上涨为每斤12~15元。再加上符拉迪沃斯托克（海参崴）的梅尔库洛夫政府④作为一种财政缓和政策采取了不道德行为，允许鸦片无限制栽培，公开承认鸦片的贩卖。如此一来，鸦片的栽培就像决堤的河水一样肆意传播。在今天的满洲（指1929年），鸦片已经成为一个非常著名的东西。而且，正好在大正12年（1923），俄国国内鸦片被禁止栽培，而在北满东北部，鸦片的栽培却非常兴盛。像中东铁路东线地区那样，在铁道沿线的所有地方都有鸦片的栽培。尤其严重的是在绥芬河地区，像张宗昌那样，不但公然允许国家禁止品的栽培，而且还

---

① 今属牡丹江市。
② 三岔口隶属东宁市。距东宁县城11公里，东与俄罗斯仅一条小河之隔，距乌苏里斯克（双城子）市54公里，距符拉迪沃斯托克（海参崴）154公里。在清末民初就是中俄朝三国民间贸易的重要集散地，人们由此地到俄方的双城子、海参崴从事民间贸易，俗称"跑崴子"。
③ 瓩，旧时日本计量单位，1瓩等于1吨。
④ 1921年5月27日，梅尔库洛夫兄弟在符拉迪沃斯托克（海参崴）建立了"阿穆尔河沿岸临时政府"。这是苏俄内战争中，白军所建立的最后一个政权，是依靠着日本政府与日本干涉军的扶持，才得以存在、维持的。

使用军队公然种植鸦片①。另外，居民在自家院子里种植鸦片的也不少。到了大正13年（1924），时任中东铁路护路军总司令官的朱庆澜将军②严禁栽培鸦片，对违反者处以死刑。虽然，这之前的鸦片禁令就好像每年传统活动的一个景观那样，到了第二年几乎又回到了默许的姿态，以致到大正13年（1924）度，鸦片开始了更大规模的种植。这一时期，俄罗斯远东滨海州各地也开始种植鸦片，并出现了不少已经开始种植的人。朱将军从人道主义和国家救济的观点出发，取缔其部下的违法行为，在海林、磨刀石③两地各处死了两名部下。鉴于此，在中东铁路附近地区，鸦片的种植已经杜绝了。但是，在俄罗斯远东滨海州地区以及中国官厅军队的眼睛所不能触及的内陆地区，自然不用说，鸦片还在被种植着。

第三章　罂粟的种类及栽培

第一节　罂粟的种类

供鸦片采摘用的罂粟有八叉葫芦、大青秸（又名单葫芦）和小白花三种。

（1）被称为八叉葫芦的罂粟高约三尺五六寸，每株发出五到八叉的枝。六七月的时候开花，花的直径约为三寸五六分，有单瓣和多瓣，单瓣为佳。花的颜色有白、红、桃、淡紫色以及白色等多种颜色。其中，据说作为鸦片果实采摘最好的是开白色的花的植株。八叉葫芦开的花的大小一般跟鸡蛋差不多，直径为一寸三四分至一寸七八分。八叉葫芦一垧地④的

---

① 1921~1923年，张宗昌任绥宁镇宁使兼吉林防军第三混成旅旅长。为筹集庞大的军费和奢侈的生活开支，他让铁路沿线的五站（绥芬河）、六站（绥阳）和七站（细鳞河）的农户都种上鸦片，并包购包销。他又买下东宁县福宁公司，改名为裕宁屯田公司、公司几千垧土地租给佃户，全部种上鸦片，向外贩卖烟土。又命连长以上军官向公司投钱入股，年终分红。

② 朱庆澜（1874~1941），原籍浙江绍兴，出生于山东济南历城县（今山东省济南市历城区）。民国11年（1922），应张作霖之邀，任东北特区行政长官兼中东铁路护路军总司令，积极维护国家主权，将铁路沿线俄人所占100多万亩土地全部收回。民国14年（1925）辞职。

③ 两地均属牡丹江市，都是中东铁路的车站站点，始建于1901年。

④ "垧"为旧时土地面积单位，相当于公顷，各地不同，东北地区多数地方1垧合15亩，西北地区1垧合3亩或5亩。

收获量比大青秸和小白花都要多,有二十五斤至三十七八斤,对于种植者来说是最为有利的。因此,在数年以前,人们几乎全部种植八叉葫芦。八叉葫芦从下种到收获大概需要 100 天。收获需要的天数为一垧地 20 天至 24 天,这算是八叉葫芦的一个缺点。由于罂粟的栽培是秘密进行的,所以,早一天早一刻都显得尤为重要。近年来,由于各种干扰(惧怕官厅或马贼袭击),八叉葫芦这一种类的栽培正在逐渐减少。

(2)被称为大青秸的罂粟高约四尺。由于每株都不发枝,所以,也被称为单葫芦。大青秸与八叉葫芦一样,在六七月份的时候开花。花的大小直径为四寸左右,花瓣有单瓣和多瓣之分。花的颜色与八叉葫芦一样,葫芦直径为一寸七八分至二寸三四分之间,也有像拳头或杯子那么大的。大青秸从下种到收获大约需要 100 天,收获需要的天数约为 15 天,一垧地的收获量约为 16 斤至 25 斤。在北满中东铁路沿线一带,数年以前人们就放弃种植八叉葫芦转而种植大青秸,现在大青秸是最多的。

(3)被称为小白花的罂粟高为二尺五六寸。普通的枝为单葫芦,正如其名字所表示的那样,人们只栽培白花。白花在六七月上旬开花,花的直径为二寸七八分。花瓣虽然也有单多瓣之分,但以单瓣居多。葫芦的直径为一寸二三分。小白花从下种到收获大约需要 80 天,收获需要约一周的时间,一垧地的产量为 10 斤至 14 斤。由于小白花比上述的八叉葫芦以及大青秸任何一个品种的产量都要少,所以,利润也很少。小白花在收获以后正好赶上了新物上市时期,买卖的价格也比较高,而且,在农家最为辛苦的夏季还能够得到现金。所以,一少部分的人开始以大青秸收割所获得的利润为基础,以"一垧地小白花,二垧地大青秸"的比例来栽培罂粟,将来应该都会按照这个比例来栽培罂粟吧!

第二节 罂粟的栽培地区

作为鸦片原料的罂粟从上古时期就已经作为一种野生植物在地中海沿岸、非洲以及南欧一带存在。而且,如前所述(绪论),虽然罂粟后来也在东方各国有所种植,但是,这一期间主要是用于观赏和榨油。而纯粹以鸦片采摘为目的开始广泛种植罂粟的国家有:土耳其、波斯、法属印度支那①、中国以及西伯利亚等。但是，在今年夏天根据我从旅经桦太地区②的人那里所听到的，在我国领地③桦太接近北纬50度的地方的山区，有朝鲜族人在种植罂粟。不用说，罂粟的交易市场是秘密的，据说是在接近北纬50度的某一个城市。而且，据说罂粟花的颜色为白色。虽然到底属于哪一个种类尚不明确，但是可以肯定是用于生产鸦片的。关于这一点，虽然我也想做一个充分的调查，但是由于缺乏材料，再加上时间不充足，最终无法调查。对此我深感遗憾。

第三节 北满各省的鸦片栽培情况

1. 吉林省不鼓励种植鸦片

在张作相任吉林督办的时代（1925～1931），吉林绝对没像其他地方那样奖励鸦片种植，而是对从其他地区进入的生鸦片征收比较重的落地税。其理由是，吉林省老早开始就严格取缔鸦片，并且还处死了近千名种植、贩卖鸦片的罪犯。现在，俄国已经解禁了鸦片而且鼓励鸦片种植，这对于上述近一千名受刑者来说是一件没有脸面的事情。

吉林省由于严格取缔中东铁路沿线的鸦片种植，所以，在乌苏里江沿岸的鸦片交易开始兴盛起来。由于鸦片是乌苏里江沿岸对俄走私贸易的主要组成部分，所以，随着鸦片交易的发展才产生了虎林④等城镇，这也是理所当然的事情。而且，从这一地区运往黑龙江省的鸦片的品质被认为是最好的，有"虎林鸦片为冠"的说法。在乌苏里江方面，有很多来自哈尔滨的外出打工劳动者，据说这也就必然会产生对鸦片的需求。

2. 黑龙江省允许鸦片的栽培

黑龙江省虽然成立了禁烟局，最终却奖励鸦片种植。鸦片种植面积据说有六万垧，尤其是绥兰道管内的热地⑤被视为是最有前途的一个种植地。

由于黑龙江设置了鸦片专卖制度，允许开设禁烟药店，允许鸦片贩卖，所

---

① 指今天的越南、老挝、柬埔寨等地区。
② 桦太地区指库页岛南部。1905年8月至1945年8月为日本占领。
③ 指库页岛南部日本占领区。
④ 今属鸡西市。
⑤ 指温度较高地区。

以，从事罂粟栽培的人，开设禁烟药店的人以及吸食鸦片的人变得多了起来。

（1）罂粟的栽培面积

昭和2年（1927）五月采种期以前，全省三十多个县向哈尔滨禁烟总局申请的罂粟栽培者人数有二百八十多人，其面积约达六万垧。之后，关于实际的种植面积，由于各个县还没有汇报，所以无法得知。根据我从哈尔滨禁烟分局人员那里了解到的情况，各主要地区的栽培面积如下。

县名	面积概数
龙江①	三千垧
阿城河②	二千垧
克山③	二千垧
嫩江④	一千垧
呼兰⑤	一千垧
安达⑥	一千垧
铁骊⑦	一千垧
布西⑧	一千垧
兰西⑨	一千垧

总的来讲，这些罂粟都是种植在山区以及偏僻的地方，从中东铁路以及其他铁道上的列车上看不见罂粟。

（2）黑龙江附近的栽培

罂粟的播种在5月的后半个月进行，收获是7月20日前。由于今年（1929年）的收成不好，加上罂粟坊子⑩又少，所以，收获量相对较少。

---

① 今属齐齐哈尔。
② 今属哈尔滨市。
③ 今属齐齐哈尔。
④ 今属黑河市。
⑤ 今属哈尔滨市。
⑥ 今属绥化市。
⑦ 1956年改为铁力，隶属伊春市。
⑧ 新中国成立后撤销，今属内蒙古自治区呼伦贝尔盟境内。
⑨ 今属绥化市。
⑩ 指加工罂粟的作坊。

基于各种原因,每年的产量都不一样,大概的标准如下。

每亩地的平均收获

丰收　　二十两

一般　　十两

歉收　　六两

每亩地的耕作费（包含截止收获的这段时间）

上等地　　十元五角　　七人工钱

中等地　　七元五角　　五人工钱

下等地　　六元　　　　四人工钱

备考：工钱每人平均一元五十分,伙食由主人承担。

（3）禁烟药店

禁烟药店作为一个从事鸦片烟膏贩卖以及吸食的场所,分为四个等级。根据禁烟局的规定,按照以下的等级来划分其种类。

甲种　一个月　大洋　140 元

乙种　一个月　大洋　100 元

丙种　一个月　大洋　60 元

丁种　一个月　大洋　30 元

管区内各地禁烟药店如下（昭和 2 年 7 月末）

龙江 16 户　　　富拉尔基① 4 户

昂昂溪② 32 户　　扎兰屯③ 5 户

---

① 今属齐齐哈尔。

② 今属齐齐哈尔。

③ 今属呼伦贝尔。

安达 68 户　　　博克图①7 户
满沟②72 户　　　泰来③32 户

第四章　鸦片的制法及吸食

第一节　鸦片的制法（略）

第二节　鸦片的吸食

　　鸦片中的主要成分含有吗啡，所以，人一旦吸食以后就起到麻醉神经系统的作用，导致人会忘记身体上的痛苦，同时精神上会变得恍惚，一时间会感觉很快乐。因此，如果经常吸食鸦片的话，最终就会成为一种习惯。一旦不用的话，身心就会变得迟钝，沦落为一个废人。对于鸦片，能尽早戒掉的话应该尽早戒掉。另外，我们把这种中了鸦片毒的人叫鸦片上瘾者。

　　据说，一旦吸食鸦片成瘾，每天到了一定时候，如果不吸食的话，人不仅会失去思考和动作的能力，而且，脸色也会渐渐变得憔悴起来，寿命也会显著缩短。

　　今天的鸦片吸食方法是以前经历了各种沿革才形成的。最初的时候，是将鸦片顿服④咽下，后来是和烟草混合着一起吸食，到了最后则变成了只吸食鸦片。今天，普通的鸦片吸食方法是，吸食者横卧在床上，首先取少量的鸦片烟膏将其附着在金属棒（烟辇仔⑤）的一头，然后将其在灯火上进行加热，待烟膏开始膨胀沸腾变成球形的时候再一次在金属棒上添加鸦片烟膏。每次吸食的定量块，即所谓的烟面，将其放入烟斗面（烟袋锅）的孔口，然后再将烟膏块从金属棒的尖端一直贯穿到孔内，最后将其罩在灯火

---

① 今属呼伦贝尔。
② 今肇东。
③ 今属齐齐哈尔。
④ 在医学上，"顿服"指一次性服用。
⑤ 原文如此，辇仔指人抬着的供神佛坐的无盖的轿子。烟与辇仔连在一起，疑指供人吸大烟的烟枪。

上燃烧，通过烟管的吸口将烟吸入。如此一来，如果吸烟的次数增加的话，烟灰就会堆积在烟斗的内壁，这时就需要拆掉烟斗将烟灰除去。

这些用于吸食鸦片的器具都是十分奢华的，其样式也是多种多样。

鸦片吸食的量原本就是根据不同的人，不同的嗜好或者上瘾的程度等不同，没有一个定数。据说，一般人一天的吸食量，少的话为四五分，多的话为二三匁①。而且，关于吸食的次数，有一日一次的，也有两三次的，并不是固定的。欧洲人在把鸦片当成一种药物食用的时候限定其每次为1克，但是他们经常食用2~4克。尽管有人说如果超过这个食用量的话人就会死，但是在波斯及其附近各国，多年食用鸦片所导致的一个弊病就是，即便把60克鸦片当成一剂药来吞服，好像也没有发生过致死的现象。

在中国，我们可以看到，每年随着鸦片需求量的增加，其吸食的盛况也在不断发展。根据1873年东印度财政报告中记载的内容，中国国民中陷入鸦片吸食上瘾的人不计其数。另外，中国内地教会的牧师Haivey也说："中国的吸食鸦片之风绝不限于少数人或者某一个特定的阶级，仅就我亲眼看到的实际情况而言，我很有信心地说，在中国，16岁以上男子中的三分之二以及25岁以上女子中的六分之一都在吸食鸦片，而且是所有阶级的人，包括乞讨者、大官、僧侣、俗人、男人和女人，大家都在吸食鸦片。在我去过的很多大城市，如果走进城区的话，就会立即让人感到空气中飘浮着的令人感到不舒服的鸦片臭气，而且这种地方还不少。另外，似乎没有一个地方让你看不到那些苍白的脸色和令人感到不愉快的烟臭味。就像位于北大运河上的一个城市——清江浦②那样，整个城市被人称为一大鸦片窟。根据当地人所言，总人口的十分之八都是鸦片吸食者。"

1847年根据Dr. Gorge Smith的推断，厦门一半以上的居民都有吸食鸦片的坏毛病。他还说，细民阶级将其一天工资的四分之三都投入到吸食鸦片上。另外，1871年在中国各地旅行的T. T. Coopen说，鸦片的吸

---

① 匁为日本古代的重量单位，1匁=3.75克、1贯等于1000匁，即3.75公斤。1斤等于160匁，即600克。而1匁等于10分，1分等于10厘，1厘等于10毛。在本文中，一般人一天的吸食量，少的话为四五分，多的话为二三匁，也就是二三十分。匁也为日本的货币计量单位，相当于"钱"。1两等于10匁，1匁等于10分，1分等于10厘。

② 今淮安清江浦区。

食不分男女，人非常多。在 11 岁以上的青年男女中有此陋习的人并不少。他还说受雇佣的轿夫把自己一天工资的五分之三都花费在晚上的吸食鸦片上。

另外，记录中国吸食鸦片之风盛行的著作和报告书也有不少。那么，接下来我们看一下这些人都是在什么地方吸食鸦片的。上流社会的人在自己的家里或者跟朋友一起设立一个吸烟所，其他的人则是在"ノミ屋"①或者"サシ屋"②。所谓ノミ屋指的是吸食鸦片的场所，而サシ屋指的是注射盐酸吗啡的地方。

一 ノミ屋（烟馆）

一般情况下，我们把鸦片吸食者出入的场所称为烟馆。在中东铁路沿线所到之处，一些小聚落的农家居民点，各户几乎都处于准备经营烟馆的状态，而在一些区市，烟馆的经营者也有很多的中国人。另外，朝鲜族人经营烟馆的也不少。在哈尔滨傅家甸约有 80 余家烟馆，它们一天的消费量为 800 俄磅③左右，一俄磅在重量上相当于 109 匁。烟馆一般把108 匁按照一俄磅来进行计算。而且，出入烟馆的人群以中流以下的人（中下阶层）居多。中流以上的人如前所述的那样，他们一般会在自己的家里或者跟朋友共同开设一个烟馆。因此，被称为ノミ屋的这些烟馆的房屋构造一般就是中国人房屋的一部分或者只是在房间铺上一个凉席，是一个非常简陋的房子。在这个房子里摆放有吸食鸦片所必需的器具，如烟枪、烟灯、烟针子等。而且，还要根据烟枪的数量准备相应的木枕。一些地方可能会设置有五六个至二三十个。此外，这些烟馆里没有任何的装饰。这些简单粗陋的房间对于那些鸦片吸食者来说就是一个乐园和天堂。放在凉席或者草席上面的烟灯左右两侧有一个木枕用于吸烟，木枕的形状恰似一个吸吮母亲乳房的婴儿。下面，我们看一下吸烟用的器具。

（1）烟枪作为吸食鸦片时的烟管，一般烟管的直径约为五六分，长为

---

① 日语中的意思为"小饭馆""小酒馆"。
② "サシ"在日语中是"刺""扎"的意思，"屋"为店的意思。
③ 俄磅（funt），俄国曾经使用过的一个重量单位，1 俄磅约等于 0.41kg。本文的 800 俄磅，即 328 公斤。

一尺二三寸。烟枪一头的吸口长为二寸左右，另一头长约三寸。两头都是金属制的，镶嵌有玉石、琥珀、角或者骨头。从吸口相反的那一端开始二寸左右的地方有一个无花果形状的金属制烟头，人们将其称为烟斗，也被称为"天"，是一个可以拔插的装置。天的下部被称为"地"，从地的一端到吸口的这部分全部被称为"人"。烟斗在山海关以南的关内地区大多是由妇女们亲手制作的。一个烟斗的批发价为四五十钱，一般还会刻上制作人的名字。

　　一个新的烟枪一般要八九十分[①]至一元。烟枪上还会有各种的雕刻，使用的有金银、翡翠、琥珀、象牙和玉等东西，有的烟枪还会施加一个镶嵌工艺，设计很精妙。烟枪使用的时间越长，由于油脂的附着越能使其产生一种不能言说的风味和口感。这时的烟枪不仅在色彩、光泽和手感方面俱佳，而且，实际上一支旧烟枪的价格相当于新烟枪的三倍。这时，烟枪价格的高低已经不再成为一个问题，就像珑镜[②]那样有光泽，使用了奇石、珍木的烟枪往往被人们视为宝物。

　　烟灰的产出量则是旧烟枪比新烟枪多（香料则是新烟枪多）。因此，烟馆都比较喜欢旧烟枪。烟馆的主人在吸烟者结束吸烟以后会认真地将烟灰收集起来。如果有买家的话，就会出售。烟灰如果是自己家使用的话，还要与其他的鸦片混合在一起增加其成分。而且，烟灰对人的身体有害，导致鸦片中毒的一个主要原因就是将烟灰反复吸食或者是吸食了混有烟灰的烟土。但是，底层劳动者中的一些人出于不得已的欲望吸食鸦片，导致脸色苍白，最终不能劳动，丢了性命。

　　烟灯有酒精洋灯式、豆洋灯式和马灯式等。有用马口铁制造的最便宜的东西，也有金属、陶瓷和玻璃制的东西，一个为五十分左右。山东省胶州制造的烟灯最为出名，真铜制的一个要五六元。

　　烟针子指的是形似在编织物上使用的编针，长四五寸，呈纺锤状。烟针子的一端主要是在吸食鸦片时，在溶解鸦片的时候将其填充至烟斗的一个部分，而另一端则是呈箴状，主要用于去除烟壳（即烟灰）。烟针子的

[①] 原文写作仙，英文 cent 的音译，1仙就是1分钱；1角等于10仙，10角等于1元。这是近代从英国传来的另一套货币体系。

[②] 此为直译，疑为玲珑镜。

价格为十分左右。山东省莱州的张胖子制作的烟针子一个要卖到二三元。他儿子制作的烟针子，人称"张二胖子制"一个要卖到二元左右，这两个烟针子都铭刻有制造者的名字。

有了以上这些器具，要开设一家烟馆还需要房屋和运转资金。除了鸦片的购入资金还有房租的预付金。首先，有五十元左右就可以了。如果能够机智地招揽客人的话，烟馆就能开始营业了。招揽客人的活儿一般最好是鸦片的吸食者做，对于这些人的报酬也是以烟包的形式来支付的，而衣食则是自己负担。对于这些人来说，虽然他们手头谈不上宽裕，但是由于首先能够自由地吸食鸦片，再加上客人给的小费，所以，他们似乎也还能听从烟馆主人的使唤。另外，烟馆的营业时间根据顾客的类型并不是一成不变的。一般是九点至十一点左右开业，客流量在上午和下午两个时间段最大。底层劳动者中的有些人会利用上午休息的时间来吸一口烟，恢复精神。还有一些人会在下午用二匁八厘合三十分①的钱来购买一包烟。出入烟馆的人的类型千差万别，有大商店的掌柜、摆摊的、小商人、军人、巡警、苦力等各个阶层。他们首先给烟馆支付三十分左右的费用，然后拿到一个烟包，再使用烟枪吸食，享受着无与伦比的快乐，进入梦乡。劳动者由于惧怕官厅闯入烟馆，所以很多人在吸完一包烟以后会立即返回工作场所。而且，在客流量比较大的烟馆里，烟雾朦胧，通过烟灯淡淡的光亮透视一下，能看到很多像死尸一样横躺着的人的身影。此外，我们还能够很容易就闻到烟馆里面散发着的那种强烈的、不同寻常的腥味和臭气。由于室内是密闭的，没有外界空气的流通，所以初次进入烟馆会使人产生头疼、呕吐的现象。除了一些特别的情况，烟馆内所有人都会不同程度地中毒，甚至连生活在烟馆里的猫和老鼠也都是中毒者，它们生活在一片朦胧的烟雾之中，而长时间在这样的环境中就会不知不觉地中毒的。当然，同样吸食鸦片的烟馆老板是不会这样说的。另外，在夏天的时候，烟馆里的苍蝇常常没有精神，呈现出了如死尸一般的样子。但是，一旦室内有了鸦片的气味，这些苍蝇又会立即恢复精神，来回地飞舞，这是苍蝇中毒的一种表现。

---

① 在这句话中，二匁八厘指重量，三十分指价格。

二　サシ屋（注射吗啡店）

　　サシ屋的内幕与烟馆没有什么大的区别。サシ屋一般会选择一些便于吗啡中毒者出入的房屋。作为サシ屋，有一个吗啡房和一个吗啡注射房两个房子就够了。另外，房子的边界就好像停车场的出闸口那样小。房子有一个窗口，从窗口支付十分钱左右的现金就可以拿到一包吗啡或者可卡因。这些拿到了药品的吸食者会去另外一个铺有草席的房间，在一个小盘子或者匙子里加入水并加入少量的食盐进行搅拌，然后在盘子的下面用火柴或者蜡烛进行加热。这样一来，不一会儿吗啡就溶解了。最后再将其注射在人体合适的地方。如有两三支注射器和小盘子或者匙子，除此以外如果还有少量食盐脱脂棉的话就足够了。

　　吗啡多呈角砂糖（方糖）状，根据大中小的不同，其名称和价格也不相同。大角也被称为"鲜物"，1吨的价格为1600日元左右①；中角被称为"星物"，价格为1500日元左右；小角的价格为1400日元左右。另外，德国默克（Merck）商会的吗啡制品被称为"默克"，时价为1100日元②上下，而且这些东西还被称为"德角"。日本生产的"小角"1千克有十二三个，而德角是三个至六个。另外，吗啡还根据质地的软硬有所区分。日本企业"星制药"生产的东亚角等属于软角，而德国生产的メルウインク、スミス等则属于硬角。一战时德国生产的吗啡在其本国，1吨的价格为30日元以内，但是在符拉迪沃斯托克、哈尔滨等地区其价格却高达800日元。对于利润比较敏感的犹太人开始跟德国、符拉迪沃斯托克和哈尔滨的合作者保持联系。据说有人用两万日元的资金在三个月的时间里就赚了20万日元。但是，到了今天，这样赚钱的方法已经变得很难了。烟馆吗啡店虽然得到了官厅的许可，但是，由于其本来就属于一个不正当的营生，所以，也经常受到巡警和其他人等的威胁。因此，他们也不得不行贿。从这一点来看的话，注射吗啡的烟馆也不可能获得多大的利益。

---

① 民国时期的日元很坚挺。清末民初，差不多一个日元就是一块银元的价值。其后日元兑换银元比率有所下降，但仍很有价值。
② 原文很难辨认，经日本专家椎名一雄先生考证，认为是日元的草书体。尽管这样，仍不敢百分之百的肯定。特此说明。

第五章 鸦片的走私

一般，据推测北满地区①以及俄领区滨海洲（指俄罗斯远东地区滨海州）附近一带秘密种植的罂粟面积约为2万至6万垧，生产额为36万斤到110万斤，价值为711万元至2200万大洋。这些鸦片的五分之一被当地所消费，剩下的五分之四被运送到别的地方。运出去的路径是符拉迪沃斯托克、吉林、哈尔滨、长春或者经由这些地方再被运送到奉天、营口、大连、安东县、朝鲜、天津、北京、山东和上海等地。根据某报纸的调查，经由长春运输的鸦片每天约有30万日元。而且，一般情况下，这些鸦片一旦到达长春以后，其价格就会翻上几倍。据说，在山东、上海等地方价格翻了三倍。尽管传言说"三次中有一次被没收的话也没有损失"。但是，像这样携带着重金的买卖真的是很少。另外，由于鸦片走私还是一个赚钱的买卖，所以它是一个充满了各种悲喜剧的营生。以下是鸦片的走私方法。

- 用油纸严密包裹起来，绑在腰间或腿上。
- 藏在两层底子的鞋里。
- 藏在两层的包里。
- 放在长靴里。
- 塞在手表里。
- 缝入毛皮外套里。
- 缝入棉衣服里。
- 涂在匾额里面的板材上。
- 藏在涂了油漆的水桶下面。
- 在搬运木材的时候填充进入，为了不被发现弄一个栓。
- 放入随身行李的旧衣服里面。
- 在糖堆的上面放上糖，下面放鸦片。

---

① 1907年7月，日俄签订协定，划定了南满和北满的分界线。以长春附近的松辽分水岭作为地理界线，以北的部分（松嫩平原）为北满，以南的部分（辽河平原）为南满。

- 把蜂蜜放入水桶，下面放入鸦片。
- 在运输大豆、小麦和其他杂粮的时候在麻袋上标记并运输。
- 在打捆的旧报纸中挖一块地方，将鸦片填充进去，严格包装和运输。
- 巧妙地将西瓜、南瓜切开填入鸦片。
- 与军人、警察机构取得联系。
- 与车站人员取得联系。
- 藏匿在汽车的燃料库里。
- 在筐里装上鸡蛋，下面放鸦片。
- 利用车站内的商店和列车长以及其他乘坐列车的人员。

除了以上这些方法外，走私者还采取了各种手段，想出了各种走私的方法，为了达到目的绞尽脑汁。这些走私者在车站里面要瞒过海关官员、车站人员、巡警和军队等的眼睛。而军官和列车长等人则以检举鸦片为唯一的乐趣。所以，走私者不能掉以轻心。万一被发现的话，经常就会被处以没收或采取妥协（指行贿）的办法。这种众人围观情况下的没收，在形式上要将收缴的鸦片上交给相关部门，然后按照一定的比例进行分配或者烧毁。但是，据说好像几乎没有这样做的。万一有的话，那也是属于例外中的例外。如果没有众人观看，这个时候没收的鸦片就会进入个人的私囊中。所谓"妥协"，也就是采取现金行贿或者现物分配的方法。

一般在进行买卖鸦片、吗啡、可卡因等违禁品的时候，都不会留下一些买卖契约书、收据等证据，经常使用的是现金交易。

如果遇上一些品行恶劣的人，可能会发生同一块鸦片在同一个地方往返好几次的情况。也就是说，如果对方不是以前就从事鸦片交易的或者没有交易者的介绍就来的，从走私者一方来看的话，他们有可能是官厅的密探或者是与官厅有关系的人。由于很难识别这些人，所以，鸦片的交易经常会陷入一个困难的境地。对于没有任何人介绍而来的那些个新面孔，走私者一般不愿意与其进行交易。买家由于心里焦虑，在物色卖家的时候往往还会发生被不诚实的奸商所骗的事情。那些奸商利用花言巧语来识别买家的熟练和不熟练，如果是不熟练的买家，就会买到掺入很多混合物的鸦片，而卖家则因此获得暴利。这样的事情就像家常便饭一样。另外，这些能够鉴别鸦片的奸商还会向各地重要的列车长和官厅等密告、打电话。而这些被没收的鸦片又会被逆向运输到买家比较多的中东铁路东部沿线。这样一来，确实会发生一块鸦片在同一个地方来回往返好几次的情况。另外，如果买家是新面孔并且急于买入，在其就要将鸦片和现金进行交换的那一刹那，官厅和军队还会闯进现场对其进行没收。还有，如果是先看样品然后再决定是否成交的情况，为了保证拿到的不是劣等品，就在买方鉴定鸦片品质的时候，卖方可能就会向官厅揭发其举动，这样一来，所有的人就会狼狈逃跑。实际上，像这样的情况我已经听说了很多，应该是确有其事。

如果陷入了魔爪且自己从事的是违禁品交易，这个时候没有其他的办法，只能一个人独自哭泣。所以，外行在做这个事情的时候一定要做好失手的思想准备。

鸦片的走私既有本人亲自来做的，也有不少是通过代理人来进行的。后者完全依赖对人的信用。除了被没收，还有逃跑，或者伪造的申诉，上述是鸦片贩卖过程中公开暴露出来的一些缺点。

大正 10 年（1921）夏，在中东铁路太平岭车站①附近发生了马贼②袭击列车事件，以后规定旅客列车必须与备有士兵和机关枪的装甲列车连接，以此来保护列车。大正 11 年（1922）八九月，中国军队从北满撤退以后，该装甲列车开始变成一个秘密鸦片的走私车辆，据传言说，绥芬河与哈尔滨之间每斤鸦片付运输费四元大洋，绥芬河与长春之间运输的话则需要七元。另外，还有传言说绥芬河其他列车乘务员中也有不少人从事以上鸦片走私活动，据我的观察这应该是事实。下面我们报道一则最近在列车上发生的一个鸦片运输事实。

大正 14 年（1925）2 月，满洲里车站一辆从海参崴（符拉迪沃斯托克）开往莫斯科的直达万国③卧铺车厢上发生了一起海关官吏发现并没收

---

① 今属延边敦化市。太平岭车站，又称太岭站，始建于 1903 年，中东铁路的一个站点。
② 旧时称成群骑马抢劫的盗匪。
③ 指国际列车。

了 25 块鸦片的事情。之后，一个居住在哈尔滨的鸦片商请求从某列车服务员处购买 50 多块价值 3 万多日元的鸦片，并由这位列车员送到哈尔滨。但是，这位服务员却在中途变心了，他在列车到达哈尔滨车站前装病并向列车长请求下车，另外，却拜托其他的服务员来运送鸦片。这个服务员不仅把拜托让他从海参崴运输鸦片的人的鸦片中的一部分上等品（16 袋，价格约 1 万日元）据为己有，并且还将其运到了南满地区。另外，被要求负责运送剩余鸦片的服务员在哈尔滨趁着卸货的机会逃跑并将所持的鸦片运到了满洲里。当他在满洲里刚要把鸦片拿出来的时候，被海关官吏所发现并没收。根据俄国报纸的报道，万国卧铺车的服务员不仅经常从海参崴从事鸦片走私，而且还在卧铺车内设了一个秘密搬运所。以上所列举的只不过是鸦片走私的一个个例。走私者往往会采取各种手段，这样的例子不胜枚举。

另外，俄中东部国境的东宁县①以鸦片为主还从事其他物品的走私，是一个很出名的地方。下面，我们看一下该地区的走私情况。

现在，东宁县一带的走私活动通常是以绥芬河为出发点进入俄领区，然后来到三岔口②，再经由三岔口回归到绥芬河。因此，在应该被称为走私窝点的绥芬河，各商店普遍和走私货品有密切的交易关系。因此，我们在研究走私品问题的时候，就应该对以绥芬河为中心的走私业者进行调查。

如上所述，三岔口只不过是俄领区走私的一个通过地。现在，在该地区有据点的走私业者占全部从业人员的不到二成，而且这些人中超过一半的都会把现金带入俄领区，或者身无分文只身前往俄领区带回鸦片，然后在三岔口进行销售，这属于一个单程的走私。从三岔口到乌苏里斯克③之间的往返走私是俄中东部国境地区所有走私中最危险的一个。最根本的原因是，俄领区的监视在该地区是最严格的。由于乌苏里斯克市距离海参崴最近，所以从老早开始走私者就把三岔口到乌苏里斯克之间视作走私最便

---

① 今属牡丹江。
② 三岔口隶属东宁县，曾是中东铁路的一个车站，后因地质结构原因，向北移动 50 公里，成为现在绥芬河市的所在地。
③ 又名"双城子"，位于乌苏里江中部，是连接伯力和海参崴两个战略要地的枢纽城市。原属中国，1860 年根据不平等条约《中俄北京条约》成为俄罗斯领土。

捷的一个通道，也是唯一的通道。因此，苏俄当局在取缔东部国境走私的时候，鉴于从三岔口到乌苏里斯克之间是一个咽喉之地，所以对于这一地区采取了严格的监视。在这种情况下，走私从三岔口逐渐转移到绥芬河便是自然而然的事情，但是，在乌苏里斯克市，由于与绥芬河之间走私货品联系不通畅的缘故，走私品的价格开始上涨。在这种情况下，已经把走私据点转移到绥芬河的走私业者已经不再满足于绥芬河与戈罗杰科沃（距离绥芬河最近的俄国城市）之间的走私，而是将目光投向了两倍距离外的乌苏里斯克。

但是，回程之所以要朝向三岔口是因为，苏俄当局对于中国向俄国的走私管理很严，但对于俄国向中国的鸦片、毛皮等走私几乎采取了不干涉主义的态度。由于三岔口是距离乌苏里斯克市最近的城市，所以贩运到这里的鸦片、皮毛并不一定都是在三岔口这个地方处理掉的。

现在，绥芬河的商店数量为200多家，其中拥有1000元以上开业资金的达到了40家。另外，没有一家商店直接自己雇佣员工走私，也没有一家商店直接经营走私业务的。从事走私活动的几乎全部都是该地的俄国人、中国人、朝鲜人。但是，走私的方法分为普通路和铁道两种。依靠前者进行走私的是俄国人、朝鲜人，依靠后者也就是通过铁道走私的主要是中国的铁道从业人员。每天的往返人数，出发和到达各有100人前后，大多数都没有组成一个队伍，原则上是只身前往国境，另外，也有很多人骑马去的。虽然偶尔也会看见三五个组成的队伍，但是这种情况尤其是在去年12月以后，随着苏俄西伯利亚当局监视变得严格起来，如果被发现会非常的危险，所以，目前处于逐渐减少的态势。

关于铁道走私的专业人员，据推测除了铁道从业者，还有乘客，合计约有250人。而通过普通路进行走私的人数据说不少于1000人。很多铁道从业人员会跟旅馆有联系，他们还曾请求旅馆把护照借给他们，靠着这个把100至200多个麻袋公然拿进来，然后支付适当的税金，或者以本人的托运行李为由不用支付税金。铁道从业人员走私的货物主要以水果、砂糖、粮食、衣服、棉布以及纽扣为主。

除此以外，俄领区的农夫还会利用农闲期将自己领区的鸦片拿到中国领区，这是一种单程的走私。在所有的走私中，这种方法是最安全的，因为不会被中国的官厅发现，只需要支付规定的税金，几乎就可以被允许进行公然的买卖。

在看待走私者与商店的交易关系时，绥芬河的任何一个主要的商店都有将近100位顾客。其中，有很多商店都从事赊账买卖，进行现金买卖的很少。但是，值得注意的是，在绥芬河有三个走私组合。当然，由于是违禁品，所以它们都是非常秘密地组织在一起，关于其运转和功能与消费组合是完全一样的。不同的是，很多商店在背后都与走私者保持着联系，组成一个无形有实的消费组合。

所有赊账的结算都是等走私者到达目的地以后，利用俄领区的汇兑店进行汇款，或者等其回来以后再支付。除了被逮捕到的人以外，几乎没有收不回来的赊账。

现在在东宁县所进行的走私由于属于来往走私，所以，一个走私者在俄国和中国两个领区合计拥有四家交易商店。如果对其进行详细描述的话，如图1所示。

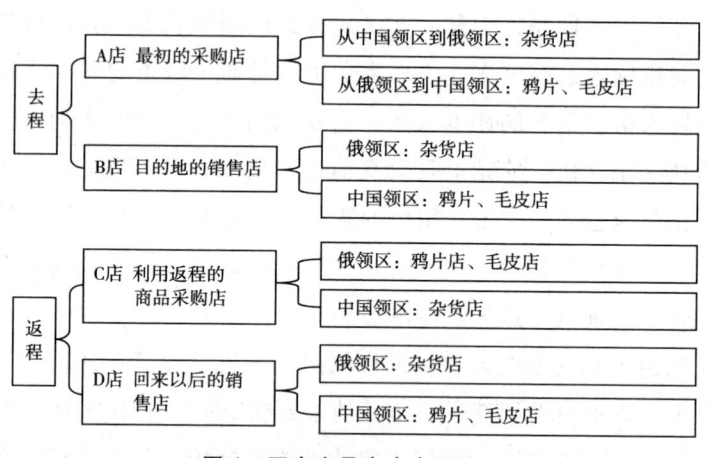

```
去程 ─┬─ A店 最初的采购店 ─┬─ 从中国领区到俄领区：杂货店
      │                    └─ 从俄领区到中国领区：鸦片、毛皮店
      └─ B店 目的地的销售店 ─┬─ 俄领区：杂货店
                            └─ 中国领区：鸦片、毛皮店

返程 ─┬─ C店 利用返程的商品采购店 ─┬─ 俄领区：鸦片店、毛皮店
      │                          └─ 中国领区：杂货店
      └─ D店 回来以后的销售店 ─┬─ 俄领区：杂货店
                              └─ 中国领区：鸦片、毛皮店
```

图1　四家交易商店走私流程

当然，不用说，图1中四家交易商店和作为其主要顾客的走私业者之间是非常密切但又非真诚的关系。

接下来看一下走私的实施方法。走私业者一定会在天未亮之前到达绥芬河，在天明之前进入多年惠顾的交易商店。这些交易商店在店的里面一定设有一个隐蔽的房间，交易商店会把走私者招呼到这个房间，提供早饭，让其休息。这样，到了第二天早上，等到从俄领区带来的鸦片或者皮毛的买卖结束以后，他们会拿着得到的货款在当天的下午去采购店。每个人的携带量为二至三五普特①，采购的金额为100元至150元，采购的物品背在背上，并携带少量的食物，然后等待当天的黄昏朝着国境出发。完成采购的走私者从绥芬河开始一路向着戈罗杰科沃或乌苏里斯克出发。这些走私者一定会利用黑暗的夜晚，特别是在冬季，这种现象从鸦片上市期到第二年2月左右的这段时间最为流行。这些走私者在通过那些监视很严格的地方的时候，他们一定会在一个合适的地方挖一个坑，然后将商品埋在里面。暂且打探一下监视兵的情况，在确认了这些监视兵的情况以后再将埋藏的东西拿出来穿过国境。这种方法虽然自昭和2年（1926）12月以来为了逃避苏俄西伯利亚一方严格的监视在最近被频繁使用，但是如果监视变得更加严格，最终无法走私的话，这些走私者就会只身前往埋藏走私物品的目的地，向当地某些专门从事此项活动的人来寻求帮助，利润双方分配。

如上所述，虽然从当地采购到走私销售的这些流程大部分都是由一个人来完成的，但是也有五六个人组成一个同伙，其中一个人专门从事采购，一个人从事搬运（走私），一个人负责向导，一个人负责观察监视兵的动向，另外一个人在目的地负责销售。获得的利益大家平等分配。这个方法虽然具有让工作迅速展开的特点，但是由于每个人所能分到的利润很少，所以，实际上很少采用。

中国的官厅把走私当成一个公然的事情不予干涉，特别是在东宁县一带，由于鸦片的栽培被禁止，该地区唯一的一个经济粮道给斩断了，至少该地区经济非常贫瘠。在期待地区经济繁荣这个层面上，像走私这样的东西尤其受到大家的欢迎。

但是，鸦片的走私也不一定是那样的。很多走私者如果在从俄领区返回途中发生所携带的鸦片被发现的情况，就会被课以一种税，如果在规定的时间内没有支付的话，这个罚金就会翻至数倍。而且，如果不同意这个

---

① 1普特＝40俄磅≈16.4千克。1俄磅约等于0.41千克。

罚金的话，其所持有的鸦片会被没收，本人会被释放。

在苏俄西伯利亚这边，从昭和2年（1926）12月开始监视变得严格起来，以前，监视兵如果发现一位走私者的话，作为对监视兵的奖励，走私者携带金额的二成将会归属监视兵，所以慢慢就出现走私者用其所携带走私品金额的三成来收买监视兵的情况。现在，对监视兵的奖赏率已经被提高到了四成，所以，走私者如果想要收买监视兵的话，至少要支付五成左右。事实上，这样的支付对于走私者来说是不可能的。不仅如此，对于监视兵来说，由于他们除了上述的奖励以外还有其他特定的奖励，所以，发现走私次数的多少以及发现走私物数量的多少，这些因素多少会对他们的升职产生影响。现在，走私者收买监视兵的情况已经非常少了。

走私者如果被发现的话，针对其处罚根据具体情况难免会所有不同，以前的话处罚是这样的。

第一次，没收走私物品后释放本人；

第二次，没收商品，将本人护送至乌苏里斯克进行监禁，监禁时间为一至三个月；

第三次，名义上将本人护送至莫斯科，很多人在中途就会被枪杀。

在戈罗杰科沃和乌苏里斯克两个城市，每周会召开一次走私没收物品的竞买会。很多海参崴的商人会来这里购买。一次的竞买量为不低于3万日元，据说一般是5万日元左右。

越过国境，出了三岔口，回到绥芬河的走私者就会在三岔口和绥芬河进行鸦片和毛皮的处理。关于处理的比例，据说鸦片在三岔口处理的为20%以下，在绥芬河处理的为80%以上。原因如下。

鸦片行情

斯帕斯克（采购地）[①]	三岔口	绥芬河	东部线各车站
30元（一斤）	60元	70元	80~100元

[①] 俄罗斯滨海边疆区的一座城市，位于兴凯湖畔。这是俄罗斯远东地区为数不多的适宜种植水稻的地区。兴凯湖是中俄边界的浅水湖。斯帕斯克与黑龙江鸡西地区密山市相隔不远。

一年中鸦片的走私总额已经达到了 300 万元。而且，鸦片在中东铁路东部线的运输现在使用的是保险运输，费用为每斤 7 元。

第六章　北满鸦片的贩卖

鸦片的贩卖由于受到地方时价的影响所以很容易产生差价，如果用大资本来进行贩卖的话反倒可能会以失败告终。由于大宗交易要从各个方面调集物资，所以，在这期间官厅和密探就会作为内应渗透进来，再加上还有奸商，有危险，不仅容易出问题，而且如果是远距离搬运的话，途中的危险更多。如果资金的运转不是很便利的话，将会加重其危险。相反，近距离运输的话，就需要能够找出来一些讲信用的买家，还要能够灵活运转。正如最近传闻的那样，某个国家的三个人以合资的形式聚集了 2500 日元，用了将近 15 个月的时间就赚了 3 万日元，成为同业者羡慕的对象。另外，就像从"即使三次中有一次被没收还是没有损失"这句话中所表达的那样，我们不难知道鸦片贩卖是一个多么能赚钱的行业。因此，据说一旦从事了这个行业就停不下来了。

现在，如果从业态方面来对鸦片贩卖业者做一个区分的话，如下。

1. 批发

只有具备相当资金的人才能从事批发业，批发的鸦片是从作为东宁县集散市场的绥芬河以及作为苏俄远东滨海洲中集散地的乌苏里斯克地区搬运来的。

2. 搬运从业者

这个行业最近使用了很多俄国人，朝鲜人从业者较少。至于这些搬运从业者是使用了什么样的手段来走私的，我们在前面已经叙述过了，而且，这些搬运者还会根据其搬出的数量获得一定的手续费。

3. 中介业者

处于批发业者和消费者的中间，获得一定的手续费，一般情况下每一斤收取一至二日元的手续费。

4. 烟馆

作为鸦片的吸食场所，我们在吸食一节已经介绍过了。

5. 满洲的日本人贩卖者

在大连，从事鸦片的贩卖者如下。

批发商 1 人

零售商 39 人

买卖量　12310990 贯①

零售量　14194482 贯

零售量之所以比买卖量多的原因是鸦片中混入了各种的杂物。

进口数量（昭和元年，1926）一斤　一百六十匁②

波斯鸦片 24000 斤

土耳其鸦片 6193 斤

在大连管区内，吸烟者申请人数总计：

大正 12 年（1923）　　144748 人

但是，以上这些都是根据关东厅③鸦片取缔令通报给警察署的数字。由于无法知道秘密买卖和秘密吸食鸦片的人的数量，所以，如果把这些都加上的话，可能就会变成一个更大的数字吧！

在看待允许吸食鸦片这件事情时，关东洲鸦片令施行规则中的第一条和第二条有相关规定，根据这个规定可知。

第一条，要想获得鸦片吸食许可，需要提供其本籍住所、姓名、年龄以及职业，并向关东厅长官申请。

第二条，关东厅长官受理前一条的申请时，只有被指定医师认定为鸦片上瘾者的中国人才能获得许可。

关于鸦片贩卖者，该条令的第八条、第九条、第十九条、第二十条都

---

① 日本旧时使用的一种重量单位，1 贯等于 3.75kg，等于 1000 匁，1 匁等于 3.75 克。
② 日本旧时的重量计量习惯，160 匁为 1 斤，而 1 匁为 3.75 克，则 1 斤为 600 克。
③ 关东厅是日本在 1919 年后设立的统治辽东半岛的殖民机构。

有规定。从昭和3年（1928）9月开始，根据国际鸦片条令，对其进行修改，禁止一切个人的贩卖，由关东厅进行直营。因此，我们在此处摘录几个条令修改前的关于规定贩卖者资格的条例。

第八条，想要从事鸦片贩卖的人必须提供其本籍、住所、姓名、年龄、工作单位及履历，获得关东厅长官的同意。如果其变更了工作单位或者设置了出差地的情况下，同上办理。获得前项许可的人如果成为法人的时候应该提供其名称、主要事务所的所在地、章程、业务代表人的姓名及住所并申请。

第九条，获得前项许可的人可以从事鸦片的制造或者进口。

第十九条，想要从事鸦片零售的人应该提供其本籍、住所、姓名、年龄、职业、营业所以及履历，并且获得关东厅长官的同意。如果其营业所出现了变更，同时办理。

第二十条，获得前项许可的人可以从事鸦片烟膏以及鸦片吸食器具的制造，或者从事进口鸦片吸食用的器具。

在奉天，几乎可以说一些大的日本商人或者绸缎店、大药店等全部都是鸦片的秘密贩卖者。这些人现在在满洲自诩为大商人，他们之所以有今天完全是靠贩卖鸦片。另外也有人说，在今天，与以上这些商人保持相同地位的一些实业家其实也是受惠于鸦片。今天，对于这些人来讲，一个应该让他们感到恐惧的时代到来了。这就是奉天省禁烟局的成立。根据禁烟局的戒烟章程，这些人在上缴一定税收的时候可以公然以相对较低的价格方便地吸食鸦片。而在以前，这些人很多时候都需要从日本人手里秘密购买鸦片。在商埠地，从事秘密贩卖鸦片的人与以前一样，逐渐变得无法获利。为了打开这个局面，这些满洲的不法商人出于利害共享的目的开始联合起来或者煽动一些特殊的中国人，让这些中国人在满铁附属地或者在某种条件下向日本当局者递交允许他们吸食鸦片的申请书。关东厅没收处于附属地的中国人个人所持有的鸦片之时，不是将其烧毁而是将其出售给具有特许资格的商人，然后这些商人再将鸦片卖给有吸烟许可书的中国人，有许可书的中国人还会将鸦片再次卖给没有许可书的中国人，甚至是从日本官厅再循环返回到关东厅，这其中的利润非常大。据说，关东厅统治下的道路官衙修缮等全部事情都是用卖鸦片的钱来做的。另外，关东厅对于日本人秘密买家的态度确实非常暧昧,政策实施非常的缓慢。如果对于日本秘密贩卖鸦片的人的取缔加重的话,就难免会对在满洲的日本人的势力产生影响。也就是说,从国家政策上来看,现在,也有一些被中国官厅所举报的秘密贩卖鸦片的日本人。但是日本官厅采取的行为只是不得已对其进行处罚。

在哈尔滨从事鸦片贩卖的主要是不法的朝鲜族人,关于朝鲜族人,我们会在后文进行详细的叙述,但是也不能说从事这个活动的日本人很少。在哈尔滨,与在日本的药师屋①相比,我感觉到的确有很多人提前一步踏入了哈尔滨的鸦片贩运业。据说,在这些人中除了三家拥有大资本的商人以外,秘密贩卖(货物)几乎就是他们大部分的业务。在他们所秘密贩卖的货物中,鸦片相对较少,而吗啡占了大部分。

在其他地方,我感觉也出现了日本人秘密贩卖者,而且这些人还把进入这一行当中的日本人的增加视为其商业对手的增加,很不高兴,另外,日本人之间似乎也缺少和睦。

第七章　鸦片和朝鲜族人

在北满地方居住的朝鲜族人达十几万人,据说其中几乎一半以上的人都在从事鸦片的私自种植,鸦片、吗啡、可卡因等的秘密贩卖和走私。从这些朝鲜族人懒惰安逸的特点以及充满唯利是图的侥幸心理来看的话,这似乎可以说是一个注定的结局。从事这样的营生当然不是坚实的,这些人一旦有了钱,就会去饮酒、赌博、游荡,如果陷入贫穷的话,就会违反国禁,不知廉耻,通过从事走私买卖或者充当其中介等来满足私利。他们也没有向上心,即使有向上心,也只不过是一些沽名钓誉之辈,他们没有任何的根基。因此,他们不论干什么事情都不能持续下去,比起其他多数居住者,我们对其势力弱小这个事实感到非常的遗憾。

直至最近,中国官府开始加重对这些朝鲜族人的取缔,现在滨江县②署发布了如下的布告:在哈尔滨傅家甸居住的朝鲜族人由于没有正当的职

---

① 指药店。
② 今在哈尔滨市境内。

业，平时主要靠秘密贩卖吗啡和走私贩卖鸦片来谋生，所以，现今对于这些朝鲜族人一律采取"禁止向其出租房屋。对于已经在此居住的朝鲜族人，正在准备制定随时让其搬家的法律，对于违反者处以相应的处罚"的措施，并且把这个规定向房东严正地通知了，对于一般人也进行了通知。另外，官厅还鼓励警察严格对这些人进行调查。由于已经出现了一些被处罚的房东，所以这个取缔法规正处于"迟早会覆盖中东铁路沿线每个朝鲜族人非法品经营者"的形势下。

直到最近的几年，专家还在说，以距离长春十三里地的北纬44度20分为界限，在这之北的地方，水田的耕作是不可能的。而且，世人也没有想要在这个地方从事水稻耕种。大正7年（1918），在中东铁路沿线，朝鲜族人的水稻试种获得成功，这完全推翻了专家们的成见。[①] 到了现在，在北纬46度乌苏里一带的一个日本人被称为イマシ地区[②]也出现了水稻的种植，并且这件事情逐渐变成了一个被人们所看好的事情。因此在北满从事水稻种植的朝鲜族人逐渐多了起来，水稻种植成为一个很有前途的稳定的营生，这自然是一件值得庆贺的事情，当然也需要我们给予一些力所能及的支援和保护。

水田的耕作被称为是朝鲜族人的一种先天性的技能。在绥芬河、牡丹江、蚂蜒河以及阿什河的干流、支流一带，由于土地肥沃，到处都是适合水田耕作的地方。而且，地价和地租都非常低廉（约为奉天附近的十分之一），这些地方现在好像就等着被开垦。现在，以北满中东铁路东部线海林车站为中心，从事水田种植的朝鲜族人的数量在逐年增加。至于在哈尔滨地区甚至有了海林米的市价，我们认为这完全是朝鲜族人试种的功劳。而且，这些朝鲜族人中很多人都没有资金和经营头脑。以前他们经常都要仰仗附近中国奸商的资金，一年的辛苦钱都被这些奸商给吞了。他们也经常遭受生活的威胁，每年都会重复同一种状态。虽然辛苦经营了几年，但是生活

[①] 1917年，中东铁路沿线穆棱地区的朝鲜农民成功试种"小田代"，解决了无霜期短等水稻栽培的技术问题，使水稻种植迅速扩展到中东铁路沿线牡丹江、穆棱河和蚂蚁河一带。

[②] イマシ使用的是"片假名"书写，日语的读音相当于：以妈西。应该是日本人把乌苏里线的某个地名（其中文发音接近于"以妈西"）这样来叫。目前，还没有查到该地对应的中文名称。

仍旧不稳定，而生活的不稳定往往又会成为他们为非作歹的原因，这也应该成为我们当局对东三省控制的一个关键问题。

基于以上这些原因，此后我们这些新同胞①停止了罂粟的私自种植、走私以及秘密贩卖鸦片吗啡可卡因等，而开始从事其擅长的事情，致力于帮助改善农事。另外，日本官厅和日本实业家对北满地区的朝鲜人从事农业生产虽然给予了很大的帮助，但并没有得到他们的感恩，反而招致了大多数朝鲜族人的反感。而且由于一些不法朝鲜族人的恶意宣传，北满地区出现了排日思潮。我认为，当局应该尽量致力于热心地指导保护和救济朝鲜族人的水田耕种事业，而实业家应该和官厅一起努力尽早成立日中合办开垦金融会社，这件事情的实现无疑是燃眉之急。

第八章　鸦片的取缔

第一节　一般性的取缔

随着与中亚、西洋各国以及南洋各国的贸易，鸦片吸食的方法也被传到了中国，一旦鸦片被进口到了国内就迅速蔓延至整个国家。鸦片毒害所波及的地方真的让人感到心惊胆战。终于，在明朝崇祯元年（1628）发布了禁烟令②，然而由于当时已经到了明朝的晚期，所以这个命令已经没有威慑力，吸食鸦片这一弊病仍旧在蔓延着，清朝雍正七年（1729）又发布了禁止令，对鸦片的贩卖和吸食实行严惩，但是其不仅没有收到令人满意的结果，而且还导致了鸦片进口数量的增加。

到这个时候，试图用一纸禁令阻挡那些想要尝试鸦片味道的人已经不可能了。中国政府还发行了以下的取缔命令。

- 嘉庆元年（1796）发布了鸦片吸食者的处罚条例。
- 嘉庆五年（1800）敕令禁止栽培罂粟，吸食以及进口鸦片。

---

① 指朝鲜族。
② 此处史实有误，第一道禁烟令为1639年即崇祯十二年，而禁烟也非鸦片为烟草，因"吃烟"与"吃燕"同音，有破燕京，吃掉燕王之意，故朱由检下了禁烟令。

- 嘉庆十八年（1813）禁止官吏、军人以及一般人吸食鸦片，发布了针对违反者的处罚细则。
- 嘉庆二十年（1815）发布了严禁鸦片进口的命令，以上谕的形式命令地方官吏应该严格厉行取缔鸦片。
- 道光三年（1823）根据两广总督的奏议，对雍正七年的禁令进行了修改，发布了禁烟条例。
- 道光九年（1829）批准了闽浙总督的建议，制定了禁烟章程29条，另外，还严禁栽培罂粟、开设烟馆以及鸦片的吸食贩卖和制造等。以上谕的形式命令厉行禁烟。
- 道光十一年（1831）禁止罂粟的播种，发布了规定对违反者进行处罚以及对其田地处理方法的上谕。
- 道光十八年（1838）再次严禁吸食鸦片，任命江苏巡抚林则徐为钦差大臣，将其派往广东从事禁烟事宜，林则徐竭尽全力实行禁烟，对违反者处以死刑，并且对外国的商人进行严格取缔。最终在道光十九年（1839）没收了广东英国商人的鸦片合计两万两千八十三箱并将其烧毁，也因此导致了鸦片战争，中国从此走上沉沦的道路。
- 道光二十年（1840）批准了广西巡抚关于禁止种植罂粟的奏请，在各个州县实行保甲制度，每十户为一甲，每户发给一个门牌，上面写着不准从事罂粟栽培、鸦片的制造贩卖等内容。每十户提交一个连带保证书。另外，命令保、邻、墟长随时对其进行检查，给予告发者奖励，州县两年对其进行两次督查。
- 另外，道光二十二年（1842）鸦片战争中清军连战连败，最终取消了以前的鸦片禁令，清朝割让了香港，开放五个港口，作为赔偿，其中鸦片赔偿为洋银六百万两，英商债务三百万元，出兵费一千二百万元，合计赔偿二千一百万元。
- 咸丰八年（1858）天津条约规定清朝允许鸦片的进口，每一担（一百斤）征收三十两的关税。这是一个因商业利益而引发的侵犯人权、违背人道的问题，特别是它打着以爱的名义的宗教旗号。
- 咸丰九年（1859）虽然发布了鸦片吸食禁令，但是也仅仅是对官吏和军人等做处罚，对一般的商民没有规定，而且，鸦片的买卖仅限于特许商,烟馆由于维持安保的需要被禁止开设。尽管从前对鸦片吸食者和走私者处以死刑,但是由于这个不良之风的蔓延(如上所述),特别是鸦片战争以后,一旦开始允许,鸦片就以燎原之势迅速传遍整个中国。正如咸丰九年的禁令那样,几乎没有什么收效。政府也只能变得袖手旁观。这时,清朝政府为了对抗外国鸦片的进口,允许国内罂粟种植,以致本土产的鸦片开始慢慢取代外国的鸦片,清朝最终成为一个鸦片大国。

· 同治十一年(1872),鉴于全国都陷入了鸦片的祸害中,清政府命令各省总督巡抚针对各自管辖区域内的农民发布一律严禁种植罂粟的命令。自古以来,中国都自诩为中华,把其他的国家蔑视为蛮夷,清朝在鸦片战争失败以后,各个国家开始侵略中国,在1894年日清战争[①]和1904年日俄战争以后,中国开始痛切地感觉到吸食鸦片的毒害,特别是在日清战争的惨败让清朝一下子觉醒了,而且禁烟的舆论也一下子起来了,清朝在与英国进行几次交涉以后,最终在光绪三十二年(1906)签订了英中鸦片协定,规定从1908年开始以十年为期将国内鸦片的生产以及印度进口的鸦片相互减少一成,而且还发布了一个有名的鸦片根除计划令,内容如下。

光绪三十四年(1908)十年鸦片递减令

(1)设立禁烟大臣,总揽禁烟事务。

(2)允许以前的吸烟者在一定期限内戒烟。但是,政府会根据其身份和社会阶层中的位置采取不同的缓严措施。官吏应该为民众做表率,严禁吸烟。对于官吏中六十岁以上的人实行宽大处理。未满六十岁的,如果是处于王公世爵、各衙门的堂官、各省的将军、提督和都统等地位的人,由其自行申请规定戒烟的时间。各大小文武一般官吏以及公吏、学校教员、学生士兵以及各省谘议局议员以六个月为期限,一律戒烟。

(3)对于庶民的吸烟实行瘾籍(登录制),需要汇报其姓名、年龄、职业以及每天的吸食量。年龄以六十岁为界限,分为两个等级。

---

① 指甲午战争。

对各个吸烟者收取一定的手续费然后发给其牌照,牌照就是许可。对于没有许可吸食鸦片的人要进行处罚。不再对想要吸食鸦片的人颁发许可。另外,官吏以及内外衙门的长官还要对其是否吸烟进行调查,每人写一份保证书并制作成表,然后上呈给禁烟大臣。

(4) 成立特许的鸦片贩卖公司,只允许那些拥有牌照的公司经营鸦片的贩卖。采取先让原本营业的烟馆逐渐关闭或者不准其新开店的办法,仅对那些拥有一千元以上资本金的鸦片贩卖者颁发许可,并征收一定的手续费。

(5) 禁止在烟馆或者旅馆、饮食店等地方吸烟,同时对于贩卖烟具的店铺,以六个月为期限,禁止其营业。

(6) 官方负责发药,方便医治病人。研究戒烟的药品,制造丸药。各地方的官厅应该收购丸药然后卖给食堂或者药铺,按照原价进行销售,对于没有钱的贫民免除其药价。

(7) 在全国的省城设立禁烟公所总局,在省内各地设立分局,从官民中选择一些人担任委员,经理禁烟事务,对于那些深陷烟瘾的人施加戒烟的措施,并对其进行治疗。对于吸烟的人,各方都要对其进行劝阻,争取早日戒烟。如果有吸烟的人,将其送到总局或者分局进行拘留,务必要在其戒烟以后再对其进行赦免。

(8) 鼓励成立禁烟会。

(9) 官吏如果吸烟一律免职,对于免职的官员不得再次任用。而且,如果部下出现吸烟者的话,长官也必须连坐受罚,选择吸烟者作为职员的人也要受罚。庶民吸烟者需要向瘾籍(登录制)进行登记,在市街对其姓名、年龄和住所进行公示,这些人将失去选举权、被选举权,不能从事一切光荣的事情。

(10) 关于罂粟的栽培,鼓励逐渐禁止,杜绝吸烟的源泉。具体为将现在的栽培面积每年递减一成,在十年内根绝罂粟的栽培,用其他的农作物来代替罂粟。

以上这些条令都是按照驻英国大使汪大燮的奏请,并在获得英国的同意以后才发布的,这些条令构成了中国禁烟令的根本,严禁一般官吏和军人吸食鸦片，对于庶民采取许可制度，允许鸦片贩卖店的存在，在全国开设戒烟会，出台逐渐减少罂粟栽培的政策。而且英国政府还同意从1908年1月1日开始往后的三年间，与中国政府一起，切实减少鸦片的生产额和消费额，英国政府在1917年之前以满十年为限，保证从印度进口的鸦片的数量每年递减一成，英国政府相信所谓的"过去三年间，中国在鸦片生产额的减少方面已经取得成功"这一中国政府的宣言。在剩下的七年时间里，决定大致按照以下的条约来继续1907年签订的条约。

《英中鸦片十年递减条约》

（1）1908年1月以后的7年间，在减少从印度出口的鸦片额的同时，每年以一成的比例减少中国的鸦片生产额。

（2）当中国政府摆出了明确的禁止鸦片生产的证据的时候，英国政府应该在六七年以内停止从印度进口鸦片。

（3）不能向英国政府已经证明了的禁止生产以及进口鸦片的地区运输印度鸦片。

（4）在条约期间，英国政府向各地方派遣一名以上的英国官吏，调查鸦片的生产。

（5）为了监视印度的鸦片贩卖，允许中国向印度派遣一名官吏。

（6）中国政府对于本地产的鸦片征收同样的税金，英国政府承认对印度产的鸦片按照每100斤增加350两来征税。

（7）中国除了征收以上这些进口税以外，针对地方官厅的批发商，可以废除其所设立的一切限制以及所有的课税。

（8）对从印度运往中国的鸦片发行许可证，许可证的数量为30600张，在截至1917年的6年间，每年减少5100张。

（9）条约签署当天，储藏在报税仓库的无许可的印度鸦片以及以出口到中国为目的的储藏在香港的无许可的印度鸦片的总量的三分之一，以及在上海、广东签约当天开始的两个月内，对上岸的无许可的印度鸦片的三分之一，从1912年、1913年、1914年各年的印度鸦片进口额中扣除。

在上述的十年禁烟令以及递减条约实施的时候，由于官厅的督查奖励和地方有志之士的努力，鸦片的禁播种和禁烟都稍微显现出了一些成果。但是，随着时间的流逝，人们的热情开始减少，精神上开始松弛。由于官厅缺乏坚定的实施意志以及国民的不诚实，最终，这个戒烟令没有产生效果。而且，美国早在1880年就和清政府签订了条约，美中两国约定：相互禁止在各个港口从事鸦片的进口或者运输。这作为中国尝试借助外国的力量来限制鸦片入侵所做尝试的第一步，而对于美国，这事实上也成为其在东亚地区扶植自己势力的导火索。此后，美国一直虎视眈眈，寻找机会。

而且，美国还把中国禁烟活动的逐渐兴盛看作一个机会，这样一来美国一边可以对抗英国的势力，一边率先提出中国鸦片问题在人道主义上一天也不能放过。在美国的提议下，宣统元年（1909）在上海召开了万国鸦片禁止会议，史称"万国禁烟会"，会议通过了万国鸦片禁止条约方案，并且在1912年第一次海牙万国鸦片禁止会议上见证了万国鸦片禁止条约的签订。参加该会议的有日本、英国、法国、德国、美国、俄国、葡萄牙、荷兰、印度、暹罗①、波斯以及中国共计12个国家，在这次会议上，清政府同意了国际共同援助中国禁烟计划。当然，直到最后，鸦片问题始终也没有解决。1911年辛亥革命爆发，三百年的清朝灭亡了，历代的禁令也没有收到任何的效果，一切就这样结束了。

民国元年（1912）袁世凯新政府成立，在鸦片问题上继承前清的政策，关于禁烟一事，并没有发布什么严格的宣言。

1913年第二次海牙万国鸦片禁止会议召开，劝说那些还没有加入的国家加入，并在第二年的1914年召开了第三次海牙会议。此时由于刚好爆发了欧洲大战，所以，这次会议对于促进解决鸦片问题上没有任何的进步。1917年欧洲战乱结束，在巴黎和平条约上签字的各个国家开始把海牙万国会议上签约当成鸦片问题解决的方案。

民国6年，由于之前在光绪三十二年（1906）发布的十年期与各国的鸦片进口期限在1917年3月31日到期终结了，所以黎元洪大总统于同年

---

① 今泰国。

12月3日在上海发布了收购销毁其他残存的共计1207箱鸦片的命令,并在第二天4号发布了严格的鸦片禁令,在第二年1918年1月8日开始销毁,到了28日已经全部销毁完毕。这不得不说是对于鸦片问题所展开的一个别开生面的做法。

民国13年秋,农工商妇女以及宗教团体等4000多个团体发起成立了中华民国拒毒会,其目的是消灭国内的鸦片以及制止从国外来的毒品,与民众一起努力团结奋斗。对内,反抗强迫鸦片栽培,抵制不合理的税制,惩处那些帮助鸦片走私和秘密贩卖的奸商和军阀;对外,参加国际鸦片会议,针对领事裁判权,极力反对帝国主义的不平等条约以及在租借地发生的各国鸦片和毒品的走私贩卖活动,并且制定了五年计划。首先是宣传,以拒毒教育为中心开展活动。

关于远东鸦片问题的日内瓦会议的预备会议虽然于1924年11月3日开始并于同月16日结束,但是,这个会议上没有形成任何的决议。同月17日开始召开了正式会议,会议一直延续到12月16日,最终各方一致同意应该尽快消灭鸦片的使用,并拟定了协议。但是,这个协议仍然视中国各地的鸦片买卖为一种合法行为,所以,导致中国对此极力指责并拒绝在此协议上签字。另外,作为第一次万国鸦片禁止会议(1909年在上海进行)参加国的美国人牧师查尔斯·勃兰脱也在巴黎和伦敦不断呼吁这个协议的非法性。最终,这个协议并没有被批准,也没有生效。但是,这次美国却得到了与远东鸦片买卖没有关系的30个国家的支持,以致在此后举办的第一次鸦片会议上被迫对一项议题进行重新讨论,结果导致从1925年1月19日开始,又召开了第二次鸦片会议。美国的提议是,应该将鸦片的生产完全限制在医用和科学用两个方面。

在第二次鸦片会议上,英国代表和美国代表之间展开了激烈的争论,法国、荷兰和英国组成了一伙儿,联合反对美国的"鸦片买卖的有效期应该为10年"的提案。英国代表发表了长达两个小时的演讲,内容涉及鸦片的沉溺和鸦片的危害等各个方面,他指出,那种认为英国对鸦片禁止不感兴趣是基于经济上的原因的说法,这完全是一种污蔑。另外,关于十年期的限制论,只要中国存在大量的鸦片秘密制造和走私,那么十年期的提案就很难实现,最终只不过是一个空论。他强调,应该把十年这一期限延长至十五年。而且，这个所谓的十五年并不是从今天就开始计算，而是中国开始严格取缔鸦片的秘密制造和走私并且已经被认为是没有问题的时候开始计算。应该说这是一个非常乐观的说法。此外，以上限制期间的计算日应该是从根据国际联盟理事会的任命所委托的一个委员会成立开始。美国在1月20日的会议上明确反对英国提出的议案。

这时，英国代表又开始反驳道："美国可以在鸦片问题上喋喋不休，但是美国难道不是比作为世界第一的鸦片吸食国的印度还要厉害的鸦片吸食国吗？"1月23日会议曾一度面临停会的危机，2月7日，美国一方宣告退出，中国也退出了。只有剩余的参加国制定了鸦片的生产、分配和出口取缔法，并就在五年以内构筑防止鸦片走私的体系达成一致，最后签订了《日内瓦鸦片公约》。2月18日，会议结束。

第二节 北满地区的取缔

如前所述，中国作为一个禁烟国家，在表面上严格取缔鸦片，在北满地区每年到了解冻期，就会看到一大摞的带有督军、省长、道尹、县长、剿匪司令官等签署的鸦片取缔令，这些取缔令的内容如下。

- 严禁鸦片的播种、吸食和贩卖。对违反者处以严格的刑罚，对于告发者给予奖励。
- 罂粟的栽培会导致贼匪的增加，违反此项的人以贼来处置。
- 买卖烟土达到一百两以上的人处以死刑。
- 对吸食鸦片的人处以一百元以上的罚款。

这些布告随着解冻期的接近，经常就会被贴在各个地方。但老百姓都把其视作例行公事、徒具其表，没有收到什么效果。因此，可以说要根除鸦片，第一要务是国民的觉醒。

第九章 结论

中国人和日本人不同，没有人不把饮酒、打牌、抽烟作为人生的三个乐事。其结果就是中国被冠上了鸦片国、赌博国等污名。虽然中国深受鸦片中毒、官僚中毒、游民中毒、借款中毒、无教育中毒等各种毒害，但是我们在考察其原因的时候会有一个疑问：为什么仅仅是鸦片、游民和盗贼这三样东西就能够让中国这个国家陷入了危机的状态呢？我们认为，鸦片中毒是各种罪恶的开端。现在的南京政府由于其将中国带入了一个基础坚实的领域，所以受到国际社会的赞赏，但是只要鸦片还没有被根除，游民的减少就不能保证，盗贼的根除也就难以实现，更难希望有一个健全的中国。最终有一天，国际社会都会感到南京政府变成了沙子上的楼阁。他们认识到，只有靠中国人自己的双手才能建设一个健全的国家。中国的存在和其不健全的状态，是因为"日中亲善机构"等还没有取得成效的时候，中国就已经陷入了国家危机。虽然需要各种改善，但是南京政府还没有统一全国，并且现在正在向着这个目标努力。这个状态必须要紧急改善。

要拯救这个处于危机中的中国，除了实行鸦片的专卖制度以外没有其他良策。实行专卖虽然能够使国家的收入增加，但是如果把鸦片专卖委托给就像现在这些以公盗为营生的中国官员或者以私盗为营生的中国人的时候，就会造成军阀跋扈的资本，更会招来鸦片中毒等更加严重的结果。因此，如果不采取对鸦片征收特许费用，不采取渐进全灭的方针的话，中国的前途将会非常黯淡。需要对中国的官吏队伍进行整肃。只要官吏队伍没有廓清，那么鸦片的专卖将收不到实际效果。作为一个友善的邻居，如果想要实现通过采取渐禁鸦片的方针达到帮助使中国成为一个健全国家的目的的话，就应该像中国各地长官所标榜的为了实现禁烟的五大对策那样，对中国进行帮助。

（1）实施基于渐禁主义的专卖制度，以期全面根治鸦片中毒。

（2）坚决执行不将鸦片吸食者选拔为文武官员的制度，努力肃清官场。

（3）基于渐禁主义的专卖制度所需要的鸦片输运业务，采取使用游民来从事这个业务，然后慢慢让这些人转为从事实业的方针。

（4）像关税盐税等那样，不触碰借款担保的税金，用鸦片税来整理地方军阀，实现中央集权，然后再处理借款和财政。

（5）按照以上措施，随着国家财富的增加，要寻求普及教育制度。

然而，如前所述，第一步是开始实行专卖制度，然后再进行第二步、第三步和第四步，依次开展。如果大家不为着这政策能够收到成效，不为之付出努力的时候，我们也就不能指望中国摆脱危险的状态。

四川药材[*]

第 26 期学生

矢尾胜治

序　言

  在大旅行即将开始之际，我们思考了很多。其中，我认为自己最感兴趣，且想要继续深入进行研究的话题就是四川药材。如果去一趟四川的话就会发现，当地有很多迄今为止在中国其他地区没有见到过的一些经营草木的商店。这些各种各样的草木对中国人的身体都有疗效，并且被销往全国。

  从前，在我国，中医医生几乎占了医生群体的全部比例。他们所使用的药物总体上都是一些木、根、草、花之类的。除此以外，还有一些用动物或动物身体的一部分作为药材使用的。日本自明治维新以后，受到全面向欧美学习思潮的影响，总体上来看，中国的东西被视为落后的东西被抛弃，日本开始学习西医的方法。自此以后，在日本，中医中药式微，而西医则进入了全盛时期。最近，经过学者们的不断研究，中药被证实不仅不是无用的东西，而且其用途还非常广泛。现在，各种语言版本的有关中药的研究书籍就说明了中药是如何被人们所重视。以下列举一些主要的参考书。

  （1）李时珍著《本草纲目》。

  （2）上海广益社发行《中国药物新字典》。

  （3）重庆商业场振亚书局发行《四川旅行适用新地图》。

  （4）斯图尔特（Stuart）著《中国中草药（*Chinese Material Medica*）》。

---

[*] 本文系东亚同文书院第 26 期学生矢尾胜治和调查组成员于 1929 年进行的调查。原文见《东亚同文书院中国调查手稿丛刊》第 111 册，国家图书馆出版社，2016。

四川药材

表1 内容①

1	柴胡	33	海金沙
2	常山	34	藿香
3	车前草	35	细辛
4	陈皮	36	香附
5	蒺藜	37	香薷
6	姜黄	38	小茴香
7	羌活	39	鲜斛斗
8	桔梗	40	仙茅
9	前胡	41	辛夷
10	茜草	42	杏仁
11	枳椇子	43	续断
12	荽荷	44	胡黄连
13	枳壳	45	葫芦巴
14	赤芍	46	胡麻
15	枳实	47	花椒
16	栀子	48	黄耆
17	金斛斗	49	黄芩子
18	金银花	50	黄连
19	秦艽	51	黄檗
20	荆芥	52	黄药
21	青木香	53	红花
22	金灯	54	火麻
23	韭菜子	55	干姜
24	猪苓	56	甘遂
25	猪肾	57	甘松香
26	菊花	58	甘草
27	橘络	59	藁本
28	川芎	60	枸杞
29	川乌头	61	钩藤
30	佛手片	62	钩吻
31	茯苓	63	贯众
32	苟子②	64	桂

① 上页尾谈医书,这一页马上就转到中药,中间没有任何过渡,显得突兀,似乎有内容缺失,在此特别说明。
② 正文中无对应内容。

续表

65	款冬花	97	沙苑
66	雷丸	98	蛇床子
67	麻黄	99	射干
68	麦冬	100	升金草
69	蒙花	101	升麻
70	明党参	102	使君子
71	木斛	103	首乌
72	木瓜	104	锁阳
73	木贼	105	苏子
74	木通	106	苏叶
75	南烛子	107	地锦
76	牛膝	108	大黄
77	牛蒡子	109	苕脯
78	女贞子	110	丹参
79	巴豆	111	当归
80	白及	112	党参
81	白芷	113	桃仁
82	百合	114	地肤子
83	白木耳	115	地黄
84	百部	116	地骨皮
85	白芍	117	兜铃
86	半夏	118	吊兰花
87	萆薢	119	天麻
88	贝母	120	天南星
89	枇杷叶	121	天冬
90	藊豆	122	苍术
91	紫草	123	枣仁
92	薄荷叶	124	草决明
93	蒲黄	125	草乌
94	桑寄生	126	泽泻
95	桑白	127	醉鱼草
96	沙参	128	苁蓉

续表

129	杜仲	140	雅斗
130	独活	141	牙皂
131	菟丝子	142	益母
132	冬仁	143	茵陈
133	通草	144	罂子粟
134	威灵仙	145	郁金
135	五加皮	146	郁李
136	吴茱萸	147	远志
137	五倍子	148	芫花
138	五味子	149	元参
139	乌药		

1. 柴胡（Bupleurum）[①]

柴胡又称"芷胡"，花呈黄色，在中国的书籍中是一种非常有名的药材。"芷"据说为"柴"的古语。柴胡主要生长在中国北部地区。春秋季节的柴胡嫩枝可食用，老的柴胡树枝可以用作烧火的木柴，而其根茎则主要用于药材。柴胡在医药和食疗方面的主要功效是作为一种解热剂和感冒药来使用，或者用于消化、感冒肌肉疼痛和痉挛等。四川的柴胡产地有灌县[②]、马边厅[③]，柴胡价格为一斤一角左右（以下的价格均为每斤的价格）。

2. 常山（Dichroa febrifuga Lour.）

常山也被称为"蜀漆""恒山"或"互草"。《本草纲目》将此种植物列为毒草类，该书写到，常山主要产自四川及云南省。此外，也有人在长江沿岸的森林中发现了常山。常山的茎呈圆形尖状，高约3~4尺，叶形似茶树叶。常山在长到第2个月的时候，开出带有蓝色雌蕊的白花；到第5个月时，会结出绿色圆形的果实，每3个果实可以放进一个容器。经过干燥后的常山叶子呈绿白色，如果要使用的话，需要等其变成黑色，这样才能有功效。

[①] 原文中的英文由于时代的关系可能与现今的表达不符，此处及下文中名词后的英文由笔者根据国家中医药管理局发布的中医药名词术语对其进行了重新修正。

[②] 今都江堰市。

[③] 今马边县，属乐山市。

常山的叶子在其生长到五六个月的时候就可以采摘了。某本著作中曾提到，所谓"蜀漆"，指的就是常山这类植物的茎。一般在第八九个月的时候就可以采摘。除了叶和茎以外，常山的嫩枝和根也可以入药，主要用于治疗感冒，特别是用于疟疾的治疗。常山的叶子主要用于甲状腺肿大的治疗，产地在灌县，价格为9钱。

3. 车前草（Plantago Major）

普通的车前草与其他地方的一样，并没有什么不同。在中国，车前草主要是对瘟疫有效果。车前草生长在路旁或院子中，其繁殖能力特别强。由于其种子和根两部分同时生长，所以会让其他的草类灭绝。在以前，车前草及其种子曾被人们所食用。但是现在这种情况已经非常罕见了。车前草的果实带有黏糊糊的甜味，可用于镇定剂、利尿药、强壮剂。车前草由于对妇女的体弱病有非常好的疗效，而且还能促进男性精液的分泌，因此，值得大量种植。另外，其还有强壮肝脏的功能，对体力劳动者有益，能够治疗夏季的腹泻。车前草的根还可以用于治疗负伤时的缓解药。车前草的产地一般在四川，价格为8钱。

4. 陈皮（Citrus）

成熟的橘子皮有很多的名字。比如在《本草纲目》里记载有：黄橘皮、红皮、陈皮等。在广东，人们也认为陈皮是从橘子皮中取获而来的。陈皮在中药里被视为治疗各种病症的万能药。主要用作健胃剂、刺激剂、镇痉药①、消炎剂来使用。陈皮的主要产地是叙州府②和重庆府，价格为6钱。

5. 蒺藜（Tribulus terrestris L.）

在中国各地发现的蒺藜的果实由于带有很多的刺，所以也被称为"刺蒺藜"。刺蒺藜分为两种：一般的被称为杜蒺藜；另一种产自山西，被称为"白蒺藜"或"沙苑蒺藜"。一般的蒺藜果实可做利尿药和强壮药。果实为白色的蒺藜主要用于治疗遗精。使用蒺藜的嫩枝熬出的汤对于疥癣有疗效。蒺藜价格为1角。

---

① 镇痉是一个医学词汇，指用药物解除痉挛、震颤等症状。药剂中有镇痉剂，如阿托品。
② 今宜宾。

6. 姜黄（Curcuma longa L.）

中国人写的书中对于姜黄这种植物的生产情况没有做明确说明。据说，有人将其分成三类，即黄、黑、白。这种植物在中国主要被当成佐料使用，所以，其大部分是出口到了印度。印度人把姜黄当成染料，同时该植物对于治疗肠疝痛、充血、出血，或者皮肤方面的疑难病有疗效。最后，姜黄还是一种被人们高度评价的脱色剂。姜黄的产地是犍为县，价格为 8 钱。

7. 羌活（Notopterygium incisum Ting ex H. T. Chang）

羌活又名"独活""前胡"。其中国名据说由来如下：羌活这种植物在有风的时候随风吹动，在没有风的时候也能够自动摇摆，所以也被称为"独摇草"。这种药材主要产自西藏、四川。羌活的外部呈暗褐色或黄褐色，内部是空的，呈炭灰色。羌活主要用作刺激剂、关节炎药和镇痉药。另外，还可以用于中风、风湿、感冒、水肿和头疼等。羌活的产地主要在灌县，价格为 2 角 5 钱。①

8. 桔梗（Platycodon Grandiflorus）

桔梗容易与沙参混淆，沙参有时候被称为"苦桔梗"。小的桔梗可以当作蔬菜食用。桔梗具有杀虫剂的特质，其根呈黄白色，厚度约为小拇指一般。由于其可以代替人参，所以是一种珍贵的药物。桔梗可以作为治疗由发热引起的肺病药以及强壮剂、精神恢复药等。桔梗的主要产地在金堂县②，价格为 1 角 8 钱。

9. 前胡（Peucedanum praeruptorum Dunn）

Faber 指出，前胡与前述的羌活属同一类。前胡主要生长在中国的中部以及北部地区的湿地。带有香味的前胡嫩芽和叶子也被当作蔬菜食用。前胡的脆枝或不规则的细根可以入药。前胡的外部呈褐色，里面呈灰色，带有一种香味。前胡具有强壮剂、健胃剂、吐痰药、感冒药、缓和药等功效。前胡的主要产地在灌县，价格为 1 角 3 钱。

---

① 在现代银元铸币体系中，普遍是 1 元等于 10 角，1 角等于 10 分。而在日本，又规定 1 元等于 100 钱，这里的钱相当于分。

② 今属成都市。

10. 茜草（Rubia cordifolia L.）

茜草又被称为"地血""染绯草""血见愁"，这是因为该植物颜色呈红色的缘故。中国的茜草与欧洲的相似。茜草带有小刺，茎为方柱形的空心，长度通常可达七八尺。茜草的叶子表面呈黑色，根部为紫红色。根据历史记载，种植1000亩茜草的人，其财富足可以与拥有一千家房屋的人相匹敌。可以看出，这种植物被中国人视作珍宝。在中国和日本，茜草的根被作为红色染料来使用。茜草作为一种药材可用于强壮剂、变质剂、缓和剂等。产地在灌县、打箭炉①，价格为1角5钱。

11. 枳椇子（Hovenia dulcis）

这种植物在东部各省可以见到，甚至在印度和日本等国家也可以见到。枳椇子的果实很小，在干燥以后就像豆子一样，其中，一些平的、泛着光泽的黑色的种子被冠以"枳椇子"的名字来进行买卖。枳椇子可作为泻药、解热剂、利尿剂等使用。另外，枳椇子还对那些过量饮酒的醉汉有特效。枳椇子产地一般在四川，价格为4角。

12. 荷荷（Nelumbinis folium）

荷荷即荷花的叶子，也被称为"荷叶""荷钱""藕花"。经过干燥后的荷花叶子可以用于包装东西，在蔬菜店有销售。荷叶作为一种药主要功效是解热、止血、产后保养、解毒以及用于治疗皮肤病等。荷荷的主要产地在巴县②，价格为1角5钱。

13. 枳壳（Citrus aurantium L.）

日本人把枳壳称为"臭橘"。枳壳切开呈半球形，直径为1~2寸。切开的部分为平口，其他的部分为圆形。枳壳的皮坚硬且厚，外部呈红色或黑褐色，内部呈毛黄色，带有清香的气味。《本草纲目》写到，枳壳在生长到第9个月或10个月的时候就可以收获了。枳壳的集散地主要在四川及广东，其功能主要是健胃和治疗感冒。枳壳的果壳、根部的皮以及枳壳产地的嫩叶均可入药，后者可以作为患感冒时茶叶的代用品。枳壳的根皮在

---

① 今康定市。
② 今重庆巴南区。

煎过以后可以作为治疗牙疼的药物。枳壳产地主要在江北厅①、巴县，价格为1角7钱。

14. 赤芍（Paeonia lactiflora Pall.）

《本草纲目》将赤芍分为两种，开白色花的被称为"金赤芍"（又名金菊），开红色花的被称为"木芍药"。赤芍作为野生植物主要生长在四川、河南和安徽等地。另外，为了获得赤芍的根，在江苏也有将赤芍作为药用来栽培的。在中医里，赤芍作为一种强壮剂、变质剂、缓解剂以及妇科病的一般药剂，非常受重视。摆放在商店中的赤芍其大小约为大拇指或中指一般，长为4~6寸，外部呈淡红白色，内部呈白色或褐色。赤芍具有镇痛、治疗感冒和利尿等功效。特别是对于妊娠以及生产时的病症有功效。另外，其对于脾脏、肝脏和肠道等还具有特殊的疗效，也用于治疗流鼻血或出血等症状。赤芍的产地在灌县，价格为1角6钱。

15. 枳实（Citrus aurantium L.）

枳实与前述的枳壳在性质上是一样的，产地也一样。

16. 栀子（Hovenia dulcis Thunnb.）

中国有几种栀子灌木，它们被不同的观察者分为不同的种类。一般的栀子指经过干燥后的两种用于中药的植物：其中一种是仅仅被称为栀子的东西，另一种被称为山栀子。栀子的果实作为一种染料，能够染出美丽的黄色。当其被用作染料时，其价值就会出现不同或者说存在价值的不同。四川产的栀子呈红黄色或者橙色，植物的花带有芳香，可以用作增加茶叶的香味或者化妆用的添加剂来使用。在栀子开花的季节里，女孩子们采摘栀子的花朵用来化妆。栀子的用途非常多，可用于热病、腹泻、肺病、黄疸以及外伤。栀子的原浆可以用来治疗肿块伤、烧伤、狗咬伤等。栀子的产地在叙州府②，价格为1角5钱。

17. 金斛斗（Dendrobium comatum（Blume）Lindl.）

中国的兰科植物非常多。金斛斗生长在石头上面，有时候也被称为

---

① 今重庆江北区。
② 今宜宾市。

"黄草"。由于其可作为一味中药材来使用，所以在四川等地有所种植。另外，在中国中部以及南部各省也发现了金斛斗。由于该植物的干或根部生长的寄生菌的种类呈现出木斛科特征或黄颜色，所以称为金斛。金斛斗在商业交易中还被称为干木斛、鲜斛斗、金钗。该药材味甘，可用作强壮剂、健胃剂、胸病药、消炎剂等。金斛斗的产地主要是灌县，价格为3角。

18. 金银花（Lonicera japonica Thunb.）

金银花由于在冬季都不会枯萎，所以也被称为"忍冬"。另外，金银花的花最初是白色的，之后慢慢变成黄色，所以才有了"金银花"这个名字。金银花的花、蔓、叶均可作为药材使用。主要用于长寿药、精神恢复药、解热剂、调理药、缓解药。另外该药材接受毒药类的管理。金银花的产地为叙州，价格为5角。

19. 秦艽（Gentiana macrophylla）

生长在四川的山谷，根呈黑黄色，长1尺左右。秦艽的根可作为药材使用，味非常苦涩，用于风湿病、热病、腹泻。另外，还可以跟镇痛剂一起作为利尿发汗剂，有一定的疗效。秦艽的产地主要在雅州府①、灌县、江油县②，价格为8角。

20. 荆芥（Nepeta cataria L.）

荆芥这一中国名被用于很多植物。《本草纲目》中写作"假苏"。荆芥作为一种药物非常有名，主要产地是重庆，价格为6钱。

21. 青木香（Aristolochia debilis Sieb. et Zucc.）

青木香又被称为"白术"，后者主要在浙江省绍兴一带种植，宁波产的青木香比较多一些。这个药材的种类有平术、生术、元术、小元术、云术等。除了浙江以外，江西、安徽和云南也是青木香的生产地。品质最好的是产自杭州的于潜县③。据说，白术的根与人参很相似。白术的外表呈黑色，内部呈白色。这种药材具有变质剂、强壮剂、利尿剂的功效。青木香作为一种名贵的药材，经常与人参混在一起服用，还可以用于治疗腹泻。另

---

① 今雅安市。
② 今属绵阳市。
③ 今属临安区。

外，该药材还具有驱除虫子的特殊功效。基于以上原因，青木香的价格非常贵。岭南的居民将其称为"三百两银药"，该药对蛇咬伤有特殊疗效。

22. 金灯（Physalis pubescens L.）

此种植物生长于山谷中潮湿的地带，花的颜色有红、白、黄三种。金灯在被当做药用之前，细根从根部分离开来，军医将其用于甲状腺肿大的治疗。另外，金灯对血液的一些特殊疾病、疗具有疗效。产地主要在灌县，价格为9角。

23. 韭菜子（Allium tuberosum）

韭菜子作为一种野生的植物，在西伯利亚、蒙古以及中国全境都有种植。在北方的山麓地区，韭菜子是一种普通的植物，在旱地里也随处可以看见种植的韭菜子。中国人将韭菜子全部做食用。尤其是在盛夏的开花期，人们非常喜欢韭菜子。韭菜子的叶子呈舌状，开花，球根为平的，茎上有关节。该药具有补血、净化血液的功效，也被当成一种兴奋剂，总的来讲对所有的病都有疗效。韭菜子在治疗由狗咬、蛇咬引起的出血方面有独特疗效。山韭也被称为"诸葛韭"，能够促进分泌，对于老人消化不良有疗效。韭菜子的产地一般在四川，价格为3角。

24. 猪苓（Polyporus）

猪苓形状呈不规则球状，中国人将其比作猪粪。猪苓的别名又称"豕橐""地乌桃"。据说其多寄生在枫树或其他树木的根部。猪苓的颜色呈黑褐色，重量比茯苓要轻一些，无味无香气，不含淀粉。猪苓的主要产地是河南和四川，可作为解毒剂、风湿病药和利尿剂使用。另外，该药还可用于传染病、肾结石、麻病、白带下、小便失禁等。猪苓主要的产地为灌县、彰明县①，价格为2角6钱。

25. 猪肾

对于肾脏衰弱的人可以作为强壮剂来使用，产地主要在灌县，价格为8角。

26. 菊花（Chrysanthemum morifolium）

"菊"字一般用于几种菊科植物的名字前面。菊花自古以来就生长在

---

① 1958年与江油县合并，改为江油县。

中国全境，尤其是北部地区。从前，菊花栽培主要用于冬季赏花这一目的，其种类也非常的多。野生的菊花高不超过1尺，较小的菊花一般在晚秋的时候开出小的花朵。菊花花心呈黄色，开出的花瓣呈蔷薇色。一般都是黄色的花，在北平，菊花也被称为"小野菊花"。商业用途的菊花的种类有杭菊花、黄菊花、甘菊花和白菊花等。作为药用的菊花，根据其种类的不同，药效也不相同。一般种植的菊花的主要功能是促进血液循环，或者作为一种精力旺盛剂来使用。菊花有助于治疗感冒、头痛、眼痛。特别是白色的菊花对防止脱发、变灰有独特疗效。菊花还可以泡在酒中制作一种菊酒。这种酒的产地在中江县①，价格为2角3钱。

27. 橘络（Citrus reticulata Blanco）

橘络与陈皮具有相同的性质，因此请参考前述陈皮的内容。橘络的产地在重庆府，价格为9钱。

28. 川芎（Ligusticum chuanxiong Hort）

川芎又被称为"芎藭""香果""胡藭"。商业上一般称之为"普通川芎"。川芎的叶子被称为"蘼芜"。《本草纲目》中特别设了一节对其进行说明。因李时珍认为川芎的根形似马衔，所以也被称为马衔芎。该植物在中国某些地区有种植。在所种植的种类中，尤其以野生的价格最为高昂。川芎可用于治疗各种疾病，如感冒、头痛、贫血、月经过多、不孕症、结核病、甲状腺肿大、风湿病和腹泻等。川芎的叶子具有驱虫的效果，对于腹泻等疾病有效果，其花可以用作化妆品的调剂。川芎的产地在灌县，价格为9钱。

29. 川乌头（Aconitum carmichaelii Debx.）

长为1.25~1.5寸。根据干燥后的小根数量和厚度来看，也有长达半寸以上的。川乌头的外皮坚韧呈黑褐色，内部呈暗白色，味苦涩，根部很少被虫咬。由于该植物带有很强的毒性，所以《本草纲目》对其有如下的说明，叶子和花在第一个月的时候会长出，叶肥厚且有洞，从第四个月起至第八个月，会有汁液从叶子中流出。由于这个汁液可以杀死鸟类，

---

① 今属德阳市。

所以被涂抹在箭头。这个汁液应该可以杀人。这种植物与在海关报告、商店中能够见到的草乌、草乌头等不一样。而且，川乌头还具有催眠的效果。

30. 佛手片（Fructus citri sarcodactyli）

为何被称为"佛手"，原因不得而知。我们认为这个中文名称可能是与佛教崇拜有关。佛手一般繁殖在南部各省的水边。叶子呈长条尖状，枝上长刺，结黄色的果实，有些情况下，果实非常的大。在中国中部和北部，由于佛手片散发出一种沁人心脾的芳香，所以人们会把它放在手上或者桌子上用作观赏。而在中国南部地区，出于同样的目的，佛手片被用于衣柜的保存剂。另外，其液体还可以用于洗涤漂亮的亚麻衣服。商业上经常使用"佛手片"的名字来从事交易。佛手片可作为健胃剂、刺激剂、咳嗽剂、止痰药、强壮剂等使用。佛手干指干燥后的佛手的果实。其功效和表皮不一样，佛手的根、叶与皮在药用目的上有差异。四川各地都产出佛手片，价格为4角5钱。

31. 茯苓（Poria cocos）

茯苓作为生长在松柏科树木根部的菌类，在中国做食用和药材。根茎坚硬，外部带红白色或红黄色，内部为白色。即便将其埋在土中30年也不会变质。中国人把茯苓与土茯苓视为一个东西，并将其出口到印度和其他地区。茯苓中最坚硬、颜色最白的是品质最好的。茯苓中含有大量的胶质，没有香气和味道。在日本和美国也曾发现了茯苓，但是在美国茯苓用的是另外一个名称。在中国，人们将其捣碎与米粉混在一起，制作成一个四方形的点心。在中国中部地区的商店可以看见销售这种点心。从药材的角度来看，茯苓带有微弱的毒性，可作为利尿剂、镇定剂使用，特别是对儿童的脑病有特效。另外，也用于治疗神经衰弱。红色的茯苓果实对腹泻、膀胱炎症特别有疗效。茯苓的产地为叙州府，价格为1角5钱。

32. 海金沙 [Lygodium japonicum（Thunb.）Sw.]

海金沙又名"竹园荽"，主要生长在长江沿岸地区。海金沙在丘陵地带的一些树木阴影较多的地方也会大量繁殖。一般而言，被中国人称为

"金黄色的海沙"的海金沙较轻，将其制成红褐色粉末后，与玉柏、千年柏、万年松①一样，容易点燃。海金沙的药效主要是做利尿剂、镇定剂使用。另外，还可以用于治疗热病。还能制作成丸药，作为玉柏的代用品使用。海金沙的产地在灌县，价格为6钱。

33. 藿香（Agastache rugosa）

我并不认为该植物是中国固有的东西，在安南（越南古称）、印度以及南亚等地也有藿香。藿香的枝和叶可作为感冒药、健胃剂等特效药，对妊娠中的呕吐也有特效。一个有趣的事实是：《本草纲目》等书中推荐该药作为大量饮酒后的救济药。藿香的产地一般在四川，价格为9钱。

34. 细辛（Asarum sieboldii Miq.）

本药作为一种北方植物主要见于朝鲜、满洲以及中国最北部地区。"细辛"这一中国名来源于其细长的纤维根和极其辛辣的味道。细辛在干燥以后以纤维幼根的形式被展示在商店里面。在干燥的过程中，生的根辣味会减少一些。据《本草纲目》记载，该药可作吐痰药、发汗剂使用，对于妊娠中的各种病症也有疗效。该药也可用于风湿病、癫痫病的治疗。细辛的粉末制剂可用于鼻息肉、聋哑的治疗。经过煎熬的细辛对于口腔的肿胀有疗效。细辛的产地在灌县，价格为2角。

35. 香附（Cyperus rotundus L.）

该植物多生长于湿气较重的沼泽地带，香附子的根带有强烈的香气。中国人主要将香附用于刺激剂、强壮剂、腹泻、结肠脓疮、小肿块、癌等的治疗。香附的嫩芽和花可作为脑系统的强壮剂、镇定剂使用，产地在叙州，价格为1角。

36. 香薷［Elsholtzia ciliata（Thunb.）Hyland.］

这种植物既有野生的，也有种植的。香薷的原产地分布在中国中部各省，可以在旱地种植，可以食用也可以做药用，还可以作为感冒缓解剂、健胃剂来使用。也被用于腹泻、水肿、恶心等病症的治疗。据说，香薷还有预防夏季期间经常发生的热病的功效，还能用于鼻血、脚部的烧伤等。

---

① 原文写作芳年松，有误。

香薷的产地为灌县，价格为1角3钱。

37. 小茴香（Foeniculum vuLgare Mill.）

小茴香这一用语来自伊斯兰教国家。在中国，该植物的茎和叶可用作食用。而其种子作为一种药材需求量很大。茴香容易跟莽草混淆，其果实一般呈灰褐色，有凹凸，且有五个明显的隆起，散发出一种茴香独有的香气。茴香的嫩芽可以用作感冒药、呼吸药。实际上，茴香也被用于治疗腹泻、消化不良、疝痛以及儿童的肚子痛等各种病症。有些地方还使用茴香的精华来治疗牙疼。茴香的产地为蓬溪县①，价格为1角5钱。

38. 鲜斛斗（Herba Dendrobii）

由于鲜斛斗与前述的金斛斗属于同类植物，因此这里省略对其说明。鲜斛斗的产地为雅州府②，价格为2角5钱。

39. 仙茅（Curculigo orchioides Gaertn.）

根据《本草纲目》的记载，该植物主要生长在西部各省，但是在湖北、福建、广东等地也能见到。仙茅的别名为婆罗门参，其根可以入药，据说其药效几乎等同于人参，可作为返老还童药、恢复药、性欲亢奋剂、强壮剂来使用。仙茅常用于衰弱病、消化不良、疲劳、生殖器无能、眼睛和耳朵的各种疾病的治疗。仙茅的产地在叙州府，价格为3角。

40. 辛夷（Flos Magnoliae）

由于其开的花呈球状且形似青绿色的桃子，所以也被称为"猴桃"。另外，由于辛夷的花在最初盛开的时候像一支笔，所以也被称为"木笔"。辛夷花在早春时节盛开，虽然该植物也被人们叫作"迎春"，但是，不能将其与迎春花混淆。在辛夷中，开白色花的被称为"玉兰"。在植物学家中，"Magnolia denudate"这一名称人尽皆知。另外，由于辛夷的花与荷叶很相似，所以也被称为"木莲花"。辛夷一年开两次花，一次是在早春，另一次在秋天。

在旱地中种植的辛夷的花呈紫色或白色，很少会有结出果实的现象。辛夷的花蕾可用于药材，一部分可以用作快活丸药、点眼药、长寿药、筋

---

① 今属遂宁市。
② 今属雅安市。

肉润滑剂等。另外，也可以用于治疗头痛，鼻子的各种病症。商业上经常将辛夷称之为"春花"进行买卖。

41. 杏仁（Prunus armeniaca L.）

杏据说是山西自古就有的。但现在到处都有种植杏树的。杏的种类很多，有金杏、木杏、山杏、白杏、沙杏、梅杏、柰杏、肉杏。《本草纲目》对以上这些品种是加以区分的。杏的果实带有少许的毒性，如果大量食用的话，会对骨头和肌肉造成损害。杏的果实容易与扁桃混淆。在中国，确实有用杏和桃的果实来代替扁桃的果实的例子。由于杏仁有微毒，所以据古代传说，两个杏仁就可以杀死一个人。所以，杏仁经常用于毒杀狗。杏树的花萼分为5片。如果是6片的话，那就是有两个果实。杏仁作为药材可作为镇定剂、咳嗽剂、镇痉药、缓和剂、胸病药、驱虫药使用。杏仁的产地为叙州府、成都、彰明县、灌县，价格为2角。

42. 续断（Dipsacales）

由于续断可用于连接折了的骨头，所以也被称为"接骨"。续断的根很短，被切掉以后拿来买卖。其根坚硬呈褐色，里面呈灰白色，味甘。续断的根可以作为一种药材使用。该药可用于疲劳病、肿块、伤病、骨折、出血、胸癌、强壮剂等。该药中品质最好的是被称为"川续断"的东西。产地在灌县，价格为8钱。

43. 胡黄连［Neopicrorhiza scrophulariiflora（Pennell）D. Y. Hong］

该植物根部的外皮呈暗褐色，有小的结，带有跟甘草一样的芳香，味涩。据《本草纲目》记载，该药材真正的精华是在折断胡黄连的时候，散发出来的像烟雾一样的尘土状的东西。胡黄连产自山西、江苏，可作为强壮剂、缓和剂、解热剂、变质剂等使用。另外，该药对儿童的疳病有特效。产地为松潘厅①，价格为1元2角。

44. 葫芦巴（Trigonella foenum-graecum Linn.）

葫芦巴属于有荚果的豆科植物，果实呈青色或红褐色，是一种从国外引进到中国南部地区的植物。葫芦巴从唐代开始就被视为一种药材。葫芦

---

① 今松潘县。

巴的豆子经过煮、炒以后可作为强壮剂、感冒药、关节炎药使用，对肾脏病、疝、下腹的各种疾病有疗效。特别是其作为一种膀胱病的缓和剂而备受推崇。葫芦巴的产地在江油县，价格为2角。

45. 胡麻（Sesamum indicum）

胡麻的籽有黑色和白色两种，长四分之三寸，味甘，带有芳香，可用于感冒药、缓和药、胸病药、泻药、子宫病药等。产地在灌县，价格为6钱。

46. 花椒（Zanthoxylum bungeanum Maxim.）

花椒又称"秦椒""大椒"，据说最初产自山西。本药剂也被称为椒红，带有小的、红色的节，花椒带有芳香，其叶子和果实都可以入药使用。另外，还可以用花椒叶养蚕。花椒的主要功能是用于感冒药、刺激剂、发汗剂、通经药、缓和剂、驱虫药等。花椒的产地在雅州府，价格为3角。

47. 黄芪（Astragalus propinquus Schischkin）

黄芪产自满洲、直隶、山东、四川、山西。根部柔软，与人的手指一样长，表皮呈黄褐色，味略甘。该药材是一种有名的强壮剂、胸病药、利尿剂。另外，也被用于治疗疝病。产地在松潘厅、打箭炉①，价格为1角5钱。

48. 黄芩子（Scutellaria baicalensis Georgi）

该植物高约一尺，叶子呈线状披针形，花为蓝色。其他种类的黄芩子的花的颜色为黄色或紫色。切成很薄的黄芩子的根很轻，呈现像海绵一样的黄色，味苦。生长年数少的黄芩的子根被称为"子芩"，而中心枯朽者则被称为"宿芩"。由于宿芩的内部呈空心黑色，所以有时也把老旧的宿芩的根称为"妒妇"。这是中国人发明的用于指代黑心的坏人的一个词。该药可以用作膀胱的强壮剂、妊娠中各种病症的镇静剂、呼吸器官的刺激剂、镇痛药、缓和剂等。另外，还可以用于治疗热病、黄疸、腹泻、癌等。著名的"三黄丸"除了本药以外，还有大黄和黄连，是这三味药的混

---

① 今康定市。

合。三黄丸对男女生殖器起到强壮的作用，可作为一种旺盛剂使用；其种子可以作为清肠剂使用。黄芩子的产地在金堂县①，价格为1角2钱。

49. 黄连（Coptis chinensis Franch.）

据《本草纲目》记载，黄连又被称为王连或支连。该植物在中国全境都有产出。其中，品质最好的是四川种植的。黄连的根形似鸟的爪子，该药大量从中国出口到印度。在药材交易中，黄连被切成1~2寸短，内部坚硬，外皮部分呈黑色。主要部分的颜色为浓黄色。味苦，带有芳香，根越脆药效越大。该药在中医中被视为各种疾病的万能药。黄连的产地在雅州府，价格为5元。

50. 黄檗（Phellodendron amurense Ruprecht）

本植物高约30~40尺，有白色的外皮，内部呈黄色。黄檗作为一种药剂的同时，还是一种丝绸染料。黄檗在市场上作为药剂销售的时候，一般是做成正方形的片剂，长约3~5寸，味苦。该药可作为强壮剂、利尿剂、变质剂、性欲亢进剂、风湿病药来使用。还可以用于治疗黄疸、出血、流血、月经不调、硬下疳、生殖器病等各种病症。产地在灌县，价格为1角。

51. 黄药（Dioscorea bulifera L.）

黄药也被称为"薯蓣""草薢"，该药可作为强壮剂、恢复剂使用。产地在灌县，价格为4角。

52. 红花（Carthamus tinctorius L.）

又名"红蓝花""黄蓝"，容易与番红花混淆。在商业买卖上，人们习惯将其称为红花或药花。前者作为染料使用，品质是最好的；后者作药材使用，品质稍微差一些。根据中国人所讲，该植物的原产地在西藏。现在，红花在中国全境都有种植。种植红花主要是出于获取染料以及制作胭脂的目的。红花作为一种药剂，可用作刺激剂、镇静剂、变质剂、通经剂使用。产地在崇庆②，价格为5角。

53. 火麻（Cannabis sativa L.）

别名"大麻""黄麻""汉麻"。大麻从中国古代开始就被人们所熟

---

① 今属成都市。
② 今崇州市，隶属成都市。

知。迄今为止还流传着一个传说，认为是黄帝教会了人们养蚕，同时还教会了人们种植大麻。另外古代的中国人并不知道亚麻。现在，这种植物主要是出于榨油的目的而被种植。在北平，人们把大麻叫小麻。大麻这种植物的各个部分都可以入药。大麻的茎、叶、麻仁和油，对于与血液相关的各种病症有特效。另外，该药也是一种堕胎药。大麻籽可做镇痛剂使用，大麻籽压榨的油具有润滑的功效，另外，也用作制造蜡烛。大麻的产地在温江县①，价格为9钱。

54. 干姜（Zingiber oj-jicinale Rosc. 晾干的生姜块茎）

"姜"指生姜，该植物并不是中国自古就有的。为了暗示此物是从蒙古边境传入的，所以变成了"疆"字。干姜在中国中部各省均有种植。当干姜长至绿色的时候，可以作为一种食物佐料食用。南方各省生长的干姜比起在长江沿岸生长的干姜，由于其黏质较少，因此适合用于制作糖果、蜜饯。该药可以用作防止恶臭、消化器官的刺激剂、感冒药、缓解剂来使用。姜皮也可以用作感冒药。产地是彰明县、华阳县②，价格为1角。

55. 甘遂（Euphorbia kansui T. N. Liou ex S. B. Ho）

该植物属于在中国中部地区随处可以见到的一种普通杂草，尤其在陕西、江苏特别多，属于大戟科大戟属的植物。全株含白色乳汁，呈圆筒形，带有一股人参的芳香。该药可用于皮肤水肿、中耳炎、疝、阴囊水肿等，另外，其还具有止痛的效果，可以用在痛处。产地在江油县，价格为6角5钱。

56. 甘松香（Nardostachys jatamansi）

该植物原本属于印度的植物，虽然在云南以及四川西部的国境附近也有发现，到底是中国固有的植物还是引进种植的，这一点尚不明确。甘松香在佛典中还被称为苦弥哆，这应该是来自它的印度名称吧！甘松香的根和茎可以作为防臭剂、感冒药和刺激剂使用。煎药可以用作治疗各种皮肤病以及放在洗澡水中增加身体的香味。该药在印度被用于治疗癔症、癫痫、痉挛等。甘松香的产地在灌县，价格为1角5钱。

---

① 今成都温江区。
② 华阳建县于唐贞观十七年（643）。1965年并入双流县。

57. 甘草（Glycyrrhiza uralensis Fisch）

别名"密甘""密草""美草""蘦草""灵通""国老"。最后的名字是因为甘草作为一种药剂有很大的功效，所以才有了这么一个称呼。甘草很受中国人的喜欢，在中国的北方地区非常常见。甘草被认为是从蒙古地区引入然后在整个中亚广泛种植。甘草的根一般较长。用于销售的甘草根的表面呈红色，内部为黄色，质地强韧。甘草味甜且粘滞。甘草在中国的药学中非常重要，可以作为人参的替代品。也可以跟其他的药材混在一起使用。该药可作为强壮剂、解毒剂、变质剂、吐痰药来使用。甘草的产地在松潘厅、汶川县①，价格为1角8钱。

58. 藁本（Ligusticum sinense Oliv.）

据说，藁本的根与芎藭的根非常相似，属于双子叶植物。正如在商店里看到的那样，藁本的根呈黄褐色，有分支，味甘有芳香。藁本可以作为镇痉剂、关节炎、变质剂等使用，另外，还推荐妇女服用，还可以用于治疗皮肤充血症。另外，因其芳香和皮肤化妆，藁本也用于化妆用的调剂。藁本产地在灌县，价格为1角。

59. 枸杞（Lycium chinense）

枸杞作为一种生长在中国北部及西北各省的灌木，果实可供食用。枸杞质软，叶薄，花呈紫红色，种子很少，带有稍许甜味。该药可用于强壮剂、感冒药、长寿药、补血药，也用于眼科。枸杞的萌芽及嫩叶对于治疗衰弱病有很好的疗效。另外，也可以作为茶叶的替代品，具有解渴、润肺的功效。枸杞的根与其叶子一样，对肾脏和生殖器有特殊疗效。枸杞一般产自四川，价格为4角5钱。

60. 钩藤（Uncaria rhynchophylla）

钩藤形似鱼钩，由于其带刺，也被称为"吊藤"②。钩藤主要产自河南、湖北、江西的山岳地带，长约8~20尺，作为一种攀爬植物，其粗细与人的手指头差不多，茎的内部是空心。据说，小偷从酒瓶偷酒时使用的就是钩藤。该药在中国又被称为孩儿茶、乌爹泥等，容易与儿茶（中药

---

① 今属阿坝藏族自治州。
② 民间也称倒挂刺。

名）的生产地混淆。钩藤的叶子呈红褐色，长约半寸至一寸，有两片尖尖的托叶。该药可用于儿童的热病、脑髓系统的疾病，也可用于治疗大人的眩晕、胆汁病等。产地在叙州府、灌县，价格为2角5钱。

61. 钩吻 [Gelsemium elegans (Gardn. & Champ.) Benth.]

性质与钩藤相同，故此处省去对其说明。价格为3角。

62. 贯众（Dryopteris crassirhizoma Nakai）

别名"贯节""贯渠""百头""黑狗脊""凤尾草"，其根和茎一年可以采摘两次。该药可作为驱虫药使用，也可以用于伤口处，治疗水痘。贯众的花用于治疗恶性的癌。另外，其作为一种泻药也有很好的效果。产地在灌县，价格为1角。

63. 桂树①（Osmanthus fragrans）

桂树自古就在广西生长，现在在中国南部地区都有生长。桂树与其说被中国人当作一种药材使用，倒不如说是一种调味料，主要用于给猪肉和其他肉类增香。桂树作为一种药材，可用作健胃剂、刺激剂、感冒药、缓解剂、镇静剂、强壮剂，尤其是对疝痛、感冒发汗有特殊疗效。另外，也用作毒蛇的解毒剂。此外，长期食用品质良好的桂树可以起到返老还童和补血的效果。据传言，服用此药七年，可以在水面上行走，不会随着年龄增长死去。服用二十年的话，足底长毛，可以日行二百里，能够举起二百斤重的东西。桂花的产地在峨眉②、灌县，价格为1元1角。

64. 款冬花（Tussilago farfara L.）

在欧洲各国作为药材使用的为普通的款冬，而花茎上带有紫色花蕾的款冬花才被用于中药。款冬花在中国和朝鲜有两种，一种是开大的花，别名也有好几个，其中一个是橐吾。本药可做吐痰药、喘息药、热病缓和剂使用。该植物的叶子在英美作为烟草的代用品，因此也用于慢性咳嗽时的治疗用吸食。产地在江油县，价格为3角3钱。

---

① 原文仅写作桂，有失严谨和规范，应写桂树。
② 今峨眉山市。

65. 雷丸（Omphalia lapidescens Schroet.）

雷丸是一种寄生在植物根部的球状的真菌，重量为7克至半盎司①，外部呈褐灰色，内部的物质呈颗粒状，并且几乎没有香味。生长在竹子根部的雷丸被称为"竹苓"。该药在很多的药剂中作为一种预防药、解热剂非常有名。男性如果长期服用该药的话，就会陷入生殖器无能。此外，该药还能用于癫痫以及儿童的脑病治疗。产地在彰明县，价格为3角。

66. 麻黄（Ephedra sinica Stapf）

麻黄在华北及蒙古是一种普通的植物，河南省是该药的主要生产地。没有叶子的麻黄与木贼类植物非常相似，在日本和中国，容易将两者混淆。这种植物开黄颜色的花，其果实可供食用。本药可作为发汗解热剂，另外还可以用于治疗热病、疟疾、咳嗽、流行性感冒等，麻黄的根和茎具有完全相反的药效。产地一般在四川，价格为1角5钱。

67. 麦冬（Ophiopogon japonicus）

麦冬有两种，叶子较小的为此处所讲的麦冬，而叶子较大的则被称为"麦门冬"。麦冬这种植物在冬季会结出绿色球形的果实。麦冬的根长约1寸至1寸半，可以作为一种药剂使用，味甘有香气，无毒可以食用。这种植物尤其在浙江种植的较多。本药可作为利尿剂、强壮剂、性欲亢进剂使用，另外，还可以用于促进乳汁的分泌。产地在绵州县②，价格为2角5钱。

68. 蒙花（Buddleja officinalis Maxim.）

这种植物由于开的花非常漂亮，所以也被僧侣们称为"水锦花"。蒙花主要生长在四川的溪谷间，商业上用的蒙花主要产自甘肃、陕西。将蒙花与酒、蜂蜜混合以后浸泡3天，然后再干燥，对于治疗眼病有独特的疗效。蒙花的产地在灌县，价格为5角5钱。

69. 明党参（Changium smyrnioides Wolff）

长约4寸，形似卷叶烟草那样，两端较细。外皮有红色斑点，有黄色

---

① 1盎司 = 28.349523125克。
② 今绵阳。

或呈细条状的漂亮的线条，内部呈白色。该药可作为强壮剂、缓和剂、镇静剂、健胃剂、驱虫药使用。主要产地是江油县，价格为3角5钱。

70. 木斛（Dendrobium crumenatum Sw.）

由于木斛与前述的金斛斗属于同一类，故此处省略对其说明。产地在双流县①，价格为4角。

71. 木瓜（Carica papaya L.）

这种植物常见于波斯、尼泊尔、喜马拉雅及北部印度等地区。在中国主要分布在长江沿岸各省。特别是在安徽省，种植木瓜的很多。将酸酸的木瓜切成薄片再经过干燥以后可以入药。木瓜可作为霍乱病的缓解剂。另外，其也可用作消化剂、解渴剂、利尿剂。木瓜的种子跟温水一起作为缓和剂可以治疗霍乱病。木瓜的花可以用作化妆的调剂。产地在叙州府、灌县，价格为1角。

72. 木贼（Equisetum hyemale L.）

木贼多见于甘肃、陕西的沼泽地带，容易与黄麻②混同。由于木贼含有大量的硅酸，因此常用于打磨木头。木贼作为一种药剂可以治疗眼炎、腹泻、月经过多、白带多、直肠脱垂等各种疾病。还可以作为缓解剂用于妊娠中的呕吐。还可以用作吞入铜币以后的解毒剂使用。木贼的产地在彭县③、灌县，价格为1角2钱。

73. 木通（Akebia quinata）

该植物的厚度与人的手指差不多，直径为3寸左右，作为一种攀援植物，由于其呈黄色管状，所以叫作"木通"。木通的小枝和果实可以入药。实际上，在中国南部，木通还被称为"燕覆子""乌覆子"。长为3~4寸，果肉里面有黑色的果仁，可供食用。木通味苦，可作为刺激剂、利尿剂、健胃剂、发汗剂、泻药等使用。实际上，木通还具有强壮剂、健胃剂、利尿剂的疗效。产地在彭县、灌县，价格为8角。

---

① 今属成都市。
② 原文有误，应为麻黄。
③ 今彭州市，成都市下辖县。

74. 南烛子（Vaccinium bracteatum Thunb.）

南烛子属于一种常绿灌木，在冬季会长出漂亮的红色的果实，可以作为圣诞节树的代用品。在日本，南烛子被称为"南天"。一般人将其称为"猴菽"。该植物有时也使用"乌饭草"的名称。南烛子虽然生长在丘陵地带，但是因其带有光泽的叶子和红色的果实，所以被用作冬季的装饰品而大量种植。南烛子作为药剂的主要功效是睡眠剂、呼吸药、长寿药。另外，还可以用于治疗感冒。南烛子的种子具有增强生殖能力、活血的功效，其叶子可以增加大米的滋养成分。产地在中州①，价格为1角。

75. 牛膝（Achyranthes bidentata Blume）

这是一种茎带有绿紫色的植物。据说，由于其根附与牛膝相似，因得其名。但是，在中国药材商那里以所谓"牛膝"之名销售的东西，并一定是真的"牛膝"。由于该植物有很多种类，所以，非常难以区分。以前的研究者曾经这样说："带有大的紫色的附根的植物为雄蕊，而带有小的绿色附根的为雌蕊。"并且，前者非常适合作为药剂使用，其茎和叶可入药，与根具有同样的疗效。本药可作为风湿病药、镇痛剂使用。另外，该药对于疟疾、热病、产褥热以及皮肤病均有疗效。产地在天全州②，价格为1角5钱。

76. 牛蒡子（Arctium lappa）

别名恶实大力子，多生长在中国北部和中部地区。普通的牛蒡有很多的俗名，比如牛菜、便牵牛、夜叉头、蝙蝠刺、蒡翁菜、鼠粘等。该植物的种子、根、茎均可入药。以前，牛蒡子的叶子被人们当作蔬菜食用，种子略带辣味，根和茎味苦。本药可作为变质剂、发汗剂、清净剂、利尿剂使用。牛蒡子的种子可以跟蜂蜜、酒一起制作煎药。产地在灌县、彭县，价格为1角。

77. 女贞子（Fructus Ligustri Lucidi）

女贞子由于是常绿树，所以又被称为"冬青"，另外，由于其能够促进水蜡虫的繁殖，所以也被称为"蜡树"。由于该植物是常绿树，所以也被用

---

① 今重庆市忠县。原文有误，应为忠州。
② 今雅安市天全县。

于象征女性的贞操。女贞子的叶子呈 4~5 寸大小的椭圆形状,果实呈黑色,商业上习惯将其称为"女贞子",味苦涩。女贞子的药效主要是作为强壮剂、眼药、恢复药、兴奋剂、白发救治等。其叶子对于治疗感冒、咽喉部充血、扁桃体肥大、眩晕、头痛等有疗效。产地一般在四川,价格为 1 角。

78. 巴豆(Croton tiglium)

巴豆的第一个字"巴"指现在东部四川的国境内一带,第二个字"豆"由于其与青豆相似,因此得名"巴豆"。巴豆是中国固有的一个东西,为五大毒之一。巴豆实际上长约四分之三寸,椭圆形,黄褐色,味酸。巴豆的鲜果油、根均可入药。虽然巴豆具有治疗多种病症的功效,但是中医却认为其有毒,畏惧使用。巴豆可用于慢性腹泻、消化不良、感冒以及热病的诱导药。另外,还可以治疗脑卒中、痉广①、头痛等。外用的话,可以跟菜种一起用于治疗各种皮肤病。巴豆的产地在江安②,价格为 1 角。

79. 白及(Bletilla striata)

在北平,白及被冠以"兰花"之名栽培。白及作为一种开紫色花的兰科植物,根部有黏质,另外,由白及制成的糊料由于能够让书画发出光泽,所以经常与墨汁混合在一起使用。白及还是一种秘密墨汁调剂。白及作为药剂主要用于缓和剂,对儿童的一些疾病有作用。特别是对赤痢和腹泻、疟疾、消化不良、烧伤、负伤以及各种皮肤病的治疗有独特疗效。白及的产地在灌县,价格为 1 角 5 钱。

80. 白芷(Angelica dahurica)

白芷在《本草纲目》中还有"泽芬""白芷香""白茝""芳香""苻蓠"等名称。根据《海关报告》中记载,白芷的主要供给地是四川、湖北、浙江。白芷的根为圆柱形,外观呈褐色,内部为黄色,且带有像树脂一样的分泌物。有芳香,味略辣且苦。在很长一段时间内,白芷都是中国人最喜欢的药材之一。该药作为一种妇女药尤其对各种妇科病有疗效,还可以用作化妆材料。除了治疗妇科病以外,白芷还对鼻病以及各种皮肤伤病有疗效。白芷的产地在崇庆,价格为 1 角。

---

① 原文有误,应为痉挛。
② 今属宜宾市。

81. 百合（Lilium brownii）

百合的根与白色洋葱的根相似，可做食用。根据《本草纲目》记载，随着花的褪色，百合会慢慢地卷起来，所以也被称为"卷圆"。百合的根可作强壮剂、感冒药、镇静剂、吐痰药使用。内用可用于乳房的收敛；外用对治疗皮肤溃疡、消除乳房肿胀等具有疗效。

百合的花干燥磨成粉以后与油混合可以用于治疗湿疹、脓包。百合叶子中的珠牙可以泡在酒中，对于各种内脏疾病有疗效。在商业上，人们习惯把干燥后的百合球根称为"百合干"，新鲜的百合被称为"鲜百合"。从百合球根中制作出来的淀粉被称为"百合粉"。百合的产地在四川一带，价格为2角7钱。

82. 白木耳（White Tremella）

白木耳是生长在树上的一种普通的菌类。中国人将长在桑树、槐树、构树、榆树、柳树五种树木上的东西称为木耳。其中，长在桑树上的木耳有毒，而其他的则可以食用。白木耳对人的身体有非常大的好处，特别是对止血有特效。白木耳的产地在江油县，价格为9元。

83. 百部（Stemona japonica）

百部与天门冬很像。作为药剂使用的百部有十个以上的块根，味甘。百部茎可作蔬菜食用。药剂商买卖的百部为长约2~4寸，经过干燥后的褐色的片状物，可用于感冒药、驱虫药、杀虫剂。百部的产地在灌县，价格为1角。

84. 白芍（Paeonia lactiflora Pall）

白芍由于和前述的赤芍属同类，故此处省略对其说明。白芍的产地在中江县，价格为1角6钱。

85. 半夏（Pinellia ternata）

该植物多见于北部各省，特别是陕西、山西、甘肃，在四川、湖北也有种植的。半夏的叶子呈浅绿色，每片叶子分三瓣，故称三瓣叶。在调制药剂的时候，球根必须放在温水中浸泡几天，然后干燥，切成薄片以后与生姜液混在一起制成粉末。这个粉末被称为"半夏粉"。另外，用半夏叶子制作而成的饼被称为"半夏饼"。另外，将半夏粉与生姜、明矾拌在一起，可以制作点心，然后用构树的树叶包起来，再用盐进行保存，我们把这种东西称为"半夏曲"。如果仅仅是用半夏来调剂的药剂则称为"法半夏"。这种调制的药剂可用作解热剂、咳嗽剂、疟疾剂、缓和剂，也有泻药的疗效。此外，还可以用于治疗热病、流行性感冒、黄疸咳、便秘、麻病、白带过多、精液损耗等。半夏的产地在崇宁县①，价格为2角。

86. 萆薢（Dioscorea septemloba Thunbt）

又名赤节、白菝葜。萆薢的根与菝葜的根非常相似，但是比后者要大一些，颜色为黄白色，带有很多紫色的节。《本草纲目》虽然未对萆薢做说明，但其很容易与菝葜、山药混淆。据说，萆薢味苦，根质地坚硬。萆薢作为一种药剂的功效是作为老年人的强壮剂使用，其对麻病等也有疗效。萆薢的产地在灌县，价格为1角。

87. 贝母（Fritillaria）

中国各省都长有该植物，其中浙江栽培的贝母从宁波出口到其他地区。另外，四川产的贝母在品质上要比其他地区好一些。1869年以及1880年的贸易报告对该药材抱有很大的兴趣。Faber David 曾指出，该药生长在西藏的高山，花呈黄色，鳞茎可做药材使用，但是在浙江生长的贝母的花的颜色却是灰白色。贝母的鳞茎在春、秋时节可以采挖。浙江产的贝母一般个头很大，而四川产的则较小，且价格高昂，这些鳞茎呈黄色或白色。中国人将鳞茎入药，用于治疗热病、咳嗽、出血、母乳不足、乳房肿疮、风湿、眼病等。另外，贝母的鳞茎还对内脏和骨髓有益，尤其在治疗被毒蜘蛛、毒蛇咬伤方面有效果。贝母的产地在松潘厅、灌县、打箭炉，价格为2元5角。

88. 枇杷叶（Eriobotrya japonica Thunb）

中文名之所以叫枇杷叶是因为该植物的叶子形似琵琶而来。这种植物的果实、叶子和花均可入药。但是，如果过量食用枇杷果的话，则可能对脾脏产生损害。另外如果将其与燔肉、面包一起吃的话，可能会产生黄疸。枇杷叶作为一种药剂可以治疗口渴和恶心，以及减轻咳嗽的作用。枇

---

① 1958年撤销，主体并入郫县，其他部分并入彭县，灌县。

杷的叶子作为一种非常重要的药材，当作煎药对肿块类疾病以及小疙瘩等有功效。枇杷叶的产地一般在四川，价格为6钱。

89. 藊豆（Dolishos L.）

一般的名字叫"沿篱豆"。另外，由于其种子外观上的特点，也被称为"蛾眉豆"。藊豆的豆荚可作为一种蔬菜食用，成熟的种子在煮过以后可供食用。藊豆的种子根据品种的不同有黑、白、红各色。根据《本草纲目》记载，患有热病的人不可以食用白藊豆。藊豆可以作为内脏的强壮剂，经常食用此物可以防止白发。另外，藊豆与醋一起服用的话，对疟疾也有疗效。藊豆还可以作为针对鱼毒、蔬菜毒的解毒剂来使用。藊豆的花可以用来治疗月经过多、白血病。藊豆的叶子可以作为毒蛇的解毒剂。藊豆的蔓可以用作霍乱病的药剂。产地一般在四川，价格为1角。

90. 紫草（Lithospermum erythrorhizon Sieb. et Zucc.）

别名"紫冉""地血""鸦衔草"。紫草是中国中部及北部地区的一种固有的植物，人们种植紫草主要是为了从其根部获得紫色染料，一般是在春季开花之前采挖。这个时节的紫草的色素最美，而开花以后的色素则非常浓厚，品质上要稍差一些。紫草的根可以入药，用于治疗发疹热以及皮肤病，具有中和毒素的疗效。紫草的产地在叙州，价格为2角7钱。

91. 薄荷叶（Mentha haplocalyx Briq.）

别名"菝蕳""蕃荷"。这种植物生长在各个地方，其中，苏州出产的薄荷药材的品质被认为是最好的。由于苏州的旧称为"吴"，所以，苏州产的薄荷也被称为"吴菝蕳"。在南方这种植物容易和龙脑混淆。据《本草纲目》记载，薄荷有胡菝蕳、石薄荷两种。后者生长在高地地带，比一般种类的薄荷要小一些；前者被认为是外国原产。薄荷种植在旱地，由于其能够增添香味，所以经常与其他蔬菜一起使用。该药可作为感冒药、缓和剂、镇痉剂、发汗剂使用。另外，也被用于治疗热病、感冒、儿童脑病、鼻血、流血、蛇毒、虫咬以及鼻喉的各种疾病。薄荷油曾出现在《海关报告》中，但《本草纲目》中并未提到此物。在中国薄荷油被称为"薄荷水"。薄荷的产地在中江县，价格为1角。

92. 蒲黄（Typha orientalis Presl）

蒲黄是水葱一类的植物，多生长在中国南部地区的一些小池畔。其线状的红色的叶子可用于制作席子、扇子。该植物的花粉被称为蒲黄。蒲黄这种植物的花粉非常多，呈非常漂亮的黄金色，可以跟蜂蜜混合在一起制作成糖果出售。混入雄蕊和萼片的蒲黄花粉可以做成丸药，与具有可燃性的石松子很像。蒲黄经筛子筛后可用作缓和剂、止血药、镇静剂、跌打损伤药。筛过花粉剩下的渣子被称为"蒲荨"，呈褐色，可用于治疗赤痢以及肠出血的缓和剂。产地一般在四川，价格为2角。

93. 桑寄生（Taxillus sutchuenensis）

"寄生"二字表示寄生植物或者寄生菌的意思。桑寄生的长度约2~3尺，叶肥厚呈圆形，色绿，开白色的花，结黄色的果实。该植物作为一种药物的主要功效是镇痛，以及作为一种治疗妊娠子宫疾病的药。另外，对于产褥疾病、流产后遗症、月经过多以及乳汁分泌不足等症状也具有疗效。另外，桑寄生还可以作为生发药使用。产地一般在四川，价格为6角。

94. 桑白（Morus alba）

桑树这种植物在中国非常常见，桑树的栽培可以追溯至古代。由于桑树在全国种植，所以其种类也很多，有鲁桑、鸡桑、女桑、山桑、地桑、荆桑、金桑、梜桑等。桑树的果实在长至黑熟的时候被人们称为"葚"，商业上习惯将其称为"桑葚子"。桑葚可以制成桑葚膏。桑树根的皮被称为"桑根白皮"，可入药。有一部分中国人认为，突出在地上的桑树根有毒。桑白可作恢复药、强壮药、出血时的用药、衰弱病药。桑白在四川各地都有产出，价格为7钱。

95. 沙参（Adenophora stricta）

在前述党参一项已对其进行过说明，故此处省略。产地在金堂县、灌县，价格为3角5钱。

96. 沙苑（Astragali complanati Semen）

属于跟蒺藜同一种类的植物，因此省略对其说明。沙苑的产地在灌县，价格为1角。

97. 蛇床子〔Cnidium monnieri（L.）Cuss.〕

别名虺床、马床、蛇米、思益、绳毒、枣棘、墙蘼等，是一种带香气的伞形科植物，种子可以入药。该植物虽然在中国各地都能见到，但是以产自长江沿岸地区的品质最佳。该药几乎没有香气和刺激的味道。主要功效是作为肠胃药、性欲亢进剂、风湿病剂、镇痛剂、缓解剂来使用。产地在成都府，价格为1角。

98. 射干（Belamcanda chinensis）

该植物长约二三尺，开橙色的花，果实为黑色，大小与葡萄籽一般。射干有很多别名，一般人称为"扁竹"。生长在北平附近山岳中的野生射干的花呈白色，根茎可入药。一般在商店可以见到的射干是其小根，在新鲜的时候，其味道是酸的。中国人认为这种药有毒。但是其可以作为吐痰药、感冒药和利尿药使用，对各种喉咙疾病有特效，还可用于治疗疟疾、水肿、疝气等疾病。产地在马边厅①、崇庆县②、灌县、峨边厅③，价格为3角5钱。

99. 升金草（Lycopodium obscurum L. Sp. Pl.）

《海关报告》中虽然使用的是这一名称，但是在《本草纲目》中却使用"玉柏""千金柏""万年松"等名字。该植物生在石头之间，高约五六寸，开紫色花。茎和叶可供入药。主要功效为使身体快活、帮助呼吸、解渴。另外，生长在山间高约一二尺的该植物的茎和根可以用于治疗慢性病，可以使气血变好。产地在金堂县，价格为2角。

100. 升麻（Rhizoma cimicifugae）

根茎呈黑褐色不规则片状，须根多而细，味苦。具有强壮剂、消炎剂的功效。产地在灌县以及四川一带，价格为1角。

101. 使君子（Quisqualis indica L.）

据说，从前有一个叫郭使君的名医，为了治疗儿童的疾病而发现了此药，因得此名。使君子虽然原产南亚各国，但是现在生长在四川、福建等地，其栽培也并非难事。使君子是一种卷在条形物体上向上攀爬的绿叶植物。在生长到第五个月的时候，就会开出15~20个红色的花。果实为直径1寸至1寸半的椭圆形，味道并不会让人感到不快。该药的特效是作为一

---

① 今乐山马边自治县。
② 今成都市崇州市。
③ 今峨眉山市。

种打虫药使用，对于因蛔虫而引起的小孩疾病以及痞块①能够完全治愈。产地在梁山县②，价格为1角7钱。

102. 首乌 ［Fallopia multiflora（Thunb.）Harald.］

首乌又称"何首乌"，主要生长在灵山（泰山）。块根肥厚，长椭圆形，黑褐色，据说其具有不可思议的疗效。关于首乌曾流传着以下的传说：生长至50年的时候长到拳头大小，被称为"山奴"，服用可使毛发保持黑色；生长至100年的时候，长至碗状大小，被称为"山哥"，服用一年可以保持红润的美丽姿容；生长至150年的时候，大小像盘子一样，被称为"山伯"，服用一年，则旧的牙齿会脱落，新的牙齿开始长出来；生长至200年的时候，大小跟篮子相似，被称为"山翁"，服用一年可以保持青年人的姿容；生长至300年的时候，大小相当于三个篮子，被称为"山精"，服用可以变成地仙。也就是说，该药被当作长生不老之药或恢复药使用。还可以当作性欲增进剂使用。产地在灌县，价格为1角2钱。

103. 锁阳 （Cynomorium songaricum Rupr.）

根据《本草纲目》记载，该植物生长在蒙古鞑靼人的国家，在龙留下精液的地方发出了形似荀草③的芽尖，因得此名。据说，由于该植物全身被鳞毛覆盖，与男性的生殖器很像，所以，也作为一些鞑靼女人的手淫器物。锁阳的根呈红褐色，多少带些褶子。其作为一种药剂，可以当作女性的性欲亢进剂以及男性精液分泌的增进剂使用。另外，也可以作为内脏的刺激剂、强壮剂使用。产地在江油县，价格为7角。

104. 苏子 ［Perilla frutescens（L.）Britt.］

李时珍根据该植物叶子的颜色将其分为两种，并且将紫色的命名为"紫苏"，将白色的命名为"白苏"。苏子的嫩叶也可以和梅子一起浸泡供食用。种子在种囊中发育，大小与芥子差不多，可作为感冒药、健胃剂、强壮剂、发汗剂使用。产地在彭县、贵州省崇江县④，价格为3角。

---

① 痞块指肚子里可以摸得到的硬块，是由脾脏肿大引起的，又称癖块、疢癖。
② 今重庆市梁平区。1914年为避免与山东省梁山县同名，改名梁平县。
③ 传说中的香草。据说服之可以美容。
④ 原文有误，应为从江县。

105. 苏叶 ［Perilla frutescens（L.）Britt.］

与上述苏子的作用相同，此处省略对其说明。产地和价格也与苏子一样。

106. 地锦 ［Parthenocissus tricuspidata（Sieb. et Zucc.）Planch］

该植物作为一种葡萄科植物，多见于旱地或庭园中。茎呈红色，花为红黄色，全部都可入药。其主要的疗效是作为驱虫剂、感冒药、赤痢药、腐蚀药等使用。作为煎药可以治疗脓疱疹、疥癣以及其他的皮肤病。产地在叙州府，价格为5角5钱。

107. 大黄（Rheum palmatum L.）

别名"黄良"或"将军"，产自西北各省。据说，甘肃产的品质最好。高约六七尺，茎脆，带有酸味，叶子粗大肥厚，且根据其种类有黄、绿、红等颜色。新鲜的大黄根呈红色，长约2尺，容易被虫咬，一般将其切成薄片放在炎热的石头上，这样就能将其一部分干燥。在大黄中，也有一类被称为"土蕃大黄"的品种，常见于东北各省。在中国，品质最好的大黄呈红黄色，嚼一下会有苦味，可作为消化剂或针对消化器官的强壮剂使用。另外，其对妇科病以及由带脉的充血所引起的病症，比如消化不良等疾病，以及儿童的热病等具有疗效。产地在松潘厅、温江①、打箭炉等地，价格为7角。

108. 苔脯（Herba sphagni）

作为一种苔类植物，《本草纲目》中又名陟厘、水苔、水绵、苔菜等。苔脯在以前作为一种造纸的原料而被使用。现在虽然还是使用"苔脯"的名字却是用来食用的。该植物具有非常大的滋养疗效，药用方面主要是做感冒药、健胃剂、缓和剂等使用。另外，还可以用于治疗流血、流行性感冒。生在古井旁边的苔脯被称为"井中苔"，对于治疗烧伤、烫伤有特效。另外，其还可以作为好几种有毒植物的解毒剂使用。从船的底部采摘的苔被称为"船底苔"。可用于治疗肾结石及流行性感冒。生长在房屋或屋顶上的苔称为"垣衣"或"青苔衣"，可用于治疗黄疸、咳嗽、热病、伤病、

---

① 今成都温江区。

流鼻血、烧伤等。苔脯的产地在四川全境,价格为7角。

109. 丹参（Salvia miltiorrhiza Bge.）

丹参作为一种唇形科植物生长在陕西、山西、山东,在北平一带的山岳地带,丹参作为一种普通的植物大量繁殖。这种植物的叶子带有好几根粗毛,花大呈紫色。新鲜的根外部呈红色,内部为紫色。丹参的内部较软,味道与甘草相似。丹参的根作为"五参"之一。五参即五色（黄、白、黑、紫、红）,等同于五脏——脾脏、肺脏、肾脏、肝脏、心脏。其中,红色代表心脏。本药可作为恢复剂、镇静剂、关节炎药、强壮剂、缓解剂等使用。另外,还可以用于治疗血液病、感冒、月经不调、流产。产地在彰明县,价格为1角5钱。

110. 当归（Angelica sinensis）

当归的根被中国人当作一种重要的药材,在中医中仅次于甘草。当归被认为是以前从西部三省①引进来的,其在山西、山东和直隶也有种植。当归的根内部质软,呈白色或黄色,有时候也呈黑色。气味非常强烈,与荷兰的三叶的香味很像。味甘,有香气。该药在中国主要用于治疗妇科病。当归这一名字寓意"有一种能让女性回归到丈夫身边的力量"。由于当归可以刺激女性的生殖器,所以被当作性欲增进剂使用。产地在中州②,价格为2角7钱。

111. 党参 [Codonopsis pilosula（Franch.）Nannf.]

在明党参一项以对其做过说明,故省略。产地在彰明县,价格为2角7钱。

112. 桃仁（Prunus persica）

桃子的果仁与杏仁容易混淆,或者也可以作为杏仁的代用品,对于治疗咳嗽、血液疾病、风湿病、感冒、蛔虫等各种疾病有疗效。桃仁捣碎以后可以跟蜂蜜混在一起用于滋润双手,果实的毛状表皮可用于治疗感冒。产地在四川全境,价格为1角3钱。

---

① 至于哪三省,原文没有指出。
② 原文有误,应为忠州。

113. 地肤子 [Kochia scoparia (L.) Schrad.]

该植物生长在沼泽和旱地，或广泛种植。其嫩叶可作食用。老的地肤子可用于制作笤帚。在北平，人们一般把地肤子称为"扫帚草"。该植物的果实和叶子均可入药，有利尿、恢复的功能。其种子可以用于治疗热病、感冒、肋骨神经痛、疝、赤痢、妊娠中妇女的子宫病等。产地在成都府，价格为1角。

114. 地黄（Rehmannia glutinosa）

据说地黄从某个角度来讲的话，与车前草很像。其作为中国北方的一种普通的植物，花、茎和叶上都密被柔毛，花呈红色或黄色，果实有种囊，种子很小，呈灰褐色，根大多汁液。地黄的根清洗干净在太阳下晾晒后可入药，被称为"干地黄"。地黄的根可以作为清洁剂、感冒药、质变剂①、强壮剂使用。还可以用于治疗骨折。新鲜的地黄被称为"生地黄"，其比干地黄的疗效要大一些。产地在崇庆府②，价格为2角5钱。

115. 地骨皮（Lycium chinense）

别名枸杞、甜菜、牛乳、仙人杖，生长在北部及西北各省。地骨皮作为一种灌木，质软叶薄，花小，呈紫红色。果实小，与南天的果实相似，根呈黄褐色片状，无味。本植物的一般性作用是作为强壮剂、感冒药、长寿药、点眼药等使用。嫩枝和新叶可用于治疗衰弱病。地骨皮的根对于肾脏病及生殖器病有特效。产地在灌县，价格为1角。

116. 兜铃（Aristolochia debilis）

也称"马兜铃"，主要产自北方各省。果实为不到1寸大小的椭圆形状，扁平、钝三角形。兜铃作为一种药剂的主要功能据说是对肺病有特效。兜铃几乎没有味道和香气，无毒。可以用于治疗出血。产地在彰明县，价格为7角。

117. 吊兰花 [Chlorophytum comosum (Thunb.) Baker.]

别名风兰，多长在南部各省山岳地带的山崖岩石上。吊兰容易与石斛

---

① 原文"质变剂"，疑为抄写错误。
② 今成都崇州市。

混淆。叶子为扁平状,长2寸以上,一旦卷了的话将不会再展开。人们一般将该植物放在竹笼中挂在屋子里养殖。据说,开花以后可以净化空气,也有传说,妇女分娩时如果在房间里摆放一盆吊兰的话,就会顺利生产。吊兰花的产地在四川全境,价格为3角5钱。

118. 天麻(Gastrodia elata Bl.)

中国人也将其称为"赤箭",属兰科植物,生长在中部各省的平原地区,根大,末端有鸡蛋大小的12个球根。该球根可食用,山东产的品质最好。天麻的奥地利品种由于其根部含有多量的淀粉,所以,可供食用。在中国的药铺可以看见经干燥后缩小的球根,呈黄褐色扁平状不规则的椭圆形,长约2寸至2寸半。

该药可作为解毒剂、强壮剂、血液循环剂、记忆增进剂等使用,还可以用于治疗风湿病、神经痛、痉挛、腰痛、头痛以及脑病。该植物的茎被称为"还筒子",可作为强壮剂、性欲亢奋剂使用。天麻的产地在(四川)天全州,价格为1角。

119. 天南星(Arisaema heterophyllum Blume)

该植物见于中国中部及北部地区,产地有陕西、四川、湖北、安徽。其块茎质坚,呈黄褐色或白色,扁平,内部有坚硬的淀粉,白色的物质带有辣味。据说,该药有毒,可作变质剂、吐痰药、利尿剂使用。产地在马边厅、灌县,价格为1角5钱。

120. 天冬[Asparagus cochinchinensis(Lour.)Merr.]

别名虋冬①、颠勒、万岁藤,为多刺的匍匐植物,其中,产自山东泰山的最为有名,在北平附近也有栽培。四川产的天冬作为商业药材最广为人知。老的天冬,内部有孔洞。可用作吐痰药、强壮剂、健胃剂、脑刺激剂等使用,根可以作为蜜饯原料与砂糖一起使用。产地在叙州,价格为2角7钱。

121. 苍术(Atractylodes Lancea)

该药材的原产地在满洲、直隶、四川、山东、湖北、安徽、浙江。苍

---

① 即天门冬和麦门冬。明李时珍《本草纲目·草五·麦门冬》:"虋冬。麦须曰虋,此草根似麦而有须,其叶如韭,凌冬不凋,故谓之麦虋冬。"又《草七·天门冬》:"虋冬。草之茂者为虋,俗作门。此草蔓茂,而功同麦门冬,故曰天门冬。"一说,即蔷薇。

术的根与人的手指一般大，长约1~3寸，表皮粗糙呈褐色，有时带有毛根。气味辛香，味道温和且苦涩。该药的用途是作为刺激剂、关节炎剂、强壮剂、利尿剂使用。另外，对于热病、急性胃炎、慢性红痢疾、各种水肿、风湿病、脑卒中等具有疗效。该药还可以用于中国一些有名的丸药，如固真丹、不老丹、灵芝丹等，产地在眉山县，价格为2角。

122. 枣仁（Ziziphus jujuba）

该植物生长在中国各地，且从古代开始就有栽培。生长在北方的被称为北枣，生长在南方的被称为南枣。由于绿色的枣果可以催生发热，所以体弱者不宜吃。个头大的枣果又被称为干枣、美枣、良枣等。可作为滋养剂、内脏强壮剂、强壮剂、镇静剂、泻药等用途服用。另外，对于呕吐、生气、妊娠中的腹痛也有疗效。三年树龄的枣仁种子可以作为腹痛的特效药，还可以治疗伤病。该植物的叶子可以作为泻药使用。可以用于治疗儿童的神经热。枣仁树的心材对于疲劳症有效果。据说，枣仁的煎药对于血液有疗效。其根可以用于治疗儿童的发疹热以及作为生发剂使用。枣仁的皮跟桑树皮放在一起煎过后，可用作眼睛炎症的清洗药。产地在江油县，价格为4角。

123. 草决明（Cassia seed）

虽然《海关报告》中提到该药材的原产地在湖北、广东，但是，在陕西、四川、甘肃和河南也能见到。在该植物呈长方形的红色豆荚中长着很多暗褐色的种子，中国人将其称为"决明子"。该种子的一端很尖，另一端呈圆形，味苦。据说，空腹食用此物的话，在当天夜里就能够清楚地看见东西，所以，该药用于治疗眼科疾病，内用、外用均可。另外，该药还可用在患水疱疹、疖肿痛的地方。据《本草纲目》记载，该植物的叶子可以食用。产地在金堂县，价格为1角。

124. 草乌（Aconitum kusnezoffii Reichb.）

该植物与附子属同类植物，请参考附子一项。产地在灌县，价格为1角。

125. 泽泻（Alisma plantago-aquatica Linn.）

该植物是一种大量生长在中国北部沼泽地带的水草，在《本草纲目》还有水泻、芒芋、禹孙、鹄泻等别名。该药材主要产地是福建、浙江、河南、四川。作为一种药材，可以使用的部分如下：第五个月采摘的叶子，第八个月收割的根茎，第九个月采摘的闭果。根茎的部分呈球形或椭圆形，该药的直径约为1寸至1寸半，青黄色、味苦、虫眼多。新鲜的根茎带有一些酸味。主要的功效是作为强壮剂、感冒药、利尿剂、关节炎药、健胃剂、缓解剂使用。产地在灌县，价格为1角。

126. 醉鱼草（Buddleja lindleyana Fortune）

又名闹鱼花，正如其名字所表示的那样，该植物主要是用来麻醉鱼类。其花和叶子可以用于治疗急性胃炎以及慢性疟疾病。产地一般在四川，价格为2角5钱。

127. 苁蓉（Cistanche herba）

在锁阳一项已对其进行过说明，此处省略。

128. 杜仲（Eucommia ulmoides Oliver）

这种树见于湖北、四川、陕西、山西。别名木棉，之所以叫木棉，是因为其表皮上包有一层像木棉一样的纤维物质。杜仲的嫩叶可供食用，该植物的木材可以用于制作木头模型，皮可入药。一些杜仲为长约4~5寸的缩小的薄片状，呈茶褐色。杜仲的花、果实和种子可以作为缓解剂使用，外皮可作强壮剂，关节炎药、利尿剂、清净剂等使用。也可用于治疗脾脏、肾脏、过度发汗等。杜仲的嫩叶被称为"棉芽"，具有解毒剂、止血剂的作用。产地在平武县[①]，价格为1角。

129. 独活（Radix angelicae tuhuo）

与羌活属于同一类，由于已经做过说明，因此省略。产地在天全州、灌县，价格为1角。

130. 菟丝子（Cuscuta Linn.）

《本草纲目》中还列举了一些别的名称：菟缕、菟累、菟芦、菟邱、赤网、玉女、唐蒙、火焰草、野狐丝、金线草。大小与黑芥子差不多，呈褐色，味甘。主要功效是作为腹泻剂、缓和剂、强壮剂、性欲亢进剂，还可以用于治疗麻病[②]、小便失禁、白带多等。该植物的嫩枝可作为外用的化妆

---

① 今属绵阳市。
② 麻病指身体麻木。

品或者作为视力不好的人的眼睛清洗剂。产地在合川县①,价格为2角。

131. 冬仁(Benincasa hispida)

别名冬瓜、白瓜、水芝、地芝。在全中国都有栽培。表面有蜡状物质渗出,其果肉、原浆、种子、果实的皮均可入药。果肉甘,带少许凉味,有消炎、利尿的功效。原浆不管是内用还是外用都可以作为缓和剂使用,另外,由于其可以治疗汗疣和小疙瘩,所以可以放在洗澡水里。冬仁作为最有名的调剂是用来治疗麻病,可将其种子烤火后内服。产地在四川全境,价格为5钱。

132. 通草(Tetrapanax papyriferus)

别名通脱木,该植物在中国是一种妇女用来制作鲜花的原料或者艺术家在作画时使用的。该植物多产自台湾,在湖北、四川也能见到。可以作为利尿剂、胸病药、驱虫药、解毒剂使用。通草的花粉对于痔疮、肺病、传染病有特效。而通草制成的纸则可以用于吸取伤口的脓血。通草的产地在灌县,价格为3角。

133. 威灵仙(Clematis chinensis Osbeck)

该植物生长在北部各省,特别是陕西,在圆锥形的花序上开着白色的花。淡色的根并不纯粹。味甘涩。功效是作为疟疾病药、利尿剂使用。另外,可以治疗各种肌肤湿疹、便秘和感冒等各种病症。产地在金堂县,价格为1角5钱。

134. 五加皮(Acanthopanar gracilistμlusW. W. Smith)

中国的书籍或者某些人认为其属于一种灌木、树或者攀援植物。某些研究者主张,生长在北方沙地的植物叫树,而生长在南方土壤中的植物叫草本植物。该植物作为药剂主要使用的是其根部的表皮,有黄褐色的褶皱,没有香气没有味道。尤其是对于风湿病、衰弱病和第三期梅毒有特效。产地在灌县,价格为2角。

135. 吴茱萸(Euodia rutaecarpa)

这是一种小的植物或灌木。开小的紫红色的花朵,果实最初呈黄色,

---

① 今重庆市合川区。

随着成熟慢慢变成暗紫色。据《本草纲目》记载，以前为了让该树的叶子落入水中而将其种在井旁，喝了此井水可以起到预防传染病的目的。另外，传说由于其果实还具有驱魔的作用，所以常被挂在家里。茱萸的果实、叶子、枝以及长着白皮的根都可以入药。我们在市场上见到的那些小的、黑色的新皮是从小花梗中分离出来的。该药有多种效果，主要用作刺激剂、感冒剂、健胃剂、缓解剂、驱虫剂，也可以用于治疗不孕症。茱萸树枝的木片可作为坐药①使用，其根、皮可以作为缓解剂、驱虫剂、风湿病药使用。产地在叙州府，价格为3角5钱。

136. 五倍子（Rhus chinensis Mill.）

五倍子的树又被称为"盐麸子"或"肤木"，中国人容易将其与榖树混淆。该植物可作为药材的有叶子和种子，树皮呈酸味。根据《本草纲目》记载，五倍子的种子呈肾脏形，有时被小孩子们当成食物吃。另外，五倍子也被柬埔寨人当成干果来食用。该药可用于治疗疟疾、风湿、黄疸、传染病、热病、咳嗽、赤痢。树的皮可用作收敛剂、驱虫剂使用。产地在马边厅、泸州、忠州②、灌县等，价格为3角。

137. 五味子（Schisandra chinensis）

该药具有五种味道，皮肉甘甜，核中辛苦，有咸味，因得其名。该药可作为强壮剂、性欲亢进剂、胸病药、镇痛剂使用。中国人通常会把产生黏质的煎剂植物枝给扔掉，但是，该植物的枝具有治疗赤痢、麻病和咳嗽的功效。产地在灌县，价格为2角5钱。

138. 乌药［Lindera aggregata（Sims）Kosterm.］

在日本，该药以"天台乌药"的名字著称。该植物高约10尺以上，见于长江以南，特别是广西省。该药一般以薄片的形式进行售卖，颜色为白色，带有芳香。其根可作为强壮剂、缓解剂、感冒药、健胃剂等使用。另外，该药对于消化病、疟疾、流血、疝气、月经病、麻病等也有疗效。其嫩

---

① 方剂学名词。指用药制成丸剂或锭剂、片剂，或用纱布裹药末塞于下体内，治疗白带过多、瘙痒或痔疮等。

② 今重庆市忠县。

叶可以代替茶叶，有刺激剂、利尿剂的疗效。产地在绵竹县①，价格为1角。

139. 雅斗（Dendrobium nobile Lindl.）

与前述的木斛属于同类，此处省略对其说明。产地在雅州府②，价格为5角5钱。

140. 牙皂（Gleditsia sinensis Lam.）

别名"猪牙皂荚""牙荚"。皂荚弯曲且薄，形状上不是很美，可以用作洗剂。皂荚也有长2寸的，大小不一致，其中品质最好的是长为6~7寸的。裂开的皂荚中带有厚厚且质软的荚片，稍微咬一点的话会感到很酸，让人心情很不好。牙皂具有催痰药、催吐药、泻药的功效。另外，还可以用于治疗咳嗽、腹部膨胀、慢性赤痢、直肠脱落等疾病。产地在忠州，价格为2角5钱。

141. 益母（Leonurus japonicus Houtt.）

该植物生长在海岸地区、水池边或沼泽地带。茎呈四方形，叶分为三片，花为红色，有时候也会混有白色。由于该植物带有一种让人不舒服的芳香，所以古代的学者将其称为"臭秽"。之所以叫"益母"，是因为其种子对女性病有效果。穷人一般采摘该植物然后卖给药材商。益母没有香气，味道较苦。李时珍曾指出：该植物有两种，一种开白色的花，另一种开紫色的花，后者被称为"野天麻"，前者则是"益母"。益母的种子可以作为性欲亢进剂使用，对于治疗热病、出血、月经过多、生殖能力减退等有疗效。产地在成都府，价格为1角。

142. 茵陈（Artemisia capillaris Thunb.）

多年生蒿属，每年都从相同的根发出枝来，在冬季叶子也呈绿色。据说，品质最好的是产自山东泰山。《本草纲目》中关于茵陈的外观和药用，曾记载说有不同栽培的种类。在医学治疗上一般将此物称为"绵茵陈"。其叶和茎可作为解热剂、利尿剂、镇痉药使用，对于黄疸、发怒和发热有疗效。产地在成都府，价格为1角。

---

① 今属德阳市。
② 今雅安市。

143. 罂子粟（Papaver somniferum L.）

有瓶状的种囊，种子与粟的种子相似。别名"御米"，这个名字是因为该谷物可以用来缴纳租税。罂子粟原来是用于赏花的，其嫩枝和种子可供食用。种子用于呕吐、腹泻、热病等的治疗。种囊，即包裹种子的外皮，可以治疗腹泻、赤痢、直肠脱出、遗精、咳嗽等。该植物还是腹泻的特效药。另外，从该植物中还能够生产很多的鸦片，本调查限于篇幅，省略这部分内容。产地在四川全境，价格为8钱。

144. 郁金（Papaver somniferum L.）

根据《本草纲目》记载，该植物原本生长在包括现今的甘肃、陕西等地，另外，在四川、西藏也能见到。其根可以作为日本妇女和服的染料。作为一种医药，主要功效是用于治疗各种出血，比如血尿、负伤等。产地在崇庆州，价格为3角。

145. 郁李〔Cerasus japonica（Thunb.）Lois.〕

别名"棠棣""雀梅"，而"棠棣"又被称为"唐棣""常棣"。是一种生长在江苏的山谷地带，高约6~7尺的树木。结小而红的果实，味酸，可供食用。在中国各地，人们有时也会为了制作糖果而栽培郁李。将其干燥或与蜂蜜混合后可以制成蜜饯供药用。郁李味酸涩，可作为缓和剂、利尿剂、镇痛剂使用。另外，还可以治疗水肿、风湿病、热病、心脏病、消化不良、便秘、眼炎等。其根可以用来治疗牙痛、便秘以及儿童的热病等。产地在四川全境，价格为2角。

146. 远志（Polygala tenuifolia Willd）

别名"蒌绕"或"小草"，有两种，一种的叶子大，另一种的叶子小。关于该植物的记载很少。用其根制成的药材被称为"远志肉"。多见于北方各省，特别是陕西、河南。味甘且带一些酸味，该药尤其具有增强记忆力、增加体力的疗效。另外，可用于治疗咳嗽、黄疸、癔症、小孩痉挛、麻病、乳房脓疮等。叶子可用于治疗遗精。产地在江油县，价格为2角。

147. 芫花（Daphne genkwa）

又名"闷头花"。如果将此花投入池塘或者流水中，则水中的鱼就会死去，所以也称"毒鱼"。另外，芫花也称"头痛花"，因为其花的香味会引起人头痛。芫花的叶子最初是绿色的，随着生长慢慢变成暗黑色。花的颜色有紫、红、白三种。花、叶、根均可入药。芫花的花和根可以治疗咳嗽或者作为强壮剂、解热剂和慢性疟疾剂使用，其叶子与花、根一样，都可以在捣碎以后用于治疗皮肤病。产地在灌县，价格为1角2钱。

148. 元参（Scrophularia ningpoensis Hemsl.）

该植物又被称为"黑参"或"野脂麻"。叶长呈锯齿状。高约四五尺。茎呈绿色且质脆，花的颜色为紫色或白色。果实呈黑色。茎和叶上有卷毛。能够入药的根长约三四寸，直径为1寸，根易被虫蛀。该药可作为感冒药、利尿剂、强壮剂、恢复剂使用，还可以用于治疗热病、肠伤寒、疟疾病等。产地在新繁①，价格为6钱。

---

① 今为成都市新都区。

四川省的桐油[*]

昭和 4 年（1929）第 26 期学生
斋藤晖夫

目　录

第一章　总论

第二章　中国产桐油

　第一节　桐油树

　第二节　桐油树的栽培

　第三节　原料种子的采集

　第四节　榨油法

　第五节　原油的产地以及按产地划分的种类

　第六节　桐油的种类

　第七节　桐油的性状

　第八节　桐油的鉴定方法

第三章　桐油的交易

　第一节　桐油的出货期

　第二节　汉口桐油的收购

第四章　中国桐油的用途

　第一节　在中国内地的用途

　第二节　在海外的用途

　第三节　桐油粕的用途

第五章　四川省的桐油

---

[*]　本文系东亚同文书院第 26 期学生斋藤晖夫和调查组成员于 1929 年进行的调查。原文见《东亚同文书院中国调查手稿丛刊》第 112 册，国家图书馆出版社，2016。

第一节　概论

第二节　四川桐油的产地

第三节　桐油的制法

第四节　品质

第五节　出货期

第六节　收购方法

第七节　交易习惯

第八节　市价的决定方法和唱价

第九节　包装

第十节　收购的各种费用

第十一节　装运的各种费用

第十二节　产值

第十三节　桐油作为商品的价值

第十四节　沉淀物及残渣

第六章　副产物

第一节　碱

第七章　结论

第一章　总论

最近，中国的桐油榨油业呈现出了前所未有的盛况，甚至还出现了大量出口到海外的现象。桐油树的栽培在以前仅是农家的一个副业，之后人们逐渐将其用于榨油，以致很多中国人将桐油用于点灯。另外，桐油经过简单加工后作为涂料使用的这一用途从很早就有。至于桐油榨油业的渊源，更是非常古老，而且在国内所有地方都普及了。但是，将桐油运往偏远地区的现象非常少见，相关交易也非常少。

公元 1875 年，桐油首次被出口到欧洲。之后的 1900 年又被出口到美国。由于桐油作为涂料的原料名气很大，所以，在海外的需求一下子扩大了。桐油也从以前作为农家的一项副业逐渐变为主业，人们也期待着其产量的增加。桐油最初在国外是作为部分亚麻油的替代品。而现在，桐油成为涂料中不可缺少的一种原料，以至于几乎世界各国都得仰仗于中国桐油的供给。在民国4~5年（1915~1916）的时候，中国桐油的出口总额平均只有5万~6万元。到了民国8~9年（1919~1920），一下子增加到了1000万元。而且，现在桐油的出口额在中国油脂类产品中的出口额中仅次于大豆油和落花生油，居第3位。到了民国13年（1924），桐油的出口额又突破了1000万海关两①，呈现出仅次于大豆油，居第2位的盛况。从以上可以看出，中国的桐油正在逐渐走向发达，这是再清楚不过的事实了。这也就不难理解，为何各国商人都争先恐后地热心于桐油的交易。

第二章　中国产桐油

第一节　桐油树

桐油树与一般通常所谓的"桐树"不一样，在中国被称为"桐子树"。桐油树作为一种东亚地区的特产物，属于大戟科植物，生长地分布在长江流域各省（北纬25度~34度），尤其喜欢生长在湖南、四川、湖北、陕西（南部汉水流域）各省的海拔2500英尺②以上的多岩石、贫瘠地带。

桐油树枝叶繁茂，生长快。通常，其树干的直径大小为5寸左右，高约1丈2尺至2丈之间，枝叶茂盛，果实呈红白色，果蒂呈黄色。桐油树在3~4月开花，5月左右结果，果实在9月份左右成熟。从10月末到11月，桐油树的果实外皮开始开裂，种子会自动落到地上。

一株桐油树的挂果数量平均约在400~800个，果实的成分大致如表1。

表1　桐油树果实成分

	水分	油分	灰分
核	2.86%	56.10%	2.62%
皮	10.80%	0%	1.70%

---

① 海关两，亦称关平两，1858~1929年海关征税时使用的记账银量和1875~1937年全国对外贸易报告计值单位。1海关两=1.114上海两=1.558元（银元）。

② 一英尺等于0.3048米，一尺等于0.3333米。

另外，桐油树原树的种类有以下两种。由于它们在制油上是一样的，所以这种种类上的区别在商业上不太重要。

1. 皱桐（Aleurites Montana）

该类桐油树多见于中国南部，特别是广西省比较多。另外，福建和广东也不少。该类桐油树叶子呈心脏形，果实稍大呈卵形，表皮带有褶皱是其显著特征。

2. 光桐（Aleurites Fordii）

这一类桐油树多见于湖北、湖南、四川、云南和贵州等长江流域。果实表面光滑，顶部稍尖，叶子与桑叶很像。

第二节　桐油树的栽培

桐油树的播种分为种植和苗植两种，一般采取的是种植。另外，虽然也有在野生状态下培养的，但是，很多都是播种后再移植。桐油树的种子如果长期暴露在太阳光下的话，其发芽率就会大大降低，这点需要注意。桐油树的播种期在1月左右。把种子按照5尺的间隔埋入土中，到了5月末，种子就会发芽，到了10月左右，就会长到8~9寸高。或者在播种的时候可以密播，然后将这些长出来的树苗作为种苗再移植到别的地方。一般情况下不用施加肥料。

播种后如果栽培得当的话，桐油树在第3年会长到4~5尺高，这时候就能看见其开始结果了。桐油树结果的数量每年都会增加，并且在第6~7年的时候达到顶峰。从第14~15年开始，桐油树开始逐渐转为衰退。如果是生长在肥沃地带的桐油树，即便生长了30年，也会依旧枝繁叶茂。

观察中国人栽培桐油树，可以发现，他们往往选择那些山间不太肥沃的地方，然后将其开荒。特别是中国人不给桐油树施肥，仅仅是除除草，有时候也对土地做一些中耕的工作，即对土壤进行浅层翻倒、疏松表层土壤。因此，20年过后根本无法获得充足的种子。

将来如果日本人进入中国内地，需要对这些无知的农夫进行指导，实施科学种田法。这样，桐油的产量应该会是现在的几倍吧！对中国的桐油生产进行奖励这点自然不用说，这对于我们国家①能带来不少的利益。中日亲善不应该仅仅是口头上的东西，而是应该落实到行动上。

第三节 原料种子的采集

桐油树的果实原本在成熟以后就会裂成三块，种子会自动从果实中脱落。所以，首先可以通过这个方法拾获种子。对于那些没有开裂也没有脱落的果实，可以将其从树上打落。然后将这些果实在地上放置几天，待其外皮腐烂变成黑色，或者使用草和蒿将其盖住，以此来加速果肉腐烂，这样种子就能快速从果实中分离出来。在收获果实后的2~3天，利用太阳光照将其晒干，然后再用唐竿②连续击打，这样果实的外皮会就破碎，种子就会分离出来，然后再从种子中榨取桐油。具体是按照以下简单的方法进行的。

第四节 榨油法

方法一

首先，把按照前述方法获得的种子放在太阳光下充分暴晒；然后，将其放在土制的窑上，用竹子或细长的木头制作一个架子，然后在这个架子上将桐油的种子按照厚约1尺的标准摊开，用小火充分干燥后将其磨碎。烘焙火候的强弱直接影响榨出桐油的色调。烘焙时的火力越大，榨出的桐油的色调中越会带一些黑色。

以上提到的被充分干燥后的种子也被称为"碾子"。首先，将其放入石臼中捣碎，再用筛子将种核和种壳进行分离，然后立即把呈细末状的种核放入底部有无数孔隙的蒸帘上，再将其放到沸腾的锅上蒸煮三四十分钟。另外，根据加热程度的不同呈现出的颜色也不同。如果温度高的话，则会呈现出浓褐色。最后用龙须草（油草）将蒸好的东西包成一个圆形扁平状的东西，放入两个大铁轮子中间，这时，压榨机就会榨出桐油来。铁轮的大小并不是固定的，一般情况下直径为2尺左右。这样就能够充分地将油压榨

---

① 指日本。
② 日本一些典籍中对据说来自中国唐代（一个繁荣强大的王朝）一些器物的称呼，因尊崇强大繁荣的唐代，故用唐来表示来源地。类似的还有唐织、唐锄、唐锹等。

出来，直到只剩下粕。由于粕里还含有少量的油，所以将粕粉碎以后再用压榨机进行二次压榨。根据榨油的方法，榨油量和粕的比例如下（见表2）。

表 2 榨油量和粕的比例

	榨油	粕	种壳
第一次	22.36%	—	—
第二次	5.56%	24.08%	48.00%

作为一种参考，据中国人讲，每一担种子在第一榨的时候，可以获得15~16斤桐油，第二榨可以获得1~2斤桐油。榨油剩下的粕可以当作肥料使用。

方法二

首先在种子收获以后的两三天内将其放在太阳光下干燥，其次用唐竿连续击打，使种子从外皮中分离出来，然后立刻将种子放入一口大锅中进行煎熬，最后在水力或牛力作用下用大石臼对其进行粉碎。

把磨碎的东西立马装入一个袋子，搬到圆形的油槽内。为了挤压这个袋子，需要在袋子上面的厚板上再放上几个重石。在重石的压力下挤出来的油通过下部的小孔流入油壶。

原本这种土法制油的榨油出油率就相对较小，在产品品质方面，也根本无法与机械制油匹敌。由于这些制油坊都是一些小规模的家庭内部工业，所以很少受到集中在大城市的机械工业的挤压。当然，如前所述，由于机械工业都集中在大城市的缘故，所以它们在原料的收购方面也存在不少不方便的地方。但是，考虑到未来随着桐油用途的扩大其出口也会增加这一点，不难想象在不久的将来采用机械工业进行桐油压榨才是最为有利的。

第五节 原油的产地以及按产地划分的种类

中国的桐油产地有四川、湖南、湖北、福建、广东、广西、贵州和陕西等省份。其中，四川、两湖和贵州为主要产地。现在，我们按照区域对其进行划分。

一　长江流域地区

云阳、开县、万县①、东乡县②、新宁③、渠太子④、大半⑤、涪州、重庆、泸州、江安、兴文、长宁、庆符、高县、叙州、屏山⑥。

在以上这些地方中，自古以来就以桐油出名的有：云阳、万县、涪州、叙州，其中万县桐油的产量居四川省首位。

二　嘉陵江流域地区

合州⑦、西充、南部⑧、广元。

合州的"合州篓子"⑨非常有名。

三　乌江流域地区

南川、彭水县、黔江县、酉阳、秀山⑩。

秀山产的桐油在市场上被冠以"秀油"的名字进行交易。

接下来，按照产地对其种类进行一个划分，如下。

（一）南油

产地为湖南省和贵州省的交界地区，以及沅江流域地区，其中心为常德、永定⑪、宝庆⑫、秀山⑬、洪江⑭、麻阳等。在汉口售卖的南油，其品质仅次于川油。但是，南油在中国桐油中的产值却是最多的。

（二）川油

指产自从宜昌到重庆、长江南岸、四川省和贵州省交界的山岳地带、

---

① 云阳、开县、万县今都属重庆市。
② 1914年为避免与江西省东乡县同名，改名宣汉县，今属四川达州市。
③ 1914年为避免与湖南省新宁县同名，改名开江县，今属四川省达州市。
④ 原文有误，应为渠县，今属四川省达州市。
⑤ 原文有误，应为大竹，今属四川省达州市。
⑥ 江安、兴文、长宁、高县、屏山今均属四川省宜宾市，庆符1960年并入高县，叙州为今宜宾市。
⑦ 今为重庆合川区。
⑧ 西充、南部今均属四川南充市。
⑨ 因桐油装在用竹皮制作的竹篓里，故名。
⑩ 南川、彭水县、黔江、酉阳、秀山均属重庆市。彭水县，原文写作彭县，有误。
⑪ 今湖南张家界市永定区。
⑫ 今湖南邵阳市。
⑬ 今属重庆市。
⑭ 今属湖南怀化市。

涪江和嘉陵江流域地区的桐油。主要产地有重庆、万县、涪州①、叙州、梁山②、云阳、彭水、合川、保宁③、顺庆、綦江④、绥安⑤等。这一地区的桐油都集中在重庆和万县等地，然后沿着长江干流而下，在汉口销售。川油在中国桐油中品质是最好的。

（三）襄油

产自湖北省汉水上流以及湖北省和河南省交界处的山地的桐油。主要集中在老河口⑥，沿着汉水而下，最后集中在汉口。襄油的品质是最差的，根本不适合出口。

而且，作为整个中国三大桐油产地的长江流域、广东地区和天津地区，这三个地区桐油生产额的排名，长江流域为第一位，占整个产额的约八成，广东地区和天津地区居长江流域之后。

第六节　桐油的种类

桐油大体上可以分为以下四种，而且它们在原料方面并没有什么不同，只不过因制作方法的不同在色调和粘度等方面呈现出很大的不同。

一　白桐油

白桐油又被称为"桐油"或"金油"。经过冷压或温压的方式来榨油。白桐油的颜色带一点淡黄色或淡褐色。如果是严冬时节，白桐油会带一点淡黄色，并且呈牛酪状凝固体。白桐油主要被出口到了国外。四川产的白桐油颜色稍淡一些，而湖南产的大多浓厚一些。

二　黑桐油

黑桐油又被称为"黑油"或"老油"，呈暗褐色，粘度不大。因此，很多人都会根据市场行情在其他的桐油中混入一些黑桐油，而想要发现这

---

① 今为重庆市涪陵区。
② 原文写作梁山。1914年为避免与山东省梁山县同名，已改名为梁平县。今属重庆市梁平区。
③ 今阆中市保宁镇。
④ 原文写作綦江，有误，今为重庆綦江区。
⑤ 顺庆、绥安均属于南充市，绥安为今南充市嘉陵区绥安街道。
⑥ 今属湖北襄阳市。

一点却很困难。黑桐油在榨油的时候，要把桐油树的果实充分炒至稍带点黑色，这样榨出来的油在色调方面显得较为浓厚。

三 洪油和秀油

原本人们把湖南省洪江产的桐油称为"洪油"，把四川省秀山产的称为"秀油"，这种命名也仅仅是从产地上对桐油进行区别。另外，由于该油具有特殊的性状，所以目前也用于区别其他种类的桐油。洪油和秀油呈红褐色或黑色，而且非常浓稠。如果在油中尝试着插入一根小棒然后往上提的话，就会拉出像糖一样的很长的细丝。在生产这种油的时候，首先要把桐油榨干，然后再把粕加入桐油中，并且在铁锅中适当地翻炒，最后再通过压榨机榨一次。如前所述，洪油和秀油都只不过是产地上的区分，但是在今天，它已经成为一种商标。其中，洪油的声望很高，且在桐油市场中非常有名。

四 光油

光油是由普通的桐油炼制而成，主要是作为一种涂料来使用。光油的颜色呈暗褐色，干燥性很强。炼制光油的方法是把某种桐油加入铁锅中，每一斤桐油勾兑酸化铁和酸化铅各一盎司，然后对其进行加热即可。

第七节 桐油的性状

首先，精选后的桐油根据其颜色可以大致分为白油、黄油和黑油三种。而这些不同的颜色都只不过是在榨出原油的时候，因桐子烘焙加热的程度不同所导致的。除此以外，并无其他区别。另外，作为一种商品，虽然不同颜色的桐油与价格多少也有点关系，但是与性质并没有多大关系。其次，桐油按照生产方法可以大致分为冷压法和温压法两种。冷压油是一种呈淡红色的液体，有种特殊的气味，也被称为"白桐油"，一般都被出口到欧洲。而温压油则呈暗褐色，会释放出一种令人感到不舒服的气味，被称为"黑油"或"红油"。这种油并没有被出口到国外，而是在中国内地被消费了。如果把桐油的特性分别从物理方面和化学方面分开进行说明的话，如下。

一 物理特征

1. 具有特殊的臭气

新鲜的桐油虽然很少会释放出臭气，但是随着与空气的接触或者时间的流逝，桐油就会显著地释放出臭气，这种臭气的成分好像是基于不饱和酸的酸化所产生的。

2. 在一般油脂中比重很大①

3. 折射率②在油脂中是最高的

也就是说，当比重在 15 度的时候，折射率为 0.94 以上；而当比重为 20 度的时候，折射率为 1.515 以上。油脂品质的优良与否由折射率决定。折射率越高，油脂的品质越好。

二　化学特性

1. 加热后易胶化

中国产的桐油有一个特有的性质，该性质与热量相关。即把桐油加热到 250 摄氏度以上的时候，其就会变成为一种无定型的、无法溶解的胶状固体。而这一化学作用在桐油鉴定上是非常重要的。另外，桐油在受热以后性质上还会硬化，这给其在应用上造成了很多不便。当然人们也想出了很多的应对办法，比如添加松脂。胶化的桐油具有弹性，不能被普通的溶剂所溶解。

2. 在空气中容易吸入氧气而酸化干燥

中国桐油的干性特别强，只需要一两天就会变干。如果在玻璃板上涂上一层薄薄的桐油，同时使温度保持在约 100 摄氏度，在这样的条件下，仅仅需要 15 分钟，桐油就会凝固。桐油的这种干性并不仅仅是因为吸收氧气后的自我酸化，还因为其含有的桐酸（Eleostearin）容易酸化的缘故。因此，桐油的固化并不仅仅发生在其表面，其内部也发生了胶化反应。另外，桐油的这种变化也受日光的影响。

3. 碘值高

桐油的碘值在 168 以上。一般人们认为日本产的桐油和中国产的桐油具有相同的性状，但是最近的研究表明，日本产的桐油在比重、碘值以及折射率方面都比中国产的桐油稍逊一些。

---

① 油脂比重，指油脂在温度 20℃ 时的重量与同体积纯水在 4℃ 时的重量之比值。是油脂特征常数之一，可以作为评定油脂纯度和掺杂情况的参考。

② 油脂折射率是判断油脂纯度的重要指标，与油脂比重、温度等有关。

第八节　桐油的鉴定方法

如前所述，尽管桐油在榨油的时候使用的是一些不完善的方法，但是榨油方法对桐油品质好坏的影响却很小。通常人们会根据行情在桐油中混入一些其他的油，这点在鉴定桐油品质的时候应该加以注意。

纯粹的桐油颜色呈绿黄色。而作为一种标准性的商品桐油，其粘度为70华氏度[①]。关于那些在实际中人们从很早就使用的桐油鉴定法，比如我们来介绍一个中国人特有的、一种主观性的、并非科学的鉴定法。简单来讲，就是仅凭颜色来判定桐油品质的好坏。另外，最近各个洋行在与中国人进行桐油交易的时候，鉴于外国人不熟悉桐油的鉴定，有些中国人就开始在桐油中混入一些其他的东西。而洋行针对这一现象也采取了一些措施，比如，他们在从中间人那里购入桐油的时候，已经出现了开始采用化学或物理方法来鉴定桐油品质的趋势。但是，在各个公司，人们大都还是根据多年的经验以及通过检验桐油的光泽、粘度等来进行采购，这种情况是很多的。接下来，我们列举一些主要的科学桐油鉴定方法。

一　加热鉴定法

二　折射率鉴定法

三　比重鉴定法

四　碘值鉴定法

五　酸值鉴定法

六　粘度鉴定法

七　胶化实验鉴定法

以上这些鉴定法在实际中真正使用的，除了特别的大宗交易以及对桐

[①] 桐油在不同温度下的粘度是不一样的。一般来说，温度越高，粘度越低。而温度计量有华氏度和摄氏度两种。两者的换算方式是华氏度＝32（华氏度）+摄氏度×1.8，这样摄氏零度为华氏32度，摄氏10度等于华氏50度，摄氏20度等于华氏68度，摄氏30度等于华氏86度，摄氏40度等于华氏104度。而桐油在摄氏25度时粘度0.7；摄氏50度时，粘度0.125；摄氏75度时，粘度为0.042，摄氏100度时，粘度为0.0169。

油品质有很高要求的情况以外，其余几乎都是根据人们的经验来鉴定的。另外，在这些方法中，最简单、最值得信赖，而且一般广为使用的就是折射率鉴定法。

第三章　桐油的交易

第一节　桐油的出货期

中国人信奉：如果没有大的天灾，庄家的收成都是一年好一年坏。这也能解释为什么中国人把桐油的栽培完全交给自然，几乎使其处于野生的状态。因为他们认为，如果今年丰收了，那么，树的养分在明年必然会受到损害，结的果实也必定减少。总之，丰收和歉收不断交替循环。

桐油的出货期在一年中如果早的话，从10月中旬就开始了。然后在农历正月前后暂时减少。1月到4月的这段时间是桐油出货最旺盛的时期，进入5月份以后出货量会稍微减少，到了7月以后，由于河水水位上涨造成的搬运危险等影响，加上桐油原料种子的逐渐减少，最终出货量也会减少。

第二节　汉口桐油的收购

汉口作为桐油的一大集散地，各个出口商都在这里设立了营业所，交易非常频繁。另外，油行相对很少。从各地运入汉口的桐油产额如下（见表3）。

表3　昭和3年（1928）

单位：海关两

重庆	宜昌及沙市①	岳州②	长沙	九江	其他	合计
36015	92960	326248	25360	7646	230836	719065

---

①　今荆州市沙市区。

②　今岳阳市。

汉口当地的桐油买卖可以分为面向内地和面向海外两种：面向中国内地的主要是产自内陆地区的桐油，经常装在篓子、桶子或风袋（一种容器）里进行买卖。风袋的轻重以及（桐油）粕的多少完全在于买家①。交易的时候，使用油行专用的油秤以及银两来计算。面向出口的桐油，即与外国商人之间的交易，多使用外币进行结算，其约定书（议事单）如图1。

```
                    议
                    定
三                  
井                  
大    陆  价         净
洋    续  银         桐
行    交  拾         油
      清  四
 台        两        壹
 监        八        百
           钱        吨
      任
      戌            到
           此        期        每
 年         致        两        斤
 月                  个        磅
 日                  月        秤


    简  乐
    昌  祥    交
    油  昌    单
    行
```

图 1　约定书式样

　　油行在规定期限内依自己方便的情况购买契约书中规定的全部数量（或一部分）的桐油，这些上市的桐油被称为"毛货"②，装入篓子里直接运进了外商的工厂。首先，这些桐油要在相关工作人员在场情况下接受品质的检查，然后用秤计算数量，最后再被注入油罐中。把桐油注入油罐以后剩下的空的篓子由油行带走。这时，外商会从总重量中减去篓子重量，最后支付的是相当于合同金额约八成的货款。鉴于桐油有时候也会有沉淀，所以外商会将其转移到一个储藏槽里，将沉淀物过滤掉。

---

① 买家说了算。主要原因是买方市场。出售者众多，收购者就是几个商号，这使得买家在交易中往往处于有利地位，这是近代贸易中很常见的状态。
② 未加工的粗货。

桐油之所以能够在汉口市场上进行买卖，主要得益于那些被直接派往生产地的出张员①们，是他们促成了交易。而且，如前所述，桐油的出货期始于10月至12月的这段时间。1月和2月不单河水水位低，桐油出货量也很少。及至3月末，随着河水水位的上涨，其出货量也会增加，到了4~5月到达顶峰，7月以后，出货量又开始减少。汉口桐油的集散地大体上可以分为万县、常德和老河口三处（现在，重庆也从万县脱离出来形成了一个市场）。具体来看的话，四川和贵州省边界一带产的"川油"以万县为中心进行集散；湖南以及贵州省一部分地区产的桐油则是以常德为中心进行集散；产自汉水流域的"襄油"以老河口为中心进行集散。

万县桐油的交易方法被称为"过载"，是一种通过中介来进行收购的方式。常德的交易方法与万县不同，是通过油行来进行商业买卖。油行的人每天在商业总会聚集，制定当天的官方市价，避免一般市场竞争。老河口的交易虽然也是经由相当于油行的山货行来进行的，但是由于这里的桐油品质较差，所以没有面向海外出口的交易。

汉口的桐油交易，如前所述有按照"毛货"和洋货②两种结算方式。而在实际的交易中，一般都是用洋货核算，然后在工厂内交割。一旦生意达成了，桐油就会以"毛货"的形式被直接搬入指定的精油工厂，在接受检查后进行交割。主要的交易油行有：衡昌、春源、周祥昌、慎昌、裕昌怡等。

以上这些从内地运往各个市场的桐油都是装在笼桶内来运输，然后直接装入木桶，之后再用船或者汽船运至汉口。最近，运输方面有了一个大的进步，开始出现了用油罐船来运输裸油的现象。

出口的对象大致有：美国、香港、德国和英国等。其中，面向美国的出口比重最大，占整个出口额的半数以上。而被运到中国内地的仅仅占整个出口的约一成，面向日本的出口几乎没有。

---

① 在日语环境中，出张员指从事具体业务的人员。
② 洋货，指经过精炼后用于出口外洋的桐油，按交易习惯，未精炼桐油不能出口。由于华商不具精炼桐油的能力，用于出口外洋的桐油都是外商精炼，于是人们将外商精炼的用于出口外洋的桐油称为"洋货"。

第四章　中国桐油的用途

第一节　在中国内地的用途

从前，中国人多把桐油用于涂料和燃料。而且从很早开始，人们只需要对桐油进行简单的加工就可以将其用于涂料。另外，榨油业的历史也很悠久，并且在中国所有地方都普及了。桐油很早就被用于涂料，且几乎可以用于所有的涂料。桐油在中国内地的用途大致如下。

用于民船的船体、船具，或者涂抹在房屋中那些暴露在风雨中的木材上，起到防腐兼装饰的作用。用于制造油纸、油布，供制作日常家具的涂料，混入油漆制作假漆①，混入麻屑等涂抹在船底或者其他浸泡在水中的器具的间隙里，起到封闭的作用。在桐油中混入红土以后就会呈现出红色，混入煤烟就会变成黑色，可以用它们来替代涂料。另外，在乡下桐油被当成石油的替代品供点灯使用，在个别情况下也用于给植物接枝。

第二节　在海外的用途

桐油容易固化，而且其干燥后的皮膜还带有褶皱。由于桐油在变成一种不透明的、带有光泽和黏着力的东西前需要一定时间，因此一般不能单独使用，而是与亚麻仁油、大豆油等混合起来作为制作油漆装修的原料。桐油的用途非常广，特别是在美国，而且其有关桐油用途的研究也最为发达。桐油是制作油漆等不可或缺的原料，因此，其价格也比亚麻仁油要远远高出不少。美国一年的桐油进口额已经达到了50万镑左右。中国产的桐油之所以被美国涂料界所重视，其中一个重要原因就是美国涂料研究的发达。除此之外，还有一个原因，那就是比起其他干性油②，中国的桐油具有一种特殊的性质。如果着眼于这一性质，说不定就可以制作出最好的涂

---

① 假漆，又称清漆，俗称凡立水（Vanish 的商译）。人造漆的一种，不含颜料的透明漆，主要含树脂和溶剂，能耐酸，耐油，有保护作用。

② 干性油是在空气中易氧化干燥形成富有弹性的柔韧固态膜的油类，有些可以食用，有些不能食用。

料。也就是说，迄今为止很多关于桐油的研究都只不过是把桐油当成是亚麻仁油以及其他干性油的一个替代品，或者作为一种混合物来使用。与此相反，美国的研究却聚焦桐油不同于其他干性油的一种特质，最终他们研制出了一种其他干性油所不具有性质的新涂料。这种新的涂料表皮强韧，且具有防水和耐热的性质，具备了涂料所需要的所有关键性能指标。因此，在美国这种新涂料的用途非常广泛。

第三节　桐油粕的用途

接下来是榨油以后剩下的粕——桐油饼的用途。首先是桐饼作为肥料使用的价值。由于桐饼所含的氮比较少，所以与其他的植物油粕相比较稍微差一些。桐油粕的产地都是分布在一些交通不便、较为偏僻的地方，因此也不可能出口到海外，只会在当地被当作罂粟子的肥料来使用，或者将其烧成灰后再加入桐油制成一种糊状的物质，用于涂抹在民船船板的接缝处。还可以把燃烧后的桐油粕浸泡在水中，对析出的液体进行蒸发干燥，制成一个被叫作"碱"的东西。这种东西可用于洗涤衣物。另外，在煤炭价格日益走高的今天，桐油粕还可以作为一种燃料代用品来使用。

第五章　四川省的桐油

第一节　概论

四川省与湖北、贵州两省一起作为中国桐油的代表性产地，每年的产量约为42万~43万担。这比湖南省的30万担以及贵州省的5万担要多得多。可以说，四川的桐油产值在中国所有省份中居第一位。四川产的桐油也被称为"川油"。虽然四川省内各个地方都出产桐油，但是，东川道[①]一带是最多的。而且，川油由于受到制造地常年的商业习惯、市价以及集散地情况等因素影响，形成了以"万县"为中心的市场（现在，由于重庆也开了一个市场，所以万县的盛况逐渐被重庆一点点抢走了）。各地产的桐

---

① 康熙八年（1669）置，治所在重庆府（今重庆市）。辖重庆、夔州、绥定三府，忠、酉阳两直隶州，石砫直隶厅，1927年废，各县直属四川省。

油在经过海关厘金局后聚集到这个地方进行交易，有的经由长江被运到了上海，有的经由汉口被出口到了外国。如前所述，最近中国的桐油出口额在急速增加，出口桐油的大部分都是川油。不管是中国商人还是外国商人都在万县、重庆设立了派出机构，在桐油买卖方面投入大量精力。尤其是在大正 11 年（1922），据说这种竞争的激烈程度更加明显了。

第二节　四川桐油的产地

一　以万县为中心的产地

产自万县的桐油被称为"万篓"，其年产值比其他地方要高出一大截。附近主要的产地如下。

1. 万县

丰都、忠州、武陵①、梁山街道②。

2. 云阳

盘汶③、小江④、安坪⑤。

3. 开县⑥。

4. 大竹、新宁、渠太子⑦

二　以涪州为中心的产地

涪州产的桐油被称为"涪州篓子"，主要的产地有涪州、垫江⑧、酉阳、彭水、顺庆⑨。

---

① 今重庆万州区武陵镇。
② 隶属重庆市梁平区。
③ 原文有误，应为盘陀。今云阳县盘龙街道驻地，明朝时属居仁乡仁慈里盘沱堡。康熙末建场（集市）。
④ 今云阳新县城，原双江镇驻地，小江（长江的一条支流，古称容水、巴渠水、澎溪水、清水河、叠江）入长江处。顺治初年建场（集市）。亦作双江场。
⑤ 今属奉节县。
⑥ 今重庆市开州区。
⑦ 原文有误，应为渠县。
⑧ 今属重庆市。
⑨ 今四川省南充市顺庆区。

三 以合川为中心的产地

合川产的桐油被称为"合篓子",主要的产地是合川及其附近的绥定①、三汇②。

四 以秀山为中心的产地

主要是指被称为"秀油"的秀山一带。

五 其他

东溪③、资中④、中江⑤、定远⑥、内江、棉州⑦、叙州、加定⑧、永宁⑨、昭和⑩等为主要产地。

桐油在丰年和歉年的产量和平均产量的差值特别大,据说在丰年的时候,产量可以达到平均的2.5倍。

第三节 桐油的制法

四川的桐油制法主要是一种手工业,即农家利用农闲时间进行,关于其制法主要有普通桐油和秀油两种不同的制法。

（一）普通桐油

普通桐油的制法是在8月左右等待果实的成熟后采摘、剥离种壳,摘出黑色的种核,将其干燥后放入锅中炒制,碾成粉末,再对其进行蒸馏,最后包起来放入一个带有圆形铁轮的木制压榨机中进行压榨,这时油就会慢慢地流出来,然后收集即可。

---

① 1822年,清政府在平定白莲教起义后,设立绥定府,治所在达县,辖达县、东乡、新宁、渠县、大竹、太平共6县和城口1散厅,1913年撤销,今属达州地区。
② 今重庆市合川区三汇镇。
③ 今泸州附近。
④ 今属内江。
⑤ 今属德阳。
⑥ 1914年为避免与安徽省定远县同名而改为武胜县,今属广安市。
⑦ 原文有误,应为绵州。今绵阳。
⑧ 原文有误,应为嘉定。
⑨ 今叙永县,今属泸州市。
⑩ 原文有误,应为昭化。今为广元市昭化镇。

普通桐油制法的炼油量为每 100 斤果实可炼制约 30 斤的桐油。最近，据说木制的压榨机正在慢慢被铁质的压榨机所取代。木制榨油机的榨油量为 30%，而新式铁制榨油机的榨油量为 42%，两者相比，可以增加 12%。

（二）秀油

如前所述，秀油在品质方面比其他的桐油都要好，在品质方面有明显的差异。关于秀油的制法，首先可以按照第一种方法取得桐油，然后在桐油中加入桐油粕，进而放进铁锅进行适当的炒制，然后再放入压榨器中进行榨油。

按照以上两种方法制作的桐油在汉口再一次被外国商人进行精炼。

第四节　品质

中国产桐油的原产地在四川、贵州、湖南。另外，根据集散地分为四川货、湖南货[①]等的区别，但是它们在品质方面并无优劣。仅仅是由于油中混合物的多少不同，才导致了四川货和湖南货（以常德为代表）在品质上有了优劣之分。

大体而言，四川货的颜色为浅色，比颜色浓厚一些的湖南货（以常德为代表）要好一些，另外，品质上的优劣还与制法上的不同息息相关。大致可以分为老色和嫩色。嫩色是一种透明的薄茶色，主要是面向外国出口用的。而老色是一种赭褐色的东西，主要是面向中国内地供涂料使用。虽然都是从同一个果实中榨取的桐油，之所以会产生以上的区别，主要是因为在榨油时炒制桐油种子的火候程度不同所致。从总体上看，带有嫩色中浓色的桐油品质相对较好，但是加热后，其硬化程度和颜色不能两者兼备，这是一个遗憾。至于秀油和洪油的品质比其他的油要好一些，这点就不用说了。

在四川货中间，除了秀油以外，顺庆这个地方的桐油据说品质也不错，但是现在我们无法知道两者之间的区别。

[①] 民国时期的桐油生产，四川省第一，湖南省第二。四川桐油以万县为集散中心，湖南桐油以常德为集散中心。

第五节　出货期

桐油虽然在一年当中都有上市销售，但是原则上是从11月开始出货，然后在农历正月前后暂时减少，从7月初至9月初，由于恰逢桐油种子的采摘期，所以出货量是最少的，另外，土匪的出没也会导致出货量的减少。

第六节　收购方法

据四川人讲，从前只要听到"桐油"就会想到"万县"，只要看见万县这一名字就会想到桐油。桐油是万县的一个重要的物产，万县则是四川省桐油的一个中心市场，四川省的桐油交易几乎都是在万县完成的。最近，由于重庆也开设了桐油交易市场，所以万县的桐油交易额也在减少，而重庆的桐油交易额却在逐年增加。现在，重庆作为四川省第二大桐油交易市场已被人们所承认。

关于万县市场上的桐油收购方法，各个贸易商并不是亲自去进行收购，而是将其委托给了称为"过载铺"（亦称"过载行"）①的中介。具体来讲，过载铺的资本为一二万两，一般是以自己的信用，或者有时候是保证人，有时候是为委托销售者作担保，在这种情况下，过载铺完全是站在保证人的立场上。同时押利客（指代桐油生产者进行销售的人）和买家相互不信任，通过相信过载铺的信用，最后合同才能成立。对于买家，过载铺承诺：如果在货物交割当日没有被交割或者货物质量有问题或者混入了其他东西等情况下，过载铺承担全部责任。同时，对于押利客，过载铺承诺，如果买家不履行合约的话，过载铺将代替买家执行合约。这样来看的话，过载铺扮演了到各地收购桐油的押利客以及买家之间的中介角色，其作用是使买卖交易顺利进行。

所谓押利客，指的是一种买卖周旋人，他们一方面不断地调查市场情况，另一方面又不停地在各个桐油产地转悠，向生产者报告市场情况。这些押利客会对各个桐油产地的货物现状进行研判，如果生产者想要销售桐

---

① 过载铺，是随着社会商品经济发展而兴起的运输中介组织。它是城镇、码头商品买卖中买户与卖户之间的中间经纪人，承担各货主的货物从甲地运往乙地的运输任务。各轮船公司的货源组织，货物承收和联系发运亦由过载行承担。

油了,押利客就会接受生产者的委托,直接到市场寻找买家。相反,如果买家向过载铺提交了购买的数量价格等信息,那么过载铺就会跟货主进行交涉,直至双方达成一致,交易成立。

在重庆市场,外商会派中国人直接去桐油原产地进行收购。

桐油原产地的农家一般会把刚收获的桐油种子就地卖给贩子,然后贩子会继续收购,最后卖给油机者(榨油者)。油机者将这些收购来的桐油种子进行压榨,然后卖给合川的商人,然后再经由出张员的手被销售。

第七节　交易习惯

（一）万县篓子

正如在前面一节中已经提到过的那样,买卖一经成立,过载铺会把交单,即交货单交给买家,同时会向买家征收每篓十两的预付款。但是,这个时候,交单上会记载有一定的利息,日后在决算的时候扣除。这样一来,到了交割日期,如果货物到了的话,买家会到交货的地方与过载铺的人一起对桐油进行称重。这个时候使用的秤为十八两行秤,按照100斤折合成洋磅秤的大约10斤来进行计算。[①]

以上的货物交割虽然是在品质鉴定完成以后,但是在交易以前,如果发现了不良品,就会将其排除在外,并且要对油品进行检验。油品检验完成以后,如果货物的品质和斤两没有问题,货物的交割才算结束。交割使用现金支付的方式,价格折扣为九三七,即按照原价的0.937进行交割。虽然一般都是现金支付,但是从前由于存在交钱以后再交货的习惯,所以正如其他货物那样,没有利息的退还。最近,出现了用庄票(汇兑)代替现金支付的现象,时间为一个月或一个半月,但是既没有折扣也没有利息退还。一旦交易成立,过载铺将会从买家和卖家双方收取"辛力"。

---

① 此处有误,应为这个时候使用的秤为十八两行秤,100斤的桐油在洋磅秤(英美制磅秤)上称量要减少10斤左右。参见政协四川省万县市委员会文史资料工作委员会民建万县市委员会编《万县桐油贸易史略》,1983年,内部发行,第66页。这主要是外商采用大秤收进的结果。1939年前,万县桐油度量衡尚未统一,外商以市秤(十六两为一斤)100斤折算为78.547斤,老秤(十八两为一斤)100斤折算为87.5斤。

（二）辛力

所谓辛力，指过载铺（亦称过载行）的手续费。在每一桩交易中，对买家和卖家双方按照"每篓一匁①"的比率来征收。过载铺并不仅仅依靠辛力收入来维持生计，很多都从事预估买卖，即期货买卖，其结果是每年都有倒闭的，除此以外，并没有什么变动。尤其需要留意的是期货合约以及预付款的交单。接下来看一下交单的样式。

交单是一种 Delivery order，兼有合同的性质，文字如图2。

交　单

某某洋行台照

　　月　日

永茂洋

　　　单

交单为据　此处　油银两现

行价规拾壹两正照算　涨跌无悔

三面

议定代受坡油一百篓

图 2　交单式样

交单上面记载的"坡油"指的是聚集到万县腹地——襄头街的桐油。坡油通常在万县进行交易，可以说是桐油的标准油。

在重庆，货款的支付为每月两次，在期末用庄票进行支付，这已经成为一种通例。

第八节　市价的决定方法和唱价

市价一般是按照100斤为单位，有两种决定方法，一种是被称为"市

---

① 在日语中"匁"既是日本古代的重量单位，1匁=3.75克，又是钱币计量单位，1两等于10匁，匁等于1钱，日本人借用"泉"字的草书写法创造了"匁"字。

银"的方法,另一种是被称为"老银"①的方法。市银的标价是按照十八两一斤的秤来算的,老银是按照十六两一斤的秤计算的。

现在,把市银换算成老银的方法如下:

$$（市银唱价）\times \frac{937}{1000} \times \frac{16}{18} = 老银市价$$

各个交易商一般使用以上两种方法中的一种,如果没有明确表示要使用哪一种的话,一般使用老银即可。需要注意的是,由于四川的桐油几乎都被运输至汉口,然后再被出口到国外,所以,当地的桐油行情经常会被汉口的行情所左右。

第九节 包装

桐油的包装方法有两种,一种是装在篓里,一种是装在木桶里。篓是用竹皮制作的竹笼,里面涂抹有猪血和石灰的混合物,然后再贴上像油纸一样的东西。竹笼的口覆盖有一层粗布或者质量相对比较好的纸,与里面一样用油纸贴封,最后再涂抹上一层桐油或者秀油使其干燥。

竹笼的底部有两根从侧面穿过的形成一个圆圈的棕绳或者竹皮,便于搬用。只要不是暴力搬运竹笼,一般不会有漏油的风险。外商有时候会把桐油装入木桶再出口。

木桶是从汉口运来的,现在使用木桶装桐油要多一些。

以上包装所需要的费用每篓银2钱,由买家负担。在交割桐油的时候,万县篓子规定其风袋为8斤(以18两秤计,即1斤为18两),然后从其他很多的风袋中取出8~9个来,以它们的平均重量来计算全部的重量。这个时候,买家就会倾向于挑选重量大的,而卖家则选择重量轻的,这也是人之常情。

如果稍有疏忽的话,就可能因为风袋而遭受损失。特别是从远方来卖油的人会在竹笼和油纸之间夹杂一些石灰或者土之类的东西。

在重庆,据说篓子容量为250~300斤,风袋为84.5斤。

---

① 按当地交易习惯,银有老银、市银之分。九两三钱七分五厘算十两的为市银,九两九钱七分算十两的为老银。老银、市银的成色与库平银相同。

第十节　收购的各种费用

收购的各项费用大致如下。

（1）辛力

过载铺的手续费为每篓银一钱。

（2）支子

篓的费用为每个银一钱三分（虽然果树做的篓子不需要钱，但是却要支付新篓费用，在装入木桶以后作为旧篓出售）。

（3）买厘

作为警察费①和厘金费②支付给过载铺的费用，每篓银三分（警察费一分，厘金费二分）。

接下来是收货的各种费用。

（1）检油

支付给抹子匠③的费用，每篓银一分。

（2）起力

苦力费和船费等，每篓三四百文。

第十一节　装运的各种费用

（1）苦力费

仓库、民船等，每桶360文。

（2）关税

每100斤征收本税3分，附加税1分5厘，杂税4分5厘。

（3）统捐④

厘金从价2分。

---

① 警察维持商业秩序的费用。
② 对运输或交易中的货物征收的一笔费用通称厘金。始于1853年太平天国革命爆发，于1931年被裁撤。
③ 桐油行业中，涂抹油篓、油桶等的工匠。
④ 统捐指的是对通过的货物实行一次课捐，其他沿途关卡，仅行查验，不再征税。

（4）乐捐①

作为一种临时费用每桶 10 分。

（5）报费

作为一种通关手续费支付给重庆银行的费用，每桶银 7 分。

（6）运费

有时候可能会不同，万县和宜昌之间的民船的运费大约为一万载② 110 文，汽船的话是每担银一两二钱。

（7）护送费

每次 15 分。

（8）船捐

和护送费一起作为一种临时费用，在征收地根据船舶的大小来决定其征收额。

（9）保险

如果是汽船装运的话，有的公司会收取 1% 左右的费用，而如果是民船的话，则必须有一定的积累。

以上这些费用当中的统捐、乐捐和船捐属于非法课税，会随时变更。但是只要四川的兵乱不停息，这些税费就不可能废除。

第十二节　产值

在中国，对于可以信赖的物产方面的统计一直都没有，因此，不可能获得数字上的依据。如果把桐油也看成其中一例的话，那么，我们也不可能获得相关可信的数据。当然，由于丰收和歉收，桐油产值会有所增减，这也是理所应当的事情。在中国，作为一种通例，随着桐油行情上涨程度，有时候会出现令人意想不到的非常高的产值。这也让预测桐

---

① 顾名思义，最初为自动捐款，后来演变为一种纳税制度。
② 关于载，经查问国内外专家，有两种解释。第一种解释是四川水运中的一种计量单位，其中以盐载最为有名，关于每一载多少包，每包多少斤，各行业有不同的规定。第二种解释是日本旧时使用的一个体积单位，一载相当于十分之一担，约为 27.8 升。考虑到这里在中国四川省做的调查，使用的应该是中国的计量单位。但一载多少斤，目前还不清楚，但至少说明使用民船运载很便宜，这是肯定的。

油产值这件事情变得越来越困难。即便我们能够知道通过海关的货物的准确数量，我们却无法知道通过厘金局搬运进来的土货的数量。特别像桐油这种东西，其作为一种万能的涂料广泛地用在民船、房屋、什器①等方面，面向中国内地的消费量非常大，这让预测桐油产值这件事情变得更加困难。

现在我们看一下中国全国经过海关的桐油总出口额。

1922 年　745565（担）　10888130（海关两）
1923 年　836887（担）　17477421（海关两）
1924 年　896038（担）　17714713（海关两）

以上仅仅是经过海关的桐油出口额，除此以外，供内地消费的桐油经过厘金局用民船运输，要知道这些桐油的数量是完全不可能的事情。虽然也有海关统计，但是像四川货和湖南货那样，从产地到汉口，通过海关之后作为精油从汉口出口到外国，这样一来在统计数量上重复计算的就非常多。因此，这个统计仅仅只能作为一个参考。

现在如果要设想一下长江流域各地桐油出货情况，可能无法做出判断。但是中国民众中存在一种观念，即只要不发生大的天灾，丰年和凶年都是隔年出现的。今年如果是丰年的话，那么明年一定凶年。所以在桐树栽培方面，中国人几乎是交给大自然，放任不管，从不施肥或者中耕松土，使桐树处于一种野生的状态，他们认为丰收以后的第二年树力一定会衰减，就这样丰年和凶年不断地交替出现。实际上，当我们在观察桐油出货额的时候会发现，这种观念也是很有道理的。

尤其是当你相信四川货和湖南货的收成是丰凶间隔出现的时候，事实可能偶然是这个结果，另外，也有与人们的预想不一致的情况出现。接下来是四川货各个产地的桐油年产额。

---

① 指人们在日常生活中使用的各种器具。

表4　万县的桐油年产额

集产地	原产地	年产额
万县	忠州	4500篓
	酆州（丰都）	
	万县	65000篓
	深山①	
	新宁	
	开县	4000篓
	云阳	25000篓

"万篓"容量以1篓180斤为标准，根据市场行情，很多情况下1篓200斤以上。在重庆，作为一种通例，1篓为250~300斤。

作为一种商业习惯，1个篓按照重8斤进行扣除，另外，还有一两斤的桐油被篓给吸收了。

表5　涪州的桐油年产额

集产地	原产地	年产额
涪州	涪州	150000篓
	垫江	
	长寿②	
	酉阳	
	彭水	

篓的容量：

"涪篓"的容量为250斤的大竹篓，篓的风袋重量标准为8斤，但是实际上人们会对其称重后扣除。

---

① 原文有误，应为巫山。
② 今重庆市长寿区。

表6 合州的桐油年产额

集产地	原产地	年产额
合州	合州	2500篓
	绥定	4500篓
	三汇①	2500篓

篓的容量：

合篓的容量与涪篓没有大的差别。

表7 叙州的桐油年产额

集产地	原产地	年产额
叙州	嘉定	6500篓
	叙州	
	其他	6500篓

1篓的容量与合篓一样。

在美国，桐油的用途正在逐渐扩大，从中国进口的桐油产额也已经达到了一个非常大的数值。出于限制进口的目的，美国正在尝试利用其广阔的国土进行桐树的栽培，而且其成效非常显著。试验的结果表明美国非常适合种植桐油树。

1905年 在汉口获得了桐油种子然后对其进行培育
1911年 一颗桐油树结出了410个果实
1912年 一颗桐油树据说收获了852个果实

在美国作为桐油树的栽培地主要是从墨西哥湾沿岸地区到加利福尼亚的温暖地带，而且桐油树似乎适合生在土地不太肥沃的地方。

像美国那样，在拥有广阔土地的地方，可以利用大资本进行桐油树的种植，如果再加上科学种植和高效榨油的话，对于中国产桐油而言，可能

---

① 今属重庆市合川区。

会是一个大的威胁。而且如前所述，中国出口桐油总额的七成都是面向美国，比如：

  1923 年 593624 担
  1924 年 627040 担

而同期从中国出口到香港、德国和英国等国家的出口额只有 4 万~5 万担，7 万~8 万担或者 10 万担。

第十三节 桐油作为商品的价值

  桐油自古以来就是中国人的一个重要商品，其消费量也非常大。至于其交易的盛况，那就更不用说了。但是在中国，由于缺失这些自古以来就有的物产的统计，我们无法获得数字方面的根据。桐油也属于这一类商品，无法知晓其准确的数字。如前所述，随着桐油新的用途被人们所发现，海外对于桐油的需求日益增加。随着新用途的不断发现，桐油的交易又会出现一个繁荣的景象，也会成为中国的一大主要出口商品。

  这种现象不仅仅局限于桐油。在中国，最近植物油从整体上看在世界各国的需求都在激增，其结果就是造成了桐油产值的急速增长，而且桐油的交易也变成了一种世界性的交易。如前所述，桐油的出口地，第一位是美国。中国桐油出口总额的约七成被美国消费了。在第一次世界大战以前，德国是仅次于美国的第二大桐油进口国，现在德国已被英国取代，位居第三。

  桐油虽然在中国内地的消费量也很大，但是内地的交易往往伴随着复杂的、中国特有的习惯。保守的中国人自古就有"不喜欢顺应外国人的新式交易"的倾向。不仅如此，在油行、油坊等地方的桐油交易中，由于衡器上的缺斤少两等现象时有发生，因此外国商人在与中国人进行交易的时候不是一件容易的事情。

  总而言之，当前外国商人购买的桐油几乎全部都是用于出口的桐油，而且这些出口的桐油又几乎都是作为建筑材料来使用，因此桐油的需求是一种永续的、稳定的东西。而且由于桐油可以进行大宗交易，所以可以说它是一种稳定的商品。

首先，桐油作为一种商品其缺点是装运困难，也就是在运输过程中的泄漏。从主产地到汉口或者万县，在出口桐油的运输过程中，由于装油的篓子或者桶并不是全部都完好无损，这期间重量短缺的情况多有发生。目前，尽管有很多针对这一问题的研究正在开展，但是人们还没有想出来在经济方面有利的办法。

其次，由于中国人生性狡猾的原因使得桐油的鉴定也变得非常困难。时常会发生掺入低廉油的情况。由于掺假，桐油使用的时候性质发生变化，作为商品其价值遭到巨大的损害。如前所述，随着科学鉴定法的慢慢普及，桐油的这个缺点在不远的将来会消失。

由于桐油是一种重要货物，而且还必须先通过内河航路将其运至上海，然后在上海再将货物转移到外洋航路船上，所以需要相对较多的运费，另外，运输途中的损耗也很大。

为了消除这一缺点，人们制作了油罐船。美孚洋行①在各地都有油罐船，它们将储存油罐设在河岸边。但是该设备需要大额的经费。如果这一方法都可以完全使用，就可以节约运费，并且能够不费周折在较短的时间内将货物出口到国外而且不必担心泄漏。还可以节省装油用的油桶的费用，同时可以节约与之相关的比如装油等工资费用。另外，也不用担心因为船身的原因影响到桐油的装运。

此外，由于跟外洋汽船之间的接续存在不太方便的原因，所以也需要一些经费和设备。这样，万一因油罐船发生故障造成桐油泄漏到水面上的情况，也就不用担心了。桐油的交易还会继续发展，如果以上这些对策都实施了的话将是非常有利的。

---

① 1870年，美国石油大王约翰洛克菲勒创立美孚石油公司，自此便将目光投向市场广大的中国，在各地设立美孚洋行。在1913年德士古石油公司在上海设置远东代表，拓展商务之前，美孚石油公司垄断对华石油贸易近40年，20世纪20年代中期后，美孚、德士古公司和英国亚细亚石油公司，成为中国石油市场鼎足而立的三家公司。

第十四节　沉淀物及残渣

桐油在温度为华氏 37 度的时候就会变成牛酪状，慢慢凝固，其凝固后形成的物质 60%~70% 由于不容易溶解，所以通过蒸汽的方法将其溶解。因此，在汉口的出口商几乎大部分都在油槽中装有这个装置。

另外，也可以通过静置沉淀的方法来去除杂质。化学精选法和物理精选法都属于这一类。

现在，并没有使用化学方法的。只有单纯利用物理作用，通过沉淀法来去除杂质。因此，桐油的精选法非常简单。

沉淀槽的构造通常是用角铁制作一个分为上下两端、中间设有蒸汽管道的东西，容量为 50 吨左右。如果沉淀槽的容量太小的话，就需要建多个沉淀槽；如果容量太大的话，又需要好几间房屋，这样在买油的时候也会有很多的不便。另外，在油槽的顶部还有两层地板，高度稍高一些，方便把油从笼中转移到油槽内。油槽内上下两段蒸汽管道内有摄氏 70 度的蒸汽通过，以此来进行加热。蒸汽是由输油泵加压输送的。

桐油的加热时间为一小时，加热的目的是让原油中含有的尘埃，或者原油制造时混入的一些果实外壳纤维等在沉淀的时候变得容易下沉一些。这种程度的加热不会对原油的性质带来任何的变化。沉淀的天数根据杂质的多少以及夏冬两季的不同有很大的差别，具体如表 8。

表 8　桐油夏冬两季沉淀天数

	夏季	冬季
万县产	3 天~5 天	7 天~14 天
常德产	5 天~7 天	14 天~21 天

沉淀结束以后，上层的净油通过输油泵被送到储藏槽中，之后再进行原油的沉淀。

另外，还要将残留在沉淀槽的残渣取出来，放入篓或者木桶中，等待油的再次分离。如果沉淀槽不能够充分地将净油和残渣进行分离的话，那么随着时间的流逝也不会将油分离出来。如果经过数周油还是不能分离的话，那么这个油就会被当做残渣处理掉。

最初从沉淀槽里取出的残渣是五五混合，而最后作为残渣处理的东西中含有大量的油分。而且，这个残渣中油的含有量根据夏冬季节的不同有很大的差异。另外，油的自然分离在需要的时间上也有很大的不同。具体来讲。在冬季的话，需要 1~2 个月甚至更多的时间，在夏季的话，需要 2~3 周。这样一来，油的自然分离作用大体上就结束了。

最近三井物产会社（三重公司）公布了一份残渣的成分表，如下。

油分：59.35%

水分：1.77%

植物纤维以及其他夹杂物：38.88%

另外，我们再看一下油分离之后的粕的成分。

油分：74.85%

水分：4.37%

植物纤维和其他夹杂物：20.78%

如此一来，即便是残渣中也含有60%的油分，但是如果要对其进行再次压榨获取桐油的话，则需要做很多的准备工作，也需要很长的时间，同时油的品质也无法得到保证。所以这并不适合出口国外用，一般就这样被卖掉了。

残渣的买家会将这些残渣继续进行压榨，获得的桐油主要销往中国内地，因此，残渣的价格受其含油量的多少以及桐油市场的好坏影响，有非常大的波动。而且残渣的买家会跟榨油商家提前商量好，很多都是为了套取利润，从事一些不道德的交易，这点需要注意。最好是从一开始就接受货款，然后卸货后完全交给他们。

第六章　副产物

第一节　碱

"碱"指把桐油外皮烧成灰，然后再浸入水中经过沉淀后形成的东西。

从桐油树果实制作而成的"碱"带有一些褐色,品质稍差一些。在其主要的产地中,常德是最大的产地,长沙次之。

常德市场"碱"的生产额约为一年10万担。"碱"的产地与桐油的产地是相同的,以高村①、铜仁②、浦市③、保靖④等为中心。关于"碱"的生产效率,据说1担桐油果实的外皮可以制作约45斤的"碱"水。

从桐油果实中制作而成的"碱"中,有一种被称为"饼碱"的东西。其最初是块状,最后以粉末的形式供销售。"碱"水等最好的东西产自皇野⑤、永顺⑥等地,龙潭⑦等地次之。高村和铜仁生产的"饼碱"是最多的,而且其品质也是最好的。

中国的"碱"商和外商或者中国出口商在交易的时候,以1斤"碱"17.8两来计价。此外,还有一个所谓"加一"的规定,即把101斤视为100斤,这就是1担。在计算的时候,规定银873两为1000两,交易的时候每1两折合银3分。交货日期大致为30天至40天,也有进行期货交易的。

"碱"的容器有白口(上等品)桶,罐装的话容量为180斤,重量为18~19斤。在交易的时候需要扣除风袋6斤的重量。

"饼碱"有大小两种,大的有200斤,小的有100斤,大的风袋按8斤,小的风袋按6斤计算。常德地区主要的"碱行"如下:

德昌社　义大隆　大平　裕和　隆盛怡　通尔

"饼碱"的价格很低,只有下层中国人才会将其作为一种燃料使用。

---

① 今怀化市麻阳县高村镇。
② 今属贵州。
③ 今湘西土家族苗族自治州泸溪县浦市镇。
④ 今属湘西土家族苗族自治州。
⑤ 原文有误。经椎名一雄教授对照日文相关文献的考证,应为里耶。里耶是湖南省湘西土家族苗族自治州龙山县所辖镇,以出土里耶秦简(2002年发现)而闻名于世。"里耶"为土家语"拖土"之意。因土家先民由原始的渔猎转向农牧垦殖以人力推犁耕地而得名。清朝雍正年间,里耶形成了繁荣的码头商埠,成为湘、鄂、川、黔边境贸易中心,成为湘西四大古镇之一。
⑥ 今属湘西土家族苗族自治州。
⑦ 今怀化市溆浦县龙潭镇。

另外，将"饼碱"作为洗涤剂使用的只有很少的一部分人。

在包装方面，由于不成熟、不完整等原因，"碱"水在夏季的漏水情况会非常严重，因此，在面向国外出口的时候必须在包装方面进行改进。

"碱"近来开始被人们所重视，成为一种很值得研究的东西。其重要的用途是作为一种造纸漂白剂，用于豆腐和馒头等的制造。长沙的"碱"大部分都是从常德来的，包装的时候装入褐色的瓶子中，重量为200斤左右。

第七章　结论

对以上内容进行一个总结的话，在将来对中国产桐油需求会越来越大。特别是最近，汉口市场的桐油出现了未曾有的高价，在第一次世界大战时1担的价格还只不过是16~17两，而到了今年，市场价格已经涨到了22两。在一般商业都呈现出不景气的情况下，唯独桐油业的景气在持续。考虑到桐油原产地的混战还在持续[①]，其产量应该会减少。但是，从另一方面来看的话，也反映了桐油的需求是如何在显著地增加，而且，随着欧洲市场的恢复，对桐油的需求的增加不言而喻。所以，我们可以观测到桐油的价格应该会比以前要高。这点对于涂料业者来讲，是一个非常值得思考的大问题。

另外，对于桐油业者来讲，除了改良以前的制油方法和增加收获量以外，还应该研究桐树的移植造林问题。美国在这方面已经取得了非常好的成绩。听说日本人中也有人尝试这一举措。幸运的是，日本的千叶、若狭、福井等地自古以来就是桐油的产地，这些地方的移植造林值得期待。

---

① 四川从1912年到1933年，共发生大小军阀混战470多次。

广东地区的大米[*]

昭和 16 年（1941）

第 30 班

山领康夫

目　录

- 第一章　绪论
- 第二章　战前大米的状况
  - 一　生产
  - 二　消费
  - 三　对国外大米的依赖
  - 四　流通
  - 五　米价
  - 六　统制[①]
- 第三章　战后大米的状况
  - 一　生产
  - 二　消费
  - 三　对国外大米的依赖
  - 四　流通
  - 五　米价
  - 六　统制
- 第四章　结论

---

[*] 本文系东亚同文书院第 38 期学生山领康夫和调查组成员于 1941 年进行的调查。原文见《东亚同文书院中国调查手稿丛刊》第 187 册，国家图书馆出版社，2016。

[①] 在后文中未出现这部分内容。

第一章 绪论

作为广东地区的流通物资，出口产品有生丝、绢织物、烟草、火柴等；进口产品有砂糖、金属制品、棉花和大米等。另外，广东腹地的煤炭、铁、金、银、铅、亚铅（锌）① 和钨等矿产资源也很丰富。

因此，在这里被我们当作一个问题来研究的"大米"，其在广东地区似乎不能被称为一个重要物资。但是，大米是广东人的主要食物。而且，由于这次的中国事变②给大米的生产带来了各种不利影响，大米成为一种大宗进口产品。现在，我们正在为大米问题而头疼。如果从以上这个角度来看的话，广东地区的大米生产确实还不够。广东大米的对外依存到底处于何种状态，我们对这一问题进行了调查。

不管是在战前还是战后③，广东地区的大米都处于一个"必须依赖国外大米"的状态。当然，广东地区为了增加大米的产量，也进行了各种研究，制定了各种对策。但是，由于气候、地势、土质、灌溉和病虫害等各种因素的影响，始终未能达到自给自足的状态。因此，即便到了现在，大米仍然必须依赖进口。而且，在对内方面，不仅是广东，中国全境的治安都没有变好。这对于大米增产和销售都是一个障碍。以上因素也导致了米价的暴涨。在对外方面，我们正处于确立"大东亚共荣圈"的路上，所以能够依靠的地区还非常有限。另外，由于这些地区的贸易和运输都还不畅通，所以，不得不说广东地区的大米问题遇到了一个非常大的障碍。

因此，排除这一障碍，解决大米问题，不仅能够解决广东地区人民的吃饭问题，而且还能够维持治安，促进产业复兴。总之，我认为这对于确立"大东亚共荣圈"有帮助。另外，广东地区的大米问题也会给日本经济带来阻碍。而这一问题的解决是"大东亚共荣圈"的一个重要内容，如果从解决那些大米生产处于过剩状态的佛印④、泰国的经济问题这一角度来

---

① 锌在日语中叫亚铅。
② 指 1937 年七七卢沟桥事变。
③ 指 1937 年七七事变前后。
④ 原文泛指当时的法属印度支那，具体指越南。

看的话，我们认为对这一问题进行深入研究是很有必要的。

第二章　战前大米的状况

一　生产

1. 产地

广东地区的主要大米产地有中山、增城、东莞、番禺、惠州、高州[①]、韶州[②]、雷州、龙门[③]、从化[④]、南海和肇庆等地。这些地区的水田大体上可以分为以下五种。

（1）珠江上游三角洲的有堤水田

由于土地肥沃，水利便利，所以它们是广东省最好的水田。面积约为3600000华亩。

（2）珠江上游三角洲的无堤水田

除没有堤坝这一点外，其他与第一种水田都是一样的。但是，也因为没有堤坝，所以在丰水期的时候，河水会倒灌水田。因此，第一季水稻无法栽培。面积约为400000华亩。

（3）珠江下游三角洲的有堤水田

灌溉用水中的盐分含量较多。面积为2000000华亩。

（4）珠江两岸的冲积水田

根据位置不同，地质差异非常大。下游有水灾的威胁，上游有干旱的威胁。面积为10000000华亩。

（5）山地水田

土质不好，水利不方便。面积为10000000华亩。

2. 产量

以上列举的这些大米产地的产量究竟有多少，下面我们来看一下这个问题。

[①] 今属东莞。
[②] 今韶关市。
[③] 今属惠州市。
[④] 今属广州市。

虽然缺乏有关广东大米年产量的准确调查，我们无法知道详细的数字，但是，此处我们选择那些在各种统计中都有出现，数值比较接近，相对而言能够让人信任的东西列举一下。首先来看一下上述五种水田大米的产量。

第一种，珠江上游三角洲的有堤水田。
年产量：每亩400~1200斤；平均：600斤
第二种，珠江上游三角洲的无堤水田。
年产量：每亩300斤
第三种，珠江下游三角洲的有堤水田。
年产量：每亩300~400斤；平均350斤
第四种，珠江两岸的冲积水田。
年产量：每亩平均500斤
第五种，山地水田。
年产量：每亩平均400斤①

对以上内容进行一个简单小结的话，如表1。

表1　五种水田大米产量

水田种类	面积（华亩）	每亩收获量（担）	综合收获量（担）
第一种	3600000	6.0	21600000
第二种	400000	3.0	1200000
第三种	2000000	3.5	7000000
第四种	10000000	5.0	50000000
第五种	10000000	5.0	50000000
总计	26000000	—	129800000

从表1可以看出，广东稻米的生产总量为129800000担。如果把产米率按照65%来计算的话，可以得到84370000担白米。但实际上，受天灾的

---

① 这里写400斤，但接着表格中写5担，即500斤，前后有矛盾，故特别指出。

影响，据说只能收获低于以上数量的大米。另外，大米收割的时间可以分为两期：第一期（7月）收获量约为2800万担，第二期（11月）收获量约为5600万担。

3. 种类

米的种类有：金凤雪、新兴白、花罗粘、留花粘、秋香玉、油粘玉、西粘玉、丝苗玉、银粘玉、大糯玉、齐眉玉、早糙花罗赤朴、晚糙花罗赤朴[①]等。

二　消费

接下来我们分析一下广东地区大米的消费情况。由于大米几乎都是被人所消费，所以，从广东地区人口来看的话就会发现：广东的人口和其水田一样，多种多样。现在，根据省政府的调查，广东约有33179000人。因此，广东大米消费数量如果加上酿造等其他用途，且如果把人均白米消费量按照每年300斤来计算的话，广东一年大米的总消费量为99537000担。

三　对国外大米的依赖

以上我们从大体上对战前大米的生产和消费情况进行了一个分析。可以看出，最终每年大米还存在15167000担的短缺。这样一来，广东地区的人民就只能依靠进口国外大米来解决他们自己的粮食问题。如前所述，广东一年白米的产量为84370000担。如果将消费量按99537000担计算的话，最终会出现15167000担的不足。换言之，大米不足的部分占生产总量的比例约为16%。因此，如果把年增产率按16%计算的话，仅仅对于白米而言，广东是可以达到自给自足的程度。而从过去20年的实际情况来看，在广东地区的水稻种植中，那些水灾旱灾或者病虫害等各种天灾人祸就不用说了，就连被称为"最丰年"时的产量也不能达到自给自足的状态。

从前，中国为了摆脱大米对外依赖，使粮食达到自给自足的状态，主要采取了：（1）扩大水稻种植区域；（2）增加每亩平均产量这两个措施来

---

① 原文写作"晚糙雪赤檗"，疑有误。

增加大米的产量。在广东地区，举个例子，广东中山大学农学教授丁颖[①]主持了一个广东稻作改良的重大项目，其中提道：

  （1）培育适合本省各种气候、地势、土质、灌溉状况以及耐肥多产的优良水稻品种；
  （2）实施经济肥料制度；
  （3）改良整地法、播种法、插秧法、中耕法、收割干燥法；
  （4）防治病虫害；
  （5）整备灌溉设备。

另外，与其他国家和地区相比较，应该说，增加中国大米的产量是非常有必要的，这也是不言而喻的。

表2　中国每公顷稻米产量与其他国和地区的比较

单位：公斤

国别	1928~1930年的平均值	国别	1928~1930年的平均值
西班牙	62.3	日本内地	35.9
意大利	46.8	埃及	34.1
欧洲	47.1	中国	18.9
（日据）台湾	21.2		

尽管中国不断尝试着各种与大米增产相关的研究和对策，但是，最终还是不能达到自给自足的程度，而必须依靠外国大米。那么，中国大米的对外依赖到底处于一个什么样的状态？现在，我们看一下广东省内的大米进口统计。

---

① 丁颖（1888~1964），广东高州人。民国13年（1924），毕业于日本东京帝国大学农学部，历任广东大学农业科学院教授、中山大学农学院教授、院长，华南农学院教授、院长和中国农业科学院院长，中国科学院学部委员，全国科协副主席等，其在农业教育和科学研究，尤其稻作研究方面取得了丰硕的成果。

（1）按年度划分的国外大米进口数量如表3：

表3　民国元年至22年国外进口大米数量

年度	数量（担）	交易额（海关两）	年度	数量（担）	交易额（海关两）
民国元年	2002918	8530631	13年	16644320	54611384
2年	3928119	12480493	14年	8904002	41473335
3年	5482422	15998982	15年	6061859	28996280
4年	7036165	20400277	16年	11035141	54355748
5年	9783430	27889514	17年	9388941	46502370
6年	8255843	23304347	18年	7354191	40241041
7年	6188719	19267665	19年	5117801	31338564
8年	1547705	7047418	20年	5447046	32461852
9年	767197	3296051	21年	13576542	74210814
10年	8114449	34448618	22年	16974581	75621861
11年	13637007	53324327	平均	8150809①	35466106②
12年	17123440	74482762			

（2）从昭和5年（1930）至昭和11年（1936）的输入米（国外进口）以及移入米（国内流入）如表4：

表4　昭和5年至11年输入米和移入米统计

年度	国外输入米（元）	国内移入米（元）	合计（元）
昭和5年（民国19年）	48783417	20851889	69635206③
6年	50575565	4254683	54830248
7年	136925127	7724175	144649302
8年	117808362	17168229	134976590④
9年	45238740	4454539	49693279
10年	34584942	15143518	49728460
11年（民国25年）	23864715	6469894	30334609

---

① 原文有误，据表中数据核算为8380538。
② 原文有误，据表中数据核算为35467470。
③ 原文有误，据表中数据核算为69635306。
④ 原文有误，据表中数据核算为134976591。

以上是关于广东大米的一个综合性的国外输入米及国内移入米的统计情况。当然，进入广东省内的大米有好几个渠道。接下来我们看一下从各个开放港口进口而来的外国大米的情况。

民国24年（昭和10年，1935）从各个开埠港口进入的外国大米的进口量可见表5。

表5　1935年各个开埠港口外国大米进口统计

开放港口	数量（吨）	交易额（国币元）
广州	133915	1063939
汕头	1476152	11591407
九龙	2625845	16088754
拱北[①]	507627	4361135
江门	129873	896796
三水	22551	294677
琼州[②]	17204	120264
北海[③]	26005	167970
合计	4939172	34584942

以上是国外进口以及国内移入广东的大米数量和交易额的统计。但是，这些大米到底是从什么地方来的呢。接下来我们看一下民国21年中国的大米进口来源国。

如表6所示，对于中国而言，大米的主要进口地为越南、泰国、香港、印度、（日据）台湾和朝鲜。当然，香港是作为一个中继港，其进口的来源国主要有缅甸、泰国以及其他各地区。另外，从整个中国来看，在进口大米数量方面，广东省内的各个开埠港口占了很大的比例，其次是上海和天津等地。从这一点来看的话，可以说广东地区所依靠的外国大米主要是越南、泰国、印度的大米。

[①] 今属珠海。
[②] 今海口。
[③] 北海，于1926年建市，在民国时期归广东管辖，直到1965年才划归广西。

表 6　外国大米进口国别及其数量（民国 21 年）

单位：担[①]

地区	数量	地区	数量
香港	1147815	（日据）台湾	16757
安南[②]	7577467	朝鲜	39720
泰国	6437428	其他	7231114
印度	41638	总计	22491939

四　流通

在广东地区，大米会从数量过剩的各个地方流向短缺的地方，这一点是不言而喻的。在广东的大米产地中，大米主要是从过剩的地区（如广州市那样的大米集散地）流向消费地。现在我们看一下流入非生产地同时又是大消费地的广州市的大米状况。

1. 从生产者到居住在广州市的中介人手中（此中介人一般被称为"米栏"）

（1）中介人从生产者手中直接购买稻米；

（2）中介人从大米原产地附近的中介人手中购买稻米；

（3）中介人从生产地附近的碾米业者（一般被称为"米机"）手中购入白米。

2. 从中介人到消费者

（1）中介人委托碾米业者（米机）对稻米进行脱壳，然后将制成的白米贩卖给零售商，之后由零售商再卖给一般消费者；

（2）零售商从中介人手中购买稻米，委托碾米业者进行脱壳，之后再贩卖给一般消费者。

广州市内的一般消费者购买生产者生产的大米需要经历的过程大致如上所述。在广州市居住的中介人中，小资本的中介被称为"米栏"，大资本的中介被称为"米埠"。在战前，米栏主要经营的是广东省内出产的大米，而米埠一般经营进口的大米。米埠由于资本雄厚，所以势力很强大。

---

① 一担等于 50 公斤。
② 即法属越南。

另外，由于米埠经常囤积本省产的大米，米栏经常受到挤压。米埠进口的外国大米是通过零售商将其销售给一般消费者的。

五 米价

以下我们所说的是从生产者到一般消费者的大米其价格到底处于一个什么状态。首先，我们来看一下广东地区生产的本地大米的价格情况。

从表7可以看出，由于本地米流向广东地区①的货值是不稳定的，所以窥测本地米的生产也是不稳定的。

表7　省内大米流向广东地区货值统计

（民国19年至25年）

年度	价值（单位：国币元）	指数：民国19年 = 100
民国19年	6469894	100.00
民国20年	15143518	234.06
民国21年	4454539	68.85
民国22年	17168228	265.36
民国23年	7724175	119.39
民国24年	4254683	65.76
民国25年	20851889	322.29

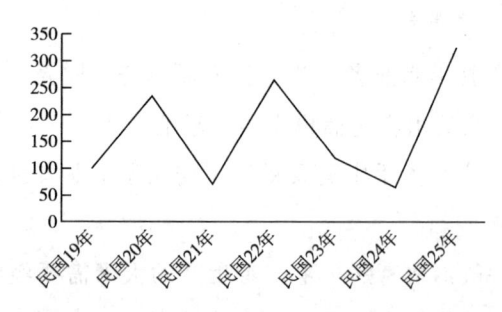

图1　民国19年至25年省内地区流向广东地区的大米价值（销售额）趋势
注：指数：民国19 = 100。

另外，在民国23年1月至4月的低物价时代，本地米的价格见表8。

---

① 这里指广东地区本地生产的大米在本地消费的情况。

表 8　广州市本地大米批发价格及指数表

单位：元

1月	每担一百斤	实价①	最低 5.20，最高 10.50
		比价	61.76~89.64
2月	每担一百斤	实价	最低 5.00，最高 10.20
		比价	59.38~88.70
3月	每担一百斤	实价	最低 4.80，最高 10.00
		比价	57.01~86.83
4月	每担一百斤	实价	最低 6.20，最高 8.20
		比价	60.38~77.29

接下来是外国进口大米的价格，如表 9。

表 9　外国大米流入广东地区货值统计

（民国 19 年至 25 年）

单位：国币元；指数：民国 19 年 = 100

年度	价值	指数	年度	价值	指数
民国 19 年	48783417	100.00	民国 23 年	45238740	92.73
民国 20 年	50575565	103.67	民国 24 年	34584942	70.89
民国 21 年	136925127	280.68	民国 25 年	23864715	48.92
民国 22 年	117808362	241.49			

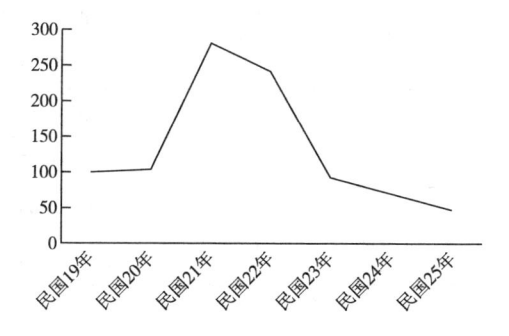

图 2　民国 19 年至 25 年外国大米流向广东地区的价值（销售额）走势

注：指数：民国 19 年 = 100。

---

① 实价，指产品的实际价格，比价是相对于某一时期而言，价格的升降变化情况，本文表 8、表 10 的比价是相对于民国 19 年而言。

从表9可以看出，外国大米流向广东地区的货值在战前呈现出先上升后下降的趋势。另外，在民国23年1月至4月的低物价时代，外国大米的价格如表10。

表10　广州市外国大米批发价格及指数

单位：元

表10-1　越南米（一号白粘、二号白粘、一号白粳、二号白粳）

1月	每担一百斤	实价 5.80~11.20
		比价 60.85~108.32
2月	每担一百斤	实价 5.30~10.80
		比价 55.61~104.31
3月	每担一百斤	实价 5.00~10.20
		比价 52.47~102.31
4月	每担一百斤	实价 5.20~8.10
		比价 52.74~77.29

表10-2　泰国米（一号宣粘、二号宣粘、一号白碌）

1月	每担一百斤	实价 7.80~10.80
		比价 84.42~98.79
2月	每担一百斤	实价 7.40~10.40
		比价 80.09~95.06
3月	每担一百斤	实价 7.20~10.20
		比价 77.92~93.20
4月	每担一百斤	实价 6.90~8.00
		比价 70.18~74.68

第三章　战后大米的状况

一　生产

战前，我们可以看到，广东地区大米产地的产量已经有了相当的积累。但是，自中国事变①爆发以来，这些产地的治安还没有恢复，农民也无法安心拿起锄头劳作，所以，大米生产还没有恢复到战前水平。另外，大米产地的生产也不乐观。而且将大米运送至消费地也非常困难。因此，现在不得不说，要提高大米的生产效率是一件越来越困难的事情。战后广东大米的产地虽然仍与战前一样，有中山、增城、东莞、番禺、惠州、韶州、雷州、龙门、从化、南海、肇庆等地方，但是关于这些地方的大米生产量，却没有详细的统计。根据广州市商会的估算，最近几年的大米年产量为6000万担。其中，第一期（4月、5月）为2000万担；第二期（9月、10月）为4000万担。但是实际上，受天灾的影响，据说实际产量没有达到这么多。

昭和15年（1940），台拓公司（台湾拓殖株式会社）②农产处尝试在广东种植"蓬莱米"③。同时，该公司在万顷沙④让中国人用中国式的方法来种植蓬莱米。虽然在事变以后，各种有关大米增产的研究都在进行，但现状是大米的产量仍然没有恢复到事变前的水平。

二 消费

那么，这种非常容易陷入短缺状态的大米是如何被消费的呢？根据广州市商会发布的统计，广东省大米的年消费量据说为8600万担。现在，各个产地都处于自给自足的状态，过剩生产非常少。因此，像广州市这种非生产地同时又是大消费地的地方，大米短缺已经成为一个非常大的问题。现在，广州的大米几乎都必须依赖进口。并且，在广州居留的日本人以及在广东地区的日本军人，他们所消费的大米几乎都是日本米。

三 对国外大米的依赖

战后，广东对国外大米的依赖程度比战前还要强。这种情况不仅在广东，甚至可以说在全中国都存在。只不过在广东地区比较明显而已。首先，谷物类以及谷物粉在中国的纯进口额如表11。

---

① 指1937年七七卢沟桥事变。
② 日本侵占台湾时期执行掠夺侵略政策的垄断组织之一。1936年11月成立，以掠夺台湾农林资源推进向华南、南洋的经济侵略为宗旨。1946年3月，被国民政府接收。
③ 一种在台湾广为使用的稻米，属于粳米亚种，由日本稻作专家矶永吉以日本种稻米在台湾改良成功。
④ 今属广州南沙区。

表 11　谷物类及谷物粉中国的纯进口额

单位：千元

年份	进口额	年份	进口额
1937	58556	1939	223658
1938	130005	1940	385629

　　另外，在战后中国进口的主要商品中，大米仅次于棉花，居第二位。这种发生在整个中国的现象在广东也出现了。广东现在从越南、泰国进口了约4000万担（广州市商会发布）的大米。另外，在广东地区的日本军队以及日本人所消费的台湾米①也是进口的。由于其属于军事秘密，所以，没有与之相关的详细的进口量数据。

　　战前，除了越南、泰国，从香港进口的大米数量也非常多。但是现在在减少，见表12、表13。

表 12

（1）香港白米（Other than Lioken）面向华南的出口

年份	数量（担）	价格（港元②）
1936	426679	2358305
1937	183431	1337916
1938	627282	4366982
1939	126	750

（2）香港白米（Lioken）面向华南的出口

年份	数量（担）	价格（港元）
1936	1384343	5599198
1937	635724	3620906
1938	1287097	7974176
1939	2478	12743

① 当时的台湾被日本占据。
② 原文写为（$），应是港元，因为美元的地位是二战后布雷顿森林体系确立后逐渐形成的，这时香港货币仍在英镑体系内。

从表 12 可以看出，比起从前香港作为大米中继港发挥作用，现在的香港由于英国的对港政策（军事性的）以及遍地的中国避难者，正在变为一个大米消费地。因此，香港面向华南的大米出口量在未来将不得不变得很少。这样一来的话，以后广东地区消费的外来大米应该几乎就都是从越南、泰国供应的大米吧！

四　流通

目前在广东的日本人主要依靠台湾大米的供给，每人每天领取 2 合[①] 5 勺的配额。除此以外，也有当地大米的供给。战后，本地米从产地到广州市内的一般消费者手中，需要经过的路线大体上与战前相同。接下来，我们看一下外国的大米是如何到达一般消费者手中的。

（1）首先由日本的大会社[②]（三井和三菱）从供给地越南和泰国等地购入大米；

（2）购入大米的相关事务由以下九家商社在取得省政府米谷管理处许可的情况下实施。

泰记、公益、锦成、同兴、永利、祐昌——以上六家商社属于三井直属子公司。

合益、兴隆、兴南——以上三家商社属于三菱直属分公司。

进口的大米由以上这些商社通过批发商（资本金为 2 万日元左右，数量为 30 家）流向零售商（资本金为 1500 日元左右，数量为 270 家），最终到达一般消费者手中。

接下来是配给商社，有以下两种组合（合作社）。

（1）米业同业公会

全部由经营米谷（主要是进口大米）的小商人组成的组合，上述

---

① 合为日本表示米饭容积的单位。1 升等于 10 合等于 100 勺。
② 会社犹社会。在汉语中原指集会，结社之意，指人和人之间互相联系而会合结成的社组织。流传到日韩，被引伸为指代公司、商行之意。

九家会社即属于此类。

（2）谷米栏公会

由当地经营大米业务的商人组成的组合。"栏"指批发商的意思。

以上公会的监督工作由省政府的米谷管理处负责。

另外，广州市内的大米以及其他地方的当地大米正在流向物价高涨的非占领区。这是不容置疑的事实。

五 米价

事变以后，米价显著高涨。根据广州市商会发布的数据，米价已经由事变前的每100斤11元毫币（广东的地方银行券）暴涨至事变后的每100斤30日元军票（由于现在每100日元军票兑换360元毫币，所以，换算成毫币的话应该为108元）。另外，从以下指数表（见表13、表14）也可以看出大米价格的暴涨趋势。

表13 各月末以军票结算的批发物价指数

（广东的主要商品有12种：棉纱、棉布、水泥、砂糖、本地大米、小麦粉、大豆、大豆糟、白绞油①、鲍鱼、火柴。）

昭和14年3月末	100.0	昭和14年11月末	144.8
昭和14年4月末	100.5	昭和14年12月末	162.4
昭和14年5月末	104.4	昭和15年1月末	174.8
昭和14年6月末	110.2	昭和15年2月末	193.6
昭和14年7月末	113.2	昭和15年3月末	218.9
昭和14年8月末	118.1	昭和15年4月末	238.7
昭和14年9月末	123.7	昭和15年5月末	263.7
昭和14年10月末	133.7		

从表13可以看出，约16.3%的价格暴涨是由于物资不足和通货膨胀引起的。另外，由于毫币对军票行情的暴跌，用毫币结算的物价指数呈现上涨趋势。

---

① 一种食用油。

表14　各月末以毫币结算的零售物价指数

昭和14年3月末	100.0	昭和14年11月末	189.5
昭和14年4月末	114.5	昭和14年12月末	174.6
昭和14年5月末	129.9	昭和15年1月末	216.2
昭和14年6月末	128.5	昭和15年2月末	256.4
昭和14年7月末	131.1	昭和15年3月末	348.5
昭和14年8月末	138.7	昭和15年4月末	365.9
昭和14年9月末	153.8	昭和15年5月末	375.2
昭和14年10月末	156.9		

如表14所示，随着广东的物资价格暴涨，米价也呈现出了明显的暴涨态势。最近一段时间的米价见表15。

表15　昭和16年（1626）4~5月米价

当地米100斤	昭和16年4月末，4200日元	指数310.0
	昭和16年5月末，4200日元	指数310.0

六　统制

战后，处于异常状态的大米在出货方面迫切需要统制。这是不言而喻的事情。广东现在成立了一个叫"广东军票交换用物资配给组合联合会"的机构，专门负责物资的统制。

《广东军票交换用物资配给组合联合会规约》

第一条，本会的名称为广东军票交换用物资配给组合联合会。

第二条，本会的目的是，在军经理部以及三省联络会议（以下称"当局"）的指导监督下，在以广东为中心的占领地区，维持军票的价值，使用日元核算的物资能够顺利运入配给，按照第四条的规则，对各个组合进行统制。

第三条，本会在广东设立事务所，在上海、青岛、大连、台北、东京、大阪以及其他有必要的地方设立联络部。

第四条，本会由以下十二个配给组合构成。但是，如果当局认为有必要，我们将对其数量进行增减。

（1）广东军票交换用杂粮配给组合；

（2）广东军票交换用棉纱布配给组合；

（3）广东军票交换用砂糖配给组合；

（4）广东军票交换用燃料配给组合；

（5）广东军票交换用米谷配给组合；

（6）广东军票交换用盐干鱼配给组合；

（7）广东军票交换用土木建筑材料配给组合；

（8）广东军票交换用机械器具配给组合；

（9）广东军票交换用啤酒类清凉饮料配给组合；

（10）广东军票交换用食料品配给组合；

（11）广东军票交换用烟草配给组合；

（12）广东军票交换用纸类配给组合。

第五条，本会为了达成第二条的目的，处理如下事项：

（1）物资的输移入以及配给的调整；

（2）贩卖价格以及配给条件的调整；

（3）消费状况、其他需要的调查、报告及通报；

（4）对各个组合的指导监督；

（5）其他必要的事项。

第六条，本会根据需要让各个组合提交报告书，然后将其综合后附上意见书提交当局。

以上就是广东军票交换用物资配给组合联合会的规约总则。其中关于大米的统制内容具体如下。

（1）确保分摊额数量的大米的输移入，使配给能够顺利进行；

（2）调整批发价格和交易条件；

（3）调查并通报消费状况以及其他必要事项；

（4）处理其他必要事项。

如果要问为什么要实施以上政策，答案是为了维持军票的价值。

以上这些统制政策在最开始的时候是非常简单的，在广东，必要物资的移入原因如下。

（1）由于广州市复归者等造成的人口增加；
（2）由于统制的缓和或内地物价上涨，物资流向内地。

基于以上原因，大米的需求量非常大，统制也变得越来越困难了。另外，这些统制现在不管是对小商人，还是对像三井、三菱等那样的大商社，都是一视同仁，这也是一个弊端，我们还需要考虑其他的统制方法。

第四章　结论

总而言之，广东地区的大米不管是在战前还是战后，其大半都处于不得不依赖外国大米的状态。而且，就其对外国大米的依赖程度而言，现在外国大米已经成为中国进口产品中的一个大宗商品。如果我们把日本的国策分为"结束中国事变"和"确立大东亚共荣圈"两大项目的话，对于前者而言，广东地区的大米所占的地位是：解决广东地区人们的吃饭问题。解决好了吃饭问题，社会治安就能恢复，进而各个产业才能复兴。但是，现在广东地区的吃饭问题到底解决得怎么样了？处于何种程度？现实情况是广东地区的米价正在暴涨。而且，在大米增产方面还存在很多阻碍因素，这些情况让民众非常担心。为了解决这一问题，首先必须要供应足够多的大米。为了实现这一目标，需要增加广东地区的大米产量以及购入价格低廉的外国大米。广东地区的气候虽然对农业很有利，但是很多地方却受地势的制约，不仅水稻种植面积狭小，而且完全是依赖于单个农民的农耕，没有使用近代大规模的农耕方法。这应该是值得改进的一大问题。此外，由于广东多雨，地表容易被雨水冲刷，这对于土壤保持来讲是一个很大的阻碍因素。广东地区的土壤都是没有养分的土壤，这也酝酿出对肥料的需求。这样来看的话，即使广东试图增加大米的产量，但是要达到自给自足的状态真的是非常困难的事情。这就引发了从国外进口的问题，从哪个国家、哪个地方、以什么样便宜的价格进口，这些都是问题。另外，广东要从耕地面积狭小和人口过剩的日本进口大米也是有限制的。事实上，日本正在向华南出口台湾大米，结果导致了台湾的大米不足这一令人伤脑筋的问题，至于从日本内地出口，那就更不用说了。

从这点来看，现在可以作为广东大米供给地的，从地理方面看，只有越南和泰国。当然，不论是战前和战后，广东都仰仗从这些国家进口，但是到了现在，联合会需要的是谋求增加越南和泰国的大米产量以及改善贸易运输。如果这两点都能实现的话，那么"大东亚共荣圈"也就能确立。

另外，广州市内的大米受物价变动影响，正在不断地流向中国其他地区。因此，不得不说，确实也需要强化统制。

天津纺织业的现状[*]

昭和 15 年（1940）

河北省调查第一班

佐古广利

目 录

第一章 中国纺织业的沿革

　第一节　中国纺织业的发展和日中事变

　第二节　日中事变前后的中国纺织设备

第二章 天津纺织

　第一节　天津纺织业的发展

　第二节　天津纺织、日中事变和去年的水灾

　第三节　天津纺织在事变前后的设备及现状

　第四节　产品

　第五节　劳动情况

　第六节　与利润相关的问题

　第七节　现在的问题

第三章 天津纺织业的未来

第四章 棉花

　第一节　东亚各国的棉花产量

　第二节　中国的棉花

第五章 纺织的联合以及同盟化

第六章 结论

---

[*] 本文系东亚同文书院第 37 期学生佐古广利和调查组成员于 1940 年进行的调查。原文见《东亚同文书院中国调查手稿丛刊》第 170 册，国家图书馆出版社，2016。

附　华北棉花增产 1000 万担

第一章　中国纺织业的沿革

第一节　中国纺织业的发展和日中事变

从中国第一家纺织工厂诞生至今已经过去了约 50 年。光绪十六年（1890），北洋大臣李鸿章创设了上海机器织布局，这被认为是中国纺织工厂的先驱。而日本人最早设立纺织工厂据说是在 1902 年。在这 50 年间，中国的纺织工厂已经取得了显著的发展。但是，昭和 12 年（1937）7 月发生的日中事变[①]却让天津地区遭受了很大的冲击，纺织业几乎全部（或部分）被毁坏。

第二节　日中事变前后的中国纺织设备

此处我们暂对事变前处于扩张中的纺织设备不做讨论。如果把事变前原有的纺织设备和事变以后现在（昭和 14 年 12 月，即 1939 年 12 月）的设备做一个对比的话，如下：

（1）在全部纺织设备中，纺机与事变以前相比，出现了约 7%（253151锭）[②]的下降。虽然纺机规模增加了约 22%，即 12000 锭，但这是由于日本纺机厂在事变以后逐渐恢复生产设备，比事变前增加了约 18000 锭的缘故。另外，英国人和中国人开设工厂数量的增加也是一个原因。织机虽然在事变以前几乎恢复了，但是仍然还缺少约 300 台。以上是对事变前和去年末（1939 年）的织机设备数量做的对比，但是在对比的时候需要考虑因事变对织机的损坏，这是不言而喻的事情。此外，也必须把日本人和中国人在天津新增设织机这一要素也考虑进去。当然，这个比较并不是指被破坏的设备数量。

（2）其次是日本、中国和英国的纺织设备在整个中国纺织业中所占比

[①]　指七七事变，本文也称为事变。
[②]　如表 1 合计部分所示。七七事变前的纺机 5051220 锭，七七事变后的纺机 4798069 锭，二者相差 253151 锭。

例的显著变化。如表 1 所示，事变前，日本在精纺机领域内所占比例为 42.3%，在纺纱机①领域比例为 65.9%，在织机领域比例为 5.2%，在整个中国纺织机器中占的比例超过一半。现在，日本在纺机领域的比例为 72.6%，纺纱机为 85.5%，织机为 80.0%。可以说，纺织机领域内近乎 8 成的设备都掌握在日本人手里。与此相对，华人在事变前纺机领域所占比例为 53.3%，纺纱机比例为 32.4%，织机比例为 42.8%。到了现在，华人在纺机、纺纱机和织机的比例分别下降至 21.6%、12.7%、10.9%。在此期间，英国人的纺织机器略微有所增加，纺机比例由 4.4% 提高到 5.8%，纺纱机比例由 1.7% 提高至 1.8%，织机比例由 7.0% 增加至 8.1%。

（3）事变以前，日本纺织设备在整个中国纺织业中所占比重最高的是纺纱机，其次是纺机，最后是织机。但是，这个顺序现在却变成了纺纱机、织机、纺机。另外，如果把事变前日本、中国和英国三个国家的纺织设备都按照 100 来计算，然后再换算出昭和 14 年 12 月末（1939）的指数的话，如表 2 所示。可以看出日本人的纺织设备与事变前相比，在纺机、纺纱机和织机领域内分别增加了 63%、32%、62%。而华人的纺织设备却正好相反，在纺机、纺纱机和织机领域分别下降了 63%、61%、66%。英国人则坐收渔翁之利。英国的纺机、纺纱机和织机在事变发生以后分别增加了 26%、16% 和 3%。并且，在此期间他们还都保持了 100% 的开工率。对于英国的纺织设备厂商来讲，这是他们获得的最好的不劳而获的时机。

资料来源：大日本纺织联合会月报第 571 号。

表 1　（第 A 表）全中国纺织设备在事变前后的比较[*]

国名		纺机（锭）	比率（%）	纺纱机（锭）	比率（%）	织机（台）	比率（%）
日本	イ）（事变前的设备，下同）	2135068	42.6	350284	65.9	28915	50.2
	ロ）（事变后的设备，下同）	3481804	74.4	465420	85.5	46858	81.0

---

① 原文写作撚丝机。在日语中，撚丝机就是我们常说的纺纱机。

续表

国名		纺机（锭）	比率（%）	纺纱机（锭）	比率（%）	织机（台）	比率（%）
中国	イ）	2694816	53.5	172468	32.4	24629	42.8
	ロ）	1036669	21.6	68946	12.7	6311	10.9
英国	イ）	221336	4.3	8670	1.7	4021	7.0
	ロ）	279596	4.0	10070	1.8	4661	8.1
合计	イ）	5051220	100	531382	100	57565	100
	ロ）	4798069	100	544436	100	57830	100

* 材料来源于《上海每日新闻》，昭和15年（1940）11月23日。

表2 （第B表）全中国纺织设备在事变前后的比较

		纺机	纺纱机	织机
日本人纺织设备	イ）	100	100	100
	ロ）	163	132	162
华人纺织设备	イ）	100	100	100
	ロ）	37	39	24
英国人纺织设备	イ）	100	100	100
	ロ）	126	116	102
合计	イ）	100	100	100
	ロ）	95	124	110

第二章　天津纺织

第一节　天津纺织业的发展

在日本纺织企业还没有进入天津以前，当地的纺织业大体上只有中国人开设的企业。根据1936年3月的调查，天津纺织企业的数量为7家。关于其规模，精纺机为234000锭，纺纱机为11000锭，织机为1300台左右。但是，以上7家公司中的裕大纺织虽然从很早就落入日本人的手中，但是，天津依然是华北地区中国人纺织业的中心。之后，日本人开始进入天津，并且其势力一下子扩展开来。尤其是天津不仅靠近原棉的供给地，而且附近还有著名的织机业基地，所以，有很大的发展余地。日本纺织企业开始进入天津是在1935年末，随着冀察两省的自主化运动，① 日本企业呈现出了很好的发展势头。日本纺织企业进入天津主要有两种方法：第一是计划建设新工厂，第二是收购现有的中国人纺织企业。

中国人的纺织企业的经营情况原本在满洲事变②以前，总的来看都不好。满洲事变以后，更是遭遇了沉重打击，不仅丧失了满洲市场，而且还因为内乱和其他因素导致内地购买力降低，加上青岛和上海纺织业带来的竞争以及1932年以后经济恐慌的影响，或者由于南方资本从北方开始撤离造成的资金不足，以及华北的特殊贸易③（对日资企业更有利）等，这些因素叠加在一起使得中国人的纺织企业变得更加不振，出现经营状况的恶化、甚至有人开始考虑"如果条件具备，都想把工厂卖了"。另外，我国的纺织公司想要在天津寻求合适的工厂用地也并不是一件容易的事情。恰好在这个时候，收购现有的中国人纺织工厂从某些方面来看是有利的。就这样，在天津发生了好几起公司收购。裕元、天津华新、宝成第三纺织④和裕大纺织⑤四家公司最终落入日本人的手中（除了裕大以外的三家公司都是在昭和11年收购的）。现在的公大第六厂⑥是以前的裕元纺织，公大第七厂⑦是以前的天津华新纺

---

① 1935年上半年，日本通过与国民政府签订《秦土协定》和《何梅协定》，使冀（河北）察（察哈尔）两省与平津两市"特殊化"，将中央军、国民党党部驱逐出冀察和平津地区。1935年下半年，日本又企图将华北"傀儡化"，并以此目的开展了"华北自治运动"，妄图使华北五省（河北、山东、山西、绥远、察哈尔）脱离国民政府的统治，成为"满洲国"化的特殊地区。
② 1931年九一八事变，后文同指。
③ 走私贸易。
④ 宝成纺织的老板刘伯森在上海建成宝成第一、第二两个工厂，天津的这个工厂被称为宝成第三工厂。昭和11年（1936），被日本东拓公司和其子公司大福公司共同收购。
⑤ 裕大纱厂系福建人陈承修1920年创建。该厂的经济、技术和经营管理均受债权人日商东洋拓殖株式会社控制，并于1925年被日本东拓公司吞并，交日本东拓公司分支——日本大福公司（东洋拓植会社和伊藤忠商事会社合办）经营。
⑥ 钟渊公大实业株式会社第六工厂，简称公大第六厂。钟渊公大实业株式会社，又称钟渊实业株式会社，是日本近代以纺织工业为主体的商业组织。成立于1886年，原名东京棉商社，三井财阀投资，后转向丝、棉织织工业，与东洋、大日本、日清、吴羽共称日本五大纺织企业，1922年在上海设钟渊公大第一厂，1925年设第二厂，此后不断在中国建立新的工厂。抗战结束后，其在中国的财产被国民政府接收。
⑦ 钟渊公大实业株式会社第七工厂，简称公大第七厂。

织，而天津纺织在以前的名字是宝成第三纺织①。像这样，这些公司被收购以后，名字也都改了。剩下的三家公司是北洋纱厂、恒源纺织、达生制线②。虽然他们有时候会停业，但是，也没有被收购，截止到现在还在经营着。

接下来我们根据1936年3月华商联合会的调查来看一下天津各个纺织公司的规模（见表3）。

表3 天津各纺织公司的规模

	精纺机（锭）	纺纱机（锭）	织机（台）
公大第六厂（锭纺）	71360	976	1000
公大第七厂（锭纺）	30272	——	——
天津纺织（东拓、伊藤忠）	29028	2520	——
裕大纺织（伊藤忠）	39747	2380	——
小计	168407③	5876	1000
恒源纺织	35440	3230	310
北洋纱厂	27056		
达生制线	3230	1820	
小计	65726	5140④	310
合计	234132⑤	11016⑥	1310
（位于唐山）△唐山华新纺织⑦（东洋纺织）	26800	2000	500

注：△指虽然是中国人的纺织企业，但实际上为日中合办。括号内表示其收购公司、委托经营公司或者出资公司。

① 1936年1月，宝成纱厂被日本东洋拓殖会社和伊藤忠商事会社合办的大福公司并购后，与原裕大纱厂合并为一个厂，组成天津纺织公司。
② 这三家公司交由诚孚信托公司委托经营。
③ 原文有误，据表中数据核算为170407。
④ 原文有误，据表中数据核算为5050。
⑤ 原文有误，据表中数据核算为236133。
⑥ 原文有误，据表中数据核算为10926。
⑦ 1916年，实业家周学熙在天津组建华新纺织股份有限公司。1921年，华新纺织股份有限公司唐山厂建成。正式生产8支以上32支以下的棉纱，商标为"三松"牌，产品销往东北和冀东各地。1929年，织布厂建成并投产，商标为"三燕"牌，行销天津和东北等地。1936年，面对日本"华北五省自治运动"压力的唐山华新公司为解决经济困难，不得已接受东洋纺织株式会社的股份，从此唐山华新纺织股份有限公司为日本控制。

之后在昭和 11 年（1936）7 月，裕丰纱厂率先成立，并在第二年 5 月开始运行。另外，上海纺织、双喜纺织、吴羽纺织、仓敷纺织、岸和田纺织、大日本纺织和内外棉等公司都计划要进入天津。受事变①发生影响，这些计划都没有实现。这里我们看一下各公司的新设计划（见表 4）。

表 4　新设计划

公司名称	锭数（锭）	织机数（台）
上海纺织	50000	1000
双喜纺织	50000	1000
吴羽纺织	145000	5500
仓敷纺织	50000	1000
岸和田纺织②	50000	1000
大日本纺织	100000	2000
内外棉③	50000	1000

如前所述，这些纺织公司受日中事变以及之后的物资进口困难的影响，他们的新设计划都未能实现。只有上海纺织、双喜纺织和岸和田纺织三家公司施行了新设计划，而且都开始运行。岸和田纺织截至今年（昭和 15 年）6 月已经设置了约 3000 锭，预计到今年 8 月份可以设置 10000 锭。

可以看出，与在天津的日本人办的纺织公司相比，上海和青岛的日本

---

① 指七七事变。
② 岸和田纺织株式会社，成立于明治 25 年（1892）总社在日本大阪府岸和田市，在中国天津等地有分厂。
③ 全称日本内外棉株式会社，于 1887 年在阪成立。原为商业公司，经营棉花买卖、棉花押汇和轧花厂等。1889 年在上海设办事处，次年曾一度与筹办中的上海华新纺织局订立协议，包销该局销往日本横滨、神户两地的棉花。1891 年又与印度棉商合作，进口印棉美棉，为当时日本三大棉商之一。1903 年在大阪设内外棉第一棉纺厂，1905 年在兵库设第二棉纺厂，开始经营棉业。1909 年在上海筹设内外棉第三棉纺厂，1911 年建成，为日本棉界外来华设厂的先声。截至 1937 年，内外棉在中国境内建立纺织厂 15 个，加工印染厂两个，是外国在华纱厂中规模最大的企业，称逊于中国最大的申新纺织公司，但生产能力超过申新。内外棉株式会社对中国工人实行残酷剥削与压迫，1925 年的五卅运动，就是由于上海内外棉纱厂枪杀中国工人而引发的。

人办的纺织公司涉足当地纺织业的速度较慢，而且其开始运行也只不过是最近的事。日本公司进入天津的原因跟其他地方一样，因为民国政府提高了排日关税①，导致在这里开设工厂是有利的。

第二节　天津纺织、日中事变和去年的水灾②

从整体上来看，天津的纺织业在日中事变③和水灾中似乎没有遭受什么大的损失。但是，正如青岛纺织和上海纺织那样，它们虽然没有因为事变而遭受直接性的损失，但是间接地受到了很大的影响。去年发生水灾的时候我们去了当地，咨询了各方，应该说，水灾造成的损失比我们预想的要低，仅仅是非常轻微的状态。但是，因各个纺织工厂的所在地不同，其受水灾的影响程度也不相同。从整体上来看，虽然没有什么大的影响，但是如果把那些有形和无形的损失都计算在内的话，也是不可忽视的。下面我们通过列举两三个受水灾和事变影响的公司案例，仅供参考。

公大第六厂
　　直接损失额：80万日元
　　间接损失额：20万日元

双喜纺织株式会社
　　直接损失额（动产和不动产损失）：881999日元
　　间接损失额（防水及排水费）：100000日元

其他影响及受损情况
　　因事变导致建设延期了1年8个月

---

① 棉纱是战略物资（当时交战双方的军队都需要棉纱，棉花和棉花等棉制品），国民政府通过提高关税，使国统区棉纱难以进入日本占领区，由此导致天津市场棉纱物资奇缺，客观上为日本人开设纺织公司提供了有利条件。
② 1939年8月席卷河北全境和河南北部、山东西部的水灾，是20世纪前半期华北最大的一次自然灾害，也是1801年（嘉庆六年）以来最大的一次洪水。当时的舆论称其为"百年仅有的水灾""八十年来所仅见"，北平、天津、保定等大城市受灾严重，几成汪洋。
③ 指七七事变。

注：水灾、事变对天津纺织业的影响的材料，来源于天津纺织同业会材料。

受水灾影响，工厂整个区域被深约 5 尺的洪水所淹没，排水花费了一个多月。从 10 月下旬开始，部分机器才能正常运行。但是，由于需要更换的机器零部件以及附属品迟迟未到货的原因，工厂还没有完全恢复。他们正在尝试从日本运入材料并且筹措资金。

第三节　天津纺织在事变前后的设备及现状

首先我们对天津各纺织公司做一个概括。

（1）公大第六厂

代表人：足立茂

所在地：天津特别一区河沿路

资本金：700 万日元（投资额）

资本所属系统①：钟渊纺织株式会社

企业形态：

　　组织：株式会社

　　国籍：日本法人

经营形态：机械工业

生产能力：

　　棉纱：日产 320 捆

　　精纺机：88400 锭

　　织机：2714 台

动力：

　　电动机 5300 KW

设立年月：

　　创立年月日：昭和 11 年（1936）7 月 4 日

---

① 这里的"系统"指属于同一企业集团或同一部门的意思。

投产年月日：昭和 11 年（1936）9 月 30 日

备考：系收购原来的裕元纺织而来。

（2）公大第七厂

代表人：伊东武喜

所在地：天津河北区小于庄一①

资本金：500 万日元（投资额）

资本所属系统：钟渊纺织株式会社

企业的形态：

  组织：株式会社

  国籍：日本法人

经营形态：

  机械工业

生产能力：

  棉纱：日产 200 捆

  精纺机：53000 锭

  纺机：1530 台

原动力（第六、七厂合记）

  电力：7950 KW（千瓦）

  汽力：3484 HP（马力）

创立年月：昭和 11 年 8 月

备考：系收购原来的华新纺织而来。

（3）裕丰纱厂

所在地：天津特别四区

代表人：不破定和

资本金：100 万日元（投资额）

---

① 原文属笔误，应为小于庄。

资本所属系统：东洋纺织①

企业形态：

  组织：株式会社

  国籍：日本法人

经营形态：机械工业

生产能力：

  棉纱：日产 300 捆

  精纺机：52384 锭

  织机：1020 台

原动力：

  电力：5600 KW

  汽力：7500 HP

设立年月：昭和 11 年（1936）7 月

投产年月：昭和 12 年（1937）5 月

（4）裕大纺织股份有限公司

代表人：株式会社天津纺织公司

所在地：天津特别四区郑家庄

资本金：注册资本 300 万日元，实付 1317550 日元

资本所属系统：伊藤忠②

企业形态：

  组织：株式会社

  国籍：日本法人

经营形态：机械工业

生产能力：

  棉纱：日产 150 捆

---

① 东洋纺织株式会社，成立于大正 2 年（1913），在上海、天津等地有分厂。1945 年抗战胜利后，其在中国的资产被中国政府没收。

② 伊藤忠商事株式会社，成立于 1858 年，是日本著名纺织业巨头，一战后进入中国办厂，在上海、天津有纺织工厂。

精纺机：40320 锭

原动力：

  电力：2500 KW

  汽力：3350 HP

设立年月：大正 15 年（1926）8 月

备考：系旧天津纺织公司委托经营。

（5）天津纺织公司

代表人：植松真经

所在地：天津特别四区郑家庄

资本金：注册资本 500 万日元，实付 250 万日元

资本所属系统：伊藤忠，东拓

企业形态：

  组织：株式会社

  国际：日本法人

经营形态：机械工业

生产能力：

  棉纱：日产 170 捆

  精纺机：27028 锭

  织机：150 台

原动力：

  电力：7400 KW

  汽力：无

设立年月：昭和 12 年（1937）2 月

备考：系收购旧的宝成纺织公司而来。

（6）岸和田纺织株式会社

代表人：木村启藏

所在地：天津华街二区六所南开旧竞马场遗址

资本金：400 万日元（投资额）

资本所属系统：岸和田纺织

企业形态：

  组织：株式会社

  国籍：日本法人

经营形态：机械工业

生产能力：

  棉纱：日产 100 捆

  精纺机：30000 锭

  织机：700 台

设立年月：昭和 13 年（1938）11 月

备考：预计昭和 14 年（1939）7 月开始投产运行。

（7）上海纺织株式会社天津工厂

代表人：村上辰治

所在地：天津特别六区陈唐庄

资本金：420 万日元（投资额）

资本所属系统：东洋棉花、三井

企业形态：

  组织：株式会社

  国籍：日本法人

生产能力：

  棉纱：日产 1000 捆

  精纺机：30000 锭

  织机：700 台

原动力：

  电力：600 KW

设立年月：预计昭和 14 年 4 月开始投产运行

（8）双喜纱厂/双喜株式会社

代表人：村一正

所在地：天津特别四区郑家庄

资本金：注册资本 500 万日元，实付资本 400 万日元

资本系统：（大阪市）福岛纺织株式会社

企业形态：

  组织：株式会社

  国籍：日本法人

经营形态：机械工业

生产能力：

  棉布、棉纱：日产 100 捆

年生产额：

  棉布：最大生产能力 560000 捆，年生产额 8651①

  棉纱：最大生产能力 10800 捆，年生产额 975

  电力：1250KW

设立年月：

  创立：昭和 11 年 11 月 8 日

  开始投产：昭和 14 年（1939）5 月 12 日

(9) 恒源纺织股份有限公司

所在地：天津河北西窑间口

资本金：注册资本 500 万日元，实付 400 万日元

企业形态：

  组织：株式会社

  国籍：中华民国

经营形态：机械工业

生产能力：

  棉纱：日产 100 捆

  精纺机：35440 锭

  织机：600 台

---

① 原文如此，没有计量单位。

设立年月：民国 24 年 3 月

备考：诚孚信托委托经营。

(10) 北洋纱厂

所在地：天津挂甲寺

资本金：37 万日元

企业形态：

  组织：株式会社

  国籍：中华民国

经营形态：机械工业

生产能力：

  棉纱：日产 100 捆

  精纺机：37000 锭

设立年月：民国 24 年 6 月

备考：诚孚信托委托经营。

(11) 达生制线厂

所在地：天津英租界 19 号路

企业形态：

  组织：个人

  国籍：中华民国

经营形态：机械工业

资本金：30 万元

生产能力：

  棉纱：日产 15 捆[①]

  精纺机：40000 锭

设立年月：民国 3 年 2 月

---

① 从该厂精纺机 40000 锭，再联系上下文中提到的其他厂的设备情况和日产量来看，似应为 150 捆，但原文这样写的，据实录入。

(12) 唐山华新纺织厂

代表者：三桥楠平

所在地：唐山

资本金：2187400元

资本系统：东洋纺织株式会社

企业形态：

  组织：株式会社

  国籍：日本法人

经营形态：机械工业

生产能力：

  棉纱：年产17208捆

  精纺机：26800锭

  织机：500台

原动力：

  电力：1300 KW

  汽力：350 HP

设立年月：大正15年（1926）8月

以上材料来源于昭和14年度华北经济情况、在华日本纺织同业会调查以及学生本人的现地调查，特此说明。

上述是天津各纺织企业的概况。另外，虽然唐山华新纺织厂位于唐山，但是当地的人们都把该公司视为天津的纺织企业。所以，我们也延续了这一习俗，将该企业放在天津纺织业中进行说明。

接下来我们看一下天津纺织企业在事变发生以前日本人的纺织设备情况（见表5、表6）。

表5　事变前日本人的纺织设备

纺机（锭）	比率（%）	纺纱机（锭）	比率（%）	织机（台）	比率（%）
255404	11.3	13920	3.4	2522	7.9
△656788	——	△41784	——	△19141	——

表6 事变前天津各日本人企业的设备［昭和12年（1937）9月］

工厂名	纺机（锭）	纺纱机（锭）	织机（台）
公大纺织	108872 △101272	—— △21384	998 △3544
上海纺织	△50128	△4800	△1008
裕丰纺织	79184 △92400	9000 △6000	1524 △2016
天津纺织	67348 △39348	4920 ——	—— △748
双喜纺织	—— △30000	——	—— △700
岸和田纺织	△30720	——	△1008
合计	255404 △303868①	13920 △32184	2522 △9024

注：△指扩张计划中的产能。公大包含公大第六、第七厂，裕丰包含唐山华新，天津包含裕大。
来源：在华纺织调查。

表7 事变后各日本人纺织公司的设备［昭和14年末（1939）］

工厂名	纺机（锭）	纺纱机（锭）	织机（台）
公大公司	165824	11096	4545
岸和田纺织	30000	——	700
双喜纺织	30000	——	700
上海纺织	29948	——	300
天津纺织	54114	——	300
唐山华新纺织	45232	8000	504
裕丰纱厂	102384	7200	2208
裕大纱厂	48646	4920	——
合计	506148	31216	9257

① 原文有误，应为343868。

从表 7 可以看出，如果把事变前的日本人纺织设备和事变后做一个比较的话，其数量都呈现出了增加的趋势。具体来看的话，纺机增加了240744 锭[1]，纺纱机增加了17296 锭，织机增加了6735 台。

表 8　日本人各纺织公司现在的设备［昭和 15 年（1940）4 月］

工厂名	纺机（锭）	纺纱机（锭）	织机（台）
公大	165824	11096	4545
上海	29948	—	480
裕丰	147616	15200	2532
天津	102760	4920	330
双喜	30000	—	700
岸和田	截至 6 月精纺机为 3000 锭，预计到 8 月达到完成 1 万锭的目标		

注：裕丰包含了唐山华新，公大包含公大第六厂、第七厂，天津包含裕大。
来源：《大日本纺织联合会月报》。

接下来我们看一下华人纺织企业的设备情况。

表 9　事变前天津华人纺织企业的设备［昭和 12 年（1937）3 月］

厂名	纺机（锭）	纺纱机（锭）	织机（台）
恒源纺织厂	35000	—	490
北洋商业第一纺织厂	25232 △12544	—	—
达生制线厂	3920 △5212	1800	—
小计	64152 △17756	1800	490

注：△指扩张中的产能。
来源：在华纺织调查。

---

[1]　原文有误。七七事变后的纺机 506148 锭减去七七事变前后纺机 255404，等于 2040744 锭。

表10 事变后华人纺织企业的设备 [昭和14年（1939）12月]

厂名	纺机（锭）	纺纱机（锭）	织机（台）
恒源纺织厂	36792	—	560
北洋商业第一纺织厂	37632	—	—
达生制线厂	9072	1956	—
小计	83496	1956	560

来源：在华纺织调查。

从表9、表10可以看出，事变前和事变后，就纺织设备而言，无论纺机、纺纱机还是织机在事变后都呈现出增加的趋势。具体来看的话，织机增加了19344锭，纺纱机增加了156锭，织机增加了70台。

表11 运转状况（昭和14年12月）

厂名	纺机（锭）	纺纱机（锭）	织机（台）
恒源	21582	—	344
北洋	20594	—	—
达生	6880	1092	—
小计	49056	1092	344

注：在华纺织调查。

这些纺织工厂没有受到战火的影响，他们在事变前制定的扩张计划大体都实现了。截至昭和14年（1939）12月末，实际的纺织设备数量都超过了计划。去年12个月，纺机平均运转率为66%；截至5月以前大体维持84%的运转率。到了6、7、8月份又降至48%左右，之后运转率大体维持在50%左右。

关于棉纱的生产额，一年三个工厂的合计为34861捆。在生意较好的1、2月份，每月能够生产4400捆。在按照支数划分的棉纱生产额中，20支棉纱的生产额最大，占了约一半，其他排名依次为10支、16支、17支。

纺纱机只有达生纺织有,在1、2、3月份,其运转率为100%,一年的平均运转率为63%。

第四节 产品

第一项 产品的种类

华北的棉花在品质方面由于纤维粗且缺乏韧劲,因此不太适合制造需要高级且纤细的纤维产品。棉纱原本是粗线,但原棉的不足导致现在慢慢出现了粗线向细线转换的情况。这是一件值得关注的事情。现如今,天津纺织工厂生产的棉纱比起六七支,更多的是不到30支的产品,而且产品种类也仅限于棉纱和棉布。

接下来看一下各个纺织工厂的棉纱和棉布的商标。

公大公司
  棉纱:十全
  棉布:五福捧寿图、双飞龙

裕大纱厂
  棉纱:八马、大福、百福

岸和田纱厂
  棉纱:财神
  棉布:三鼎

双喜纺织厂
  棉纱:双喜
  棉布:双喜、月双喜

上海纺织株式会社
  棉纱:飞马
  棉布:飞马

天津纱厂
  棉纱:八马、大福、百福
  棉布:百福、双福

唐山华新纺织

　　棉纱：三松

　　棉布：三燕、灯牌

裕丰纱厂

　　棉纱：栗子

　　棉布：阳光

来源：在华日本纺织同业会调查。

作为参考，我们列举一下双喜纺织的产品种类：

棉纱：10 支双喜、20 支双喜

棉布：12 封度①细布

第二项　生产额

各个公司在昭和 14 年（1939）一年间的生产额如表 12。

表 12　各公司昭和 14 年一年的生产额

工厂名	棉纱（捆）	棉布（反②）
公大公司	9880	2287471
裕大纱厂	18509	—
双喜纱厂	1535	12056
上海纺织	1159	14829
天津纺织	10086	178461
唐山华新	10172	315434
裕丰纱厂	6217	1200982

---

① 布匹封度指的是布纬向（就是横向）两侧布边到布边的宽度，又叫"布封""封宽"，或者可以称之为布匹宽度。

② "反"在日文中为布匹或绸缎的长度单位，长 10.6 米，宽 34 厘米。

以上都是日本人所经营的企业的生产额。岸和田纺织公司由于正在建设当中，所以没有列入其中。

另外，作为华人纺织企业的恒源、北洋和达生三家公司，他们一年的生产额约为34861捆半，在生意最好的一二月份（昭和14年，即1939年）每月能够生产4400捆。

来源：《大日本纺织联合会月报》第571号。

第三项　销售

产品主要销往以天津为主的华北和满洲一带。但是产品配给方法最多的是直接卖给批发商。此时的货款结算方法虽然有很多，但是用票据来进行结算的却很少。原因是产品为现货而非期货。

接下来我们看一下双喜纱厂产品的发送地及运输状况。

表13　双喜纱厂的产品

当地消费额	数量	金额
棉纱：20支	485捆	292940元
棉布：细布12封度	92反	106元

运输状况

　　运输方法：主要是卡车和民船运输。

　　运输设施：专用卡车两台、栈桥[①]。

第五节　劳动情况

天津由于地理方面的关系，其劳动力供给非常富裕。但是，这里的富裕指的是体力劳动者和非熟练工，并不是指所谓的熟练工。

---

① 形状像桥的建筑物，车站、港口、矿山或工厂，用于装卸货物或上下旅客或专供施工现场交通、机械布置及架空作业用的临时桥式结构。在土木工程中，为运输材料、设备、人员而修建的临时桥梁设施，按采用的材料分为木栈桥和钢栈桥。

第一项　劳动者

截至昭和 14 年 12 月末，日本纺织企业中的华人职工人数合计为 17838 人。其中，男性 10833 人，女性 7005 人。日本人劳动者截至昭和 15 年（1940）1 月有 3000 人，同年 10 月增加到了 17000 人。下面我们看一下各公司中的华人职工人数。

表 14　天津日资企业中华人职工数

工厂名	男	女	合计
公大公司	4921	3230	8151
岸和田纱厂	男女合计 418 人，各占一半		这是昭和 15 年 6 月 4 日的调查，当时还处在建设中
双喜纱厂	436	445	881
上海纺织	868	457	1325
天津纱厂	1236	504	1740
唐山华新	755	690	1445
裕丰纱厂	1786	1262	3048
裕大纱厂	831	417	1248
总计	10833	7005	17838（除岸和田纺织除外）

接下来我们详细看一下二三家公司的情况。

公大第六厂

华人总人数：6298[①] 人

（华人）

华人员工：

劳动者：

　　男：3078 人

　　女：2708 人

---

① 原文有误，应为 6289 人。

儿童：475 人

合计：6261 人

事务人员：

男：28 人

女：无

（日本人）

日本员工：

男：63 人

女：15 人

合计：78 人

技术员：83 人

双喜纺织株式会社

华人总员工人数：1027 人

（华人员工）

劳动者：

男：418 人

女：313 人

儿童：男，103 人；女，188 人

合计：1022 人

事务人员：

男：5 人

女：无

（日本员工）

男：12 人

女：2 人

合计：14 人

技术人员：31 人

天津纺织企业中的华人劳动者中约七成都是当地的天津人，其余三成是河北省内的人，没有从山东来的人。这些劳动者的教育程度都比较低，几乎处于连小学都没有毕业的状态。因此，几乎可以说没有识字的人。

这些劳动者表面上都服从于日本人，听日本人的话。但是，他们的内心并不一定是那样想的，只是迫于日本人的权势没有办法而已。因此，这些劳动者很容易对日本人产生或抱有不愉快的感情。

（注：来源于天津纺织同业会社员的话）

另外，关于劳动者的进退问题。如前所述，在开工率比较低的今天，这些纺织企业都没有制定积极招揽劳动者的对策，如果有人表现出辞职的意向，企业也不会阻拦。

前面，我们在最开始就列举了劳动者的男女数量。与日本内地不同，在中国的纺织企业中，男工的数量多于女工是一件值得注意的事项。这是由于女工在效率和出勤率方面远远不及男工，而且女工的工资与男工相比也没有太大的差别。

第二项　劳动条件

此处我们列举二三家公司的例子来进行说明。

公大第六厂

（1）劳动时间

1 天 12 小时。早晚 7 点交接班，1 天 2 班。

（2）休息时间

吃饭的时候，30 分钟。

（3）休假

星期日休假

（4）工资

华人劳动者

最高：男，191 钱；女，123 钱；儿童，79 钱。

最低：男，80 钱；女，58 钱；儿童，52 钱。

普通：男，83 钱；女，72 钱。

尤其是把儿童按照男女分开来看的话，如下：

最高：男，79 钱；女，58 钱

最低：男，58 钱；女，52 钱。

（5）是否管饭

携带便当

（6）奖金的有无及金额

在正月、端午、中秋节和年末支付 2~3 个月的工资，物价津贴为每月约 1 日元。每月发放面粉 1 袋，另外，还发给棒子面。

（7）福利设备

有医院、学校、俱乐部、宿舍、运动场和娱乐室。由于工资是按日支付，所以因为生病、生小孩等原因休假的时候不予支付工资。

注：根据在华日本纺织同业会的调查。

双喜纺织株式会社

（1）劳动时间

一天的劳动时间为 12 小时，两班倒，早晚 7 点交接班。

（2）休息时间

与公大公司相同。

（3）休假

与公大公司相同。

（4）工资

华人劳动者

最高：男，143 钱；女，80 钱；儿童（男），52 钱；儿童（女），41 钱。

最低：男，39 钱；女 36 钱；[1] 儿童（男），36 钱；儿童（女），36 钱。

一般：男，62 钱；女 52 钱，儿童（男），41 钱；儿童（女），39 钱。

日本人事务员（男女合计）

最高：390 钱，最低：39 钱[2]；一般：214 钱。

日本技术员的工资

最高：390 钱；最低：143 钱；一般：266 钱。

---

① 这个数字和随后的儿童工资数字相同，疑过少，可能是抄写错误。
② 原文如此，疑过少，据实录入。

(5) 福利设备

日本人方面：有医院、免费施药、俱乐部设备、幼儿园、运动场设施。

华人方面：有医院、免费施药、衣食用品廉价销售、公共澡堂、员工宿舍。

注：来源于在华日本纺织同业会的明细书。

第三项　劳动的效率

如果把华人劳动者和日本人劳动者比较一下的话，不可否认，前者在效率方面还是要稍逊一点。但是，由于华人劳动者的工资低廉，因此也可以多少弥补一点其在工作效率方面的劣势。

一般而言，天津华人劳动者的效率与日本劳动者相比较，约为其一半。并且，如果把天津华人劳动者与上海、青岛等地进行比较的话，上海华人劳动者的效率是最高的，天津则是最低的。

在看待工资和效率的关系问题时，不能说利用华北的低工资就是一个有利的方法。仅就天津某些纺织工厂的劳动关系而言，倒不如说华北比起日本还要偏高一些。

另外，现在日本人和华人之间的工作效率差距并不是一成不变的。随着华人的效率逐渐接近日本人，华人和日本人之间的工资差距也会成为一个问题。

精纺一万锭所需的人员

　　某日本人的工厂：124人（仅限精纺工程）

　　从前的华人纺织企业标准：240人（仅限精纺工程）

每一个人管理的织机台数

　　某日本人工厂（使用超高级机器）：7台

　　某华人织布工厂：3台

注：来源于天津经济情况。

接下来，作为一个参考，我们列举一下天津人生活费指数（见表15）。

表15　以昭和元年（1926）天津人生活费为基准

昭和5年（1930）6月	119	昭和14年7月初	206
昭和6年（1931）6月	114	昭和14年8月初	235
昭和7年（1932）6月	105	昭和14年9月初	293
昭和8年（1933）6月	92	昭和14年10月初	298
昭和9年（1934）6月	90	昭和14年11月初	295
昭和10年（1935）6月	99	昭和14年12月初	307
昭和11年（1936）6月	112	昭和15年（1940）1月初	319
昭和12年（1937）6月	124	昭和15年2月初	384
昭和13年（1938）6月	155	昭和15年3月初	438
昭和14年（1939）1月初	160	昭和15年4月初	405
昭和14年2月初	172	昭和15年5月初	460
昭和14年3月初	185	昭和15年6月初	457
昭和14年4月初	191	昭和15年7月初	443
昭和14年5月初	196	昭和15年8月初	397
昭和14年6月初	195		

从表15可以看出，物价指数在昭和9年是最低的，然后从昭和9年开始逐渐上升，尤其是在昭和13年至昭和14年期间急速上升。进入昭和15年以后上升的势头也没有停止，物价指数最高的是昭和15年5月，之后开始下降。

第六节　与利润相关的问题

现在，天津的纺织工厂因为原棉的不足导致开工率很低，给人一种难以获利的印象。但实际上，这些企业都获得了相当大的利润。获利的主要原因是得益于产品价格的高涨和几乎没有怎么上涨的间接费用。尽管作为直接费用的原料-棉花价格上涨了很多，但与之相比，机制产品价格上涨的幅度更大，这是企业获得大利的主要原因。

纺织企业获得的利润并没有被汇到日本，而是流向了当地其他方面。但是，这些利润之所以没有流向内地并不是因为政府的禁止，而是当地需要这些利润。接下来我们列举一两个公司来看一下具体情况。

表 16　公大第六厂销售业绩

	昭和 12 年（1937）	昭和 13 年（1938）
损益额	盈余 1118132 日元（企业全体）	—
折旧额	1000000 日元（企业全体）	5169800 日元（企业全体）
分配率	每年一成	无

昭和 13 年度的利润额受日中事变的影响被充作青岛、上海工厂的损失以及恢复折旧使用。
来源：天津纺织同业会的明细书。

如前所述，受棉纱、棉布价格上涨的影响，从前的纺织业者的产品大部分都流入了重庆势力下的未占领区（指日本未占领的地区）。这些产品通过各种援蒋渠道，以不正常和大迂回的方式到达重庆，并且被高价售卖。这种情况也对棉纱、棉布产地造成了影响，抬高了产品的行情。面对世人对纺织产品流入未占领区的批评声音，我们咨询了纺织业者。据他们讲，只有我们把产品卖到未占领区，才能从对方那里采购原棉。如果禁止向对方销售产品的话，对方应该会采取报复手段，即阻止棉花流入占领地区。这对于日方来讲是一个非常令人头疼的问题。我们不能只顾自己，有时候也不得不给对方一些好处。

我们认为，如果实施"阻断援蒋渠道、限制内地交易"政策的话，将会给纺织业者带来致命性的打击。

第七节　现在的问题

现在，最令天津纺织业者发愁的是原棉的不足。受此影响，开工率也跌至百分之三十七八。甚至什么都不做才是最好的。开工率低的这种情况从昭和 13 年末（1938）就开始逐渐变得严重起来。到底会持续到什么时候，纺织业者也完全不知道。

即便有人说："如果能够给纺织企业多分配一些原棉，他们就可以全力运转"，但这也是一个非常困难的问题。为什么这么说，因为相关的材料①也不充足。即便想要进口材料，但是在禁止进口的今天，这也是一个难题。针对这一情况，有一两家公司这样说。

公大第六厂："由于材料的不足以及从日本运输的困难，这将对今后一个时期开工方面造成影响。"

双喜纺织："正在尝试从日本采购复产材料，同时准许从日本筹措资金（汇款）。"

这不仅仅是纺织的问题，还有通货的不安。通货的不稳定可能阻碍纺织业的健全发展。

我们转化一下话题。目前，在天津，没有军方管理的工厂。从前在华北，受事变影响，很多企业并没有采取委任经营或委托经营的名称，而是全被称为"军方管理工厂"。现在，天津的纺织工厂中，实行委托经营的有恒源纺织和北洋纱厂两个工厂，他们在事变以前就是这种模式。而日中合办的工厂只有唐山华新纺织一家。

即便是其他地方的某个纺织企业成为军方管理工厂，但是随着新政府的成立，它又不得不返还给中方。只是工厂的名称变了，但是实权还是握在日本人手中，日方拥有相当大的支配权。

第三章　天津纺织业的未来

考虑到华北是一个由"丰富的劳动力""接近煤炭产地和原料棉花产地""拥有庞大的人口"组成的市场，可以说，天津纺织业的未来令人期待。尤其是等到"华北棉花增产八年计划"实现的时候，那时的天津纺织业更是前途无限光明。

---

① 指原棉。

虽然天津的纺织业与上海、青岛的纺织业相比，开展的时间较晚，而且大多数工厂都是最近才开始运行，还没有充分发挥其成果。但是，由于天津纺织业兼备生产条件和工业选址条件，所以天津纺织业在将来的发展值得期待。

另外，不仅仅是针对天津纺织业，从前发布的《日满支经济建设纲要》在产业一项项目中指出，有必要帮助轻工业在大陆地区的发展。另外，考虑到以上文件提到"日本将来要慢慢将轻工业、纤维工业和杂货工业等转移到大陆地区"，天津纺织业在今后的发展大有希望。

第四章　棉花

德国的经济学家安东（アントン・チシカ）曾说："如果棉花突然消失了，那么十分之九的人们将不得不裸体流浪。"棉花作为一种最为普通的、大众的衣料，其开始成为一种广泛交易的国际商品始于产业革命以后由动力机械带动的棉布大量生产。特别是像我国那样，由于棉纱、棉布占据出口物资的重要位置，所以我们必须非常关心原棉。

第一节　东亚共荣圈诸国的棉花产量

以下是纽约棉花交易所发布的东亚共荣圈诸国棉花产量统计（见表17）。

表17　东亚共荣圈诸国的棉花产量

单位：俵①

国名	1937~1938 年	1938~1939 年	1939~1940 年
日本内地	994	1000	1000
朝鲜	212814	187083	182866
中国	2323000	912000	625000
印度尼西亚	8500	6000	6000

---

① 俵，就是包，日本的计量单位。

续表

国名	1937~1938 年	1938~1939 年	1939~1940 年
泰国	10885	7326	6276
越南	9395	11530	11500
合计	2565588	1124939	832142①

从表 17 可以看出，东亚共荣圈诸国的棉花供给力有 83 万俵。现在，不论是内地纺织企业还是在中国的日本人纺织企业，由于供需调整的原因，都在进行生产限制，棉花的需求量出现了很大的减少。虽说有 83 万俵，但是这个数字的确让人心里没底。我国的棉花产业正在脱离面向第三国出口的重商主义，开始从出口走向满足内需。如果要将着眼点放在满足"大东亚共荣圈"内需求上的话，除了纯棉制品以外，还可以通过混合使用人造纤维、生丝、麻以及其他化学纤维，这样在某种程度上也能弥补棉花的不足。另外，我们也必须知道增加棉花的产量并不是一件不可能的事情。"东亚共荣圈"并不一定都是一些不适合棉花生产的地方。对于棉花产业的未来，我们没有必要悲观。

最值得期待的是拥有广袤国土的中国。古代的中国与印度一起，曾是欧洲人憧憬的棉花大国。即便是在最近（昭和 11 年至 12 年，1936~1937 年）中国也生产了 1400 万担②的棉花，居世界第三位。粗略看的话，去年日本国内的纺织品消费约为 800 万担，而满洲和中国（指满洲外的中国内地）的消费约为 500 万担。如果每年都能保持这样的产量，那么只需要依靠中国的棉花就能够弥补我们所缺少的部分。但是，如果把棉花的品质也考虑进去的话，有可能无法按照这个计划实施下去。

第二节　中国的棉花

中国是一个世界性的产棉大国，其棉花产额仅次于美国和印度之后，约占世界总产额的一成以上。昭和 11 年度（1936），中国棉花产额达到了

---

① 原文有误，应为 832642。
② 一担等于 100 斤。

约1440万担。其中，华北三省（河北、山东和山西）占三成四，约为480万担。而且，就现状而言，未来增产改良的可能性值得期待。中国的棉花主要产地是华北和华中，两地都制订了棉花增产计划，即所谓的"华北棉花增产八年计划"和"华中棉产改进会"[①]等。

第一项　华北的棉花

在华北，由于种植其他农作物在经济上不划算，所以一般农民正在逐步转向种植在经济上对自己有利的棉花。关于其原因，既有世界对棉花需求的必然性，也有当今实施的各种对棉花种植的奖励政策，以及相关的研究机构和设备等。在华北政治形势的新局面下，棉花生产改造的重要性愈发突出。如果对华北各省理想中的棉花产额进行一个推测的话，大体如表18所示。

表18　华北各省理想的棉花产额

省名	耕地面积（亩）	全耕地比率	理想棉作产额（担）
河北省	103432	20%	6200000
山东省	110662	20%	6600000
山西省	66560	1%	2000000
河南省	112691	15%	5000000
陕西省	33496	15%	1500000
小计	426841		21300000

在华北五省中，主要的棉花产出省份是河北、山东和山西三省。如果将其再细分的话，有山东的鲁西区、鲁南区和鲁北区，河北的西河区、御河区和东北河区，山西的河东区、冀雁区[②]。但是，以上的这些区别和名称并不是固定的。

[①] 成立于1939年6月，是在日本兴亚院的指导下，由伪中华民国维新政府与日本棉花栽培协会在上海联合成立的。总裁是伪维新政府行政院长梁鸿志，副总裁是日本棉花栽培协会会长永田秀次郎。该会在上海、南通、南京和汉口等地设立分会，分会在各地设立办事处。
[②] 日本人为了在山西推广棉花生产，将山西分为河东、冀雁两区。河东区指山陕分界的黄河以东地区，包括临汾、曲沃、解县、万泉县等35县。冀雁区指冀宁（元朝设冀宁路，明朝改为太原府）雁门郡（治所在代县）以南地区，包括榆次、文水、沁县、高平、崞县等47县。

表 19　河北、山东、山西三省棉花产额

省别	耕地面积	棉田面积			棉产额			
		昭和9年（1934）	昭和10年（1935）	昭和11年（1936）	昭和9年（1934）	昭和10年（1935）	昭和11年（1936）	昭和13年（1938）
河北省	103432	7807	6315	10430	2836	2166	2586	1900
山东省	110662	5493	1801	621	1334	2318	1790	1780
山西省	66560	1796	1067	2074	600	469	496	600
三省合计	280654	15096	9183	18615①	4770	4953	4872	4280

备注：①耕地面积：千亩；②棉产额：千担；③昭和13年为推定值。
来源：《华北经济情况》。

第二项　华北棉花增产的必要

以下内容记录了我与天津纺织同业会后藤禄郎氏的谈话。

现在，关于华北的纺织工厂的规模，青岛为40万锭，天津为60万锭，山东、山西内地和津浦京汉线为20万锭，华北整体合计约为120万锭。现在，每一锭平均需要的标准棉花为2.4担。如果全部开工的话，需要300万担的棉花。

现在，如果我们把华北人口按一亿来计算的话，在事变以前，朝鲜每一人需要30码②棉布，满洲则是每一人需要20码棉布。如果把昭和14、15年度（1939~1940年）的棉产额按照150万担③来计算的话，则在华北只有50%的纺织厂能开工。现在的日元圈内在纺织领域需要1200万锭的规模和2000万担的棉花。将一担外国棉花进口到日本需要80日元，如果是2000万担的话，则需要18亿日元。

华北的棉花预计在昭和14年（1939）8月之前可以收获110万担。如果将其中三分之一运往日本的话，那么最终剩在华北的棉花就只有80万~

---

① 原文有误，应为13125。
② 布料的计量单位，一码布等于0.9144米。
③ 由于受七七事变后战争的影响，华北农民的棉花种植面积大为下降。1938年华北种棉面积只是1936年的65%，产量更降至其50%。1939年华北棉产量继续下降，比上年减少55%，山东、山西和河北的棉产量仅118万担。

85万担。如果是这样,那么现在华北的开工率将会降至40%以下。如果将120万锭全部开工运转,可以生产出8亿码的棉布,但是以现在的情况,最多只能生产3亿~4亿码的棉布。

现在,日本正在华北实施"八年计划",试图将棉花产额提高至1000万担。截至今年,这个计划已经过去了两年。虽然在华北的耕地中棉作地只占6%,但是仅仅依靠这6%的棉作地也是有可能实现1000万担的产额目标。并且,为了实现这一目标,虽然有改良品种、改善栽培方法等方法,但是我们不能忘了实现棉花增产的一个最重要的事情就是提高棉花价格,使中国的农民能够热心从事棉花种植。

如果我国能够在华北收购大量的棉花,那么就能够增加此地民众的购买力,同时对日本产品的进入也会有积极的影响,也有利于日中"共存共荣"的实现。

总而言之,棉花的增产不论是对于日满中经济共同体的实现,还是对农业部门而言都是一个紧急的事情。说这件事情成败与否是今后将要实施的农业政策的一个试金石也不为过。

该棉花增产计划虽然从去年开始就实施了,但是不幸的是,去年出现了以往极为少见的恶劣天气,所以没能取得预想的好成绩。

第三项　本年度华北棉花的产值预测

截至6月7日,根据华北棉花改进会的调查,华北棉花的预想收成可能与一般人们所想象的有所不同。华北棉花增加1000万担的所谓"八年增产计划",其第一步就不顺利。即在去年(1939年)遭受了旱灾和水灾,今年还处于没有恢复的状态。本年的产值预测大致如下(见表20至表24)

表20　第一表　产值预测

区别	棉田面积(亩)	每亩预计产量(斤)	预计收获量(担)
河北省	2380000	28.00	666400
山东省	880000	27.00	237600
河南省	1450000	24.80	359600
合计	4710000		1263600

减收的原因有：

①被水淹过的土地没有充分干燥，不适于棉花种植；
②粮食短缺导致农民种植其他食用作物；
③棉花价格相对低廉以及食用作物价格的景气；
④棉花增产对策实施的不彻底。

表 21　第二表　昭和 15~16 年（1940~1941）出货量预测

单位：担

摘要	数量	摘要	数量
昭和 15 年 8 月末结余	120000	昭和 15~16 年内地消费量	350000
昭和 15~16 年收获预想	1264000	第二年度转结	84000
供给额	1384000	出货预想数量	950000

表 22　第三表　河北省的产值预测

区别	冀东地区	京汉沿线地区	津浦沿线地区	合计
本年度耕种面积	280000 亩	1850000 亩	250000 亩	2380000 亩
与上一年的比较	20%	20%	20%	20%
每一亩地的预计收成	29.00 斤	28.00 斤	27.00 斤	平均 28.01 斤
本年度收成预计	81200 担	518000 担	67500 担	666700 担

表 23　第四表　山东省的产值预测

区别	山东地区	鲁东区	合计
本年度耕种面积	700000 亩	180000 亩	880000 亩
与上一年的比较	50%	50%	50%
每一亩地的产值预测	27.00 斤	27.00 斤	27.00 斤
本年度产值预测	189000 担	48600 担	237600 担

表 24　第五表　河南省的产值预测

区别	彰德地区①	陇海沿线	其他	合计
本年度耕种面积	1000000 亩	250000 亩	200000 亩	1450000 亩
与上一年的比较	（+）20	—	—	—
一亩地的收获量	26.00 斤	22.00 斤	22.00 斤	—
本年度的收获量	260000 担	55000 担	44000 担	359000 担

注：来源于 7 月 1 日发行的支研经济月报。

根据昭和 15 年（1940）6 月 12 日《天津日日新闻》的报道，本年度的棉花产值预计将比去年减少 2 成，理由如下：①各个地方的降水都非常少。由于持续阴天，虽然在那些方便利用水井和河流的地方种植了一些棉花，但是，也有一些地方不能种植。②农民在去年遭遇水灾的时候由于出现了粮食短缺，所以将种植重点由棉花转移到粮食作物上。③棉花与其他农作物之间的价格差非常大，虽然价格在上个月逐渐上涨，但是也已经晚了。④匪贼的存在让棉花的种植变得更加困难。

分地区来看的话，如下：

①京汉线方面的降雨尤其的少，减收可能是大概率。邯郸附近现在陷入了全部绝产的状态；

②津浦沿线由于受到去年水灾、干旱的影响，棉花收成非常不好，虽然都认为今年的收成还算良好，但是也只有民国 25 年的 50% 左右；

③南苑方面在农事试验所的拼命努力下，实现了约 3 成的增收；

④唐山附近的收成虽然减少了 2 成，但是由于长势良好，目前还有希望；

⑤在被占领区，共党在去年使用法币高价收购了大量的棉花，受水利充沛方面的影响，今年的收成将会达到平均以上的水平。

另外，该新闻在 7 月 19 日的报道中又写道：

---

① 今河南安阳附近地区。1192 年设彰德府，至辛亥革命后废彰德府留县。

"本年度，华北棉花的预计产量由于受降水量不足，耕种面积减少以及发芽状况不良等影响，一时陷入了一种悲观的情绪中。但是，6月中旬以后，由于下了非常多的雨，且耕地面积也大致恢复到了去年的水平，因此，本年的收成预计比去年要增加二三十万担。"

截至现在（11月），可以说今年华北的棉花要比去年稍微丰收一些。另外，华中今年棉花的产量好像是去年的两倍多。

第四项　天津纺织和棉花

天津的日本人纺织企业一年间的原棉消费量（见表25）：

表25　日本人纺织企业一年的原棉消费统计

公大公司	229920担	唐山华新	63046担
双喜纺织	9954担	裕丰纱厂	133049担
上海纺织	8791担	裕大纱厂	61113担
天津纱厂	49097担	合计	554970担

来源：昭和15年（1940）3月在华日本纺织同业会调查。公大公司包括公大六、七厂。

接下来是华人纺织公司的原棉消费状况（见表26）（由于各个华人公司的消费状况不明确，所以此处只对其整体情况进行一个叙述）。

表26　华人纺织公司原棉消费状况

昭和14年（1939）1月	19017担	8月	6518.80担
2月	14288.60担	9月	6768.20担
3月	16719担	10月	10160.81担
4月	15337.50担	11月	10608担
5月	15122担	12月	2338担
6月	9297.60担	合计	133910.86担
7月	7753.35担		

资料来源：《大日本纺织联合会月报》。

日本人的纺织公司在去年（昭和14年）大致维持着6成左右的开工率。到了今年，由于原棉的不足，开工率降至4成左右。华人纺织公司在去年（昭和 14 年）12 个月里，纺机的平均运转率为 66%，截至 5 月运转率大体维持在 84%。而到了 6、7、8 月又降到了 48%。此后大体一致维持在 5 成左右。当然，开工率的恶化主要是原棉入手困难导致的。

（来源：《大日本纺织联合会月报》）

原棉不足有很多的原因，主要原因是去年华北棉花的减收。而且，造成减收的主要原因是天气极端的不顺以及去年的水灾。减收带来了致命性的后果。还有其他的原因，比如棉花还流向了军部、日本内地、满洲等方面。其中，流向日本内地的棉花占了华北棉花产额的约七成。说华北的棉花有七成流向了日本，这是江商洋行的西林说的。根据上海纺织同业会的村井所言，据说因为军部方面的干涉，棉花交易受到很大的影响。现在，困扰天津纺织最大的一个因素就是由原棉不足所引起的开工率低下的问题。从昭和 13 年（1938）末开始，开工率就慢慢降低。刚好，棉花配给制度也是在同一时期开始实施，即从昭和 13 年 12 月开始。

现在的天津纺织企业，不分日本人企业和中国人企业，一律实行棉花配给制度，从华北棉花协会天津支部处分配。关于该棉花配给制，今年 6 月 7 日的《天津日日新闻》是这样记载的。

为了使华北的棉花配给能够顺利进行，我们改变军方和兴亚院正在协商中的现行制度，决定采取如下措施。

①充实和强化华北棉花协会的总部功能，加大各个支部之间有机联系的同时，举华北日中全部纺织企业（包括军方管理工厂）和棉花工厂之力，发挥协会会员强力的、整体性的配给功能。

②作为协会会员的棉花商和纺织企业必须通过协会来进行棉花的买卖。

③各个纺织企业必须在兴亚院分配数量范围内，按照协会的指示从棉花商那里获得现物。

④民用需求棉花的运输（要求货车）需从协会那里取得许可手续。当局不发给除协会以外的运输申请的许可。

我在天津听说很多外国棉花（主要是美国和印度）从上海以易货制的形式进入到内地。根据上海纺织同业会的村井氏所言，外国棉花在昭和 15

年（1940）的时候还非常少见。而现在，流入天津的则是去年剩下的棉花。但是价格要加上一两成。针对以上外国棉花的易货制，目前兴亚院已经面向一般大众发布了禁令。但是，其他物品的易货制度好像不受影响（根据我11月30日听说的）。

天津纺织企业今年的开工率据我们观测，最大为四成左右，并且将不会增加。

华北棉花本年的收成在播种期内发生了持续干旱天气导致发芽状况不理想，预计将要减收。天津的各个纺织工厂，预计跟往年一样，将会再次陷入原棉入手困难的境地，令人担忧。眼下，由于无法准确预测收成，所以还无法判断开工率能够低至何种程度。原本人们期待的能够弥补华北棉花减少的外国棉花，由于欧洲战争的扩大和通货问题也变得靠不住了。只有希望华中的棉花能够保持往年的产量。最近的棉布消费量如果把土布的消费增加也考虑进去的话，将开工率保持在四成也被视为一件困难的事情。

（来源：昭和15年6月18日《天津日日新闻》）

另外，要说明的是，天津纺织企业的原棉进货地主要是河北省，其次是河南省。

第五章　纺织的联合以及同盟化

新体制终于以企业同盟化的形态出发了。所谓同盟化，指把加入纺织联合会的77家企业按照纺织设备50万锭为基准单位，统一为少数的同盟（集团）。各个同盟从原棉采购到生产、配给，最后到产品销售都实行统一计算。另外，关于顶层设计，由各个同盟的代表者组成中央委员会，负责指导管理各个同盟的运营。最终目的是使全体纺织企业朝着一个既定的目标发展。对于那些不能达到以上规定的50万锭的公司，可以与其他公司联合起来，以便能够达到这个标准。

据说，以上这个话题始于6月19日在棉业会馆举行的评议员会议，最终是想将基准单位设定为100万锭。考虑到有50多家公司是规模不到10万锭的小纺织公司这一现状，会议认为，将统合的目标设定为100万锭有些过于庞大，并且这一基准对大纺织企业有利而对小纺织企业不利。最终,应很多公司的要求,会议决定将基准单位设定为 50 万锭。

目前已经有锦华纺织、日出纺织、出云制织、和歌山纺织四家公司同意合并成立新公司——大和纺织株式会社(临时名称),并且依照资金调整令已经获得了许可,并于 11 月 25 日正式举行了签约仪式。

中国的纺织企业还没有采取以上那样的措施。在上海,由于没有纺织同盟化的必要(棉花采购和产品销售都是自由的),所以企业大体上都按照现存的方法来开展业务。

第六章　结论

对于"中国的工业机构在事变中几乎没有什么改变"这种看法,我们认为应该是妥当的。另外,关于中国工业机构的内容,有的是采取日中合办的形式,有的是采用股份有限公司的形式。从整体上来看,我们认为工业机构几乎没有发生什么大的变化。

关于在华的日本人纺织工厂,只要日本人认为必须在中国开设工厂,在中国获得原料,以及将中国作为消费地,并且在中国获利,那么中国的这种半殖民地性还会增加。时至今日,外国人在华的势力已经开始萎缩,同时华人纺织业的萧条使得中国民众对棉布的需求一下子只能寄希望或依靠日本的纺织业。我们认为,这也加速了日本纺织在中国的发展。但是,现在在天津,日本人纺织业所获得的利润并没有直接以汇款的形式流向日本内地,而是在当地被消费了。因此,当局也表示很难认同"殖民地化"这一说法。虽然说那种说法也有其合理的成分,但从客观来看的话,我们不难想象,其实中国殖民地性质并没有改变。

我们日本纺织业在中国投资设厂最初是因为国民政府反日并调高关税,但是现在已经具备了营利自由和生产条件,已经可以充分达到资本输出的目的。

作为我们对华工作的一个重要因素——中国棉花增产计划的实施以及纤维工业向大陆的转移,这两项工作构成了日本在华经济实力的基础和根本。今后,日本纺织业在中国将会继续不断地发挥其威力吧!

附　华北棉花增产 1000 万担

在日满中集团内，棉花是一个具有非常重要意义的产品，且负有振兴贫穷的华北农村，提高其购买力的义务。从这一点来看的话，华北棉花的增产实为燃眉之急。自"临时政府"①成立以来，已经实施了应急性的农村振兴政策。与此同时，政府也将棉花增产视为一项根本的、永久性的农村政策。根据这一政策，华北棉花计划要与日满计划在经济上保持步调一致，所以在昭和 12 年（1937）以昭和 21 年（1946）为目标制定了九年计划。其中，截至昭和 16 年（1941）的四年为第一期，之后的五年为第二期。构成该计划主要内容的棉花增产计划的概要如下：

- 方针

谋求华北棉花有计划性地、快速地改良和增产，在适应我国国防资源要求的同时，能够有利于华北农村的复兴、经济的稳定和增长。

- 增产地域和品种

增产区域除了传统棉作地的河北、山东和山西三省以外，在河北省的北部，鼓励人们种植金字棉、改良（金字棉）系列，在山东省和河北省南部，鼓励种植脱字棉等美国棉种。位于这些地方中间的地区可以因地制宜，种植中国的优良棉种。

虽然计划规定华北棉花在最终的昭和 21 年（1946）要达到 1000 万担的产量，但是其在消费方面怎么分配呢？

第一，华北的消费。当地和当局有意将未来日中两国纺织企业的合计后规模限制在约 110 万锭。因此，昭和 22 年（1947）的纺织棉花消费量约为 350 万担，当地消费为 100 万担，合计 450 万担。从以上可以看出，昭和 22 年华北棉花可能运出以及出口的产量为 1000 万担，减去当地消费

---

① 1937 年 12 月 13 日即南京陷落的第二天，日本在北平成立了"中华民国临时政府"。汤尔和、王克敏、王揖唐、齐燮元等为委员，以五色旗为国旗，继续沿用中华民国年号，北平为首都，辖河北、山东、山西、河南四省和北平、天津两市。1940 年 3 月，汪伪国民政府成立后，其改组为"华北政务委员会"。

的450万担，剩余为550万担。

第二，运入华中地区。这将受华中纺织业恢复的情况而定。另外，从当地完全不考虑棉花被运入华中地区这一点来看，现在还不能做出明确的判断。如果要运往华中的话，大致为200万担左右。

第三，剩余的350万担为对日本的供给量。将这一数值与昭和12年（1937）我国棉花进口量1300万担做一个对比的话，约为三分之一。因此，这种程度的对日出口对于全面解决棉花进口问题是非常困难的。

华北棉花增产八年计划的概况大致如上所述。昭和14年度的增产目标以及分配情况如下。

（1）昭和13年（1938）9月以后至昭和14年（1939）8月，出货总量预计为330万担，给各地的配额，暂且在昭和13年9月以后至昭和14年3月这7个月中间决定。

（2）在以上期间内，华北当地消费为68万担，面向日本出口的为80万担，满洲国以及华北地区的为零。

（3）对于当地消费的配额，从昭和14年（1939）4月以后剩余8个月的棉花中，以10万担为限，可以提前消费。

从以上决定可以看出，对于当地消费，特别是承认10万担的提前消费，实际上这件事情能够起到与增加华北消费配额一样的效果，值得关注。

以下是华北棉花增产计划中的累年增加数（见表27、表28）。

表27　耕种面积累年增加数

单位：千亩

年度	陆地棉（美国棉种）	中国棉	合计
昭和13年度（1938）	8083	7005	15089①
昭和14年度（1939）	8991	7706	16698②
昭和15年度（1940）	9891	8477	18368
昭和16年度（1941）	11972	8298	20271③

① 原文有误，据表中数核算为15088。
② 原文有误，据表中数核算为16697。
③ 原文有误，据表中数核算为20270。

续表

年度	陆地棉（美国棉种）	中国棉	合计
昭和 17 年度（1942）	14054	8119	22174[①]
昭和 18 年度（1943）	16135	7941	24077[②]
昭和 19 年度（1944）	18217	7762	25979
昭和 20 年度（1945）	20299	7583	27882
昭和 21 年度（1946）	22380	7405	29785

表 28　皮棉生产量累年增加数

单位：千担

年度	陆地棉（美国棉种）	中国棉	合计[③]
昭和 13 年度（1938）	2246	1958	4204
昭和 14 年度（1939）	2499	2154	4653
昭和 15 年度（1940）	2803	2369	5172
昭和 16 年度（1941）	3470	2357	5827
昭和 17 年度（1942）	4199	2343	6542
昭和 18 年度（1943）	5070	2327	7397
昭和 19 年度（1944）	5972	2310	8282
昭和 20 年度（1945）	6837	2359	9197[④]
昭和 21 年度（1946）	7665	2335	10000

资料来源：《华北经济读本》。

---

① 原文有误，据表中数据核算为 22173。
② 原文有误，据表中数据核算为 24076。
③ 原文合计的数字多处有误，根据实际情况核改。
④ 原文有误，据表中数据核算为 9196。

山东羊毛[*]

第 36 期学生[①]

原豊平

目　录

绪　论

中国事变前篇

第一章　羊种的概况

第一节　绵羊饲养状况

第二节　山东省的羊种

第三节　饲养管理

第四节　繁殖分娩饲养

第五节　剪毛的时期和方法

第二章　羊毛的生产交易及利用状况

第一节　山东羊毛的概念

第二节　山东羊毛的分类和品质

第三节　羊毛的生产状况

第四节　羊毛的包装

第五节　主要市场上的羊毛集散情况及行情

第六节　集散市场上的交易情况及商业习惯

第七节　针对羊毛交易者的金融机构

第八节　羊毛收购时的注意事项

第九节　羊毛利用情况

---

① 本文系东亚同文书院第 36 期学生原豊平和调查组成员于 1939 年进行的调查。原文见《东亚同文书院中国调查手稿丛刊》第 162 册，国家图书馆出版社，2016。

东亚同文书院经济调查资料选译·物产资源卷

第三章　绵羊、羊肉、羊毛皮及其他的交易和利用情况
　　第一节　绵羊的买卖及其价格
　　第二节　羊肉
　　第三节　羊毛皮和仔羊皮
第四章　结尾
中国事变后篇
第五章　中国事变后的状况
　　第一节　出货状况
　　第二节　收购状况
第六章　中国牧羊的未来和日本的方针
　　第一节　中国的牧羊情况
　　第二节　日中羊毛供给关系的未来和考察
第七章　山东羊毛的结论

绪　论

　　在中国，牧羊的历史非常悠久，且主要以回族的饲养为主。由于回族不吃猪肉，所以他们主要是通过养羊来获得供食用的羊肉。另外，羊皮还可以制作防寒用具。随着养羊的人逐渐从西北部向东部迁移①，山东省的牧羊业也慢慢兴盛起来。

　　时至今日，蒙古、青海、甘肃、河北、河南、浙江和安徽等省份与山东一样，所到之处都可以看到养羊的场景。除了青海和蒙古，其他地方的人很少把牧羊当成一种主业，大都是作为农家的一个副业。

---

①　自公元1219年成吉思汗远征中亚波斯以后，几乎每攻克一个大城市，都要将大量的工匠、居民编入军队，迁到东方，这部分人，尤其是工艺匠人，大部分被迁入从河西到中原的广大地区。而蒙古贵族对商人的鼓励，对西方各种珍宝、商品的大量需要，更刺激了穆斯林商人的东来。随着西亚中亚一带大量信仰伊斯兰教的民众的东移，他们的独特信仰和饮食习惯自然也带到了中原和东部沿海地区。

236

山东羊毛

作为商品的羊毛由于非常重要，所以，中国也实施了诸如从蒙古引进美利奴品种的羊等政策。虽然中国做出了很多的努力，但是几千年来的风俗和传统导致人们在羊种改良方面一直缺乏积极性。时至今日，中国品质优良的羊种非常少。中国羊种的现状是，只有山东的寒羊算得上是中国第一品质优良的羊。

如前所述，从很早开始中国牧羊的主要目的是食用和防寒，所以他们完全没有想到要改良羊的品种，而且也不具备这方面的知识。现状是比起做改良羊种那样夸张的事情，很多人似乎倾向于选择满足现状。

现在，我们看一下牧羊所需要的条件。

①气候温和；
②湿气少；
③广阔的面积；
④牧草的种类[1]。

在考虑山东省牧羊问题的时候，首先以上①和②是具备的。关于③需要广阔的土地面积这一点，由于山东省八成以上的面积都已开垦成可耕地，所以空地很少且多山，唯一能够养羊的只有黄河流域的草原。

另外，山东省的牧草品质也不好。所以要饲养品种优良的羊，这也是一个难点。以上是山东省的牧羊在过去的一些情况，但是在事变后又到底怎么样呢？现在，我们要对其做一个详细的调查。

考虑到日本对羊毛的需求量将会变得非常大，而现在的事变又赋予其一层新的含义，所以我认为"日元同盟圈"[2]内牧羊的改良和扩充是我们最应该考虑的事情。

---

[1] 原文似有误。联系下文所说山东省的牧草品质不好，构成饲养品种优良的羊的难点，此处应为牧草的品质。
[2] 指日本及其占领的区域。

中国事变[1]前篇

第一章 羊种的概况

第一节 绵羊饲养状况

一 饲养头数

由于中国的统计不完善,所以我们无法知道准确的绵羊饲养头数。根据民国 23 年《中国实业志》的记载,山东省绵羊(包括山羊)有 1739670 头,饲养户数为 224618 户。但是,我认为这是一个被夸大的数字。根据某个日本人在山东省内做的实地调查,省内 78 个县的绵羊头数为 81 万头。除此以外,据说山东全省还有二三十万头山羊。具体如下。

津浦线以西地区:35 万头;

胶济线以北地区:15 万头;

胶济线以南地区:30 万头;

半岛区:1 万头。

二 主要产地

1. 黄河以南各县

单县、曹县、菏泽、鄄城、郓城、嘉祥、巨野、金乡等地的羊在品质和数量方面都是最好的。

2. 黄河以北各县

禹城、高唐、夏津、临清和清平[2]等。

---

[1] 指七七事变,书中涉及事变的字不特别加注均指七七事变。
[2] 1956 年撤销,辖区分别划归临清县和高唐县、茌平县。

3. 胶济线以南的高地地带

津浦线以西地区比较繁盛，泰山山脉的放牧地带相对比较丰富，在近代呈现出增加的趋势。尤其是山东省的黑大山羊（俗称开士米）大部分都是在这一地带饲养。用该羊毛生产的羊绒品质非常好，其产量正在逐渐增加。在这一地区，青州、博山附近的山丘一带，沂水附近，中部以南的蒙阴、曲阜、滕县、邹县一带，绵羊的饲养非常兴盛。

4. 胶济线以北各县

黄河从山东中部流过，沿岸蜿蜒的堤防两侧草地绵延不断。主要的放牧地带有章丘、长山①、滨县②附近、寿光、潍县和昌邑等。

5. 半岛部各县

这里是崂山山脉起伏的丘陵地带，蔬菜和果树等的栽培非常繁盛，因此不适合饲料放牧，羊的养殖业也不兴盛，只能看见产奶山羊的饲养。

三　山东省绵羊饲养头数减少的原因

①常年的自然或人为原因导致的农村经济凋敝；

②昭和 10 年（1935）黄河大泛滥所造成的危害导致农村经济贫困；

③仔羊皮，特别是胎羊皮的需求很大，且以高价被买卖，导致了屠杀头数的增加。

第二节　山东省的羊种

一　概说

山东省的羊种有两大系统：第一是蒙古系统，第二是河南系统（即寒羊）。另外，由于食肉是主要目的，所以很少有人为的品种改良。直到今天，山东省的羊毛的品质都不太好。

二　体型

成年母绵羊的重量为五六十斤至七八十斤，公绵羊的体重在一百斤左右。它头部细长，耳稍大，颈部和四肢都比较细长。

---

① 1956 年并入邹平县。

② 1987 年改为滨州市。

三 被毛（动物皮上所生的丝状物）的状态

脸上被毛的现象极少见，四只脚的被毛止于上肘部，毛的颜色多为黄灰白色，或者是带有黑色、黑褐色、褐色等斑点。总的来讲，被毛都比较粗糙，属于蒙古系。

四 毛质

一般来讲，毛质粗糙且缺乏弹力。把绵羊按照羊毛品质进行区分的话大体上可以分为：粗毛＝山绵羊；细毛＝寒羊。

而细毛如果再往细分的话，又可以分为第一寒羊（大寒羊）以及毛的品质位于粗毛和细毛之间的第二寒羊（二寒羊）两类。

第三节 饲养管理

一 饲养的目的

绵羊饲养的主要目的是生产羊肉、羊毛皮和羊皮（包括仔羊皮和胎儿皮等）。至于羊毛，只是饲养羊的副产品而已。尤其是绵羊饲养和回族之间有着密不可分的关系，回族在习惯上是绝对不吃猪肉的，所以饲养的人主要是回族。

基于以上情况，羊毛的改良几乎被人们所忽视。由于人们把重点放在了羊肉上，所以当对羊毛进行改良的时候，羊肉的品质可能会受到影响。因此，还不如不改。

二 饲养管理的状态

关于其经营状态，养羊很多都是作为农家的一个副业，小规模经营的较多，大体上为六七头或者十五六头。专业养羊的几乎没有见到过。

一年可以分为冬季期间和其他期间。冬季期间主要是将羊收养在羊舍中，属于舍养期。这个时候，羊吃的是提前储存好的饲料。在天气晴好而温暖的日子，人们会将羊赶到附近的丘陵等朝南向阳的地方进行放牧。

冬季期间的饲料主要有野干草、甘薯蔓、大豆壳及其干叶、落花生壳及其茎叶、桑叶和其他的落叶、白萝卜和红萝卜的叶子、洋槐树的叶子等。仔羊在断奶前的饲料有棉籽榨油和棉籽粕，或者极少情况下会加入一些粟粉和高粱粉等制作成皮饼（薄饼），然后用水溶解以后给仔羊喂食。

投食量的话，成年羊一天为3斤，仔羊为2斤。食槽为长约一尺，有四个脚支撑的四方形水槽。

在冬季以外的季节，绵羊的饲养地几乎都是在山野或在耕地农作物收获完成以后的地方，没有必要给羊投放饲料。

关于放牧地区，春夏季的时候主要是利用河川堤防、池塘、墓地和其他少许的空地；秋季主要是在收割完玉米和高粱等其他作物的田地里放牧。在圃场（指田地农场）里，绵羊的食物倒不是残存的庄稼的果实，主要是田地中的其他幼小植物或者杂草等。山东缺少原野，而且几乎没有广阔的放牧地。即便是在丘陵地带，从山脚到山顶都被用于耕种，所以，在山东要想实现大规模的放牧饲养是不可能的。另外，在春夏农作物生长期间，根据县政府发布的禁令，羊群一般禁止进入圃场。

在放牧管理方面，大体上实行的是共同放牧。具体来讲，几户人家的绵羊组成一个群，然后委托给放牧人监管。一群的数量大概为数十头。虽然也有100头以上的，但是非常少见。

在一群羊中，肯定有几头或者十几头山羊在里面。放牧人可以利用它们敏捷的运动性来巧妙地实现保护和诱导羊群的目的。这与使用牧羊犬是一个道理。

在共同放牧的时候，为了区别自己的绵羊与他人的绵羊，人们会在绵羊的毛上染上颜色，而且在剪完毛以后还会留下一些带有颜色的毛，用来区别自己的羊和别人的。共同放牧的管理人一般都是回族。关于其报酬，管理人可以收取羊毛，或者从所有者那里得到一些生产品。大多数时候，他们之间都会签订一个合约。当然，也有支付工资的。

关于饲养经济，我们简单举一个例子来看一下。

一只成年母羊一年的收入：

羊毛：80钱。一年剪三次毛，1斤合55钱。产量：1斤半（当地习惯，羊毛1斤按189匁[①]即708.75克计算）

[①] 匁，日本古代衡量单位，1匁=3.75克。

仔羊：3日元，无论公母都是按照3日元出售

羊粪：40钱，一年100斤。当地习惯，羊毛1斤按200匁即750克计算，50斤合20钱

合计：4日元20钱①

支出的话，除冬季期间需要的若干饲料以外，还有自家的劳力。除此以外没有其他值得叙述的东西了。

第四节　繁殖分娩饲养

成年母羊一般一次生产1~2只仔羊，极少情况下会生3只。一般来讲，母羊的繁殖力比较旺盛时，一年能够生产两回。但是，平均来看的话，多是以两年生产三回的频率进行繁殖。

仔羊在出生后的2个月内完全是靠母乳生存。之后人们会给其补充少量的棉籽油和各种棉籽粕等，然后投放与成年羊同样的饲料。

第五节　剪毛的时期和方法

一　剪毛一般是春秋两次，有时候也会在夏天进行

- 春期剪毛：清明节（旧历四月上旬）进行，也被称为"春毛"。
- 另外，在春期剪毛前的旧历二三月的时候，人们会用一个被称为"抓子"或"钩子"的铁制器具，来收割冬季期间长在羊身上的浓密柔软的羊毛。即所谓的"绒毛"，也被称为"抓毛"。
- 秋期剪毛：旧历八月上旬进行剪毛，被称为"秋毛"。
- 夏期剪毛：旧历六月左右进行剪毛，被称为"夏毛"。

夏毛和秋毛在交易方面没有什么区别。

---

① 日本实行金本位后货币习惯是：以1圆为单位，而以100钱为1圆，钱以下为厘，1钱等于10厘，1厘等于10毫，1毫等于10丝，1丝等于10忽等。如此，则4日元20钱又可写为4.20日元。

二 剪毛交易及方法

剪毛可以在自己家里进行，也可以将羊牵到地方上被称为"毛贩子"的羊毛收购商人那里，剪毛完成以后直接将羊毛卖给对方。然后由对方进行包装和运输。

本地区的剪毛方法非常简单，一天最多能剪四五只羊。另外，也有人把羊赶到小河中，先把羊毛清洗干净以后再进行剪毛。

关于毛重，每只羊剪春毛为1.5~2斤，剪秋夏毛约为1~1.5斤。

第二章 羊毛的生产交易及利用状况

第一节 山东羊毛的概念

山东的羊毛总体上看在中国属于品质优良的一类。而河南省北部，河北省南部以及山东省西部一带的绵羊都被称为"寒羊"。这些地方生产的羊毛细美柔软，被人们称为"寒羊毛"。"山东羊毛"这一概念一般包含：产地为省内西部地区的寒羊毛以及普通的省内所产粗毛，还有从河南、河北一部分地区进入山东省内的若干寒羊毛。山东羊毛的年产量约为200万斤。但是，与羊毛年总产量在几千万斤的华北一带相比，山东羊毛的产量真的只能算是非常微小。另外，山东羊毛的优点是：毛质细软且夹杂的死毛非常少，缺点是泥沙比较多，且由于地势方面的原因，羊毛品质并不稳定。

第二节 山东羊毛的分类和品质

山东羊毛一般可以分为绵羊毛（绵毛）和山羊绒（山绒）两大类。绵羊毛[①]根据其粗细又可以分为细毛和粗毛。另外，根据剪毛时期还可以将羊毛分为春毛、秋毛、夏毛（伏毛）等，也可以根据羊毛形状和剪毛的方法将其分为大片毛（套毛）、抓毛、散抓毛、坐毛、皮抓毛和羔子毛等种类。在山东省的羊毛集散市场，羊毛一般都是在以下名称后面加上产地或主要集散地的名字来进行买卖的，具体如下：

---

① 本文以下简称羊毛。

一　第一寒羊毛

该羊毛是华北地区生产的羊毛中最为柔软细美、卷曲度高的优质羊毛。在第一寒羊毛中，最细美的羊毛估计有 60 支①，其中 50 支左右的大概占了一半。而且第一寒羊毛在中国羊毛中所附着的羊毛脂也是最多的。但是，第一寒羊毛的弹力一般比较弱。而且，由于选毛方法不太先进，故羊毛的品质也不太稳定，这算是一个缺点。关于毛的长度，春毛一般长为 3 寸左右。

出口市场上的外商一般把寒羊毛称为"Lamb Wool"（羔羊毛）。

二　第二寒羊毛

相比第一寒羊毛，第二寒羊毛在卷曲度方面稍低一些且毛比较粗。但是它的这种粗却不同于绵羊毛（粗毛），两者之间的差别不太明确。

三　大片毛（套毛）

大片毛或套毛指在剪毛的时候，将羊毛从羊体分离出来形成一个大的片状东西。大片毛在运往套毛市场进行销售的时候，人们一般会将其捆成一个绳状的东西，外商一般将其称为"Roll Wool"（羊毛卷）。另外，也有不将其捆成绳状而是将每一片羊毛皮堆积起来捆绑后进行发货的，这被称为"大片毛"或"大片儿"。在本省，被包装成大片儿的情况较多。之所以捆成绳状，是为了防止运输过程中的偷盗和脱落。特别是在华北，如果是从很远的内地市场运出的话，一般都会用这种方式。大片毛的毛质比较粗糙，毛长一般为 4~5 寸，估计有 40 支。

四　棉毛（坐毛）

棉毛和大片毛没有什么大的差异。与粗毛主要采自山东省南部高山地带的山绵羊不同，"坐毛"是一个土语，意为采自过了冬季一直到春季这段时期内的羊毛。

五　抓毛

有抓毛、散抓毛和皮抓毛之分。抓毛指旧历二三月的时候，在还没有

---

① 原文写作番手，相当于中文的"支"，表示羊毛粗细的单位，支数越多则羊毛越细。

剪掉春毛之前，预先用一个像人手一样形状的铁器（抓子）从羊体上剪毛。剪完以后将羊毛捆成球状，然后运输。外商将其称为"Bowl Wool"、玉毛。但是，在制成球形的过程中，有人会将粗毛、死毛等劣质羊毛混在里面，而在外面则使用品质优良的羊毛。抓毛的直径为4寸左右，重量为20匁左右。

散抓毛在剪毛方法上与抓毛相同，但是，形状却不是球形而是呈散状。外商将其称之为"Open Bowl Wool"。总的来讲，散抓毛的品质比抓毛要好一些。

皮抓毛指使用普通的抓子从羊毛皮上获取羊毛。由于在剪毛时会使用热水，所以也被称为"汤毛"。在山东省，抓毛的生产并不多。

六 秋毛

秋毛指在旧历八月左右剪下来的羊毛。秋毛在交易的时候很多情况下都包含旧历六七月左右剪的毛（被称为夏毛或者伏毛）。秋毛所含的羊毛脂较少，毛的长度较短，产量少，主要供天津地区制造绒毯和毯子使用。

七 羊绒

主要来自胶济线以南，丘陵地带饲养的黑大山羊（俗称开士米）身上的羊毛。冬季，粗毛的根部开始生长，到了农历三四月的时候，随着气候逐渐变暖，用抓子从羊皮的表面采取羊毛。山东省产的开士米品质优良。羊绒根据成色大体可以分为白、灰、紫等颜色。最近，经天津出口到日本的开士米呈现增加的趋势。

能够生产开士米的只有西藏、中国内地和印度。用开士米制成的产品有衬衣、麦尔登呢和围巾等。

第三节 羊毛的生产状况

山东省的羊毛生产额没有具体的数字。尤其是在最近几年，由于出口市场上的很多羊毛商都直接去内地进行收购，所以很多羊毛都不经过省内的集散市场就直接被运到省外去了。不仅如此，在西部各县中，有很多的羊毛都开始往河北省的市场输送。所以，羊毛产量的计算变得越来越难。

尽管如此，我们还是把主要集散市场上的羊毛出货量或者绵羊头数做一个推测，大致情况如下。

第一寒羊毛：30万斤

第二寒羊毛：25万斤

大片毛、坐毛：100万斤

秋毛（含夏毛）：35万斤

羊绒：10万斤

合计：200万斤

作为一个参考，此处我们列举《中国实业志》在民国22年制作的山东省各县羊毛运输表（见表1）。

表1　山东省各县羊毛产销统计表

县名	年产额（市担）	县内消费量（市担）	县外运出量（市担）	运出目的地
历城	20	20		
章丘	650		650	济南
淄川	120	20	100	青岛
长山①	100	100		
济阳②	40	40	—	
长清③	15	15	—	
高苑④	15	—	15	周村
博山	40	—	40	青岛
新泰	15	15	—	
莱芜	30	10	20	泰安

---

① 1956年并入邹平县。

② 今济南市济阳区。

③ 今济南长清区。

④ 1948年高苑和青城合并，改为高青县。

续表

县名	年产额（市担）	县内消费量（市担）	县外运出量（市担）	运出目的地
肥城	1250	70	1180	济南
惠民	250	250	—	
阳信①	30	30	—	
滨县②	1050	50	1000	下窪、周村
乐陵	72	—	72	济南、天津
蒲台③	15	15	—	
容河④	10	10	—	
青城⑤	100	15	85	周村
滋阳⑥	80	—	80	济南
曲阜	75	30	45	济南、天津
宁阳	150	20	130	济南、天津
邹县	400	50	350	济南、天津
滕县	2100	—	2100	济南、天津
泗水	85	—	85	济南
汶水⑦	15	—	15	济南
峄县⑧	150	20	130	济南
济宁	15	15	—	
金乡	50	—	50	由济宁出口

① 今属滨州市。
② 今滨州市滨城区。
③ 1956年并入博兴县。
④ 原文有误，应为商河。
⑤ 1948年与高苑县合并改称高青县。
⑥ 1962年改称兖州县。
⑦ 原文有误，应为汶上。
⑧ 今枣庄市峄城区。

续表

县名	年产额（市担）	县内消费量（市担）	县外运出量（市担）	运出目的地
嘉祥	20	—	20	济宁
鱼台	30	—	30	济宁
临沂	2000	50	1950	济南、青岛
费县	200	50	150	济南、青岛
蒙阴	6000	1500	4500	周村出口
莒县	120	20	100	青岛、济南
沂水	1800	—	1800	青岛
菏泽	150	—	150	由济宁出口
曹县	200	—	200	天津
单县	6800	—	6800	徐州出口
城武①	75	—	75	济宁、河南商丘
定陶	100	—	100	济南
巨野	100	—	100	由济宁出口
郓城	150	—	150	河北顺德②
博平③	80	—	80	济南
茌平	15	—	15	济南
冠县	20	20	—	
馆陶④	20	20	—	
高唐	220	—	220	济南
恩县⑤	48	—	48	河北省
武县⑥	200	—	200	河北省

---

① 原文有误，应为成武。
② 今河北省邢台市在元、明、清时的旧称。
③ 1956年并入茌平县。
④ 今属河北省邯郸市。
⑤ 1956年撤销，今属德州市。
⑥ 原文有误，山东在中国历史上从未有过武县，应为武城县。

续表

县名	年产额（市担）	县内消费量（市担）	县外运出量（市担）	运出目的地
夏津	1000	—	1000	济南
邱县①	200	—	200	济南
德县②	100	—	100	天津
德平③	20	—	20	济南
平原	40	—	40	济南
陵县④	400	—	400	济南
临邑	20	—	20	济南
禹城	150	—	150	青岛
东阿	300	—	300	济南
平阴	75	—	75	济南
鄄城	20	—	20	济南
濮县⑤	80	—	80	河北省
昌乐	80	—	80	青岛
益都⑥	220	—	220	青岛
昌邑	8000	2000	6000	青岛
临淄	15	15	—	
广饶	30	30	—	
寿光	15	15	—	
临朐	100	100	—	
安丘	525	25	500	周村
	36680市担	4640市担	32040市担	

---

① 今属河北省邯郸市。
② 1952年与陵县合并，1961年更名为陵县。
③ 1956年撤销，并入临邑县。
④ 今德州市陵城区。
⑤ 原山东的一个县，今属河南省濮阳市。
⑥ 今青州市。

第四节　羊毛的包装

包装材料主要使用的是麻袋等。由于运输主要使用汽车，所以多使用麻袋。从内地往中间市场运输羊毛的时候很少使用布袋，使用小型汽车运输的时候则多使用布袋。

包装运输使用的挂绳有麻绳和毛绳，每一捆羊毛的重量并不是固定的。一般是在100斤左右，最少的也有70~80斤，多的话约在130~140斤。一般收购完的羊毛会被装在货车上。由于还需要选毛，所以，还会被压缩重新包装成每捆130~140斤。

羊毛的搬运有两种方式：一种是从剪毛地到集散市场，途中使用小车或者骡马等进行运输；另外一种是从中间市场到出口市场，在对羊毛进行适当挑选的基础上再次包装，装到货车上。包装费用因地而异，一般是100斤布袋子羊毛为1日元20钱，麻袋的话为1日元左右。

第五节　主要市场上的羊毛集散情况及行情

山东省羊毛的年产量约为200万斤。其中，有20万斤在省内用于制造毡子、绒毡（毡）、毡帽，120万斤或130万斤被运往天津，50万斤被运往上海。省内的主要市场有：周村、青州（益都）、博山、潍县、济宁以及西南部各县。

最近，由于从内地或小市场直接运往天津和上海方面的羊毛多了起来，所以，曹县、菏泽（曹州）、郓城和临清等地成了山东羊毛的主要集散地。除此以外，还有西北部各县。其中，运往河北省的羊毛非常多。

一　周村市场

作为本省第一市场，主要是从事把青州、博山、沂水和蒙阴等地运来的大片羊毛当作第二寒羊毛进行交易。其他比如山东省西南部地区，尤其是曹州产的第一寒羊毛的出货量也很多。此外，胶济线以北地区羊毛年出货量也达到了340万斤。大部分都被美国商人（天津）给收购走了。集散的羊毛量见下文。

第一寒羊毛：10万斤

第二寒羊毛：5万~6万斤

坐毛、大片毛：20万斤

秋毛：若干

羊毛的行情如下：

昭和8年（1933）：100斤　　羊绒60元　　　　绵毛25~26元

昭和9年（1934）：100斤　　羊绒60~80元　　绵毛30~40元

昭和11年（1936）：100斤　　羊绒140~150元　绵毛50元

昭和14年（1939）：污毛1公斤1元　　洗毛1公斤2元

二　青州市场

青州有两个市场：一个是东关，一个是车站。

东关主要经营的是临朐产的羊毛，而车站市场主要经营昌乐、寿光、莒县等地产的羊毛。另外，这些东西全部都被运往天津和上海。出货量和行情见表2。

表2　青州春毛和秋毛行情统计（1934~1936）

	春毛	秋毛	合计	100斤春毛的行情	100斤秋毛的行情
昭和9年（1934）	15万斤	3万斤	18万	26~30元	20~23元
昭和10年（1935）	12万斤	6万斤	18万	25~32元	20~30元
昭和11年（1936）	18万斤	9万斤	27万	45~50元	40~50元

三　潍县市场

表3　潍县春毛和秋毛行情

	春毛（斤）	秋毛（斤）		春毛（斤）	秋毛（斤）
潍县	3000	1500	沂水	20000	10000
安邱（丘）	6000	3000	诸城	3400	1700
合计			48600斤		

发货地八成是面向天津，其余两成是上海。每一斤（200匁）的行情是：昭和9年（1934）：25~35分，昭和10年（1935）：30~40分，昭和11年（1936）：45~55分。

四 博山市场

该市场的出货量如表4所示。

表4 博山市场出货统计

县名	（春）坐毛（斤）	（夏）秋毛（斤）	羊绒（斤）	合计（斤）
蒙阴	23000	13000	12000	48000
沂水	25000	14000	12000	52000[①]
泗水	23000	13000	12000	48000
费县	22000	12000	11000	45000
新泰	22000	12000	11000	45000
莱芜	23000	13000	12000	48000
博川[②]	20000	10000	10000	40000
淄川	18000	9000	8000	35000
合计	176000	96000	89000[③]	361000[④]

从表4可以看出，总出货量为360000斤。

关于羊毛行情，羊毛和羊绒都按照100斤来计算的话，分别见表5。

表5 羊毛、羊绒百斤的价格统计（1933~1936）

年份	羊毛（元）	羊绒（元）
昭和8年（1933）	40	90
昭和9年（1934）	30	60
昭和10年（1935）	30	60
昭和11年（1936）	70	150

五 济宁市场

随着最近内地羊毛生产的减少，以及外商直接收购的影响，以前的羊

---

① 原文有误，据表中数据核算为51000。
② 原文有误，应为博山。
③ 原文有误，据表中数据核算为88000。
④ 原文有误，据表中数据核算为360000。

毛产地如曹县、金乡、鱼台、滋阳、郓城、泗水和单县等，各县的羊毛出货都出现了不景气的现象。但是，羊毛皮、仔羊皮以及胎羊皮的交易还是很旺盛的。

昭和10年春毛和夏毛产量为8万斤，其中，运往天津的为5万斤，运往上海的为3万斤。昭和11年春毛和伏毛产量为4万~5万斤，其中，运往天津的为3万~4万斤，运往上海的为1万斤。

行情：昭和13年度（1938），每100斤羊毛估计为50元（春季和夏季）。

六　曹州（菏泽）市场

曹州（菏泽）市场是寒羊的中心地。该市场上交易的都是一些细毛多且品质优良的羊毛。昭和13年，春毛的产量约为8万斤，夏毛为2万~3万斤，秋毛为8000斤，合计为108000~118000斤。关于羊毛行情，春毛为100斤60元，夏毛为100斤60元，秋毛为100斤35元。羊毛运输的目的地是上海、天津和周村。

七　曹县市场

寒羊的细毛集散非常多，毛质优良。

行情：昭和13年度（1938）的行情和出货量如下。

春毛3万斤，预计为每100斤67元；夏毛1万斤，每100斤67元；秋毛1万斤，每100斤65元；合计为5万斤。收货地为天津、上海、徐州和郑州等。

八　郓城市场

近几年回族开始在这一带附近饲养绵羊，导致羊毛市场逐渐发展起来。原本销往济宁市场上的羊毛最近几年可以在该市场进行集散了。

行情及出货量：春毛，9万斤，每100斤50元（净货）；夏毛，1万斤，合计10万斤。粗毛预计为每100斤30元，收购商是从天津来的。

九　总括

如果把以上各市场上的羊毛出货量进行一个估算的话，周村为35万斤，青州为 27 万斤，潍县为 48000 斤，郓城为 10 万斤，博山为 361000 斤，济宁为 5 万斤，菏泽为 11 万斤，曹县为 5 万斤，合计 1339000 斤。羊毛的上市时期主要是 5 月至 6 月期间。夏毛和普通的秋毛的出货量都在 9 月达到最高值，羊绒的上市期则是在 5 月至 6 月。

第六节　集散市场上的交易情况及商业习惯

在中国，总的来讲，不仅仅是羊毛，其他东西的交易以及商业习惯都非常的复杂。并且，因地方不同多少有些差异。羊毛从生产者进入大市场的渠道如下（见图 1）。

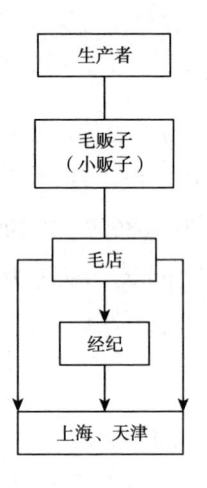

```
生产者
  ↓
毛贩子
（小贩子）
  ↓
毛店
  ↓
经纪
  ↓
上海、天津
```

图 1　生产者进入大市场渠道

一　毛贩子

在羊毛出货期，羊毛首先要经过被人们称为"毛贩子"的羊毛收购人的手，然后在进行适当包装的基础上用推车或用马运往集散地的交易毛店（地方羊毛批发商或者中间商）。

二　毛店

毛店一般都有仓库，处于买家和卖家中间的位置，主要起斡旋的作用。毛店从买家和卖家双方收取交易金额 2%～2.5% 的佣金。也有很多毛店为了满足买家的需求同时兼营运输业。

三 经纪

由于中国羊毛在品质鉴定方面存在着非常困难的情况，所以对于那些不太熟悉羊毛交易的买家来讲，他们一般都会通过中介人与毛店进行交易，人们把这种中介人称为"经纪"。

一般情况下，经纪从买家那里收取成交金额的1%作为佣金。虽然经纪也做品质价格的核定，但是他们对于所收购的物品不负任何的责任。以上这些通过毛店进行的交易中，既有现货交易也有期货交易。关于货款结算，总的来讲还是使用现金支付。交货场所是在批发商仓库和庭院等地方，称重也在这里进行。

四 商业习惯

关于羊毛的标准价格，坐毛和秋毛一般是以 20 两秤[①]所称的 100 斤为单位[②]，而寒毛和细毛则是磅秤所秤的 100 斤为单位。包装费用一般是买家负担。另外，在交易的时候，对于风袋或者麻袋、麻绳，每一捆扣除 2 斤（实际重量为 6~7 斤）。对于装入草席的袋子扣除 6 斤（实际重量为 7~8 斤），白布的话，扣除 1 斤（实际重量为 5 斤左右）。

第七节 针对羊毛交易者的金融机构

针对羊毛交易者的金融机构有三种。

一 货栈

类似于仓库业，但是，只经营羊毛，有时也被称为"毛栈"。同时也经营其他货物的被称为"货栈"。货栈并不仅仅是存放货物，而是货主将东西搬运至货栈的仓库以后，以该货物为抵押，获得货物价值七八成到九成左右的融资。抵押的时间并不是固定的，在货物被卖掉的时候进行结算，利息为每月 7~9 厘，仓库费用以及保险费用为每月每袋 7 分洋银。

二 存货栈

存货栈有自己的仓库，主业是以入库的货物为抵押进行贷款。各种羊

[①] 20 两秤指 20 两为 1 斤的秤，也有的地方习惯用十六两秤，即 16 两为 1 斤的秤。

[②] 指以 100 斤为计价单位，即 100 斤多少钱。计量工具是 20 两秤。

毛每一袋按照 120 斤来计算，按市场价格五成左右的金额进行融资。关于融资的期限，如果是一般抵押物的话，最长为一年，利息为一月一分。此外，还有仓库费用和保险费用，每月每袋需要 8 分洋银。

三　押汇

货主在内地羊毛集散地装运羊毛的时候，会将货物交换证（货单）抵押给银行，然后从银行获得相当于货物价值约 7~8 成的融资，我们将其称为押汇。银行会将以上抵押的物品搬到自己的仓库进行保管。之后对本金和利息进行清算以后才将货物交给货主。利息为每月 1 分，仓库保管费为每月每袋 8 分。

第八节　羊毛收购时的注意事项

如上所述，中国羊毛的交易情况非常复杂，而且一般还有以下缺点：

①羊毛的粗细不是固定的，如果选毛不充分的话，即便是同一袋羊毛，其在数量、种类和等级方面也存在差别；
②羊毛中的夹杂物主要是泥沙，且非常严重；
③混入的死毛和污染毛等较多。

山东羊毛大体上也具有以上我们所列举的中国羊毛的缺点。因此，在收购羊毛时需要留意的是，首先，要目测洗过的羊毛是否有问题，然后再计算出购买的价格。举个例子，现在我们要购买纯毛，价格为 1 斤 2 日元，洗毛费用按 1 斤 4 钱来计算。我们以 1 斤纯毛 1 日元 96 钱为基础，如果把除尘产出率也考虑进去的话，如下：

除尘产出率（原毛）70%　　　洗好后的产出率（对除尘后的东西）50%

1.96 日元×0.7＝1.372 日元

1.372 日元×0.5＝0.686 日元

也就是说，购买 1 斤原毛需要 68 钱 6 厘。

从前，日本商人由于对以上的收购价格没有搞清楚，在购买羊毛的时候屡屡受损。从另一个方面看，这也是中国羊毛不能够在日本被广泛利用的一个原因。

除尘产出率虽然一般在 60%~70% 之间，但是也有 30%~40% 的。一般而言，春毛比秋毛在泥沙含量上要高一些。而且，羊毛价格的高涨又助长了人们将泥沙混入羊毛中的行为。总体而言，人们对山东羊毛的评价就是"泥沙含量多"。羊毛中的泥沙有一部分是自然附着形成的，但是，更多的是人为混入的。在生产地和中间市场都存在人为给羊毛中混入泥沙的不良习惯。另外，由于羊毛在除尘洗净后羊毛脂（羊毛上的油分）的附着很少，所以，与澳洲产的羊毛相比较，中国产羊毛的产出率总体上维持在 50% 以上的水平。

第九节　羊毛利用情况

在年产 200 万斤羊毛中，省内消费占一成，为 20 万斤。且这些在省内的羊毛主要被用于制作毡子、绒毯以及毡帽和毡鞋等。毡子的材料主要使用的是夏秋毛、羊绒的刺毛。其中，以济南、博山、临清和肥城等地最为兴盛。绒毯使用的是硬直粗壮的羊毛，主要是在济南和其他地方进行小规模生产，产品出口北美和天津。

寒羊的秋毛有很多都被运到天津，作为制作绒毯的原料。粗毛线（羊毛线）主要是作为农家的一个副业。在山东省各个地方都有用手织毛线的。

在山东省几乎没有大规模的毛织物工厂，仅有小规模的家庭羊毛工业。

第三章　绵羊、羊肉、羊毛皮及其他的交易和利用情况

第一节　绵羊的买卖及其价格

绵羊一般是长到 4~5 岁的时候才被买卖。买卖的方法有随时买卖和定期进行市场交易两种。

价格：成年绵羊，预计10日元左右；仔绵羊，预计3~5日元。

第二节　羊肉

如前所述，在中国，人们饲养绵羊的主要目的不是为了获取羊毛，而是回教徒们为了获取羊肉和羊毛皮。即中国人养羊的目的是为了食用和防寒。在周村，每天平均宰杀的羊为20只，羊肉以每斤30分的价格出售。

第三节　羊毛皮和仔羊皮

羊毛皮和仔羊皮的使用量正在逐年增加，羊毛皮主要是国内消费，而仔羊皮，特别是胎儿皮则被出口到了国外。

山东省的羊毛皮加上山羊皮大约有20万张。此外，胎儿皮和仔羊皮等约有20万张。与羊的胎儿一起被宰杀的成年羊有12万~13万头。仔羊一般在每年11月左右被宰杀。它们的价格为：羊胎皮：一等品，12元；二等品，8元；三等品，5元。

成年绵羊的毛皮为2~3元，一般从天津出口到美国和法国。由于羊皮的需求量很大而且行情很好，所以，农家都只顾眼前的利益，这则造就了山东或者中国羊毛业的发达。济宁作为一个优良羊皮的集散地，羊皮交易很兴旺。

山东省各种羊皮的出货量及单价如下。

绵羊皮：1~2元（细毛2元），3万~4万张（干皮）。

山羊皮：1~2元（一张一斤），50万~60万张（干皮）。

牛皮[①]：12万~13万张（盐腌）。

第四章　结尾

据说在事变以前，山东省有80万只羊，羊毛总产量为200万斤。但是，这个数字也仅仅是占华北和天津羊毛总量的5%。如前所述，在山东，养羊的人主要以回族为主。而且他们并无改良绵羊品种的意向和积极性。

---

① 原文有误，应为羊皮。

因此，他们在绵羊品种改良方面落后了。但是，山东羊毛在中国，其品质是最好的，可以作为法兰绒等的材料。尤其是黑大山羊（开士米）的羊毛品质最好，可以作为重点使用。

如前所述，山东羊毛由于在品质和交易方面存在各种各样的缺点，其主要原因有几点。

①山东省缺乏原野；
②因回族等饲养者的风俗习惯所引起的一些纷争；
③交易复杂且存在很多中间商；
④青岛和济南都没有羊毛交易机构，天津是唯一的羊毛交易市场。

详细的情况将在事变后篇进行叙述。
以上是我们对中国事变以前山东省羊毛的大致情况做的一个叙述。

中国事变后篇

第五章　中国事变后的状况

第一节　出货状况

事变对牧羊造成的影响非常大。具体来讲，以前，山东牧羊的中心集散地以铁道沿线的内地居多。而在最近，这些地方大都被日本军队所占领。所以，事变的影响非常大。很多农民由于缺乏食物而宰杀了自己的羊，或者一些羊因为战祸的原因而死伤。关于事变对山东牧羊造成的损失，由于羊的主要产地都在内地的缘故，所以目前还不明确。

由于出货数量非常微小，所以不值得一提。在胶济沿线附近还能够看见有一些放养仔羊的。而在其他地方，由于治安不稳定的原因，一般很少能够看见牧羊的。将羊从内地运往集散市场的途中，由于匪贼的原因，运输也是非常困难，我们能够知道的非常少。总而言之，现在处于一个什么都不明朗的状态。

第二节　收购状况

关于羊毛的收购状况，由于羊毛现在是作为七七事变后日本军人防寒所不可或缺的一种原料，所以，军方现在不允许一般性的羊毛收购。只有三菱和德盛洋行等一部分公司从事独家经营，他们将收购来的羊毛全部集中在济南，然后运往日本内地被制成军方所需的防寒用具。因此，这部分羊毛在数量上也不明确。羊皮在七七事变后多少也有一些出货，收购方法与事变前一样。

第六章　中国牧羊的未来和日本的方针

第一节　中国的牧羊情况

中国虽然没有准确的关于绵羊数量的记录，但是，却有两千年牧羊的历史。根据民国22年实业部的调查，华北8省总共有1860万只羊。而全国据说有3500万只羊。羊毛产额据推算约为7500万磅（850万贯[①]）。但是，我们认为这个数字稍微有点夸大。根据中央经济年鉴的统计，全国约有2700万只羊。另据有人推算，华北的绵羊数量约为500万只。不管怎么说，羊毛虽然是一种重要的出口商品，但是其品质却非常的差，所以只适合作为那些粗制织物业的原料来使用。优质的羊毛是河南和山东的寒羊，其他地方的羊毛都被用来当作地毯业的原料。为什么绵羊的品种改良非常少呢？因为，尽管当局做了很多的努力，但是农家就是不理解，依旧按照以往的习惯来饲养，导致羊毛品质始终没有进步。另外，也有牧草方面的原因。除了寒羊，其他种类的绵羊的羊毛都是一些粗杂的东西。

现在，我们看一下中国各个地方的羊毛产出情况。

表6　中国各地羊毛产出情况

外蒙古	7600000 只	采毛量 15196000 磅
内蒙古	4000000 只	7598000 磅

[①] 贯为日本曾经使用过的一种的重量单位，1 贯 = 3.75kg。

续表

甘肃	5300000 只	21328000 磅
新疆	4300000 只	
陕西	1000000 只	
青海	5000000 只	9598000 磅
山西	1700000 只	7332000 磅
山东	1000000 只	
河北	1000000 只	
河南	1000000 只	8681000 磅
其他	3000000 只	
合计	34900000 只	69733000 磅

我们可以认为表 6 表格中的数据只是一个大概的数字，可能稍微有点夸大。如果给其打个八折，即绵羊的数量为 2800 万只，采毛量为 5600 万磅，这个数字可能比较接近实际。以上是事变前的状况。

第二节 日中羊毛供给关系的未来和考察

现在，日本每年主要从澳洲和世界各地进口约 2 亿磅的羊毛。如此巨额的进口，不管是对于外汇管理还是国际收支都是非常不利的。但是，这次事变让中国（占领区的中国）也加入了日元同盟。日本军人的"心血和辛苦"或多或少在这次事变中都有体现。因此，我们想到了"能不能利用邻国——中国的羊毛？"这一问题。如果在将来，中国的羊毛能够完全满足日本需求的话，那么，这不论对于"日元同盟"还是"东亚重建"，都是一个好事。从日本满洲中国三方经济同盟的意义来讲，尽可能地利用中国的资源是一件非常重要的事情。

那么，中国的羊毛到底能不能利用，这就成了一个问题。

如前所述，在中国，品质最好的羊毛是山东的寒羊毛，但是还是远远不及澳洲的美利奴羊的羊毛。而且，寒羊的采毛量非常少，只有不到几百万斤。至于蒙古方面的羊毛，由于其质地粗硬，所以并不适合毛纺织工业。

中国羊毛的缺点如下：

261

①出货量不稳定，缺乏统一的规格，凡事都是马马虎虎；

②以上原因使得羊毛整理和处理工作非常困难和复杂，在收购的时候不能让人放心；

③由于中介人和生产者中存在一些恶习，这些人非常狡猾，因此在收购羊毛的时候经常让人感到不安；

④由于粗毛、死毛以及夹杂物等较多，所以，产出并不稳定。

⑤没有相关的机构，非常的不方便。

总而言之，由于中国人养羊的主要目的是为了获取羊肉和羊皮，所以在羊毛方面就变得马马虎虎。当然也就不重视羊毛的价值，导致毛质粗硬，出毛量很少，始终没有进步，更没能成为最近开始发展的羊毛工业的原料。我认为，主要原因在于国民教育的不彻底。如果这样来看，要把中国羊毛用于日本的羊毛工业，还是遥远的事情。只有经过长期的指导才能实现。

从前，中国的羊毛工业除了京津地区的绒毯制造业以外几乎没有别的。近几年，由于日本占领军开始对毛织物类产品加征高关税，所以，以上海为中心的毛线和毛纺织业开始繁荣起来。但是，这也只能满足国内消费的一部分。而地毯类产品则完全能满足国内的需求，且每年还向国外出口约500万元的产品。地毯工业也从原来的手工业逐渐向机械工业转移，工业的中心地也从以前的天津地区转移到了上海地区。

如此一来，粗硬的中国羊毛主要用作天津和上海地毯工业的原料来使用，其余的则被出口到美国和其他国家，被当作低端羊毛工业的原料使用。

但是最近，日本的羊毛工业由于中国的低端羊毛工业没有进步，而陷入了无法生产的状况。中国羊毛的改良，包括羊种的改良和扩充，将是一个长期的事情，应该制定百年大计。首先要制定规格，然后慢慢改良牧草，还要把中间商等交易环节简单化，对于农民，也要通过教育实现其知识的启蒙。要谋求东亚经济的同盟，强调羊毛的重要性是必须的。但是，这又不是一朝一夕就能完成的事情，我们日本人必须认识到这是百年大计，要尽可能地少花钱，按照中国式的做法慢慢对其进行改良。这样的一个伟大工程不能靠一朝一夕投入巨资就能解决，目前日本在中国急功近利的做法应该说是最为愚蠢的。

我们反复强调，这是百年大计。在实现这个百年大计之前，我们认为，日本应该把中国粗硬的羊毛当成原料来发展低端羊毛业，使其成为日中经济同盟的一个优点。该工业在日本的发展不仅关系到日中羊毛的供需关系，日本还可以将该产品出口到第三国。我认为这也是一个非常重要的任务。

第七章　山东羊毛的结论

正如本文第六章第二节中所提到的那样，中国羊毛的缺点也适用于山东省。而山东羊毛是中国羊毛中品质最好的。山东有81万只羊，羊毛产量有200万斤。但是，如果把这个数字放在整个中国来看的话，只占了不到几十分之一。

至于应该怎么做，由于我们在前面几章已经讲过了，所以这里没有必要再做叙述。黄河流域的牧草改良是获取优质羊毛的前提条件。今后应该更加好好利用黄河流域。

不管怎么说，中国羊毛、山东羊毛和日本的需求之间相隔甚远，这是一个百年大计。我们日本人绝对不能焦虑，而是要通过不懈的努力和长期的建设来实现这一目标，决不能急于求成，一想到几十万日本军人的牺牲和几亿元国民的负担，只有不断地研究，掌握了解中国的情况和方法，这才是完成百年大计最难的事件。[①]

以上就是我们对山东羊毛做的大致调查，我们的报告到此为止。

[①] 本来这一段想删去，因为与主题关联不大，同时涉及对日本侵华的认识，但考虑到全文的完整性，以及了解书院学生"他者"看问题的视角，最后还是保留了下来，故特此说明。当然，对书院学生美化日本侵华的行为，我们必须给予严厉的批判。

济南及天津的牛骨及牛皮[*]

津浦沿线经济调查班

第 24 期学生

原口辉雄

目 录

序 言

第一章 牛皮

  第一节 序言

  第二节 牛皮的种类

  第三节 牛皮的用途

  第四节 牛皮的品质

  第五节 牛皮的品质鉴定

  第六节 集散状况

  第七节 出货状态

  第八节 牛皮交易者

  第九节 收购方法

  第十节 货款支付方法

  第十一节 货币及衡器

  第十二节 市价的计算

  第十三节 包装方法

  第十四节 天津牛皮的出口贸易

  第十五节 关于制革业

---

[*] 本文系东亚同文书院第 24 期学生原口辉雄和调查组成员于 1927 年进行的调查。原文见《东亚同文书院中国调查手稿丛刊》第 79 册,国家图书馆出版社,2016。

第二章 牛骨

第一节 产地及产额

第二节 种类及用途

第三节 牛骨的品质及鉴定

第四节 集散状况

第五节 牛骨交易商

第六节 出货状况

第七节 交易习惯

第八节 包装方法

第九节 现在的行情及出口状况

第十节 天津的骨粉状况

第十一节 结论

序 言[①]

牛骨主要用于肥料中，特别是因其作为磷酸肥料非常有效，所以，在磷酸肥料逐渐出现短缺的今天，牛骨越来越成为一种贵重的东西。在中国所有的省份，所到之处都可以看见人们饲养家畜的场景。这反映了中国人喜欢肉食，所以饲养了很多的家畜供食用。这些家畜的遗骨在以前大多都作废弃处理，只有很少一部分会用作手工艺品和肥料。随着日本对肥料用家畜遗骨需求的增加，该市场开始兴盛起来，很多遗骨被出口到了日本。在我国，将家畜遗骨作为肥料使用的地区为鹿儿岛县，而其他地区则几乎没有。现在，一般被称为"牛骨"的东西中除了纯粹的牛骨以外，还有猪骨、马骨、山羊骨等，也包含了鸟类的骨头。另外，一种被称为"杂骨"的遗骨中由于牛骨占了半数以上，所以，人们一般也都将动物的遗骨统称为"牛骨"。

---

① 这个序言主要谈牛骨，而没有谈到牛皮，作为全文序言，似不妥。考虑到牛皮部分有序言，而牛骨部分无序言，疑放错了地方，似应放在290页牛骨部分的开头。在此特别说明。

第一章　牛皮

第一节　序言

　　中国土地广袤，各地饲养着很多不同种类的牛。这些牛从大的方面可以分为：黄牛、水牛、洋牛、杂种牛、犁牛和牦牛六种。从前，中国人经常吃猪肉，而牛则被称为"大兽"，主要是用于耕作，因此很少有人吃牛肉。但是，回族由于受宗教影响不吃猪肉，主要食用牛羊肉。所以，有回族人的地方，牛羊肉一般比较多。另外，牛的数量相对较多的地方有：河南、湖北、湖南、陕西、甘肃、山东、山西、四川、广东和广西等省份。其中，最著名的是河南省的信阳、山东省的周村和四川省的成都附近。另外，山东省产的牛属于前述六种牛中的黄牛。在华南，人们提到的"黄牛皮"指的就是取自这种牛身上的皮。黄牛并不意味着牛的身体是黄色的，还有黑色和黄褐色等颜色。另外，还有带有以上颜色与白色斑点的牛。在华南，使用这一名称是为了区别于"水牛"；在山东，人们只是将其称为"牛"。此外，在山东各地饲养的牛，其大部分都是所谓的"阉牛"（绝育的牛）。而拥有完整繁殖能力的牛是非常少的。总而言之，山东并不是牛的生产繁殖地，而是饲养牛的一个地方。因为就牛的分布而言，一般情况下只要是有农家的地方都会有牛。

　　中国的牛皮产地以河南省、陕西省、甘肃省、广东省、四川省、直隶省、江苏省、湖北省、湖南省和广西省为代表。此外，在全国各地所到之处都有出产牛皮的。各地零散的牛皮首先被汇集到一起，然后再被运到各个市场上。在这个过程中，就会自然而然形成一个中心市场。而各个地方的牛皮则以该中心市场为基础进行集散。汉口、青岛、天津和上海是四大牛皮集散市场。天津市场上的牛皮主要来自山东一带、山西一带、顺德①、张家口和满蒙一带。也有不少是从河南省、陕西省和甘肃省运来的。特别是山东，由于该地的牛皮产量大且降水少，所以只需要对牛皮进行稍微干

---

①　今邢台，古顺德府所在地。

燥即可。且牛皮的形状也较大，品质优良，非常的有名。牛皮因其产地不同在品质方面也不相同。如果按照品质高低对各个地方进行排序的话，如下。

①山东产的牛皮；

②山东附近产的以及北京产的牛皮；

③保定、正定和河南产的牛皮；

④蒙古产的牛皮。

第二节　牛皮的种类

中国的牛皮种类有黄牛皮和水牛皮，它们是按照牛的种类来划分的。接下来我们看一下其他分类方法。

（1）按年龄划分

①小牛皮：1年至2年6个月，大小约为10坪（1坪为1平方尺）；

②中牛皮：3年以内，大小为20坪左右；

③大牛皮：4年以上，大小为40坪。

（2）按重量划分

①小牛皮：一张重为七八斤至十二三斤，生皮重20斤左右；

②中牛皮：一张重为十四五斤至二十二三斤，生皮重30斤左右；

③大牛皮：一张重24斤以上，生皮重40斤左右。

（3）按照制作方法的干湿划分

①生皮：生皮是把牛皮直接从牛身上剥下来以后不进行任何施盐加工。生皮最合适做制革原料。由于其容易腐烂且不方便搬运，所以，除了被用作制成干皮和盐皮等，很少有直接买卖生皮的。

②干皮：干皮又被称为"素牛皮"。把生皮放在没有泥沙的地方进行日晒，经过干燥后的牛皮几乎都没有附着的肉和脂肪。干皮在制革的时候，分量减少得非常少。

③盐皮：给生皮涂抹上食盐防止其腐烂。盐具有杀菌的能力，同时具有防止细菌繁殖的效果。盐皮可以存放一年。

④盐干皮：盐干皮是指把生皮做成盐皮进行干燥后的东西。这种牛皮最受我国（日本）的欢迎。但是，由于保持其重量的缘故，所以会被涂上土和油，以防止水分的蒸发。由于盐干皮是这样制作的，所以在交易的时候应该充分注意这点。盐干皮的价格也比其他的牛皮要高一些。由于盐干皮在运输的途中会有盐的析出，所以，重量减少非常严重。制作盐干皮的牛皮原料有当地产的、北京产的、山东产的以及德州等地产的牛皮。

另外，牛皮还可以这样分类。

①生皮；②净板皮（等同于干皮）；③盐生皮（等同于盐皮）；④盐干皮；⑤土板儿。

土板儿指对生皮进行施盐加工以后涂上泥土，然后在日光下晾晒。土板儿虽然比盐干皮在干燥程度上要高一些，但是却难免附着有很多的泥土。在收购土板儿的时候，必须要知道附着泥土的重量。

（4）根据产地划分

①南皮

在天津市场集散的牛皮中，南皮的品质最好。南皮这一名称已经成为上等牛皮的一个代名词，并且在不少场合被使用。南皮属于黄牛皮，产自河南省和山东省西部一带。牛皮的形状整体上比较大，毛短且直，有光泽。毛色大体上呈黄色，也有黑色和黑斑色。南皮之所以贵重，是因为它几乎没有虫眼。所以是制革最好的材料。出口到我国的南皮也不少。天津市场上集散的南皮大部分是盐干皮和土板儿，每张的重量约为20~35斤。

②西皮（直隶皮）

品质仅次于南皮。产自保定、沧州一带以及河南一带。西皮凭借铁路或上西河①、御河②以及下西河等水路的便捷，很多都被运到了天津。西皮的外形总体来讲比较大，毛质和其他方面乍眼一看与南皮很像，但是，相对而言虫眼较多（但没有下面讲的东皮和北皮那么严重）。因此，在交易

---

① 《河北省志·地理志》载，大清河亦称上西河。究其由来，当与天津市的西河有关，因为西河为大清河、子牙河相汇后的河段，这样西河上段的大清河为上西河，滹沱河为中西河，滏阳河为下西河。

② 习惯上将京杭大运河自山东临清流经天津市海河三岔口这一段称为南运河，宋元时称为御河。书院学生指的御河，即是南运河，以下皆同。

的时候，需要注意不要把西皮和南皮混淆了。

③东皮

仅次于西皮，主要是从锦州和山海关方向经过京奉线运入天津。产地主要是该地区附近的接近内蒙古的地方。东皮属于蒙古牛皮系统，形状较小，牛皮颜色一般呈黑色。东皮的缺点是虫眼非常多，而且泥沙的附着也很严重。

④北皮

品质不太好。作为一种蒙古牛皮，几乎全部从张家口运到了天津。北皮几乎全部都是净板儿，形状较小，一张的重量约为10~16斤，缺点是虫眼多。西洋人大量买进北皮，但是在制革技术很先进的日本，除一些特殊情况，几乎没有人收购北皮。北皮的颜色几乎都是黄岱色。

（5）根据性别划分

①公牛皮

②母牛皮

③阉牛皮

（6）根据毛色划分

①赤毛皮

②黑毛皮

③斑毛皮

（7）根据剥皮时期划分

①夏皮

②冬皮

（8）其他还有北京为基础的京皮、京东皮和北皮等名称。

第三节　牛皮的用途

随着经济、文化的发展，皮革需求的增加是显而易见的事情。现在，皮革的用途非常广。特别是自欧洲大战爆发以来，各个交战国对军用品的需求激增，而给这些交战国供应鞋子和其他革制品的各个国家的牛皮需求都出现了增长。其中，最多的就是中国。这一情况也刺激了中国牛皮的出口。虽然出口量有时候也会有增减，但是，总体而言出口是比较旺盛的。

中国的皮革业是非常有希望的。但是，中国的制革业并不发达。虽然在城市里也有一些别称为"硝皮行"的制革所，但是它们都非常弱小。因此，中国现在出口的牛皮几乎全部都是原料牛皮。

牛皮作为"革"可以被用于工业和军用品，其用途不仅广泛而且也很重要。另外，大的公牛皮主要用于制作鞋底革、调带革等的原料，而母牛皮和其他的中牛皮以及小牛皮则可以用于鞋的甲革等很多地方。

水牛皮厚且硬实，表皮组织和表面都比较粗糙。其缺点是在制革的时候，单宁剂不易被吸收。因此，水牛皮的用途受到了一定的限制，主要用于制作雪踏（指冬靴）的内衬、调带革以及下等（鞋）的底革"衬垫"等。

精制后的革大体可以分为：

①重革（厚物）

主要做底革和调带革。

②轻革（薄物）

主要用作鞋的甲革、袋子类产品、家具类产品以及其他装饰品。

另外，根据牛的年龄，不同牛皮也有薄厚之分。或者因为公母的不同牛皮的薄厚程度也不同。现在，我们看一下一张1斤左右的牛皮在用途上的差异。

小牛皮（七八斤以下）：手工艺品、制鞋、其他

中牛皮（七八斤以下）：手工艺品、制鞋、其他

母牛皮（约10~12斤）：军队用、制鞋、其他

公牛皮（约10~12斤）：制作马具、制鞋、底革、带革、其他

以上各种革的用途并不局限于其名称下面的那些产品，有时候也会根据需要用到别的地方。而且，根据制革方法的不同，其用途有时候也会不同。

另外，革鞣切割后的屑末还可以用作肥料。在制革时被脱了毛的、较长的革可以用作筛子，或者将其填入鞍褥、毛被子以及椅子的坐垫中，还可以当作一种肥料，或者作为下脚料用在盐干皮、土板儿皮子中作为新的

制作原料。比如，七八斤至十二三斤的牛皮用来制作箱包非常受欢迎，而约 14~17 斤的中牛皮作为延革、甲革的原料，其需求非常大；18~23 斤的中牛皮作为制作老百姓的鞋以及鞣革使用也有一定的需求。但是，这种革在日本并不受欢迎。欧美由于制鞋业发达的缘故，欧美人几乎不管革的轻重，经常大量收购。

第四节　牛皮的品质

虽然都叫牛皮，但是其种类非常多。而且，即便是同一种牛皮，也会因为干燥程度、大小薄厚、有无损伤以及附着物的多少等方面的不同导致其用途的不同。当然，价格也就难免有所差异。

一般的牛皮纤维紧致，且毛发比较浓密的为优良品。如果表皮有落毛，据说皮上一定会有瑕疵。牛的营养不良会对牛皮的品质造成损害。一般认为，牛毛比较长的冬皮为上等品。

牛皮的虫害即所谓的"牛虱"，是因为它们生长在牛无法防御到的臀部。这些牛虱会一点一点啃食牛臀部的皮，直到进入牛皮肤的内部的肉里。由于牛皮外面的咬痕会慢慢愈合，所以这种虫害很多从外观上是不易被发觉的。特别是有的奸商会在牛皮的外面涂抹一些东西来遮挡这些咬痕。另外，由于牛臀部的牛皮在制作使用上是最为重要的一个部分，所以鉴别这一部位是否有虫咬是一件非常紧要的事情。一个最简单的鉴别方法就是将牛皮放在日光下透视，如果有虫穴的话，就能看见黑点。

其次，如果一张牛皮薄厚比较均匀且较为厚实的话，属于上等品。牛皮在其产地进行干燥的时候，由于其是放在泥沙上进行晾晒的，所以会附着泥沙。有些人则会巧妙地在其上面涂抹一层脂肪，这样表面看上去与普通的牛皮没有什么区别，但确实是不一样的。

当地人在售卖牛皮以前，出于增加重量的目的，会给牛皮注入水或者盐水，待牛皮内部浸润以后，立即将其干燥。这样一来，只有外面的牛皮是干燥的，而牛皮的内部仍然含有水分。这注了水的牛皮比内外都充分干燥过的牛皮在重量上要重得多。还有人使用其他的不正当手段，比如在牛皮上涂上血液等。检查牛皮干燥程度的话，可以尝试着将牛皮直立在地上，如果牛皮能够直立起来，则说明干燥程度比较好，反之则说明干燥不充分。如果再将牛皮拉伸一下的话，我们也能够根据其伸缩的程度来判定牛皮的好坏。生皮一般是在去除了皮下脂肪和水分以后才过秤。母牛的牛皮一般质地紧密，富有弹力；而公牛皮的纤维稍粗一些。成年的壮牛牛皮比较厚，随着牛年龄的增加，牛皮逐渐薄弱。被阉割的公牛皮和母牛皮具有类似的性质，牛皮的品质都很好。如果是在幼小时候被阉割的话，则牛皮的品质会更好。

山东的牛皮之所以在市场上广受好评，是因为在以下几个方面比其他的牛皮要好一些。

①寄生虫所造成的牛皮肤的损害和伤痕较少；
②牛皮的面积（坪数）较大，而且比较均匀；
③薄厚整体上比较一致；
④由农具原因生产的所谓"鞍擦"等伤痕几乎没有；
⑤牛皮比较厚。

以上5点中的第3点，即薄厚程度比较均匀是因为中国的牛还属于半野生牛，而欧美的牛则为家畜，被施加人工因素，所以腹部的皮肤变得比较薄。那些腹部和其他部位在薄厚程度上差异很少的牛的牛皮在其他方面有着很多的优点。

接下来，我们列举一下中国家牛在交易市场上的一些缺点：

①屠杀的时候在腰部和肩胛部产生的跌打伤；
②在购买家牛或者检验牛的时候，会在牛的身上烫一个印，导致牛皮产生损伤；
③从盐水中将牛皮钓上来进行干燥的时候，牛皮上附着有石灰和泥沙；
④在剥牛皮的时候，由于屠夫的不注意以及工作粗暴以至于在牛皮上留下刀伤。

此处值得特别强调的一件事情，是中国的奸商们使用不正当手段将牛皮的品质进一步弄坏。比如，这些人为了增加牛皮类产品的重量，在剥皮的时候会故意在牛皮上留下一些没有用的肉，而这又是加速牛皮腐烂的一个原因。如果是将牛皮运到像我们国家那样比较近的地方的话，尚没有什么可担心的地方。但是如果是运往欧美等远距离地方的话，由于中途必须要经过炎热的印度洋，外国商人则非常害怕运费的浪费和牛皮的腐烂。中国的这些奸商非常狡猾，他们会故意把牛身上没有用的部分留在牛皮上，或者故意留下牛蹄子、牛尾等，以此来增加牛皮的重量。这种情况非常严重，甚至还有人在牛皮上涂抹泥土或者铁粉。

第五节　牛皮的品质鉴定

牛皮在交易的时候，品质鉴定是最重要同时也是最难的事情。在这一行，即便是有着丰富知识和经验的人有时候也会出错。接下来我们看一下品质鉴定法的大致内容。

在牛皮交易的时候，鉴定品质好坏的一个方法就是：将堆积的牛皮随便扔出去一张，如果是充分干燥的良好牛皮的话，应该可以保持直立状态，而干燥不充分的牛皮则一下子就会倒在地上。这是一种常用的鉴定方法。另外，有时在牛皮上还能看到一些掉毛的地方，这是牛的皮肤因为疾病坏死掉了。因此，这一点也应该给予充分的注意。

接下来的一个注意事项就是观察牛皮背部是否有细小的孔。这种小孔多见于蒙古产的牛皮。在收购这类牛皮的时候，必须进行仔细检查。细孔产生的原因有：

①蒙古牛尾巴短小，无法赶走背部的毒虫，导致牛皮上留下了很多被虫子叮咬过的痕迹；

②牛背上之所以有一条线是因为鞍具在牛背上摩擦留下了痕迹。

山东、河南产的牛皮这种细孔比较少见，而蒙古产的牛的牛皮上大部分都能看到这种细孔。根据我从别人那里听到的内容，说是一种长约四分之三寸的扁虫类虫子进入牛的皮肤里，它们逐渐啃食到牛的皮肤内部，最终这种虫子将自己的身体完全隐藏在牛的皮肤内。这时，由于牛皮的外部全部愈合，看不见伤痕，所以，即便是杀了牛也不容易发现这个虫蛀的痕迹。虫蛀痕迹给制革带来很大的不利，阻碍了牛皮的用途。因此，针对这一问题的鉴定法非常关键。具体鉴定法如下：

①将牛皮对着日光进行透视观察，如果有黑点的话则说明有问题；

②如果牛皮上的牛毛很短，且全部牛皮都覆盖了一层这样的牛毛的话，一般而言这种牛皮是不存在细孔的。相反，如果牛皮上毛的颜色不一致，有杂毛和斑点的话，则有可能是细孔。

以上这些缺点在制革业还不是很发达的时代，会使得牛皮的用途大大减少。而现在，欧美各国的工业都很发达，能够用技术手段填充这些细孔。所以，带有细孔的这些牛皮也可以用在其他合适的地方。特别是德国，据说，他们热衷于以低价收购那些带有细孔的牛皮。另外，在购买牛皮的时候，还要注意为了区别牛的年龄、自己家的牛和别人家的牛等，人们有时候会在牛的身上烙上一个印，这也会对制革造成很大影响。一般而言，在鉴定牛皮品质是否良好方面应该注意的要点是：

①头部和颈部之间的褶；

②牛皮内侧的刀伤；

③挠伤（栅栏以及铁丝网的擦伤）；

④蝇穴；

⑤牛虫痕；

⑥石烧（在日晒的石头上干燥牛皮）；

⑦鞍痕；

⑧皮的大小；

⑨皮的薄厚；

⑩是否干燥；

⑪性别；

⑫老幼的区别；

⑬有无附着物。

第六节　集散状况

第一项　以济南为中心的地方集散状况

济南及其附近就不用说了。作为从津浦铁路运输过来的牛皮的重要集散市场，有时候是向天津方向移动，但是，大部分都是向青岛方向移动。山东产的牛皮比天津产的牛皮在名气上要大一些，所以直隶、蒙古产的牛皮都往这里集中。在临清集散市场上的牛皮主要是直隶以及东昌[①]附近一带产的，而集散到济南的牛皮很多又被运到了天津。济宁的牛皮主要来自其附近一带，这些牛皮经过运河被运到了江苏省或经过陆路被运到了济南。从前，很多人都瞄准了欧洲大战的机会，在牛皮需求出现激增的时候，济南成了津浦铁道沿线以及该地区的一大牛皮集散市场，并呈现非常活跃的景象。济南在一年中牛皮的交易量达到了约 40 万张。最近，牛皮的交易量出现了锐减，已经远远不及当初了。同时，牛皮集散市场的势力正在慢慢向济宁转移。

接下来我们看一下，在济南经过胶济、津浦两条铁路运来的牛皮的集散状况（见表1）。

表 1　胶济铁路济南站集散的牛皮及数量

单位：吨

月份	发送 大正 14 年（1925）	发送 大正 15 年（1926）	到达地 大正 14 年	到达地 大正 15 年	到达 大正 14 年	到达 大正 15 年	发送地 大正 14 年	发送地 大正 15 年
1月	8	15	潍县	青岛	—	—	—	—
2月	—	15	—	青岛	—	—	—	—
3月	6	—	潍县	—	—	—	—	—
4月	8	3	潍县	青岛、城阳[②]	—	—	—	—
5月	—	—	—	—	—	7	—	—

[①] 今山东聊城市。
[②] 胶济铁路的一个火车站，属青岛地区。

续表

月份	发送		到达地		到达		发送地	
	大正14年	大正15年	大正14年	大正15年	大正14年	大正15年	大正14年	大正15年
6月	5	—	潍县、大港①	—	—	—	—	蓝村②
7月	—	—	—	—	—	—	—	—
8月	—	—	—	—	—	—	—	—
9月	—	—	—	—	—	—	—	—
10月	—	10	—	青岛	—	—	—	—
11月	—	—	—	—	—	15	—	埠头③
12月	15	120	青岛	青岛	—	—	—	—
合计	42	163			—	22	—	—

表2 津浦铁路济南站集散的牛皮及数量

单位：吨

月份	发送		到达地		到达		发送地	
	大正14年	大正15年	大正14年	大正15年	大正14年	大正15年	大正14年	大正15年
1月	—	—	—	—	—	—	—	—
2月	—	—	—	—	—	—	—	—
3月	15	—	天津	—	30	—	南宿州④	—
4月	—	—	—	—	20 45	—	济宁 南宿州	—
5月	—	—	—	—	20	190	济宁	滕县 济宁
6月	—	30	—	天津	15	—	徐州	—
7月	—	—	—	—	20	20	徐州	徐州

① 胶济铁路的一个火车站，位于今青岛市北区高河路，建于1899年，是青岛乃至山东最早的火车站。初建时曾用名扫帚滩、维林、大码头，1909年改名大港。
② 胶济铁路的一个火车站，属于青岛地区。原文写作蓝州，有误。
③ 指青岛港码头。
④ 隶属安徽。

续表

月份	发送		到达地		到达		发送地	
	大正 14 年	大正 15 年	大正 14 年	大正 15 年	大正 14 年	大正 15 年	大正 14 年	大正 15 年
8 月	—	—	—	—	125	90	徐州	徐州 浦口（隶属南京）
9 月	35	—	天津	—	130	—	徐州 南宿州	—
10 月	—	30	—	天津	45	4	济宁	南站①
11 月	—	—	—	—	—	—	—	—
12 月	—	—	—	—	—	100	—	徐州 德州
合计	50	60	—	—	450	404	—	—

从表1、表2可以清晰地看出，胶济铁路济南站在大正14年（1925）发送了42吨牛皮，在大正15年（1926）发送了163吨牛皮。这些牛皮到达的地方为潍县和青岛等。另外，通过该铁路运达济南站的东西几乎没有。而津浦铁路发送的货物几乎都是面向天津的，一年约为五六十吨，到达济南站的货物几乎都是从津浦沿线各地运来的，一年的数量约为400吨以上。

接下来首先是昭和2年（1927）胶济铁路济南站的牛皮集散状况。1月份面向大港发送的货物数量为60吨。2月和3月都没有。4月面向大港和青岛发送的货物数量为40吨，到达的货物为零。其次是津浦铁路济南站的集散状况。1月份从徐州运达的货物为45吨，2月向天津发送了15吨货物，从徐州过来的货物数量为45吨。3月份不管是发送还是到达的货物都没有。进入4月，从济宁运来的货物为150吨。

第二项　天津的集散状况

天津集散的牛皮主要以南皮、东皮和北皮为主。南皮即产自河南省、山东省西部一带的牛皮。这些牛皮经过铁路或运河集中到天津。而西皮则

---

① 原文写的发送地是南站，不知指的是哪一个，特此说明。

集中在沧州、西定①和保定等地，后经过铁路运输到达天津。东皮指产自锦州和山海关方向的牛皮，它们全部都是经过京奉铁路运输来的。北皮指蒙古牛皮，人们会使用骆驼将牛皮从蒙古运到张家口。而山西牛皮则经过铁路首先被集中到张家口，然后再运往天津。现在，我们列举一下几个主要的牛皮集散地。

①山东省——临清、沂州（临沂）、海丰②；
②河南省——开封、商丘、鹿邑、项城；
③直隶省——沧州、泊头、保定、正定、山海关；
④北部——张家口、归家城③、阳沟④、宣化、大同。

　　从以上各地收购的牛皮会用小车、马车或者经过水路和铁路被运到天津。而从蒙古、山西、陕西和甘肃等地运过来的牛皮则使用骆驼、马、骡子、驴以及牛等来搬运。关于运输方法，如果非要对水运和陆运哪个好做一个评价的话，那么，陆运比起水运首先运费要高一些。但是，陆运在货物的管理上却有着明显的优势，几乎没有包装和品质等的损坏。另外，也不必担心浸水的危险。陆运的运费随着季节的变动时高时低，并不是固定的，甚至这种差异有时候还非常大。运费的高低首先取决于货物的多寡，同时也受天气因素的影响。虽然从内地运过来的牛皮一般都没有加入保险，但是出口牛皮必须加入保险。

　　天津市场上消费的牛皮数量每月平均为2500张左右，剩余牛皮中的约三四成被出口到了日本，约二三成被出口到了美国，其余则是被出口到英国、香港、上海和营口等地。

　　中国的牛皮交易商总的来讲几乎都有自己的仓库，相反，把自己的货物保管在他人仓库里的情况极为少见。天津的保管仓库（栈房）在货物保

---

① 原文有误，应为正定。
② 无棣县古名称。
③ 原文有误，应为归化城。
④ 原文有误，应为阳高。阳高是著名的工商业城市，隶属于大同。在张家口和大同之间的平绥铁路线上，有阳高的站点。鉴于此，阳沟很可能是阳高的谐音所误。

管方面以三个月为"一期",对每100斤牛皮征收1角大洋的保管费用。

接下来我们看一下货物的交割。中国人一般在卖家的仓库进行货物交割（有时候也会在码头）。如果是经过中介人来进行交易的话,那么在买卖契约成立后的几个月内,需要在外商的仓库①里进行货物的交易。

第七节　出货状态

从秋冬到初春,也就是从10月到第二年4月的七个月时间为牛皮的出货期。在夏季,牛皮的出货量会大大减少,几乎只有正常水平的1/6或1/10。具体来讲,由于夏天非常干燥,所以会对牛皮的品质造成损害,或者加速牛皮的腐烂等。而在冬季,牛的脂肪一般都会增加,牛肉不仅肥大而且肉食的需求也很大,这是屠杀牛的最佳时期。所以,在这时会有大量的牛皮上市。据说,山东和天津的牛皮出货状态基本是一样的。

第八节　牛皮交易者

1. 中介人

①受中心市场的外商或者批发商的委托,到牛皮原产地从事牛皮收购,北方一般将这类人称为"贩子"。

②在天津和青岛,中介人被称为"跑合儿",他们所从事的营生是奔走在外商和中国批发商之间,致力于达成买卖合约。他们一般从卖主那里收取佣金,一般按照1%左右的比例收取。

③中介人有时候还会把小中介人派往附近的城镇来收购牛皮。以上这些贩子和跑合儿都是在他人,尤其批发商的掌控之下从事牛皮交易业务。

2. 批发商

①亲自前往牛皮原产地,进行货物的收购;

②把贩子派往牛皮原产地进行收购;

③客商将其收购的土货滞留在批发商那里,与其签订交易合约（诸如住宿费等实际发生的费用其实非常廉价）,或者将土货预先存在批发商那

---

① 中介受外国商人的委托进行采购,一旦签订买卖契约,到了收获季节,则在外商的仓库里完成交易。

里，与批发商议定售价，委托批发商进行销售；

④与外商直接或者经由中介人签订买卖合约。

3. 外国商人

经过中介人或者批发商，或者直接派遣店员从事牛皮收购，进而将其出口。外商经营制革业的非常少见。

接下来我们列举一下在济南以及天津的主要牛皮交易商：

（1）济南

①日本商家：清喜洋行、德盛洋行、三井洋行

②中国商家：裕祥栈、恒升和、恒祥栈、天祥永、福聚栈、聚兴昶、恒庆同、乾顺泰、益昶恒、万顺庆、裕顺公、天祥同、福和

③外商：益昌洋行、和记洋行

（2）天津

①日本商家：清喜洋行、大文洋行、大仓洋行、赤井洋行①、三井洋行、九鬼洋行、义成洋行、武斋洋行、正华洋行、怡丰洋行、义大洋行、清水洋行、三昌洋行、裕津洋行

②中国商家：通孚公、美丰栈、大义兴、福庆栈、华丰栈、交通栈

③外商：仁记、新泰兴、平和、高林、隆茂、美最时、德义、德泰、仁和、美丰、良济、新古昌②

第九节　收购方法

第一项　产地收购法

牛皮的产地收购法与一般其他产品没有什么不同。接下来我们来看一下具体的方法：

---

① 原文有误，应为赤木洋行。
② 查不到这个洋行名，疑写错。

①直接与屠夫签订合约

主要用于远离牛皮中心市场的场合,这种方法不经过中介人的手,而是直接向屠夫购买牛皮。由于跟屠夫签订了特殊的合约,所以也就形成了老顾客的关系。

②向乡镇派遣自己公司的员工进行牛皮收购

在这种情况下,比如,买家在张家口、保定等地方性的牛皮集散地设立分店或者仅仅是成立一个派出机构,在牛皮出货期的时候,让自己的员工住在那里,从事牛皮的收购工作。这样一来的话,牛皮首先从原产地被集中到了地方集散地,最后再被运送到了中心市场。另外,如果设立分店或派出机构的话,这些被派遣到地方的店员就会住在小牛皮商、屠夫或者牛行里来亲自收购牛皮,或者有时候也通过店主的介绍来收购。如果是后者的话,需要向对方支付相当于成交额1%左右的佣金。

③通过中介人进行牛皮采购

在中心市场上,大的中介人首先从外商那里获得采购牛皮的委托,其次他们将小的中介人派往乡镇以及牛皮原产地从事采购业务,然后将收购的牛皮运到地方市场。等到牛皮的数量达到相当程度的时候,最后再将其运到中心市场。如果是中介人采购的话,它们首先从外商那里获得约合采购金额一半的"定银"(预付款),同时双方约定一个采购期限,到了采购日期就开始进行货物的交割。一般情况下,这种货物交割几乎都不是全部的货物。也就是只交付相当于定银金额的货物(即货物金额的一半,然后将剩下货物金额又以"定银"的形式支付给中介人)。因此,可以看出,虽然名义上叫"定银",实际上与定金没有什么区别。如此一来,在采购期内外商只需要定银金额的货款,并不妨碍其资金运转。只是,如果不考虑其利息的话,可能就会招致生意上的受损。这时,中介人一般会按照"每个月每1000两收取8~10两"的比例,作为一种商业习惯向外商缴纳利息。而外商向中介人支付的手续费(采购)一般为1%。

以上所列举的这些采购法中,第一种方法暂且不提,在对第二种和第三种方法进行对比的时候，第二种方法由于是直接将自己的店员派往原产地进行采购，所以这些店员必须精通当地的情况以及交易等业务。如果在当地没有稳定的顾客的话，这种方法并不能称之为一种安全的方法。另外，要完全具备以上这些条件的话又非常不容易。所以，即使这种方法看上去是一种有利的方法，但是现在天津的很多日本商家和外商都是采用通过中介人采购这一方法来收购牛皮的。

第二项 市场收购法

在天津的市场交易中，牛皮商亲自签订买卖合约的情况非常少。一般都是通过通晓市场行情的"跑合儿"或中介人来进行采购。具体来讲，当中国牛皮商想要将货物出售给外商，或者外商想要从中国商人那里采购产品的时候，一般情况下都是"跑合儿"站在买卖双方之间促进买卖合约的成立。跑合儿的佣金约为1分至5厘，由卖家负担。市场收购法又可以分为以下两个。

一 现货买卖

"跑合儿"在接受卖出的委托以后会立即跑遍整个商店来寻求买家。当卖主和买主双方就货物数量、价格和品质等达成一致的时候，买主、卖主和"跑合儿"三者在同一个地方见面，共同检查货物，然后进行价格交涉环节，最后是货物称重。在称重的时候应该注意的事情是，由于天津是把绳子重量算在内进行核算的，所以很多奸商就会使用大一点的绳子，或者在绳子中混入泥土、抹上油等，以此来增加绳子的重量。在商谈成立以后，双方要约定一个交货日期（货物交割的同时支付货款）。在交货日期之前的这一期间里，为了防止奸商使用恶劣手段在绳子上面做文章，需要对绳子进行封印处理。

二 期货买卖

为了使牛皮交易朝着大规模且对自己有利的方向发展，在牛皮买家数量众多的天津市场上，自然就产生了竞买现象，牛皮交易价格也随之被抬高。导致买家很多情况下都不得不出高价来购买牛皮。所以很多人开始对消费地行情、市场行情和产地行情进行比较，以便瞅准时机，去产地购买相对便宜的牛皮。期货买卖就是在此背景下产生的。具体来讲，如果是产地采购，首先需要和当地中国商家签订一个便宜的期货合约，并且支付约

3~5成的定金。这样一来就可以将行情涨跌的风险转嫁给中国商人。当然，这种方法有时候也非常危险。如果产地的行情与预期相反，价格出现高涨的话就会造成损失。因为，这时候有些缺乏契约责任观念的中国人往往就会选择不履行合约，而外商则会遭受重大损失。

期货交易比起现货交易有时候是有利的。但是，由于一般情况下都是买家来承担所有的风险，所以只要有投机的倾向，如果出现损失的话，一般损失额都会比较大。总而言之，成败在于是否具备精通牛皮中心地市场情况的人，以及这个人是否具有洞察的能力。

第十节　货款支付方法

天津市场上牛皮的行情并不是买卖当事人之间实际交易的价格。作为天津市场上的一种商业习惯，实际的交易金额是先扣除掉行价的2%，剩下的作为实际成交价格。比如，行价为100两，在实际交易的时候，成交价为98两，这里的成交价是扣除撮合交易的货栈2%佣金以后的价格，其称为"九八扣"价格。

在中心市场上关于货款的支付，如果是现货交易，一般原则是在交货的同时用现金支付给卖家货款。但是，对于那些信用情况比较好的老顾客，并不一定是按照上述原则进行。可以根据合约在一个月后或者几个月后支付货款。虽然外商和中国商人之间不使用庄票，但是，中国商人之间在交易的时候仍然会使用庄票。

在地方市场，也就是在产地采购时的货款支付方法，一般使用最多的是现银交易。但是，那些有信用的天津牛皮行在和地方的皮行进行交易的时候，出于避免现银运输危险以及减少汇款手续费等目的，他们一般会携带汇票，在给地方皮行支付货款的时候开具汇票，同时，将另外一张票据的存根发送给该天津皮行，作为交换现银的证据。地方皮行有时候也会直接将汇票拿到天津皮行兑换现银，或者还可以将这个汇票卖给钱铺，代替现银用于支付牛皮的货款。

一般交易使用的是银元，而大宗交易则使用银两。现在，济南主要使用银元进行支付。

第十一节　货币及衡器

在济南，一般的牛皮交易使用最多的是银元，而在大宗交易中则使用银两（胶州两）。在青岛，上海两1两相当于0.942胶州两，济南两1两相当于1.011胶州两[1]。现在牛皮交易中几乎没有使用胶州两的，都在用银元。在地方市场，牛皮交易中使用的货币也以银元居多，有时也会使用制钱——"京钱"（北京通行的钱）来结算。

在天津市场，皮革交易中一般情况下同业者之间使用天津元宝银进行买卖。在干皮交易中，人们会说"每100斤几两（天津两）"；在生皮交易中，人们会说"几元（银元）"。

上海两是对外汇兑的标准。现在，我们把上海两和天津两做一个对比。

天津两100两＝上海两106.5两

在牛皮原产地市场，也就是内地，虽然各地方都有特殊的货币，但是牛皮交易一般使用的都是银元。大宗交易中有时候会使用银两，或者按照京钱行价使用吊文。

接下来我们看一下衡器。在青岛和济南，外商在和中国商人进行牛皮交易的时候，不区分生皮和干皮，一律使用洋秤，也就是磅秤或者日本秤。如果把磅换算成中国人使用的"斤"的话，乘以75即可，一般以100斤为交易单位。如果是日本秤的话，则每16贯[2]为100斤。在地方乡镇进行的牛皮交易一般把天平秤20两作为1斤，或者有时也会使用16两秤。另外，青岛和济南的中国商人一般不会使用洋秤，他们都是用天平秤或者一种被称为"三厘四厘秤"的秤。也就是说，他们使用的几乎是本国的秤或者等同于本国秤的衡器。

---

[1] 原文写作：胶州两1两相当于0.942上海两，相当于1.016济南两，有误。查《中国各省钱业调查录：山东省》（《钱业月报》1923年第3卷第4期，第57页），"申票规元1000两，市面定价942合胶平"，即上海两1两相当于胶州两0.942两，换言之，胶州两1两相当于1.062上海两。又说，"胶平以1011伸济足1000两"，即济南两1两相当于胶州两1.011两，换言之，胶州两1两相当于济南两0.989两。

[2] 旧时日本重量单位，1贯等于3.375公斤，即7.5斤，16贯相当于120斤。但在青岛或济南市场上，如果是日本称的话，16贯120斤按100斤计算。

在天津市场，生皮交易使用的是三厘秤，而盐皮和干皮交易使用的是磅秤。现在，我们对以上两个秤做一个比较。

磅秤 100 斤 = 三厘秤 105 斤

三厘秤 100 斤 = 海关秤 1 担

作为天津特有的一种习惯，在跟外商交易的时候，一般都是以磅秤为标准。

第十二节　市价的计算

在青岛和济南，牛皮的行情总的来讲是以"磅秤每 100 斤多少银元"或者"胶州两多少两"来计算。现在，牛皮的市场价格几乎都是以前者来计算。在地方乡镇也有使用土秤的，按照每 100 斤，即 1 担几元或者几吊（490 个左右的制钱为 1 吊）来进行计价。土秤是以天平秤为基准，1 担为 17 贯（日本秤）。生皮和盐生皮按照实际重量来计算价格，而干皮则是按照装在袋子里的重量来计价。

接下来，我们看一下济南市场上最近的牛皮行情。分大、中、小牛皮来看：

①大牛皮——每 100 斤 55 元（银元）

②中牛皮——每 100 斤 45 元（银元）

③小牛皮——每 100 斤 55 元（银元）

接下来是天津的牛皮市价。生皮使用三厘秤，规定每 100 斤几元（银元）。对于盐皮，如果是日本商人，他们会使用磅秤，规定每 100 斤几元（银元）。外商一般都会规定每 100 磅几元（银元），对于干皮则会规定磅秤每 100 斤几两（天津两）。生皮和盐皮都是按实际重量核算价格，而干皮价格则包含了袋子重量在内。这一规定与济南是一样的。

接下来，我们举一个天津市场上牛皮市价的例子。

①东皮：一张，重 18~25 斤，每 1 担为 26~27 两；

②山东皮（山东净板儿）：每 1 担为 35~36 两；

③蒙古皮：约 10~20 斤的东西，1 担为 27~33 两；

④南皮和盐土板儿：25 斤以上的东西，每 1 担按照我国的行情为 70 日元左右，30 斤以上的东西每 1 担为 67~70 日元。

另外，如前所述，牛皮实际的价格（成交价）都要打 98 折，比如 100 两的东西实际价格为 98 两。

第十三节　包装方法

牛皮的包装方法因地区而异，并不是固定的。一般民众将 10~15 张牛皮叠放在一起，分别在横向和竖向各捆上 2 圈和 1 圈的麻绳，此为一捆。现在，我们看一下出口牛皮的包装方法。首先，要等生皮干燥以后才能进行包装，每一张牛皮在其头部全长约五分之一处将有毛的一面向内折，或者将牛尾的一侧向内折，然后将牛皮的左右两侧在其宽度六分之一处竖向折叠，再沿着牛皮背部的线把内面朝外进行两次对折，形成一个长方形，这样方便搬运。还可以根据牛皮的大小将 10~15 片牛皮叠在一起，用麻绳捆扎。从前，人们都是在牛皮横向和竖向各捆上 2 圈和 1 圈麻绳，形成一个"キ"字形的结。现在，人们一般是用手指粗的麻绳在一捆牛皮横向的 3 个地方进行捆扎，此为一捆。一捆重量为 200~300 斤。包装一捆牛皮所需要麻绳约为 1 斤半，价格约为 20 分。

面向日本出口的牛皮由于距离比较近，所以只需要进行简单的包装即可。而面向欧美出口的牛皮，由于运输过程需要很长时间，所以首先需要用"冲压机"对 30~50 张牛皮进行加压，然后用铁圈在牛皮上 4/5 处捆上，此为 1 捆。最近，面向美国出口的牛皮在包装以前，需要在美国领事馆人员在场的情况下，将牛皮在指定时间放入指定的消毒液中，或者用硫黄进行熏蒸，以达到杀菌的目的。

用于牛皮包装的麻绳每一捆为 20 分，人工费用为 30 分。另外，出于增加牛皮重量的目的，有些人会使用一些不正当手段。比如，在包装用的麻绳中混入泥沙或者在麻绳上抹上油等，这些都必须格外留意。

第十四节 天津牛皮的出口贸易

在欧洲战争爆发时①，由于牛皮的需求量一下子变大，牛皮出口额也开始急速增长。在恢复了和平以后，由于外汇市场的不利以及价格的高涨②，牛皮的需求随之出现了减少，出口额也呈现出了逐年减少的情况。

在中国牛皮的出口额中，面向日本的占了一大半，其余是一些面向欧美以及中国各个港口的。由于我们国家制革业比较发达，所以，从中国进口的牛皮不断增加，最终在这一地区日本商人的势力非常大。

接下来我们看一下天津最近的牛皮出口额。

1924 年：2987 担，103052 两（海关两）

1925 年：6057 担，208996 两

1926 年：2642 担，——

1927 年（昭和 2 年）

1 月：89 担

2 月：77 担

3 月：751 担

4 月：624 担

5 月：425 担

合计：1964 担③

将这个数字与去年 1~5 月的出口额进行一个比较的话：

---

① 指第一次世界大战。
② 中国近代，金银比价的长期趋势是金贵银贱，但从 1915 年至 1920 年，金银比价发生了异常，也就是银贵金贱，尤其战争结束后的 1918~1920 年，白银对外价值异常昂贵。例如，1914 年 1 海关两合英币 2 先令 8.25 便士，1915 年为 2 先令 7.13 便士，1916 年为 3 先令 3.81 便士，1917 年为 4 先令 3.81 便士，1918 年为 5 先令 3.44 便士，1919 年为 6 先令 4 便士，1920 年为 6 先令 9.5 便士。白银对外价值的上涨，使得中国的出口特别困难，自然也影响到了牛皮需求的减少。
③ 原文数据疑有误，据计算为 1966 担。

1926年（大正15年）

1月：77担

2月：632担

3月：181担

4月：169担

5月：394担

合计：1453担

也就是说，昭和2年（1927）上半期的牛皮出口额比大正15年（1926）前半期的要高。

第十五节 关于制革业

第一项 济南部分

集中到济南的牛皮大部分都被外商买走了。外商首先将这些牛皮制成盐干皮，然后再将其运到海外。最近几年，当地皮革制品的需求逐渐增加。由于制革业需要大量的牛皮，所以牛皮的需求也出现了增加。但是，制革业的规模仍然很小，而且技术也不成熟，年产额也很少，一年只有约15000张。接下来，我们看一下当地的制革公司（硝皮行）。

（1）胶东制革公司①

位于城内小北园子门外，成立于民国8年，资本金15万元，职工人数有几十名，每日制革使用的牛皮为十张左右。此外，还使用大量的羊皮来制革。

（2）大业制革公司②

位于城内官扎营，成立于民国12年6月，资本金3万元，职工人数30人左右，每天使用十二三张牛皮制革。

---

① 山东即墨人傅明宸于1918年（本文说1919年）所办，此乃山东第一家近代制革工业企业。

② 大业制革公司系孙锐甫于民国11年（本文说民国12年）所办。

(3) 鹊华制革公司①

位于城内青龙桥。成立于民国12年，资本金5万元，职工人数为二三十人，每天制革使用的牛皮为二三张或四五张。

以上这些制革公司的规模都很小，且它们的产品都称不上"优良"。这些公司都招聘了一些已经熟练掌握欧美制革技术的技术人员，其产品品质也在不断提升。未来，随着皮革产品需求的逐渐增加，制革业将成为一个最令人瞩目的行业。

第二项 天津部分

天津的制革业稍微发达一些，有大小十几家制革公司。接下来，我们看一下主要的制革公司。

(4) 裕津皮革会社（创办于1918年）

作为一家日中合营公司，资本金为100万元，每月产额为1500张，产品主要用于军用品。

(5) 新民硝皮厂②

(6) 北洋硝皮厂③

(7) 华北硝皮厂④

上文中第2~4家企业都是由中国人经营且规模较大的制革公司，其他都是一些小规模的企业，有德利生、富昌、利华、王记、益记、洪升、惠祥、德义和祥茂等。

---

① 鹊华制革公司系魏浔繁（日本大阪高等公约学校毕业生）于民国11年（本文说民国12年）所办。

② 原文似有误。经反复查证，民国时期天津有新明硝皮厂，无新民硝皮厂，新民、新明，发音相似，书院学生可能被谐音所误。

③ 北洋硝皮厂成立于1898年，系汇丰银行天津首席买办吴调卿（字懋鼎）创办。是中国近代及其制革工业的开端。

④ 华北硝皮厂创办于1915年，是天津第二个机器制革厂。

另外，由于在天津制造的这些皮革品质上还不太好，所以，在制造优良品方面，该地区目前还处于不得不仰仗国外进口产品的状况。

第二章　牛骨

第一节　产地及产额

在中国，由于各地都饲养家畜，所以，在食用家畜肉的地方必定就有家畜的骨头。牛骨最有名的产地有直隶省、山东省和河南省等。现在，我们来看一下作为牛骨一大市场的天津市场上的各地牛骨产额。

(1) 直隶省（南部和西部）：一年，50000 担
(2) 直隶省（东南部）：一年，57000 担
(3) 直隶北部、山西及蒙古交界处：一年，46000 担
(4) 山东省（中部及南部）：一年，20000 担
(5) 山西省（中部到南部一带）：一年，15000 担
(6) 河南省（北部）：一年，55000 担
(7) 直隶省（晋宁①和衡水）：一年，20000 担
(8) 山东省（北部）：一年，25000 担
(9) 天津附近：一年，10000 担
(10) 冀州及北京东北部地区：一年，7000 担

以上统计中不包括内、外蒙古的牛骨产额。这两个地方的牛骨年产额据说约为 500000 担。并且，从以上这些地方运入天津市场上的牛骨年产额据说达到了约 300000 担以上。

下面，我们将所谓的"兽骨"分为牛骨、马骨、羊骨和猪骨，并且分产地来看一下其产额。

---

① 原文有误，应为宁晋。

（1）直隶省：猪骨的产额比其他地方要多一些。另外，也出产大量马骨和牛骨；

（2）河南省（东北部地区）：主要以牛骨为主，羊骨和猪骨的知名度仅次于山东和直隶；

（3）山西省：羊骨的产额很大。此外，虽然也有牛骨和马骨，但其产额都不太大；

（4）奉天省（锦州）：猪骨产额很大，牛骨和马骨产额很小；

（5）山东省：牛骨产额很大且很有名。此外，猪骨和羊骨的产额也达到了相当大的数量。

第二节　种类及用途

第一项　种类

牛骨的用途从大的方面可分为以下三种：

（1）手工艺品用；

（2）肥料用；

（3）骨炭[①]用。

用于手工艺品的牛骨是牛骨中品质最好的部分。一般是使用牛腿骨中的大骨。因此，能够使用的数量也很少，大概一头牛身上也只有4斤左右的大骨。牛骨中的大部分都作为骨粉用于肥料使用。

第二项　用途

1. 手工艺品用

如前所述，作为手工艺品使用的牛骨仅仅是牛的腿骨，而且其数量非常少，不仅如此，价格比其他部位的牛骨要高出 1~2 两。牛骨可以制

---

① 将动物的骨骼密闭、加热、脱脂所制成的活性炭，可用来吸收色素或臭气。

作蒲扇的手柄、刷子和刀具的手柄、栉、簪、玩具以及其他各种小手工艺品。

2. 肥料用

山东产的牛（上等牛）一头大约可以获得60斤牛骨。除去五六斤腿骨，剩余的都可以用于肥料。这种牛骨由于含有大量的氮元素，所以在还没有合适的氮素肥料的今天，牛骨的这一用途被人们所重视。在我国，只有鹿儿岛县将牛骨用于肥料，因此我们也进口大量的牛骨。上等的牛骨主要用作种植稻米和烟草的肥料。在还没有发现其他比较经济的氮素肥料的今天，毫无疑问，牛骨的需求将会变得越来越大。

以上这些用作肥料的牛骨在从前都是以原料的形式被出口到国外，最近出现了一种新的趋势。即首先在天津和青岛的工厂将这些牛骨加工成骨粉，然后再出口。这种情况现在比较多。另外，也可以从牛骨中提取胶和牛油等物质，在装船的时候也不占用乘员的空间，并且很少会释放出臭气。因此，运费也很便宜。骨粉工厂在未来是一个非常有前途的行业。

3. 骨炭用

用于骨炭的大都是牛骨中的大骨，它是精制砂糖时，过滤用的一种不可或缺的东西。在制作骨炭的时候，首先要对大骨进行熏蒸处理，然后做粉碎处理。

4. 蹄角

蹄角与牛的腿骨一样，都可以用于小工艺品。在采购蹄角的时候，首先要从牛骨中选出蹄角，然后对其进行单独交易。当然，蹄角的量非常的少。

如上所述，牛骨的主要用途是用于制作肥料和手工艺品。虽然牛骨在卫生和美术方面可能不太理想，但是，中国人还是经常将其作为制作手工艺品的一种原料来使用。用牛骨制成的手工艺品有簪子、筷子、牙刷、舌刮、抿子、浆子、绢花脚、栉和帐钩等。

第三节　牛骨的品质及鉴定

第一项　品质

虽然牛骨的品质因其用途不同而不同。但是，大体而言，其鉴别都不算太难。对于粗骨，也就是大骨而言，如果充分干燥且没有混入砂砾的话，则为优良品。对于细骨，也就是小骨而言，由于很容易混入砂砾等，故为不良品。另外，对于山东产的牛骨，由于人们会从这些牛骨中提取脂肪，所以需要将牛骨进行煮沸处理。因此，山东产的牛骨中大骨很少，而其他省份产的大骨在品质上又稍微差一些。在牛骨的出口地——日本，其行情通常比中国要低一成。

第二项　鉴别

牛骨的鉴别相对比较容易。在鉴别牛骨的时候，我们可以将其分成大骨还是小骨，或者新骨还是旧骨（老骨）来进行鉴别。关于细骨，由于很多都带有泥沙等不纯物质，所以一般都是不良品。另外，如果只是将细骨磨成粉的话不可能达到一定的重量。老骨的品质不如新骨的原因在于，老骨在土中已经埋藏了好几年。虽然这些东西也都流到市场上，但是，埋在土中的时间较长导致其中氮素的含量降低，所以作为肥料已经没有多少价值。另外，由于大骨和新骨一般都会带点肉，如果这些肉没有干燥，那么牛骨的重量就会额外增加。一些奸商有时出于增加重量的目的，会往大骨中填入泥沙。因此，在收购大骨的时候要对这一点格外注意。下面我们看一下到底什么东西才能称为良品，什么又是不良品。

（1）良品

①大骨且去掉了油脂。

②充分干燥过。

③色泽呈黄色。

④没有混入其他鸟兽类的骨头。

⑤没有混入牛蹄角、羊角和马蹄等。

（2）不良品

①过大的生骨（指形状过大不便于处理的新兽骨）。

②干燥不充分。

③含有泥沙和泥水。

④混入了细骨。

⑤混入了死骨。

⑥混入了其他杂物。

第三项　缺斤

牛骨虽然都是一些品质优良的东西，但是由于其中多少含有一些泥沙和细骨，所以在包装的时候，就会产生3%~4%的重量缺失现象，这称为"缺斤"。另外，由于牛骨属于挥发性物质，所以随着时间的流逝，也会出现重量缺失的情况。举个例子，我们将一批品质良好的牛骨堆放在一起，一个月后等我们要对其进行包装的时候，每100斤牛骨会产生4~5斤的重量缺失。这是干燥挥发所导致的。但是，重量缺失并不是随着时间流逝而按照一定的比例发生的。假设我们将牛骨堆放上一年，会产生一成左右的重量缺失。

不良品的重量缺失则有很多情况。有的单纯是因为没有将泥沙、杂物等从牛骨中分离出去。如果是这种情况，只需要将分离所需的费用计算进去，然后在交易的时候扣除这个费用，或者对混入物多一些估价。

如前所述，即便是作为良品的牛骨，其多少都含有一些泥沙和细骨，这些东西都是可以去除的。但是如果牛骨中混入了像泥水和其他不能去除的杂物的话，在交易的时候就要特别注意。

第四节　集散状况

济南市场上的牛骨主要来自附近乡镇以及津浦沿线各地。另外，也有经小清河①通过民船运来的。战前②，很多牛骨都流向了天津和江苏。而最

---

① 小清河源起济南市泉群，向东流经济南市区和历城、章丘、邹平、高青、桓台、博兴、广饶、寿光8县，于羊角沟注入渤海，全长233公里，是公路汽车兴起前重要的运输通道。

② 指第一次世界大战前。

济南及天津的牛骨及牛皮

近,这些牛骨几乎全部都被运到了青岛。下面我们看一下最近二三年经过胶济、津浦两条铁路运到济南市场上的牛骨的集散情况(见表3、表4)。

表3 胶济铁路济南站经营的牛骨数量(带有△的表示骨粉)

单位:吨

月份	发送		到达地		到达		发送地	
	大正14年	大正15年	大正14年	大正15年	大正14年	大正15年	大正14年	大正15年
1月	△210	—	大港	—	—	—	—	—
2月	△225	—	大港	—	—	—	—	—
3月	△435①	—	大港	—	—	—	—	—
4月	75② △210	—	青岛 大港	—	—	—	—	—
5月	30 △45	△200	青岛 大港	大港	—	△20	—	青岛
6月	—	45 △90	—	大港	—	—	—	—
7月	30	—	青岛	—	—	—	—	—
8月	—	—	—	—	—	—	—	—
9月	41	165	青岛	大港	—	—	—	—
10月	15 △230	10 △115	青岛 大港	青岛 大港	—	—	—	—
11月	—	15 △385	—	青岛 大港	—	—	—	—
12月	—	255	—	青岛 大港	—	—	—	—
合计	△920 191	△790 490				20		

① 原文数字为435,此乃1月、2月份的汇总,再参照合计数字为920,3月份真实数字应为零,疑原文抄写错误。
② 原文先写了30,后面又写了45,合起来75,特作说明。

295

表 4　津浦铁路济南站经营的牛骨数量

单位：吨

月份	发送 大正14年	发送 大正15年	到达地	大正14年	大正15年	到达 发送地 大正14年	到达 发送地 大正15年
1月	—	—	—	—	—	—	—
2月	—	—	—	50	—	滕县	—
3月	—	—	—	180	—	济宁	—
4月	—	—	—	710	—	济宁 临清	—
5月	—	—	—	15	—	南站	—
6月	—	—	—	170	—	济宁 临城	—
7月	—	—	—	340	30	济宁 临城[1]	泰安
8月	—	—	—	500	30	济宁 临城 泰安	泰安
9月	—	—	—	80	—	济宁 临城	—
10月	—	—	—	—	210	—	济宁 临城
11月	—	—	—	—	—	—	—
12月	—	—	—	—	285	—	枣庄 济宁
合计	—	—	—	2045	555	—	—

下面我们看一下昭和 2 年（1927）通过胶济、津浦两条铁路运送到济南市场上的牛骨集散状况。

[1] 今枣庄西站。

（1）通过胶济铁路

1月面向大港运送的骨粉为195吨。2月面向大港运送的骨粉为60吨。3月分别向青岛和大港各发送了75吨、285吨的牛骨。4月没有发送。另外，3月从大港又逆向运进了30吨牛骨，即这些牛骨运到大港后，又被运了回来。

（2）通过津浦铁路

1月从临清运入了150吨牛骨。2月从枣庄运入了100吨牛骨。3月没有。4月从济宁和兖州运来了40吨牛骨。另外，在1~4月从济南站向外发送的牛骨数量为零。

（1）天津市场上的牛骨是从各地经过铁道和水路运输而来的。现在，我们分地方对其进行一个分类。

通过汽车①运输：张家口、北京、丰②

通过水路运输：

①通过东河运来的：河头③、唐山、通州。

②通过西河④运来的：邢家湾⑤、王家口⑥、子芽⑦、白阳桥⑧、安长府⑨、留各庄⑩、沙河桥⑪、衡水、李各庄⑫。

---

① 原文写的汽车，即指火车，在日本语语境中就是蒸汽火车。火车是人类历史上最重要的交通工具，早期称为蒸汽机车，有独立的轨道行驶。
② 原文指丰镇。丰镇位于内蒙古自治区中南部，河北省、山西省、内蒙古自治区三省区交界处，是随着平绥铁路的开通兴起的一座城市，素有"塞外古镇、商贸客栈"之称。
③ 今塘沽区河头乡。
④ 子牙河在天津市静海区流入大清河后称西河。这里指通过大清河、子牙河、滹沱河、滏阳河等运入天津。
⑤ 今邢台市任泽区邢家湾镇。
⑥ 今天津静海区王家口镇。
⑦ 原文应为子牙，即今天津静海区子牙镇。
⑧ 原文有误，应为北洋桥，原文疑为谐音所致。
⑨ 今属河南驻马店遂平县。
⑩ 今廊坊市大城县留各庄镇。
⑪ 今河北沧州河间市沙河桥镇。
⑫ 今衡水市安平县安平镇李各庄村。

③通过御河（亦称南运河）运来的：静海县、唐官屯①、马厂②、青县、沧州、武城③、固城④、桑园⑤、临清州、柏折青⑥。

④通过保河⑦（从天津到保定）运来的：苏桥⑧、赵北口⑨、安州⑩、施各庄⑪、新安县⑫、保定府。

第五节 牛骨交易商

第一项 中介人

中介人很多都是中国人。在他们当中，资本金为 1000 日元左右的人最多，有的中介人与批发商签一个合约，获得资金的融通，也就是签订所谓的期货合约。

第二项 批发商

在牛骨市场上，能够被称为"批发商"的大都是日本人。而中国人则是在交易中间起到一个中介的作用。在牛骨的交易中，几乎没有其他国家的外国人从事经营中介或者批发业务的。

第三项 各地的牛骨交易商

1. 济南

在济南，大的牛骨批发商有以下三家：

---

① 今静海县唐官屯镇。
② 今沧州市青县马厂镇。
③ 今属德州市。
④ 今保定市定兴县固城镇。
⑤ 今河北吴桥桑园镇。
⑥ 原文写作柏折青。经查南运河流域的山东、河北和天津，均无此地名，似应为杨柳青。南运河流经静海县、杨柳青后，在三岔口汇入海河。
⑦ 原文有误，应为津保河道。
⑧ 今廊坊文安县苏桥镇。
⑨ 今保定市安新县赵北口镇。
⑩ 今河北省安新县安州镇。
⑪ 原文疑为谐音，有误，应为史各庄。
⑫ 今安新县。

①成发和——馆站街东首迎仙桥

②太古——华丰后街（外商）

③春记——纬十路

以上三家骨行几乎包销了集中在济南市场上的牛骨。虽然以前也有二三家日本牛骨交易商，但是由于牛骨交易数量逐渐递减的缘故，现在日本人几乎都退出了这一行。在济南当地，好像只有清喜洋行还在从事着一些少量的交易。

2. 天津

当地的日本商人从事的都是一些大的交易。即便购买一头牛，也要由中国商人作为中介。接下来我们列举一下主要日本商家以及他们在大正15年（1926）上半期的发货量。

①清喜洋行——2436069 斤

②茂利洋行——970062 斤

③永和洋行——344005 斤

④武斋洋行——107000 斤

⑤三友洋行——16906 斤

合计：3874040 斤①

第六节　出货状况

牛骨的出货时期是从 10 月到第二年 4 月。夏季由于肉食的需求减少，所以牛骨的产额也会随之减少。另外，在夏天，由于该产品会释放出非常难闻的臭气，所以交易量也比较少。此外，农作物的丰歉也会对牛骨的出货情况产生影响。具体来讲，如果是丰年，一般老百姓由于储存了足够多的养牛所需的饲料，所以也就不想屠杀牛。相反，如果是歉收的话，由于缺乏养牛所需的足够的饲料，养殖户中想杀牛的人就会增加，牛骨的出货

---

① 原文有误，据提供的数字计算似应为 3874042 斤。

量在歉收年份要比丰收年份高出很多。

至于骨粉，越是老的荒骨，其释放的臭气越少自然出货量越少。骨粉虽然与臭气没有关系，但是如前所述，由于荒骨的出货量很少，所以骨粉工厂在夏季基本上处于闲散的状态。

批发商会预先给其顾客——中国人的中介人——支付采购费。而这些中国人的中介人则会选择在夏季时采购牛骨先放置起来，然后在秋天河水上涨的时候再将它们运来。但是，由于夏季河水水位降低且牛骨的需求也几乎没有，所以这些中介人会用在秋季卖出牛骨后获得的货款在冬季的时候买入杂货，然后运到农村进行销售。同样，这些中间人在冬季的时候也会沿河和沿岸买进其他东西，然后等待着开河季节的到来，然后再用以上这些货物销售所得的货款购买一些夏天的杂货，最后再卖到农村去。如此一来，以上这些物品的出货状况会因为季节的变动而形成各种关系。

第七节　交易习惯

第一项　收购方法

1. 济南

在济南，牛骨批发商首先将自己的店员派往乡镇连接各个重要路口的地方，让他们在这些地方"潜伏"，如果遇到了用小车或扁担运牛骨的人，这些店员就会将这些地方客商带到自己的店铺然后收购牛骨。并且，最近几年，虽然济南牛骨的行情有点高，但是集中到此处的牛骨数量相对而言还是比较少的。济南的牛骨经常处于供给不足的状态。在这种情况下，各个批发商之间出现了争相购买牛骨的现象，甚至是明争暗斗。对于地方客商，有的批发商会巧言令色，说自己家非常公平，收购价格要比其他的店高，称重方面也很宽松等。甚至有的批发商还玩弄一些手段。比如，强行将地方客商拉到自己的店里等。总之，像这样通过各种手段来争夺顾客的行为已经司空见惯。接下来我们看一下该地方的地方收购方法以及期货收购方法。

①地方收购方法

不管是在什么地方，同行是冤家，相互仇视，甚至有时候还会做出一些故意妨碍对方生意的事情。因此，如果突然有一个从其他地方来的人进入乡镇想要收购牛骨的话，这其实是非常困难的。但是，也是有办法解决的。举个例子，我们现在在济宁着手收购牛骨。首先，要在该地找到一个没有职业、靠混世界度日的人，然后将收购任务交给这个人，这是一种安全便捷的办法。支付给这个人的采购佣金大体上是每100斤牛骨30~40文铜币。如果采购数量多的话，可以酌情降低薄①。

②期货收购方法

现货采购由于需要大量时间，且伴随有种种困难，因此，可以跟地方上的"宰房"（即屠杀业者）签订一个合约，首先对其一年的牛骨总产额进行一个估算，然后支付给对方相当于全部货款金额约一半的费用，同时双方还要约定一个日期。像以上这样，签订期货买卖合约的情况非常多。

2. 天津

天津地区的牛骨收购方法有定金收购法、现金收购法和预付收购法。

定金收购法是指买卖双方约定好数量和交货期，在货物交割的同时支付货款，与其他的商品并没有什么不同。

而预付收购法既是最有利的，也是最危险的一种收购法。所谓预付收购法，是指根据对方的信用情况，提前预支对方现金，到了约定的交货日期时再进行交易的一种方法。因此，乍一看这种方法与定金收购方法非常相似，但是并不是像定金收购那样需要提前预付一部分货款，而是至少要给对方支付相当于交易金额的一半，或者提前一次性支付全部的货款。在货款交易完成后，买家按照其领取到的货物支付剩下的货款，同时将预付款冻结，然后买卖双方再约定下一次的货款领取时间，买卖交易就是这样一直持续下去的。换言之，使用这种交易方式的话，习惯

---

① 这与一般商品采购的原则相同。购买量越大，越便宜；购买量越小，越昂贵。

上需要盘算预付金的利息，以低于时价 5~10 分钱的价格买入。因此收购货物的多少与预付金的多少是成比例的。与此相反的情况就是在领取了预付金以后交易破裂。也就是说，一般情况下，一年中交货的商品数量相当于预付金额的 5~10 倍，其中交货数量达到预付金的 10~20 倍的情况则是属于例外。

现在，我们假设预付 500 元签订一个交易合约，那么签约时的要点以及利害关系可以总结如下：

①在书面合同上必须明确记载预付的金额、商品交货日期及数量；

②在书面合同上必须写上"严格如实履行以上约定事项"，为了防止万一发生意外，应该在当地找上至少一个以上的保证人，保证人需要承担连带责任；

③合同需明确记载，交易方法是"庭院交货"还是"停车场交货"或者是其他（如果选择停车场交货的方式，买家需要承担带入费、厘金税和卸货费等，每1担约8~9分，如果是船运的话，买家需要承担厘金税和卸货费，费用约为4分）；

④合同上应该明确记载品质良好以及价值的核算（交货当时的价格还是预计价格）。但是，决定预计价格会伴随很多风险。

以上①~④这些要点全部都是必须的。接下来是利害得失。

一　有利的地方

①可以以较低的价格买入，可以在一定时间内采购到超过自己预想数量的货物；

②由于该方法是一种永续性的交易，所以买卖双方之间是一种亲密的关系，不用担心客人会跑掉；

③由于能够根据市场情况调整采购，所以很少出现因为市场行情而蒙受损失的情况；

④商品的品质一般都是良好的。

二　不利的地方
①呆账的风险；
②不能搁置或暂缓采购。

此外，买家为了给卖家提供方便，会提前给卖家准备麻袋，在商品交割的时候买家会回收这些麻袋，这样能够用于装货运输（使用汽车进行装货的场合）。货款的支付是在货物交割的时候扣除预先支付给卖家的定金，然后再支付剩余的货款。如前所述，很多情况下，这个定金会成为下一次交割货物时应该支付的预付金来使用。

第二项　货币及衡器

在以济南为中心的各个小市场上交易的牛皮都是以"10两为1斤"来计算重量。在乡镇等地方，则要"加二"，也就是说把120斤当成100斤来进行交易。交易时使用的秤一般是天平秤。天平秤的1斤相当于我国的150匁。一些较大的市场上比较流行使用洋秤。

在以天津为中心的各个地方，交易中使用的货币为洋银，使用的秤是一种被中国人称为"十六秤"的东西，即1斤为16两。这种秤与磅秤之间的关系，以及与海关担之间的换算比例，在上海和汉口，遇到的情况都是一样的。在以上各个地方，日本人在交易中使用的是磅秤。

第八节　包装方法

牛骨运输使用的是铁道。牛骨的包装方法非常粗糙，一般是使用质量较差的、长方形的麻袋来包装。以70~100斤为一袋。然后用麻绳在麻袋上横竖方向各捆上2圈和1圈。1个麻袋的价格为20分左右，挂绳一袋约为5分，包装费用的话一包预计为三四分。以前人们在包装牛骨的时候会使用一种叫"アニペラ"（一种用竹或苇编辑的筐）的东西，最近几乎不用这种东西。

使用民船来运输的牛骨由于是散装的，所以比起铁路运输，它不需要用

303

麻袋包装，因此运输费也就比较低廉。一般的兽骨①包装的话，1袋为152磅（风袋约2.5磅）。而骨粉则没有固定的标准。

第九节　现在的行情及出口状况

在天津，牛骨的价格是以"每100斤几两几匁"来计算的。现在的行情是每100斤二两五或六匁②。如前所述，牛骨和骨粉大部分都被出口到了日本，其中，牛骨几乎全部都被出口到了鹿儿岛，而骨粉则是出口到了横滨、神户和大阪。现在的蒸制骨粉以及杂骨，在日本到达港口的目的到岸交易价如下：

①一吨蒸制骨粉在神户的到岸交易价为100~150元；
②杂骨在鹿儿岛的到岸交易价为每100斤五元二十钱至五元六七十钱。

另外，天津出口日本的货物数额和金额正在逐年减少，我们看一下最近几年的出口金额（包括运出的）：

1923年：356086担，747418两
1924年：272525担，640404两
1925年：300433担，725293两
1926年：——，　　796228两

另外，1927年1~4月出口到日本各港口的兽骨和骨粉如下：

出口到大阪的骨粉：46550担，262两
出口到长崎的兽骨：2672担，12两③

---

① 原文似有误，据前后文推断应为牛骨。
② 旧时日本货币计量单位。1两等于10匁，1匁等于10分，1分等于10厘。
③ 这里的12两和上行的262两，似为运费或其他，原文没有指出，故特别说明。

第十节 天津的骨粉状况

天津市场上集散的兽骨中的约八成都供当地的骨粉制造所使用,剩余的则是作为原料,大部分都被出口到了日本。在天津由日本人经营的骨粉工厂的经营状况如下:

工厂名	资本金	年产额
武斋洋行	200000 日元	10000 吨
清喜洋行	100000 日元	7000 吨
内外化学肥料公司	50000 日元	5000 吨

在以上三家公司中,武斋洋行规模最大,公司位于小刘庄[①]。清喜洋行的工厂位于杨家庄,内外化学肥料公司位于大直沽站。这些公司虽然取得了一定的经营业绩,但在最近,由于财经界的不景气,各方面对牛骨的需求都在减少,也出现了一些停产的公司。

接下来我们简单对骨粉制造法做一个说明。

最新的骨粉制造其实非常简单且容易操作。首先将兽骨集中起来放到一个锅里,然后通上蒸汽,一小时后将兽骨取出并在太阳光下晾晒,之后用滚子将其粉碎,最后用筛子对其大小进行分选。

中国式的骨粉制法非常耗时及原始。具体来讲,它们不是用蒸汽,而是用生石灰和水来代替蒸汽,这样反复经过三道工序以后再将兽骨在太阳下晾晒,之后用石臼对其粉碎。不过使用以上中国式骨粉制法的话能够获得非常可观的利润。购买 1 担兽骨的价格平均为 70~80 分,将其制作为骨粉以后在天津市场上的售价为 3 元 20 分至 3 元 30 分。使用中国式制粉法,生产费约为每担 60~70 分,纯利润为 80~90 分。另外,使用中国式制粉法的一般都是小规模的企业。由于骨粉中含有 22% 的磷酸和 4% 的氮素,所以适合用作小麦、桑树、烟草和稻米等的肥料。

---

① 位于天津河西区。

第十一节 结论

现今，牛骨虽然作为一种氮素肥料发挥着重要的作用，但是在日本，使用牛骨的地方只有鹿儿岛县以及其他两三处地方。因此，这些地方的市场情况会直接对牛骨交易者产生直接的影响，在今天，首先要寻找其他能够使用到牛骨的地方。其次，相对于牛骨的价格，牛骨的运输费要相对高一些，所以在将来出口牛骨的时候，要想办法减少其容积，降低运输费用。为了解决这一问题，可以将牛骨制成骨粉来出口。当然也就有必要在各地开设大规模的骨粉制造厂。现在，用于肥料的牛骨占据着十分重要的位置，只要未来不出现其他质优价廉的氮素肥料，牛骨的需求将会逐渐增大，这是不容置疑的事情。另外，由于牛骨的原料非常丰富，所以也不用担心供给不足的问题。我们认为，牛骨业在将来将会成为一个非常有前途的行业。如前所述，由于牛骨存在体积大而价格相对较低的特点，所以算上包括运输费在内的其他费用的话，相对而言成本还是比较高的。因此，相对而言属于薄利行业。将来，我们一定要想出一个最有利的运输方法。

山西省煤炭调查[*]

第36期学生

安田秀三

昭和14年（1939）

目 录

序 论

第一章 山西煤炭的埋藏量及其在国产煤炭中的地位

第二章 山西煤炭的分布状况

    第一节 东南部地区煤矿

    第二节 西南部地区煤矿

    第三节 太原西山煤矿

    第四节 宁武煤田

    第五节 大同地区煤矿

    附：关于山西省的煁炭

第三章 事变[①]前后山西煤炭的产量及采煤方法

第四章 企业经营

第五章 现在的煤炭消费

第六章 从前的山西煤炭滞销

第七章 运输机构

结 论

---

[*] 本文系东亚同文书院第36期学生安田秀三和调查组成员于1939年进行的调查。原文见《东亚同文书院中国调查手稿丛刊》第163册，国家图书馆出版社，2016。

① 此事变指七七事变，这篇调查报告均为此。

东亚同文书院经济调查资料选译·物产资源卷

序　论

　　煤炭是构成国防产业核心的一种东西。以军需为代表，从官需、民需各方面来看，不论大小，煤炭都是一种普遍被需要且用途广泛的一个重要东西。这样非常重要的煤炭，在华北，尤其是在山西省，据说有取之不尽的埋藏。在通过正太铁路①的时候，经常能够看到裸露的煤层。虽然山西有大量的煤炭，但是只有将这些东西运到有需求的地方去，才能发挥煤炭的作用。如果不能运出去，那么煤炭就跟石头一样。因此，运输机构的投资和完善显得非常有必要。而且，不仅是铁道，在将煤炭运往内地的时候，也必须要考虑其他陆运方式的作用。与此同时，劳动力也是一个绝对必要条件。除此以外，还必须要考虑煤矿的煤质，以及其他地理条件等。如果仅仅因为山西省有着优良且储量丰富的煤炭资源，就试图立即着手对其进行胡乱开发的话，这是一种错误的行为。必须经过周密的调查且将各种因素考虑进去以后才能进行开发。本文主要讲述我们对山西省煤矿进行调查所得到的一些东西。如果这篇文章能够对未来开发山西省煤矿多少有些帮助的话，我们将不胜荣幸。

第一章　山西煤炭的埋藏量及其在 国产煤炭中的地位

　　山西省煤炭的埋藏量之多为国内外瞩目。关于山西省的煤炭埋藏量，还没有一个正确的统计。根据1912年道莱克（ドレーク）所做的调查，约为7143.3亿瓩②。之后，有人指出这个数字是一种夸大的评价，应该进行修正。1932年，根据中国地质调查所的推算，山西煤炭埋藏量为1271.27亿瓩。实际上，我们认为这个推算值应该是最可信的。最新的推算是在1935年，其结果与以上的推算基本相同。

---

① 正太铁路，就是现在的石太铁路，自石家庄到太原，以原起点河北正定而得名。正太铁路始建于1904年，是山西省最早的一条铁路。
② 在日语中瓦，"瓩"既是电的实用功率单位，又是重量单位。瓦意为公斤、千克，瓩意为吨。

根据中国地质调查所的推算，如表1。

表1 中国煤炭贮藏量

单位：百万瓩

山西省	127127	河南省	6624	宁夏省	—	云南省	1627
安徽省	347	河北省	3071	奉天	1836	四川省	9874
察哈尔	504	湖南省	1793	贵州省	1549	绥远省	417
浙江省	101	湖北省	443	广东省	421	新疆省	6000
青海省	—	热河省	614	广西省	300	陕西省	71950
福建省	500	甘肃省	6000	吉林省	1143	山东省	1639
黑龙江省	1017	江西省	969	江苏省	217		

合计：246081，1932年第四次《中国矿业纪要》。

正如以上统计数据所显示的那样，如果把满洲也算进去的话，中国煤炭的总量应为2460.81亿瓩。这样看来，山西省的煤炭占整个中国的比例约为50%。同时，我们也能推算出，山西煤炭占华北五省①煤炭埋藏量的95%。总之，山西省煤炭埋藏量是其他省份所不能匹敌的，这是一个非常清楚的事实。虽然人们都说山西省有着取之不尽的煤炭资源。但遗憾的是，由于交通不便、运费以及其他各种因素的影响，山西省的煤炭产量一直被山东、河北和河南几个省份所压制着，至今仍没有大的发展。这里我们看一下过去20年间中国整体的煤炭产量。

首先，河北省一直居第一位，而第二位、第三位和第四位一直在山东、山西以及河南三省之间变化，这种状态一直持续到了最近。由于没有新的铁路建设，煤炭无法运输到其他各省，当然也就不可能产生大规模的煤矿产业。受这些因素影响，山西省的煤炭产量实际上很少。关于煤炭产量，我们将在后面进行叙述。但据说山西煤炭产量约为270万瓩②，产量和埋藏量之间的比率为1∶47084。而河北省的这一数据则为1∶468。造成这一情况的原因是，在煤炭矿业中，埋藏资源以外的因素也是非常重要的。由于山西省在煤炭运输方面没有优势，所以这也是一个必然的结果。

---

① 民国时期的华北五省指山西、河北、山东、绥远、察哈尔。五省的煤炭贮藏量按表1所示合计为132758，山西占95.78%。

② 原文注明材料来源于1935年第五次《中国矿业纪要》。

其次，中国各省的煤炭几乎都是沥青煤，而无烟煤大部分都产自山西、河北和河南三省。中国的无烟煤消费每年已经达到了相当大的量，现在处于一个主要从法属印度支那①以及日本等地进口的状态。这都是价格方面的原因造成的。可以看出，随着交通以及其他设备的改良，山西省的煤炭在将来可能会供给全国，其地位也会变得非常重要。另外，将来随着交通以及其他方面的改善，煤炭在任何地方都会得到发展，这一点也是毋庸置疑的。特别是从不远的将来来看，山西省煤炭占据着不容忽视的地位。

第二章　山西煤炭的分布状况

山西一带为高地。虽然也有被称为平原的地方，但海拔多在 120~130 米。煤炭在山西处于一种全省普遍分布的状态。为了方便，我们将其分为七个区来论述。

一　东南部地区煤田（平盂潞泽煤田）

此煤田从正太线寿阳、平定附近开始经过潞城到泽州。

其位于太行山脉和霍山之间，占据太原城东山及榆次、寿阳、盂县、平定、昔阳、和顺、辽县②、襄垣、潞城、浮山、安泽、长治、沁源、高平、陵川、晋城、阳城、沁水、翼城、长子、壶关、平遥 23 个县。总长为 350 公里，面积约为 53000 平方公里，煤炭埋藏量约为 510 亿瓩，且同时拥有无烟煤和有烟煤两种。这一区域被视为山西省煤炭资源埋藏量最有潜力的地方。

二　太原西山煤田

此煤田位于太原以西，横跨阳曲、太原、清源③、交城、文水以及静乐县一部分，面积约为 930 平方千米，煤炭埋藏量约为 81 亿瓩，同时拥有烟煤和无烟煤两种。地质为二叠石炭纪。

---

① 指今天的越南、老挝、柬埔寨地区，并有从大清帝国手中强迫租借的广州湾（今中国湛江市）。
② 1942 年改名左权县。
③ 1952 年 7 月，清源、徐沟两县合并，取两县县名首字，称为清徐县。

三　宁武地区煤田

此煤田位于太原北部，横跨宁武、静乐县①两县。总长约为100公里，面积约为1200平方公里。沥青煤的埋藏量约为80亿瓩。

四　大同地区煤田

此煤田包括大同、左云、怀仁、右玉、朔县②五县。产煤区域为大同和朔县之间的西北平原地带，面积为1200平方公里，埋藏量约为96亿瓩。煤田位于窑子头和口泉河之间、吴家窑和董家庄之间、董家庄和朔县之间、白庙子和四老沟之间，以及新高山一带。其中，白庙子和四老沟、新高山一带的地质为侏罗纪，其他为二叠纪，且几乎都是沥青煤。

五　西南部地区煤田

此煤田位于汾河流域。北部从介休一直到蒲县地区，横跨汾阳、孝义、介休、灵石、汾西、隰县、蒲县、霍县、赵城③、洪洞、临汾、乡宁、吉县13个县。面积约为4300平方公里，埋藏量约为310亿千瓩。沥青煤带有黏性，地质为二叠纪。

六　西部地区（河兴离隰煤田）

此煤田从北边的偏关地区一直到南部的隰县地区。位于山西省西部黄河沿岸地区，包括偏关、河曲、保德、兴县、临县、离石④、中阳、石楼、隰县九个县。总长约为300公里，面积约为1900平方公里，埋藏量约为180亿瓩。主要是沥青煤，地质为二叠纪。

七　五台地区煤田（浑五煤田）

此煤田位于山西省东北部五台山地区，包含浑源、广灵、灵丘、繁峙、五台等一些零散的煤田。面积约为450平方公里，埋藏量约为16亿千瓩，煤炭为沥青煤。

以上是我们划分的七个煤田区域。其中，东南地区煤炭埋藏量最多，

---

① 原文以及之后的山西省七区煤炭分布均写作静宁，有误，为阅读方便改为正确县名。
② 今朔州市朔城区。
③ 今洪洞赵城镇。
④ 今吕梁市离石区。

约占省内煤炭总量的40%，且埋藏有大量的无烟煤。[①]

表2 山西省内煤田的埋藏量

单位：百万吨[②]

按煤矿划分	埋藏量				
	无烟煤	半无烟煤	有烟煤	褐煤	总量
平盂潞泽	18433	13559	18833	—	50825
汾临	—	—	31062	—	31062
河兴离隰	—	—	18246	—	18246
太原西山	—	3350	4787	—	8137
宁武	—	—	7866	—	7866
大同	—	—	9602	—	9602
浑五	—	40	1364	173	1577
合计	18433	16949	91760	173	127315
地质调查推算	36471	—	87985	2671	127127

接下来我们依次看一下山西省主要的煤矿。

第一节 东南部地区煤矿

一 平盂煤矿

该煤矿的煤炭主要是通过正太线上的阳泉车站被运输出去，一般被称为阳泉煤。煤质属于高级无烟煤。另外，其作为"山西红煤"的名称也广为人知（在上海被称为白煤）。该地出产的煤炭也被称为"大砟儿"，大小一般为一尺立方的大块。该地的地质几乎都是属于二叠纪。在事变发生以前，该地主要的产煤地为平定县。其中，保晋公司是最大的煤炭公司，但其营业状况却不是那么理想。在昔阳、盂县等地有一些小规模的土法采煤企业，而且它们都只是在冬季才运作，其他季节处于停工状态。这些小规模的煤矿所产出

[①] 原文注明材料来源于胡荣铨《中国煤矿》，1935年出版。
[②] 本表格中材料来源于胡荣铨著《中国煤矿》，因而在计量单位上采用了中国人熟悉的"吨"，而不是日本人熟悉的"瓩"特此说明。

的煤炭仅仅只能满足以县城为中心及其附近的小规模需求。

本地区除了保晋公司，比它规模小的还有200多家公司。但是这些公司几乎都是年产量为3万吨以下的小规模经营。

平定和寿阳由于接近正太铁路，所以，这两个地方的煤炭从很早开始就被开采。与此相对，其他地方的煤炭则没有什么值得叙述的。

如果对该地区煤炭的品质进行一个分析的话，如表3所示[①]。

表3　平盂煤炭的品质

所在地	水分	固定碳元素	挥发分	灰分	硫黄分	发热量
汉河沟	2.87%	81.73%	10.86%	4.55%	0.88%	8040卡路里
先生沟	1.78%	82.68%	10.95%	4.59%	0.84%	8055卡路里
买地沟（又称贾地沟）	2.64%	82.53%	10.52%	4.31%	1.30%	7956卡路里

在平盂煤田中最主要的产煤地带是阳泉煤矿。阳泉煤矿指阳泉附近的煤矿。迄今为止，所发现的主要煤层有距离地表7尺、3尺、4尺、18尺等好几层。各个煤炭公司都在挖掘18尺层的煤炭，极少会采掘7尺层的煤炭。从前，使用机械设备进行新式挖煤的只有保晋、建昌[②]、广懋等为数不多的一些大煤矿。而拥有蒸汽机泵等设备的企业只有久孚、晋华、平顺、义立等11家企业。其余的20多家都是一些小煤矿。以上这些煤矿的工人大多数都是附近的农夫，他们进入矿井工作的日数在夏季比较少，冬季则比较多。

二　泽州煤矿

泽州一带蕴藏着大量的无烟煤。煤层厚度为10尺到22尺之间。据说该地区的煤层与河南省清化[③]地区的煤层是连接在一起的。该地区产煤量从以前开始就是微不足道的，仅仅只是满足本地区的需求。另外，由于该

[①] 材料来源于民国21年（1932）12月《山西工业试验所报告书》。
[②] 建昌公司兴办于1913年，陕西督军陆建章的儿子陆郎文任总经理。因有特权支持，遂成为阳泉各煤矿中的霸主，即使在阳泉煤业界占绝对优势的保晋公司对它也无能为力。1937年因日寇入侵而停产。
[③] 今博爱县，隶属焦作市。

地区还有很多的铁矿,所以,将来如果这些铁矿得到开发的话,煤炭的开发应该也会得到一个大的发展吧!

煤矿中主要的煤质见表4①。

表4 泽州煤炭的品质

县名	水分	挥发分	固定碳元素	灰分	硫黄分	发热量
高平县	1.30%	10.10%	79.63%	10.26%	0.92%	7786卡路里
阳城县	3.34%	13.67%	78.86%	7.47%	0.39%	8058卡路里
晋城县	1.05%	7.85%	82.35%	8.75%	不明	7802卡路里

以上的数字都是一些大概的情况。

第二节 西南部地区煤矿

介休煤矿

位于介休县城西南方向。煤矿分布在义棠镇旺村、白岸村、桑坪峪②一带。煤矿面积狭小,且位于太原盆地的南端,沿着汾河横跨太原和阳平之间的主要道路。在汾河沿岸,同蒲铁路从该煤矿中间穿过,交通非常便利。

该地区的含煤层与西山煤矿一样,可以分为上下两个部分。下部的含煤层是原煤矿,其厚度约为160尺至230尺;而上部的含煤层厚度为200尺左右。上部含煤层的上面还有绿色的砂岩和页岩,其厚度可以达到200尺以上。

煤层有9层,由厚为1尺到8尺的煤组成。上部的三个煤层埋藏在上部含煤层中,而下部的6个煤层则埋藏在下部含煤层中。

关于煤质,埋藏在上部含煤层中的煤炭属于粘性煤,粘结性很强,属于沥青炭,适合制作褐煤。与之相反,埋藏在下部含煤层中的煤,也就是所谓的"笨煤",是一种缺乏粘性的东西。采掘出来的笨煤一般为粉煤。

从前,人们主要是在汾河沿岸进行采煤,尤其是在该沿岸地区中岩石裸露的区域进行采挖。

---

① 材料来源于民国21年(1932)12月《山西工业试验所报告书》。
② 桑坪峪村位于灵石与介休的交界处,是灵石县北大门,紧临汾河,河对岸是义棠镇白岸村。

第三节 太原西山煤矿

阳静煤矿

构成太原西山煤矿中一个主要区域的阳静煤矿包括位于阳曲县的北道村化镇[①]、王封镇、冀家沟、河口镇、交城县的古交镇、家乐泉以及太原县的庐峪村、静乐县的凤道村[②]等。煤层位于煤矿的东部,类似月门沟附近那样重的东西约有10层,总厚度可以达到26尺左右。另外,在该煤矿的西部,由于煤层数量较少,正在采挖的只有两层。西山地区的地质可以分为上下两段。具体来看的话,上段为二叠石炭纪,下段为石炭纪。但是,在上段的二叠石炭纪中存在着沥青煤,而下段的石炭纪中则存在着半无烟煤和无烟煤。

煤质如表5所示[③]。

表5 西山地区煤炭品质

碳素名	水分	挥发分	灰分	固定碳元素	硫黄	发热量
九尺煤	1.74%	11.55%	5.04%	81.14%	0.53%	6600卡路里
十八尺煤[④]	0.70%	14.26%	8.30%	65.68%	0.68%	7000卡路里

在主煤田中,主要的煤矿是位于白家庄的西北第一煤厂。该煤厂采挖的煤炭位于地下深286尺的9尺煤层,以及深294尺的18尺煤层,日产量约为800瓩,年产量约为25万瓩。

[①] 原文是这样写的,但肯定不是一个北方的村名。查民国阳曲县第三区有王封镇、冀家沟、河口镇,同时还有北头村、白道村。鉴于一个煤矿的区域不大,不过包括周边几个村而已。据此来看,北道村化镇,很可能是北头村、白道村之误。这里还要指出的是,中华人民共和国成立后行政区划变化很大,阳曲镇成为太原市尖草坪区的一部分,这几个村庄目前不归阳曲县管辖,查不到具体地方。

[②] 庐峪村、凤道村均查不到。

[③] 材料来源于民国21年(1932)12月《山西工业试验所报告书》。

[④] 此一行数据统计的结果为89.62%,离100%的结果尚差的好远,不知哪个环节有误,据实记录。

第四节　宁武煤田

该煤田西边从宁武到静乐长约 100 公里，东边连接崞县[①]五台的一部分。

宁武煤田与介休煤矿均为粘结性煤田（肥炭），埋藏量据说为 47 亿吨以上。

关于该地区的煤炭情况，根据民国 25 年（1936）4 月以来西北炼铜厂的调查报告书中所述。

五台（白家庄镇）垴上煤矿——该场所位于五台县城南部约 16 公里的山间，是一个非常险恶的地方。交通不便这点也自不必说。该地方的煤炭在粘结性方面非常明显，煤炭的开采大都是小规模，采用斜挖方式。

崞县轩岗镇煤矿——轩岗镇位于崞县城西北约 25 千米的地方，毗邻同蒲线。迄今为止开发的煤层约为 5 层，总厚度约为 18 米。

该地方的平均煤质如表 6 所示。

表 6　崞县轩岗镇煤矿煤炭品质

水分	挥发分	灰分	固定碳元素	硫黄	发热量
2.39%	34.57%	5.63%	57.41%	1.1%	5945 卡路里

静乐县的煤矿很多都是硬矿，而宁武县则多为软矿。两个地方在煤炭开采方面多使用的是土法作业，且都是小规模生产，产量都很小。民国 25 年 9 月，虽然西北实业公司在崞县轩岗镇设立了第二煤厂，但是，在其成立准备的过程中爆发了日中事变[②]。现在，该工厂在军管理工厂的名义下正在准备恢复生产，可能会在最近一段时间内就开始采煤作业吧！

第五节　大同地区煤矿

大同煤矿

从京绥线大同车站向南 1918 千米[③]到口泉是京绥线的支线。从支线

---

① 今原平县崞阳镇。
② 指七七事变。
③ 原文为笔误，应为 19.18 公里。

到朔县之间东西长约为 120 公里，到口泉是京绥线的支线。南北长约为 27 公里广大地域是大同煤矿的势力范围。地质大部分属于二叠煤炭纪，也有属于侏罗纪的。煤层分布于岩石之间，且非常整齐，所以也不需要立木。块煤和粉煤的出煤比例为 75∶25，这是一个非常有利的条件。据说，这是一个几乎没有硬煤的、品质非常好的煤层。近年来，随着铁路运输的不断发展，煤炭产量也在不断增加。从前的煤炭年产量据说为 70 万吨左右。产煤的主要构成是：民国 23 年（1934）晋北矿务局生产了 25 万吨，保晋公司在同一年生产了 21 万吨。另外，为了获得本煤矿的经营权，大正 7 年（1918）日本的矿业家向该煤矿投下了巨额的资金，但是最终没有成功。

大怀左煤矿

该煤矿位于大同西南部、左云东南部、怀仁西北部一带。东西长 40 多华里，南北长 60 多华里，面积约为 2500 平方华里。从前，该地方的煤炭产量很少，也仅仅只是将产出的煤炭卖到丰镇和张家口之间的地区。我们认为，该地在将来是一个大有希望的煤炭产地。

为了便于参考，此处对大同地区煤矿的煤炭成分进行一个分析，见表 7[①]。

表 7 大同地区煤炭成分

产地	水分	挥发分	固定碳元素	灰分	硫黄	发热量
大同煤峪口	3.12%	30.47%	62.91%	3.50%	0.38%	8192 卡路里
大同永定庄	3.86%	26.83%	66.93%	2.38%	0.39%	8310 卡路里
大怀左煤炭	8.85%	22.60%	65.20%	2.99%	0.36%	8000 卡路里

附：关于山西省的煨炭

关于煨炭，我们并没有对其做详细的调查。以下是我们所知道的山西省煨炭产量。

---

① 原文注明材料来源于《山西工业试验所报告书》。

广灵县——鹿骨①（城东北40华里），阳眷②（城北40华里），桥涧③（城北50华里）。

大同县④——甕窑沟⑤（城西40华里），韩家窑⑥（城西南40华里），其他，马皮坡、东沟、香草沟等。另外还有小磨地方⑦一带。

阳曲县——西山一带。

以上列举的都是一些重要的煨炭产地。除此以外，阳城、晋城、高平、和顺等各县也都出产煨炭。煨炭的埋藏量尚不明确。在煤层中，煨炭的含有量据说约为1%。据此估算的话，煨炭的埋藏量大致在1亿吨以上。虽然山西省各县都出产煨炭，但是产自大同县口泉附近的煨炭品质最为优良。该地同时也是半沥青煤的产地，尤其是其上部第一层的外皮形成了煨炭。煨炭的炭质因地点而异，可以分为一等品和二等品⑧。

甲种（一等品）无烟白灰硬质

乙种（一等品）无烟白灰易燃易灭

丙种（一等品）无烟白灰软质

丁种（二等品）无烟赤灰硬质

戊种（二等品）清烟白灰硬质

以下是煨炭的成分⑨（见表8）。

---

① 河北省张家口市蔚县阳眷镇鹿骨村。
② 河北省张家口市蔚县阳眷镇。
③ 山西省广灵县一斗泉乡桥涧村。
④ 今大同市云州区。
⑤ 查大同市村镇名，无甕窑沟，但有老窑沟，且方向、距离与文中所述相仿，似为老窑沟村（今大同市云冈区鸦儿崖村）。
⑥ 今大同市云冈区口泉乡韩家窑村。
⑦ 今属朔州市怀仁县。
⑧ 原文注明材料来源于《晋北矿务局第二次报告书》，自民国20年（1931）1月起至21年（1932）11月底止。
⑨ 原文注明材料来源于《晋北矿务局第二次报告书》，自民国20年（1931）1月起至21年（1932）11月底止。

表8　煨炭的成分

煤田所在地	水分	挥发分	碳元素	灰分	硫黄	发热量
马皮坡东沟（甲种品）	12.50%	29.01%	46.12%	12.37%	0.25%	6200卡路里
三道窑（甲种品）	17.60%	18.90%	55.80%	7.70%	0.20%	6597卡路里
马脊梁（丙种品）	17.25%	21.50%	48.95%	12.30%	0.19%	5908卡路里

注：以上数据来源于民国20年1月起至21年12月《晋北矿局第二次报告书》。

从炭质看其特点的话，煨炭的燃烧耐火延长时间为木炭的约3倍[1]，点火非常容易，等同于软质木炭，最适合日本式火盆。另外，煨炭的火力与木炭相比也非常强大。据说，用木炭一半量的煨炭就可以得到木炭一倍的火力[2]。品质优良的煨炭为无烟无臭味，且对人畜无害。虽然，煨炭呈漆黑色，但是绝不会把衣服弄脏，最合适家庭用或养蚕业使用。

注1（耐烧延长时间的百分比）：

普通木炭100%

大同煨炭300%

高质硬质木炭180%

注2：

发热量

大同煨炭6600卡路里

焦炭6000卡路里

普通木炭5500卡路里

关于煨炭以前的价格，产地每瓩为3~4元，天津原价为25元左右。一般来讲，对民众销售的价格为30元左右。

第三章　事变前后山西煤炭的产量及采煤方法

关于事变前山西煤炭的产量，根据《中国矿业纪要》（1935年）的记载，1934年为2700544瓩。另外，根据山西省统计年鉴下卷的记载，1934

年产量为 2627300 瓩。从以上可以清楚地看出，山西省的煤炭产量在事变以前为 265 万瓩左右。

注：

民国 18 年　　2038192
民国 19 年　　2204617
民国 20 年　　2266333
民国 21 年　　2431243
民国 22 年　　2627300
民国 23 年　　2666046

上述数字来源于民国 23 年《山西省统计年鉴》。

关于中国各个省的煤炭年产量，1934 年的统计数据为 20000089 瓩[1]，山西省的产值占全中国的比例约为 11%。另外，如前所述，山西煤炭产量与其埋藏量相比仍然非常低。下面，我们看一下山西省各县的煤炭产量（见表 9）。

接下来我们看一下事变[2]后现在的煤炭产量。现在，作为军管理工厂进行规模生产的煤矿有阳泉煤矿、西山煤矿、寿阳煤矿、富家滩煤矿四大煤矿。其他的都在准备中，处于几乎不产煤的状态。另外，产煤相对较多的为大同地区的煤矿。现在，阳泉煤矿每日的产煤量约为 20000 瓩，西山煤矿约为 22000 瓩，富家滩煤矿约为 30000 瓩，寿阳煤矿约为 30000 瓩，合计约为 102000 瓩。大同地区的煤矿产量尚不明确。其他地区都是采用土法挖煤，产量都不值得一提。现在，各个煤矿都处于发展中的阶段，每日的产煤量都在增加。虽然还没有事变后一年内煤炭产量的准确数据。但是，不用说，较之以前，煤炭的产量肯定是出现了显著的减少。其次，我们看一下采煤方法。如果将前述的统计表格进行一个总括的话，如表 10。

---

[1] 原文注明材料来源于《中国矿业纪要》。
[2] 指七七事变，后文有简称为事变。

表 9 山西省各县煤炭产量

县	户数 合计	户数 机械	户数 绞车	户数 土法	面积（公亩）合计	面积（公亩）机械	面积（公亩）绞车	面积（公亩）土法	产煤量（吨）合计	产煤量（吨）机械	产煤量（吨）绞车	产煤量（吨）土法
阳曲	28			28	19605			19605	76507			76507
太原	61	3		58	6143	588		5555	125201	12544		112657
榆次	28			28	4236			4236	6125			6125
交城	10			10	134			134	8524			8524
文水	11			11	100			100	5413			5413
兴县	10			10	943			943	16165			16165
清源	10			10	616			616	46148			46148
孝义	14			14	24655			24655	30806			30806
平阳①	6			6	3227			3227	39384			39384
介休	39			39	6990			6990	85752			85752
临县	21			21	2184			2184	23897			23817②
中阳	4			4	19309			19309	23514			23514
离石	23			23	3299			3299	39773			39773③
长治	3	3			8622	8622			20033	20033		
长子	15	1		14	3675	2210		1465	16350	3842		12508

① 原文有误，应为汾阳。
② 原文有误，据表中的数据核算为 23897。
③ 原文在产煤量部分只有合计数字，但后面没有到底是机械、绞车还是土法的数字。根据前后文，该数字应在土法部分，故补充此数。

321

续表

县	户数 合计	户数 机械	户数 绞车	户数 土法	面积（公亩）合计	面积（公亩）机械	面积（公亩）绞车	面积（公亩）土法	产煤量（吨）合计	产煤量（吨）机械	产煤量（吨）绞车	产煤量（吨）土法
襄垣	23	3	20		6615	1108	5507		26034[①]	7519	1815	
潞城	2	2			2863	2863			19276	19276		
壶关	37			37	841			841	1239			1239
晋城	20			20	5728			5728	105130			105130
高平	46			46	27899			27899	60696			60696
阳城	57			57	745			745	37800			37800
陵川	22			22	759			759	21721			21721
沁水	11			11	1789		1789		6482			6482
辽县[②]	10			10	2023		2023		5611			5611
和顺	8			8	871		871		3327			3327
沁源	4			4	1947		1947		2813			2813
平定	26	6	1	19	273335	106753	13285	153297	536268	327584	37296	171388
昔阳	17			17	6658		6658		8949			8949
盂县	29			29	2907		2907		12911			12911
寿阳	7			7	7862		7862		23407			23407
临汾	10			10	388		388		19122			19122
洪洞	9	2		7	827	637	190		42770	28542		14228
稷山	4			4	126		126		10588			10588

① 原文数字有误，据表中数据核算为9334。
② 今左权县。

续表

县	户数 合计	户数 机械	户数 绞车	户数 土法	面积（公亩）合计	面积 机械	面积 绞车	面积 土法	产煤量（匨）合计	产煤量 机械	产煤量 绞车	产煤量 土法
乡宁	32			32	1200			1200	48031			48031
安泽	12			12	1164			1164	3789			3789
翼城	6			6	1670			1670	7113			7113
平陆	3			3	56			56	1963			1963
垣曲	6			6	10890			10890	2136			2136
灵县①	9			9	4700			4700	597			597
汾西	39			39	3412			3412	12479			12479
灵石	25			25	124			124	14288			14288
赵城②	5			5	811			811	10040			10040
隰县	24			24	336			336	11421			11421
蒲县	3			3	430			430	1268			1268
大同	27	8		19	286792	247770		39022	718308	293615		424693
怀仁	8			8	811			811	49263			49263
广云③	25			25	5146			5146	15380			15380
灵丘	8			8	1239			1239	9501			9501
浑源	24			24	604			604	22265			22265
右玉	8			8	510			510	7248			7248

① 原文有误，应为霍县。
② 在今洪洞县赵城镇。
③ 原文有误，应为广灵。

续表

县	户数 合计	户数 机械	户数 绞车	户数 土法	面积(公亩) 合计	面积(公亩) 机械	面积(公亩) 绞车	面积(公亩) 土法	产煤量(瓩) 合计	产煤量(瓩) 机械	产煤量(瓩) 绞车	产煤量(瓩) 土法
左云	11			11	14511			14511	41654			41654
朔县	13			13					8726			8726
宁武	15			15					6343			6343
神池	8			8	8906			8906	9202			9202
静乐①	33			33	1020			1020	24404			24404
五台	10			10	477			477	88586			88586
崞县	31			31	471			471	37156			37156
繁峙	2			2	50			50	2415			2415
保德	21			21	57			57	5419			5419
河曲	20			20	51			51	8315			8315
总计②	1174	28	21	1125	793359	370551	38792	404016	2686046	712955	558111	1917280

来源：《山西省统计年鉴（下卷）》，民国23年度。

① 原文有误，应为静乐县。
② 原文总计数部分有误，根据表中数据核算按从左至右应为1053、28、21、1004、793359、370551、43553、379255、2658346、712955、39111、1906280。

表 10　三种挖煤方法的产量

	土法	机械	绞车	合计
户数	1125	28	21	1174
面积（公亩）	404016	370359	18792	793359①
产量（瓩）	1917280	712955	55811	2686046

来源：前述的山西统计年鉴。

从表 10 可以清晰地看出，山西煤炭的开采方法几乎都是以土法为主。实际上，土法开采占了整个煤炭产量的约 70%，而机械开采占了约 25%，剩下的为绞车开采。这表明山西的煤炭开采是多么的不成熟。

第四章　企业经营

阎锡山的门罗主义（闭关自守）导致煤炭运输机构发展受阻、省内工业不景气，所以，煤炭也缺乏销路。再加上水灾、兵乱以及课税过重等原因，山西省煤矿很少有近代化的东西，几乎都是靠土法采挖。采用近代化采煤方式的煤矿只能在大同煤矿和阳泉煤矿等地方见到。以下是以前山西省内的一些煤厂②。

（一）东南部地区煤矿

①保晋公司③　平定县

②建昌公司　平定县

③广懋公司　平定县

④平记煤厂　平定县

⑤富昌公司　平定县

⑥复顺公司　平定县

---

① 原文疑有误，据表中数据核算为 793167。
② 本处依据的主要参考资料是龚鼎的《山西煤矿概况》(《中国建设》第 15 卷第 5 期，1937 年）。译者依据该文仔细核对、对错误之处加以修正。
③ 保晋公司成立于 1908 年，该公司设在平定县。同时在大同、寿阳和晋城分别设有分公司。另外，在阳泉还有煤铁工厂。保晋公司是山西省煤炭公司中采用新式机械进行大规模采掘的最大的企业。

⑦永庆煤厂　平定县

⑧晋华公司　平定县

⑨久孚公司　平定县

⑩齐生煤矿①　平定县

⑪公义煤厂　平定县

⑫元丰煤厂　平定县

⑬永祥煤窑　平定县

⑭煤业公司　平定县

⑮大兴公司　平定县

⑯中兴公司　平定县

⑰万顺煤窑　平定县

⑱全顺煤窑　平定县

⑲平顺煤厂　平定县

⑳义立煤厂　平定县

㉑晋祥煤厂　平定县

㉒同纪煤厂　晋城县

㉓利华公司　晋城县

㉔裕晋公司　长治县

㉕宝兴公司　平遥县

㉖鼎兴公司　襄垣县

㉗德华公司　潞城县

㉘普兴公司　洪洞县

（二）大同地区煤矿

①晋北矿务局　大同县

②宝恒公司　大同县

③大兴公司　大同县②

④福灵公司　大同县

---

① 原文有误，应为济生煤厂。

② 前面有一个大兴公司，但是在平定县，特此说明。

⑤平旺公司　大同县

⑥同宝公司　怀仁县

⑦永昌公司　怀仁县

⑧同泰公司①　左云县

(三) 太原西山煤矿

①仁记公司②　阳曲县

②银山公司　阳曲县

③石蹅燈公司　阳曲县

④民生玉记公司　阳曲县

⑤普益公司　阳曲县

⑥西北实业公司　太原县

⑦文恒公司　太原县

⑧胜地公司　太原县

⑨德生公司　太原县

⑩玉生公司③　太原县

(四) 西南部地区煤矿

①华兴公司　孝义县

在以上列举的这些公司中，除了保晋公司、晋北矿务局、西北实业公司，其他都是一些小规模的公司。而且，多年来，这些小规模的公司几乎没有获得纯利润的。

受本次事变影响，那些小规模的煤炭企业由于缺乏资金以及其他原因的影响，继续经营煤炭业务变得越来越困难。

阎锡山离开了山西，日本军队随之进入。随着山西省治安的逐步恢复，在军管工厂的名义下，兴中公司开始经营一部分煤炭业务。

现在，在军管理工厂的名义下开展业务的有以下公司④。

---

① 原文有误，应为同昌公司。
② 原文有误，应为任记公司。
③ 原文有误，应为玉成公司。
④ 原文注明昭和14年（1939）8月上旬，军管工厂这一名目被废除，被改名为阳泉工厂。

阳泉煤矿	军管理第四工厂
西山煤矿	军管理第五工厂
寿阳煤矿	军管理第二十七工厂
富家滩煤矿	军管理第四十二工厂
（大同煤矿）	——

另外，现在正在着手采煤准备，不久后将开始煤炭采挖的企业有：

东山煤矿	军管理第二十六工厂
孝义煤矿	军管理第二十八工厂
介休煤矿	军管理第二十九工厂
洪洞煤矿	军管理第三十八工厂
轩岗镇煤矿	军管理第四十四工厂

这些工厂将在不久后开始采煤并销售。

另外，在阳泉还有一个以前的保晋公司的炼铁工厂，现在被兴中公司[1]和大仓矿业所管理（8月以前在军管理第三工厂）。最近"北支那开发会社"[2] 开始投资煤矿开发，在其制定的具体方案中有一条：即在太原地区成立一个资本金为500万日元，名为大仓矿业的投资公司；在大同地区成立一个资本金为6000万日元的投资公司。该公司的出资关系虽然还没有确定，但是，据说两个投资公司的资本金预计由日本国内的资本家来共同分担。这两个企业原则上预计都采取日中合营的折中主义。由于中国方面民间资本没有融合，最后应该是政府来进行实物出资。另外，东南部地区的煤矿，临汾煤矿、宁武煤矿以及西部地区的煤矿都还没有进入开放勘定中，这是由于治安方面的原因吧！进入太原和大同两大煤矿区域对于日本资本家企业来讲还是一种处于刚刚开始，且具有划时代意义的行动。在七七事变发生以前，虽然条件上是有利的，但是进入到中国内地也不是一件

---

[1] 为实施对华北的经济侵略，1935年12月，满铁成立作为国策公社的兴中公司，资本1000万元，成为推行日本对华北经济扩张政策的主要机构。
[2] 日本为掠夺华北资源而于1938年1月7日成立的经济机构。

容易的事情。随着时局的发展，我国①资本家开始奋起直追，争夺煤炭资源。剩下的煤矿数量还很多，随着治安逐渐得到保证，可以预想到的是，煤炭又会陷入一种竞争状态。然而，虽说是煤炭严重缺乏，但大都是一时的事情。不能在销售方面恶性竞争，也不能使煤炭进入一种独占盈利事业的状态，更不要失去日中经济提携的理念以及国家国民利害的视角。在对华工作中，资源的确保是一项非常重要的事项，必须将这一点铭记在心并以此来制定计划。

第五章　现在的煤炭消费

现在，在五大采煤工厂中除了大同煤矿外，其余四家公司采掘出的煤炭几乎都用到了军事、铁路和家用等方面。运往省外的煤炭非常少，其中主要的原因在于交通，尤其是货车方面的因素（见注）。

（注：根据军管理工厂 14 年 5 月份的报告书，如下。）

一、阳泉煤矿		块煤	切块煤	粉煤	本月分配的车
货车运输	石家庄兴中公司	11745.00	1055.00	345.00	751 车
	军管理工厂	400.00			18 车
	（省内各工厂）				
	军用	45.00			3 车
	铁路用	460.00			30 车
		块煤	切块煤	粉煤	
当地销售	军用	121.50			
	其他	15.00	6.00		
消费	自家气罐用	150.00	687.00	300.00	
	其他，自家用	90.00	336.00	318.00	
合计		13026.50	2084.00	963.00	

上月末储煤量　84113.00

本月产煤量　16291.00

本月末储煤量　84473.00

---

① 指日本。

买入的煤炭　132.50

（单位：瓩）

二、富家滩煤矿（军管理第四十二工厂）

	块煤	切块煤	粉煤
铁路用		1455.00	
军用	20.08		
煤矿所在地卖煤			1281.30
消费煤（自家）	539.31		
合计			3195.59[①]

另外，在有的地方，煤炭运输还会遭遇土匪的袭击。随着治安的好转，煤炭的运输也会慢慢变好。现在，在煤炭运输方面，由于其他东西占了很多的货车，煤炭处于一种无法获得货车的状态。随着运输机构的改善和治安的恢复，采煤量会增加，煤炭也会慢慢地被运往省外吧！

现在，在那些治安还不能保证的东南部地区的煤矿、大同地区煤矿、西山煤矿等地方，依旧采取的是土法采煤，采挖的煤炭有一部分被军管工厂收购，大部分都被用于当地的消费。虽然这些地方的采煤情况到底如何我们还不清楚，但是很难想象，在有些地方采煤量与以前相比出现了显著降低的这种情况。现在煤矿正处于一个过渡期和发展过程，虽然没有什么值得看的，但是在不久的将来煤炭将会不断得到开发和发展。

第六章　从前的山西煤炭滞销

从前，山西煤炭的销量只占其产量的不到一半，虽然这在阎锡山的"山西省十年计划"[②] 中也有提及，但是却不被人所关注。总之，煤炭从开始就一直处于滞销状态。我们来看一下从前的煤炭铁路运输量。

[①] 原文统计有误，似应为3295.69。

[②] 1932年，根据阎锡山"造产救国"思想，山西省出台"山西省政十年建设计划案"，包括政治、经济、文化等各个方面，但发展最为突出的是省营经济。这其中包括成立四银行号和实物准备库；修筑同蒲铁路；创办西北实业公司等。该计划案对于山西经济从中原大战的沉重打击中摆脱出来，走上近代工业的发展道路，有着积极的意义。

1930 年　820

1931 年　740

1932 年　1210

1933 年　1000

1934 年　1440

单位：万瓩。

来源：满铁调查资料。

1934 年山西煤炭销量为 1440 万瓩，与其他省份相比，尤其是从煤炭埋藏量来看的话，山西的煤炭销量是非常少的。

我认为煤炭滞销的原因大体上有以下几个。

（1）山西在地理上远离煤炭消费市场和港口，导致运费等各种费用非常高，这使得山西煤炭在与其他煤炭竞争的时候处于不利的状态。这是交通方面的问题，我们在后面对其进行叙述。

（2）农村处于破产的状态，购买力衰减。而煤炭作为一个日用品难免要受其影响。

（3）捐税负担繁重导致煤炭原价高涨。

（4）省内的工业不振。

（5）企业管理的方法陈旧，自然导致了价格的高涨。

第七章　运输机构

煤炭滞销的一个重要原因就是运输，所以此处我们看一下煤炭的运输。

山西省北部的煤炭是经过京包线运输，而其他地方的煤炭则是通过正太铁路进行运输，一般的线路是：石家庄→丰台→天津→塘沽。其中正太铁路的运费在全国的煤炭运输费率中是最高的。山西煤，与井陉煤相比运输费率仍旧是很高的，在运费方面，井陉煤和山西煤之比约为 1∶4。另外，虽然正太铁路也有一个退款办法，但是由于限制条件很多所以实际上无法享受退款。由于在同一条铁路上运输同一种物产的时候享受的不是平等待遇，所以山西煤炭与其他地方的煤炭相比在运费方面要高出约 1~4 倍。同时，正太铁路在从石家庄到井陉之前的铁轨采用广轨式，之后才是狭轨式，这也给煤炭的大量运输造成不便。另外，存在于京包线上的八达岭也给运输造成了很大的阻碍。

下面我们看一下从煤炭产地到装卸港之间的距离和运费。

	装货地	到达港	距离	运费（每吨）	每吨生产费用
大同煤①	口泉	太沽②	566公里	约5元	2元6角
阳泉煤③	阳泉	太沽	454公里	约8元	2元5角

将以上与河北省的煤炭进行一个比较的话，如下。

	装货地	到达港	距离	运费	每吨生产费用
开平煤	赵各庄	秦皇岛	149公里	约1元5角	2元2角
井陉煤	南河头④	大沽	377公里	约3元6角	2元5角
临城煤	临城	大沽	407公里		

从以上可以看出，如果将大同煤运输到大沽的话，每吨的生产费用及运费约为 7 元 6 角，而阳泉煤的生产费用及运费为 10 元 5 角，井陉煤的生产费用及运费为 6 元 1 角。这里的阳泉煤和井陉煤之所以存在很大的差价，原因在于正太铁路。因此，改变之前的铁路运费自然是必要的。

以下是铁路应该改善的地方。

（1）将正太铁路改为广轨式，消除大量运输的不便，同时，改变以前不公平的运费⑤;

---

① 经过京包线运输。
② 原文有误，应为大沽。1949年前为天津县大沽镇，为天津市七十二沽的最后一沽，海河入海口，有京津门户、海陆咽喉之称。现在是天津市滨海新区的一个街道，包括东大沽和西大沽。
③ 经过正太铁路运输。
④ 今井陉县南河头村。
⑤ 1939年9月正太铁路改为广轨式。

（2）改变平绥铁路①的煤炭运费；

（3）京包线在八达岭附近存在一个很大的运输方面的问题，导致煤炭运输非常困难，要么对其进行改善，要么新建一条铁路②；

（4）如果沧石铁路（河北沧州到石家庄）完工的话，则到大沽之间的距离将大大缩减。

现在华北交通会社正在制订严密的计划和改善对策。

结　论

不论是从日本的燃料国策还是对华工作的角度来看，资源的开发都被各方所重视。

（1）对于华南煤炭市场而言，将来如果出现日本煤和满洲煤供给困难的情况，可以用河北煤和山东煤来实现充足的供给。

（2）虽然用满洲煤可以暂时弥补日本煤供给的不足，但是，如果满洲煤也出现不足的话，可以用山东和河北的煤来补充。

（3）针对华北平津市场的煤炭需求，开发北京附近的煤田并以此实现供给是合适的。

现在，山西的煤炭在经济方面是不利的。且有关方面认为目前大量开发山西煤炭的计划是没有必要的。我们认为，与其执行一个在经济方面处于不利地位的山西煤炭开发计划，倒不如对山东、河南的煤炭进行一个调查研究，然后以此来制订一个经济开发计划，这才是当务之急。

在山西煤炭中，相对占据优势地位的有大同煤、阳泉煤，这些煤炭在将来非常值得期待。现在，日本对于这些煤炭也在实施着开发计划，同时

---

① 平绥铁路也就是前面讲的京包线，1921年5月，北平到归绥（呼和浩特）的铁路建成，称平绥铁路。1923年1月，从归绥到包头的149.6公里铁路线完成，更名为京包铁路。
② 原文注明京包线八达岭附近的迂回计划现在正一点点计划着。

必须快速改善铁路运输。至于其他地方的煤炭，日本并没有去着手开发，只要能够开采满足当地需求数量的煤炭就可以了。

　　山西省以前也考虑过煤炭液化问题。在过去，阎锡山甚至还制定了一个成立煤炭液化工厂的方案。但是由于资金方面的原因以及事变的爆发，这个计划最终没能实现。山西省是最适合成立煤炭液化工厂的地方。通过煤炭的液化，可以为山西丰富的煤炭销售找到一条出路。日本由于缺乏石油，所以不论在产业上还是军事上都对煤炭液化的实现抱有非常大的期望。当然，将来需要通过周密的计划来稳步实现煤炭的液化。另外，也不得不承认这是一个前途遥远的问题。

昭和 14 年（1939）11 月 20 日

以汉口市场为中心的湖北省棉花情况[*]

长江流域调查第八班

芦泽实　昭和 15 年（1940）

目　录[①]

第一章　汉口陷落以前的情况

　　第一节　生产关系

　　第二节　市场相关

　　第三节　品质检查机构

第二章　汉口陷落以后的状况

　　第一节　战争对本省一般农产关系的影响

　　第二节　汉口的日本人棉花同业会

　　第三节　昭和 14 年（1939）的生产及出货状况

　　第四节　昭和 15 年（1940）的生产及出货状况

　　第五节　军特务部指定价格

第三章　结论（适合的收购方法）

后　记

第一章　汉口陷落以前的情况

　　本章要考察的对象是昭和 13 年（1938）10 月 26 日日本军队占领汉口以前的这段时期，以汉口为中心的湖北省棉花情况。

---

　　[*] 该文系东亚同文书院第 37 期学生芦泽实和调查组成员于 1940 年进行的调查。原文见《东亚同文书院中国调查手稿丛刊》第 176 册，国家图书馆出版社，2016。

　　[①] 原文没有目录，这是校注者根据文章的内容补入的，特作说明。

第一节　生产关系

第一项　生产的概况

湖北省作为中国的一个主要产棉省份，在省内 69 个县里，有 50 个县都是产棉县。尤其是在长江和汉水流域的各个县，几乎没有哪一个不产棉花的。其中，汉阳、汉川、沔阳①、潜江、天门、云梦、孝感、江陵、监利、公安、石首、松滋、黄冈、襄阳、枣阳、随县 16 个县为主要棉花生产县。这几个县的棉花产量加起来占湖北全省棉花产量的一半以上。其他各县的棉花产量总和似乎都不及以上 16 个县的总和。

第二项　生产区域

如果把本省的棉花生产区域按照交通运输来进行一个分类的话，可以分为长江流域、汉水流域、京汉线沿线三个区域。从这一分类方法来看，有些棉花产地距离这三条交通线非常远。由于这些地区缺乏集中性，所以这也给棉花的改良以及种植面积的扩大等带来了一些问题。本章为了方便，我们将湖北棉花生产区域分为鄂中、鄂北、鄂西、鄂东四个区域来进行叙述。

（1）鄂中区（湖北省中央地区）

本区域大体上指汉水下游地区，灌溉方面相对比较便利。

（2）鄂北区（湖北省北部地区）

本区域大体上指汉水上游地区，灌溉非常便利。

（3）鄂西区（湖北省西部地区）

本区域大体指以汉口为界的长江上游地区，该地区坐拥长江流域的便利，且土地整体上非常平坦，土质肥沃，被视为本省第一产棉区。

（4）鄂东区（湖北省东部地区）

本区域大体上指以汉口为界的长江下游地区。

---

①　1986 年改为仙桃市。

以上是我们对湖北棉花生产区域做的一个大致分类。为了说明各生产区域的棉花生产状况，我们列举一个如下的统计表（见表1）。

表1 昭和12年（1937）湖北省棉花生产状况

（民国26年11月，湖北省农业改进所棉作部调查）

县别	棉种	种植面积（市亩）	产量（担）
鄂中区			
合计	中国棉	637047	214182
	美国棉	1008787	221398①
武昌	中国棉	31400	8006
	美国棉	9000	2162
汉阳	中国棉	46300	11800
	美国棉	154000	34652
汉川	中国棉	31300	7731
	美国棉	71400	16065
沔阳	中国棉	27280	6738
	美国棉	191140	40139
潜江	中国棉	13897	3544
	美国棉	230635	47817
天门	中国棉	6620	1688
	美国棉	115753	25697
京山	中国棉	11204	2768
	美国棉	30068	6494
钟祥	中国棉	—	—
	美国棉	81007	17011
荆门	中国棉	4546	772
	美国棉	76084	17587
应城	中国棉	31000	10245
	美国棉	—	—
云梦	中国棉	113000	43844
	美国棉	—	—

① 原文此处似有误，根据此数下面提供数字统计可得219398。本文的重要参考资料是金城银行汉口调查部编写的《湖北之棉花》，该处表格摘自《湖北之棉花》，而《湖北之棉花》此处数据也是这样。故特别指出。

续表

县别	棉种	种植面积（市亩）	产量（担）
孝感	中国棉	194000	83976
	美国棉	—	—
应山①	中国棉	35800	6658
	美国棉	12000	2340
安陆	中国棉	40000	10539
	美国棉	—	—
嘉鱼	中国棉	50700	15873
	美国棉	37700	9434

鄂北区

县别	棉种	种植面积（市亩）	产量（担）
合计	中国棉	96794	12432
	美国棉	2622594	263980
襄阳	中国棉	—	—
	美国棉	544580	48245
光化②	中国棉	—	—
	美国棉	170484	17089
谷城	中国棉	360	47
	美国棉	132065	23772
枣阳	中国棉	—	—
	美国棉	1101500	100579
随县	中国棉	72230	9404
	美国棉	323020	25492
宜城	中国棉	800	90
	美国棉	91000	13075
南漳	中国棉	18100	2027
	美国棉	34000	4590

① 1988 年改为广水市。
② 1983 年改为老河口市。

续表

县别	棉种	种植面积（市亩）	产量（担）
均县①	中国棉	880	90
	美国棉	31701	3328
房县	中国棉	—	—
	美国棉	102850	13991
郧县②	中国棉	4424	774
	美国棉	22634	4399
郧西	中国棉	—	—
	美国棉	19722	2300
竹山	中国棉	—	—
	美国棉	23178	3603
竹溪	中国棉	—	—
	美国棉	25860	3517

鄂西区

县别	棉种	种植面积（市亩）	产量（担）
合计	中国棉	93791	17861
	美国棉	2339725	468604
江陵	中国棉	—	—
	美国棉	777600	139968
监利	中国棉	33979	9241
	美国棉	303425	75248
公安	中国棉	—	—
	美国棉	475873	88512
石首	中国棉	—	—
	美国棉	211147	41173
松滋	中国棉	14740	1876
	美国棉	266123	53653
枝江	中国棉	26794	4231
	美国棉	155047	37084

① 1983年改为丹江口市。
② 2014年改为十堰市郧阳区。

续表

县别	棉种	种植面积（市亩）	产量（担）
宜都	中国棉	8208	1445
	美国棉	46512	9767
当阳	中国棉	2200	318
	美国棉	52535	14556
宜昌	中国棉	7870	750
	美国棉	51463	8643

鄂东区

县别	棉种	种植面积（市亩）	产量（担）
合计	中国棉	1137622	315738
	美国棉	10027	3142
黄冈	中国棉	292603	86781
	美国棉	—	—
黄陂	中国棉	17800	4119
	美国棉	—	—
黄安[①]	中国棉	15800	3401
	美国棉	—	—
麻城	中国棉	231853	62654
	美国棉	—	—
浠水	中国棉	111842	26670
	美国棉	1027	246
罗田	中国棉	16768	2915
	美国棉	—	—
英山	中国棉	10918	1802
	美国棉	—	—
蕲春	中国棉	24386	7132
	美国棉	—	—
广济[②]	中国棉	76548	27061
	美国棉	—	—

① 1952年改为红安县。
② 1987年改名武穴市。

续表

县别	棉种	种植面积（市亩）	产量（担）
黄梅	中国棉	142848	38180
	美国棉	—	—
阳新	中国棉	24822	6419
	美国棉	—	—
大冶	中国棉	89884	24344
	美国棉	3000	1136
鄂城[①]	中国棉	81550	24260
	美国棉	6000	1760

第三项　生产量

1. 昭和 12 年（1937）及 11 年（1936）的生产量

根据湖北省农业改进所棉作部在昭和 12 年 11 月的调查，昭和 12 年，湖北省内的棉花种植面积为 7946387 市亩，原棉生产量为 1517337 担。而前一年，即昭和 11 年的最后修正种植面积为 8186651 市亩，生产量为 3185780 担。对昭和 12 年和 11 年的数据进行比较的话可以发现，种植面积和生产量分别减少了 240264 市亩、1668443 担。原因是昭和 12 年 8 月中旬的连续降雨导致河水上涨，河堤决口导致洪水泛滥。虽然有些地方所幸没有遭遇洪水淹没，但是，留在棉花地的积水导致棉花无法收割。另外，连续降水还导致出现了棉花不结果或果实脱落等情况。

2. 历年生产量

根据中华棉业统计会的统计，湖北省的棉花种植面积在昭和 4 年（1929）为 11140773 市亩，这是历年中最高的。最低的出现在大正 8 年（1919），为 1362716 市亩。关于棉花的生产量，最高的出现在昭和 3 年（1928），为 4267345 担，最低的出现在大正 10 年（1921），为 721571 担。详细情况见表 2。

---

① 1983 年改为鄂州市鄂城区。

表2　湖北省历年的棉花种植面积和原棉生产量（1919~1937）

年度	面积（市亩）	生产量（担）
大正8年（1919）	1362716	1415811
大正9年（1920）	5780663	1853400
大正10年（1921）	2626870	721571
大正11年（1922）	7019094	2381014
大正12年（1923）	5391948	1491774
大正13年（1924）	5931143	1312969
大正14年（1925）	5464694	1181673
大正15年（1926）	4666242	1304438
昭和2年（1927）	5801224	1584480
昭和3年（1928）	10239773	4267345
昭和4年（1929）	11140773	2429640
昭和5年（1930）	10571364	3591243
昭和6年（1931）	3950088	1216403
昭和7年（1932）	7031771	1917093
昭和8年（1933）	7545284	2554317
昭和9年（1934）	7248686	2241348
昭和10年（1935）	4212009	1075857
昭和11年（1936）	8189825[①]	3185780
昭和12年（1937）	7946387	1517337

以上19年间的平均种植面积为6427398市亩，平均原棉产量为1960184担。换言之，我们可以认为本省平均原棉产量大概为200万担左右。

第四项　品质

本省种植的棉花可以分为中国棉和美国棉两种，美国棉又可以进一步分为"脱字棉"和"爱字棉"两种。美国棉的种植虽然在各棉花产区都能见到。但是，产自汉水上游的老河口、襄阳、宜城、新野、枣阳、厉山镇[②]、随县等地的棉花毛细质优，且色泽良好，属于省内品质最好的棉花，足够供制作20支棉的纺织业使用。唯一遗憾的是，混入的棉籽较多。当然，这

[①]　前面刚提到1936年湖北省前后修正种植面积为8186651市亩，两个数字不合，可能这是未修正过的数字，前文所述文献《湖北之棉花》中也是这样写的。

[②]　今属随县。

不是生产者本身的缺点，而是因为轧花技术不发达所致。另外，在汉水的中游，即安陆、沙洋、曰口①、潜江一带所产的棉花纤维也非常细小，品质仅次于前者，属 16~20 支棉。汉水下游的天门、岳家口②、新沟③、蔡甸④等以及长江上游的宜昌、宜都、河溶⑤一带所产的棉花虽然色泽洁白，但是，在品质方面却不及前者。另外，同为长江上游的石首、藕池口⑥、公安、郝穴⑦等地，即所谓的外江棉，以及沙市方面的江口和其北部地带所产的棉花，在品质方面则属于低级品。

关于中国棉的品质，产自长江下游北岸地带的阳逻⑧、仓子埠⑨、孝家集⑩、宋埠⑪等的棉花属于粗毛（粗纤维）中品质最好的，也被称为"家乡荒毛"。比"家乡荒毛"品质略差一点的是产自长江下游南岸的鄂城、葛店⑫、樊口、黄石港，以及江北的巴河⑬等地的棉花。而长江上游的嘉鱼、龙口等地产的棉花品质属于中等。下面我们根据棉业中介人所做的调查，对主要县城和乡镇的棉花品质及其优劣做一个概述。

表 3　主要县乡棉花品质一览

地名	品质
仙桃	粗毛等夹杂物较多，纯细毛的纤维为 10~14 支棉
天门	粗毛等夹杂物稍微多一些，色泽和柔软程度俱佳
岳口	纯细毛的棉花非常多
老河口	总的来讲都属于细毛，充满弹力，为 20 支棉

---

① 又称旧口，今属钟祥县。
② 又称"岳口"，今属天门县。
③ 今属监利县。
④ 今属汉阳县。
⑤ 今属当阳县。
⑥ 今属公安县。
⑦ 今属江陵县。
⑧ 今属黄冈。
⑨ 今属黄冈。
⑩ 原文有误，应为李家集，今属黄陂。
⑪ 今属麻城县。
⑫ 今属鄂城县。
⑬ 今属浠水县。

续表

地名	品质
随县	纤维整齐，色泽一致
沙洋①	总体上属于细毛，纤维良好，属于20支棉
新洲②	又名"家乡棉"，产自东河地区的棉花较硬且纤细，而产自西河地区③的则比较柔软
樊城	纤维整齐，颜色呈乳白色，为16支棉
蔡甸	纤维较粗呈白色，含水较多且细毛非常少
宋埠	几乎都是粗毛，也被称为"集家乡"。棉质干燥呈白色，属12~14支棉
宜昌	上等品为20支棉，一般品为14支棉，但产值很少。虽然适合纺织用，但是色泽不太好属于一个缺点
鄂城	纤维较粗，色泽中等，湿气较大
三汊埠④	棉籽为白色，棉质比孝感产的棉花稍微柔软一些
新堤⑤	纤维较细
监利	纤维较细
孝感	纤维较粗，棉籽为白色，棉花中含有病虫

第二节　市场相关

第一项　主要棉花市场的分布及出货情况

在本省的主要棉花市场中，汉口居第一位，沙市⑥次之。并且，汉口和沙市两地都不单单是一个地方性的棉花集散市场，它们还是一个输出的重要地点。以下我们对省内棉花各主要集散市场的情况做一个概述。

---

① 今属荆门。
② 今属黄冈。
③ 这里讲的西河发源于安徽庐江县南鸭池山东麓，由苏家河、中塘河、八里河直接流入黄陂湖。东河坐落在大别山南麓、鄂皖交界处的湖北省英山县境内。西河、东河及附近的新洲等地素来出产优种棉花。该处所言棉花为粗绒棉，被称为家乡荒毛。不过，东河棉花较硬且纤维细，西河棉花则柔软。
④ 今属孝感县。
⑤ 今属沔阳县。
⑥ 今属荆州市。

1. 汉口

汉口为本省第一大棉花集散市场。为了方便，我们将该市场上的棉花出货地分为鄂中、鄂东、鄂北三个区域。另外，鄂西区域的棉花不经过汉口，它们被集中到沙市后直接用于出口。七七事变以后，上海临近的各纺织工厂都停业了。而在租界里的纺织企业虽然能够继续开工，但是，由于交通隔绝产品无法销售出去。好像也出现了货物被返回到汉口的情况[①]。集中到汉口的棉花多来自鄂中区域的沔阳、潜江、钟祥、云梦、孝感、安陆、嘉鱼等地，来自武昌、汉阳、天门、荆门、应城等地的比较少。这是因为后者在产量上不如前者，且后者在品质方面也不统一。

在汉口市场上的棉花中，来自鄂东地区的首先主要是黄安、麻城、蕲春、大冶、鄂城等县，其次是来自黄冈、黄陂、浠水、罗田、黄梅、广济等县。以上这些县产的棉花还有一部分被运往九江。汉口市场上来自鄂北区的棉花主要产自该地区的襄阳、谷城、枣阳、随县、宜城等，而光化、南漳、均县等地的棉花产量都很少。另外，在汉口市场上还能见到来自河南省的新野、桐柏、淅川、唐河、邓县以及湖南省的巨子口[②]，或者陕西省的渭南、长安、咸阳等邻省运来的少量的棉花。

2. 沙市

沙市的棉花交易虽然不如汉口市场那样兴旺，但也是仅次于汉口的本省第二大棉花市场。位于鄂西地区的监利县一带的棉花通常会通过民船被运往汉口。其他如江陵、公安、石首、松滋、枝江、宜都、宜昌等地的棉花大体都被集中在沙市。其中，来自公安县的斗湖堤、松滋县的新江口、江陵县的弥陀寺以及石首县的藕池口的棉花较多。另外，沙市也集中了一些来自松滋县的沙道观、米积台、朱家铺（又名朱家埠），江陵县的郝穴，枝江县的董市、冯口，当阳县的河溶镇等地的一些棉花。

3. 老河口

老河口为鄂北区最大的棉花市场。该市场上的棉花除了来自光化县民生镇的以外，还来自孟楼镇、薛集镇、竹林镇等地。谷城县内的棉花来自

---

① 原文注明以上情况仅出现在七七事变发生后到汉口沦陷的这一期间。
② 今属华容县。原文疑为谐音，实际是注滋口。

冷家集、张家集、仙人渡、襄阳县的黑龙集、薛集、柳堰集、石桥镇等地。另外，老河口市场上的棉花也有一部分是来自河南省的邓县、淅川、新野等地。

4. 岳口

岳口位于天门县。由于此处交通便利，所以，与沔阳、潜江县一样，该市场上的棉花都来自邻近地区。

5. 天门

天门县的棉花产量非常大，主要的棉花市场有皂市、徐马湾①、渔新河②等。棉花被集中到以上各个地方。

6. 仙桃

集中到仙桃的棉花主要来自沔阳县的彭家场（又名彭场）、下查埠等地。此外，也有来自邻县的。

7. 随州（随县）

随州的棉花产量非常大。即便是从历年的平均产量来看，也是本省的第一位。其出货地除了县城附近外，还有万家店（又名万店）、吴家湾、厉山镇、环潭、唐县镇等。还有河南省界附近的棉花。

8. 沙洋

沙洋位于荆门县内。荆门县内产出的棉花基本上都集中在此处。另外，沙洋的棉花也有很多是从钟祥运进来的。

9. 新洲

新洲是黄冈县的一大棉花市场。其主要出货地除了附近各村落，即孔家埠、李家集、仓子埠、汪家集、东三店、柳溪巷、刘溪畈、阳逻等，还有麻城的岐亭、中馆驿、迎河集、宋埠等地运来的棉花。

10. 樊城

樊城的棉花主要来自县内以及襄阳县的各个村落。即西北乡的龙王、牛首、竹条铺，南乡的小河口，东乡的双沟、张家集、张家湾、梁家嘴、

---

① 今属黄潭镇。
② 今渔薪镇。

北乡的吕堰等。这些地方都是棉花产地。

11. 宋埠

宋埠是麻城县中最大的棉花市场。由于该地在水陆交通方面非常便利，所以麻城附近各个乡村的棉花都被集中到此处。另外，这里也销售黄安、黄冈附近产出的棉花。

12. 孝感

孝感是京汉线沿线一个著名的棉花产地。棉花出货地有本县城区域及萧家港①、黄陂、杨家湖②、白沙铺③等地。

13. 宜昌

该市场上的棉花除本县城区域以外，还有产自枝江、白洋镇、古楼背④等地的棉花。

14. 鄂城

鄂城棉花的出货地以前是：蕲水、蕲春、大冶、黄冈等地，这些棉花从当地被运到汉口。最近，该县的四洋畈⑤、黄冈的长港、德胜州⑥一带的棉花都被重新集中到了樊口。由于这些棉花很多都从蕲水的巴河、兰溪以及大冶的黄石港被直接运往汉口，所以，只有大冶、黄冈附近的少数棉花被集中在鄂城。

除以上这些地方外，蔡甸也是汉阳棉花的一个集散地。而朱河、刘家铺、三汊埠、新堤等地的棉花则被集中到了监利。总的来讲，汉口实为全省的棉花集中市场，而沙市只不过是鄂西地区的一个棉花市场。另外，关于各市场上棉花的受欢迎程度，受汉口以及其他开埠地区纺织业者欢迎的棉花为产自天门、岳口、老河口、随州、沙洋、新州、樊城、宋埠等地被运往汉口的棉花。关于孝感的棉花，如果从历年棉花的销路来看的话，孝

---

① 又称肖家港、肖港，今属孝感市孝南区。
② 今属孝感市孝南区。
③ 今属孝昌县。
④ 又名古老背，今宜昌猇亭区。
⑤ 原文有误，应为西洋畈。
⑥ 德胜州原是长江中的一座大沙洲，今属黄冈。20世纪五六十年代，江河改道，德胜州消失于江涛洪波之中，不再存在。

347

感棉花主要被中国商人给买走了,约占十分之四以上。卖给外国商人以及在当地销售的约占十分之二。最后,集中到三汊埠而后又被运往汉口的棉花,其销路大体上也与孝感棉花一样。

如果将以上我们所叙述的各个市场上的棉花都运到汉口的话,除孝感棉花是通过京汉线运输以外,产自新州、宋埠、宜昌、鄂城、新堤、监利、朱河等地的棉花都是通过长江,用民船进行运输的。其他地方的棉花则是从各县通过汉水和澧河①,利用民船来进行运输。

棉花的上市期一般从8月下旬开始,10月和11月出货量达到顶峰,一直持续到第二年的1月末。

以上就是本省各有名的棉花市场的出货情况。每年,从各地方运到汉口的棉花约为120万~150万担,其中的50万~60万担供武汉的纺织企业消费,其余的60万~90万担被运往上海以及青岛等地,供当地的纺织企业使用。面向日本出口的棉花数量为3万~5万担。

第二项　主要棉花市场的机构和交易状况

本省的棉花交易机构及其性质虽然因各地情况不同而有所差异,但是大体上是相似的。汉口不仅是本省的一大棉花集散市场,还是全国四大棉花集散市场之一。因此,交易市场的机构也比全省各地的集散市场相对复杂一些。为了弄清本省棉花交易机构的大体情况,下面我们列举作为棉花中心市场的汉口以及其他两三个地方,来对棉花交易市场的机构及其状况做一个说明。

(一)汉口

汉口棉花市场机构可以分为进口业、出口业(包含外国商人)以及花行业三种。

---

① 原文如此,似有误。澧河,在河南省中部。因源出山涧,清澈甘醇,故名。古称澧水。发源于河南省南阳地区方城县四里店(一说南召县老麓山),由西向,流经方城县、叶县、舞阳县至漯河市区西汇入沙河,是淮河的重要支流。而在汉口市场上见到的来自河南南阳地区的新野、桐柏、淅川、唐河、邓县等地的棉花往往通过湍河、唐河、白河等进入长江的重要支流——汉水,最后通往汉口。在推动南阳地区的棉花进入及长江流域方面,唐河、白河的作用最为显著。在此特别说明。

1. 进口业

所谓进口业，指从原产地购入棉花，然后在汉口进行包装和运输的棉花商。进口业者的唯一目的是，从省内各地收购棉花。另外，如果从同乡以及具有相同采购地倾向这一角度对商家进行一个分类的话，可以分为里河帮和黄帮，他们各自组成了一个公会。

里河①帮主要是由来自天门、岳口、随州、汉川、新野、蔡甸、樊城、府河②以及山西等地的棉花采购商组成。在他们当中，加入公会的有150家。而黄帮则主要是由来自黄冈、黄安、麻城等地的棉花采购商构成，加入公会的有19家。这些同乡团体通常几家或十几家组成一个家族，住在一个批发商院子内。平常他们仅仅是挂一个商号，宣示自己的存在而已。等棉花到达汉口，市场开始交易，这些棉花商就会发挥各自的优势在批发商之间进行折中买卖。在平日里，这些棉花商所从事的行动并不一定都是与商业交易有关的，也不是固定的。七七事变爆发以来，这些棉花商仅仅是处于一种向本省以及邻省的一些纺织工厂销售棉花的状态，而出口业者（后述）则处于停止营业的状态。进口业者很多也都关闭了自己的商店。据说很多都回到了乡村。

2. 出口业

出口业指在汉口从事棉花采购、销售和进行出口业务的商人。出口业者可以分为外国商人和中国商人。中国商人又可以分为申帮和黄帮，前者指前往上海以及江苏、浙江等地从事棉花收购的人；后者指那些附属于进口业、从事小额买卖的人。截至昭和11年（1936）末，棉花销售商有29家。但是在七七事变以后，很多都停止了销售，大多数都处于停止营业的状态。在汉口的外国商人经营的棉花收购业者中，日本商人的数量居第一位。在大正10年（1921）以前，日本商人的势力足够超过中国人，但是现在，中国商人的数量正在慢慢增加。外国商人中的很多都是通过汉口的花行（后述）来进行棉花收购，几乎没有亲自去棉花产地进行采购的。关

---

① 里河指汉口到沙市之间的河道运输系统，包括自然河流和人工运河。在当时日本人的语言体系中，从汉口沿长江向西南绕大弯到沙市被称为外河。无疑，里河运输能够大大节省运输时间和成本，避免了长江的弯曲。

② 今随州市下辖镇。

于外商的采购额,虽然根据其需求有所变动,但是对于英国商人和德国商人来讲,由于他们的采购仅仅是以满足本国棉花纺织业者的需求为目的,所以采购额很小。

日本商人的棉花采购中,日信洋行、东棉洋行的生意最大。这两家公司的业务除了棉花销售和运输外(日信洋行有压缩机工厂),还接受来自当地泰安纺织①以及青岛、上海两地的日本人经营工厂的委托,为其采购棉花。有时候,日本商人也会自己从事棉花买卖与中国商人进行竞争。日商中的瀛华、吉田、岩井等洋行受横滨梳棉厂的委托,进行棉花的收购,他们每年的采购额并不是那么多。从七七事变爆发到汉口陷落的这段时间,日本商人也不得不停业,只有英国商人和德国商人一直在维持经营。七七事变前汉口的外国棉花出口业者见表4。

表4　七七事变前汉口的外国棉花出口业者

公司名	国籍	所在地
日信洋行	日本	江汉路地段②
东棉洋行	日本	日信洋行大楼2层
瀛华洋行	日本	特三区鄱阳街
吉田洋行	日本	特三区鄱阳街
隆茂洋行	英国	特三区湖南街
岩井洋行	日本	怡和路
安和英	英国	特一区新屋
怡和洋行	英国	特三区地段③
和记洋行	英国	特一区码头
福来德	德国	特三区六合路

3. 花行

花行是棉花交易中的中介组织。棉花进口业商人只是将棉花从原产地运入汉口,而出口业商人从事的仅仅是贩运。由于进口业和出口业之间在生意上需要联系,这时,中间人便应运而生。花行的组织非常简单,资本

---

① 日资企业,于1924年在汉口成立。
② 今武汉市江汉路步行街。
③ 今武汉市沿江大道104号。

金只有不到几千日元，在成立时只需要准备一个形式上的文件。设立一个花行的费用据说有400日元左右就足够了。之后，每年需要约4000日元的支出。10年为一期，期满以后可以延期经营。在花行运营的时候，最重要的是进手和卖手。所谓进手，即代替买方进行收购；所谓卖手，即代替卖方进行售卖。花行一般提供宿舍和伙食，但是没有俸禄（工资）。其唯一的报酬是在交易成立时，按照每100日元抽取1分5厘的佣金，其中的一半归自己所有，另外一半作为店费归店主所有。由于中介人是买卖双方之间的媒介，所以，集中在汉口市场上的棉花几乎都归于这些人之手，他们的势力非常强大。在昭和12年（1937），处于营业中的花行有15家。

如上所述，花行位于买卖两个当事人之间，在买卖双方中间斡旋，促成买卖交易。但是商品在倒卖的过程中，随之也会带来商品成本增加、消费者负担增加的问题。去掉中间商进行直接交易，这是有识之士期盼已久的事情。但汉口棉花花行的存在，也是一个历史习惯的问题。另外，花行承担的责任也非常大。花行的工作不单单是在买卖双方之间斡旋，还要给业者提供货款和暂时垫付资金的融通等服务。卖方为了销售棉花，在将棉花运至汉口以后，首先将货物寄存在批发商那里，然后从银行以抵押贷款的形式借款。到了货物交易的时候，如果上述的担保贷款没有偿还的话，则交易不可能成立。作为一种交易习惯，由于从货物交割后的第二天开始人们会在货物上标上价格，所以花行会要求买方出具指定付款日期票据，以便卖方的资金周转使用。最后，作为中介人的花行对于卖家还承担有保证由风灾水灾引起的保险的责任。

关于汉口的棉花交易方法，首先是棉花进口花号在棉花生产地设立一个店铺，或者将人派往生产地进行收购，然后再将收购而来的棉花运入汉口、放入仓库。大体上只有经过商品检查局（后述）的检查并被认为是合格的东西，才能经过普通花行人的手，最终批发销售给相关商号、公司以及纺织业者。如果买方具有购买意愿时，他们会向卖方派遣货物鉴定人，让其负责进行货物的检查以及与卖家就交易价格等进行商谈。在签订协议时，会制作一个四联式买卖协议书，买卖当事者、花行、同业公会各持一联。这么做的目的是为了防止将来可能出现纷争。有时候花行也会发行期票，供卖方货物交割的时候使用。现货交易的第二天，买方向花行支付货款，然后花行再向卖方转账。直到这个时候，整个交易才算完成。

关于汉口棉花交易中使用的衡制，当地一律是市秤。但是，为了运输和销售，如果将货物运入上海，使用的则是磅秤（磅秤1担折合市秤约为120.958斤）。两地间的衡制约有20斤的差。另外，棉花在经过脱籽和包装等工序后一直到运往上海的这一期间，由于包装的破损，去除棉花中的菊花以及籽实等其他杂质，这些损失加起来每担至少不下市秤三四斤。此外，当然还要算上到上海之间的搬运费以及包装费等费用。由于上海的标准棉花价格为每市担45元。如果在汉口按照31元的价格买入的话，那么即便将这些棉花运到上海再换算为磅秤，也不存在什么损失。

汉口棉花交易最繁忙的时期为9月至第2年的2月这段时间。3月以后棉花的出货量逐渐减少，6月、7月、8月三个月最为闲散。

（二）沙市

沙市的棉花交易机构有花号和花行。花号指那些直接从生产地采购运输棉花，进行销售等的棉花销售运输业者。他们可以分为黄、申、川、陕、荆、汉六种组合。其中，黄帮的势力最强，其次是申帮。

从前，收割的棉花有将近9成都被运到了上海。七七事变爆发到汉口沦陷以前的这一段时期，除四川省还有少量的棉花以外，其他地方的棉花几乎都被集中到了汉口。花行除中介业务外还经营一些小买卖，也兼营一些小额的收购和短距离的销售等业务。现在，直接从产地采购棉花的花行也逐渐多了起来。受此影响，花号的营业范围逐渐缩小。

沙市市场上的棉花有包花和零花两种。包花指在生产地已经进行过去除棉籽工序的，所谓"土包"棉花。花行则是位于花号和地方棉花业者之间从事土包交易的一种中介机构。花行派出人手去各地的"土包"生产地。交易达成后，在交割商品的同时，买家支付货款，花行则从中收取佣金作为其报酬。零花指花行所从事的小额棉花买入业务。如果达到一定的金额，花行就会将其转卖给花号。沙市市场上棉花价格是以上海市场上的涨跌为基准的。

当地的市价加上运到上海的运费，如果其价格与上海市场的电报所说行情相同的话，不用说，交易就会成立。如果上海市场行情出现跌落数元的话，仍可以获利。这是因为，沙市和上海两地使用的秤制存在很大的差异，商人自有伸缩的空间①。沙市市场上使用的秤有以下三种。

（1）花庄秤

花行在采购少量棉花时使用的一种秤。1斤相当于34两。如果将其换算成磅秤，相当于2斤。

（2）黄秤

花行在从事中介业务或将棉花卖给花号时使用的一种秤。1斤为20两，比磅秤多3两2钱，比汉口秤多1两7钱。

（3）磅秤

主要用于征税、检查、包装、运输以及销往上海时使用。1斤为16两8钱。另外，根据附近棉花产出区域不同，其使用的衡制也不相同。松滋有22两5钱和21两两种，沙道观②使用的是21两5钱，弥陀寺为20两8钱，公安为20两，陡湖堤③为20两5钱。从以上就可以看出衡制是多么的复杂。另外，由于磅秤比较大，所以，在上海进行换算的话，磅秤处于一种相对能够灵活应对的立场。

当地的棉花交易，从10月一直到第2年的2月末是最旺盛的。8月、9月以及第二年的3月、4月则相对比较平稳，5月、6月、7月三个月是最闲散的。

（三）老河口

老河口的棉花商可以分为花贩、花行、花号三种。花号和花行的交易方法又有期货交易和现货交易两种。所谓期货交易，指花号委托花行进行棉花采购，规定价格和交货期限（一般为1周或10日），并预付现金。如

---

① 在该处的写作中，书院学生行文存在问题，其原文写作："如果上海市场行情出现跌落的话，则可以获利。"显然，这里逻辑不通。而翻开其主要参考资料《湖北之棉花》，就会发现逻辑的链条在于：沙市和上海使用的秤制有很大的差异，商人存在伸缩自如的空间。故如此改。
② 今属松滋县。
③ 今属公安县。

353

果棉花价格上涨，花行往往会通过掺假来规避损失，并从中获利①。现货交易虽然也是花号给花行支付现金，委托其进行棉花采购，但是由于采购依照的是当时的行情，所以，与期货交易相比，现货交易的弊病并不是那么多。花贩、花号的交易与花行并没有什么不同，只不过花行采取的是记账式营业而花贩并没有那样做。

老河口棉花市场的涨跌是以汉口市场为基准。如果将当地使用的衡制换算成库秤的话，为24两。与汉口秤相比，每1担多出约31斤。因此，在将棉花搬运至汉口的途中，虽然每1包会有102斤的盗失，但是在换算成汉口秤的时候，每100斤会多出30斤左右。

老河口棉花的交易时期在9月到12月这一期间最为旺盛，6月、7月、8月三个月最为闲散，其他月份与平常一样。

（四）随州

关于随州的棉花买卖顺序，首先，由行户从棉农手中购买原棉。这种"行户"大都兼营杂粮和杂货类产品的销售，并且在自己的店铺内有轧花机。行户对自己收购的原棉进行轧花后将其转手卖给各水客（指贩运货物的行商）。水客会在棉花收割的时节来到当地的花行。在得到对方许可后可以无偿居住在那里，等棉花收购交易完成以后再回去。棉花交易最终在花行的斡旋下达成。一方交钱，一方交货，花行位于双方之间，从买方和卖方各收取2分、1分，合计收取3分的佣金。当地的衡制以18两4钱为1斤。用民船将棉花运到汉口时，每18两为1斤。如果是汉口到岸价，则按照市担来制定价格。当地从9月到第二年的2月为繁忙期，其他时间的棉花交易非常少。

（五）鄂城

鄂城的棉花交易商可以分为花行和花贩两类。花行不从事代理买卖，而是亲自从棉农或花贩那里收购棉花，然后将其运往汉口销售。花贩则是将棉花拿到花行放在秤上，双方对包装和内容进行检查，同时商议价格。

---

① 在写作该处时，书院学生行文存在问题，其原文写作："如果棉花价格上涨，花行往往会将这一情况隐瞒并从中获利。虽然这很令人费解。"而本文重要的参考资料《湖北之棉花》则写道："如果棉花价格上涨，花行往往通过掺假来规避损失，并从中谋利。"故如此改。

如果交易成立，花行给花贩支付现金。另外，双方有时候还会达成一个临时约定。比如，先支付一部分货款，余下的等货到之后再行支付。之所以会出现这种情况，是因为花行急需大量的商品，所以才会利用之前的约定，达到让商品流通的目的。当然，这种情况也仅限于双方之间有很深的交情。当地衡制以 16 两 8 钱为 1 斤，每 100 斤比汉口秤多出 8 斤[①]。棉花交易的繁忙期从 9 月到 11 月，2 月以后开始慢慢变得闲散。

可以看出，本省各地主要棉花市场的交易并不是由买卖双方当事者进行直接交涉，而是通过花行的介入和斡旋来促成交易。另外，棉花买卖的样式也有很多，有花号委托花行进行采购的，也有花行内部进行临时采购的。而花行自身有时候也会将其收购的棉花进行倒卖。总而言之，花行构成了棉花交易市场的中轴。下面，我们尝试用图解的方式对本省棉花交易的行程做一个说明（见图1）。

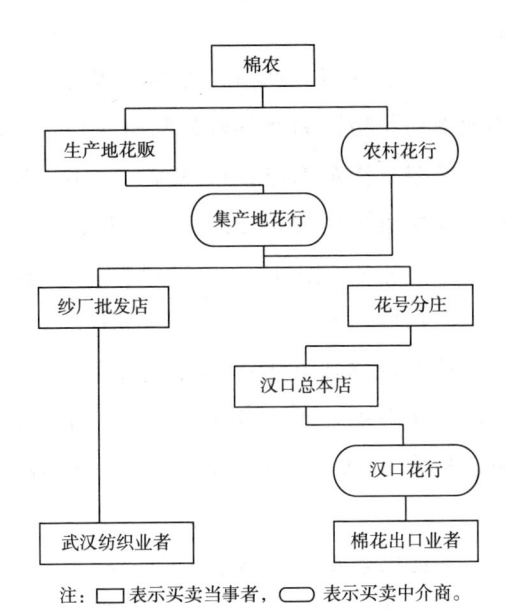

注：□ 表示买卖当事者，○ 表示买卖中介商。

图 1　本省棉花交易的行程示意

---

① 汉口秤以 16 两为 1 斤。

第三节　品质检查机构

汉口陷落以前，国民政府当局在湖北省成立了湖北省棉花掺水掺杂取缔所，作为棉花品质的检查机构，负责对含水棉花和棉花中的夹杂物进行检查和取缔，致力于棉花品质的优良化。下面，我们对湖北省棉花掺水掺杂取缔所作一个说明。

湖北省棉花掺水掺杂取缔所是全国经济委员会棉业统制会，以及湖北省建设厅共同成立的一个机构。该机构及其下属机构今属湖北省政府直接管辖，并且接受中央棉花掺水掺杂取缔所的指导和援助。该机构的任务是对各棉花集散市场上的棉花品质进行鉴定，对含水棉或夹杂棉进行检查并取缔。但是，通过在棉花中混入水分，或者夹杂一些东西等手段来增加棉花重量这一方法，是包括棉农、轧花业者、棉花贩卖者等在内的所有人都会使用的一种造假方法。

从前，在上海、宁波、汉口、沙市、青岛、济南、天津等地，掺水掺杂棉花的取缔由实业部商品检验局及其分处负责。该机构的职权界限在于对国内各省以及运出的掺水掺杂棉花进行取缔，而出口的棉花则是由商品检查局负责。检查费为每市担征收6分国币。而且，自昭和12年（1937）7月1日以后，不再区分国内和国外，一律由棉花掺水掺杂取缔所负责对棉花进行检查。

本省的棉花掺水掺杂取缔所在七七事变爆发前，曾在10个区设有分所，管辖37县，有40多个检查所。后来，由于经费开支问题，有些检查所被撤销了。截至昭和12年末，只有樊城、岳口、江陵、团风[①]四处设有检查所。

关于棉花掺水掺杂取缔所在检查时的手续。首先，由申请人在市场买卖请求单上填写必要的事项，然后，将请求单和检查费用一起交给棉花掺水掺杂取缔所。接下来，棉花掺水掺杂取缔所会派出派遣员来取样。一般是每一大包棉花在8个地方取样（每个样本为12两），小包则是在4个地方取样（与出口检查的情况一样）。然后派遣员将这个样本带回棉花掺水

---

① 今属黄冈市。

掺杂取缔所。以前，棉花掺水掺杂取缔所是不返还样本的。从昭和12年7月1日开始，棉花掺水掺杂取缔所开始向申请人返还样本。但是，如果经过很多天，也难免会产生一些损耗。按照规定，损耗在半斤以内的，棉花掺水掺杂取缔所不承担责任。

作为检验用的样本棉花在经过干燥、湿气以及夹杂物的检查手续后，按照其含水量、夹杂物的程度等，同时对照标准品，对申请人发行国内市场买卖适用检验书。这个检验书能够让棉花交易变得容易。另外，申请人也可以根据自己的情况申请再次免费检查。

如果在100件检查物中只有50件被买走的话，对于剩下的50件，棉花掺水掺杂取缔所会对其发行作为前项检验书附属文件的"分售凭证"，这样可以省去再次检查的麻烦。棉花掺水掺杂取缔所对于出口棉花发行3联的出口检验书，同时要求出口商返还以前交付的合格证书。另外，如果是将棉花卖给纺织业者的话，取缔所会派一名驻厂检察员，收取其合作证书，禁止棉花的流通。

第二章　汉口陷落以后的状况

本章的目的是对汉口陷落后有关本省棉花的各种情况以及陷落前后的变化进行一个考查。在此之前，有必要首先对事变①和战争对本省一般农业生产关系造成的影响进行一个说明。

第一节　战争对本省一般农产关系的影响

为了方便，我们将战争对本省农产关系的影响分为两种：第一种是对生产方面的影响，其主要内容是农民的逃亡和广义生产设施的破坏；第二种不用说就是对流通方面的影响，即因为治安混乱造成的对通商交通安全以及交通自由等方面的限制。

在对具体内容进行说明以前，我们首先在这里说一下结论（一部分）。

---

① 指七七事变。

那就是，与上海战争①一样，比起生产方面，事变对流通方面的影响非常大。另外，如果将其与上海战争对长江三角洲地带造成的影响做一个比较的话，还能发现，生产方面的破坏比较小，流通方面的破坏非常大。虽然我们很难用数字来形容破坏的程度，但果非要这样做的话，我们可以做出以下判断：生产方面减少至往年的70%~80%，流通方面，面向汉口的出货量仅为往年的10%~15%。棉花在流通方面的不振是由以下原因造成的。具体来讲，由于日本军队的占领区域和控制区域非常狭小，而且这些地方都呈点状分布、相距甚远，所以我们说"日本军队的占领区域只不过是一个点和线的占领"。这种说法绝不是一种夸大的表现。而且，与日本军队控制区相邻的都是一些广大的宽敞地。在这些地方，还存在一些顽强的敌正规部队、自卫团、土匪等②，他们在这些广大的地带上自由横行，不断对日本军队控制的交通线造成威胁。

下面，我们分别对生产方面和流通方面的具体状况各自做一个论述。

第一项　生产方面

如前所述，比起战火对流通方面造成的巨大影响，其对生产方面的影响其实非常小，生产量大概比往年减少了20%左右。下面为了方便，我们将棉花生产区域分为三个部分：（1）成为直接战场的地区；（2）被中国军队或日本军队驻扎的地区；（3）其他地区。然后，从人的破坏、物的破坏，即农民的逃亡或者他们复归以后的状况、生产设施的破坏状况等方面，对其进行一个说明。

（1）成为直接战场的地区

这些地方大体上都包含在日本军队占领区以内。本地区横跨城市和农村。城市的破坏相对比较严重一些，我们把其放在后述流通部分一项进行论述。战火对农村关系破坏最严重的为家畜类。其次，在物的方面，遭受破坏比较严重的是房屋破坏甚至是烧毁，据估算约有30%~50%的房屋被毁掉。

---

① 指1937年"八一三"淞沪会战。
② 指中方的抵抗军队。

在物质方面遭受破坏程度最小的是生产设施中的农具、灌溉用排水设施。虽然农具中的一部分随着房屋的烧毁而遭到破坏,但是其余大部分似乎都没有遭受破坏。我们也可以认为,这些生产设备几乎都是与军需没有关系的一些东西。

从人的损失方面来看,从前逃亡的农民开始慢慢回到自己的老家。现在,占事变①爆发前约70%~80%的农民都回到自己的故乡,开始耕作。

(2) 被中国军队或日本军队控制的地区

这一地区属于没有兵火,且大体都是在政治、经济方面不太重要的地方城市以及农村部落,或者经过这些地方的道路沿线一带。该地区遭受损失最严重的就是前述我们称为直接战场的地区。它们也同样遭遇了家畜类的损失。尤其是在驻军地附近,损失特别严重。除此以外,还有由征收谷物和军夫(徭役)所带来的损失。关于该地区的房屋、农具、生产设施的破坏,几乎可以认为没有。

受战火影响,农民大概减少了10%。因此,该地区的生产能力还能够达到80%~90%。在本地区中,特别是共军、土匪横行的地区,如上述那样,我们可以想象得到,除了人和物方面的破坏,其他还有因生产关系破坏导致的生产力下降的问题。

在农村,因为事变遭受损失最大的自然是地主富农阶级。此处,值得注意的是,第一,汉口地区农村的一些不顺从日本占领军的人中,有很多都接受了共产思想的洗礼;第二,本地区与四川、湖南、江西等地同属华南一部分,小农生产的比例非常大。

(3) 其他地区

这是一个完全看不见刀光剑影的地区。与前述两个地区相比,其受战火影响的程度非常小。如果仅仅对这一地区进行一个抽象的思考,具体是一个什么样的地区,我们还完全不清楚。但是,在以汉口为中心的湖广②低地中,这样的地区难道不是非常少见吗?

对以上内容进行一个总结,遭受破坏最大就是家畜的征用,还要注意

---

① 指七七事变。
② 作为地名,指两湖(湖北、湖南)。

小农生产环境的破坏所导致的生产力低下问题。而房屋、农具以及生产设施所遭受的破坏则非常小，农民复归耕作的比例大体上已经达到了 80% 左右。

但是，问题主要是在流通方面。由于人们担心物资运输不通畅，所以，预计将会在大范围产生种植转换的情况。我们在想，原先大面积种植棉花、麻、烟草等的地方可能会转为种植谷物作物。

第二项　流通方面

由于现在日本军队还在不断移动，加上其占领区域的范围也不确定。在这种情况下，如果对流通方面的情况分地区一个一个进行论述的话，事实上是不可能的。此处，为了方便，我们将其分为：（1）日本军队占领地区；（2）看不见敌方正规军[①]的地区；（3）有敌人正规军驻扎的地区。从三个方面来分析事变对棉花流通方面造成的影响（主要是因为治安被扰乱所造成的通商安全和交通自由方面受到限制，无法正常开展工作）作一个说明。

（1）日本军队占领地区

正如我们在前文第一章第二节"市场相关"中所叙述的那样，以汉口为中心的一系列农产品的出货途径是：在生产地农村和汉口市场之间，存在一个地方集散市场——县城或者小城市。一般而言，农作物首先主要是通过扁担、独轮车（有的通过民船）被运到地方集散市场。然后从这里开始，又有近乎一半的农产品通过民船或汽船、铁路等被运至汉口市场。比如河南平原的农产品首先集中到许昌、西平、遂平[②]等地，然后通过京汉线运输到汉口。如果是汉水流域上游的农产品，则是先集中到老河口。如果是汉水流域下游的农产品，则首先集中到汉川[③]，然后再通过民船运输至汉口。长江上游的农产品一般先是集中到宜昌、沙市，然后再通过汽船运输至汉口。

在一些属于日本军队占领区的地方性集散地，面临的最大问题是，商家店铺的破坏乃至烧毁以及相关商人的逃亡。关于这一问题的详细情况虽

---

① 指国民党的军队。
② 西平、遂平均属今河南省驻马店市。
③ 今属湖北省孝感市。

然我们不得而知，但是有一份关于上海在战后沪杭甬①铁路沿线地带的受灾调查资料。根据该资料的记载：那些小城市、县城等地方还好，凡是被视为地方经济乃至政治中心的地方，几乎都遭受了战火的影响。至少有20%，严重一点的，有50%的商家遭受了破坏和房屋烧毁的损失。另外，该资料还提到，随着治安逐渐恢复，一些难民将会慢慢返回。虽然各个城市都发布说自己的这一数字为30%，但是其中很多城市，尤其是在发展经济能力方面欠缺者，很难用这个数字来证明经济恢复的成绩。

虽然我们可能不能根据上海的情况来推测汉口和其他地方的一些情况，但是，如果要说汉口和上海在这方面的区别的话，与战后上海日本军队占领区的治安状况相比，汉口内地的治安状况非常的不好。另外，与上海市场上流通机构所遭遇的微小的困扰相比，汉口市内的流通机构遭受的是彻底性的毁坏。基于以上两点，汉口内地集散地的商家店铺的破坏情况姑且不说，我们可以推测出，至少在商人复归方面，汉口的情况应该说处于一种更加令人悲观的状态。地方集散地交易机构的这种状态，一方面与地方农村有关，另一方面与汉口市场有关。我们必须对其做更加详细的说明。

首先是对农村关系方面。我们能够预想到的是以下三个问题：第一，该地方农村或者小城市是否储存了一些能够成为商品的农产品；第二，是否有搬运手段；第三，交通的安全以及自由程度如何。除了第三个问题外，其他两个问题似乎都是很悲观的。

关于第一个问题，根据前线各部队②的报告，我们认为，其计算可能稍微有点夸大。地方农民或者商家的确是储藏了很多的土货，这是一个实情。另外，根据在汉口的日本商社派往内地的派遣员所反馈的报告也印证了这一点。我们应该承认，还有相当数量的储藏农产品正在等待出货时

---

① 该铁路始于上海，经嘉兴至杭州，并延长至绍兴和宁波。其中，上海—杭州段即沪杭铁路，1906年开工，1909年建成；杭州—宁波段即杭甬铁路，1910年开工，1937年开始运营。1938年后受战争影响，屡遭破坏，直到1959年才彻底完工。沪杭甬铁路的修建有对应的《沪杭甬铁路借款合同》，并在民国期间成立了沪宁沪杭甬铁路管理局，后改称京沪沪杭甬铁路管理局。1937年日军进攻上海时曾对沪杭甬铁路沿线进行轰炸。
② 指日本军队。

机。关于第二个问题，搬运手段问题，如前所述，大体上是使用与军需无关的扁担、独轮车来进行运输。我们还可以预想到，也有一部分是征用民船来进行运输的。从总体上来看，没有受到什么大的影响。接下来是问题三，它与问题一和问题二有很大的不同。具体来讲，军事占领所造成一个必然的后果就是，不仅在占领区内交通实行非常严格的管制，而且占领区和外部之间的交通也处于一种严格警戒的状态。现在，农民根本无法安心地将自己的物资搬入占领区内，或者从占领区搬出，这点是不言自明的。农民或者商人是通过通行许可证来实现其在日本军队占领区内的交通的安全的。当然，这只是针对城市和其附近少数地区的居民。如果是在那些距离日本军队占领区稍远的地区使用通行许可证的话，相反，可能是一种危险的行为。总而言之，关于地方集散地和农村之间的关系，值得关注的点是，交通的安全及自由。特别是后者，现在有着非常严格的限制。另外，它也不是一个强大到无法克服的因素，更不是阻碍物资流通的最大因素。

其次是地方集散地和汉口市场之间的关系。与前述一样，这里成为问题的除了问题二运输手段的有无；问题三交通安全和自由的程度外，还必须要列举一些汉口市场自身的问题。另外，前述也提到过，集中到地方集散地的物资首先经过该地方的商人，被派出的中介人以及商社出张员（指办事人员）的手再被运入汉口市场。在各种运输手段中，占压倒性重要地位的是民船。关于民船，根据我与汉口三井洋行员工的交谈得知，这一问题并不值得特别担忧。铁路的话目前存在货车数量、运转次数的不足以及军需物资过多的特点。长江上的汽船则处于无法航行的状态。因此，铁路和汽船都丧失了其运输功能，它们在运输手段中所占的地位非常低，可以认为，其对大势没有任何影响。

再次是交通的问题。这里需要留意的是，物资的出货路径并不跟日本军队所能确保的交通线相一致。相反，倒不如说，很多情况下，物资的出货路径都是日本军队占领区以外的地方。在日本军队占领区以外的地方，经常有中国正规军①的出没。他们在有些地方还非常顽强，拥有自己的势力范围。虽然我们认为，面向汉口的物资绝对不可能通过敌正规部队排兵

---

① 指国民党军队。

布阵的地区，但它们除了通过日本军队占领区以外，大部分经过的都是敌正规军①偶尔出没的地方。现在，正在阻碍（或保证）该地区交通的是，与事变战火同时发生的共军、土匪、自卫团等组织。这些组织控制了一定的区域，他们经常会对经过该区域的物资征收一些手续费。手续费的金额并不是大到不能负担的程度。如果是中国人的话，首先没有生命的危险。但是，即便是这样，这对物资的出货也是一种障碍。当然你也可以认为这是一个不需要太在意的问题。

最后，我们来对最重要的汉口市场作一个概述。在汉口陷落以前，有大大小小几百家农产品批发商，他们几乎都集中在汉口最西边的一个面朝汉水的区域（现在，这个地方已经成为一个难民区）。其中，棉花批发商位于以石码头为中心，从大王庙码头到宝庆码头之间的地区。那些装载着农产品的民船频繁地停靠在汉水两岸这一带附近。民船运来的物资中，有一部分被运往河岸附近批发商的仓库中，还有一部分旋即被贸易商收购，并通过贸易商自己的民船再运往他们自己的仓库。这样的交易在一整年中都不会停滞。出货期旺盛的三个月是9月、10月、11月。另外，4月和5月两个月处于青黄不接的时期，所以交易也是最少的。

众所周知，本次事变的战火对汉口市区的破坏非常小，所以很出名。在这些极少数被破坏的地方中，不幸的是，日本租界和前述的棉花批发商所在的街道占了大多数。当然，不用说，从业者在战火来临的同时都四处逃窜了。现在，这些店铺都被很多的难民所使用，且他们的仓库也都处于占领军经理部的管辖之下。因战火蒙受损失最严重的是棉花批发商及麻批发商。他们的店铺和仓库大部分都被破坏，或者已经消失得无影无踪。现在，该区域则是作为军需品的户外堆放地来使用。在这些四处逃亡的批发商中，属于第一流的批发商大部分据说都跑到了香港、上海或者重庆方面。而属于中流以下的批发商大部分都遁入汉口市内，特别是法租界地区。

如上所述，汉口的农产品交易机构由于受到战火波及，几乎全面遭到破坏。现在，由于批发商停止发挥其功能，所以，即便是地方集散地的商人想把物资搬运进来，但由于没有顾客，同时汉口也没有交易市价，所以

---

① 此处是站在日方立场上的措辞，指国民党正规军。

不存在一个能够作为物资搬运买卖标准的东西。的确，现在虽然有一部分中国的中介人开始活动，但是，这并不是中国人批发商的活动，几乎都是基于日本人商社的活跃才开展的活动。但是，日本人商社的活动范围和其能力如果与中国人相比的话，充其量也只不过是九牛一毛。另外，从收益的视角来看，日本人商社如果要自己进入内地的话，最好还是利用中国商人，与其联合起来，这样比较有利。

总之，在以汉口市场为中心的物资交易机构中，占据压倒性重要地位的是汉口的农产品批发商。他们的功能停止了且没有恢复，才导致现在物资出货停滞，这是最根本的原因。

这种状况并不是一种暂时性的破坏，而且在将来，还会对包括农村生产在内的本地区所有交易机构造成影响。从这一点来看的话，不得不说，汉口市场交易机构的复兴是一个紧迫的问题。

（2）看不见敌正规军[①]的地域

这一区域大体上为与日本军队占领地域直接相邻的地区。不用说，这一区域虽然是敌人的地盘，但是，比起那些驻扎有敌正规军的地区，我们与该区域敌人的敌对关系倒不是那么的浓厚。

当敌正规军撤退后，随着该地区治安陷入混乱，在这里又发生了另外的事情。那就是自卫团的强化以及土匪的横行。并且，自卫团与土匪在性质上并无二样。我们认为，在湖北省，这些自卫团和土匪可能是受到了共产思想的洗礼，使得它们与所谓的共产党军队有些相似。但是现在这些团匪并不属于同一个组织或系统。它们既不从属于重庆的国民党，也不在共产党的领导下，充其量也就是一些带有共产色彩的个别的组织。因此，他们与皇军之间的敌对关系并不是那么强，它们对于自己横行出没的地方的控制力似乎也并不那么大。本地区的治安状况大体如上。可以做出一个判断，这里的流通状况是以上三个地区中最坏的地区。但是，我们所说的"最坏"是针对没有统制状态而言的，并不是针对汉口方面的出货难易而言的。关于后者，我们将在后文中进行叙述。这件事情姑且不说，据说，由于匪徒多盘踞在主要河川、陆路的各个要塞，如果要搬运出货商品的话，

---

① 指国民党军队，后文处皆为此，不再注明。

就必须给他们相当金额的回扣。据说，如果是中国人的话，大体上其性命都可以得到保证。现在，本地区的土货（主要是战火波及后的隐藏货物）一部分被重庆政府所搜刮，另一部分则在日本军队占领区被搜刮，似乎前者的势力更加强大一些。

（3）敌方正规军驻扎的地域

该地域一部分与日本军队占领区直接毗邻，大部分存在于前述（2）的地域之间，且位于其后方。关于该地域的治安，由于农村保存了一些应对敌人势力的基础，所以与前述（2）地域相比，该区域的治安相对比较良好。但是，本地区的物资，只要是面向日本军队领地的，不仅都被完全阻止了，而且，据说敌方势力①为了满足自己的需要，也正在致力于将前述（2）的物资吸纳到自己的领地内。

在这些物资中，可以供出口海外的经过政府所在地重庆到达长江上游的叙州②，再转陆路经过云南，进入越南河内后被送往海防③（但是这都是在日本军队占领法领印度以前的状况），这些物资最终都被运到了香港、上海等地的市场。

由于以上原因，可以说，本地区对汉口的出货关系几乎不能构成为一个问题。

对以上事变后战火对流通方面造成的影响做一个总结的话，首先，现在汉口市场农产品出货圈非常狭小，虽然我们也承认在稍微偏远的地方还有大量的囤货，但是由于这些地区的治安以及其他各种原因，农产品的出货量都受到了限制。只有那些属于日本军队占领区域内的一些地方，其农产品的出货才有可能。因此这也是汉口市场交易机构复兴所不可或缺的一个因素。

最后，我们综合一下汉口日本人各商社的各种意见，对出货量预想数字进行一个设想，我们认为，应该约为正常年份的 10%～15%。

第二节　汉口的日本人棉花同业会

七七事变的战火对本省一般农产关系的影响大致如前小节所述，我们

---

① 指中国军队。
② 今四川省宜宾市。
③ 越南北部的沿海城市，越南第三大城市。

首先将这些内容放入脑海中。本节以下的各节将对汉口陷落以后的本省棉花的各种变化状况进行一个考查。

众所周知，棉花在我国，或者从前在我国的势力范围圈内，不仅是一种无法自给自足的生活必需品，而且还是一种重要的军需品。因此，在汉口陷落后不久，棉花就被指定为军需品。棉花的收购和经营等相关事项都需要军方的统制命令。棉花的自由买卖和运出，不管对于外国人、中国人还是日本人，都被严厉禁止。军方唯一指定的棉花经营机构就是汉口的日本人棉花同业会。该组织于昭和 13 年（1938）7 月在上海成立，可以认为，其在组织关系上是华中棉花协会的一个支部。前者的干事和会员如下。

干事：日信洋行（日本棉花株式会社）
会员：东棉洋行（东洋棉花株式会社）
　　　伊藤洋行（伊藤忠商事株式会社）
　　　阿部市洋行
　　　吉田洋行
　　　江商洋行
　　　瀛华洋行
　　　三菱洋行（三菱商事株式会社）

不必说，该同业协会仅仅是一个完全的代替行使买卖行为的机构。至于其商业行为，则完全处于军方的统制之下。也就是说，会员只有得到军方的命令后才能够开始从事交易。而且，收购价格以及各个会员的交易额比例等也会提前受到一定的限制。当然，军方的订货以及向军方交货等事情都是由该同业协会一个机构来应对的。至于各个会员的个别行动，只能在军方规定的交易额比例范围内进行自由买卖。

第三节　昭和 14 年（1939）的生产及出货状况

第一项　生产状况

在本项中，由于我们要以运输交通来对本省的棉花区域进行分类，所

以汉口市场为中心的湖北省棉花情况

以此处不打算使用前述第一章第二节中的"将湖北分为鄂中、鄂北、鄂西、鄂东四个生产区域"这一分类方法。这里我们将棉产区域分为长江流域、汉水流域、京汉线沿线三个区域。另外，前文也提到过，本省正常年份的棉花生产量据估算约为200万担。如果按照新的生产区域分类方法来看，则各地的生产量如下：

（1）长江流域（110万担）
（2）汉水流域（90万担）
（3）京汉线沿线（20万担）
合计：220万担。

如果要了解其详情的话，一般又可以分为以下5个地区。

（1）以汉口为界的长江下游地区（20万担）
黄冈、蕲水、蕲春、广济、黄梅、鄂城、大冶、阳新、麻城、黄安。
（2）以汉口为界的长江上游地区（90万担）
①汉口→沙市（30万担）
石首、监利、嘉鱼、武昌、汉阳。
②沙市→其上游（60万担）
江陵、荆门、当阳、公安、松滋、枝江、宜都、宜昌。
（3）汉水下游地区（40万担）
汉川、应城、天门、沔阳、潜江、京山、钟祥、宜城。
（4）汉水上游地区（50万担）
襄阳、枣阳、随州、谷城、光化、均县①、郧西、郧县、房县、竹山、竹溪、邓县、新野。
（5）京汉线沿线地区（20万担）
黄陂、孝感、云梦、安陆、应山②。

---

① 今丹江口市。
② 今广水市。

合计：220万担。

在正常年份，本省的棉花产量如上所示。昭和14年（1939）时，如果把日本军队所支配的地区，也就是当时的汉口经济圈的范围及其生产量，按照前述列举的5个生产区域来分类的话，可以分为以下四个地区。

（1）以汉口为界的长江下游地区（20万担）
（2）以汉口为界的长江上游地区（30万担）
（3）汉水下游地区（40万担）
（4）京汉线沿线地区（20万担）
合计：110万担

当然，不用说以上地区并不都是完全处于日本军队的控制之下，其只不过是一个大致的区域。特别是在（1）和（4）这些地方，日本军队实际控制的地区只有以上列举的约10%~30%，（3）这一区域为40%。只有在（2）这一区域的个别地方，日本军队的控制才逐渐达到50%。

因此，不管我们如何乐观地推算，都不能说以上这些区域中的一半都位于日本军队的控制之下。如果对其进行最大估算的话，最多不超过40%吧！如果按照40%来计算的话，那么这一区域的生产量合计为44万担。而其余的66万担自然不用说是处于敌方势力的控制下。这些地方主要是游击队、共军和土匪在控制着。

而且，处于日本军队支配下的44万担还仅仅是一个正常年份的数字。如果在战时状态等非常时期，肯定要对这一数字进行大幅修正。具体来讲，修正的根据之一就是生产力的减退，另外一个是种植面积的减少。两者中相对重要的是前者。据推算，现在的生产力大约减退到了正常年份的70%~80%。现在，我们假定生产量的下降已经低于70%，即44万担变成30.8万担，大概为31万担。我们认为，将这31万担视为昭和14年日本军队实际控制地区的大致的棉花生产量应该没有什么不妥的吧！

第二项　出货情况

本项将对汉口的出货量进行一个推算。在正常年份，汉口的出货率为本省棉产地区整体的60%。当前的日本军队支配区域属于距离汉口最近的地区，其平均出货率据推测达到了70%。现在，如果把当前的出货率看作与正常年份完全相同的话，31万担的70%，也就是汉口的出货量约为22万担。

这种把当前的出货率按照正常年份来计算的做法，虽然看似不合理，但是如果考虑到出货的不利条件，亦即前述第一项中将日军对生产地区控制力的推算控制在40%以内，那么这种算法还是有很大的合理性的。以上所说的22万担出货量是没有将囤货计算在内的出货量。包含囤货在内的实际的面向汉口的出货量如下：

同业会按照军方的命令在2月、3月、4月、5月、6月、7月、8月这7个月中收集来的从前的囤货（包括相当数量的汉口市内的囤货）约有23万担，加上前述的22万担，合计约为45万担。我们可以推测，这个数字就是昭和14年（1939）汉口实际的出货量。

第四节　昭和15年（1940）的生产及出货状况

关于昭和15年的生产及出货的详细状况在本调查中是不明确的。因此，在这里我们仅仅引用华中棉花协会会员的谈话来对其概况进行一个简述。该谈话的内容大致如下：

> 本年度初的生产状况由于遇到了好天气，我认为，预估生产量可能会比去年要好一些。但是，偏偏不凑巧，6月的汉水作战导致汉水流域的主要棉产地都蒙受了极大的损失。受此影响，日本军队控制区域的棉花生产量也出现了大幅度的减产，预计将会低于去年。另外，在向汉口出货时所面临的种种障碍也跟去年一样。综合以上情况，同业会认为，本年度能够收集到的棉花数量应该是要少于去年。

第五节 军特务部指定价格

众所周知,棉花的品质有很多种,品质不同价格也会有高低之分。大体来看的话,每担棉花的价格约为35日元,这也是现在军特务部指定的棉花价格。由于同业会在将棉花交付给经理部仓库的时候也是这个价格,所以这个价格包含了运费、包装费、苦力的工资以及其他各种费用。

但是,现在军方会支付给同业会一个手续费。对于汉口市内的货物,按照1%的比率支付,对于从内地收购来的货物,按照3%的比率支付。所以,对于军方来讲,如果要将1担棉花放入经理部的仓库,需要35日元35钱至36日元5钱的费用。

第三章 结论(适合的收购方法)

如前所述,现在的汉口市场上,以棉花为代表,其他一般农产品的出货状况都处于一种不佳的状态。为了摆脱这一不佳状态,必须要采取以下的收购方法(物资出货促进方法)。

(1) 治安的确立。
①谋求交通的安全,即驱逐敌方势力①,加强日本军队的自戒自肃。
②放宽交通自由,尽可能减少中国人在交通方面的限制。
(2) 让汉口的中国人批发商业者复归、振兴。
①把汉口最西部难民区的老百姓转移到其他地区,让以前的批发商业者能够重新回到此处;
②让合适的业者(指从业者)来使用军经理部管理的旧批发商仓库;
③指导并支持设立业者的组合机构;
④加强业者、批发商组合与日本人商社之间的紧密联系;
⑤在中国商人复归以前,作为一种"暂时的"处置措施,把日本

---

① 指中国军队。

人业者派往内地并让其驻扎在内地。

（3）整理与补充运输机构。

①恢复整备铁路、机车、货车、汽车等；

②整备民船的过少问题；

③考虑如何可以使用军用船来弥补民船的不足。

（4）致力于通货的稳定和信用的增大，即研究成立新发券银行。

（5）尽可能让汉口的农产品收购价格变得公平公正。

当然，以上这些对策不仅仅是针对棉花，也适用于其他农产品。这里，稍微需要加以说明的是以上（2）中的⑤以及（5）这两条。前者虽然从根本上来讲属于一个效果非常微小的对策，但是，在现实中也是最容易着手，且结果最明了的一个对策。同时，现在各个团体和商社所使用的收购方法其实都是这一种方法。也就是说，在有收购经验的中介人的陪同下，一起前往地方集散地，与当地的交易业者进行直接交涉的一种方法。对于一些重要的地点，商社不仅向当地派遣日本人社员，而且还让这些社员在一定时间内驻扎在当地，对当地的情况进行调查，与当地的商人取得紧密的联系。还有一种方法是与当地的商社联合起来，结成一个组合机构，方便进行大宗交易。

这里需要注意的是，前述的派遣日本人并让其驻扎在当地，并不需要他们直接与当地商人进行直接的交涉。倒不如说，应该避免这一点。最好是将收购业务全权委托给中国的中介人。日本人的主要工作应该是与当地的军部或治安维持会等进行交涉。据说，只要将交易的细节以及交涉等工作交给中国人，而日本人只需要统领全局，就能够取得良好的结果。

现如今，日本人比较活跃而中国人的活动非常弱小，这是由于非常事态所引起的。在正常状态下，中国人应该承担收购功能中的很大一部分。而现在，灵活利用中国人进行收购，这将会是促进交易顺利进行的一个捷径。据说，这对于日本人商社来讲也是一个有利的收购方法。上文中之所以说"将日本人派往内地或让其驻扎是一种'暂时的'处置方法"，这个"暂时的"说的就是这个意思。

接下来是后者，也就是收购价格。关于向军经理部仓库交付货物时的指定价格，如前所述，每担为35日元。而在当地，交易价格约为每担28~30日元。至于在上海，每担的行情达到了70日元的50%，甚至是其以下的价格。只能说这个价格太过低于指定价格。根据我们听到的消息，敌方势力[1]为了自己的需求以及获得外资，或者以搅乱我方的政策为目的，对一些重要物资开始采取一些强有力的收购方法。尤其是敌方势力的收购价格通常比日本一方的价格要高出2~3成。根据我们与当地日本人商社的交谈内容，他们说，敌方对棉花的收购价格为每担35~40日元。

后　记

本调查是今年夏天（昭和15年，1940年夏）在汉口进行的，除我们所能得到的一些碎片性的资料外，还多亏了金城银行总经理处汉口调查分部编的《湖北之棉花》，以及满铁汉口驻在员事务所制作的一些资料才得以完成。

---

[1] 指中国军队。

图书在版编目(CIP)数据

东亚同文书院经济调查资料选译. 物产资源卷 / 周建波主编；张亚光等副主编；胡竹清，李军译. -- 北京：社会科学文献出版社，2024.12
　　ISBN 978-7-5228-1727-9

　　Ⅰ.①东… Ⅱ.①周… ②张… ③胡… ④李… Ⅲ.①经济史-史料-汇编-中国-1927-1943②自然资源-资源分布-史料-汇编-中国-1927-1943 Ⅳ.①F129.6②P966.2

中国国家版本馆CIP数据核字(2023)第071514号

东亚同文书院经济调查资料选译·物产资源卷

主　　编 / 周建波
副 主 编 / 张亚光　李　军　胡竹清　张　跃
监　　译 / 李春利
译　　者 / 胡竹清　李　军
校　　注 / 周建波

出 版 人 / 冀祥德
组稿编辑 / 陈凤玲
责任编辑 / 宋淑洁
责任印制 / 岳　阳

出　　版 / 社会科学文献出版社·经济与管理分社（010）59367226
　　　　　 地址：北京市北三环中路甲29号院华龙大厦　邮编：100029
　　　　　 网址：www.ssap.com.cn
发　　行 / 社会科学文献出版社（010）59367028
印　　装 / 北京联兴盛业印刷股份有限公司

规　　格 / 开　本：787mm×1092mm　1/16
　　　　　 印　张：23.75　字　数：373千字
版　　次 / 2024年12月第1版　2024年12月第1次印刷
书　　号 / ISBN 978-7-5228-1727-9
定　　价 / 398.00元（全三卷）

读者服务电话：4008918866

版权所有 翻印必究

周建波
主编

张亚光　李军
胡竹清　张跃
副主编

周建波
校注

李春利
监译

东亚同文书院
经济调查资料选译

商贸流通卷

③

胡竹清　译

社会科学文献出版社
SOCIAL SCIENCES ACADEMIC PRESS (CHINA)

目 录

华北各港口的航运 …………………………………… 001

上海的面粉加工业 …………………………………… 036

济南的外国商品 ……………………………………… 110

以对日贸易为中心的华南沿岸各港贸易调查 ……… 141

河北省东北部的物产流通及其交易状况 …………… 196

汉口地区的物资交流与合作社 ……………………… 242

以汉口为中心的棉花收购制度 ……………………… 282

扬子江干流的交通 …………………………………… 321

扬子江沿岸的贸易 …………………………………… 351

滇越铁路沿线的云南贸易调查 ……………………… 404

后　记 ………………………………………………… 467

华北各港口的航运[*]

渡部修三
第 27 期生

目 录

第一章 青岛
　　第一节 青岛港概况
　　第二节 青岛的海运

第二章 芝罘
　　第一节 芝罘港概况
　　第二节 芝罘的海运

第三章 龙口
　　第一节 龙口港概况
　　第二节 龙口的海运

第四章 大连
　　第一节 大连港概况
　　第二节 大连港的海运

第五章 营口
　　第一节 营口港概况
　　第二节 营口港的海运

第六章 秦皇岛
　　第一节 秦皇岛概况
　　第二节 秦皇岛的海运

---

[*] 该文系东亚同文书院第 27 期学生渡部修三和调查组成员于 1930 年进行的调查，原文见《东亚同文书院中国调查手稿丛刊》第 135 册，国家图书馆出版社，2016。

第七章 天津

第一节 天津港概况

第二节 天津港的海运

附记：建设葫芦岛港对我国在满蒙地区利权的影响

第一章 青岛

第一节 青岛港概况

胶州湾位于山东的东南岸。小珠山山脉尖端的海西湾和崂山山脉尖端的团岛湾是一种相互对峙的关系，胶州湾则恰好位于扼两个海湾咽喉的关键位置。胶州湾的湾口宽约为1.75英里（也写作哩）[①]，湾内略微呈圆形，拥有广阔的海面，东西南北之间各长10余海里（也写作浬）。[②] 午潮[③]的高度有时可达3米，所以不利于船只航行。但是在胶州湾10海里以内的地方，水深大都在5~30寻[④]，所以此处方便大型船只的出入和停靠。

胶州湾港口的设施较好，那些大小轮船出入的大港口普遍建在街区的西北方，而帆船出入的小港口则建在街区西侧。在德国经营山东期间（1898~1914年），由于德国人主要将建设的重心放在了铁路、矿山和港湾等事业上，并且投入了大量资金，不分昼夜地推进工程建设进度，所以才有了今天了不起的青岛港。

青岛港区分大港、小港。[⑤] 其中，大港从东向北再往西，有一个长约4200米的巨型防波堤，将近乎一半的水面包围起来，近呈圆形。这个防波堤主要是遮挡西北方向的风波。在防波堤的尖端，从东边的陆地向西长达270米港口的便是第一码头。第一码头宽约为415米，泊位长度为740米，码头

---

① 1英里等于1609米。

② 1海里等于1852米。书院学生在这段文字中涉及海上距离单位时行文不统一，先用英里（哩），接着又用海里（浬），让人不容易理解。

③ 正午时的潮水。

④ 古代长度单位，八尺为一寻。

⑤ 大港、小港是青岛港的两大码头，位于胶州湾东岸，大港码头主要作外贸用，通过大港码头与胶济铁路相接，青岛变成了连接世界与山东、华北的交流中枢。小港码头主要作本地内贸用，为吃水较浅的驳船和货船创造有屏障的货物装卸地。

上面还建有 4 个大仓库。第二码头位于和第一码头平行的相距约 170 米的北部港口内。第二码头宽约为 102 米，泊位长度为 1110 米，上面建有 3 个大仓库。位于第二码头北部的面积稍小的即为第三码头。

第一码头和第二码头的泊船能力加起来总共能够停靠 12 艘 6000 吨级的轮船。第三码头只完成了一半，且泊位长度也只有 170 米，主要用于盐、石油和特种货物的装卸。另外在防波堤最后面的位置还有一个 150 吨的起重机，一般我们把这个地方称为第四码头。第四码头的泊位大小为 1200 米，能够停靠 6 艘 6000 吨级的轮船。第一码头的外侧一边还没有完工，在日本占领青岛的军政府时代的后期①，曾计划投入 350 万日元对码头设施进行整备，其中 100 万日元已用于先期工程，后面的工程由中国人接着完成。

随着出入胶州湾船舶的增加，最近有很多呼吁改善码头设施的声音。如果第一码头外侧的泊位建成的话，还能够停靠 2 艘 1 万吨级的轮船。

以上四个码头都通过铁路与大港车站②相连接。港内的面积约为 130 万坪③。港内的水深如下。

最大干潮④时 27 尺

普通干潮时 34 尺

最大满潮⑤（指海水水面上升达最高的位置）时 47 尺

普通满潮时 43 尺

小港位于大港南部，坐拥约 10 万坪的水域面积，距离南北走向的防波堤只有百余米。在小港的里面有一座木质栈桥，卸货地总长为 6750 尺，货物堆放场地的面积约为 21339 坪。

---

① 1914~1922 年系日本占领青岛的军政府时期，1922 年日本将青岛交还给中国。
② 建于 1899 年，离青岛站 2.87 公里，曾用名大码头、扫帚滩等，在青岛开埠初期发挥了重要的作用。
③ 日本传统的面积单位，1 坪约为 3.3 平方米。
④ 干潮即"低潮"，指在潮汐涨落过程中，海水面下降到达最低的位置。另，原文写作午潮，有误。
⑤ 满潮即"高潮"，指潮汐的一个涨落周期内，水面上升达到的最高潮位。

第二节　青岛的海运

青岛是一个港口城市，所以其与华北、华南、华中、日本以及外国的联络范围非常广，除了日本内地外，大连、上海、天津、朝鲜等地都有船只频繁进出青岛。以下是各轮船公司的航线、名称以及船名。①

1. 大阪—青岛线

日本邮船会社：日光丸（5056吨）

大阪商船会社：泰山丸（4000吨）

原田汽船会社：原田丸（4109吨）

2. 大连—上海线

大连汽船会社：奉天丸（3975吨）、大连丸（3748吨）、长春丸（3975吨）

3. 大连—青岛线

阿波共同：十六共同丸（1500吨）、二十一共同丸（1400吨）

4. 上海—天津线

日清汽船会社：华山丸（2100吨）、唐山丸（2100吨）

5. 朝鲜—上海线

朝鲜邮船：平安丸（1580吨）

6. 仁川—华北线

朝鲜邮船：会宁丸（1010吨）

7. 高雄—天津线

大阪商船会社：长沙丸（1160吨）、福建丸（1160吨）、盛京丸（1160吨）

8. 青岛—海州②线

隐岐轮船：隐岐丸（185吨）

---

① 依据《帝国主义在华航业发展史》（日新舆地出版社，1930）和《青岛市志·海港志》、《日本对华之交通侵略》（商务印书馆，1931）等一一校对，除个别错误外，绝大部分准确，特此说明。

② 今连云港。

日华协信公司：第四福山丸（150 吨）

9. 上海—青岛—广东线

太古洋行：山东轮（2549 吨）、苏州轮（2590 吨）、新疆轮（2614 吨）、绥阳轮（2590 吨）、四川轮（2590 吨）、新宁轮（2555 吨）、凉州轮（1999 吨）、庐州轮（2000 吨）、欵州轮[①]（1992 吨）

怡和洋行：永生轮（2339 吨）、日升轮（2284 吨）、阜生轮（2251 吨）、威升轮（1865 吨）、怡生轮（1844 吨）、广生轮（2283 吨）

以下是青岛港距其他各港的距离（单位：海里）。

上海：410

仁川：329

门司[②]：564

芝罘：226

大连：262

天津：449

汉口：979

营口：—

神户：807

大阪：816

四日市[③]：988

名古屋：996

横滨：1103

长崎：525

香港：1106

[①] 原文有误，应为郯州轮。
[②] 门司港是日本港口之一，位于日本北九州市的一个区。
[③] 四日市港是日本港口之一。四日市是三重县最大的城市，因早期每月四日开放集市而得此名。

005

青岛港的进出口贸易额从德国占领结束到日本统制的这一时期内（1914~1922年）呈现逐年增加的态势。大正10年（1921）以后，进出口贸易额几乎平均每年增加[①]在1000万海关两以上。到了昭和2年（1927），青岛港进出口贸易总额增加至1.5亿海关两（具体情况见表1~表4）。

表1　1923~1927年进出青岛港的船舶数量

年份	船舶数量（艘）	年份	船舶数量（艘）
大正12年（1923）	1499	大正15年（1926）	1453
大正13年（1924）	1491	昭和2年（1927）	1766
大正14年（1925）	1435		

表2　出入青岛港的轮船国籍一览

国家	船数（艘）	吨位
日本	1171	1532274
英国	231	489472
中国	198	145369
德国	66	255330
美国	39	153065
挪威	18	30271
法国	12	46688
葡萄牙	9	41512
俄国	9	9201
意大利	7	33029

表3　1916~1927年青岛港停泊船只以及进出口货物情况

年份	船数（艘）	吨位	货物（吨）		
			进口	出口	合计
大正5年（1916）	645	593423	243545	294736	538281
大正13年（1924）	1622	2235004	612175	982075	1594250
大正14年（1925）	1647	2408392	686990	863176	1550166
大正15年（1926）	1717	2553069	701196	688634	1389831[②]
昭和2年（1927）	2073	2825203	754732	932914	1687647[③]

---

① 只在1925年，出现6300多万（6353133）海关两的减少，见表4，特此说明。
② 原文统计有失误，根据表中数据计算为1389830。
③ 原文统计有失误，根据表中数据计算为1687646。

表4　1921~1927年青岛港船舶贸易总额

单位：千海关两[1]

年份	出口额	进口额	合计
大正10年（1921）	34167008	47795019	81962027
大正11年（1922）	35137414	62824158	97961572
大正12年（1923）	42232330	66131543	108362873[2]
大正13年（1924）	55352316	77954675	133306991
大正14年（1925）	59433833	67520025	126953858
大正15年（1926）	61997968	74601861	136599829
昭和2年（1927）	74704028	74795831	149499859

第二章　芝罘

第一节　芝罘港概况

芝罘港位于北纬37度、东经121度，隶属于登州府[3]福山县，同时也是距离日本内地最近的一个港口。芝罘自1863年开港以来，还有另外一个名字——烟台。芝罘处于山东省渤海湾突出的一个角尖上，是华北交通的一个要道。另外，芝罘还与辽东半岛的金州半岛隔海相望，所以也是渤海湾的一个关键地方。芝罘港的后面是丘陵地带，在芝罘港东侧海上约5英里的地方有一个崆峒岛。芝罘港内向北3英里处与芝罘岛相望。由港向西十数町[4]（一千多米）的距离处再自南向北一直是沙地，这些沙地连绵一英里半，与芝罘岛的中部相接。芝罘港的后面是丘陵地带，在芝罘港东侧海上约5英里的地方有一个崆峒岛。芝罘港的海滨一带都是沙子，沙地一直延续到北部，与芝罘岛的中部相接，由此形成了一个大的海湾。

---

[1] 原文有误，这反映了作者的粗心大意，应为海关两。
[2] 原文统计有失误，根据表中数据计算为108363873。
[3] 登州府，清代府治蓬莱县。下辖：蓬莱县、黄县（今龙口市）、栖霞县、招远县、莱阳县（今莱阳市、莱西市）、福山县（今烟台市福山区、芝罘区）、文登县（今威海市文登区、环翠区）、荣成县、海阳县（今海阳市和乳山市西部）共9县；宁海州（今烟台市牟平区、莱山区）1散州。
[4] 日本的长度单位，1町约109.09米。

湾内水深约 5~7 寻，海底是砂石混合，几乎所有地方都不适合大小船只的抛锚。

在芝罘港的前面有一个被称为"烟台山"的小山丘从南部插入湾内，与芝罘岛的东边相隔而望。这个小山丘与西边的沙地共同形成了一个天然的海湾。那些小型的轮船一般都停泊在此处，而稍微大一点的轮船则经常在烟台山下的西北方抛锚。该港与天津、牛庄等港口一样，由于冬季水面不会结冰，所以一年四季来往的轮船络绎不绝。芝罘港码头有一些设备，比较方便货物的装卸。虽然有栈桥等设施，但是对于大型轮船，由于栈桥下的水深不够，所以货物的装卸以及人的移动还得依靠舟楫。而那些小型船只则可以直接靠岸，进行货物的装卸。

第二节　芝罘的海运

凡是来往于天津、上海的轮船几乎都会在中途停靠芝罘或威海卫。日本轮船的航线都是经过烟台驶向旅顺、大连或者朝鲜的仁川、釜山以及日本的长崎。以下列举的是一些航线、船舶公司以及船名。

1. 华北支线（仁川—镇南浦①—新义州②—芝罘—大连—青岛）

朝鲜邮船：会宁丸（1010 吨）

2. 仁川线（大连—威海卫—芝罘—仁川）

阿波共同：二十一共同丸（1500 吨③）、十六共同丸（3748 吨④）

3. 大连—芝罘线

田中商事：海寿丸（670 吨）、海宁丸（478 吨）

---

① 朝鲜西海岸港口城市，临黄海的西朝鲜湾，大同江左岸。
② 朝鲜港口城市，是位于中朝边境鸭绿江南岸的重要城镇。
③ 原文有误，应为 1400 吨。
④ 原文有误，应为 1500 吨，据日本学者椎名一雄提供的《日本船名录船主别》（1921 年版），东邦书院，第 111 页，关于阿波共同汽船会社所拥有的汽船，其中十六共同丸被列为 1477 吨的汽船，与第 4 页提到的 1500 吨描述一致。而第二十一共同丸的排水量为 1380 吨，与第 4 页提到的 1400 吨的描述一致。在众多的轮船中，只有大连丸的排水量为 3748 吨，这与第 4 页的描述一致。应该是书院学生将大连丸的排水量错误地填在了十六共同丸的位置上了。

政记公司①：永利轮（628）

4. 天津—芝罘线

招商局：新丰轮、新华轮、新康轮

太古洋行：顺天轮、奉天轮、通州轮

和记洋行②：景生轮③

5. 秦皇岛—芝罘线

招商局：胜利轮、成利轮

从芝罘港到华北、华中以及其他各港口的海路里程如下（单位：海里）。

天津：1200

秦皇岛：1400

大连：480

青岛：1300④

安东⑤：1100

牛庄：920

大孤山⑥：980

上海：3200

福州：4300

厦门：5100

---

① 1904年，山东文登人张本政在烟台开办了政记轮船合资无限公司（俗称政记轮船公司），资本4万银元，是近代烟台首家轮船航运企业。之后抓住一战爆发，欧美船只全部调回，中国沿海航运出现空白的机会迅速扩张，至战争结束时已成为华北第一大航运公司。1920年改组为股份有限公司。1923年公司迁至大连。1931年九一八事变之后，政记轮船公司承担日军军运，不久又将其全部轮船调集到大连、香港为日军运输物资。1945年日本投降，政记轮船公司随之倒闭。
② 指烟台英商和记洋行。1862年烟台开埠后，欧美商人纷纷来到烟台。1864年，英国商人在烟台山下开设和记洋行，经营进出口贸易和航运代理等业务，这是英国在烟台最早开设的洋行，垄断了烟台当地的生丝出口。
③ 没有查到烟台英商和记洋行拥有这艘轮船，倒是查到怡和洋行拥有景生轮，故特此说明。
④ 原文有误。参考该文有关青岛港海运的论述，应为260海里。
⑤ 今丹东。
⑥ 今属辽宁省丹东市东港市。

汕头：9700

登州：300

龙口：340

威海卫：180

关于芝罘港的海运情况，虽然往返于上海、天津之间的中外轮船都会在此停靠，或装卸货物，或上下旅客。但是，芝罘港仍是一个以输出苦力为主的港口。具体来看的话，芝罘是一个将山东的苦力向南满洲输出的重要港口。现在，芝罘港作为一个苦力输出港的作用正在慢慢被龙口港所取代。另外，德国在占领山东半岛期间（1898~1914年）主要将资金集中投放给了青岛，这也导致了芝罘港逐渐失去了往日的繁荣，商业和经济状况变疲软，贸易也在慢慢衰减。今后，即便是建了铁路，且经营方针也是正确的，想要回到以前那种繁荣的时代估计也是非常困难了。以下是航运反映出的一些情况（见表5、表6、表7）。

表5 历年出入芝罘港旅客人数（1923~1927）

单位：人

年份	入港 中国人	入港 其他	入港 合计	出港 中国人	出港 其他	出港 合计
大正12年（1923）	175725	2199	177924	156320	1962	155033[①]
大正13年（1924）	165817	2128	167945	185033	1962	186995
大正14年（1925）	142178	1787	143965	152124	1707	153831
昭和元年（1926）	139316	2071	141387	141752	2107	143859
昭和2年（1927）	144506	2061	146567	137379	1682	139061

① 数字明显错误，应为158282。另，考虑到大正12年、13年出港的非中国人均为1962人，似不可能。鉴于大正13年的数字核计正确，那么大正12年出港的非中国人数字极有可能是错误的，在此特别说明。

表 6　芝罘港进出口及运入运出货物价格历年比较（1923~1927）

单位：海关两

		大正 12 年（1923）	大正 13 年（1924）	大正 14 年（1925）	昭和元年（1926）	昭和 2 年（1927）
轮船贸易	进口额和运入额	29377023	22122980	19669365	20177402	19827115
	出口额和运出额	22974751	15911099	17559123	17608476	14162731
	再出口额和再运出额	7827626	5919035	3780284	3450093	2903652
	小计	60179400	43953114	41008772	41235971	36893498
帆船贸易	进口额和运入额	8135518	6055962	5942467	6408634	7030952
	出口额、运出额、再出口额和再运出额	1473228	869665	1025914	1222017	2120074
	小计	9608746	6925627	6968381	7630651	9151026
合计	进口额和运入额	37512541	28178942	25611382	26586036	26858067
	出口额、运出额、再出口额和再运出额	32275605	22699799	22365321	22280586	19186457
	小计	69788146	50878741	47977153	48866822	46094524

表 7　进出芝罘港的船舶

年份	外国贸易船舶		沿岸贸易船舶		合计	
	艘数	吨位	艘数	吨位	艘数	吨位
大正 12 年（1923）	198	199331	3227	3071734	3425	3271065
大正 13 年（1924）	150	176716	3090	3180904	3240	3357620
大正 14 年（1925）	133	157987	3130	3165339	3263	3323326
昭和元年（1926）	107	185023	3225	3493754	3332	3678777
昭和 2 年（1927）	68	126162	3135	3146598	3203	3272760

第三章　龙口

第一节　龙口港概况

龙口港隶属于黄县，是一个面朝渤海湾的海港。另外，龙口与满洲的营口港隔海相望。位于龙口港西部的屺坶半岛深入到渤海湾内大约 1 英里的地方形成了一个沙滩①。龙口港就位于这个沙滩附近，距离屺姆岛约不到 1 英里的地方。龙口港水深最深为 13～15 英尺②。由于屺姆岛和位于其正北方的半岛共同遮挡住了北风和东北风，所以这里只有西北风。龙口港内只有一个水道，居住在此处的外国商人曾在这个水道上设置了一些不太完整的浮标，这些浮标可以起到指路的作用。龙口港可以分为内港和外港，内港无法通行吃水深度在 13 英尺半以上的轮船。那些吃水深度在 9 英尺以下的轮船一般顶多能开到距离陆地 0.25～0.67 英里的地方。因此，很多轮船都选择在外港停泊。那些靠近内港陆地的地方水深有 5 英尺半左右，但海岸很浅，且内港南北两侧的海岸都很浅，甚至不足 3 英尺。内港水比较深的地方是东南方，据说在午潮的时候，水深可达 18 尺以上，潮汐和午潮的差可以达到 4 英尺。在涨潮的时候，南北两面的水位都变得很高。龙口港在冬季，尤其是 12 月的将近一个月里，在距离陆地不远的海滩会结一层薄薄的冰。由于该港没有一座栈桥，港口沿岸都是沙地，所以不管是货物还是旅客都是通过小船转运上岸的。自龙口开港至今，该港的一大缺点就是海滩太浅且没有任何改进措施。可以说，现在的龙口港跟以前那个旧帆船时代的龙口港没有什么异样。具体而言，那些吨位在六七百吨以上的船舶都停靠在外港，吨位在三四百吨左右的轮船才能停靠在内港，而且是停泊在距离市中心两三町的海面上。这样一来，一到午潮的时候，货物的装卸和旅客的上下就变得非常不便，由于船体和陆地之间没有任何类似舢板等的连接设施，必须在距离陆地二三里的地方进行转运交替工作。

龙口港的海底全部是沙地，没有暗礁等障碍物。将该港分隔为内港和外港的浅滩一直延伸到东北方向的南岸，所以该港只有一条水道。进入该港的轮船能够依靠的只有设在水面关键位置的三处浮标，以及建在陆地上的 2 处标志物。另外，不管是建在水里的浮标还是陆地上的标志物，由于它们晚上都不点火，所以船舶几乎不可能在夜间入港。

---

① 屺姆岛南、西、北、东北环海、东有一沙堤与陆地相连。东西长达十公里，南北宽达一公里，相传明朝开国功臣胡大海在此寄母而得名。
② 1 英尺（呎）相当于 30.48 厘米。

另外，多说几句。在日德战争①期间，我军②正是从该港登陆才攻陷的青岛，所以该港可以视为我军攻陷青岛的一个具有纪念意义的港口。战后进入日本军政府时代③后，龙口港成了一个军港，当时计划要建一个飞机场，以便进一步充实日本在山东的影响力，但是后来没有实现。

第二节 龙口的海运

龙口港位于黄县的西部，在地形上占据优势，是渤海湾交通的要道，同时也是仅次于烟台的一个海港。民国 3 年，自从龙口成为商埠地后，来往于该港的国内外各条航路的轮船数量慢慢增加，特别是最近，从山东前往南满各港的外出打工苦力几乎都是乘坐来往于营口和龙口之间的轮船。每年从龙口前往营口的苦力人数据说有 10 万人，其中回来的人有 8 万人。

龙口港与芝罘、大连、营口等其他渤海沿岸各港口之间的民船往来从很早开始就很频繁。对此处商业活动影响最大的是芝罘和营口。自开港以来，每年出入龙口港的轮船数量都在增加，其中龙口与大连之间的联系比龙口与芝罘之间的联系还要紧密。

龙口的北边是天津和营口，东边是烟台和大连，西边与虎头崖④、羊角沟⑤相毗邻，所以该港口的民船与轮船的往来非常频繁，与贸易相关的产业将会越来越发达。

以下是停靠该港轮船的所属公司以及轮船名字。

①太古洋行：温州轮、牛庄轮

②怡和洋行：怡生轮

---

① 指第一次世界大战期间，日本和英国共同攻打当时由德国控制的青岛。战役于 1914 年 10 月 31 日开始，至 11 月 7 日结束。日本于这场战役中获胜，占领青岛。

② 指日本的军队。

③ 1914 年日德战争爆发后，日本内阁决定，在欧战未结束前青岛及山东战区一律实行军事管制，各级官吏由日本委派，山东省路矿由日本监督，海关也派日本人管理，并任命独立第十八师团师团长、陆军中将神尾光臣为首任守备军司令官，从此青岛进入了日本军政府占领统治时代。

④ 位处莱州的港口。1861 年烟台开埠后，山东沿海包括青岛在内的大小 23 个港口均归烟台海关管辖，虎头崖港口也在这个时候设立海关、电报局和商会事务所。

⑤ 位处寿光的港口。1915 年 11 月设立东海关龙口分关，羊角沟是其重要的分卡之一。

③肇兴公司①：肇兴轮

④旗昌公司：芝罘轮

⑤营口（日商）东和公司：第二永田丸

⑥大连汽船会社：龙平丸（742吨）

从龙口到其他各港口的海上距离如下。

芝罘：陆路230华里，海路90海里

营口：200海里

大连：120海里

以下是龙口港的海运情况。

表8　1923~1927年进出龙口港的旅客人数历年比较

单位：人

年份	入港			出港		
	中国人	其他	合计	中国人	其他	合计
大正12年（1923）	57949	173	58122	51234	126	51360
大正13年（1924）	51243	126	51369	48412	110	48522
大正14年（1925）	44838	183	45021	54359	131	54490
昭和元年（1926）	50032	265	50297	55818	128	55946
昭和2年（1927）	55353	166	55519	65007	87	65094

表9　1923~1927年运入运出龙口港的货物价格各年比较

单位：海关两

		大正12年（1923）	大正13年（1924）	大正14年（1925）	昭和元年（1926）	昭和2年（1927）
轮船贸易	进口额及运入额	4772588	3669564	5077302	6176914	6482566
	出口额及运出额	2491175	2729264	2782267	3592374	5345602
	合计	7263763	6428828②	7859569	9769288	11828168

---

① 1910年，辽宁营口"西义顺"的财东李恒春与其弟李恒端合资开办肇兴轮船公司，不仅在内地发展经营，还在天津、烟台、龙口、威海、青岛等地有定期航线经营客货两种海上运输业务，一度形成了规模颇大的航运帝国，在中国近代民族航运史上，留下了浓墨重彩的一笔。

② 原文数字有误，据计算为6398828。

表 10 1923~1927 年出入龙口港的船舶统计

年份	外国贸易 船舶 艘数	外国贸易 船舶 吨位	沿岸贸易 船舶 艘数	沿岸贸易 船舶 吨位	合计 船舶 艘数	合计 船舶 吨位
大正 12 年（1923）	31	37409	89	67327	120	104736
大正 13 年（1924）	25	34081	97	81449	122	115530
大正 14 年（1925）	23	33635	123	111369	146	145004
昭和元年（1926）	25	34701	200	207899	225	242600
昭和 2 年（1927）	10	13604	259	196930	269	210536

第四章 大连

第一节 大连港概况

自日俄战争以后，大连可以说几乎全部继承了俄国人设计的城市规划的骨架，后来又经过二十几年的发展。现在大连即便与欧美的一些城市相比也是毫不逊色。在日本人的建设下，大连的城市不断扩大，现在已然成为东亚一个代表性的文化大都市。

关东州[①]的租界地位于辽东半岛的西南端，从普兰店的北部到东鮠子窝东部的碧流河口这一带与其他中国领土接壤，而且长山列岛和复州列岛[②]都被包含在租界地内。关于其面积，本州[③]约为 202.23 平方里，属岛[④]（十四岛）为 16.53 平方里，合计面积为 218.76 平方里。

大连位于辽东半岛南端北纬 38 度 56 分，东经 12 度 36 分，距离门司 614 海里，距离青岛 239 海里，距离上海 530 海里。大连的市区（街区）位于城市东北部的大连湾，东西长约 2 里，南北长 27 町，面积为 1.5 平方里。它的

---

① 在今辽宁辽东半岛的南端，普兰店市东至皮口镇一线以南地区。清光绪二十四年（1898）被沙俄租占，俄人名曰关东州，设总督驻旅顺。三十一年（1905）日俄战后为日本占领。1945 年 8 月日本投降，结束了帝国主义对此地的统治。

② 1905 年 12 月 22 日，在日本的胁迫下，中日双方代表在北京签订了《中日会议东三省事宜正约》和《附属协定》，将复州（今瓦房店市）的凤鸣岛、交流岛、平岛、西中岛、骆驼岛划入"关东州"，时称"复州五岛"。

③ 指大陆部分，亦称本岛。

④ 属于大陆（本岛）的岛屿。

南面是黄海，与山东省隔海相望，西面邻接旅顺港。在大连港湾，那些定期来往此处的船只非常多，这些船只不仅有来自东洋各港口的，而且还与欧美各港之间保持联系。大连在陆地上是南满铁路的起点，火车经过南北满洲和西伯利亚的沃野可以到达欧洲各重要的城市。大连仅用了20多年的时间就取得了如此瞩目的发展成就，究其原因，除了海港城市外，还有一个，那就是作为大连腹地的满蒙是一块天然的宝地。我们的日本同胞以此处为根基，取得了坚实且有意义的发展成就，这就是最好的证明。

根据政府的命令，满铁①为了铁道的方便也开始经营水运业，这对于南满产业界的贡献将会非常大。另外，为了连接水陆运输，还要在港湾建设一些必要的设施并对其进行经营管理。具体而言，就是要在大连的海港以及码头建一些必要的设施并对其进行经营。另外，旅顺口、安东、甘井子②等各港口也要做同样的事情。日本国内的鹤见③、大阪两个港口以及其他几个地方也有建造码头的规划。满洲④的年贸易总额为十多亿日元，而这个金额的六成是大连港贡献的。对于如此规模庞大的贸易，大连港所拥有的完善设备堪称东洋第一。⑤

大连港外面的防波堤总长有4000多米，内水（防波堤内水域）分别被称为东西南北，总面积约为2975平方千米（约90万坪），水深9米（30尺）至11米（37尺）。已建成的码头（第一、第二、第三、甲、乙、丙）总长为4342米，第四码头（长1394米）是新建成竣工的。从东防波堤的北端到北防波堤之间的这段为主港的出入口，宽度约为393米（约1300尺），四个港口都设灯台。大连码头供船舶驶离和达到的岸壁共有36处，可供37艘5000吨级的轮船同时停靠。

另外，大连港的码头还具有保管35万吨货物的能力。此处建有36栋

---

① 满铁是日本在中国东北设立的一个特殊机构，是日本对中国进行军事、政治和经济侵略的工具。
② 附属于大连港，民国期间东亚最大的机械化煤炭专用码头。1933年后，从甘井子煤码头掠走的中国优质煤炭，占日本年进口煤炭总量的60%至70%。
③ 鹤见港隶属日本横滨市，位于横滨市最东端，面对东京湾，背面连接川崎市的川崎区-幸区，西面连接横滨市的港北区-神奈川区。
④ 近代日本对中国东北的称呼。
⑤ 在日本语中，东洋指中国。这里是说，大连港设施齐全为中国第一。

总面积为218平方千米（6.6万坪）的仓库，以及28栋面积为304平方千米（约920坪）具有48万吨保管能力的库房（货场）。另外，这些库房面积每年都在扩建。

而且大连港还有豆油保管装置以及面积宽广的谷物堆放场地（7500坪）、煤炭堆放场地。港内使用的蒸汽船有16艘（2137吨），河船（river boat）29艘，此外还使用具有特定功能的给水船、灭鼠船、运煤船来进行作业。在码头陆地上，还铺设了长约70英里的铁路，使用的牵引机车有14台，货车250辆。南满洲铁道以此处为起点连接大连站，向北行经过奉天最终到达长春。另外，满铁现在还着手在大连港对面的甘井子投入一套年产380万吨煤炭的设备，据说在今年可以完工。大连码头还使用1台自动加煤机，6台用于卸货的汽车，10台1~45吨的卸货机。

以下是大连附近的地势图（地势图略）。

第二节　大连港的海运

华北沿岸的航运虽然在远东世界航运中占据重要的位置，但是其发展落后于华中和华南地区沿岸的航运，这一情况不论是从地理方面还是经济方面来看，都不足为怪。纵观最近20多年满洲的快速发展，以及能够反映出这一事实的大连港所呈现出的惊人发展，都证明了华北在经济上的重要地位。所以，有必要改善南北中国海路之间的联系这点无需多言。现在的大连港在世界海运界扮演着重要的角色。而且，对于被人们忽视已久的华北沿岸这一地区，通过日本人持续不懈的扶持和努力，现在已经慢慢成为一个有影响力的地盘，对于日本海运从业者而言，以此处为根据地希望获得飞跃式发展的想法也是理所当然的。

1. 以大连为起点的中国各港口之间的定期航路如下。

　　大连汽船会社　大连—天津线：天津丸（2250吨）、天潮丸（1261吨）、济通丸（1038吨）

　　大连—上海线：大连丸（3478吨）、奉天丸（3975吨）、长春丸（3975吨）

　　大连—香港线：兴顺丸（2180吨）、英顺丸（2150吨）、第一东洋丸（2203吨）

大连—龙口线：龙平丸（724吨）

大连—营口—阪神线（大阪神户）：长顺丸（3245吨）

大阪商船会社　南北中国线：金山丸（1704吨）、隆光丸（1354吨）

高雄—大连线：贵州丸（2568吨）、湖北丸（2610吨）、日东丸（2182吨）

阿波共同　大连—芝罘—仁川线：第十六共同丸（1477吨）

大连—芝罘—青岛线：第二十一共同丸（1381吨）

田中商事　大连芝罘线：海宁丸（478吨）、海寿丸（670吨）

大连—仁川线：利通丸（1855吨）

政记公司　大连—芝罘线：永利轮（628吨）

2. 以大连为中途港的中国各港口间的定期航线如下。

近海邮船　横滨—牛庄线：淡路丸（1948吨）、高砂丸（1675吨）、相模丸（1833吨）、宫浦丸（1856吨）

大阪商船会社　天津—横滨线：先岛丸（1224吨）、千山丸（1144吨）

高雄—天津线：福建丸（2568吨）、盛京丸（2565吨）、长沙丸（2541吨）

朝鲜邮船　仁川—大连—青岛线：会宁丸（1010吨）

日清汽船会社　中国沿岸北方线：华山丸（2100吨）、唐山丸（2100吨）

政记公司　安东—青岛线：广利轮（612吨）

大连—安东—龙口线：有利轮（492吨）

以上这些船只都是定期来往，还有不定期来往的船只。据推算，最近从事大连沿岸贸易的船只数量一年约为4300艘，吨位约为550万吨。此外，还有远洋航路。比如，日本—欧洲线：大阪商船会社、日本邮船会社；纽约线：大阪商船会社。以下是停经华北各港的远洋航路。

美国远东航线（美国）

巴拿马远东航线（美国）巴尔的摩—上海

美国先锋航线（美国）纽约—上海

美国满洲航线（英国）

米德尔斯伯勒①—海参崴（英国）

欧洲大陆—横滨（英国）

蓝烟囱航线（英国）利物浦—上海和华北诸港

北德航线（德国）不莱梅—上海及华北口岸

胡戈·斯廷内斯②航线（德国）汉堡—横滨

里克曼航线（德国）汉堡—海参崴

（法国）—海参崴

（丹麦）哥本哈根—华北口岸

荷兰远东航线（荷兰）

由于在海陆方面有健全的运输设备，所以大连港在进出口方面都展现出了极为明显的优势，尤其是在出口方面。比如，与1920年以来几乎都保持1亿两入超状态的中国其他贸易港不同，大连港常年都处于出超状态，这让其大放异彩。大连不仅在对外贸易方面是一个重要的港口，而且在对内贸易方面也占据非常重要的位置。

表11　1925~1927年出入大连港的轮船旅客人数

年份	上陆（下船）的旅客							
	日本人		中国人		外国人		合计	
	男	女	男	女	男	女	男	女
大正14年（1925）	31160	15074	213502	18539	2513	1197	247175	34810
昭和元年（1926）	30951	14972	265213	33506	3736	2010	299900	50488
昭和二年（1927）	32443	15700	477860	118685	3426	2001	513722③	136386

---

① 英国著名的钢铁工业城市，也是繁荣的海港城市。张之洞曾向米德尔斯伯勒的谛塞德公司订购过冶铁设备。
② 德国著名实业家，被认为是德意志帝国后期魏玛共和国早期最有影响的企业家之一。
③ 原文数字有误，据表中数据计算为513729。

续表

年份	乘船的旅客							
	日本人		中国人		外国人		合计	
	男	女	男	女	男	女	男	女
大正14年（1925）	26621	11672	109667	7074	3430	1290	139718	20036
昭和元年（1926）	28680	11372	141029	8628	4131	1533	173840	21534①
昭和2年（1927）	29540	11031	145030	10283	2814	1190	177384	22504

表12　1925～1927年出入大连港的轮船装卸货物吨数

年份	入港			出港		
	艘数	总吨数	卸货吨数	艘数	总吨数	卸货吨数
大正14年（1925）	3692	8548961	1043967	3725	8630830	5345866
昭和元年（1926）	3759	9131047	1195223	3726	8995962	5609367
昭和2年（1927）	3984	9589453	1092205	4004	9682761	6210622

表13　1925～1927年出入大连港的船舶（按国籍划分）

国籍	入港					
	大正14年（1925）		昭和元年（1926）		昭和2年（1927）	
	艘数	吨位	艘数	吨位	艘数	吨位
日本	2524	5921857	2567	6238605	2714	6596057
中国	805	852483	740	810749	870	977496
英国	171	743340	234	884614	171	752067
法国	27	98721	14	98478	19	31519
德国	56	384927	71	442250	94	549566
瑞典	2	11041	1	7032	3	15071
俄国	6	9406	7	14240	1	1598
美国	40	255719	63	390462	50	313493

① 原文数字有误，应为21533。

续表

国籍	出港					
	大正14年（1925）		昭和元年（1926）		昭和2年（1927）	
	艘数	吨位	艘数	吨位	艘数	吨位
挪威	25	41747	29	63467	19	63757
日本	2552	5983309	2538	6127853	2735	6695058
中国	809	861403	738	806381	870	979528
英国	170	741475	234	879787	170	745096
法国	27	98721	14	98478	19	31519
德国	57	390845	69	427112	95	554598
瑞典	2	11041	1	70302	3	15071
俄国	6	9406	7	14240	1	1598
美国	41	263179	63	390462	50	313493
挪威	25	41747	29	63259	19	63757

第五章 营口

第一节 营口港概况

营口位于东经120度15分，北纬40度40分，在奉天省[①]入湾。营口位于辽东湾最深处的沿辽河逆流而上约14英里的上游处。营口作为满洲中最靠近内地的一个海港，同时也是靠着辽河的水运发展起来的。现在，满铁干线又从大石桥车站[②]向营口港延伸出了一条长13.9英里的支线，而从京奉线沟帮子[③]车站开始只需要56.6英里就能抵达营口对岸的河北站（建在辽河北面）[④]。

在南满铁道完工以前，辽河不仅是满洲唯一可以利用的交通贸易通道，而且在过去，满蒙大地的生命几乎都与辽河息息相关。换言之，现在

---

① 今辽宁省。
② 此车站位于营口市大石桥市。始建于1898年，1900年营业。
③ 该车站位于辽宁省锦州市下属北镇市沟帮子镇。始建于1899年，是京奉铁路的重要枢纽。
④ 这是京奉线上的第一条支线。由英国贷款，中方铁路专家詹天佑任总工程师，于1900年4月全线竣工。1943年日本人为筹集大批钢铁打赢太平洋战争，拆除了这座火车站。

营口的全部价值仅仅在于如何利用辽河这一点上。辽河发源于距营口西北方向一千几百里外的蒙古高原，辽河与浑河、柴河、西拉木伦河①、太子河等汇合后流入渤海，流域面积约 8.02 万平方里。在水运最为繁忙的时候，辽河沿岸一个叫通江口②的停靠点，来往的帆船数量据说可以达到每年 4 万艘。辽河沿岸的货物运输在以前几乎都依赖帆船，随着铁路的发展，辽河沿岸的水运货物情况变得越来越差。尽管如此，即便是在辽河修整工程尚未完成的今天，其仍然承担着作为一个重要运输机构的使命。1860 年英国的"阿克特思号"测量船在对辽河进行调查时，该河的水路状态还是非常良好的，是一个理想的河港，但在 1889 年由于该地遭遇了前所未有的洪水，当地居民在辽河上游约 80 里的地方开凿了一条能够通往东州河③的运河，从此以后辽河的水量和水深都出现了下降。

正是以上提到的水路情况以及铁路的发展这两个原因，使得辽河的帆船贸易额不断减少。虽然中国政府也尝试了修整河道，但最终没有成功，到最后不得已才以补贴工费的名义开始征收进口附加税。

在辽河沿岸的营口港，有一个长约 2 英里的属个人所有的码头，该码头用石头堆砌，使用木头造的护岸板，在此基础上建了一些浮码头（pontoon）。由于该码头上的土层很软，且该地缺乏石材，因此在修筑堤坝的时候需要使用一些特殊的施工方法。幸亏港口对岸盛产芦苇，人们可以在水面下数尺的地方先堆放一层芦苇，用芦苇作为保护河岸的一种材料，防止水流的侵蚀。所有轮船均从这里靠岸，在码头上等待班次。有时候，由于码头所有者的一些原因，如设备使用政策的改变或者交易关系等原因，会发生班次合并的现象。港内的码头虽然多达 30 余个但是重要的只有 17 个，其总长为 10698 尺。满铁码头分为煤炭、货物两种码头，前者长 2160 尺，后者长 2698 尺，其拥有的设备可供同时停靠 9 艘轮船。位于港外的重要码头中，有三个在上游，五个在下游，其总长为 11490 尺，其中满铁码头长为 92 尺，隶属于市内营业所。以下列举的是一些重要的码头。

---

① 也写作西拉沐沦河，为西辽河北源，蒙古语意为"黄色的河"。
② 今属辽宁省铁岭市昌图县。
③ 辽宁省抚顺市东部的一条河流，属浑河支流。

①太古洋行（码头）

②吉黑（官盐）榷运局（码头）

③旗昌洋行（码头）

④肇兴第一仓库、肇兴第二仓库和码头

⑤远来（怡和）洋行（码头）①

⑥其他官方、公用公司所有的码头

第二节　营口港的海运

在大连港开港以前，营口港是满洲唯一的贸易港。在大连、安东相继开港以后，出入营口港的船只逐渐减少。随着一些发展政策的出台，营口港正在逐渐恢复到往日的那种繁荣景象中。

以营口港作为基点的航运公司及船名如下：

①横滨—牛庄线

近海邮船：淡路丸（1948 吨）、相模丸（1832 吨）、竹岛丸（2576 吨）、胜浦丸（1725 吨）

②上海—牛庄线

招商局：图南轮（1537 吨）、公平轮（2705 吨）、爱仁轮（1343 吨）

怡和洋行：乐生轮（1560 吨）

太古洋行：直隶轮（1862 吨）、宜昌轮（1984 吨）、湖北轮（1951 吨）、汉阳轮（1956 吨）、甘肃轮（1962 吨）

除以上线路，还有大连邮船会社的"大连—营口—阪神线"。另外，被誉为营口中国船舶业中坚力量的肇兴公司还以营口为基点，不定期地经营"上海—兴化②—泉州线"。下面是船舶出入营口的情况。昭和 2 年（1927），入港的船只总数为 452 艘，吨位达到了 402472 吨。与昭和元年（1926）相

---

① 远来洋行系营口英商贸易行，1861 年成立，系营口第一家洋行。该码头为远来洋行所有，但为英商怡和洋行经营。

② 今福建省莆田市。

比，船只数量减少了126艘，吨位减少了91514吨。造成这种局面除了中国本土动荡不安的环境影响，还有进口贸易疲软的原因。

表14　1924~1928年进出营口港的轮船国籍表

国籍	大正13年（1924）艘	大正13年（1924）吨	大正14年（1925）艘	大正14年（1925）吨	昭和元年（1926）艘	昭和元年（1926）吨	昭和2年（1927）艘	昭和2年（1927）吨	昭和3年（1928）艘	昭和3年（1928）吨
美国	10	37598	12	42186	6	26280	12	48354	4	18096
英国	222	308118	210	291776	240	322058	162	228322	218	289932
荷兰	2	4626	6	15374	10	15144	6	12240	8	16520
法国	62	18412	2	452	2	8188	28	6328	72	24008
德国	2	8866	8	21944	20	27022	26	22420	24	20844
日本	240	223564	702	519812	578	493986	452	402472	558	472828
挪威	32	22604	42	34162	32	38826	36	38742	40	52386
葡萄牙	4	6008	2	4162	—	—	—	—	—	—
中国	710	502284	918	598154	878	588810	1030	213320	1236	883246

表15　1924~1928年营口进出口贸易额历年比较

单位：海关两

年份	进口额和运入额 来自外国	进口额和运入额 来自中国各港	进口额和运入额 合计	出口额和运出额 面向外国	出口额和运出额 面向中国各港	出口额和运出额 合计	总计
大正13年（1924）	11910933	31937580	43848113	2968860	17569014	20537874	64385987
大正14年（1925）	18294373	42902941	61197314	4677879	26763434	31522313①	92719627②
昭和元年（1926）	11998891	46820252	58819143	4733897	27596911	32330806③	91149951
昭和2年（1927）	12149147	36887263	49036410	5006946	28174794	33181740	82818150
昭和3年（1928）	17608527	31040868	48649395	7795049	27990907	35685956④	84335351⑤

① 据表中数据计算为31441313，原文有误。
② 据表中数据计算为92638627，原文有误。
③ 据表中数据计算为32330808，原文有误。
④ 据表中数据计算为35785956，原文有误。
⑤ 据表中数据计算为84435351，原文有误。

帆船贸易自古以来就在营口贸易中占据着相当的分量。具体来看的话，在1200万~1400万两的年贸易总额中，帆船贸易所占的比例为17%，与大连港的帆船贸易相比，具有10%~13%的优势。

表16　1924~1928年出入营口港的中国帆船数量历年比较

年份	艘数	担数
大正13年（1924）	6990	3776634
大正14年（1925）	9612	5371665
昭和元年（1926）	11652	5921805
昭和2年（1927）	9492	4672236
昭和3年（1928）	8281	4277874

第六章　秦皇岛

第一节　秦皇岛概况

关于秦皇岛这一名称的由来，据说是以前秦始皇曾经东巡至此，因而其名。

秦皇岛三面环海，位于北部的渤海湾，是唯一的一个不冻港。[1] 秦皇岛自古就是一个贫穷的小地方，明治31年（1898）中国政府自主开放了秦皇岛，使其成为一个通商港口。自北清事变[2]后秦皇岛码头建成以来，出入该港的外国船只逐渐多了起来。港湾一带的土地为英中合办的开滦矿务局[3]所有，码头的设备也是为了运输煤炭而建造的。据说开滦矿务局投入了约500万元建造码头的各种设施，码头也是开滦矿务局专用。码头的铁路专线内的运输全部由开滦矿务局直接经营。

秦皇岛在北清事变发生的时候曾被各国联军暂时占领，当时，作为开

---

[1] 秦皇岛位于渤海湾北部，秦皇岛是不冻港。
[2] 日本对八国联军侵华的一种叫法。
[3] 1912年开平煤矿和滦州煤矿合并，称开滦矿务局。

滦矿务局前身的开平矿务有限公司①积极主张对其土地的所有权②，最终各国在附加一定条件的前提下将各自的占领地返还给该公司。我日本军现在的守备队兵营所在地以及海军信号所设置地就是在明治38年（1905）的时候被保留下来的。其他地区都是该公司的所有地，日本人如果是出于工商业的目的并且有正当理由的话，可以从该公司租地或者买地。另外，该公司对日本商船和其他各国的船都公平地征收一定费用，用于码头的建设。秦皇岛是天津商人的势力范围，除了开滦矿务局相关的货物在秦皇岛装卸外，一般货物的集散都被压制在了天津港，所以该港物资的集散情况极为不好。抵制洋货运动发展到高潮的时候，秦皇岛港曾被作为一个日货的卸货地来使用，最近由于抵制洋货运动的长期化，秦皇岛有望逐渐成为一个作用更大的进口港。

秦皇岛港湾的设施可以分开来看，码头由大小两个栈桥组成。

小栈桥：长375英尺，宽50英尺

大栈桥：长1950英尺，宽30英尺

两座栈桥都建有几条铁路支线以及两个卷扬机（winch），泊位有7处，小栈桥附近的水深在午潮时为20英尺左右，大栈桥附近水深为23~29英尺。第一、第二、第三号码头能够停靠的船舶吨位为2000吨级，第四号码头可以停靠4000吨级的轮船，第五、第六号码头都可以停靠4000吨级的船舶，第七码头可以停靠6000吨级的轮船，合计泊位大小为23000吨。

关于秦皇岛港的卸货能力，夏季一小时可以装卸130吨的煤炭，到了冬季卸货能力减半。另外从事装卸工作的苦力人数约为3000人左右，仓库的话仅有2栋库房和2处货物堆积场，这样的条件对于一个煤炭出口港而言显然是不够的。

---

① 原文写作：支那土木矿业会社。
② 1900年10月，八国联军全面侵占了秦皇岛沿海地区，英国以"开平矿务有限公司"的名义在伦敦登记注册，骗取了对秦皇岛沿海港湾的统治权，占领秦皇岛达40多年。

第二节 秦皇岛的海运

由于秦皇岛港具有"作为开滦矿务局的专用港"这一特殊的通商港的性质，所以，在以前，只有在冬季，当天津和牛庄两个港口都结冰的时候，才会看到秦皇岛港进出口一些一般货物的场景。近年来，秦皇岛港除了矿务局相关业务外，从该港进出口的一般货物也逐渐多了起来。从贸易统计来看，这种增加虽然是渐进式的，但是能够发现，秦皇岛作为一个独立的贸易港现在正在发展中。进入秦皇岛港的船只一般在本港和天津港之间每1~2周定期往返1回。此外还有开滦矿务局的14艘chartered ship（租轮），具体如下。

租轮10艘（挪威船）
2艘（日本船）
2艘（英国船，一艘为自己公司，另外一艘为租轮）

进出该港的轮船多为装载杂货的轮船，尤其以日本商船最多，其次是德国船、英国船。进出该港的日本船主要是冈崎轮船公司的船只，它们在大连—营口的航路上航行。该港口进口以及运入的商品以上海杂货为主，我们认为原因在于：煤炭作为秦皇岛港最主要出口货物被出口到了华南，而在轮船返回的时候，只需要向开滦矿务局支付便宜的租金便能够将华南一带的商品运回来。这些运回来的杂货商品大部分在滦州、昌黎一带销售，也有一部分商品被运到了关外辽西地区。

表17　1923~1927年出入秦皇岛港的旅客人数

单位：人

年份	入港 中国人	入港 其他	入港 合计	出港 中国人	出港 其他	出港 合计
大正12年（1923）	1284	1752	3036	78	1380	1468[①]
大正13年（1924）	596	1578	2174	2280	997	3277
大正14年（1925）	545	1679	2224	370	1732	2102

① 据表中数据核算为1458，原文有误。

续表

年份	入港			出港		
	中国人	其他	合计	中国人	其他	合计
昭和元年（1926）	4658	1395	6053	2238	1806	4044
昭和2年（1927）	757	2489	3246	153	1629	1782

表18　1923~1927年出入秦皇岛港的船舶

年份	外国贸易 船舶		沿岸贸易 船舶		合计 船舶	
	艘数	吨数	艘数	吨数	艘数	吨数
大正12年（1923）	457	870211	988	1781443	1445	2651654
大正13年（1924）	319	685077	722	1479694	1041	2164771
大正14年（1925）	209	458315	929	1611616	1138	2069931
昭和元年（1926）	178	387799	925	1635304	1103	2033103
昭和2年（1927）	411	846267	1091	2076188	1502	2922455

表19　1923~1927年秦皇岛港进出口以及运入运出营业额历年比较

单位：海关两

年份	轮船贸易		
	进口额和运入额	出口额和运出额	合计
大正12年（1923）	5310700	15208610	20519310
大正13年（1924）	7082465	10620956	17703421
大正14年（1925）	6451690	10552787	17004477
昭和元年（1926）	6583608	8959403	15543011
昭和2年（1927）	9182234	15470663	24652997①

第七章　天津

第一节　天津港概况

天津港根据1860年的《北京条约》成为一个开放港，其位于北纬39

---

① 据表中数据核算为24652897，原文有误。

度8分，东经117度11分，在距离北京约87英里，从白河口①往上约37英里的地方。从海路看，天津距离日本的长崎794海里，距离上海754海里。天津的街区横跨白河左右两岸，大小河流皆汇集至此，附近是一望无际的直隶大平原，没有任何山川丘陵的遮挡。

由于天津港位于北纬39度的位置，所以从气候上看没有什么不利因素。该港从冬季11月初开始结冰，第二年的3月下旬冰开始融化。在冬季的3个月中，由于白河口结冰，所以船舶根本无法通行，加之从白河流出的泥沙全部堆积在了河口，并且还在塘沽形成了一个冲积洲。所以，白河的水深不仅变得越来越浅，而且河水结冰的时间提前，这些都是影响船舶航行的不利因素。

白河的泥沙堆积导致天津陷入了"正在慢慢失去作为一个海港的生命力"的危机状态。截至三年前，船只还可以沿白河逆流而上，那些吃水比较浅的船只甚至可以利用涨潮到达法租界地区。1928年的时候，逆流到达法租界的船只非常多，但是没有船只逆行到日租界的例子。现在，由于受到前年大洪水的影响，我们能够看见很多沉淀的泥沙正在往外流，水底的情况发生了很大的变化，有时能够看见2000吨级的船舶逆流而上。

接下来我们看一下天津港码头的设备。码头大体上位于万口桥的下游，第三特别区的水深由于不是很深，所以不适合停泊船只。法国、英国租界以及第一特别区，也就是白河的右岸一带由于水很深，所以适合船舶停靠。该处的河宽和水深状况如下。

河宽：

大河口为660英尺

白塘口—咸水沽为230~270英尺

外国租界下游为325英尺

天津中华街为170英尺

---

① 白河也称为海河。因岸上多有白沙，少生草木，所以叫白河。

水深：

天津码头为 12~30 英尺

塘沽附近为 12~22 英尺

北炮台为 13~18 英尺

潮汐：

天津码头为 3 英尺内外

码头用石头或厚的板材作为岸壁，很多都是垂直岸壁，所以船都可以沿着码头岸边直接停靠。在日本轮船公司中拥有码头的是以下四家公司。

（1）大连汽船会社；（2）大阪商船会社；（3）日清汽船会社；（4）近海邮船会社

第二节　天津港的海运

天津港是东部渤海的要塞，北扼北平的咽喉，背后是直隶省的千里平原，往南可以通过铁道集聚长江流域的物资和安徽、江苏的财富。另外，天津通过山东的铁路（津浦线）还可以聚集山东一带的物资，通过铁路到达西伯利亚和满蒙，可谓东洋屈指可数的商贸港。另外，很多轮船都来往于天津港运输华北的物产。以下是行驶在天津航路上的轮船公司及轮船的名称。

①神户—天津线

近海邮船：景山丸（2600 吨）、南岭丸（2085 吨）、北岭丸（2085 吨）

②高雄—天津线

大阪商船会社：福建丸（2568 吨）、盛京丸（2565 吨）、长沙丸（2541 吨）

③大阪—天津线

大阪商船会社：长城丸（2600 吨）、长安丸（2600 吨）、长江丸（2600 吨）

④横滨—天津线

大阪商船会社：先岛丸（1224吨）、千山丸（1144吨）

⑤大连—天津线

大连汽船会社：天津丸（2350吨）、长平丸（1750吨）、天潮丸（1300吨）、济通丸（1038吨）

⑥华北沿岸线

日清轮船：华山丸（2100吨）、唐山丸（2100吨）

⑦天津—上海线

招商局：新康轮（2146吨）、新名轮①（2133吨）、新丰轮（1846吨）、同华轮（1176吨）、嘉禾轮（1680吨）、遇顺轮（1696吨）

政记公司：增利轮（1696吨）、成利轮（1200吨）、纯利轮（1203吨）

肇兴公司：北康轮（1100吨）、和康轮（2030吨）②

三北轮船③：升安轮（1600吨）、升平轮（2240吨）

太古洋行：顺天轮（1758吨）、奉天轮（1765吨）、通州轮（2104吨）、舟山轮（2217吨）、浙江轮（2172吨）、成都轮（2219吨）

怡和洋行：和生轮（1782吨）、裕生轮（1844吨）、景生轮（1983吨）、德生轮（1562吨）、广生轮（2285吨）、合生轮（2149吨）

以上这些船舶几乎都是不定期航行，它们基本上中途都在大连停靠。由于天津港是华北地区的一个重要港口，所以天津港的贸易额和来往的船只数量都是巨大的，其势力可以超过华北的任何一个港口。

---

① 原文有误，应为新铭轮。
② 查肇兴公司没有这两艘轮船，疑写作错误。另，和康轮应为和兴轮，在此特别说明。
③ "三北轮船公司"由虞洽卿创办于民国2年（1913）。它最初有慈北、镇北、姚北三轮，自宁波航行至镇海、余姚，所以称为三北轮船公司。一战期间利用在华外轮大为减少的机会迅速发展，至1921年，三北轮船公司已拥有大小轮船12只，计11134总吨，加上向外租赁的船只，计有轮船21只，约2万余总吨。"至此，三北公司遂为外人所注目"，成为一支与外资航业相抗衡的重要力量。

表20　1923~1927年进出天津港的旅客人数比较

年份	入港 中国人	入港 其他	入港 合计	出港 中国人	出港 其他	出港 合计
大正12年（1923）	58401	6065	64466	54096	4713	58809
大正13年（1924）	59198	4709	63907	57311	5827	63138
大正14年（1925）	87430	9802	92232	71216	6573	77789
昭和元年（1926）	117957	13713	125670①	86714	7819	94533
昭和2年（1927）	87873	11884	99757	119663	6361	126024

表21　1923~1927年进出天津港的船舶

年份	外国贸易 艘数	外国贸易 吨位	沿岸贸易 艘数	沿岸贸易 吨位	合计 艘数	合计 吨位
大正12年（1923）	554	992754	2344	2931077	2900	3853831②
大正13年（1924）	486	784931	2556	3265134	3042	4050065
大正14年（1925）	589	1111802	3235	3728889	3824	4840191③
昭和元年（1926）	485	878720	3259	3947055	3744	4825775
昭和2年（1927）	523	900686	2879	3692181	3402	4592867

表22　1923~1927年天津港进出口以及运入运出商品价格

单位：海关两

		大正12年（1923）	大正13年（1924）	大正14年（1925）	昭和元年（1926）	昭和2年（1927）
轮船贸易	进口额和运入额	155085272	167400877	191288735	186043370	210113662
	出口额和运出额	86420212	87566738	99937783	95629632	119997109
	再出口额和再运出额	3097546	3272016	3521922	4098249	4771548
	合计	244603030	258239631	294748610④	285771251	334882319

---

① 按所列数字统计为131670，原文有误。
② 按所列数字统计为3923831，原文有误。
③ 按所列数字统计为4840691，原文有误。
④ 按照所列数字统计，应为294748440。

续表

		大正12年(1923)	大正13年(1924)	大正14年(1925)	昭和元年(1926)	昭和2年(1927)
帆船贸易	进口额和运入额	1515979	1327331	1490592	1606170	1557868
	出口额、运出额、再出口额和再运出额	404221	149374	145497	119323	196022
	合计	1920200	1476705	1636089	1725493	1753890
合计	进口额和运入额	156601251	168728208	192779327	187649540	211671530
	出口额、运出额、再出口额和再运出额	89921979	90988128	103605372①	99847204	124964679
	合计	246523230	259716336	296384699	287496744	336363209

附记：建设葫芦岛港对我国在满蒙地区利权的影响

随着满铁在满洲成功铺设了铁路，中国的国民政府最近也决定建设葫芦岛港。由于以上计划违反了"日清满洲善后密约"② 第三条中的"禁止建设满铁平行线"这一条，所以我方进行了抗议。我们认为中国建设海吉线③本就已经违反了该条约并向中国提出了抗议，但是他们却无视我们的抗议。现在他们又突然提出要建设葫芦岛港，对于我们来讲，确实是一个大问题。

建设葫芦岛港将对日本在满蒙的利益产生什么样的影响，关于这一问题从很早开始就存在悲观论、乐观论两种论调。乐观论认为，葫芦岛虽然从距离和运费两方面比大连港占据优势，但是由于葫芦岛的地形是山峦起伏，如果不投入巨额资本的话，就很难在短期内成为一个优良港口。从现在中国的政治、经济等各方面情况来看，可以说很难完成这一伟业。从地

---

① 按照所列数字统计，应为103605202，大正14年帆船贸易的99937783或3521922这两个数字有误。
② 日俄战争后，日本和清政府于1905年12月签订了《满洲善后协约》。该协约肯定了《朴次茅斯和约》中日本获取的利益，开放16个地方为商埠，设立"中日拓殖公司"，允许日本在鸭绿江右岸伐木，拥有中东路特权和在营口、安东、奉天设立租界等。
③ 指沈吉铁路（沈阳至吉林）的吉林西站至朝阳镇（位于吉林省海龙县）站段的铁路，由张作霖于1927~1929年修建。

势上看,要在葫芦岛建设一个300万吨以上的港口几乎是不可能的。即便是使用特种设备建成了港口,也无法对吞吐量达1000万吨的大连港造成致命性打击。况且,辽西和热河一带自古就不属于大连港的经济圈,而是天津、营口、芝罘、秦皇岛四个港口的势力圈。因此,建设葫芦岛港影响的不是大连港而是以上四个港口。另外,根据相关调查结果,现在能够确定的是:葫芦岛并不是一个完全的不冻港,因此还需要设置破冰船等设备。而且该处的潮流情况也不太好,如果要停靠3000吨以上的商船,还需要对海底进行深挖。以上提到的这个问题跟大连港相比应该说都不是问题。

悲观论则认为,与大连相比,葫芦岛距离北满洲一带和蒙古的距离要更近一些。一旦葫芦岛港建成,以前那些大连市场上的北满货物则可以通过"满铁包围线"① 被运输到葫芦岛这个入海口出口。这样的话无疑就会影响满铁的收益。"满铁包围线"具体指的是:

① 葫芦岛—打虎山②—通辽—扶余—哈尔滨—海伦
② 葫芦岛—打虎山—通辽—洮南—齐齐哈尔—黑河
③ 葫芦岛—打虎山—奉天—海龙③—吉林—一面坡④—方正—依兰—同江⑤

在以上三条线路中,第一条线的葫芦岛到通辽段已经开通,其余部分正在建设中。第二条线中的通辽到洮南段如果完工的话,葫芦岛到齐齐哈尔之间将会贯通。第三条线是中国负责建设,其中海龙至吉林段已经完成,葫芦岛至吉林全段都已经完工,现在只是等待葫芦岛港的建成。

以下是各地到葫芦岛以及大连的距离。

---

① 为了打破满铁对东北交通的垄断,张作霖、张学良父子决心建设其他的铁道线,但这遭到了日本的反对,认为这会影响其在东北的利益,故称张氏父子的铁道建设为"满铁包围线"。
② 今属辽宁省锦州市黑山县。原名打虎山,后改称大虎山。
③ 今吉林省梅河口市海龙镇。
④ 今属黑龙江省哈尔滨市尚志市。
⑤ 以及吉林—哈尔滨—海伦线。

①以洮南为起点

洮南—四平街—大连：558 英里①

洮南—郑家屯（吉林省四平市双辽市）—通辽—打虎山—葫芦岛：470.8 英里

②以吉林为起点

吉林—长春—大连：515 英里

吉林—海龙—奉天—葫芦岛：456 英里

③以通辽为起点

通辽—四平街—大连：490.9 英里

通辽—四平街—营口：267.9 英里

通辽—打虎山—葫芦岛：354.2 英里

通辽—打虎山—河北②：246.7 英里

④以奉天为起点

奉天—大连：349 英里

奉天—葫芦岛：179 英里

如果这样考虑的话，建设葫芦岛港对我国在满洲势力的影响将会非常大。

昭和 5 年（1930）11 月 22 日

完

---

① 1 英里相当于 1.609 公里。
② 原营口市河北站。

上海的面粉加工业[*]

上海驻在班

目 录[①]

第一章 小麦及面粉的世界产量状况与供给状态
 第一节 产量

第二章 中国小麦及面粉的产量与进出口额
 第一节 中国小麦的产量
 第二节 中国的面粉加工业状况
 第三节 小麦与面粉的进出口及其关税制度

第三章 面粉的成分

第四章 面粉的鉴别方法

第五章 面粉的品质

第六章 中国产小麦的品质

第七章 面粉的制造方法
 第一节 磨坊
 第二节 机械面粉加工

第八章 关于副产物的麸皮

第九章 面粉在中国人粮食中的地位

第十章 上海的面粉加工业
 第一节 原料的小麦生产与品质
 第二节 上海的面粉加工工厂

---

[*] 该文系东亚同文书院第25期学生于1928年进行的调查,署名"上海驻在班",亦即上海考察小组。原文见《东亚同文书院中国调查手稿丛刊》第110册,国家图书馆出版社,2016。

[①] 原文没有目录,译者出于丛书体系一的考虑,参考文中内容给补上的。

第三节　上海的面粉加工工厂及其生产状况

第四节　上海面粉的品质、用途及市况

第五节　上海的小麦交易商

第六节　上海机械面粉加工交易所细则

第十一章　造成中国面粉加工业今日之困境的各种原因

附录：

第十二章　武汉、青岛、天津面粉加工业的概况以及今年北满面粉加工业的复兴

第一章　小麦及面粉的世界产量状况与供给状态

第一节　产量

小麦据说最早发现于美索不达米亚平原。现在，世界上适合小麦生长的地方几乎都种植有小麦。生存在地球上的人类，除了原始人，其余人都对小麦有需求。另外，即便在那些以大米为主食的民族中，他们对于面粉的需求也呈现逐年增加的趋势。因此，小麦的种植面积以及面粉的产量都在与日俱增。可以说，现在世界上重要的农作物中，还没有一样东西能够比肩小麦。以下为世界小麦的产量。从欧洲大战前的1909年到1913年，小麦的平均产量为：2890353000蒲式耳①（13381264000石②）。

　　1921年：3059596000蒲式耳（14164750000石）

　　1922年：3019526000蒲式耳（13979287000石）

---

① 蒲式耳（bushel）是英制容积及重量的计量单位，通用于英国、美国和加拿大、澳大利亚等英联邦国家，主要用于度量干货，尤其是农产品的重量，表示符号为bushel（UK），bu（US）。蒲式耳与磅的转换在不同农产品之间是有区别的。在大豆和小麦上，英、美、加拿大和澳大利亚，都是一样的。据美国大豆协会统计单位换算表，1蒲式耳大豆或小麦的重量是60磅或27.2154公斤。同容积的棉籽为32磅；玉米70磅；花生仁（弗吉尼亚产）17磅；花生仁（西班牙产）25磅；向日葵28磅。

② 石为中国古代的容量单位，1石等于10斗。根据文中展示的1921年、1922年和1909~1913年的全球小麦产量的蒲式耳和石的换算，可知1蒲式耳小麦相当于4.63石。

从上文可见，小麦的产量呈现逐渐增加的趋势。另外，以上数据不包括俄国和墨西哥的小麦产量。如果将其计入的话，全世界小麦的产量预计会超过40亿蒲式耳或180亿石。[①] 表1是1924年、1925年[②]世界小麦的产量（按国别划分，兼与上一年的比较）。

表1 1924年、1925年世界小麦的产量

单位：万磅

国名	1925年	1924年	增	减
德国	709288	535203	174085	—
西班牙	975564	730680	244884	—
塞尔维亚—克罗地亚—斯洛文尼亚王国[③]	493906	346623	147283	—
法国	1974489	1687096	287393	—
英国	316736	316288	448	—
匈牙利	405320	309415	95905	—
意大利	1445091	1020876	424215	—
波兰	327240	194988	132252	—
罗马尼亚	627587	422527	252060[④]	—
捷克斯洛伐克	219442	193430	26012	—
俄罗斯欧洲地区	2893026	1486555	1406471	—
加拿大	2533962	1572582	961380	—
美国（冬作）	2390916	3537792	—	1146876
美国（春作）	1625274	1637970	—	12696
印度	1947904	2163840	—	215936
日本	177249	152436	24813	—

① 原文写作400亿蒲式耳或1800亿石，有误。即使根据后面表格中1924年、1925年全球小麦产量的统计，将磅和蒲式耳进行换算，也不过是1925年全球小麦产量为34.66亿蒲式耳，1924年为30.14亿蒲式耳。
② 原文写作1914年、1913年，明显有误。
③ 第一次世界大战结束后，奥匈帝国解体。1918年12月1日，塞尔维亚—克罗地亚—斯洛文尼亚联合组成塞尔维亚—克罗地亚—斯洛文尼亚王国。1929年定名为南斯拉夫。
④ 原文有误，该纵列数字修正后为252060，其相加结果与合计相符，疑为原文抄写错误。

续表

国名	1925 年	1924 年	增	减
俄罗斯亚洲地区	1073809	808879	264930	—
澳大利亚	660000	967935	—	307935
其他	—	—	—	—
合计	20736803①	18085115	4395131	1683443
纯增加			2711588②	

如上文所述，世界小麦的产量现在已经达到了超 20 亿短吨③的令人吃惊的量。另外，从小麦产量中扣除各国自己需求量，小麦出口至其需求国的数量大约为 5.5 亿短吨至 6.5 亿短吨。现在，我们将 1922 年的小麦出口数量列举如表 2 所示。

表 2　1922 年小麦出口量

单位：百万短吨

国名	出口额
加拿大	187
美国	183
印度	183
澳大利亚	122
阿尔及利亚及其他	77
合计（不包括俄国和其他两三个小国）	586④

另外，提到世界小麦需求状况的话，西欧各国是首屈一指的小麦第一大消费地。大战爆发前，该地区每年的小麦消费量约为 13 亿蒲式耳。其中，当地国家生产的小麦为 8.5 亿蒲式耳，剩下的 4.5 亿蒲式耳小麦全部依赖进口。1921~1922 年的小麦消费量约为 14 亿蒲式耳。其中，当地国家

---

① 原文有误，据表中数据计算为 20796803。
② 原文有误，据表中数据计算为 2711688。
③ "吨"作为重量单位，既有标吨（标准吨，就是 1000 千克），还有长吨和短吨（两者都是英美单位制中的重量单位）。1 长吨=1.016 吨，1 短吨=0.907 吨。1 吨小麦=38.01 蒲式耳。
④ 原文有误，合计数据表中数据计算为 752。

生产的为9亿蒲式耳，进口的为5亿蒲式耳。作为欧洲唯一的小麦供给国且占世界小麦种植面积23%的俄国，其在政治和经济方面的变革[①]，导致其小麦的产量不再延续战前的盛况。结果就是，美国取代俄国成为向欧洲出口小麦的头号大国。其次是加拿大、澳大利亚和阿尔及利亚等国。

即便是在欧洲战争进行中，也没有发生小麦供给不足的情况。只不过由于将小麦从产地运往消费地非常困难，这给小麦的分配带来很大的障碍，仅此而已。同时，各国出于粮食安全的需要制定了相应的粮食政策和经济政策，都在大力增加小麦的生产。随着俄国政局的稳定、农业的发展，小麦的供给将能够填补其需求，甚至可能还会产生剩余，这是一般性的观察。但是，人口将会以何种速度增加（是否几何级），我们不得而知。常言道"穷人的孩子多如山"，关于人口和粮食的问题，最近又有很多的争论。

人口无论增加多少，只要有食物吃，就不成问题。人口的增加，自然会引发粮食问题。以日本为例，昭和元年（1926）日本粮食进口额为3.8亿日元，占日本人消费总额的约15%。而且，日本的人口在当年增加了100万。如果按照以上速度发展下去的话，三十年后，日本每年将不得不进口7.2亿日元左右的粮食。这样一来，想让国民生活有所改善，消除粮食问题的担忧，确实是一个重要的问题。关于这一问题，学者和政治家有很多的讨论，但是最终仅仅得出了一个"必须采取一些措施"的结论，并没有给出一个完善的好的方案。有人主张："日本缺的东西可以从国外进口。与此相对，日本还应通过大力发展工商业，出口产品以赚取外汇，这样就可以做到外贸资金的平衡。"不过，鉴于太平洋的风波经常不像其字面意思那样表示没有危险，因此必须未雨绸缪，于是有人提出通过殖民、移民的方式解决粮食问题。当然，也有反对者。他们认为，对于每年以100万速度增加的人口，靠移民政策解决粮食问题存在很大困难。况且，移民很容易被误解为侵略主义。总之，对于人口和粮食问题，虽然有很多的争论，但遗憾的是，目前还没有定论。

---

① 指十月革命后俄国政局的动荡。

第二章　中国小麦及面粉的产量与进出口额

第一节　中国小麦的产量

中国由于地域面积广大，加之政治和经济的混乱，到现在也没有一个准确的国家性的调查。比如，中国的人口统计，其数字根本无法让人信任。至于小麦的产量，虽然有几个不同的统计，但是很难取舍。根据民国 8 年农商部第八次统计，中国小麦的产量为 3.3 亿多石。但是，由于这个数字是小麦的种植面积乘以平均产量得来的，因此，并不是一个值得信任的统计数据。

作为参考，表 3 列举的是民国 8 年农商部统计的各省小麦产量。

表 3　民国 8 年中国各省的小麦产量

地区	种植面积（亩）	产量（石）	每亩产量（石）
京兆[①]	2127475	1683975	0.791
直隶	16782293	9200739	0.548
吉林	7345583	89887	0.122
山东	36285472	14865973	0.410
河南	395190400	256873820	0.650
山西	12847654	7708592	0.600
江苏	23501749	19661309	0.837
安徽	9829987	5897992	0.600
福建	1634681	2619123	1.602
齐齐哈尔	1467965	411030	0.280
合计	521383825[②]	330995276[③]	0.635[④]

---

① 北洋政府于 1914 年改顺天府为京兆地方，都城称京师，辖大兴、宛平、通县、良乡、固安、永清、安次（东安）、香河、三河、霸县、涿县、蓟县、昌平、武清、宝坻、顺义、密云、怀柔、房山、平谷二十县。1928 年南京国民政府撤销京兆地方、并入河北省。
② 原文有误，据表中数据计算为 507013259。
③ 原文有误，据表中数据计算为 319012440。
④ 原文有误，据表中数据计算为 0.644。

从表3可以看出，中国小麦的主产地在扬子江以北的地区，尤其是齐齐哈尔已经成为面粉加工业的一个中心。在东三省，北满是中国小麦的主产地，还有河南、江苏、山东、陕西、直隶等也是重要的小麦产地。扬子江流域的小麦产地有江苏、安徽、湖北、四川等，而上海和汉口可以说是扬子江流域小麦面粉加工业的中心地。

第二节 中国的面粉加工业概况

中国的面粉加工业从发展沿革、原料供应以及消费地的运输关系来看，大致可以分为扬子江流域和北满。

上海的面粉加工业属于扬子江流域的面粉加工系统，上海的西式面粉加工工厂的发端可以追溯至1896年（光绪二十二年）[1]甲午战争后在上海设立的（现在仍存在）增裕面粉公司[2]。在之后的30多年时间里，西式面粉加工工厂不断发展，到目前为止，上海有20家工厂，汉口有5家，无锡有6家，天津有16家，北京有4家，开封有2家，济南有10家。如果再把青岛、通州和云南等地的西式面粉加工工厂算在一起的话，应该有79家之多。

而且，扬子江流域生产的面粉还远销满洲、广东、福建等地。特别是麸皮，近年来开始出口日本。在这些面粉加工工厂中，除了与三井物产有关的增裕、寿星[3]以及青驱制粉株式会社[4]，其他公司都是中国人经营的，它们取得了很好的经营业绩，令人瞩目。

关于满洲的面粉加工业概况我们将放在后面的章节中叙述，此处仅就扬子江流域的面粉加工业概况做一个说明。

---

[1] 原文写作光绪二十三年，有误。有关史料对增裕面粉厂的成立时间有1896年、1897年两种说法，特别说明。

[2] 1896年德国人在上海成立增裕面粉厂，这是中国第一家机制面粉厂。由于经营不顺利，先后被英商、日商接管。

[3] 1915年，朱清斋创办了天津第一家机制面粉厂——寿星面粉公司。由于资金不足，不得不与日商三井洋行谈判合作，改名为寿星制粉株式会社。由于有日商背景，1919年五四运动兴起后，寿星面粉大量积压，业务几乎停顿。李宾四出资还清了三井洋行的资金，重组寿星面粉公司。

[4] 原文有误，应为青岛面粉加工厂。按《青岛市志·粮食志》（新华出版社，2000）第140页记载，青岛本地面粉加工厂的建设自1916年开始，当时日本人秋田寅之助创立了青岛制粉株式会社。1929年，青岛制粉株式会社易名为精良面粉厂。

第三节　小麦与面粉的进出口及其关税制度

第一项　中国的防谷[①]制度

　　中国禁止谷物的出口，这是世人皆知的事情。究其原因，无外乎担心因为粮食出口导致国内粮食陷入短缺状况。至于其是非，我们暂且不管。从沿革来看，中国禁止谷物出口似乎可以追溯至清康熙七年（1668）。当时的政府颁布了一条法令：禁止沿海的官兵和民众通过向海外销售和搬运粮食来牟利。到了乾隆六年（1741），户部发布命令，规定，谷物与铜、铁器、铜钱等一样，属于禁止出口的商品。到了第二年（1742），又在海外通商章程中将谷物列入禁止出口产品之列。在1855年上海道台发布禁止谷物出口令之前，各地方之间是可以自由流通谷物的。但是，受"长毛贼"[②]作乱的影响，谷物的供给骤减。1858年的中英通商章程中，谷物被列入禁止出口商品的行列，此后中国与外国签订的各种通商条约中，谷物经常被列入禁止出口产品的目录。

　　而小麦和面粉也属于禁止出口商品的行列，下面我们列举一些中国防谷令的大致内容，以供大家参考。

　　（一）《中英通商章程善后条约》[③]（1858年，天津条约第五条）

　　"凡米谷等粮，不拘内、外土产，不分何处进口者，皆不准运出外国。唯英商欲运往中华通商别口，则照铜钱一律办理"[④]。"出口时按照税则纳税，其进口出口勿用纳税，至船载无论浅满，拘遵纳船钞"（见第三项）。

[①] 指禁止谷物出口外国，以保证本土粮食供应，应对人口增长和灾荒年。
[②] 清朝对太平天国起义军的称呼。
[③] 全名为《中英通商章程善后条约：海关税则》。见王铁崖《中外旧约章汇编》第1册，生活·读书·新知三联书店，1957，第116~132页。
[④] 按照中英天津条约之《中英通商章程善后条约：海关税则》第五款的规定："又铜钱不准运出外国；惟通商中国各口，准以此口运至彼口，照现定章程遵行；该商赴关报明数目若干，运往何口，或令本商及同商二人联名具呈保单，抑或听监督饬令另交结实信据，方准给照。别口监督于执照上注明收到字样，加盖印信，从给照之日起限六个月缴回验销，若过期不缴销执照，即按其钱货原本，照数罚缴入官。其进、出口，均免纳税；至船载无论浅满，均纳船钞。"见王铁崖《中外旧约章汇编》第1册，生活·读书·新知三联书店，1957，第117页。

"豆石①豆饼在登州、牛庄两口者，英国商船不准装载出口，其余各口，该商照税则纳税，仍可带运出口及外国俱可"（第四项）。

从以上条约可以看出，对于大米及其他谷物，不论是中国产，也不管从何地进口，一律不准从中国海港向国外出口，但是允许从一个口岸将谷物运至其他开放口岸。另外，对于豆类和豆粕，禁止从登州和牛庄向外出口。但如果是从其他开放口岸向外出口的话，不分中国港口还是外国港口，都是被允许的。

（二）《中法通商章程（1858年）》第三条（略）

（三）《中美通商章程（1858年）》第三条（略）

（四）《中德通商章程（1861年）》第三条（略）

以上这些中国与外国签订的条约与中英通商章程的内容完全一样。

（五）旧《日清条约》第26条②

两国的大米和小麦等粮食产品按照规定除了可以转运至特殊港口外，不得向海外出口。但是该条约上也记载有如下的内容：如果是供船上的船夫、船客食用的粮食，可以先向海关申请必要的量，获得海关开具的票据后方可购买。

从以上条约可以看出，供船上的船夫和船客食用的粮食在经过一定的手续后可以获得。除了这种情况，其他任何情况下粮食都禁止出口。

（六）《日中通商航海条约》（1896年）③

第九条条文的意思翻译一下的话，大致如下。

  清国与欧洲各国之间实行的税目以及税则也适用于日本国民向清国出口物品，或者从日本国向清国进口物品，或者日本国民从清国出

---

① 指大豆，这是近代中国严格保护的一种资源，在我国的近代历史文献中经常可看到关于政府发布的豆石出口的禁令。
② 指1871年《中日修好条规》之《通商章程：海关税则》。原文写作第26条，有误，当为第22条。见王铁崖《中外旧约章汇编》第1册，生活·读书·新知三联书店，1957，第320~335页。
③ 该条约全文详见王铁崖《中外旧约章汇编》第1册，生活·读书·新知三联书店，1957，第662~667页。

口物品，或是从清国向日本国出口物品。

清国与欧洲各国之间签订的税目和税则，尤其是对于那些被限制出口或进口，或者是禁止进出口的物品，只要按规定缴纳进口税或者出口税，就可以自由向清国出口或者从清国向国外出口。

根据以上规定，前述中英通商章程中有关谷物出口之规定也适用于日本。

(七)《中英修订商约》(1902年)

根据该约第十四条的规定①，两国在1858年天津条约通商章程第五款的基础上，就以下事项达成一致："凡米谷等粮，英商欲运往中华通商别口，则照铜钱一律办理。若在某处，无论因何事故如有饥荒之虞，中国若先于二十一日前出示禁止米谷等粮由该处出口，各商自当遵办。倘船只为专租载运谷米而来，若在奉禁期前或甫届禁期到埠尚未装完已买定之米谷者，仍可准于禁期七日内，一律装完出口。惟米谷禁期之内，应于示内声明漕米、军米②虽在不禁之列，应于海关册簿逐日登记进出若干。除此之外，其余他项米谷一概不准转运出口。其禁止米谷以及禁内应运之漕米、军米数目并限满弛禁各告示，均须由该省巡抚自行出示。倘于既禁之后，如准无论何项米谷出口，则应视该禁业已废弛。若欲再行禁止，则须另行出示，自示之后，议四十二日为限，方可照办。至米谷等粮，仍不准运出外国。"

这是说，如果在任何地方，若发生了粮食歉收或者饥荒的话，清国政府需提前21天发布告示，可以禁止从上述地区将米以及其他谷物运往他处。但如果是之前就已经签好了买卖协议的米或谷物，其在装船的时候刚好赶上出口禁止令发布，或者对于那些很早就到达商埠却未装完已买定之米谷的船只，给予其一周时间。在发布禁令的时候，清国政府要求记录在禁令实施期间装卸的漕米或粮米③的数量。可见清国政府期望除了漕米和军米之外的所有粮食，在禁令实施期间都不要装船运输。

---

① 王铁崖：《中外旧约章汇编》第2册，生活·读书·新知三联书店，1957，第109页。
② 漕米指从南方漕运到北方的米粮，军米指提供给军队的米粮，因涉及地方的安定、国防的安全，故不在禁止米粮出口令范围之内，但政府要加强管理，应于海关册簿逐日登记进出若干。
③ 原文有误，应为军米。

禁令的发布，允许漕米装船的告示等都是由当地的督抚承办，由于督抚可以发布或者撤销禁令，所以米和其他的谷物实际上依然可以出口到海外。

本条约按照1858年《中英通商章程》的规定，限制了谷米运出的范围，规定各国商人都要按照《中英通商章程》的规定来从事，禁止他们只顾自己的利益，而在粮食歉收或发生饥荒的时候将粮食运往国外。

以上我们对中国禁止从海港将粮食运往海外的制度，即所谓"防谷"相关的条约进行了简单叙述。另外，对于从陆路将粮食运出的相关规定，我们必须进行研究。

第二项 陆路贸易相关的防谷制度

在如前所述的谷物中，小麦和面粉从理论上讲，虽然允许在国内流通，但是绝不允许其出口海外。在陆路贸易方面，除了米，其他谷物无一例外都允许出口。以下我们列举相关条约。

（一）对俄国境

前记《改订中俄陆路通商章程》（1881年）有一节，内容如下：

根据本章程第十五条①之规定，中国的米和铜钱不允许被贩卖和出口，而外国的米谷和各种粮食在贩卖进口到中国时一律免税。

对于中国产的粮食，只有大米被明确禁止出口，而其他的谷物则没有被提及。与此相对，对于进口来的外国产的粮食，则明文规定"米谷及各种粮食"。显而易见，外国产的包括米谷在内的各种粮食，皆可以通过陆路贸易运输到中国，且一概免税。中国的谷物中则除了大米外，其他都可以出口国外。事实上，我们可以发现，比如按照本条约的规定，满洲产的杂粮正在出口至俄西伯利亚地区。

（二）对日国境

条约从性质上看属于陆路贸易相关规定，如果从其签订背景来看非要将其用于海路出口的话，我们认为还有些为时过早。但若是陆路贸易的话，不管在何种情况下一般都能顺利完成的。比如我们的朝鲜国境贸

---

① 王铁崖：《中外旧约章汇编》第1册，生活·读书·新知三联书店，1957，第389页。

易①就应该也适于陆路贸易。具体来看的话，根据 1905 年签订的《有关满洲的日清条约附属协定》第十一条"关于满洲国境贸易，两国都应该给予最惠国待遇"②的规定，除了米，其他的粮食都可以经陆路的安东③出口至朝鲜。但实际情况是，并不是所有的粮食都能够顺利地出口。比如，满洲的面粉。在我日本北京公使与中国政府交涉下，中国慢慢开始认可向朝鲜出口。并且在第二年的 1916 年 1 月 12 日，根据安东海关发布的第 114 号令，正式允许向朝鲜出口。

（三）对英属缅甸国境（1894 年），省略。

（四）对法国境（1886 年），省略。

如上所述，中国产的粮食一般原则上是禁止出口的，只有在以下三种情况下，这些被禁止出口的谷物才能够出口：

①中央政府的特许；

②用于供船舶船员和船客食用的一定量的粮食；

③奸商的秘密出口（走私）以及逃税行为。

第三项　小麦及面粉的出口解禁

如上所述，中国产的谷物类产品作为一种禁止出口品，除了一些特殊情况或经许可，其余情况下是不允许出口的。但是根据海关统计显示，小麦和面粉每年都在大连和上海港被出口至国外。接下来将谈一谈上海和东三省④的小麦和面粉出口解禁的背景。

（一）上海机械面粉加工的出口解禁

小麦和面粉虽然可以通过陆路通商这一渠道用于出口，但是通过海港出口却被禁止。另外，中国政府计划发展机械工业，而面粉加工业大部分

---

① 1910 年日本吞并朝鲜，直至二战结束朝鲜才重新独立建国。
② 王铁崖：《中外旧约章汇编》第 2 册，生活·读书·新知三联书店，1957，第 341 页。
③ 今辽宁省丹东市的旧称，1965 年改名丹东市。
④ 指东北辽宁、吉林、黑龙江三省。因在山海关以东，故名。

都是中国人在经营，且都取得了不错的成绩，基于此，为了保护和发展面粉加工业，只允许机械加工面粉出口。1917年4月9日，海关发布告示，允许机械加工面粉出口海外，但每袋面粉（重50磅）需要征收银40分①的印花税和护照费。另外，根据1917年9月7日发布的告示，该印花税被降至20分。以上解禁不包括长江流域各地产的小麦还是其他杂粮，只针对上海机械面粉加工业。

《海关告示》第871号（1917年4月9日）

根据总税务司发来的训电，凡是上海面粉加工工厂生产的面粉，今后海关监督并颁发给其护照后可以出口海外。

《海关告示》第872号（1917年4月13日）

关于上海工厂生产的面粉面向海外出口一事，根据《海关告示》第871号以及刚刚接到的总税务司的详细训示，用于出口的面粉在其申请护照时需要向海关监督缴纳每袋（重50磅）40分的装船费。

《海关告示》第882号（1919年9月7日）

关于面粉在海关的出口，根据《海关告示》第871号、872号对于装船所需的护照以及在申请时向海关监督支付的费用，根据中国政府规定，每袋（重50磅）从40分降至20分。

需要注意的是，以上出口许可根据情况在告示发布21日之内撤回。

（二）满洲海港②的小麦出口解禁

关于从满洲海港出口小麦的解禁，此处仅简单列举与小麦解禁有关的海关总税务司的训令。

1908年9月4日训令

训令指出：根据1881年《改订中俄陆路通商章程》，从北满边境出口谷物业已成为一个事实。而米和其他杂粮虽然也被禁止出口，但是只要支付了出口税，满洲产的小麦不管其采购商的国籍是哪个国家，都可以从满洲的海港出口至海外，这是税务处公文中的规定。这一禁止缓和措施出台

---

① 原文写作仙，仙（货币计量单位）是英文 Cent 音译，相当于人民币的分，1仙=0.01元。
② 这里的满洲海港指大连、安东（丹东）、营口、葫芦岛等。

的背景是，满洲产的小麦不仅每年都能满足当地居民的需求，而且还有相当的剩余。当该解禁措施遇到谷物不足的年份，中国当局可以提前发布告示随时取消该解禁措施。并且以上的解禁仅适用于南满海关，至于中国其他省或者开放口岸不得以此为先例要求取消或缓和解禁措施。在中国其他省份或者通商口岸，谷物不因产地如何，都视为禁止出口海外的产品，对其实行严格管理。

以上解禁措施如遭遇特别情况，比如遭遇饥荒或者其他情况，可以取消。

1916 年 1 月 12 日安东海关布告第 144 号
关于对经国境出口的小麦实行免税一事

关于满洲产的小麦、玉蜀黍、荞麦等的出口解禁，根据本海关告示第 33 号、第 43 号。第 44 号以及第 45 号，今奉税务司训令，对于满洲产的小麦通过陆路铁道经由朝鲜国境出口时实行免税措施（但是通过海港出口的除外）。另外，米和其他杂粮全部按照以前的规定禁止出口。当面粉出口数量过多或者遭遇凶年时，政府提前发布告示，禁止其出口。对面粉免于征税一事，是在综合考虑了东三省特殊情况下才开始实行的一种特别措施，其他各省以及各通商口岸不适用于此规定，依然执行禁止出口政策。

1918 年 12 月 9 日安东海关布告第 187 号

关于大麦解禁一事（省略）。

第四项　针对小麦和面粉课的进出口税

（一）出口税

（1）上海机械加工的面粉在上海港的出口税

税率为值百抽五[①]。如第三项第一条《上海机械面粉加工的出口解禁》

[①] 这是从价原则，是各国征税时通用的一个原则，即征税时按商品价格的一定百分比确定税额，随商品价格的上涨，税额增加，随商品价格的下跌，税额减少，是与"从量原则"对应的。

中叙述的那样，在向政府申请下发装船所需的牌照时，每袋（重50磅）面粉需要向海关监督缴纳20分的印花税，也就是牌照费。

（2）通过海港出口的小麦及面粉的出口税

　　小麦：每担0.10两

　　面粉：税率值百抽五

（3）通过陆路贸易方式的进出口税

如前所述，对于通过陆路铁道经由满洲国境出口的小麦实行免税政策，但是在通过其他国境时，一般按值百抽五税率征收出口税。

（二）进口税

小麦在与面粉一起进口的时候不征税。但是对于那些运往内地的货物，需要支付子口半税，即货物每值百两，征税二两五钱，即2.5%的子口半税。对于已经取得完税凭证的货物，不论其接下来要被运往中国何处，都不得再对其加征地方税。但是，有一个免票制度①（有效期间为30日，每发行一张征收现大洋1元的手续费），其效力就是当货物被转运至其他省份的时候，在省境可以免交地方附加税。虽然比较方便，但由于有效期间较短，使用的人非常少。

第五项　中国面粉的进出口

（一）从进出口总量看小麦及面粉

表4　1920~1924年面粉进口数量及贸易额的比较

年份	数量（担）	贸易额（海关两）
1920	521085	2382629
1921	765747	3524447
1922	3609310	16790487
1923	5830888	27252834
1924	6681323	30200576

---

①　指免税通关单。

表 5　1920~1924 年小麦的出口数量及贸易额的比较

年份	数量（担）	贸易额（海关两）
1920	8431520	25394864
1921	5194022	16886090
1922	1151014	4235481
1923	639919	2113166
1924	140185	541089

表 6　1920~1924 年面粉的出口数量及贸易额比较

年份	数量（担）	贸易额（海关两）
1920	3960779	2383629
1921	2047004	3524447
1922	593255	3654810
1923	131553	782788
1924	157285	713963

小麦的进口完全为零，但出口表现出逐年减少的趋势。大正 9 年（1920）大约是 843 万担，到了 1924 年，减少至约 14 万担。至于其贸易额，1920 年约为 2539.5 万海关两，到了 1924 年，减少至约 54 万海关两。关于小麦出口下降和进口面粉增加两者之间的关系，就不能不说到发生于 1914~1918 年的欧洲大战。在这场欧洲大战中，受国内小麦产业景气的影响，面粉的出口也呈现出令人吃惊的盛况。但随着大战的告终，国内面粉业界立即陷入萧条。如果将面粉的进口和出口进行一个比较的话，1920 年约为 344 万担（1587 万两）[①] 的出超，到了 1924 年，情况出现逆转，出现了 652 万担（2949 万两）的入超。

[①] 按表格中提供的数字，应为 3960779（出口）-521085（进口）= 3439694 担；2383629（出口）-2382629（进口）= 1000 万海关两，特此说明。

(二) 从进出口国别看面粉大势

表7　国外进口的面粉数量及贸易额（按进口对象国划分，1924年）

国别	数量（担）	贸易额（海关两）
香港①	1624935	7455538
日本	152354	714534
英属印度	85	875
法属印度	8889	44946
荷属印度	2841	14764
朝鲜	71539	383534
英属海峡殖民地②	13502	75126
澳门	14024	76056
俄国西伯利亚地区	1479	6419
俄国太平洋沿岸	11092	90078
菲律宾	30	152
英国	348	5374
德国	5	28
法国	3	16
西班牙	4015120	18038598
美国	632649	2821062
加拿大	4647769	20859660
土耳其	5	24
总计	6681325③	30200576④

① 此时的香港属于英国殖民统治地区，书院调查将其视作国外，故特别指出。
② 英国在1826~1946年对位于马来半岛的三个重要港口（槟榔屿、新加坡、马六甲）和马来群岛各殖民地的管理建制。
③ 该列合计的结果是11196669，特别指出。
④ 该列统计的结果为50586770，特别指出。

表8　小麦对外出口数量及贸易额、输出国（按出口对象国划分，1924年）

国别	数量（担）	贸易额（海关两）
日本	21998	77871
俄国太平洋沿岸	113262	442133
朝鲜	4925	21085
总计	140185	541089

表9　面粉对外出口数量及贸易额（按出口对象国划分，1924年）①

国别	数量（担）	贸易额（海关两）
日本	26308	118410
香港	48987	220443
俄国太平洋沿岸	220443	10064
朝鲜	10618	7067
英属海峡殖民地	35715	160717
法国	114	513
荷属印度	42564	195452
澳门	49	285
菲律宾	184	828
欧洲（计）	157130	713266
英国	3	13
土耳其	38	171
总计	157285	713963

---

① 原表格存在很大的问题。第一，里面有一行欧洲（计），出口量157130担，贸易额713266海关两。而表格里出现的欧洲国家只有法国和英国，合起来117担，526海关两。疑是书院学生抄写时混入的。第二，第三行的出口量为220443担，贸易额是10064海关两，每担的价格是0.045海关两；第四行的出口量是10618担，贸易额是7067海关两，每担的价格是0.666海关两。这跟其他国家的每担价格普遍稳定在4.50海关两左右，只有澳门为5.816海关两，无疑相差太大，也不符合粮食市场的行情。第三，该贸易额统计表，抛去欧洲（计）外，各国的贸易额相加与合计的结果73963海关两是一致的，这样我们就能确定第三、四行的贸易额结果是正确的。而且，贸易量的合计为157285担，与贸易额的统计72963海关两相比，每担的价格为4.539海关两，也与各国贸易单价相符。基于此，译者怀疑书院学生可能在抄写时把小数点搞混了，如第三行应为2204.43担，这样一算，价格为4.565海关两；第四行应为1061.8担，这样一算，价格为6.65海关两，有些偏高了。考虑到朝鲜和日本、俄国太平洋沿岸很靠近，价格不应该相差过大，为此我们仍取4.5海关两的单价，那么第四行应为1570担，这样最终合计的结果是157736担，和原来的统计157285很相近。为不破坏表格整体的效果，我们仍取原来的统计157285担是正确的，那么第四行的统计应为1119担，在此特做说明。

从表 8 可见，国产小麦的出口对象国都位于亚洲，面向其他地区的出口一概没有。但是在欧洲大战爆发时，国产小麦也出口到了欧洲。而且，欧洲进口的面粉主要来自美国，美国占欧洲面粉进口总量的约 2/3，美国之后是香港、加拿大。关于面粉的出口地区，大部分都是面向亚洲地区。其中，东南亚各国尤其是荷属印度、英属海峡殖民地等地最多。

以下根据昭和 3 年（1928）11 月 30 日发行的《上海贸易统计季表》对出入上海港的同年七八月中的小麦及面粉数量列举如下。

小麦进口

牛庄：549 担

长沙：663 担

汉口：553412 担

九江：35866 担

芜湖：64132 担

镇江：735 担

合计：655357 担

从上文可见，在上海消费的小麦中，除了来自牛庄外，其余几乎都是产自长江沿岸的小麦，包括湖北、湖南、四川，另外还有河南的小麦。

面粉进口

芝罘：663 担

汉口：393541 担

镇江：20733 担

日本：42 担

澳大利亚：74 担

美国：3473 担

合计：417873[①] 担

[①] 原文有误，应为 418526。

从中国内地购进的面粉只是经过上海港中转，并不在上海当地消费。从国外进口的面粉以美国货最多，几乎占了全部，这些进口货大都在上海被消费掉。

面粉出口

下文的统计带有"中"的表示中国人所开公司生产的面粉，带有"外"的表示外国人所开公司生产的面粉。

安东：56153 担（中）

大连：25540 担（中）

牛庄：241755 担（中）

秦皇岛：96950 担（中），184 担（外）

天津：91926 担（中），2041 担（外）

芝罘：14744 担（中），468 担（外）

龙口：68880 担（中）

青岛：3123 担（外），50512（中）

南京：55 担（外）

九江：15 担（外），1688 担（中）

汉口：116 担（外）

嘉兴：40 担（中）

宁波：67376 担（中），1060 担（外）

温州：8296 担（中）

福州：83273 担（中）

厦门：42731 担（中）

广州：47774 担（中）

香港：6616 担（中）

法属印度：7166 担（中）

英属海峡殖民地：25063 担（中）

合计：100442 担

其中，外国商品：7035[①] 担

[①] 根据文中提供数字的汇总，应为 7062 担。原文有误。

从上文可见，上海面粉的销路非常广，往北到达安东、大连、牛庄；往南到达厦门、广州、福州以及英属海峡殖民地。另外，外国商品的消费量由于非常少，不值得一提。关于这一点，因为上海毗邻不出产小麦的南方地区，所以其在对抗满洲面粉方面占据优势。上海面粉的销路今后有可能还会继续扩大，上海面粉加工业的发展可谓前景光明。

第三章　面粉的成分

面粉的成分有淀粉、蛋白质、糖分、脂肪、灰分、纤维、水分。

（一）淀粉

淀粉是面粉的主要成分，占面粉成分的约七成左右。对于以小麦为主食的人来讲，他们在营养方面所需的淀粉几乎全部来自面粉中的淀粉。另外，对于制作面包而言，如果只使用淀粉的话，会造成面包缺乏弹性，很难做出好的面包。

（二）蛋白质

在面粉中，含量仅次于淀粉的物质就是蛋白质。面粉之所以具有价值就因为含有蛋白质，所以需要对其进行充分的研究。如果对蛋白质进行分析的话，就会发现其由以下五种物质构成：

①麦清蛋白、②麻仁球蛋白、③蛋白聚糖、④醇溶蛋白、⑤麦谷蛋白。

在以上五种成分中，主要的是④和⑤结合而成的麦胶蛋白，也就是麸质①。麸质强韧且富有弹性，颜色呈白色或黄白色，是一种不溶性物质。如将其加热到210华氏度至260华氏度②，麸质将会变软并向四周扩散，

---

① 麸质是谷物特别是小麦中的一组蛋白质。小麦与黑麦、大麦十分相近，因此这些谷类也含有麸质。麸质使面团具有坚固的结构。在面包加工时的醒发过程中麸质蛋白形成了网状结构，如果没有麸质就不能形成这样的结构，面包也就不能发酵。
② 华氏温度和摄氏温度都是表示温度的单位，但是它们的量度方式不同。华氏温度是根据冰点和沸点的温度将温标分为180份，以冰点为32度，沸点为212度为标准测量温度。而摄氏温度则以水的冰点为0度，水的沸点为100度为标准来测量温度。日常生活中更多使用的是摄氏温度。华氏温度转化为摄氏温度的公式为：$C=(F-32)\times\frac{5}{9}$。其中C指摄氏温度，F指华氏温度。在本文中，210华氏度相当于98.9摄氏度，260华氏度相当于126.67摄氏度。

如果继续加热的话又会变得强韧，之后再经过干燥处理后，麸质最终就会变成一种硬质的东西。

如果用 350 华氏度至 440 华氏度①的高温对麸质进行加热的话，麸质就会立即膨胀为一种球形的东西，再继续加热就会变成一种硬质且脆的块状物。如果将其放入水中去煮，它不会膨胀，最终会变成一种多少带有一些黏性和弹性的灰色物质。接下来，需要十分注意的是，如果是在低温环境下将麸质用空气干燥的话，就会变成一种像"明胶"②一样非常脆的物质，如果将其粉碎的话，就能够得到非常漂亮的粉末。

麸质是"麸蛋白"和"麦胶蛋白"两种蛋白质结合形成的一种叫"麦谷蛋白"的物质。该物质具有很强的安定性，即便遇水也不会变软，也不能被酒精溶解，但是能够溶于碱。

麦胶蛋白主要起给麸质增加弹性的作用，可以被酒精稀释，也可溶于蒸馏水。以上的麸蛋白和谷蛋白拥有截然相反的性质。而麸质的性质最终取决于谷蛋白和麸蛋白在结合时的比例。

以上的①、②、③三种物质由于其在面粉中含量非常少，它们都具有遇水变软的性质。而麦清蛋白作为清蛋白类的一种，具有溶解性，当其被加热至 52 摄氏度③的时候会再次凝固。麻仁球蛋白属于球蛋白的一种，可溶于低浓度的食盐溶液。

（三）糖分

占面粉成分 1%~1.5% 的蔗糖，在制作面包的时候，酵母利用面粉中的糖分起发酵作用，产生二氧化碳，从而让面包内部形成无数的气泡。另外，糖分还具有让面包的色泽变好的作用，因此当面粉中的糖分因为发酵大部分都被消化掉了的时候，面包的光泽就会不好，而当糖分还留存的时候，面包的色泽比较好。当然，面包的色泽还与面粉所含麸质的量及其性质有关。但是糖分的影响也不能说很小。加入面粉发酵过后，即便在后面

---

① 相当于 176.67 摄氏度至 204.44 摄氏度。
② 别称动物胶或胶制品。
③ 摄氏温度（C）转化成华氏温度（F）的公式是：$F = C \times \dfrac{9}{5} + 32$。本文中 52 摄氏度相当于 125.6 华氏度。

加入了糖分,这时面包的色泽也绝不会变好。因此,面粉最初含有糖分的多少是面包制作时必须要考虑的重点。

（四）脂肪

面粉组成中约2%都是脂肪。对于面粉而言,那些等级高的面粉中脂肪含量较少,而等级低的面粉脂肪含量稍高一些。脂肪含量高的面粉带有一定的光泽,一般呈青黄色。抛光后的上等面粉呈纯白色,光泽很淡。

（五）灰分①

所谓"灰分",实际上是个总称。如果对其进行详细分解的话由以下六种物质构成。

①钙、②镁、③钾的磷化物,以上三种物质占灰分的大部分。

④铝的磷酸化物、⑤硫化物、⑥其他（含量非常少）。灰分在面粉发酵中作为酵母的营养剂,起促进酵母繁殖的作用。

（六）水分

面粉中水分的含量为10%~11%。那些麸质含量少,淀粉含量多的面粉很容易吸收水分,同时也很容易干燥。另外,水分含量多的面粉在储藏中对麸质会产生不利影响,会降低面粉的品质。

下面我们根据日本面粉加工株式会社发布的产品成分组成表对不同等级面粉的成分列表（见表10）。

表 10　不同等级面粉的成分

单位：%

	一等粉	二等粉	粉麸	大麸
水分	11.48	12.18	10.94	10.91
蛋白质	11.81	13.57	15.32	14.84
脂肪	1.45	2.00	4.67	5.03
纤维	0.18	0.35	3.90	5.98
淀粉	74.69	71.30	61.78	57.69
灰分	0.39	0.62	3.41	5.59

---

① 生物学名词,指食品经高温灼烧后残留下来的无机物,如钾、钠、钙、镁、铁等。灰分指标可以评定食品是否污染,是否掺假等。

另外，关于酸度，根据日本面粉加工公司发布的结果：与一等品的0.054%相比，二等品为0.108%。

一般来讲，越是等级低的面粉，尤其是那些使用发育不良的小麦磨制的面粉，其酸度要高一些。至于面粉带有酸度的原因，是因为面粉中的灰分在水溶液中会产生磷酸钾，同时面粉中含有各种有机酸，如脂肪酸等。最后，还有一些寄生在面粉中的菌类也呈酸性。因此，对于那些灰分含量越高的面粉，或者通过简单粗糙加工的面粉，一般而言其酸度要更高一些。另外，即便是上等面粉，如果储存不当或者储存期过长的话，也会增加面粉中有机酸的含量，使得面粉酸度增大。酸度高的面粉容易发生质变，不易储藏，一般不适合用于面包制作。只有当酸度非常小的时候，它才能起到刺激酵母、帮助发酵的作用。如果酸度过高，反而会阻碍酵母发酵且影响面包的口味。

以上叙述的有关面粉性质的内容，可以使我们对鉴定面粉品质的优劣形成一个总体认识。接下来，我们看一下面粉的鉴别方法。

第四章　面粉的鉴别方法

（一）色泽鉴别法

从上等品到下等品，面粉的色泽依次如下：素白色、灰白色、略微褐灰色、黄白色、略微黄褐色五种等级。一般我们将这种鉴别方法称为佩卡氏（音译）鉴别法。

佩卡氏鉴别法：在一个长5寸、宽3寸的玻璃板上放上各种面粉5匁[①]，然后在面粉上用一个薄的铁制板子使劲前后推拉。这时均匀附着在玻璃板上的面粉就会呈现出其本来的颜色。然后，再将其放入清水中浸泡，一两分钟后慢慢从水中将其取出，这时再观察面粉的颜色，就会更加明显。

（二）香味鉴别法

优质的面粉都带一种小麦特有的香气。没有香气的一般都是劣质品或

---

① 重量单位，日本古代衡量单位，1匁=3.75克。

者储存不当的商品。

（三）麸质鉴别法

从小麦粉中提取麸质的方法：首先，取 25 克面粉放入碗中，根据其吸收力的大小加入适量的水，用一根细棒将其搅拌呈圆形，然后浸入水中，30 分钟后再将其取出，用棉纱包裹并用手搓揉，使其中的淀粉析出，这样残存在手掌中的物质就是麸质。最后再将麸质清洗干净，揉出并擦干水分。当麸质的黏性能黏着在手指头上的时候，称一下其重量。当其重为 10 克左右时，也就是说对于重 25 克的面粉而言，麸质含量为 40%。我们将其称为湿麸。湿麸还含有较多的水分。将湿麸进行干燥后再称重并计算百分率，这样得到的数值才是真正的麸质含量。接下来，我们看一下我们日本国产的面粉中的麸质含量。

（1）普通品（面向一般大众）

一等品：25%~30%

二等品：30%~36%

（2）特殊品（供面条制作）

一等品：30%~35%

二等品：35%~40%

（3）低筋粉（供点心制作）

一等品：20%~25%

二等品：25%~30%

（4）高筋粉（供面包制作）

一等品：40%~45%

二等品：45%~50%

面粉中的麸质含量越高并不意味着其品质就更好，面粉的品质主要还是取决于麸质的性质。也就是谷蛋白和麸蛋白结合的比例。关于麸质的品质检验方法，一般使用柏兰德（音译）氏实验法或使用豪斯塔（音译）氏的麸质实验器。两种方法的原理都一样，即在一个金属制的圆筒内放入用水清洗过的麸质，提前将其加热至 150 摄氏度左右。然后继续将其加热，这时麸质就会膨胀，然后根据其膨胀的程度或状态来判断麸质品质的优劣。

（四）根据面粉吸收力情况进行判别的方法

面粉的吸水能力对面包制作而言关系甚大。一般用于面包制作的面粉含水量较少。麸质含量高的面粉往往吸收力也比较大。与此相对，含水量相对较多且麸质含量较少的面粉其吸收力也较小。

（五）有无菌类的附着

这是一种通过显微镜检查就能很容易操作的方法。此鉴别法由于在商业交易时比较麻烦，因此一般使用的都是一种简易的鉴别方法。首先，在一张黑色板子上摊开一层薄薄的面粉，然后在其上面轻轻地盖上一层玻璃板，稍微放置一段时间。当面粉中有菌类寄生的话，由于菌类的蠕动，面粉中就会产生一些细小的孔或沟。一般而言，有菌类附着的面粉膨胀力较小。

除了以上五种面粉鉴别方法，人们一般使用的一种最简便的鉴别方法就是，将面粉用力握在手掌中，如果能够形成团状则为上等品。或者用纱布包住面粉将其放入热水中，二三十分钟后再取出观察，如果纱布上没有附着物，则为上等品。

第五章　面粉的品质

面粉的品质首先与其制作方法即磨面相关，这是不言而喻的。但在如今这样一个发达的机械面粉加工时代，面粉的品质则很大程度上取决于小麦原料的品质。

（一）以日本内地产的小麦为原料的面粉品质

①九州和关西地区生产的小麦为软质小麦，一般而言含有的麸质较少。湿麸的含量在 30% 左右。该地产的小麦作为制作面粉的原料，一般不太理想。

②以关东东北地区生产的小麦为原料的面粉较前者稍好一些，湿麸含

量约为35%左右，用该地产的小麦磨成的面粉很有韧性，适合制作面条。

③以北海道产的小麦为原料的面粉，此地的小麦为我国品质最好的小麦，麦穗颗粒大，其磨成的面粉有很强的韧性，麸质含量在40%左右。

（二）以外国产小麦为原料的面粉品质

进口到日本的小麦主要以美国、澳大利亚和加拿大所产的居多，其次是满洲产的小麦。偶尔也能看见从印度进口小麦。

1. 以美国产小麦为原料的面粉品质

①软质白小麦：麸质含量很少，湿麸含量不超过30%，由于其质地较软所以不适合制作面包，但是适用于点心制作。

②软质红小麦：可以说与前者几乎没有什么大的差异。

③硬质白小麦：麸质含量在38%左右，颜色呈纯白色，具有很强的韧性。

④硬质红小麦：麸质含量为38%~45%，据说该小麦最适合作为面包制作的原料。

2. 澳洲产的小麦

①产自南澳洲的小麦麸质含量在38%左右，质地强韧，呈纯白色。

②维多利亚州产的小麦麸质含量为32%左右，品质上仅次于前者。

③新南威尔士州产的小麦品质不佳，面粉较软。

3. 加拿大产的小麦

麸质含量为45%~50%，香气良好，质地强韧，虽然颜色上稍带一点黄色，但是被认为是最适合作为面包制作的面粉。

至于满洲产的小麦，虽然和加拿大产的稍微有点相似，但是也存在很多不足。

上文我们对这些小麦在品质方面所做的比较，其结论适用于以这些小麦为原料制成的面粉。原料小麦的品质可以说左右着其所在国家面粉加工业的兴衰。从这点来看，上海的面粉由于其麸质含量在30%以下，属于较软的那一种，一般来说除了适合制作点心，没有什么别的大用途。

第六章 中国产小麦的品质

中国产的小麦中到底可以磨出多少面粉，这个比例受原产地、收成情况、磨面机器等因素的影响，并不是固定的。下面我们看一下大致的标准。

湖北产小麦	泥沙及其他夹杂物	15%~20%
江苏省长江以北地区及无锡产的小麦	泥沙及其他夹杂物	10%~15%
四川小麦	泥沙及其他夹杂物	5%~6%

从上文可见，四川小麦中的泥沙及夹杂物的含量是最低的。

接下来我们看一下从以下精选小麦每100中能获得的面粉比例①。

湖北产小麦	面粉73%~74%	麸皮25%
江苏长江以北地区及无锡产小麦	面粉73%~74%	麸皮25%
四川产小麦	面粉80%~81%	麸皮不明

从上文可见，四川产小麦所得面粉比例的表现尤为突出。现在，如果将江苏长江以北地区产的小麦（30%）与无锡产小麦（70%）混在一起磨面的话，最后生产的面粉等级及比例如下：

二等品：75%多
三等品：将近15%
四等品：10%

另外，由于不可能制造出第一等级的面粉，所以主要还是二等品。

以下是南京产小麦的成分组成表。

---

① 即我们今天所谓的"出粉率"。

表 11　南京产小麦的成分组成

	脂肪	蛋白质	水分	碳水化合物	灰分	糊精①
二等粉	1.9	10.4	9.7	76.1	1.9	6.4
三等粉	3.0	9.1	9.8	76.6	1.6	4.7
四等粉	2.9	11.3	11.2	72.7	1.8	8.7

（南京大学农科发布）

第七章　面粉的制造方法

第一节　磨坊

在面粉机械加工业尚未发展之前，中国产的面粉几乎都是通过手工磨坊来磨制。到了今天，在一些交通不便的内陆地区，还有使用这种方法来磨面的。其中，不乏一些日生产能力为 700 普特②~1300 普特的较大规模的磨坊。这些磨坊与机械面粉加工相比，其效率之低就不用说了。仅就产品品质而言，磨坊也远不及机械面粉加工。时至今日，磨坊正在慢慢走向衰亡，几乎不再重现往日的盛况。

关于磨坊的磨面方法：首先，用骡子或马拖着石臼将小麦捣碎，然后通过一种筛箱对捣碎的小麦进行筛选和分离。现在的磨坊大都是粮商作为一种副业在经营，各家粮商都设有 1~4 台石臼，零星地分布在各地。

关于磨坊的生产能力，每一台石臼每班使用小麦 2 斗 5 升，可生产出 130~140 斤的面粉以及 30~35 斤的糠。另外，如果将一台石臼一日三班的生产能力平均算一下的话，则一台石臼一天的生产能力为 400~420 斤的面粉，90~150 斤的糠。在生产出来的面粉中，约 40% 为上等品，其余都是下等品。

---

① 糊精是用来衡量原料蒸煮工艺的技术用语。淀粉在加热、酸或淀粉酶作用下发生分解和水解时，将大分子的淀粉首先转化成小分子的中间物质，这时的中间小分子物质，人们就把它叫作糊精。

② 普特（пуд）是沙皇时期俄国的主要计量单位之一，是重量单位，1 普特 = 40 俄磅 ≈ 16.38 千克。

第二节　机械面粉加工

机械面粉加工的过程可以分为以下五个步骤。

第一步：小麦清洗。购买的原料小麦中含有很多的杂质，中国人有的出于增加重量的目的，会在小麦中故意掺水或者大量的泥土。据说，在小麦的原产地，还有一些以专门销售这些杂质为生的人。因此，在磨面时首先需要对原料小麦进行清洗。清洗工作主要是用筛子或者中间有一个急转弯形状的圆桶铁网来去除杂质。还有一种机械也可以清除小麦中的杂质，原理是通过一个坚固的毛刷将小麦磨碎。

第二步：粗粉制造。精选后的原料小麦放入一个带沟槽的、冷却了的铁质轧辊中使其粉碎。粉碎后的粉末再通过一个绢质的筛子或者 wire silinder（钢丝筛子）进行分选。通过这一方法，一种被称为"粗粉"的带有麦粒中间的面粉细片和面粉就被分离了出来。

第三步：麸的分离。捣碎的小麦通过轧辊再次进行粉碎并且继续通过筛子来筛选。经过这一道工序后，小麦中的面粉就会完全与麸皮或者从小麦的壳中分离出来。当然，根据面粉工厂的生产能力或者原料小麦的品质不同，这一步的小麦加工可能需要来回重复4~7次。

第四步：精制。①一般而言，那些作为大粒粗粉来使用的面粉只需要通过通风就可以实现精制，而机械精制则是通过一个连续倾斜的板或者一个旋转的圆盘来实现。当粗粉通过风扇的时候，其中的面粉就会在风中不断落下来。这时面粉中的一些粒子或者麦麸比重较大的缘故，就会被吹至机器的前方位置，而面粉则会留在机器的底部。

②一般使用的是一种木制的长方形箱子。箱子中央有一块绢质的筛网从上面垂下来，通过摇动机器可以实现面粉和麸的分离。在该机器的头部安装有一台风扇，空气从筛网被吸入到里面时，麸皮之类的物质通过风就会全部落在筛子上面，而面粉则全部通过筛子落在下面。这种面粉精制机器一般用于小粒粗粉的加工。

③在面粉加工厂，由于风扇的存在，当面粉粉末与空气以某种比例混合在一起的时候，容易引发大的爆炸。因此，以前为了避免这种情况发生，人们会将混入了面粉的空气专门送入一个房子中，让其中的面粉慢慢

沉淀下来。现在，人们发明了一种叫"Dust Collect"（粉尘收集）的方法，通过此方法可以将空气中的面粉分离出来，减少危险。

第五步：制成。

在反复经历以上这些必要的程序后，那些完全被清洗干净的小麦粉末通过一根光滑的铁质轧辊再进行粉碎，然后再通过筛子筛选。这样最后得到的面粉就是上等品，一般被称为 patent flour（上等面粉）的属于最高等级的面粉。

第八章　关于副产物的麸皮

麸皮重要的交易地有满洲各地以及汉口、镇江、青岛、天津和大连等。上海是中国出产麸皮最多的城市，但是麸皮的出口对象国仅限于日本。麸皮原本作为一种家畜饲料，在远东贸易中占据着非常重要的地位。同时麸皮也可供人食用，但是中国人却不知道麸皮的这一用途，只将其出口日本。小麦的麸皮可以分为"细口"和"粗口"两种。

上海、汉口等扬子江沿岸等地产的多为粗口，几乎见不到细口。这个原因仔细一想的话就知道了，如果要生产细口的话，在小麦磨面过程中得到的面粉就会减少，所以才不生产细口。麸皮的价格用每"担"来体现。关于其包装容量，如果是从美国出口日本，每一担净重49磅，如果是中国出口日本的麸皮，一般每一俵①重134磅，容积为4.1立方英尺。表12列举的是按港口划分的最近三年间麦麸的出口量。

表12　按港口划分的1920~1922年麦麸的出口量

单位：担

地名	1920 年	1921 年	1922 年
哈尔滨	47805	61556	72936
大连	132250	301209	667146
天津	15033	291761	495425

---

①　俵在日语中指草袋子或袋子的意思。

续表

地名	1920 年	1921 年	1922 年
胶州	121793	233094	436131
汉口	320884	248159	278368
镇江	113347	66040	14207
上海	1009706	1321184	631539
其他	77790	54793	78007
合计	1836698[①]	2608796[②]	2673759

第九章 面粉在中国人粮食中的地位

中国人的主食大致可以分为米和面两种。米可以制成干饭、稀饭和糕点等供人食用，而面粉则可以制成馍馍或者面条等供食用。占世界总人口1/4的中国每年到底需要多少面粉，对此我们不难想象。关于全中国面粉的消费量，如前所述约为3000多万石。并且，据说这一数值还呈现逐年增长的趋势。中国面粉加工业今后会越来越发达，不难想象面粉作为一种重要的粮食将占据重要的地位。

在中国，小麦的种植由来已久，其中华北地区等由于产米较少，使得其对小麦的需求愈加旺盛，与江苏、浙江、湖北以及其他中部产米地区的人民以大米为主食不同，华北、满洲地区的人们平常几乎以面粉为主要的食物。另外，有些地方虽然产米，但是也食用面粉，这点超出我们日本人的想象。

每年从山东向北满地区移民的山东苦力据说有数百万人。这些人对于面粉的需求也在逐渐增加。此外，还有一些人，他们可能在以前从来不食用面粉，但是随着文明的进步以及生活水平的提高，他们对面粉的需求也在增加。所以，将来中国对面粉的需求将会一直增长。另外关于麸皮，在畜牧业兴旺的中国竟然没有人使用它，这也是让我们感到不可思议的地

---

① 原文有误，据表中数据计算为1838608。
② 原文有误，据表中数据计算为2577796。

方。如果有一天中国人忽然知道了麦麸的用法，那么中国面向日本出口的麦麸就会陷入供给不足的状态，这是非常明确的事情。在一些原本以米为主食的地方，现在对于面粉的需求也出现了逐年增加的趋势，显然面粉即将成为中国的主食。

第十章 上海的面粉加工业

1896年（明治29年）成立的增裕面粉公司是上海面粉加工业的嚆矢。之后，上海的面粉加工业不断发展，现在的工厂数已经达到了30多家，每日的面粉生产量（所有工厂都生产的情况）可达12万袋，产品畅销中国各地。并且根据市场情况有时甚至还远销海外。现在上海地区面粉加工业的集散状况见表13。

表13　最近6年间的集散表

年份	单位	从外国进口	中国各港出口	上海净进口
1921年	千担	185	4685	72
	海关两	794	21157	341
1922年	千担	625	2226	33
	海关两	2669	10021	158
1923年	千担	1055	2769	2
	海关两	4815	12451	11
1924年	千担	637	5666	94
	海关两	2735	22982	499
1925年	千担	36	6576	90
	海关两	216	26503	457

第一节　原料的小麦生产与品质

（1）产地及产量

长江及中国南部地区使用的原料小麦多产自四川、湖北、湖南、江苏、安徽、河南、山东一带以及津浦沿线地区，上海、汉口、镇江、苏州、芜湖、无锡和常州等地则是这些小麦的销售市场。小麦每年的产量因收成情况有所不同，根据民国7年农商部的统计，约为3亿华石。其中，对小麦需求最多的地方为江苏省，山东、湖北、安徽和四川次之。江苏省内的无锡、常熟和昆山也是小麦的主产地。现在我们对小麦产量的概况列一个表说明（见表14）。

表14　小麦产量的概况

单位：华石

主产地	产量	主产地	产量
常熟	1300000	苏州	900000
昆山	1000000	镇江	800000
无锡	2000000	六合①	500000
江阴	500000	高邮	500000

（2）品质

中国产小麦的品质一般来讲比日本、澳洲、加拿大和美国产的小麦要差一些，究其原因，从某种程度上源于小麦耕作管理不到位、收割和加工不完善等。近年来，由于中国小麦在耕作方法方面有所改进，其品质也在慢慢上升。另外，汇集到上海市场上的小麦中，品质最好的是产自湖北、湖南的小麦，虽然这两地的小麦产量并不多，但是它们种植的小麦与红秧麦很相似，富有光泽，非常适合磨面。面粉加工使用最多的是产地在江苏、安徽和山东的小麦，这几个地方生产的小麦在品质方面仅次于前者，尤其是苏州和无锡两地产的小麦品质较为优良。但是，这些小麦中混有10%~15%不等的泥沙，对于面粉加工而言是不利的。

此外，还有河南产的小麦，被称为"花麦"，颜色带一点红色，品质优良，河南产的小麦还供应汉口地区，但是销往扬子江下游地区的并不太多。

另外，关于面粉加工率，受原料产地、收成的丰凶、磨面机械等因素影响，难免会有差异，一般而言，面粉为70%，麸为23%，消散物7%。品质较好的精选小麦每100中可以得到的面粉比例见表15。

---

① 今南京六合区。

表 15　小麦面粉比例

单位：%

	面粉	麸
江北及无锡产的小麦	73.74	25
湖北产小麦	73.74	25

（3）收购方法

原料小麦的收购在外国人经营的工厂中与其他商品完全一样（现在没有外国人经营，所以也没有此方法），总的来讲都是通过买办来进行交易。而且亲自携带现金前往原产地，与对方达成协议，或者直接购买已经运到上海的小麦。

关于原产地的小麦收购方法，每个商家都有自己的一个收购点，到了小麦收货的时期，厂家将店员派往产地直接从农民手中收购小麦。或者厂家在原产地与小粮行签约，通过小粮行从农民手中购买原料小麦。

第二节　上海的面粉加工工厂

上海各面粉公司大多都使用英国或美国制造的机器。其中，使用最多的是那些结构简单且坚固的美式机器，复杂且精密的英式机器使用得不是很多。

另外，面粉工厂的厂房多为4层或5层楼高的建筑，小麦或者粉末从楼下通过传送带运往楼上都是通过一个自动升降的装置来实现的，小麦在通过机器的各个部分时，就会被巧妙地磨成面粉。首先由于作为磨面原料的小麦含有杂质，所以第一道工序便是去除小麦中的杂质。具体方法就是小麦被投入精选机中，小麦在通过一个导管状的箱子中时，在送风装置的作用下，杂质就会从小麦中分离出来并且被留在箱子中铁网的位置上，而在机器的出口处只有小麦才会出来。这种刚从机器中出来的接近于纯净的小麦会再次通过导管被投放至第二个精选机中，然后再次通过风力的作用将其中的豆皮、麦皮等杂质分离出来。经过第二次精选的小麦接下来还要被投入磁力精选机中，通过机器中的磁力来吸附并去除小麦中的铁分。经过该道工序后的小麦被送进一个铁制圆筒形机械中，此机器主要是为了去除小麦中的沙子，机器呈长筒状，当小麦从筒中经过不断旋转时，小麦中的杂质就会落入筒内的低洼处，而只有品质优良的小麦才会通过机器的洞口进入下一道工序。经过上述一连串的工序，小麦中所含的所有的杂质几乎都会被去除掉。不含杂质的纯净的小麦则通过研磨机器进行研磨。研磨机通过两张铜板的摩擦起到取出附着在麦粒上的泥土或者沙子的作用。精选工程的最后一道工序是通过brushing（冲洗机）去除小麦中的细小尘土等，至此，小麦的精选工序就算结束了。面粉加工程序接下来进入下一道工序——粉碎程序。

小麦粉碎程序首先是用一个叫做brakeroll（碾碎辊）的机器将小麦碾碎，此机器的轧辊呈齿状，有三根轱辘状的装置。各组齿轮相互咬合，由于齿轮之间转速不同，所以转动后小麦就会在齿轮中间被碾碎。经过这道工序的小麦粉末再通过导管被送到一个带有筛子的装置上。此装置内部上面有一个铁网，下面有一个绢网，面粉通过铁网和绢网被运到第二个碾碎辊进行二次粉碎，就这样一直来来回回，直到经过第五个碾碎辊后才结束。经过以上工序加工得到的面粉，近年来还有一道工序，即通过一种叫做漂白机的设备对其进行漂白处理。

第三节 上海的面粉加工工厂及其生产状况

上海的面粉工厂大小有30余家，其中重要的有19家工厂，它们几乎都是中国人在经营。我们日本人经营的只有一个三井面粉厂，该厂的前身是增裕面粉厂，成立于1896年8月5日。从创立到1911年都是德国人在经营。但是，经营业绩不太理想。1911年7月开始，三井物产开始代理经营该工厂，通过借款给该工厂掌握其流动资本最终将经营权握在自己的手里。该厂的注册资本为银300000两，厂址位于杨树浦路105号。工厂前面就是黄浦江，原料和产品的搬运非常方便。厂房有三层，另外还有储藏小麦和产品的仓库各三栋。并且还有办公室和住宅。该工厂使用的机器有：

轧辊（大小轧辊均为亨利·西蒙公司制造）：16台
机器：6台
磨麦机器：6台
洗涤机：2台
筛：26台

取豆器（大麦石）：8台

汽罐（300马力）：2台

这些机器当时是花了84872两购入的，建筑物则是花了91500两银子建造。每日的面粉产量为2500袋（每袋重50磅）。产品的商标有"三马""金鱼""寿星"，主要销往满洲及中国的南部和北部。如前所述，该工厂继德国人之后，英国人开始监理，但是每年都会出现十几万两的亏损，根本无法维持下去。1916年11月，三井物产接手了该工厂的全部资产，现在该工厂处于停业中。

最近几年，整个中国面粉加工业都很萧条。如前所述，陆续出现了一些无法维持的工厂。实际上中国面粉界出现的这种令人可悲的情况，上海也普遍存在。前几年，面粉界还呈现一片悲惨状态，今年小麦的收成相对较好，不断有新麦子上市，导致价格比较低，所以那些关闭的工厂也逐渐开工生产。但是，面粉界出现的问题是长期形成的，所以该行业要想恢复到以前的盛况也并非易事。目前，这些面粉工厂也仅仅是在小麦的上市期才生产一下。因此，现在的面粉加工厂可以说全部是为了节约动力①，而与纺织工厂进行合并的。② 如果进入小麦上市期，这些原来的面粉加工工厂就会联系纺织工厂借用其动力。现在一般看不到正在生产的面粉加工工厂。

另外，昭和2年（1927）出现了工人工资的上涨，同时军阀对军费的要求等也导致面粉的生产成本增加。同时，时局的紧张对金融也产生了影响，导致企业融资困难，再加上商品流通受阻，面粉厂根本赚不到钱。此时还谣传称南京政府要禁止向北方销售面粉以及停止对日出口，这些都让面粉行业陷入了困境。如果前述的"禁止对日出口麸皮"等真正实施的话，那么这些面粉厂将根本不可能赚钱。一些业者甚至称"上海的面粉加

---

① 这里的节约动力不仅包括节约劳动力，也包括节约包括水、电在内的各项活动费用。
② 民国时期的面粉厂家往往经办纺织厂，目的是通过范围经济（一个厂商同时生产多种关联产品的单位成本支出小于分别生产这些产品时的成本，主要原因是多项活动共享一种核心专长，从而导致各项活动费用的降低和经济效益的提高。）取得降低成本的效果。即面粉不景气时以纺织弥补，纺织不景气时以面粉弥补，这是与民国经济发展水平低，民众收入不高，购买力不强的时代背景分不开的。在这种仅仅经营一种产品市场规模不大，持续经营不易的情况下，不得不依靠多元化的经营维持生存。

工工厂恐怕全部都要倒闭"。下面列举的为大正13年（1924）铁道省①所做的关于上海面粉加工工厂营业情况的调查。

(1) 阜丰 西苏河州路第一号

1898年成立，资本金：1000000元

从业人员：580人

使用美国阿里斯机器，轧辊数：24台

一昼夜小麦使用量：3000石

一昼夜面粉生产量：6000袋

一昼夜麦麸数量：800袋

商标名称：自行车、双鱼、双虎

(2) 福新第一、第三厂 闸北光复路

1914年成立，资本金：500000元

从业人员：250人

使用美国阿里斯机器，轧辊数：22台

一昼夜小麦使用量：2500石

一昼夜面粉生产量：4600袋

一昼夜麦麸生产量：500袋

商标名称：红绿（宝星）②

(3) 福新第二、第四厂 西苏州河莫干山路

1916年成立，资本金：1000000元

从业人员：350人

使用美国阿里斯机器，轧辊数：71台

一昼夜使用的小麦量：8100石

一昼夜生产的面粉量：15000袋

一昼夜生产的麦麸量：1850袋

---

① 铁道省是日本在大正及昭和时期存在过的政府机关（1920年5月15日至1943年11月1日），是二战后的运输省及日本国有铁道的前身。

② 原文疑是抄写时把工厂的一些习惯用语一并抄下了，应改为红宝星、绿宝星。

商标名称：红蓝（福寿）（月日）①

（4）福新第六厂　北苏州河路

1919年设立，资本金：300000元

从业人员：230人

使用美国阿里斯机器，轧辊数：20台

一昼夜使用的小麦量：2500石

一昼夜生产的面粉量：4570袋

一昼夜生产的麦麸量：500袋

商标名称：（红绿）（福寿）（宝星）②

（5）福新第七厂　新闸大通路

1920年成立，资本金：1700000元

从业人数：460人

使用美国普利斯机器，轧辊数：49台

一昼夜使用的小麦量：7000石

一昼夜生产的面粉量：14000袋

一昼夜生产的麦麸量：1500袋

（6）福新第八厂　西苏州河莫干山路

1921年成立，资本金：1000000元

从业人员：195人

使用美国娜塔莉（音译）机器，轧辊数：48台

一昼夜使用的小麦量：7538石

一昼夜生产的面粉量：14716袋

一昼夜生产的麦麸量：1638袋

（7）元丰恒记　杉板桥块③

1918年成立，资本金：300000元

从业人员：130人

---

① 原文如此，但应为红福寿、蓝福寿。
② 原文如此，应为红福寿、绿福寿、红宝星、绿宝星。
③ 原文莫知其意，有误，已核改为苏州河恒丰路桥西首。

使用美国乌鲁夫（音译）机器，轧辊数：10 台

一昼夜使用的小麦量：700 石

一昼夜生产的面粉量：1300 袋

一昼夜生产的麦麸量：150 袋

商标名称：汽车

（8）长丰　宜昌路苏州河边

1916 年成立　资本金：400000 元

从业人员：320 人

使用美国阿里斯机器，轧辊数：49 台

一昼夜使用的小麦量：6000 石

一昼夜生产的面粉量：11000 袋

一昼夜生产的麦麸量：1000 袋

商标：红蓝、喜鹊、绿炮车、绿人马

（9）申大　南市机厂街

1910 年成立，资本金：200000 元

使用美国帕斯里娜（音译）机器，轧辊数：12 台

一昼夜使用的小麦量：1210 石

一昼夜生产的面粉量：2400 袋

一昼夜生产的麦麸量：320 袋

商标：双马

（10）立大　曹家渡

1909 年成立，资本金：200000 两

从业人员：66 人

使用美国帕丽纳斯（音译）机器，轧辊数：18 台

一昼夜使用的小麦量：1500 石

一昼夜生产的面粉量：3000 石[①]

一昼夜生产的麦麸量：370 袋

商标：天守

[①] 原文有误，应为袋。

(11) 信大　澳门路第二号

1922 年成立，资本金：5000000 元

从业人员：140 人

商标：炮台、三多凤、连宝

其他不明。

(12) 华丰　麦根路

1913 年成立，资本金：300000 两

从业人员：170 人

使用美国富和公司机器，轧辊数：12 台

一昼夜使用的小麦量：1650 石

一昼夜生产的面粉量：3300 袋

一昼夜生产的麦麸量：400 袋

商标：红绿、双桃、绿麦根、绿双喜

(13) 大有　苏州路

1912 年成立，资本金：400000 两

从业人员：32 人

使用美国帕娜丽丝（音译）机器，轧辊数：6 台

一昼夜使用的小麦量：500 石

一昼夜生产的面粉量：1000 袋

一昼夜生产的麦麸量：125 袋

商标：犀牛

(14) 信昌　南支[①]薛家浜

1914 年成立，资本金：300000 两

从业人员：26 人

使用美国帕娜丽丝机器，轧辊数：4 台

一昼夜使用的小麦量：400 石

一昼夜生产的面粉量：800 袋

一昼夜生产的麦麸量：100 袋

---

① 原文有误，应为南市。

商标名称：老虎

（15）裕丰　车袋角①

1924年成立，资本金：200000两

从业人员：74人

使用机器不明，轧辊数：9台

一昼夜使用的小麦量：800石

一昼夜生产的面粉量：1600袋

一昼夜生产的麦麸量：200袋

商标：双龙

（16）中华第一厂　老拉坡桥浜北

1918年成立，资本金：100000两

从业人员：65人

使用德国机器，轧辊数：7台

一昼夜使用的小麦量：700石

一昼夜生产的面粉量：1400袋

一昼夜生产的麦麸量：180袋

商标：飞艇、总统

（17）祥新　曹家渡浜南

1921年成立，资本金：500000元

从业人员：140人

使用美国娜塔莉机器，轧辊数：3台

一昼夜使用的小麦量：1750石

一昼夜生产的面粉量：3000袋

一昼夜生产的麦麸量：450袋

商标：丹凤、五福

---

① 又名叉袋角，是指上海北火车站附近，位置横跨闸北和公共租界西区，是长安路底麦根路北近苏州河一带的统称。这一带地势冲要，工厂林立，几乎全是裕源纱厂、裕丰面粉的创办人朱鸿渡及其家人的物业。叉袋角本名不见经传，也因这些近代工厂的创办而在上海声名鹊起。

(18) 三井① 杨树浦

1896年成立，资本金：200000两

从业人员：75人

使用机器不明，轧辊数：16台

一昼夜使用的小麦量：1400石

一昼夜生产的面粉量：2500袋

一昼夜生产的麦麸量：350袋

商标：三马、金鱼、寿星

(19) 和大 小沙渡路②

1918年成立，资本金：60000两

从业人员：35人

使用机器不明，轧辊数：4台

一昼夜使用的小麦量：350石

一昼夜生产的面粉量：600袋

一昼夜生产的麦麸量：80袋

商标：快马、三旗

(20) 兴华 少③沙渡路

1922年成立，资本金：1000000两

从业人员：142人

轧辊数：24台

一昼夜使用的小麦量：3000石

一昼夜生产的面粉量：6000袋

一昼夜生产的麦麸量：300袋

商标：红鸡、绿鸡、三麟兰

---

① 该厂指的就是成立于1896年的增裕面粉厂。它最初由德人投资，因经营不善，后转与英人，英人后来又转给三井。
② 苏州河上的小沙渡，是个古渡口，为南来北往的商客居民摆渡过河。1900年工部局筑路时命名小沙渡路。1943年小沙渡路正式改名为西康路。
③ 原文有误，应为"小"。

以上 20 家工厂中，第 13 家①以后的工厂，亦即华丰后面的工厂都受到战后经济不景气的影响而关闭，实际上真正在生产面粉的只有 11 家工厂。从这里我们就不难看出，在欧洲大战之时，上海的面粉加工业到底有多么兴旺。下面我们看一下上海面粉加工业的总体情况。

  资本金：7400000 元/1760000 两
  从业总人数：3589 人
  使用的轧辊数总计：429 台
  每日使用小麦总量：50308 石
  每日生产的面粉总量：96756 袋
  每日生产的麦麸总量：10863 袋

也就是说，在大战发生时，上海每日还生产多达 96556② 袋的面粉（每袋重 37.5 斤）

以及 10863 袋（每袋 100 斤）的麦麸，到了大战后，面粉和麦麸的产量几乎减少了一半。

另外，上海的面粉工厂使用的机器几乎都是美式机器，只有华丰和中华第一厂两家企业使用的是德国机器，但是这两家企业目前都处于停业状态。所以，实际上上海的面粉界除了美式机器，几乎没有使用其他国家的机器。另外，这些面粉工厂一般都位于苏州河以及黄浦江沿岸附近，这是因为这些地方在搬运原料和产品方面非常便利。

从整体来看，上海面粉界每日生产的面粉总量（以袋为单位，指袋数）是原料小麦使用量（以石为单位，指石数）的两倍，至于每日生产的麦麸量（袋数）约相当于每日使用的小麦量（石数）的四分之一，这几组数字是非常有意思的。因此，只要知道了每天使用的小麦石数，我们就可以大体上推测出每天的面粉及麦麸的产量。

---

① 原文有误，应为第 12 家。
② 原文与前面的数字不符，有误，应为 96756。

第四节　上海面粉的品质、用途及市况

1. 品质及用途

关于上海面粉的品质，因各面粉工厂不同，面粉的等级也有差异。虽然说不存在一个明确的标准，但在此处我们将中国市场上交易的面粉按照习惯分为中国面粉（一、二、三、四等粉），美国面粉（一、二等粉）等。对于中国面粉中的一等粉而言，虽然其品质优良，但是由于其制造收益非常微薄，很多工厂都是收支对等。因此，现在几乎没有工厂愿意生产一等粉，一般生产最多的上海面粉（上等品）就是二等粉。并且，各个工厂生产的二等粉在品质方面大同小异。但是各工厂生产的三、四等粉难免存在较大差异。因此，各国面粉在比较其品质时都以二等粉为标准。关于其优劣，美国面粉是第一位的，上海产面粉则位于最底层。之所以会产生这样大的差异，主要就是因为原料小麦的不同。上海面粉一般供中国人的日常食用。

2. 上海的小麦市况

表 16　上海的小麦市况

单位：上海两（每袋面粉重 50 磅）

		1月	2月	3月	4月	5月	6月	7月	8月	9月	10月	11月	12月
1925年	最高	4.3100	4.5200	4.6800	4.7300	4.7000	3.9600	4.1600	4.3900	4.1900	4.4200	4.5400	4.6900
	最低	4.1000	4.3100	4.3400	4.5500	3.6900	3.7600	3.8200	4.0100	3.9900	4.0300	4.3800	4.4500
1926年	最高	4.8500	4.9100	4.9000	4.9500	4.6200	4.3500	4.2300	4.2900	4.6800	4.9400	5.1100	4.9900
	最低	4.7000	4.8600	4.7200	4.7500	4.3200	3.9000	4.0800	4.1200	4.1800	4.6000	4.8100	4.7400
1927年	最高	—	4.9000	5.1000	—	5.1000	4.7000	4.5100	4.4900	—	—	—	—
	最低	—	4.3900	4.3900	—	5.1000	4.5000	4.3500	4.3700	—	—	—	—

3. 上海的面粉

大正 15 年（1926）腊月以来，面粉的实际需求除了北满外，[①] 其他地

[①] 北满地区持续的内乱以及张作霖滥发纸币，导致奉天票出现了暴跌，对内地的面粉需求完全呈现出一片疲软之态。

区都非常的顺利。在四五月的时候，面粉价格一直在二两四勾二三分①左右徘徊。进入5月后由于新麦的上市以及日本向大连和天津市场上倾销约200万袋面粉，同时受美国和加拿大的面粉期货进口条约的影响，上海面粉的人气受挫，价格也从以前四月份的二两三钱二分，五月的二两二钱三四分，六月份的二两一钱五六分渐渐走低。一时间人们甚至认为上海的小麦价格要突破去年的最低值——二两。但是之后爆发的世界性白银价格下跌导致外国小麦进口预期变差②，地方农民不为外国小麦的高价位所动而惜卖③，以致面粉价格由最初的四两二分最终涨到了四两八九钱④，人们都不知道还要涨到什么程度。在北满和广东地区，民众偏爱购买比较便宜的当地产的面粉，虽然大家都期待一下子出现二两六钱五分的行情，但是最后的结果是现货价格为二两五钱，期货价格为二两五钱五分五厘。之后由于面粉的实际需求没有增加、且当地小麦的出货又异常的顺利，所以面粉价格逐渐跌落至二两三钱八分，期货的价格为二两四钱三分。总而言之，本年度的面粉实际需求比往年一点都没有好转，主要是受持续的内乱的影响。

昭和2年（1927），上海的面粉市场从农历正月开始交易就一直很旺盛。面粉市场受白银贬值以及日清制粉会社、日本制粉会社合同问题等的影响，使得中国面粉得以免于受日制面粉的挤压，显然这对于国产面粉非常有利。大连和天津方面的消息人士都对面粉的旺盛需求充满了期待。但是由于奉军南下作战和奉天票的暴跌，这份难得的期待也落空了。面粉的需求锐减，加之交通受阻，对于那些已经签订合约的商品甚至出现了无法交货的情况。另外随着南军⑤的行动，上海也慢慢变成一个战乱之地，上海附近对面粉的需求也没有了，很多工厂都开始停产。特别是当南军进入上海的时候，面粉工厂一时间全部都开始罢工。之后虽然有一些工厂慢慢开始营业，但是由于交通中断导致原料供应受阻，它们也都只是间歇性地

---

① 即"二两四钱二三分"。
② 本国货币贬值有利于出口而不利于进口。
③ 农民需要留出基本的口粮和来年的种子。
④ 原文有误。根据前后文，应为"二两二分最终涨到了二两八九钱"，疑笔误。
⑤ 指北伐军。

生产一下。如果小麦原料能够供应充足的话，今年的面粉应该跟往年一样有很大的销量。只是今年的小麦原料供应只有原来的五六成，虽然之后原料问题慢慢得到解决，所有工厂都开始生产，但是作为原料的小麦出货很慢——这是因为中国内地受金融问题①和时局的影响，小麦的销路受阻，小麦现货价格跌至二两二钱三四分，而期货价格更限制了原料小麦的价格。也就是说，如果北方的时局好转以及反日运动结束的话②，到了9月、10月面粉的行情应该会变好。特别是最近有谣言称北伐军为了军事胜利而禁止将面粉运往华北等。当这一谣言盛行的时候，恰逢当地的面粉工厂由于反日运动开始禁止将麸皮出口日本，所以对面粉界的打击非常大。据工厂相关人士所言，如果上述的情况变成真的话，那么所有的工厂都会停业。

表17　最近三年间按月划分的面粉最低价格表（1925～1927）

单位：海关两（每袋面粉重50磅）

月别		1月	2月	3月	4月	5月	6月	7月	8月	9月	10月③	11月	12月
1925年	最高	2.4320	2.4050	2.3650	2.5750	1.9650	1.8600	1.9550	1.9200	1.8775	1.0350	2.0925	2.1600
	最低	2.1050	2.2400	2.2650	2.3800	1.7925	1.7100	1.7675	1.8500	1.8250	1.3850	2.0000	2.0000
1926年	最高	2.4750	2.4350	2.4275	2.3325	2.0800	2.0750	1.9900	2.1375	2.0600	1.9500	1.8575	2.1975
	最低	2.4000	2.2050	2.3650	2.3075	1.9600	1.9600	2.0050	1.9950	1.9250	1.8175	1.8125	1.8100
1927年	最高	2.4000	2.4000	2.4800	2.5375	1.7700	—	—	2.1500	2.0000	1.9925	2.1475	2.1350
	最低	2.3800	2.3450	2.3875	2.4275	1.7100	—	—	1.8300	1.8500	1.9050	1.9775	2.1100

如上文统计所示，最近上海的面粉业有了很大的发展。今后，随着中国内地交通条件的改善，整个中国的面粉加工业将会变得越来越繁忙。另外，上海生产的面粉的销路几乎覆盖中国各地，尤其是华北，这里才是上海面粉的主要市场。

---

① 时局越不稳定，银行越不敢放贷，由此影响了面粉工厂对原料小麦的购买，导致小麦行情下跌。

② 时局的动荡对农产品的生产有一定影响，但远不及对农产品销售的影响。一方面，时局的动荡会导致物流中断，影响了农产品的流通；另一方面金融业不敢向外放款，影响了采购商对农产品的购买。

③ 1925年10月份的数字有误，不可能最高价格是10350，最低价格是13850，疑抄写错误，但确切的数字是什么，不敢确定，故特别指出。

第五节　上海的小麦交易商

进口商：三井洋行、三菱公司、永和洋行。

第六节　上海机械面粉加工交易所细则

如果将上海机械面粉加工上海交易所的营业细则翻译一下的话，如下文[①]。

第一章　市场开闭及停业日

第一条　市场的开市分前后场两次，其开始时间规定如下：前场：上午10时；后场：下午2时30分。本所认为如有必要变更时间将临时布告之。

闭市时间由本所根据相关情况决定。

第二条　休息日：①国庆日；②星期天；③年末；④年初。

另外，根据情况有时也会在休息日营业或者在定休日以外的时候休息。

第二章　经纪人及其代理人

第三条　凡欲成为本所经纪人的，须有两位本所经纪人推荐，并向本所提交记录有本人商业履历的申请书以及其他资料，由本所向农商部申请对其发行营业执照。有志于从事经纪人工作的人需要提交其所属的组织及姓名，出资的数目、代表者的简历，公司章程、财产目录。如果所属公司是会社组织的话，还需要告知董事及监事的姓名。

第四条　本所的经纪人定员为55人。

第五条　经纪人需在本所指定的地点设置营业所。

第六条　经纪人以及代理人由本交易所发给其入场徽章，没有佩戴徽章的人不准入内。不得将徽章赠与或借给他人。如有遗失或损毁，请求补给时应缴纳与徽章价值等同的金钱。

---

① 本节对照着《中国机制面粉上海交易所股份有限公司营业规划》（见《金融法规汇编》，商务印书馆，1937）仔细加以校对，个别地方有错误。

第七条　经纪人不在本所市场时，不得行此同一类型买卖之行为。

第八条　经纪人对于本所应付由其买卖所生一切之责任。

第九条　经纪人需使用本所指定的买卖账簿。

第十条　经纪人使用的账簿需存放于交易所内，以便本所能够随时查看，如果本所对账簿提出问题，经纪人应该立即回答。

第十一条　本所有权对经纪人的账簿进行临时调查，经纪人不得拒绝。

第十二条　经纪人想要刊登广告或者想要从事类似行为时，需用自己名义。

第十三条　经纪人可以雇佣两名代理人经理其业务。

第十四条　经纪人在雇佣代理人时，需将代理人的履历提交给本所，经本所承认后方能生效。

第十五条　代理人有自己的业务领域，不得从事经纪人或其他代理人的业务。经纪人在解聘代理人时需及时向本所汇报解聘事由，同时缴还本所发给他的徽章。当本所认为代理人不适合承担工作的时候，则令其解聘或禁止其入场。

第十六条　经纪人对于本所的章程细则和其他必要事项，一经本所公告后得必须切实遵办不容诿卸①。

第十七条　经纪人除非其交易关系已经结束，否则不得停业。经纪人如果想要停业，需提交停业理由书，同时返还营业执照和入场徽章。

第十八条　经纪人因死亡、停业、除名、执照被征收以及其他原因导致其失去经纪资格时，如果还有交易关系，本人或其承继人应迅速委托其他经纪人了结该交易。倘拖延不理，本所可按照交易所之规定指定其他经纪人代为了结。

第十九条　当经纪人因死亡、停业、受到除名处分、执照被没收或因其他原因导致其执照失效的时候，本所将对其债权和债务进行结算，如相互抵销外还有剩余，则返还给本人或其承继人；如仍有不

---

① 原文为："本所公告后可以进行讨论"，有误。从理论上讲，公布前可以讨论，公布后必须切实执行。

足，则令其本人或承继人补缴。

第三章　经纪人公会

第二十条　全体经纪人组成经纪人公会，经纪人公会以"增进营业利益，矫正营业弊端"为宗旨。

第二十一条　经纪人公会制定的规约及各种规定或者决算事项，在经本所承认及农商部的核准后方才生效，变更的时候亦如此。并且，当本所认为经纪人公会制定的规约等有不合适的地方时，可对其全部或者部分进行修改，或者根据需要取消某规定。另外，经纪人公会的会长和职员如果没有取得本公会的承认，不得就任。在解雇会长和职员后应当立即进行改选。如果本所认为有必要，也可以将改选时间延期至按经纪人公会章程正常举行大会之时。本所列席公会的会议并发表意见。

第二十二条　经纪人公会对于交易事项需要回答本所的咨询，也可以陈述意见。

第四章　受托

第二十三条　经纪人与委托人的权利和义务按照本所章程细则以及其他各种规定、经纪人公会的各种规约等进行认定。

当委托人不遵守前项规定时，即便经纪人取得委托人的承认并且交易已经结束，经纪人也没有权利对委托人的保证金和其他委托金进行处分。经纪人遇到此种情况时，应该立即上报，由本所向市场披露。

第二十四条　经纪人在遭遇第19条之规定的事项时，由本所对其债权、债务进行结算，如有剩余，优先返还给委托人。

第二十五条　经纪人因为委托关系从委托人那里所受的物品，诸如委托保证金或代用品，以及交割物品、交割金额等，经纪人对其有监护之责。对于委托人在交易所提供的债务担保品，经纪人在结清交易账目和其他责任之前，不得将这些物品交还。

第二十六条　当委托人向经纪人交付委托保证金、交割物品交割金、损失金或其他物品时，经纪人可以根据上一条有关物品收受的条款，对其进行处分。

经纪人将委托人物品处理后还是不足以抵偿所欠债务，可以向委托人追索不足之数。

第二十七条　经纪人在代替委托人进行交易的时候，如果不能按预期从事全部交易的话，也可以从事其中一部分的交易。

第五章　交易

第二十八条　本所交易的商品种类为面粉和麸皮两种。

第二十九条　定期买卖①按照相对买卖②的方法进行。

第三十条　定期买卖的合同期限为三个月为限。

关于前项的买卖期限，卖家以每月最后一天或每月最后一天的前三日为交货日，买方则以每月的最后一天或最后一天的前一天进行货物交割。如果有不得已的情况发生，可以酌情考虑经纪人公会的意见，但是这种情况必须在15日前告知。

第三十一条　定期买卖的面粉或麸皮以一百袋为交易单位。

第三十二条　定期交易的物件、种类、数量、价格和买卖当事人的商号应该记录在账簿上。

第三十三条　如果本所认为某笔交易不稳当的话，则不能将其登记在账簿上。

第三十四条　在定期交易中被转卖或回购的东西如果报告给本所的话，本所将其视为新的交易。

第三十五条　定期交易的标准品由本所规定。

标准品和代用品，以及代用品的价格随时由本所选派的审查员进行审查决定。

第六章　保证金及交易保证金

第三十六条　在本所里，从事交易的经纪人需要缴纳身份保证金并对于一切买卖缴纳交易保证金，以其作为担保。

第三十七条　经纪人的身份保证金规定为2万元，本所认为有必

---

① 定期买卖，通俗来说就是在约定的时期内进行交易，某种程度上带有期货的色彩。其特点是出卖人在买卖合同成立时，定有期限或期间，待期限届满或期间到来时，才发生权利的转移或交付标的物。

② 相对买卖是一个买主对一个卖主协议成交，或买卖各方依自己的标准，选择对方当事人，从而达成交易。

要时可以对此保证金的额度进行增减，并对支付了保证金的人发放收据。此收据如遗失或损毁，可以申请补发，但是得按照本所章程的有关规定办理。

第三十八条　对于失去了经纪人资格的人，将其在本所进行的所有的交易账目及其他责任完全了结后，返还其保证金。

第三十九条　保证金以本所的股票50张来替代，其价格由本所按照市价估计并随时发布，经纪人应该在股票上写下自己的名字并加具留存之印章，本所有随时处分之权①。

第四十条　前一条所述的本所股票，如果将其变换为现金但因股价变动出现不足时，经纪人需要在规定期限内将其补足，不得异议。

第四十一条　对于用现金支付的保证金需要支付相应的利息，本所股票的利息在结算期向本人交付。

第四十二条　经纪人对于定期买卖交付的保证金分为保证金、追加保证金以及特别保证金三种。

（1）保证金：金额为买卖价格的30%以内，由理事会议决定，买卖双方支付其金额。

（2）追加保证金：金额为保证金的一半，当其面值与每日前场及后场的交易价格相比差额损失达到保证金的四分之三时，需要向受损者支付追加保证金。

（3）特别保证金只有当市价发生特别大的变动、货物交割产生问题，或发生其他事情，当本所认为有必要时，对于现在的交易数量，由买卖当事人双方或一方支付不超过保证金3倍的金额。

第四十三条　经纪人从事大额交易，本所认为存在风险，或者已经发生了大额交易还想继续从事新的本所认为存在风险的大额交易时，或者当市价发生异常波动时，由与该经纪人有关系的一方或者双方向全部或部分买卖交付定金，如果没有交付定金，则不能从事该交易。在缴纳定金后，可以将定金充做保证金来使用。

---

① 日文原文是："中介人应该在股票上写下自己的名字，并且附上何时受到何种处分。"理论上，签了名的股票后面附上何时受到何种处分，这不合社会常理。经查《中国机制面粉上海交易所股份有限公司营业规则》，原文是："本所有随时处分之权"。

第四十四条 经纪人如果将卖方的面粉或麸皮的仓库保管凭证送到本所的话，该交易则不需要保证金。对于通过前述仓库保管凭证进行交易的货物，以该仓库入证券上的额度为限。但是本所如果认为有必要的时候，可以将以上的仓入证兑换成现金后缴纳。

第一项，仓库保管凭证除了买回或缴纳保证金收回或请求更换另以本所书面同意之同等物品提交于本所之外，不得转让。

第二项，本所可以随时对货物品质进行检查，如发现有不合规商品时则需将其替换掉。

第三项，仓库保管凭证如果有问题的话，本将可将仓库保管凭证视为交易保证金的替代品并做相关处置。

第四十五条 交易保证金在以下情况可以返还：

（1）转卖、回购或清算结束后。

（2）追加保证金按照第四十二条第二款之规定，在缴纳了其差额并达到保证金四分之三的时候。

（3）特别保证金依据第四十二条第三款之规定，其缴纳事由已经消失的时候。

第四十六条 交易保证金一般没有利息。

第七章　公定市价

第四十七条 定期交易根据其商标的种类、契约履行的期限等确定其市价。

第八章　手续费及佣金

第四十八条 本所对买卖双方征收的手续费应该和保证金同时交付，而且其金额为买卖价格的1%以内，由理事会议进行决议并应提前公示。

第四十九条 经纪人在接受委托人的委托时收取手续费，其金额由经纪人公会规定。但是如果在办理委托时发生别的费用，则按实际发生的费用征收。

第九章　计算

第五十条 定期交易转卖或回购时应该以票面记载的买卖价和转卖回购的价格进行结算。

第十章　交割

第五十一条　定期交易的货物交割应该在本所指定的仓库进行。

第五十二条　关于定期标准买卖的交割，其买卖价格当以本所制定的标准价格为指导。如果出现剩余或不足时，在交易保证金返还时进行结算。

第五十三条　在定期交易中，卖方交货的时限为最终交货日正午12点，买方的交割时限为最终交货日的下午5点。

第五十四条　卖方按照前条以及第三十条之规定交付本所认定的仓库保管证明。本所在收受该仓库保管证明时，或检查货物，或跟踪货物从工厂直至入库。卖方在交付了仓库保管证明并且办理完所有入库手续后，支付仓管费用。

入仓证（库存单）是一个证明工厂负有责任的证书，如果发生货物清空或者数量不足等情况，工厂应该通知本所并且在两日内备足货物①。如果在期限内还不能完成货物的筹备，或者本所认为其存在故意不履行货物交割的行为时，本所将让其支付1成的差价。

第五十五条　前条的检查结束或工厂的各种付费手续已经办完，本所将在最终交割日或最终交割日的前一天向买方交付仓入证，同时买方需支付货款。如果买方在领取仓入证后的第二个月还没有将全部或一部分货物搬出仓库的话，需要支付相应的仓库费和保险费。买方在付款的时候，可以将其缴纳的保证金充做货款使用。

第十一章　违约处分及公断

第五十七条　买卖当事者如不能履行交割或者迅速支付交易保证金、损失金的话，则该经纪人应该受到违约处分。

第五十八条　买方和卖方根据第五十三条之规定，在最终交割日晚上9点以后仍不能履行交割手续的人视为违约者，违约金以违约货款总价的1成以内的数量从违约者处收取，赔偿给被违约者。

第五十九条　对于定期交易，如果在约定期限内发生违约的，本

---

① 原文写的是："两日内履行货物的交割"，有误。按道理，一旦出现库存清空或不足情况，应马上补足库存，而不是赶紧交易，因为无货可交易。

所将自违约日开始七日内指定其他经纪人对违约物品进行转卖或回购，或者通过投票的方法决定接收人。前项被指定的经纪人，本所将从违约物品的交易手续费中按照一定的比例支付给经纪人。

第六十条 当交易所停止集会或临时停业时发生违约行为，对于该交易物品则等待开市后按照第五十九条之规定进行处理。

当违约行为发生在停止集会、（因政府命令）禁止集会或者在交割日发生停止集会或临时停业等情况时，按照前条的规定进行办理。

第六十一条 根据第四十四条之规定，凡是将物品预交本所的，如果该经纪人在交割日前受到违约处分的话，其预交的物品不纳入违约物品的范围，到了日期后再送给经纪人，进行交割。

第六十二条 违约者在本所应该负担以下金额：

（1）被违约者的利益以及其他费用；

（2）由于违约造成的在本所垫付金的不足，将从违约者处收取；

（3）因违约所导致的本所发生的一切费用。

第六十三条 违约者应该负担的金额为保证金、交易保证金、经纪人商号转让金、预交的物品以及其他所有债权，如果这些还不够的话，可以向违约者追债，如果有剩余则退还之。

第六十四条 经纪人在受到违约处分时，应将保证金存款证书、交易所保证金等的存折迅速通知本所，如果不返回的话则无效。

第十二章　公断

第六十五条 经纪人和经纪人或经纪人和委托人在因为委托关系发生争议时，当事人不得起诉，应该等待公平的裁决。此时，需从本所职员、经纪人公会会员中推选出至少3个人组成公断会，公断会在审议后进行裁决。在判决后，双方均不得提出异议。

公断会的主席由本所理事长担任，理事长有公务时由其他理事代替。提交公断之事项如果与公断人或其他亲属有利害关系，则该公断人应该回避。

第十三章　制裁

第六十六条 有以下事项之一时，应停止集会或限制入场。

（1）市价出现异常的涨跌或者出现大变动的征兆时。

（2）本所认为在缴纳交易保证金方面存在问题的经纪人。

（3）前记事项之外的本所认为有必要的时候。

第六十七条　经纪人有以下事项之一者应该停止其交易，并对其征收过失金，给予除名处分或解聘。

（1）从事不稳当或不正当的买卖，没有遵守规定就集会或者有故意让市场紊乱的行为，没有事实根据就捏造消息的。

（2）对委托手续费随意增减，违反本所章程细则和其他各种规定和指示，不遵守经纪人公会各种规定的人。

（3）在市场中有一些粗暴行为，或者本所认为扰乱了经纪人秩序的人。

（4）在无正当理由的前提下连续三个月以上在本所没有交易业绩的人。

（5）违反一般商业道德，或者本所认为丧失了经纪人信用的人，经纪人的代理人也适用于以上规定。

第六十八条　不履行以下事项的可以给予除名处分。

（1）作为经纪人不缴纳保证金却想从事交易。

（2）散布虚无的流言，通过狡猾的不正当交易使市场出现动摇的人。

（3）通过不正当手段试图获得本所赔偿的人。

第六十九条　经纪人在受到本所禁止买卖之制裁或停止营业之处分时，若得到本所的书面认可后可于指定时间内从事转卖、回购其所存而未了之业务。

第七十条　经纪人受到本所停止营业之处分时不得有以下行为：

（1）悬挂本所发给之营业牌号；

（2）接受新的买卖委托；

（3）发布招徕营业之广告或其他诱致委托之行为。

第七十一条　在没有以上细则规定的行为时，每次都必须根据需要听取经纪人公会的意见并进行处理。

第十四章　附则

第七十二条　如有以下事项需要向市场披露：

（1）官厅的命令或布告；

（2）本所的章程细则以及其他各种规定；

（3）经纪人的除名或者，登记的取消及其失效时；

（4）经纪人的登记停业及死亡；

（5）经纪人停止或恢复营业；

（6）代理人的承认、解聘及禁止入场；

（7）产品的交易开始、中止及停止；

（8）集会的停止及恢复；

（9）临时集会、临时休业以及集会时刻的变更；

（10）公定市价；

（11）手续费的决定和变更；

（12）缴纳保证金、交易保证金的日期，代用品①的价值及其变更的时间；

（13）经纪人公会规定的委托保证金；

（14）交割相关事项；

（15）公平裁决相关事项；

（16）违约处分事项；

（17）制裁事项；

（18）关于经纪人公会事项（认为有必要的时候）；

（19）标准品、代用品的决定，代用品的价格变更；

（20）其他必要事项。

第七十三条　本细则之规定也适用于本所股票的买卖。

第七十四条　随着本所业务的发展，如遇到本细则中不曾规定的事项且不能临时处理时。按照本细则规定的主旨，在征求经纪人公会的意见后进行裁决。

第七十五条　本细则由理事会进行表决并报请农商部，自核准之日开始实施，其变更亦同。

---

① 一般意义上，代用品指在用途上能够代替某些物品的各种原材料，在这里，特指价值相当的物品。

第十一章　造成中国面粉加工业今日之困境的各种原因

（一）金银比价造成的原因

与世界其他各国一样，中国的小麦和面粉也受到世界行情的影响，这是不言而喻的。另外，由于中国还从作为小麦供给地的美国、澳大利亚和加拿大等进口小麦，而美元、加元、澳元与银本位的中国之间在汇率方面经常会出现一些波动，作为进口从业者，他们经常要面临一些汇率方面的风险。这对于面粉加工业发展造成的影响也不小。

（二）机械的高价

中国的面粉加工机器大部分都是从美国进口，如果将购买这些机器时所需的铁路运费、海上运费以及其他各种杂费都算进去的话，则是一笔庞大的费用。另外，不管是从劳动者的能力还是技术，或者是技术的熟练程度来讲，中国都不能跟外国相提并论。因此，同样的情况下，中国面粉加工工厂的机器损坏得比较快，而且由于前述外汇因素的影响，面粉加工业作为一种薄利多销的行业，售价必须保持在生产成本附近。因此，如上所述，面粉加工业所面临的种种不利条件也对该行业的发展产生了很大影响。另外，由于原料小麦的纯度较低，为了解决这一问题，在生产面粉的时候，就不得不将去除杂质的工序来回反复好几次，这也导致了机器维护费用的增加。

（三）原料小麦的不完善

如前所述，中国产的小麦几乎都被人们故意掺入泥沙，由此导致其品质下降非常严重，而面粉加工业者如果仅仅依靠中国产小麦来生产面粉的话，无疑很难与那些使用外国小麦生产出的面粉进行竞争。尤其是中国产的原料小麦中含有较多的水分，将其与那些适当掺入了外国原料生产出的面粉相比，不得不承认两者之间的差距非常明显。因此，中国面粉加工业者大量购入美国、加拿大和澳洲等地产的小麦。

（四）缺乏管理经验

一般而言，中国人缺乏成熟经营大规模制粉工厂的经验，在管理实务方面不仅很拙劣，而且在管理方法上总靠人情关系来维系，有时候会误了大事。另外股份有限公司这种经营形式在一般民众中也没有普及开来，资金募集的困难导致公司实力变得弱小，同时经营也不能够长久。一旦经济不景气，公司就立即陷入经营困难的状态。

（五）分红

分红一事与上述的（四）有关系。缺乏出资、投资观念的中国人一般除了分红，还要求企业提供一种被称为"官利"①的红利，只有这样才肯出资。由于他们不管企业是否赢利都强行要求分红，所以很多情况下阻碍了工厂的发展。正如蛸②这种动物吃自己的脚，中国有些人是自己在伤害自己。

（六）高价水

如前所述，由于外国产小麦和中国产小麦不同，其水分含量要低一些，因而面粉生产过程中在混入外国小麦的时候，需要加湿。这时需要的清水费用也会增加。尤其是像中国这样的国家，有些地区缺乏清水，所以用水价格的高低会对生产成本产生影响。

（七）散装和袋装

在中国，小麦也有散装和袋装两种。对于加拿大产小麦而言，两种包装的差价是2元50分，对于美国小麦而言，两种包装的差价则是1元50分。但是中国的面粉工厂大都没有将散装货物运入仓库的设备，另外就连上海港内也没有该种设备。不仅如此，连接散装小麦运输船的驳船也没有。如果是散装小麦的话，需要先在船内将其装入袋子中。据说需要雇佣一百个苦力才能在六个月的时间里装卸约1000吨的小麦。也就是说，每日③的费用约为150元，在扣除总计的900元后，美国小麦将产生600元的

---

① 旧中国资本主义近代工业部门不论企业盈亏，每年必须保证按股票优先偿付股东高额利息的制度。
② 蛸是章鱼，又名八爪鱼、八带蛸、坐蛸、石居、死牛等，其触角有很强的再生能力，在冬天缺乏食物时，经常吃自己的触角，而过不了几天触角又重新长出来了。
③ 原文有误，应为每月。按上下文，只有每个月的费用为150元，六个月后才能扣除掉总计的900元。另，当时苦力的收入在每天三五百文至六百文之间，以每天六百文，每银元一千文计，合每天0.6元，每月干25天活，则15元，一百个苦力每月的费用合150元。

差额利益，加拿大小麦则会产生1500元的差额利益。① 以上的差额利益对于面粉加工者而言就是利润，但是事实相反，这笔利润往往成了一笔空头利润，不能乐观视之。尤其是将少量的散装小麦交付给好几个货主的时候，好几组工人同时在一起作业导致现场非常混乱，反而延长了卸货时间，最终可能会导致货主要承担巨额的轮船滞留费损失。

（八）由于进口面粉皆为免税品，所以各种外国面粉都可以自由进入中国市场，这也侵蚀了中国面粉的销路

中国面粉厂家最担心的就是此事。如前所述，由于面粉加工业是一个微利的行业，生产成本稍微增加一点的话，就会立即对产品销路产生影响。并且由于中国的面粉加工工厂基础还很薄弱，就在几年前，小麦歉收导致原料价格高涨，生产成本上升，结果中国产的面粉立即就被外国产品打压了下去，甚至出现了不得不关闭工厂的情况。但对中国面粉加工业者而言也存在一个有利条件，那就是廉价的劳动力。劳动力的工资低得让人吃惊。比如在美国的面粉加工厂中，就连面粉及其原料的搬运等工作都是使用机械设备来完成，但是在中国的面粉加工厂中却是靠使用苦力来完成，正是因为苦力便宜，所以才导致工厂不大力应用机器设备。

以上叙述的这些事实大体都囊括了对中国面粉加工业有利的方面和不利的方面。这样一来，应该扬长避短，对面粉加工业的发展进行规划。下面，我们将发展中国面粉加工业的一些对策列举如下，作为参考，同时以此结束本章内容。

①改善原料小麦以及奖励小麦种植；
②构筑畅通的金融以及融资渠道；
③完善散装仓库和装卸设备；
④对一般职工普及机械相关知识；
⑤完全废除官利；
⑥尝试降低用水价格；

---

① 原文如此，由于缺乏数字的来源，自然看不懂数字之间的关系。按：书院学生有时爱按自己的理解把相关资料汇总到一起，又不说明文献出处，遂造成了阅读者的理解困难。

⑦废除沿岸贸易税①；

⑧限制面粉进口；

⑨发展交通运输。

特别要说明的是：上海的面粉加工业一章的所有统计数据，全部来自于昭和2年（1927）10月30日发行的海外商报中商务官横竹兵太郎先生的报告。

附录：

第十二章　武汉、青岛、天津面粉加工业的概况以及今年北满面粉加工业的复兴

表18　武汉的面粉工厂 [大正15年（1926）日本铁道省的调查]

工厂名	资本金	一昼夜的生产能力	一个月的劳动收入	所在地
福新第五面粉厂	500000两	5000袋	男机械工：34～36元；无女工	汉口硚口外宗关②
裕隆面粉厂	500000元	1400袋	男性普工：8～10元；无女工	汉口硚口外罗家墩
和丰面粉厂	300000元	700袋	机械工：24～32元；普工：8～9元（无女工）	汉口硚口外罗家墩
金龙云记面粉厂	240000两	900袋	机械工：24～52元；普工：8～9元（无女工）	汉口租界巴里街
楚裕面粉厂	500000元	1000袋	机械工：30～40元；普工：8元5角（无女工）	汉口硚口外宗关

（每袋重50磅）

---

① "沿岸贸易税"又称复进口税。近代中国对国产土货从此口岸运往彼口岸所征收的进口关税。税率为进口税税率的一半，即2.5%。民国20年（1931）复进口税被废止。

② 武汉市硚口区汉口镇地名。宗关得名，与汉口的商贸兴隆税收丰硕遂有"江汉朝宗"的说法有关。当时武汉有四关，即武昌关、汉阳朝关、汉口宗关、汉关。

在武汉，规模稍大一点的面粉工厂都集中在汉口，至于武昌，几乎没有值得列入统计的工厂。

表 19 天津的面粉工厂

工厂名	实付资本金	一昼夜的生产能力
寿星机器面粉有限公司	银 300000 两	5000 袋
大丰机器面粉有限公司	500000 元	4800 袋
裕和机器面粉有限公司	银 200000 两	3000 袋
庆丰机器面粉有限公司	700000 元	4800 袋

资料来源：大正 15 年（1926）日本铁道省的调查。

以青岛为中心的面粉工厂（来源：同上调查[①]）

青驱[②]制粉株式会社

1917 年成立，资本金：500000 日元，使用 16 台美式机械。生产能力为每日 3000 袋，每日生产麦麸 300 袋（每袋重 50 斤）。商标为：一等（黄鹿），二等（绿鹿），三等（赤鹿），四等（牡丹）。所在地为青岛。

兴顺福面粉公司

1913 年成立，资本金 16000 元，从业人员 50 人。每日生产面粉 500 袋，麦麸 90 袋，商标蝙蝠印，位于济南。

丰年公司

1913 年成立，资本金 220000 元。从业人员 408 人，使用 10 台美式机器，每日生产面粉 16000 袋，商标为鲤印，位于济南东流水街[③]。

满洲制粉会社济南工厂

1919 年成立，资本金不明。从业人员 60 人，每日产面粉 2000 袋，产麸量不明。所在地为济南旧火车站北。[④]

---

① 即表 18 内容。
② 原文有误，应为青岛。
③ 东流水街原位于济南老城西门外北侧，护城河以西。因众多泉水在此交汇向东流入护城河，故名"东流水"。
④ 这里是 1904 年胶济铁路开通时济南火车站的旧址，1915 年移至今天济南铁路博物馆位置。

其他都是一些小规模，日生产能力为 200 袋左右的工厂。

满洲的面粉加工业

在满洲，面粉加工业与榨油业一样，都是重要的工业。满洲的面粉加工业起源于俄国占领满洲时期。当时在北满地区，为了满足驻屯军队以及本国在留居民的需求，1902 年在哈尔滨成立了三个工厂，这是满洲面粉加工业的嚆矢。然而随着俄国在日俄战争中遭遇失败，面粉的需求不复存在。无奈之下，面粉厂家只有另将目标瞄准俄罗斯滨海、黑龙和后贝加尔三个州①，但是也没有大的发展。就在北满面粉厂家活不下去，整个满洲市场依然是外国面粉的天下的时候，欧洲大战突然爆发，来自美国的进口中断了，而上海和汉口的面粉由于要供应华南市场，也不能满足满洲的需求。这时，一些新兴的面粉工厂开始在满洲兴起，一时间面粉的年产能达到了 680 万袋。

欧洲大战结束后，满洲小麦连续好几年歉收，导致原料成本增加。另外，由于产品品质不良的原因，满洲产的面粉根本无法与进口面粉竞争，逐渐走上衰败的道路。那些大规模的工厂几乎相继都陷入了关闭或停业的状态。

大正 9 年（1920），满洲小麦获得丰收，这给面粉制造业注入了一股活力。同时，小麦的出口也呈现出前所未有的盛况。不过，发生在大正 11 年（1921）到大正 14 年（1925）的小麦歉收反倒使当地的面粉加工业陷入了不得不依赖从外国进口小麦的悲惨境地，而满洲小麦的名字也逐渐被人们遗忘。进入昭和时代（1927 年）以后，由于气候条件良好，满洲小麦不仅连年丰收，而且其蛋白质含量高，品质非常优良。例如，大正 16 年②（1926）满洲小麦中的养分，尤其是蛋白质含量平均为 115 佐洛③，

---

① 此乃俄罗斯远东地区的三个州。
② 原文有误，应为大正 15 年。大正天皇在位时期总共 15 年（1912～1926）。
③ 原文写作ゾロ，其读音转换为英文为 zoro，俄国重量单位。1zoro = 1.13752 匁（日本），1 匁 = 3.75g，故 1zoro = 4.2657g。这里主要表示小麦中的养分，尤其蛋白质含量。东北地区小麦蛋白质含量平均为 115zoro，相当于 490.5555g。根据相关资料，zoro 似乎是日本大正时代前后德国、奥匈帝国和俄罗斯用来表示小麦等级的计量单位。换言之，zoro 的单位越大，去壳的小麦就越重，麦壳中小麦的含量就越高。该注释请教了在河北师范大学工作的椎名一雄教授，在此特别表示感谢。

到了昭和 2 年（1927）就增长至 125～127ゾロ，甚至还有一些是 130ゾロ，足以见其高品质，甚至可以匹敌加拿大产的第四号（第一号到第六号都被引进到了中国，第一号为 138ゾロ）。因此，数年来不景气的面粉加工业也呈现出复活的征兆，北满的各面粉加工工厂也开始运转。另外，北满面粉界的动向也引起日本内地人士的关注，小麦界出现了前所未有的活力。

以下是昭和 2 年度（1927）满洲小麦产量，根据满铁调查课的实际收成预估成表，情况见表 20。

表 20　根据满铁调查课的实际收成预估昭和 2 年度满洲小麦产量

地区	种植面积（单位：反）	本年度预想的每反[1]的收成（单位：石）	本年度预想数量（单位：石）	换算吨数
奉天以南地区	272900	0.82	223800	32600
奉天以北地区	445900	0.85	379000	55200
京奉线地区	57200	0.92	52600	7700
四洮线[2]地区	196400	0.83	163000	23700
中东铁路南部线地区	2214900	0.82	1816200	264400
中东铁路东部线地区	879700	0.75	659800	96000
松花江下游地区	2176400	0.70	1523500	221800
呼海线[3]地区	1948800	0.78	2123900	309200
中东铁路西部线地区	2722600	0.70	1364200	198600
其他黑龙江地区	134100	0.90	120700	17600
间岛地区[4]	426100	0.95	404800	58900
合计	11475300		8831500	1286700

---

① 反为日本旧时使用的一种土地面积单位，1 反约 991.7 平方米，相当于 1.488 亩（1 亩 = 666.66 平方米）。
② 1917～1923 年兴修的从四平街（今吉林四平市）至洮南（今洮安）的铁路。
③ 1925～1928 年兴修的从黑龙江呼兰至海伦的铁路。
④ 所谓"间岛"地区，原名"垦岛"（因大批朝鲜人非法越界垦殖而名），包括延吉、汪清、和龙、珲春四县市，伪满洲国曾在这一地区设立间岛省，现隶属于中国吉林省延边朝鲜族自治州。

如表 20 所述，本年度的小麦产量为 8831500 石，较上一年度的 5646100 石增加了 3185400 石。中秋节前后开始，由于新小麦开始上市，小麦出货最旺盛的季节集中在 11~12 月。因此，眼下也是小麦出货最旺盛的时节。

在小麦和面粉市场中，影响最大的因素是美国和加拿大。根据某新闻报道，满洲小麦之所以大量出口到内地，既有北满小麦丰收的原因，同时也有美国和加拿大的小麦歉收的影响。事实上，昭和元年美国小麦产量为 8.32 亿蒲式耳，而第二年的实际收成为 8.5 亿蒲式耳，比上一年增加了 1800 万蒲式耳。同样，加拿大小麦在昭和元年的产量为 4.06 亿蒲式耳，第二年则增长至 4.58 亿蒲式耳，增加了 5200 万蒲式耳。另外，去年（1927 年）在美国小麦的市价平均每蒲式耳 1 元 40 分，到了第二年则下降至 1 元 30 分。但是在日本内地，小麦的进口税却与产地无关，每 100 斤的税额为 1 日元 50 钱。昭和 2 年度（1927）满洲小麦的出口完全是由于小麦丰收的缘故，与美国和加拿大小麦的产量并没有关系，这是明摆着的事实。因此，我们可以认为，去年满洲面粉加工业的复兴热潮实际上来自满洲小麦品质的提升及其丰收。

接下来我们看一下日本内地小麦的产量。昭和元年为 5897260 石，昭和 2 年为 6064823 石，与上一年相比增加了 2.8%。因此，我国[①]去年（1927 年）从满洲进口小麦的原因并不是由于我国小麦的歉收。在这样有利的环境下，那些处于关闭状态的面粉工厂开始觉得生产面粉有利可图。特别是长春以北的一些面粉工厂首先开始恢复生产。日本方面，在三井物产的支援下（承担金融和产品采购），一家叫满鲜企业公司的合股公司成立了。该公司继承了之前满洲制粉会社的业务，于昭和 2 年 11 月 7 日长春工厂开始运转，稍后将根据该公司的业绩逐步开始其他工厂的生产。

满洲制粉会社作为满洲由日本人经营的最大公司，自大正 11 年（1922）以来，该公司在长春、铁岭、朝鲜、济南等地的工厂相继进入停业状态，只有镇南浦[②]一个工厂还在生产。该公司还有一些朝鲜银行、三井等的债务。即便是在今年这么好的环境下，它还是不能靠自己的实力东山再起，

---

① 指日本。
② 镇南浦为朝鲜平壤附近临黄海的一个港口。

所以才出现了前述情况。也就是说,满洲制粉会社实际上已经消亡了。

中国方面的面粉加工工厂。张作霖出资的东兴公司首先开始生产。时至今日,在长春和哈尔滨,天兴、福裕、昌源、益发合、双和栈、双合盛等各家工厂都开始生产。这些工厂都不分昼夜,机器也是24小时连续运转。可见,最近奉天的面粉加工业似乎逐渐走上了生产的轨道。

如上所述,满洲面粉加工业再次重现昔日的盛况,这真是一件令人欣慰的事情。但是常年的积弊,导致有很多企业即便想复产,却苦于资金匮乏而无法复产,这着实让人感到惋惜。

下面,我们根据铁道省的调查,将大正11年(1922)满洲的面粉加工工厂按照所在地"哈尔滨、黑龙江省、中东铁路沿线①、长春、其他"分五个部分进行说明。

(一)哈尔滨

1. 广源盛

1900年成立,位于道里警察街,日产量为3000普特②。目前正处于停业竞卖中,商标为"日鹿""月鹿""星鹿"三个。

2. 双合盛

1903年成立,位于道里买卖街,日生产能力为4500普特,最近好像开始复产。商标为"鸡""蓝星""蓝二星""蓝三星""蓝四星"。

3. 福兴恒

1921年成立,生产能力为200普特。所在地为顾乡屯③,现在停止了作业。商标为"金钱"。

4. 天兴福哈尔滨工厂

1920年成立,生产能力为6000普特,位于香房④,正在生产中。商标名称为"红天官""蓝天官""绿天官"。

---

① 原文写作东支铁路沿线。东支铁道是日本人对中东铁路的称呼,后文统译为中东铁路。
② 普特是俄国重量单位,1普特=40俄磅≈16.38公斤=32.76市斤。
③ 今哈尔滨道里区顾乡大街。1904年修建顾乡屯火车站,是当年中东铁路南部支线出哈尔滨站的第一站。
④ 原文有误,应为香坊。

5. 厚康

1921年成立，生产能力为1500普特，位于香坊。已宣告关闭，商标为"机关车"。

6. 东兴

1913年成立，生产能力为4500普特，公司地址位于八站①，正在生产中。商标名为"三鸡""蓝花三星""蓝花二星""红花三星""红花二星"。

7. 义昌泰

1918年成立，生产能力为2500普特，位于八站。目前正在生产中，商标名为"一福""二福""三福"。

8. 广信

1919年成立，生产能力为1500普特，位于八站。目前正在生产中，商标名为"红三星""红二星"。

9. 万福广

1917年成立，生产能力为3000普特，位于八站，目前处于关闭状态。商标名称为"蓝三龙""蓝二龙"。

10. 安裕

1918年成立，生产能力为2000普特，位于道外十九道街，正在生产中。商标名为"飞艇"。

11. 广大

1919年成立，生成能力为1000普特，位于道外十九道街，正在生产中。商标名为"鹿头"。

12. 裕源

1923年成立，生产能力为3000普特，位于道外南马路，已宣告关闭。

13. 成发祥

1908年成立，生产能力为2000普特，位于道外二十道街，已出售，商标为"牛"。

---

① 八站因中东铁路工程局第八工程段而得名。因位临中东铁路干线松花江铁路大桥之东，故早年又有"桥头村"之称。

14. 成泰益

1918年成立，生产能力为3000普特，位于道外十四道街，目前处于关闭状态，商标名称为"地球铁锚"。

15. 永兴顺

1918年成立，生产能力为800普特，位于道外东江地街，处于关闭状态，商标为"牛"。

16. 东盛

1918年成立，生产能力为800普特，位于道外永昌街，处于关闭状态，商标名称为"宝船"。

17. 东亚

1911年成立，生产能力为1000普特，位于道外三棵树，处于关闭状态，商标有"蓝地球""单寿字""双寿字"。

18. 震大

1920年成立，生产能力为3000普特，位于道外三棵树，处于关闭状态，商标名为"国旗"。

19. 永胜公司

1904年成立，生产能力为14000普特，位于道外警察街，正常营业中，商标有"华人""红日头""蓝日头""蓝大星""红月星"。

20. 龙河大磨

1918年成立，生产能力为4000普特，位于道外斜线街，营业中，商标有"麦穗一星""麦穗二星""麦穗三星"。

21. 福田组

1911年成立，生产能力为1000普特，位于顾乡屯，宣告关闭，商标为"三国旗"。

22. 索金

1913年成立，生产能力为4500普特，位于八站，营业中。商标有"一星""二星""三星"。

23. 满洲制粉会社哈尔滨旧工厂

1918年成立，生产能力为6000普特，位于香坊，营业中，商标有

"火车""人家"。

24. 满洲制粉会社哈尔滨商工厂

1913年成立，生产能力为4000普特，位于香坊，生产中，商标有"虎""狮子"。

25. 满洲制粉会社哈尔滨工厂

1918年成立，生产能力为7000普特，位于香房，生产中，商标有"孔雀""红、青黄龙"。

在以上25家工厂中，除了满洲制粉会社，其余都是个人经营的公司。另外，除了该会社和天兴福哈尔滨工程使用美制机器，其他工厂都使用的是德国机器。

（二）黑龙江省 ［来源于大正15年（1926）日本铁道省的调查］

表21　黑龙江省的面粉加工工厂概况

工厂名	资本金（元）	生产开始年	人员（人）	商标	所在地	日生产能力（普特）
广记火磨[①]公司	400000	1907	130	双狮	富拉尔基[②]	1000
德增火磨公司	150000	1922	45	寿字	齐齐哈尔	500
德昌火磨股份有限公司	200000	1920	68	福字	大兴街[③]	1000
万丰益有限合资面粉公司	180000	1920	120	狮子	西兰[④]	800
永济面粉公司	240000	1924	60	狮子	瑷珲	1000
振昌机器火磨公司	800000	1922	150	自由钟	齐齐哈尔	2500
永业广火磨公司	170000	1920	50	目旗	呼兰府	600

① 用电动机或内燃机带动的自动磨面机叫"火磨"。
② "富拉尔基"是达斡尔语"呼兰额日格"的转音，意为"红色的江岸"。它隶属黑龙江省齐齐哈尔市，位于齐齐哈尔市西南27公里。
③ 原文只写"大兴街"，不具体，应特别注明黑河大兴街。
④ 原文不准确，应为黑河西岗屯。

（三）中东铁路沿线［来源于大正15年（1926）日本铁道省的调查］

表22　中东铁路沿线的面粉加工工厂概况

工厂名	资本金（元）	生产开始年	日生产能力（普特）	所在地	生产状况
永远火磨公司	50000	1908	800	吉林省阿什河	生产中
长宁火磨公司	40000	1908	500	吉林省宁古塔	生产中
裕顺利火磨公司	50000	1904	1000	吉林省宁古塔	生产中
张颜卿火磨公司	30000	1910	500	吉林省海林[①]	停业中
双合盛火磨公司双城堡工厂	100000	1911	1000	吉林省双城堡[②]	生产中
鸟里纳史制粉工厂	—	1918	1000	黑龙江省安达	停业中

（四）长春的面粉加工工厂

表23　长春面粉加工工厂概况

工厂名	资本金	创立年	日生产能力（袋）	商标	所在地
中华制粉株式会社	5000000日元	1920	4000	—	长春
满洲制粉株式会社	5750000日元	1912	4800	龙	日本租界
双合栈	500000元	1920	1500	双仙	东八条道
天兴福长春工厂	800000元	1914	2000	天官	东八条道
裕昌源	1500000元	1920	2000	三羊、日衣	东八条道
亚洲兴业公司	300000元	1918	2000	狮球	宽城子

---

① 今黑龙江省牡丹江市辖县级市。
② 今吉林省公主岭市下辖镇。

（五）其他面粉工厂

表 24 其他面粉加工工厂概况

工厂名	资本金	创立年	日生产能力（袋）	商标	所在地
恒茂火磨股份有限公司	310000 元	1915	1000	—	吉林省商埠[①]
亚洲制粉株式会社	2000000 日元	1919	2000	红、绿、蓝、鱼、大喜	开原
日华制粉株式会社	200000 日元	1920	300	—	辽阳
中华制粉大连工厂	5000000 日元	1920	2000	—	大连
满洲制粉奉天工厂	5750000 日元	1920	1200	龙	奉天
满洲制粉铁岭工厂	5750000 日元	1906	2000	龙	铁岭

从表 21~表 24 可见，满洲的面粉加工工厂几乎都集中在北满，在南洲[②]的面粉加工企业只占全部的约九分之一。究其原因，除了原来俄国驻屯军的因素，还有原料小麦生产等因素。①小麦由于是春小麦，其开花季节刚好是南满的雨季。②小麦的根入土浅，所以对肥料的吸收能力也较弱，并且南满的开垦也已经进行了好多年，都实行掠夺式的农耕，导致土壤肥力较弱，不适宜小麦栽培。

以上这些因素，导致位于内陆的那些北满未开发的地区，其小麦原料的价格要更加便宜一些。因此，面粉加工厂也就多集中在北部。另外，表 23 中满洲制粉株式会社是日本人经营的最大的面粉公司，这点已经叙述过了。但是最近几年一直都不景气，即便是遇到了最近的好机会也没能够重振往日雄风，现在几乎处于消亡的状态。

北满面粉的势力范围

据业内人士所言，北满的面粉加工业能够盈利的范围为：对于长春

---

① 1905 年日俄战争结束后不久，日本和清政府签订《中日会议东三省事宜条约》，除了让清政府认可自己对"南满"地区原属于沙俄的殖民权益全面继承外，还要求清政府开放辽阳、吉林、长春、哈尔滨、齐齐哈尔等 16 座东北城市为通商口岸。
② 原文写作南洲，指的就是南满。

面粉加工厂家而言，北起哈尔滨南至奉天，然后在稍微偏南一点的沿着铁路沿线画出一个椭圆形的地方；对于哈尔滨面粉加工厂家而言，以哈尔滨为中心，包括中东铁路及其南部长春以南的地区。在中东铁路南部线地区，长春面粉加工的市场份额占三分之一，哈尔滨面粉加工占三分之二。目前在大连市场上，北满面粉还没有能够与外国面粉进行竞争的能力。

接下来是各地方对面粉的喜好。以前，满洲产小麦含有大量的谷朊①，导致其生产的面粉稍微带点黄色，但是面粉的味道和弹性都非常好。比如，使用美国面粉可以生产出10个馒头，而等量的满洲面粉则可以生产出11个馒头，这对于企业经营是非常有利的，也适合中国人的饮食喜好。因此，满洲面粉在开放口岸以外的地方非常畅销。可以说，足够与外国产的面粉一较高下。另外，在大连等与外国人接触机会比较多的城市，其消费习惯一般较为奢侈。在一些好面子的地方，那些纯白的进口面粉销量也很好。

在大连，面粉进口商和面粉批发商之间存在一些交易恶习，比如在以前由于包装袋破损所造成的缺斤短两都是由进口商负责将其补足。但是，随着进口商之间（三井、三菱、铃木、福昌等）竞争的加剧，除了要补充不足之外，还产生了对破损包装袋每袋要退款10~15钱的习惯。假设在检查时，虽然包装袋中的小麦没有问题，仅仅存在一些损伤，这时也会被要求支付上述的退款。因此，对于刚刚复活的满洲面粉工厂而言，若遵照进口业存在的这一习惯做生意的话，比起进口小麦，使用当地产小麦的话一般利润要少一些。

作为参考，表25~29是满洲主要港口及海参崴在昭和2年度（1927）的小麦及面粉按月划分的进出口额度表，以及大连按月划分的面粉批发价表。

---

① 谷朊，是从小麦面粉中提取得到的一类营养物质，其实际上是一种主要由麦胶蛋白和麦谷蛋白构成的植物蛋白物质，颜色呈现淡黄色，具有黏性、强吸水性、延伸性、成膜性、吸脂性、热凝性等多种物理性能。谷朊的蛋白质的含量高达75%~85%，且含有大量的氨基酸，据统计其包含了15种人体所必需的氨基酸，具有极大的营养价值。

表 25　大连港进出口及运入运出的小麦和面粉的数量（按月划分）

单位：担

月份	外国面粉的进口		中国面粉的购进		小麦的出口与销售
	进口数量	铁路购进	购进数量	铁路购进	
1月	98396	57073	97039	89012	—
2月	12545	49545	11393	18946	—
3月	11036	29698	2940	11042	—
4月	71474	46153	1824	2739	—
5月	55741	29321	2214	1861	1739
6月	51613	15021	5761	505	1922
7月	91012	4859	8452	2034	9191
8月	45896	13089	22409	7130	19288
9月	39693	14296	18558	1499	12694

表 26　牛庄港进口及国内购进的面粉数量（按月划分）

单位：担

月份	外国面粉	中国面粉
1月	—	—
2月	—	—
3月	—	—
4月	—	5535
5月	44100	8830
6月	—	11563
7月	2940	25741
8月	2573	18021
9月	3675	44469

表 27　安东港购进的中国产小麦数量（按月划分）

单位：担

月份	数量	月份	数量
1月	—	6月	10916
2月	—	7月	9188
3月	—	8月	26827
4月	14259	9月	43386
5月	4851		

表 28　海参崴港进出口的小麦（按月划分）

单位：英吨①

月份	数量	月份	数量
1月	—	7月	566
2月	—	8月	377
3月	100	9月	1159
4月	646		
5月	—		
6月	1904		

表 29　大连的面粉批发价格（按月划分）

单位：日元

月份	美国产红三井印②		日本产辨天印③	
	最高价	最低价	最高价	最低价
1月	3.30	3.20	3.25	3.20
2月	3.30	3.25	3.30	3.25
3月	3.20	3.20	3.18	3.10
4月	3.40	3.40	3.35	3.15
5月	3.65	3.65	3.60	3.40
6月	3.75	3.70	3.70	3.60
7月	3.80	3.70	3.35	3.25

备注：价格指1袋的价格，一袋重49磅。

另外，零售业者向市场销售时的价格是在以上批发价的基础上再加上20~50钱。

以上完。

---

① 英吨是英帝国制沿用的质量单位，使用地区主要为英国、美国与一些大英国协国家，即英联邦国家。一英吨等于2240磅，合1016.4公斤，和公吨只差不到2%。

② 即红三井牌。

③ 即辨天牌。

济南的外国商品*

昭和 6 年（1931）6 月

岩下辉夫、石田幸三郎、石桥春男、长谷川稔、门井博

目 录

第一章　总论

第二章　济南的一般贸易概况

　　第一项　济南车站的货物集散状况

　　第二项　被运到济南站或从济南站发出的重要货物中日本商人经营的商品的交易额

　　第三项　济南主要运出及出口货物的发货地和收货地

第三章　济南的外国商品

　　第一项　总论

　　第二项　分论

第四章　结论

第一章　总论

济南原本被称为历城，是山东省的省会，人口约三十多万，也是一大消费城市。另外，由于济南地处胶济、津浦两条铁路的交会处，它距离东边的青岛250英里①，北边的天津220英里，周围还有小清河、黄河、运河等方便船只通行的水上通道，可谓占据交通的要塞。因此，济南也就成了华北的一大物资集散中心地。

---

* 该文系东亚同文书院第28期学生岩下辉夫等于1931年进行的调查，原文见《东亚同文书院中国调查手稿丛刊》第140册，国家图书馆出版社，2016。

① 1英里约等于1.609公里。

但是，在胶济铁路没有修建以前，济南只不过是作为山东省的省城为人们所熟知。当时济南的进出口贸易很多都是通过小清河、黄河和运河等进行货物的运输，贸易额也少得可怜。1904年德国人在山东修建的一条铁路，即现在的胶济铁路全线通车。此后，随着1912年津浦铁路的全线开通，济南的商业范围明显地得到了扩大：向东沿着胶济铁路经过周村、青州、潍县、胶州等可以到达青岛，向北通过津浦铁路经过德州、沧州等城市可以到达天津，向南经过滁州可以到达远方的浦口（位处南京）。

1906年中国政府将济南指定为通商口岸后，很多外商争先恐后在济南开设商店，此后济南的贸易取得了长足的发展。

如前所述，济南的发展与胶济铁路的建设有着密不可分的关系，另外，津浦铁路对济南的发展也产生了很大的影响。如果将来胶济铁路进一步延伸并与平汉铁路接轨的话①，那么济南的商业范围将会进一步显著扩大。到时候，济南将会与汉口贸易圈发生联系，这是不言自明的事情。

下面首先对济南的一般进出口贸易情况进行综述，然后就本文的题目——济南的外国商品情况进行叙述。

第二章　济南的一般贸易概况

在对济南的一般贸易情况进行说明的时候，我们可按照贸易的渠道将其分为以下四个：

①通过胶济铁路进行的贸易；

②通过津浦铁路进行的贸易；

③通过水运进行的贸易；

④通过旱路即车马运行进行的贸易。

由于我们在进行调查的时候无法获得"通过津浦、水运以及旱路进行的贸易"相关资料和信息，所以下文仅就在济南的贸易中占比最多、地位最重要的"通过胶济铁路的贸易"情况进行说明。

---

① 比如在济南站与石家庄站或郑州站之间建一条铁路线。

第一项　济南车站的货物集散状况

表 1 所列为胶济铁路济南站进出口总额。

表 1　胶济铁路济南站进出口总额

年度	出口	进口	总计
昭和 4 年（1929）	96285 吨	260284 吨	356569 吨
	生牛：25649 头		25649 头
昭和 5 年（1930）	228672 吨	313240 吨	541912 吨
	生牛：31723 头		31723 头

另外，如果将济南站的进出口额按照月份来划分的话可以得到表格 2（但是，表 2 不含昭和 4 年出口的 25640 头生牛以及昭和 5 年出口的 31723 头生牛）。

表 2　济南站昭和 4 年（1929）和昭和 5 年（1930）进出口额

月份	昭和 4 年（1929） 出口	进口	合计（吨）	昭和 5 年（1930） 出口	进口	合计（吨）
1 月	6658	21492	28150	27585	29156	56741
2 月	1195	13983	15178	19598	30368	49966
3 月	3267	31880	35147	26989	37333	64322
4 月	4714	27529	32243	25102	32400	57502
5 月	3090	22446	25536	14883	29498	44381
6 月	3481	12368	15849	7872	11572	19444
7 月	3828	20186	24014	1933	4902	6835
8 月	2606	17222	19828	3046	4548	7594
9 月	7756	17798	25554	13507	17569	31076
10 月	15853	24238	40091	23006	44478	67484
11 月	22529	29698	52227	30292	36575	66867
12 月	21308	21444	42752	34858	34841	69699

另外，如果从月份运输量来看的话，我们还可以将表 2 的内容重新制作成图 1（实线表示昭和 5 年、点线表示昭和 4 年）。

济南的外国商品

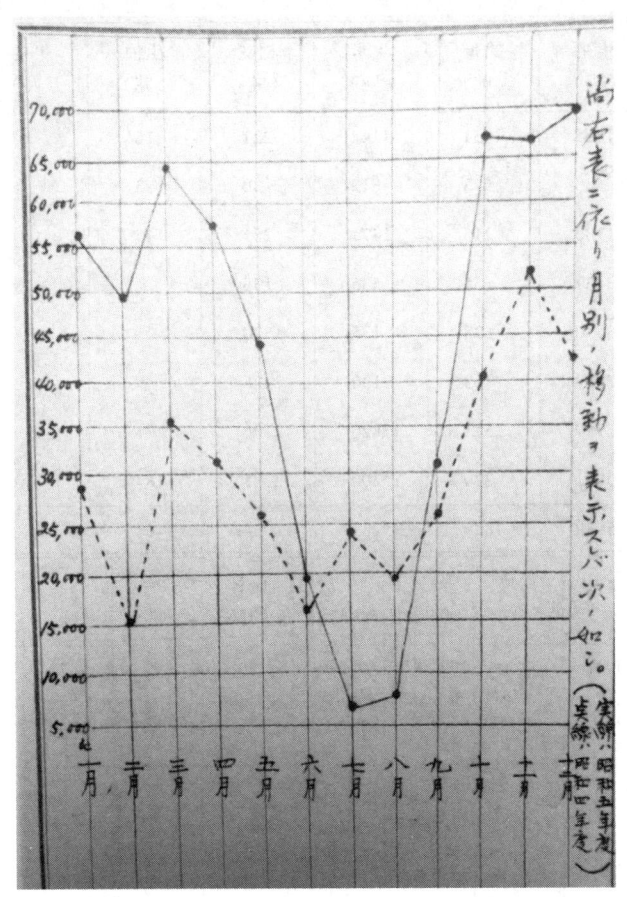

图 1

如果按照商品类别进行分类的话，可以得到表格 3。

表 3　民国 18 年（昭和 4 年）胶济线济南站重要出口及运出商品数量（按月划分）

月份 \ 品种	生牛（头）	鸡蛋（吨）	生米（吨）	棉花（吨）	生油（吨）	牛皮（吨）	牛骨（吨）
1 月	2790	173	2683	1130	1146	8	45
2 月	997	180	144	246	2	3	30
3 月	1105	1095	633	180	10	15	90
4 月	1592	2005	576	888		4	45

续表

月份\品种	生牛（头）	鸡蛋（吨）	生米（吨）	棉花（吨）	生油（吨）	牛皮（吨）	牛骨（吨）
5月	1865	1351	1142	221	16		75
6月	553	623	812	30	23		75
7月	1783	216	1471	261	15		75
8月	3437	55	535	135			60
9月	3230	628	135	520			20
10月	2979	763	2130	2326		3	90
11月	2287	511	13820	2706	71	15	75
12月	3031	229	15200	2381	184		30
合计	25649	7829	39281	11024	1467	48	710

月份\品种	骨粉（吨）	铜块（吨）	麸皮（吨）	牛油（吨）	干柿（吨）	枣（吨）	桐木（吨）	铜灰（危险废弃物）（吨）
1月	135	133	925		90	113	47	30
2月	135	116	285	4		23		27
3月	218		950	3		28		45
4月	180	75	633	2		36	45	225
5月	180	75				15		15
6月	45	15	1830			28		
7月			1775				15	
8月			1800			21		
9月	30		2325			4083	15	
10月	75		2820	8	41	7582	15	
11月	175		2096		1150	1835	15	
12月	90		2180	15	377	575	47	
合计	1263	414	17619	32	1658	14339	259①	342

---

① 原文有误，据表中数据核算为199。

表4 民国18年（昭和4年）济南车站重要进口及运入商品数量（按月划分）

单位：吨

月份\品种	棉布	棉纱	砂糖	烟草	纸类	面粉	高粱
1月	332	263	1468	670	231	0	50
2月	203	362	1862	329	60	289	225
3月	874	764	2833	437	314	525	3810
4月	1007	1042	2465	470	75	72	1490
5月	1205	1339	1993	418	105	30	870
6月	624	615	2205	328	135	225	150
7月	910	328	2136	475	187	0	1140
8月	1403	145	2706	572	52	0	15
9月	1087	242	1843	583	150	0	0
10月	634	255	1687	920	215	0	0
11月	832	372	2105	925	65	0	90
12月	516	525	1310	567	150	0	0
合计	9627	6252	24613	6694	1739	1141	7840

月份\品种	白米	小麦	茶	石油	火柴	火柴材料	木材
1月	39	1189	9	1497	370	400	345
2月	15	167	0	836	120	75	210
3月	138	996	0	1767	495	105	525
4月	37	53	0	1005	464	281	435
5月	60	0	0	731	596	210	413
6月	120	15	0	930	256	15	195
7月	90	150	17	465	450	420	390
8月	144	15	75	230	180	75	690
9月	150	5	15	1020	465	285	525
10月	165	0	45	2340	435	315	735
11月	285	0	30	2200	480	270	1118
12月	195	0	41	1525	375	240	315
合计	1438	2590	232	14546	4686	2691	5896

续表

月份\品种	旧钢铁	染料	纯碱	煤炭	焦炭	杂货
1月	173	145	105	10280	1995	1931
2月	285	137	60	6190	1328	1328
3月	296	95	105	13455	3256	3256
4月	743	88	465	13350	3387	3387
5月	360	45	150	10065	3146	3146
6月	240	120	180	4590	1425	1425
7月	405	134	45	10070	1684	1684
8月	297	124	75	8155	1744	1744
9月	495	230	350	8080	2238	2238
10月	630	130	295	12705	2717	2717
11月	795	105	180	17675	2171	2171
12月	105	30	300	13825	1425	1425
合计	4824	1283	2310	128440	6990[①]	26452

表5　民国19年（昭和5年）胶济铁路济南站重要的出口及运出商品数量（按月划分）

（单位：生牛：头；其他：吨）

月份\品种	棉花	生米[②]	生油[③]	大豆类	高粱	小麦	面粉
1月	3428	15801	529	492	195	665	1200
2月	2538	7160	270	1450	465	935	2475
3月	2482	5515	870	2796	4805	1155	2155
4月	2980	5670	1339	1130	1790	520	3710
5月	1995	2008	1038	430	330	141	3470
6月	969	888	256	165	15	225	2985
7月	0	30	79	15	135	0	935
8月	426	890	154	315	225	0	169

---

① 原文有误，据表中数据核算为26516。
② 综合上下文，生米指的是花生米。
③ 结合上下文，生油指的是花生油。

济南的外国商品

续表

月份＼品种	棉花	生米	生油	大豆类	高粱	小麦	面粉
9月	1222	1275	113	525	210	0	4310
10月	2489	5690	8	817	385	0	3600
11月	4747	13147	45	1455	210	45	1795
12月	5277	19933	1056	1040	255	105	2040
合计	28553	78007	5757	10630	9020	3791	28844

月份＼品种	麸皮	麻	麻籽油	枣	干柿	山楂	水果	麦秆编织物
1月	2750	35	54	250	705	275	45	45
2月	2475	65	0	270	35	0	150	75
3月	2325	26	116	417	0	0	61	211
4月	3055	40	81	161	30	0	212	40
5月	2220	30	36	180	0	0	0	41
6月	1455	0	0	40	0	0	0	21
7月	315	0	0	20	0	0	0	6
8月	240	0	23	135	0	0	0	49
9月	2985	110	8	333	0	65	264	8
10月	1482	58	98	5531	0	30	955	109
11月	2970	60	60	3010	1303	105	285	52
12月	1620	45	327	435	655	35	180	36
合计	23462①	469	803	10782	2728	510	2152	693

月份＼品种	鸡蛋	头发	大麻籽	牛皮	牛骨	牛油	骨粉	生牛
1月	185	15	0	0	75	0	150	3126
2月	622	35	0	0	45	0	150	3036
3月	1701	30	15	5	195	0	165	2967
4月	1862	15	15	12	165	0	150	2899

---

① 原文有误，经表中数据核算为23892。

续表

月份\品种	鸡蛋	头发	大麻籽	牛皮	牛骨	牛油	骨粉	生牛
5月	1650	30	15	0	90	0	90	2265
6月	421	0	0	0	15	0	0	884
7月	45	0	0	0	15	0	0	132
8月	0	30	0	0	60	0	0	272
9月	294	0	0	0	70	0	0	4354
10月	485	0	0	0	45	0	0	3254
11月	430	0	0	0	0	15	30	4181
12月	510	0	180	0	120	0	315	4353
合计	8205	155	225	17	895	15	1050	31723

注：以上一年间的总计为216763吨（不含生牛），实际总数为228672吨，差值11909吨，是由以上所列商品之外的药材、肥料以及杂货产生的。另外，表中桐材、铜块这一列没有数据是因为该年度没有运输这些东西。

表6　民国19年（昭和5年）胶济铁路济南站重要进口及运入商品数量（按月划分）

单位：吨

月份\品种	棉纱	棉布	砂糖	烟草	纸类	面粉	高粱
1月	705	669	1710	1300	255	0	15
2月	915	566	3660	627	60	0	15
3月	1815	1243	3940	1238	730	0	0
4月	1415	908	1670	573	225	0	0
5月	1260	1078	1600	1415	160	0	0
6月	330	293	900	668	15	0	0
7月	316	85	380	60	0	60	90
8月	240	266	820	45	120	0	0
9月	1755	2970	2330	1141	255	0	0
10月	2110	1341	5105	1427	435	0	0
11月	1895	1165	2285	1396	1159	0	0
12月	1520	1200	1670	1516	1133	0	0
合计	14276	11784	26070	11406	4547	60	120

续表

月份\品种	白米	小麦	茶	石油	油类	火柴	火柴材料
1月	165	0	15	2075	60	285	105
2月	270	0	0	2115	255	150	135
3月	420	0	0	1395	150	600	345
4月	180	0	0	1938	130	465	360
5月	105	0	0	1860	179	390	300
6月	45	170	15	135	127	180	255
7月	15	152	0	0	0	15	30
8月	110	355	40	15	90	90	0
9月	120	1795	60	180	30	463	272
10月	245	595	8	630	30	740	180
11月	270	240	132	2555	90	749	287
12月	240	150	144	1843	60	1156	297
合计	2185	3457	414	14741	1201	5283	2566

月份\品种	木材	机械	橡胶类	麻袋	海带	染料	纯碱
1月	310	238	0	125	75	30	160
2月	165	26	0	107		275	210
3月	555	0	0	204		120	0
4月	800	0	0	134		75	15
5月	593	0	0	162		90	285
6月	392	0	7	70		0	0
7月	165	0	0	0		15	0
8月	15	0	0	0		15	60
9月	960	0	25	95		15	30
10月	705	30	15	240	15	120	260
11月	410	170	15	360	480	405	115
12月	1410	0	0	325	710	180	155
合计	6480	564[①]	62	1822	1280	1340	1290

---

① 原文有误，经表中数据核算为464。

续表

月份\品种	酒精	水泥	新旧钢铁	旧衣服	煤炭/焦炭	日本酒/啤酒	杂货
1月	45	0	0	0	14876	5	1477
2月	0	15	1135	0	15335	0	2245
3月	0	45	1075	0	15150	25	3499
4月	0	60	915	0	14805	15	2473
5月	0	60	755	0	14210	39	2313
6月	0	60	90	0	7303	30	115
7月	0	30	60	0	2950	0	195
8月	0	0	90	0	1360	0	647
9月	15	105	300	0	1336	38	2528
10月	15	75	965	75	24775	0	3276
11月	0	45	1305	225	18910	15	590
12月	0	0	1190	135	17815	0	210
合计	75	495	7880	435	148825	167	19568

注：以上这些商品在一年中的总吨数为288393吨，实际进口及运入总吨数为313240吨。差额（24847吨）主要来自未列入表中的石材、陶器、竹制品以及其他杂货。另外，日本酒类、旧衣服以及酒精等由于跟日本商品有关系所以将其列入表中。

第二项 被运到济南站或从济南站发出的重要货物中日本商人经营的商品的交易额

下面，我们看一下在济南的外国商人中，作为最具影响力的我国商人在胶济铁路济南站运送货物中的交易额概算情况（见表7）。

表7 胶济铁路济南站发送的重要货物中日本人经营商品的交易额概算
昭和4年（1929）

商品种类	每一车（15吨）概价	运送总吨数	日本商品交易概算 比例	吨数	交易额（元）
棉花	每吨910元共13650元	11024	20%	2205	2006590
落花生	每吨153元共2300元	39281	20%	7856	1201968
鸡蛋	每吨233元共3500元	7829	40%	3132	729756
麸皮	每吨52元共780元	17619	80%	14010	728520

续表

商品种类	每一车（15吨）概价	运送总吨数	日本商品交易概算		
			比例	吨数	交易额（元）
花生油	每吨 273 元共 4100 元	1467	90%	1320	360360
牛油	每吨 433 元共 6500 元	32	90%	29	12557
骨粉	每吨 87 元共 1300 元	1263	100%	1263	109881
牛皮	每吨 933 元共 14000 元	48	100%	48	44784
牛骨	每吨 57 元共 860 元	710	100%	710	40470
麻籽油	每吨 280 元共 4200 元	346	100%	346	96880
大麻籽	每吨 167 元共 2500 元	0			
合计		79619		30919	5331766

昭和 5 年度（1930）

商品种类	每一车（15吨）概价	运送总吨数	日本商人经营商品交易概算		
			比例	吨数	交易额（元）
棉花	每吨 910 元共 13650 元	28553	20%	5710	5196100
落花生	每吨 153 元共 2300 元	78007	20%	15601	2386953
鸡蛋	每吨 233 元共 3500 元	8205	40%	3282	764706
麸皮	每吨 52 元共 780 元	23462	80%	18770	976040
花生油	每吨 273 元共 4100 元	5757	90%	5181	1414413
牛油	每吨 433 元共 6500 元	15	90%	14	6062
骨粉	每吨 87 元共 1300 元	1050	100%	1050	91350
牛皮	每吨 933 元共 14000 元	17	100%	17	15861
牛骨	每吨 57 元共 860 元	895	100%	895	51015
麻籽油	每吨 280 元共 4200 元	803	100%	803	224840
大麻籽	每吨 167 元共 2500 元	225	100%	225	37575
合计		146989		51548	11164915

备注：日本商品占济南站发送货物吨数的比例在昭和 4 年为 38%，昭和 5 年为 35%。虽然昭和 5 年比昭和四年减少了 3 个百分点，但是如果对这两年的日本商品交易额进行比较的话会发现，昭和 5 年的增加值（指发送的货物数量增加值 51548－30919＝20629 吨）为昭和四年交易额（30919 吨）的七成多，从交易额看，增加了 110%（11164915－5331766＝5833149）。造成这种情况的主要原因是棉花、生米和生油这三类商品的交易非常旺盛。以生油为例，昭和 5 年（5181 吨）约为昭和 4 年（1320 吨）的四倍。

表 8 被运到胶济铁路济南站的重要货物中日本人经营商品的交易额概算

昭和 4 年（1929）

品种	每一车（15 吨）概价	到达总吨数	日本商人经营商品交易概算		
			比例	吨数	交易额（元）
棉纱	每吨 1267 元共 19000 元	6252	40%	2500	3167500
纸类	每吨 600 元共 9000 元	1739	10%	174	104400
啤酒	每吨 253 元共 3800 元		80%	117	29601
纯碱	每吨 106 元共 1600 元	2310	20%	462	48972
火柴材料	每吨 400 元共 6000 元	2691	0		
火柴	每吨 400 元共 6000 元	4686	20%	937	374800
煤炭/焦炭	每吨 11.3 共 170 元	135430	100%	13543	153036
旧衣服	每吨 460 元共 6900 元	14	100%	14	6440
白米	每吨 200 元共 3000 元	1438	30%	431	86200
木材	每吨 100 元共 1500 元	5896	20%	1179	117900
麻袋	每吨 400 元共 6000 元	735	10%	74	29600
合计		161191			4118449

昭和 5 年（1930 年）

品种	每一车（15 吨）概价	达到总吨数	日本商人经营商品交易额概算		
			比例	吨数	交易额（元）
棉纱	每吨 1267 元共 19000 元	14276	30%	4283	5426561
纸类	每吨 600 元共 9000 元	4547	10%	455	273000
啤酒	每吨 253 元共 3800 元	167	70%	117	29601
纯碱	每吨 106 元共 1600 元	1290	20%	258	27348
火柴材料	每吨 400 元共 6000 元	2566	0		
火柴	每吨 400 元共 6000 元	5283	20%	1057	422800
煤炭焦炭	每吨 11.3 共 170 元	148825	10%	14883	168178
旧衣服	每吨 460 元共 6900 元	435	100%	435	200100
白米	每吨 200 元共 3000 元	2185	25%	546	109200
木材	每吨 100 元共 1500 元	6480	30%	1944	194400
麻袋	每吨 400 元共 6000 元	1822	10%	182	72800
合计		187876		24160	6923988

备注：昭和 5 年日本商品的交易额比昭和 4 年增加了 5 成以上（6923988－4118449＝2805539）。主要原因是棉花的出货情况良好以及由此产生的棉纱需求旺盛所致。就棉纱的出货量而言，昭和 5 年（4283 吨）比昭和 4 年（2500 吨）增加了七成多。

第三项　济南主要运出及出口货物的发货地和收货地

以下我们将济南主要运出及出口货物的集散状况按照发货地和收货地来进行分类，并制作成表格（见表9、表10）。

表9　运出及出口货物

品种	发货地	品种	发货地
生牛	青岛、潍县	生米	武定[①]、顺德[②]
鸡蛋	青岛、大港[③]、埠头[④]	棉花	青岛、胶济铁路一带
生油	青岛、大港、埠头	铜灰	浦口[⑤]
牛骨	青岛、大港	大豆	泊头[⑥]、青岛、青州、淄川
骨粉	埠头、大港	高粱	泰安、曲阜、兖州、徐州、沧州
铜块	浦口、枣庄	小麦	天津、浦口、青岛、沧州
麸皮	泰安	面粉	博山[⑦]、青岛、淄川、天津、北平、徐州
牛油	青岛	麻	潍县、青岛
干柿	青岛、大港	麻籽油	青岛
枣	青岛、大港、浦口	水果	天津、浦口
桐木	青岛、山东一带	麦秆编织物	青岛、天津

表10　运入及进口货物

品类	收货地	品类	收货地
棉纱	青岛、天津	棉布	青岛
砂糖	青岛、黄台[⑧]、浦口	染料	青岛
烟草	（上海）—青岛、羊角沟[⑨]	纯碱	青岛

---

① 今山东滨州市，民国前为武定府。
② 今邢台，民国前为顺德府。
③ 指青岛大港车站，建于1899年，胶济铁路最早的车站之一。
④ 指青岛码头，通过港内专线铁路与胶济铁路大港车站相通。
⑤ 今南京浦口区。
⑥ 指青岛码头，通过港内专线铁路线与胶济铁路大港车站相连。
⑦ 今山东淄博博山区。
⑧ 今属山东济南历城区。
⑨ 今属山东省寿光市，小清河入海处。

续表

品类	收货地	品类	收货地
纸类	青岛、浦口、天津	煤炭	博山、淄川、大昆仑①、泰安
面粉	济宁、泰安、周村	焦炭	博山、大昆仑
高粱	青岛、临城②、天津、济宁、德州	杂货	青岛、天津、泰安、周村、博山
白米	青岛、潍县、天津、浦口、徐州、临城	油类	青岛
小麦	周村、济宁、临清、青州、龙山③、青岛	机械	青岛、天津
茶	青岛、徐州、泰安、济宁、浦口	橡胶	青岛
石油	青岛（来自上海）、天津、羊角沟	药材	天津、青岛
火柴	青岛	绸缎类	芝罘
火柴材料	青岛	花生	周村
木材	青岛、天津、河南省、羊角沟	酒类	青岛
新旧钢铁	青岛	麻袋、海带、旧衣服	青岛
酒精	青岛	粟、稗④	济宁
水泥	青岛	水果	临清
豆类	济宁、河南等地	棉花	临清

以上是我们就济南一般贸易状况所进行的大致考查，接下来的一章将就外国商品在济南一般贸易中所占的地位等进行分析。

---

① 今山东省淄博市淄川区昆仑镇，1903年建成自张店通向博山的铁路支线——张博线，并建成大昆仑火车站。
② 今山东省枣庄市薛城区旧称。
③ 今属章丘龙山镇。
④ 禾本科稗属植物。

第三章 济南的外国商品

第一项 总论

首先,我们将济南的外国商品分为"全部或大部分依赖国外的商品"与"部分依赖国外的商品"两种。

一 全部或大部分依赖国外的商品

石油、棉纱、油类、木材、机械、橡胶类、海带类、染料、纯碱、酒精、水泥、新旧钢铁、旧衣服、砂糖、蜜蜂①、啤酒、日本酒。

二 部分依赖国外的商品

棉布、烟草、火柴、火柴材料、纸类。

另外,如果将外国商品按照国籍来划分的话,日本商品占据首位,其次是美国商品、英国商品、德国商品。下面是具体情况。

1. 日本商品

棉纱、棉布、砂糖、纸类、火柴、木材、橡胶类、海带类、染料、酒精、水泥、新旧钢铁、旧衣服、啤酒、日本酒、杂货。

2. 美国商品

石油、木材、机械、火柴材料、烟草、油类。

3. 英国商品

烟草、砂糖。

4. 德国商品

染料、纯碱。

第二项 分论

一 棉纱

济南进口的棉纱大部分都是日本货,其中青岛的日本纺织公司生产的

---

① 原文有误,应为蜂蜜。

产品处于明显的优势地位，而来自上海和印度的产品非常少。棉纱的大部分都是经由青岛进口而来，也有少量经天津进口的。这些进口商品的年交易额达两千万元左右。表 11 是昭和 4 年（1929）、昭和 5 年（1930）胶济铁路济南站的棉纱进口总吨数。

表 11　昭和 4 年、昭和 5 年胶济铁路济南站的棉纱进口总吨数

单位：吨

年份＼月份	1月	2月	3月	4月	5月	6月	7月	8月	9月	10月	11月	12月
昭和 4 年（1929）	263	362	764	1042	1339	615	328	145	242	255	372	525
昭和 5 年（1930）	705	915	1815	1415	1260	330	316	240	1755	2110	1895	1520

昭和 4 年的合计为 6252 吨，昭和 5 年的合计为 14276 吨。

这些棉纱在进口以后大部分都在当地消费掉了，其余则被运到了津浦沿线地区以及河南省。

棉纱的商标有：福助、扇面、双鹿、白鸟。另外，在这些棉纱中，细纱线的较少，大部分都是粗纱线。

济南当地的棉纱交易商如下：

日本商家：三井洋行及其他几家商店。

中国商家：泰康、益祥、晋记、双盛泰、永祥合、长祥泰、裕丰成、复祥永、恒昌泰、恒聚泰等数十家商店。

二　棉布

当地进口以及运入的棉布中，大约 70% 产自日本，剩下 30% 产自中国。虽然也有从欧美进口的，但是其比例特别少。中国产的棉布主要是来自胶济铁路沿线潍县产的土布。这些进口商品几乎都是经过青岛运入的。

表 12 是昭和 4 年、5 年胶济铁路济南站进口及运入的棉布吨数。

昭和 4 年的合计为：9627 吨，昭和 5 年的合计为 11784 吨。

从表 12 可以清晰地看出，春秋两季是棉布市场进口商品的旺盛期，而 6 月、7 月则比较清淡。

表12　昭和4年、5年度胶济铁路济南站进口及运入的棉布吨数

单位：吨

年＼月	1月	2月	3月	4月	5月	6月	7月	8月	9月	10月	11月	12月
昭和4年	332	203	874	1007	1205	624	910	1403	1087	634	832	516
昭和5年	669	566	1243	908	1078	293	85	266	2970	1341	1165	1200

日本棉布的商标有：九龙、骑骠[1]等。

棉布的交易一般不经过日本人的手而是经中国人的手。日本商家除了三井洋行外还有其他几家。中国商家除了前文我们在"棉纱"一项列举的商家外，还有谦祥益、元兴公、义泰公、双丰泰、隆聚、东庆恒、鸿祥永、公德乾、庆丰义、志成兴、庆丰永等五十多家店铺。

三　砂糖

当地的砂糖几乎全部依赖外国进口。在进口产品中，由英国商人进口的香港砂糖占据首位，其次是我国台湾制糖[2]、明治制糖[3]、横滨制糖等。这些砂糖几乎都是经过青岛运入的，大部分在当地就被消费了，其余则被运往津浦铁路沿线地方以及内地。

表13是昭和4年、昭和5年胶济铁路济南站进口砂糖的吨数。

表13　昭和4年、昭和5年胶济铁路济南站进口砂糖的吨数

单位：吨

年＼月	1月	2月	3月	4月	5月	6月	7月	8月	9月	10月	11月	12月
昭和4年	1468	1862	2833	2465	1993	2205	2136	2706	1843	1687	2105	1310
昭和5年	1710	3660	3940	1670	1600	900	380	820	2330	5105	2285	1670

---

[1] 骠，野马。

[2] 1895年至1945年，台湾被日本帝国殖民统治，又称为日据时代或日本殖民统治时期，这就是书院学生称"我国台湾砂糖"的原因。又，台湾制糖株式会社，简称台糖，是台湾日治时期的制糖会社之一，成立于明治33年（1900）12月，系三井财阀所建，为台湾第一家现代化制糖企业。二次大战结束后，台湾制糖与大日本制糖、明治制糖、盐水港制糖的在台资产合并成台湾糖业公司。

[3] 明治制糖株式会社，简称明糖，成立于明治39年（1906）12月，本社位于台南州总爷（今属台南市麻豆区），是台湾日据时期的制糖会社之一。二次大战结束后，明治制糖在台湾的资产与大日本制糖、台湾制糖、盐水港制糖的在台资产合并成台湾糖业公司。

昭和4年的合计为24613吨，昭和5年的合计为26070吨。

日本商人的交易额约占两成，其余是英国商人和中国商人。以下是各交易商的名单。

日本商家：三井洋行、铃木洋行、安部洋行

中国商家：义德栈、广盛栈、祥源栈、裕丰栈、天合成、双盛成、福昌、复兴昌、裕兴、立合祥、福顺和、隆聚、兴顺福、聚共昶、同德和、自丰永等。

四　烟草

烟草的原料外国进口和中国产各占一半。但是，香烟的制造商多为外国公司。其中，英美烟草公司的产品最多，其次是南洋兄弟烟草公司、东亚烟草公司①、花旗烟草公司②等。

表14是昭和4年、昭和5年胶济铁路济南站进口及运入的烟草总吨数。

表14　昭和4年、昭和5年胶济铁路济南站进口及运入的烟草总吨数

单位：吨

年＼月	1月	2月	3月	4月	5月	6月	7月	8月	9月	10月	11月	12月
昭和4年	670	329	437	470	418	328	475	572	583	920	925	567
昭和5年	1300	627	1238	573	1415	668	60	45	1141	1427	1396	1516

昭和4年的合计为6694吨，昭和5年的合计为11406吨。

烟草的交易商如下。

英美烟草公司代理店：信成公司、大德源、三合、永康。

东亚烟草公司代理店：复隆昌、美阜号、三井洋行。

南洋兄弟烟草公司代理店：三合、信成公司、永康、大德源。

花旗烟草公司代理店：花旗烟草公司济南办事处、复兴合、义和、恒祥义等。

---

① 日资烟草企业，1906年在日本东京成立。该会社一方面向中国推销卷烟，一方面在营口、奉天、天津、大连等地设厂制造。

② 美资烟草企业，1925年在美国特拉华州成立。

五 纸类

从前，当地的纸类进口产品几乎为德国商品所独占。但自从我国接手山东半岛以后，日本产的纸类产品逐渐把德国产品驱逐出去，现在中国内地的纸类产品20%是日本产品，中国产品占80%。[①]

最近，只要日中之间发生一些事情，就会有抵制日货运动，进口商品都免不了受其影响。即便如此，日本产的纸类产品却是一个例外，几乎没有受到什么影响。原因是如果不从我国进口的话，中国方面将会遇到非常大的困难。

中国从日本进口的纸类产品很多都是经过青岛运入的，还有一部分是经过天津、浦口运入。纸类产品的交易在秋季至冬季的这一段时期内最为旺盛。

表15为昭和4年、昭和5年胶济铁路济南站进口及运入纸类产品的总吨数。

表15 昭和4年、昭和5年胶济铁路济南站进口及运入纸类产品的总吨数

单位：吨

年＼月	1月	2月	3月	4月	5月	6月	7月	8月	9月	10月	11月	12月
昭和4年度	23	60	314	75	105	135	187	52	150	215	65	150
昭和5年度	255	60	730	225	160	15	0	120	255	435	1159	1133

昭和4年的合计为1739吨[②]，昭和5年的合计为4547吨。

在济南，经营纸类产品的交易商如下。

日本商家：吉田洋行。

中国商家：

泰安栈、复兴栈、敬诚栈、裕成栈（主要从事买卖中介业务）。

德生义、晋泰恒（主要经营大板纸）。

---

① 原文是"中国产品占80%，中国产品占20%"，有误。联系上下文，先讲日本产品把德国产品挤了出去，后讲若不从日本进口，中国方面将发生很大的困难，所以不可能出现"中国产品占80%，中国产品占20%"的情况，应是抄写中笔误所致。

② 数字统计有误，据文中数据计算为1531吨。

有容堂、松鹤斋（主要经营南纸①）。

三合号、和洋号（主要经营色纸②）。

即兴祥、庆兴永（主要经营五色纸）。

洪源商行、华东石印馆、集成印书社（主要经营名片纸）。

六　石油

当地进口的石油供给全部依赖外商，其中占比最多的是美孚石油（标准石油公司的产品），其次是得克萨斯石油③、亚细亚石油、日本石油等。这些进口的石油都是从青岛经胶济铁路运入济南的，其中有一半又被运到津浦沿线地区以及中国内地。

表 16 是昭和 4 年、5 年胶济铁路济南站进口使用的总吨数。

表 16　昭和 4 年、5 年胶济铁路济南站进口使用的总吨数

单位：吨

年＼月	1月	2月	3月	4月	5月	6月	7月	8月	9月	10月	11月	12月
昭和 4 年度	1497	836	1767	1005	731	930	465	230	1020	2340	2200	1525
昭和 5 年度	2075	2115	1395	1938	1860	135	0	15	180	630	2555	1843

昭和 4 年合计为 14546 吨，昭和 5 年的合计为 14741 吨。

另外，这些进口石油的商标如表 17 所示。

表 17　进口石油的商标

美孚石油	虎、鹰等标识
亚细亚石油	铁锚、水星、僧帽等标识
日本石油	红旗、青旗、蝙蝠、富贵、红花等标识
得克萨斯石油	幸福、星星等标识

---

① 南方的土产名纸，如素有"纸寿千年"之誉的手工纸中精品、安徽宣州府的"宣纸"；浙江的元书纸、毛边纸；四川的川连纸、对方纸、国画纸；福建的连史纸、玉扣纸；以及广东、湖南等省的名纸。

② 日文中的色纸有两个意思，一是表示彩色纸，二是指书写和歌、俳句等用的方形美术纸笺，本处色纸的意思应该指彩色纸。

③ 又称德士古公司，成立于 1901 年（一说 1902 年），1915 年进入中国市场，与美孚石油、亚细亚分割了中国石油市场。

进口石油的交易商如下：

外商：美孚洋行、亚细亚洋行、德士古洋行。

日本商家：梶野洋行、铃木洋行。

中国商家：万利源及其他几家商店。

七 油类

此处所列举的油类指汽油、机油（润滑油）等。它们全部都从外国进口，主要进口国是美国。

昭和5年胶济铁路济南站油类产品的进口总吨数为1201吨，见表18。

表18 昭和5年胶济铁路济南站油类产品的进口吨数

单位：吨

1月	2月	3月	4月	5月	6月	7月	8月	9月	10月	11月	12月
60	255	150	130	179	127	0	90	30	30	90	60

八 火柴及火柴材料

当地火柴的30%是外国产品，剩余70%是中国产品。其中，青岛燐寸[①]会社（日资）的市场份额占据首位，中国内地厂商中以济南振业火柴公司为主。进口的火柴主要从青岛经胶济铁路运入，其中的40%在济南市场上被消费，剩下的60%被运往内地消费。制作火柴的材料从美国进口的比较多。昭和4年、昭和5年胶济铁路济南站进口及运入的火柴总吨数分别为4686吨、5283吨（见表19）。昭和4年、昭和5年胶济铁路济南站进口及运入的火柴材料分别为2691吨、2566吨（见表20）。

表19 昭和4年、昭和5年胶济铁路济南站进口及运入的火柴吨数

单位：吨

年份＼月份	1月	2月	3月	4月	5月	6月	7月	8月	9月	10月	11月	12月
昭和4年	370	120	495	464	596	256	450	180	465	435	480	375
昭和5年	285	150	600	465	390	180	15	90	463	740	749	1156

---

① 燐寸在日语中指火柴。

表20　火柴材料进口吨数

单位：吨

年份＼月份	1月	2月	3月	4月	5月	6月	7月	8月	9月	10月	11月	12月
昭和4年	400	75	105	281	210	15	420	75	285	315	270	240
昭和5年	105	135	345	360	300	255	30	0	272	180	287	297

市场几乎被黄磷火柴所独占，主要的商标如下。

青岛火柴（日资）：大吉、双喜。

中国内地的产品有：得宝、三兽、万福、三光（振业火柴公司）。

现在，中国内地产的火柴市场销量良好，日本产火柴的需求呈现出一种减少的趋势。

火柴的交易商如下。

日本商家：三井洋行、青岛燐寸会社、东鲁燐寸会社。

中国商家：同德和（三井洋行机关店）、广汇长（青岛火柴机关店）、瑞记、裕和兴、即兴成、隆聚、谦益泰、益成永等。

九　木材

济南市场上的木材供给全部依靠外国产品。在进口的木材中，美国产的木材占首位，其次是鸭绿江产的木材、北海道产的木材。鸭绿江产的木材和美国产的木材基本上以松木为主。这些木材几乎都是经由青岛进口，主要供应当地和铁道沿线地区。

表21所列为昭和4年、5年胶济铁路济南站进口的木材吨数。

表21　昭和4年、5年胶济铁路济南站进口的木材吨数

单位：吨

年＼月份	1月	2月	3月	4月	5月	6月	7月	8月	9月	10月	11月	12月
昭和4年	345	210	525	435	413	195	390	690	525	735	1118	315
昭和5年	310	165	555	800	593	392	165	15	960	705	410	1410

昭和 4 年的合计为 5896 吨，昭和 5 年的合计为 6480 吨。

交易商有：祥泰、福祥、协成、福裕、福顺恒、恒丰、恒春、兴顺和、通福裕等。

十　机械类

当地的机械类产品几乎全为国外进口，主要以美国、德国和我国（指日本）的产品为主。这些机械产品都是经过青岛进口而来。

表 22 所列的为昭和 5 年胶济铁路济南站进口的机械类产品吨数。

表 22　昭和 5 年度胶济铁路济南站进口的机械类产品吨数

单位：吨

1月	2月	3月	4月	5月	6月	7月	8月	9月	10月	11月	12月
238	26	0	0	0	0	0	0	0	30	170	0

合计：564 吨①。

十一　橡胶类

此处所谓的橡胶类包括橡胶制品和制造原料两种，主要是日本商品。其中，青岛的橡胶类产品中以橡胶鞋底类产品最多，但其金额却不多。表 23 是昭和 5 年度胶济铁路济南站进口及运入的橡胶类产品总吨数。

表 23　昭和 5 年度胶济铁路济南站进口及运入的橡胶类产品吨数

单位：吨

1月	2月	3月	4月	5月	6月	7月	8月	9月	10月	11月	12月
0	0	0	0	0	7	0	0	25	15	15	0

合计：62 吨。

十二　麻袋

当地使用的麻袋都是外国进口的产品，主要被当作各种货物出口时的一种包装材料来使用。所以，麻袋是（先从国外）进口再被出口②，然后

---

① 按照所列数字统计，应为 464 吨，原文有误。
② 麻袋作为各种货物的包装材料，在货物被使用后又被回收。

再进口，不断重复这种逆进口的状态。当地的麻袋除了从我国逆进口外，还有很多是从上海、香港、大连等地运入的。表24是昭和5年度胶济铁路济南站麻袋的进口及运入吨数表。

表24 昭和5年度胶济铁路济南站麻袋的进口及运入吨数表

单位：吨

1月	2月	3月	4月	5月	6月	7月	8月	9月	10月	11月	12月
125	107	204	134	162	70	0	0	95	240	360	325

合计：1822吨。

十三　海带

当地的海带类产品大多从日本进口，此外，还有从青岛、渤海等地运入的商品，但金额不是很多。海带类产品的交易在冬季最为旺盛。当地从我国进口的产品中，海带是最多的，都是通过青岛进口进来的。

表25是昭和5年度胶济铁路济南站海带产品进口总吨数。

表25 昭和5年度胶济铁路济南站海带产品进口总吨数

单位：吨

1月	2月	3月	4月	5月	6月	7月	8月	9月	10月	11月	12月
75	0	0	0	0	0	0	0	0	15	480	710

合计：1280吨。

在该类产品的交易商中，日本商家有：三井、梶野。中国商家在经营此类产品的同时还经营鱼类产品，具体有即兴成、庆兴永、南新丰等商店。

十四　染料

当地进口的染料中德国货最多，日本货仅有少量，它们都是经过青岛进口进来的。

表26是昭和4年度、5年度胶济铁路济南站进口染料总吨数。

表26　昭和4年、昭和5年胶济铁路济南站进口染料总吨数

单位：吨

年份＼月份	1月	2月	3月	4月	5月	6月	7月	8月	9月	10月	11月	12月
昭和4年度	145	137	95	88	45	120	134	124	130	130	105	30
昭和5年度	30	275	120	75	90	0	15	15	15	120	405	180

昭和4年度的合计为1283吨，昭和5年度的合计为1340吨。

十五　纯碱

当地进口的纯碱几乎都是日本产品，从青岛进口而来。

表27是昭和4年度、5年度胶济铁路济南站进口纯碱的总吨数。

表27　昭和4年度、5年度胶济铁路济南站进口纯碱的总吨数

单位：吨

年份＼月份	1月	2月	3月	4月	5月	6月	7月	8月	9月	10月	11月	12月
昭和4年度	105	60	105	465	150	180	45	75	350	295	180	300
昭和5年度	160	210	0	15	285	0	0	60	30	260	115	155

昭和4年度合计：2310吨，昭和5年度合计：1290吨。

十六　酒精

当地的酒精也是日本货最多，从青岛进口而来，进口的金额不是很大。具体来看，比如，以昭和5年度胶济铁路济南站进口酒精情况为例，1月的进口吨数为45吨，2月至8月之间没有，9月和10月各进口15吨，一年的进口量合计仅有75吨。

十七　水泥

水泥与纯碱、酒精等一样，都是日本货的天下，大部分都是从青岛进口而来，还有一部分是从天津经津浦铁路进口过来的。

表28是昭和5年度胶济铁路济南站水泥的进口总吨数。

表28　昭和5年度胶济铁路济南站水泥的进口总吨数

单位：吨

1月	2月	3月	4月	5月	6月	7月	8月	9月	10月	11月	12月	合计
0	15	45	60	60	60	30	0	105	75	45	0	495

十八　新旧钢铁

对于进口钢铁而言，不论新旧，日本货是最多的，都是从青岛进口来的。表29是昭和5年一年间胶济铁路济南站新旧钢铁的进口总吨数。

表29　昭和5年胶济铁路济南站新旧钢铁的进口总吨数

单位：吨

1月	2月	3月	4月	5月	6月	7月	8月	9月	10月	11月	12月
0	135	1075	915	755	90	60	90	300	965	1305	1190

合计：7880吨。

另外，表30是昭和4年度旧钢铁的进口量。

表30　昭和4年度旧钢铁的进口量

单位：吨

1月	2月	3月	4月	5月	6月	7月	8月	9月	10月	11月	12月	合计
173	285	296	743	360	240	405	297	495	630	795	105	4824

十九　旧衣物

旧衣物全部来自我国的进口，价格为每百斤七八十元左右。旧衣物分为10个等级，上等的可以重新用于制作衣服，而那些最旧的、破破烂烂的则用于制作鞋底。旧衣服的交易在最近几年尤为旺盛，这些衣服都是从青岛进口而来。关于其进口量，昭和5年度10月为75吨，11月为225吨，12月为135吨，合计435吨。

二十　日本酒及啤酒

日本酒自不必说肯定是从日本进口，啤酒亦如此。但是，啤酒的进口额很小，且都是从青岛进口过来的。

表 31 是昭和 5 年一年中日本酒及啤酒的进口量（仅仅是到达胶济铁路济南站的数量）。

表 31　昭和 5 年到达胶济铁路济南站的日本酒及啤酒的进口量

单位：吨

1月	2月	3月	4月	5月	6月	7月	8月	9月	10月	11月	12月	合计
5	0	25	15	39	30	0	0	38	0	15	0	167

二十一　其他

除以上所列商品外，济南的外国商品还有杂货、白米、面粉、蜂蜜等。

（1）杂货：日本进口商品仅占极少数。

（2）白米：当地的白米总体而言都是中国内地产的。而日本人用的大米也有少数是从满洲进口或者从朝鲜进口一些。

（3）面粉：面粉也几乎是中国内地生产的多一些，由于汇率的关系也会间接从我国（指日本）进口一些。

（4）蜂蜜：到了本年（昭和 6 年）[①] 其需求出现了激增，主要从我国的九州、岐阜、长野地方通过"客车便"[②] 的方式进口。本年上半年已经进口了三千箱。

第四章　结论

以上就是我们对济南外国商品的概况做的一个叙述。从上述内容来看的话，一个明了不过的事实就是：不管是济南的贸易，还是山东的一般贸易，我国在这些贸易额中都占据第一的位置，其次是美国、英国、德国等国家。

那么我国是如何获得这种优势地位的呢？随着欧洲大战的爆发，我

---

① 1931 年。
② 指随同客车发送物品。

国开始向德国宣战，我们在占领胶州湾山东铁路（现在的胶济铁路）的同时，一方面敦促中国政府承认日本有权继承德国在山东的权利，另一方面主张日本对于满蒙应该享有特殊的利权，也就是"二十一条"，希望将山东纳入我国的势力范围（这一用词是否妥当姑且不论，至少对于我国而言山东是一个特殊的存在，这是事实）。也就是从这个时候开始，日本在山东贸易中的独占性优势慢慢形成。之后，由于山东具有"距离日本很近"这一地理上的优势，当第一次世界大战爆发的时候，欧洲各列强都从中国暂时撤离，而这对于我国而言是一个千载难逢的好机会。以上这些因素综合在一起，造就了我国在山东比起德国和英国都要处于绝对优势地位的现状。

最近几年，根据华盛顿会议的结果，日英同盟破裂，在英国和美国形成对我国联合施压的局面之前，我国最终不得不放弃在大战中获得的优势——胶州湾、山东铁道①。1928年5月发生的"济南事件"②尽管让我们遭受到了打击，但是日本商品在山东的地位仍然是牢不可破。

今年（1931年）9月18日突然发生了中国士兵破坏南满铁路的事件，也就是"满洲事件"。③但是现在，这一事件不仅仅是满洲自身以及日中两国之间的问题，它已经受到了全世界的关注。而且，我们至今也看不到解决该问题的任何希望。伴随着"满洲事件"的发生，中国全境掀起了一场抵制日货的风潮，中国各个地方都表明了要抵制日货，日本商品对华出口出现了很大的减少。比如，以现在的上海港为例，对华出口减少了约80%。

作为山东省城的济南也无法在这次排日风暴中置身事外。现在，济南出现了很多自发的、难以控制的学生运动。当我们将目光再次投向贸易的时候，就会发现一个非常奇怪的现象，即虽然整个中国都处于一种抵制日

---

① 指胶济铁路。1914年欧洲战争爆发后，日本对德宣战，占领了胶济铁路，并改名为"山东铁道"。1922年，中日签订《解决山东悬案》及《附约》。1923年2月1日起，北洋政府完全接管全路各站，并改回原用名"胶济铁路"。
② 指1928年济南发生了震惊中外的"五三惨案"。
③ 此乃日本人的自说自话，真实的情况是1931年9月18日夜，日本关东军在沈阳北大营南约800米的柳条湖附近，将南满铁路一段路轨炸毁，反诬是中国军队破坏铁路，随后即向中国东北军驻地北大营发起进攻，"九一八"事变爆发。

货的风潮中，但是日本面向青岛的出口，以及日本向山东出口商品却没有出现绝对减少的情况。尤其是与中国其他港口相比的话，几乎没有出现什么大的减少。这到底是什么原因呢？关于这一点，下面将对在我们在调查中发现的一些问题进行综合分析。

我们认为，主要有两个原因。一是日本通过占领胶州湾以及"二十一条"条约在山东获得了特殊的地位，之后日本在贸易方面也确立了绝对的、独占性的地位。在面对如今发生的抵制日货运动的时候，山东市场上并不存在一个能够代替日本商品的竞争对手，至少现在没有。如果抵制日货运动不断发展壮大，那么中国人的生活将会立即受到影响，产生很多的不便。但是，其他国家的商品想要进入山东却不可能，因为根本没有渠道。当然，想要依靠中国自身的工业来弥补由于抵制日货造成的商品紧缺也不现实，这是因为中国的工业非常落后，特别是济南的工业界更是弱小得不值得一提。这就是为什么山东的日货进口在全国性的抵制日货运动中没有出现大幅减少的原因。另外一个原因就是，现在的抗日运动背后有国民政府的操作。比如，抗日会等组织几乎都是政府允许的。在上海等地，抗日会的势力非常大。而且，在上海以及长江一带，指导排日运动的蒋介石的背后有美国资本的支持，而在华南指导排日运动的广东政府则有英国资本的支持，这些都是众所周知的事实。这样一来，各列强在商品市场上的竞争就转变为驱逐日本势力的排日运动。这就是中国反日运动背后的现状。现在，我们在思考山东问题的时候就会发现，原本应该站在排日运动指导者立场上的韩复榘①由于跟日本资本有一些瓜葛，他采取的是一种亲日的态度，这是导致山东的反日和抵制日货运动不像华中、华南那些地方那么激烈的一个重要原因。因此，我们认为这也是我国商品在山东的进口额没有出现减少的一个原因。

以上啰啰唆唆说了这么多，总之，自欧洲大战爆发以来，日本在山东建立起的优势地位虽然处于猛烈且不断扩大的反日运动的笼罩之下，但是却没有受到什么影响，目前还能维持其优势地位。但是目前中国政府和各列强的主要焦点放在了全力要求日本返还其在满洲的特殊权利，对于山东

---

① 韩复榘时任山东省主席。

的关注相对比较少（日本也是一样），所以山东才能够相对比较安全。像这次发生在中国全境的反日运动，即便是在这种环境下，也出现了山东的贸易额没有减少这一现象。

关键问题是时间。有朝一日，当中国和各列强开始将目光移到山东的时候，到那时，我国商品在山东的情况就像现在华中、华南遇到的危机情况一样。估计这种情况在不久的将来也会发生。

昭和 6 年（1931）12 月 11 日

以对日贸易为中心的 华南沿岸各港贸易调查[*]

华南港情调查班　池江善治

目　录

第一章　总说

第二章　华南各港的贸易状况

　第一节　福州（福建省）

　　一　地位

　　二　商业

　　三　在留外国人口

　　四　港湾及设施

　　五　进出口贸易

　第二节　厦门（福建省）

　　一　位置及地势

　　二　港湾及设施

　　三　人口及居民

　　四　1928年度厦门贸易概况（领事馆调查）

　第三节　香港（英领）

　　一　地位及地势

　　二　市况

　　三　人口及在留外国人

　　四　贸易概况

---

[*] 该文系东亚同文书院第28期学生池江善治和调查组成员于昭和5年（1930）进行的调查，原文见《东亚同文书院中国调查手稿丛刊》第134册，国家图书馆出版社，2016。

第四节　广州（广东省）
　　一　位置及地势
　　二　人口及市况
　　三　贸易概况
　　四　广州贸易的大趋势
第三章　结论

第一章　总说

　　1929年华南沿岸各港的贸易额与上一年度基本大同小异。如本文以下各章所说，阻碍各时期贸易的重大因素完全是由中国国内的因素所造成的。[①] 由于其影响之巨大，本年度的贸易情形与上一年度相比发生了显著的变化。尤其是在今年（1930）白银汇率行情发生大变动，亦即白银汇率大暴跌以后，华南沿岸各港对日贸易总额相比上一年度大幅下降。可以预知，在下一年度出现的对本年度的贸易统计上，或将出现更大变化。

　　中国内地物资丰富，若能获得时机及人力，在现有基础上继续增加产量，再以适当的价格将其运往海港，则贸易会有相当大的可能出现大发展。然而，交通不便所造成的运输的困难，以及社会不安定乃至常常爆发的军阀混战，必然导致生产成本激增，赋税征收沉重，由此引发了供给价格走高，大大降低了外国需求者的购买欲。除去少数例外，中国的港口几乎都没能避免全国性动乱所带来的影响。如本文以下所述，1928年、1929年度华南的对外贸易均遍受摧残，且各港口均情形相同，使人大有萧条之感慨。

　　然而，值得注意的是，英国对华贸易的根据地——香港依然持续充满活力。相形之下，日本对华贸易远有抵制日货运动之忧，近有白银汇率大变动之困，正在日渐陷入困境。我们认为必须从日本对华贸易的将来出发考虑当下的对策，否则恐造成悲观之结果。

---

　　① 此乃日本人的观点。

第二章　华南各港的贸易状况

第一节　福州（福建省）

一　地位

福州位于距闽江入海口35海里处，处在福建省第一大河闽江沿岸。由于闽江干流及支流在福建省内各地流程很长，内地物产都在此地集中，而后出口海外各个需要的地区。内地所需物品虽然也在此地集中，然后以水运或陆运的方式运往内地，但是近年来内地道路的逐步改善，福建内地及延平①、泉州等地所需要的物品可直接从上海经浙江、江西两省，通过陆路机动车或水运的方式运达。这远比先走海路将物品运到福州，而后再走水路运往内地更加便利。因此，近年经过福州的物资处于逐渐减少、衰微的状态。

二　商业

福州商业特别兴盛的区域位于南台②，即万寿桥码头以东到义和码头之间。从茶叶出口商和细棉布③、厚棉布④、棉纱、石油、砂糖等进口商，到电信电话公司、银行、漕运业、各种杂货商、旅馆等都在此处。其中信誉度高的机构有以下几个：英商有太古洋行、永昌洋行、汇丰银行、大东电报公司⑤、屈臣氏大药房⑥等；俄商有顺丰洋行、阜昌洋行⑦；德商有禅

---

① 今福建南平市下辖区，位于福建省中部偏北，是建溪和西溪交汇处，从这往下称闽江。
② 南台岛（即福州市仓山区主体）为闽江中第一大岛屿，位于闽江福州段南北两港之间。
③ 原文写作"金巾"，这是日文的说法，翻译成中文即是细棉布——织纹细，质地薄的宽幅棉布。用作床单、内衣和衬里等。
④ 原文写作"天竺木綿"，这是日文的说法，翻译成中文即是厚棉布，洋标布。
⑤ 英国电讯公司。1882年曾敷设香港—上海电报水线，次年该水线在宝山县境海门外登陆，后与中国电报局的淞沪陆线接通。
⑥ 屈臣氏大药房是一家在中国成立的著名英国洋行。先是在1828年于广州成立广州大药房，并建立汽水厂。1841年又建立香港大药房，为驻港英军和香港民众提供医药服务，并继续经营汽水厂。1858年改成屈臣氏大药房，积极向中国边地和海外扩张，并获得李鸿章、左宗棠、沈葆桢等题字匾额。到20世纪末，屈臣氏成为远东最大的药房。
⑦ 顺丰洋行和阜昌洋行是俄国商人同治年间在汉口建立的两家经营茶叶出口的洋行，在湖南、湖北、江西、安徽、福建等地大量收购茶叶，并在汉口、九江等地设立茶砖厂，最终运到西伯利亚和欧洲俄国市场。顺丰洋行的创办人是李特维诺夫，阜昌洋行的创办者是巴诺夫兄弟，又称大巴公、小巴公。

臣洋行①。日商方面虽然曾有三井物产会社、大阪商船会社、台湾银行办事处等机构，但是由于近几年接二连三的反日运动，加之福州贸易逐渐衰微的影响，许多外国商人从福州撤退。现在，日商中只剩下大阪邮船会社②及台湾银行办事处，撤回日本的商业机构不在少数。

三 在留外国人口

以下是外国人口统计表格（见表1、表2）。

表1 外国人口表（截至昭和4年12月末即1930年）

国籍	户数	男	女	合计
英国人	68	79	103	182
美国人	71	101	128	229
法国人	5	6	7	13
德国人	2	1	3	4
葡萄牙人	87	98	96	194
挪威人	2	1	2	3
西班牙人	41	42	5	47
俄国人	2	2	2	4
合计	279③	330	346	676

注：福州领事馆调查。

表2 日本人昭和5年4月末户口表

	户数	男	女	合计
日本本土人	102	159	171	330
与上月末比较	(+) 1	(+) 2	(-) 1	(+) 1
台湾籍民	335	637	455	1092
与上月末比较	(+) 5	(-) 2	(+) 21	(+) 19
内台人④合计	437	796	626	1422

注：①持台湾籍的中国人视为双重国籍；
②福州领事馆调查。

---

① 禅臣洋行是鸦片战争以来在中国颇具影响的德国洋行，成立至今，一直从事远东贸易。总行在汉堡市，1846年在广州设分行，1856年在上海设分行并定为驻华总部，是与礼和、美最时，顺和等齐名的德商大公司，在天津、汉口、青岛等广设分支机构。
② 原文有误，应为大阪商船会社。
③ 经表中数据核算为278，原文有误。
④ 意为内地人（日本人自称）与台湾人。

如前所述，日本人占当地外国人的半数。英美两国人主要是传教士和学校的老师，英国人在贸易商和茶商中占多数，德国人主要是商人、海关官员及其家属。法国人是官吏和传教士居多。与前年相比，在福州的外国人数量在减少，而日本人的数量在增加。

四　港湾及设施

此地交通主要依赖水运，相比之下，陆路交通不足为道。从闽江入海口到上游26海里的马尾，逢涨潮期可通行商船及军舰等船只。从马尾到其上游9海里处福州万寿桥①下的河段在涨潮期可通行两百吨左右的汽船。继续向上游可通行小型戎克船②。南台及洪山桥都有大型码头设施，只有南台河岸修有石阶便于乘客上下（大阪商船码头也是这样）。货物的装卸通过在船舶上搭架木板的方式进行。此外，因为海上轮船无法溯往马尾上游，所以在此转装小型蒸汽船及戎克船。上游的木材等货物则随竹筏漂流而下至马尾装船。现在停泊于马尾的外洋航线的定期班轮为日本大阪商船会社的天津、上海、福州、打狗线③的船只，以及英国道格拉斯公司（Dauglas. S. S. Co. Ltd.）的香港、汕头、厦门、福州线的船只。另外，还有招商局和日本各汽船公司等的不定期航船。这些船只也如上述，由于马尾上游无法通行大船，因此在此以小蒸汽船和戎克船衔接运输。

五　进出口贸易

福州的出口地区在海外以欧洲大陆为第一，香港、美国、台湾、澳大利亚、印度次之。在中国内地有天津、上海、汕头、芝罘、汉口、厦门等。

---

① 历史上的万寿桥位于现在的仓山区、台江区之间的闽江上，北起台江中亭街，中至中洲岛，南接仓前观井路，曾是世界最大的跨河古桥。1971年，为闽江上游通航，拆除了一个桥墩，改建两个，并将桥面抬高，架设于原桥面之上，同时将桥改名为"解放大桥"。1995年，福州市政府将万寿桥、江南桥拆毁重建为联拱悬索桥，今已无复旧貌。
② 指中国风帆船。英语称中国风帆船为"junk"，被音译成"戎克船"。20世纪初仍然活跃于中国近海，多用来贸易及运载。
③ "打狗"为高雄旧称，1920年正式更名为"高雄"。

1. 出口贸易

福州出口物品主要为红茶、绿茶、砖茶等茶类商品，木材、竹纸①次之。由于此地本来就是山地，水田很少，所以稻米产量并不多。虽然如此，其温和的气候却适宜茶的种植。其一年间的绿茶实际产量多达 30000 担乃至 45000 担，且该产量处于年年增加的倾向之中。尤其是武夷、乌龙、工夫②、熙春等茶叶，乃是本地首屈一指的特产，享有盛名。茶与出口量位于其后的竹纸、木材是福州的三大出口物品。除此以外，蔬菜、水果、烟草、樟脑、干龙眼、香菇、橄榄、蜜柑等物品亦有出口。福州漆器也名扬海外，然而产量并不多。

本年 5 月闽海关（福州）的出口周报见表 3。

表 3　昭和 5 年 5 月闽海关（福州）的出口周报

品名	发货目的地	出口日期	数量
茶（工夫）	南美	5 月 14 日	9238 担
木材（圆木）	厦门	5 月 12 日	6000 根
木材（圆木）③	厦门	5 月 12 日	200 根
木材（板）	天津	5 月 13 日	3661 平方尺
木材（板）	青岛	5 月 13 日	317000 平方尺
木材（板）	厦门	5 月 14 日	35700 平方尺
木材（棒）	厦门	5 月 14 日	1000 根
石油箱	厦门	5 月 14 日	1000 个
木材（板）	香港	5 月 14 日	18468 平方尺
木材（棒）	日本	5 月 15 日	14000 根
木材（板）	上海	5 月 16 日	62000 平方尺
木材（板）	上海	5 月 17 日	60000 平方尺

（Customs Weekly Returns）

---

① 竹纸是以竹子为原材料造的纸。中国福建宁化县、长汀县，四川省夹江县和浙江省富阳市为竹纸的重要产地。宋赵希鹄的《洞天清禄集·古翰墨真迹辨》："若二王真迹，多是会稽竖纹竹纸，盖东晋南渡后难得北纸，又右军父子多在会稽故也。其纸止高一尺许，而长尺有半，盖晋人所用，大率如此。"

② 亦称功夫茶。

③ 原文如此。

出口物品中没有特别面向日本的。然而福建省自古以来与台湾关系密切，以福建为中心的华南海岸有众多的台湾籍居民，且在台湾也有相当数量的福建移居者，因此台湾与福建间一直有商业贸易。

出口物品中竹类多出口往天津、青岛方面。

茶虽不是本地的独有产品，但因添加了本地特有的带香味的花朵而受人喜爱。因此，茶在福州的出口额中占居首位（经香港至外国，或经上海至天津）。

纸（中国纸）的品质粗劣，属于二等纸张（出口青岛、天津等中国北方地区）。

木材、木板及圆木在冬季较多（出口上海、天津、基隆、汕头等地）。

漆器、木制品经香港销往国外。

在福州出口物品中占比第一的茶的出口季为 4~10 月前后。在外商之中，英商经营茶叶历史悠久，现在已确立了稳定的地位。

以下是上述的重要出口物资近四年的比较统计（见表4）。

表4　闽海关①出口统计

年份 货物	1926	1927	1928	1929②
竹子（担）	86463	48114	79332	
果实（担）	135918	122162	133175	
芠③（担）	98359	75044	202962	
竹篾、竹叶等（担）	38523	45032	52120	
纸（担）	127078	108642	109128	
木材（板）（平方尺）	23161675	20327597	17256023	
木材（圆木）（根）	1667589	2034667	2463026	
石油箱（个）	591133	326983	218676	

---

① 近代海关名称。鸦片战争后，清政府被迫开放五口通商。道光二十二年（1842），设闽海关于福州，归福州将军管理。咸丰十一年（1861），由外国人分任税务司、副税务司，受总税务司统辖。

② 此列原文即为空。

③ 《说文解字·艸部》："芠：菜也。"《广韵·兒》："芠：蒿也。"

续表

年份 货物	1926	1927	1928	1929
药材（开平两）①	105589	89422	86311	
纸伞（把）	1621065	1289968	1201933	

2. 进口贸易

进口物品主要有生细棉布（生金巾）、晒细棉布（晒生巾）、厚棉布、棉纱、印花布②、绸子③、天绒④、煤炭、面粉、火柴、石油、砂糖以及其他各种化学药品等。从日本进口的物品中有大量的棉纱布、各种杂货、海产品等单纯加工品。因为中国人的生活水平还很低，这些日货的需求较其他的外国商品更多。

以下是主要进口货物中，与日本商品有关的物品的情况。

①原色棉布中日本商品少，英国商品多。此地货物采购期的特征是冬季进口夏季物品，夏季采购冬季物品。

②精细的染色纺织品几乎全部是日本商品。在排斥日货呼声较高的时期，则在日本商品上贴上"上海制"或"德国制"的商标。对日货的排斥虽然时有停息，但是即便是在间歇期，也会在日货上贴别国的商标，因此在海关统计上记录的日本商品数量很少。

③厚棉布60%~70%的份额为日本独占，销量最好，而且来自香港的30%~40%的棉纱份额也是日货。在香港有大批发商先集中外国货物，而后销往沿岸各港。

④毛制品中英国货较多，几乎没有日本货。

⑤海产品。经香港运来的几乎都是日本货。海产品是日本的重要出口

---

① 开平两，又称"关银""海关两"，清朝中后期海关所使用的一种记账货币单位，属于虚银两。一开平两的虚设重量为583.3英厘或37.7495克（后演变为37.913克）的足色纹银（含93.5374%纯银）。

② 原文写作"更纱"，在日文中，指木棉染上鸟兽图案的印花布。

③ 原文写作"繻子"，在日文中，指作为绢织物的绸布。

④ "天鹅绒（びろうど）"的简写。"天鹅绒（びろうど）"是一种呈暗绿色毛织物，源自葡萄牙语"veludo"或西班牙语"velludo"。

物品。

⑥人参。来自朝鲜的人参量虽不多，却占了相当多的金额。此外，也有一部分来自内地和美国的人参。

⑦砂糖。当地虽也有若干出产，但品质粗劣。精制糖多来自爪哇。来自台湾的砂糖较少。在福州，英国势力一直以来有坚实的基础，而美国的美孚洋行几乎处于垄断的状态。

⑧纸类。报纸纸张来自日本（富士制纸），但是高级用纸是英国出产的产品。

⑨皮革多来自澳洲及美国。

⑩煤炭几乎全部是日本煤炭。今年以来，由于白银汇率大变动，为维持一直以来的煤炭价格，日本煤炭的销售颇为困难。

⑪玻璃，以窗玻璃居多，粗制品多来自日本，但是高级制品依然来自德国和俄国。

⑫火柴。日本火柴从前在中国市场居于独占地位。然而由于反日货运动和汇率变动的影响，市场上日本火柴已被瑞士火柴完全驱逐。

⑬大豆、豆饼多为满洲生产。

⑭面粉由香港、上海运来。

⑮杂货中日本商品仍然占据首位。

以下是重要进口物品最近四年的比较统计表（见表5）。

表5　闽海关的重要进口物品统计（1926~1929年）（闽海关）

年份 货物	1926	1927	1928	1929①
本色棉布（匹）	45508	28161	24780	
漂白及染色棉布（匹）	51711	39462	33801	
印花棉布（匹）	18238	16309	18266	
棉花及棉制品（匹）	29827	26710	19173	
海产品（担）	144837	125098	88428	

① 此列原文为空。

续表

年份 货物	1926	1927	1928	1929
米（担）	382145	391111	55960	
面粉（担）	55940	75592	136103	
砂糖（担）	137572	163796	181266	
化学制品（肥料）（担）	26401	35444	53607	
染料（开平两）	40897	60531	71499	
石油（加仑）	4006172	2465462	2642230	
日本炭（吨）	24907	27826	23026	
铺垫物（枚）	175697	229212	269756	
火柴及其材料（罗）①	1000	78494	46564	
其他机械及附属品（开平两）	31823	24484	44864	

3. 对日贸易

福建省与台湾的关系②

台湾在清朝以前为荷兰所占有，后为郑成功所攻陷，但是那时还没有列入中国版图。康熙二十二年（1683），清朝战胜郑氏的后裔郑克塽。次年，也就是康熙二十三年（1684），清朝占领台湾并将其置为一府，隶属于福建省管辖。同时设台厦兵备道，驻台湾及厦门各半年时间处理公务。地方行政方面，在府以下设置台湾、清罗③、凤山三县；武备方面，设置台湾镇，以巩固对该岛的统治。

像这样，台湾在明治28年（1895）5月被割让给我国之前，处于清朝统治之下共计212年。这期间发生过1867年美国军舰入侵的罗佛号事件。④

---

① 罗是以12打（144个）为一组的数量单位。
② 如下是日本对于台湾与中国大陆关系的看法。
③ 原文有误，应为诸罗。
④ 1867年，美船罗佛号从汕头开往牛庄，在航经台湾七星岩时触礁沉没，船上十余人乘舢板在琅峤尾龟仔角登陆，为当地高山族人所杀。旋美国借此发动了对台湾的武装进犯，被当地人民挫败。因为当时美国刚结束南北战争，实力不足，便与当地高山族首领谈判解决事端，其后又不断怂恿日本侵略台湾，而自己则为日本提供军火、船只、指挥官，以便从"利益均沾"中渔利。

1874年（明治7年）经过我军的牡丹社攻伐事件①后，清廷感受到了边防的必要性。根据闽浙总督沈葆桢的派遣福建巡抚驻守台湾的议案，福建巡抚每年夏秋在闽，冬春驻台。同时在蛮荒的琅峤地区增设恒春县。1885年（明治18年）中法战争后，清廷发布上谕，改台湾为省，并以时任福建巡抚刘铭传为台湾巡抚，同时设置布政使司。

因此，不用说，台湾与福建自古以来关系是非常密切的，以致我军占领台湾之时，来自泉州一带的在台移居者陆续回国，住在岛内的居民也有不少人移居福建。然而，稍稍通晓国际形势的人，即使是中国人，也仍有一些人希望将台湾处于日本的保护之下。

其后，我国出台了施政方针，住在岛内的居民和中国人安心下来。此外，我国在厦门一带的往来居留者数量有所增加，因而福建与我国在商业和政治上的关系变得越来越重要。今后对于福建的研究，在我国对台湾及南洋关系的方面应是最要着力的。

以下是福建对台湾进出口贸易的统计情况（见表6~9）。

表6　对台湾的出口（截至昭和5年3月及同上一年的对比）

出口物品	数量	交易额（日元）
桐油（斤）	2968	663
茶油（斤）	13566	2533
黄麻（斤）	22329	3035
宣纸（斤）	104651	9186
陶瓷器（斤）	—	2538
铁（斤）	614	50
木材（立方尺）	1075870	523374

---

① 牡丹社攻伐事件，发生于公元1871年，是1874年日本"台湾出兵"或是"征台之役"的导火索，日本称"牡丹社讨伐事件"。1871年，琉球国宫古岛岛民给清政府上缴年贡的船队归途中遇台风漂流至台湾东南部，船上69人当中3人溺死，54人被台湾民众杀死，仅12人生还回国。1874年，日本称琉球是日本属邦，并以此为借口发动大举进攻台湾岛的军事行动。这是日本政府自从明治维新以来第一次向国外发动的战争，也是清朝与日本在近代史上一次重要的外交事件。

续表

出口物品	数量	交易额（日元）
纸伞（个）	3624	1216
茶油糟（斤）	2590347	70981
其他杂货	—	57962
合计		671538

表7 出口品发货目的地及其价格

地点	时间	交易额（日元）
基隆	昭和5年（截至3月）	85307
	昭和4年（截至3月）	93232
	昭和3年（截至3月）	110182
	昭和2年（截至3月）	729801
	大正15年（截至3月）	238192
淡水	昭和5年（截至3月）	204066
	昭和4年（截至3月）	466630
	昭和3年（截至3月）	371281
	昭和2年（截至3月）	424096
	大正15年（截至3月）	234272
安平[①]	昭和5年（截至3月）	134212
	昭和4年（截至3月）	161486
	昭和3年（截至3月）	183799
	昭和2年（截至3月）	144863
	大正15年（截至3月）	135487
高雄	昭和5年（截至3月）	88779
	昭和4年（截至3月）	164182
	昭和3年（截至3月）	103482
	昭和2年（截至3月）	96844
	大正15年（截至3月）	76097

---

① 位于台湾本岛西南岸，台南市西安平区，距市中心约5公里。旧为台南地区出海口，清同治三年（1864）与高雄的旗后港同时开放。

续表

地点	时间	交易额（日元）
其他各港	昭和5年（截至3月）	8371
	昭和4年（截至3月）	17565
	昭和3年（截至3月）	9787
	昭和2年（截至3月）	9521
	大正15年（截至3月）	2673
合计	昭和5年（截至3月）	671538①
	昭和4年（截至3月）	903059②
	昭和3年（截至3月）	778531
	昭和2年（截至3月）	805125③
	大正15年（截至3月）	685721④

注：台湾总督府税关调查。

表8　来自台湾的进口

进口物品	数量	交易额（日元）
砂糖（斤）	477050	52476
干鱼（斤）	169785	38612
咸鱼（斤）	779180	64211
鯣⑤（斤）	140953	59343
干贝（斤）	54085	2359
棉织物（码）	1032640	188556
橡胶鞋（双）	16040	9220
煤炭（吨）	10307	72787
其他（略）		
合计		633423⑥

---

① 数字统计有误，据表中数据核算为520735。
② 数字统计有误，据表中数据核算为903095，疑为笔误。
③ 数字统计有误，据表中数据核算为1405125。
④ 数字统计有误，据表中数据核算为686721。
⑤ 原文写作"鯣"，是日本对乌贼类海货干制品的总称。
⑥ 数字统计有误，据表中数据核算为487564。

153

表9 进口品发货目的地及其价格

地点	时间	交易额（日元）
基隆	昭和5年（截至3月）	538321
	昭和4年（截至3月）	652692
	昭和3年（截至3月）	642651
	昭和2年（截至3月）	627814
	大正15年（截至3月）	576965
淡水	昭和5年（截至3月）	40059
	昭和4年（截至3月）	38884
	昭和3年（截至3月）	88536
	昭和2年（截至3月）	62623
	大正15年（截至3月）	57416
安平	昭和5年（截至3月）	
	昭和4年（截至3月）	
	昭和3年（截至3月）	
	昭和2年（截至3月）	
	大正15年（截至3月）	79
高雄	昭和5年（截至3月）	54447
	昭和4年（截至3月）	3957
	昭和3年（截至3月）	31057
	昭和2年（截至3月）	19518
	大正15年（截至3月）	74489
其他各港	昭和5年（截至3月）	596
	昭和4年（截至3月）	9875
	昭和3年（截至3月）	1514
	昭和2年（截至3月）	21509
	大正15年（截至3月）	7807
合计	昭和5年（截至3月）	633423
	昭和4年（截至3月）	705408
	昭和3年（截至3月）	763758
	昭和2年（截至3月）	731464
	大正15年（截至3月）	716756

注：台湾总督府税关调查。

表6~表9的统计与中国海关发表的统计不完全一致。大概情况是由于关税等原因，来自台湾的进口物品中有许多是走私的。此外，在中国海关，日本商品虽然也被看作一般外国商品计入，但是在公布进口外国各国商品的情况时，若遇商品进口国不明晰的情况，则依据海关官吏的判断或由英国、德国人记录。因此，中国海关公布的统计和日本政府发表的有所不同。

第二节　厦门（福建省）

一　位置及地势

厦门港是位于旧泉州府下西南的厦门岛西南部的海港，西距漳州120华里，水路到福州为198海里，处于广东和上海的中间位置。

厦门岛周长约35海里，岛内处处巉岩屹立，尤以南岸为甚，几乎没有开垦的余地。只有厦门城以西有平地，因此这个地方逐渐发展起来。鼓浪屿与厦门岛相对，是外国人的公共的居留地，其周长仅有不到三海里，海岸上岩石罗列，但是地势起伏并没有达到厦门南部的程度。鼓浪屿的山丘之上，树木繁茂，洋楼点缀于树木之间，景色迷人。厦门的气候由于受到海风的影响，比较温和。

二　港湾及设施

厦门港位于厦门岛西南端，与鼓浪屿相对，两岛之间是绝佳的停泊场所。两岛均由岩石组成，岛上小丘起伏。厦门岛市区背后连接有较高的山脉，岛西与大陆相望，两者只有数百米的海面相隔。厦门港的三面几乎都被陆地包围。厦门岛与鼓浪屿之间的区域称为"内港"，介于鼓浪屿和大陆之间的小岛西侧的区域称为"外港"。内港不管港外暴风多大都风平浪静，便于停泊，而外港则不能防御西南风。内港最宽处为840码[①]，最窄处为675码，中央区域水深超过60英尺。港口水深虽然比内港中央区域浅一些，仍然在30英尺以上。港口能容纳的最大船长尺寸虽然有500英尺的上限，但是仍然能停泊一万数千吨的大船，而港外有更大的停泊余地。

[①] 码是长度单位，1码约等于0.9144米。

外港北口位于厦门岛北端高高的海岬①与浔尾湾之间，宽 1500 米，很少有水深的区域，因此只有戎克船可以通行。

东口位于主岛南端与仔尾海岬之间，水深港阔，不妨碍大型汽船的通行。如上所说，因为湾内水很深，也可以停泊大船。

外国各公司及分店多在厦门岛，鼓浪屿上有外国领事馆及外国商行等设施。

三 人口及居民

据说厦门岛的总人口有 30 万，厦门港的人口有 13 万。虽然如此，中国的人口调查不可靠是全国性的通例，因此获知正确的数值极其困难。据说厦门市前面的鼓浪屿有 4000 人，其中外国人 1000 人，外国人中七成是日本人。

四 1928 年度厦门贸易概况（领事馆调查）

（一）一般经济概况

1928 年，厦门及漳州、泉州一带免受了中国内地的动乱，很少发生土匪抢夺旅客、民船、村落等事件，因此民船、小蒸汽船得以向内地或沿岸各地安全运输。只是种种捐税的征收导致往来货物价格的高涨，造成了需求者的显著减少。同时，劳动报酬的增长速度不及物价的上升速度。

从中国商人的立场来说，1928 年度厦门的商业状况并不令人满意。本年初，当地首屈一指的钱庄天一兑汇局②破产，连带好几个钱庄被迫关闭，各钱庄在贷款上也实施了极度的限制措施。从日本商人的立场来看，由于反日运动的兴起，交易受到了很大阻碍。

（1）一直以来，运往内地的物资几乎全部先经过厦门，而后用民船或

---

① 岬，突入海中的陆地。
② 1880 年，漳州人郭有品在故乡流传村创办起了"天一批郊"，为旅居东南亚的华侨和侨眷投递银信服务。1896 年，"天一批郊"登记注册为"郭有品天一信局"，规模越来越大。1901 年，第一代经营者郭有品过世后，"天一信局"由其子郭和中、郭诚中继承，总部亦由漳州迁至厦门。鼎盛时期其海内外信汇交兑机构一度遍布东南亚各国及我国沿海主要城市，被称为"埠中钱业巨擘"。1928 年 1 月 18 日，如日中天的天一信局突然宣告停业，支兑汇票、收寄信件的业务亦随之停止。

小蒸汽船运往内地。近年来商人为了节约费用,也常从华北直接用轮船向泉州、兴化①等地运输商品。

(2)日本货物有一部分从台湾进口到中国内地。有人为了避开关税而使用民船或摩托艇直接运往内地,使得厦门当地的商业受到了相当大的影响。今年5月成立了金融维持会,开始发放贷款,希望恢复市场秩序。钱庄也放宽了贷款限制,现在市面上已经有了积极的气象。

由于福建省内状态平稳,各种建设事业都有发展,不少方面卓有成效。道路修筑计划顺利实行。不只是厦门一地,福建的大陆内地也逐渐修建起了道路网络。桥梁修建几乎全部完成,多人载客机动车(汽车)可以在稍大城市的全境通行。在计划修建的600英里道路中,有400英里已经完工。

对机动车的需求逐渐增长,机动车中98%是美国车。现在重要城市几乎都拆毁了城墙,将旧式马路逐渐改为新式街道。

由于钢筋混凝土以及砖块水泥结构工程的需求,水泥需求量是最大的。据说在1928年度,建筑材料行业从业者赚取了丰厚的利润。

以下是本年度特别记录的事情。

①从今年10月厦门岛的五次商业飞行来看,中国人为达到训练航空技术的目的,设立了民用航空学校。设立该校的费用由菲律宾华侨支付。学校拥有六架飞机,30名学生。

②厦门、汕头间的陆上电信线路,除了漳浦和南靖(均属漳州)之间,其他均已完成接通。此外,短波无线电局从10月18日起在国内主要城市间交换无线电通信。

③当局从本年度下半年开始实行禁烟、禁赌。禁止贩卖扑克、麻将等赌博物品,并在白天封闭中国人开设的烟馆。及至年末,又进一步严禁吸大烟及栽培鸦片。根据当局发布的布告,本省30%的耕地都逐渐被用于栽培鸦片,给当地的贸易带来了很大的影响。

(二)进出口贸易

厦门岛的贸易主要为进口贸易,进口货物由水蒸汽船、戎克船或者机

---

① 今福建省莆田市的旧称,明清两朝设兴化府。

动车运往内地。厦门港的主要进口物品是棉布、棉制品、杂货、谷类、石油、砂糖、火柴、水泥、水产品等，进口额达三千数百万两。出口物品以前是茶叶为大宗，但是现在茶叶的出口被台湾茶叶所压制，因此出口茶叶仅有 12000 担，总计金额也不过只有四五百万元。出口物品中还有果实、锡纸、纸、烟叶、酱油、酒、罐头等，但是金额很少。果实罐装品出口到南洋地区，酱油、酒类出口菲律宾及南洋等华侨居留地区，其次是出口台湾。

中国开埠港的通例是进口总是超过出口，这种倾向一直存在，厦门也是每年都有 4000 万元的入超。那么这种入超是如何结算的呢？福建省本来就是移民南洋者很多的地方，入超是由他们汇款来结算的。但是，由于南洋方面经济不振，近年来自华侨的汇款逐渐减少。因此，福建省内各地已经出现了为逃避生活困苦而荒废耕地、举家离乡移民南洋的倾向。

福建多山，几乎没有什么农产品，且其农业生产年年持续衰退。最近为避开高涨的进口税，走私盛行。在日本商人输入贩卖的商品品类中，也有一部分是从台湾走私的，这在市场上形成了同正规日本商品的竞争，守规矩的商人也因之受到相当影响。举例来说，去年（指 1929 年）中国海关发现了走私现象并没收了走私物品。其中，就有三井洋行在华南沿岸拥有贩卖权的橡胶鞋，于是有人认为三井洋行的商品也是走私来的，这使得三井洋行的市场声誉受到了很大影响。

有特色的是，厦门是前往新加坡及南洋的外出务工劳动力的输出港，这些人每年来往路费的总额多达十几万日元。这对于船舶商来说是不容忽视的一大商机。但是，没有日本船定期进行务工人员的运输，把这样的机会都让给他国着实可惜。

表 10　三年间厦门与外国贸易额度（昭和元年至昭和 3 年）

年份	种类	贸易额（单位：海关两）
昭和元年（1926）	出口	5180779
昭和 2 年（1927）	出口	4756754
昭和 3 年（1928）	出口	3697057
昭和 3 年（1928）	进口	16920940

表 11　厦门与各国①贸易额度表（昭和元年至昭和 3 年）

单位：海关两

年份	种类	日本	英国（海峡殖民地②、印度）	美国	法国（含印度支那）	德国	香港
昭和元年（1926）	出口	384746	2650882	397211	43779	30	773691
昭和 2 年（1927）	出口	201151	2820476	502635	29996	110	273861
昭和 3 年（1928）	出口	115031	2064514	374590	7550	—	222231
昭和 3 年（1928）	进口	2841005	1957936	1539774	100956	5244	8093904

1. 出口贸易

如上所述，由于福建省内物产并不丰富，厦门的贸易每年都处在入超状态，出口的有茶、纸、柑橘类、酱油、酒等物品。这些物品销往的目的地首先是华侨侨居的菲律宾、新加坡、南洋等地，其次是台湾。

表 12 是对各国的主要出口物品情况（见表 12）。

表 12　对各国的主要出口物品情况

国家	货物	柑橘（担）	酱油（担）	烟叶（担）	制烟草（担）	罐头（植物类）（打）③	纸、笔类（担）	文具交易额（海关两）	石材石器交易额（海关两）
日本	数量	19	—	1775	—	—	221		
	价格（海关两）	96	—	49700	—	—	6630	389	1064
英国	数量	4170	719	—	752	334280	1302		
	价格（海关两）	7177	9743	—	52640	160013	39360	27317	34843
美国	数量	—	3277	—	26	171450	163		
	价格（海关两）	—	47946	—	1820	86131	4890	17704	3757
法国	数量	—	—	—	—	—	39		
	价格（海关两）	—	—	—	—	—	1170	310	181
香港	数量	134	65	—	7	7917	132		
	价格（海关两）	602	760	—	490	4108	3960	2130	802

---

① 这里日本人把英国统治的香港作为国家看待，故特别指出。
② 海峡殖民地是英国在 1826~1946 年对位于马来半岛的新加坡、槟城和马六甲（麻六甲）三个重要港口和马来群岛各殖民地的管理建制，以槟榔屿为首府（后又移至新加坡），当地华人称为三洲府。
③ 一般来说，罐头 12 瓶为一打，装在一个箱子里，后用 1 打指一箱。

续表

国家 \ 货物		柑橘（担）	酱油（担）	烟叶（担）	制烟草（担）	罐头（植物类）（打）	纸、笔类（担）	文具交易额（海关两）	石材石器交易额（海关两）
其他	数量	36	1914	—	5077	56481	1599		
	价格（海关两）	159	26987	—	355600	28065	47970	13520	10649
合计	数量	4712①	5975	1775	5862	570128	3456		
	贸易额（海关两）	19612②	85436	49700	410550	278317	103680③	60270④	51296

注：厦门领事馆调查。

以下是根据国家的不同显示的商品出口情况（见表13）。

表13 厦门与各国贸易额度表（昭和元年至昭和3年）

单位：海关两

年度 种类 国家	昭和元年（1926）出口	昭和2年（1927）出口	昭和3年（1928）出口	昭和3年（1928）进口
日本	384746	201151	25031	2841005
英国（含海峡殖民地、印度）	2650882	2820476	2064514	1957736
美国	397211	502635	374590	1539774
法国（含印度支那⑤）	43779	29996	7550	100956
德国	30	112	—	5244
香港⑥	773691	273862	222231	8093904

2. 进口贸易

厦门港的贸易主要为进口贸易，进口物品有棉织物、棉制品、绢织品、海产品、砂糖、谷类、橡胶制品、煤炭、石油及杂货等。其中从日本

---

① 按照此列统计的数字应为4359，原文有误。
② 按照此列统计的交易额总数为8034，而该处显示的是19612，多出一倍不止，原文有误。
③ 按照此列统计的交易额总数为103980，原文有误。
④ 按照此列统计的价格总数为61370，原文有误。
⑤ 法属印度支那包括越南、老挝、柬埔寨以及从清朝强迫租借的广州湾（今中国湛江市）。
⑥ 原文如此，故特别指出。

进口的物品（包括台湾）占了该港进口总数的一大半，主要有棉纱布、海产品、砂糖、杂货、煤炭等物品。棉织物、棉制品等在平常（不发生抵制日货运动的时候）经由台湾运来。虽然经过台湾，但也不过只是在基隆等地转装，并不直接经过在台湾的商人之手。这些日本货从日本进口时，是厦门商人直接从神户、大阪进口的。若这些日本货从台湾转口到厦门，则由厦门商人和台湾人，以及在台的中国人直接签订合同。

砂糖从台湾进口，其他货物逐渐由上海或经香港进口。最近在华南沿岸一带，由于日本商人和有权势的中国商人[①]运作，开通了从日本直接到厦门的航路。此外，米从缅甸进口，砂糖从爪哇进口，石油从美国及婆罗洲[②]等地进口。

以下是1928年度各国出厦门港的船舶状况及进口额（见表14）。

表14　厦门港出入船舶表（1928年度）

国家	只数	吨数	进口额
英国	251	647913	9325763
美国	35	105687	1441025
荷兰	77	311205	2312086
法国	1	589	16389
日本	120	150671	3372186
挪威	2	2448	127500
中国	20	28285	344393
合计	506	1248554[③]	16920940[④]

注：厦门领事馆调查。

---

① 原文为"日本商人及ビ支那商人ノ有力者ノ运动ノ结果…"，从语法上来说该句两种可能的理解：一种理解是"有权势的人（有力者）"是日本商人和中国商人共同的同位语，即"有权势的日本商人和中国商人"；另一种理解是"有权势的人"仅仅是中国商人的同位语，即"日本商人和有权势的中国商人"。此处译者取了后一种，即认为是日本商人勾结有权势的中国商人，至于日本商人是否有权势并不重要。
② 婆罗洲指加里曼丹岛（Kalimantan Island）是世界第三大岛，面积74.33万平方公里，属于热带雨林气候，植被繁茂，该岛属于印度尼西亚、马来西亚和文莱三国共同拥有。
③ 此列数字合计额应为1246798，应有误录。
④ 此列数字合计额应为16939342，应有误录。

表15　厦门从各国主要进口的物品情况（1928年度）

种类 \ 国家		日本	英国	美国	香港	其他	合计
生床单布 （sheeting）	匹数	5780	—	—	8155	—	13935
	海关两	21612	—	—	44494	—	66106
漂白及染色 床单布	匹数	6410	69	501	8039	—	15018①
	海关两	38900	394	3117	56064	—	98375②
生厚棉布	匹数	21250	—	—	9000	—	30250
	海关两	46528	—	—	19143	—	65671
提花织物	匹数	5498	121	—	12806	—	18425
	海关两	38044	1333	—	105403	—	137780③
粗斜纹布	匹数	7390	—	43	5824	101	13358
	海关两	27671	—	278	45516	1100	74565
标布	匹数	488019	—	—	—	—	488019
	海关两	55178	—	—	—	—	55178
缎纹卡其 （sateen drills， 一种斜纹布）	匹数	31327	—	—	1238	—	32565
	海关两	202835	—	—	8028	—	210863
印花斜纹牛仔	匹数	23811	185	398	1838	—	26101④
	海关两	75793	1006	1225	7579	—	130837⑤
棉纱其他	英尺	1062987	5098	14571	60610	—	1143366⑥
	海关两	159133	1794	2507	14761	—	178195
人造丝	英尺	603088	—	—	30947	4627	639062⑦
	海关两	235568	—	—	15527	1709	252804

① 此行有误，应为15019，非15018，略有不合。
② 此行数字合计额应为98475，非98375，略有不合。
③ 此行数字合计额应为144780，非137780，略有不合。
④ 此行合计额应为26232，原文有误。
⑤ 此行合计额应为85603，非130837，原文有误。
⑥ 此行合计额应为1143266，非1143366，原文有误。
⑦ 此行合计额应为638622，非639062，原文有误。

续表

种类 \ 国家		日本	英国	美国	香港	其他	合计
乌贼	担	2467	11	—	2981	—	5459
	海关两	55886	109	—	62281	—	118275①
鲱鱼	担	9819	—	1403	17135	—	28357
	海关两	40958	—	5714	75364	—	122046②
其他咸鱼	担	7872	46	2	3433	—	11505③
	海关两	44639	336	14	32242	—	78791④
精糖	担	3105	—	—	8577	376439	387341⑤
	海关两	18616	—	—	85802	1953246	2009430⑥
米	担	573	315863	—	310115	86	626637
	海关两	1661	1190163	—	945533	345	2137703⑦
橡胶制品	海关两	36181	22128	1072	118753	2310	269399⑧
石油	加仑	—	—	1468290	2120287	371435	12960012⑨
	海关两	—	—	382166	397340	66370	845876
面粉	来自美国，经由香港
氨	来自日本，经由香港
煤炭	来自日本（别表详说）
加糖炼乳	来自日本、英国、美国、香港

注：厦门领事馆调查。

厦门进口煤炭的主要消费者是近年创立的民生电气织物公司（拥有80架上海制造的木制织机）这是厦门棉纱工业的初始。该公司原料自上

---

① 此行合计额应为118276，非118275，原文略有误。
② 此行合计额应为122036，非12046，原文略有误。
③ 此行有误，按表中数合计额为11353。
④ 此行有误，按表中数合计额为77231。
⑤ 此行有误，按表中数合计额为388121。
⑥ 此行有误，按表中数合计额为2057664。
⑦ 此行有误，按表中数合计额为2137722。
⑧ 此行严重有误，按表中数合计额为180444。
⑨ 此行严重有误，按表中数合计额为3960012。

海采购，制成品主要供当地人的生活需求。该厂所生产的夏天的衣物以32支到40支纱为原料，冬天的衣物则以42支纱为原料，这些原料经由三井洋行订购。消费煤炭的还有经营罐头工业的大同公司，此外还有电灯公司及供水公司等。电灯公司的煤炭消费量尤其多，与蒸汽船并列第一。

厦门消费的煤炭有开平煤炭、台湾煤炭、抚顺煤炭、鸿基煤炭①等。

表16　昭和4年度（1929年）厦门进口煤炭明细表

单位：吨

	日本商人办理		其他商人办理					
	台湾	抚顺	台湾	海防（越南）	日本	鸿基（越南）	开平	杂炭
1月						800	3200	
2月							3400	
3月						1000		
4月						2300	2975	
5月						1500	3600	
6月		1775				1700	3190	
7月		1300	525					
8月	150		600			1670	6325	80
9月	650		500				3325	
10月	2257						3255	
11月	460							
12月	430					1500		
合计	3847②	3075	1725③			12470④	27270⑤	80

---

① 鸿基煤矿位于越南广宁，是东南亚最大煤田之一。煤矿靠近鸿基港边，海运极其方便。
② 此列有误，合计额为3947。
③ 此列有误，合计额为1625。
④ 此列有误，合计额为10470。
⑤ 此列有误，合计额为29270。

1929年1月~12月的行情如下（见表17）。

表17 开平碎炭

单位：元/吨

1月行情	13.50	货栈交货（含装卸费）	2月行情	15.00	货栈交货（含装卸费）
3月行情	15.00	货栈交货（含装卸费）	4月行情	13.50	货栈交货（含装卸费）
5月行情	15.00	货栈交货（含装卸费）	6月行情	14.50	货栈交货（含装卸费）
7月行情	13.00	货栈交货（含装卸费）	8月行情	10.30	货栈交货（含装卸费）
9月行情	10.30	货栈交货（含装卸费）	10月行情	10.50	货栈交货（含装卸费）
11月行情	10.50	货栈交货（含装卸费）	12月行情	10.50	货栈交货（含装卸费）

以下继续记录本年度1930年1~3月的行情。

1月行情：11.50元/吨；2月行情：13.50元/吨；3月行情：12.00元/吨。

然而从表16、表17可知，厦门进口煤炭中完全没有日本煤炭。最近由于白银汇率行情[①]的缘故，日本煤炭毫无竞争优势。日本煤炭价格为每吨8.7日元，再加上1.2日元的税金，每吨需要9.9日元，合计19.8元。因此，日本煤炭目前没有任何销路顺畅的迹象。基隆煤炭品质优良、火力强劲，但是由于汇率行情的缘故仍然不够合算。只有开平煤炭不需要进口税，仅仅是汇率这一点，便使日本煤炭处于不利地位。

3. 对日贸易

与台湾的贸易。

福建适合种植茶叶，作为茶叶产地享有盛名，而其茶叶的大部分是先在厦门及福州汇集，后出口外国各国。虽然福建茶叶在南洋茶叶市场上曾处于独占地位，但是到了台湾被割让日本以后，日本促使台湾茶叶在栽培和精选上取得了长足的进步与改良，而中国当局者不仅没有在这些方面加以奖励，反而对之课以厘金税。在此背景下，福建茶叶逐渐衰退。而且，在以前台湾港口设施不完备的时候，台湾茶就从基隆直接出口外国（现在当然更不在话下了），另外，印度茶叶也构成了对中国茶叶的激烈竞争。因此，中国茶叶的名声逐渐下降，福建茶叶在世界茶叶市场上的地位也已

---

① 指白银汇率下跌，有利于中国产品出口，不利于包括日本在内的外国产品进口。

大不如往日。

福建的砂糖同样受到台湾砂糖的压制，不仅没有顺利发展的可能，而且未来将出现濒临危机的局面。与甲午战争前相比，目前的砂糖出口额还不到当时的三分之一。烟草方面也是一样。台湾本是中国烟草的老客户，但是由于进口税的提高，中国烟草命脉断绝，其产出额正处于不断减少的状态之中。

表 18 对台出口贸易表（截至昭和 5 年 3 月）

输出品	数量	金额（日元）	输出品	数量	金额（日元）
咸鱼（斤）	32338	4334	柑橘（斤）	39800	3197
烟草（斤）	3187	4525	砂糖（斤）	13891	1391
桐油（斤）	2346	506	糖蜜（斤）	1454302	15162
黄麻（斤）	102678	8304	海鲜（斤）	336210	43640
棉织物（平方码）	1081	245	干鱼（斤）	136013	30959
苎麻棉布（平方码）	8146	2420	咸鱼（斤）	332175	28001
唐纸（平方码）	11790	1536	乌贼（斤）	65045	28420
礼拜纸（平方码）	259545	60232	干贝（斤）	22929	17149
陶·瓷器（平方码）		11474	兽骨（斤）	504663	15741
锡（斤）	3067	4237	火柴（箱）①	350	218
木材立（方尺）	21237	14989	棉织物（码）	1500054	273267
茶油糟（斤）	71804	2338	毛织物（码）	2841	5847
其他			绢及绢织物（码）	1500054	273267
合计		163745②	橡胶鞋（只）	652	4585
			煤炭（吨）	1295	11131
			水泥（斤）	2331905	43474
			钢制洗面盆（个）	8928	2559
			木材（立方尺）	4608	4924
			花生·豆油糟（斤）	34500	1376
			号具		9733
			其他		
			合计		662802③

① 一箱有 144 盒火柴。
② 此列合计额为 115140，原文有误。
③ 此列合计额为 814041，原文有误。

此前简略叙述了福建省和台湾的关系。目前，为了扩展我国在华南沿岸的商品销路，台湾总督府为了保障在福州、厦门、汕头等地的台湾籍华人的教育和保险等，正在当地办学校或医院，以谋求间接促进我国对中国的贸易和日中亲善。

在厦门的日本人的营业状态和在留日本人主要从事行业、组织及年份情况见下文。

第一，行业（见表19）。

表 19　行业统计

行业类别	行业数字	资本（千日元）	交易额（千日元）
一般商业	72	1500	25000
制造工业	3	55	350
运输业	4	140	1100
金融业	9	300	45000
其他	5	140	530

第二，组织（见表20）。

表 20　组织形式

公司类别	业态	资本（千日元）	交易额（千日元）
公司（以总店资本为资本金）	4	260000	27000
个人	89	2130	43660

第三，年份。

在厦日本人多年来从事行业情况几乎没有增减。在厦日本资本亦是如此。

至于交易额，则是以昭和2年度（1927）的情况为基础计算得出的，预计昭和3年度大约会减少了两成。昭和元年与昭和2年度大致相同。

167

第三节 香港（英领）

一 地位及地势

香港是英国皇领殖民地之一[①]，包括被清政府割让的香港岛和九龙半岛界限街以南地区，以及英国租借地九龙半岛界限街以北地区及其附属岛屿。

由于鸦片战争的结果，依据《南京条约》，香港于1842年被清朝割让出去。其地理位置位于北纬22度10分至17分，东经114度6分至18分，是广东省南海岸、珠江入海口的一个小岛屿，距广东省城80余英里[②]，距葡（萄牙）属澳门40余英里。九龙半岛为中国大陆的一部分，其南端距离香港岛很近，两者之间是一大天然良港——维多利亚港（香港港）。香港岛与九龙半岛最南端距离不足1/3英里。往东约3英里至鲤鱼门[③]处，两岛再次接近，其间相距不足1/4英里。

香港岛周长27英里，面积约为29平方英里，其东北距西南最大距离为20英里半，南北距离仅为2英里到5英里半。全岛几乎都是花岗岩丘陵，山脉自海滨以陡峭斜坡形态隆起，东西向蜿蜒，高度约1000英尺到1800英尺。全岛分为南北两部分，其最高处被称为维多利亚峰，海拔高达1800英尺。维多利亚市区沿岛屿北侧分布，面临香港港，环绕山麓而建，全长约为5英里。岛内有筲箕湾、Stanley（赤柱）、Aberdeens（香港仔）、Pokefulum（薄扶林）、Quarry Bay（鲗鱼涌）、Little Hongkong等村落。香港港口前方的Stone cutters（昂船洲）随着香港岛同时从清国被割让出去。旧九龙是位于九龙半岛尖端，面积约4平方英里的平地，1860年因《北京条约》被割让。该地与维多利亚街区相对，现在是海军工厂的一部分，设有储煤所、兵营和练兵场。该地的其余部分为仓库、煤炭堆放地以及街区，逐渐因一般商业目的而使用。

---

① 此乃民国年间日本人的说法，1972年，第27届联合国大会接受中国代表团提出的香港、澳门系被英、葡强占的中国领土而非殖民地的主张。
② 1英里≈1.62公里。
③ 鲤鱼门是香港海峡之一，为香港维多利亚港东面的出口。

九龙租借地，根据1898年的香港九龙地方租借条约，该地从清朝租借99年，被称作新界。包括原属于清朝广东省新安县①的九龙半岛及其附属岛屿，其边界线北起大鹏湾南侧的石牛角，沿北岸西至大鹏湾最西端处，再从此地开始横贯九龙半岛咽喉至深圳湾②。出深圳湾东岸后，继续沿着该湾北岸向其西部延伸。到达外海后向南而下，经过南大澳岛，而后向东直线式延伸，最后在东方与自石牛角南下的线会合。西部直线边界为东经113度52分，东部为东经114度30分，西部大致为北纬29度9分。九龙半岛全部、香港附近的大小岛屿有四十多个，大鹏湾、深圳湾及香港附近水面悉为英国租借地。作为租借地，其范围非常广大，尤其是大鹏、深圳二湾，水深湾阔，是军事上极其重要的地点。

二 市况

香港可谓其殖民统治者英国人的努力及成功建设的良好纪念物③。其街道整齐清洁，市区建设于带状的海岸平地与山腰间。维多利亚港一带东西全长约五英里，中央最开阔处宽幅约半英里，而东西两侧最窄处宽幅不足二三百码。有三条与海岸平行修建的大马路，第一条是干诺道及东海旁街，宽幅有50英尺；其南侧并行的道路称作德辅道；最后是皇后大道。德辅道以北的陆地大部分是填海造陆形成的。海岸由花岗岩石堤构成，修有坚固的护岸工程。与以上三条大路交叉的街道很多，由于地域狭小，这些街道不宽，但是由于往来车马极少，并没有造成交通不便。市内的交通工具方面，有一条东西向贯通的电车车道，此外有人力车、轿子、板车以及机动车（汽车）、自行车。

欧洲人的商业区域位于市中心，为从海军工厂西墙到波斯富街的面积约为50英亩的小区域。这一区域的建筑是三层到六层的高大的纯西洋建筑，外观如欧洲的城市一般，高等法院、香港上海银行、市公会堂、邮局及政厅官署、香港Hotel、电信会社、香港俱乐部等建筑林立，有各国领事馆、银行会社、大商店的酒店、报社等。我国④总领事馆、各公司、银行、

---

① 今深圳和香港所在地的旧称，清代称新安县。
② 原文写作"深洲湾"，有误，后面皆同。
③ 原文如此写，反映了日本人的看法。
④ 这里指日本，下同。

商店在此区域亦有事务所。

维多利亚海岸上，天星码头（Star Ferry）栈桥处小蒸汽船往来不绝，保证了香港和九龙之间的联通。卜公码头①及天星码头都是船舶最好登陆点。高等法院附近有铜像四岔路口，中央有维多利亚女王铜像（1896年建造），女王铜像周围有四个铜像。

在欧洲人商业区域背面的山腰上，直至约700英尺处都有零散分布的住宅，以欧洲人和日本人的住宅居多。我国总领事官邸、各会社银行的单位住房也零散分布在其附近。其下方距离平地较近的部分有总督官邸、政厅事务所、驻屯军司令官官邸、圣约翰大会堂、圣约瑟夫教堂等。总督官邸上方为植物园，收集了诸多热带的树木花草，从此处观看港内，视野格外开阔。

欧洲人商业区域的西边一带是中国人的街区，有各种中国商店。中国人极其嘈杂。其中央部分的南北行附近，是中国人商业的中心地带，汇聚了众多的批发商，在港的中国人贸易大部分在此地进行。中央警察署及监狱位于其东部山麓地带，港务局及进出口监督局位于临近海岸的地带。在其他的中国街区中，有皇仁书院、拔萃书院、爱丽丝纪念医院等。中国街区的西部称作"西点"（West Point），汇聚了众多中餐厅，是中国人的欢乐场。最西端则有仓库、制网公司、屠宰厂和医院等。在中国人街区前面的海岸上，有许多供河船使用的栈桥，广东、江门、梧州、澳门以及其他近海内河航路的小型汽船频繁订货。这些栈桥附近，有许多戎克船（帆船）、舢板等船只停泊。

在中国街区背后海拔200英尺到670英尺的山腰地带，有许多中国人、外国人的住宅，其西侧是香港大学。

海军工厂隔断了城市的中央，占据了比较广大的地域。海军工厂的东侧是中国人的街区，称为湾仔（相当于上海的虹口附近），也是日本人居住最多的地方，有法兰西女修道院及电灯公司工厂。海岸上，许多私有仓库并排成列。

---

① 卜公码头是原位于香港中环的渡轮码头，名称来自于香港第十二任总督卜力（1898~1903年）。

三　人口及在留外国人

香港的人口包含诸多人种，其中大部分是中国人，约占总数的 96%。按照人数顺序排列，还有英国人、葡萄牙人、印度人、日本人、马来人、德国人（一战前）、菲律宾人、波斯人、美国人、法国人等。此外还有少量的奥地利人、意大利人、土耳其人、犹太人、希腊人等。当地与广东有密切的联系，不仅每天有中国人在两地间往来极其频繁，而且由于没有户籍制度，人口调查极其困难。

根据 1911 年 5 月的调查结果，香港的总人口是 456735 人（此外还有军人 6727 人）；根据 1914 年年中人口推测，数值是 501304 人，其详细情况如下（见表 21）：

表 21　人口的构成及数量

大类	次类	人数	合计
非中国人	白色人种	6035	12075
	有色人种	6040	
中国人	维多利亚港（含维多利亚峰）	219386	444664
	香港岛内村落	16211	
	九龙（含新九龙）	67497	
	租借地（陆上）	80622	
	海上生活	90648	
合计			456739

注：有色人种指印度人、葡萄牙人（出生在亚洲）、日本人、菲律宾人、马来人、波斯人等。

此外，驻屯军队的平均人数如下：

英国海军　2313

英国陆军　2360

印度军队　2054

合计　　　6727

四　贸易概况

英国人统治香港虽然只有 70 余年，但是他们具有坚忍不拔的志气。为了使香港成为一大贸易港口，英国人采取了一切可能的手段，投入了巨额经费，多年来在港口设施建设和对商人的吸引上一直煞费苦心，终于使得香港从远东的一个孤岛成为东洋贸易的一大策源地，逐步夺取了澳门的商业优势，并将广东贸易收入手中，构筑了牢不可破的根基。现在香港已经成为世界上为数不多的重要海港，每年入港船舶超过 2000 万吨，贸易总额达到 5 亿美元。该港曾经只不过是一个岛屿，货物的产出极少，也几乎没有消费，之所以能在贸易上取得如此大的发展，是因为其在中转贸易上占有绝好地位。它不仅是东洋的咽喉、华南的门户和东洋往来商业的中心点，也是世界物资的连接点，以及华南、华中、华北、日本、荷属印度（印尼群岛）、英领海峡殖民地、暹罗（今泰国）、法属印度支那、菲律宾、英属印度间移动货物的中转港口。同时，还是欧洲大陆、美洲大陆、大洋洲、南洋诸岛间流动货物的通过港口。然而，由于该港是自由港，没有可作为凭据的统计数据，关于各种货物的数量以及何种方式通过该港，在调查上我们感到有极大的困难。但是，此前出台过 1921 年至 1925 年第二期的贸易统计数据。如果今年（1930 年）5 月本港税关能发表香港进出口贸易的统计数据，那么对将来的调查而言将非常便利。

以下记录的是香港日本总领事馆的调查情况，以及台湾总督府税公布的贸易表。也许其中部分商品及其运输地和采购地信息几近确真，但是不能保证所有商品信息都真实可信。

1. 出口贸易

如同之前所说，香港的贸易是中转贸易。这里虽然说的是出口贸易，但并不是单纯指从香港出口。香港的进口货物仅仅是名义上的进口，之后便从香港再次出口，最终输往上文提到过的各个地方。

输往中国[①]：

---

① 日本人是把香港当成独立于中国大陆的特定地区看待的，特别指出。

棉织物、其他织物、棉纱、金属及其制品、砂糖、海产品、烟草、鸦片、酒类、石油、药材、火柴、染料、煤炭、陶瓷器、玻璃、衣服及其附属品、制革、木材及其他杂货。

输往日本：
米、砂糖、藤、棉花、包席、天蚕丝、热带硬木、柚木、猪毛、锡。

输往法领印度（法属印度支那）：
中国日用品、一般小杂货。

输往暹罗：
陶瓷器、火柴、海产品、小杂货。

输往新加坡：
中国杂货、面粉、蔬菜、水果。

输往荷属印度[①]：
火柴、海产品、烟草、棉织物、面粉、茶、杂货。

输往菲律宾：
蔬菜、果实[②]、中国杂货、棉布。

输往英属印度：
绢、手镯、药品、砂糖、水泥、樟脑、蚕茧、糖渍、爆竹、土器。

---

① 指1800~1949年荷兰人所统治的东南亚地区的印尼群岛，首都为巴达维亚（今雅加达）。
② 指植物的子房。

输往欧洲：

生丝、碎纸、花席、肉桂、鸟毛、人发、生姜、蜜饯、花生、茶、麻、竹、猪毛、锡、高价油①、爆竹、椰肉干。

输往美国：

生丝、碎丝、花席、爆竹、肉桂、米、锡、旅美华人需要物品、藤、藤家具、茶、糖渍。

输往澳洲：

竹帘、肉桂、生姜、砂糖、米、藤、藤家具、花生。

输往南美：

米、中国杂货。

输往加拿大：

米、中国杂货、肉桂、碎丝。

在以上所记录的输出品中，米是最主要的。产于法属印度支那和云南的锡，是中日公司所经营的②，其价格高达200万至300万美元。此外，出口物品中还有不少麻袋、紫檀、象牙等精细手工艺品。生丝是中国第二位的出口物品。广东省养蚕最为兴盛，其产品几乎都是通过香港出口美国、法国及其他各国，出口金额相当于日本出口美国总额的10%~20%，高达1亿美元乃至2亿美元。

出入该港的主要有英国、美国、日本、法国、中国、荷兰、丹麦、挪威、葡萄牙等国的船只。尤其是日英美三国在以香港为起点的太平洋沿岸航路上的竞争极其激烈。三国争相建造优良船只，争夺海洋霸权。

---

① 原文写作高价柚，有误，应为高价油。据日本专家椎名一雄教授的考证，高价油指用于罐头和其他腌制食品的优质食用油。
② 指日本人、中国人从事大米和锡的进出口贸易。

2. 进口贸易

该港进口的货物占中国进口外国货物的一大半。输入到香港后又从香港再次出口的货物，通过广东输往中国内地或沿海各港、上海、天津等地，这些货物在中国海关统计上表现为进口的外国货物。在抵制日货运动盛行的时期，大部分日货也是先送至香港，在香港贴上英国、德国商标，之后再返回输往中国各港。

以下是香港和具有密切贸易关系的国家间主要的进口货物情况：

来自中国：

生丝、绢织物、其他中国织物、锡、生兽（活的猪牛羊）、杂粮、水果、各种粮食、油类、药材、花席、包席、其他杂货。

来自日本：

煤炭、棉纱、棉布、海产品、香菇、火柴、玩具、绢手巾、针织品、陶瓷器、成药、阳伞、玻璃器、浴巾。

来自法属印度：
米、木材、（锡、亚铅）。

来自暹罗（泰国）：
米、木材。

来自新加坡：
锡、橡胶、藤、栲皮、海产品。

来自荷属印度：
砂糖、海产品、咖啡、藤、石油。

来自菲律宾：

砂糖、麻。

来自英属印度：
麻袋、棉纱、硝石、鸦片、生铁锁。

来自欧洲：
钢、铁、钢铁机械、棉织物、毛织物、饮食品、涂料、化妆品、焦炭、玻璃、染料、瓦片、煤炭、其他杂货。

来自美国：
面粉、板材、罐头、石油、咸鱼、铁钢材、沥青油漆、屋顶建材、圆钉、亚铅板、炼乳。

来自大洋洲：
铜、铅、枕木、革皮、动物肉、黄油。

来自南美：
无。

来自加拿大：
面粉、咸鱼。

以上是主要进口货物的情况。与1923年度进出口情况相比较，进口约7亿美元，出口约6亿美元。出口物品主要是大米（暹罗、西贡米），出口额约为1亿美元，其中大部分从广州运至中国内地及华北。也有将近1/10运往日本，价值为14万美元左右。运米到香港的多为中国船，从香港运米到日本的多为日本船。像这样，香港成为世界上大米的重要集散地。香港出口的棉布价值约4000万美元，其中日本货占了六成，英国货占了四成。虽然也有少数棉布来自美国及其他国家，但是这些货物不能与前两者相比。香港由于地理上的原因，工业并不发达，只有生产针织品的小规模工厂。海产品进口额约3000万美元,其中有一半是进口自日本的。在日本神户、门司等地的商户,派人直接购买函馆①的海产品(然后出口到海外)。此外,煤炭、绢布及最近的人造绢等也有进口。

平时日本和香港的贸易关系情况是:香港从日本的年进口额为1亿美元,向日本的年出口额为2000万美元。然而,一旦中国内地发生反日货运动,日本对中国出口的大部分要先通过香港,在香港贴上外国商标,而后销往中国各地。因此这个时候香港从日本的进口额度会发生显著增长。

日本的棉纱、棉布类及广东生产的生丝。

在香港进口的棉纱、棉布中60%为日本产品。根据从本国商人处获得的信息,虽然香港没有海关统计的数据,不可能得知确切的数字,但是根据汽船公司或仓库的进出货物的计算数额,再乘以货物的单价,大体可以推出全体的金额。

香港每年平均进口5万袋广东的生丝,其品质不如日本品。且广东的生蚕茧由于是同种桑蚕产卵而成,品质年年下降,中国政府有必要配备所需设备,考虑改良问题。虽然广东的农科大学在这些方面多少予以了指导,但是仍然没有做到教育普及。由于中国政府课加的重税以及高昂的生产费用,广东生丝品质一般,价格却很高。

棉纱的大部分来自日本、英国,其中有一部分用来供应九龙针织厂。

表22 各年份香港进口的棉布(日本棉花调查)

年份	品质	数量
1929	未加工棉布	12632袋
	棉布加工品	33237箱
1928	未加工棉布	14023袋
	棉布加工品	29316箱
1927	未加工棉布	13599袋
	棉布加工品	26660箱

材料为细绫、细棉布、厚棉布、细布、粗布等。

---

① 函馆是北海道南部港口,也是近代日本最早开埠的港口,是日本重要的海产品产地。

加工品以五枚珠子、八枚珠子①最多（冬衣）。

白布（晒细棉布）全年都有很大需求。最近人造绢织物数量大大增加。

由于外国货物不能直接向广州输送②，遂造成香港一直以来仓库设备十分完备。外国进口货物往往先送到香港，而后再从香港转向其他地方。比起从日本到上海，从日本到香港的运费更加低廉。而且由于各汽船公司的相互竞争，从日本到香港的运费比从日本到福州厦门等地运费更加低廉。

与日本商品构成竞争状态的是英国商品。虽然也有少量的上海制品，但是由于上海制品可以直接送往广州，故在香港的销售金额并不多。我们认为将来日本未加工棉布（棉纱、低等棉布）在和中国本土产品的竞争中会处于不利地位，因此有必要在更高等级的加工品（棉布类）上同英国竞争，从而另谋他途。

表 23　最近九年香港进口棉纱的比较统计

年份	类别	数量（袋）
1929	日本丝	7335.5
	印度丝	3711
	中国丝	18691
1928	日本丝	14725.5
	印度丝	988
	中国丝	30394.5
1927	日本丝	11086
	印度丝	1963
	中国丝	24065
1926	日本丝	27175.5
	印度丝	42979
	中国丝	5296

---

① 原文如此，意义不详。
② 正如后文所解释的，珠江水浅，外洋的大船不能到达广州。

续表

年份	类别	数量（袋）
1925	日本丝	54376
	印度丝	28309
	中国丝	4450.5
1924	日本丝	56695
	印度丝	28412
	中国丝	3606
1923	日本丝	34248
	印度丝	63640
	中国丝	2500
1922	日本丝	74404
	印度丝	99691
	中国丝	—
1921	日本丝	53715
	印度丝	120303
	中国丝	—

如上所记，印度丝数量年年减少，中国丝数量逐渐增加，现在中国丝的数量远远超过英日两国之上。香港自开港以来，遵循英国的贸易主义原则，作为自由港，逐渐有了今日的规模。而如今各国在对外贸易上竞争盛行，对外国进口商品设置关税壁垒，给外国商品的销路带来了显著的障碍。目前，处于珠江流域的广州也想与香港抗衡，希望独立与外国进行贸易，但珠江水浅，不能容纳外洋的大船，目前充当交通运输工具的仅仅是两三千吨级的汽船和大型的戎克船。英国也希望开设香港和广州间的陆上交通——铁路、机动车及飞机等，同时在河上备置汽艇及河上快船，使将来香港和广州间的贸易顺利进行。

近年来，香港的经济实权逐渐转到中国人的手中，这对英国来说是一件严重的事情。现在，英国在长江流域的势力正在逐渐被驱逐，毫无疑问必须固守香港这一东洋贸易的最后根据地。但是，英国的语言和人情世故与中国不同，在和中国人为对象的贸易中，事实上实权逐步转移至中国，这是英国人无论如何难以接受的。

但是，由于中国依然内乱不断，财政也十分紧张，在海运业上无法经营需要大资本才能运营的远洋航线的大船。而且英日美法等国虽然拥有这样的实力，但是在以香港为中心的沿岸航行中，中国势力与外国各国势力相对抗，逐渐构建了稳固的基础。

上文曾提及过香港不发布进出口贸易的统计表。在中国对外贸易中，处于第一位的是英国，而且有条约规定英国可以任命中国的总税务司。近年来英国的对华贸易日渐衰微，而日本的对华贸易十分兴盛，以至于现在出现了由日本选任总税务司的传闻。我们认为英国为了保持自身的地位，并没有意愿公布香港的准确贸易额。英国表示，不认为有必要为少数人花费大量费用进行贸易统计并加以公布。

表24　香港对台湾贸易统计表（截止至昭和5年3月 累计）

出口品	数量	金额（日元）	进口品	数量	金额（日元）
米（带壳）（斤）	2369146	155184	干竹笋（斤）	63890	23356
重油（加仑）	371081	59778	柑橘（斤）	480600	37349
灯油（加仑）	210334	109581	包种茶（斤）	215843	152646
机械油（加仑）	440296	173263	羽毛（斤）	133595	38604
甘草（斤）	72026	17365	酒精（升）	173600	42740
人参（斤）	4996	27226	煤炭（吨）	34080	308674
黄麻（斤）	537150	66831	水泥（斤）	3029507	55725
棉织物（平方码）	251878	95707	砂糖（斤）	116725	12840
羊驼呢（平方码）	31031	23598	其他	—	—
粗麻布（平方码）	2853600	1017225			
铁（斤）	119044	15215			
锡（斤）	36920	38590			
藤（斤）	44710	13634			
其他	—	—			
合计		2412448[①]	合计		718859[②]

① 原文数字统计有误，据表中数据核算为1813567。
② 原文数字统计有误，据表中数据核算为671934。

表 25　香港对台湾五年进出口比较统计表

类别	地区	时间	金额（单位：不详）
出口	基隆、淡水、安平、高雄及其他诸港（合计）	昭和 5 年（截至 3 月）	718859
		昭和 4 年（截至 3 月）	712445
		昭和 3 年（截至 3 月）	1366871
		昭和 2 年（截至 3 月）	1265697
		大正 15 年（截至 3 月）	876293
进口	基隆、淡水、安平、高雄及其他诸港（合计）	昭和 5 年（截至 3 月）	2412448
		昭和 4 年（截至 3 月）	2866416
		昭和 3 年（截至 3 月）	2489800
		昭和 2 年（截至 3 月）	2126667
		大正 15 年（截至 3 月）	2672353

注：台湾总督府税关。

第四节　广州[①]（广东省）

一　位置及地势

广东的英文为 Kwantung，西人一般也称之为 Canton。省城广州城内及城外的东关、西关、南关、沙面（外国居留地）以及隔了一条珠江地处南岸的"河南"[②]，并称为广州。也有一种说法把"河南"排除在外。"河南"位于一个大三角洲上的一角，北面隔珠江与南关和沙面相望，西侧隔珠江的一条支流与花地相望。香港方面来航的汽船根据潮水的涨落情况，有的溯珠江而上，停泊在南关和"河南"之间；有的经过"河南"背后，出现在花地与"河南"之间。广州城与"河南"、花地的相对关系，与武昌、汉阳、汉口的关系相似。但是"河南"与汉阳相比，只能达到汉阳的一半；花地极其寂寥贫素，远远不能和汉口的殷实繁华相比。唯独广州城

[①] 原文写作"广东"，实际上指的不是广东省，而是广州市。原文多处这样写，有时还写作广东城、广东市，实际上指的都是广州，本书已更正，故特别指出。

[②] "河南"是指广州城珠江南岸地区，古称"江南洲"，广州人称为"河南"，即现在的海珠区。相对于"河北"而言，"河南"地势低平，只有丘陵台地和平原。在古代，由于"珠江"隔绝南北两岸，交通极其不便，河南地区人烟稀少，明清以后，随着珠江河道的缩窄，船只来往方便了许多，"河南"逐渐成为广州城外富商聚居地。

内外地段，规模远大于武昌。此外，武昌、汉阳背后有山，而位于西江三角洲一端的广州，其周围几乎看不见山。

二 人口及市况

我们曾看见有人认为广州市的人口有 250 万，居世界第四位的说法。但是也有人计算为 150 万，还有人称有七八十万，甚至还有人称有 30 多万的。根据 1913 年海关市场公布的信息，男性有 35 万，女性有 23 万，此外还有 9 万多人生活在水上（但是也有不少人认为这个数字过于少）。这些生活在水上的人被称为"蛋民"①。

广州省城起始于周朝公师隅南来广州建城②。此地很早就接触了西洋文化，是中国革命的起源地。市内普遍重修，道路宽阔，以水泥铺成。旧城墙被拆毁，代之以大马路，只有在郊外才能看到旧城墙的遗迹。近年兴起了在市区开设电车的议论，目前正在顺利地准备中。

前些年，因沙基事件③而出名的沙面④是外国人居留地，此地是英法两国大约 50 年前填建西关以南、面向珠江的沙地而形成的，与西关有一濠⑤相隔，前方珠江相隔，同时与"河南"及花地相对。沙面是一个东西长八丁⑥、南北宽二丁半的，面积不足 44 英亩的半圆形小岛，其西部的五分之四属于英国，其余部分属于法国。在沙面居住的外国人约有 500 人，此外

---

① 中国广东、福建、广西等沿海港湾和内河船居居民的旧称。
② 公师隅，战国时越人。越王无疆为楚所败，其子孙遁处江南海上，担任越相的公师隅受命在广州督建"南武城"。
③ 为声援上海五卅运动，1925 年 6 月 23 日，香港罢工工人和广州市的工人、农民、学生、青年军人及其他群众 10 万余人，在广州举行上海惨案追悼大会，会后举行游行示威。密集的游行队伍路过区分租界、华界的沙基大街时，突然遭到沙面租界英国军警的排枪射击，停泊在白鹅潭的英、法军舰也开炮轰击，造成示威群众伤亡惨重。沙基惨案发生后，广州革命政府立即照会英、法等国提出抗议，并宣布同英国经济绝交，同时封锁出海口。
④ 沙面位于广州市市区西南部，原名"拾翠洲"，因为是珠江冲积而成的沙洲，故名沙面。南滨珠江白鹅潭，北隔沙基涌，是与沙基大街（后改为六二三路）相望的一个小岛。清咸丰十一年（1861）租借给英、法两国共管之后，便在与沙基相连的分界处挖了一条小河，建了东、西两座桥作为出入通道。两桥都设有铁栅和铁闸门，东桥由法国雇用的越南人持枪驻守，西桥则由英国雇用的印度人持枪驻守。法国管辖沙面租界的范围占地总面积三分之一，其余三分之二则由英国管辖。
⑤ 护城河。
⑥ 在日语中，丁表示长度单位，1 丁约 109 米。另沿着大街每 109 米一个街区，被称作一个丁目。

加上两广全部的居住者，居住人口总数约为2000人。其中日本人不过200人左右。日、美、葡、法领事馆也位于其中。

说到中国的新式工业最为昌盛的地方，没有超过上海及其附近地区的；说到手工业最为昌盛的地方，则应当首推广州。从状元坊、第六府、第七府、第八府的刺绣制造到西关的"料鈿"（假玉鈿）、玉器、象牙工艺，再到檀木工艺、藤工艺、金银器工艺、锡工艺、烟草制造、鸟羽毛整制，凡此等等，不一而足，极其昌盛。新式工厂有亚通织布品①、火柴工厂、官属的兵工厂、造币厂，此外还有被称为官民合办的皮革公司及水泥工厂等。近年又设立了玻璃工厂，逐渐开始生产粗制的玻璃制品。

三　贸易概况

昭和3年的广州贸易虽然在大体上没有什么特别值得注意的，但是仍然有一些可圈可点的地方。其中，来往交通完全恢复如初、所有反动分子②几乎都被驱逐等事值得记录。现稍稍详细地记录这些事情如下。

（1）外国和中国的关系，特别是对英关系。

广东和香港的关系圆满发展，这是因为中英双方要人的处置彼此得当。2月，驻华英国公使蓝浦生（Miles Wedderburn Lampson）③南下来广，受到了中国方面的款待。不仅如此，3月份的时候，任国民党中央政治会议广州政治分会主席、广东省政府主席的李济深前往香港，也受到了英国当局的殊遇。不久，香港总督金文泰（Sir Cecil Clementi）④为了还礼来到广州，受到了各方面的热烈欢迎，以至于有传闻说中英两国间的粤汉铁路完工资金借款问题有了解决的可能性。亲英氛围变得极其浓厚，这与1925年、1926年对英经济绝交运动的那段时间相比，着实有天壤之别。除此以外，位于广州市内的原有的英法两国领事馆的土地及建筑也在本年内分别由中国人接过。一般的对外关系能如此圆满进行，过去是没有过的。

---

① 1909年华侨在广州创办亚通机器纺织厂，1911年正式设产，从日本进口电动织布机150台，是广东省使用现代机器织布的首家企业。
② 主要指共产党成员。
③ 蓝浦生（Miles Wedderburn Lampson），英国外交官，生于1880年8月24日，逝世于1964年9月18日。1926年12月20日至1933年9月3日出任英国驻华全权公使。
④ 金文泰（1875~1947），英国资深殖民地官员。1930~1934年任海峡殖民地总督兼英国驻马来西亚高级专员。1925~1930年为第17任香港总督。

（2）对日关系。

与英中关系相反，日中关系非常不容乐观。尤其是1928年5月初济南事件①的报道一经流传，该地市民甚为激愤，组织反日会，屡次召开民众大会，反日、抵制日货运动气势高扬。因此，普通中国人对日本的感情骤然恶化，以至于在留日本商人在经营上感到了很大的困难。5月中旬以后，该市日本商品进口额锐减。到了昭和4年，日中两国全权使者在南京会见。济南事件呈现出了交涉解决的姿态，该市的反日感情也逐渐缓和了，贸易逐渐向以前的状态恢复，但也依然存在差距。广州与日本之间的空间距离远远大于其他中国港口与日本的距离，因此与日本的直接贸易并不兴盛。广州与比较靠近的台湾之间的贸易，多数也是经由香港进行。

四 广州贸易的大趋势

昭和3年广州贸易的大趋势：广州地方内乱不断，昭和2年12月共产党发动广州暴动②，爆发地的内外贸易受到了很大影响。因为这件事情，昭和3年前半年的广州贸易完全陷入了不振的状态。进入秋季以后，经济状况稍有恢复。11、12月份，进口物品逐渐激增，一般的贸易上呈现出了活跃的景象（年末进口激增主要是因为海关出台了自昭和4年开始实行七级税③的预告）。昭和3年的贸易额合计为17160万两，与上年相比，大约减少了90万两。

减少最为显著的是外国大米及其他各种免税品，虽然海关税收没有受到很大影响，但是一般市场上滞货很多。由于供给一直处于过多的状态，商人不得已降低价格。加之中央银行纸币价格暴跌和各种杂税的负担，商

---

① 1928年2月，蒋、桂、冯、阎联合发动了与张作霖争夺东北的战争。1928年4月，蒋介石军队北进。为阻止英、美势力向北发展，1928年5月3日，日本侵略者在山东省济南向国民党军发动进攻。由于蒋介石一味妥协退让并下达不抵抗命令，大量中国军民遭到屠杀。这次惨案，日军杀死1万余名中国人，中国政府所派交涉人员也被枪杀，激起全中国人民的极大愤慨，同时也受到世界舆论的谴责。1929年2月28日，日本政府与国民党政府达成协定，并从济南撤军，济南事件即告结束。

② 指广州起义。

③ 自1928年7月到12月，南京政府与日本之外的12个国家签订了含有关税自主内容的条约，并于同年12月7日，公布了关税新税则。它首次打破了协议关税以来一律值百抽五的规定，把进口货物分为7类，其税率从7.5%到275%不等，对提高关税收入，保护幼稚的民族工业发挥了一定的作用。及至1931年1月，又把进口货物分为12类，最高税率提高到50%。1933年，再把最高税率提高到80%，对保护民族工业，抵制外国商品低价倾销发挥了重要作用。

业贸易连年遭受重创，市面上几乎完全没有生气。昭和 4 年的贸易和昭和 3 年相比没有变化，昭和 4 年底至昭和 5 年上半年，由于南北军阀的战争[①]伴随着世界银元价格大暴跌，引起了广州财界的巨大动荡，继而对对外贸易也产生了相当大的影响。

附带说一下，以上所记录的贸易额创造了大正 11 年（1922）以来最少的纪录。

三年间的贸易额和纯贸易额见表 26。

大正 15 年至昭和 3 年三年间广州的贸易总额及纯贸易额情况如下。

表 26　大正 15 年至昭和 3 年三年间广州的贸易总额及纯贸易额

（1）外国货

单位：海关两

采购及出售地	大正 15 年 总额	纯额[②]	昭和 2 年 总额	纯额	昭和 3 年 总额	纯额
来自外国及香港的进口	67174985		43474751		40084903	
来自中国各港的输入	16849429		2441066		925134	
输移入计[③]	84024414		4591587[④]		41020037[⑤]	
对外国及香港的再输出	347088		565319		503826	
以中国各港口为主，对营口、天津、汉口、上海、梧州、琼州、营海等地的再输出[⑥]	3990173		1693598		483309	
再输移出计[⑦]	4337261		2258917		987135	
差引纯移入额[⑧]		79687153		43656900		40032902

---

① 指爆发于 1930 年的蒋桂阎冯的"中原大战"。
② 指贸易净值。
③ 指来自国外的进口和本国内地的输入。
④ 此列统计应为 45915817，而且只有这样，才能和第 4 列的统计对上，可能为笔误。
⑤ 据表中数据核算为 41010037。
⑥ 日文为"移出"。
⑦ 指对本国内地的输出和对国外的出口。
⑧ 纯入超额。

（2）中国货

采购及出售地	大正15年 总额	大正15年 纯额	昭和2年 总额	昭和2年 纯额	昭和3年 总额	昭和3年 纯额
对外国及香港的再输出	391590		356896		308738	
对中国各港口的再输出	13194394		11074863		13389195	
再输移出计	13585984		11431759		13697933	
对大连、营口、天津、汉口、芜湖、镇江、上海、宁波、琼州、北海等各港口的进口	87321870		62995762		63056707	
差引纯移入额		73735886		51564003		49358774

（3）广东省产品

采购及出售地	大正15年 总额	大正15年 纯额	昭和2年 总额	昭和2年 纯额	昭和3年 总额	昭和3年 纯额
向中国各港的输出	63344925		7637257		9160854	
向外国及香港的输出	44837740		69624252		73028393	
输移出计	108182665		77261509		82189247	
广州港贸易总额	279528949		186173088		186265991	
广州港纯贸易额		261605704		172482412		171508923

注：除去总额中的再输移出额。

昭和3年度各国各种关税额度如下（见表27）。

表27 昭和3年度（1928）广州收取各国税额

单位：海关两

种类＼国家	进口税	出口税	再进口①	吨税	合计
美国	79911797	4920	1500	740400	80658617
英国	1293066273	1048136864	139675457	34750900	2515629494

---

① 日文为"再输入"，指从广州港进入内地的子口税。

续表

种类＼国家	进口税	出口税	再进口①	吨税	合计
丹麦	—	—	—	5200	15200②
荷兰	31585460	—	—	687200	32272660
法国	12016740	13480053	348169	1248800	27093762
德国	617225	4339	7225260	730800	8577624
日本	45602415	10056154	14126610	19448000	89333179③
挪威	18753086	557156	6438941	7648000	33397183
葡萄牙	4894869	13430960	4527390	1596300	24449519
瑞典	30214	—	851824	—	882038
中国	65952429	108771711	56992192	11631700	261794040④
合计	1552430508	1194442157	230277343	78497300	3074093316
			内地子口税入	18446008	

1. 船舶　依据普通航行章程

昭和 3 年此种船舶出入港数量合计 8003 艘，7573831 吨；上一年是 8213 艘，7779250 吨。与上一年度相比，今年船只数量减少了 210 艘，吨数减少了 205419 吨。

昭和 3 年度各国出入船舶数量的百分比如下：

英国船　　75%（River Boat 占了其中的一大半）
中国船　　10%
日本船　　7%　除了每月往来数回的大阪商船（基隆—海防线）和日清汽船（上海—广州线）定期以外，全部是煤炭船

---

① 日文为"再输入"，指从广州港进入内地的子口税。
② 此处数据为 5200，原文疑为抄写错误。
③ 此行合计为 89233179，原文有误。
④ 此行合计为 243348032，原文有误。

187

葡萄牙船　　　3%　　因为和澳门港有联系
其他各国船　　5%

（1）数量最多的是英国船，出入港口数量总计945艘、1310828吨。与前一年度的672艘、916014吨相比，船只数量和吨位数量都有急剧增加。现在英国已经恢复了省港罢工（上文提及的1925年、1926年对英经济绝交运动）前的固有地位。

（2）日本船只共计356艘，与上一年度相比，船只数量减少了132艘，吨位数量减少了173077吨，两者都发生了急剧减少，这样的情况完全是济南事件引起的反日运动导致的。到了昭和4年度，随着反日运动的结束，日本船的情况又逐渐恢复到了之前的水平。

（3）中国船有262艘、334700吨。与昭和2年的327艘、438825吨相比，发生了急剧减少。原因一半在于受到了英国船的排挤，另一半在于广州与香港之间的交通的恢复与戎克船的活跃。到了昭和4年8月左右，中国船恢复到之前的水平，且呈现出了取得进展的气象。

昭和3年8月左右，有广州商人以1000万银元的资本金开设了一家航运公司，并购置汽船，计划开设从广州到牛庄的航路（经过香港），专门进口满洲的豆类。但是目前这一计划还没有实现。

（4）挪威船在省港罢工运动之时比较活跃，但是到了昭和2年时则发生了显著的减少。船只总计246艘，减少了100艘；吨位数量为327234吨，减少了121648吨。挪威船主要从海南琼州运输食盐。

（5）苏联不久前趁着省港罢工的机会，以远东义勇舰队打开了从符拉迪沃斯托克到广州的航线。苏联以前经由台湾进出该港口，但随着苏中关系疏远，昭和3年苏联船只一艘也没有进入该港。

（6）最后是昭和3年航运业中尤其值得注目的一点，即观察到有来自英属印度加尔各答的煤炭运输船进入该港。曾经，由于没有替代品，日本煤炭作为特殊货物即使是在发生抵制日货运动的时候也没有从进口货物的名单中排除。但是，以昭和3年的反日运动为契机，与印度煤炭的直接交易开始了。这大概是因为印度政厅有意发展对华出口，充分保护煤炭从原产地直接运往广州，以便将来取代日本、台湾和抚顺的煤炭，不断扩大销售路径的计划。然而，随着反日运动的结束，对日本煤炭的需求逐渐恢复，到了昭和 4 年，来自加尔各答的煤炭销声匿迹。

（7）昭和 3 年度的普通章程记录的各国出入港口船舶总数（见表 28）。

表 28　昭和 3 年的普通章程记录的各国出入港口船舶总数

种类 国家	海洋船 艘数	海洋船 吨数	河船 艘数	河船 吨数	洋式帆船 艘数	洋式帆船 吨数	蒸汽船 艘数	蒸汽船 吨数	合计 艘数	合计 吨数
英国	945	1310828	3282	4276601	67	11192	319	2911	4613	5610532
美国					91	31706	131	5147	222	36853
荷兰	18	13334							18	13334
法国	66	80286							66	80286
德国	22	19766							22	19766
日本	336	531796			6	2436	2	92	364①	534324
挪威	146	205586							146	205586
葡萄牙			556	258116	2	336	2	42	560	258524②
瑞典	16	33440							16	33440
中国	262	334700	889	419759	35	3220	790	23507	1976	781186
合计	1831	2529736	4727	4954476	201	48920	1244	40699	8003	7573831

以下是近十年间日本汽船出入港情况的比较统计表（见表 29）：

表 29　1919~1928 年日本汽船出入港情况

年度	艘数	吨数
1919	92	1014
1920	52	468
1921	27	243
1922	—	—

---

① 此行统计为 344，原文有误。
② 此行统计为 259012，原文有误。

续表

年度	艘数	吨数
1923	12	232
1924	343	5058
1925	234	3827
1926	669	15827
1927	394	9940
1928	136	1904

总而言之，广州港昭和3年上半年的航运业大体上处于停滞状态，秋冬季稍稍呈现活力，出入港口的海洋船只逐渐增多。目前正在进行珠江疏浚工程，可以预想等到工程完成之际，一般航运业会取得进一步的发展。

2. 进口及运入贸易

（1）昭和3年度，来自外国的直接进口和来自中国各港口的运入货物的金额大约4000万海关两，其中600万两为纺织品类，200万两为五金类，其余3200万两为杂货。

（2）由于汽船运输价格大幅上涨，以及来自中国各地的大米迅速增加，外国大米进口锐减。和昭和3年度的1704285担相比，本年度（昭和5年，1930年）外国大米进口只有629830担。

（3）美国面粉比中国面粉价格更低，因此从去年开始进口激增，销售情况极好。当然，也有美国面粉通过广州港被运往内地。

（4）砂糖的进口量从前一年度（昭和2年）的473720担增加到685244担，增加的主要原因是近来广州糖果、饼干制造业十分兴盛。由于中国糖的质量低劣，只能依赖进口，以致砂糖进口在上半年6月份特别活跃。由于日本糖与爪哇糖在市场上的激烈竞争，下半年糖价大幅下降。到了昭和4年，台湾糖为爪哇糖压制。

（5）五金类商业在夏季稍稍衰退，但是到了昭和3年下半年，共产党领导的暴动进入低潮后社会产生了建筑材料需求，使得其进口情况取得了相当不错的成绩。

（6）石油的进口总量总计 800 万加仑，与昭和 2 年度的 900 万加仑相比，减少了大约 100 万加仑。西江一带滞货很多，因此该行业向内地的再运出情况不如昭和 2 年。

（7）近年来，伴随着道路建造的进行，机动车（汽车）数量激增，石油需求日益旺盛。重油①的需求也逐渐增加。内河航运的发展使得使用重油的小蒸汽船数量增加，各地的发电所中也有不少是以重油作为燃料，因此重油的进口显示出了逐渐增加的趋势。

（8）由于印刷业的发达，各种纸类的进口从前一年度（1927 年）的 137334 磅增加到 144541 磅。日本纸受到抵制日货运动的影响，一段时间内进口极少，主要进口自欧洲，尤其是从德国、挪威进口。纸的价格发生了大幅上涨，但是随着抵制日货运动的结束，对日本纸的需求逐渐增加，现在富士制纸公司的产品在新闻用纸中处于独占地位。

（9）煤炭行业在昭和 3 年屡屡发生劳工问题，停业工厂很多，同时由于激烈的反日运动的影响，煤炭行业业绩不振，使人有一落千丈之感。与昭和 2 年的 304168 吨相比，昭和 3 年煤炭产量发生了显著减少，为 261423 吨。只有鸿基煤炭一家从 66760 吨增长到了 68246 吨。此外，进口自各国的煤炭从上一年（1927）年的 237408 吨减少到了 193077 吨。

值得注意的是，来自英属印度加尔各答及"达尔文港"②的进口煤炭很多。由于抵制日货运动持续不断，以上两地的煤炭曾出现了动摇日本煤炭地位的情况（可以参考上文关于"船舶"的地方）。但是到了昭和 4 年，来自日本的煤炭进口逐渐恢复，来自加尔各答和"达尔文港"的煤炭进口便停止了。

（10）1927 年火柴的进口增加了 15 万罗③，达到了 252717 罗，其中多数来自德国和荷兰两国。

---

① 重油又称燃料油，呈暗黑色液体，是原油提取汽油、柴油后的剩余重质油，其特点是分子量大、黏度高。
② 指英属澳大利亚的加尔文港。该词汇的日文是夕（ダ）ーヴン，经椎名一雄先生的反复考证，认为其英文为："Darwin Port"。
③ 罗（gross），以 12 打（144 个）为一组的数量单位。日文写作「哥」。

近年来，广州出现了不少中国人开办的火柴工厂（十七八个），其生产原料几乎全部使用日本产品，这些日本原料从大阪、神户或公益社（中国商人）输入广州。受抵制日货运动的影响，来自日本的火柴原料进口很少，由此造成了国产火柴数量急剧减少。趁此机会，德国和荷兰的火柴在进口市场上十分活跃。

（11）纺织品的进口与前一年度（1927）没有太大差别。棉布进口呈现活跃景象。由于法兰绒库存过多，商人们不得不降价销售，蒙受了相当大的损失。

（12）上半年日本棉纱的进口量很大，下半年英国棉纱在市场上几乎形成了独占的状态。上述日本棉纱的销售中断是由于反日运动的缘故。因为这个原因，广州的织布工厂的势力被香港工厂夺取，最终几乎到了不得不停业境地。这大概是由于香港工厂仍然使用廉价的日本棉纱的结果。根据最近的传言，有人发明了一种人造棉花，现在正在进行试验研究。这件事情在英国和埃及等地被广为宣传，如果将来真的能够取得成功，那么一定会给棉纱布业界带来大的转变。人造棉花低廉的价格以及适宜织布的特性，或将使其凌驾于自然棉花之上。

（13）人造绢的进口与昭和2年、昭和3年相比没有大的差异。人造绢织品激增至95%左右，棉毛混织物大大减少。

（14）受到反日运动的影响，来自日本的电气器材进口中断了，取而代之的是德国进口电气器材，但是价格大幅上涨，总体上市场情况不够景气。随着反日运动的结束，日本进口电气器材重新回归。照相器材的进口量年年增加。

（15）最近水泥需求迅猛增加。广州各地正在修建公共道路，建设机动车交通网络。

3. 在广州的日本商品

日本商品进口的三大系统。

日本商品进口到广州有以下三大系统：①直接进口；②经由香港转口。亦即进口到香港并经由香港再运进内陆的物品；③自上海运进。其中来自香港的进口数额虽然十分巨大，但是海关统计上摘录显示的均是来自英国的进口额，因此日本贸易在广州的地位尚不明了。如果不改变海关在中国关税上对广州日本商品进口额的统计方针，不摘录显示进口各国商品的真实价值，那么就几乎不可能得知其具体数额。从经办商人那里仅仅能得知大体的实情。

①直接进口很少；

②经由香港或被进口到香港的物品分为以下三个系统：

其一，广州商人进口；

其二，在广州的日本商人的进口；

其三，日中以外的外国人进口。

其一，广州商人进口。广州商人历史上有结成同业团体的习惯，同业团体制度发达。由于每种商品种类几乎都有各自的团体，实地调查稍稍便利一些。但是，1917年以来，由于抵制日货的风潮，有若干货物是先运往香港，而后变更商标作为英美商品输入的。然而，由于广州商人中很少有熟悉实情等情况，我们在调查上感受到了不少困难。

其二，能够确定的纯日本商品有火柴材料、火柴等。

其三，除了少量杂货以外，几乎没有日中以外的外国商人进口的货物。

③经由上海运进的日本商品数量很少，其中有上海制造的日本棉纱布等。由于航路的关系，也有一部分来自日本的船舶暂时在上海停泊。

表30　广州对台湾贸易统计及累计表（截至到昭和5年3月的累计数额）

单位：日元

出口商品	数量	交易额	进口商品	数量	交易额
桂皮（斤）	1192	99	糖蜜（斤）	62014	496
茯苓（斤）	150	17	酒精（升）	6500	1479
其他杂货	—	5199	煤炭（吨）	23050	177650
合计		5315	水泥（斤）	2531375	45500
			其他杂货		2609
			合计		27740

进口累计比较

地点	时间	金额（日元）
基隆、淡水、安平、高雄及其他各港口	昭和5年（截至3月）	227740
	昭和4年（截至3月）	151597
	昭和3年（截至3月）	278724
	昭和2年（截至3月）	1087830
	大正15年（截至3月）	1168259

出口累计比较

地点	时间	金额（日元）
基隆、淡水、安平、高雄及其他各港口	昭和5年（截至3月）	5315
	昭和4年（截至3月）	10705
	昭和3年（截至3月）	3102
	昭和2年（截至3月）	5086
	大正15年（截至3月）	39654

第三章　结论

1927年[①]发生的济南事件给日本对华贸易带来了巨大的打击。首先，日本对华南沿岸各港的贸易随着1928年、1929年两年反日运动的消退再度恢复，逐渐恢复到了旧有的状态。但是，曾经属于日本商品的地盘现在也有许多外国商品正在进军。尤其是日本火柴曾在火柴市场上处于独占地位，但是现在已经完全失去了往日的地位，取而代之的是荷兰、德国和瑞士火柴。其次，在煤炭方面，由于1929年末至1930年的白银汇率大暴跌，日本煤炭现在已经无法与中国煤炭竞争，我们认为如果将来不对此采取对策，结局将是十分悲观的。再次，日本砂糖在打入中国市场方面，出现了逐渐被爪哇砂糖超过的倾向，这在日本的对华贸易上是一件不容忽视的事情。如果将来的汇率行情仍然继续像现在一样，可能会造成日本对华贸易

---

① 原文有误，应为1928年。

的一大半不得不崩坏的结果。只有棉纱、棉布类仍然保持着比较有利的地位，其原因之一是制造工厂位于上海，劳动力价格低廉。

我们相信，在将来的日本对华贸易上，只要在华经营的日本企业家及贸易从业者能够相互协作，共同应对面临的困难，推进日本企业在华的扩张，保持低廉的生产成本，形成销售优势，在牵制中国及其他外国各国的同时，继续保持我国的贸易地位，就一定能将外国势力从华南沿岸各港驱逐出去。

在北部的天津和中部的上海，各国势力相互角逐，在南方只有英领的香港（英国占垄断地位）。可以与香港比较的台湾（日本占领），可谓已是渐染和风。在台湾的生产价格和在日本本土的生产价格没有差异，从台湾买进和从神户、大阪买进，在价格上也没有太大差别。这着实是因为台湾的工业还不够兴盛，（在日本本土和华南各港没有直接通航前）所发挥的多半还是经销日本商品的职能。

在这一点上，不应追逐眼前的小利，而应着眼于将来的大利。我们期待企业家、贸易从业者及海运从业者以英国人在香港的坚忍不拔的精神，将台湾作为生产地，共同向华南各方面及南洋方面发展扩张。这在我国当下的对外贸易上应该是一件急务。

河北省东北部的物产流通及其交易状况[*]

上海东亚同文书院第 36 期学生

高桥克明

目　录

第一章　棉花

　第一节　棉花状况

　　第一项　河北省的棉花产量

　　第二项　河北省三大地区棉花的平均市价

　　第三项　华北的棉花供给关系

　　第四项　事变后的棉花供需对策

　第二节　天津棉花市场

　　第一项　天津棉花市场及其腹地

　　第二项　天津棉花的交易情况

　　第三项　事变[①]后华北棉花统制

第二章　小麦

　第一节　小麦状况

　　第一项　河北省小麦产量

　　第二项　小麦的市价

　　第三项　华北的小麦供需关系

　　第四项　事变后小麦粉的进口及购进

　第二节　天津小麦市场

---

[*]　该文系东亚同文书院第 36 期生高桥克明和调查组成员于昭和 14 年（1939）做的调查。原文见《东亚同文书院调查手稿丛刊》第 159 册，国家图书馆出版社，2016。

① 指七七事变。

第一项　天津市场及背后流通情况

　　第二项　天津市场上小麦的交易情况

　　第三项　天津港的小麦进出口及国内贸易

第三章　落花生

　第一节　落花生状况

　　第一项　河北省的落花生产量

　　第二项　天津港落花生的进口及购进

　第二节　天津落花生市场

　　第一项　天津市场上的落花生流通交易

第四章　烟叶

　第一节　烟叶状况

　　第一项　河北省烟叶产量

　　第二项　天津烟叶的进口及购进

　　第三项　事变后我国烟草业者进入华北市场的状况

　第二节　天津烟草市场

　　第一项　天津烟草市场的流通及交易状况

第五章　河北省冀东地区内各县的民用粮食供需状况及其贸易方

第六章　商业团体

　第一节　同业公会

　第二节　同乡团体（会馆、公所）

　　第一项　会馆、公所的意义

　　第二项　北京的会馆

第一章　棉花

第一节　棉花状况

第一项　河北省的棉花产量

　　华北的棉花比起华中，首先是产量高，其次是普及了高产的棉种，而且华北的自然条件也比较好，再加上国民政府对棉花种植的积极鼓励以及昭和 11 年（1936）的丰产，这些都反映了中国内地的生产景气。虽然昭和 12 年（1937）预计棉田的面积还要扩大，产量也要增加，但是事变的爆发导致一切都变得不明朗。昭和 13 年（1938），华北虽然比较安定，但是到处还弥漫着事变的余烟，再加上前所未有的水灾，棉花减产注定是没办法的事情。

表 1 是近年华北三省的棉花产量（根据北京商工会议所的调查所制）。

表 1　华北三省的棉花产量（1934~1938 年）

单位：千担

省份	昭和 9 年（1934）	昭和 10 年（1935）	昭和 11 年（1936）	昭和 13 年（1938）
河北省	2836	2166	2586	1900
山东省	1334	2318	1790	1780
山西省		600	496	600
合计	4771①	4953②	4875③	4280

另外，我们再看一下本年度棉花的预估产量（A、B、C 分别为华北棉花改进会④、东洋棉花⑤、日本棉花⑥的数字）。

表 2　昭和 14 年度（1939）棉花的预想收成

单位：千担

省份	A	B	C
河北省	1108	937	1190
河南省	205	249	400
山东省	461	660	750
山西省	153	148	—

---

① 据表中数据核算为 4170，原文有误。
② 据表中数据核算为 5084，原文有误。
③ 据表中数据核算为 4872，原文有误。
④ 1939 年 2 月，为掠夺华北棉花资源，伪华北临时政府实业部成立了华北棉花改进令，以适应日本"以战养战"的需要。
⑤ 东洋棉花株式会社。亦称东棉洋行，1920 年就三井物产株式会社棉业部改组开办，本社在大阪设有棉花加工及纺织厂，兼营相关批发、经纪及保险、运输代理业务。
⑥ 日本棉花株式会社。亦称日信洋行、全称日本棉花株式会社，创办于 1892 年，是日本经营棉、布、纱的最大的商业机构，本社在大阪，分支机构遍布世界各主要产棉、纱地区，是日本国策会社之一。1943 年，随着业务的不断扩大，改名为日棉实业会社。

由表 2 很容易看出，本年度的棉花产量将会出现大幅减少。减产的原因有很多，以下这些也是其中的原因。

①中国内地有土匪贼寇和共产党的抗日势力活动的地区，非常危险，所以在这些地区没有种植棉花。

②这些匪贼和共产党抗日势力对抗日本的棉花增产计划，他们强迫农民中止棉花耕作，而种植其他的农作物。

③本年度棉花播种的时候刚好遇到了干旱，而收获的时候又遭遇了水灾。

第二项　河北省三大地区棉花的平均市价

接下来我们看一下河北省的棉花在战前以及战后的市价。

战前：根据北京公会议所昭和 11 年度（1936）的调查如表 3、表 4 所示。

表 3　昭和 11 年度（1936）本地棉花平均价格

（每一担的价格，单位：日元）

地区	皮棉 最高	皮棉 最低	皮棉 普通	籽棉 最高	籽棉 最低	籽棉 普通
东北河区①	41.26	32.76	36.82	13.66	10.74	12.21
西河区②	33.04	24.91	29.21	11.08	8.06	9.57
御河区③	32.12	25.11	29.00	11.44	8.13	9.68

表 4　昭和 11 年度（1936）陆地棉平均价格

（每一担的价格，单位：日元）

地区	皮棉 最高	皮棉 最低	皮棉 普通	籽棉 最高	籽棉 最低	籽棉 普通
东北河区	41.86	33.62	37.48	13.40	10.40	12.07
西河区	34.69	27.30	31.10	11.18	8.39	8.90
御河区	34.35	25.36	30.61	11.70	8.50	10.07

---

① 联系上下文，这里指的是河北省的东河（涞河、北塘河）以及北河（北运河）地区。北塘河指蓟运河。

② 联系上下文，这里指大清河，子牙河和滏阳河流域。

③ 指山东临清到天津的南运河流域。

战后的市价如表 5 所示。

表5　北京市棉花行情①（昭和 13 年度 8 月、9 月）

单位：日元

种类	8 月			9 月		
	最高	最低	月末	最高	最低	月末
南苑棉	60.00	52.00	60.00	58.00	56.00	58.00
涿州棉	54.00	48.00	54.00	56.00	54.00	56.00
黄村棉	54.00	49.00	54.00	56.00	54.00	56.00

来源：根据北京商工会议所的报告。

第三项　华北的棉花供给关系

表6　华北的棉花产量及供需关系

单位：百瓩②

年份	产量	进口及运入额	出口及运出额	消费额
昭和 8 年（1933）	2066860	81742	465873	1682729
昭和 9 年（1934）	2885440	123797	341974	2667443
昭和 10 年（1935）	1710010	117903	316037	1511876
昭和 11 年（1936）	2830630	60911	510092	2837449

来源：满铁华北农业要览。

第四项　事变后的棉花供需对策

关于华北棉花的供求对策，简言之，就是增加产量，同时改善其品质。如果能够不断满足华北当地的消费的同时，又能满足满洲和朝鲜的需求，且针对日本内地的需求棉花还能够有一定余量的话，这个问题自然就会迎刃而解。

应该让现在的华北棉产改进会成为一个更有力量的组织，通过其下属的合作社来提供融资以及棉种。另外，如果能够让合作社专业从事产量预估和

---

① 南苑、涿州、黄村（今北京市大兴区黄村镇）是北京附近三个有名的棉花集散地，均通过铁路与各地联系。其中，南苑火车站修建于 1906 年，涿州火车站修建于 1893 年，黄村火车站修建于 1893 年。
② 瓦和瓩为日本的一种重量单位，1 瓦＝1000 克，即 1 公斤。1 瓩＝1000 公斤，即 1 吨。

决定棉花等级两项业务的话，棉花的增产和改良将毫无悬念。昭和13年度（1938）的华北棉花由于受到战祸和水灾的影响，种植面积出现了大幅下降，不难预测其收成肯定要减少。另外，由于这一带匪贼横行、运输困难，所以棉花交易的不顺畅将超出我们的想象。尤其是对于有特殊需求的棉花收购而言，出口自不必说，就连满足当地纺织业的需求，应该也存在不少的困难吧！

眼下，华北的纺织业界主要在天津，现在运输中的锭数为：日本人纺织业，416000锭，华人纺织业，71000锭，合计487000锭。而在青岛，正在开业的纺织厂较少，日本人经营的纺织工厂产能有260000锭，华人经营的纺织工厂产能有28000锭。除上述外，如果再将唐山、石家庄、彰德[①]、济南以及山西地方的纺织工厂产能加起来的话，应该有90多万锭。如果将棉花消费量按照1锭能纺2担棉花来计算的话，华北纺织业需要的棉花为180万担。另外，还有一些新设的纺织工厂或者正在等待复产的工厂，所以对棉花的需求越来越大。如果将本年度当地市场消费的棉花按照110多万担计算的话，那么纺织工厂的原料供应短缺将达到3~4成。实际上，综合多个角度来看本年度棉花的需求量，应该在400万担左右。扣除当地消费、特需棉、满洲、华中以及粗毛出口的话，还存在约一百三四十万担的缺口。因此，对棉花的巨大需求量，如何才能恰当地分配供给，着实是一个难题。

虽然只是暂时性的困难，但之前满洲和华中方面的这种愚蠢的收购，使棉花市场竞争激烈而导致棉花价格暴涨，超过了法定的加价。与此同时，特需棉的收购也成为一件让人非常担忧的事情。因此，作为一种必然的结果就产生了：①对棉花收购机构实行统制；②对出口以及国内销售的数量、分配进行规定；③限制当地消费的数量；④制定棉花官方价格，等等。在这种情况下，本年度成立了华北棉花协会，这一机构主要是解决上述这些难题的。

第二节 天津棉花市场

第一项 天津棉花市场及其腹地

天津是华北棉花产地中一个重要的市场。该市场中的河北省、山东省

---

① 安阳旧称，明清彰德府辖地。

的棉花自不必说，还有来自陕西、河南、山西以及远方新疆各省的棉花。天津既是一个国内市场，也是一个面向出口的国际贸易市场。

如果对天津棉花进行一个分类的话，如下两大类。

1. 根据纤维的粗细进行分类

（1）粗毛：又叫"太毛"或"本地棉"，分布在大清河流域的各县以及南运河（御河）流经的地区。另外，山东、河北两省的接壤地带（通常为西御河棉）①种植的棉花也属于此类。

（2）细毛：又名"纺织棉"或"美国棉"。河北省的东河（滦河、北唐河②）以及北河（北运河）产的棉花，西御河的美棉③、山西棉以及吐鲁番棉等属于该类。

2. 根据产地的分类

（1）西御河棉。①粗毛：通称"西河（大清河、滹沱河、滏阳河）粗毛"，该棉花的品质特点是：纤维粗且短，呈纯白色，弹力丰富。用于出口日本或欧洲，可用于火药原料、棉毛织物的原料等。②细毛：通称"御河（南运河）以及西河细毛"。纤维稍软，呈白色，富有光泽。经常作为16支以下的纺织原料来使用。

（2）东北河棉：在河北省出产的棉花中属于品质最好的。纤维长且柔软，色泽亮丽。该棉花最近虽然在品质方面出现了一些退化的迹象，但还是能够纺出32~42支的纺织物。

（3）美国棉：作为美系的一个棉花品种，纤维较细，可用于20支棉的纺线。

（4）山西棉：属于美系棉，虽然最近呈现出一些退化的倾向，但是能够作为20支以下的纺线原料来使用。

---

① 在天津市场上，御河棉和西河棉最为有名，一时瑜亮，故有时将两者归为一类，称西御河棉。在西河区内愈南行，距御河区愈近，则棉花之纤维愈长而愈佳。

② 原文有误，应为北塘河。这里的北塘河指蓟运河。蓟运河，又名潮河、沽河、蓟州河、北塘河等，其上游有洵、州二河，分别发源于兴隆县境燕山南麓的青灰岭和罗文峪，二河在蓟州汇合后称蓟运河（古代漕运航道），经今宝坻、宁河区、滨海新区北塘镇入海。日本华北驻屯军编撰的《冀东综览》和《天津志》中，都称蓟运河为北塘河。

③ 指山东、河北两省接壤地区，因临近南运河，故这里的棉花亦称西御河棉或西御河美棉。

（5）吐鲁番棉：属于天津市场上品质最好的棉花，纤维细且长，甚至可以达到1寸以上。该棉花产自新疆省。

（6）次白红花：是前述棉花中品质最次的。

（7）其他细绒：还有陕西、灵宝、汉口棉等，但是，它们很少出现在天津市场上。

接下来，我们按照棉花品种对天津棉花市场上棉花的流通体系做一个说明。主要从流通路径和运输手段两个方面进行论述。

1. 西河棉

如果是经过内河进行运输的话，运输线路大体如下（见图1）：

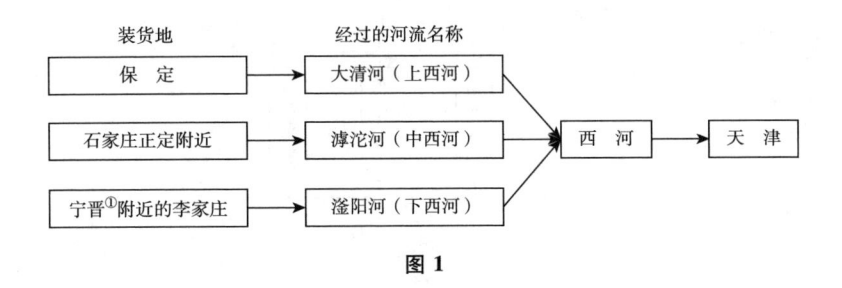

装货地	经过的河流名称		
保定	→ 大清河（上西河）		
石家庄正定附近	→ 滹沱河（中西河）	→ 西河	→ 天津
宁晋①附近的李家庄	→ 滏阳河（下西河）		

图1

在民船无法航行的地方，棉花先是被运到京汉铁路各车站（比如正定、保定、石家庄、高邑②、邯郸等），然后再通过货车运往天津。

2. 御河棉

御河棉通过御河运河（南运河）运往天津。但是，在河面结冰的时候则是通过铁路进行运输。

3. 东北河棉

通过北宁铁路③将棉花运往天津。但是，在北运河地带则是通过水运。

---

① 今属邢台市。
② 高邑县，又名凤城，今属河北省石家庄市。
③ 其前身是北京到沈阳的京奉铁路。始建于1880年唐山至胥各庄段后灭断向两端延伸，1901年修至北京，1911年修至奉天城（今沈阳），1912年全线通车，称京奉铁路。1928年6月北京改称北平，遂改称平奉铁路，同年12月奉天省改称辽宁省，1929年4月该路改称北宁铁路。

4. 山西棉

如果是铁道运输的话，路线是：榆次→石家庄→北京→天津。有时则是在石家庄或保定先将棉花装在清水河①或滹沱河的民船上，然后再运往天津。

集中到天津市场上的棉花有 56.5% 是通过民船，40.5% 是通过铁道，剩下的 3% 是通过卡车进行运输。

第二项　天津棉花的交易情况

天津棉花市场的组织如下（见图 2）：

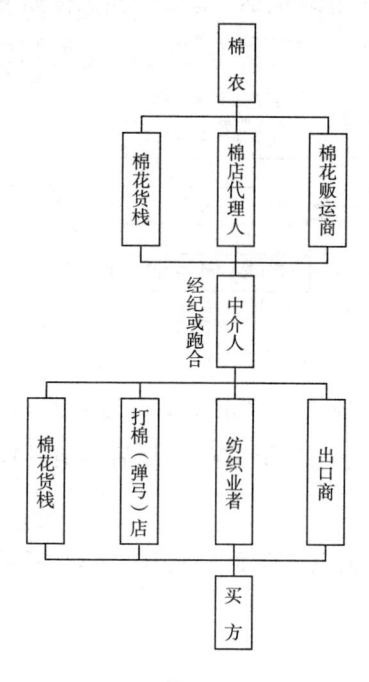

```
                    棉农
          ┌──────────┼──────────┐
        棉花        棉店       棉花
        货栈      代理人      贩运商
          └──────────┼──────────┘
                  经纪或跑合
                   中介人
          ┌─────┬────┬─────┐
        棉花   打棉   纺织   出口
        货栈  (弹弓)  业者   商
               店
          └─────┴────┴─────┘
                   买方
```

图 2

---

① 历史上至少有三条关于清水河的记载。一是属于海河水系滹沱河支流的清水河，古称"鲜虞水"，发源于五台山的紫霞谷及东台沟，经金岗库、石咀、耿镇、石盆口、胡家庄与坪上（山西省阳泉市）汇入滹沱河，全长 104 公里，山西的棉花可通过这条清水河进入滹沱河，最后到达天津。二是属于海河流域大清河水系的清水河，又名界河，位于河北省保定市境内，旧称阳城河，《水经注》称博水。三是属于永定河水系阳河支流的清水河，发源于河北省张家口市崇礼区，穿过张家口市区后注入洋河，河道全长 109 公里，被称为张家口母亲河。从上下文来看，该清水河当指属于海河水系滹沱河支流的清水河。当然，如从保定附近出发，也可指属于海河流域大清河水系的清水河。

另外，棉花从棉农到买方之间，还要经过一些附属机构和公共机构，与这些机构之间也会发生一些关系。

附属机构：金融业、运输业、保险业、仓库业、捆包（打包）业、报单行①以及报关行②。

公共机构：牙税局、商品检验局。

下面，我们对以上列举的公共机构做一个简单说明。

（1）牙税局

中国内地的棉花在运往天津的时候，首先必须要在牙税征税局分所办理必要的手续，在纳税后获得一个叫"验讫"的证明。税率是棉花价格的0.5%。这一手续也可以由棉花批发商、棉花货栈或者报单行代为办理。也就从事货物运输协调是说，货主在到达此地后的6个小时以内，委托报单行（从事货物运输协调）或者棉花批发商（棉花花栈）代为办理一切手续。受托人将写有货物重量的明细书提交给棉花牙税征税局，然后再缴纳牙税。另外，将此纳税证书提交给分所的话，分所在对货物进行检查后，会按上一个印有"验讫"的图章。

（2）商品检验局

缴纳牙税后的棉花还要送往天津商品检验局棉花检验处，接受水分和杂物的检验。棉花含水量的法定标准为11%，最高不得超过12%；夹杂物的法定标准为0.5%，最高不得超过2%。检查费为每公担10钱。

（3）经纪或跑合

充当买卖中介斡旋的角色，跑合的手续费规定为：买卖价格的0.25%，由卖方支付。

（4）棉花贩运商

所谓"棉客"的一种，指那些在本地市场上出售从国内其他市场（内地市场）上收购棉花而来的人。另外，也指作为天津的出口商人或者纺织工厂的代理，在内地收购棉花，然后又在本地市场销售棉花的人，或者卖方的一种。

---

① 替客商向政府税务部门报税的机构。
② 替客商向海关部门报关、取得出口证书等贸易单据的机构，从中收取手续费。

（5）棉花货栈

针对棉客或棉店代理人等，经营委托交易业务的机构，其在棉花市场上占据着中心地位。

（6）仓库业

仓库业里面有银行仓库、货栈仓库、贸易商（出口商）仓库、个人仓库四种类型。在天津，银行仓库占了七成。

（7）捆包业

既有附属在各仓库下面的，也有独立经营的。

（8）保险业

保险有内地存栈保险、中国内地运输保险、落地保险、本市存栈保险、水运（海上）保险几种类型。

接下来是天津市场上流通的棉花消费、出口以及国内销售状况。

民国8年（1919）至民国24年（1935）的17年间平均数字是：天津市场上的棉花消费总额以100来计算的话，中国内地棉花占75.2%，进口棉花占19.1%，由国内其他港口运入的占5.7%。

第三项　事变后华北棉花统制

为了使华北棉花的供需更加顺畅，本年（1939）4月成立了华北棉花协会。也就是说，华北棉花协会是在合并了日中纺织团体以及日中棉花商团体的基础上成立的。该协会从4月1日开始营业，以致力于棉花的增产、促进棉花流通和配给交易的顺利进行、致力于保持棉花价格的稳定为主要目的。具体从事以下业务。

（1）各棉花商的棉花收购，一切都是自由的。

（2）通过自由收购买入的棉花全部转卖给本协会。

（3）用于纺织出口以及其他的棉花须全部从本协会购入，不得直接从其他机构购入。

（4）关于向本协会购入的价格。根据华北地区一直物价上涨，需要对此加以抑制这一基本方针，兼顾生产和消费两方面，着眼于让棉花价格处在一个公正、合理且安定的区间。

(5) 对于纺织业者以及出口业者，通过本协会购入棉花时每担收取三十五分，这样一来的话，协会的费用就可以充作棉花增产改良的费用。

(6) 虽然在产地收购棉花一切都是自由的，但是，由于出入皇军作战地要保守军事秘密以及维持治安等，因此对于那些想要去该地收购棉花的人而言，可能会带来一些麻烦，需要向当地的特务机构提出申请并得到许可。

第二章　小麦

第一节　小麦状况

第一项　河北省小麦产量

在河北、山东、山西、察哈尔和绥远五个省中，小麦产量最多的是山东，其次是河北、山西，而察哈尔和绥远由于地理原因，小麦产量无法与上述省份相比。

表7是民国20年（1931）至民国23年（1934）4年中的小麦年平均产量。

表7　1931~1934年的小麦年平均产量

省份	产量（千担）	小麦种植面积占耕地的比例（%）
河北省	37040	37.79
山东省	67269	53.76
山西省	15237	30.33
察哈尔省	4915	18.00
绥远省	4096	10.00

来源：满铁华北农业要览。

另外，以下是国民政府1935年预估的小麦产量（见表8）。

表8　1935年预估的小麦产量

河北省	28590 千担
山东省	60540 千担
山西省	14020 千担
察哈尔省	2040 千担
绥远省	2190 千担
合计	87380 千担[①]

以上统计数字也包括不少品质粗糙的小麦，而作为机器制粉流通到市场上的只有不到三分之二。

河北省内主要的小麦产地有保定、定县[②]、大城、文安、霸州[③]、苏家桥[④]、王家口[⑤]等西河一带，以及唐官屯[⑥]、沧州、泊头、东光[⑦]、德州、临清、道口[⑧]、大名、元村[⑨]、新乡等内河一带。从以上两个地带流入天津市场的小麦各为159万担，合计为300万担左右。但是，北京、天津两个市场所需要的小麦原料为370万担，所以，还有70万担的缺口。从前，针对短缺的这一部分，都是从河南、陕西或者福建等中南部地区市场购进一部分，又或者是从国外进口一部分小麦来补充。

第二项　小麦的市价

以下是战前和战后北京市内小麦市价的对比（见表9），单位日元。

---

① 此列原文有误，按原表数合计额为107380千担。
② 今河北省定州市。
③ 大城、文安、霸州均属河北省廊坊市。
④ 今河北省保定市文安县苏桥镇，又称苏家桥。
⑤ 今天津市静海区王口镇，旧称王家口。
⑥ 今属天津市静海区。
⑦ 泊头、东光均河北省沧州市。
⑧ 今河南省滑县道口镇。
⑨ 今河南省濮阳市南乐县元村镇。该村紧邻卫河南岸，自古有"水旱码头、千古重镇"的美誉。

表 9　战前战后北京市内小麦市价的对比

名称	单位	事变前	事变后	涨跌
蝠星印	一包（22kg）	4.57 日元	6.20 日元	（+）1.63 日元
绿砲车印	一包（22kg）	4.18 日元	5.64 日元	（+）1.44 日元①
当地生产的面粉	一市斤（1/2kg）	0.08 日元	0.10 日元	（+）0.02 日元

来源：北京商工会议所的报告。

从以上战前和战后的比较可以明显看出，小麦市价和所有物价的上升保持了同样的步调。

第三项　华北的小麦供需关系

首先，我们看一下华北农产品整体的进出口额（见表10）。

表 10　华北农产品的进出口额

年份	出口	进口
昭和 11 年（1936）	10097 万日元	3060 万日元

表 11 是华北小麦的供需关系。

表 11　华北小麦的供需情况

年份	产量（百瓩）	进口及购进（百瓩）	出口及销售（百瓩）	消费量（百瓩）
昭和 8 年（1933）	73968500	8288304	17455	82257349②
昭和 9 年（1934）	69336500	5411121	71778	74675843
昭和 10 年（1935）	63571500	6099536	43098	69627838
昭和 11 年（1936）	63091500	4441131	43515	67490116③

来源：满铁华北农业要览。

---

① 按表中数核算为 1.46，原文有误。
② 按表中数核算为 82239349，原文有误。
③ 按表中数核算为 67489116，原文有误。

从表 11 可以清晰地看出，在华北，进口及购进额要远远大于出口及销售额。因此，华北的小麦消费，换言之，小麦的需求量比其产量和供应量要多很多。

第四项　事变后小麦粉的进口及购进

事变以来，曾经处于需求极度旺盛的我国产的小麦粉，最近在面向华北市场的出口量出现了锐减。从数字上看，去年 3 月是 96.1 万袋，5 月是 72 万袋，到了 7 月，则减少至 24 万袋，9 月是 13.4 万袋，10 月情况稍有好转。我国面向华北市场出口小麦数量锐减的理由主要有以下两个。

①日本国内小麦产量的减少。

②由于外国产小麦粉的价格低廉，日本小麦粉的出口出现了疲软。

下面，我们对以上两个理由，尤其是第二个理由做一个详细的分析。

美国和澳洲产的小麦粉收成好且价格非常便宜。而日本产的小麦粉受到原料价格上涨以及进口统制强化的影响，很难购买到价格便宜的小麦原料，这就导致了唯独日本小麦价格较高的情况出现。这样无论如何是不可能在竞争中获胜的。关于华北的澳洲面粉进口额，截至事变后四五月之前（指 1938 年），进口量为 50 万担；而进入 7 月以来，进口量为 79 万担，日本和澳洲的地位出现了逆转。

此处，值得注意的事情是上海面粉的购进。去年（1938 年）9 月，华北从上海购进的面粉额是我国出口额的六倍。随着华中制粉业的恢复，相信还会继续助长中国产面粉的大好形势。另外，由于华北、华中和日本在经济上有必要进行密切的协作，所以对于制粉业而言也是一样，在某种程度上也需要制定一个相互妥协的、合作的政策。

另外，与出口不振刚好相反，我国资本在中国的投资成效显著。华北一带就不用说了，最终日本制粉株式会①社已经进入了华中市场。另外，日清②、日东③两家日资面粉公司也都在进入当地市场。

---

① 始建于 1896 年，主要生产加工和销售各种面粉、小麦粉、麸皮等。
② 始建于 1907 年，系日本最大的食品工业之一，主要生产和销售各种小麦粉、麸皮、配合饲料、营养辅助饲料等。
③ 始建于 1914 年，主要生产加工和销售小麦粉、麸皮、混合粉等。

第二节　天津小麦市场

第一项　天津市场及背后流通情况

天津市场上流通的小麦种类及其产地情况如下。

①河南小麦：一般集中在黄河的北部、河南省的新乡以及道口①地带。

②西河小麦：一般从保定、石家庄、邯郸、磁县②等地运来，胜芳③、文安、大城、任丘、霸州、保定、衡水、定兴④、宁晋⑤等地是其中心产地。

③御河⑥小麦：其主要产地为御河运河地带的临清、馆陶、大名、元氏⑦、道口、卫辉（汲县）、新乡。

④北河⑧小麦：产地在冀东地区的滦河地带。

⑤腹地小麦：产自北京附近，品质最好。

接下来我们看一下各地生产的小麦从产地到天津市场的流通路径。

①河北省西南部地带以及河南省北部地带生产的小麦是通过内河的船只来进行输运。

②京绥铁路沿线产麦地带以及河南、安徽、江苏省产的小麦通过铁道或者汽船进行运输。其中安徽省的蚌埠是一个著名的小麦集散市场。⑨

③临近天津地区所产的小麦通过骡马进行运输。

---

① 今安阳市滑县道口镇。

② 今属邯郸市。

③ 今河北省霸州市胜芳镇，清朝时归文安县管辖，是我国北方著名的水旱码头，"水则帆樯林立，陆则车马喧阗"，客商云集、风景秀丽、交通便捷。清朝时被列为直隶六大重镇之一。

④ 今属河北省保定市。

⑤ 今属河北省邢台市。

⑥ 日本流境中的御河指以山东临清为南起点，天津市海河三岔河口为北终点的南运河，与北运河相接。全长436公里。

⑦ 原文有误，应为元村。元氏县隶属石家庄，离卫河流域甚远，而元村镇紧邻卫河南岸，自古有"水旱码头、千古重镇"的美誉，疑为抄写错误。

⑧ 原文有误，应为东河。

⑨ 原文写："京绥铁路沿线产棉地带以及河南、安徽、江苏省的棉花通过铁道或汽船进行运输。其中安徽省的蚌埠是一个著名的棉花采散市场。"显然有误。另，该文后面又写蚌埠是小麦采散市场，京绥铁路沿线包头的面粉原料来自附近的固阳、五原、临河等。本节写小麦，这一段忽然写了棉花，疑为抄写时粗心所致。

通过内河使用船运方式将小麦运往天津市场时，其运输系统概况如下。

①集中在道口的产自河南省北部地区的小麦沿着卫河①往下航行，在临清与御河—南运河接通。在这里，产自河北省西南部以及山东北部地带的小麦一起被运往天津。

②发源于保定附近的大清河在其下游与滏阳河、滹沱河合流，然后又与子牙河相连。这些河流共同构成了将河北西部以及南部地带生产的小麦运往天津市场上的一个水系。

③北河是永定河与北运河合流形成的，北京附近产的小麦多是通过该河来往天津市场。

④东河承担将冀东东南地区内生产的小麦运往天津市场的任务。还有一部分小麦是通过海河运往天津的。小麦的上市期大概是从7月到9月的三个月。

第二项　天津市场上小麦的交易情况

天津小麦市场的组织如图3所示。

运到天津的小麦由西集以及北集的斗店②、东河壩的货栈、丁字沽的粮栈等机构的经手后，然后被销售。其中，斗店在小麦的交易中占据重要的位置。斗店设有一个仓库。其职能是提供担保贷款、保管及保险、交易的中介、对交易者提供宿舍等。担保贷款为担保价格的60%至70%左右，利率为月1.2%~1.5%。交易的中介手续费为从买方征收的0.15%再加上从卖方征收的1.15%，合计征收1.3%。

其次是制粉业者的原料小麦收购情况。有三种方式。①直接从当地收购。②通过中介或斗店进行收购。③通过粮栈收购。

---

① 南运河的支流，因主要流经区域为春秋时卫地（河南北部的新乡、鹤壁、安阳、濮阳等）而得名。发源于山西太行山脉，至馆陶县与南运河另一源漳河汇合，称津卫河、卫运河，至山东临清入南运河。卫河的前身是隋大运河的永济渠，是河南省的重要航道。

② 天津最早的粮食交易批发机构。大约产生在道光、咸丰年间，其营业性质是代客买卖。"斗"是旧时使用的一种量器，分为方型、圆筒型两种、田斗店代客买卖粮食是用斗计量，故称斗店。因彼旧运输主要靠内河船只，因此斗店多坐落在天津南北运河的两岸。

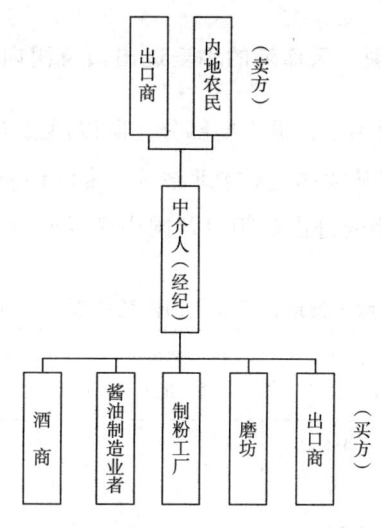

图 3 天津小麦市场的组织

天津的制粉工厂收购的小麦主要来自以下各集散市场：沧州、束鹿[①]、大名、济南、禹城、开封、蚌埠等。以下是其他城市制粉工厂所收购的国内产小麦原料（见表12）。

表 12 一些城市制粉工厂所收购的小麦产地

城市名称	原料小麦产地
唐山	唐山附近以及京津、京汉铁路沿线附近
保定	保定附近以及保定以南的京汉铁路沿线、河南省
石家庄	石家庄附近
沧州	河南、河北、山东各省
青岛、济南	山东省
包头	固阳[②]、五原[③]、临时[④]附近

---

① 今河北省辛集市的旧称，1986年撤销，改设辛集市。
② 今内蒙古包头市固阳县。
③ 今内蒙古巴彦淖尔市五原县。
④ 原文有误，应为临河县，今内蒙古巴彦淖尔市临河区，因临近黄河故道而得名。民国18年（1929），设立临河县。

第三项　天津港的小麦进出口及国内贸易

由于天津在华北贸易中占据主要部分，所以通过了解天津小麦的进出口以及国内贸易，就可以从大体上对华北地区小麦的供需情况有一个预估。

以下是天津港的小麦进出口额以及国内贸易额（见表13）。

表13　天津港小麦进出口额及国内贸易额（1936~1938年）

	出口额（百瓩）	国内销售额（百瓩）	进口额（百瓩）	国内购进额（百瓩）
昭和11年（1936）	22318			
昭和12年（1937）	8799	45		115137
昭和13年（1938）	2134			255560

来源：天津商工会议所的调查。

第三章　落花生

第一节　落花生状况

第一项　河北省的落花生产量[①]

河北省主要的落花生产地有滦东、平津、山东境内和西河流域[②]等。落花生的产量见表14。

表14　花生的产量

山东省	河北省	山西省	察哈尔省	绥远省	合计
14235	10028	261	——	——	24523[③]

来源：华北经济综览。
注：单位是一千市担；一市担=50瓩[④]。

---

① 这一部分谈到的实际上是华北地区的落花生产量，故特别指出。
② 指河北省的西南地区，包括大清河、潴龙河、滹沱河、滏阳河的平原地带。
③ 据表中数据核算为24524。
④ 原文有误，应为瓦。在日语文化语境中、瓦作为重量单位，意为公斤、千克。瓩意为1000公斤，即1吨。

第二项　天津港落花生的进口及购进

关于天津的落花生，根据天津商工会议所的统计，如表 15 所示。

表 15　天津的花生进出口额和销售额（1936~1938 年）

品类		出口额 （百瓩）	国内销售额 （百瓩）	进口额 （百瓩）	国内购进额 （百瓩）
昭和 11 年 （1936）	带壳	33232	3442	—	6
	去壳	3616	431425	—	—
昭和 12 年 （1937）	带壳	14526	2018	—	13
	去壳	7834	422658	—	—
昭和 13 年 （1938）	带壳	16229	昭和 13 年度不详		
	去壳	17389			

从表 15 统计数字可以清晰地看出，用于出口及销售的落花生较多，而从外国进口以及国内购进的则几乎可以忽略不计。换言之，华北、河北省的落花生几乎都是用于该地区的消费或者出口及销售，而几乎没有进口及购进的。

另外，值得注意的是，在出口的时候，带壳落花生的数量要远远高于去壳落花生。但是在国内销售的时候情况则刚好相反，去壳落花生的数量要远远高于带壳落花生。

第二节　天津落花生市场

第一项　天津市场上的落花生流通交易

天津市场上的落花生有三类货，下面我们逐一列举各类货的产地名称。

①南路货：赵家口[①]、陈台[②]、牛家庙[③]、黄河屯[④]、东昌[⑤]、濮州[⑥]、

[①] 今山东省滨州市滨城区赵家口村，临近黄河。
[②] 今山东省滨州市滨城区陈台村，临近黄河。
[③] 今山东省滨州市滨城区牛家庙村，临近黄河。
[④] 查不到黄河屯这个地名，疑为山东省德州市德城区南部的黄河涯镇。减河、沙杨河、岔河、漳卫新河穿越该镇，与河北省景县隔古运河相望。
[⑤] 今山东聊城古城，是东昌府，聊城县治所在地，因大运河经过此地，被誉为"漕挽之咽喉，天都之肘腋"、"江北一都会"。
[⑥] 濮州，清朝山东省直隶州之一，1913 年改濮州为濮县。在 1964 年以前，濮州（县）一直归山东省管辖，1964 年后划归河南省，现为濮阳市范县濮城镇。

白堽①、阳谷②、清河镇③、平阴④、青城⑤、齐河⑥、河城⑦等。

②东路货：滦县、开平、丰润、雷庄⑧、深河⑨、昌黎、古冶⑩、迁安、安山⑪、抚宁、兴城镇⑫、汀流河⑬、卢龙、杨家店⑭等。

③北路货：廊坊、固安⑮、杨村⑯、黄村⑰、香河、顺义、武清、昌平、牛庄⑱、万庄⑲、永清⑳、大安山㉑等。

在以上三路运往天津市场的落花生中，北路货是最多的，但是在品质方面，则是东路货相对好一些。

除以上三路货外，还有被称为"西路货"的，但是其在天津市场上的流通量很少。

接下来我们看一下出货体系。

---

① 今河南省濮阳市濮阳县白堽乡，地处濮阳县东南部，鲁豫交界，黄河大堤纵贯全境。
② 今山东省聊城市阳谷县。
③ 隶属于山东省滨州市惠民县，地处惠民县东南部，南隔黄河与淄博市高青县相接，是著名的黄河古镇，自古为商贾重地。
④ 今山东省济南市平阴县。
⑤ 今山东省淄博市高青县青城镇，民国时期为青城县，1948年与高苑县合并改称高青县。
⑥ 今山东省德州市齐河县。
⑦ 今河北省沧州市献县河城街镇。因前临滹沱河和河间故城，得名河城街。
⑧ 今河北省唐山市滦县雷庄镇，民国时期有火车站。
⑨ 今河北省秦皇岛市抚宁县深河乡。
⑩ 今河北省唐山市古冶区。
⑪ 今河北省秦皇岛市昌黎县安山镇。
⑫ 今河北省唐山市迁西县兴城镇。
⑬ 今河北省唐山市乐亭县汀流河镇。
⑭ 今河北省唐山市迁安县杨店子镇。杨店子原名杨家店。明初燕王扫北（1399～1402年）以后，郭、潘、杨三姓迁此定居。因杨姓人多势大且开了店，遂取村名为杨家店，后改名为杨店子。
⑮ 今河北省廊坊市固安县。
⑯ 今武清县杨村街道，1895年修建火车站。
⑰ 今北京市大兴区黄村镇。清乾隆年间，黄村已经发展成大兴县的一座重要商业活动中心，人烟辐凑，市肆繁华，被誉为"京南福地"。清光绪二十二年（1896）京津铁路筑成通车，于黄村正南设立车站。
⑱ 联系上下文，疑为河北省廊坊市大城县北魏乡牛庄村。
⑲ 今河北省廊坊市广阳区万庄镇。京山铁路（北京至山海关）经过该地，设万庄站。
⑳ 今河北省廊坊市永清县。
㉑ 今北京市房山区大安山乡。

①滦县、遵化①以及卢龙②地区的产品通过北宁铁路运往天津（东路货）。

②大名、南乐以及与之相邻地带出产的产品则是通过京汉铁路以及北宁铁路被运往天津（南路货）。

③密云、怀柔、黄村等地的产品通过北宁铁路运往天津（北路货）。

④深州、武强、献县、饶阳以及肃宁地区③产的落花生通过西河使用船只运往天津（西路货）。

⑤德州、平原、禹城以及其他山东省的产品通过津浦铁路被运输到天津市场，但是其数量较少。

天津市场上集散的落花生几乎都产自河北省，且这些产品主要都是出口商品。最近在秦皇岛，由于冀东南部地区产的落花生（东路货）集散市场慢慢多了起来，所以秦皇岛也成为一个集散市场和出口市场。在天津市场上，除了那些直接运到天津的货物，还有一些是商家直接从产地收购而来的货物。

市场上的卖家对于贸易商除了手续费外，还要征收仓库费，费用为每袋80钱。在天津市场上，人们把第一次运到这里的货物称为"comda cargo"④，即混入杂质需要进一步清理的物品，其中许多货物中确实混有不少的杂质。

华北的落花生除了流向天津外，还有部分流向了济南、青岛、芝罘、秦皇岛等地。

第四章　烟叶

第一节　烟叶状况

第一项　河北省烟叶产量

天津市场上消费的原料烟叶有当地产的烟叶和进口烟叶。如果把当地产的烟叶按照省份来做一个区分的话，如下。

---

① 今属河北省唐山市。
② 今属河北省秦皇岛市。
③ 深州、武强、饶阳属于今河北省衡水市，献县、肃宁属于今河北省沧州市。
④ 原文为此。

河北省：17300 瓩

山东省：57750 瓩

山西省：15600 瓩

察哈尔省：1400 瓩

绥远省：3700 瓩

合计：95750 瓩

来源：天津商工会议所昭和 14 年（1939）天津经济情况。

在华北，山东的烟叶产量毫无疑问是第一位的，其次是河北省。

第二项　天津烟叶的进口及购进

关于天津烟叶的进口及由外地购进情况，按照日本商工会议所的统计，如表 16 所示。

表 16　1936~1938 年天津烟叶的进口及购进情况

	进口额（瓩）	国内购进额（瓩）	出口额（瓩）	国内销售额（瓩）
昭和 11 年（1936）	543241	4126300	—	—
昭和 12 年（1937）	1413237	5527400	—	—
昭和 13 年（1938）	2575148			

可以看出，烟叶的出口几乎没有。华北烟草制造厂所需要的原料远远超过该地的产量。关于烟叶的进口，主要的进口来源国是英属印度、美国。

第三项　事变后[①]我国烟草业者进入华北市场的状况

事变后日本烟草业者进入华北市场呈现出繁荣的盛况。已经有以满洲为基地的满洲烟草[②]、东亚烟草[③]两家公司进入华北市场。在华北、华中纸

[①] 指七七事变。
[②] 满洲烟草股份有限公司（后称满洲烟草株式会社）成立于 1934 年，由日本财阀大川系投资历时两年建成。其主要产品有大地、大秋、协和、春秋、五蝠、胡弓、万寿等牌子的香烟，卷烟最高年产量达 640 万箱。
[③] 东亚烟草株式会社于 1906 年在东京成立，该会社一方面向中国推销卷烟，一方面在大连、沈阳、营口、天津等地建立工厂。

卷烟的生产额，再加上英美托拉斯以及其他厂家，合计年产量为 680 亿~700 亿支。而由于战火的原因，很多中国人开设的烟草工厂都遭受到损害，整体的产能出现下降，这引发了各地都出现了烟草供应短缺的情况。这种情况就给日本烟草业者进入该市场提供了机会。

满洲以及中国大陆的烟草在很长一段时期内都是由英美烟草公司[①]执其牛耳。但是，满洲事件（1931 年）的发生，使英美等势力从满洲被驱逐出去。另外，最近的事变又让英美托拉斯正在从华北、华中地区被驱除出去。现在，在占领军当局以及新政权的保护下，日本人烟草业者进入华北市场并呈现出了一个快速发展的态势。

第二节　天津烟草市场

第一项　天津烟草市场的流通及交易状况

天津市场上流通的烟草大部分都来自河北省，主要产地有河北的定兴、莱水、昌平、曲周、沙河、易县、平谷、阜平、静海[②]以及其他各县。

以下是烟草交易情况及其收购状况。

①个人收购。一到中秋节后，地方集散市场或者中心市场的收购员就会入村，并且设立一个临时收购处，通过现金收购烟草，然后自行运输。

②烟草制造工厂的收购。烟草制造工业会在地方设立一个再干燥工厂，在那里收购后对烟草进行再干燥处理。

③本土烟草的收购。本土烟草的收购与美国烟草收购不一样。具体而言在本土烟叶的产地有一个中介业者（行家），城市里的买家通过该中介者的周旋来收购烟叶。在这种情况下，买卖双方都要各支付 2% 的手续费给中介人。烟叶的交割通常是在院子里完成，包装费、税金、运费等都是由买家支付。

---

① 1902 年、由世界两大烟草企业组织—美国烟草公司和（英国）帝国烟草公司合并而成，又名英美烟草托拉斯，总公司设在伦敦，业务遍及全球。1919 年在上海设立驻华英美烟草公司。

② 原文将涞水写作"莱水"，有误。另，定兴、涞水、易县、阜平属于今河北省保定市，沙河属于今河北省邢台市，曲周属于今河北省邯郸市，昌平属于今北京市，静海属于今天津市。

第五章　河北省冀东地区内各县的民用粮食供需状况及其贸易方

关于昭和12年（民国26年）冀东地区的状况，根据新民会[①]的统计如表17~表21所示。

1. 高粱

表17　昭和12年度（1937）冀东地区高粱供需情况

地区	一年的产量	消费量	多寡	出口地及销售地	进口来源地及购进地
唐山市	1058 石[②]	96562 石	-		满洲、上海以及其他各地
滦县	32587549 斤	65175098 斤	-		满洲、天津
丰润	311630 石	1287000 石	-		唐山、满洲
宝坻县	1322800 石	1320000 石	+	天津、芦台[③]	
香河县	12000 石	23000 石	-		附近各县
抚宁县	92000 石	242000 石	-		满洲
乐亭县	150000 石	350000 石	-		满洲
昌黎县	159300 石	293300 石	-		满洲
宁河县[④]	106600 石	320000 石	-		玉田[⑤]、丰润、玉坻[⑥]、天津、满洲
临榆县[⑦]	24190 石	145139 石	-		满洲

[①] 新民会是日本占领华北后建立的一个宣传组织，其主要任务是：防共反共，收买汉奸，搜集情报，宣扬"中日亲善""大东亚共存共荣"等奴化思想，推行日本的治安强化运动，镇压沦陷区人民的反抗。同时，它控制沦陷区各机关、学校、工厂、农村和各社会团体，举办各种训练班、讲演会等，推行奴化教育和欺骗宣传，直接为日本的侵略政策服务。

[②] 石（dan），容量单位，10 斗 = 1 石。

[③] 今天津市宁河区芦台镇。

[④] 今天津市宁河区。

[⑤] 今河北省唐山市玉田县。

[⑥] 原文有误，应为宝坻。

[⑦] 临榆县，古县名，位于今河北省秦皇岛市海港区、抚宁区、山海关区。清乾隆二年（1737）建临榆县。1954年8月，临榆县撤销。

续表

地区	一年的产量	消费量	多寡	出口地及销售地	进口来源地及购进地
通县①	336602 石	395478 石	-		附近各县
蓟县	94499 石	94180 石	+	天津	
遵化县	101018 石	85919 石	+	附近各县	
三河县	100000 石	100000 石			
怀柔县	8135 石	9678 石			永宁②、四海③
顺义县	30000 石	25000 石	+	天津、北京	
昌平县	123872 石	123872 石			
平谷县	7188 石	23961 石	-		满洲
卢龙县	40805 石	82980 石	-		满洲
迁安县	210000 石	345000 石	-		满洲
密云县	39322 石	39322 石			
兴隆办事处	3716 石	8000 石	-		唐山各地
玉田县	1030 石	3000 石	-		满洲

2. 谷子（粟）

表 18　昭和 12 年度冀东地区粟供需情况④

地区	一年的产量	一年的消费量	多寡	出口地及销售地	进口来源地及购进地
唐山市	451 石	362 石	+		
滦县	3305080 斤	4670160 斤	-		满洲
丰润	56425 石	386100 石	-		邻县、唐山
宝坻县	12000 石	350000	-		附近各县
香河县	36800 石	32500	+	天津	
抚宁县	95000 石	110000	-		满洲
乐亭县	30000 石	30000			
昌黎县	38000 石	48000 石	-		满洲
宁河县	2730 石	130000 石	-		玉田、丰润、宝坻、天津及满洲

① 今北京市通州区。
② 今北京市延庆区永宁镇，系明清古镇。
③ 今北京市延庆区四海镇，被誉为京北古镇。
④ 原文表中有的有重量单位，有的无，按原文不予更改，后文均如此。

续表

地区	一年的产量	一年的消费量	多寡	出口地及销售地	进口来源地及购进地
临榆县	2488 石	21660 石	−		满洲
通县	78297 石	131826 石	−		附近各县
蓟县	93193 石	1060 石	+	天津	
三河县	200000 石	170000 石	+	天津、北京	
怀柔县	19668 石	29668 石	−		大同、宣化、热河
顺义县	54000 石	56000 石	−		张家口
昌平县	142886 石	153497 石	−		张垣[①]一带
平谷县	9404 石	21943 石	−		
卢龙县	24773 石	55486 石	−		满洲
迁安县	224500 石	674500 石	−		满洲
密云县	47923 石	51192	−		热河各县以及邻近各县
兴隆办事处	5426	8000 石	−		热河省兴隆县
玉田县	1500	5200 石	−		满洲
遵化县	95602 石	128630 石	−		热河及邻县

3. 苞米（玉蜀黍）

表19　昭和12年度冀东地区苞米供需情况

地区	一年的产量	一年的消费量	多寡	出口地及销售地	进口来源地及购进地
唐山市	901 石	3609 石	−		
滦县	23729921 石	23729921			
丰润	381970 石	772200 石	−		唐山、天津
宝坻县	14000 石	410000	−		天津及邻县
香河县	195000 石	125000 石	+	天津	
抚宁县	5550 石	5550 石			
乐亭县	110000 石	270000 石	−		满洲
昌黎县	104850 石	54850 石	+	天津	
宁河县	11150 石	155000 石	−		玉田、丰润、宝坻、天津及满洲

---

① 即张家口市，又称"张垣""武城"。

续表

地区	一年的产量	一年的消费量	多寡	出口地及销售地	进口来源地及购进地
临榆县	7765 石	24962 石	-		满洲
通县	834557 石	395478 石	+	京津、邻县	
蓟县	44698 石	44338 石	+	天津	
遵化县	92310 石	76590 石	+	邻县各地	
三河县	200000 石	160000 石	+	京津及邻县	
怀柔县	14780 石	14480	+		
顺义县	250000 石	210000 石	+	京津	
昌平县	196432 石	196432 石			
平谷县	无				
卢龙县	19882 石	①			
迁安县	90990 石	210990 石	-		丰镇②、大同
密云县	13056 石	14690	-		热河及邻县各地
兴隆办事处	12915 石	20000 石	-		热河省兴隆县
玉田县	24500 石	72000 石	-		满洲及天津

4. 杂货

表20　昭和12年度冀东地区杂货供需情况

地区	产量	消费量	多寡	出口地及销售地	进口来源地及购进地
唐山市	482 石	1661 石	-		
滦县	25013544 斤	51027088 斤	-		满洲、天津
丰润	20390 石	51480 石	-		邻县、唐山
宝坻县	108640 石	414200 石	-		天津及邻县
香河县	28080 石	23500 石	+	天津	
抚宁县	4550 石	4550 石			
乐亭县	150000 石	150000 石			
昌黎县	161502 石	191502 石	-		通辽、锦县③
宁河县	20000 石	20000			
临榆县	4165 石	9496	-		满洲

---

① 原文此处没有写消费量。
② 今内蒙古乌兰察布市丰镇市。
③ 今辽宁省锦州市凌海县。

续表

地区	产量	消费量	多寡	出口地及销售地	进口来源地及购进地
通县	173724 石	223140 石	-		邻县各地
蓟县	23173 石	23173 石			
遵化县	115300 石	99596 石	+	邻县各地	
三河县	30000 石	22000 石	+	天津、北京邻县	
怀柔县	16376 石	6989 石	+	北京、天津	
顺义县	210000 石	190000 石	+	北京、天津①	
昌平县	57822 石	57822 石			
平谷县	14324 石	47748 石	-		
卢龙县	27133 石	②			
迁安县	200000 石	550000	-		热河省
密云县	101787 石	103237	-		热河及邻近各县
兴隆办事处	2470 石	3000	-		热河及邻近各县
玉田县	46100 石	72600 石	-		满洲、天津

5. 大米（白米）

表21　昭和12年度冀东地区大米供需情况

地区	产量	消费量	多寡	出口地及销售地	进口来源地及购进地
唐山市	22 石	1123 石	-		
滦县	无	461716 斤	-		满洲
丰润	15539 石	77220 石	-		唐山、天津
宝坻县	无				
香河县	25 石	600 石	-		天津
抚宁县	7500 石	7500 石			
乐亭县	无	2500 石	-		满洲
昌黎县	5160 石	5360 石	-		抚宁县
宁河县	25000 石	60000 石	-		天津
临榆县	无	14174 石	-		上海、满洲
通县	无	71404 石	-		北京及天津
蓟县	9614 石	9614 石			
遵化县	29080 石	58920 石	-		天津、玉田、丰润县

① 原文此处为空。
② 原文此处为空。

续表

地区	产量	消费量	多寡	出口地及销售地	进口来源地及购进地
三河县	200 石	2700 石	—		天津
怀柔县	3168 石	4258 石	—		北京、天津
顺义县	7000 石	9000 石	—		北京、天津
昌平县	7648 石	9148 石	—		北京
平谷县	308 石	1027 石	—		①
卢龙县	12307 石	②			
迁安县	3961 石	5161 石	—		小站[3]
密云县	7191 石	8008	—		邻县
兴隆办事处	191 石	1000 石	—		遵化县
玉田县	420 石	900 石	—		天津及各邻县

第六章　商业团体

现在，河北省存在的商业团体有：①同业公会；②同乡团体（公所、会馆）。以下我们分节对其进行详述。

第一节　同业公会

同业公会的前身是旧制度下的商会。商会诞生于清朝末年，之后被称为"总商会"。虽然商会是一个只有大商人组成的类似商业会议所的机构，但是到了1929年，政府规定在同一城市内，未加入同业者商会的人必须加入，同时组建了全市同业者团体，之后将其改名为同业公会。同业公会成立的目的是加强同业者之间的横向联系，而这些同业公会联合起来形成的一个机构就是现在新制度下的商会，相当于日本的商工会议所。

---

① 原文此处为空。
② 原文此处为空。
③ 小站位于中国天津市东南，临马厂减河。以产优质水稻"小站稻"著名。19世纪末，袁世凯曾在此编练新军。位于大沽海防与天津城厢中间，系京津屏障，进能挡关，退可纵横，乃历代兵家屯兵及防御之地。

华北五省的同业公会总数为1214家，会员数为46925个。现在我们来看一下河北省的同业公会（表22中的为截至1934年末被允许设立的同业公会，会员数表示的是加入公会的商店数量）。

表22 河北省同业公会统计表

行业名称	公会数（家）	会员数（个）
矿业	2	557
家具制造业	3	235
土石制造业	8	170
金属品制造业	12	225
建筑业	10	223
化学工业	12	558
纺织及服装用品制造业	80	2126
饮食品制造业	127	3694
印刷出版业	5	292
杂工业	9	274
农产品贩卖业	9	214
水产品贩卖业	1	61
畜产品贩卖业	4	229
矿产品贩卖业	18	586
中介业	15	81
杂品贩卖业	94	2776
金属制品及电气业	4	114
金融业	16	553
物产租赁业	3	40
旅馆、剧场、浴场、理发业	7	147
交通运输业	12	568
合计	451	13723

注：以上数字全部来自《华北经济综览》。

另外，根据商会统计，在整个华北，商会数量为154家。整个中国商会数为410家，整个河北商会数为60家。以上都是截至1935年6月末被许可成立的商会的数量。

根据天津商工会议所昭和14年度（1939）版的统计，天津同业公会的数量为68[①]家，以下是具体信息（括号内为会员数字）：

天津市银行公会（20）

天津市钱业同业公会（47）

天津市绸布棉纱呢绒业同业公会（27）

天津市金银首饰业同业公会（34）

天津市典业同业公会（23）

天津市房产业同业公会（5）

天津市棉业同业公会（82）

天津市闽粤杂货采办批发业同业公会（10）

天津市五金业同业公会（51）

干鲜果品业同业公会（78）

天津市杂货糖业同业公会（15）

天津市糖果业同业公会（16）

天津市姜业同业公会（9）

天津市纸业同业公会（69）

天津市绳麻业同业公会（38）

天津市自行车业同业公会（39）

天津市洋广货业同业公会（54）

天津市门市布业同业公会（37）

天津市鞋业同业公会（47）

天津市帽业同业公会（48）

天津市南纸书业同业公会（45）

天津市织染业同业公会（480）

天津地毯业同业公会（13）

天津灰煤业同业公会（94）

天津市染业同业公会（35）

天津市皮革业同业公会（109）

---

① 原文写作69家，而据下文的统计应为68家，特此说明。

天津市药业同业公会（39）

天津市烟业同业公会（28）

天津市茶业同业公会（55）

天津市胰皂化妆品业同业公会（53）

天津市运业同业公会（59）

天津市旅栈业同业公会（238）

天津市报关业同业公会（68）

天津市油漆颜料业同业公会（58）

天津市汽水业同业公会（2）

天津市戏园业同业公会（17）

天津市酱园业同业公会（88）

天津市胶皮业同业公会（29）

天津市糕点业同业公会（86）

天津市磁业同业公会（22）

天津市眼镜业同业公会（11）

天津市澡堂业同业公会（11）

天津市电料业同业公会（49）

天津猪肉业同业公会（261）

天津市玻璃镜业同业公会（50）

天津市新药业同业公会（24）

天津市衣业同业公会（47）

天津市炭业同业公会（12）

天津市汽车业同业公会（34）

天津市质业（典当业）同业公会（10）

天津市油业同业公会（58）

天津市竹藤檀木业同业公会（47）

天津市机器漂染业同业公会（10）

天津市度量衡器业同业公会（30）

天津市婚丧租赁业同业公会（52）

天津市照相材料同业公会（9）

河北省东北部的物产流通及其交易状况

天津市料器工业同业公会（16）

天津市教育文具业同业公会（24）

天津市印刷业同业公会（28）

天津市马车业同业公会（47）

天津市斗店业（粮食批发业）同业公会（5）

天津市批发绸缎业同业公会（26）

天津市同业公会①（77）

天津市米业同业公会（51）

天津市皮货业同业公会（145）

天津市海货业同业公会（26）

天津市木业同业公会（54）

天津市线类业同业公会（44）

天津市肥料同业公会（12）

合计：同业公会69，会员数（3638）②

昭和14年1月30日，在北京成立了相当于商会的北京日华商工协会。参加该机构的日方会员数为60家，中方会员数为114家。具体来看的话，日方会员的名单如下。

横滨正金银行北京支店

三井物产株式会社

三菱公司

朝鲜银行北京支店

合名会社③大仓组北京办事处

大仓商事株式会社北京办事处

---

① 原文这样写的，疑有误。
② 原文有误，应为同业公会68，会员数3637。
③ "合名会社"这一名称起源于日本明治时期，是指由两个以上成员组成，每个成员对公司债务负有无限责任的无限公司。其特点是：人的结合比资本的结合色彩更浓，强调成员之间的依赖关系。一般都是继承祖业的家族企业；成员大多为家族成员及亲属。相较而言，株式会社是股份有限公司，股东承担有限责任。

大仓土木株式会社北京办事处
山中商会
日本钢管株式会社北京事务所
日本矿业株式会社北京办事处
信义洋行
株式会社神谷组
钟纺华北办事处
日本制铁株式会社华北办事处
满蒙毛织株式会社北京营业所
国际运输株式会社
株式会社钱高组
株式会社间组北京支店
株式会社三昌洋行北京支店
福井高梨组北京支店
中日实业公司
横山洋行
日本邮船株式会社北京办事员
大日本啤酒株式会社
合名会社生时堂
浅野水泥株式会社北京事务所
永增书局
出光商会北京办事处
日东制粉株式会社
三和工业合名会社北京办事处
株式会社广岛藤田组北京营业所
德昌公司
睦商会
和田组
鸭下制作所北京支店

武斋商行①

上田榻榻米店

东亚啤酒公司

长泰洋行北京支店

三府洋行

高岛屋北京办事处

文林洋行

清水洋行北京支店

涩木组北京支店

株式会社东和公司零售店

株式会社三越大连支店北京办事处

森洋行

伊藤吉三郎商店

阪田组

中兴公司

旭商事公司

京屋

京津洋行

友利洋行

有昌号

天佑公司

喜多洋行

蓬莱园

真部组

森园酒造场

以上共计 60 家

---

① 1885 年武内才吉成立于天津，初期主营照相器材和杂货业务。1900 年庚子事变，武斋商行被毁，靠伪造财产损失清册，得到赔款 50 万两，并无偿得到一块面积约百余亩的地皮。之后改营棉花和羊毛进出口贸易，并于 1907 年在天津小刘庄开设骨粉工厂，逐渐成为日本在天津最大的商行之一，武内才吉也由一个普通小商人一跃而成为知名富豪。

北京日华商工协会中方会员：

钱业公会

粮食杂货栈业公会

银行业公会

酒业公会

杂粮堆栈业（仓储业）公会

北京电气管理局

北京电车公司

北京自来水管理局

北京物品证券交易所

丹华火柴公司

厚生火柴公司

中国制冰所

大和恒面粉分销处

双和盛啤酒制造所

恩成京盐公柜

长顺公油盐店

精益眼镜公司

同德银号

剧场业公会

金店业公会

当业公会

油业公会

账庄业①公会

杂粮经纪业公会

瑞林祥②

东亚印书局

---

① 传统钱业组织。
② 北京老字号"八大祥"之一。"八大祥"位于前门和大栅栏一带，分别是瑞蚨祥、瑞生祥、瑞增祥、瑞林祥、益和祥、广盛祥、祥义号、谦祥益。

万聚斋

裕长厚

积生银号

公义局

稻香村

信诚银号

余大享银号

聚义银号

宝生银号

聚德银号

永增军装局

义丰号

德兴斋

瑞记商会

恒利自行车行

福兴人力车行

五金业公会

兑换业公会

骡马业公会

米庄业公会

绸缎洋货业公会

义和汽车行

崔记经理山海关汽水公司

木业公会

芝麻油业公会

猪类汤锅业公会

茶庄业公会

煤栈业公会

猪店业公会

猪羊肠业公会

布业公会

颜料业公会

服装业公会

运输货栈业公会

皮革业公会

米面业公会

金银首饰业公会

书业公会

干鲜果业公会

鱼业公会

饭庄业公会

烟业公会

长途汽车业公会

估衣业①公会

纸烟业公会

造胰业公会

细毛皮货业公会

帽庄业公会

毯业公会

磁业公会

镜表业公会

油酒醋酱业公会

靴业公会

老羊皮货业公会

浴堂业公会

电料业公会

车业公会

纸业公会

---

① 旧时出售旧衣服的行当。

煤铺业公会

陆陈业①公会

新药业公会

砖瓦业公会

煤油洋广货业公会

纺织染业公会

古玩业公会

染业公会

鸭业公会

旅店业公会

铜铁锡品业公会

采育镇②分事务所

海甸③镇分事务所

干果杂货业公会

印刷业公会

香烛熟药业公会

羊肉业公会

白油业公会

棉花业公会

绦带业公会

玉器业公会

井业公会

国药业公会

糕点业公会

新旧木器业公会

冰窖业公会

---

① 旧时经营碾米、磨面、榨油、酿酒、醋、酱油等的行业。
② 今北京市大兴区采育镇。
③ 今北京市海淀区海淀镇。

东安市场①分事务所

东坝②镇分事务所

照相业公会

珠宝玉石业公会

合计：114家。

第二节　同乡团体（会馆、公所）

第一项　会馆、公所的意义

所谓会馆，是指那些出身于同省或同县且居住在他乡的人，出于相互扶持的目的设立一个具有"同乡人俱乐部"性质的同乡团体组织。据说，会馆起源于明朝末北京的官吏会馆。另外，由工商业者组成的会馆也被称为"公所"。会馆和公所不仅仅是规定了一般性相互扶助等事宜，而且出于职业方面的原因，制定了诸如保护和增进业务上的利益、矫正弊害等规定。如果有不履行制度的人，就会受到严重的制裁。关于会馆、公所发展的过程，中国的政治从很早以前开始大都是以德政为本，这种社会制度与利用法律命令来维护社会秩序的法治社会有着很大的不同。中国的政治制度是政府一方面积极地维持秩序，另一方面保护和促进生产发展。此外，由于中国自然灾害多发，且土匪和内乱不绝，所以人民不能全寄希望于政府来保护自己生命和财产的安全。因此，必须人民自己（联合起来）采取一些防御手段。自我防御的办法，最初是依靠血缘关系组成团体（大家族制度），然后自然而然地扩展到同乡者之间的团体。正是由于以上原因，才在他乡之地诞生了这些会馆、公所。

第二项　北京的会馆

1. 会馆内供奉的神像

北京市内的会馆大部分都会供奉一尊神，下面我们看一下其供奉的神像。

---

① 北京东安市场的位置在东皇城外，地处大名鼎鼎的王府大街。东安市场在1903年开业，是北京建立最早的一座综合市场，因邻近皇城东安门而得名。

② 今北京市朝阳区东坝乡。

(1) 祭祀各同乡者共同的姓氏神。
(2) 关帝庙，供奉关公或者太上老君、灶君爷等神灵。
(3) 根据职业不同，各自供奉守护自己行业的神灵。
(4) 对董事或者会员中有特殊功绩的人进行供养。

2. 北京会馆的数量

    直隶省相关的会馆：16
    山东省：8
    河南省：17
    山西省：33
    江苏省：30
    安徽省：35
    江西省：67
    福建省：28
    浙江省：41
    湖北省：31
    湖南省：21
    陕西省：4
    甘肃省：5
    新疆省：1
    四川省：16
    广东省：36
    广西省：8
    云南省：10
    贵州省：10
    满洲：1
    蒙古：1
    西藏：1
    各业会馆：13

合计：433

3. 浙江新馆章程

第一条 浙江新馆为旅同乡寄住之地，向不准居住家眷，嗣后仍守旧章。

第二条 凡住本馆须乡一人到公会介绍声明确系浙江某县人，经公会允许始得移入。

第三条 凡住馆者先期与庶务科商定住房处所及房屋间数。如欲移动，亦应先期通知。

第四条 如无素识之人在京可以介绍，由庶务科查明确系同乡亦得住馆。

第五条 住馆者，每月每间收大洋二角。

第六条 每年四月间全馆房屋需修理一次。

第七条 凡住馆人不得将馆内物件移至馆外，如有不遵规则，查出议罚。

第八条 本馆雇门房一名以次使用。

第九条 此项章程对于前时住馆者于民国二年十一月一号发生效力，对于续来同乡于议决实行。

4. 浙江老馆章程

第十条 浙江老馆房屋向例不住同乡，嗣后仍守旧章，凡同乡均住新馆。

第十一条 本馆房屋计分南北两区如下：

（一）南区系由大门转弯进南边二门，经游廊至剧台，为全浙同乡开会之用。如有他处团体愿租本馆开会，照湖广馆例收费。

（二）北区由西边二门历讲堂、号舍等项房屋，应即招租。其大门另行开辟。

第十二条 本馆有全浙学校器具、书画等，除公会外，无论何人不得借用。

第十三条 本馆章程如有未备，得随时更正。

5. 全浙会馆碑记
北京的任何一家会馆里都有石碑，石碑上刻有会馆的缘起等信息。
（1）全浙会馆记①

全浙之有会馆也，给事赵公寄园暨其孙鹤皋之所创起也。数十年间一毁于火，再毁于震，向之修葺画栋忽变而为废址荒墟矣。语云莫为之后，虽盛弗传，其洵然欤。予以非才制抚浙之十一郡，辛亥冬，会以事来都入。

觑过其地，辄为感慨唏嘘者久之。而少詹圣湖姚公孝廉荆山潘君方有更新之志，来请于予。予遂与二公黾勉同心，经营擘画，首捐金以为倡，并驰书告浙之僚属及缙绅先生相与共成斯举。不数月间，乐输之金云集，爰命梓人鸠工庀材率作兴事，并嘱住僧静山使董其成，云计馆之始基自门而堂而楼。为区凡四，今尽复其旧制。更以余资买旁舍空地，以扩其基。置佣房二十余，以繁其息。而守是馆者，固不可以露处也。为辟禅室数间，令僧静山风雨晦明，梵香修供于其中。嘻！其亦可云完且美也已。盖是馆之修，始于雍正辛亥，越二年而告厥成功。规模之盛，甲于京邑，其所由来，岂偶然哉。

方赵公之始为创造也，仕非显宦，产仅中人，乃不惜倾囷倒囊，为旅人谋一栖托之所，斯亦奇矣。而再传后因强梁者欲攘为己物，嗣孙鹤皋慨然念先业之就湮，遂徒步走长安，叩大吏之门而诉之。为大吏者不能白，旋复损金三千以收复焉。此其心岂复有爱于慷慨之美名乎？直将以为维古道劝方来也。夫事莫难于谋始而易于图终。然非此邦人士果有魁伟绝特毅然以起衰为任者，则又视非己事而袖手旁观者比比然矣！今少詹姚公孝廉潘君能仿昔贤之旧制而尽复之，抑不独尽

---

① 书院学生在《全浙会馆记》和《全浙会馆碑记》的抄写中有多处错误。今据北京宣南文化博物馆编著《长椿寺》第85页、188页修正之（北京燕山出版社，2016）。

复之而已，且相与拓而大之。噫！此足以见浙之多贤君子。而是馆之设，固将立千百年而莫之废也。遂援笔而为之记。

雍正十二年岁次甲寅正月朔日
太子少保兵部尚书兼督察院右副都御史总督直隶等处地方紫荆密云等关隘提督军务兼理粮饷加十级纪录九次又军功纪录一次彭城李卫撰
中书舍人周景柱书
江南旌德刘弘知①镌

（2）全浙会馆碑记

　　周礼地官遗人掌野鄙之委积，以待羁旅。凡国野之道，十里有庐，庐有饮食。三十里有宿，宿有路室，室有委。五十里有市，市有候馆，馆有积。成周为远人计者至详且密焉。秦汉以后，周制变更，国费繁多，势难复古，于是创会馆之制以妥远人，又明志其某省某郡某县，使各因邦国之远适者各得其所归，是会馆之设得周礼之意而变通之者也。全浙会馆创于给事寄园赵君，君非豪于资者而竭囊橐殚心志历岁月而始溃于成，有门有基有堂有楼厢庑庖湢之属咸具，焕然壮京国矣。给事归，豪强者攘而有之，嗣孙鹤皋走日下讼，大吏终不能白，复损金三千赎归，而前人创造得以不湮，可谓能述祖德者也。后不戒于火，复值地震，向之巍峨巨丽几欲荡为废墟，过其地者每触目而愀怆矣。少詹圣湖姚公孝廉荆山潘君志在兴复，而浙督宫保佑玠李公适当入觐，众以事请，公慨然亦以修废举坠为事，捐资首倡，并告僚属及两浙缙绅之在朝在籍者，人乐输金汇萃鸠工饬材尽力襄事。既复旧观，更饶余赀置买隙地扩充基址，复造佣房繁滋生息，又辟禅室数楹俾寺僧焚修常守。是馆始于雍正辛亥，越二年癸丑乃克奏功饬董，厥任者惟浙僧静山能始终之云。夫全浙之有会馆，欲使浙东西之来邦畿者无栖托失所之虑，诚盛心也。然一见夺于豪强，旋受毁于火

---

① 原文有误，应为刘弘智。

灾，后倾颓于震动，岂事之有利民生者转多摧挫废坏之患耶？然有给事君创建于前，即有宫保、少詹、孝廉诸人修复于后，理有必然，事无中断，从此继而续之，虽历千百世而常新可也。然则是举也以安旅人恤羁客也，以庇乡国念桑梓也，以承前德重经始也，以示后人望绍述也，而总以变通周礼遗人得先王周被远人之意。一事而众善备焉，不可以不书于是乎书。

赐进士及第

诰授光禄大夫 予诰太子太傅文渊阁大学士兼礼部尚书海宁陈元龙撰
赐进士出身 日讲官起居注翰林院侍讲学士许王猷书
雍正十二年岁次甲寅正月日立
江南旌德刘弘智镌

以上完！

汉口地区的物资交流与合作社[*]

昭和 16 年 11 月 10 日

4 年级甲组第 21 班　　窪田元次郎

目　录

绪　论

吕集团地区[①]合作社

第一章　合作社设立运营要领[②]

　　第一节　县合作社设立要点

　　第二节　县合作社运营要领

　　第三节　湘鄂赣合作社联合会设立运营要点

第二章　吕集团地区各县合作社

第三章　指导各县合作社时必要的意见和建议

　　第一节　各县合作社报告

---

[*]　该文系东亚同文书院第 38 期学生窪田元次郎和调查组成员于昭和 16 年（1941）进行的调查，原文见《东亚同文书院中国调查手稿丛刊》第 184 册，国家图书馆出版社，2016。另，本篇调查报告原件首页有"秘""严禁外部发表"等字样（手写体），据此可知，本报告内容涉及一些机密内容。

[①]　"吕集团"为侵华日军第 6 方面军第 11 军的代号，下辖第 58 师团、独立混成第 22 旅团、独立混成第 88 旅团。"吕集团"始建于 1938 年 9 月，首任司令官为冈村宁次，该军参加了武汉作战、南昌会战、随枣会战、上高会战、长沙会战、常德会战等战役。1941 年 9 月 18 日，吕集团与湖南的国民政府军展开"第一次长沙作战"（日本人称之为"加号作战"）。

[②]　为支持长期战争，吕集团对该地区的物资购销进行了严格的军事管制，先是在武汉成立了由 14 家合作社组成的军需物资进出口联合会，重在对该地区的出口物品进行管制。此后出于进口紧缺军需物资，且避免流入敌方的考虑，又在汉口成立了由 13 家合作社组成的宣抚用物资（军用物资）配给合作社联合会。至于汉口下面的各县市，则在分别成立合作社的基础上建立了湘鄂赣合作社联合会，重在对满足军方需求后的过剩物资进行交易，以满足地区治安和发展生产的需要。三个联合会之间是平行关系，但联系紧密，共同受到吕集团的领导。本文重点谈的是湘鄂赣合作社联合会的运营及存在问题。

第二节　占领军特务部指导要领

第四章　各县合作社及联合会企业状况

第一节　各县合作社企业状况表

第二节　联合会收入统计表

第三节　各县合作社的通货政策状况

第五章　结语

绪　论

　　七七事变后，由于扬子江被封锁，汉口地区的一般进出口业务停滞，所以，商社和商人不再是一般意义上的商品买卖者，而是承担起了与军队在作战方面处于平行关系的"宣抚的使命"，亦即承担战时经济、维持地区安定的角色。在这种情况下，这些商人所经营的东西自然也是具有战时经济性质的宣抚用品。

　　以上这个根本性的前提使得成立合作社[①]很有必要。虽然也有人提出了在汉口陷落后应该成立垄断性合作社的方案，但因垄断不利于恢复生产，因而遭到了军方的反对。最后，在军方的指导下，成立了"搬入（进口）合作社"，紧接着成立了"搬出（出口）合作社"。

　　"搬出合作社"与"搬入合作社"联合起来后，又成立了武汉军需物资"搬入搬出合作社"联合会，亦即武汉军需物资进出口联合会，由经营以下14种商品的合作社组成。

　　　1. 棉花合作社

　　棉花、飞棉、屑棉、落棉。

　　　2. 麻业合作社

　　苎麻、黄麻、线麻、市皮、屑麻。

---

① 日语中的"合作社"有两个意思，一是指各种行业协会、公会、合作社，二是指企业里面的工会。显然，这里指的是前者。

3. 皮革业合作社

生皮类、骡马类、水牛皮、黄牛皮、山羊皮、毛皮类、兽皮、其他。

4. 桐油业合作社

桐油。

5. 鸡蛋以及鸡蛋制品合作社

生鸡蛋、鸡蛋制品（蛋白、蛋黄、蛋粉）。

6. 畜肠业①合作社

猪肠、牛肠。

7. 畜禽毛业合作社

猪毛、家鸭毛、鹅毛、其他（鸟）羽毛、牛毛、马毛、其他毛发以及人毛②。

8. 生丝业合作社

生丝、茧、副蚕业。

9. 粮食及农用肥业合作社

米、大麦、小麦、面粉、麸、淀粉、胡麻、胡麻粕、大豆、大豆粕、棉籽、棉籽粕、菜种、菜种粕、落花生、落花生粕、蚕豆、豌豆及其他豆粕、玉蜀黍（玉米）、高粱、绿豆、糙米、牛角、牛蹄、牛骨以及其他兽骨等。

10. 山货业合作社

五培子③、松脂、筒④、竹材、竹皮、棕榈、蒟蒻子、百合、果实类、纸、藤、木炭、木材木制品、席、药材、莲子、木耳、胶、榨业⑤、贝壳及真贝纽扣、麻、破布、破棉、棉丝屑、旧棉（褥子）。

---

① 原文写的兽肠业合作社。考虑到兽含有未经驯化之意，显然这里是驯养家畜之意，因此改为畜肠业合作社。
② 指人的头发。人不属于畜禽，故特加注释。
③ 原文有误，应为五倍子。
④ 疑为竹筒。
⑤ 原文这样写的，疑有误。

11. 矿产品业合作社

矿石、锑、铁矿、铅矿、锰、钨、亚铅矿、水银等有色金属类及其产品等。

12. 石膏业合作社

石膏。

13. 油脂业合作社

皮油①、牛脂、白黄蜡（蜜蜡）、大豆油、棉籽油、秀油②、洪油③、油脚渣、茶油、落花生油、菜籽油、胡麻油。

14. 漆业合作社

生漆。

联合会的会长由日本军方指定的正金银行总经理佐藤担任。联合会在占领军特务部的指导下，首要任务是满足军队自给自足的要求，在此前提下才将富余商品搬运出来投放市场。换言之，联合会根据占领军特务部的指令，首先决定出口（搬出）商品的种类，用以获取日本紧缺且必备的资源和外汇。如果该类商品存货有富余的话，再将其运到市场上，以此来起到调节市场的作用。

联合会的出口商品首先优先出口日本，且以获取日本紧缺且必备的资源为第一要务，第二个目的才是通过出口获取外汇。

通过合作社收购的产品，必须按照军方的指定价格向军方交货。另外，如果要将其收购的商品搬运出去的话，还需要经过联合会向占领军经

---

① 皮油即柏脂、柏油。指从乌桕米子壳外层取得的白色蜡状物质，可制蜡烛、肥皂等。
② 秀油，桐油的一种，系重庆市秀山土家族苗族自治县特产，中国国家地理标志产品。秀油是一种以木本油料——"油桐"为主要原料，通过传统工艺配方、精心熬炼制成的优质防腐涂料。其色如茶，透明，汁浓，广泛适用于船舶、农具、家具和海中建筑物的涂刷装饰。具有附着力强、干燥迅速、防潮、防腐、防锈、耐酸、耐碱，防船底螺蚌粘附以及青苔滋生，减少摩擦力等特点。
③ 洪油，桐油的一种，系湖南省怀化市洪江区特产，中国国家地理标志产品。清咸丰末年，秀油制作技术传入洪江。油商们在制作秀油的过程中，锐意创新，精心研究，大胆试验，从改革制作工艺入手，合理配方，将梓油、洗油按比例混合，熬炼制成一种新的油品，名叫"洪油"，成为久盛不衰的名优特产，驰名中外。据《中国实业志》记载："鼎盛时期，同业（洪油业）有十六七家之多，运出桐油（洪油）二十万担以上，值七百万元（银元）。"

理部提交一份记载有买卖交易要领的军需物产搬出许可申请书，然后才能办理军需物品运输的手续。完成物资搬运的人还需要将带有汇兑成交的银行证明的报告经联合会提交给军经理部。

而且，除了棉花、皮革（结成了株式会社这样一种组织形式）、麻（麻业合作社被解散，去年7月1日成立了日华麻业株式会社，资本金为300万日元），其他物资在市场上的买卖都是自由的。

由于军方的收购价格较为低廉，再加上运输成本因素的影响，出现了抑制出货（指农民嫌价格低，不愿意提供商品）、影响市场供应的一些倾向。

关于进口（搬入）配给，除了要在汉口陆海军业务部和汉口日本总领事馆的统制监督下进行以外，在汉口还成立了以下13家具有强烈战时经济性质、避免为敌方所用的宣抚用物资配给合作社联合会，具体如下。

① 棉纱布——汉口棉纱布同业合作社
② 人造绢丝布——汉口人造绢丝布同业合作社
③ 烟草——汉口烟草同业合作社
④ 砂糖——汉口砂糖同业合作社
⑤ 矿油——汉口矿油同业合作社
⑥ 火柴——汉口火柴同业合作社
⑦ 金属物——汉口金属物同业合作社
⑧ 木材——汉口木材同业合作社
⑨ 染料工业用品——汉口染料工业药品同业合作社
⑩ 纸类——汉口纸类同业合作社
⑪ 粮食产品——汉口粮食产品同业合作社
⑫ 煤炭——汉口煤炭同业合作社
⑬ 杂货——汉口杂货品同业合作社

以上13家合作社包括307家商社。该联合会的会长由台湾银行汉口分行的行长担任。联合会在占领军经理部的控制下对各种进口的物资进行管制。

每一个行业的合作社要对武汉地区合作社交易物资的供求关系进行调查，每三个月制作一张进口计划表经联合会提交给占领军当局。

占领军当局则从母国日本所需物资的多寡、军票价值维持以及军需品筹措等角度来决定进口商品的种类、数量。如此一来，想要进口的物资首先需要提交处置①申请，然后等待审批。这个时候，由于军方严格取缔那些像金属物品、纸类、矿油、工业药品等对敌方有利的物资，以防止它们流向敌方地盘，所以申请人除了提交处置申请，还需要同时提交一份需求证明书。进口额在昭和16年（1941）4月份为1500万日元左右，及至5月份减少至七八百万日元。

以上就是以汉口为中心的物资流动的主要路径。至于汉口下面的各县市，还存在一些像批发商、合作社以及商社等从事物资交易的机构。

设立该类合作社②的目的虽然是为了实现军方的自给自足，帮助实现物资的本地调配，但是其与一般的金融合作社以及农事合作社不同，该类合作社主要在流通领域进行合作，成立时最根本的宗旨在于为军方的作战宣抚政策服务。

下面，我们对承担物资流动功能的合作社情况做一个介绍。

吕集团地区合作社

第一章　合作社设立运营要领

第一节　县合作社设立要点

作为获取物资的一个具体方案，在各县设立合作社。

1. 名称

XX县合作社。

---

① "处置"对应的日文原文为"拂下"，指将政府所有的土地、资产等出售给民间企业。
② 此处及下文中的合作社与我们现在意义上的合作社不同，简单来讲，就是指日军在其占领区内，为了筹措物资等而设立的一种机构。

2. 业务

（1）向日军交付必要的物资；

（2）买卖以及加工民用物资；

（3）从事与前两项业务相关的仓储、运输；

（4）资金融通以及受理存款（目前正在探讨中）；

（5）为达到其他目的而经营的业务。

3. 组织

（1）系统

联合会（联合社）—县市组织（单位社①）—乡镇组织（分社）

根据治安等情况，在一些不方便设立分社的区域，以单位社的形式开展业务，直接向联合会负责。

（2）社员

①社员分为以下两种：

正社员：独立经营的机构（指私人商业企业）；

特别社员：相当于公共团体的企业机构（指大型商业公司，如株式会社等）。

②居住在本区域内的人可以自由加入合作社，但尤其要引导当地有实力的商人以及从事专门业务的有经验的商人加入本社。

③关于出资，正社员为1股5日元，特别社员为100日元，前者允许分期付款。

社员的责任为有限责任。

4. 区域

在吕集团地区内，以每个县作为1单位社的经营区域。

5. 资金

（1）社员出资；

（2）借款。

但是，出资的时候允许实物出资。

---

① 指以县市为单位建立合作社。

6. 特殊优惠

（1）为了合作社的发展对必要的税费给予减免；

（2）政府保证给予低息贷款；

（3）其他。

7. 监督

我们希望合作社进一步充实自身的自治监察机构，同时希望占领军政府能够对其进行合适的监管（具体而言，在县上，希望县里的指导机构能够直接监管；在汉口，希望占领军特务部能够对合作社进行直接监督）。

8. 职员

（1）总社的职员构成：社长1人，副社长1人，理事若干人（3~10位），监事若干人（5人以内）。

（2）虽然职员原则上要聘用中国人，但是在负责指导监督的各机构内都要招聘若干名日本人。

9. 实施的日期及方法

合作社按照以下要领尽可能早日成立。

（1）各级负责具体执行的机构应该尽可能同时成立合作社，并充分发挥其功能。但是，对于目前将扩充单位社数量作为其工作重点的联合会来说，随着其下级机构的发展，应该逐渐让其变得更加充实和完整。

（2）各级机构都应该服从占领军政府的管理，对于希望自治的社员也应给予相应的指导。

（3）目前应将重点放在购置日军生存所必需的物资（购买日本需要的工业原料以及能够换取外汇的商品，该业务主要由日本商社负责）、军票交换、生产资金的融通、受理存款以及其他小规模的业务上。对于那些大规模的事业（大工业）等现在还不宜进展。

（4）在开展业务的时候应该将重点放在物资的获取上，确保物资获取与生产政策处于一种紧密衔接的状况。

（5）关于在合作社购买日用杂货，应该让买家优先购买宣抚用物资（也包括当地的一些产品），借此为战争积累资金。

（6）合作社收购上来的物资应尽量与日本地方工商业的情况保持紧密的联系。

（7）巩固合作社的基础，在其普及之前，一方面承认现有各行业企业的活动，另一方面应该尽快对这些企业进行指导与管理。

（8）针对将来可能发生的现存各企业的转行考虑经营对策，进行调查研究。

第二节 县合作社运营要领

目前是依照以下要领进行运营（见图1）。

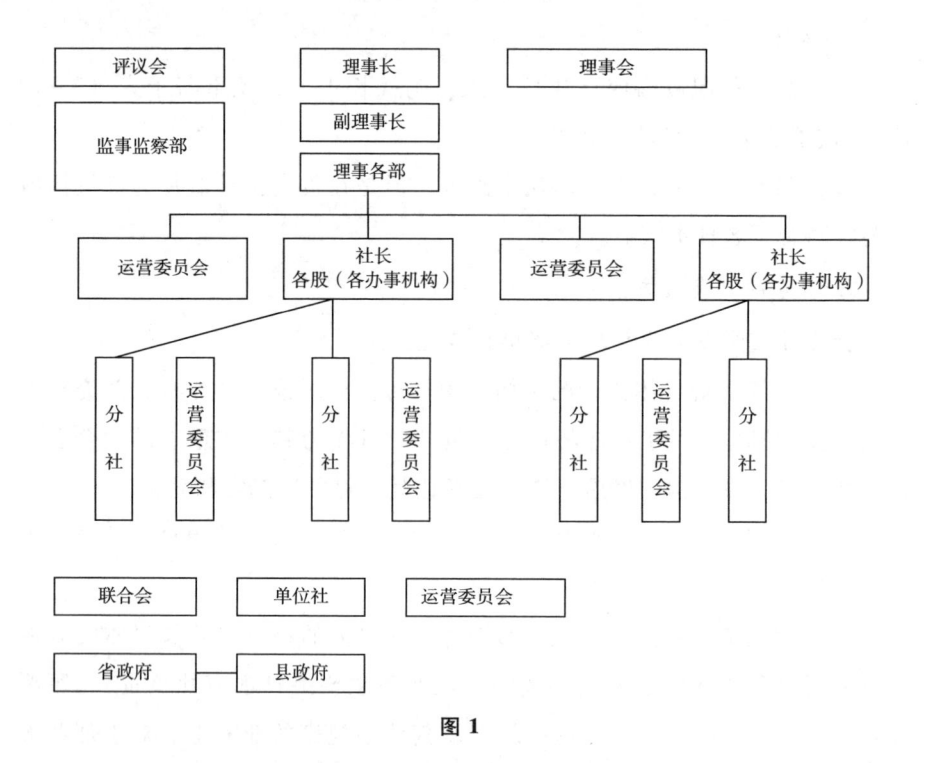

图1

一 业务体系

各总社之间，各分社之间相互联络。

（一）各级机构的业务

（1）县合作社以其所在县市为区域，指导监督分社的业务。

（2）汉口的联合会从事以下业务：

①负责销售县合作社收购上来的生产物资。

②购买或配给县合作社的生产及生活所需用品。

③经营前两项中的附带业务，比如运输或仓库业务等。

④对县合作社进行融资。

（3）业务上的监督

在监事以下设监察部，负责监察各级机构的业务。

（二）运营

（1）目前主要着眼于在当地收购军方急需的物资（粮食、蔬菜、柴禾[①]、肉类、调味品、木材、稻草加工品、山货、药材等）。此外经营一些简单加工的民用物资的买卖以及汇兑等业务。

（2）本年仅仅是一个试运营期，目的仅仅是最大程度发挥合作社的自治能力，对于其成效，我们拭目以待。

（3）本年度我们在综合上一年度合作社成效以及各种调查资料的基础上，对各县合作社应该向日军供应的各种物资的数量进行分配，确保军方所需物资能够足额交付。

（三）管理

（1）合作社原则上采取自治。

（2）考虑到合作社向日军供应的物资的利润非常少，同时物资也有损耗，我们采取以下方法：

①在初期尽可能提高军队的收购价格，或者使其收购价处于一个合适的水平。

②开始经营食盐的配给，确保一定量的固定的利润。

③优先收购宣抚用物资、军票[②]交换用物资。

④对于那些供货成绩优良的商家设定一个比例，发给其奖金。

[①] 做燃料用的柴火、杂草等。

[②] 在侵华战争中，日本发行了大量的军票，并逐渐扩大流通范围。1940年夏实施内地交易许可制，公共汽车、火车的运费一律采用军票，购买邮票也要使用军票等。1940年以后，军票对法币市价上涨，1938年11月1日，军票对法币的价值公定为法币百元换军票80元。至1941年10月，军票40元兑换法币100元，法币陷于大暴跌状态。

⑤为了获得只有某个县才出产的稀缺物资，除了给其提供必要的行政上的便利外，还可以考虑设立特别补助金制度。对于这些物资的运输也尽可能提供一些必要的援助或者做一些协调的工作。

（四）与日资商人之间的协调

（1）除了日本国策株式会社（现在的武汉交通①、武汉制茶②），关于其他日资会社的物资收购，根据会社的类型等来决定与之相匹配的领域（地域、品种、数量等）。

（2）对于地方会社，虽然在"使日方资本逐渐加入地方会社"的方针下，我们正在指导中国一方进行变革，但是眼下根据实际情况需妥善处置。

（3）军需物资的分配量、超出的数量以及军需以外的物资，原则上需通过合作社联合会销售给负责宣抚用物资的进出口合作社以及日资商人。

（五）金融

（1）目前应在合作社设立金融部门（那些有银行独立从事金融业务的县除外）从事军票的交换业务，特别是食盐以及宣抚用物资的销售必须使用军票进行交易。

（2）军票交换所得的法币必须统一归中江实业银行③管理。

（六）进行物资交易业务上的注意事项

为了确立合作社的基础，使其能够顺利经营下去，需要留意以下注意事项：

（1）对于政府的各种政策要给予协助。

（2）努力消除物资不均衡的现象。

---

① 1939年9月，日本横滨电铁株式会社和伪武汉特别市政府各投资50万日元，合办武汉交通股份有限公司。公司采用日本记账方法，财务稽查都是日本人。
② 1938年10月日军占领武汉后，将未逃走的中国茶叶公司全部侵占，由三菱公司名义成立武汉制茶会社。
③ 1938年10月日本占领武汉后，成立了中江实业银行。石星川（1943年10月任伪汉口市市长）先后担任董事长、总裁。该行是华中地区成立的第一个伪银行，充当了日本在华中经济侵略的先锋。其分行计有武昌、沙市、应城、九江、信阳、岳州等地，所缴纳之资本金亦为军票，等于军票的专门银行。

（3）努力减少生产者和消费者之间的价格差（避免商业利润过高）。

（七）生产的指导奖励

合作社应该意识到本机构是华中地区对占领军政府的各项政策最为支持的一个机构，合作社所有的业务都应该响应政府的生产政策。对于那些政府鼓励生产的产品的交易，尤其应该给予优待。合作社应该显示出积极支持政府政策的姿态。

（八）受理存款（目前正在研究中）

（1）吸收大额存款，奖励小额存款等。

（2）在当下时期，尽可能不要把存款用于投资，而应该使取款变得更加简易和顺畅，努力提高人民对合作社的信任。

（九）对分社的监督

以下事项需要社长的同意：

（1）每一年度的业务计划；

（2）超出本社规定金额的贷款；

（3）营业所的设立；

（4）每月制定的业务计划书及其变更；

（5）达到一定金额以上的资金的处置（金额由总社规定）；

（6）其他。

以下事项需要报告社长：

（1）概算表（每月）；

（2）资产负债表（每月）；

（3）业务状况。

①社员数；

②出资总额以及已付清的出资额；

③存款额；

④现金；

⑤交易额；

⑥生产指导状况。

必须按照总部规定的样式。

第三节　湘鄂赣合作社联合会设立运营要点

一　目的

为实现管理各县合作社、谋取各方面便利之目的，特设立本合作社联合会。

二　名称

本会的名称是：湘鄂赣合作社联合会。

三　业务

（1）对集中到合作社的物资进行销售方面的协调，避免滞销。

（2）帮助合作社在购买生产、生活必需品时做必要的协调，推动占领区生产的恢复和发展。

（3）为实现其他目的所从事的业务。

四　会员

各县合作社。

五　区域

湘鄂赣豫地区。

六　经费

经费由会员承担，但是可以从省、市政府，汉口市商会获得补助金。

七　监督

除了完善联合会的自治性监察机构，联合会还需要接受相关政府部门的监督。

八　职员

联合会的职员构成如下：

（1）理事长1名；

（2）理事5名；

（3）监事3名。

另外，可以根据需要设置顾问。从理事中选出1人为常务理事。联合会的职员或顾问由相关政府部门指定。

九　运营

（1）合作社联合会经营的物资为各合作社直接向军方供应后的过剩物资，以及没有必要向汉口军方供应的军、民用物资。同时，对于合作社在购买生产、生活必需品时进行协商。

（2）区域内的各种调查。

（3）对于联合会协调下的物资的销售以及收购，联合会应该与武汉的搬出（出口）合作社、汉口市商会保持密切的联系，协助本地区物资进出口业务的开展。

（4）协调物资。

吕集团所发第363号令第3条中规定的物资（棉花、麻类、羊毛、毛皮、桐油、皮革类、松脂、皮油、空瓶类、非铁金属及非铁制产品等）除外的其他物资，合作社在与那些得到吕集团经理部长许可的日本商社进行协商时，联合会可以从中协调。

（5）在金融方面，联合会应该与中江实业银行保持密切的联系。

（6）业务体系如下。

联合会的工作成员现在是以下几位：

理事长：袁范宇

常务理事：安冈至

理事：村边繁一

理事：张镜南

理事：佐佐木义纯

理事：余静安

监事：刘立藩

监事：章振铎

监事：谷野孟

以上资料摘抄自吕集团地方经济设施具体方案。

昭和16年6月　阿南部队特务部

第二章　吕集团地区各县合作社

以下是吕集团地区各县合作社的一览表（见表1）。除潜江合作社的资金为法币外，其余合作社的资金均为日元。

表1　吕集团地区各县合作社一览

县名	合作社	社长	资本金（日元）	实付资本金（日元）	汽车（辆）	摘要
应山	产销合作社	韩达民	300000	300000	4	
应山	马坪合作社	周海泉	10000	10000		分社
信阳	豫南合作社（日）		(8934942)			
信阳	豫南合作社（日）	许统州	100000	100000	1	市川丰次（其中乘用车1辆）
黄冈	中央合作社	罗荣袁	200000	98350	8	菊岛三平
麻城	麻城合作社	叶照卿	12595	12595	5	高木奥陆夫
阳新	阳新合作社		(50000)			
阳新	阳新合作社	昌谦	100000	100000	5	金井永瑞
汉川	汉川合作社	汪少臣	60000	60000	5	
京山	京山股份有限合作社	朱普	20000	20000	6	分社：宋河镇社长刘宝珊
通山	有限股份合作社（日）	张若星	30000	(15000)	5	包括宗河镇[①]1辆汽车
鄂城	鄂城合作社	曹金臣	10000	10000	5	分社：黄冈
鄂城	葛店合作社	张先芳	10000	10000		
鄂城	华容[②]合作社	夏国幹	11000	11000		
鄂城	团风合作社	柳学州	200000	20000[③]		三山勇

---

① 原文这样写的，但查湖北省通山县，查不到宗河镇这个地名。疑为京山县宋河镇的1辆汽车，暂由通山有限股份合作社（日）使用。
② 今湖北省鄂州市华容区。
③ 该行资本金是200000，实付资本金是20000，相差太大，疑抄写有误。或者前面写错，或者后面写错。

续表

县名	合作社	社长	资本金（日元）	实付资本金（日元）	汽车（辆）	摘要
金牛镇①	金牛镇合作社（日）	余捷三	10000	10000		新居政一
咸宁	产业合作社		(1834950)			
咸宁	产业合作社	王仲茂	54800	50000	6	其中乘用车1辆，福田义一
潜江	潜江合作社	调查中	40000（法币）			
九江	九江合作社	黄康年	20000	8000	1	
庐山	庐山合作社	调查中	40000			
广济	运销合作社	刘仲修	30000	30000		
孝感	产业合作社（日）	朱仲宇	500000	239319	3	包括前田利雄等10人
应城	应城合作社	敦仙源	100000	100000	4	提久叶
天门	有限合作社	萧佐之	100000	100000	7	分社：兼久
天门	皂市合作社	胡丽川	40000	40000	2	
臼口②	旧口合作社	调查中	150000		2	
黄安③	河口镇④合作社	韩子刘	3500	3500		
临湘	临湘合作社	舒家荣	15000	15000		中崎、山下
云梦	云梦合作社	曾茂如	12959	12595	2	津田一
嘉鱼	嘉鱼合作社	庞励堂	60000	60000	1	
蒲圻⑤	蒲圻合作社	龚体仁	7000	7000	1	

① 今湖北省大冶市金牛镇。该镇有悠久的商贸历史，"小汉口""金金牛"的美誉闻名鄂东南。
② 今湖北省钟祥市旧口镇，是钟祥市四大古镇之一。
③ 今湖北红安县，新中国有名的将军县。诞生了董必武、李先念两任共和国主席，走出了韩先楚、陈锡联、秦基伟等223位将军。
④ 今属湖北省孝感市大悟县管辖。河口镇地处澴水东西河汇合处，故谓之"两河口"。该镇地跨南北驿路，坐落澴水之滨，得水陆交通之便，商客纷至，贸易日兴，渐成集市。清末民初，有商号、作坊120家。汛期，每日有百余条货船停靠埠头，货运频繁，客商云集，有"小汉口"之称。
⑤ 1998年改名赤壁市，隶属湖北省咸宁市。

续表

县名	合作社	社长	资本金（日元）	实付资本金（日元）	汽车（辆）	摘要
希水[①]	巴河[②]合作社	邹锦珊	25000			分社：兰溪镇
南昌	南昌合作社	朱方隅	12000	12000	2	
新建[③]	新建合作社	李华觉	20000	20000	2	
武昌	武昌合作社	熊济夫	300000	248040	17	分社：山坡、进口、青山、油坊岭、张坊
汉阳	汉阳合作社	王邦屏	200000	180000	8	分社：黄陵矶、新沟
黄陂	黄陂合作社	邓涂初	40000	38040	4	
大冶	大冶合作社		(50000)			
大冶	大冶合作社	张宜臣	20000		12	分社：石炭遥、黄石港、铁山铺、保安镇
安陆	安陆合作社（日）	陈龙	20000	11860	3	田上雅美、田中弘
安义	安义合作社	调查中	144300	144300		
星子	星子合作社	调查中	8000	8000		
荆门	荆门合作社（日）	申冲	100000	25000	3	
荆门	沙洋[④]合作社	方仲权	100000	100000	5	其中乘用车 3 辆
黄梅	黄梅合作社	调查中	100000	19800	2	
宜昌	宜昌合作社	铁桢白	100000	100000	2	
崇阳	崇阳合作社	调查中	调查中		1	
钟祥	钟祥合作社	调查中	调查中		3	
随县	随县合作社	张寿宣	调查中		1	
沔阳	沔阳合作社	调查中	调查中			
蕲春	茅山铺合作社	调查中	调查中			

注：（ ）表示融资；（日）表示日资。

① 原文有误，应为浠水。
② 巴河镇位于湖北省浠水县西南部，地处长江与巴水河交汇处。因交通便利，明清时各地商贾云集于此经常进行贸易活动，有小汉口之称。
③ 今江西省南昌市新建区。
④ 今湖北省荆门市沙洋县。

以上 48 家合作社中，实付资本金一栏之所以有空白，是因为月报尚未到达，目前正在联系中。

从总体上看：

本社（资本金 10 万日元以上）：15 家

本社（资本金 10 万日元以下）：28 家

分社：20 家

有日资加入的合作社：6 家

资本金（本社）合计：3825413 日元（4 月份月报）

军票：3215790 元

法币：40000 元

实付资本合计：270268（4 月份月报）

中江实业银行融资：22269892

（拥有）日本职员：13 家

以上资料摘抄自《经济设施具体方案》

第三章　指导各县合作社时必要的意见和建议

第一节　各县合作社报告

一　汉川县

（1）滞留货物：无。

（2）短缺物资的对策：最近出现短缺的物资有石油、木材、钉、粉煤、米等。目前正在加紧研究对策。

（3）木材几乎处于断货状态。现在，不管是新建还是修理房屋，使用的都是战时遭到破坏的房屋的旧木材或者空箱子。由于木材短缺出现了价格上涨、品质降低等问题，居民也因此而苦恼。现在，我们要对成立时间还不长的合作社进行指导，对于如何获取木材，我们正在研究对策。

（4）石油现在大约进口了800罐，仍然不能满足居民的需求。另外，考虑到石油有流入敌方阵地的危险，所以目前正在用其他油类产品来代替石油，或者通过节约消费等来控制其需求。

（5）对融资的渴望：将来随着合作社业务的不断扩大，融资的需求也会产生。

（6）对于扩大生产和利用的意见：与上月设立的农村畜产试验场保持紧密的联系，希望其能够对农作物和家畜的品种改良以及增产等做出贡献。

（7）现阶段不认为需要雇佣专属的指导员。

二 临湘县

（1）由于针对日本商人的实际需求证明书的发行工作由合作社专属指导员负责，所以目前采取的对策是在县内调查物资的消费量，或者规定合作社和日本商人的经营范围，在消费量的范围内对其实行许可制，防止物资流入敌方境内。

（2）物资搬出（出口）汉口的许可，如果进展非常缓慢或者根本就没有收到回复的话，抑或错过了时期，有大量货物滞销的话，这些情况对于资本比较小的合作社会造成很大的影响。今后将会是茶叶的上市期，必须尽快下达搬出许可的命令并且确保物资真正能够收购。

三 孝感县

（1）滞销物资的处理对策。虽然现在处于物资出货量（指上市量）较少的时期，几乎没有滞销的物资，但是将来物资的滞销是必然要发生的。对于其处理对策，应该是跟地方合作社保持紧密联系，或者委托中央合作社进行销售。

（2）短缺物资的对策。孝感地区短缺的物资有：竹、木材、钉、白铁皮、机械油、染料等，现在正在尝试和各机构联系，以期能够缓和这一情况。另外，由于这些短缺商品都属于汉口禁止的运出商品，很难运进（孝感）来，所以现在正在向兵团经理部申请运入必需量的产品。为了防止这些物资流入敌方境内，在配给这些物资的时候必须非常小心，这点自不必赘言。在许可运入这些物资的同时，必须做好最优的妥善配给方法的准备。

（3）对于融资的希望。虽然实付资本金已达 23 万日元，但是各分社仍处于股本未支付的状态。由于各分社都在 4 月 1 日开始营业，并努力收缴股本金，所以估计很容易就能够达到我们所预期的资本金额度，除此以外我们认为没有其他融资的必要。

（4）关于生产扩大和利用的意见。农产品品种的改良委托给县农事试验场，该试验场除了对肥料耕作等业务进行指导外，还要设置针对区公所或个人超额生产的奖励金以及补助金的发放规定。如果能够通过给予或提供各种优先权的办法保证民众利益的话，我们认为将会取得非常好的效果。

（5）委托指导员（会计相关）。应该马上雇佣一批业务熟练的人，对于中国人也有必要进行指导。

四　应山县

无。

五　汉阳县

（1）本县合作社自成立以来，对于军方所需的物资，都是通过合作社进行收购。同时对于县下面土产品生产额的调查等工作也是委托给合作社进行的。在收购物资时候，虽然一直强调不管是价格的统制还是民需物资的配给等都要服务于军队作战的需要，但是目前县下面的物资收购情况是：在合作社的交易之外，日本人（包括公司）、中国人等私下的土产品物资交易也在不断地进行着，这种情况对于合作社的运营以及军方的作战可能会产生一些影响。就现状而言，可以预测今后将会遇到很多困难。

（2）短缺物资的对策。最近处于短缺状态的物资有：米、煤炭、木炭、柴禾、染料、钉、石油等，虽然也从汉口等地采购了一些物资，但是仍然不能满足民用需求。针对这一问题，我们正在指导当地通过采取节约消费、增加生产等措施来缓和目前物资短缺的状态。

（3）关于生产扩大利用的意见。①生产的加工。②砖瓦厂的扩大（预定从 4 月 10 日起开始营业）。③完善金融业务。④根据吕集团第 60 号令，目前正在积极准备农畜产物指导计划。另外，蔡甸 600 町步①，以及新沟

---

① 日本的土地面积单位，1 町步约 9917.4 平方米。

的400町步生产计划正在规划中。关于其详细内容，四月份月报将会有相关报道。

六　安陆县

（1）滞销物资处理方案。当有滞销物资产生的时候，大家的意向还是委托合作社联合会进行销售。

（2）短缺物资的对策。短缺的物资有竹、钉、石油等，但是随着配给的实施，也没有感到什么特别不方便的地方。现在木材的缺口非常大，虽然也有从内地运入的，但是数量不是很大。

（3）对于融资的需求。将来随着业务的发展，我想人们应该会感到资金的不足。合作社已经决定在章程规定的2万日元资本金之外再增资。由于还未支付的资本金额较大，所以必然产生低息融资的要求。同时也应该努力完成资本金的缴付。

（4）关于生产扩充、利用的意见。县农林试验场的棉花栽培将来应该逐渐与合作社织布厂保持一种紧密的关系。另外，关于现在农产品的品种改良工作，我们通过设立合作社农园正在进行各种耕作方面的试验。

（5）会计处理方面。需要一些能够起指导作用的有能力的人。

七　武昌县

（1）滞销物资处理对策。县内能够看见的滞销物资有：黄豆、高粱、玉蜀黍（玉米）、胡麻、棉籽、麻油等，这些物资由各合作社分社进行收购，然后运往汉口、武昌，交付给军方，或者将其中的一部分用于满足民需。另外，与汉口以及军方收购价格相比，由于当地的价格较高，所以货物的收购处于一种困难的状态。现在暂时停止了收购，慢慢调整价格。

（2）短缺物资的对策。在县里面，处于短缺状态的物资有米、薪炭类、石油、棉布类、建筑用材等，虽然不能满足民用需求，但是我们正在指导当地通过增产和物资配给的管制等措施来缓和物资紧张的情况。

（3）关于融资一事。迄至本月，合作社的出资金额还没有达到预定的要求，由于收购当地的滞销物资以及购买有实际需求的产品需要大额的资金，因此我们希望合作社能够和中江实业银行签订透支协议。

（4）关于扩大生产和利用一事。按照县政府的计划，我们将对当地的增产设施给予积极的协助。

（5）希望能够聘用专任的指导员，雇佣合适的员工。

八　麻城县

（1）关于滞销物资的处理，特别希望能够跟汉口方面的日本商人保持紧密的联系，同时也希望能够积极进入当地市场。

（2）现在，本县合作社的资本金为12000日元。我们感到在商品交易方面，运营资金还存在很大的缺口，为了满足民众的需求，除当地资本外，希望汉口方面的金融机构或者合作社联合会能够给予一些协助。

九　黄安县（河口镇）

关于物资的收购和运输工作，希望汉口的日本人商社能够跟合作社保持紧密的联系，服务地方经济发展。

十　黄陂县

（1）滞销物质处理方案。现在，关于物资的集中以及收购等事情，尽可能要跟合作社保持联系。

（2）短缺物资的对策。对于搬入（运进）物资，由合作社负责对各商家和居民提交的实际需求证明申请书进行审核，以达到节约物资的目的。今后随着合作社运营资本的不断增大，县内的物资将全部归合作社进行管制。因此，在采购物资方面应该积极给予协助。

（3）关于融资的希望。本县合作社原则上尽可能使用当地资本来进行运营，同时也应该吸收一般民众的零散资本。但是即便这样，合作社在将来经营各种业务时所需的资金仍不充足，这必然要求各机构要在金融方面给其提供帮助。

（4）关于生产扩大和利用的意见。不仅要对物资需求进行管制，而且要对合作社从事的各种生产事业进行统一管理，在政府的帮助下不断扩大生产。

（5）雇佣专属的指导员。本县合作社现在还没有专门的指导员，由于只雇用了中国人从事运营业务，所以与日本军方之间的联络不太通畅，业务也出现了严重的停滞。鉴于此，必须立即雇佣优秀的日本人指导员来对合作社的业务进行指导。

十一 黄冈县

（1）滞销物资的处理对策。必须将当地面向汉口运出物资时的手续简易化，同时防止敌方用不正当的价格来收购物资。联合会负责对以上两个事项进行协调和监督。要不断地在资金、管理等方面加强运输机构。此外，还有一些商品（类似黄冈县的特产土布等）的滞销是产销两地之间（主要是经过汉口）的运输困难所导致的。这将会给地方产业振兴带来很大的打击，湘鄂赣合作社联合会应该对物资生产地和消费地两方进行协调，通过易货交易的方式解决这一问题，我们认为这也可以成为一个对策。

（2）短缺物资的对策。在居民生活方面，一些生活必需品的供给经常陷入短缺状态。对于那些对敌方有利的物资（不用说，自然也包含那些居民生活的必需品，比如石油等），应该对其供给、管理进行严格的管控。至于公共团体使用的物资、宣抚用物资以及地方产业发展所需的物资（比如原料等），希望供给机构能够进一步完善，并且简化当地搬出（运出）的手续。以上这些管理命令应该由供给机构总部发布指示，以便更好地帮助合作社积极地开展业务。还有，关于合作社运营的方针也应该实行一体化（现在我感觉各地合作社的运营方法都不一样）。

十二 云梦县

（1）滞销物资的处理对策。现在没有滞销的物资。

（2）短缺物资的对策。染料、木材、修理桥梁用的钉子等物资极为缺乏，其中木材尤为短缺。

（3）对于融资的意见。随着合作社业务的发展，我们认为将会越来越感到资金的不足。我们期待能够将资本金从 3 万日元增加到 10 万日元，这样可以让资金流通更加顺畅。为了实现这一目的，除了要尽力解决还未缴纳全部资本金的问题外，还应该利用好中江实业银行。

（4）关于生产扩充、利用的意见。正在计划让棉布生产复产并增加产量。

十三 天门县

短缺物资。调查县内民需物资的需求量，制定合理的配给方法。另外，通过奖励节约消费来抑制短缺物资的消费。

十四 安义县①

（1）滞销物资处理对策。要使搬入（运进）的物资保持在必要且最小范围内，以此消除积压货物。另外由于出口方面的原因，在乐化仓库也有一些积压的物资。现在安义县的运输机构除了一台汽车外，只剩下4台独轮车。在军队的帮助下，勉勉强强能够维持现状。将来应该慢慢增加汽车数量，凭借该县独立的运输能力来应对物资滞销问题。

（2）短缺物资的对策。①畜肉、蔬菜和鸡等都是从周围的县运入以解决短缺问题，同时在奖励政策的影响下，该县以上这些产品的产量都在增加。②汽油、石油、棉布、火柴等物资都是从九江方向运入的。

（3）关于融资一事。现在正在办理从中江实业银行贷款3万日元的手续，这笔钱预计将用于老百姓的金融业务。

（4）关于专属指导员的雇佣。作为内部指导辅佐官的永田主计中尉正在指导负责这件事情。

十五 咸宁县

（1）应该进一步研究与合作社运营相关的指导方略，强化实际的指导。

（2）马上开始合作社联合会的收购、贩卖协调业务，充分彰显其实际效果。对于那些难以协调的交易，应该采取免收协调手续费的政策。不知道这个建议怎样。

（3）在运输合作社用物资的时候，制定优先货车分配（民用物资中）、运费打折等必要的援助措施，并且让相关各方都能忠实执行之。

（4）关于野战用物资厂等需要的军需物资的筹措，应该有意识地尽量使用合作社。但是在当地，从事物资收购等指定的几个商社还需要与合作社保持紧密的联系。

十六 黄梅县

（1）关于经理技术（指管理）这一块，由于职员对业务不是很熟悉，

---

① 隶属江西省南昌市，地处江西省西北部。

还有很多欠缺的地方。虽然职员的能力也在逐步提高，但是我们还是觉得有必要雇佣一个与管理技术相关的专属指导员，目前正在物色合适人员。

（2）对融资的希望。虽然实付资本有98400日元，但是由于货物转运的缘故已经开始出现资本告急的情况，并且对业务开展也产生了一定影响。因此我们果断从政府暂时获得了一部分资金，当然我们也知道这是不恰当的。目前正在研究从中江实业银行获得贷款。

（3）短缺物资的对策。虽然宣抚用物资在3月中旬左右开始逐渐摆脱了紧缺状态，但是由于其运入量很少，目前还没有达到民用需求量的最低限度。今后我们希望能够多批准这方面的物资。

十七　星子县①

（1）滞销物资的处理方法。现在积压的物资有陶器、砚石。陶器由于都是从景德镇方面运入的，所以被禁止运出（这是战时经济的体现）。砚石由于是当地出产的一种东西，所以正在计划申请用民船将其运至九江、汉口一带。

（2）短缺物资的对策。针对短缺的物资，首先，合作社通过使用民船从九江采购一些物资补充当地所需，而针对大米的短缺则是通过采取从新建②方面采购的方法。除此以外，还采取用其他粮食代替大米的对策。

（3）对融资的希望。由于资本金很少，所以正在计划给旧股票提供分红优先权，同时募集新股票。

（4）关于生产扩充一事。正在计划在县政府筹备所的指导下，对农作物生产的扩充进行指导，并且让合作社承担农产品销售的任务。除了加强日本人经营的矿业以外，还应该致力于花岗岩的运出。

（5）关于雇用专属指导员。星子县合作社的职员一般都是一些没受过多少管理技术训练的低级人员，我们痛切地感到需要日本人指导员的帮助。目前这一计划正在研究中。

（6）其他。现在的警备队在三月中旬接任了前警备队的工作，继续开展业务。

---

① 今属江西省九江市。
② 今属江西省南昌市。

虽然我们正在调查星子县合作社的经营情况，但是由于其资本金非常少，所以意义不是很大。这一点应该得到大幅改正。特别是该机构目前正致力于农业的复兴，与县政府筹备所进行合作。也就是说，我们应该指导合作社尽全力去收购物资。将来如果合作社变得强大的话，需要对其进行增资。

十八 广济县①

（1）目前积压较多的物资有小麦粉以及油类等。这些物资除了给军方供应以外，我们还应该指导当地自觉将其用于民众的消费。本合作社以前是一个由少数商人构成的消费合作社性质的组织，农民作为生产者并没有加入本合作社。因此，合作社在运营方面遇到了很多的困难。目前我们正在对其进行改造（增资、让农民加入），期待其业务能够慢慢完善。至于短缺的物资由于都不是生活必需品，所以不需要制定金融对策。本县正在依靠自身的资本来达到稳固运营的目的。现在并没有感到迫切需要雇佣专属指导员（来源：昭和16年3月份月报）。

综合以上来看，滞销物资主要集中在大豆、高粱、玉蜀黍（玉米）、胡麻、棉籽、砚石、陶器、小麦、油类等产品，而短缺物资主要以石油、木材、钉、米等为主，其次是汽油、粉煤、竹、柴禾、煤炭、木炭、棉布、染料、建筑用材等。对于这些物资，可以通过节约消费来实现配给的顺畅；对于能够自给的物资，则通过增产奖励等措施来应对。其中，石油和木材的短缺非常严重，必须尽快解决。

另外，关于融资，各县都痛感其必要性，都希望当地能够尽量协调。关于专属指导员，当地也在尽力想办法解决，他们似乎也感觉到了人才缺乏的问题。现在我们将以上问题进行分类，如下所示。

根据报告得知有滞销物资的地方为：安义、广济两个县。

根据报告得知没有滞销物资的地方为：汉川、孝感、云梦三个县。

希望制定针对滞销物资对策的地方有：临湘、汉阳、麻城、黄安、黄冈五个县。

制定了滞销物资对策的地方有：安陆、武昌、星子三个县。

根据报告不存在短缺物资的地方有：广济县。

---

① 原文多个地方写做"庐济县"，有误，已据实改。

要求制定短缺物资对策的地方有：黄陂、黄冈、黄梅三个县。

制定了短缺物资对策（或者即将制定对策）的地方有：汉川、临湘、孝感、汉阳、安陆、武昌、黄陂、天门、安义、星子十个县。

希望融资的地方有：汉川、安陆、武昌、麻城、黄陂、云梦、安义、黄梅、星子九个县。

不希望融资的地方有：孝感、广济两个县。

进行生产扩充、利用（或者希望进行利用）的地方：汉川、汉阳、安陆、黄陂、云梦、咸宁、广济七个县。

认为有必要雇佣专属指导员的地方：孝感、安陆、武昌、黄陂、黄梅、星子六个县。

认为没有必要雇佣专属指导员的地方：汉川、安义、广济三个县。

第二节　占领军特务部指导要领

针对第一节中所述各县合作社的希望及意见，占领军特务部给出的综合性回答的要领如下：

（1）关于物资的流通和调整，由合作社联合会负责实施，买卖的物资不能超过希望的数量。联合会的经费可以采用征收会费的方法，征收来的费用当然要为各会员提供便利，如果是这样的话，我们将尽可能允许这样做。

（2）对于那些禁止流向敌方的管制产品存在的短缺问题，可以使用其他的替代品来解决。这些对敌方有利的物资的监督工作由县政府和合作社指导员负责配发给那些能够充分对其进行监督的机构。

（3）关于合作社的融资问题，可以利用省政府的担保从中江实业银行获得不超过50万日元的贷款融资。但是关于最为紧要的收购大米等粮食类物资所需的融资，目前正在另外研究中。

（4）指导合作社与当地野战仓库、货场和分厂等保持积极的联系，努力达成合作社本来的目的。

（5）合作社与汉口的日本商人（棉花、皮革、麻、茶叶等）之间的联系，如果根据各县物资存货情况的报告需要派遣同业合作社会员的话，需要向联合会汇报。

（来源：根据昭和16年3月份月报）

第四章　各县合作社及联合会企业状况

第一节　各县合作社企业状况表

根据 3 月份月报（4 月 25 日之前汇总的 22 家合作社的情况），大体情况如下（见表 2）。

表 2　各县合作社企业状况

单位：日元

合作社	当地部队拨款额①	面向汉口及其他县的搬出（运出）额	从汉口来的搬入（运进）额	当月损益
汉川	4186.60		31722.00	5559.40
临湘	3915.50	230.00	30576.00	1924.00
鄂城	5715.93	7986.82	83294.00	263.69
云梦	6011.44		96945.00	5650.91
京山	39432.31	9653.00	47155.00	7566.08
汉阳	974.75		7000.00	3548.44
安陆	4840.61	4824.00	128275.00	6756.26
应城	16975.49		313859.00	5430.39
武昌			323894.00	1716.96
天门	24430.85		340210.00	67268.82
南昌	70750.81			1800.00
安义	7294.00	33580.00	6456.00	19528.00
巴河	852.75	600.00	6061.38	3475.36
孝感	9188.86		137488.00	16906.00
应山				（日元）17354.49 （法币）119450.86 自昭和 15 年 10 月 1 日 至昭和 16 年 3 月 31 日

---

① 原文写的是"寄舆额"。在日文中，"寄舆"是捐献、捐赠的意思。考虑到合作社是在日本军方出于战时经济的需要建立起来的，因此军方自然要大力支持它，表现在资金方面就是财政拨款。

续表

合作社	当地部队拨款额	面向汉口及其他县的搬出（运出）额	从汉口来的搬入（运进）额	当月损益
麻城	11211.72	5877.20	10248.88	2982.35
河口镇		12600.00	4254.50	638.40
黄陂	122.66		31172.35	1097.32
信阳	7757.39			4756.49
阳新	1182.24		49967.00	2374.74
黄冈	2822.00	42808.11	96233.77	484.30
荆门		5814.50	25451.30	
合计	217425.90①	123974.03②	1771181.18③	（日元）156898.43④ （法币）119450.86

另外，根据 4 月份月报，各县合作社的企业状况如下（见表 3）。

表3 各县合作社的企业状况

单位：日元

合作社	当地部队拨款额	面向汉口及其他县的搬出（运出）额	从汉口搬入（运进）的金额	当月损益
孝感	12147.43	不明	19917.00	不详
汉阳	871.50	不明	144421.00	不详
临湘	20658.28	1320.00	13760.00	不详
咸宁	13682.84	10453.10	25995.00	不详
京山	38857.09	不明	41501.00	不详
汉川	2399.81	不明	89694.00	不详
黄冈	2732.63	9511.73	93450.00	不详
鄂城	1108.06	5179.13	91298.00	不详

---

① 原文此列数字有误，合计为 217665.91。
② 原文此列数字有误，合计为 123973.63。
③ 原文此列数字有误，合计为 1770263.183。
④ 原文此列数字有误，合计为 177082.40。

续表

合作社	当地部队拨款额	面向汉口及其他县的搬出（运出）额	从汉口搬入（运进）的金额	当月损益
团风	691.18	6140.70	不明	不详
葛店	不明	3095.93	不明	不详
华容	不明	不明	不明	不详
黄州分社	不明	不明	不明	不详
巴河	693.91	不明	79714.00	不详
应城	13234.32	不明	280108.00	不详
天门	22611.59	890.52	不明	不详
安义	不明	480.00	3617.50	不详
南昌	101045.00	不明	11451.72	不详
通山①	6484.90	12447.60	17399.00	不详
金牛镇②	5289.27	不明	不明	不详
大冶	3366.57	不明	152275.00	不详
嘉鱼	不明	9000.00	不明	不详
武昌	146.75	13620.76	142113.00	5459.71
阳新	2369.65	30500.00	38053.00	15086.06
应山	66198.27	不明	不明	9416.72
九江	不明	不明	不明	895.00
黄梅	83686.45	不明	92590.66	不明
广济	不明	84342.00	不明	1830.63
星子	4500.00	不明	不明	642.17
宋河镇③	11126.32	不明	41501.00	2995.00
潜江	4899.85	不明	25955.00	8236.26
安陆	4624.78	不明	不明	11141.00
皂市	13348.00	不明	208783.00	10429.48
宜昌	80719.19	不明	223238.93	125723.74

① 今属湖北省咸宁市。
② 今湖北省大冶市金牛镇。
③ 今湖北省京山市宋河镇。

续表

合作社	当地部队拨款额	面向汉口及其他县的搬出（运出）额	从汉口搬入（运进）的金额	当月损益
薪建①	15208.17	不明	3836.93	1515.35
云梦	2507.01	不明	91298.00	3889.61
信阳	17428.66	不明	112722.00	4936.61
河口镇②	不明	8620.00	5491.79	376.92
黄陂	473.51	不明	340710.00	3054.45
麻城	10608.46	不明	32682.60	1817.93
合计	56919866③	195601.47	2423576.20④	260765.65⑤

第二节　联合会收入统计表⑥

表4　各县联合会收入统计

单位：日元

县名	县政府	筹备所	合作社	维持会	小计
岳阳				700	700
随县	6945				6945
九江		754			754
天门		175	197588		197763
麻城		21500	19874		41334⑦
宜都⑧				8288	8288
云梦	1680		91298		92978
鄂城	18606		116057		134663

---

① 原文有误，应为新建。
② 今湖北省孝感市大悟县河口镇。抗战期间被日本人用作伪黄安县政府所在地。
③ 原文此处数字有误，据表中数据核算为 563719.45。
④ 原文此处数字有误，据表中数据核算为 2423577.13。
⑤ 原文此处数字有误，据表中数据核算为 207446.64。
⑥ 原文是联合会取扱额。取扱，翻译过来是经办、处理、接待等意思，这里应该用经办、处理的意思。引申一下就是联合会收入统计表。
⑦ 原文有误，据表中数据核算为 41374。
⑧ 今属湖北省宜昌市。

续表

县名	县政府	筹备所	合作社	维持会	小计
咸宁	9961		25995		35956
汉川	4480		89694		94174
黄陂	30705		174791	490	205986
武昌	6840		142113		148953
崇阳			2900	178	3078
京山			41501	3554	45055
应城	6964		280108		287072
应山	7448		32470		39918
汉阳	6720		144421	906	152047
宜昌	6230		1559	6895	14682①
蒲圻			33405	9443	43153②
钟祥	10068				10068
阳新	200		54006		54206
沔阳				96419	96419
荆门			104128	22507	126635
安陆			74792		77148③
大冶			152275		152275
通山			17399		17399
潜江			25955	9150	35105
信阳			112722		112722
黄安			7267		7269
黄冈			93450		93456④
孝感			19917		19917
临湘			13760		13760
浠水			79714		79714
合计	116847	25090⑤	2149117⑥	158530	2449584⑦

来源：四月份月报。

① 原文有误，据表中数据核算为 14684。
② 原文有误，据表中数据核算为 42848。
③ 原文有误，据表中数据核算为 74792。
④ 原文有误，据表中数据核算为 93450。
⑤ 原文有误，据表中数据核算为 22429。
⑥ 原文有误，据表中数据核算为 2149159。
⑦ 此列数字有误。写作者是将横行相加得出来的数字，有讨巧之嫌，而按照其纵列数字相加得出的数字则是 2451392，说明写作者的态度不是很认真，故特别指出。

以下是合作社联合会有关购买物资协调数额的统计（昭和16年5月2日）。

  白米：无

  粉类：无

  杂粮：无

  点心类：无

  蔬菜、水果：天门，1000斤，200.00日元

  粮食：武昌，2085斤，528.50日元

  砂糖：大冶黄石港分社，1348斤，1080.80日元；武昌，100斤，100.00日元

  饮用水：武昌，100打，100.00日元。

  食用油：黄石港，100[①]，100.00日元

  煤炭：无

  钉：无

  石油：无

  重油[②]：无

  轻油[③]：无

  机油：无

  上油[④]类：无

  涂料：无

  建筑材料：无

  木材：无

  水泥：无

  机械器具：无

  金属制品：无

---

① 计量单位不详。
② 即柴油。
③ 即汽油。
④ 即润滑油。

烟草：无

火柴：无

蜡烛：无

肥皂：无

文具：无

纸类：黄石港，4360①，262.00日元

化妆品：无

玻璃制品：无

陶瓷器：无

棉纱：无

衣服：无

棉布：安陆，24尺，788.10日元

棉制品：无

人造绢丝制品：2尺，84.00日元

毛线及其制品：无

药品药材：无

工业药品：无

染料：无

肥料：无

鞋：无

漂白布：无

茶叶：无

竹以及竹制品：无

罐头：无

麻制品：无

杂货：无

合计②

---

① 计量单位不详。
② 计量单位不详。

大冶黄石港：3900.00

安陆：872.00

天门：1150.00

武昌：13714.71

第三节　各县合作社的通货政策状况

一　武昌

（1）宣抚用物资的售卖虽然使用的是军票，但是也有需要法币的地方。

（2）交换状况。在本社里如果需要将军票兑换成法币，可以在公认的钱庄进行兑换。

（3）由于法币的急跌让人感到军票的不足，我们正在指导合作社增加军票流通的次数。

二　应山

（1）食盐的销售、野战仓库用品的领用都要使用军票，搬入（运进）商品中约一成的东西也在使用军票，今后应该坚决地让军票的范围不断扩大。

（2）军票与法币的兑换总是追随汉口市场的行情，应按照指导的价格进行交换。

三　麻城

（1）原则上使用军票结算。法币持有者需先将其法币兑换成军票后再进行买卖。关于两者之间的使用率，维持法币为三成，军票为七成的状态。

（2）流通方面是否可行。虽然使用军票进行物资的收购是有利的，但是由于很多物资都是从敌方境内流入的，所以要完全使用军票进行交易的话是不可能的。应该指导当地静待法币的自然消亡，同时也可以考虑物物交换的形式。

四　黄安

（1）宣抚用物资的售卖（除一部分外）虽然原则上必须使用军票进行交易，但是在一些与敌方接壤的地带，军票的流通受到了很大的限制。

（2）游匪横行对于军票持有者而言是一大妨碍因素，其影响了军票的流通。应该在各地张贴军票兑换法币的行情表，让人们意识到法币币值下跌的同时，努力扩大军票的用途。

五　黄陂

（1）总体来看，没有使用军票来兑换和获取法币的。

（2）虽然在日军驻屯地附近，军票的流通没有任何障碍，但是一旦离开日军驻屯地，在地方上是没有人持有军票的，物资交易仍然呈现出依赖法币的倾向。对此，应该积极商定军票流通和防止法币的对策。

六　信阳

进入本月后，由于汉口中江实业银行信阳办事处的成立，所以合作社的兑换业务也移交给了银行。物资的买卖虽然依旧使用军票来结算，但是由于当地的军票非常短缺，所以军票的黑市行情呈现出了比汉口市场还要高二三日元的状况。

七　黄冈

（1）物资的销售已经达到了全部使用军票的程度。法币币值的暴跌导致一般民众对法币感到不安，各个商店也都正在废除（取消）法币结算。

（2）虽然前项所述的原因使得军票流通范围不断扩大，但是由于敌方尚未停止对军票持有者的抵制，所以很难期待军票能够全面铺开。

八　荆门

宣抚用物资的结算虽然使用的是军票，但是在内地，军票的流通基础还不是那么坚实。

九　汉川

在合作社内设置了军票交换所，法币需全部兑换成军票后才能进行物资的买卖。合作社物资收购采取的方针是：一律用军票支付。

关于军票兑换的比率，本月：

上旬，每100元法币兑换50.60元军票。
中旬，每100元法币兑换50.60元军票。
下旬，每100元法币兑换48.50元军票。

由于物资收购使用军票结算，因此有很多军票流入内地，但是没有抓住时机将在中国长期流通的法币兑换为军票，实现占领军当局将法币排斥出流通市场的目标。

十　临湘[①]

（1）使用法币结算的交易处于停止状态。人民对于军票的信赖正在增加。由于宣抚用物资中的食盐交易使用的是军票，所以除个别情况外，其他物资交易正在慢慢转为使用军票。关于交换比率，大概是每100元法币兑换52元军票。

（2）由于今后的物资收购以及售卖都以军票来进行结算，所以还应该努力发行小额纸币（五钱、十钱）。

十一　孝感

（1）由于本合作社以军票来结算，因此没有法币。

（2）本社原则上使用军票进行结算，今后也将试图扩大军票的流通范围。

（3）县内，军票的流通额非常小。在县政府专卖局，当配给食盐、宣抚用物资时，需要使用军票，所以会立刻导致军票的短缺。这是因为，较之军票的发行额，其回收额比较大的缘故。另外也与交通机构，以及地方农民的旧习惯等有关。

十二　京山

（1）商品销售中军票、法币的情况是：仅限于军票。

（2）由于军票的需求量大，但是投放量较少，所以出现了不平衡的现状。

---

① 今属湖南省岳阳市。

（3）我们正在指导当地使军票和法币的交换率维持在每百元法币 50 日元左右。

（4）物产的收购使用军票，此外食盐以及鸦片等必需品的销售也必须使用军票，这样可以提高军票的价值。

十三　汉阳

（1）虽然本社在商品销售方面使用的是军票，但是在农村地区，军票的流通还不普及。

（2）各公共机构今后应该取缔法币，在增加军票投放次数的同时，不断扩大其流通的范围，努力维持其价值。

十四　安陆

（1）商品销售方面没有使用法币。需要法币的时候在汉口进行交换。

（2）在法币价格暴跌以后民众开始变得不喜欢用法币。

（3）整体上都需要军票，有必要投放一些小额纸币。

十五　应城县

（1）商品买卖原则上使用军票。

（2）我们正在指导当地通过使用军票收购物资，从而降低法币的信用。

十六　鄂城

（1）合作社交易的物资全部使用军票结算。

（2）物资收购几乎都呈现出使用军票进行交易的状态。

（3）合作社内部没有设置军票交换所。

十七　云梦

（1）由于商品的销售全部使用军票来交易，所以法币的购入额为零。

（2）由于在收购物资的时候出现了法币币值的暴跌，所以军票的需求很大。但是现在投向市场的军票量很少。在收购物资的时候，军票使用状况是良好的。

十八　天门

虽然宣抚用物资的交易以军票来结算，但是天门县内军票的流通额非常小，所以在棉花和谷物的交易方面，军票呈现了很大的短缺。

十九　南昌

（1）在销售商品的时候，军票的购入比价是每1元军票兑换0.5元法币。

（2）虽然物资的收购原则上使用军票结算，但是在那些非日本占领区，人们不喜欢军票。但是在最近，法币币值暴跌导致军票慢慢开始受到欢迎。

二十　安义

（1）商品销售使用军票来核算，没有法币。

（2）在那些与敌方接壤的地区及山间地带，使用军票来进行物资交易的现象已经慢慢渗透扩大开了。

（来源：4月份、3月份的月报）

第五章　结语

现在的合作社主要是为满足军方当地采购目的而成立的一个组织，因此其运营应该以完全服务于军方的需求为宗旨，这也是当务之急。但是，之前合作社的那些指导者们（专属指导员）并没有很好地尽到责任，很多都在逃避，尤其是指导者中中国人指导者的欠缺以及人员不足是目前合作社最大的一个缺陷。另外，由于军方不可能释放出巨大的资金，所以总是将收购物资的价格保持在一个较低的水平，同时为了支持军票，军方也经营一些进口的物资。但是，合作社由于在人员以及组织等方面还不完善，所以军方对于合作社在运营方面还有不满。

今后，当合作社越来越完善，职员素质不断提升，同时那些不良习惯也得到改正后，那时的合作社应该广受人们的期待。而现在，合作社应该与各专业商社保持紧密联系，通过自力更生以及对外的合作来达到其目的，这点是非常重要的。

在地方农村，之前就存在众多的批发商，这些批发商都有一个销售、收购货物的商号，用此商号完成物资的交易。合作社成立后，合作社与批发商之间产生了摩擦。这是因为，在战时经济的政策下，当下的农村几乎不允许批发商经营当地的物资收购和买卖业务，所以这些批发商没有买卖可做，在经营上处于一种十分困难的状态。但是，也不难推测：由于合作社存在缺少运营管理人员、资本弱小等问题，所以短期内合作社取代批发商还是非常困难的。比如，中江实业银行在任何时候都采取"没有担保不予贷款"的政策。从以上可以看出，在日军管制下的汉口地区，从经济方面看，合作社与批发商之间的关系应该成为一个重要的问题。

以汉口为中心的棉花收购制度[*]

昭和 17 年度（1942）

第 23 班　绪方正义、安藤资郎、村田裕彦

目　录[①]

一　棉产地

二　市场关系

三　汉口市场的收购机构

四　汉口以外地区的收购机构

五　棉花交易中的金融、运销

六　棉农、棉贩与合作社

七　掺水掺杂、品质检查与度量衡制度

八　七七事变后的收购制度

一　棉产地

集中到汉口的棉花按照产地可以分为以下几大类：长江流域、汉水流域、平汉铁路沿线。

（1）鄂东：黄冈、黄陵[②]、黄安、麻城、浠水、罗田、英山、蕲春、黄梅、阳新、大冶属于此范围。民国 26 年的棉花产量为 318880 市担，棉田面积为 1147649 市亩。

（2）鄂西：江陵、监利、公安、石首、松滋、枝江、宜都、当阳属于此范围，民国 26 年的棉花产量为 48645 市担，棉花面积占整个耕地面积的 96%。

---

[*] 本文系东亚同文书院第 23 班学生绪方正义等于昭和 17 年（1942）进行的调查，原文见《东亚同文书院中国调查手稿丛刊》第 191 册，国家图书馆出版社，2016。

① 原文并没有目录，校注者考虑到统一体例，给补充上的。

② 原文有误，应为黄陂。

（3）鄂中：荆门、潜江、京山、天门、汉川、汉阳、武昌、应城、沔阳①、云梦、孝感、应山②、安陆属于此范围，民国 26 年的棉花产量为 435580 市担，棉田面积为 1645834 市亩。

（4）鄂北：襄阳、光化、谷城、枣阳、随县、宜城、南漳、均县、房县、郧县、郧西、竹山、竹溪属于这一范围。民国 26 年的棉花产量为 276412 市担，棉田面积为 2719388 市亩。以下是湖北省的棉田面积及棉花产量（表 1）。③

表 1　湖北省的棉田面积及棉花产量

年度	面积（市亩）	产量（市担）
民国 8 年	1362716	1415811
民国 9 年	5780663	1853400
民国 10 年	2626870	721571
民国 11 年	7019094	2381014
民国 12 年	5391948	1491774
民国 13 年	5931143	1312969
民国 14 年	5464694	1181673
民国 15 年	4666242	1304438
民国 16 年	5801224④	1584480
民国 17 年	10239773	4267345
民国 18 年	11140773	2429640
民国 19 年	10571364	3391243
民国 20 年	3950088	1216403
民国 21 年	7031771	1917093
民国 22 年	7545284	2554317
民国 23 年	7248686	2241348
民国 24 年	4212009	1075857
民国 25 年	8189825	3185780
民国 26 年	7946387	1517337

来源：金城银行编《商品调查报告之一：湖北之棉花》（1938 年）。

---

① 今湖北省仙桃市的旧称。1986 年撤销沔阳县，改称仙桃市。
② 今湖北省广水市的旧称。因京广铁路从广水镇通过，并设置广水站，由此大大提高了广水的名声，成为鄂北重镇。1988 年撤销应山县，改名为广水市。
③ 本表数字有多处错误，根据其重要参考资料金域银行编《湖北之棉花》加以修正。
④ 原文写作 5301224，有误。该表来自《湖北之棉花》，查原文应为 5801224，据此改。

棉花只要作为一种商品，在收购的时候必然对其品质有一定的要求。湖北的棉花在品质方面区分为美国棉种和中国棉种两种，表2将按照中棉、美棉的分类对不同区域的种植情况分别叙述。①

表 2　湖北棉花不同区域种植情况

县别	面积（市亩）合计	中国棉种	美国棉种	产量（市担）合计	中国棉种	美国棉种
武昌	28121	13369	14752	12595	5613	6982
汉阳	379828②	69242	169556	114961	30832	84129
嘉鱼	71916	49788	22128	35556	25083	10473
阳新	17518	17518		5884	5884	
大冶	87129	87129		43859	43859	
鄂城	77129③	61774	15355	28349	23144	5205④
黄冈	299650	299650⑤		134000	134000	
浠水	89434	89434		35272	35272	
蕲春	23972	23972		9271	9271	
广济⑥	70994	70994		26599	26599	
黄梅	160428	160428		71436	71436	
罗田	11064	11064		3284	3284	
麻城	224046	224046		99764	99764	
黄安	17057	17057		6250	6250	
黄陂	13461	13461		3955	3955	
竹山	23189		23189	3540		3540
竹溪	25871		25871			
郧西	19731		19731	2260		2260
孝感	188484	188484		123015	123015	
云梦	116762	116762		79450	79450	

① 本表数字有多处错误，根据其依据的《湖北省年鉴第一回》加以修正。
② 原文写作283798，有误，疑为抄写时写错。
③ 原文有误，文中提供的中棉、美棉种植棉种数字统计，应为77129。查，本文依据的《湖北省年鉴第一回》即写作77448，书院学生没有合计，直接抄录，显示不认真的态度。
④ 原文写作5005，书院学生抄写《湖北省年鉴第一回》时抄错，特此说明。
⑤ 原文写作229650，书院学生抄错，特此说明。
⑥ 今湖北省武穴市的旧称。1987年撤销广济县，设立武穴市，以驻地武穴镇为名。

续表

县别	面积（市亩）			产量（市担）		
	合计	中国棉种	美国棉种	合计	中国棉种	美国棉种
汉川	176563	36926	139637	82998	16912	66086
应城	46100	46100		27245	27245	
安陆	35774	35774		19681	19681	
应山[1]	8999	8759	240	3991	3878	113
钟祥[2]	107348		107348	34962		34962
京山	62309	10585	51724	29578	4310	25268
天门	194634	28582	166052	81356[3]	9273	72083
沔阳	461000	74037	386963	210218[4]	32967	177251[5]
随县	399595	55025	344570	106932	15751	91181
潜江	306104	15305	290799	140002	6815	133187
监利	380756	39109	341647	197157	21991	175166
石首	243408		243408	120772		120772
公安	416355[6]	2028	414327	196693	596	196097[7]
松滋	368800	23050	345750	118737	6569	112168
枝江	233174	40752	192422	68707	9954	58753
江陵	567952		567952	216670		216770
荆门	78370[8]	4610	73760	36914	880	36034
宜城	133690		133690	38099		38099
枣阳	901301		901301	201812		210812
襄阳	595889		595889	133426		133426
光化	171953		171953	70005		70005

---

[1] 今广水市。
[2] 今湖北省仙桃市的旧称。1986年撤销沔阳县，改称仙桃市。
[3] 原文写作81311，有误。查该文源自《湖北省年鉴第一回》，原文即写81311，书院学生没有合计，直接抄来。
[4] 原文写作210198，有误，查《湖北省年鉴第一回》就是这样写的，书院学生直接抄来，没有核对。
[5] 原文写作117251，书院学生抄错，特此说明。
[6] 原文写作416375，另，该文源自《湖北省年鉴第一回》，原文即写416375，书院学生没有核对，直接抄来，故特别说明。
[7] 原文写作120772，有误。书院学生在抄写时，把石首的数字直接写在了公安头上。
[8] 原文写作178370，有误。

续表

县别	面积（市亩）			产量（市担）		
	合计	中国棉种	美国棉种	合计	中国棉种	美国棉种
谷城	114895①	350	114545	41725②	93	41632
南漳	55320		55320	13513		13513
当阳	48368	2268③	46100	28890	738	28152
宜都	52250	10419	41831	17868	3499	14369
宜昌	58086	7376	50710	25255	1970	23285
房县	102895		102895	13745		13745
均县④	35774	1106	34668	11188	317	10871
郧县	27070	4426	22644	5081⑤	160	4321
合计	8189825	1960759	6229066	3135911	912183	2323728

来源：《湖北省年鉴第一回》，民国26年（1937）6月发行。但是，表中为民国25年度的数据。

二　市场关系

湖北省的棉花收购地以及隶属于这些市场下面的棉花产地有以下几个。

（1）以汉口为中心的棉花：嘉鱼、童口⑥、上车湾⑦、监利、新堤⑧、鄂城、葛店⑨、樊口⑩、大冶、黄冈、蕲水⑪、广济、孝感、应山、广水（原应山县广水镇）、云梦、应城、沔阳、天门、岳家口⑫、彭河市⑬、麻

---

① 原文写作114892，有误。查《湖北省年鉴第一回》，也是这样写的，书院学生没有合计，特此说明。
② 原文写作41625，有误。查《湖北省年鉴第一回》，就是这样写的，书院学生没有合计，特此说明。
③ 原文写作2368，书院学生抄错，特此说明。
④ 今湖北丹江口市的旧称，1983年撤销均县，改称丹江口市。
⑤ 应为4481，原文有误。
⑥ 原文有误，应为龙口。今湖北省洪湖市龙口镇。
⑦ 今湖北省监利县上车湾镇。传元末陈友谅军至此弃马乘车，故名。
⑧ 今湖北省荆州市洪湖市新堤街道，洪湖市政府所在地。民国时隶属沔阳县（今仙桃市），清朝民国年间是商业重镇。
⑨ 今湖北省鄂州市葛店技术开发区。葛店依托沐鹅港和牧牛湖（今沐鹅湖）连通长江水运优势，逐渐发展起来，清朝民国时期成为商业重镇。
⑩ 今湖北鄂州市西北五里樊港（亦称樊溪川、樊水）入江处。
⑪ 今湖北省浠水县的旧称，1933年改称浠水县。
⑫ 今湖北省天门市岳口镇。
⑬ 原文有误，应为彭市河，今湖北省天门市彭市镇，是清朝民国时期汉江沿线著名市镇。

洋潭①、下查埠②、分水咀③、马口④、新沟⑤、蔡甸⑥、光化、老河口⑦、樊城、襄阳、宜城、随县、厉山⑧、钟祥、石牌镇⑨、臼口（旧口镇）⑩、荆门、沙洋、京山、多宝湾⑪、潜江、熊口⑫。

（2）以沙市为中心的棉花：以松滋、江陵、枝江、公安、石首、监利、宜都、当阳八个县生产的棉花为主，此外还有沙道观⑬、米积台⑭、朱家铺⑮、郝穴⑯、冯口⑰、河溶⑱等地产出的棉花的一部分。

---

① 今湖北省天门市麻洋镇。1951年6月定名区（镇）名为麻洋。明清时期设立有塘管处，称为麻洋塘，谐音麻洋潭。沿河堤街亦多店铺、行栈、茶馆和旅店。
② 今属湖北省仙桃市。
③ 今湖北汉川市分水镇。清代以前该地因独立于汉水与汈汊湖之间，形如鸟嘴状，汉水于此有一条支流向北流经华严寺，再与主流汇合，此地故名分水咀。
④ 今湖北省汉川市马口镇。古名系马口。它北依汉江，南临白石湖，是江汉平原重要的物资收购和襄南政治、经济、文化中心，素有"金马"和"小汉口"的美誉。
⑤ 今湖北省武汉市新沟镇，民国时隶属汉阳县，是沿汉江、府河（因溳水流经流域大部分在德安府，其府治在安陆，故溳水亦称府河。）和周边地区小商品和农产品的收购中心，为汉江沿线四大名镇之一。"日有千人拱手，夜有万盏明灯"的谚语，正是民国时期新沟镇经济繁荣、社会活跃的写照。
⑥ 今湖北武汉市蔡甸镇，民国时期隶属汉阳县，它南依长江，北托汉水，是和新沟齐名的汉江沿线四大名镇之一。
⑦ 民国时期的老河口镇隶属光化县，为光化县治。它位于鄂北门户、汉水中游，历来为川陕豫鄂四省物资收购地，商业发达，素有小汉口之称。
⑧ 今湖北省随县厉山镇。清朝民国年间，这里的土布业发达，是著名的市集。
⑨ 今湖北省钟祥市石牌镇。它滨临汉江，水路交通便捷，商贾云集，有"小汉口"之称。
⑩ 今湖北省钟祥市旧口镇，是清朝民国时期著名的市集。
⑪ 今湖北省天门市多宝镇。民国时期隶属于京山县，1955年划归天门县。
⑫ 今湖北省潜江市熊口镇。明朝中期始，熊口成为沔阳、潜江等地通往沙市、江陵的必经水道，过往商贾、游人每天有千人之多，停船多达数十只，逐步形成了地域集贸中心。
⑬ 今湖北省松滋县沙道观镇，是清朝民国时期著名的水旱码头。
⑭ 今湖北省松滋县沙道观镇米积台社区，清朝民国时期著名市集。
⑮ 今湖北省松滋县老城镇朱家埠村，清朝民国时期著名市集。
⑯ 今湖北省江陵县郝穴镇。郝穴镇南临长江，北抱内荆河，水陆交通方便，清朝民国时期为荆江中段南北水陆客货转运、物资收购贸易重镇之一。
⑰ 今湖北省枝江县百里洲镇冯口村。百里洲是长江第一大江心洲，沿水路西上宜昌直抵重庆，东下荆州、武汉直达上海，由此造就了冯口的繁荣，使其成为清朝民国时期著名的市集。
⑱ 今湖北省当阳市河溶镇。临漳河东岸，为漳河故道的一个重要码头，在历史上异常繁华，有"小汉口"之称。

（3）以老河口为中心的棉花：光化以及河南省的邓县、淅川、新野等地。

（4）以天门为中心的棉花：麻城、岳口（又名岳家口）、皂市①、保马湾②、渔新河③。

（5）以仙桃为中心的棉花：沔阳一带的棉花。

（6）以随县为中心的棉花：县城附近、下辖的厉山镇、唐县镇以及河南省的一部分。

（7）以沙洋为中心的棉花市场：荆门、钟祥。

（8）以新野④为中心的棉花市场：黄冈、孔家埠⑤、李家集⑥、仓子埠⑦、汪家集⑧、东三店⑨、柳溪港⑩、刘溪畈⑪、阳县⑫、洪家镇⑬、周山铺⑭、岐亭⑮、中馆驿⑯、迎河驿⑰、闵家集⑱、宋埠⑲。

---

① 今湖北省天门市皂市镇。据传汉代此地的人们喜欢在门口种植皂荚树，以避邪除恶得名。清朝民国时期的著名市镇。
② 今湖北省天门市黄潭镇徐马湾村。原文有误，应为徐马湾。
③ 今湖北省天门市渔薪镇，因盛产鱼虾和柴草，具"渔""薪"之利而得名。
④ 今武汉市新洲区。原文有误，应为新洲。
⑤ 今湖北省武汉市新洲区孔埠镇。原名孔家埠，位居倒水西岸，交通方便，下经涨渡湖直出长江，上溯可抵红安八里湾，是明清民国时期著名的市镇。
⑥ 今湖北省武汉市黄陂区李家集街道。
⑦ 今湖北省武汉市新洲区仓埠镇。
⑧ 今湖北省武汉市新洲区汪集街道。
⑨ 今湖北省武汉市新洲区三店街道。
⑩ 今湖北省武汉市新洲区柳溪村。
⑪ 今湖北省武汉市新洲区刘溪畈。
⑫ 原文有误，应为阳逻。
⑬ 根据上下文，应为武汉市新洲区的某个地方，但该地区带有洪家地名的有多个，如洪家山村，洪家大湾，洪家大塘等，不知道指的是哪里。故特别说明。
⑭ 今湖北省武汉市新洲区仓埠镇周铺社区。
⑮ 今湖北省麻城市岐亭镇。该镇东临举水河，西倚九骡山，处洛阳至黄州的古道上，是清朝民国时期著名的商镇。
⑯ 今湖北省麻城市中馆驿镇。唐宋时代，中馆驿镇境域曾为官方驿站。
⑰ 今湖北省麻城市中馆驿镇迎河集村。
⑱ 今湖北省麻城市南湖街道闵家集村。
⑲ 今湖北省麻城市宋埠镇。该镇地处麻城市西南部，东与中馆驿镇相连，西与岐亭镇相连，是清朝民国时期著名的商业重镇，有"小汉口"之称。

（9）以樊城为中心的棉花市场：县城内、龙王集①、牛首②、竹篠铺③、欧家庙④、小河口⑤、双沟⑥、张家集⑦、染咀村⑧、吕堰驿⑨、枣阳。

（10）以蔡甸为中心的棉花市场：汉阳、汉川。

（11）以宋埠为中心的棉花市场：麻城县以及黄冈、黄安的一部分。

（12）以孝感为中心的棉花市场：县城、黄陂、杨家湖⑩、白沙埠⑪。

（13）以宜昌为中心的棉花市场：松滋、枝江、宜都、白阳⑫、古楼背⑬。

（14）以鄂城为中心的棉花市场：蕲春、蕲水（今浠水）、大冶、西洋畈⑭、长港⑮。

收购机构

湖北省棉花收购机构的一般形式如图1所示。

该地区的棉花年产量约为270万担。其中，自己消费额约占两成。根据"资料调查会"发布的《以汉口为中心的棉花情况》［昭和17年（1942）4月13日发表］，在200万担的棉花中，汉口、武昌的6家纺织工厂（第一纺织、震寰纺织、裕华纺织、民生纺织、泰安纺织、申新第五

---

① 今湖北省襄阳市襄阳区龙王镇。
② 今湖北省襄阳市樊城区牛首镇。
③ 位于湖北省襄阳市樊城区牛首镇南部，汉水北岸。早年此地为汉水淤积而成的一片沙泽地，名"西太湖"，因多产细竹，土人用以编织竹器，设铺成集，故得名"竹篠铺"，现简化为竹条铺。
④ 今湖北省襄阳市襄城区欧庙镇。
⑤ 今湖北省襄阳市宜城市小河镇。
⑥ 今湖北省襄阳市襄州区双沟镇。
⑦ 湖北省襄阳市襄州区张家集镇。
⑧ 今湖北省襄阳市襄州区双沟镇梁咀村。另，原文写作"染咀村"，疑为抄写错误，应为梁家咀。
⑨ 今湖北襄阳县北吕堰驿。
⑩ 今湖北省孝感市孝南区东山头办事处杨家湖村。
⑪ 今湖北省孝感市孝昌县白沙镇。白沙镇原名叫"白沙铺""白沙埠"，自宋代以来，此地就是汉口至德安府的交通驿站，商贸发达，素有"小汉口"之称。另，原文写作白洋埠，有误。
⑫ 原文有误，应为白洋。今湖北宜昌白洋镇。
⑬ 今湖北省宜昌市猇亭区古老背街道，是临近长江的商业重镇。
⑭ 湖北省鄂州市鄂城区樊湖流域的别称。20世纪20年代之前，长江从临江到樊口一带，直接跟樊湖水系连通。江水高时，这里自然成为一片汪洋；退水后，一部分地方又露出田畈，因而俗称"西洋畈"。
⑮ 今湖北省鄂州市鄂城区长港镇。

```
            农民
             |
            贩子
            / \
         自  地
         运  方
         花  花
         行  行
            \ /
           贩运商
          / | | \
         汉 汉 汉 其
         口 口 口 他
         纱 日 申
         厂 商 帮
             |  |
            上 青
            海 岛
            纺 纺
            织 织
```

图1　湖北省棉花收购机构的一般形式

厂）在昭和11年度（1936）的棉花消费量约为70万担，供给上海纺织工厂作为原料使用的棉花约为118万担，运往天津、青岛等地工厂的棉花约为6万担，出口美国、德国的棉花（主要做混纺用）约为12万担，面向日本出口的棉花约为4万担。

而且这些棉花都是通过前述的形式被集中到汉口，而后再被出口或销往国内其他地方，形成了一种金字塔式的收购机构。所谓"农作物的收购制度"，本意指农作物从农民手中到汉口市场的路径。这些农作物的最终流向是上海，而且由于这种收购机构还是一种金字塔式的，为了方便，下文从广义的角度对棉花的收购制度进行一个分析。

三　汉口市场的收购机构

汉口棉花市场作为湖北棉花的一大主要市场，该市场中的棉花机构大体上可以分为进口业、出口业、花行。而且，这三者并不是各自独立而是相互还兼营其他的业务。因此我们按照主营业务对其进行分类的话，如下：

以汉口为中心的棉花收购制度

1. 进口业

进口业者的主营业务是在原产地购入棉花然后将其运至汉口。从事这类业务的花号将其在内地收购的棉花卖给洋行或者纺织工厂。汉口的进口业者采取"帮"这样一种组织形式,帮又分为里河帮和黄帮。

（1）里河帮

里河帮是由湖北里河①、随州、府河②、樊城、河南新野和山西的花号成立的一个组织,该组织还有一个名字叫"号业公会",其数量也比较多。

（2）黄帮

黄帮是由黄冈、黄安、麻城附近的花号组建的一个名叫"进口业公会"的组织。黄帮在花号数量上比里河帮少,但每年的营业额比里河帮要多。该帮的交易额在民国25年据说约为100万担。

以下列举的是两个商帮的名字。③

（1）里河帮：慎德、谦泰恒、泰④乐记、恒丰升、协成、简新记、蔡芸昌、恒源信、协泰洪、週⑤元记、东德裕、合兴义、义源、协玉、升昌东、楚昌明、祥⑥盛和、刘理记、彭万泰、协丰裕、泰记、义生源⑦、同康、魏万顺⑧、秦元享、裕丰泰、程寿康、协泰享、崇丰厚、鼎德盛、童永裕、振华信、五盛丰、汇通、义昌、协丰、和合德、久安、生记、福星庆、义生祥、乾顺仁、熊瀛记、晋义永、复兴和、大

---

① 日本人称天门、沔阳、汉川、汉阳一带为里河地区。里河指汉口到沙市之间的河道运输系统,包括自然河流和人工运河。外河指长江。里河的运输避免了长江的弯曲,减少了运输成本。
② 府河,亦称涢水,因其流域大部在古德安府（今湖北安陆、随州市）而得名。府河发源于随州大洪山北麓,有两个源头,一支是大涢河,源于洪山的灵官垭,另一支是小涢水,源于小寨子山,大小涢水在随州市洪山镇汇流后,经随州市区、广水、安陆、云梦、孝感,最后进入武汉,在谌家矶附近流入长江。府河全长385公里,俗称"八百里府河"。经河南省中转到德安府境内的货物,以及下游汉江、长江进入这些地方的货物基本都依赖府河的运输。
③ 本处有多处错误,根据本文重要参考资料金城银行编《湖北之棉花》加以修正。
④ 原文有误,应为秦乐记。
⑤ 原文写作遇,同周。
⑥ 原文写作许盛和,有误。
⑦ 原文写作义生记,有误。
⑧ 原文写作魏高顺,有误。

有德、华兴、向廷记、李源记、陈大益、燕记、森裕、合济福、聚义丰、兴顺合、张宗益、顾源兴、德益生、福茂仁、庆胜祥、吴协昌、梁公和、胡新昌、瑞昌仁、亿顺长、瑞昌森、刘永盛、同义长、陈海记、余楠记、玉泰衡、公记信、华新、德记、卢寿昌、廖荣记、裕丰成、德茂升、何仁记、晏和济、协泰永、彭才记、集成信、胡凤记、长裕川、钟天和、叶盛记、晋通裕、恒兴隆、源茂德、永盛祥、丰泰仁、雷星记、和合长、田厚记、郑懋兴、夏寿记、同昌、锦全昌、天昌丰、昌垦、复兴恒、张锦源、义兴长、李寿新、怡泰昌、新和、正大昌（以上115家①）。

（2）黄帮：宏庆升、恒泰福、怡生永、勤慎、信记、钧安、永记、同泰兴、集成丰、义顺公、集义兴、勤和、同顺、安昌、和记、福泰栈、裕丰永、紫来公、裕泰（以上19家）。

洋行方面，只有日本人经办的商社，他们有时候会亲自将店员派往内地从事棉花的收购。

2. 出口业

出口业的主要业务是买入汉口的棉花并将其销往外地等，大致可以分为洋行系和华商系。

华商系：分为黄帮和上海帮。上海帮中很多都是由上海、江浙的棉花商人派出的，而黄帮则是前述的进口业者作为一项附带业务而经营的，其与专业的出口业者是不同的。根据民国25年的调查，汉口的棉花出口贩运商有29家，主要的有如下各家：②

①黄帮：燮昌、泰孚、森裕、祥生、和泰、安泰祥。

②上海帮：久源、宝记、宏记、和记、瑞祥、宝泰、丰记、鑫春、怡和、安记、宏丰、宏升、中棉、通成、永安、申新。

③广帮：壬昌。

---

① 据统计，只有108家。而《湖北之棉花》中确实是115家，书院学生遗漏了七家，包括亿成公、天锡长、敬信恒、恒泰义、义兴等。

② 经查金城银行编《湖北之棉花》，这29家出口贩运商的名字皆能查到。唯永安、申新系纺织厂自行设号收花。

④洋行方面：汉口的洋行有日系、英系、德系各商社。这些洋行相关的出口业务很多都是在汉口通过花行购进棉花。虽然也有一部分日本商社亲自去原产地采购，但是这终究占少数。在汉口洋行中，日本商社占据压倒性的地位。主要的日本商社有日本棉花①、东洋棉花，其采购的棉花除贩运出口外，还接受本地的泰安纱厂②和上海、青岛的日本纱厂之委托，为他们代理采购棉花。英国和德国商社也为本国的棉纺织业进行采购，但数量不多。

表3是按照商社划分的民国23年至民国26年6月的棉花出口和销售情况。

表3　1934年至1937年6月的棉花出口和销售情况③

单位：公担

商号	国籍	民国23年	民国24年	民国25年	民国26年（1~6月）
吉田	日本	3548.84	4324.80	9084.90	1756.93
瀛华	日本	1935.13	3578.13	7988.18	968.77
安利英	英国	9724.24④	1315.89	—	—
安记	华商	—	2078.64	4962.91	1606.87
日信	日本	168.13	3691.85	—	—
东棉	日本	—	—	1189.87	—
岩井	日本	—	—	1485.55	—
福来德⑤	德国	—	1391.64	1211.94	910.01
隆茂⑥	英国	—	—	—	121.74

---

① 亦称日信洋行。全称日本棉花株式会社，创办于1892年。
② 1924年日本江州财团所属日本棉花株式会社投资500万元，在汉口硚口宗关，紧邻申新纱厂，建立了泰安纺织株式会社即泰安砂厂。这是日本当时在中国办的第23家纱厂，也是在中国内地建立的唯一的日本纱厂。泰安纱厂由汉口日信洋行直接经营。
③ 本表遗漏了协成祥商号及其数字，但最后的合计又完全照抄《湖北之棉花》，而《湖北之棉花》的合计数字也是有问题的。这反映了认真核对、统计的重要性，同时反映了本文作者的粗心大意。
④ 原文写作1724.24，有误。今依据《湖北之棉花》修正之。
⑤ 德国福来德洋行成于1902年，总部在汉堡，在上海、天津、汉口开设分公司，主要从事蛋品、猪鬃、桐油、肠衣、芝麻、棉花等原料的收购和加工。
⑥ 隆茂洋行是著名英商洋行，1846年由麦肯吉兄弟开设在上海。1888年在天津设分号，开办大型机器打包厂，从事大宗出口业务，并自备轮船经营航运业。

续表

商号	国籍	民国 23 年	民国 24 年	民国 25 年	民国 26 年（1~6 月）
荣泰	华商	320.99	—	1317.34	—
瑞记英	华商	—	—	1734.83	1017.90
振业	华商	—	—	—	231.25
协成祥	华商	173.15	—	—	212.74
久源	华商	—	—	2626.41	90.46
德大	华商	—	—	1968.25	76.45
悦来	华人	—	—	31.94	—
夔昌	华人	—	—	1234.10	—
和记	华人	—	—	1031.12	—
同孚	华人	—	—	52.48	—
益大	华人	—	—	469.83	—
总计	华人	6888.48①	16380.95	36371.65②	6780.37③

来源：汉口商品检验局发布的数据。
注：日系：日本棉花、东洋棉花、瀛华、吉田、岩井。
英国系：安利英、怡和、和记、隆茂。
德系：福来德。

表 4　1934 年至 1937 年 6 月汉口棉花国内外的出口及销售的数量④

单位：公担

出口年份	国内			国外			出口及销售
	上海	青岛	其他	日本	澳洲	其他	合计
民国 23 年	367163.31	21286.61	265.07	6164.24	—	724.24	395603.47
民国 24 年	290619.78	18611.37	2594.78⑤	11594.78	—	4795.26	325621.19⑥
民国 25 年 1 月	23265.92	251.10	—	—	—	509.21	24026.22

---

① 原文有误，按表中数据统计应为 6870.48。
② 原文有误，按表中数据统计应为 36389.65。
③ 原文有误，按表中数据统计应为 6780.38。
④ 该处表格源自于《湖北之棉花》，经核对，大部分正确，个别地方有误。
⑤ 原文有误，据《湖北之棉花》，此处为空格。
⑥ 原文有误，按表中数据统计应为 32821597。

续表

出口年份	国内 上海	国内 青岛	国内 其他	国外 日本	国外 澳洲	国外 其他	出口及销售 合计
民国 25 年 2 月	29162.74	461.69	—	—	—	50.20	29674.63
民国 25 年 3 月	44405.82	4249.28	—	—	—	100.56	48755.66
民国 25 年 4 月	15477.48	736.79	—	—	—	—	16214.27
民国 25 年 5 月	6648.22	—	—	—	—	—	6648.22
民国 25 年 6 月	2368.24	—	—	—	—	—	2368.24
民国 25 年 7 月	3914.11	—	—	—	—	—	3914.11
民国 25 年 8 月	1278.70	—	—	—	—	—	1278.70
民国 25 年 9 月	29605.21	2193.71	184.47	6805.46	—	331.54	39120.39
民国 25 年 10 月	104238.82	3646.66	419.28	11217.36	—	376.57	119898.69
民国 25 年 11 月	108826.65	1297.20	—	4407.70	1374.70	1700.79	117607.04
民国 25 年 12 月	99395.22	882.65	—	5881.74	2308.91	1324.71	109793.23
合计	468587.13	13719.08	603.75	28312.46	2683.67	4393.58	519299.61
民国 26 年 1 月	91024.69	1756.06	—	660.31	457.99	51.04	93959.09[①]
民国 26 年 2 月	50785.44	1637.96	—	780.15	—	1016.70	54220.25
民国 26 年 3 月	96019.27	5716.48	—	1185.62	—	823.07	103744.44
民国 26 年 4 月	60677.40	8881.19	659.72	388.27	—	823.07	71056.83
民国 26 年 5 月	34466.43	11595.15	1034.46	—	—	450.25	48063.10[②]
民国 26 年 6 月	29908.16	1697.58	569.83	—	687.79	279.25	32175.57[③]
合计	362881.39	31293.48	2256.03	3014.35	1145.78	2620.25	403211.28

来源：汉口商品检验局发布的数据。

虽然湖北省在纺织方面消费的棉花总量尚无确切的数字，但是据推测，民国 25 年的消费量为 70 万担。

民国 26 年汉口各棉花打包工厂[④]的打包数如表 5 所示。但是，每件重

---

① 原文有误，查《湖北之棉花》也是这样写的，据表中数字核算为 93950.09。
② 原文有误，查《湖北之棉花》也是这样写的，据表中数字核算为 47546.29。
③ 原文有误，查《湖北之棉花》也是这样写的，据表中数字核算为 33142.61。
④ 由于来自各地的棉花的包装大小各异，因此在从汉口运出之前需要先交新式打包厂（机制）打成统一形状的机包。

量为市秤 4.84 担①，即每件 2.42 公担。另外，由于各地还有用土打包机打包的棉花，所以打包数与出口及销售数不一致，两者的差即为土打包机打包棉花的数量。

表5　民国 26 年汉口各棉花打包工厂的打包数②

打包工厂 月份	穗丰	平和	隆茂	汉口	日信	合计
民国 26 年 1 月	11798③	5354	7101	5902	8540	38723④
民国 26 年 2 月	5862	3874	2639	1593	6796	20764
民国 26 年 3 月	10338	6881	5795	3055	10471	36540
民国 26 年 4 月	12821	2870	2229	4922	8424	31266
民国 26 年 5 月	7937	1997	4367	1788	5094	21183
民国 26 年 6 月	6331	617	1450	2145	300	10843
民国 26 年 7 月	2375	289⑤	362	150	1700	4976
民国 26 年 8 月	122	—	—	—	—	122
民国 26 年 9 月	—	—	—	395	—	395
民国 26 年 10 月	124	—	57	809	—	990
民国 26 年 11 月	204	—	26	71	—	301
民国 26 年 12 月	541	46	2700	2225	—	5512
合计	58454	22028	26726	23055	41352⑥	171615

3. 花行

花行指棉花买卖双方的中介人。具体来讲的话，即便进口商能够将棉

---

① 按 1 担等于 100 斤，4.84 担即 484 斤，合 242 公斤，这跟《湖北之棉花》里讲每件重量自 510 磅至 570 磅不等，但以 520 磅至 540 磅最普遍是相合的。按 1 磅等于 0.45 公斤，则 520 磅至 540 磅合 234 公斤至 243 公斤相近。
② 该处表格源自《湖北之棉花》。
③ 原文有误，查《湖北之棉花》写作 11799。
④ 原文有误，查《湖北之棉花》也是这样写的，谨慎使用。
⑤ 原文有误，查《湖北之棉花》也是这样写的，谨慎使用。
⑥ 原文有误，查《湖北之棉花》即这样写的，谨慎使用。

花运到汉口,但是由于出口商的主要业务是汉口棉花对外地的出口和销售,这样在进口商和出口商之间便产生了买卖双方联系不便的问题。花行就是为了将进口商、出口商联系在一起以便更好地进行买卖而产生的一个机构。

花行的组织也很简单,资本金只有几千元左右。而那些规模大一点的花行一般都有一个习惯:从自己的进出口客户那里预支数百数千乃至数万元。在花行的职员中,重要的是"进手"和"出手":进手主要是代替买家寻找货物,出手则是代替卖家销售货物。很多"进手"和"出手"都是兼营买卖业务。"进手"和"出手"的吃住都在花行,但是花行不给其发工资,这些人的收入主要靠交易成立时收取的手续费,一般是每百元收取1.5%。收取的手续费一半归自己,另一半要交给花行的老板。

由于花行对于买卖双方而言都是一个必要的存在,所以,收购到汉口市场上的棉花大部分都必须经过花行的手,花行也因此具有很大的势力。七七事变发生前主要的花行有:中孚、泰兴恒、同泰福、同兴泰、隆昌、同兴福、永丰、寿昌鸿、怡泰、祥盛福、日新、德顺昌、宏泰、豫隆永、志元利。

如上所述,花行在买卖双方之间,通过中介业务使得棉花交易变得更加顺畅。但是由于交易费用的增加,无形中也增加了消费者(棉花需求方,如纱厂等)的负担。因此,也有一些人曾试图放弃间接交易转而进行直接交易。但是,因为如下的理由,直接交易很难实现。

(1) 旧习惯根深蒂固,很难撼动。
(2) 花行的职责是在素不相识的买卖双方之间从事中介,并承担货款回笼之责任。

也就是说,按正常的交易习惯,卖家来到汉口后首先会把其带来的货物放入(银行或银行认可的)仓库,然后以此为抵押从银行取得贷款,并在最后发货前向银行付款。但是,汉口的棉花交易习惯却是:在货物交割后的第二天才发放货款。因此,花行要提前为买家开一期票,从而方便卖家的资金运转。这样一来的话,花行对于卖方要承担货款回笼的保证责任。

（3）促进买卖双方的交易。虽然买方想购买棉花，但是由于卖方不知道买方出的价格以及对品质方面的要求，而且买方如果跟卖方一一去谈的话又非常的麻烦，况且买方如果要调查卖方的报价、棉花数量及品质的话，也需要耗费很大的精力。在这种情况下，由花行去做无疑节省了大量的交易成本。

4. 交易方法

进口花号一般会在棉花原产地设一个分号或者向当地派一个人，通过这种方式来收购棉花。而收购所得的棉花会被集中到汉口后放入仓库，再从商品检验局获得"合格证"，最后经过花行的手卖给那些从事棉花交易的洋行、纺织工厂、出口商（花行会派店员提样品赴素有往来之出口商号、洋行、纺织厂兜售）。当买方有购买意愿的时候，会派一个看货人（货物检查人）到仓库看货，并与卖家就价格、数量等进行协商，如果协商成功，就会签订四份合同，花行、买方、卖方、公会[①]各持一份。货物的交割按照汉口商业交易习惯，一般是在签订合同的第二天进行，然后在第三天支付货款。一般是15日先付支票。根据《四省棉花运销》[②]，上述支票在钱庄进行贴现的时候，每1000元需要被征收5角的手续费。花行在为卖家开具期票的时候，每1000元收取1元的庄票手续费。

关于花行的中介手续费，根据习惯一般是货款的1.5%，人们称其为"九八五制"。

5. 衡制

关于衡制，我们将在后文按照不同地方的情况分别叙述。在汉口买卖双方进行棉花交易的时候，使用的是1斤18两3钱的汉秤。

6. 交易时期

9月、10月、11月、12月和1月的交易最为旺盛，6月、7月的交易较少。

---

① 指棉花行业同业公会。
② 指金陵大学农业经济系调查编纂的《豫鄂皖赣四省之棉产运销》（1936年）。

四　汉口以外地区的收购机构

以老河口为中心的收购机构。老河口是一个地方棉花收购地，此处我们将该地的棉花收购机构分为花贩、花行、花号分别进行叙述。花贩也叫"贩子"，其在日本就相当于那些在乡下收购鸡蛋之类的商人。花贩的资本金从几十元到150元左右不等。花贩隶属于某一个花行，一般从自己势力范围内的那些农民手中收购棉花。那些信用比较高的花行会从出口业者那里借来一定数额的资金，然后将这笔资金借给贩子。而贩子则将这些钱贷给农民，农民最后将自己的棉花交给贩子。像这样，花行给贩子和农民一定数量的贷款，是为了将这些人纳入自己的势力范围，这种制度已经普及到了全省。但是七七事变后棉花收购机构出现了变化，以前的那种融资制度也被破坏，农民甚受资金缺乏之苦。这也是当下日本棉花商收购棉花时遇到困难的一个原因。

上述这种融资制度在老河口附近的农村一带非常盛行。当地称之为"抛盘买卖"。除了这种交易方式外，还有现金交易以及代理采购。但是作为一种习惯，一般不规定棉花的价格、交货期限。当地使用的秤合库秤[①]24两，较汉秤每担可溢出21斤。

厉山：收购棉花的主要机构是"花粮行"。花粮行兼营棉花、杂粮的交易。它或者从农民处购买籽棉然后轧成皮棉[②]，或者直接从皮棉商处购进棉花，然后将其运往汉口。花粮行有时也作为花行或出口业者的代理机构从事棉花的收购。花粮行的中介手续费是每1元收取6分。

樊城：当地的棉花收购方式分为贩子、花行。贩子首先从棉农手中收购棉花，再将棉花加工成皮棉后以现金的形式卖给花行。对于那些有信用的贩子，花行一般会给其一定数额的贷款，但是作为代价，贩子要将棉花带到花行来。花行对贩子使用的秤都是汉秤（1斤~3斤）。花行的业务很多都是自营买卖，即花行首先从乡间贩子以及花行那里收购棉花，然后将其卖给出口业者或者进口业者。一般情况下都是卖给汉口花行的分店。

[①] 应该合库平。
[②] 由农民直接从棉株上采摘，棉纤维还没有与棉籽分离，没有经过任何加工的是"籽棉"。把籽棉进行轧花，脱离了棉籽的棉纤维叫做"皮棉"。而一般意义上说的棉花就是指皮棉。

新洲：当地的棉花交易者属于棉布业者的一种，他们还兼营土布、棉布、桐油等。棉农首先将棉花卖给花贩，花贩再卖给花行，花行最后再将棉花卖给汉口花行或其他分店。

鄂城：当地的棉花收购方式可以分为花行、花贩。当地的花行与其说是从事代理采购，倒不如说是从花贩那里收集棉花然后在将其运到汉口的情况要多一些。

随州：在当地，棉农将棉花卖给"行户"。行户除从事棉花交易外，一般都兼营杂粮、杂货，很多人自制轧花机。棉花买家首先去行户的商店，然后住在那里等待卖家的出现。行户给买家提供食宿，不收取费用。交易由行户从中斡旋完成后，行户要从买卖双方共收取3分（买二卖一）的佣金，即3%的手续费。

枣阳：当地的棉花交易与其他地方一样，唯一不同的是有这样一条规定，即当买家住宿在花行的时候，需要每日给花行支付3角的食宿费（实际上是免费的）①。当花行帮助买卖双方完成交易的时候，则按照每元2分的比例，从买家收取2%的手续费。

五　棉花交易中的金融、运销

1. 金融方面

棉花由于价格高且交易时期短，所以竞争激烈，需要相当数量的资金。根据金城银行的调查，棉花每担大约需要30元的费用。除了洋行、纺织厂之外，一般的进口业者、出口业者以及花行经常会感到资金困难，不得不依赖银行和钱庄，慢慢地出现了金融资本进入棉花行业的现象。比如，中国银行经营的中棉公司就是其中的一个代表，该公司在棉花收购制度上扮演了非常重要的角色。接下来我们分地区对各地的金融情况进行简要介绍。

汉口：在当地，虽然存在"货物交割后的第二天开具一张15元的先付支票"的交易习惯。但是，卖方一般都是将棉花放入（银行或银行指定的）仓库的同时获得银行的抵押贷款。花行会为卖家在货物交割前开具一张钱庄的庄票或其他银行的支票。银行在为卖方进行抵押贷款的时候，会

---

① 《湖北之棉花》对此的记载是自由付给，非免费，故特别说明。

按照实际价值的七成放款,并收取 8 厘至 1 分的月利息,贷款期限为不定期。由于这种抵押融资方式会带来许多的不便,所以卖方一般都是靠自己平日的信用去钱庄进行融通贷款。这种信用交易的月利息为 1 分 4 厘至 1 分 5 厘左右,贷款期限为不定期。另外,银行则利用自己所有的仓库将棉花全部搬进去,通过低息的金融来吸引客户。在七七事变发生前,利用银行融资的人逐渐多了起来,银行也开始增加仓库的数量,扩大其势力。表 6 是汉口的棉花用仓库及其经营者的情况。

表 6 汉口的棉花用仓库及其经营者的情况

仓库名	经营者	仓库名	经营者	仓库名	经营者
中国第二栈	中国银行	汉口第一堆栈	上海银行	通孚堆栈	仓库业者
聚兴诚第一栈	聚兴诚银行	汉口第二堆栈	上海银行	公信堆栈	仓库业者
中和信记堆栈	交通银行	汉口第三堆栈	上海银行	鼎福堆栈	仓库业者
日兴堆栈	交通银行	中国第一栈	中国银行	穗丰洋行堆栈	穗丰打包厂
交通第一栈	交通银行	省银行栈	湖北省银行	平和洋行堆栈	平和打包厂
交通堆栈	交通银行	兴业堆栈	浙江兴业银行	汉口洋行堆栈	汉口打包厂
日信打包栈	日信打包厂	隆茂洋行堆栈	隆茂打包厂		

另外,与汉口棉花业者之间有很深关系的银行有:金城银行、中国银行、交通银行、上海银行[①]、浙江实业银行、中国农民银行。

在汉口,当棉商向内地采购时还有一种特殊的金融方法——信用互助借款。所谓信用互助借款,指在新棉花上市的时候,贷款人(棉商)将其店员派至棉花产地,然后这些店员会前往他们熟悉的杂货业者家里,向杂货业者提供无利息信用贷款。(当然作为回报,这些杂货业者要向花行提供相应数量的棉花)。借款人需要在证书上写清借款的金额以及还款期限。之后,杂货商手持这个证书到汉口来就可以获得贷款(并在汉口购买想要的杂货等)。这种信用贷款之所以能够发生的理由在于:①贷款人可以让借款人以其货物的金额为限来从事代理采购;②借款人以后在汉口买商品的时候,不携带现金也是可以的,安全性提高;③能

---

① 全称为上海商业储蓄银行,陈光甫等于 1915 年在上海成立。

够节约汇兑手续费。

老河口：老河口的棉花交易由于主要以现金买卖为主，所以融资的情况不多。当地的棉花金融业务主要是中国银行、聚兴诚银行、中国农民银行、湖北省银行这几家银行在经营，其中抵押贷款往往按实际价值的七成放款，月利息一般为1分至1分6厘左右。

随州：当地的棉花交易除了现金买卖，花行还从棉商那里借钱采购棉花，这个时候不计利息。另外，还可以从湖北省银行或钱庄通过抵押贷款来获得资金。如果是抵押贷款，月利为8厘。如果是信用贷款，月利一般为1分2厘左右。

樊城：棉花交易多为现金买卖，当地的钱庄很多都是棉商经营的。

新洲：由于很多从事棉花收购的机构都是兼营纱布、杂货等，所以资金实力比较雄厚。这些机构自己将棉花运到汉口，然后在返程时购买一些杂货、纱布等。如果这些机构因为棉花多而陷入缺乏资金的情况，他们会从其他杂货商等处获得信用贷款。在棉花的出货期，由于借钱的人很多，所以出现了每1000元收取5元~8元利息的情况。

枣阳：当地的棉花交易很多都是现金交易。汉口的出口业者、花行业者一般都是利用银行汇兑。而也有一些汉口的花行会让枣阳当地的花行接受其出具的借款书，对其进行小额的贷款。

2. 运输方面

各地出产的棉花首先是被运到汉口、沙市或者其他收购地，其所需的费用以及天数如表7至表8所示。

根据昭和17年（1942）4月满铁汉口分所发行的《湖北省棉花介绍资料》，表7为七七事变发生前棉花运输方面的情况。

表7　七七事变发生前棉花运输方面的情况

县别	棉产区	收货地	运输状况
江陵	江陵	沙市	民船需2小时，每包4角
江陵	郝穴	沙市	民船需1日，每包6角，汽船则需要5小时，每包8角
江陵	太平口[①]	沙市	民船需4小时，每包2角5分

① 隶属湖北省江陵县弥市镇。

续表

县别	棉产区	收货地	运输状况
江陵	弥陀寺①	沙市	民船需4小时，每包2角5分
江陵	万城②	沙市	民船需1天，每包5角
江陵	李家埠③	沙市	民船需5小时，每包2角
江陵	草市④	沙市	民船需5小时，每包2角
监利	监利	汉口 郝穴	民船需4~5日，每包1元 民船需2~3日，每包8角
监利	朱家河⑤	汉口	民船需3日，每包8角
监利	程家集⑥	郝穴	民船需1日，每包4角
监利	上车湾⑦	汉口	民船需4日，每包1元
监利	下车湾⑧	汉口	民船需4日，每包1元
监利	尺八口⑨	汉口	民船需4日，每包1元
监利	白螺矶⑩	汉口	民船需2~3日，每包8角
石首	石首	藕池口⑪	民船需半日，每包4角
石首	藕池口	沙市 汉口	汽船需1日，每包1元；民船需3日，每包8角 汽船需2日，每包1元6角
石首	曹家厂⑫	藕池口	民船需1日，每包4角5分

① 今湖北省江陵县弥市镇。
② 今湖北省荆州市荆州区李埠镇万城村。
③ 今湖北省荆州市荆州区李埠镇。
④ 今湖北省江陵县荆州镇草市街。荆州城的东门外有两个镇，一个是距城约15里的沙市，另一个是离城约4里的草市，自古以来"沙、草二市，为江陵诸市之最大者"。
⑤ 今湖北省监利县朱河镇，因朱家河而得名。朱河自宋朝立埠，至乾隆年间，"市廛殷盛，客商云集"，素有"小汉口""金朱河""香港市场"之誉。
⑥ 今湖北省监利县程集古镇，史称"程家集"。
⑦ 在湖北省监利县中南部、长江北岸，隔江与湖南省为邻。传元末陈友谅兵败，在此弃马乘车南逃，故名。
⑧ 今湖北省监利县朱河镇下车湾村。清光绪《湖北全省分图》记载监利县东南有下车湾市，传说陈友谅率部自白螺矶三江口登岸，到达朱河的秦家场时，群众自发涌向小街夹道相迎，陈友谅下车致谢。后人为纪念义军经此，特将秦家场改名为"下车湾"。
⑨ 今湖北省监利县尺八镇。清朝和民国时期，这里是监利县仅次于朱河的贸易集镇。
⑩ 今湖北省监利县白螺镇。
⑪ 今湖北省公安县藕池镇，因当地池多盛产莲藕而得名，1965年前隶属石首县。藕池镇地处藕池河与长江的交汇处，上通巴蜀、下达汉申，南引三湘四水，北辐荆襄汉沔，交通十分方便。该镇自古商贾云集，素以"小汉口"著称。
⑫ 今湖北省石首县团山寺镇曹家场村（团山寺镇所在地）。

303

续表

县别	棉产区	收货地	运输状况
宜昌	龙泉铺①	宜昌	民船需1日，每包3角
当阳	当阳	沙市	民船需4日，每包8角
当阳	观音寺②	河容③	民船需1日，每包3角
枝江	枝江	沙市	民船需1日，每包5角
宜都	宜都	沙市	民船需1日，每包5角

注：
① 宜昌的中号布袋装棉花每包净重156市斤；
② 河溶的小号布袋装棉花每包净重122市斤；
③ 其他用麻布大袋包装的每包净重234市斤。

作为参考，表8列举的是将棉花从汉口运到上海的各项费用（每市担棉花平均30元）。

表8　棉花从汉口运到上海的各项费用

费用名称	费用（元）	备注
营业税	0.24	买家负担，税率为千分之八
改良费	0.06	用于湖北省政府改良委员会棉产改良
打包费	1.40	包含所有的仓库费和保险费
抖花损失	1.20	每担减少约4斤
转口税	1.64	
劳力工资	0.04	作为劳力的运费
驳船费	0.03	
运费	0.45	从民国26年3月开始一律每吨8元8角
水火保险	0.18~0.24	
汇兑费	0.15~0.30	
手续费	0.50~0.70	手续费及杂费
缩减	0.90~1.00	浸水
合计	6.97~7.30	

来源：金城银行发布的《湖北之棉花》。

---

① 今宜昌市夷陵区龙泉铺镇。
② 当阳观音寺坐落在漳河与钱河汇合处，是由古刹寺庙、商贸集镇、航运码头组成的山区集镇。1959年，洪水泛滥，古街石道观音寺、寺庙古钟，就被淹在水下。
③ 原文有误，据实际情况应改为河溶。

将以上棉花的收购路径用一张图来表示的话，如图 2。

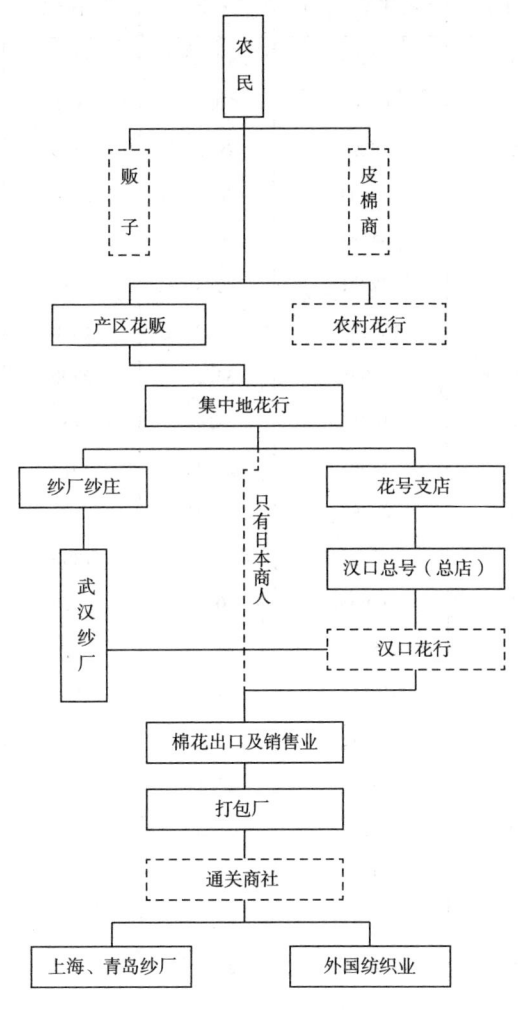

图 2　棉花的收购路径示意

注："——"表示正式的棉花买卖商，"----"表示中间买卖商。

六　棉农、棉贩与合作社

1. 棉农

棉农一般会根据棉花价格、降雨量等来决定棉花的种植面积。表 9 是关于棉田的面积（禁止发表）。

表9 棉田的面积

	10年平均棉田面积（亩）	10年平均原棉收获量（担）	每亩收货量（斤）	耕地面积（千亩）	棉田面积占耕地面积的比例（%）
武昌	19394	5009	26.3①	1250	1.5
汉阳	223210	65401	29.3	930	24.0
汉川	259886	75299	29.0	840	30.9
沔阳	273672	84509	30.9	3750	7.2
天门	434366	134183	30.4	1930	22.8
潜江	140418	42721	30.4	930	15.0
孝感	418800	100042	23.9	1380	30.3
京山	69319	23925	34.5	2700	2.5
嘉鱼	81962	18365	22.4	750	10.9
大冶	61636	16806	27.3	670	9.2
鄂城	117058	27295	22.3	560	20.9
黄冈	380170	93142	24.5	1200	39.6②
云梦	183202	54995	30.0	520	35.2
蕲春	22752	5549	24.4	550	4.1
广济	68331	16116	25.6③	560	12.2
黄梅	128553	28773	22.38	670	19.2
九江	102125	29102	28.5		
星子	3560	747	21.0		
永修	13456	3849	21.2④		
新建	241	78	22.87⑤		
阳新	10205	2795	27.7⑥	630	1.6
应山	63979	12580	19.7	690	9.2
应城	87351	26259	30.0	700	12.4

① 根据提供的数字进行核算为25.8，原文有误。
② 根据提供的数字进行核算为31.7，原文有误。
③ 根据提供的数字进行核算为23.6，原文有误。
④ 根据提供的数字进行核算为28.6，原文有误。
⑤ 根据提供的数字进行核算为32.3，原文有误。
⑥ 根据提供的数字进行核算为27.4，原文有误。

续表

	10年平均棉田面积（亩）	10年平均原棉收获量（担）	每亩收货量（斤）	耕地面积（千亩）	棉田面积占耕地面积的比例（%）
黄陂	17909	3118	17.4	1160	1.5
安陆	24708	7333	29.7	390	6.3
随县	462474	132094	28.5	1160	47.8[①]
钟祥	150055	34468	21.9	1110	13.5
荆门	75595	21803	28.84	1500	5.0
当阳	51541	16140	31.31	660	7.8
监利	394719	112653	28.5	1110	35.5
江陵	662580	154097	23.2	2390	27.7
麻城	184520	42079	22.8	960	19.2
黄安	10605	2403	22.6	420	2.5
浠水	60493	14623	24.17	830	7.2
合计	5258845	1408351	26.78	32900	16%[②]

来源：棉花改进会汉口分会。

表10是棉田面积与其他主要农作物的耕地面积对照。

表10

年份	米	小麦	大麦	玉蜀黍	高粱	大豆	胡麻	棉花	蔬菜	荞麦	瓜类
民国25年	600000	160000	85000	28000	23000	23000	50000	232000			
民国29年	421600	45500	74000	3400	66500	55600	3400	36300	3500	4800	2200
民国30年	428000	45200	74000	2831	65500	54240	3400	36500	3500	4500	2200
民国31年（预想）	472200	45200	74000	3200	65500	54340	4200	37800	3200	4500	2000

---

① 根据提供的数字进行核算为39.9，原文有误。
② 原来这个为空，今根据第一列除以第四列得出16%。第二列除以第一列等于第三列；第一列除以第四列等于第五列。

若以民国25年为100，表11是近年来主要农作物所占的比例。

表 11 近年来主要农作物的比例

年份	米	小麦	大麦	玉蜀黍	高粱	大豆	胡麻	棉花	蔬菜	荞麦	瓜类
民国29年	70.27	28.44	87.06	12.14	289.12	241.74	6.80	15.64			
民国30年	73.00	28.25	87.06	10.47	284.26	236.26	6.80	15.73			
民国31年（预想）	78.70	28.25	87.06	11.42	236.26	236.26	8.40	16.29			

来源：汉口的日本人商工会议所。

另外，棉农在种植棉花时不实行轮作，他们会将某片土地专门用作棉花耕地。遇到干旱天气的时候，农民也不用其他作物代替棉花。但是在遇到水灾的时候，农民会将这片土地一直保留到秋天，然后种植秋小麦。棉田的肥料主要是猪、牛的粪便。

根据汉口商工会议所的调查，汉阳县内有12个粪池，每个粪池有400担~700担的粪，此地一年销往其他地区的粪可达六七万担。每担粪的价格为3角至5角。化肥有德国"狮马牌"和日本产品，它们在民国10年到16年就被进口到了中国，属于一种酸性肥料。这些肥料主要用于水田，棉田也可以使用。最初使用的效果较好，但是后来据说那些无知的中国农民胡乱使用化肥，导致土地出现干枯。

在金融方面，农民往往凭借个人信用从合作社、地主、贩子、地方花行获得资金。特别是对于棉花而言，贩子从花行借钱，然后不断贷款给农民，作为代价，贩子必须将自己势力范围内的农民的棉花卖给花行。另外，也有以提供棉花生产技术指导贷款为其业务的机构。截至"七七事变"前，湖北省的农村合作社情况见表12。①

---

① 本表有多处错误，现根据《湖北之棉花》加以修正。

表12　湖北省的农村合作社情况

社别	合作社及联合社的数量	社员数	股票数	社股金额（元）
供给合作社	1	80	204	4808
生产合作社	88	6097①	7126	39960
运销合作社	31	2417	4551	9632
信用合作社	1944	81221	85591	193871
利用合作社②	3	118	150	494
供给信用合作社	2	248	248	496
消费信用合作社	1	263	263	526
生产供销合作社	410	24810	30553	71609
运销信供社	14	1145	1809	6330
信用供销社	57	4207	7041	14326
利用兼营供运社	684	56120	63724	159332
合计	3235③	176726	201260	500656④

如果把以上信用、利用、运销合作社按照地方来做进一步细分的话，就会发现，它们之间的关系非常密切。在地方花行中，那些同时兼营杂货的商家会以赊账的方式向棉农销售一些日用品。作为交换，棉农要将棉花卖给这些商家。也就是说商家可以获取销售杂货、棉花的双层利益。虽然也有一些棉农采取多家联合的方法购买弹花机自行弹花，但是一般情况下都是将自己种植的原棉卖给贩子或者棉花商。

棉农的劳动力一般都是自己家里人，很少有雇佣别人的。棉花的自家消费约占二成，这一比例在七七事变后增加到了六七成。

2. 贩子、皮棉商

七七事变发生前，贩子原则上还是一种营生的职业。贩子的资本金通常是自有资本，在100元左右。他们一般从直属的花行借钱，然后贷款给

---

① 原文写作"6079"，有误。根据其重要的参考资料《湖北之棉花》，此处数字应为6097。
② 凡代为管理社员土地并置办农业与生活上的公共设备供社员共同或分别利用者为利用合作社。
③ 原文写作3239，有误。根据《湖北之棉花》，此处的数字为3235。
④ 原文写作500656，与《湖北之棉花》同。根据表中的数字，应为501384。

309

棉农，类似于日本的鸡蛋收购商。贩子仅仅能够获得相当于（工人）日工资的微薄利润。而且由于花行使用的秤比贩子们使用的秤要大（贩子的秤又比农民使用的秤要大），为了弥补在棉花重量方面的损失，贩子经常会给棉花中掺水或其他杂质。

另外，每一个贩子都有其势力范围，不能侵入他人的领地。所以，贩子组成了一种"帮"的组织。七七事变发生后，在农产品上市期出现了许多被称为"贩子"的人。由于战争所造成的民用物资缺乏，这些贩子们经常到市集的街上收购物资，然后再去乡下，用这些物资换取棉农的棉花。贩子用的秤是磅秤。在那些治安良好的地方，由于棉农都接受了合作社、棉花改进会的指导，所以贩子正在失去其影响力。

3. 合作社

农村合作社的发展，使得不少农民避免了从高利贷中吃亏。但是由于农民认知的肤浅以及合作社烦琐的手续，致使农民宁愿向地主、花行或者贩子借钱，也不愿意向合作社借钱。由于在湖北省的农作物中，棉花的地位是最高的，而合作社对于棉农的影响又非常大，绝不可轻视，所以下面我们对合作社做一番叙述（见表13）。

湖北省的合作社适用于民国23年3月1日公布的《中国合作社法》。其主要资金来源于中国农民银行，在业务上接受实业部合作事业驻鄂办事处暨华洋义赈会的共同辅佐，并且接受湖北省棉业改进会的指导。

表13 农村合作社的大致情况[①]

单位：日元

县城	社数（个）			社员数（个）			实付资本额（日元）			截止到民国26年11月的借款额（日元）
	信用	利用	运销	信用	利用	运销	信用	利用	运销	
应城	38	77		1910	8756		2342	14303		107052.56
咸宁	92	74		6508	7005		9037	9708		157425.36
云梦	52	42		2893	2943		4222	3903		63989.70
沔阳	76			2079			2224			3958.00

① 本表有多处错误，现根据《湖北之棉花》加以修正。

以汉口为中心的棉花收购制度

续表

县城	社数（个）			社员数（个）			实付资本额（日元）			截止到民国26年11月的借款额（日元）
	信用	利用	运销	信用	利用	运销	信用	利用	运销	
安陆	26	93		1725	5425		2106	10852		69293.35
宜昌	20		1	838		37	1625		74	19809.15
孝感	45	75		2148	5406		3717	9169		91901.80
浠水		69			7135			12930		43699.22
武昌	265			8575①			10260			121912.74②
汉口	58	2		1796	337		3931	107		93264.51
黄梅	31			1134			4528			28503.00
江陵	21			815			1157			10818.38
汉川	56	25		3669	2552		4484	2854		120213.00
汉阳	207			7259			10431			131167.71
嘉鱼	16	59		976	3702		1485	6257		63640.41
潜江	27			2231			5889			30827.00
黄陂	137			3848			5287			80396.25
黄冈	6	105		449	11259③		953	17368		100667.70④
监利	130			8291			8921			21162.00
鄂城	31		2							
随县	40	16								
枣阳	5	26	8							
麻城	6	4								
礼山⑤	11									
崇阳	3	2								
大冶	10									
襄阳			56							
光化			22							
谷城			32							
宜城			64							

---

① 原文写作"18575"，有误。
② 原文写作"21912.74"，有误。
③ 原文写作"11708"，有误。
④ 原文写作"1001667.70"，有误。
⑤ 今湖北省孝感市大悟县的旧称，1952年改名为大悟县。

续表

县城	社数（个）			社员数（个）			实付资本额（日元）			截止到民国26年11月的借款额（日元）
	信用	利用	运销	信用	利用	运销	信用	利用	运销	
罗田	5									
通山	2									
天门			11							
阳新	1	6								
蒲圻①	3	11								

七 掺水掺杂、品质检查与度量衡制度

（一）掺水掺杂

中国的农产品很久以前就开始混入很多的杂质，由此带来了重量、容积虚增的弊端，降低了农产品的品质，并使农产品的品质缺乏一个统一的标准。最近几年，由于农产品开始接受政府取缔所的检查，其品质也有所改善。但是仍然有很多杂物。另外，农产品收购机构为了除去杂物，也不得不采取各种手段。比如，商品检验制度就是在这一背景下产生的。下面我们看一下棉花掺水掺杂相关的取缔法则及其方法。主要依据是金城银行汉口调查部编的《湖北之棉花》、金陵大学农业院②农业经济系编的《四省棉产运销》，以及我们从当地日本商社相关人员那里访谈来的消息。

从前，鄂中、鄂西地区的棉花掺水非常严重，鄂城和黄冈一带是掺水的中心地带，一般而言，每担棉花的掺水量大概在3~10斤。在老河口附近的鄂北地区，棉花中会掺入水和棉籽。

给棉花中掺水和掺杂的方法如下（根据湖北棉花掺水掺杂取缔所发布的内容）。

1. 掺水

（1）发潮：首先将煮沸的开水泼洒在地上，然后迅速将棉花放到有水的地上，通过让棉花吸收水蒸气来增加其重量。

---

① 今湖北省赤壁市的旧称。1998年改名为赤壁市。
② 原文有误。另，金陵大学农学院原名农林科，1930年改为农学院。

（2）做潮①：把棉花放在一个竹制的席子上，然后用喷雾器给棉花喷洒煮沸的开水，或者有时也用泵给棉花浇水。或者将热水含在嘴里，一边用嘴给棉花喷水，一边用竹子或者藤条搅拌棉花，使棉花能够均匀吸收水分增加重量。

（3）加潮：在大雾天将棉花搬至屋外，使棉花吸收雾气、增加重量。

（4）内潮：首先将棉籽放入水中使其膨胀，然后再放入棉花中。经过一段时间后，将棉籽取出来，使棉花吸收水分。

（5）保潮：棉花收割前，棉籽中含有天然水分，在棉籽的水分完全干燥前将其放入青油中浸泡，然后再放入棉花中，目的是使原有水分不易蒸发。

（6）回潮：故意将原棉堆放在湿气较大的地上，使其吸收水分。

（7）吃潮：通过船只运输棉花时，为了弥补在运输途中因他人（指船户）打开包装、盗取棉花所造成的重量损失，将米汤注入棉花中。

2. 掺杂

（1）附着物的混入：将棉枝、棉叶、谷物等附着物混入棉花中，以此来增加重量。这些杂物被称为"天然杂质"。

（2）掺粉：将石灰、石膏、肥料等白色的石灰质粉状物掺入棉花中，以此来增加重量。由于这时的棉花呈白色，所以即便是将这些杂物混入上等棉花中，买家也很难发现。所以，每 100 斤上等棉中一般会夹杂 8～10 斤的杂质。

（3）掺切半籽：将轧花机的螺旋放松，或者将机器的沟槽调深，故意让棉籽通过机器。

（4）掺回力籽②：将棉籽均匀地混在棉花上面，有时候每 100 斤棉花可以混入 10～20 斤的棉籽。

（5）掺跳籽：将轧花机的前面放低，后面垫高，这样在弹花的时候棉籽就会自动混入棉花中。

（6）掺籽弹：将两三斤棉籽用棉花包起来制作成一个皮弹形，然后放入棉花中。

---

① 原文写作"做湖"，有误。
② 原文写作"曲力籽"，有误。

（7）掺杂绒：将包装棉花的绸布浸泡在泥水中，以此来增加重量。

（8）筛掺杂质：将棉花放在地上，在一个筛子上放上碎叶子或者棉籽，通过不停摇动筛子让这些杂质落到棉花上。

正如我们在下面度量衡制度一节将要提到的那样，以上这些掺水掺杂的方法，不管是棉，农还是贩子，或者是皮棉商，他们几乎都会用到。

（二）品质检查

湖北省政府为了取缔棉花的掺水掺杂，虽然也成立了取缔所，但是这个取缔所却是由全国经济委员会棉业统制会设立的，属于湖北省政府直接管辖，并且接受中央棉花掺水掺杂取缔所的指导。该机构从事各种棉花品质的检查以及各种混入物的检查。

表14　湖北省掺水掺杂取缔所所在地分布（民国23年）

分所	驻在地	管辖区域（县）	棉田面积（亩）	棉花产量（原棉：担）
第一区	老河口	光化[①]、谷城、均县、郧县	239050	62355
第二区	樊城	襄阳、宜城、南漳	559650	110811
第三区	枣阳	枣阳、随县、应山、安陆	1381214	384452
第四区	沙洋	荆门、钟祥、京山、当阳	258750	88400
第五区	岳口	沔阳、潜江、天门、嘉鱼、蒲圻	645540	206146
第六区	江陵	江陵、枝江、宜都、松滋、宜昌、远安	1346800	248219
第七区	孝感	孝感、黄陂、云梦、黄安	549400	139880
第八区	汉川	汉川、汉阳、武昌、应城	703140	183537
第九区	新洲	黄冈、麻城、鄂城、鄂[②]水、黄梅、鄂[③]春、广济	930590	161810
第十区	监利	监利、石首、公安	1145520	209203

关于取缔手续，要想取得合格证的人需要向取缔所提交一份市场买卖请求书，同时缴纳检验费。取缔所对于交易的棉花每包收取8筒（每筒折

---

① 今老河口市。
② 原文有误，应为浠。
③ 原文有误，应为蕲。

合12两）的费用，小包费用为4筒。检查后如果合格的话，颁发"国内市场买卖适用检验证"。

下面，作为参考，我们列举一些禁止掺水掺杂的法律条文。

（1）民国18年（1929），在上海、宁波、汉口、青岛、天津，为了进行出口检查业务，设立商品检验局棉花检查所。

（2）棉花掺水掺杂取缔原则：根据华商代表、检验局、法律顾问、常务委员、棉花商的意见，同时为了上述（1），民国23年（1934）设立了棉花掺水掺杂取缔所。

（3）棉花掺水掺杂取缔暂行条例作为（2）的修正，于民国23年7月10日公布，10月1日开始施行。

（4）修正棉花掺水掺杂取缔暂行条例：民国25年（1936）3月制定，主要条例如下。

第一条：本国棉花水分含量的法定标准是10%，杂质含量法定标准为0.5%。

第二条：本国棉花在市场进行买卖时含水量和夹杂物的最高限度分别为：12%、2%。但是，各省由于地理气候不同，所以棉花水分含量也不相同，对于这些棉花，以法定的标准为最高值。

第八条：对于预约买卖或者现货买卖的棉花，将双方与官方标准棉花进行比较后，如果发现棉籽以及其他杂质的混入比例高于0.5%，对于这些棉花，禁止其买卖和使用，而且对卖家处以3000元以下的罚金。

（三）度量衡制度

湖北省各地的衡制多种多样且各地大都采用当地的衡制，这给棉花收购带来了很大的障碍。特别是在内地收购棉花时，一般情况下，贩子的秤比棉农使用的秤要大很多，而地方花行的秤又比贩子的秤还要大。因此，农民和贩子为了弥补这些重量不足所造成的损失，他们会想办法在棉花中掺水、掺杂物。衡制的混乱可谓是棉花收购机构的一大顽疾。现在，我们将各地的衡制制作成一张表（见表15）。①

表15　湖北省各地方市县衡制折算表

地方	旧秤	单位	对公斤	对市斤	地方	旧秤	单位	对公斤	对市斤
汉口	钱秤	斤	0.580	1.159	通山	旧秤	斤	0.630	1.260
	公议秤	斤	0.547	1.093	阳新	旧秤	斤	0.513	1.026
	浙宁秤	斤	0.616	1.231	大冶	旧秤	斤	0.600	1.200
	漕秤	斤	0.556	1.132	鄂城	旧秤	斤	0.620	1.440
	四帮秤	斤	0.588	1.375	黄冈	旧秤	斤	0.652	1.304
	油秤	斤	0.602	1.204②	浠水	旧秤	斤	0.581	1.161
	库秤	斤	0.627	1.254	蕲春	旧秤	斤	0.581	1.161
	广秤	斤	0.622	1.244	广济	旧秤	斤	0.581	1.161
	建秤	斤	0.586③	1.172	黄梅	旧秤	斤	0.573	1.167
	司马秤	斤	0.695	1.389	英山	旧秤	斤	0.580	1.159
	节半秤	斤	0.856	1.712	罗田	旧秤	斤	0.580	1.159
武昌	旧秤	斤	0.579	1.158	麻城	旧秤	斤	0.589	1.178
汉阳	旧秤	斤	0.579	1.158	黄安	旧秤	斤	0.663	1.326
嘉鱼	旧秤	斤	0.575	1.150	黄陂	旧秤	斤	0.640	1.280
咸宁	旧秤	斤	0.580	1.160	孝感	孝秤	斤	0.925	1.850
蒲圻	旧秤	斤	0.572	1.144	云梦	旧秤	斤	0.610	1.220
崇阳	钱秤	斤	0.569	1.138	汉川	旧秤	斤	0.610	1.220
通城	旧秤	斤	0.610	1.220	应城	漕秤	斤	0.650	1.300
						钱秤	斤	0.600	1.200
应城	钱秤	斤	0.600	1.200	江陵	荆州城秤	斤	0.567	1.133
安陆	漕秤	斤	0.614④	1.227		沙市公议秤	斤	0.604	1.208
应山	旧秤	斤	0.565	1.130		沙市十七两秤	斤	0.612	1.223
随县	漕秤	斤	0.650	1.300		沙市局秤	斤	0.612	1.224

① 本表有多处错误，现根据《湖北之棉花》加以修正。
② 原文写作"1.240"，有误。
③ 原文写作"0.582"，有误。
④ 原文写作"0.565"，有误。

以汉口为中心的棉花收购制度

续表

地方	旧秤	单位	对公斤	对市斤	地方	旧秤	单位	对公斤	对市斤
钟祥	钱秤	斤	0.610	1.200	江陵	沙市十八两秤	斤	0.648	1.296
京山	漕秤	斤	0.565	1.129		沙市十八两五秤	斤	0.667	1.333
天门	漕秤	斤	0.600	1.200		沙市小荒秤	斤	0.719	1.438
沔阳	旧秤	斤	0.580	1.160		黄帮花秤	斤	0.739	1.477
潜江	旧秤	斤	0.569	1.138		沙市半斤秤	斤	0.863	1.726
监利	旧秤	斤	0.576	1.151	荆门	旧秤	斤	0.576	1.150
石首	旧秤	斤	0.610	1.220	宜城	旧秤	斤	0.628	1.255
公安	公安十六两秤	斤	0.576	1.151	枣阳	旧秤	斤	0.610	1.220
	公安十六两八秤	斤	0.604	1.208	襄阳	旧秤	斤	0.587	1.174①
	公安十九两三秤	斤	0.690	1.380	光化	旧秤	斤	0.580	1.159
	公安二十二两八秤	斤	0.820	1.640	谷城	旧秤	斤	0.587	1.174
	公安二十四两八秤	斤	0.891	1.782	保康	旧秤	斤	0.587	1.174
	公安二十七两秤	斤	0.971	1.942	南漳	旧秤	斤	0.587	1.174
松滋	旧秤	斤	0.580	1.159	远安	广石秤	斤	0.610	1.220
枝江	沙十六两秤	斤	0.576	1.151	当阳				
	枝江秤②	斤	0.594③	1.188		香油秤	斤	0.863	1.725
	棉花秤	斤	0.863	1.725		汉秤	斤	0.567	1.152
	盐秤	斤	0.588	1.176		库斤秤	斤	0.597	1.194
	X④秤	斤	0.576	1.152		正漕秤	斤	0.587	1.173
	钱秤	斤	0.733	1.466	兴山	广五秤	斤	0.610	1.220
宜都	宜秤	斤	0.560	1.119	长阳	宜秤	斤	0.575	1.149
	广秤	斤	0.588	1.175		沙秤	斤	0.578	1.156
	钱秤	斤	0.630	1.259	五峰	沙秤	斤	0.572	1.143
	棉花秤	斤	0.700	1.399	恩施	旧秤	斤	0.584	1.168

---

① 原文写作"1.170",有误。
② 原文写作"松江秤",有误。
③ 原文写作"0.574",有误。
④ 字模糊,看不清楚。

317

续表

地方	旧秤	单位	对公斤	对市斤	地方	旧秤	单位	对公斤	对市斤
宜昌	宜秤	斤	0.560	1.119	房县	旧秤	斤	0.575	1.150
	汉秤	斤	0.570	1.140	均县	旧秤	斤	0.522	1.043
	广五秤	斤	0.588	1.175	鄖县	旧秤	斤	0.572	1.143
	青油①秤	斤	0.595	1.189	竹山	旧秤	斤	0.580	1.159
	川广秤	斤	0.604	1.208	竹溪	旧秤	斤	0.580	1.159
	旧秤	斤	0.629	1.258	鄖西	旧秤	斤	0.568	1.126
	庙秤	斤	0.672	1.343					
	小菜秤	斤	0.699	1.299					
	加三秤	斤	0.728	1.454					
	节半秤	斤	0.839	1.678					
	对合秤	斤	1.119	2.238					
	广五二分秤②	斤	0.755	1.510					

来源：汉口市度量衡检验所、金城银行编《湖北之棉花》。

八 七七事变后的收购制度

由于七七事变发生后，日军司令部参谋部禁止发布棉花收购机构的相关内容和数据，所以无法了解详情。图3是事变后棉花收购的一般形态。

由于棉花是军需品，所以民间商社收购的棉花全部要交付给军方。棉花收购时全部使用的是法币，而交付军方时则用军票来进行结算，汇兑风险则由正金银行承担。

棉花同业会从日本人经营的棉花商社中选出了一人担任社长，该同业会负责日本商社棉花收购的所有事务。另外，军方的命令会直接下达到商社，里面有最低义务收购量的规定。

日本商社有八家，分别是东棉、日棉、三兴、瀛华、三菱、江商、阿部市、吉田。这八家商社辖属的花行会把其员工派往内地，直接从事棉花的收购。

---

① 原文写作"青坤秤"，有误。
② 原文写作"庙五二分秤"，有误。

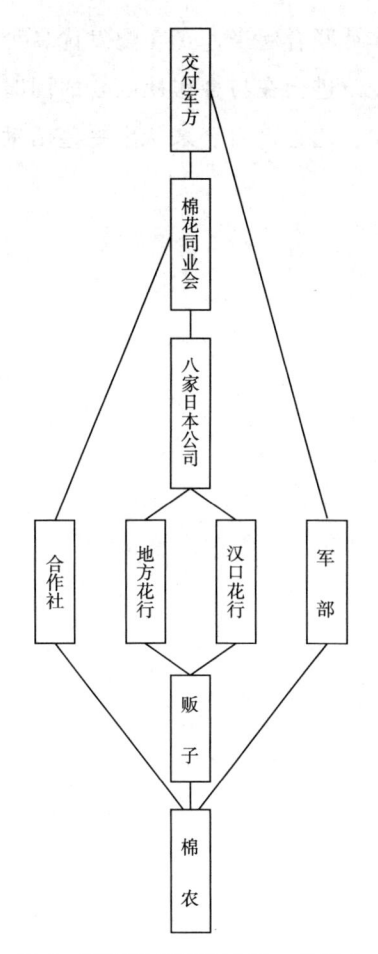

图 3 事变后棉花收购的一般形态

与七七事变前相比，现在很多花行的活动范围都缩小了，自然收购数量也有所减少。与此同时，日本商社的直接采购活动却增加了。

如前所述，贩子的势力有所衰退。他们中的很多人原本就是农业劳动者，现在正慢慢地向着都市劳动者转变。

合作社在省政府和当地驻军的指导下，与棉花改进会进行合作，开展棉花改良资金贷款领域的业务。

棉农由于战争遭受损害以及面临生活物资不足的困境，他们开始朝着自给自足的方向努力。由于粮食作物比经济作物更容易实现自给自足，所以，棉农正在转向种植粮食作物。

棉花改进会与合作社联合起来，正在配发优良种子，培养棉花耕作技术指导员。另外，棉花改进会在与合作社联合的同时，最近还开始与棉产改进实行组合开展合作，通过该组合来从事一些活动，推动棉花产量、质量的双提高。

扬子江干流的交通[*]

第二十六期学生

江口涉

目 录

第一章　序言

第二章　扬子江[①]航运业的发展及现状

　第一节　扬子江航运的沿革及概况

　第二节　从事扬子江航运业的轮船公司

　第三节　上海—汉口线（下游航路）

　第四节　上海—汉口线上航行的各国轮船公司的轮船及吨数、建造年份

　第五节　从季节看上海—汉口线的航运状况

　第六节　汉口—宜昌线（中游航线）

　第七节　宜昌—重庆—叙州[②]线

第三章　上海—汉口线的停靠地、出发到达时刻以及运费

　第一节　停靠地

　第二节　定期航行次数

　第三节　各地出发到达时间

　第四节　各地轮船的出发地和到达地

　第五节　汉口—上海间的船费

---

[*] 该文系东亚同文书院第26期学生江口涉和调查组成员于昭和4年（1929）做的调查。原文见《东亚同文书院调查手稿丛刊》第112册，国家图书馆出版社，2016。

① 指长江。扬子江（The Yangtze River）本是长江从南京以下至入海口的下游河段的旧称，流经江苏省、上海市。由于来华的西方传教士最先接触的是扬子江这段长江，听到的是"扬子江"这名称，西方把中国长江通称为"扬子江"，"Yangtze River"也成为长江在英语中的称呼。

② 今四川省宜宾市。

第四章　汉口—宜昌间的停靠地、出发到达时间以及运费

　第一节　就航的轮船

　第二节　停靠地

　第三节　出发、到达时间

　第四节　船费

第五章　以汉口为中心的小型轮船航路

第六章　扬子江各港的小型轮船航路

第七章　长江的岛屿及沿岸的目标

第八章　结论

第一章　序言

　　扬子江被认为是一个主宰世界生命或藏有无数财富的地方，同时也是一个经常爆发战乱，引发生灵涂炭的地方。扬子江作为亚洲第一大河自不必说，也是继尼罗河、亚马孙河之后的世界第三大河。扬子江的水源发源于遥远的西藏高原，干流流经云南、四川、湖北、湖南、江西、安徽、江苏七个省份；支流流经甘肃、陕西、河南、贵州、浙江五个省。至于其流域面积，东西长 3000 哩①至 3500 浬，南北跨越 10 个纬度，总计达 70 万平方里。如果再算上那些能够通行船只的支流，扬子江的长度可达 3.4 万华里，江口的排水量为每秒 3 万立方尺。

　　现在，如果我们以宜昌为中心来看扬子江的话，在其下游流经的长度为 3350 华里的倾斜地带几乎都是平地。到了夏季，河水深度可达 30～50 呎②，可轻松通行 15000 吨的船只。

　　关于扬子江的宽度，汉口为 2 浬，即约为 30 町③；如果是在入海口，可达 70 浬。从宜昌开始，与扬子江下游相比，上游在水流、河宽方面均不占优势。如果乘坐浅水轮船往上游行驶约 1200 余华里便可达到重庆。从重庆到扬子江上游的叙州府屏山县之间的距离为 1750 华里。从岷江口往北到

---

① 1 哩等于 1609 米，亦即 1.609 公里。3000 哩至 3500 哩相当于 4800 公里至 5600 公里。
② 1 英尺（呎）= 30.48 厘米。30～50 呎相当于 9.14～15.14 米。
③ 日本的长度单位，1 町约等于 109.09 米。

嘉定县①300多华里的河段，如果是汛期，浅水轮船可以自由航行。另外，在扬子江支流的汉水，到了夏秋两季，还适合帆船航行。从此处开始逆流往上航行1700多华里可以达到陕西汉中。

如上所述，扬子江的水路虽然适合轮船和帆船通航，但是"扬子江"这一名称原本指的是其下游的一部分。据说此名来源于现在的江苏省扬州县，该县过去又名扬子镇②。现今人们所说的扬子江在以前叫"江"，之后又被称为"长江""大江"。据中国人讲，如果指扬子江的话，通常会在其后面加上一个"长江"或"大江"。总而言之，现在，"扬子江"已经成为一种世界性的名称，其贯通入海口处的上海、中流的汉口以及上游的重庆三大城市，被人们称为"黄金水道"。扬子江沿线货物的吞吐额金额超过中国10亿两进出口额的一半。并且，各国在发展对华经济时，往往以扬子江为中心。因此，扬子江这一名称已不单单是一条河流的名称，而是中国中部的一个代名词。在欧洲大战③后，列国在制定对华经济政策时都是以该河流为中心来进行谋划。在观测中国经济时，首先都会着眼于富庶的扬子江，由于大家都大声呼吁开发扬子江这一财富之源泉，所以现在的扬子江已经从一个河流的名字变成世界经济争霸的一个著名战场。扬子江之水，浩浩荡荡。以下我们尝试对这一条伟大的扬子江进行分析。

第二章　扬子江航运业的发展及现状

第一节　扬子江航运的沿革及概况

扬子江航运始于咸丰七年（1857）左右。当时，欧美人以上海为中心

---

① 今四川省乐山市的旧称。
② 在今江苏邗江县南扬子桥附近。它地处运河与长江之交，为南北交通要地。隋末杜伏威曾置戍守于此，名扬子镇。唐永淳元年（682）置扬子县，扬子镇作为扬子县的首府，商贾云集、肆铺联袂，是全国最重要的造船基地之一，据说唐代高僧鉴真东渡日本所乘坐的大海船就是由扬子县的船厂打造。自古以来，杨子镇便为长江边上的津要所在，以致过去从扬州到镇江（亦称京口）间的长江，被称为扬子江。
③ 指第一次世界大战。

开辟了通往广东及天津的航路。美商公正洋行①则开始运营从吴淞沿着扬子江逆流而上的船运业务。此后，到了同治七年（1868），美商旗昌洋行购置了数艘轮船，开辟了扬子江、天津及广东的航线，扬子江的航运一时呈现一片盛况。之后到了同治十二年（1873），中国的招商局开始经营扬子江沿岸路线以及扬子江线的航行，并且收购了由旗昌洋行经营的全部线路。至此，扬子江沿岸线路以及扬子江线全部纳入招商局旗下，由招商局统一调配船只。但是没过多久，到了第二年，也就是同治十三年（1874），中国航业会社（代理商为英商太古洋行）②宣告成立，两年后的光绪二年（1876）英商麦边洋行③宣告成立，又过了两年，印度支那航业会社（代理商为英商怡和洋行）④也参与到扬子江航运业中来，中国的船运业逐渐变得繁忙起来。之后中英合办成立的鸿安公司⑤也从事扬子江航运业。法国在光绪二十三年（1897）成立了东方轮船公司⑥。光绪二

---

① 原文有误，应为琼记洋行。据记载，公正轮船公司是英商格罗姆于同治六年（1867）创办的一家专事长江航运的公司。同治十一年（1872），太古轮船公司以 24.5 万两白银收购其所有船只和其他财产。至于美商琼记洋行的轮船火鸽号，则于 1861 年开辟了从上海到汉口的航线，成为沪汉间第一艘从事商业运行的外国商船。

② 英文名称是 China Steam Navigation Co.，又称太古轮船公司。

③ 1879 年，苏格兰人麦边创建麦边洋行（George McBain & Co.），投身于长江航运业。虽然经营规模远不如轮船招商局、怡和轮船公司及太古轮船公司等航运巨头，但因航线设置合理、泊船位置优越，以及价格优惠亲民，在竞争激烈的长江航运业中一直占有一席之地。

④ 英文名称为 Indo China Steam Navigation Co.，又称怡和轮船公司。1872 年 10 月，英商怡和洋行创建"华海轮船公司"。资本 50 万两。经营南北洋航线，而以北洋为主。此后又进一步进入长江航运，并于 1879 年集资 30 万两，组成"扬子轮船公司"，专营长江航运业务。光绪七年（1881）将所属的华海、扬子两轮船公司合并组成 Indo China Steam Navigation Co.，总公司设于伦敦。除开辟我国沿海、沿江航线外，还代理英印轮船公司及亚洲轮船公司。

⑤ 1889 年，叶澄衷兴办鸿安轮船公司。为了防备清政府干涉，他挂靠英商和兴洋行并向英国政府注册备案。公司先后开辟了长江上的申汉线，北方沿海的天津、烟台、牛庄线，东南沿海的汕头、淡水、基隆等地的海上航线。规模之大，在 19 世纪末的中国航运界，仅次于英商的"太古""怡和"以及中国的招商局。在鸿安轮船公司，叶氏始终是控股者。1904 年以前，鸿安公司的股份一直为华方七、英方三，而叶澄衷是其中最大的股东。

⑥ 法国东方轮船公司的前身是浙商朱葆三和李云书成立的东方轮船公司，因华商投资不足，1902 年，法商立兴洋行获得东方轮船公司的控制权，形成参与长江航线及支线的运营，并且得到法国政府每年 6 万两白银的津贴。该文说它是光绪二十三年（1897）成立的，有误。

十四年（1898）在日本政府的扶持下，大阪商船会社①成立了，该公司也加入扬子江航运中来。作为后起的同业者，该公司受到各先进轮船公司的压迫，从此日本开始在扬子江航运业中与列强进行竞争。

日清汽船会社成立背景

中国航业会社（太古）、麦边洋行、印度支那轮船航业会社（怡和）、鸿安公司以及东方轮船公司，这五家外资轮船公司和大阪商船会社之间出现了竞争，特别是以上五家外资公司通过签定联合条约让大阪商船会社的经营陷入困难。即便如此，该公司仍以一敌五，与其进行对抗。同时，大阪商船会社还另外建造了具有吃水浅、载客量多等特点的面向长江航运的船只，最终打破了五家外资的势力范围，并且将上海—汉口的航程延长到汉口—宜昌。该公司还努力扩大客货量，业务出现了很大的发展。随着扬子江船运业的发展，轮船从业者呈现出接踵而至的局面。具体来说，光绪二十六年（1900）德国瑞记洋行②以及美最时洋行③进入扬子江航运业，光绪二十九年（1903）日本邮船会社④收购了前述麦边洋行的轮船及其航路，开始在英国旗帜下航行。次年，湖南航路被开辟，湖南轮船会社⑤成立。扬子江船运业越来越繁忙。在这一时期，日本轮船的增加尤为瞩目。但是，由于日本轮船是每家公司单独进行核算，所以有必要对其进行整合。光绪三十三年（1907）大阪商船与日本邮船围绕扬子江航路进行了合

---

① 大阪商船会社成立于1884年，是由日本55家小船主联合组成的。为使抵达国的人们有一种亲切感，它的班轮一般以抵达国的国名、都市名和地名等人们熟悉的名字命名。
② 德商瑞记洋行是一家历史悠久的德国籍犹太人公司，为中国清末民初最著名的洋行之一。1854年成立，在天津、汉口设立分行，在长沙、常德、沙市、宜昌、万县等地设立支行，主要从事军火、五金交电以及土产进出口贸易。
③ 美最时洋行于1806年在德国不来梅创立。作为一个船舶和贸易公司，主要从事国际进出口业务。美最时洋行是近代德国在华最大的洋行之一，在上海、汉口、广州、天津、汕头、青岛等地都设立了分支机构，建立了出口商品加工厂、办公大楼、码头仓库以及宿舍，经营长江航运，代理北德劳埃德轮船公司的远洋航运业务。
④ 日本邮船株式会社（NYK）为1885年三菱财阀和另一家大型航运企业"共同运输会社"合并创办的企业。
⑤ 1902年日本为开发湖南航运而专门设立的轮船公司，由近藤廉平、加藤正义、白岩龙平等16人发起成立，日本政府从人力、财力等方面给予了大力支持。其中，白龙岩平是日本开发湖南航运的先锋者。

并,大东①、湖南两家轮船公司也进行了合并。为了管理扬子江上的日资轮船,日清汽船会社应运而生。该公司管辖下的日本轮船虽然都是在日清汽船会社的名义下从事扬子江船运业,具备了规模经济的力量,但是仍然免不了要与外国其他轮船公司进行激烈的竞争。日清汽船会社对日资轮船公司的统制对于其他外国同业者而言,意味着一个劲敌的出现,所以也刺激外国竞争对手的联合,最终日清汽船会社遭受了很大的压力。但是这些运营上的压力并没有动摇日清汽船会社事业的根基,反倒成为一种"兴奋剂"。日清汽船公司不仅是在轮船的航行速度还是在招揽客货方面都非常努力,不久就打破了其他公司的联合围攻。即便有外部公司想要加入日本轮船公司的同盟中来,该公司都是一口回绝,挂着象征日本国的日章旗②的轮船,在扬子江上大放异彩。而且,该公司还不断成功地开辟新的地盘。恰逢1914年欧洲大战爆发,随着欧洲商人陆续退出中国,日本商人则大举进军中国,日中贸易不断发展,日清汽船会社的业绩也在不断增长。在与其他公司竞争的时候,如果其他公司采取了降低运费的策略,日清汽船会社则以向客户让利的"退费合约"的方式进行对抗,这从另外一个侧面也支持了日中贸易的发展。

　　欧战进行过程中,海洋航行船舶迎来了异常的发展机遇,海洋航运界自然获得巨利。但是,扬子江航运的船舶由于属于内河航运这一特殊领域,很少沐浴到海运界景气的恩惠。日清汽船会社虽然在之后也加入外洋航运,但就在业务刚有起色,逐步进入正轨的时候,扬子江航运界却开始弥漫起一股排日风潮。来自中国的客流和物流也因排日运动出现了锐减。就在日本苦心经营扬子江航运业十多年,即将迎来收获季节的时候,却遭遇到排日风潮,无疑这是很令人气馁的。虽然过去的辛苦没有换来应有的回报,但是排日风潮只不过是一阵临时的台风,而且排日的结果是中国的

---

① 1896年,日本商人白龙岩平在上海创办大东新利洋行,开设了上海至苏州、杭州的航线。1898年在日本政府的支持下改组为大东汽船合资会社。

② 日本国旗的正式名称为日章旗。在中国大陆,民间称之为"膏药旗"(有讽刺意味)。在日本国内的常用名称为"日の丸"(日之丸)。公元8世纪时,日本天皇开始使用这面旗帜,1854年7月,江户幕府发布通告,在民船、商船上使用日之丸旗,19世纪中叶开始,所有日本船只都悬挂日之丸旗,日之丸旗逐渐成为代表日本的旗帜。1870年正式将日之丸旗定为日本海军旗帜。

商业和人民也蒙受到了很大的损失。最终，排日风潮会慢慢平息下来。民国12年的排日运动虽然是历次排日运动中最为激烈的，但是最后也逐渐归于平息。而日清汽船会社的扬子江航运业务也再次迎来了春天，该公司以"一阳来福，卷土重来"[①]的气势支持日本商家的发展，竭尽全力开发扬子江这一蕴藏无尽宝藏的河流。

第二节　从事扬子江航运业的轮船公司

表1　承担扬子江航运的部分轮船公司概况

公司名	国籍	上海—汉口线 （600浬[②]） 上航（去程）四日 下航（回程）三日		汉口—宜昌线 （358浬） 上航四日 下航三日		汉口—湘潭线 （228浬） 上航三日 下航三日		汉口—常德线 （247浬） 上航三日 下航三日	
		艘数	登记吨数	艘数	登记吨数	艘数	登记吨数	艘数	登记吨数
日清汽船	日本	9	16222	4	4172	2	1400	1	580
太古公司	英国	8	14608	3	3534	2	1485	—	—
怡和公司	英国	6	13156	3	3950	1	696	—	—
招商局	中国	8	16608	3	1766	1	195	—	—
三北公司[③]	中国	4	4523	—	—	—	—	—	—
宁绍公司[④]	中国	1	1920	—	—	—	—	—	—

---

① 古人认为天地间有阴阳二气，每年至夏至日，阳气尽而阴气始生；至冬至日，则阴气尽而阳气开始复生，谓之"一阳来复"。在日本的许多地方，冬至这一天又被写作"一阳来福"。意思是说经过了漫长的坏运气之后，在冬至这一天阴阳将反转，事情会迎来转机，逐渐向好。冬至会带来幸运，也会带来新的一年。

② 原文写作哩，有误。按汉口至宜昌、湘潭、常德使用的都是浬，因此出于统一计量单位的考虑，这里也应为浬，原文"哩"疑为抄写错误。况且上海坐船到汉口需要1125公里，而1浬等于1.852公里，计算下来约600浬，与该文数字相合。而1哩（英里）等于1.609公里，1125公里约为700哩，与该文数字出入较大。

③ 三北轮埠公司，"三北公司"的全称。中国旧时私营轮船航运企业。1914年虞洽卿设于上海。1933年有轮船18艘，开辟上海到宁波、上海到天津、上海到福州以及长江等航线。抗战时曾挂意大利旗营业。1941年太平洋战争爆发后，为日东亚海运株式会社接管，战后恢复。

④ 中国近代著名的民营航运企业。1908年（光绪三十四年）创办于上海。发起人为虞洽卿、严筱舫等，虞任总经理。于1909年5月起始航沪甬间，间日一班。继又增辟上海至汉口间航线。抗日战争初期，曾挂德国旗继续营业。1941年太平洋战争爆发后，由东亚海运株式会社接管。战后恢复营运。

续表

公司名	国籍	上海—汉口线（600浬）上航（去程）四日 下航（回程）三日		汉口—宜昌线（358浬）上航四日 下航三日		汉口—湘潭线（228浬）上航三日 下航三日		汉口—常德线（247浬）上航三日 下航三日	
		艘数	登记吨数	艘数	登记吨数	艘数	登记吨数	艘数	登记吨数
祥泰公司[①]	英国[②]	2	1045	—	—	—	—	—	—
合计		38	68082	11[③]	11422[④]	6	3749[⑤]	1	580

表2　宜昌—重庆—叙州线航运的轮船公司概况

宜昌—重庆—叙州线（560浬）上航、下航日数不定

公司名	国籍	艘数	登记吨数	艘数	登记吨数
日清汽船	日本	2	1112	—	—
天华洋行[⑥]	日本	1	567	—	—
太古公司	英国	2	1144	—	—
怡和公司	英国	1	500	—	—
大来洋行[⑦]	美国	1	563	1	328

① 祥泰洋行是外商在上海开办的第一家木行，也是中国的第一家外商木行。历史上祥泰曾雄霸中国木材流通市场达半个世纪之久。祥泰木行主要创办者是德国人斯奈司来治，原在上海仁记路（现滇池路）2号开设祥福洋行，主要经营五金什件进口业务。当时中国兴办的一些近代军事工业和工矿交通事业对木材需求较大，斯奈司来治抓住时机，清光绪十年（1884）集资在上海创办祥泰木行。自置"老祥泰""新祥泰"两艘千吨轮，直接运销木材于上海至汉口的长江各口岸，并由上海转口，经海路运销华北、华南各大城市。祥泰资金虽全部由德国商人投资，但对外始终打着英商招牌。这是因为当时德国政府课税很重，为了逃避重税，在创办之初和改组后均在香港当局注册，并在股票上用英文说明是"依据政府颁布之公司法"组织的。所以后来股票上市后，大家误以为祥泰木行是英商企业。

② 原文写作中国公司，有误。祥泰洋行各地的分行经理大都物色华籍人员担任，但这不能改变其外资的性质。

③ 原文有误，据表中数据核算为13。

④ 原文有误，据表中数据核算为13422。

⑤ 原文有误，据表中数据核算为3776。

⑥ 日本航运企业，民国9年（1920）成立。原经营大阪、神户、大连、天津航线。民国10年8月租船3艘，航行日本、上海、汉口间，后又增2艘，其中1艘华利轮由汉口上航宜昌。民国11年在江南船厂造船2艘，加入航运。航行上海—汉口线、汉口—宜昌线、宜昌—重庆线。

⑦ 大来洋行是由美商巨富、号称木材大王兼航业大王的罗伯特·大来（Robert Dollar）于1905年在上海创办，在美国旧金山设立分公司，招股60万元，中美各半。为显示对中国的尊重，所有船只一律悬挂龙旗。主要经营远洋轮船运输。大来洋行经营中国国内之航业，始于民国9年。

续表

公司名	国籍	艘数	登记吨数	艘数	登记吨数
美华洋行	美国	1	476	1	254
亨通轮船[①]	法国	1	563	1	495
聚福洋行[②]	法国	1	563	—	—
招商总局	法国[③]	1	576	—	—
康宁公司	中国	—	—	1	483
合计		11	6064	4	1560

滔滔不绝,绵延3500浬的扬子江,拥有长达10200浬长的可供轮船和民船行驶的干流、支流,流域面积达70万平方里,拥有1.8亿的人口。关于扬子江的航路,如表2所示,各国都参与竞争且苦心经营,其中拥有较为悠久的历史,且处于各国列强激烈争夺中的是上海—汉口线。下文将尝试对各线路进行详尽的分析。

第三节 上海—汉口线(下游航路)

上海到汉口之间的扬子江干流航程为600浬,扬子江的干流在汉口与汉水汇合。汉水俗称"里河",其源头位于陕西省西南宁羌州[④]北部的蟠家山,往东流经汉中府的城南、兴安县[⑤]的城北,然后向东北拐弯流入湖北省境内,经郧阳县[⑥]南、襄阳县城北流向东南方,然后再经过安达县城以西、潜江县以北,汉川县城以南再次流向东南方向,出夏口[⑦]后汇入扬子

---

① 20世纪20年代初,四川军阀混战,为避免军阀拉轮船打兵差,川江轮船有限公司将"蜀享"轮和"新蜀道"轮交法商聚福洋行附设的航业部,以亨通轮船公司名义,悬挂法国旗帜经营重庆港进出口业务。
② 1920年重庆富商黄锡滋开设的福记航业部为了避开当时军阀官匪的压榨宰割,与法国永兴洋行订立密约,在轮船上悬挂法国旗,改福记航业部为"法商聚福洋行",但永兴洋行并不投资,也不参加经营管理,只是每年收取"挂旗费"3万两白银。
③ 原文疑为抄写有误,应为中国。
④ 今陕西省宁强县。
⑤ 今陕西省安康县。明清为兴安州,乾隆四十八年(1783),州升为府,取"安民康泰"之意,称安康县至今。
⑥ 今湖北郧县。
⑦ 古地名,今武汉市汊阳地区。夏口位于汉水下游入长江处,由于汉水自沔阳(今湖北省仙桃市)以下古称夏水,故名。

江。扬子江由于在汉口与汉水汇合,水量大增,所以汉口也是上海—汉口线轮船运输的起点。过汉口后,扬子江继续流向东南方,在经黄冈后继续往东南方流,在富池①南岸进入江西省境,然后又从九江开始稍微往东到达湖口县西部。此处的鄱阳县坐拥江西省全部的河流,鄱阳的河流往北流与扬子江汇合。扬子江继续往东流,其北岸开始进入安徽省宿松县境内,南岸则流经彭泽县②西部,然后在江中一处形似螺号状的小姑山开始向东折北与巢湖的水流汇合。在流经芜湖西部后,进入太平县③境内,再经过县东部往东北方向从乌江镇④进入江苏省境,然后在南京的西北继续东流,经仪征南后继续东流经过镇江北,此时的扬子江恰好与南北方向的大运河相交。扬子江继续从这里往东南方向流,在经过江阴以北的鹅鼻嘴后,由于山的阻隔,河宽被压缩到仅有2华里,继续前行的话,河流渐渐变宽,这里被称为"南洋"⑤,扬子江从这里往东流经江苏北部,在与太湖支流的白茆⑥汇合后继续东流经过通州⑦、海门,最后在狭窄的崇明岛处汇入大海。

关于本航路的河宽,九江处为4200呎⑧(1280米),南京及镇江为3700呎(1228米),江阴为3600呎(1097米),海门为7浬,一般为1浬以上。在江口与大海相连的地方,河宽足足有70浬⑨。这一地区的面积为270万平方浬,人口有100万,还有一个三角洲——崇明岛。关于扬子江的水深,如果是夏季汛期,全区可以自由通行吃水深度为27呎(8.23米)的大船。即便是在冬季枯水期,上海到南京之间的扬子江水深也能达到27呎,南京到芜湖之间的水深为14呎(4.27米),芜湖到浦口之间的水深为16呎

---

① 今湖北省黄石市阳新县富池口镇。
② 今江西省九江市属。
③ 原文有误。应为太平府。明清时代的太平府府治当涂县,下辖当涂、芜湖、繁昌三县。这里指的是当涂县。
④ 今安徽省马鞍山市和县乌江镇。因镇中一条小河乌江河(现名驻马河)而得名,著名的西楚霸王项羽乌江自刎即发生在这里。
⑤ 清朝时期也把自江苏以南的沿海诸地称为"南洋"(江苏以北沿海称北洋)。
⑥ 白茆河是太湖通海的主干河道,担负着太湖地区排水出海的重要任务。
⑦ 今江苏省南通市通州区。五代后周显德五年(958)建通州,因东北有大海通辽海诸夷,西南有长江连吴越楚蜀,内运渠道达齐鲁燕冀,故而得名。1912年5月,废州,改称南通县。
⑧ 1英尺(呎)= 0.9144尺 = 30.48厘米。
⑨ 按1浬等于1852米,海门地区航路的河宽7浬,即是12964米,约13公里。一般为1浬,即是1852米,约2公里。江口与大海相连的地方70浬,即是129640米,约130公里。

(4.88 米),湖口到九江之间的水深为 11 呎(3.35 米),九江到汉口间的水深为 9 呎(2.74 米)。下面是以上海为起点,从上海到各港之间的浬数:

上海—吴淞（15 浬）

上海—镇江（158 浬）

上海—芜湖（257 浬）

上海—黄石巷（516 浬）

上海—通州①（66 浬）

上海—南京（190 浬）

上海—九江（146 浬）

上海—汉口（588 浬）

第四节　上海—汉口线上航行的各国轮船公司的轮船及吨数、建造年份

表 3　日清汽船会社航运概况（每周航行 7 次）

轮船名	吨数	登记吨数	建造年份
洛阳丸	4200		1929
凤阳丸	3977	2803	1915
瑞阳丸	3078	2417	1904
南阳丸	3310	1968	1907
襄阳丸	3302	1984	1907
岳阳丸	3291	1957	1906
大福丸	2555	1526	1900
大贞丸	2421	1369	1901
大吉丸	1891	1072	1901
大利丸	2005	1126	1900
合计		16222	

△大吉丸被编入宜昌—汉口线。

---

① 今江苏省南通市通州区。

表 4　太古轮船公司航运概况（每周航行 7 次）

船名	登记吨数	建造年份
吴淞	2119	1918
武昌	1975	1914
黄浦	1975	1920
鄱阳	1892	1891
大通	1882	1891
联益	1735	1905
安庆	1719	1903
重庆	1311	1914
合计	14608	

表 5　怡和轮船公司航运概况（每周航行 6 次）

船名	登记吨数	建造年份
公和	2825	—
隆和	2386	1906
德和	2355	1904
瑞和	1931	1873
吉和	1924	1895
联和	1735	1905
合计	13156	

表 6　轮船招商总局航运概况（每周航行 6 次）

船名	登记吨数	建造年份
江安	3141	—
江顺	3141	—
江华	2331	1912
江新	2101	1905
江祐[①]	1490	1883
江孚	1488	1874
江永	1481	1876
江天	1435	1870
合计	16608	

---

① 原文有误，应为江裕。

表 7　三北轮船有限公司航运概况（每 10 天航行 2 次）

船名	登记吨数	建造年份
长安	1306	1890
德兴	1270	1890
萃利	1150	—
之江	796	—
合计	4523①	

表 8　宁绍商轮公司航运概况（每 10 日航行 1 次）

船名	登记吨数	建造年份
宁绍	1920	1905

表 9　祥泰公司航运概况（每月航行 2 次）

船名	登记吨数	建造年份
祥泰一号（老祥泰）	475	—
祥泰二号（新祥泰）	570	—
合计	1045	

第五节　从季节看上海—汉口线的航运状况

前述定期航线的轮船运行都是指夏季汛期以外的场合。如果是夏季汛期，也有逆流驶向上游的航线。比如现在日清汽船的大吉丸轮船从 4 月到 10 月的 7 个月间，将其航线改为汉口—宜昌线。

另外，扬子江上所谓的"夏季汛期"指的是每年 5 月到 10 月的 6 个月。在此期间，那些 6000 吨以上的外洋航行船舶也可以沿扬子江逆流而上到达汉口。至于各国 6000 吨以下的外洋航行船只，沿扬子江逆流而上的更是非常之多了。

这些船只大体上都是不定期行船，在夏季汛期，除日本的近海邮船会社②、日清汽船会社会专门派出船只沿扬子江逆流而上外，太古、怡和、招

---

① 原文有误，据表中数据核算为 4522。
② 全称"近海邮船株式会社"，1923 年 4 月从日本邮船株式会社的近海内航部门分离出来，成立了近代邮船株式会社。

商局三家公司也会根据运货需求适时地开通一些沿海航路船只，当然这些船只是以为了运输货物而来往的船只为主。小型蒸汽船一般是在凌晨4点开始起航。在这些不定期航行的船中，特别是夏季汛期逆流而上的外洋航船中，那些两三千吨级的船从4月到12月的9个月一直在汉口的下游区域行驶。

这些轮船并不都是轮船公司所属的船只，像三井、三菱、东亚通商①之类的普通商社的船只也会溯江而行，它们一般从事的是汉口外洋直航，亦即江海直达的货物运输业务。具体来讲的话，汉口的进出口货物在一般情况下，要在上海重新被装载在外洋航行的船舶上。这样一来造成的一个结果就是：装卸费用的增加或者因重新装卸导致货物的损伤。而货主为了避免这些损失都会选择使用比较方便的外洋直航船舶。比如，即便是三井所属的船舶，有时候也会运输其他公司的货物，一般情况下货主也会因为方便而采用这种方式。但是，如果到了扬子江枯水期，那些吃水深的外洋船舶不仅不能沿江而上，而且还针对那些一年中只使用它们的船只来运货的货主，以"不使用其他公司的轮船运货"为条件，对其实行"运费返还"的优惠政策。另外，在汉口与外洋的直通航路方面，大阪商船会社在1905年，日本邮船会社②在1906年分别以汉口为起点，开通了夏季汛期汉口到神户、大阪之间直航航线。但是在1907年，随着日清汽船会社的成立，这些航线被停运。及至1918年，日清汽船公司利用欧战爆发后经济景气之机，又恢复了以上航线，在大阪—汉口线上还配备了潮州丸。另外，近海邮船也在同一时期增加了宫浦丸、新浦丸③两艘轮船。尽管如此，这一时期的日本轮船中，以三井、三菱以及东亚通商三家公司自身的船舶以及租用船为最大宗。

还有，这些外洋航行船只溯江而上也只是限于夏季汛期，如果到了冬季枯水期，还能够经常溯江而上的船舶都是那些定期航行的船舶，这些船大都是为了从事扬子江航运而专门建造的，它们都是一些吃水深度为12~

---

① 全称"东亚通商株式会社"，日本近代航运公司，1918年前成立，总部在东京，在华分行设在上海、汉口、芜湖、大冶等地。
② 日本邮船株式会社（NYK）为1885年三菱财阀和另一家大型航运企业"共同运输会社"合并创办的企业。
③ 原文有误，应为胜浦丸。

13 呎①的浅水船，客房都是开放式的。而且，由于河水中泥石的情况随时也会发生变化，所以轮船在航行中需要不断测量水深。并且，这些外洋航行船只由于河水的循环较慢的缘故，虽然也想逆扬子江而上，但是由于冷凝器的管道容易沾上泥沙，所以本航线上的定期航行船舶都是为了适应扬子江航运而专门建造的。由于这些船有着特殊的构造，所以其实际的载货吨数往往是登记吨数的 2.5~3 倍。现在，定期航行的各轮船公司的登记吨数合计为 68082 吨，货物装载量为 170200 吨至 204000 吨之间。假定每条船每年航行 35 次，各定期船的装载能力合计为 1191435 吨至 1429694 吨。

第六节 汉口—宜昌线（中游航线）

汉口到宜昌之间的航路作为构成汉口到四川之间通商水路的一部分，从汉口沿扬子江逆流而上经过 358 浬的航程便可以到达宜昌。本航线是扬子江上大型船航线的终点。而且宜昌作为四川省扬子江面上唯一的门户，在宜昌上游经过巴蜀三险的险要区域属于特殊小型轮船及民船通航的地区。从事汉口—宜昌线航运的轮船最早是在光绪四年（1878）英商立德洋行所使用的夷陵号，次年招商局也开通了江通号，第三年又开通了宝华②号。1889 年，前述英商立德洋行试图将固陵号轮船从汉口开往扬子江上游的重庆，但是遭到了四川人民的反对，最终在第二年该洋行被中国政府收购，其所属的固陵号轮船也变成了招商局下属的一艘轮船。另外，1889年，怡和轮船公司在汉口—宜昌间投放了福和号③、昌和号两艘轮船。这样一来，在汉口到宜昌的航路上各轮船公司开始了竞争。具体来看，1890年太古轮船公司在此航线上投放了沙市号④轮船，1900 年德国美最时洋行

---

① 按照 1 英尺（呎）= 0.9144 尺 = 30.48 厘米，这一些是吃水深度为 3.66 米至 3.96 米的浅水船。
② 原文有误，应为江平号。查宝华号是德国美最时洋行于 1890 年投放汉口—宜昌航行的轮船，而招商局继江通号之后航行汉口—宜昌线的是江平号，显然作者搞错。
③ 乔铎主编《宜昌港史》（武汉出版社，1990）第 40 页写作同和号，应为谐音，实际上讲的是同一艘轮船。
④ 原文有误，应为公和号。见乔铎主编《宜昌港史》第 40 页，武汉出版社，1990 年。另，查福和号是英国怡和洋行的轮船，该公司的轮船习惯于用"X 和"命名，特此说明。

投放了一艘美有号轮船，大阪商船公司也投放了一艘大吉丸轮船。这些船都是在1800吨左右的吃水较浅的船只，它们之间的竞争也越来越激烈。到了光绪三十三年（1907），大阪商船、日本邮船、湖南邮船和大东邮船四家公司合并成立了日清汽船会社，全力经营本航线，给其他公司造成了较大的压力。现在，经营本航线的轮船公司除了日清汽船，还有怡和、太古以及招商局。这些公司都拥有专门建造的、从事汉口到宜昌之间的航运业的吨数在1000吨上下、吃水深度为7尺①左右的船舶。但是从各家公司的势力来看，日清公司势力最大，其次是太古、招商、怡和。这几家公司的运输比例虽然每年都有增减，但是在大体上，太古、怡和以及招商局三家的交易额合计基本能够匹敌日清汽船一家公司的交易额。换言之，日清汽船公司占汉口到宜昌间轮船运输货物的一半。

第七节　宜昌—重庆—叙州②线

作为扬子江上游的一条航线，宜昌到重庆的距离为350浬，上航，亦即去程（航运术语）需要四天，下航，亦即回程需要两天。在几年前，这条航路上只有英商McKenzie（隆茂）和美商大来的轮船通行。但是在欧洲大战后，四川的开发及其该地的富庶开始被重视，很多人都来到了四川，对这里的发展抱有很大的期望，随之沿扬子江逆流而上的各国轮船公司的轮船也逐渐多了起来。受此影响，日清汽船会社于1923年在此航线上投放云阳丸轮船，之后又追加了当阳丸、德阳丸两艘轮船。另外，天华洋行③在拓展业务的时候也关注到了富庶的四川，在此处投放了听天、护法两艘轮船。另外，该洋行正在建造的行地、宣慈④两艘船预计也将投放本航线。看重本航线的不是只有日本船商，在1924年，当时重庆的轮船实际上就有39艘。

---

① 1尺＝0.33米，7尺也就是2.31米。
② 今四川宜宾。
③ 日资航运企业。1920年成立，经营大阪、神户、大连、天津航线。1921年8月，航行日本、上海、汉口间，并开辟汉口—宜昌的航线。1922年，航行上海—汉口线、汉口—宜昌线、宜昌—重庆线。
④ 此处的汉字很不清楚，请教许多专家都无法辨认，最后还是在河北师范大学工作的日本专家椎名一雄教授建议看《神户航运五十年史》（日文版），里面有关于天华洋行的介绍，这才最终解决问题。

第三章　上海—汉口线的停靠地、出发到达时刻以及运费

第一节　停靠地

上海—汉口线的停靠地如下：

（上海）、通州①、江阴、（镇江）、仪征、（南京）、（浦口②）、大通③、安庆、华阳④、（九江）、（武穴）、黄石港、（芜湖）、黄州⑤、汉口。

以上括号内指的是日清汽船会社带有驳船⑥设备的轮船，其他则是在停船或者中途根据船的不同需要升降的港口。但是只有招商局在安庆、武穴有驳船。至于浦口，如果没有货物装卸的话，轮船不会在此处停泊。

第二节　定期航行次数

日清汽船　每周往返六次

太古　　　每周往返四次

怡和　　　每周往返四次

招商局　　每周往返五次

---

① 今南通通州区通州港。
② 今南京浦口港，位于南京市西北部，长江北岸，与下关隔江相望。
③ 今安徽省铜陵市大通港。九华山下五溪之一的青通河在此汇入长江，江心有和悦洲阻缓江流，江岸有"长江四矶"之一的羊山矶屏障阻风，遂形成往来船只理想的泊岸栖息之所。1876年，大通被《中英烟台条约》列为对外籍轮船开放的"暂泊口岸"，成为长江内陆丝绸之路往国际的重要商务金融中心。
④ 今安徽省望江县华阳港。位于九江和安庆这两个地理要冲中间，东临长江黄金水道，南依华阳河与湖泊水系相连。
⑤ 今湖北省黄冈市黄州港。
⑥ 驳船本身无自航能力，需拖船或顶推船拖带的货船。其特点为设备简单、吃水浅、载货量大。驳船作为非机动船，与拖船或顶推组成驳船船队，可航行于狭窄水道和浅水航道，并可根据货物运输要求而随时编组，适合内河各港口之间的货物运输。少数增设了推进装置的驳船称为机动驳船。机动驳船具有一定的自航能力。

如上所示，在上海、汉口两地同时发船。

第三节　各地出发到达时间

有关轮船在各地详细的出发、到达时间如下所示。

在汉口，发船时间随着水量的增减很难是一个固定的时间。比如，从4月上旬到11月下旬的这段时间里，发船时间一般是晚上9点（从昭和3年，亦即1928年5月5日开始）；从12月上旬到3月下旬的这段时间，发船时间是从黎明到上午11点之间。另外上海的发船时间是平时凌晨1~3点，随着水量的增减，发船时间多少会有一些变动。虽然上海、汉口的轮船出发或到达的时间相对比较准确，但是在扬子江中间的一些码头，受装卸货物的多寡或有无的影响，轮船的出发或到达时间往往不是那么准确，表10是对其情况大致的说明。

表10　轮船在各地港口的出发到达时间概况

地名	上航（至汉口）		下航（至上海）		摘要
汉口	第四天	正午时分到达	第一天	下午9时出发	①如果是在枯水期，则存在不确定性 ②出发到达时刻需要随时向轮船公司咨询。 ③在冬季由于风雪因素，有时免不了会出现数日的延迟
黄石港	第四天	上午3时左右	第二天	上午2时左右	
九江	第三天	下午8时左右	第二天	上午9时左右	
安庆	第二天	下午7时左右	第二天	下午4时左右	
芜湖	第二天	正午左右	第三天	上午4时左右	
南京	第二天	上午6时左右	第三天	上午11时左右	
镇江	第一天	上午11时	第三天	晚上12时左右	
上海	第一天	上午1~3时出发	第四天	下午2时左右	

注：下航时，如果从南京下关①乘坐汽车前往上海，会在第二天下午或当天晚上到达。也就是说，轮船在上午11点到达下关栈桥后，立即乘坐在码头等候的马车前往沪宁铁路南京站，急行十几分钟后，如果乘坐下午0时20分②发车的快速列车，就会在当天夜里9时到达上海北站。如果是上航，使用汽车不是很方便（从下关到南京站的马车费用为50分至1元左右）。

第四节　各地轮船的出发地和到达地

（1）在上海，日清汽船的出发到达地有虹口邮船码头③和对岸的浦东码

---

① 下关地处南京西北部，长江南岸，与浦口隔江相望，是江苏省沿江非常重要的窗口。
② 原文如此写的，即12点20分。
③ 今上海外白渡桥堍海军码头。

头。洛阳丸、凤阳丸、襄阳丸、南阳丸等在邮船码头停泊，而"大字型"①的轮船则多是在浦东码头停靠。另外，邮船码头由于距离日本人居住的地方以及旅馆等比较近，且搭建有栈桥，上下非常的便利。所以如果随行人群中有妇女的话，乘坐"阳型船"②是一个不错的选择。另外，针对从浦东码头出发或到达的乘客，位于英租界对岸的日清汽船会社还提供用小型蒸汽船接送乘客的服务。

（2）位于汉口的各轮船公司的出发、到达地与日本租界之间的距离如下：

日清	六码头（或七码头）	特一区	到日本租界	10町③左右（1公里多）
怡和	二码头（旧英租界）	特三区	到日本租界	17町（约1.85公里）
太古	一码头	特三区	到日本租界	18町（约1.96公里）
招商局	中国街		到日本租界	20町（约2.2公里）

第五节　汉口—上海间的船费

表11　以日清汽船为标准的船费（其他公司亦同）

单位：元

港口名	特等（洋舱）		特二等	中国一等	中国二等	从汉口出发
	单程	往返	单程	单程	单程	浬数
汉口						
九江	18.00	27.00	8.00	3.50	2.55	139
芜湖	44.00	66.00	24.00	7.70	5.20	326
南京	50.00	75.00	26.00	10.30	6.60	375
镇江	55.00	83.00	30.00	11.00	6.95	419

---

① 根据椎名一雄教授的考证，船名中带有"大"字的船只，如大福丸、大贞丸、大吉丸、大利丸等，被称为"大字型"船。
② 类似地，船名中带有"阳"的船，如洛阳、凤阳、襄阳、南阳等，则被称为"阳型船"。
③ 町是日本的长度单位。1町约109.09米。

续表

港口名	特等（洋舱）		特二等	中国一等	中国二等	从汉口出发
	单程	往返	单程	单程	单程	浬数
上海	66.00	100.00	35.00	13.65	8.25	585

注：特等=洋舱；中国一等=官舱；中国二等=房舱；中国三等=流舱①

①特等往返船票从发船日起开始计算，6个月内有效，单程票有效期为1个月，但是如果在出发前没有告知轮船公司本人不乘坐的话，则该票为无效。
②除瑞阳丸轮船无特等舱，其他船都设有特等舱。
③只有凤阳丸、瑞阳丸两艘船设有特二等舱，其他船没有。
④官舱以下的中国人约占20%多。
⑤特等舱的乘客可以在南京或镇江转乘与铁路一等列车相连接的车辆（马车或汽车）。
⑥特等舱供应西餐或和食，官舱供应中餐。
⑦有的官舱乘客不习惯中餐想要西餐或者和食的话，需要另外支付餐费。特等舱的客人同样可以订购西餐和和食。每餐的费用规定为70分。其他诸如酒水以及罐头等的价格按照公布的执行。
⑧乘坐官舱的乘客需要在出发当日正午前，到汉口位于第六码头的日清汽船事务所购买船费。

第四章　汉口—宜昌间的停靠地、出发到达时间以及运费

第一节　就航的轮船

汉口—宜昌长度为370浬的航路上，有日清汽船会社的宜阳丸、当阳丸、云阳丸、涪陵丸。隶属于英国怡和洋行旗下的轮船有江和、平和、洞和②三艘。另外，还有英国太古洋行旗下的长沙、沙市、洞庭③三艘船。中国方面，有招商局旗下的固陵、快利两艘，以上这些船都没有驳船，很多都是不定期行船的，还不如乘坐日清汽船。

第二节　停靠地

在该条航线上的停靠地有岳州④、沙市。在沙市，日清汽船有驳船。

---

① 流舱指没有铺位，没有船舱号，随便找座位。
② 原文有误，应为同和。见乔铎主编《宜昌港史》，武汉出版社，1990，第41页。
③ 原文有误，应为鄱阳。查"洞庭"号轮船系招商局于光绪元年（1875）购买的投入长江航运的轮船，而太古洋行在汉口—宜昌线上行驶的轮船有长沙、沙市、鄱阳（1891年加入长江航运，因船体过大，只能走到宜昌）。见乔铎主编《宜昌港史》，武汉出版社，1990，第41页。
④ 今湖南省岳阳市。

汉口与上海航线一样，都是在六、七码头停靠。其他各码头乘客的上下船都要使用驳船。

第三节　出发、到达时间

日清汽船每个月的预定发船次数是往返九次，怡和公司是一周两次，太古和招商局两家公司的发船时间有时候是不定期。

以下是从汉口到各码头之间的浬数、出发和到达时间的大致情况：

汉口　　　　　　上午 11 点出发
岳州 129 浬　　　第二天黎明到达
沙市 291 浬　　　第三天上午 3 时左右到达
宜昌 370 浬　　　第四天上午 7 时到达

注：返程的话，黎明从宜昌出发，当天下午 1 时到达沙市，第 3 天黎明到达汉口。

第四节　船费

表 12　汉口到宜昌和沙市的船费

单位：元

	特等上水 （上水指船向上游航行）	往返	官舱上水	官舱下水 （下水指船向下游航行）
汉口—宜昌	60.00	90.00	22.50	17.10
汉口—沙市	53.00	80.00	18.00	12.90

第五章　以汉口为中心的小型轮船航路

近年来，那些几十吨的小型轮船在以汉口为中心的航路上有了显著的发展。在冬季枯水期，那些大型轮船不能航行的时候，小型轮船作为一种辅助船的作用得到发挥；在夏季丰水期，小型轮船则航行在汉口附近各县，为大型轮船货物的集散发挥作用。以下将简要论述以汉口为中心的小型轮船发展情况。

下面全部都是中国人经营的。

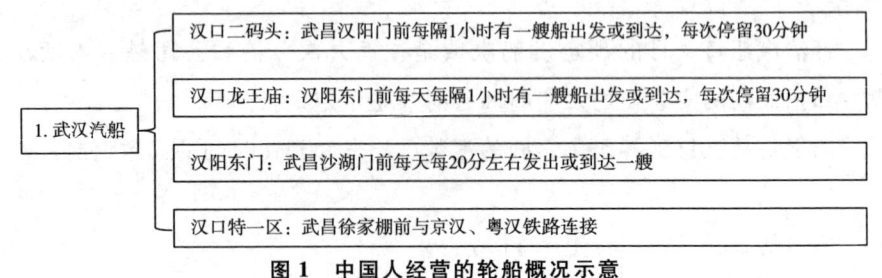

1. 武汉汽船
- 汉口二码头：武昌汉阳门前每隔1小时有一艘船出发或到达，每次停留30分钟
- 汉口龙王庙：汉阳东门前每天每隔1小时有一艘船出发或到达，每次停留30分钟
- 汉阳东门：武昌沙湖门前每天每20分左右发出或到达一艘
- 汉口特一区：武昌徐家棚前与京汉、粤汉铁路连接

图1　中国人经营的轮船概况示意

1. 汉口—鄂州线

在汉通号之外还有轮船17艘，大概都是一些二三十吨级别左右的船，也有一些超过五六十吨的大船。在丰水期，船可以进入梁子湖①，最远可达金牛镇②。黄州③是本航线的停靠地。如果要去苏东坡笔下的赤壁④，选择本线路是最方便的。

2. 汉口—岳州⑤线

本航线上有三艘10吨到20吨级别不定期航行的船只，它们每两天或三天发一次船。该航线上的停靠地有金口⑥（大军山对岸）、宝塔州⑦、新堤⑧。

---

① 湖北省鄂东南地区湖泊。该湖地跨武汉市江夏区、鄂州市交界。又名樊湖，古称鄂渚，梁子湖的水面积仅次于洪湖。为湖北省第二大湖泊。
② 今湖北省大冶市金牛镇。
③ 今湖北省黄冈市黄州区。
④ 又名黄州赤壁，文赤壁，俗称赤壁公园，位于古城黄州的西北边。因为有岩石突出像城壁一般，颜色呈赭红色，所以称之为赤壁。因苏轼的《念奴娇·赤壁怀古》《前赤壁赋》《后赤壁赋》闻名。
⑤ 今湖南省岳阳市。
⑥ 今湖北省武汉市江夏区金口街道，因地处金水河与长江交汇处而得名。
⑦ 今湖北省荆州市洪湖市龙口镇宝塔村，在长江北侧。
⑧ 新堤为湖北省洪湖市政府驻地。因滨临长江，明嘉靖三年（1524）在此筑新堤拒洪水而得名。它北接滨湖，东连乌林，西临螺山，南与岳阳江南镇隔江相望。

3. 汉口—大冶线

汉冶萍公司下属的船只有楚强、楚福①、楚兴等八艘，发船时间不定，每日往返于汉阳铁厂和大冶之间，如果想参观铁山的话，选择该条航线比较方便。

4. 汉口—株洲线

汉冶萍公司下属的船只有萍元、萍安等十艘，这些船在平时可以用作驳船的曳船来使用，即便是在枯水期也能够直通长沙。

5. 汉口—孝感线

只在4月至10月汛期期间通航。作为一条不定期航路，就航的轮船有新大②等三艘。

6. 汉口—咸宁线（经由金口③）

有泰森等四艘船，每日从两地同时发一艘，为定期船。

7. 汉口—黄石港线

有汉安等十艘船，都在20吨左右，每日从两地各发一艘，为定期船。

8. 汉口—常德线

有兴和等两艘二三十吨左右的船，虽然发船时间不定，但是冬季也能乘坐。另外，戴生昌④的彩云等三艘船也航行于汉口、长沙、益阳、常德线上。

9. 汉口—长沙线

虽然登记在册的有新安平等三十艘船，但并不都是定期运行。这些船在枯水期作为辅助船来使用，乘坐时需要咨询轮船公司。

---

① 原文有误，应为楚富。
② 此乃招商局的船只。
③ 今湖北省武汉市江夏区金口街道，因地处金水河与长江交汇处而得名，南与咸宁市嘉鱼县相连。
④ 由浙江镇海人戴嗣源于1891年创办。鉴于华商内河小轮必须"照完厘金"，而洋商内河小轮只"完一正税，或再完半税，相去悬绝"的情况，为了逃避清政府的苛捐杂税，戴生昌轮船局将轮船先后抵押给英商怡和、祥生等名下，悬挂外国旗帜，经营内河客货运输业务。1905年，戴嗣源之子戴玉书改挂洋旗，冒充台湾籍贯，全家入日本籍。轮船挂日本旗，成为日本扩大内港航运侵略势力的工具。

10. 汉口—宜昌线

有元利等五艘船，每隔三四天发一艘，在岳州、沙市停靠，为不定期船。

11. 汉口—新堤线

有保隆等十艘20吨左右的船，发船时间不定。

12. 汉口—峰口①线

有利济等两艘（停靠地为宝塔州）不定期船。

13. 汉口—天门线

有广大号等11艘船，只在汛期航行，每日发一次。

14. 汉口—长江②埠线

有汉襄等三艘船，从汉口出发，到新沟口③，府河④，一年四季都在运行。

15. 汉口—仙桃镇⑤线

本线路是汉口附近最古老的，也是扬子江干流唯一有小型轮船通行的航路。登记在册的轮船有沱江等26艘，每日发一次。在两地之间来往的话，如果早上出发，傍晚就可以到达。

第六章　扬子江各港的小型轮船航路

除汉口外，长江各港有名的小型蒸汽轮船航路如下。

1. 上海—苏州

每日往返于上海苏州河畔和苏州枫桥间。

---

① 今湖北省荆州市洪湖市峰口镇。它地处洪湖市西北部，南滨内荆河，北与仙桃市张沟镇隔东荆河相望，因防涝在此打坝封口得名封口，后雅化为峰口。
② 原文有误，应为汉江。
③ 今湖北省武汉市东西湖区新沟镇街道。位于武汉市东西湖西部，汉水与汉北河汇流之处，为汉江沿线四大名镇之一。
④ 这里的府河特指今湖北省随州市曾都区府河镇，因位于王府河领域而得名。
⑤ 今湖北省仙桃市，民国时为沔阳县仙桃镇。位于湖北中部，北依汉水，南靠长江，其下辖的仙桃港誉为千里汉江第一港，是汉江上第一个可装卸集装箱的码头，第一个具备海关、商检、海事等职能监管部门入驻的开放型多功能综合码头。

2. 苏州—杭州线

每日下午五时从两地出发，需要 19 个小时，可以欣赏太湖的美景。

3. 镇江—扬州线

每日有从两地各发一次的小型蒸汽轮船。有长途汽车公司与水陆相连。从镇江对岸的瓜州①乘坐公共汽车，约一个半小时可以达到扬州。从镇江到扬州的船票为一元。

4. 南京—芜湖线

在等待长江汽船时，如果时间特别长的话，乘坐这种小型蒸汽船特别划算。

5. 芜湖—荻港②线

如果乘坐桃仲③铁矿所属的小蒸汽船，从荻港到铁矿乘坐运矿铁路比较方便。

6. 芜湖—庐州线

有芜湖—宣城、芜湖—安庆等，此处省略。

7. 九江—南昌线

在长江各港口，九江是仅次于汉口的小型蒸汽轮船航运最发达的港口，除了日清汽船开通的吴城④—瑞红⑤线外，其他的还有鄱阳县线、安庆线等。以九江为起点，现在仍在运行中的轮船有：戴生昌公司的五艘，日清汽船公司的两艘。此外，还有中国人经营的六家公司的合计二十多艘轮船。走陆路的话，从九江通过南浔铁路⑥可以到达南昌。

---

① 今扬州市邗江区瓜州渡口。位于扬州市京杭运河下游与长江交汇处，自古以来就是闻名于世的古老渡口，唐代高僧鉴真曾从这里起航东渡日本。
② 荻港镇，隶属于安徽省芜湖市繁昌区，地处长江中下游南岸，西北滨临长江与无为市隔江相望。镇内较大河流有黄浒河自东南流经镇区注入长江。
③ 原文有误，应为桃冲。桃冲铁矿位于安徽省繁昌县荻港镇境内，是长江中下游地区极其重要的矿床之一，是 1950 年成立的马鞍山矿务局的前身之一。
④ 今江西省九江市永修县吴城镇，地处永修县东北部，鄱阳湖西岸赣江、修河交汇处，江西历史上的四大名镇之一。民国时属新建县。
⑤ 今江西省上饶市余干县瑞洪镇，位于余干西北水乡，是鄱阳湖周边县市物资集散中心，有"余干小南昌"之称。瑞洪历史上以"闽越百货所经"而置镇，至今已有六七百年历史。
⑥ 南浔铁路，为赣北地区第一条铁路，自江西省九江市至南昌市。1907 年 1 月开工，1916 年 5 月竣工。

8. 南昌—吉安线

如果是汛期，可以航行至赣州（南昌到赣州间的距离为1000华里）。

9. 九江—武穴①线

每日从两地各发一次，大多是30~50吨左右的船只。

10. 大冶—汉口线

萍冶公司的小型蒸汽轮船每日往返于大冶和汉阳间。

11. 长沙—常德线

在枯水期作为日清汽船的辅助航路以及戴生昌的航路。

12. 沙市—宜昌线

每日从两地各发一艘。

13. 重庆—叙州线

在夏季汛期，每天都有船只出发或到达。

第七章　长江的岛屿及沿岸的目标

那些游览长江的人，也就是沿长江而上或而下的人，他们在放眼远处的时候，不知道自己现在位于何处，所以我们认为在此处将长江中的岛屿及其那些可以成为目标的胜景，从下游的上海开始一直到汉口，一一列举出来是一件非常有趣的事情。

江口：即扬子江入海处的江口，江水渺茫，河宽约70浬，几乎不能看清对岸。对于第一次坐船航行长江的人来讲是一处有点意外的地方，不禁让人感叹。

崇明岛：是横在长江江口处同时也是江口最大的一个岛，岛的上面有县城。

狼山：在通州以南，设有炮台，与对岸的福山隔江而望，是长江下游的门户。

---

① 今湖北省武穴市。民国时属广济县武穴镇，这里历来是鄂、皖、赣毗连地段的"三省七县通衢"，拥有长江十大深水良港之一的武穴港。

扬子江干流的交通

江阴炮台：位于江阴县，该县位于长江的北岸，是长江的一处险要之地，附近有多处名胜古迹。

焦山岛①：位于镇江下游，岛上有一座焦山寺，风景绝佳。

金山寺：位于镇江以西毗邻江岸的一座山丘上，可以看见一座七重塔。汛期轮船在塔的下面航行。据传此处曾是弘法大师②留学的地方。

紫金山：在南京下关的下游地区放眼可以看见此山。这里有明太祖陵，附近有孙逸仙的墓地预定安置地。

狮子山：位于南京下关，山上设有炮台，是一处江南的胜景。

浦口码头：位于南京的对岸，作为津浦铁路的起点，在江岸可以看见很多建好的各种仓库。

采石矶③：位于芜湖下游的右岸，在突入江心的山丘上可以看见松树。前清时期曾将长江水师提督④设在此处，是从江北前往江南的一处要塞，山麓处是李白钟爱的醉蟹的产地。

西梁山⑤：在安徽省太平县⑥西南江边有西梁炮台，与当涂县西南边的⑦东梁山相对峙，是长江中游的门户。

荻港：在芜湖上游数浬的江岸，可以看见很多堆积着矿石的码头，荻港是桃冲山矿石的一个装卸港。

迎江寺塔：一座巍然耸立于安庆城内的古塔，旅客从千里涛涛的长江上眺望该塔的话，一切美景尽收眼底。

马鞍山：位于安徽下游，突入安徽以西省境的右岸，山上有炮台。从这里开始，江面逐渐变得狭窄起来，右岸一带山岳连绵，左岸则是一望无

---

① 焦山岛，今属江苏省常州市武进区，是太湖西北部水域的一个四面环水的湖心岛屿，包括大小焦山岛，是太湖景区的重要组成部分。
② 弘法大师空海（774~835）是日本真言宗的开山祖师，为汉传密宗八祖，作为日本弘扬佛法的先驱者享有崇高的声誉。
③ 采石矶，又名牛渚矶，位于安徽省马鞍山市西南的翠螺山麓，与城陵矶、燕子矶合称"长江三矶"。
④ 同治元年（1862）置，长江水师最高长官，掌率官兵巡守长江江面及沿江河湖，以护湖南、湖北、江西、安徽、江南五省江防。
⑤ 西梁山位于和县县城南36公里，海拔88.1米，此山俯临大江，与芜湖市东梁山夹江对峙；像一座天设的门户，故合称"天门山"。
⑥ 原文有误，应为和县。
⑦ 当涂县是明清太平府府治，书院学生常以太平指当涂县，故特别指出。

际的平原。

彭泽城：在长江右岸临江的山丘上有一座像长蛇状的城镇。眺望滔滔不绝的长江，正当眼睛感到一丝困乏之意的时候，这座城又会引起游客的兴趣，让人联想其古代的筑城法。

小孤山[①]：位于彭泽附近，九江偏下游之处，单独矗立在江中的岩石上，山上有古庙和松树，到了枯水期，轮船从山下经过。此山可谓长江的一大奇观。

湖口[②]：位于九江下游。在跟鄱阳湖湖水汇合的地方，一清一浊两股水流混在一处，可谓一大奇观。在钟山以及对岸的州山有炮台。此处也是二次革命时李烈钧所到之处，可在此欣赏美景。

庐山远眺：轮船在沿九江逆流而上时，从南方很远就能看见一座雄伟的大山，对于外国人而言，是一处著名的避暑地。在九江码头附近有一处琵琶亭，现在的龙开河是以前的浔阳江，在这条河上能够看见很多的民船。路过此地让人想起白乐天的《琵琶行》一诗，不禁感慨万千。

半壁山[③]：从麻的产地武穴溯江而上一段时间后，江面突然收窄，左右两岸可以看见炮台。右岸被称为半壁山，有地下城；左岸被称为田家镇，湖广总督张之洞建在这里的炮台现在成了一处观景地。

赤壁：位于黄州城南门外的尖角处，汛期有轮船从下面经过，宋朝的诗人苏东坡曾有一首赤壁赋，此处吸引了无数的文人墨客。

黄鹤楼：船慢慢接近汉口，从过了左岸丹水矶的石油罐前面开始，就能够看见武昌城内的黄鹤楼，武汉三城鼎力，而黄鹤楼则耸立在悠悠长江之上，其雄姿为长江沿线诸省中最为瞩目者，实为天下名胜。

以上所列举的大致为上海—汉口航线上的一些主要的名胜。另外，如果把汉口上游地区，即汉口—湖南线、汉口—宜昌线以及重庆线各沿岸的目标也一一列举的话，实在是数不胜数，故此处不对其做详述。下面仅对那些值

---

① 小孤山位于安徽省宿县城东南65公里的大江中，南与江西省彭泽县城隔江相望，西去庐山85公里，既是江西九江之门户，也是安徽之门户，地理位置极为重要。
② 今江西省九江市湖口县。地处湖北、安徽、江西三省交界，由长江与鄱阳湖交汇口而得名，是"江西水上北大门"，素有"江湖锁钥，三省通衢"之称。
③ 在今湖北阳新县东北。与田家镇分据大江南北，江流至此紧束，为长江中游戍守要地。

得一提的目标做简单叙述。

汉口—宜昌线

从汉口到岳州的这段航线与湖南线走的是同一条航线，在左拐右拐后经过楚国曾经的都城——荆州后，就到了《马关条约》规定的南方五个开放口岸之一的沙市。即便是在马关条约签订后 20 年的今天，这里到处也是野草山花，不禁让人感慨。

位于宜昌下游 15 华里的执笏山①作为宜昌峡的门户，此处的一些用石头雕琢的人像以及桥梁等很值得一看。在宜昌城外，还有东山寺、三游洞以及与袁世凯即位相关的龙王洞等，如果有时间的话，不妨一看。

宜昌—重庆线，直至四川航路。

此处有文人画家闲游的巴蜀山脉、巫山十二峰，危岩怪石突起，在江水山麓迂回曲折的地方有"三峡之险"的著名景胜，特别值得一看。除此以外，没有什么值得一书的东西了。

第八章　结论

孙子曰："治乱，数也；勇怯，形也；强弱，势也。"② 现在要改变中国的混乱情况，只有将希望寄托于组织的勇敢与强大。无疑，中国正试图通过军事力量实现这一目标，然而不能指望从一支弱小的军队中获得这一力量的。长江流域作为土壤肥沃、气候适宜、物产富饶、拥有两亿人口的地区，无内乱之扰，政治安定，外交也返回了正轨，文化事业正在发展，贸易的振兴与发展也非常令人瞩目。如果从市场竞争形势（指市场占有率）来看，我国在长江流域贸易额有朝一日达到 150 亿日元也绝不是一句空话。最近，随着国民革命的发展，日中两国关系的恶化使得日本在华事业发展不像以前那么顺利。特别是在华中、华南地区这一倾向尤为明显。但是即便如此，日中两国不论在地理上还是在人文上都是不可分离的。我

---

① 执笏山，位于宜昌市点军区艾家镇七里村、柳林村之间，巍然屹立于长江之滨，山峰几乎垂直耸入云霄，神似古代大臣上朝手持的笏板，故名执笏山。
② 原文写作"治乱数也，勇怯势也，强弱也"，有误。

们相信在不久后，两国关系就能摆脱目前的状态，对于这一点我们深信不疑。

这次我们奉书院之命沿长江沿岸进行大旅行。长江作为中国的大动脉，坐拥75万平方哩①的水域面积和两亿的人口，被称为远东一大宝库。长江面积宽广，物产富饶，要得到这一块宝地，不知道需要多少年的时间。最近，与我国政府有着特殊关系的长江沿岸的中央政府开始迁都至长江流域，除了以往的经济战，长江流域又一次成为列强在中国争霸的中心。此时的长江也变成了一系列政治、外交事件的发源地，越来越成为社会关注的焦点。基于以上的原因，我们痛感人们对于这一地区相关知识的缺乏。如果此次的调查能够对日本有所贡献的话，我们将不胜荣幸。

---

① 1哩等于1.609公里。1浬等于1.852公里。

扬子江沿岸的贸易

第 26 期学生

福冈英明[*]

目　录

第一章　序言

第二章　进口贸易

第三章　出口贸易

第一节　苏州

第二节　镇江

第三节　南京

第四节　九江

第五节　芜湖

第六节　汉口（1927 年度的贸易状况）

第七节　汉口

第八节　沙市

第九节　宜昌

第十节　万县

第十一节　重庆

第四章　结论

---

[*] 该文系东亚同文书院第 26 期学生福冈英明和调查组成员于昭和 4 年（1929）做的调查。原文见《东亚同文书院调查手稿丛刊》第 112 册，国家图书馆出版社，2016。

东亚同文书院经济调查资料选译·商贸流通卷

第一章　序言

　　从前有句话，叫作"失之河边，得在江边。"那些说"此地土地肥沃、物产富饶"的人首先说的是江边，而说江边的人肯定首先要说上海。上海位于三千里长江流域的终点，它在吸收这一地区物资的同时，也接受来自世界各地的文化。另外，中国有4亿民众都集中扬子江边3000里的流域附近①，扬子江给这些人也提供了生存之地。据说，中国四分之三的财富都藏于扬子江流域，内地如果能够与长江连通的话，不管是直接还是间接都能够通过长江将其物资运到上海，然后再运向海外。另外，这些在江边生活的人民从上海接受欧美发达国家的新文化，比起其他地区，较早地受到近代文化的浸润。这样来看的话，上海实为中国近代文化的摇篮地。近代工业的输入使得中国传统的生活方式遭到破坏，新时代必然呼唤新的生活方式。这样一来，上海不仅是长江边物资的出口地，同时也是外国商品的一个进口地，而这里也必然是一片充满新的希望的诱惑之地。

　　实际上，上海作为一个大都市，其所拥有的市场非常之大。贸易范围也非常广，如果要对其进行独立调查的话，将会是一个巨大工程。此处我们只能对其进行简要说明。

　　上海位于中国大动脉——扬子江的出海口，这里是一个人口最为稠密、劳动力最丰富的华中的大门户。因此，中国全境出口物资的约一半都集中在上海，而中国各地消费的进口物资的一半也是通过上海再被运往全国各地。表1是对中国贸易总额和上海贸易总额的对比，从数字上可以看出上海的地位（计量单位：海关两，以下同）。

---

① 原文有误，应为1.9亿。张迪祥在《建国后长江流域人口总量变动分析》（《武汉大学学报》1991年第1期）一文中指出，长江流域总人口，在1949年末为19000多万。学术界普遍认为1949年末中国人口为5.4亿，而长江流域一般占33%至40%，取36%，约1.9亿。

表 1　中国贸易总额和上海港贸易总额的对比①

单位：海关两

年份	中国贸易总额	上海贸易总额	比例
1919	1277807092	521429830	59.2%②
1921	1507307976	636041823	42.2%
1922	1599941583	637644675	39.9%
1923	1676320303	712101318	42.5%
1924	1789995145	776810746	42.9%③
1925	1724217881	754696378	43.7%
1926	1988516024	958455345	48.2%
1927	1931551286	785823191	40.7%

此处值得注意的是，虽然自 1919 年以来，上海的贸易总额呈现出逐渐增加的趋势，但是，关于上海占中国贸易总额的比例方面，最高值出现在 1919 年，1922 年最低，之后逐渐增加。造成这种现象的原因在于：上海在中国各港口中，是一个与世界财经界联系最为紧密的城市，所以在世界财经界最为景气的 1919 年和 1920 年，也就是大正 8 年和大正 9 年，上海的贸易情况最好。到了大正 9 年（1920），世界经济开始崩溃。到大正 10 年

---

① 文中缺失 1920 年的资料，特此说明。按照樊卫国《近代上海进出口在全国中的比重》（《上海经济研究》1992 年第 1 期），1920 年全国的进出口贸易总额 799960（千海关两，进口）+541631（千海关两，出口）= 1341591。上海进出口的总额为 383918（进口）+ 193795（出口）= 577713，上海进出口总额占全国进出口总额的 43.1%。其中上海进口总额在全国的占比为 47.99%，上海的出口总额在全国的占比为 35.78%。
② 原文统计有误，按该行数字统计，应为 40.8%，这和国内学者的统计相似。据樊卫国《近代上海进出口在全国中的比重》（《上海经济研究》1992 年第 1 期）一文的计算，1919 年全国的进出口贸易总额为 630809（千海关两，出口）+ 679530（进口）= 1310339，上海进出口的总额为 259729（出口）+261701（进口）= 521430，占全国进出口贸易的比重为 39.9%。而本文进口贸易部分指出，1919 年全国的进口贸易总额为 646997681 海关两，上海的进口贸易总额为 261701074 海关两，占全国进口贸易总额的 40.5%。在出口贸易部分，本文指出，1919 年全国的出口贸易总额为 630809411 海关两，上海的出口贸易总额为 259728759 海关两，占全国出口贸易总额的 41.2%。综上，1919 年上海进出口贸易是不可能占到全国的 59.2% 的，故特别指出。事实上，上海占全国贸易总额的最高值出现在 1926 年，高达 48.2%。
③ 原文统计有误，据该行数据核算，应为 43.4%。

(1921)，经济进入了谷底。到了大正 12 年（1923）又逐渐开始恢复，而最近又出现了不景气的征兆。显而易见，上海的贸易情况与世界经济的趋势是完全一致的。[①]

第二章　进口贸易

众所周知，中国的产业还不发达。由于其出产的产品主要是未加工的天然物产，而加工品和精制品主要是从外国进口，这也使得中国的贸易经常处于入超状态，出口和进口的比例大致保持在 4∶6。上海也逃不出这一规律。上海的进口贸易占到其贸易总额的约 61%。另外，上海进口占中国进口总额的比例在过去数年中，经常保持在 40% 到 50% 的高位。虽然也有若干增减，但是上海进口占中国进口总额的比例大体上呈现出增加的趋势。表 2 是 1919 年以来上海进口的占比情况。

表 2　1919 年以来上海港进口的占比[②]

单位：海关两

年份	中国纯进口额	上海纯进口额	比例（%）
1919	646997681	261701074	40.5
1921	932850340	425513930	45.6
1922	975034183	419593331	43.0

---

① 1920 年，世界经济危机初露苗头，但西方国家主动采取货币贬值政策，造成投机与投资过热，显然这有利于其产品的出口。对中国而言，则表现为白银的升值。例如，1 海关两合英镑，1918 年为 5 先令 3.44 便士，1919 年为 6 先令 4 便士，到了 1920 年 2 月 9 日，则到达破天荒的 9 先令 3 便士，显然这有利进口，不利于出口，以致上海进口贸易占全国的份额从 1919 年的 38.5% 上升到 1920 年的 47.99%（见樊卫国《近代上海进出口在全国的比重》），出口贸易占全国的份额从 1919 年额度 41.17% 下降到 35.78%，但盛极而衰，从 1920 年年底 1921 年初到 1923 年，世界经济开始崩溃，1922 年下降到谷底。表现在汇率上，就是白银急剧贬值。从 1920 年 2 月 9 日的 1 海关两合英镑 9 先令 3 便士，到同年 12 月 11 日达到最低，1 海关两合英镑 3 先令 11 便士。白银的大幅度贬值虽然有利于出口，但是严重抑制了进口。更为重要的是，1920 年底 1921 年初至 1923 年间，世界经济的不景气使上海对外贸易尤其出口严重不振。

② 文件缺失 1920 年的资料，特别说明。按照樊卫国《近代上海进出口在全国中的比重》，1920 年中国纯进口额 762250 千海关两，上海纯进口额 368663 千海关两，上海纯进口额在全国纯进口额的占比为 48.4%。

续表

年份	中国纯进口额	上海纯进口额	比例（%）
1923	923402887	417870451	45.3
1924	1018210677	483469941	47.5
1925	947864944	431887836	45.6
1926	1124221253	583067891	52.0
1927	1012931624	442735798	43.7

另外，如果进一步进行分析的话，表2中的上海纯进口额，指上海的外国商品[1]进口总额中减去对外再出口额[2]以及中国各港从上海的再进口额。可以看出，经由上海港进口的外国商品总额是非常大的。从1926年、1927年的数字看，上海1926年的对外再出口额为13487514两，1927年为12581346两。而1926年中国各港口从上海的再进口额为5384052两，1927年为7604114两。这样一算，上海港的外国商品进口总额实际上在1926年达到了601939457两[3]，1927年则为462921258两之多[4]。

表3是最近四年外国商品对上海港直接输入，经由上海向国内其他港口再输入，以及经由上海向国外再输出的情况。

表3　上海港进出口额的概况

单位：海关两

年份	外国商品对上海直接输入额	经由上海向中国各港口的再输入额	国内进口总额	经由上海向国外的再出口额
1924	483469942	4645727	488115669	12723793
1925	431877836	4781875	436669711[5]	9177922
1926	596555405	5384052	601939457	13487514
1927	455317144	7604114	462921258	12581346

现在，我们看一下进口的外国商品与消费地的关系，进口商品的约四成左右通过中国各港口被运到内地或再出口到国外，在上海市场消费的占

---

[1] 海关一般称外国产品为洋货，本国产品为土货。
[2] 指从上海向邻近国家的出口。
[3] 583067891+13487514+5384052＝601939457。
[4] 442735798+12581346+7604114＝462921258。
[5] 原文统计有误，据表中数据核算为436659711。

比约为六成。可以看出,上海港的外国商品的消费量占中国总进口额的四分之一以上①。表4是最近四年上海进口的外国消费品在本地和外埠市场消费的情况。

表4 1924~1927年上海港外国消费品的再出口额和消费额

单位:海关两

消费\年份	1924年	1925年	1926年	1927年
面向中国各港口的再出口额	174190640	168451011	201035039	156232033
上海港的消费额	201201236	259040798	387416904	294107879

上海港的中国商品(土货)的购进贸易并不少,每年超过3亿两。而且逐年在增加。但是,其中的五成左右都被再出口到国外,还有约两成被再运至中国的各港口。因此,上海港消费的商品约占三成。最近四年上海港国内产品贸易的相关统计见表5。

表5 1924~1927年上海港国内产品贸易统计

单位:海关两

消费额\年份	1924年	1925年	1926年	1927年
中国产品购进总额	310984489	361789389	398426115	340750569
对外出口额	155925658	178821962	209714136	162335834
面向中国各地的再出口额	63892522	69930394	73569520	62535696
上海港的消费额	91166329	113037033	115342459	115879039

另外,如果将内外贸易合起来看的话,1926年上海的进出口总额为1000365572两②,1927年为803671827两③。其中的约半数被用于对外再出

---

① 按照该文前边所说,上海进口占中国进口总额的比例在过去的数年中,经常保持在40%到50%的高位,而上海本地的进口商品的消费量占其进口总额的六成,这意味着上海本地的进口品的消费量占全国进口总额的比例是24%~30%,也就是该文说的1/4以上。
② 根据前述统计数字,1926年上海港中国产品贸易总额398426115两和外国产品贸易总额601939457两的相加总和为1000365572两。
③ 根据前述统计数字,1927年上海港中国产品贸易总额340750569两和外国产品贸易总额462921258两的相加总和为803671827两。

口和对国内各港的再出口，另外一半在上海市场被消费掉了。可见，上海贸易的一半为中转贸易，每年消费量超五亿两的上海绝不是一个小市场。

1926年上海港市场的消费额为502759363两。其中，外国商品为387416904两，国产商品为115342459两。1927年上海港市场的消费额为459986918两①，其中，外国商品为294107879两，国产商品为115879039两。

中转贸易：

1926年：总额497606209两。其中，国外商品为223201650两，国内商品为274404559两。

1927年：总额393684909两。其中，国外商品为168813379两，国内商品为224871530两。

第三章　出口贸易

中国面向外国出口的物资几乎都是原料或半制成品，精制品非常少。上海的出口贸易也不例外，大多都是农产品、矿产等天然物产。上海的出口额占其贸易总额的比例约为四成②，占中国出口总额的比例约为3.5~4成。在中国这样一个工业落后的国家，虽然将出口额的增加寄希望于精加工产品不现实，但是开发中国所拥有的取之不尽的资源却并非难事。我们认为，随着商业逐渐发展，当内乱平息、社会秩序趋于安定的时候，中国的出口也会慢慢增加。表6为上海出口贸易总额和中国出口贸易总额③的对照表。

---

① 原文有误，据表中数据核算为409986918两。
② 原文为"上海的出口额占中国贸易总额的比例约四成"，有误，故特别指出。
③ 原文写作上海纯出口额和中国纯出口额，有误。纯出口额，指一地的出口贸易额和进口贸易额之间的差额，反映了该地的经济发展状况。例如，据樊卫国《近代上海进出口在全国中的比重》（《上海经济研究》1992年第1期）一文的计算，1919年全国的出口贸易总额为630809千海关两，上海的出口贸易总额为259728千海关两，占全国的47.17%；1920年全国的出口贸易总额为541631千海关两，上海的出口贸易总额为193795千海关两，占全国的35.78%；1921年全国的出口贸易总额为601256千海关两，上海的出口贸易总额为210528千海关两；1922年全国的出口贸易总额为654892千海关两，上海的纯出口贸易总额为218051千海关两，占全国的35.01%。这跟本文的统计是一致的。

表6　上海港出口贸易总额和中国出口贸易总额（1919~1927年）①

单位：海关两

年份	中国出口贸易总额	上海出口贸易总额	比例（%）
1919	630809411	259728759	41.2
1921	601255537	210527893	35.0
1922	654891933	218051344	33.3
1923	752917416	258498005	34.3
1924	771784468	293326892	38.0
1925	776352937	306185423	39.4
1926	864294771	361899940	41.9
1927	918619662	330506047	33.3②

上海对外出口额③如表6所示。此外，一个不容忽视的事实是：上海外国商品的再出口额每年都超过了1000万两以上。而且，上海新式工业的发展使得上海面向中国各港口的再出口贸易也出现了激增。近年来，一个最引人注目的现象就是：面向国内港口的再出口贸易额几乎增长到了可以匹敌对外再出口额的程度。因此，面向国内各港口的再出口贸易额加上从这些港口再运到其他小港口的再出口额④可以达到6亿两。如果再加上对外出口额的话，总计接近10亿两。关于上海港的贸易状况，面向国内、国外的贸易几乎是相等的。表7是最近四年的数据。

表7　1924~1927年上海港的贸易状况

单位：海关两

品类	1924年	1925年	1926年	1927年
对外出口的土货	120529263	127363481	152185804	168170213

---

① 文中缺失1920年的资料，特此说明。按照前述的樊卫国《近代上海进出口贸易在全国中的比重》一文进行的统计，1920年上海的出口贸易为193795千海关两，全国的出口贸易总额为541631千海关两，上海出口贸易在全国的占比为35.78%。
② 原文有误，据表中数据核算为35.98。
③ 原文写作纯对外出口额，有误。
④ 指上海的产品到了各港口后，再被运到其他的小港口。如运到汉口后，再被运到新堤、蔡甸、仙桃等港口。

续表

品类	1924 年	1925 年	1926 年	1927 年
面向中国各港口运出的土货	263913938	255255066	317342108	290821353
对外再出口的土货①	155925658	178821963	209714136	162335834
面向中国各港口的再运出的土货②	63692522	69930394	73369520	62535696
对外再出口的洋货③	12723793	9177902	13487514	12581346
面向中国各港口的再运出的洋货④	174190640	168451011	201035039	156232033
对外出口及对内运出合计	791175814⑤	808999818⑥	967134122⑦	852676475

如果从产地看以上这些出口及运出产品的话，约半数以上都是上海港腹地的物资，另外一半属于外国或国内其他地方产的产品，它们属于中转贸易，与进口贸易处于同一状态。

第一节　苏　州

1927 年，关于本年的当地贸易，由于汽车和轮船都被军队征收，加之工人罢工的影响⑧，可以说，影响商业发展的因素很多，当地的贸易一般都不被人所看好。但是，与预期相反，当地的贸易额以及税收增加了 1.1 万两。具体原因是：沪宁铁路常年几乎只用于军事方面，无法进行正常货物的运输，大部分货物都是通过苏州河⑨以及京杭大运河进行运输，而这些货物几乎都没有经过上海海关，所以才有了前述的苏州当地的贸易额和关税

---

① 指经由各港再输出到国外的土货。如上海的土货运到烟台、青岛后再运到朝鲜等。
② 指经由各港再运到国内其他地区的土货。
③ 指经由各港再输出到国外的洋货。如上海的洋货运到烟台、青岛后再运到朝鲜等。
④ 指经由各港再运到国内其他地区的洋货。
⑤ 原文有误，据表中数据核算为 790975814。
⑥ 原文有误，据表中数据核算为 808999817。
⑦ 原文有误，据表中数据核算为 967134121。
⑧ 1927 年长江流域的国内局势很不太平，既有北伐军和北洋军队之间的战争，也有国民革命军内部蒋介石一派和汪精卫一派的斗争（亦称宁汉分裂），还有国共分裂、工人罢工等。
⑨ 苏州河之名，始于 19 世纪中叶上海开埠后，部分爱冒险的外国移民由上海乘船而上，溯吴淞江直达苏州，就顺口称其为"苏州河"。到 1848 年，上海道台麟桂在与英国驻沪领事签订扩大英租界协议时，第一次正式把吴淞江写作了"苏州河"。由此开始，"苏州河"之名逐渐流行。当然，这是广义的苏州河。狭义的苏州河指吴淞江上海段俗称：起于上海市区北新泾，至外白渡桥东侧汇入黄浦江。

的增加。另外，通过汽车运往上海，再通过上海运往国外和其他通商口岸的货物，原本是应该成为上海海关税收的一部分的，但由于这些货物不得不通过民船①和汽船②来进行运输，因此最终成为苏州海关税收的一部分。

本港的汽车和轮船全部为军用，虽然也受工人罢工的影响，但在平时，商业非常兴旺。并且，当年的农作物获得了大丰收，蚕丝业的发展也很好。另外，据预测，该年夏季的茶叶生产态势良好，茶叶的库存几乎都卖光了。不幸的是，在茶叶收获的时节，很多茶产地受到战乱的影响，有一些茶叶无法收获，市场上的新茶数量也出现了减少。

为了更加明了地揭示苏州的贸易状况，我们将其贸易额列举如下。

第一项　对外直接贸易总额

	外国产品的进口额	土货出口额	合计
1926 年	43710	21845	65555
1927 年	46247	18783	65032③

第二项　主要产品的进出口贸易额

表 8　进口

单位：海关两

产品名		1925 年	1926 年	1927 年
石油		1808557	1900170	1996872
煤炭		283930	376750	327313
纸烟		527846	491809	216790
砂糖	红糖	188310	143253	156018
	白糖	313224	255388	344582
	精制白糖	246120	313241	228139
人造靛蓝④		89608	80314	44900
火柴		1256	88467	150608
火柴材料		45608	26390	70825

---

① 指传统的依靠风帆或手摇做动力的木船。
② 指近代依靠煤做动力的轮船。
③ 原文有误，据文中数据核算为 65030，数额单位为海关两。
④ 一种染料，由德国拜耳公司研制成功。

出口情况大致如表9所示，表中的"进口"指从中国其他通商口岸购进的商品额，"出口"指从该港的出口额。

表9 出口

单位：海关两

产品名		1925年	1926年	1927年
棉花	土货进口	9135	85285	22270
面粉	进口	1674	863	—
	出口	—	—	—
桐油	进口	128828	129043	68216
纸烟	进口	88131	116688	214936
煤炭	进口	56054	23042	42766
	出口	23161	2634	1204

第二节 镇江

1928年度长江沿岸各商埠几乎都因政变[①]而遭受打击，同时受共产党暴动的影响，贸易几乎处于停滞状态。本商埠也不例外，但相对而言受到的影响还是较小。虽然本年内，有共产革命以及重税等各种对商业不利的因素存在，但从全年看，本港的贸易可以说走上了一条坚实的道路。下半年，尤其是在冬季，贸易情况较为良好。由于政局开始走向安定，所以贸易也将迎来一个转机。如果我们从海关税收来看贸易的话，春季的税收相比去年同期减少了83000两关平银，夏季减少了55000两，秋季减少了42000两。到了冬季，随着贸易的恢复，税收比去年同期增加了48000两。但是，目前的这种好的势头也只能从税收方面去看，绝不能断言实际贸易已经取得了大的发展。实际上，大宗石油以及煤炭的进口仅仅是填补了内地库存的短缺，其他进出口贸易虽然总体上呈现出了一种盛况，但是仍不能填补本年度税收的不足。也就是说，减少了133000两[②]的关平银。

---

① 指国共分裂、宁汉分裂带来的社会秩序不宁、商业凋敝。
② 原文为"十三万三千两"，有误。按照前面讲的春夏秋冬不同季节税收的增减情况，实际税收减少额为132000两。

以下我们将本年度的贸易额与前两年的进行一个对比，以期能够更加清楚地反映上述情况。

第一项　对外直接贸易额

	外国商品进口额	土货出口额	合计[①]
1926 年	5164782	31217	5195999
1927 年	4047893	33793	4081686

第二项　主要商品的贸易额

表 10　进口

单位：海关两

产品名		1925 年	1926 年	1927 年
石油		3333888	6030112	6423618
煤炭		563235	865311	1018092
砂糖	红糖	275677	207298	224843
	白糖	907780	548813	668268
	精制白糖	1730014	1719463	1103041
纸烟		911787	1115877	661008
人造靛蓝		433356	342798	266768
火柴		1669	274	20
火柴材料		75346	96838	94825

表 11　出口

单位：海关两

产品名	方式	1925 年	1926 年	1927 年
煤炭	从其他通商口岸购进	634500	385583	508060
	出口	31800	—	—
纸烟	从其他通商口岸购进的土货	738000	526860	311220

[①]　数据单位为海关两。

续表

产品名	方式	1925 年	1926 年	1927 年
苎麻	从其他通商口岸购进	31601	36679	38571
火麻	出口	101394	95883	69055
桐油	从其他通商口岸购进	1928780	2055654	1176233
毛茶	从其他通商口岸购进	46440	33345	26433
面粉	从其他通商口岸购进	7380	4808	1500
面粉	出口	679960	455165	245048
棉花	从其他通商口岸购进	7682	—	17931

第三节 南京

本商埠1928年度的贸易情况，简言之就是非常不好，甚至一度还出现了停滞。年初的时候，虽然货物流通还比较旺盛，但是那并不说明贸易的繁荣。由于江苏省的内乱以及沪宁铁路不通的缘故，那些本来应该通过铁路运输且经过海关的货物现在只能通过民船——传统的木船来运输。当然，这些货物不会经过海关。南京的商业情况一般而言处于停滞的状态。南京事件①解决至今已经半年了，此处的贸易几乎处于停顿状态。加之津浦铁路突然被军方占领，内地物产运往本商埠的通道几乎全被阻断。轮船运输也是断断续续。因此，本商埠的进口和出口都非常困难。

值得注意的是：外国军队撤退后，洋行开始停业，但由于轮船以及汽车被军队征用，本港的贸易几乎不值得一提。虽然到了冬季后，贸易状况稍有恢复，但仍然免不了持续缩小。南京最大的贸易产品是绸缎、鲜鸡蛋

---

① 1927年3月23日，北伐军兵临南京城下，北洋军阀部队准备渡江撤退。这时，南京城里的一些兵痞和流氓乘机进行抢劫，致使南京城内和下关的外国领事馆、教堂、学校、商社、医院、外侨住宅等均遭到侵犯和洗劫。金陵大学副校长文怀恩（Dr. J. E. Williams，美国人）和震旦大学预科校长（意大利人）遇害，此外英国侨民死亡2人，日本侨民死亡1人，法国侨民死亡1人。惨案发生后，帝国主义列强向中国大量增兵，并提出惩凶、通缉、赔偿等要求。1928年3月30日，蒋介石派特使到南京和各国领事疏通，向帝国主义表示歉意、赔款，并下令通缉枪杀李富春和林伯渠来"谢罪"。4月4日，《宁案中美协定》发表，此后南京国民政府和英、法、意、日等达成妥协，外国军队开始撤退。

以及蛋制品。本年度由于遇到了逆境，贸易遭受了很大的创伤。和记洋行①等在外国军队撤退的同时也将商店关闭。即便到了年末，商业还是没有恢复，鸡蛋以及蛋制品的出口因此也被阻断。与绸缎相关的贸易由于遇到了工人运动，加之新式制造法②的导入，苏杭的绸缎业面临很大的困难，处于一种不景气的状态。

第一项　对外直接贸易额（计量单位：海关两）

	外国商品进口额	土货出口额	合计
1926 年	4324808	6059686	10384494
1927 年	941452	101395	1042847

第二项　主要的进出口贸易额（计量单位：海关两）

表 12　进口

单位：海关两

产品名		1925 年	1926 年	1927 年
石油		4050662	3335781	3399555
煤炭		237921	180582	221188
粗布	本色市布③、细布、粗布	361794	609720	135884
	斜纹布	74069	129055	41159
	漂色市布、粗布、细布	278857	506080	839125
砂糖	红糖	157486	454731	80499
	白糖	907780	548813	668268
	精制白糖	1492599	2888300	646410
纸烟		912976	1187429	509037

---

① 和记洋行始建于1913年，由英国伦敦"合众冷藏有限公司"出资在南京下关金川河两岸一带征地600亩，筹建"江苏国际出口有限公司"，俗称"英商南京和记洋行"，简称"和记洋行""和记蛋厂"。该公司是当时世界上最现代化的食品加工厂，在中国建有多个洋行，其中以南京的和记洋行规模最大，也是当时中国最现代化的食品加工厂。南京和记洋行不仅是现代中国工业与贸易的发祥地之一，也是中国当时最现代的食品加工厂，拥有亚洲"第一冷库""南京的北极"等称号。
② 指以电力织机取代铁木手拉机，由此推动苏州丝织工业由手工业工场走上了近代工业的发展道路。
③ 本色市布指一种质地比较细密的、没有染色的平纹棉布。

续表

产品名	1925 年	1926 年	1927 年
人造靛蓝	407176	367304	297785
火柴	171	100	155
火柴材料	35371	9491	3437
苎麻、新旧袋子	24774	80566	2713

如表 13 所示，南京的贸易虽然总体上呈现显著的增长，但是 1928 年度的情况却非常糟糕。即便如此，我们认为这也是暂时的事情，随着时局的稳定，南京作为中国的首都，同时也是文化政治和经济的中心，对其将来的发展，我们充满期待。

表 13　出口

单位：海关两

品类		1925 年	1926 年	1927 年
棉花 购进		38194	2814	2139
粮食	购进	33624	9195	2588
	出口	121035	342667	54588
桐油 购进		317052	254771	26580
棉花 出口		103680	20525	62945
火麻	购进	7238	3551	677
	出口	254891	446811	101355
苎麻 进口		15637	22183	18980
烟叶 出口		2559397	2957653	125542
纸烟 进口		2395641	3106668	535711
绸缎 出口		2321928	2953425	1878585
煤炭	进口	488675	543583	292071
	出口	69345	394059	14140
鸡蛋 出口	干蛋白	708206	460646	109111
	冻蛋白	243082	649604	9095
	干蛋黄	372469	292730	35477
	冷冻蛋黄	649857	730802	22627

续表

品类	1925 年	1926 年	1927 年
机械干蛋制品（蛋黄、蛋白）	81528	258297	—
冷冻蛋制品（蛋白、蛋黄）	1457633	3399125	84336
鲜鸡蛋	971570	396438	71333

第四节　九江

本商埠1928年虽然万幸没有遭受战祸，但是军情险恶，在军队移动经过本地的时候，所有的交通运输工具几乎都被军队征用，再加上劳工纠纷、共产革命的影响以及排外示威游行等，纸币出现了暴跌，现银也被禁止出口，这些因素都构成了贸易发展上的一大障碍。

虽然上海到汉口之间的英国、日本两国的轮船并未完全停止运行，但是比起往常，轮船数还是出现了锐减，而且这种锐减的情况同样发生在中国轮船一方，由此造成了运输吨数的不足。因此，人们都感到现在贸易非常的困难。截至3月末，滞留在本埠等待出口的货物达30万件之多，由此我们不难窥测商人所遇到的困难。但是在本年内，也有若干少量的贸易进展顺利，其中出口最好。进口货物中，由于中国生产的市布、粗布以及细斜纹布都因抵制外货的影响价格飙升，所以与去年相比，这类产品的进口出现了巨额的增长。

那些受外国产品进口锐减，其他一切货物在省内的销售不佳以及受现银禁止出口等影响的商人正在努力筹措进口货物的货款，至于出口贸易则因为相同的原因反而受到刺激。由于进口商不能使用现银来支付进口货物的货款，只能采取通过出口货物替代的方式，以此来尝试取得平衡。另外在出口贸易方面，由于内地农业的丰收，造成豌豆、豆瓜子以及苎麻的出口表现最为抢眼。煤炭以及锰矿石的出口情况也较为良好，茶叶也获得了丰收。根据海关的报告，与去年相比，茶叶的出口额增加了一万担。

作为参考，我们将本年度本埠的贸易额列表如下（见表14、表15）：

第一项　对外直接贸易额（单位：海关两）

	外国商品进口额	土货出口额	合计
1926 年	3101506	82518	3184024
1927 年	680641	69543	750184

第二项　主要贸易商品的进出口额

表 14　进口

单位：海关两

品类	1925 年	1926 年	1927 年
粗布：本色市布、细布、粗布	434745	473264	150745
漂白市布、细布、粗布	1033556	1148680	839125
原色斜纹布	165999	192972	82786
纸烟	117764	112623	64528
人造靛蓝	691284	767375	215788
火柴材料	158216	83817	119652
石油	2094183	2205874	1046658
煤炭	76012	101019	830504
苎麻 新旧袋子	74072	40535	78302

表 15　运入运出贸易①（土货）

单位：海关两

品类		1925 年	1926 年	1927 年
粮食	大米 进口	30966	60190	14500
	大米 出口	4085616	971047	3995538
面粉	进口	450404	311902	150408
	出口	2196	—	—
黑豆	出口	10000	2295	—
小麦	出口	143256	4085	161487

① 指国内各港口之间的进出口贸易。

续表

品类		1925 年	1926 年	1927 年
雨前绿茶	出口	—	2631769	1774512
其他种类绿茶	出口	1842104	75080	143193
红砖茶	出口	28050	18	16948
绿砖茶	出口	875667	1748766	2569726
毛茶	出口	509698	309570	451584
桐油	进口	19086	26056	352
桐油	出口	51616	129334	9503
粗瓷器	出口	417744	524613	646874
细瓷器	出口	1430752	1664187	1595723
棉花	进口	381	81553	5126
棉花	出口	1071476	477387	1091768
火麻	出口	201	55	29
苎麻	出口	2256699	1323397	2419634
烟叶	出口	2052019	3411044	2512230
纸烟	进口	624750	646626	635800
煤炭	进口	202675	9163	16032
煤炭	出口	11264	28304	111826
鲜鸡蛋	出口	135223	88125	98465

第三项　1928 年

经过战乱以及政争后的两年[1]，也就是到了 1928 年，民心逐渐稳定，一般商业呈现兴旺之势。然而战争虽然结束了，但是那些逃兵、叛徒、盗匪以及共产党组织的暴动还在继续。过去一年，受此影响的地方非常多。要镇压这些反抗，总的来讲还是比较容易的。随着政局的平定以及农作物的丰收，此地迎来了一段光明。

但是，受共产党暴动以及地方政府课税过重的影响，[2] 商人从事商业

---

[1] 指 1926 年的北伐、1927 年的"四一二"政变以及蒋介石和汪精卫的宁汉分裂等。
[2] 为了镇压共产党领导的各地民众的起义，需要征税，由此带来了税收的增加。

的积极性降低，大宗买卖也很少，这是目前存在的一个事实。到了1928年，由于捐税变得更加沉重，加之一些新设的税种，不管是国内还是国外货物，都被苛以重税。①

除内地的"二五附加税"，还有以下捐税：

①堤工捐（二五附加税的80%）；

②市政捐（二五附加税的20%）；

③公益税（二五附加税、堤工捐以及市政捐合计的5%）。

除以上外（对进口产品的课税），针对内地之间的货物，如果是一般商品，每个征收6分②到1元的税，如果是铁器类的话，每担征收2分（在课完二五附加税、堤工捐、市政捐以及公益捐合计的一半外）。对于奢侈品，征税额为前述的两倍。对于出口商品而言，征税一般较轻，除了一些特殊的情况，一般只征收二五附加税。除了以上主要的税种，还有其他很多税率较轻的税种，此处省略。这里，最值得一提的是厘金。本地目前有23处厘金局，随着裁厘运动的兴起，这些厘金局在不久的将来应该被废除。可以看出，当地不仅税目繁多而且税率很重。虽然说内地还没有完全安定，但是根据海关统计，三年以来经由本地海关的净贸易额在今年是最高的，合计为69216274两，较去年增加了18884985两。

一 对外贸易

1. 直接从国外以及通商口岸进口的外国商品

本年度直接从国外进口的货物呈现出了大幅增加，其净贸易额达到了

---

① 南京国民政府成立后，发起改订新约和关税自主运动。1928年7月25日，美国率先响应南京国民政府发起的改订新约和关税自主运动，与南京政府签订《整理中美两国关税关系之条约》。此后，其他各国纷纷仿效。到1928年底，挪威、荷兰、英国、瑞典、法国等先后与南京政府签订了新的关税条约。比利时、意大利、丹麦、葡萄牙、西班牙等先后与南京政府签订了新的通商条约。具体来说，第一，由过去均一的值百抽一的协定关税改为等差的值百抽五到值百抽八十的国定关税。第二，进口税率提高的同时，降低了出口税率。新税则根据货物的时价征税，一部分是5%，另一部分为7.5%，还有许多货物免征出口税，有效地保护和促进了民族工业的发展。
② 原文写作仙，又名分，一个仙相当于十铜元或者十文。

1290万两，较去年的690万两增加了600万两。造成这种激增的原因虽然取决于时局的稳定，但是1290万两的进口额比起1925年、1926年反而出现了减少。1927年真的可以算是一个例外。在本年年初时候，棉布的贸易状况非常好。但是没过多久，进口就开始锐减，年末统计也印证了这一点。这是因为，年初的时候，存货过多，加之捐税繁重，同时济南事变引发了排日风潮，所有这些都造成了进口的锐减。

1927年，当地的时局并不安定，美国用于再出口的石油很多①。今年汛期到来时，当地石油公司都进口了大量的石油，大大地弥补了当地及内地的库存不足，这是造成本年度进口额增加的原因。苎麻袋的进口由于谷米类出口的增加比上一年度增加了一倍。在四种进口糖类中，精制白糖减少了22000担。另外，上海进口的爪哇糖量多且价格低廉，充斥了整个市场。其他三种砂糖较之前三年的进口都出现了增加。但是糖商却由于繁重的捐税及低廉的糖价陷入了困境。纸卷烟的进口增加了一倍，德国进口染料与去年相比出现了大幅增加，即便是与1925年、1926年相比，都有所增加。

2. 再出口的外国商品（仅列举值得一提的）

（1）土货贸易

①面向外国及通商口岸出口的土货（再出口的土货也包含在其中）。

本年度的土货出口比较旺盛，较去年增加了1500万两。增加的原因在于时局比较稳定、没有了白银的进口限制、市面上的银根比较便宜以及汇兑比较平稳。谷米的出口增加了2.5倍，小麦和大豆的出口也都有所增加。苎麻的出口也在逐年增长，其中很多都出自武穴，后被出口至日本。麻织物品质良好，被出口到了法国，锰矿石的一半都被出口到了日本。两者在本年度都出现了大幅的增加。

去年中国茶叶的需求量很大，价格随之高升。一些茶商看好本年的茶叶市场而大量购入茶叶，导致本地茶叶出口增加了2100多万担。这又引发了市场茶叶过多的问题，很多茶商因此蒙受损失。

（2）进口的土货

本年的进口土货为1680万两，尤其是面粉的进口尤为显著，增加了

---

① 指从九江港再运送到别的地区市场。

5400多担。但是，与一般的平均进口相比，还是出现了下降。比如，粗细斜纹布的进口虽然比去年有所减少，但是总体上仍呈现出逐年增加的趋势。其次棉纱的进口，虽然本年度的进口增加了，但是总体上呈现出减少的趋势。在进口货物中，增加幅度最大的是苎麻袋和纸烟。苎麻袋增加的原因与外国麻袋一样，是由于大米、小麦的出口较多所引起的，纸烟本年度的合计为32500万支，换算成价值约为125万元，虽然有内地卷烟税及其他各种课税，但纸烟的量也没有出现减少。

第五节　芜湖

1928年本港市场情况的混乱程度与九江相似，贸易所受的影响也基本相同。另外，银拆①较高对汇兑产生了不利，甚至有时还发生了无法兑换的情形。贸易随时都有可能面临停滞。加之，共产党的暴动阻碍了贸易的顺利发展。以上这些情况在今年上半年表现得尤为突出，到了下半年，情况稍有好转。但是，偶尔会有军队经过此地，民船和轮船都被军队征收，给贸易造成很大的阻碍。

外国商品的进口出现了锐减，特别是布匹类情况最差。中国商品的进口情况也是一样。但是，煤炭、纱、短袜子、长袜子以及火柴等出现了显著增长。大米虽然是本港腹地的主要物产，但由于船舱不足以及国民政府"禁止将大米出口到其管辖区以外的地方"这一政策限制，大米出口深受影响，下降了很多。另外，蔬菜类以及铁矿石的出口由于政治纷争以及其他各种阻碍因素也都出现了下降。所幸的是，在下半年的出口贸易方面，鲜鸡蛋、猪肠、小麦、棉花和棉纱的出口状况都很好，呈现了兴旺之势。

将本年度贸易额与前两年贸易额的比较的话，见表16、表17及下文第一项。

---

① 银拆是清代、民国时的一种利率名称。在通行银两的情况下，金融业同业间互相拆借银两的利率。因按每千两日息计算，故又称日拆。银拆行市的高低，反映了金融市场资金供需情况。

第一项　对外直接贸易额（单位：海关两）

	外国商品的进口额	土货出口额	合计
1926 年	3077274	2730554	5807828
1927 年	1401154	785445	2186599

第二项　主要贸易商品的进出口额

表 16　外国商品的进口

单位：海关两

品类	1925 年	1926 年	1927 年
本色市布 细布、粗布	209109	192264	31055
原色 斜纹布	256654	257918	38093
漂色市布 细布、粗布	1076622	1201951	657024
纸烟	1415726	2235296	1541577
人造靛蓝	407176	367304	297873
火柴	105	92	4594
火柴材料	9344	97220	19408
石油	2123575	2462996	447275
煤炭	115490	131368	27140
苎麻袋 新旧袋子	306202	119692	53889

表 17　土货的进出口

单位：海关两

品类	1925 年	1926 年	1927 年
大米 出口	27536726	9495338	4758971
大米 进口	7446	1317	5
小麦 出口	803366	415257	807011
面粉 进口	41735	159398	62872
面粉 出口	114925	73108	—
棉花 进口	414191	159504	41971
桐油 进口	345154	212996	99209

续表

品类	1925 年	1926 年	1927 年
桐油 出口	1206	14606	87
棉花 出口	955579	135797	967239
火麻 出口	16166	68705	35706
苎麻 进口	2443	604	1791
苎麻 出口	514	211	—
烟叶 出口	20623	49502	28009
纸烟 进口	1208722	665038	519312
煤炭 进口	224828	112520	218905
煤炭 出口	3653	1031	—
鲜蛋	913346	846656	1460729

第六节 汉口（1927年度的贸易状况）

1927年度本港的贸易混乱状况，可从去年税收减少了200万两中略见一斑，也就是说，较之前年出现了五成的减少。从以上数字我们应该可以窥测到贸易的大致情况。本年度发生的政治争斗、军事行动、工人运动以及时局动摇等都对贸易造成了很大的打击。中外商人的损失从税收的减少中就能看出来，但实际上远大于此。中国的轮船货运由于受到军队的干涉[1]已经完全停顿。及至当年9月，招商局的船只虽然开始航行，但仍然免不了受到军队的干涉。因此，中国的商人都不喜欢通过中国轮船来运输货物。而英国轮船受到罢工及排英运动[2]的影响也无法自由航行。这也导致在贸易繁盛的时候轮船吨数不足的问题。另外，银拆较高且中外银行都无法自由营业导致上海方面的汇兑出现了很大的困难，甚至有时还会出现无法汇兑的情况。禁止现银出口等政策也是贸易上的一大障碍。

---

[1] 主要指被军队征用，拉轮船打兵差。
[2] 指汉口九江收回英租界事件。北伐军的节节推进，引起了帝国主义的极大恐慌。1926年7月，英国调遣军舰和水兵到长沙、岳州帮助吴佩孚抵抗北伐军；北伐军进军武汉时，英舰在汉口上游50公里处向北伐军开炮。为反对英帝国主义的暴行，1926年12月26日至1927年2月20日，在李立三、刘少奇等人的领导与组织下，武汉、九江等地的工人、社会团体、市民群众，发起了旨在"反对英国帝国主义，收回租界主权"的爱国运动。面对声势浩大的群众反帝运动，英帝国主义被迫于1927年2月19日、20日与武汉国民政府签订了汉案、浔案协定，正式把汉口、九江英租界无条件地归还给中国。

进入冬季，时局稍微有所安定，贸易也慢慢变得顺畅。但是，想在这个时候去弥补前九个月的损失，为时已晚。进口货物出现了很大的减少，尤其是布匹。尽管进入冬季后的贸易情况有所好转，当地的存货在不断销售中，银拆也较低，进口呈现良好开局，但是本年度的贸易额比起去年仍然稍显逊色。进入冬季后的颜料贸易已经恢复到旧时的水平，这一时期的进口额为124848两。与去年冬季相比，仅仅增加了6116两，仍不能弥补前三个季度的损失。夏季的再出口额比起进口，多出了5.8万两。人造靛蓝的贸易从整体上看还不错，前半年减少的20716担在下半期全部都被补足，但从总体来看，较之去年仍然减少了3762担。

第一项　对外直接贸易额（单位：海关两）

	外国商品进口额	土货出口额	合计
1925 年	54319185	23645347	77364532①
1927 年	18930827	11987597	30917424②

第二项　主要商品贸易额

表 18　外国商品进口额

单位：海关两

品类	1925 年	1926 年	1927 年
本色市布 细布、粗布	1654989	1740695	346324
漂色市布 粗布、细布	2983629	2846568	1503897
砂糖			
红糖	2422575	2158596	2043402
白糖	1687506	1187486	1626268
精制白糖	5723596	4733807	3936370
纸烟	521530	516778	204025

---

① 原文统计有误，据文中数据核算为 77964532。
② 原文统计有误，据文中数据核算为 30918424。

续表

品类	1925 年	1926 年	1927 年
烟叶	3621212	2510103	—
人造靛蓝	3046371	1649095	1437359
火柴	55628	296954	399322
火柴材料	158216	83817	119052
石油	1849466	2205874	—
煤炭	2656863	879972	830504
苎麻	347366	195126	280012
米	1654118	9934770	88018

表 19　土货的购进及出口

单位：海关两

品类	1925 年	1926 年	1927 年
大米 进口	14482913	6659953	874948
大米 出口	266017	344600	11210
蚕豆 出口	593794	370136	135453
高粱 进口	294512	832681	—
棉花 进口	11736883	11128382	944431
棉花 出口	42633880	52438064	27667922
五倍子 出口	296870	497874	343659
小麦 出口	3501739	976714	3506446
面粉 进口	280133	563666	326557
面粉 出口	1851062	653848	222151
绿茶 出口	746615	217560	265616
红砖茶 出口	1815027	3778951	3225198
毛茶[①] 出口	6317	557120	1878994
桐油 进口	2124073	817076	904361
桐油 出口	6115930	7070092	8488409
火麻 出口	530160	775358	1692887
檾麻 出口	190844	106069	20774

---

① 毛茶也称毛条。一般把鲜叶经过初制后的产品称为毛茶，其品质特征已基本形成，可以饮用。清茶、红茶以及绿茶的原料茶也称为毛茶，分称红毛茶和绿毛茶、青毛茶。

续表

品类	1925年	1926年	1927年
苎麻 出口	2929374	2947500	3397845
烟叶 出口	4400292	2970082	2389648
纸烟 进口	2025455	1341566	6732360
纸烟 出口	4476135	3200794	455136
绸缎 出口	261722	221136	256480
煤炭 进口	2925990	1736357	1959939
蛋及蛋制品	10455098	8743947	5300922

第七节 汉口

1925年 欧洲市场不安定，各地骚乱不断，抢劫横行[①]，中国的政治也不安定。即便在这种情况下，1924年的汉口贸易，尤其是进口贸易与1923年相比出现了很大的好转。进口贸易出现显著增长的原因有：

①抵制日货同盟的解散；

②继抵制日货同盟解散后，德国贸易恢复，补充了本地短缺的商品；

③汉口及其他地方建筑行业的发展；

④棉制品高价流行，棉毛产品的需求呈现出显著增长。

增长较多的有细白布和粗布，尤其是日本的绫木棉、细斜纹布、捺染[②]棉布、染色棉布、毛织物、棉毛混纺物、铁以及钢铁制品等。另外，

---

① 一战结束后，欧洲国家因签订凡尔赛体系条约取得了暂时的太平，但英法等国，尤其法国为实现使德国永远不能崛起的目标，提出了严苛的赔款要求，德国政府虽接受了战胜国的赔款要求，但采取了"履行它，就是要证明它无法履行"的策略，消极对待赔款。1923年1月11日，法国以德国故意不履行供煤义务为由，伙同比利时出兵占领了德国的重工业区——鲁尔，德国经济因此崩溃，马克大幅贬值，各地骚乱不断。而法国非但没有从占领鲁尔区中得到好处，反而支付了高达10亿法郎的占领费，以致国内示威游行不断。这就是1925年初欧洲大陆面临的形势。

② 印花、印染之意。

美国石油增长情况也很好。武昌纺织工厂生产的产品出现了显著增长，从某种意义上来讲可以说是弥补了土布的大幅减少。另外，蛋制品、水泥、各种豆类、豆粕、小麦、纸卷烟、生铁以及锰矿等都取得了好成绩。

茶叶市场虽然从5月29日已经开市，但由于在6月中旬遭遇大雨，茶叶在产量和质量两方面都受到了影响。5月到6月，出口到海外市场的茶叶非常少。到了7月，红砖茶和绿砖茶的出口分别较去年同期增加了5678担、1574担。虽然情况稍有好转，但远不及前年。

1926年 本年初，北方的军事行动①导致京汉线受阻，内地土货的购进以及面向内地的货物运出都变得稍微有些困难。除此以外，贸易总体上还是比较平稳。春季的时候，湖北省纸币的暴跌给市场带来很大的波动，对贸易方面造成的影响也不少。其中，蒙受损失最大的零售商人。到了3月，交通开始恢复，河南省的物产出货情况良好。到了夏季，虽然出现了火车不通和价格上涨等情况，但总的来讲还是比较顺利。到了秋季，受水灾影响，农作物蒙受了巨大损失，交通也被阻断。由于本地远离南北两派的交战地带，所以贸易没有直接受到战争的影响。但是9月6日南方军②突然夺取了汉口并包围了武昌，导致数日间贸易一度中断。至于民船和小舟，由于担心被军队征收，所以都被人们藏了起来。这也导致货物的装卸几乎无法进行。到了9月底，情况逐渐好转，终于迎来了一丝曙光。及至冬季，由于内乱的原因，贸易完全衰落。其中，对贸易影响最大的因素是工会的新设以及工人提出的不正当的工作要求。这种情况加剧了贸易的停滞，并且反英运动③一天比一天激烈，贸易被迫完全处于萧条状态。棉布市场也基本上处于停滞状态。

总体来看，春季时，外国棉布贸易暂时呈现出一种压制中国棉布的盛况，但是交易还是比较少。到了夏季，中国产的细白布、绫木棉、细绫棉丝等交易的情况还都不错，这是为了弥补库存不足而产生的一种现象。至于铜块及铜锭、煤炭及焦炭的进口锐减，则是因为武昌铜元局以及汉口铁厂在一年当中大半年的时间都处于停止作业的状态。

---

① 指北洋军队南下镇压北伐军。
② 指国民革命北伐军。
③ 指发生于1926年12月26日至1927年2月20日，汉口九江收回英租界事件。

俄国对砖茶的需求旺盛，导致茶粉的进口量增加，本年春季从去年同期的 545 担增加到 10098 担。之后随着政局纷争的扩大，进口货物出现锐减，这种情况尤其是在年末尤为严重。只有中国和外国的麻袋、纸卷烟的进口反倒增加了。出现上述情况的原因是大豆需求增加导致运输大豆需要很多的麻袋。另外，频繁爆发工人运动以及其他运动导致中国生产的产品减少，为了弥补这一减少，也需要从外部进口。

再看一下出口贸易。年初虽然交通受阻，但是交易很兴旺，猪毛、猪肠以及山羊皮的出口都呈现出了增加的趋势。关于桐油，虽因美国市场的不景气而出现了停滞，但是伴随着欧洲对其需求的增加，到了夏季，桐油的需求变得旺盛起来，秋季也在慢慢增加，但是到了冬季，由于政局变动，出口一下子减少了。茶市在 6 月 4 日已经开市，新茶的品质虽然相对较好，但是产量较低，价格非常高，成交量寥寥无几。砖茶及毛茶由于俄国方面需求旺盛，出口出现了增加；但是红茶和绿茶价格高昂导致几乎没有外国的订单。

当地 1926 年的税收总额为 5170679 两，与 1925 年相比，上半年增加了 375194 两，下半年减少了 597733 两，总计减少了 222540① 两。

1925 年的关税收入合计 5393219 两，与 1924 年相比，减少了 202519 两。对进口贸易进行详细分析的话，外国产的生细白布、生粗布、绫木棉、细斜纹布以及不同类型的染色棉布、捺染织物等呈现出明显减少的状态。原因在于进口到汉口的中国棉布大量增加。关于棉纱，此处不予讨论。天津也是一样，毛织物以及棉毛混纺织物增加了很多，总数达到了约 11.4 万码②。另外，外国产的棉纱增加了 12000 担，而中国产的棉纱在 10 月、11 月、12 月的三个月中减少了约 5 万担。外国纸卷烟（2880 万支）、机械油（211000 美制加仑③）、型铜和锭铜（333000 担）也出现了减少。1925 年一年中进口的车辆——牵引机车、煤水车④等的价值为 492000 两，比 1924 年减少了一半。但是，织布机的进口达到了 844886 两，比上一年度增加了约 89000 两。年初的时候，石油储存过剩，这些石油又被用于再出口，截止到 3 月

---

① 原文有误，据文中数据核算为 222539。
② 码（Yard）是长度单位，符号为 yd，1 码约等于 0.9144 米。
③ 1 加仑（美）= 3.785412 升。
④ 煤水车是蒸汽机车装载煤、水、油和存放机车工具及备品的处所。

末的 3 个月间，其数量为 1611000 加仑（美）。在消化完这些过剩的库存，石油又开始了大量进口。4 月到 12 月的 9 个月中的进口数量与去年同期相比，增加了约 300 万加仑（美）。另外，外国产的砂糖在全年的进口也保持了较好的态势，合计为 1399786 担，较之上一年度的 1214637 担增加了 185000 担①。

武昌纺织工厂的产品被大量运往各地，其中主要是粗布。另外，水泥、蛋制品、桐油和山羊皮等产品的出口也取得了不错的成绩。本地生产的纸卷烟在海峡殖民地②以及荷属东印度③这些地方获得了很高的人气，面向这些国家出口的产品正在大量装船。另外关于茶叶贸易，得益于俄国、欧洲各国以及美国的强劲需求，茶叶贸易也呈现出了较为坚实的恢复的迹象。红茶和砖茶的出口增长尤为显著。

1928 年　关于本年度本港的贸易增减情况，从本港的海关统计来看的话，贸易总额为 377504295 两，如果扣除外国商品以及中国商品的再出口额的话，贸易净额为 310662254 两。与上一年相比，贸易总额和贸易净额分别增加了 123781570 两、110702310 两。如果将上述数字再与创下本港最高贸易记录的 1925 年的数据进行比较的话，贸易总额和贸易净额又分别增加了 23111392 两、22901177 两。

本年春前后，国民政府以维护内部团结为契机，为了攻占幽燕之地，兴兵开始第二次北伐。这意味着战争区域往北迁移，扬子江区域总的来讲可以保持暂时的安定。由于武汉地区的军政官宪继续奖励抓捕共产党，其结果就是该地区的民心也逐渐稳定下来，陆路和水陆交通运输大体上还算畅通，通商条件有了大的改善。在 5 月上旬济南爆发的日中军队冲突事件后，中国各地爆发了抵制日货的运动，成立了以"反日会"为中心的组织，实行对日罢工的活动，这给本港贸易的坚实发展带来了一大障碍。实

---

① 原文统计有误，据文中数据核算为 185149 担。
② 海峡殖民地（Straits Settlements），是英国在 1826~1946 年对位于马来半岛的三个重要港口（新加坡、槟城、马六甲）和马来群岛各殖民地的管理建制。最初由新加坡、槟城和马六甲三个英属港口组成，因此被当时当地华人称为三洲府。
③ 简称荷印，是指 1800~1949 年荷兰人所统治的东南亚地区的印尼群岛，首都巴达维亚。印尼群岛被称为东印度，与加勒比海的荷属领地相区分。

际上，从昭和 4 年（1929）2 月 1 日起，由于中国实行新的进口税率①的倾向变得越加明显，预见性进口导向使得进口立马开始激增，加之反对日货运动②还在继续进行中，使得很多来自上海以及其他地方的中国土货以及欧美商品源源不断流入本港，其结果就是形成了前述贸易总额的激增。以下是贸易的具体内容：

从外国各港（包括香港）进口的外国商品总额：50408289 两。与上一年度相比增加了 31477462 两。另外，从中国各港购进的外国商品总额为 33188648 两，较上一年度增加了 9772820 两。也就是说，外国商品的进口总额为 83596937 两，比上一年度增加了 41250282 两。而面向外国各港的外国商品的再出口额只有 39148 两，比上一年度减少了 31244 两。面向中国各港（主要指长江上游的长沙、沙市、宜昌等）再运出的外国商品总额为 14293642 两，与上一年度相比增加了 6246050 两。也就是说，外国商品的再出口及运出总额为 14332790 两，比上一年度增加 6214806 两。与上述的从外国进口以及从中国各港购进的外国商品总额的 83596937 两相比，面向中国各港的外国商品的再出口总额为 14293642 两，可以得出汉口港的外国商品的净进口及购进总额为 69264147 两③，与上一年度相比，增加了 35035476 两④。面向外国各港的外国商品的再出口金额之所以会出现减少是因为作为已经达成或预计达成的商业交易减少的结果所致。同样，面向国内各港的外国商品再出口额增加的原因是长江

---

① 1927 年 4 月 21 日，刚刚成立的南京国民政府发布公告：决定"采取攻势外交策略，先就关税自主自动地宣布独立"。由此引发了一场声势浩大的争取关税自主运动，要求提高外国产品的进口税，降低本国产品的出口税，保护民族工业。关税自主运动取得了很大的成功，有利于民族工业的发展。到 1930 年底，所有与中国签订通商条约的国家，如美国、英国、法国、德国、意大利、挪威、荷兰、瑞典、比利时、丹麦、葡萄牙、西班牙、日本等纷纷与中国签订新的关税和通商条约。

② 1928 年 7 月 25 日，美国率先响应南京国民政府发起的改订新约和关税制动运动，与南京政府签订《整理中美两国关税关系之条约》。此后，其他各国纷纷仿效。到 1928 年底，挪威、荷兰、英国、瑞典、法国等先后与南京政府签订了新的关税条约。比利时、意大利、丹麦、葡萄牙、西班牙等先后与南京政府签订了新的通商条约。在所有与中国订有条约关系的国家中，只有日本拒绝与中国重订新约。日本的行为，激起了中国人民的强烈抗议，全国由此掀起了大规模的抵制日货运动。日本迫于形势，也于 1930 年 5 月与南京政府签订了新的《中日关税协定》。

③ 该数字的计算是：83596937 减去 14293642 减去 39148，等于 69264147。

④ 该数字的计算是：41250282 减去 6214806，等于 35035476。

上游地区购买力的增加。武汉地区的经济界自本年春以来正在慢慢恢复，商家和人民的购买力也在不断增加。这从另外一个方面促进了上一年度进口商品（库存）的见底，进口开始反弹。此外，由于关税预计要上调，由此引发的预见性进口也非常多。这些因素共同构成了上述进口激增的原因。

下面，我们转换视角来看一下汉口从中国各港的购进额。本年度为115618034 两（本节中所谓的"中国各港"主要指宜昌、九江、上海、汕头等），较上一年度增加31432226 两。另外，汉口面向外国及香港的中国购进商品再出口额为7764027 两，比上一年度增加4512158 两。面向中国各港的中国商品再运出额为43745224 两，比上一年度增加2352296 两。如上所述，汉口港本年度中国商品的进口总额为115618034 两，与此相对，中国商品的再出口及再运出总额为51509251 两。从上可以计算出中国商品购进净额为64108783 两，较上一年度增加了24567772 两。另外，中国土货商品面向外国出口及中国各港运出的总额为178289324 两（较上一年度增加了51199062 两）。以上数字中，面向国外及香港的出口额为19991650 两，比上一年度增加11256922 两。面向中国各港的运出额为158297674 两，比上一年度增加39842140 两。最近五年本港的贸易额见表20、表21、表22。

1. 进口贸易

（1）洋货

表 20　洋货的进口贸易

单位：海关两

经由港口＼年份	1924 年	1925 年	1926 年	1927 年	1928 年
外国各港	60713522	54025064	54319185	18930827	50408288
中国各港	40540479	36768289	30535449	23415828	33188649
合计	101254001	90783333[①]	84854634	42346655	83596937
再出口到国外的	24373	55936	3730	70392	39148

① 原文统计有误，据表中数据核算为 90793333。

续表

年份 经由港口	1924年	1925年	1926年	1927年	1928年
再出口到中国各港的	18924228	21362228	18204239	8047592	14293642
合计	18948603①	21418164	18207969	8117984	14332790
外国商品进口净额	82305398②	69375189③	66646665	34228671	69264147

（2）土货

表21　土货的进口贸易

单位：海关两

年份 进出口	1924年	1925年	1926年	1927年	1928年
从中国各港口运入的	85688697	108522767	96029981	84185808	115618034
面向外国再出口	5092329	10921083	8377775	3251869	7764027
再运出至中国各港口的	33568774	34182579	36875051	41392929	43745224
合计（再输出和再运出）	38661103	44213662④	45252826	44744797⑤	51509251
中国商品的净运入额	47026994⑥	64309105⑦	50777155	39541011⑧	64108783

2. 出口贸易

表22　土货的出口贸易

单位：海关两

年份 进出口	1924年	1925年	1926年	1927年	1928年
出口到外国的土货	14736673	19963259	15267572	8734728	19991650

---

① 按表中数据核算为18948601，原文统计有误。
② 按表中数据核算为82305400，原文统计有误。
③ 原文为69365189，即使按原表中数字统计也不对（69365169）。按修正后的数字统计，应为69375169。
④ 按表中数据核算为45103662，原文有误。
⑤ 按表中数据核算为44644798，原文有误。
⑥ 按表中数据核算为47027594，原文有误。
⑦ 按照修正后的数字统计，应为63419105。
⑧ 按照修正后的数字统计，应为39541010。

扬子江沿岸的贸易

续表

年份 进出口	1924 年	1925 年	1926 年	1927 年	1928 年
运至中国各港口的土货	138361330	135123524	152418804	118455534	158297674
出口及运出的土货合计	153118003①	155086783	167686276②	127190262	178269324③
贸易总额④	340060101	354392903	348870991	232722725	277504295
贸易净额⑤	282430295⑥	288751077⑦	285110196	200919944⑧	311662254

（1）对外直接贸易

关于本年度本港口的对外直接贸易情况，从外国各港进口的外国商品金额为 50408289 两；被运入到中国各港，然后再被出口到外国各港的中国商品金额为 7764027 两⑨；出口到外国各港的中国商品（土货）的金额为 19951650 两。如果对以上各贸易关系做一个说明的话，如下。

　　从外国各港进口的外国商品金额：50408289 两
　　被运入中国各港然后再被出口到外国各港的中国商品金额：7764027 两
　　出口到外国各港的中国商品（土货）金额：19991650 两

---

① 据表中数据核算为 153098003，原文有误。
② 据表中数据核算为 167686376，原文有误。
③ 据表中数据核算为 178289324，原文有误。
④ 该行数字不知道如何统计的。按照道理，汉口港的进口贸易总额为：（洋货）经由外国港口和本国港口运往汉口港的合计加上由汉口港再出口海外或国内其他港口的合计，与（土货）运至汉口港以及由汉口港再输出到海外或国内其他港口的合计的总和。汉口港的出口贸易总额为：由汉口港运到国外以及国内港口的土货的合计。进口贸易和出口贸易的总和，构成了汉口港的贸易总额。而按照该原则进行的统计，与该行内数字多不合。至于 1927 年的统计中，竟出现贸易总额 277504295，小于贸易净额 311662254 的现象，显然这是不正确的，故特别说明。
⑤ 该行数字的统计是：外国商品进口净额+中国商品的净运入额+出口及运出的中国商品。
⑥ 据表中数据核算为 282430997，原文有误。
⑦ 据表中数据核算为 287881077，原文有误。
⑧ 据表中数据核算为 200959943，原文有误。
⑨ 原文用汉字写作七百七十六万四千二百七两，而后面则用阿伯数字书写，为 7764027，显然这是抄录错误所致。考虑到后面的合计是建立在阿拉伯数字的基础上，故校注者认为 7764027 是正确的，为此特作说明。

小计（中国商品的出口）：27755677两[①]

合计（进出口贸易的总计）：78163966两[②]

综上，本年度的对外直接贸易总额为78163966两，如果跟上一年度的情况做一个对比的话，如下：

①从外国各港进口的外国商品增加金额：31477462两

②先被运入中国各港然后再被出口到外国各港的中国商品增加金额：4512158两

③出口到外国各港的中国商品（土货）增加金额：11256922两

可以看出，本年度的对外直接贸易额较上一年度增加了47246542两，究其原因有以下两点。

①进口贸易的增加是因为预测关税要上涨，因而出现了大量的进口。上一年度的进口衰减在本年度开始出现反弹，这是其主要原因。另外，后述的出口贸易增长、地方购买力的增加，以及排外运动都造成了中国商人想要增加替代品供给的欲望。最后欧美商人拼命售卖自己国家生产的产品这一事实也不容忽视。

②在出口贸易中，土货出口的增加得益于中央及地方政局的稳定以及由此带来的交通机构的恢复、地方农村交易需求的旺盛等。此外，还有一个原因是一些地方的农民摆脱了共产党的影响，能够专心从事农业，这也是土货出口增加的一个因素。此外，我们再看一下本港在对外贸易方面，尤其是与列国之间的平衡关系。

本年度的对外贸易额

增加国：

①日本（包括台湾和朝鲜）：25876093两。与上一年度相比，增

---

① 7764027+19991650=27755677。

② 50408289+7764027+18991650=78163966。

加了 16623000 两。

②美国（包括爪哇和菲律宾）：19565742 两。与上一年度相比，增加了 17575000 两。

③英国（包括香港、加拿大、新加坡以及英属印度）：16417690 两。与上一年度相比，增加了 8449000 两。

④意大利（与上一年度相比），增加了 1322000 两。

⑤德国：（与上一年度相比），增加了 1306000 两。

⑥荷兰：（与上一年度相比），增加了 431000 两。

⑦比利时：（与上一年度相比），增加了 392000 两。

⑧法国：（与上一年度相比），增加了 54000 两。

减少国：

俄国：（与上一年度相比），减少了 1647000 两。

从上文可以显而易见地看出，本年度在贸易关系方面，各主要国家对汉口的直接贸易额都出现了增加，只有俄国出现了显著的停滞。仅就本港贸易而言，从前与德国共同作为新兴国家的俄国如前所述，在对本港贸易方面出现了锐减，这一事实值得注意。而意大利、荷兰、比利时等国的进步与法国的落伍形成了鲜明的对比。

英、日、美、德四国的贸易排名见表 23：

表 23　1925~1928 年英、日、美、德四国的贸易排名

年份 \ 排名	第一位	第二位	第三位
1925 年	日本	美国	英国
1926 年	英国	日本	美国
1927 年	日本	英国	德国
1928 年	日本	美国	英国

（2）对内贸易

关于本年度本港对内贸易的增减，从中国各港口（本节中所谓的"中国港口"主要指宜昌、九江、上海和汕头等）运入的外国商品总额为

33188648 两，与上一年度相比，增加了 9772820 两。在以上运入总额中，从长江上游的长沙、宜昌、沙市等地再运出的货物总额为 14293642 两（较之上一年度增加了 6246050 两）。并且，从中国各港口运入的中国商品的总额为 115618034 两，较上一年度增加了 31432226 两。其中，面向中国各港口的再出口额为 43745224 两，比上一年度增加了 2352296 两。另一方面，关于从中国各港口运出的中国土货的金额，本年度为 158297674 两，较上一年度增加了 39842140 两。从严格意义上讲，出口贸易的稳步发展值得注意。如果将上述关系总结一下的话，如下：

① 购进贸易
A. 外国商品
　　a. 外国商品购进总额：33188648 两
　　b. 外国商品再出口总额：14293642 两
B. 中国商品
　　a. 中国商品购进总额：115618034 两
　　b. 中国商品再出口总额：43745224 两

② 运出贸易
中国商品运出总额：158297674 两

关于本年度本港的对日贸易总额，如前所述，包括台湾和朝鲜两个殖民地在内，合计为 25876093 两，比上一年度增加了 1663000 两，即：

日本商品进口总额：22371087 两
中国商品出口总额：3505006 两
合计：25876093 两
日本商品再出口额：2270 两

另外如果扣除掉日本商品的再出口额（2270 两），剩余的 25873823 两即为本港的对日贸易净额。在以上贸易额中，与朝鲜相关的进出口总计为 39054 两。包括台湾在内的对日贸易额（进出口合计）为 25837039 两。关于日本本土与台湾的数字之间的关系，由于海关统计的不完善无法对其进行分析。仅就台湾而言，首先我们认为它非常少。我国的贸易排名，除了昭和元年或者大正14年（1925）以后一直都保持第一位。在本年度（1928）年初，自5月上旬发生了济南事件后，各地兴起排日运动。截至今年（1929年）年末，日中两国的交易实际上不得不中断。即便如此，我们还是能够看到上述的贸易数据。表24为1928年度汉口的对外直接贸易额的内容。

表24　1928年度汉口对外直接贸易表

单位：海关两

国别＼项目	外国商品进口总额	中国商品出口总额（包括运入的中国商品的再运出额）	合计	外国商品的再出口额
日本（包括台湾和朝鲜）	22371087	3502006	25876093①	2270
美国（包括爪哇和菲律宾）	11048335	8517406	19565741	1346
英国（包括香港、加拿大、新加坡、英属印度）	11895016	4522674	16417690	10299
意大利	113978	1594131	1708109	—
德国	1117850	3242492	360343②	16317
比利时	299158	682474	981632	4900
荷兰（荷属印度）	3217832	2944092	6161917③	3491
法国（法属印度）	114362	1774439	1889000④	523
俄国（太平洋各地）⑤	40111	309559	349670	—
西班牙	11	133622	133633	—
澳洲	14	4719	4733	—

---

① 按表中数据核算为25873093，原文有误。
② 按表中数据核算为4360342，原文有误。
③ 按表中数据核算为6161924，原文有误。
④ 按表中数据核算为1888801，原文有误。
⑤ 指苏联太平洋远东洲。其中，围绕库页岛（日本称桦太岛，俄国称萨哈林岛）的归属，日俄两国屡有争端，直至大打出手。1905年日俄战争结束后，宣布南部归日本所有，北部归苏联所有。

续表

项目 国别	外国商品进口总额	中国商品出口总额（包括运入的中国商品的再运出额）	合计	外国商品的再出口额
暹罗①	—	10	10	—
埃及、土耳其、波斯	2125	204041	206166	—
挪威	49351	43812	95203②	—
瑞典	31019	59663	90681③	—
丹麦	6138	202353	208491	—
澳门	20	—	20	—
芬兰	—	8497	8497	—
格但斯克④	—	4648	4648	—
列支敦士登	101164	—	101164	—
瑞士	436	—	436	—
墨西哥及中美	12	—	12	—
捷克斯洛伐克	77	—	77	—
合计	50408289⑤	27755677⑥	78163966⑦	39148

抵制日货运动的影响与人们的预想相反，可以说非常轻微。我们认为不足为惧。之所以做出这样的判断是因为：现在，在日清汽船的主要仓库中还存储着种类繁多且数量巨大的日本商品，一旦抵制日货运动趋于尾声，这些商品很容易短时间内一售而空，而各列强正利用抵制日货运动的

---

① 今泰国。
② 据表中数据核算为93163，原文有误。
③ 据表中数据核算为90682，原文有误。
④ 日文为ダンXX，德国称Danzig（但泽），即格但斯克，波罗的海沿岸港口，今波兰北部最大的城市。在汉萨同盟时代以来的600多年间，格但斯克始终是波罗的海沿岸地区一个重要的航运与贸易中心，同时是日耳曼和斯拉夫两大民族之间反复争夺的主要焦点。虽然在历次的战争中曾经几度衰落，但是，在每次衰落之后不久，格但斯克都能够利用它的区位优势，恢复过去的繁荣。一战结束后，《凡尔赛和约》规定但泽为自由城市，由国际联盟、波兰行使管辖权。1939年9月1日，纳粹德国的军舰炮击但泽的波兰基地，标志着第二次世界大战的正式爆发。
⑤ 据表中数据核算为50408096，有误。
⑥ 据表中数据核算为27750638，原文有误。
⑦ 据表中数据核算为78043870，原文有误。

机会大肆地囤积居奇，毫无遮掩地专注于开发扬子江沿岸市场。当然，针对这一事实，今后我们仍需一番努力和不懈奋斗。

第八节　沙市

1924 年　一直到年末，虽然上海附近的战争阻碍了国内贸易的发展，但从大体上看，贸易情况还是呈现出了良好的态势。而在 1923 年，棉花收成大出人们意料，这让市场在本年度前半期非常活跃。另外，本年度大豆的丰收让麻袋的贸易也呈现盛况。那些所谓的高级商品、高价的外国产的纺织物以及建筑材料的进口都有所增加，呈现出了兴旺之势。另外，中国的棉纱在本地市场上大有压倒外国棉纱之势，逐渐形成了强大的竞争力，这点值得注意。虽然很多商品在贸易方面都表现出了进步，但也有例外。比如，外国的染料，由于其品质恶劣且价格高昂，所以在当地已经失去了优势。小麦进口的衰退则是起因于当地面粉工厂的衰退。

1925 年　由于棉花丰收和棉花贸易的兴旺，市场一片繁荣。前年的出口总额为 239026 担，去年的出口总额为 454086 担。其中，桐油、木蜡、菜种、菜种粕①以及棉种等呈现较大的出口态势。纺织品市场基本延续了去年的颓势，截至 12 月的 3 个月时间里，汉口棉纺市场的高价导致其呈现出衰落的倾向。石油、砂糖、烟草以及纸卷烟的进口情况比起上述的商品都要好一些。其中，纸卷烟受上海事件②的影响较大。具体是由于中国的竞争对手利用"抵制外货同盟"对英国公司发起了抵制。能够表明本港进口贸易发展的一个标志就是：洋式拖船以及旧式木船的大幅增加，这是一件值得注意且让我们感兴趣的事情。具体而言，在将棉花和谷物运往汉口的时候，这些船要与河船③之间发生激烈的竞争，但即便这样，它们的数量还是出现了大幅增加。

1926 年　本年度本地的情况与宜昌基本相同。年初的时候风平浪静，

---

① 菜种粕，亦称菜籽粕、菜粕，系油菜籽榨油之后的副产品，更多用于禽畜饲料的添加成分，像奶牛、肉牛、鸡等，同时在水产养殖中也具有重要的应用。
② 指 1925 年 5 月 30 日爆发的五卅运动。
③ 河船也是传统的木船，但载重量更小、更灵巧，更适合在水浅的河流行驶。

只有湖北纸币突然间发生了暴跌。到了年末，尽管湖北省、湖南省的内乱①只有一小部分波及了本地，但即便影响很小，纸币还是出现了下跌，进出口贸易也都受到了很大的影响。并且，外国棉布价格也出现了跌落，商人都很头疼，赶紧将货物卖出。石油和精制糖的销路基本上还比较好，保持着其本来的地位。此外，兵乱导致轮船航行出现了混乱，这也构成了贸易上的一大障碍。后来，随着拖船等小汽船的使用，这种障碍逐渐被扫除。棉花出口也很旺盛，从去年的45万担增加到65万担。每担价格由沙市平23两增加至28两。另外，各类种子的交易情况也很兴旺。其中，菜种和棉籽的情况最好。大阪各工厂对于棉籽的需求都出现了大幅增加②。这是因为天津方面发生了内乱③导致交通不畅，从而使得日本和天津之间的贸易变得困难。到了冬季，虽然外国生产的白金布、绫木棉以及其他一两种棉布的交易情况稍微有所恢复，但这是由于库存减少引起的，并不表示贸易的增加。出口贸易比较顺畅，流入的货币增多，关税也有了大幅增加。本年度本地的贸易情况可以说是比较旺盛的。

1927年 本港贸易的旺盛很多都是源于出口。近年来，棉花以及各类种子的出口呈现出了大幅增加。不幸的是，本年度省内战争多发④，几乎无宁日，宜昌和汉口之间轮船也几乎都停航，这给本港的贸易造成了很大的打击。关于贸易额，从整体上看，大多数的产品都出现了大幅减少，只有一样商品属于例外——大豆。与去年相比，豆类的出口增加了50%。关于本年度的出口额，尽管棉花、大豆、菜籽以及芝麻等都获得了丰收，但

---

① 国民革命军北伐到达湖南、湖北后，引发了当地民众积极的响应，工人运动、农民运动风起云涌。
② 棉籽是榨取棉籽油的重要原料。长江流域的棉籽大量销往日本，反映了日本近代工业的发达，说明在中日贸易中日本是工业品输出国，中国是原料输出国。
③ 指1926年日本军舰炮轰冯玉祥国民军引发的国内民众抗议事件。1926年3月7日，日本军舰在天津大沽口炮轰驻防此地的中国国民军部队，蓄意挑起了践踏中国主权的"大沽口事件"。3月12日，冯玉祥的国民军与奉系军阀作战期间，日本军舰掩护奉军军舰驶进天津大沽口，再次炮击国民军，国民军坚决还击，将日舰驱逐出大沽口。日本竟联合英美等八国于16日向段祺瑞政府发出最后通牒，提出撤除大沽口国防设施的无理要求。北京数万民众于3月18日举行示威游行，引发执政的段祺瑞政府的残酷镇压，酿成三一八惨案。
④ 这一年湖北省内战争不断。既有北伐军对北洋军的战争，也有北伐军内部蒋介石一派和汪精卫一派的分裂，以及更大规模的国共分家，国民党残酷镇压共产党等。

与去年相比，减少了约800万两。从这里不难看出内乱的影响有多大。进口货物的减少虽然没有出口货物那么严重，但由于汇率情况很好，商人大肆购进货物，这意味着以后的再进口免不了要出现减少。

第一项　对外直接贸易（单位：海关两）

	外国商品的进口	土货的出口	合计
1926 年	402370	369	402739
1927 年	36667	29	36696

第二项　主要贸易商品

表 25　外国商品的进口

单位：海关两

品类	1925 年	1926 年	1927 年
本色市布 细布、粗布	210127	129621	43969
染色斜纹布	412145	254554	185627
火柴	5778	13150	35215
石油	822394	785258	217576
煤炭	2960	3850	27684

表 26　土货的出口及运出

单位：海关两

品类	1925 年	1926 年	1927 年
大米 进口	1101885	1773455	—
大米 出口	75817	2844	16426
五倍子 出口	51329	32049	18640
面粉 进口	104050	205747	18417
桐油 出口	737625	484722	301572
棉花 出口	16347079	19415236	12751884
火麻 出口	297	3750	—
纸烟 进口	1603136	991795	360850

第九节　宜昌

1924 年　当地由于没有政争以及土匪的祸害，去年一年得以安宁。因此进口贸易非常旺盛。尤其是德国的苯胺染料再次大量上市，这也促进了贸易额的增加。增加的还有软木材、本地产水泥、铁栅栏、挂架以及其他不断发展的建筑材料。把白糖从市场上驱逐出去的精制糖、美国以及苏门答腊的石油、棉织物等交易都很旺盛。中国生产的产品，尤其是棉袜子、火柴、细白布以及罐头类产品都取得了令人满意的成绩。实际上，像外国火柴以及外国棉毛巾这些商品最近正在慢慢输给当地生产的产品。关于出口，桐油的增加如后所述，一部分主要与万县市场有关。另外，药材、山羊皮、大麻、牛皮等的贸易都取得了不错的成绩。

1925 年　本年本地的贸易由于铜币的跌落以及谷物类农产品的歉收遭受了很大打击。尤其是大米，价格从每担 11 元涨到了 27 元。在 7 月、8 月、9 月中，米价最高涨到了 32 元。本地也从芜湖运入了大量的米。运费也由于船只过多而出现了下跌，棉纱的运费从 22 两跌落至 6 两，一般的运费为 2 两。尽管有这么多不利因素，但本港的贸易总体而言还是比较活跃，只是在第三季度，从香港进口的砂糖为零。同时，受罢工、"抵制外货同盟"以及政治混乱等影响，一般货物无法从上海、汉口和重庆运入本地，导致了本地贸易受到打击。棉花由于丰收，其出口情况非常旺盛。另外，关于煤炭，由于采煤方法的改进以及产量增加的原因，收益也出现了增长。但是桐油的贸易没有像上述产品那样顺利。具体而言，桐油贸易虽然在上半年非常活跃，但在 7 月、8 月、9 月开始下跌，并一直持续到年末。关于进口，精制砂糖、钢铁棒以及铁板的需求比较大。由于亚细亚石油公司①设置了一个 4000 吨的储油罐，所以石油也被大量进口。

1926 年　本年前三个季度，当地比较平静。尽管存在种种谣言，但是地方秩序维持的很好，没有受到兵乱影响。进出口贸易非常旺盛。外国棉布由于价格低廉其进口出现了激增。精制砂糖的进口也有了很大增长。这

---

① 亚细亚、美孚、德士古是近代在中国影响最大的三家石油公司。其中，亚细亚系英国人和荷兰人合资开办的石油公司，又称英荷壳牌石油公司，1903 年在伦敦成立。1906 年、1908 年分别在香港、上海设立分支机构，直接经销石油产品。

些都反映了农民的富裕、购买力的提高。但是，到了秋季，进口贸易逐渐疲敝，并且日益受到动荡的时局的影响。虽然当地在最近五年中没有遭受兵乱的影响，但是到了本年冬季，由于陷入了南北战争①的漩涡中，贸易也因此大受打击。尤其是进口贸易受影响最大。金融方面也出现了紊乱，面向汉口的汇兑体系出现停滞，银行的贷款利率上涨，很多商店暂停了营业。

关于出口贸易，前三季度，棉花的出口不断增加，市场上的货源也比较充足。及至冬季，由于战乱的波及给市场造成了不利影响，出口也出现了锐减。尽管如此，今年棉花的出口总额为 42661 担，较上一年增加了 109 担。至于今年桐油业者的生意，可以说比较顺利。

总的来说，今年的出口贸易如上所述，基本能够保持旧态，但是进口贸易出现了很大的减退。

1927 年　如后文所述，本港贸易与重庆的万县相同，处于停滞状态。宜昌港由于位于扬子江上游两个港口②与汉口间的中间位置，如果两港之间的货物流通受到阻碍的话，本港的贸易自然也会受到影响。而且，本年度内地战争、共产党暴动、外国人的撤退、轮船停止航行等因素的影响，再加上市场上到处充斥着纸币下跌导致金融恐慌，银拆上涨。这些不利因素纷纷出现在市场中，海关税收和贸易额等出现了大幅减少。如果用数字来说明以上情况的话，如下文所示。

第一项　直接对外贸易额（单位：海关两）

	进口	出口	合计
1926 年	948240	15065	963305
1927 年	316511	1145	317656

---

① 指北伐军和北洋军队在湖北、湖南的激烈战争。
② 指叙州（今宜宾）和重庆。

第二项　外国商品贸易

表 27　外国商品进口

单位：海关两

品类	1925 年	1926 年	1927 年
精制白糖	1146118	901007	465694
火柴	31393	40430	28869
石油	1264443	816970	—
煤炭	51873	39870	27684

表 28　土货的进出口及购进销售[①]

单位：海关两

品类	1925 年	1926 年	1927 年
大米　进口	759269	1970399	83998
大米　出口	400481	15675	1510
五倍子　出口	13575	110898	30288
面粉　进口	560390	657020	68567
桐油　出口	457009	457966	448113
棉花　出口	493147	1374984	374652
火麻　出口	33143	33007	30711
纸烟　进口	850050	658152	621540
煤炭　进口	165607	72316	28052

第十节　万县

1924 年　本年由于政治稳定，农作物丰收，本港的桐油贸易因此受到很大的促进。不幸的是，即便有这些积极因素，当地的重税苛捐[②]仍然导

---

① 此处的"购进销售"指国内贸易。
② 1911 年辛亥革命后，北洋军阀统治了中国，中国从此陷入了皖系、直系、奉系军阀之间以及南北军阀的连年混战的局面，四川尤甚。自 1916 年以后，四川军阀割据，后划为防区制，四川境内割据势力征战不断，你争我夺，民无宁日。据统计，从 1911 年到 1935 年，四川境内所发生的战争达 400 多次，军队数量则从 1912 年的 13000 余人扩充到 1934 年的 50 多万人。频繁的内战耗费了大量的人力、物力，为筹集军费，四川军阀巧立名目，并发明出"预征"的办法，即把以后若干年的田赋提前征取。其苛重程度，在全国首屈一指。例如，刘存厚把税收到了 2050 年。万县作为著名的商业重镇，自然为军阀所重视，其税收的严苛，对商业的危害程度，可想而知。

致桐油价格出现异常上涨,再加上美国市场的物价暴跌的因素,导致经营桐油生意无利可图。此外,还有运输困难导致库存商品因为新收获产品的上市而使原先的高价恢复到普通价格,社会秩序不稳引发的抢掠导致桐油保管成本提高,以及苦力被军事征用导致的劳动力不足等不利因素。在这种情况下,那些品质优良的桐油开始改变路线,从之前的运往万县改为运往重庆、宜昌方向,显然这严重影响了万县的桐油贸易。

在本港的桐油价格高涨期间,美国商人伺机等待有朝一日能够大量收购。到了年末,桐油价格开始下跌,市场也慢慢呈现出了繁荣。围绕桐油的运输权,民船组合①和轮船公司之间发生了纷争。最终,安利英洋行的大班赫文被杀害②。另外,在民船苦力发动暴力示威运动期间,民船航行都被迫延误。7月、8月的时候,本地的桐油无法运往汉口。到了年末,事态基本恢复到了平常。也只在这个时候,才有了一些桐油贸易。本地排第二位的重要物产是表芯纸③。由于价格合适、课税较轻的缘故,其贸易情况相对较好一些。

1925年 当地的商业非常繁荣。而且,由于这种贸易非常重要,因此本港不仅仅作为重庆的附属港,还应该成为一个独立的开放市场,这是目前我们正在考虑的一个问题。当地在1924年没有受到政治或军事上动乱的影响,本年度爆发的上海事件④的影响似乎也不太大。其结果表现为:外国商品以及中国商品在进口贸易方面都呈现出了非常活跃的局面,外国以及中国的棉织物、棉纱都出现了显著增加。尤其是中国商品的增加主要得益于在本港内外设立的那些纺织品工厂。苯胺染料以及石油的进口都呈现

---

① 指采用木船航运的川楚船帮。
② 1924年6月19日,英商太古洋行的万流轮驶至万县城对岸的陈家坝停泊,那里存放有英商安利英洋行的大批待运桐油。安利英洋行的这批桐油,本已由万县的川楚船帮承揽,全部用木船装载从万县运出川,但当万流轮一靠岸,安利英洋行的大班美国人郝文立即出现在陈家坝码头,宣称该洋行存放在陈家坝待运之桐油,全部改由万流轮装运。中国船工非常愤怒,川楚船帮会首向必魁等代表广大船工出面与郝文交涉,提出在川楚船帮未承揽到其他货物装运时,要求这批桐油仍由该帮木船装运,以维持广大船工生计。郝文拒不接受,最终发生冲突,赫文于仓皇奔逃时不慎落水溺死。英国驻重庆领事赶至万县督办此案,最后向必魁以船帮会首身份慨然赴死。
③ 又称黄表纸,土纸。色黄,故名,质柔易燃,民间多用作祭祀鬼神的纸钱,道士用于画符。
④ 指五卅运动引发的抵制日货、英货运动。

395

出大幅增加。内江①的制糖工厂一时间陷入了萧条，究其原因在于精制糖以及方块糖的大量进口。

桐油贸易的情况最好，尤其是在年初的三个月中，由于通往长江的内河河水较浅，只有帆船能够航行，所以这一时期的桐油运输也为这些使用帆船的中国人所独占。随着内河水位的上升，轮船开始航行，前述"只能依靠中国人的帆船运输桐油"这一障碍自然也就消除了。这一时期的桐油运输非常繁荣。到了年末，由于河流水位的降低，那些驾驶帆船的中国人又开始要求使用他们的帆船来运输桐油，这是一个值得重视的现象。到了10~11月，也就是桐油贸易将近结束的时候，由于传闻称美国市场萧条，购买力相对较少，②那些在8月、9月购买的存货现在正在加紧装船。10月，桐油的行情为每担15两左右，价格相对较低。但到了11月，桐油价格却下跌至14两10分。进入12月后，由于新货减少的缘故，价格又上涨到14两50分。作为万县第二重要商品的表芯纸以及万县附近的其他物产的出口也都比较兴旺。

1926年 本年初，关于影响民船的桐油运输的事件，只有轮船攻击事件③，总体上比较平静。由于内乱发生④，船舶都被军队征用，苦力由于惧怕被军队拉去做"拉夫"都四处逃窜，这也引发了劳动力不足的问题。货物运输由此陷入困境，有时还会出现船舱不足、贸易停顿的情况。并且，这种情况在进入秋季后越来越严重。万县事件⑤发生后，军方不分国内外，把所

---

① 今四川省内江市，是著名的蔗糖产地。近代，内江的甘蔗和糖业一度成为经济支柱，例如辛亥年（1911）内江县的甘蔗种植面积为全县耕地的50%左右。糖坊、漏棚星罗棋布，食糖成为对外互换的重要产物，"甜城"美誉由此而来。
② 民国时期，美国是中国桐油的第一进口大国，美国市场的萧条自然影响桐油的出口。
③ 1926年8月29日，英国太古公司万流轮在四川云阳江面疾驶，掀起的巨浪打沉中国木船3艘，驻万县的杨森部川军连长1人、排长1人、士兵56人被淹死，另损失枪支56支，子弹5500发，饷款85000元。此事引发杨森部川军的强烈抗议，提出抵制英国货、收回英国在川江的行驶权、收回重庆英租界、责令赔偿所有中方损失等五项主张，并扣留英国太古公司"万通""万县"两轮。英帝国主义恼羞成怒，于9月5日炮轰万县县城，引发"九五"万县惨案。
④ 指国民革命军北伐，在长江流域与北洋军队发生激战。
⑤ 指"九五"万县惨案。

有的船只都征用了①。外国船只全部都停止了航行，重庆和宜昌的货物堆积②，那些上航③的轮船也没有装载重庆和宜昌货物的能力。即便有一些装载的余地，运费也会暴涨。年初的时候，当地的商人看好市场情况，向上海发出了大宗的订单，但是当订购的商品到达的时候，市况已经跌至谷底。

1927 年 年初的时候，轮船由于军队的干涉受到很大的损失，宜昌和重庆之间的航行船只也出现减少，有时处于完全停滞的状态。因此，前三个月本港的贸易大部分都是通过民船运输才得以完成的。仅就春季来看，开往宜昌的民船有 32 艘，开往汉口的有 22 艘。而在去年同期，前者只有 6 艘，后者只有 2 艘。两者相比，情况就一目了然。以上这些民船都从事汉口急需的桐油运输。春季的运输量为 8 万担，4 月为 34000 担。但是由于政局以及军事吃紧的影响，到了 4 月末，桐油的库存几乎全部被运输光了。由于商人开始结算，停止了营业，所以 5 月的交易几乎没有。到了秋季，贸易稍微有所恢复，轮船的航行也渐渐多了起来。但是货物较多，船舱出现不足，运费也开始高涨。生牛皮、猪肠以及白木耳的出口贸易颇为繁荣。桐油受汉口时局的影响④，出口比去年减少了 2.8 万担。到了冬季，桐油出口呈现出了繁荣。轮船的航行也在恢复，运费也开始下跌，贸易情况慢慢好转。其中，出口贸易最为明显。桐油贸易几乎与去年出口额一样，黄纸⑤以及生牛皮的出口也取得了令人满意的增长。进口贸易在一整年中都不活跃，只有在冬季才呈现出一点活力。毛制品由于价格低廉，所以非常畅销。外国的白糖以及精制白糖的贸易情况也都不错。下文所列为最近的贸易统计。

---

① 这反映了外国势力的下降，本国政治势力的上升。这之前，哪里会出现征用外国船只的事情。
② 对于长江航运来讲，介于宜昌和重庆之间的万县船只停止运输，自然严重影响重庆和宜昌的货物的运输，以致两地货物堆积如山。
③ 上航、下航指航运运输的去程、回程。在这里，指从上海或汉口前往长江上游重庆、叙州（今宜宾）的船只。
④ 指国共决裂，国民党内部的宁汉分裂等。1927 年 2 月广州国民政府正式迁都武汉，武汉由此成为这一时期政争的中心。
⑤ 在坟前燃烧的一种黄色的纸，俗称钱粮。人们认为黄纸寓意黄金。祭拜用黄纸就是代替黄金之意。

第一项　对外直接贸易（单位：海关两）

	外国商品的进口总额	土货出口额	合计
1926 年	18579	20093	38672
1927 年	5109	14736	19845

第二项　主要商品的贸易额

表 29　进口的外国商品

单位：海关两

品类	1925 年	1926 年	1927 年
火柴	4498	6755	1221
煤炭	—	400	—
石油	382805	195634	3437

表 30　土货的购进与出口

单位：海关两

品类	1925 年	1926 年	1927 年
五倍子 出口	399843	313645	150836
面粉 进口	43353	38096	450
桐油 出口	4214683	3567321	2940775
火麻 出口	57783	71839	35007
纸烟 进口	63210	167273	21810

第十一节　重庆

1924 年　影响重庆贸易的内乱虽然从前年一直到去年年初，时不时发生①。但是 4 月、5 月、6 月迎来了和平时光，进出口都步入了全面恢复的轨道。并且，尽管军阀有严苛的课税要求——对每包棉纱征收 33 海关两的税收以及年末出台的对各种货物每 1 磅征收 0.06 元的高税率——等不利因素，但贸易情况继续在恢复。另外，还有运费等方面的障碍。在新建的德

---

① 指屡屡爆发的四川军阀内战。

国工厂中，进口的苯胺染料呈现出大幅增加态势。外国生产的棉布、铜以及石油（散装）都呈现出了增加态势。在出口商品中，药材、山羊皮、五倍子、桐油以及红砂糖都取得了良好的成绩。其中，红砂糖仅在12月份的出口就达到了4.3万担①，比上一年同期的4.5万担增加了3.8万担。

1925年 当地在去年突然迎来一个好兆头——市场开放。即便在枯水期，当地与宜昌之间的轮船仍旧在航行，这在1924年绝对是一件不容忽视的事情。另外，虽然还有传言说三月前将会发生战争以及政治上的动乱等，但这些都没有发生。有的只是繁重的课税以及米价的异常高涨，米价比平时高出了10%。造成米价上涨的第一个原因是很多农民都被征去当兵，上一年种植的大米无人管理。第二个原因据说是很多人放弃了大米种植，转而从事收益更大的罂粟种植。重庆在第一季度获得的利益在第二、第三以及第四季度由于上海学生骚动、军事重税以及竞争对手的敌意等因素而全部丢失殆尽。在第四季度，当地总算迎来了一丝和平，事态也在慢慢恢复。现在，我们将1925年度以及1924年度各季度的关税收入进行对比，这样就能够知晓其贸易状态。

　　第一季度：增加48000海关两
　　第二季度：减少24000海关两
　　第三季度：减少90000海关两
　　第四季度：减少8000海关两
　　1925年全年：减少74000海关两

出口贸易的发展在一整年中都可以说是很迟缓。药材、生丝、桐油以及烟草的出口减少非常严重。猪毛的贸易非常兴旺，但那也只是暂时的。关于进口贸易，由于该地对外国棉布的需求非常旺盛，但还是受到抵制英日产品同盟的影响。从中国其他地方运入的棉布也呈现出了稳健增长。苯胺染料以及石油的进入情况比较良好。在第三季度，棉花的需求出现了大

---

① 原文有误，显然和接下来讲的"比上一年同期的4.5万担增加了3.8万担"有矛盾，应改为8.3万担。

幅增加。这里不容忽视的一件事是：从重庆市场开始出现人造绢丝的一年时间里，其进口的总数已经达到了13.8万码①。

1926年　本年度的税收与上一年相比增加了9.5万两关平银。仅以此来看的话，似乎可以说贸易很旺盛。虽然当地以及附近地区有时会面临兵乱的危险，导致人心惶惶，有时也会陷入无秩序状态，但实际上本地因兵乱遭受的破坏相对还是比较少。但是，在万县事件发生后，学生运动以及反英示威运动愈加猖獗，它们给贸易造成的障碍往往要大于兵乱。关于下半年轮船的航行情况，船舶都被军队征用了。而且，对于油，不管是在欧洲市场还是广东市场都处于疲软状态。之后，美国出现的棉籽油短缺引起人们对花生油的注意。并且，花生油在欧洲的销路也很好。到了冬季，由于新花生的收成减少了四成，再加上品质低下的原因，其出口出现了锐减。11~12月的两个月中虽然也有一些出口，但由于花生质次价高，最后这些出口合同都不得已被迫取消了。与之相反，那些外国船舶在领事发出的停止航行命令后基本上都停靠在港内，以便规避被交战者拿捕的危险。本年度在宜昌—重庆航线上触礁的船舶有8艘，其中5艘被打捞上来送往上海修理，另外3艘沉没了。之后，为了弥补因触礁造成的船只不足，当地又新造了5艘船。

关于进口贸易，从整体上看，前三季度最好。特别是国内外的棉布、苯胺染料以及中国棉纱等商品的贸易出现了一定的扩大。而且，中国产的棉布在夏季的雨季比上一年同期有所增加。羊毛和羊毛制品也广受欢迎。石油虽然保持旧态，但到了冬季开始陷入萧条。只有铝制品的进口非常旺盛，最终代替了之前的白铜产品。出口贸易大体上也较为顺利，尤其是上半年较好。在春季，猪肠的出口增加了五成，药材延续了去年的盛况，只有桐油的出口不太理想。本年度的出口总数较上一年度减少了1万担。其中，猪毛的出口不振主要是日本市场的不景气造成的。

1927年　外国轮船在国内战争、共产党暴动以及盗匪到处蔓延等的影响下停止了航行，而中国轮船都被军队所征调，贸易几乎停滞。春夏两季外国商品的进口除了日本布匹，都呈现大幅减少。石油的进口为零，纸烟的情况也一样。中国商品的运入情况也不理想，出口贸易稍微呈现出一丝

---

① 英美制长度单位，1码等于3英尺，合0.9144米。

盛况。夏布①、猪鬃、桐油以及烟叶的贸易最为旺盛。中国的药材、生牛皮以及姜黄的出口都有所减少。到了下半年，情况稍有好转，12月最好。进口贸易几乎恢复到了健全的状态，其中布匹最好。但是，波斯、苏门答腊的石油以及外国纸烟的进口受繁重的捐税以及当地专卖制度影响，仍旧处于一种几乎为零的状态，只有在年末才第一次有了美国进口的27.3万加仑（美）的石油。外国纸烟的短缺使得中国的纸烟受益。中国纸烟在冬季的运入额比去年增加了三倍。中国的布匹在下半年表现最好。从整体来看，中国货物的运入贸易没有什么值得一提的。在出口方面，秋冬两季与去年相比出现了显著增加。这是因为积存的货物过多，这些货物只有在此时才被销往上海和汉口。当然，这也并不表明贸易真正实现了增加。本港贸易所面临的种种障碍：捐税过重、运费高昂以及其他困难、各种费用等。在这些障碍面前，不论何种贸易，我们都敢断言：商人会受到很大的损失。

第一项　对外直接贸易

表 31　对外直接贸易

单位：海关两

年份	外国商品的进口	土货的出口	合计
1926 年	576984	583521	1160505
1927 年	194558	651396	845954

第二项　主要商品的运入及进出口贸易

表 32　外国商品的进口

单位：海关两

品类	1925 年	1926 年	1927 年
本色市布、细布、粗布	212768	182868	89037
漂色市布、粗布、细布	1343080	1347948	1219848
火柴	12621	41275	11496
石油	1924738	1475563	60278

---

① 用苎麻织的麻布，一般指手工织麻布。

表 33　土货的运入及出口

单位：海关两

品类	1925 年	1926 年	1927 年
大米 出口	16090	135340	15822
五倍子 出口	232150	473642	427252
面粉 进口	97075	52694	150
桐油 出口	1217677	1065465	1155343
火麻 出口	568393	438682	135477
烟叶 出口	1021183	928818	1092656
纸烟 进口	535337	745998	101640
煤炭 出口	28878	17446	3128

第四章　结论

中国的物产在海外博得了很高的人气，工业在中国的重要性每年也都在提高。如果有一天迎来了和平时代，诸事都恢复到常态的话，中国的出口贸易应该会迎来一个很大的发展。如果中国的出口贸易进一步发展繁荣的话，还会引发更大的购买力，显然这有助于中国产品消费力的增加，能够促进中国产业的发展，增加人民的幸福。但是，中国在达到以上发展状态之前，还面临很多重要的问题。其中，最重要的就是铁路以及其他运输机构的问题。由于土匪猖獗，铁路运输出现紊乱，而轮船和民船等运输机构同样受阻。所以，不论何种贸易，如上所述都受到了阻碍。贸易受阻造成的一个结果就是：内地的物产虽然想出口到海外，但运输的受阻或者使其难以到达沿海港口，或者虽勉强到达但价格高昂，都根本不可能受到海外市场的欢迎。如此来看，中国存在的交通不便这一情况不容乐观。如果中国不努力恢复交通运输的话，就会又回到无铁路的时代，而且还会犯一个严重的时代错误：过去，那些缓慢的运输工具其价格都比较低，在那一时期，安全和准时都不是太重要的问题。但今天的社会对安全和准时有了更高的要求，再加上激烈的竞争以及高昂的生活费所导致的人工成本的提高，这些因素都要求世界贸易符合以下原则：不仅要将物资迅速且安全地运至港口，并且还要重视其在海外市场的价格竞争力。

　　工业的发展通常要求不论原料价格如何变化，都应该适时地将原料运送至工业中心地，另外还需要数量充足且价格合适的煤炭。中国当前存在的交通机构紊乱这一情况不仅影响了中国的出口贸易，国内贸易也可以说深受其害。另外，像农业这种原始性的产品，由于其中混入了很多的杂质，其给中国贸易带来很大的阻碍。这些东西虽然在此处没必要赘述，但是对于其重要性我们不得不给予注意。一想到中国的农产品和矿产资源丰富，人民吃苦耐劳勤奋的时候，吾人不禁对中国的前途充满了希望。对于将来中国贸易将会日益繁荣这一点，我们也深信不疑。

滇越铁路沿线的云南贸易调查

第 26 期学生

高松义雄[*]

目 录

序

第一章 云南省贸易

第二章 蒙自贸易

  第一节 概况

  第二节 蒙自海关管内的商业市场

  第三节 滇越铁路在贸易上的价值

  第四节 昭和 2 年的蒙自贸易

第三章 经过法属印度支那的贸易

第四章 法属印度支那邻接国境关税问题

  第一节 关于邻接国境关税的条约

  第二节 华盛顿会议上出现的邻接国境关税问题

  第三节 法中通商条约修改问题

  第四节 法中通商情况

第五章 对日贸易及其将来

第六章 结论

---

[*] 该文系东亚同文书院第 26 期学生高松义雄和调查组成员于昭和 4 年（1929）进行的调查，原文见《东亚同文书院中国调查手稿丛刊》第 119 册，国家图书馆出版社，2016。

序

我国的重大问题首先是人口问题，而提到人口问题，必然伴随着粮食问题。从前，人口问题和粮食问题的解决除了依靠移民和殖民政策外，还依托于国内产业的商业化和工业化。但是，随着近代国际形势的发展，对于前者，也就是日本的移民政策，不得不说最终归于失败；对于后者，也就是产业的商业化和工业化则是当前我国人民最关心的问题，也是一个值得好好研究的问题。对于我国贸易常年处于入超的这种现象，我们不禁要感叹我国工商业发展的缓慢。

我国地小人少[①]，而邻国——中国拥有广阔的土地和富饶的资源，随着中国经济的发展，日本和中国将通过在经济方面的合作最终找到解决这一问题的答案。在这样一种经济开发的形势下，期望日中贸易能够顺利发展并不是我国一国的一种自私的欲望，同样也有利于中国自身的发展，或者可以说是为了人类共同的福祉。[②]

但是，像这样具有重大意义的日中贸易，其刚刚有所发展就受到了中国内乱、排日运动的影响。另外，中国还利用这股划时代的潮流，开始提倡废除不平等条约、恢复关税自主权、撤销治外法权。《日中通商条约》的修改现在正处于谈判的状态。

当然，以上这些都只是暂时的一种现象，日中贸易不应该立即停滞或受到挫折。在中国，我国生产的商品也打开了一些新的销路。今后残留的课题是如何确立我国在中国商业方面的权利，云南省就是其中一例。

这样来看的话，今年夏天我们奉书院的指令，几位同学一起前往连接云南省和法属印度支那的滇越铁路沿线进行旅行，主要是调查当地的贸易状况。这是一件很有意义的事情。云南省地处中国边境的一个偏僻地带，当地人的文化程度低，各种设施和机构都不完善。在调查资料的收集方面我们感到难度极大。甚至连主管商业贸易事务的省政府建设厅也没有任何

---

① 二战前的日本本土土地面积是37.8万平方公里，相当于中国的云南省，人口7800万，远无法与地大人多的中国相比。
② 这是日本人一厢情愿的看法，根本不顾及中国人民的感受。

参考统计资料。几经周折，我们只能将自己调查的几处地方的情况写成这个小册子上向大家做一个汇报。当然，本调查还存在诸多不圆满的地方，包括调查统计方面和写作技巧方面。如果本文能够对相关研究者有所参考的话，我们将感到不胜荣幸。

昭和4年12月，于江南学舍
高松义雄

本调查主要依据的参考资料如下：

1. 《中国省别全志（云南省）》，东亚同文会编
2. 《云南省事情》，台湾总督府
3. 《海外经济事情》，外务省通商局
4. 《云南训政（中法外交研究号）（半月刊）》，云南省政府秘书处
5. 《拟陈另订中法商约补充意见书》，云南省政府秘书处
6. 《蒙自海关民国十七年华洋贸易统计册》，蒙自海关
7 《1927年贸易统计报告》，海防港[①]商会

最后，对于在本调查过程中给予我们莫大援助的以下各位表示深深的谢意，他们是：海防的横山正修先生，保田洋行的国啄先生，三井物产的小林先生，云南领事中野先生，云南外交厅的李耀商先生。

第一章　云南省贸易

云南省远离海洋，不仅没有一个出海口，而且省内到处都是山岳连绵，平原很少。至于河流，几乎没有可以供舟筏行驶的。除了法属东京[②]

---

① 指越南海防港。它是越南北部最大的沿海港口，滇越铁路即联接昆阴和海防港。另，海防是仅次于胡志明市和河内市的越南第三大城市，海防港是仅次于胡志明市的越南第二大港口。
② 今越南首都河内市。在法属印度支那时代，"东京"常被西方人用来指代以河内为中心的越南北部地区。

到昆明的滇越铁路①，省内交通到现在几乎还是依靠人背马驮。云南从很早开始，省内的工商业就没有什么值得一提的东西。至于农业，只有云南唯一的特产物——鸦片，在被禁止种植后，由于取缔不彻底的缘故，又开始了种植。但是与往日相比，已经呈现出一片颓势。

关于云南的矿产，我们都知道，此地自古以来矿产丰富。在现在的交通环境下，除了个旧的锡矿，其他没有值得一提的资源。另外，由于省内蛮族居住的未开化的地域面积还比较广，民智未启，加上民国成立以来政局不稳，土匪横行等各种原因的影响，本省贸易没有获得特别大的发展。但是，随着1910年连接法属海防与云南省城的长为539哩②的滇越铁路的开通，那个位于中国内地、怀抱崇山峻岭的云南省开始与外洋有了一个连通的接口。尽管还存在诸多不便的地方，但是这条铁路的开通给本省的交通带来了很大的益处。与以前相比，各种货物的集散都变得频繁起来。其贸易额从总体上看也呈现出了逐年增加的趋势。

目前，本省与外国进行贸易的时候，主要的连接通路有以下六条。

①属于蒙自③海关管辖的滇越铁路以及通过红河的水运与法属海防、香港及其他外国之间的贸易通道。

②隶属于思茅④海关的与英属缅甸以及法属东京之间的商路。

---

① 滇越铁路（Yunnan-Vietnam Railway）是东南亚地区一条连接中国昆明和越南海防港（经中越口岸河口）的铁路，是中国西南地区的第一条铁路，为米轨铁路，呈南北走向。滇越铁路越段1901年开始动工，1903年竣工通车；滇段1904年开工，1910年3月30日竣工，4月1日全线通车运营。滇越铁路全长859公里（滇段465公里，越段394公里），有车站34个，被《英国日报》称之为与苏伊士运河、巴拿马运河相媲美的世界第三大工程。

② 哩，即英里。一哩合1609米即1.609公里。

③ 蒙自市，是今红河哈尼族彝族自治州首府。位于云南省东南部，是滇南中心城市核心区。清末民初曾是云南省对外贸易的最大口岸，当时云南80%以上的进出口物资通过蒙自转运。

④ 今云南省普洱市。这里是历史上的茶马古道——南方丝绸之路的起点，是著名的普洱茶的重要产地之一，也是中国最大的产茶区之一。同时这里也为云南三大海关重镇之一，曾有"东南亚陆路码头"和"银思茅"之称。

③隶属于腾越①海关的与缅甸之间的商路。

④从云南北部一带开始，经四川叙州②、泸州，再到重庆的商路。

⑤从云南省东南部一带开始，经剥隘③到达广西省百色、南宁的商路。

⑥从东部省境曲靖开始到贵州的商路。

以上六条商路的贸易总额合计大致应该等于云南省的全部贸易总额。除了蒙自、思茅、腾越三个地方有海关统计外，其他商路的情况完全没有一些可以列举的数字。因此，对于其情况我们也就无从知晓。现在，我们将以上三个海关最近6年间的贸易额统计列举如下（见表1）。

表1 最近6年云南省海关贸易总额比较表

单位：海关两

地区		1922年	1923年	1924年	1925年	1926年	1927年
蒙自	进口	12231892	13659338	14845295	16834670	19095186	16163212
	出口	9240969	9042543	9976363	13642029	10210913	9583858
	合计	21472861	22701881	24821658	30476699	29306099	25747070
思茅	进口	222424	184054	152198	231932	215706	238756
	出口	43220	42868	42000	28323	134478	164477
	合计	265644	226922	194198	260255	350184	403233
腾越	进口	2968375	2364697	2447330	3701194	2605349	3432293
	出口	1523174	1536611	2071753	1755263	1419725	2212134
	合计	4491549	3901308	4519083	5456457	4025074	5644427
总计		26230054	26830111	29534939	36193411	33681357	31794730

---

① 今云南省腾冲市。"腾越"是腾冲在西汉、元、明、清几个朝代的主要称谓，盖因腾冲府治所名越赕，各取一字曰"腾越"。早在2000多年前，已有长江中游的商人到腾冲进行贸易，开辟了中国与缅甸、印度之间的通道，形成了一条北起四川成都，南下云南大理、保山，经腾冲出缅甸，达印度、巴基斯坦、伊朗和阿富汗等国的陆上贸易通道——"蜀身毒道"，即西南丝绸古道。

② 今四川省宜宾市。

③ 剥隘镇，隶属于云南省文山壮族苗族自治州富宁县，地处富宁县东北部，东接广西壮族自治区、百色市阳圩镇。

从表1可以看出，以上三个海关的贸易总额约为2630万两至3620万两。其中，经过蒙自海关的货物为2150万~3000万两，经过思茅海关的货物为20万~40万两，经过腾越海关的货物为400万~560万两。通过滇越铁路的货物运输占了蒙自贸易的大部分，经过腾越进行的缅甸贸易占总贸易额约15%~17%。而思茅贸易占总贸易额的比例仅为百分之一二。

造成上述情况的原因是云南东南部地区开发的相对比较早。而省城等主要城市一方面是政治的中心，像个旧（锡山）、东川（铜山）等资源城市不仅都位于云南省的东南部[①]，而且其所在的地方都是贸易商路。滇越铁路连接云南省城和法属东京的海防港，货物出了海洋以后，可以直通香港、上海等地的市场。[②] 与其他地方相比，云南东南部为一个货物集散地有非常好的便利条件。并且有连通贵州、四川的商路，比云南其他西南部地区在贸易交通方面要方便得多。

不过，这种经由法属东京的贸易受到了法国政府的贸易以及课税贸易政策等的影响，对云南贸易的发展造成了不少的阻碍。因此，云南省的老百姓多年来一直希望再建设一条从省城出广西、通广东的铁路以及从省城出重庆连接扬子江的铁路。根据我们从云南建设厅打听到的消息，以上两条铁路线目前正在测量中，前者预计7年后完工，后者预计15年后建成。将来如果这两条铁路开通的话，不用说，云南将会迎来很大的变化。当然，这对云南与我国之间的贸易也是有利的。

第二章　蒙自贸易

第一节　概况

由于海关总局设在蒙自的缘故，所以这里的贸易被称为蒙自贸易。但

[①] 原文写作有误。单从云南地理来看，东川铜矿无疑位于云南省的东北部，直线距离昆明市北180公里。但有一点是确凿无疑的，即无论个旧还是东川都位于云南省东部，且靠近贸易通路。显然，作者在这里是把省城昆明地区也看作云南东南部地区了。

[②] 关于滇越铁路的价值，有人总结说："云南处万山中，与中原交往，只有陆路可通。自滇越铁路筑成之后，乃间接得以利用海防港口，自海运到香港、沪、津等埠。至此云南与中原交通，为之改观。（参见陈松年《云南解放以前的驿传和交通》，《云南文史资料选辑》第29辑，1986，第28页。）

实际上，进出该地的货物非常少。而出入云南省城、个旧以及其他铁路沿线的货物占了大部分，这些货物在通过河口①、壁虱寨②、云南府分关③后被直接交易。因此，实际上出入货物的通关只在以上三个海关分关进行，而蒙自海关总局仅仅是从事以上这几个海关分关的管理业务。

当下，蒙自贸易几乎都是通过滇越铁路来实现的。在该铁路开通前，连通法属东京的红河水运是云南东南部主要的交通通道。蒙自、蛮耗④等地的货物运输主要依靠马驮，蛮耗到海防间的贸易主要靠红河船运。随着滇越铁路的开通，该条商业路线变得非常颓败。

另外，在大正10年（1921）个碧铁路⑤建成。昭和3年（1928），该铁路鸡街⑥到临安⑦间的支线开通，之后蒙自、个旧、临安方面出入的货物都是通过该铁路进行运输。而水路在贸易方面的价值变得完全不值一提。

蒙自贸易主要的进口商品是棉纱，各种棉布以及棉制品、石油、卷烟叶、火柴、煤炭、砂糖、人造靛蓝，以及其他日用杂货类商品。其中，棉纱占进口总额的45%~50%，是进口中的大宗商品。

在出口产品中，锡是第一位。还有皮革及毛皮，白蜡、茶叶、药材、亚铅⑧。其中，个旧的锡出口占当地出口总额的约八九成。锡业的盛衰会立即对整个贸易造成很大的影响。内地运入转口贸易是蒙自贸易的一大特

---

① 河口位于滇南中越边境线上，因地处南溪河与红河交汇口而得名，是云贵川三省的最低点。隔红河与越南老街市、谷柳市相望，是云南省乃至西南地区通向东南亚、南太平洋最便捷的陆路通道。河口海关建于清光绪二十三年（1897）。
② 今碧色寨。位于云南蒙自市城区东北10余公里，曾经作为滇越铁路的特等车站和蒙自海关下辖的碧色寨分关而名噪一时。
③ 1910年滇越铁路通车至云南府（昆明），蒙自海关在云南府（昆明）设立分关。
④ 今云南个旧市东南87里曼耗镇。
⑤ 亦称个（个旧）碧（碧色寨）石（石屏）铁路，或个（个旧）碧（碧色寨）临（临安，今建水）屏（石屏）铁路，是全国唯一寸轨铁路，两轨之间的距离为600毫米。个碧段于1913年着手勘测，1915年开工，1921年11月9日通车。鸡（鸡街）临（建水）段于1918年动工，1928年10月通车。临屏段于1929年动工，1936年10月10日竣工通车。至此也为全段路竣工通车，全长175.5公里。该文写作期间，鸡临段刚刚通车。
⑥ 今云南省个旧市鸡街镇，个碧石铁路在此设站。个碧石铁路呈"T"字形，横笔两端分别是碧色寨（东边）、石屏（西边），竖笔下端为个旧。鸡街，正好处于这横竖两笔的交点上。因其特殊的地理位置，鸡街火车站成为个碧石铁路上最大的中转站。
⑦ 今云南省建水县旧称。
⑧ 日语中的"亚铅"就是我们常说的"锌"。

色，其总额占其全部进口额的七八成。这是因为，在云南东南部，只有蒙自和河口两个开放口岸。而实际上，这两个城市进口货物的大部分都是将这里作为一个中转地，而省城、铁路沿线以及附近城市则是作为货物的集散地。进口货物的最终流向是云南省的内地（面向内地销售的各种进口商品需要交纳抵代税，即子口半税①）以及贵州、四川两省。因此，当湖南和四川方面发生混乱的时候，会给贵州和四川的贸易系统带来一些变化，导致通过云南进口的货物经常出现增加。

第二节　蒙自海关管内的商业市场

第一项　云南省城

滇越铁路开通后，省城成为省内第一大商业中心。在本省的出口商品中，除大宗商品——个旧的锡通过个碧铁路直接出口到香港市场外，其他经由蒙自海关的大部分进出口货物都是以省城为集散中心。

然而，由于省城在条约上并非通商口岸（treaty port），还处于非开放市场状态，所以货物都是经由河口、蒙自等开放市场被运入省城。另外，对于省城出口的货物，除交5%的固定税额②外，均按照内地货物对待，必须缴纳厘金③或子口半税。滇越铁路开通以后，这里的贸易获得了大发展。有很多外国人来此地居住，从事商业活动。另外，由于各国领事馆也设在此处，故而习惯上已经把它当作一个商埠来看待了。

省城里的商贾除了本省人和外国人外，来自广东、四川、江西、贵州等

---

① 近代中国对洋商征收的一种内地关税。"子口"是相对于"母口"而言。"母口"是海关所在口岸，"子口"是内地常关、厘卡所在地。1858年《中英天津条约》规定：英商运入中国的货物，或从中国运出的土货，除纳一次5%的进出口关税外，在内地只需在所经第一关（常关）缴纳2.5%的子口税，即可畅通全国，不另缴税。以后，其他外国商人也同样享受该项优待，致使中国工商业者与外国商人竞争的条件进一步恶化。1929年改为关税附加。1931年，施行关税新税则，子口税及其他通过税一并裁撤。
② 亦称片面协定关税。1842年英国强迫清政府签订《南京条约》，规定"值百抽五"（即5%的税率）的低税率，并且未经外国同意不得自行修改。新中国成立后，这种不平等的协定关税制度，始告废止。
③ 自19世纪中叶至20世纪30年代初年对国内贸易货物征收的一种商业税。这种商业税完全出自华商而不及外商，阻碍着土货市场上的流通，有利于外国洋货的倾销，加强了洋货对土货的不平等竞争能力，不利于民族工商业的发展。

省的人也很多。其中，经营棉纱、棉布、杂货类产品进出口业务的大半为广东人。这些广东人在作为本省贸易市场的香港和广东等地都有店铺或者商业伙伴。由于在货物购进方面享有了非常大的便利，所以他们通过"一方面进口并销售棉纱、棉布和杂货类商品，另一方面将本省的锡、皮革、鸦片以及其他一般土货出口到香港和广东"这一方法，避免了在当地因为一般汇兑交易不方便这一不利因素。显然，这些广东商人拥有其他省份商人所不具备的有利条件。

然而当地商贾中，不管是国内商人还是国外商人，拥有雄厚资本的批发商非常少。大都是中小商人，一般兼营批发和零售业务。

关于省城的商业团体，主要是成立于光绪三十二年（1906）的商务总会。该总会不仅在蒙自、个旧、阿迷州①、宜良②以及河口等地有分会，而且在其他各地还设有60多家分会，正在不断扩大其势力。根据民国商会法以及改法实施细则，商务总会作为一个商人的团体，其势力以及在地方经济的重要性慢慢被人们所认可。

本地的会馆多是从前清时代在旧制度下成立的，目的在于谋求同乡人之间的救济以及提供住宿方面的便利，类似旅馆这一业态。关于其内容，没有什么值得一提的东西。

此地的商业横跨40多个行业，其中，主要的有京货③、金页④、茶、药材、银钱、清油、丝绸、染房、熟皮、谷物粮食等。

第二项 河口

1895年根据中法《续议商务专条附章》的规定，河口代替蛮耗成为开放口岸。1897年，蒙自海关在此地开设分关。河口背靠高山，地势狭隘，自身作为一个商业市场的话本应该没有什么大的发展。尽管如此，由于云南省的进口货物几乎都要经过此地才被运往蒙自和省城等地，这就使得其尽管作为一个商业市场没有任何价值，但是由于其位于云南国境附近，是

---

① 今云南省开远市的旧称，位于云南省东南部，隶属于红河哈尼族彝族自治州。民国20年（1931）十二月，时任阿迷县县长蒋子孝取"四面伸开，连接广远"之意，改阿迷县为开远县。
② 今云南省昆明市下辖宜良市，位于云南省中部，自明清起就是繁荣的商业古镇，有"滇中粮仓""滇中商埠"之称。
③ 指经营绸缎、布匹、巾帽等的布庄，非通俗意义上理解的出售北京生产的产品。
④ 古代用黄金制成的货币，有金饼、金页、金锭等多种样式。

从法属印度支那进入云南的第一道关口，因而其在政治上非常重要。

第三项　蒙自

1889年根据中法通商条约之规定，蒙自成为一个开埠通商口岸。蒙自位于长约100华里的蒙自平原的中部，是云南省南部的一个主要城市。滇越铁路开通前，蒙自作为云南省贸易的一个中心市场，大小货物均在此地集散，商业非常活跃。之后，原定通过该地的滇越铁路路线出现了变更，最终在其东部六哩①的壁虱寨经过并直通云南省城。之后，蒙自作为一个货物集散地的地位逐渐被省城昆明所取代。而在这以前，蒙自一直是本省出口商品中作为大宗商品的个旧锡的交易市场，然而随着滇越铁路的支线——个碧铁路的铺设，个旧锡绕过蒙自直接向海外出口，蒙自失去了本省中心市场的地位，商业交易慢慢萎缩，已经没有了往日的繁荣。

但是，由于蒙自还是广西、贵州两省以及思茅等面向内地的一个交通要塞，所以蒙自与这些地方之间的贸易还不少。

第四项　个旧

从前，由于个旧这里产锡，所以与锡相关的从业者开始在此地聚集，最终形成了一个城镇。个旧县也是从蒙自县分离出来成立的一个县②。个旧的锡山位于县城四周。其中，东、南两个方向的山上分布的最多，但拥有矿区的只有锡务公司一家，其余都是资本金在几百元到几十万元之间的大大小小的锡商，后者随便在一个角落的地上，上下左右胡乱挖掘。个旧主要的锡商有70多家，坑主③有1000多，坑夫或曰矿工总人数按照最一般的估计，约为四五万人。

个旧县城位于非常狭窄的一处山间的洼地上，附近除了产锡，别的什么都没有。由于四周山上几乎没有树木，光秃秃的，所以很难获得薪炭。

---

① 按照1哩等于1.609公里，蒙自距离壁虱寨约10.14公里。
② 个旧在元朝时是蒙自县属五乡中的一乡，同时也是蒙自十二里中的上六里之一，称个旧里。清康熙四十六年（1707）在个旧设厂称"个旧厂"，专收锡、银课税。光绪十一年（1885），设个旧厅，建立衙署，专管矿务。民国2年（1913）4月，个旧厅改为个旧县，隶蒙自道。
③ 指锡矿主。

像日常必需品的粮食、燃料等都是从遥远的外地购进的，这些物资大部分都是通过个碧铁路运入的。个旧既是云南省内锡的一大产地，同时也是省内的一大消费地。

第五项　壁虱寨

此地不过是山间的一个小车站，其自身不具备任何作为商业市场的价值，但由于该地地处滇越铁路和个碧铁路的交叉点，具有作为铁路运输物资的一个中转市场的作用，所以蒙自海关在此地设置了分关。除此以外，什么也没有。

第三节　滇越铁路在贸易上的价值

1910年随着滇越铁路的开通，蒙自贸易的范围向西扩大至大理，向北扩大到会理[1]和昭通方面，向东扩大到兴义[2]方面，同时也扩大了与腾越、四川、贵州以及广西的贸易系统。特别是欧洲大战[3]的爆发导致出现了世界性的物资稀缺，促进了一般物价的上涨，很大程度上也促进了省内物资的出口。

法国方面对于利用好滇越铁路的努力不足自不必说，就连云南的官民也沉迷于建设国内铁路线或者收回钦渝铁路[4]等空论，以致没有好好利用该铁路来发展地方产业。再加上法属东京通关手续烦琐，还要缴纳通过税，以及铁路运费很高等因素，导致云南的资源没有得到充分的开发。因此，本地除了锡的生产，还没有出现什么新发展的产业。到了1919年，随着全球锡价走低，锡产量也随之减少，最终导致云南的一般贸易开始走向衰退，该铁路在运输方面也没有什么大的发展。

现在，我们把最近三年通过滇越铁路运输的货物数量与1918年的情况进行一个比较（见表2）。

---

[1] 今四川省凉山彝族自治州会理县。
[2] 今贵州省兴义县。
[3] 指第一次世界大战（1914~1918）。
[4] 钦渝铁路是1914年袁世凯当政时计议修筑的一条铁路，其路线起自广东钦州（今属广西），经广西之南宁，至贵州之兴义，以达云南省城昆明，转自四川重庆，绵亘五省。为修筑此铁路，拟议由中法合组实业银行，承募公债，限于若干年内动工，其中因有垫款关系，特允许给法人种种权利。但随着一战的爆发，法国陷入战争泥潭，根本无力顾及铁路的修建，除建立中法实业银行外，其他概无推进。在这种情况下，国内兴起收回钦渝铁路权利运动。

表 2　1925～1927 年通过滇越铁路运输的货物数量与 1918 年的数量比较

单位：吨

运输方式	1918 年	1925 年	1926 年	1927 年
从法属东京进口	2403	38170	19798	6421
经由法属东京进口	14733	25678	21647	25110
出口至法属东京	9539	950	3874	1571
经由法属东京出口至外国	12487	11856	6747	8737
运输到云南省内	85817	136591	123712	126236
总计	124979	213245	175778	168075

本铁路虽然每年多少都能有一些盈利。但是，与前期投入的资本金或巨大的建设费相比，这点利润可以说少得可怜，铁路的业绩绝对称不上良好。现在，我们对导致该铁路经营不良的一些原因列举如下。

1. 云南虽然是大生产地，却不是大消费地

云南位于山岳连绵的一个偏僻地带，其物产有个旧的锡，其他矿产物以及农产品。即便这些物产非常丰富，但交通不便导致了生产费用和运费增加。再加上在海外市场，产品价格的变动幅度很大，以致大部分产品停止了生产。现在，在本省的全部出口货物中，在很大程度上（百分之八九十的概率）在香港市场还能有所盈利的，主要是个旧的锡。其他的货物由于比较零碎，不值一提。

另外，作为消费地的云南，由于全省人口稀少，一般民众的消费水平非常低，人们都过着传统的农业生活，各种工业的发展非常落后，没有什么值得一提的东西。因此，本地大部分的进口产品都是充当手工染织业原料的棉纱、棉布、石油、杂货等。从现状来看的话，云南不是一个应该被重视的消费地。

2. 法属东京的通过税以及通关手续方面的障碍

本省出口的货物要在法属东京被征收通过税以及各种手续费。这里的通关手续非常繁杂，而且云南产品所受到的待遇也是非常的不公平和粗暴。

具体而言，云南产品在通过法属东京的时候，都要被课以相当于进口税20%的通过税。海关在征税的同时，还要对进入其领地的货物进行严格检查，其操作手续非常复杂，并且没有丝毫的通融。法属东京管理当局对于铁路运输不仅要求提供附带有铅印标记等烦琐的手续，而且所有的交易都使用法文进行，如果是不熟悉法语以及交易手续的人要想办完所有的通关手续并非易事。基于以上情况，一般商人都会选择将通关手续委托给当地的代办人。当然，这其中的各种费用和损失也不少。

特别是法属东京对日本商品单独征收高额的税率，给我国[①]发展同云南之间的贸易造成了非常大的障碍，这是一个值得注意的现象。法属政府基于其贸易保护政策，针对法国产品以及法属殖民地生产的产品实行进出口免税的特殊政策，而对进口到法属东京的外国商品则征收进口税。当地的进口税有两种：一般税率和最低税率。

所谓最低税率，指对于那些与该领地[②]之间有条约关系的各外国货物所征收的税；一般税率则是指对于那些无条约关系的国家的货物所课的税。与最低税率相比，一般税率要高出几成。

现在，享受最低税率保证的条约国有：英国、美国、比利时、荷兰。另外，该领地虽然与中国没有条约关系，但是另外设定了一个特别税率，较之一般税率已经是非常宽大了。对于我国产品，由于该领地没有加入日法条约，所以适用一般税率。

该进口税是针对法属印度支那进口的货物所征收的，虽然征收对象不是通过该领地出口到云南省的货物，但是由于通过税是该进口税的20%，所以对于适用一般税率的日本商品，其所缴纳的通过税比起那些享受最低税率的其他国家产品所需缴纳的通过税要高出很多，日本商品处于非常不利的地位。

上述不利条件的存在，不仅造成了现在本省进口的日本产棉布非常少，还导致了日本商人几乎没有从事直接交易的，都是经过中国人的手来从事进口业务的。其他杂货类商品有很多都是在香港、广东等地被中国商人贴

---

① 指日本。
② 指法属印度支那。

上标签后作为中国商品再被进口。这些商品由于比日本商人销售的商品价格要低廉，所以在市场上也不少。这是我国商人最痛苦且最希望改正的地方。

而且，当地人的消费水平较低，导致进口到本省的货物即便有微小的价格波动都会严重影响商业的开展。而基于法属东京各种保护政策下的各种制度对于促进云南贸易发展以及增加铁路收入等来说，无疑带来了不少的阻碍，这是一个不争的事实。

3. 铁路故障以及高昂的铁路运费

滇越铁路的施工非常粗糙，每年都会有因线路故障导致铁路停止运转的事情发生。铁路故障频发导致货物运输停滞，最终当然也会影响铁路公司的业绩。另外，运输费用的高昂也令人吃惊。海防到云南昆明间的铁路全长863公里，即539哩。一等货物普通区域的运费每1吨1000米平均15.5生丁①。换言之，1哩的运费约为日元23钱②偏弱一点。与满铁公司一等货物1哩6钱的运费相比，滇越铁路的运费要高出3倍。运费之所以定的如此之高，原因是根据建造铁路时耗费的巨大成本换算而来的，但高昂的运费给云南贸易商品的运输也造成了很大的障碍，严重阻碍了贸易的发展。从铁路经营的角度看，高运费政策也不能说是一个好政策。特别是该铁路在法属印度支那境内和云南境内实行差别性的运费费率，对于云南境内的货物征收更加高额的运费，这对于将锡和农产品作为唯一贸易商品的云南而言，是一个非常沉重的负担。而一般商人和民众对此怨声载道也就无可厚非了。

---

① 生丁属于法属印度支那货币，亦称皮阿斯特货币系列。皮阿斯特，是法属印度支那发行的货币，在我国俗称"坐洋（座洋）"，为清末民初在中国南部的云南、广西、广东、福建沿海以及国内大部分商贾聚集地通用。1皮阿斯特，俗称壹元或者1皮，重量常在27克至27.5克之间，含银成色约为90%。皮阿斯特的辅助货币有铜质与纸质之分，面额也有10分、20分、50分三种。辅助货币被称为生丁或分（cent），1生丁为主币皮阿斯特的$\frac{1}{100}$或者说，1皮阿斯特等于100生丁。

② 在旧时日本货币体系中，1元等于100钱，钱相当于分。在20世纪二三十年代的正常年份，100皮阿斯特克兑换46.90美元，而同期100日克兑换40美元之多一点。比如1925年，100日元可兑换40.50美元，这样算起来，日元与皮阿斯特汇价基本维持在1：1.10左右。而1哩等于1609米，这样1哩的运费合皮阿斯特为15.5×1.609=24.9395，再折算成日元，则为24.9395÷1.1=22.67。

第四节　昭和 2 年（1927）的蒙自贸易

第一项　总说

昭和 2 年（以下称本年）的蒙自贸易与上一年相比，由于继续受到各种不利因素的影响，贸易受阻情况愈加严重。而云南省政局发生的未曾有的纠纷更加助长了这一情况，贸易始终处于萎靡不振的状态。

具体来看，本年 2 月发生了政变①，以前的唐继尧的独裁统治崩溃，省内的政务由省务委员会 9 人组成的合议制来裁决。由于新政府尚处于草创期，政局还不稳定。5 月，唐继尧去世，9 人委员会内部的分歧开始显露出来。最终在这一整年中接连发生了数次政变和兵变。而土匪和盗贼则趁着这个间隙在省内到处作乱，并且相互呼应，导致地方极度混乱。作为对外通商大动脉的滇越铁路在本年度虽然所幸没有遇到往年沿线频发的水灾，运输状况还算比较顺利。但是，由于兵匪不停地将铁路截断，所以交通现在完全停滞，贸易也处于中断的状态。

另外，上一年末稍微有点好转迹象的云南纸币受以上政变余波的影响，一路走低。6 月的时候，每 100 香港元兑换 365 元云南纸币。7 月，在胡若愚②从省城出走之际，省立富滇银行突然爆出一个内幕，说胡若愚将民间存在富滇银行的现银 120 万元提取后准备离去，这一消息导致金融出

---

① 指二六政变。1927 年 2 月 6 日，手握滇军兵权的蒙自镇守使胡若愚、昆明镇守使龙云、昭通镇守使张汝骥、大理镇守使李选廷四人，突然进兵昆明，继软禁唐继尧后又抓捕了 20 余名云南军政大员。发动这次兵变的导火索是滇军的军饷问题。第一次滇桂战争中，滇军长期占领广西，但无法从战乱频繁、贫瘠不堪的广西当地获得补给，实现以战养战，加之唐继尧当时又忙于大规模发展云南实业，经济上已是入不敷出，不得不挪用军费补贴建设，这就为"二六政变"埋下了祸患。

② 胡若愚（1894~1949），滇军将领。1911 年 10 月参加云南重九起义。1914 年入云南讲武学堂将校班，历任营长、团长、旅长、滇中镇守使。1926 年秋，在国民革命军胜利北伐的形势下，时任蒙自镇守使的胡若愚，与昭通镇守使张汝骥、昆明镇守使龙云、大理镇守使李选廷达成了反唐协议，并于 1927 年 2 月 6 日发出讨唐通电，迫使唐继尧下台。3 月 8 日，胡若愚就任云南省政府省务委员会主席，并接受广州国民政府的任命，担任国民革命军第三十九军军长。此后四镇守使因权力之争矛盾十分尖锐。胡、张等联合，于同年 6 月 14 日夜突向驻昆龙云部发起攻击并将龙云囚禁。7 月 23 日，龙部卢汉等师反攻获胜，胡若愚只得弃城挟龙云退出昆明。行至昆明以东二十公里的大板桥，胡若愚为了摆脱龙部的追击，与龙云签订了《板桥协定》，将龙云释放回昆明。该文讲的胡若愚退出昆明讲的就是这件事。

现了紧缩，对外汇兑一时间陷入了停滞的局面。之后，在省政府一再的弥合之下，金融虽然也出现了一些恢复的征兆，但是由于持续的战事吃紧，最终为了尽快筹集军费，政府开始滥发纸币。到了年终的时候，纸币价格已经跌落至320元（昭和4年6月曾经出现过每港元兑800元的谷底价格）。

作为本省的特产物，且在贸易决算上占主要地位的锡，在本年尽管面临香港市场价格上涨这一有利条件，但是与上一年一样，地方治安不良以及缺乏矿工导致锡的采掘和出货量都没有出现增加。最终，锡市场没有给经济带来任何促进作用。

如上所述，本年的蒙自贸易由于政局纠纷、土匪横行以及纸币跌落等各种不利因素的影响，与上一年相比情况更加严峻。因此，物价也齐刷刷上涨，民力极为疲惫。所幸的是，大米获得丰收，不需要像往年一样依靠法属东京进口，除此以外，没有任何利好消息。上一年的贸易总额为29760848两，本年降低至26036779两，大约减少了3724000多两。出现这样的情况也在情理之中。尤其是伴随着纸币跌落出现的对外汇兑的不利以及匪贼的跋扈，它们是通商贸易方面的两大顽疾。如果不首先决定从根本上解决这些障碍的话，蒙自贸易在将来不仅不会取得一点发展，甚至还会继续衰退下去（表3）。

表3 蒙自最近三年的贸易额

单位：海关两

◎外国商品	大正14年（1925）	昭和元年（1926）	昭和2年（1927）
从外国以及香港进口	16834670	19095186	16163212
从中国通商口岸进口	—	—	—
进口合计	16834670	19095186	16163212
再出口至外国和香港	69887	50327	137577
再出口至中国通商口岸	—	—	—
两项出口总计	69887	50327	137577
结算外国商品纯进口额	16764783	19044859	16023635[①]
购进总额	472091	505076	427286

① 原文统计有误，表中数据核算为16025635。

续表

◎外国商品	大正 14 年（1925）	昭和元年（1926）	昭和 2 年（1927）
再出口至外国和香港	—	—	—
再出口至中国开放市场	—	—	—
结算中国商品纯进口额	472091	505076	427286
土货经蒙自向外国及香港出口	13642029	10210913	9583858
土货经蒙自向中国通商口岸运出			
土货的出口及运出总额	13642029	10210913	9583858
贸易总额①	30948790	29811175	26174356
净贸易额②	30878903	29760848	26036779

一 关税收入

本年的关税收入为 772029 两。虽然比上一年度减少 50725 两，但是没有一种税增加，这如实地反映了本年贸易的实际情况（表4）。

表 4 最近 5 年间的关税收入表

单位：海关两

年份	进口税	出口税	再进口税	吨税③	内地子口税（进口）	内地子口税（出口）	合计
大正 12 年（1923）	400655	145645	5384	21	206153	1802	759661④
大正 13 年（1924）	434182	130564	4172	18	220376	1509	790779⑤
大正 14 年（1925）	399951	179182	4120	25	89424	1192	684988⑥

---

① 该行统计的算式为：外国产品进口至蒙自的合计+蒙自对中国产品的购买总额+土货经蒙自出口和运出的总额。
② 该行统计的算式为：贸易总额减去外国产品再出口到国外和中国通商口岸的合计。
③ 海关对外国籍船舶航行进出本国港口时，按船舶净吨位征收的税。其原因主要是外国船舶在本国港口行驶，使用了港口设施和助航设备，如灯塔、航标等，故应支付一定的费用，专项用于海上航标的维护、建设和管理。
④ 据表中数据核算为 759660，原文有误。
⑤ 据表中数据核算为 790821，原文有误。
⑥ 据表中数据核算为 673894，原文有误。

续表

年份	进口税	出口税	再进口税	吨税	内地子口税（进口）	内地子口税（出口）	合计
昭和元年（1926）	611067	160599	8170	29	40436	2451	855475[①]
昭和2年（1927）	583746	151755	5441	24	28886	2174	775712

注：本表包含以下灾害附加税：

大正12年：9430海关两；大正14年：11092海关两；昭和元年：32720海关两；昭和2年：3682海关两。

二 运输

（一）铁路

本年度滇越铁路发送的列车数为7609辆，兵匪扰乱导致车辆不能正常调度，较上一年的14696辆大约减少了一半（表5）。

表5 最近三年间滇越铁路货物运输数量

单位：吨

	大正14年（1925）	昭和元年（1926）	昭和2年（1927）
从法属东京进口	38170	19798	6421
经由法属东京从外国进口	25678	21647	25110
出口至法属东京	950	3874	1571
经由法属东京出口至国外	11856	6747	8737
云南省内	136591	123712	126236
合计	213245	175778	168075
发送列车数（辆）	17437	14696	7609

（二）船舶

最近三年间出入的民船[②]数如下：

大正14年：657艘

---

① 据表中数据核算为822752，原文有误。
② 指以风帆或船桨做动力的木船。

昭和元年：476 艘

昭和 2 年：507 艘

（三）马匹

驮马[1]是山岳重叠的本省最主要的运输工具。驮马数量在大正 11 年（1922）为 84000 匹。此后受军队征用以及地方不稳定的影响，其数量正在逐渐减少。本年只有 21339 匹，比上一年度减少了 16108 匹。

第二项　外国商品的进口

最近几年来，外国商品的进口虽然呈现出一定的兴旺之势，但是本年一反往年的常态，呈现出减少的趋势。本年，外国商品的进口总额为 16025635 两，比上一年度减少了约 300 万两。对进口减少原因进行进一步分析的话，就会发现主要出现在棉纱和米两种商品上，其占比约为九成。

米在上一年度的进口量为 157877 担，本年只有 1873 担，大米进口节约下来的 120 万两是本年贸易上值得大书特书的事项。

棉纱延续了上一年的萧条态势，市场上还有大量的库存。受战乱影响，内地交通被阻隔，这些进口货物的处置变得很迟缓。较之上一年，棉纱进口减少了 1614000 两。其中，日本棉纱减少了 3237 担。这是受山东出兵问题的影响，可以将此视为排日风潮的一个表现。尽管如此，棉纱类的增减幅度从整体上看很小。只有绢织物的需求比较大。值得注意的是：日本产绢织物的地位仍然非常的稳固。尤其是日本吴罗细白布的表现非常抢眼。

石油仍然没有摆脱上一年不景气的状态，纸卷烟叶的进口为 101063000 支，比上一年增加了 4 倍。这与商人趁"二五附税"[2] 征收前将手头的存货增加了很多有关。该商品不计入中国商品购进额中。

其他商品，诸如金属器具类的进口保持了一般趋势，杂粮类和砂糖类

---

[1] 专门用以驮运物品的马。
[2] 针对进口洋货所征的附加税。其税率普通品为 2.5%，当正税之半。奢侈品再加 2.5%，与正税相等，故称为"二五附税"。1926 年 10 月，广东革命政府始征该税，1929 年国定税则实行后，始废除。

大致呈现出减少的趋势。除了碳化物、洋伞类、钟表类、家用杂货类商品的进口激增,以及纸类和建筑材料等的锐减外,其余商品都没有什么大的变化。将进口商品的品种、数量以及价格制成一张表的话,如下(见表6)。由于我们获得了昭和3年度蒙自海关统计资料,因此将其附在此处。由于该统计表没有价格一栏,所以此处的信息不明。

表6 最近三年间的进口商品、数量以及价额表

价额单位:海关两

品种＼年份	数量单位	昭和元年（1925）数量	昭和元年（1925）价额	昭和2年（1926）数量	昭和2年（1926）价额	昭和3年①（1927）数量
英国生细白布	匹	13250	168230	3360	141044	3957
日本生细白布	匹	13570		18307		19515
英国生绫棉布	匹	800	399842	1260	335515	240
日本生绫棉布	匹	50400		50510		50158
其他生绫棉布	匹	482		—		
英国天竺棉	匹	3146	28852	2400	22564	2340
其他天竺棉	匹	1196		984		—
英国漂白细布	匹	3000	28681	1830	17762	972
其他漂白细布	匹	593		469		
染色细布	匹	8277	34733	4362	17653	5284
茧绸（宽30寸、长33码以下）	匹	25078	125936	16512	80492	15880
英国染色绫布	匹	565	52361	—	36599	
日本染色绫布	匹	7448		6011		2625
其他染色绫布	匹	298		75		—
毛纺织品（白色、染色）	匹	56964	676585	34382	394754	1840

① 昭和3年的统计中,有用进口商品的数量统计的,也有用交易额统计的(海关两),特此说明。

续表

年份 品种	数量单位	昭和元年（1925）数量	昭和元年（1925）价额	昭和2年（1926）数量	昭和2年（1926）价额	昭和3年（1927）数量
英国吴罗①	匹	10715	142244	9028	101698	9439
其他吴罗	匹	3422		1392		—
绫罗②	匹	10003	89929	7870	71490	8894
绫织哔叽③	匹	430	3690	92	848	—
斜织（鱼骨形）	匹	1739	15910	1050	9630	450
日本吴罗细布	匹	101140	883641	156018	1403297	73651
各种法兰绒	匹	37753	193409	35225	164554	21231
各种天鹅绒	码	96530	63258	80283	52309	142208
其他类棉布	码	164648	23731	14907	4963	31826
土布	担	975	47775	808	48639	429
棉毛布类	担	146	10960	260	19923	193
外国棉花	担	6278	180105	6135	166667	4110
棉纱（10支以下）	担	153377		123625		134558
日本棉纱（17~23支）	担	20296	8913964	17059	7299806	16898
其他棉纱	担	856		1302		—
棉褥子	斤	10942	80917	12764	75260	7520
棉毛混毯褥子	磅	184609	48733	242770	57801	160026
厚毛混布料④	码	85170	138800	39656	70669	75392
纯毛毛毯	磅	2005	2770	1554	2259	2190
哔叽	码	10577	15752	13624	23971	15486
其他哔叽	码	1467		801		—
人造绢丝棉交织物	码	6237	2009	3898	1760	7950
铁丝	担	3200	16726	2127	11498	1980
钉类	担	1633	11566	1511	10929	1203

① 吴罗指古代吴地所产的绫罗，以轻软著称，此处指轻软的丝织品。这里指英国丝织品。
② 泛指丝织品。
③ 哔叽，一种斜纹的毛织品。棉质的叫充哔叽或线哔叽，也简称哔叽。
④ 原文写作"棉毛交织罗纱"。

续表

年份\品种	数量单位	昭和元年（1925）数量	昭和元年（1925）价额	昭和2年（1926）数量	昭和2年（1926）价额	昭和3年（1927）数量
钢轨	担	6127	23387	2231	15431	1096
马口铁	担	432	4430	397	3963	914
钢铁	担	1615	13592	1956	14223	1411
铁线	担	622	5068	695	5695	484
海参（黑）	担	208	20383	260	26001	126
干鱿鱼	担	692	21866	624	20417	463
干虾	担	84	3479	168	7841	94
饼干		—	4776	—	3336	3366 海关两
炼乳	担	1364	43808	1597	47271	1072
点心类		—	3105	—	2614	3014 海关两
豆类	担	743	7435	33	217	21
米	担	157877	1230805	1873	44454	40370
玉蜀黍	担	686	3442	—	—	4643
面粉	担	10893	95891	9683	87109	11518
药用人参	斤	819	3813	655	4075	1930
药材类		—	41912	—	22460	33016 海关两
白砂糖	担	11999	144262	7551	76919	356
精制糖	担	12023	114818	10401	104051	22944
冰糖	担	14532	211136	8931	120809	10790
纸卷烟叶	千支	25936	87602	101063	355950	213913
烟丝	担	2275	74721	2175	64317	1565
碳化物		—	67677	—	157944	53317 海关两
苏打粉	担	1311	4828	4485	15057	687
药性苏打	担	619	4329	843	6827	289

续表

年份 品种	数量单位	昭和元年（1925）数量	昭和元年（1925）价额	昭和2年（1926）数量	昭和2年（1926）价额	昭和3年（1927）数量
各种药剂		—	49613	—	48098	37105 海关两
人造靛蓝	担	4240	520915	4727	445140	3686
美国产石油	加仑（美）	784225	696312	740223	575763	1230943
婆罗洲产石油	加仑（美）	18655		2600		—
苏门答腊产石油	加仑（美）	777863		615340		944690
机械油	加仑（美）	27125	16579	18015	11959	28887
植物油		—	53953	—	26513	16458 海关两
洗衣肥皂	担	2851	39001	2813	38818	3166
化妆肥皂		—	36105	—	38579	31502 海关两
普通印刷用纸	担	4138	39486	5858	58570	4301
手抄印刷用纸	担	1242	18613	944	13919	761
其他纸类		—	133510	—	5026	65081 海关两
白檀	担	1193	17799	986	16178	828
煤炭	吨	18829	210136	22142	260235	16191
瓷器		—	34730	—	50425	35919 海关两
珐琅铁器	打	18762	36937	34398	71765	45804
玻璃器皿		—	3807	—	6408	15490 海关两
玻璃板	百英平方尺	1528	8726	1938	10436	1882
水泥	担	22592	45398	23947	48640	20069
洋伞类	把	79349	56653	134386	92027	115128
缝针	千根	83260	16543	52650	12200	57525
火柴轴木	罗①	240718	136418	241175	137138	391978

① 罗作量词时，一罗合十二打。

续表

品种\年份	数量单位	昭和元年（1925）数量	昭和元年（1925）价额	昭和2年（1926）数量	昭和2年（1926）价额	昭和3年（1927）数量
缝纫机	台	115	3457	197	7706	276
建筑材料		—	52168	—	11443	10103 海关两
表类		—	3484	—	11013	18528 海关两
衣服类		—	29401	—	19318	16261 海关两
电气材料		—	1944	—	7904	2849 海关两
家具及材料		—	31115	—	31007	5790 海关两
帽子类		—	24016	—	22734	22089 海关两
洋灯类		—	38320	—	58038	34310 海关两
香水、白粉类		—	38873	—	22873	18150 海关两
照相机及器材		—	5620	—	2631	6313 海关两
家用杂货		—	65119	—	139142	184910 海关两
电信电话材料		—	2860	—	5994	3648 海关两
化妆品		—	4698	—	3213	10338 海关两
玩具		—	7573	—	6671	3238 海关两
汽车		—	1185	—	119653	7615

外国商品的再出口

关于外国商品的再出口，没有什么值得一提的东西。关于其品种、数量，如表7。

表7　外国商品再出口的品种及数量

品种	单位	昭和元年（1925）	昭和2年（1926）	昭和3年（1927）
铁类	担	755	330	236
纸卷烟叶	千支	367	218	—
染料	海关两	—	120	12
建筑材料	海关两	13	8041	—
电气材料	海关两	86	1073	80
家具及材料	海关两	14242	18152	24225
机械及部件	海关两	2726	8793	265
铁道材料	海关两	6233	58990	8330

第三项　中国商品的出口

中国商品的出口总额为9583858两，与上一年相比减少了62万多两，原因是作为大宗物产的锡的出口不振。从前，锡与进口商品中的棉纱是本省贸易决算中的两大支柱，支配着本省的经济界。这两种商品的交易情况会立即影响一般贸易的盛衰。虽然本年锡的市场行情非常好，但是个旧矿区战祸严重，房屋严重受损，治安破坏以及矿工短缺，这些因素导致采矿情况不理想，出口量仅有102033担，与上一年相比减少了6783担。

生牛皮和亚铅的出口也显出颓势。前者减少了约两成，后者据计算只减少了300担。锑在今年虽然在外国有着旺盛的需求，但其在中国的主要市场——长沙表现得不佳，导致本来应该迎来很大发展的锑采矿最终不得不关闭了矿厂，今年一年的出货量只有91担。

麝香在本省土货的出口中大放异彩，今年比去年增加了两倍，出口总额达到了28674两。其他除了马铃薯、铅块、药材等产品的出口呈现小幅增加外，其余一律都出现了下降（见表8）。

表8　出口商品的品类、数量及价额表

价额单位：海关两

品类 \ 年份	数量单位	昭和元年（1926）数量	昭和元年（1926）价额	昭和2年（1927）数量	昭和2年（1927）价额	昭和3年（1928）数量
猪毛	担	1474	94411	1160	128596	1089
生水牛皮	担	1515	54371	1115	38835	2127
生黄牛皮	担	16091	639937	12324	467379	19268
鞣（马、羊）	担	1521	80917	1406	115004	1563
火腿	担	44	1797	50	1967	93
麝香	两	647	14423	1304	28674	2325
生山羊皮	担	4279	130144	3268	118995	5419
生鹿皮	张	20442	11201	14518	18769	26838
白蜡	担	735	74149	607	60591	757
薯莨①		—	713	—	779	8827 海关两
香菇	担	223	16269	106	7508	334
马铃薯	担	12045	21819	16869	27559	15994
普洱茶	担	4236	102742	3624	84725	3674
麻袋	个	51886	4169	2	8	187
锑	担	317	6498	91	1330	51
铅	担	1908	15265	2258	18564	80
锡	担	108806	8704480	102023	8161840	114460
亚铅		—	24503	—	10765	14511 海关两
药材		—	54580	—	73346	105045 海关两
大理石		—	5111	—	4766	3533 海关两

① 薯莨，中药名。为薯蓣科植物薯莨（Dioscorea Cirrhosa Lour.）的块茎，具有活血止血，理气止痛，清热解毒之功效。

一　中国商品的购进

1927年度购进的中国商品现在只有烟叶一种，烟丝与去年相比减少了860担，纸卷烟叶较之去年的4055担也减少至3899担，相当于约700万支（见表9）。

表 9　烟叶的购进情况（1926~1928）

品类	单位	昭和元年（1926）	昭和2年（1927）	昭和3年（1928）
烟丝	担	2849	1989	2640
纸卷烟叶	担	4055	3899	4326

二　内地贸易

（一）通过子口单①方式的进口

由于云南省政府减少了厘金的收纳②通过子口单方式进口到内地的外国商品呈现出逐渐减少的趋势。本年发行的子口单为74530件，其货物价格为698662两。这一数字与大正13年（1924）的282155件、10330607两相比出现了锐减。与去年相比，情况如表10。

表 10　昭和元年和昭和2年的税单情况

年份	件数	价额（两）
昭和元年（1926）	101225	1224351
昭和2年（1927）	74530	698662

---

① 即子口税单。第二次鸦片战争后签订的中英《天津条约》规定，凡洋货运入内地，应向起运口岸的海关缴纳子口税，海关发给凭单，通称子口单，即可免除常关厘卡的重征。外商在内地购置土货外运，应在首经子口呈验三联单，注明货物种类、数量以及装船口岸，换得运照，在沿途所经子口呈验盖戳时，可免各项征课，直到运抵最后子口，完清子口税后，方准过卡。

② 作为对国内贸易的货物征收的一种税收，厘金制度大大加重了华商的负担，一直被视为一种恶税。外商尽管凭借缴纳子口半税，使其在与华商的竞争中具有优势，但子口半税也称为外商的一种负担，因为它降低了货物运销的效率（外商经过关卡，要接受检查），不利于外商采购中国商品和运销洋货，以致列强也认为厘金制度是"对于贸易是巨大的障碍"。他们也同意裁厘，并不断给国民政府施压，甚至要求把裁撤厘金制度作为实现中国关税自主的前提条件。从1925年开始，云南省政府减少了厘金收纳，商人们可以不领取子口单也能将获取运送到内地，致使凭借子口单进入内地的货物逐渐减少。

（二）通过三联单方式的出口

通过三联单方式出口到外国的土货，三联单的件数为 22 件，货物价值为 63092 两，较上一年的 103747 两出现了锐减。

第四项　金融

从去年以来本地就一直苦于铜币短缺，本年由于从天津运来了 2898 万枚[①] 10 文铜元，情况才有所缓和。今年一整年中云南纸币的行情基本维持在 1 元云南纸币兑换 80 枚铜元的状态。

此外，金条的进口几乎没有。银条的进口据计算有 283183 两，现银的出口达到了 18 万元以上，全部都是法属印度支那货币——皮亚斯特，也就是民间俗称的"坐洋"。

第三章　经过法属印度支那的贸易

将云南作为出发地和目的地，经由法属印度支那的贸易货物主要都是通过滇越铁路来运输，利用河流进行运输的如前所述，非常之少。

从前，铺设滇越铁路的意义在于发展法属东京与云南之间的经济。来自其他国家，想要进入云南市场的货物首先进入海防港，然后再通过铁路运往云南，由于这是一条最便利的通道，所以法属东京和云南之间的经济关系变得越来越紧密。另外，法属印度支那政府对于通过的货物征收通过税。通过税征收的方式是在旧关税的基础上乘以一定的系数，加征的数额相当于关税的五分之一。此通过税对于中国而言，违反了通商方面机会均等主义，自然被认为是一种不正当的税收。并且在法属东京的海关还需要履行改装、检查、征收通过税等手续，货物通行非常缓慢。因此，中国商人从很早开始就对这一状况表现出不满。目前，在中法通商条约修改会议上，通过税问题被视为一个最难处理的问题。

将来，随着云南的开发，这种转口贸易也会慢慢增加，从云南对外贸

---

① 原文这样写的，疑数字有误。

易经济关系的视角来讲，希望能够找到一个妥善的解决办法。

现在，关于通过海防港的云南进出口贸易，根据海防商业会议所的统计，1927 年度的贸易总额为 322130 吨，528429766 法郎，较 1926 年分别减少了 142190 吨，162246057 法郎，出现了明显的减少，究其原因在于 1927 年云南省内不断发生的内乱的影响。①

将 1927 年通过贸易的商品从数量和价格与 1926 年做个比较的话，见表 11。

表 11　数量表

单位：百瓩②

出发地	目的地	1926 年	1927 年	增减
香港	云南	227330	172030	减少 55300
云南	香港	89160	82570	减少 6590
中国	云南	13660	11100	减少 2560
云南	中国	5380	1040	减少 4340
法国	云南	1150	2480	增加 1330
云南	法国	1700	1260	减少 440
日本	云南	110	60	减少 50
美国	云南	43890	19100	减少 24780③
欧洲	云南	4220	2170	减少 2050
荷属东印度	云南中部	30290	23460	减少 6830
中国	香港	7600	1540	减少 6060
中国	各地	1720	2980	增加 1260
各地	中国	38110	2340	减少 35770
合计		464320	322140④	减少 142180⑤

---

① 原文写作有误，与后面的表格不符。原文为："现在，关于通过海防港的云南进出口贸易，根据海防商业会议所的统计，1927 年度的贸易总额为 32214 吨，528429766 法郎。与 1926 年的 14218 吨，162246057 法郎相比，出现了明显的减少，究其原因在于 1927 年云南省内不断发生的内乱的影响。"
② 瓩在日语中是一个重量单位，即千公斤的意思，1 瓩等于 1000 公斤，即 1 吨。
③ 据表中数据核算为 24790，统计有误。
④ 据表中数据核算为 322130，统计有误。
⑤ 原文写作 142180，根据修正后的统计应为 142190。

滇越铁路沿线的云南贸易调查

表 12 价额表

单位：法郎

出发地	目的地	1926 年	1927 年	增减
香港	云南	277244792	204853670	减少 72391122
云南	香港	306438924	254620106	减少 51818818
中国	云南	45004218	44918053	减少 86165
云南	中国	7968517	1243359	减少 6715158[①]
法国	云南	3271005	2800248	减少 470757
云南	法国	3453537	1405119	减少 2048418
日本	云南	173731	104096	减少 69635
美国	云南	8817807	3789550	减少 5028257
欧洲	云南	3560209	1198042	减少 2362167
荷属东印度	云南中部	6640592	5294807	减少 1345785
中国	香港	10890708	2931499	减少 7959209
中国	各地	2554803	3003349	增加 448545[②]
各地	中国	14656980	2267868	减少 12389112
合计		690675823	538429766[③]	减少 162246057

与 1926 年相比，关于从云南出口至香港的商品数量的增减，下表所列为增减幅度最大的商品（见表 13）。

表 13 增减幅度大的商品

单位：百旺

品名	1926 年	1927 年	增减
皮革	13185	9772	减少 3413
茶	1702	2333	增加 631
亚铅	750	232	减少 518

---

① 据表中数据核算为 6725158，原文统计有误。
② 据表中数据核算为 448546，原文统计有误。
③ 据表中数据核算为 528429766，原文统计有误。

与之相反,从香港运往云南的商品中,数量增减幅度最大的见下表(表14)。

表14　香港运云南商品统计(1926~1927年)

单位:百瓩

品名	1926年	1927年	增减
冰糖	10062	3684	减少6378
其他砂糖	15058	10391	减少4667
中国烟叶	387	1183	增加796
落花生油	1594	648	减少946
菜种	1877	1242	减少635
煤焦油染料	2869	2744	减少125
棉纱(单丝、燃丝[①])	104310	76432	减少24878[②]
中国产火柴	2318	2340	增加22

关于云南出口至法国的主要商品名称以及数量,银块为20600瓩,生皮为27500瓩。相反,法国出口云南的主要商品为粮食、药剂以及棉毛毯等。

从中国国内其他省份运入云南的商品主要是通过邮政包裹运输,主要商品有:中国烟草、香油、菜种、煤焦油染料、调制药材、香水、棉布、绢布、各种纸、帽子类、鞋类以及刷子等。

日本直接运往云南的商品数量只有6000瓩,较之1926年的11000瓩、1925年的30600瓩,出现了锐减,原因在于云南纸币行情的暴跌。

荷属东印度以及美国运往云南的主要商品是石油。该商品首先从逊德岛(音译)[③]和美国运往海防港,暂时作为保税仓库的货物进口,之后根据需要,再将具体数量的石油变为通过货物。

1927年主要转口贸易商品名称、目的地以及数量如表15所示。

[①] 原文写作"燃丝"。日语中的"燃丝"指将2根以上的线交织在一起,增强其力量,改为纺纱较合适。

[②] 原文统计有误,据表中数据核算27878。

[③] 原文写作ソンド岛。

表 15　1927 年主要转口贸易商品名称、目的地以及数量

单位：百旺；液体单位：百公升

品名	从法国至云南	从欧洲至云南	从香港至云南	从云南至香港	从云南至欧洲	从云南至法国	从中国[①]至云南	从云南至中国
动物质产品								
（二）动物产品[②]								
盐腌猪肉、火腿、猪油	—	—	1	17	—	—	—	23
火腿（去骨）	—	—	—	17	—	—	—	—
猪肉调制品	—	—	3	—	—	—	—	—
家禽及野禽	—	—	2	—	—	—	—	—
鸟兽罐头	1	—	3	—	—	—	4	—
生皮	—	—	—	9763	29	275	—	1
羽毛								
装饰衣服用	—	—	—	14	—	—	—	—
寝具用	—	—	—	361	—	33	—	—
动物脂肪（鱼油除外）	—	—	593	—	—	—	35	—
生蜡及屑蜡	—	—	—	269	—	—	8	34
炼乳								
纯炼乳	—	—	3	—	—	—	—	—
添加砂糖的炼乳	—	287	107	—	—	—	—	—
奶粉	—	—	11	—	—	—	—	—
芝士	—	—	2	—	—	—	—	—
黄油	1	1	2	—	—	—	—	—
蜂蜜	—	—	—	3	—	—	—	—
燕窝	—	—	—	—5	—	—	—	—
其他动物产品	—	—	8	5	—	—	—	—
其他	—	—	17	96	—	—	10	2

---

① 指云南外的中国各地。
② 原文无（一），可能不太重要，删去了，在此特别指出。

续表

品名	从法国至云南	从欧洲至云南	从香港至云南	从云南至香港	从云南至欧洲	从云南至法国	从中国至云南	从云南至中国
（三）鱼类								
鲜鱼、干鱼、盐腌鱼、熏制鱼及鱼罐头	1	—	968	—	—	—	5	—
海藻	—	—	372	—	—	—	—	—
其他鱼类	—	—	62	—	—	—	—	—
（四）动物质品								
未经加工的动物质品	—	—	26	—	—	—	—	—
（五）硬质品								
龟甲	—	—	9	3	—	—	—	—
珍珠、带色贝壳以及其他	—	—	7	—	—	—	—	—
家畜的犄角及其他	—	—	3	79	—	—	—	—
植物产品								
（六）食用淀粉								
小麦粉	—	—	5817	—	—	—	—	—
大麦粉	—	—	17	—	—	—	—	—
混合面粉（大麦粉+意大利面粉）	3	—	46	2	—	—	—	—
中国素面	—	—	24	—	—	—	—	—
干菜（豆）	—	—	3	—	—	—	—	—
其他食用淀粉质	—	—	23	—	—	—	—	—
（七）果实及种子								
生果、干果、糖果	1	16	755	—	—	—	202	—
榨油用果实及种子	—	—	103	—	—	—	—	—
槟榔子	—	—	61	—	—	—	—	—
（八）殖民地物产								
冰糖	—	—	3685	—	—	—	—	—
其他砂糖	10	8	10391	—	—	—	7	—
糖水、糖果，以及砂糖腌制的果子	—	—	331	—	—	—	—	—

436

续表

品名	从法国至云南	从欧洲至云南	从香港至云南	从云南至香港	从云南至欧洲	从云南至法国	从中国至云南	从云南至中国
饼干（含砂糖）	—	—	53	—	—	—	—	—
果酱	—	—	1	—	—	—	15	—
咖啡（炒制）	—	—	2	—	—	—	—	—
可可	—	6	—	—	—	—	—	—
巧克力	14	—	2	—	—	—	—	—
胡椒	—	—	87	—	—	—	—	—
茗荷①及白豆蔻②	—	—	13	1094	—	—	—	—
肉桂	—	—	25	—	—	—	36	2
肉豆蔻	—	—	2	—	—	—	—	—
丁香花	—	—	17	—	—	—	—	—
茶及碎茶	—	—	57	2333	—	—	1	278
雪茄卷烟叶及其他	—	—	2	—	—	—	—	—
纸卷烟叶								
阿尔特利亚产品③	8	—	—	—	—	—	—	—
其他	—	—	1483	—	—	—	2371	—
除纸卷烟外的阿尔特利亚产品	7	—	—	—	—	—	—	—
雪茄烟草	—	—	—	—	—	—	1926	—
中国产烟草	—	—	1183	—	—	—	925	—
其他殖民地物产	—	—	7	—	—	—	—	—
（九）植物性油以及树液								
不挥发性油								

---

① 茗荷，亦称阳荷，姜科姜属植物，是我国很多地区的日常蔬菜，在南方大部分地区都有种植，尤其是两湖、江淮和四川等地，颇为盛产。该植物从中国引进到日本后，在岛国花开烂漫，成为日料中最日常的蔬菜。作为日式的小菜、汤、醋渍、油炸、酱菜等料理方式的重要食材，茗荷是日本香辛菜类的代表。
② 白豆蔻（中草药），为芭蕉目、姜科、豆蔻属植物。生于气候温暖潮湿、富含腐殖质的林下，味辛、性温，归肺、脾、胃经，功效化湿，行气，温中，止呕，临床用名白豆蔻。
③ 美国烟草公司的产品。

续表

品名	从法国至云南	从欧洲至云南	从香港至云南	从云南至香港	从云南至欧洲	从云南至法国	从中国至云南	从云南至中国
纯油								
亚麻仁油、灯油、菜籽油	—	—	—	80	—	—	—	28
落花生油	—	—	648	—	—	—	10	—
其他	—	—	5	—	—	—	—	—
加入了香料的不挥发性油	—	—	55	—	—	—	—	—
挥发油、香精	—	—	34	—	—	—	—	—
橡胶油及其他	—	—	11	—	—	—	—	—
橡胶及树脂（未加工）	—	—	6	—	—	—	—	—
树脂（除松脂、冷杉树脂）	—	—	3	55	—	—	—	—
樟脑	—	—	5	2	—	—	—	—
其他植物性油及树脂	—	—	3	—	—	—	—	—
大茴香油	—	—	—	54	—	—	—	—
（十）菜种								
中国产菜种	—	—	1242	1774	—	—	221	511
（十一）木材								
建筑用木材	—	—	1540	—	—	—	—	—
香木	—	—	459	—	—	—	—	—
（十二）纤维、茎、果实及其木屑物（加工用）								
木屑物（加工用）								
籽棉、皮棉[①]	—	—	47	2	—	—	—	—
其他纤维植物	—	—	9	2	—	—	—	—

---

① 由农民直接从棉株上采摘的棉花，即为籽棉。籽棉无法直接进行纺织加工，因为棉纤维还没有与棉籽分离，因此没有经过任何加工的是籽棉。把籽棉进行轧花，脱离了棉籽的棉纤维叫作皮棉，而一般意义上说的棉花就是指皮棉。而通常说的棉花产量，也一般都是指皮棉产量。籽棉加工成皮棉的比例是10∶3，即每10吨籽棉可加工成3吨皮棉。

续表

品名	从法国至云南	从欧洲至云南	从香港至云南	从云南至香港	从云南至欧洲	从云南至法国	从中国至云南	从云南至中国
（十三）纤维及单宁[①]								
树皮（单宁）	—	—	—	21	—	—	—	—
波罗蜜	—	—	—	924	—	—	—	—
（十四）各种产品以及屑物								
生蔬菜以及罐装蔬菜	12	—	140	733	—	—	34	—
菌	—	—	—	50	—	—	—	—
破衣服屑（造纸用）	—	—	796	—	—	—	—	—
观赏植物	—	—	19	11	—	—	—	—
线香[②]（粉末）	—	—	2	—	—	—	—	—
其他植物产品及屑物	—	—	30	83	—	—	—	—
（十五）饮料								
葡萄酒								
普通品（橡木樽或罐装）	35	6	—	—	—	—	—	—
利口酒[③]（甜香）	13	—	—	—	—	—	—	—
醋（香水用以外的东西）	—	—	3	—	—	—	—	—
麦酒	—	11	29	—	—	—	—	—
利口酒（发泡性）	5	—	7	—	—	—	—	—
火酒[④]及其他酿造酒	27	—	17	—	—	—	—	—

① 单宁一般指鞣酸，是一种酚类化合物，是由五倍子中得到的一种鞣质。在工业上，鞣酸被大量应用于鞣革与制造蓝墨水。鞣酸能使蛋白质凝固。人们把生猪皮、生牛皮用鞣酸进行化学处理，能使生皮中的可溶性蛋白质凝固。
② 线香即无竹芯的香，也叫直条香、草香，由骨料、粘结料、香料、色素及辅助等材料组成。早在宋明时期就已经出现，特别受到贵族阶级和文人墨客的喜爱，是他们居家养生、陶冶情操必备的日常用品。
③ 利口酒可以称为餐后甜酒，是由法文 Liqueur 音译而来的，它是以蒸馏酒（白兰地、威士忌、朗姆酒、金酒、伏特加、龙舌兰）为基酒配制各种调香物品，并经过甜化处理的酒精饮料。具有高度和中度的酒精含量，颜色娇美，气味芬芳独特，酒味甜蜜。因含糖量高，相对密度较大，色彩鲜艳，常用来增加鸡尾酒的颜色和香味，还可以用来烹调，烘烤，制作冰激凌、布丁和甜点。
④ 即烧酒，酒精的别名。

续表

品名	从法国至云南	从欧洲至云南	从香港至云南	从云南至香港	从云南至欧洲	从云南至法国	从中国至云南	从云南至中国
矿泉水	—	—	14	—	—	—	—	—
其他的饮料	—	—	7	—	—	—	—	—
矿产物								
（十六）石、土、可燃性矿物								
雕塑用大理石、其他	2	—	—	191	—	—	—	—
磨石、石臼、金刚砂	—	—	35	—	—	—	—	—
玛瑙	—	—	—	—	—	—	10	—
石、土（工艺品用）	3	—	13	—	—	—	—	—
建筑材料								
石磐石①	—	—	5	—	—	—	—	—
石膏	—	—	2	—	—	—	—	—
水泥	—	—	18	—	—	—	—	—
石墨及黑铅	—	—	3	—	—	—	—	—
矿物质蜡	—	—	1	228	—	—	—	7
柴油及油罐	—	—	60	—	—	—	—	—
石蜡	—	—	158	—	—	—	—	—
凡士林	—	—	10	—	—	—	—	—
（十七）金属								
银块或银箔	—	—	127	—	—	—	—	—
铁								
铁管	205	520	31	—	—	—	—	—
车轴及铁箍②	—	—	79	—	—	—	—	—
铁板	15	—	68	—	—	—	—	—
镀有锡、铜、铅、亚铅的铁	—	—	340	—	—	—	—	—
铁丝或钢丝	261	—	300	—	—	—	—	—

① 用于制作石盘的石材。
② 刀把、刀鞘、矛柄等中间的铁箍或铜箍。

续表

品名	从法国至云南	从欧洲至云南	从香港至云南	从云南至香港	从云南至欧洲	从云南至法国	从中国至云南	从云南至中国
钢								
钢管	—	—	157	—	—	—	—	—
工具用纯钢	—	229	720				185	
纯铜、铜和亚铅以及铜和锡的合金	—	10	144	—	—	—	25	—
铅块	—	—	—	304	—	—	1	—
锡								
锡矿	—	—	—	10	—	—	—	—
锡块	—	—	—	62073	—	206	—	—
其他（延压加工制品）	—	—	250	—	—	748	—	—
亚铅								
亚铅块	—	—	—	232	—	—	—	—
延压亚铅①	—	—	15	—	—	—	—	—
镍								
打制延伸的金属制品	—	96	4	—	—	—	—	—
铜和亚铅的合金以及只有铜的合金	—	—	5	—	—	—	—	—
金属锑	—	—	—	55	—	—	—	—
砒霜石	—	—	5	—	—	—	—	—
制造品								
（十八）化学制品								
硫酸	—	—	4	—	—	—	—	—
其他酸	—	—	28	—	—	—	—	—
氨水	—	—	3	—	—	—	—	—

---

① 将亚铅矿石冶炼浇铸后形成的金属锭、坯、模，通过轧制、锻打或挤压等外力手段，使其成为需要的形状或结构形式。

续表

品名	从法国至云南	从欧洲至云南	从香港至云南	从云南至香港	从云南至欧洲	从云南至法国	从中国至云南	从云南至中国
无水氨①	—	—	2	—	—	—	—	—
钾及碳酸钾	—	—	10	—	—	—	—	—
烧碱	—	—	361	—	—	—	—	—
碳酸钠	—	—	1990	—	—	—	—	—
重碳酸钠②	—	—	3	—	—	—	—	—
不值一提的钠盐	—	—	13	—	—	—	—	—
海盐及岩盐	—	—	1	—	—	—	—	—
蛋氨酸·酒精（甲醇）	—	—	65	—	—	—	—	—
氨明矾、钾明矾	—	—	49	—	—	—	—	—
铵盐	—	—	9	—	—	—	—	—
硼砂	—	—	11	—	—	—	—	—
碳酸盐、其他	—	—	2	—	—	—	—	—
氯化钙、其他	—	—	125	—	—	—	—	—
碳化钙	—	—	2940	—	—	—	—	—
甘油	—	—	2	—	—	—	—	—
亚硫酸盐及重亚硫酸盐	—	—	158	83	—	—	—	—
硫化砷③	—	—	—	243	—	—	—	—
硫化汞	—	—	7	—	—	—	3	11
煤焦油蒸馏制品	—	—	38	—	—	—	—	—
不值一提的化学产品	—	—	106	—	—	—	—	1
其他	—	—	5	—	—	—	—	—

① 无色气体，有强烈的刺激性气味，高度易燃的有毒物品，用于化工、食品、医药等工业。
② 又名碳酸氢钠，俗名小苏打。
③ 硫化砷，也叫硫化亚砷，在农业上用作杀虫剂、除草剂、灭鼠药等含砷农药。在军事工业中用以制造子弹头、军用毒药和烟火；在轻工业中用以制造乳白色玻璃、玻璃脱色、浸洗羊毛、制革药剂以及用于木材防腐等。

续表

品名	从法国至云南	从欧洲至云南	从香港至云南	从云南至香港	从云南至欧洲	从云南至法国	从中国至云南	从云南至中国
(十九) 调制染料								
香铑块	—	—	61	—	—	—	—	—
煤焦油染料	—	80	2744	1	—	—	26	—
(二十) 颜料								
普鲁士蓝	—	—	8	—	—	—	—	—
清漆（可溶于油或香精）	—	5	8	—	—	—	—	—
矿物质黑色颜料	—	—	46	—	—	—	57	—
油烟及其他	—	—	30	—	—	—	—	—
铅笔	—	—	12	—	—	—	5	—
绘画工具（可溶于油的东西）	—	—	31	—	—	—	—	—
其他绘画工具	5	1	1	46	—	—	—	—
青铜粉	—	—	11	—	—	—	2	—
其他	—	—	2	—	—	—	—	—
(二十一) 各种调和品								
化妆肥皂	38	—	611	—	—	—	26	—
香水（含有酒精）	5	—	95	—	—	—	1	—
香水（不含酒精）	—	—	201	—	—	—	18	—
调和药味以及中国酱油	1	—	111	4	—	—	35	—
调和药剂	6	—	182	—	—	—	198	—
糊	—	—	2	—	—	—	1	—
木薯淀粉	—	—	21	—	—	—	—	—
淀粉（马铃薯制作）	—	—	8	—	—	—	—	—
封蜡	—	—	1	—	—	—	—	—
硬脂蜡及十八烷酸	—	—	2	—	—	—	—	—
胶以及鱼胶	—	—	135	—	—	—	—	—
香料面包	—	—	6	—	—	—	—	—
线香	—	—	263	—	—	—	33	—

续表

品名	从法国至云南	从欧洲至云南	从香港至云南	从云南至香港	从云南至欧洲	从云南至法国	从中国至云南	从云南至中国
（二十二）土器								
耐火土器	—	—	—	—	—	—	8	—
普通土器	—	—	46	—	—	—	—	—
粗瓷	—	—	71	—	—	—	—	—
陶器	—	—	26	—	—	—	—	—
瓷器	—	—	3861	—	—	—	4	—
瓷器制的电气用品	—	1	19	—	—	—	2	—
（二十三）镜子和玻璃								
镜子（半平方米、1千克以下的东西）	—	1	58	—	—	—	2	—
玻璃板及玻璃制杯子	15	16	1005	—	—	—	6	—
窗户用玻璃	154	—	10	—	—	—	2	—
钟表用玻璃	—	—	4	—	—	—	—	—
玻璃仿造品	—	—	7	—	—	—	10	—
空坛和已装坛	61	11	760	—	—	—	26	—
白炽灯	—	5	21	—	—	—	2	—
不值一提的玻璃制品	—	—	150	—	—	—	15	—
（二十四）丝缕								
棉纱								
单丝								
生单丝	—	—	76347	—	—	—	—	—
其他	—	—	53	—	—	—	—	—
绸丝								
生绸丝	—	—	86	—	—	—	—	—
其他	—	—	12	—	—	—	13	—
缝线	—	—	336	—	—	—	—	—
毛线（纯毛和混纺）	2	—	38	—	—	—	26	—
绢丝（制衣用以及刺绣用）	—	—	—	—	—	—	25	—
不值一提的其他丝	—	—	11	—	—	—	—	—

续表

品名	从法国至云南	从欧洲至云南	从香港至云南	从云南至香港	从云南至欧洲	从云南至法国	从中国至云南	从云南至中国
（二十五）纺织物								
亚麻、麻、苎麻织物	—	—	7	—	—	—	5	—
黄麻袋								
新黄麻袋	—	—	370	—	—	—	5	—
旧黄麻袋	—	14	—	31	—	—	—	—
棉织物								
平织、绫织、云斋织								
生的平织、绫织、云斋织①	—	—	3869	—	—	—	482	—
染色的平织、绫织、云斋织	—	—	224	—	—	—	29	—
染色或者用染色的线织成的	—	5	8539	—	—	—	617	—
捻染纺织物	—	—	299	—	—	—	14	—
其他	—	—	965	—	—	—	—	—
纯棉纺织物								
平鹤②织及其他天鹅绒	—	—	121	—	—	—	8	—
毯子及挂膝被子	—	141	265	—	—	—	—	8
刺绣及蕾丝	—	—	2	—	—	—	—	7
袜子类	—	—	246	—	—	—	232	—
丝织物	—	—	19	—	—	—	418	—
灯芯	—	—	9	—	—	—	—	—
涂蜡布	7	—	25	—	—	—	2	—
混纺物（以棉为主）	—	—	142	—	—	—	163	—

① 平织、绫织、云斋织，系传统纺织工艺技巧。
② 平鹤在日语中是一个地名。日本有在和服上绣仙鹤的传统，但没查到平鹤织的说法，特作说明。

续表

品名	从法国至云南	从欧洲至云南	从香港至云南	从云南至香港	从云南至欧洲	从云南至法国	从中国至云南	从云南至中国
其他	—	—	—	—	—	—	4	—
纯毛织物								
家具用布及服装用布	1	12	235	—	—	—	17	—
袜子类	—	—	—	—	—	—	98	—
丝织物	—	—	6	—	—	—	—	—
丝带类	—	—	5	—	—	—	—	—
毛毯	—	1	43	—	—	—	10	—
棉毛混纺物	—	3	204	—	—	—	13	—
兽毛织物	—	—	2	—	—	—	—	—
绢织物								
袜子类	—	—	—	—	—	—	4	—
丝织物	—	—	—	—	—	—	13	—
丝带类	—	—	—	—	—	—	1	—
其他	—	—	35	—	—	—	631	—
旧衣服	—	—	3	—	—	—	—	—
不值一提的加工品	—	35	65	—	—	—	35	—
绢织汉服（带有刺绣或无刺绣）	—	—	—	—	—	—	8	—
（二十六）纸及纸制品								
纸								
基础纸	—	—	497	—	—	—	216	—
壁纸	—	—	71	—	—	—	—	—
写真纸	—	—	3	—	—	—	—	—
祭祀用纸	—	—	1198	—	—	—	30	—
中国纸	—	—	2654	—	—	—	44	—
机械制纸及其他	23	—	5511	—	—	—	48	—
厚纸（染色加工、带装饰）	—	—	171	—	—	—	11	—

续表

品名	从法国至云南	从欧洲至云南	从香港至云南	从云南至香港	从云南至欧洲	从云南至法国	从中国至云南	从云南至中国
纸箱	—	9	2966	—	—	—	544	—
书籍	—	—	84	—	—	—	—	—
相册	—	—	13	—	—	—	—	—
版画	—	6	582	—	—	—	189	—
商标用纸	—	—	145	—	—	—	—	—
骨牌①	2	—	3	—	—	—	—	—
印刷物（各种）	—	2	31	—	—	—	12	—
纸扇子、遮阳伞及其他	—	—	325	—	—	—	49	—
其他纸及纸制品	—	—	3	1	—	—	6	3
移动胶卷	—	—	—	—	—	—	2	—
（二十七）皮革制品								
精制革	—	—	189	1065	—	—	—	—
皮革制品	—	—	9	—	—	—	10	—
精制毛皮	—	—	—	2	—	—	—	—
（二十八）金属制品								
金银、工艺品、宝石、表	1	4	89	—	—	—	24	—
机械								
安装机械及船舶用机械	—	—	267	—	—	—	—	—
蒸汽机车	—	—	35	—	—	—	—	—
水压机械	—	—	2	—	—	—	—	—
纺织机	—	—	2	—	—	—	24	—
缝纫机	—	29	73	—	—	—	—	—
发电机	—	1	86	2	—	—	2	—
电气器械	—	—	174	—	—	—	—	—
机械工具	—	—	26	—	—	—	—	—
一般机械	—	8	348	1	—	—	—	—

---

① 日本流传的外来的纸牌，16世纪葡萄牙人传来的。

续表

品名	从法国至云南	从欧洲至云南	从香港至云南	从云南至香港	从云南至欧洲	从云南至法国	从中国至云南	从云南至中国
机械零件及附属品	—	4	1071	—	—	—	—	—
电缆及电线	—	1	47	—	—	—	13	—
工具（铁、钢、铜制品）	34	2	155	—	—	—	2	—
活字	—	—	2	—	—	—	—	—
铁网	—	2	16	—	—	—	—	—
铁格子	2	1	11	—	—	—	—	—
缝针	—	—	121	—	—	—	—	—
鱼钩[①]、挂钩及钓针	3	—	20	—	—	—	5	—
刀具类	6	—	42	—	—	—	—	—
铸铁制品	—	4	38	—	—	—	7	—
锁、金属零件类	2	—	423	—	—	—	—	—
钉（各种）	574	189	374	—	—	—	—	—
铁管、钢管	—	—	4149	—	—	—	—	—
家务用具[②]	148	95	792	10	—	—	35	—
锚、锁子	10	—	1	—	—	—	—	—
铜制品（纯铜或铜与亚铅、锡的合金制品）	16	14	389	1	—	—	3	—
各种金属、各种制品	1	3	855	—	—	—	141	—
（二十九）武器、火药、枪械								
火药	15	—	—	—	—	—	—	—
炸药	898	—	—	—	—	—	—	—
雷管（狩猎用、军用）	1	—	2	—	—	—	—	—
导火索	—	—	1	—	—	—	—	—
娱乐用烟花及爆竹	—	—	549	—	—	—	66	—

---

① 原文写"宙针"，在日文语境中指鱼钩。
② 做家务、做家政工作时使用的工具。

续表

品名	从法国至云南	从欧洲至云南	从香港至云南	从云南至香港	从云南至欧洲	从云南至法国	从中国至云南	从云南至中国
(三十) 家具								
家具（各种）	—	5	126	1	—	—	33	—
(三十一) 木制品								
各种木制品	—	—	22	—	—	—	—	—
中国产木制品	—	—	—	—	—	—	10	—
其他木制品	—	5	67	—	—	—	—	—
其他	—	—	85	—	—	—	—	—
(三十二) 乐器								
乐器	—	—	72	—	—	—	5	—
(三十三) 编织制品及笊笼								
中国莚①	—	—	144	—	—	—	11	—
蔺②、藤、芦苇的茎	—	—	9	—	—	—	—	—
上等笊笼类	—	—	44	—	—	—	—	—
草帽	—	—	20	—	—	—	156	—
藁袋（包装用）	—	—	82	—	—	—	—	—
其他编织制品	—	—	13	—	—	—	—	—
(三十四) 各种材料制品								
汽车及其零部件产品	—	18	—	—	—	—	—	—
自行车及其零部件产品	—	7	—	—	—	—	—	—
车辆（铁路及土木用）	—	50	—	—	—	—	—	—
弹性橡胶及橡胶制品	—	200	—	—	—	—	3	—
石棉制品	—	2	—	—	—	—	—	—
毛毡（鞋垫用、其他）	—	1	—	—	—	—	—	—

① 一种用草或藁等编制而成的简单的垫子。
② 多年生草本植物，茎细圆而长，中有白髓，可编席。叶坚韧，可系物，亦可造纸。根可制刷子。茎心可燃灯及入药。亦称"灯心草"，或"马莲""马兰"。

续表

品名	从法国至云南	从欧洲至云南	从香港至云南	从云南至香港	从云南至欧洲	从云南至法国	从中国至云南	从云南至中国
软木制品	2	4	—	—	—	—	—	—
精密机械及科学机械	—	13	—	—	—	—	1	—
（妇女用的）梳妆用品	—	79	2	—	—	—	66	—
木制烟管	—	6	—	—	—	—	—	—
毛刷（各种）	—	29	—	—	—	—	25	—
中国毛笔	—	3	—	—	—	—	10	—
扣子	32	30	—	—	—	—	20	—
玩具	2	1	474	—	—	—	9	—
火柴	—	—	2340	—	—	—	12	—
非卖收藏品	—	—	4	—	—	—	—	—

第四章　法属印度支那邻接国境关税问题

第一节　关于邻接国境关税的条约

从前，不论政治关系如何，接壤国两国之间的贸易都会自然发生，并且最开始都是不需要交税的。随着交通的发展，逐渐开始收税。现在虽然承袭了之前的旧习惯，但是贸易特权通过条约的方式给予了明确规定。

云南省和法属印度支那之间的贸易条约有：1884年的"天津条约"（以下简称"1884"），1885年的"天津条约"（以下简称"1885"），1886年的"天津条约"（以下简称"1886"），1887年的"追加通商条约"（以下简称"1887"），以及1895年的"追加条约"（以下简称"1895"）。以下对其概要进行说明。

（一）贸易地及通路

中国为该贸易开放了云南省的蒙自、河口、思茅，贸易可以通过国境

与以上这些开放口岸的陆路进行，还需要经过罗梭江[①]、湄江[②]进行。（1887，第二条，1895，第二条、第三条）

（二）进出口无税商品

以下这些货物只要是外国产并且作为外国人自己使用，在适当数量情况下，进口和出口都不需交税（1886，第13条、15条）：

圆条形金银、外国货币、谷物粉、玉蜀黍粉、西谷米[③]、肉类、蔬菜罐头、饼干、干酪、糖物、外国衣服、宝玉、银制品、香料、各种肥皂、木炭、燃料、薪、外国制蜡烛、烟草、葡萄酒、酒精、家具、船具、行李、书写用具、缝箔物、刀具、药剂、染具、外国药品、玻璃器具。

除以上外，米、谷物类以及获得特殊许可进口的武器、弹药等都是免税品。

以上是中国方面海关的免税品，法属东京国境海关的免税品如下（1886，第13条）：中国人携带的货币、行李、衣服、女性用头饰、纸笔墨、家具、食物以及驻东京领事私人用的货物。

（三）内地通过税

关于法属东京出口到云南的货物，以及云南出口到法属东京的货物，都必须遵守中国内地通过税制度，这与一般开放港口进出口的情况是一样的（1886，第6、7条）。另外，在前述免税品种，除金银货币和行李以外的物品，在运往中国内地的时候，对其课以从价的2.5%的税[④]（1886，第13条）。

（四）禁止进出口

中国禁止米、谷物类的出口以及火药、弹药、枪炮、硫黄、铅、白

---

① 罗梭江又名补远江，发源于云南省思茅地区宁洱县勐先的大青山与笔架山之间，是湄公河—澜沧江最大的支流。
② 即湄公河。它发源于中国唐古拉山的东北坡，在中国境内叫澜沧江，流入中南半岛后的河段称为湄公河。
③ 西谷米一般指西米，是由棕榈树类的树干、树身（茎）加工，通过机械处理，浸泡，沉淀，烘干制成的可食用淀粉，最为传统的是从西谷椰树（又名莎谷，沙谷）的木髓部提取的淀粉，经过手工加工制成。西米产于马来群岛一带，西米质净色白者名真珠西谷，白净滑糯，营养颇丰。一般人群均可食用。
④ 从价税为从量税的对称，是以课税对象的价值或价格形式为标准，按一定比例计算征收的各种税。该文所说的从价2.5%的税，也称为半子口税。

铅、武器、盐以及淫秽出版物的出口。但是，武器和弹药在获得特许的情况下允许进口（1886，第14、15条）。

法属安南国境的海关也禁止从东京进口武器、弹药以及猥亵出版物。

（五）进出口税

对于从东京出口到云南的前述贸易口岸的外国商品，参照海关税则（1858年订），减收十分之三的进口税，另外对于从前述贸易口岸出口到东京的中国货物，同样减征十分之四的出口税（1887，第3条）。

注：1886年4月25日，根据《中法越南边界通商章程》第六条及第七条的规则，凡进口税减收五分之一，出口税减收三分之一。

外国商品进口到前述之一的贸易商埠，在缴纳进口税后的36个月内，如果要被运往前述其他的贸易商埠的话，不需要缴纳任何税。如果是运往其他的开放口岸，则需要根据海关税则缴纳进口税（1886，第8条）。

其次是法属安南[①]国境海关，出口到法属东京的中国货物在进入东京时需按照法属安南税则征收进口税（此外如果在东京针对土货课消费税、担保税等的时候，与上述一样）。如果从安南国境向中国以外的其他地方运输货物的话，根据法属安南税则缴纳出口税（1886，第11条；1887，第4条）。

（六）再进口

（1）在蒙自、河口和思茅其中一个通商口岸，缴纳比一般海关税少十分之四的出口税，领取纳税证书。这些出口的中国货物在经过安南或前述的通商口岸（包括广西省龙州[②]）再进口到中国的时候，免征进口税。

（2）在前述通商口岸缴纳减征十分之四的关税，领取纳税证明后的中国出口货物，在面向中国沿海或沿江通商口岸再出口时，按照土货再进口条例，应该缴纳复进口税[③]（沿岸贸易税）。

---

① 安南是法国于1874年在现今越南中部所建立的一个保护国，首府设在顺化。尔后在1887年并入法属印度支那联邦。同时，法国也在北部及南部分别成立东京和交趾支那两个保护国。
② 龙州为边防重镇，是一座具有多年历史的边关商贸历史文化名城，西有水口关，西南为平而关。光绪十五年（1889），龙州被辟为对外陆路通商口岸，是广西最早对外开放的通商口岸。
③ 复进口税作为仅次于进出口正税的近代海关第三大税种，是指对外籍船舶载运中国土货从一个通商口岸运赴另一个通商口岸所征缴的进口税，因进口时纳税税率为出口税率的一半，又称复进口半税。它是列强为攫取沿海土货贸易权益，积极发展航运力量，抵制中国沿海的贸易通过税而强加给中国的一种国内通过税。

（3）中国土货在本国沿海或沿江通商港口缴纳出口正税，领取纳税证明后，如果是从前述通商口岸再进口到中国的话，需要缴纳相当于出口正税一半的复进口税。

（4）对于有纳税证书的中国出口土货，无论是没有通过海关再进口到国内的，还是已经通过海关再进口到国内的，都参照一般土货额的例子进行处理（以上为1895，第5条）。

另外，对于通过法属东京再出口到中国的中国货物，其在法属东京的课税情况如下：中国商品在出了海关通过东京被运往其他边境海关，或安南海港，或者再被出口至中国的，在东京需被征收超过其从价2%的过境税（特别通过税）。

针对那些从中国海港运往法属安南海港，然后通过法属东京再被运入中国的中国商品采取同样的办法。但是不论何种情况，这些商品在进入东京的时候首先必须缴纳进口税，如果用于再出口，将会返回扣除的过境税（1886，第12条）。

第二节　华盛顿会议①上出现的邻接国境关税问题

从前有关中国的邻接国境关税制度，就有很多的问题。现在我们来看一下1922年华盛顿会议上所谓的中国关税《九国公约》中，有关邻接国境关税相关的规定，以期从根本上对这一问题有一个了解。该条约的第六条规定："承认在中国所有的陆关和海关，按照同等关税率进行课税。"

第二条规定，特别委员会按照以上原则采取相关措施。对于那些应该撤销的关税特权，作为地方经济发展上的一种代价，如果能够给予地方的话，特别委员会应该做出平衡和调整。

在以上原则实施以前，在中国所有的陆关和海关开展的贸易，举凡按照本条约之规定应该进行关税修改，或者因为附加税征收引发关税率上升的，应全部按照同一个从价税率来征税。

---

① 1921年11月12日至1922年2月6日，美国、英国、日本、法国、意大利、荷兰、比利时、葡萄牙、中国九国在美国首都华盛顿举行国际会议。该会议的主要成果包括三个重要条约：《四国条约》《五国海军条约》《九国公约》。这三个公约统称"华盛顿条约"。《九国公约》，全称《九国关于中国事件应适用各原则及政策之条约》。

关于邻接国境关税，按照以上条文所规定的那样，虽然原则上海关关税应该是统一的，但是也给了特别委员会根据以上原则进行协商的余地。

另外，以上条约中的"对于那些应该撤销的关税特权，作为地方经济发展上的一种代价，如果能够给予地方的话，以上特别委员会应该做出平衡和调整"的规定，暗地里表明了邻接国境关税特权完全没有废除的意思。而以上条文中的"地方经济发展的一种代价"这一用词也颇具暧昧色彩，很难对其下一个进行准确的解释。如果看一下大正14年在中国关税特别会议上，日本委员的发言以及中国委员给列国委员的解释意见，整个事情就非常明朗了。日本委员的意见是：

> 条约上虽然承认海陆关税实行均一化的原则，但是朝鲜国境的三分之一免税特权可以视作地方性便利条件的代价，要求将其视为一个例外。与此相对，承认英属缅甸和四川省之间，法属印度和云南省之间的特权。

因此，日本主张，法属印度和云南之间的免税特权作为"地方便利条件的代价"是一个特例。

中方委员的意见如下：

一，取消邻接国境出口中国货物减税协定（十分之四减免），关税增减的权利收归中国政府。

二，陆境进口外国货物减税方法有以下两个：

（1）通过铁路或河流输运的货物不予减免。

对于通过其他方式由陆路运输的货物按照货物不同给予减免。

（2）对照民国8年的进口税则，在对既定税率进行调查的基础上减免三分之一。但是，如果现行税则或者将来修改后的税则比民国8年的税则出现增加的话，不予减免。比如，按照民国8年的税则应缴纳8钱的货物，在现行税则下应该缴1两的，这种情况下，减免的对象是8钱的三分之一，其余的不予减免。

对比一下中日双方的意见，可以发现其中存在很大的隔阂。不幸的是该会议中途被迫中止，但是中国方面对于邻接国境关税的根本性意见大致就是以上叙述的这些。

第三节　法中通商条约修改问题

由于北伐军的胜利，中国国内政局暂时趋于稳定。乘此之机，南京国民政府立即向各国发起了修改通商条约，尤其是恢复关税自主权的运动。中国开始与英、美、法等为代表的各国进行交涉。截至昭和 3 年末，几乎所有的交涉都完成了。中国看重的地方是各国承认其关税自主权，而对此承认的国家已经达到 12 个。除了我国不承认中国的关税自主权外，其余几乎没有国家不承认。

1928 年 12 月，法国在与南京国民政府交涉后，于同年 12 月 22 日在南京签订了包含三条正文、四个附件的通商新约。至此，中法之间的新关税条约总算是签订了。其条文如下：

第一条　所有中法两国间签订之有效条约内所载关于在中国进出口货物之税率、存票、子口税以及船钞等项之各条款，应即撤销作废、对于关税及其关税问题此后应完全适用自主之原则，唯两缔约国对于上述及其关系问题在彼此领土、属地、殖民地及保护地内享受之待遇，不得次于任何他国实际上享受之待遇。

第二条　此缔约国在本国领土、属地、殖民地及保护地内，不得有何借口彼缔约国人民所运输进口处之货物，征收高于或异于本国人民或任何国人民所完税之关税、内地税或任何税项。

第三条　本条约以中法两国文字和缮。遇有意义两歧之处，应以法文为准。本条约应以最短期内批准，批准文件于巴黎交换，自两国政府互相通知批准之日起，本条约发生效力。

以上条约中虽然没有就邻接国境关税问题做出任何规定，但是根据法国驻华公使玛德写给王正廷外交部长的附属文书中，有以下内容：

（一）法国政府准备即日开议，以便签订替代1886年4月25日中法陆路通商章程，1887年6月26日中法续议商务专条及1895年6月20日中法续议商务专条附章之新约。为中法两国之利益起见，当会议进行时，关于越南现状不加变更，唯陆海边界划一征收关税之原则，应无变动，即中国沿海有效之税则，同时应适用于越南边境，但对于进出口货物现行之减税成数，在法政府方面，准备迅予结束之会议期间，仍暂有效。

（二）为发展中法两国经济关系起见，对于货物应不征收重税，因此中法两国政府对于废除厘金，认为适当。再于海关正税外，加征替代厘金之各省税捐，对于商业亦属不利，法国政府深信国民政府俟新税则实行后，将于最短期内废除厘金，并切实制止前项各省税捐之征收。

另外，王部长照会法国公使的文书如下：

立即召开会议商讨云南新条约，云南边境进出口货物之减税办法自1929年3月31日起，虽新约未曾签订应即予废止。

从上文可以看出，目前法中两国正在南京开始有关两国间贸易具体内容的商讨。关于其内容，虽然我们不得而知，但根据新闻报道，会议的焦点仍是边境关税问题，两方还没有达成一致。

第四节 法中通商情况

关于云南省和法属印度支那之间的通商情况，上文第三章已做了叙述。此处，作为法中通商条约修改准备的一份资料，我们将民国15年7月蒙自海关税务司罗福德答复当时云南外交厅厅长徐之琛[①]时的中法（指法属印度支那）通商贸易调查表附上。如果从法国商人交易的商品以及中国商人交易的商品两方面来看贸易消费的话，情况如下表所示（见表16）。该表以民

---

① 徐之琛，字保权，云南大理人，1885年（清光绪十一年）生。曾任蒙自关监督，大元帅府参议，云南财政厅厅长兼实业厅厅长、云南外交厅厅长、云南省政府财政顾问。

国 14 年度蒙自海关的统计为基础，是在综合了商业各界人士的意见后制作的。

第一项 法国商人方面

1. 法国商人从法属印度支那向云南省出口的主要物品的年额[①]

（1）法国本国生产或制造的产品（见表 16）。

表 16　法国产品

种类	数量	价额（海关两）	备注
各种洋酒		25000	
碳化物[②]		85000	大半都在个旧锡山所消费
铁器	10000 担	65000	

（2）法属印度支那生产或制造的产品（见 17）。

表 17　印度产品

品名	数量	价额（海关两）	备注
米	526000 担	3902000	近年呈现逐渐增加的趋势
玉蜀黍	46000 担	232000	近年呈现逐渐增加的趋势
棉花	5000 担	140000	
棉纱	4600 担	230000	
纸卷烟叶	540000 支	2300	来自法属东京的进口总额约为 180 万支，其中的三成在法属印度支那生产，剩余的七成为其他国家生产
水泥	34000 担	63000	
煤炭	30000 吨	300000	
竹木藤器		25000	
日用品		50000	

---

① 在这里，特指年交易量和交易额。
② 原文为 Carbide，还有硬质合金，碳化钙，电石等意思。

（3）其他国家生产或制造的产品。

表18　其他国家产品

品名	数量	价额（海关两）	备注
棉布	7200 匹	28000	英、日两国的产品最多
石油	1378000 加仑	680060	英、美两国的产品最多，1罐为5加仑
面粉	7700 担	68000	美国产品最多
砂糖	7000 担	91000	爪哇产品最多
海产物	300 担	14000	日本产品最多
珐琅铁器	1500 打	2600	
钟表类	—	1700	
毛毯褥子类	100000 磅	17000	
牛奶	1000 担	30600	英国威尔士产的最多
干葡萄	300 担	10000	美国产品
化学用品	—	70000	
机械油	22000 加仑	13000	
植物油	—	35000	
肥皂	2500 担	32000	
巴蜡①	2900 担	32000	来自美国
制鞋皮革	300 担	24000	
兵器	—	45000	
电气器具	—	8000	
家具	—	30000	
洋灯类	—	11000	
机械器具	—	18000	
铁道材料	—	8000	
日用品	—	100000	
电信电话材料	—	37000	
火车	—	130000	用于个碧铁路
建筑材料	—	13000	

① 经在河北师范大学工作的椎名一雄教授考证，"巴蜡"是"巴西棕榈蜡"的缩写。

续表

品名	数量	价额（海关两）	备注
缝针	—	6000	
玻璃板	—	6000	
人造靛蓝	100 担	13000	德国产品最多
纸类	1500 担	54000	日本产品最多，也有一些欧洲产品
纸卷烟叶	1260000 支	5300	其中的三成在法属印度支那生产，剩余的七成为其他国家生产
火柴	3300 罗[①]	17000	

2. 法国商人经云南省运到其他省份的法属印度支那进口产品主要品种及年额

（1）法国本国生产或制造的产品：数量非常少。

（2）法属印度支那生产或制造的产品（见表19）。

表 19　法属印度产品

棉花	520 担	15000 两	运送至贵州省
棉花	110 担	3000 两	运送至四川省

（3）其他国家生产或制造的产品（见表20）。

表 20　其他国家产品

石油	200000 加仑[②]	140000 两	运送至贵州省
石油	90000 加仑	48000 两	运送至四川省
棉布	1000 匹	7000 两	

---

① 数量单位，1 罗为 144 个。
② 加仑是一种容（体）积单位，英文全称 Gallon，简写 Gal。加仑又分为英制加仑和美制加仑，两者表示的大小不一样。根据度量衡换算：1 加仑（美）= 3.785411784 升，1 加仑（英）= 4.54609188 升。在东亚同文书院的调查报告中，凡是涉及美制加仑的，后面都会加以特别注明；凡是涉及英制加仑的，则无说明。

（4）法国商人进口到云南的商品中与中国商品有竞争关系的商品（见表21）。

表21　法国商人进口的商品

棉纱	4600担	230000两	上海棉纱的竞争对象
瓷器	—	4000两	

（5）法国商人往云南进口商品或其商品经云南时，那些享受特别利益的商品。

①滇越铁路公司对于进口的铁路材料进行免税。

②对从法国进口的粮食产品免税。

第二项　中国商人方面

1. 中国商人从云南省向法属印度支那出口的主要产品的年额

（1）云南省生产或制造的产品（见表22）。

表22　云南产品

品类	数量	价额（海关两）	备注
锡	1800担	147000	供应滇越铁路公司机器厂以及安南人的锡箔制造厂
生牛皮	3700担	150000	
生羊皮	98000张	28000	
鞣皮	100担	4000	
火腿	80担	3300	
茶	150担	30	
香菇	80担	5000	
麝香	50两	900	
茯苓	70担	1000	
紫梗	400担	8700	
薯莨	3000担	2600	
药材	—	4500	
大理石	300担	3000	

续表

品类	数量	价额（海关两）	备注
山薯①	9000 担	31000	
豆	11 担	45	近年有所减少

（2）其他省生产或制造的产品（见表23）。

表 23 其他省产品

药材	—	2500 海关两	
白蜡	65 担	7000 海关两	四川省生产的最多
黄蜡	40 担	2000 海关两	

（3）外国生产或制造的商品：无。

2. 中国商人将其产品从云南省通过法属印度支那运往其他地方（如香港、广东），这些主要出口产品的品类和年额如下

（1）云南省生产或制造的产品（见表24）

表 24 云南产品

品类	数量	价额（海关两）	备注
锡	145000 担	11835000	出口至香港
茶	6000 担	146000	出口至新加坡、广东和南洋
猪毛	1220 担	60000	出口至香港、广东
锑	8300 担	112000	出口至美国
大理石	—	2000	
麝香	2000 担	47000	
香菇	80 担	5000	
火腿	268 担	8800	

---

① 山薯是薯蓣科薯蓣属植物，块茎长圆柱形，垂直生长，干时外皮棕褐色，不脱落，断面白色。生长于海拔 50~1150 米的山坡、山凹、溪沟边或路旁的杂木林中。山薯既是食用的佳蔬，又是药材，以肥大的地下肉质块茎供食用或药用。可以补脾健胃、降低血压和血糖、抵抗肿瘤、延缓衰老，是一种具有良好市场前景和产业开发潜力的药食兼用高效经济作物。

461

续表

品类	数量	价额（海关两）	备注
大头菜	240 担	2600	出口至香港、广东
生牛皮	15000 担	630000	出口至香港、广东
生羊皮	250000 张	67000	
鞣皮	1443 担	53000	
茯苓	344 担	6000	
紫梗	40 担	1200	
药材	—	26000	在出口至香港的 44000 两药材中，六成是云南生产的，四成是其他省生产的

（2）其他省生产或制造的产品（见表 25）。

表 25　其他省产品

品类	数量	价额（海关两）	备注
白蜡	200 担	17000	
黄蜡	20 担	1000	
亚铅	1800 担	9800	大部分都是在四川会理生产，然后出口至香港
药材	—	17000	出口至香港的药材中，六成是云南生产的，四成是其他省生产的

（3）外国生产或制造的产品：无。

3. 中国商人从其他省将产品经过法属印度支那运往云南省，其中的主要物品品类及年额（见表 26）

表 26　主要物品概况

品类	数量	价格（海关两）	备注
烟丝	420 担	13000	来自福建、广东两省
纸	—	6000	广东生产

4. 从云南省出口到法属印度支那的产品中，被认为在将来大有前途的如下

火腿

香菇：大部分是满足华侨方面的需求

牛皮：大部分是满足华侨方面的需求

羊皮：供应东京制造工厂

锡器：在目前的统计数字中，看不出有很多安南人把个旧锡器当作茶容器来使用。

第五章　对日贸易及其将来

云南省与我国在地理上相隔甚远，不仅在交通上非常不便，而且中间还有英国、法国及其属地的存在，更有那些特殊复杂的法规和税则。受这些因素的制约，我国和云南省之间的通商贸易存在诸多不便和不利，云南想要发展对日直接贸易存在很大的障碍。因此，云南对日直接贸易额也仅有几万两，而将香港、广东作为中介地进入云南省的日本商品，虽然目前没有关于其准确的数字统计，但是根据前文所列蒙自贸易统计，300万至400万两之间这个数字应该是准确的。日本商品在云南的销售仅次于英国商品，保持着一定的优势。云南主要的日本商品有棉纱、棉布、纸类、海产品以及杂货。

因此，当地的中国人自不必说，就连滞留的外国商人都希望经营日本商品。但是，对日贸易大部分都被广东商人所垄断。现状是，那些缺乏资金和人才的日本商人反倒不得不从广东商人那里进口日本商品以及中国商品，然后再进行零售。在中国国产商品不断发展、国际贸易竞争日益激烈的今天，谋求日本贸易的进一步发展自不用说，能不能维持现状都很难说。如果有一天当地的云南人受够了广东商人的嚣张跋扈，转而希望能够直接与日本进行商业贸易，经营日本商品的话，我们应该抓住这一机遇，尽可能排除影响日本商品进口的各种障碍。同时，建立健全各种能够增进

贸易且强有力的日本人商业机构。这样的话，我们相信云南贸易的前途绝不悲观，而且还会确立并打牢日本人的发展基础。

日本商品进入云南虽然存在铁路运费高昂、金融机构不健全等各种障碍，但最大的影响因素是法属东京的通过税。即，法国商品免税，英国商品为最低税率的五分之一。但是，我国商品要缴纳一般税率五分之一的通过税，这显然极为不公平。从前，此种通过税是乘以一定的系数，即按照原税率的五分之一征收，税额也较小，对于一般通商不构成多大影响。但是，自本年7月3日法属印度支那实行新关税率后，这种通过税对我国贸易将造成致命性的打击。以下试举一例，从前的话：

品类	最低税率（每百瓩）	一般税率（每百瓩）
棉布（A）品	84法郎	1183法郎

只需要缴纳五分之一作为通过税就可以，今后新税率实行以后：

品类	最低税率（每百瓩）	一般税率（每百瓩）
棉布（A）品	850法郎	3400法郎

需要缴纳其中的五分之一。其结果就是：各国产的棉布在进入云南的时候，首先，法国棉布免税，英国和美国的棉布需要缴纳170法郎的税，而我国的棉布则需缴纳680法郎的重税，受到极不平等的待遇。这是因为日法协约不适用所谓"在中国通商方面，待遇均等"。

我国在发展对云南贸易方面绝对应该主张废除通过税，至少应该主张"日法通商条约的最惠国规定条款在法属印度支那也同样适用"。这样一来，我们就可以跟英国、美国一起，享受最低税率的好处。

日本商品在跟英美商品竞争时，其中一个值得一说的特点就是，地理方面导致日本商品可以以低成本进行运输。具体来看的话，从欧洲到法属印度支那的运费每吨为400法郎，而日本只需要250法郎。另外，如果日本到海防之间的直通航线被开辟的话，货物运费还会降低。这既节省了中间交易人的麻烦，也没有了货物因转运造成的破损，还能够准时快速将货物运至目的地，显然这中间的利益非常大。

云南贸易存在运输和金融方面的不便，并且都是小本经营，对于那些跟海外和省外没有联系的商人而言，很难开展商业活动。所以，贸易双方根据业务的种类应该相互帮助，互惠互利，比如云南向我国出口漆、白脂、各种矿物以及羊牛皮，同时也可以加大从我国进口棉纱、棉布以及杂货等。

云南有很多有留学日本经历且有影响力的人，跟他们之间搞好关系，可以让我们在日中贸易上享受到不少好处。总之，日本商品由于以前就有很多销路，所以我们希望日本商人在这个时候应该更加努力，好好策划对云南的贸易，对日本经济发展方面有所贡献。

第六章　结论

以上就是我们对滇越铁路沿线云南贸易情况的冰山一角所做的一个粗浅论述。滇越铁路沿线云南贸易总额已经达到了 3000 万两，贸易范围涵盖云南省的三分之二、贵州省的三分之一以及四川省的会理地区，面积总计约为 10 万平方哩，覆盖约 1000 万人口。从前，此地由于交通不便，地方产业发展滞后，购买力也很弱小。滇越铁路开通后（至于铺设该铁路的动机和目的暂且不管），云南当地的天然资源——矿物和其他天然物产都得到了开发，农产品的出口也增加了。并且，自护国、护法战争以来，省内的很多军队都出征省外。此后的云南受中国中部地区爆发的内乱影响相对较少，人民生活水平也不断提升。最近几年的进出口贸易呈现出了平稳增长的态势。

但是，在前年随着唐继尧事件影响，省内政情变得不稳定，不断发生的政治斗争和军阀间的斗争使云南的对外信用一落千丈，全省的金融界也陷入了前所未有的混乱状态，进而又引发了纸币暴跌和物价高涨，全省人民的购买力也变得极度低下。在这种情况下，有必要调节因连年贸易入超导致的货币流出，但个旧的锡市场受土匪横行、各种苛税以及劳动力短缺等因素的影响，开采情况不尽如人意。加之受贵州与四川接壤的省界地带发生的战争影响，个旧的锡也无法运往省外，人民生活痛苦不堪。如果这个内乱持续时间更长、范围更广的话，云南的贸易情况将会受到非常大的不利影响。

此外，省内的新式工业依然没有发展起来。至于日用品，目前还都处于仰仗外省或外国进口的状态。另外，关于出口商品，除了锡，剩下的就只有农产品或天然物产。但是这些物品在价格方面完全不能在世界的商业战场上立足。

当然，省内的人民以坚忍不拔的精神，即便是面对目前的困难，仍在进行通商贸易。这种行为本身就是一个资产。但是只要省内还没有完全恢复安定，各种商业交通机构还没有恢复健全，要实现健全的贸易是不可能的。总之，本省的产业还有很多都处于未开发的状态，这是将来本省贸易能够不断发展的一个佐证，而且我们认为在不久的将来还会有很大的发展。

后 记

《东亚同文书院经济调查资料选译》(以下简称《调查资料选译》)前三卷马上要出版了,心里既充满了期待,又有一些不安。期待的是希望能得到同行学友和广大读者的认可,不安的是担心这一译编作品能否最大可能地做到准确与彰显其价值。《调查资料选译》涉及的地域广大——几乎遍及除西藏以外的中国每一个省,且内容繁杂——涉及中草药、大豆、大米、棉花、纺织、桐油等众多行业,同时在商业、金融、物产、贸易等诸多行业和领域的调查资料中充满了很强的专业性。调查地域之广大、内容之繁杂,专业性之高使我们在译编中时刻保持高度警惕:能否对调查资料中的地名、人名、机构名、轮船名、专业术语、行业术语、时代用语、数字公式等一一做到准确翻译、考证有据、计算精准、理解到位;能否在翻译中做到信、达、雅,能否对日本人言语不清的地方给予澄清;能否补充日本人遗漏的重要信息而使句子通顺与逻辑通畅等问题,都构成了译编中的诸多困难,也是我们译编中要努力解决的问题。译编的难度概括起来,主要体现在考证、翻译与研究三个方面。

一 考证

在我们看来,翻译是重要的,但我们花费在考证中的力气与功夫一点也不比翻译少,甚至更多。须知,考证是确保本译编内容准确的主要手段。最初,我们不经意发现在翻译过的调查报告中,存在地名、数字以及银行名、钱庄名、轮船名等错误,这主要由以下两个原因造成的。一是日语版的调查资料原文是手写体的日语(多为连笔字),以致某些字不易辨认,如"相模丸"的"模",原文写的就是活脱脱的"朴"(撲);山西"祁县"的"祁"写的很像"神"字。类似情况,还有不少,这就对翻译者阅读草书以及掌握历史资料的能力提出了挑战。二是书院学生对反映当时经济状况的统计数字，或由于不够细心，抄错了，或对相关数字没有亲自合计，而直接从他处抄来。为了确保本译编的准确，我们不是照本宣科的翻译，我们是秉持"以己昭昭，使人昭昭"，而不是"以己昏昏，使人昭昭"的态度，力求利用调查报告所依据的原始文献对书院学生的调查报告中每一个地名、每一个数字、每一个商号、钱庄、银行的名称、每一艘轮船的名称等进行逐一校对与考证。

当然，考证是一项非常花费时间与精力的工作。东亚同文书院对中国各地的城市、集市、村镇的经济调查非常重视，因为产品的流通是通过地方集市（今天的许多乡镇由此而来）汇总到地区市场、区域市场，进而通过上海、广州、天津、青岛等商埠销售到日本和世界各国。尽管书院的学生在调查前做了大量的准备工作，包括文献查找等，但他们在调查报告书中仍会将一些地名记录错误，这主要由以下几个原因造成的。第一，他们在一个地方的调查时间并不长，加上各地方言的因素，他们会将地名、人名、街道名等弄错。第二，很多地方的集市、村子很不起眼，以致难有文献对其记载。第三，调查报告是基于存在中国的原始文献基础上撰写的，而原始文献对一些地名的记载可能有误，书院的学生如果不加考证就原版照抄，就会把有误之处沿袭下来。第四，中国人对地名的记载是对的，但书院学生粗心，给抄错了；或者书院学生写的对，但由于字体比较草或者连笔书写，译者无法认清。第五，中华人民共和国成立后，一些地方的名字更改了，现在很少提及。

以上因素增加了地名的校对与考证的难度，也增加了译者的负担。比如，《太原、大同、张家口、石家庄的金融状况》一文明确提到民国期间的山西省银行总管理处设在太原"儿底路"，但其他的书籍都说设在鼓楼街，最后请教山西省社会科学院80多岁的著名学者张正明先生，才算把此事圆满解决。他说，东亚同文书院调查书中所说的"儿底路"，应为"楼儿底街"。民国期间的太原街道很短，也就50米左右。当时鼓楼街附近有唱经楼，俗称那条街叫楼儿底，与鼓楼街相接，建国后楼儿底街与唱经街、鼓楼街、估衣街合并统称鼓楼街。诸如此类的问题，在翻译中遇见不少，反映出资料整理的高难度。再比如，日本人对中国地名的记载很细致,细致到镇、村子乃至小河的名称,当时中国人所留下的资料却鲜有记载的如此细致,这种情况无疑给我们的校对与考证工作增加了难度。我们除了运用原始史料考证与辨别外,还利用现有的地图搜索技术尽可能考证。世上无难事,只要肯登攀。绝大部分问题就这样考证出来了,但还有一些问题没有考证出来,只能留待后面慢慢解决,这些在本书的注释中都有说明。

东亚同文书院非常重视数据调查,因为翔实的数据会反映出一个地区的产业结构、工业化水平、价格水平、农作物种类结构等。但在手抄年代,数字的记录或誊抄容易出错。或由于参考文献记载错误所致,或由于学生粗心抄错了,造成一些数字或小数点出现错误。数据准确的重要性无需赘言。因此,我们在校对时特别小心,除反复比照原稿外,还尽量查找原始文献,一一加以校对。同时,我们还对数字进行了逐一计算,以验证日本人的记录与计算是否出错。对有疑问的,我们都做了注释给予说明。尽管如此,我们还是希望读者在看到这些数字时加以小心。

"津浦铁路的牛皮和牛骨"这一段文字中,将天津新明硝皮厂写作新民硝皮厂。我们最初可谓穷尽资料查询,在读秀、中国近代报刊资料以及有关民国天津工商业的资料上均查不到新民硝皮厂。后来,我们怀疑是不是由于方言、谐音的因素,后来在多番考证下,果然如此,书院学生把新明硝皮厂写成了新民硝皮厂。这样的例子在《调查资料选译》中不是个例。至于因手写草书连体字造成的困扰就更多了。"津浦铁路的金融机构"这一段文字中介绍天津的中资银行时,提到"保商"银行。但那个"商"字写得根本不像"商",很像"吉"字,而当时天津没有"保吉银行",经反复查阅资料并向南开大学的金融史专家龚关教授请教,才发现是北洋"保商"银行。该文还提到美资"友华"银行,但那个"友"字写得很像"支",而当时天津没有叫"支华"的美资银行,经反复查阅资料,最终还是请教龚关教授,这才明白是"友华"银行。类似的问题在书院调查报告手稿中大量存在。可以说,如果没有对中国经济史,尤其对民国天津金融货币贸易的深刻理解,根本没法完成这一翻译任务。

其实,就算这些工作都做了,对于民国期间发生在地方的一些事件,专业的历史研究工作者也未必清楚,即使请教当地有文化的老人也未必说清楚，非得下很大的力气才能做好这一工作。

比如，书院调查报告书中提到1929年之前山西省银行发行的银行券在大同禁止流通，直到"山东军"撤退，才得以流通。我们很奇怪，北洋军阀统治期间确实战争不断，但没听说过山东军队打到大同的事情。虽多方查找资料，仍一无所获，最后还是请教山西省社会科学院张正明先生，才算把这一问题解决。张正明先生经过查对资料，认为应是张作霖的东北军。当时冯玉祥的西北军、阎锡山的晋绥军和北伐军联合，共同抗击张作霖，张作霖的奉军攻占过大同，在大同统治过一段时间，这就是书院学生在大同调查时提到的"山东军"限制山西省银行券流通的背景。这里还有一个背景，老山西人喜欢把太行山以东，比如河北、山东、江苏等地的人，都称为山东人。在这种情况下，大同人把张作霖的奉军称之为"山东军"，就不足为奇了。书院学生原封不动地记录了下来，造成了后来研究者的苦恼。

二 翻译

考证是确保本译编准确的重要手段，但翻译讲究信、达、雅，毕竟"言之无文，行之不远"，而要将《调查资料选译》翻译的信、达、雅并非易事，而这一直是本译编努力遵循的原则。由于受时代语境的影响，在《调查资料选译》中，日本调查者对一些我们现在认为的重要信息视为当时人们都知道的事情而给省略掉了，以致后人翻译与理解当时调查者的句子意思有一定的困难。为了使译编内容尽可能的实现信、达、雅的目标，我们结合史料把日本调查者省略掉的重要信息还原出来并通过注释加以说明，再结合《调查资料选译》中的句子进行翻译，这样不仅使翻译出来的句子变得通顺，而且尽可能呈现出调查者的真实意思。举一例子。在侵华期间，日本人在一些占领区发行军用票、华兴券、联银券等种类繁杂的伪货币，日本调查者对它们连同日元、法币等在内的货币种类记载有时是不分的，货币单位"圆"与"元"也是不分的，记载贸易金额、资本金额时同样如此，以致后人很难明确他们所指是用哪种货币，毕竟货币不同，兑换率不同，代表的价值也不同。为了做到翻译准确，我们对日本调查者所遗漏的货币种类、货币单位做了一一考证，并将考证到的准确信息融入翻译之中。

三 研究

资料当然是重要的，但结合资料进行翻译无疑是更为重要的工作。我们组织《调查资料选译》的主要目的之一，是想让广大同行学友很好地利用这一调查资料的学术价值。日本调查者在对华经济调查中做了大量统计、描述与分析工作，这主要是为日本政府和日本人的相关机构服务的。我们在译编过程中，做了大量的研究工作。这一工作不仅可以使我们对《调查资料选译》的译编内容有很好的把握，还有助于我们深入理解日本人在华活动的真实意图和实施效果。比如，在抗日战争期间，为了最大限度地攫取中国人民的财富，实现以战养战的目的，日伪政府发行了华兴券、联银券、军用票等各种伪货币，与民国政府开展了激烈的货币战。《调查资料选译》对此多有记载。我们深入研究了各种伪货币与法币战的方式、运行机制与失败的原因。再如，日本人对中国各地货币、称量单位、贸易方式等，多有调查、分析与论述，其中牵扯到很多数字折算、货币兑换、较为复杂的计算公式和严谨的逻辑推断。为了保证翻译的准确性和高质量，对涉及需要深入研究的问题，我们都逐一做了深入研究，工作任务也由此变得沉重、艰辛与缓慢。不过，大量的研究工作确实使我们实现了"以研促译"和"以译促研"的双重目的，最大程度地保证了本译编的质量。

日本爱知大学研究院院长、国际中国学研究中心主任李春利教授听了我们关于翻译工作的介绍后，感叹再三，评价我们的工作有三大价值。一是"水经注式的翻译"，不仅大大方便了读者，更让调查资料的价值极大地提升。二是围绕着当时商品的生产、流通和交易，将历史和地理，时间与空间有机地结合了起来，由此让调查资料有了"空间感"。这不仅有利于了解当时商品生产、流通、交易的水平和方向，对理解20世纪上半叶中国工业化水平也有帮助，更基于路径依赖的惯性，有利于指导当代中国商品生产、流通和交易的发展。三是基于20世纪上半叶中国工业化发展的视角，从金融货币、物产资源、商品流通、矿藏开发、工商企业、人力资源、社会风潮、保险救济、交通运输、边疆开发这十个方面对东亚同文书院上千篇调查报告组织选译，这符合工业革命后全球化的发展方向，不仅有助于了解20世纪上半叶中国工业化的真实水平，也有助于理解中华人民共和国成立后至今的工业化进程及其未来发展。

  最后，我还想谈点日文翻译中的感想与浅识。与英文、法文、德文、阿拉伯文等字母系统的翻译不同，日文属于汉字系统。在东亚同文书院调查报告书中，大约百分之九十的文字是纯粹的汉字，另有百分之十的文字是日本人基于楷体汉字、草体汉字创造出来的假名，包括平假名和片假名，亦称和文，或者日本汉字。爱知大学国际中国学研究中心主任李春利教授曾经打了个比方，面对笔画特别多的汉字，古代日本和当代中国都进行了文字简化的工作，但这是在没有沟通的情况下各自进行的，于是造成了同属汉字系统，但日本、中国大陆、中国台湾和香港（没有对汉字进行简化）的汉字颇不相同的局面。这意味着，翻译手抄本东亚同文书院调查资料的困难主要在于：从客观上讲，字体潦草，辨认不易，或者每一个字都看得清楚，但不了解这个词汇的具体含义，从主观上讲，由于翻译者的不小心，存在漏掉某一行或几行文字，或者将某个词汇、某段话给译错了的情况。所有这些，只能依靠校对者和责任编辑的认真把关。同时，正因为书院调查资料百分之九十的文字是纯粹的汉字，故校对者和责任编辑可能不会翻译（毕竟有百分之十的和文不太懂），但对于翻译出来的稿子，他却能从专业的角度，敏锐地判断哪里翻译的不对，哪里翻译的有待进一步商榷，从而推动本丛书的翻译更加准确，更加流畅。如前三卷书稿最后的通读者是 2023 年北京大学访问学者、山西师范大学张百顺副教授。他凭着较高的专业素养和认真扎实的态度，看出了之前我们好几个人没看出的多个问题，令本丛书的质量进一步提高。从某个方面讲，这也是翻译东亚同文书院调查资料，较之翻译其他英、德、法文资料更为便利的地方。正因为此，本丛书的校对者和责任编辑都手持原稿进行校对。只要翻译者、校对者认真细心，不少错误是可以避免的。

  当然，在本译编中，尽管我们在考证、翻译和研究上下了很多笨功夫，但受制于能力、精力和时间的不足，本译编中仍可能存在一些失误乃至错误，希望广大同行学友多批评指正，多提出修正意见。

周建波

2024 年 10 月 20 日于燕园

图书在版编目(CIP)数据

东亚同文书院经济调查资料选译. 商贸流通卷 / 周建波主编;张亚光等副主编;胡竹清译. -- 北京:社会科学文献出版社, 2024.12
ISBN 978-7-5228-1727-9

Ⅰ.①东… Ⅱ.①周…②张…③胡… Ⅲ.①经济史-史料-汇编-中国-1927-1943②商业史-史料-汇编-中国-1927-1943 Ⅳ.①F129.6②F729.5

中国国家版本馆 CIP 数据核字 (2023) 第 071515 号

东亚同文书院经济调查资料选译·商贸流通卷

主　　编 / 周建波
副 主 编 / 张亚光　李　军　胡竹清　张　跃
监　　译 / 李春利
译　　者 / 胡竹清
校　　注 / 周建波

出 版 人 / 冀德祥
组稿编辑 / 陈凤玲
责任编辑 / 宋淑洁
责任印制 / 岳　阳

出　　版 / 社会科学文献出版社·经济与管理分社 (010) 59367226
　　　　　 地址:北京市北三环中路甲29号院华龙大厦　邮编:100029
　　　　　 网址:www.ssap.com.cn
发　　行 / 社会科学文献出版社 (010) 59367028
印　　装 / 北京联兴盛业印刷股份有限公司

规　　格 / 开　本:787mm×1092mm　1/16
　　　　　 印　张:30　字　数:473千字
版　　次 / 2024年12月第1版　2024年12月第1次印刷
书　　号 / ISBN 978-7-5228-1727-9
定　　价 / 398.00元 (全三卷)

读者服务电话:4008918866

版权所有 翻印必究